KB235085

사회과
교재 연구와
교수·학습법 탐구

사회과 교재 연구와 교수·학습법 탐구

박은종 지음

한국학술정보㈜

사회과의 특성을 살린 교재 연구와 창의적인 교수 · 학습 탐구와 전개

일반적으로 동서고금을 막론하고 모든 시대와 국가가 교육을 백년지대계(百年之大計)로 중시하고 있다. 교육은 궁극적으로 바람직한 인간, 사람다운 사람 육성을 목적으로 하고 있다. 사회과는 교과교육의 하나로서 21세기 세계화 시대에 적합한 민주 시민 양성을 지향하고 있다. 특히 사회과는 일상생활에서의 사회 사상(社會 事象)을 바탕으로 올바른 사회 인식, 사회 탐구, 합리적 의사 결정을 지향하는 교과교육이다.

학교에서의 교육은 교육과정(curriculum)으로 학교 교실 현장에서 구현된다. 교육과정은 목표, 내용, 교수 · 학습 방법, 평가 등 일련의 환류과정이다. 내용의 재구성과 지역화를 두 축(軸)으로 강조하고 있는 사회과 교육에서는 목표, 내용, 교수 · 학습 방법, 평가 등 전 과정이 중요한 과정이지만, 교사와 학생 활동 차원에서 보면 그중에서도 가장 중요한 것이 내용과 더불어 교수 · 학습 방법이다. 각 단위 학교에서, 각 교사 차원에서 각 학생의 특성에 적합하게 창의적으로 가르칠 수 있는 방법, 방안을 모색하는 것이 곧 사회과 교육의 재구성과 지역화의 초점이기 때문이다.

사실 수업 내지 교수 · 학습은 교육의 근원적 본질이며, 교사의 생명과 같은 것이다. '좋은 교육, 훌륭한 선생님'은 곧 잘 가르치는 선생님과 깊은 관련이 있기 때문이다. 흔히 '수업에는 왕도가 없다'고 하는 이야기는 역설적으로 다양한 가르치는 방법이 존재한다는 의미이기도 하다. 따라서 잘 가르치기 위해서 여러 가지 다양한 방법을 탐구하고 모색하는 것이 곧 교재 연구이고 교과 탐구이다. 교재 연구와 교과 탐구의 핵심이 곧 수업, 즉 교수 · 학습 탐구인 것이다.

사회과는 학생 중심 활동, 학생 중심 수업을 근간으로 하고 있다. 진부한 이야기지만, 사회과가 재미 · 흥미가 없다거나, 암기 위주의 골치 아픈 교과라는 항간의 지적과 비판은 과거 사회과 수업 내지 교수 · 학습이 교사 위주, 암기식 위주, 강의식 설명 위주로 편향되었다는 자성(自省)이기도 하다. 사회과야말로 학생 중심 수업과 활동 중심 교수 · 학습으로 아주 흥미 있고, 역동적으로 전개할 수 있는 교과이기 때문이다.

본서는 이와 같은 사회과 교육의 특성과 사회과 교육과정의 체계를 바탕으로 하여 사회과 예비 교사, 사회과 현직 교사, 사회과 교육행정 · 관리직, 사회과 교육 전문직, 사회과 교육 학자 등이 두루 활용할 수 있도록 구성하였다. 사회과 수업 전개와 수업 설계, 수업 관찰, 수업 분석, 수업 장학 등 여러 영역에서 현장 중심적으로 두루 활용할 수 있도록 구성하였다.

본서는 총 7부로 구성되어 있다. 제1부에서는 사회과 교육의 개론 차원에서 사회과 교육의 기초를 탐구하도록 하였다. 제2부에서는 사회과 교수 · 학습의 기저, 제3부에서는 사회과 교수 · 학습의 원리, 제4부에서는 사회과 교수·학습 탐구, 제5부에서는 사회과 교재 연구와 교수·학습 자료, 제6부에서는 사회과 교수·학습의 방법, 그리고 제7부에서는 사회과 교육의 평가 등을 다루었다. 본서는 전체적으로 사회과 교수·학습의 다양한 이론과 실제를 탐구하도록 하였다. 이를 바탕으로 사회과 수업과 사회과 교수·학습의 소양과 자질을 함양하도록 안내하였다. 이를 통하여 사회과 교수·학습(수업)의 다양한 구현 방법을 연구하고, 실제 교실 현장에서 활용하는 사회과의 핵심 교수·학습 방법, 기법을 탐구하도록 하였다. 사회과 교육에서 두루 활용되고 있는 다양한 교수·학습 방법별로 수업안, 전개과정, 핵심 포인트 등을 강조하였다.

최근 21세기 세계화 시대를 맞아 글로벌(global) 세계 시민, 글로벌 리더십(leadership)이 강조되는 사회과 교육에서 창의적인 수업 방법 연구, 참신한 교수·학습의 탐구는 아무리 강조해도 지나치지 않을 것이다. 또 그것은 훌륭한 교사의 기본적 덕목이며 소명이기도 한 것이다. 나아가 본서가 사회과 예비 교사, 현직 교사, 교장·교감 등 교육행정·관리직, 장학사(관)·교육연구사(관) 등 교육 전문직, 사회과 교육 학자 등 사회과 교육 관련자들에게 사회과 교수·학습 설계 및 전개, 탐구 및 연구에 도움이 되기를 바라는 작은 소망을 갖고 있다.

본서를 출판하여 세상에 내놓으면서 도움을 주신 많은 분들에게 심심한 감사의 말씀을 드리는 바이다. 필자를 사회과 교육으로 안내해 주시고 눈을 뜨게 해 주신 이종문 교수님(전, 진주교육대학교), 강상철 교수님(전, 충남대학교), 권오정 교수님(일본 류오코우대학교)께 고마운 말씀을 드린다. 아울러 항상 학문적·인격적으로 지도·편달을 해 주시는 공주대학교 사범대학 일반사회교육과의 김병무 전 학장님, 정종호 교수님, 김덕수 교수님, 임경수 교수님, 현승숙 조교님께 거듭 감사를 드리는 바이다. 또 늘 관심을 갖고 지켜 봐 주시며 지도를 해 주시는 서재천 교수님(공주교육대학교), 권낙원 교수님(한국교원대학교), 김정겸 교수님(충남대학교) 등께도 고마운 말씀을 드린다.

한편, 필자와 함께 교육과 학문의 동반자로 동고동락(同苦同樂)하는 전승환 교감 선생님(서울 서울생활과학고), 박명배 선생님(서울 자양초), 신현영 선생님(경기 포천초), 오정학 선생님(충남 대천여고), 명재덕 선생님(대전 동대전고), 신현복(충남 당진정보고), 차성우 선생님(충남 주산산업고), 김명순 선생님(충남 천안 성거초), 김완선 선생님(충남 아산 금곡초), 이종숙 선생님(충남 공주 신관초), 신재한(대구 대구교대부설초) 선생님 등에게도 심심한 사의를 표하는 바이다. 교육과 학문의 친절한 동반자이자 건설적 비판자인 그들과의 동행은 필자에게 옷깃을 여미고 더욱 노력하게 하는 '행복 마중물' 같은 원동력이기에 그저 행복하기만 하다. 아울러, 항상 든든한 후원자로 필자의 울타리와 버팀목이 되어 주시는 가족들에게도 감사드린다. 행여 모진 고난과 역경이 오더라도 극복할 수 있는 용기와 의욕이 샘솟게 하는 소중한 분들이다.

끝으로 최근의 불황으로 인한 출판 시장의 여러 가지 어려움에도 불구하고 항상 학문적 성취를 성원해 주시고, 본서를 출판하여 세상에 빛을 보게 해 주신 한국학술정보(주)의 채종준 사장님과 출판사업부의 문진현 님, 김은정 대리님, 양은정 과장님 등께도 감사의 말씀을 드린다.

모든 분의 격려와 성원에 보답하기 위해서 앞으로 더욱 교육과 학문 탐구에 정진하려고 다짐한다. 교육과 학문의 길이 멀고도 험하지만, 굴하지 않고 늘 기쁜 마음, 행복한 마음으로 뚜벅뚜벅 걸어가고자 한다. 항상 옆에서 성원해 주시는 고마운 분들의 기대에 부응하기 위해 가일층 분발한 노력을 하고자 다짐하는 바이다. 세상의 모든 분이 고맙고, 세상의 모든 것이 아름답기만 하다.

2010년 삼복지절에
웅진골 연구실에서 박 은 종

목차

제1부 사회과 교육의 기초 • 11

제1장 • 사회과 교육의 개관 / 13
제2장 • 사회과의 탄생과 발달 / 40
제3장 • 사회과 교육의 모형과 유형 / 47
제4장 • 한국 사회과 교육의 이론 모형 / 60
∷ 탐구 문제 / 63

제2부 사회과 교수·학습의 기저 • 65

제1장 • 사회과 교육의 성격과 특성 / 67
제2장 • 사회과 교육의 목표 / 68
제3장 • 사회과 목표의 계열 / 69
제4장 • 사회과의 내용: 2009년 개정 사회과 교육과정 중심 / 70
제5장 • 사회과 수준별 교육과정과 수업 / 75
∷ 탐구 문제 / 80

제3부 사회과 교수·학습의 원리 • 81

제1장 • 사회과 교수·학습의 기본 조건 / 83
제2장 • 사회과 고급 사고력 신장 / 86
제3장 • 사회과 학년별 주요 학습 기능 / 88
제4장 • 사회과 교수·학습과 수행 평가 방법 / 90
∷ 탐구 문제 / 93

제4부 사회과 교수·학습 탐구 • 95

제1장 • 사회과 교수·학습(수업) 모형의 논리 / 97
제2장 • 사회과 교수·학습의 설계 / 111
제3장 • 사회과 교수·학습 모형의 분류 / 120
제4장 • 사회과 교수·학습의 전개 / 130
제5장 • 사회과 교수·학습의 유형 / 134
∷ 탐구 문제 / 138

제5부 사회과 교재 연구와 교수·학습 자료 • 139

제1장 • 사회과 교재 연구 / 141
제2장 • 사회과 교과용 도서 탐구 / 147
제3장 • 사회과 교수·학습 자료 / 155
∷ 탐구 문제 / 166

제6부 사회과 교수·학습의 방법 • 167

제1장 • 소집단 학습 / 169
제2장 • 토의 학습 / 197
제3장 • 조사(발표) 학습 / 225
제4장 • 현장 체험 학습 / 243
제5장 • 문제 해결 학습 / 273
제6장 • 극화 학습 / 302

제 7장 • 시뮬레이션 학습 / 329
제 8장 • 의사 결정 학습 / 344
제 9장 • 사료 학습(史料 學習) / 373
제10장 • 인물 학습 / 401
제11장 • ICT 활용 학습 / 424
제12장 • 가치탐구 학습 / 458
제13장 • 가치명료화 학습 / 480
:: 탐구 문제 / 506

제7부 사회과 교육의 평가 • 507

제 1장 • 일반적 교육평가의 개관 / 509
제 2장 • 사회과 교육평가의 의의와 원리 / 512
제 3장 • 사회과 교육평가의 방향과 목적 / 515
제 4장 • 사회과 교육평가의 유형 / 525
제 5장 • 사회과 평가 도구의 개발 절차 / 536
제 6장 • 사회과 평가 도구의 개발 지침 / 538
제 7장 • 사회과 평가 도구의 준거 / 546
제 8장 • 사회과 평가의 방법 / 555
제 9장 • 사회과 학습과정의 평가 / 557
제10장 • 사회과 평가의 실제 / 560
:: 탐구 문제 / 567

참고문헌 • 568

부록 1. 사회과 교육과정(전문) / 587
     2. 사회과 교육과정 대조표 / 689

찾아보기 • 699

제  부

◀◀ 사회과 교육의 기초 ▶▶

제1장 사회과 교육의 개관
제2장 사회과의 탄생과 발달
제3장 사회과 교육의 모형과 유형
제4장 한국 사회과 교육의 이론 모형

◉ [Key Point] ◉

제1부에서는 사회과 내지 사회과 교육의 일반적인 접근과 개관적인 이해, 사회과의 탄생과 발달 등에 대해서 중점적으로 학습한다. 아울러, 교과 교육으로서 일상의 사회 사상(社會 事象)을 다루는 사회과의 핵심적 모형과 유형을 탐구하고 한국 사회과 교육에 적용되는 일반적인 이론 모형에 대해서도 중점적으로 탐구한다.

1. 사회과 교육의 개념과 정의

1) 사회과 교육의 개념

일반적으로 교육은 바람직한 인간을 육성하기 위한 학교의 의도적인 활동이다. 교육은 교과교육을 중심으로 한 다양한 활동으로 구현된다. 사회생활을 원만하게 할 수 있는 민주시민의 육성에 교육의 일반 목적과 사회과의 교과 목적이 합치되고 있다. 즉 사회 구성원으로서의 인간의 건전한 사고와 인성, 행위 및 가치·태도 육성에 교육 일반과 사회과 교육의 지향점이 있는 것이다.

교과 교육으로서의 사회과 교육은 '유능한 민주시민의 양성'이라는 고유의 목적에 기반을 두고 바람직한 생활인의 육성에 있는 것이지, 제반 사회과학을 연구하는 사회과학 전문가를 양성하는 것은 아니다(강환국, 2009: 12). 사회과학의 목적이 원리 탐구를 통한 학문적 지식 추구에 있는 데 비하여, 사회과 교육의 목적은 바람직한 사회인 육성, 즉 민주 시민 교육에 있다.

학교교육과정에서 핵심 교과 중의 하나인 사회과는 이른바 '훌륭한 민주시민(good citizen)'을 양성하는 교과이다. 인간의 사회생활과 사회현상을 대상으로 하며 이를 사회적 인식을 바탕으로 탐구하는 교과이다. 그러므로 사회 사상(社會 事象)을 탐구하는 사회과는 가장 본질적인 교과이다. 사회과는 인간의 삶과 사회현상에 바탕을 둔 교과이다. 즉 바람직한 사회인식을 통한 민주 시민의 자질 함양을 목적으로 하는 사회과는 그 내용이 매우 다양하고 복잡하다. 전통적으로 사회과는 국민에게 시민으로서의 자질을 교육하기 위한 학교의 교과목이다. 그리고 이러한 교과목을 학생들에게 교수·학습하는 것이 사회과 교육이다. 사회과 교육은 사회과를 실제 학교 현장에서 구현하는 활동이다. 따라서 때로는 사회과와 사회과 교육은 공통적인 의미로 사용되기도 한다. 사회과 자체가 사회과 교육이라는 교육 활동을 의미하기 때문이다. 물론 사회과는 사회 탐구와 가치 탐구를 사회현상 탐구의 핵심적인 두 축(軸)으로 강조하고 있다.

사회과는 2009년 개정 교육과정의 공통교육과정 10개 교과 중 하나이다. 일반적으로 사회과는 "광의의 사회과학, 즉 정치학·경제학·법학·사회학·문화인류학·윤리학·역사학·지리학 등을 어떠한 교육 목적하에 학교에서 가르치는 교과"라고 할 수 있다. 사회과학은 사회과학자들에게 수행되는 인간관계에 대한 원리 탐구인 고차적인 연구이다. 사회과학자들은 인간과 인간관계에 관한 지식, 인간과 환경에 관한 지식을 설명, 발견, 탐구하려고 한다. 그러므로 사회과는 학교교육과정의 한 교과로서 사회과학의 내용과 연구 결과, 연구 방법을 교육 목표에 맞추어 단순화하고 재조직한 것이다. 따라서 사회과는 인간의 생활양식, 기본적 요구 등을 충족시켜 가는 활동, 인간이 개발한 제도에 대한 이해시키는 교과, 나아가 인간과 인간, 인간과 사회의 사회적·물리적 관계에 주된 관심을 갖는 교과이다(강환국, 2009: 11).

사회과는 사회적 사실과 사회현상에 관한 지식을 발견하고 적용하는 데 필요한 사고력과 판단력을 강조하는 교과이다(이종일 외, 2008: 366). 따라서 사회과는 논리적 사고력을 비롯하여 비판적 사고력, 창조적 사고력, 가치판단력, 의사 결정력 등 고급 사고력을 신장시킬 수 있는 교수·학습을 지향하여야 한다.

물론 교과교육으로서의 사회과와 유사한 개념으로서 사회교육, 역사 교육, 지리교육, 시민교육, 사회과학 등 여러 가지 용어와 개념이 있는데, 이들은 사회과와 동일한 의미는 아니다. 사회과는 어디까지나 학교의 교육적인 교과목이므로 사회과학적인 지식이나 법칙을 독창적으로 발견하려는 것보다는 사회현상에 관한 지식을 생활과 관련해서 학생들이 이해할 수 있도록 하는 교육적인 측면이 중요한 것이다. 이는 사회과 내지 사회과 교육이 암기, 주입보다는 탐구, 활동 중심으로 진행되어야 하는 이유이기도 하다.

한국의 사회과 교육은 다분히 초기 미국의 사회과 교육을 도입, 전용, 답습하였기 때문에 미국의 사회과 교육과 매우 유사하다. 미국에서 사회과 교육을 전공한 차경수 교수는 사회과 교육을 "사회생활에 관한 인간관계를 중심으로 여러 가지 사회문제를 학생들의 요구에 의하여 학습하고 이를 통하여 사회생활에 필요한 지식, 기능, 가치·태도 등을 형성하여 국민으로서 필요한 자질을 교육하는 교과목이다."라고 규정하고 있다(차경수, 1997: 18). 한편, 한면희 교수는 사회과 교육을 "학생들에게 민주 시민의 자질을 길러주기 위하여 문화유산과 사회과학을 비롯한 인문 및 자연 분야로부터 선정한 지식, 기능, 가치·태도 등의 내용을 학생들의 사회 문화적 경험을 통합하여 학습하게 하는 교과이다."라고 정의하고 있다(한면희, 2002: 42). 전숙자 교수는 사회과를 "인간과 사회에 관한 총체적인 현상을 다루는 교과로 사회과학과 인문과학의 기본 원리나 지식·법칙을 발견하는 것보다 시민적 자질 함양과 실생활 연관 및 사회 참여의 교육적 측면을 강조하는 교과이다."라고 개념 정의를 하고 있다(전숙자, 2008: 14). 박상준 교수는 사회과를 "사회과학과 인문학에서 선택·추출된 지식의 구조, 보편적인 가치와 태도를 종합하여 민주적 시민성을 육성하는 교과교육이다."라고 정의하고 있다(박상준, 2008: 20). 박은종 교수는 사회과를 "사회현상을 올바르게 인식하고 사회적 지식과 함께 건전하고도 원만한 사회생활 영위에 필요한 기능을 익히며, 민주 사회 구성원들에게 요청되는 바람직한 가치와 태도를 지님으로써 민주 시민적 자질, 세계 시민적 소양을 육성하는 교과이다."라고 정의하였다(박은종, 2008: 5).

한편, 현행 2009년 개정 사회과 교육과정에서는 사회과를 "사회현상을 올바르게 인식하고 사회지식 습득과 사회생활에 필요한 기능을 익히며 민주 사회 구성원들에게 요청되는 가치와 태도를 지님으로써 민주 시민으로서의 자질을 육성하는 교과이다."라고 규정하고, 세부적으로 사회과에서 기르고자 하는 민주 시민을 "사회생활을 영위하는 데 필요한 지식을 가지고, 인권 존중, 관용과 타협의 정신, 사회 정의의 실현, 공동체 의식, 참여와 책임의식 등의 민주적 가치를 해결하는 능력을 기름으로써 개인의 발전은 물론 국가, 사회, 인류의 발전에 기여할 수 있는 자질을 갖춘 사람이다."라고 제시하고 있다(교육과학기술부, 2008: 306 – 308).

아울러, '2009년 개정 사회과 교육과정'에서는 사회과를 "지리, 역사 및 제 사회과학의 개념과 원리, 사회제도와 기능, 사회문제와 가치, 그리고 연구 방법과 절차에 관한 요소를 통합적으로 선정, 조직하여 사회현상을 종합적으로 이해한다. 나아가 우리 삶의 터전인 국토의 이해를 바탕으로 우리 민족의 역사와 활동에 대한 종합적인 파악과 현실에 대한 역사적인 시각에서의 이해 및 한국인으로서의 정체성과 세계 시민으로서의 가치, 태도 등에 관한 요소를 중시한다."고 규정하고 있다(교육인적자원부, 2008: 2-4).

사회과의 궁극적인 목표인 시민성 양성의 내용과 교육 방법에 대해서는 보는 관점과 시각에 따라 다양하지만, 사회과 교육은 시민성(citizenship) 육성을 본질적인 목표로 한다는 점에서는 이론의 여지가 없을 것이다. 방법은 다양하지만, 지향점은 간결하고 분명한 것이다.

사회과 교육과정은 이와 같은 시민성 육성을 위한 사회과학과 인문과학에서 추출된 지식의 구조를 중심으로 구성해야 한다는 점에서 사회과의 본질은 '시민성 육성'이라는 점에 초점을 맞추어야 한다. 다만, 이와 같은 시민성은 매우 추상적이라는 점이 쟁점이며, 실제 시민성의 내용과 교육 방법은 매우 다양하다는 점에 유념할 필요가 있다.

현행 초·중·고교에 적용 중인 2007년 개정 교육과정은 국민공통교육과정과 선택중심교육과정으로 구분된다. 그리고 2011학년도부터 적용되는 2009년 개정 사회과 교육과정에서는 공통교육과정과 선택교육과정으로 양분되었다. 공통교육과정은 제9학년제로 초등학교 제1학년에서 중학교 제3학년까지 이수하는 교육과정으로, 그 교과는 국어, 도덕, 사회, 수학, 과학, 실과(기술·가정), 체육, 음악, 미술, 영어 등 10개 교과목이다. 2009년 개정 교육과정에서는 초등학교 제1~2학년, 제3~4학년, 제5~6학년, 중학교 제1~3학년, 고등학교 제1~3학년 등 5개 학년군을 분리하였다. 그리고 10개 교과 중에서 사회과와 도덕과를 묶어서 사회·도덕교과군(群), 과학과와 실과(기술·가정)를 묶어서 과학·실과군(群), 음악과와 미술과를 묶어서 예술군(群)으로 교과군을 편성하고 있다. 사회과는 공통교육과정 교과 중의 하나로 다양한 사회과학을 교과의 내용으로 하는데 그 개념은 다양하게 정의할 수 있다(한면희 외, 1988: 13-18). 물론 사회과와 도덕과가 사회·도덕교과군으로 묶였다고 해서 교과 통합이 된 것은 아니다. 사회과, 도덕과 등 고유의 독립 교과로 있으면서 이수 시간의 탄력성, 집중 이수제 등을 시행할 수 있는 교과군으로 통합되어 있다는 점을 유념하여야 한다.

「교육학 대사전」에 따르면, "사회과 교육이란, 사회과학적 내용을 통하여 사회의 유능한 시민을 양성하기 위하여 탄생한 교과이다."라고 개념 정의를 하고 있다. 이 정의는 사회과의 목적과 지향점을 바람직한 시민 양성이라고 보는 견해와 사회과학과 동일한 의미로 보는 견해, 그리고 이 양자(兩者)를 고려하여 사회과학을 통한 시민 육성이라는 관점으로 구분하여 논의를 전개할 수 있음을 시사하고 있다(한면희 외, 1988: 13-18).

일찍이 1916년 미국에서 탄생된 사회과는 시민 보통 교육과 더불어 발달한 진보주의 교육의 시민 정신 함양을 주로 담당하였다. 진보주의 교육의 시민 정신 함양, 시민교육을 담당한 사회과 교육은 실용성에 중점을 두고 교육받은 생활인 양성에 주력하였다. 이때의 사회과는 전통적인 교과교육 방식을 취함으로써 지리, 역사, 공민 등에 대한 체계적인 지식을 생활 준비의 수단으로 전수시켰던 교육으로부터의 전환이라고 할 수 있다. 즉 사회과가 체계적인 지식 전수 위주에서 시민 정신교육으로 전환된 것이다. 오늘날의 사회과 교육의 의미는 이러한 사회지식과 민주 시민 교육, 반성적 탐구, 고급 사고력 신장, 의사 결정력 신장, 사회 비판적 접근 등 통합적인 방향에서 접근하여야 한다.

이와 같은 점을 전제하고 사회과 교육을 조명하면서 일찍이 미국 사회과 교육을 개척한 웨슬리(Wesley)는 사회과를 다음과 같이 정의하였다.

"사회과학자들은 인간관계 및 인간과 환경 사회에 관한 지식을 설명, 연구, 발견하려고 한다. 사회과는 학교교육과정의 한 분야로서 사회과학의 내용과 연구 결과, 연구 방법을 교육 목표에 적합하게 단순화하고 재조직한 것이다. 따라서 사회과는 인간의 생활양식, 기본적 욕구의 충족, 그 욕구를 충족시켜 가는 활동 또는 인간이 개발한 제도에 대한 이해를 제공하는 교과이다."

한편, 1960년대 학문 중심 교육과정과 1970년대 신사회과 운동의 활성화는 사회과에 많은 변화와 전환을 초래하였다. 이 시기의 사회과는 곧 지식의 구조에 입각하여 사회과학의 내용을 가르쳐야 한다는 주장과 더불어 사회과학을 통하여 책임 있는 시민 양성에 주력하여야 한다는 주장이 병존하였다. 학문으로서의 사회과학과 사회과의 목적이자 지향점으로서의 민주 시민 교육이 갈등과 혼돈을 겪은 시기이기도 하다.

당시, 사회과 교육학자인 베레손(B. Bereson), 펜톤(E. Fenton), 마시알라스(B. G. Massialas) 등이 사회과에서 사회과학 중심의 교육을 강조하면서, 사회과를 다음과 같이 정의하였다. 즉 베레손은 "사회과는 책임 있는 시민을 양성하기 위한 수단으로서, 사회과학적 지식을 가장 유용하게 습득시키는 교과이다."라고 정의하였고, 펜톤은 "사회과는 정치학, 경제학, 사회학, 문화인류학, 심리학, 지리학, 역사학 등 제 사회과학의 복합적 학과로서 학생들이 학교를 졸업한 이후에도 독립적으로 학습할 수 있도록 사회과학의 탐구 양식을 학습하는 것을 중요한 목적으로 하는 교과이다."라고 정의하였으며, 탐구 학습의 대가인 마시알라스는 "사회과는 선량한 시민 양성을 위한 수단으로서 사고력 신장을 강조하는 교과이다."라고 정의한 바 있다. 즉 이들 학자들의 사회과 교육에 대한 개념 정의의 최대 공약수적 공통점은 사회과학의 탐구와 민주 시민 교육의 지향을 동시에 추구하였다는 점이다. 실제 이와 같은 사회과학 탐구와 민주 시민 교육의 통합과 연계에 대한 오랜 갈등과 방황은 교과 역사 100년을 맞는 현대에 와서도 진행형으로 계속되고 있다고 보아야 할 것이다.

이와 같은 사회과학의 구조를 강조하는 입장에 있는 학자들의 정의를 종합하면, 그 핵심은 사회과학의 학습을 강조하면서도 선량하고도 책임감 있는 시민을 양성하는 데 중점을 두고 있다는 점이다.

한편, 스킬(D. J. Skeel), 엘리스(A. K. Ellis) 등은 학생들로 하여금 인간관계에 대한 연구를 통하여 개인적·사회적 자아실현을 이룰 수 있게 하는 데 사회과의 초점을 맞추고 사회과 교육을 다음과 같이 정의하였다.

> "사회과 교육은 아동들의 올바른 자아 개념을 발달시키고, 지구촌과 사회의 다문화적 요소를 인식하고 평가할 수 있도록 하며, 사회화 과정, 의사 결정과 사회 참여 능력의 신장 등을 촉진시키는 것을 주된 임무로 하는 교과이다."
> "사회과는 사람들이 타인 및 환경과 다양하게 상호작용하면서 살아가는 방법을 배우는 교과이다."

한편, 앵글(S. H. Engle)은 사회과학 지식의 이해보다 의사 결정 능력을 길러 주는 것이 사회과 교수의 초점이 되어야 한다고 주장하였다. 뱅크스(J. A. Banks)도 사회과의 목적은 학생들이 합리적인 사회 행동을 통하여 개인적·사회적 문제를 해결할 수 있도록 돕는 데 있다고 주장하면서, 앵글의 주장을 수용하여 사회과 교육의 역할을 다음과 같이 제시하였다.

"사회과는 학생들이 타인과 지역 공동체 및 국가 통치와의 관계에 영향을 미치는 중요한 의사 결정을 할 수 있도록 도와주는 데 큰 책임을 맡아야 한다.”

그러므로 사회과 교육은 “사회과학과 인문학에서 선택·추출된 지식의 구조, 보편적인 가치와 태도 등을 종합하여 민주적 시민성을 육성하는 교과교육”이라고 정의할 수 있다(박상준, 2008: 18-20). 민주적 시민성은 현대 시민에게 요구되는 자질로서 시민이 민주적인 사회생활을 영위하는 데 필요한 지식, 기능, 가치·태도 및 사회적 참여 행위 등을 종합적으로 포함한다. 사회과는 지리, 역사 및 제 사회과학의 개념과 원리, 사회제도와 기능, 사회문제와 가치, 그리고 연구 방법과 요소를 통합적으로 선정, 조직하여 사회현상을 종합적으로 이해하고 탐구한다. 사회과에서는 우리의 삶의 터전인 국토의 이해를 바탕으로 우리 민족의 역사와 활동에 대한 종합적인 파악과 현실에 대한 역사적인 시각에서의 이해 및 한국인으로서의 정체성과 세계 시민으로서의 가치, 태도 등에 관한 요소를 중시한다(교육인적자원부, 2007: 138).

결국 사회과 내지 사회과 교육은 보는 방향과 관점·시각 등에 따라 아주 다양하게 개념 정의가 되지만, 각각의 개념과 정의의 최대공약수는 ‘훌륭한 시민(good citizen) 양성 교과’라는 점이다. 사회과가 탄생한 이유가 곧 민주 시민성 함양을 통한 훌륭한 시민 양성에 있기 때문이다.

2) 사회과 교육의 정의

사실 하나의 학문을 토대 또는 대상으로 하는 다른 교과와는 달리 사회과는 다양한 사회과학을 교과의 바탕, 즉 교과 내용학으로 하기 때문에 매우 복잡하고 종합적인 의미를 갖고 있다. 사회과 내지 사회과 교육에 대한 정의는 매우 다양하다. 즉 사회과 교육에 관한 정의는 학자의 수만큼이나 많이 있다. 이는 사회과와 사회과 교육에 대한 개념 정의가 매우 다양하다는 의미와 함께 그 개념이 어렴풋하여 분명하지 않다는 의미를 동시에 담고 있는 것이다.

그러나 그중에서 가장 중요한 것은 사회과 교육은 인간과 사회의 바람직한 관계를 연구하면서 사회문제를 학습하고 사회생활에 필요한 국민의 자질을 형성하는 교육이라는 것이다. 그것은 학습의 한 영역이며, 여러 가지 사회과학의 연합체이며, 또 교육과정의 한 영역에 속한다. 교과교육의 하나로서 사회과 교육은 다음과 같이 정의될 수 있다.

> “사회과 교육은 사회생활에 관한 인간관계를 중심으로 하여 여러 가지 사회문제를 학생의 요구에 의하여 학습하고, 그러한 학습을 통해서 사회생활에 필요한 지식, 기능, 태도 등을 형성하여 국민으로서 필요한 자질을 교육하려는 학교의 교과목이다.”

이러한 측면에서 보면 사회과 교육은 바로 학교에서 학생들을 상대로 실시하는 민주 시민을 양성하기 위한 시민교육(civic education)이나 시민성 교육(citizenship education)과 밀접한 관련을 맺고 있다고 할 수 있다. 물론 일반적으로 시민교육 내지 시민성 교육은 학교에서 실시하는 사회과 교육만을 의미하는 것은 아니며, 그 이외에 도덕교육이나 기타의 학교 교과목, 학교 밖에서 실시하는 시민생활에 관한 교육도 포함하기 때문에 사회과 교육보다는 넓은 의미를 지니고 있다.

일반적인 교육 영역의 세 축인 가정교육, 학교교육, 평생교육 등을 통틀어 최종적이고 궁극적인 목적은 시민교육이고 이는 바람직한 인간 육성, 사람다운 사람 양성에 있다. 학교교육의 한 교과교육인 사회과 교육은 소정의 학교 교과목이기 때문에 교육과정의 이론이나 학교의 여러 가지 규정에 따라야 하는 특징이 있는 데 비하여 시민교육은 이러한 제한을 직접적으로는 받지 않는다. 그러나 전술한 바와 같이 학교의 사회과 교육이 학교에서의 어떤 교과목보다도, 또 학교 밖에서의 어떤 활동보다도 근본적으로는 아동이나 청소년들을 위한 가장 중요한 시민교육의 한 형태라는 것을 우리는 명심해야 한다.

한편, 사회과 교육의 시민교육적 성격에 대해서는 최근의 중요한 사회과 교육의 학자들이 대부분 의견을 같이하고 있다. 이는 21세기인 세계화·정보화 시대에 진입하여서도 마찬가지이다. 뱅크스는 "사회과는 지역 사회, 국가, 세계의 시민생활에 참여하는 데 필요한 지식, 기능, 태도, 가치관을 교수하는 초·중등학교의 교육과정"이라고 했으며(Banks, 1990: 3), 울에버와 스콧은 "사회과 교육은 과학적 방법으로 얻어진 지식과 체계적으로 형성된 개인적 가치관을 기초로 하여 합리적으로 결정하고 행동하는 것을 목적으로 하는 모든 경험의 총체"라고 했다(Woolever & Scott, 1988: 18-19). 마토렐라는 "시민성 교육을 위하여 응용된 사회과학적 정보와 탐구방식 및 개인, 집단, 사회의 이해를 위하여 관련된 정보와 탐구방식"이라고 정의하고 있으며(Martorella, 1991: 37), 마후드와 그 동료들 역시 1977년에 바아 등이 "시민성 교육을 목적으로 하는 인간관계에 관한 지식과 경험의 통합"(Barr et al., 1977: 69)이라고 정의한 것에 동의하면서 사회과 교육을 시민성 교육, 인간관계의 지식과 경험의 통합에 초점을 맞추고 있다(Mahood et al., 1991: 9-11).

이와 같은 학자들의 견해를 종합해 보면 1950년에 웨슬리가 주장한 "사회과는 사회과학이 교육적 목적으로 간략화된 것(Wesley, 1950: 34)"이라는 정의 이후 1977년에 바아 등이 사회과에서의 시민성 교육을 강조하였는데, 오늘날의 학자들은 모두 이들 시민교육을 사회과의 가장 중요한 목적이요, 본질이라고 보고 있다는 것을 알 수 있다. 우리나라의 학자들 역시 민주 시민 교육을 사회과의 중요한 본질적 목적으로 인식하고 있다.

결국, 사회과 교육은 미래의 주역이 될 학생들에게 다양한 인간관계 및 인간과 환경과의 상호작용에 관한 연구를 통하여, 개인적·사회적 자아실현을 할 수 있는 능력을 길러 줌과 동시에 책임감 있고 사려 깊은 시민적 자질을 길러 주는 교과라고 할 수 있다(한면희 외, 1988: 18).

사회과 교육은 학생들이 주어진 사회적·문화적 환경 속에서 과거, 현재, 미래와 관련된 다양한 인간관계 및 인간과 환경의 상호작용에 관한 연구를 통하여 사회생활에 필요한 지식, 기능, 가치·태도 등을 함양하여 개인적·사회적 자아실현을 이룩하도록 하는 교과이다. 그리하여 성공적인 사회생활을 함과 동시에 책임감과 사려 깊은 민주 시민 양성을 목적으로 하는 교과이다. 또한, 사회과는 학생들로 하여금 당면한 여러 사회문제를 합리적으로 해결하고, 변화하는 사회에 적응해 갈 수 있도록 다양한 능력을 길러 주는 데 강조점을 두는 교과이다.

한국에서의 사회과, 사회과 교육은 공통교육과정 10개 교과 중의 중심 교과로서 미래 사회를 살아갈 학생들에게 바람직한 사람으로서의 민주 시민적 자질을 육성하는 교과이다.

〈표 1〉 사회과 교육의 정의와 핵심 개념 변화

시대(세기)	사회적 상황	시민성 개념	사회과의 정의
① 20세기 초반	·이민사회의 갈등 ·도시생활에의 적응	·문화유산의 준수 ·애국심	·전통적인 문화유산의 전수
② 20세기 중반	·스푸트니크 충격 ·교육과정개혁운동 ·신사회과 운동	·사회과학적 탐구능력 ·사회과학적 사고력	·사회과학적 탐구방법의 교육
③ 20세기 후반	·사회문제의 심화 ·세계화, 정보화	·합리적 의사 결정력 ·문제 해결력	·합리적 의사 결정과 사회적 행위의 실천교육
④ 21세기 초반	·세계화의 급진전 ·다문화 사회 진입 ·세계의 일일생활권	·지구촌 사회(global society) 구성원 역할 ·다문화 사회 주도	·의사 결정력 강화 ·세계 시민교육 자질 함양

2. 사회과 교육의 본질

1) 사회인식과 시민성 교육

사회과는 학생들이 합리적인 사회인식을 수행할 수 있도록 규명하는 점에 초점을 맞추어야 한다. 사회과는 인류 문명 전체에 대한 성찰을 시도하는 교과이다. 인류 문명은 시간적·공간적으로 맥락화된 상태이며, 지구라는 행성에서의 인류 문명이다. 인류는 자신을 에워싸고 있는 환경과의 관계 속에서 합리성을 실현하면서 독자적인 문명 체계를 형성하였다.

사회과는 교과의 일종으로 모종의 지적 안목을 형성시켜 주기 위해서 학교에서 가르쳐지고 있다. 사회과는 학습자가 사회현상에 대한 이해 방식, 사고방식 등을 발달시키는 데 기여하기에 적당한 사회인식 교과로서의 고유성을 가지고 있다. 올바른 사회인식을 통한 민주 시민성 교육이 특성이다.

사회과는 학습자가 합리적인 사회인식을 수행할 수 있도록 교육적 의도를 가지고 있다면, 이러한 사회인식의 효과를 밝혀 나가는 교과이다. 아울러 사회과는 인류의 문명 전체에 대한 세심한 성찰을 시도하는 교과이기도 하다. 사회 사상과 사회 현상을 바르게 보고 이를 규명하는데 초점이 있다.

그런데 오늘날 이와 같은 문명 체계가 순기능적으로 진화하지는 못하고 있다. 인류가 문명의 주인임에도 불구하고, 역으로 이 문명 때문에 인류가 공멸할 우려가 있음에 주목하여야 한다. 인류 문명의 획기적 발명이라는 총(銃)이 역설적으로 수많은 인명을 살상하였으며, 핵무기가 인류의 평화 및 평안과 복지를 지향하기보다는 인류의 멸망을 위협하고 있음이 이를 반증한다. 산업화와 물질문명의 발달로 인한 환경오염으로 생태계가 파괴되어 인류가 위기에 봉착한 점도 이와 궤(軌)를 같이하는 것이다.

결국 인류는 자신들이 만들어 온 문명이라는 운명을 합리적으로 다루어야 할 처지이며, 사회과는 이러한 점을 해결하기 위하여 지성 함양을 도모하고 있는 것이다(남호엽, 2008: 10−12). 오늘날 사회과 교육이 환경보전과 지속가능한 발전을 어떻게 조화롭게 추구하느냐의 딜레마에 빠져 있는데, 이를 슬기롭게 극복하는 데에 초점을 두어야 하는 과제를 안고 있다. 자연보호, 생태보전과 국토 개발이라는 두 개의 현실 및 가치문제에 대한 갈등 해결의 과제에 직면했기 때문이다.

한편, 합리적인 사회인식은 새로운 문화의 탄생가능성을 내재하고 있다. 합리적인 사회인식이 지적 탐구과정의 산물이라고 할 때, 이러한 탐구는 개방적 사고의 가능성에 기초한다. 사회인식의 제고와 고양은 이미 이루어진 것을 일방적으로 단순 재생산하는 것이 아니라, 비판적 검토와 대안의 모색이라는 창조성의 경지를 고려한다. 즉 사회인식의 과정은 지성적 사고와 태도에 기초하여 의미를 부여하는 과정이며, 이 과정은 생성과 변이의 가능성을 포함하고 있다. 사고의 결과를 맹목적으로 추종하는 것은 합리적 사회인식과는 괴리(乖離)가 존재하며, 사고과정을 존중하는 상태에서 기존 입장의 변형가능성을 허용하고 있다. 사고 방법, 인식 방법은 상대적 자율성을 확보하고 새로운 인식 환경에서 기존 입장으로 환원할 수 없는 의미의 탄생이 가능하다.

이와 같은 입장을 전제하면, 사회과 교육의 목적에서는 시민성 함양이 본질이 된다. 시민성은 민주 시민으로서의 바람직한 소양을 의미하며, 이는 곧 '민주적인 마음 상태(democratic mind)'를 의미한다. 합리적인 마음의 함양을 위하여 교과가 존재한다면, 사회과는 그러한 여러 가지 마음 중에서 '민주적인 마음'의 발달에 관여하고 있다.

이와 같은 점을 바탕으로 미국사회과교육협의회(National Council for Social Studies: NCSS)는 사회과의 본질을 다음과 같이 들고 있다(공주교육대학교 초등교육연구소, 2003: 110-114).

첫째, 사회과는 시민으로서의 유능함을 길러 주는 교과이다. 일반적으로 '민주 시민으로서의 유능함'이란, 사회 구성원으로서 바람직한 자질과 능력을 겸비한 상태를 의미하는 것이다. 즉 현실 사회생활을 원만하게 영위할 수 있는 자질과 능력, 그리고 가치·태도 등을 두루 겸비한 사람을 의미한다.

둘째, 사회과는 통합 교과이다. 이는 한 학문 내에서만 통합하는 것이 아니라 다양한 학문 간의 통합, 지식·기능·가치·태도 등 영역 간 통합 등을 두루 포함하고 있다. 통합을 강조하는 것은 사회과에서 기르고자 하는 민주 시민적 유능함, 즉 문제 해결력, 올바른 사회인식, 합리적 의사 결정력 등을 기르는 데 필수적이라고 보기 때문이다.

셋째, 사회과는 학생들이 각 학문에서 확립된 지식과 태도를 구성해 나아가도록 도와주는 교과이다. 사회과의 기반을 이루는 사회과학에는 특유의 개념과 방법이 있다. 학문상의 개념과 당해 학문의 고유한 시각을 학생들이 습득해 나아가도록 돕는 것이 사회과의 주요한 본질 중 하나로 보고 있다. 사회과에서의 지식은 개념 하나하나를 이해시키는 데 중점이 있는 것이 아니라 사회를 이해하는 데에 얼마나 도움을 주는가에 초점을 맞추어야 한다고 보고 있다.

모름지기 민주 시민은 사회 속에서 살아가면서 사회현상에 대한 법칙적 이해를 수행하고, 개인의 자유와 책임, 의사 결정 등과 관련하여 발생하는 가치 판단의 문제를 해결할 수 있다. 사회과는 '사회현상에 대한 법칙적 이해와 가치 판단의 문제 해결'이라는 교육적 과제 해결을 위하여 학교교육에서의 고유한 위상을 확보하고 있다(남호엽, 2008: 10-12).

민주 시민으로서 합리적인 의사 결정을 하기 위해서는 많은 지식과 능력, 기능 등이 필요하며, 타인을 존중하고 이해하며, 배려하는 마음이 필요하다. 시민적 자질을 구성하는 요소는 매우 다양하다. 바아 등(Barr et al, 1977)은 시민적 자질의 핵심인 의사 결정 능력의 구성 요소로 지식의 습득, 정보 처리 능력, 가치 분석, 지적 능력, 가치 명료화 능력 등을 제시하고 있다. 그리고 미국사회과교육협의회(NCSS, 1994)와 한국의 2009년 개정 사회과 교육과정에서는 지적인 면(지식·이해), 기능적인 면(기능, 능력), 정의적인 면(가치·태도) 등을 구분하여 제시하고 있다. 이와 같은 사회과 목표로서 시민적 자질에 관한 개념 정의는 다양하지만, 구체적 내용에 관한 견해들은 시민 행동, 사회 참여를 기능이나 가치·태도 영역에 포함시키느냐 분리하느냐의 차이일 뿐 기본적으로 지식, 기능, 가치·태도라는 세 가지 목표 요소는 대체적으로 대동소이하다고 할 수 있다(최용규 외, 2008: 50-53).

<표 2> 사회과의 민주 시민적 자질 구성 요소

학자(학회)	시민적 자질 주요 구성 요소
Massialas & Cox.(1966)	인지적 능력, 참여적 능력, 정의적 능력 등
Barr et al.(1977)	지식의 습득, 정보 처리 능력, 가치분석, 참여 등
Kaltsounis.(1979)	지식, 사회적 가치, 지적 능력, 가치명료화 능력, 사회적 능력 등
NCSS(1994)	지식, 기능, 가치·태도 등
한국 교육과학기술부(2007)	지식, 기능, 가치·태도 등

출처: 최용규 외, 2008: 51.

2) 성립기 전통적 사회과와 신사회과

사회과의 본질과 관련하여 사회과의 초기 시발점인 1916년 성립기의 사회과와 1960년대-1970년대 신사회과(new social studies)는 중요한 시사점을 준다.

1916년 미국교육협회(NEA)의 보고서에 '중등학교에서의 사회과(The Social Studies in Secondary Education)'라는 제목으로 사회과의 아이디어를 제시하였다. 이 아이디어는 기존의 역사 교육 형식에서 벗어나, 교과의 접근 방식에서 새로운 접근 논리를 선보였다. 사회과 주창자들은 사회 개선과 사회 복지의 차원에서 학교 교과가 기여할 수 있는 바를 모색하였고, 이 교과는 교육 내용과 교육 방법 측면에서 기존 교과와는 다른 차원이었다.

사회과는 시민성 함양을 위해서 학습자의 경험 세계에 자리한 공적인 쟁점 혹은 사회문제 등을 교육 내용으로 선정하고, 이 내용에 대한 간학문적 접근을 시도하였다. 교육 방법 측면에서는 학습자의 반성적 사고과정을 존중하도록 하였다. 반성적 사고과정은 성찰(省察)과 같은 의미로 전통적으로 사회과 교육 방법의 기본적인 경로로 설정되었다. 사회과는 그 출발에서부터 학습자들의 관심과 흥미를 존중하면서, 학습자들의 참여 활동을 매우 중시하는 교과인 것이다. 즉 사회과는 그 탄생에서부터 독특한 교육과정 철학을 반영하면서 교과로서의 정체성을 가지고 있는데, 그 당시 그릇된 교과교육 풍토를 혁신하자는 교육 개혁의 논리를 표방하고 있다. 지나치게 교과 중심적인 교육과정에서 탈피하여, 실질적으로 학습자의 정신세계에 지적 안목을 형성시켜 줄 수 있는 방안을 모색하였고, 이 점이 결국 새로운 사회과를 탄생시킨 것이다.

사회과는 진보주의 교육 사조 속에서 탄생한 교과로서, 특히 사회과학보다 사회생활을 강조하는 입장이었다. 교육은 교과(학문)를 가르치는 것이 아니라 학생 활동(생활)을 가르치는 것이라는 진보주의 교육철학의 산물이 곧 사회과이다.

  그러나 진보주의 교육철학의 결점을 비판하면서 본질주의 내지 실재주의 교육철학이 대두되자 사회과에 변화가 일기 시작하였으며, 실재하는 지식인 사회과학의 지식 체계를 강조하게 된 것이다. 실제로 1950년대 말부터 일어난 학문 중심 교육과정 개혁 운동은 사회과의 본질적 성격을 사회생활과보다는 사회과학과로 옮겨 가게 한 계기가 되었으나, 1970년대 초부터 대두된 인간 중심 교육과정의 영향으로 사회과는 다시 사회과학보다는 사회생활에 초점을 맞추게 되었다(강환국, 2005: 12 – 13).

  물론 사회과가 탄생하고 널리 확산되면서 출범 당시의 의도가 온전히 준수된 것은 아니다. 1916년 성립기 당시의 사회과가 표방한 학습자 중심 교육관은 왜곡된 학생 중심 교육으로 변질되어 교육적 적절성을 상실한 경우가 존재하였다. 이러한 왜곡된 현실의 핵심은 학습자의 관심, 흥미를 존중하다 보니 교과 수업에서 무엇을 가르치고 배워야 하는지에 논란을 야기하였다. 즉 사회과를 통하여 학생들이 배워야 할 것을 제대로 배웠는지 교육적 수월성에 대한 의구심이 발생한 것이다.

  1960년대 이후의 신사회과 운동(New Social Studies Movement)은 이와 같은 의구심에 바탕을 둔 교육 혁신의 움직임이었다. 신사회과는 사회과 개혁 운동으로서, 교육 내용은 역사학과 사회과학의 구조이며, 교육 방법은 학자들의 탐구 방식을 학습자가 동일하게 수행하는 과정이다. 시민성 함양이라는 사회과의 근본적 목적을 학습자들이 사회과학적 탐구를 통해서 사회현상을 인식할 때 비로소 실현될 수 있다는 입장인 것이다. 학습자들이 사회현상을 과학적으로 인식하는 과정을 통해서 그들의 정신세계는 지적인 안목을 가질 수 있고 당면한 과제를 잘 해결할 수 있다는 것이다. 따라서 신사회과는 경험 중심 사회과의 전통을 왜곡시킨 사회과의 풍토를 바로잡으려는 의도를 반영하고 있으며, 학문 중심 교육과정 사조(思潮)의 아이디어를 적극 수용하고 있다(남호엽, 2008: 18 – 19).

3. 사회과 교육의 의의

  교과(敎科)의 역사는 그리스의 칠자유과(七自由科)인 문법, 수사학, 변증법(논리학), 산술, 음악, 기하, 천문학 등에까지 거슬러 올라간다. 이렇듯이 교과는 "학교교육의 달성을 위하여 인류의 문화유산을 교육적 관점에 따라 체계적으로 나누어 편성한 교육 내용의 단위"라고 할 수 있다. 사회과는 역사, 지리, 일반사회 등 핵심 내용 영역에서 이들 세부 내용 영역을 나누는 기본 단위이다. 그런 의미에서 본다면 전통적인 교과의 의미는 과목과 별다른 차이가 없다. 사회과는 여타 교과들과는 다른 특이한 성격을 갖고 있다. 교과를 내용 구분 단위로 보았을 때, 사회과는 오히려 역사, 지리, 정치, 경제, 사회, 문화, 심리 등 여러 교과를 연합해 놓은 형태로 볼 수 있다.

  사회과는 이와 같이 교육 내용 중심으로 분류한 교과의 개념보다는 내용을 학습자의 성장과 발달에 도움이 되도록 재구성한 교과라고 볼 수 있다. 내용과 방법의 재구성과 지역화가 사회과 교육의 특징인 것이다. 근대 교육의 교과 개념에 바탕을 둔 교과가 곧 사회과인 것이다. 근대 교육의 최고 목적이 민주 시민성 함양이라고 볼 때, 사회과의 교과 의미는 더욱 분명해진다. 즉 민주 시민성을 함양하기 위하여 전통적인 교육 내용 구분의 교과 분류에서 벗어나 실제 시민성 교육에 적합하도록 재구성한 것이 곧 사회과인 것이다.

2007년 개정 교육과정 영역은 교과, 재량활동, 특별활동 등 세 꼭지이다. 그리고 2009년 개정 교육과정은 교과, 창의적 체험활동 등 두 꼭지이다. 우리들은 1학년, 재량활동, 특별활동 등을 통합하여 '창의적 체험활동'을 편성하였다. 그중 교과로서의 사회과 내지 사회과 교육을 단선적으로 의미 규정을 하기는 어렵다. 사회과 교육은 인간이 하나의 문화 구성체를 형성하여 일상의 살아가는 현상을 교육 내용으로 담은 교과이다. 사회과는 구체적인 생활 모습이 아닌 종합적인 생활 모습을 대상으로 한다. 구체적인 생활을 대상으로 할 경우에는 다른 교과 영역이 된다.

사회과의 터전인 사회는 또다시 접근법에 따라 공간적 사회(지리적 영역), 시간적 사회(역사적 영역), 그 밖의 다양한 시각으로 인간생활 모습(일반사회적 영역)을 그려 볼 수 있다. 이와 같은 접근법에 따라 다양한 하위 영역으로 세분화할 수 있다. 따라서 인간생활의 모든 모습이 사회과 속에 포함된다고 할 수 있다. 과학이 자연의 과학적 현상을 가르치는 교과라면, 사회과는 과학을 바탕으로 형성하는 사회화 현상까지도 교육내용에 포함하게 된다. 오늘날 정보 사회를 이끄는 컴퓨터를 운용하는 지식은 컴퓨터학에 해당한다. 그리고 컴퓨터에 의해 많은 지식이 축적(蓄積)되고 그에 따라 사회는 일정한 방향으로 발전하게 된다. 이와 같이 컴퓨터에 의해 나타나는 사회화 현상은 사회과에서 다루어질 수 있다. 결국 특수한 전문성의 학문, 예술 등도 모두 사회와 연결되면서, 사회과학이라는 소화 통로를 통과한 후에는 교육학적으로 사회과에 모두 흡수될 수 있다.

사회과 교육은 사회화 현상에 대한 지식이나 그를 토대로 한 사회적 능력을 배양하는 영역이다. 과거에는 인간이 살아갈 수 있는 어떤 생활 수단만을 터득하면 인간의 중요한 목표를 달성하였다고 인식하였다. 즉 기능주의 교육을 중시한 것이다. 그러나 현대는 생활 수단만이 아니라, '어떠한 인간이 되어야 하는가' 라는 매우 포괄적이고 고차원적인 명제를 교육목표로 생각하게 되었다. 그것은 사람의 능력 가운데 이른바 암묵지라는 것이 있음을 인식하게 되었기 때문이다. 분명하게 드러나는 지식이나 기술도 중요하지만, 그 형체나 실체가 분명하게 드러나지 않는 잠재되어 있는 능력도 그에 못지않게 중요한 것으로 인식하게 되었다. 그리하여 인간은 종합적이고 구조적으로 사회의 변화상을 인식하고, 그에 효과적으로 적응하며 활용하는 능력을 오히려 더 높은 차원의 능력으로 평가하게 되었다.

사회에 효과적으로 적응하기 위해서는 인간의 사회활동과 관련되는 다양하고 많은 지식을 가질 필요가 있다. 사회의 구성 원리, 사회구조의 내용, 사회의 작동 등 사회화에 필요한 것은 인간이 창안한 모든 지식이 필요하다. 그래서 사회과에는 가능한 한 많은 구조적 지식을 포함할 필요가 있다.

사회과 교육은, 미래의 주인공인 오늘의 학생들이 장차 그들이 접할 사회에서 성공적인 사회인이 되기를 기대하고 사회과학 내용을 가르치는 교과이다. 각 교과는 각기 특유의 교과 목표가 있는데, 이 가운데 사회과는 인간의 사회적 능력을 배양하는 데 주력하는 교과이다.

사회 구성원으로서의 개인이 사회생활을 원만히 하기 위해서는 여러 가지 갖추어야 할 조건들이 있다. 참여하는 사회의 성격을 잘 파악하고 있어야 하며, 주변 사회 구성원들과의 원만한 인간관계, 그리고 사회에 지적으로 적응할 수 있는 다양한 소양을 갖추어야 한다. 그 밖에 도덕성, 규범성, 판단력, 참여 태도 등이 필요하다.

사회과학은 인간과 인간 사이의 관계 문제를 주제로 삼고 있다. 인간 사이의 관계 문제는 다른 어떤 관계 문제보다 훨씬 많은 변인이 작용하여 매우 복잡하다. 따라서 이에 효과적으로 적응하기란 매우 어렵다. 그러나 인간은 사회를 떠나서는 자아를 존립시킬 수 없고 실현·성취할 수도 없는 사회의 한 구성원이다. 사람은 더불어 살아가는 것이며, 자신을 성취한다고 하는 것은 사회 속에서 자신의 인생 목표를 성취한다는 뜻이다. 사회과는 어떤 문학가의 훌륭한 작품이 아니다. 결국 훌륭한 작품이 되기 위해서는 사회 속에서 인정되어야 한다. 지도자나 성인들이 주장하는 많은 가르침도 사회 사람들에게 받아들여졌을 때 비로소 의미와 가치가 있는 것이다. 작가와 독자, 지도자나 성인과 일반 시민의 만남이 이루어지는 것이 곧 사회화이며, 만나서 이루어진 관계 현상이 사회이다. 결국 사회 참여는 나의 존립과 나의 성취를 위해서 반드시 필요한 것이며, 얼마만큼 사회 참여가 적극적인가에 따라, 자신의 성취 정도가 적극적인가에 따라 자신의 성취 정도가 다르게 나타난다.

사회과 교육은 사회과 내용을 통해서 사회에 대한 인식과 이해를 바르게 하여 사회현상과 사회화 특징을 파악하고 사회적 능력을 신장시키는 교과교육 활동이라고 할 수 있다.

교과로서의 사회과는 학습자의 요구, 학문의 발달, 시대 요구의 변천 등에 따라 탄력적으로 정의될 수 있다. 교과로서의 사회과는 20세기의 산물이며 미래 사회에서는 어떤 모습, 어떤 형태로 변모될지 단정하기 어려운 입장이다. 다만, 분명한 사실은 세계화·정보화 시대인 21세기 미래의 사회과, 사회과 교육의 모습은 과거나 현재보다 훨씬 더 발전될 것이라는 점이다.

4. 사회과 교육의 성격과 특징

1) 사회과 교육의 성격

사회과는 사회과학의 제 영역이 지니고 있는 지식과 탐구 방법 체계를 학교의 교육 목적과 학생들의 발달 수준에 따라 통합하여 편성한 교과이다. 사회과는 국가와 사회가 필요로 하는 바람직한 시민을 기르는 것을 목적으로 하고, 사회적 사실과 현상을 탐구 대상으로 하는 교과이다. 사회과는 학생들에게 직·간접적으로 대면하는 사회의 실상과 현상들을 파악하게 하여 그 사회에서 바람직하게 살아갈 수 있는 시민을 육성하는 교과이다(진영은·조인진, 2008: 217-220).

사회적 사실과 현상을 파악하는 것을 사회인식이라고 하며, 이러한 점에서 사회과를 사회인식 교과라고 한다. 사회인식은 사회적 사실과 현상의 본질을 객관적으로 파악하는 것이지만, 동시에 자아실현은 사회 속에서의 자기 인식을 동반하는 것이다.

사회과는 보는 관점과 시각에 따라 사회과학을 가르치는 교과로 보고 사회과학적 지식의 구조를 강조하는 입장, 민주 시민의 자질을 양성하는 교과로 보아 사회생활을 강조하는 입장, 그리고 이 양자(兩者)를 통합하여 사회과학을 가르침으로써 민주 시민을 육성하는 교과 등으로 성격 규정을 할 수 있다.

사회과는 사회생활에 필요한 지식과 기능을 익혀서 이를 토대로 사회현상을 올바르게 인식하고 민주 사회 구성원들에게 요구되는 가치와 태도를 지님으로써 민주 시민으로서의 자질을 갖추도록 하는 교과이다. 사회과에서 육성하고자 하는 민주 시민은 사회생활을 영위하는 데 필요한 지식을 바탕으로 인권 존중, 관용과 타협의 정신, 사회 정의의 실현, 공동체 의식, 참여와 책임 의식 등 민주적 가치와 태도를 함양하고 나아가 개인적·사회적 문제를 합리적으로 해결하는 능력을 길러서 개인의 발전은 물론 사회, 국가, 인류의 발전에 기여할 수 있는 자질을 갖춘 사람이다(교육인적자원부, 2007: 2−3).

사회과는 학문명과 교과명이 일치하지 않는 교과이다. 다른 교과가 주로 단일 학문을 배경으로 하지만, 사회과는 다양한 사회과학을 배경으로 하는 통합 교과이다. 특히, 사회과는 인간의 사회생활을 원만하게 영위하는 데 관련되는 다양한 사회 사상을 주된 내용으로 하면서, 민주 시민의 자질 육성을 목적으로 한다. 이와 같은 사회과의 일반적 성격을 요약하면 다음과 같다(한면희 외, 1988: 18−21).

첫째, 사회과는 올바른 민주 시민적 자질을 길러 주는 교과이다. 사회과의 가장 전통적이고 고유하며 최종적인 목적이 민주 사회를 원만하게 살아갈 수 있는 바람직한 민주 시민 양성에 있다는 점은 사회과 교육의 본질과도 밀접하게 관련되는 것이다. 우리가 바라는 바람직한 민주 시민이란 현대 사회의 주권자로서 자신의 권리와 책무를 다하는 현명하고도 건전한 민주 시민을 의미하는 것이다.

둘째, 사회과는 사회생활에서 접하는 다양한 사회 사상(社會 事象)을 학습의 대상으로 하여, 다양한 인간관계를 이해시키는 교과이다. 그러하기 위해서는 개인과 개인, 개인과 집단, 집단과 집단, 인간과 자연, 인간과 사회의 관계를 올바르게 인식하도록 하는 데 중점을 두어야 한다. 즉 학생들로 하여금 사회 사상을 바르게 볼 수 있는 안목을 갖게 도와주는 것이 중요하다. 그러므로 학생들이 사회현상에 대한 보편적인 개념이나 원리의 이해는 물론, 특수 상황에 대한 자기 나름대로의 인식이 제고되도록 지도하여야 한다. 사람과 사람 사이의 원만한 관계 정립과 실제 생활 영위의 바탕을 다지는 데 사회과 교육의 초점이 있다.

셋째, 사회과는 학생들의 개인적·사회적 자아실현을 원만하게 이루어 갈 수 있도록 돕는 교과이다. 사회과는 학생들로 하여금 자신이 속한 사회의 구성원임을 자각하게 하고, 자신과 타인과의 관계를 이해하며, 자아실현과 자기 평가를 통해서 가치를 내면화하도록 하여야 한다. 즉 자신과 타인의 상호작용 속에서 스스로 사회화되어 가고 있으며 가정, 고장, 지역, 사회, 국가, 지구촌 세계 등 여러 사회 집단 속에서 자기의 역할이 무엇인가를 인식하여 올바른 사회생활을 영위해 갈 수 있도록 도와주어야 한다.

넷째, 사회과는 학생들의 반성적 사고력, 사회적 비판 능력, 집단생활에의 참여 능력 등을 신장시키는 데 중점을 두는 교과이다. 사회과는 사회적 사실과 현상에 대한 지식을 발견, 적용하는 데 필요한 사고력의 신장을 강조한다. 사회과는 학생들에게 사회적으로 의미 있고 관심 있는 문제와 쟁점을 다룸으로써, 장차 그들의 이러한 문제를 해결할 수 있는 사고력과 의사 결정력, 상호 협동력 등을 신장시키려는 교과이다. 특히, 지식기반사회, 정보화·세계화 시대를 맞아 세계 시민적 자질과 소양 함양도 중요한 사회과의 목표가 되었다.

다섯째, 사회과는 사회과학을 비롯한 광범위한 분야의 자원으로부터 학습 요소를 선정하고 활용한다. 사회과는 인간과 환경에 대한 학습이 주류를 이루고 있다. 정치학, 경제학, 사회학, 문화인류학, 법학, 윤리학, 심리학, 역사학, 지리학 등 제 사회과학은 사회과 교육에 필요한 지식과 방법적 요소를 제공해 주는 주요 자원이다. 그 외에 광범위한 사회 분야와 기타의 학문으로부터 현대 사회의 복잡한 여러 가지 문제와 쟁점에 관한 학습의 소재와 해결 방법을 찾아서 활용하지 않으면 안 된다.

특히, 오늘날과 같이 사회가 복잡다기화(複雜多岐化)된 현대 사회에서는 시대적 변화와 요구를 적극 반영하여야 한다.

여섯째, 사회과는 사회현상에 관한 지식과 관련된 제반 가치·태도의 변화를 추구하는 교과이다. 인간이 다양한 사회문제를 해결해 가기 위해서는 중요한 것이 사회현상에 관한 지식이다. 이러한 문제 해결에는 자신의 가치·태도를 분명히 하는 것이 전제되어야 한다.

일곱째, 사회과는 종합적이며 통합적인 교과이다. 사회과는 다른 어느 교과보다도 여러 영역에 걸친 내용을 다룬다는 의미에서 종합성을 띠고 있으므로 사회현상에 대한 분석적 관점과 종합적 접근이 동시에 고려되어야 한다.

사회과는 지리, 역사 및 제 사회과학의 개념과 원리, 사회제도와 기능, 사회문제와 가치, 그리고 연구 방법과 절차에 관한 요소를 통합적으로 선정, 조직하여 사회현상을 종합적으로 이해하고 탐구한다. 또 사회과에서는 우리의 삶의 터전인 국토의 이해를 바탕으로 우리 민족의 역사와 활동에 대한 종합적인 파악과 현실에 대한 역사적인 시각에서의 이해 및 한국인으로서의 정체성과 세계 시민으로서의 가치, 태도 등에 관한 요소를 중시한다.

사회과는 다양한 정보를 활용하여 사회현상에 관한 지식을 발견하고 문제를 해결하는 데 필요한 비판적 사고력, 창의력, 판단 및 의사 결정력 등의 신장을 강조한다. 이를 위해서 다양한 탐구 방법을 활용하여 학습자 스스로 학습하는 기회를 제공하고, 흥미와 관심을 고려하여 개개인의 수준에 적합한 경험을 제공하는 효율적인 교수·학습 전략을 지향한다. 그리고 학교 특성에 따라서 지역성과 시사성을 고려하여 지도한다(교육인적자원부, 2007: 2-3).

사회과는 학습자의 성장 발달 정도와 사회·문화적 경험을 고려하여 학교급별로 주안점을 달리한다.

첫째, 초등학교에서는 학생들이 주변의 사회적 사실과 현상에 대하여 관심과 흥미를 가지며, 생활과 관련된 기본적 지식과 능력을 습득하고, 창의적인 자세로 일상생활을 할 수 있도록 한다. 이를 위하여 학생들은 사회적 사실과 현상을 이해하는 데 필요한 기본적인 사실과 개념을 배우고, 이를 자신의 주변 환경이나 문제에 적용할 수 있는 사고력을 지녀야 한다. 또 이러한 지식과 사고를 사회적 행동으로 실천할 수 있는 적극적인 태도를 길러야 한다. 초등학교 사회과에서는 생활에서 항상 접하는 주변과 고장을 중심으로 하여 학생들이 주변의 사회적 사실과 현상에 대하여 관심을 가지고, 흥미를 느끼며, 생활과 관련된 기본적 지식과 능력을 습득하고, 창의적인 자세로 일상생활을 할 수 있도록 하는데 초점을 맞추고 있다. 특히, 초등학교 사회과에서는 사회적 사실과 현상을 이해하는 데 필요한 기본적인 사실과 개념을 배우고, 이를 자신의 주변 환경이나 문제에 적용할 수 있는 사고력을 지니도록 하며, 이러한 지식과 사고를 사회적 행동으로 실천할 수 있도록 올바른 가치와 적극적인 태도를 기르는 데 주안점을 두고 있다(교육과학기술부, 2008: 308).

둘째, 중학교에서는 초등학교에서의 학습을 바탕으로 각 영역에서 중요시하는 지식의 과학적 절차에 의하여 발견, 적용하고 개인적·사회적 문제를 해결하는 능력을 길러서 공동생활에 자발적으로 참여하는 시민 정신을 발휘하게 한다.

셋째, 고등학교에서는 초등학교와 중학교에서 습득한 지식과 능력을 바탕으로 사회현상을 종합적으로 이해하며 비판적 사고와 합리적인 의사 결정 능력을 함양하여 사회에서 발생한 공동의 문제를 해결하는 데에 적극적으로 참여하는 시민 의식을 기른다.

2) 사회과 교육의 특징

(1) 일반적 특징

기본적으로 인간과 시간(역사 영역), 인간과 공간(지리 영역), 그리고 인간과 사회(일반사회 영역) 등에 관한 현상을 연구하는 사회과 교육은 그 성격상 다음과 같은 핵심적인 특징을 갖는다.

첫째, 사회과 교육은 사회의 주역인 인간이 당면한 사회적 문제를 대상으로 한다. 인간이 모여서 삶을 영위하는 공간이 곧 사회이다. 이러한 사회에서는 여러 가지 사회문제가 발생하기 마련이다. 인간과 사회가 당면하고 있는 가장 중요한 문제는 사회과 교육의 가장 중요한 내용을 이룬다. 사회과 교육의 정의가 무엇이든 사회과의 가장 큰 특징은 그것이 시대적인 사회문제 및 사회적 특징과 밀접하게 관계되어 있다는 점이다. 이러한 문제는 시대와 장소에 따라서 다른 것이므로 사회과의 교육 내용도 달라진다. 대략 과거 산업화 시대의 산업화와 개발, 민주주의와 인권 신장, 제2차 세계대전 후의 근대화와 개발도상국의 사회문제, 그리고 오늘날 세계적으로 인류가 공통적으로 당면하고 있는 문제들은 전쟁에서 오는 인류의 전면적인 파괴, 환경오염에서 오는 생존 위협, 인구 증가와 식량 부족의 문제, 가치관의 전도, 가치 갈등에 따른 아노미 현상 등 인류의 생존 그 자체에 대한 위협과 비인간화의 문제로 집약할 수 있을 것이다.

또 대부분의 국가에서는 근대화·현대화 과정에서 오는 급격한 사회 변동 때문에 전통적인 문화와 근대적인 문화의 양극 사이에서 심각한 가치관의 갈등과 대립을 경험하고 있다. 일부에서는 어떠한 규범을 좇아야 할지가 분명하지 않아 방황하는 현상이 나타나고 사회 해체 현상마저 일어나고 있다. 이러한 문제들은 사회과 교육의 중요한 관심이 되어야 할 것이다.

둘째, 사회과 교육은 국가적 및 사회적 여건과 환경의 지대한 영향을 받는다. 사회과 교육은 정치적 성향을 띠고 있다. 그러므로 사회 및 국가의 상황, 시책 등으로부터 민감하게 영향을 받는다. 국가 및 사회가 처해 있는 상황에서 중요하다고 생각하는 내용이나 가치들을 학교에서 가르치도록 요구받게 되는 경우가 많이 있다. 때로는 정치적 사회화의 중요한 수단이 되는 것이다. 사회과 교육은 국가적 및 사회적 환경에 따라 중요한 가치를 학교에서 가르치도록 요구받는 경우가 많으며 이는 특히 사회과에서 강조되고 있으며 사회과 교육은 구체적인 사실의 암기와 같은 단편적인 지식의 습득보다는 문제를 근본적으로 이해할 수 있고 주어진 환경에서 문제를 합리적으로 해결할 수 있는 능력과 고급 사고력 신장 등을 강조한다.

우리나라에서 1945년 해방 후~1950년대의 반공, 방첩, 1960년대~1970년대의 시월 유신(十月 維新)과 한국적 민주주의, 1980년대 제5공화국의 사회 정의, 문민정부, 국민의 정부 출범 이후 정보화 사회에 대한 교육, 세계화 교육, 민주 시민 교육, 세계 시민교육, 참여 정부의 혁신교육과 분배교육, 2008년 출범한 이명박 정부의 학교 및 교육 자율화와 실용주의 각종 정책 등이 한국의 사회과에서 강조되고 있는 것 역시 같은 이유에서인 것이다. 사회과 교육에서 구체적인 정보의 암기나 단편적인 지식의 습득보다도 문제를 근본적으로 이해할 수 있고 주어진 상황에서 가장 바람직하게 해결할 수 있는 능력이나 사고력이 강조되는 것은 이 때문일 것이다. 제7차 교육과정에서 세계화 교육, 세계 시민교육 등이 강조되고, 2007년 개정 교육과정과 2009년 개정 교육과정에서는 역사(국사)교육, 한국 정체성 교육, 배려와 섬김의 교육 등이 특히 강조되고 있는 것과도 밀접하게 관련되는 부분이다.

셋째, 사회과 교육은 학문적인 배경과 과목의 이름이 동일하지 않은 교과이다. 국어과 교육, 수학과 교육 등은 교과명에 담고 있는 학문명을 표시하고 있으나 사회과 교육은 그렇지 않다. 사회과 교육은 사회과학과 행동과학을 학문적으로 교수하는 것이 목적이 아니라, 이들 사회과학의 학문을 기초로 하여 시민생활에 필요하다고 생각되는 내용을 교과로서 학습할 수 있도록 재조직한 것이다. 따라서 사회과학적인 방법을 이용하여 구체적인 사실로부터 일반적인 원칙을 발견할 수 있는 능력의 향상에 중점을 두어야 하며 이러한 일반 원칙으로부터 구체적인 사회생활을 설명하여야 하는 것이다. 사회과학이 각각 하나의 학문으로서 원리, 법칙 등의 탐구를 규명하는 데 비하여, 사회과 교육은 교과의 하나인 사회과를 통하여 민주 시민 교육, 바람직한 사람 육성, 인간다운 인간 양성 등에 초점을 맞추고 있다.

실제, 인간과 사회에 관한 연구는 정치학·경제학·사회학·인류학·법학 등 여러 가지 사회과학이 있지만, 사회과는 이러한 사회과학이나 행동과학을 학문적으로 교수하지 않고, 이들의 기초 위에서 시민생활에 필요하다고 생각되는 내용을 초등학교에서 학습할 수 있도록 재조직한 것이다. 특히 최근에는 사회학이나 인류학이 인간과 사회의 문제를 이해하는 데 커다란 업적을 이룩하고 있으므로 정치학이나 경제학 이외에 사회학·인류학·심리학 등이 사회과의 중요한 내용을 차지해 가고 있다. 이들의 사회과학적인 또는 행동과학적 연구방법론도 사회과의 학습 방법에 중요한 영향을 미치고 있다. 이러한 사회과의 종합학문적인 성격은 사회과 교육을 담당하는 교사들에게 사회과학이나 행동과학의 다양한 학문적인 배경과 함께 교육학적인 연구를 요구하고 있다.

이것은 사회과의 주요한 영역을 차지하고 있는 역사의 경우에도 마찬가지라고 생각된다. 역사는 사실을 구체적으로 서술하는 것을 학생들에게 가르칠 뿐만 아니라, 사회과학적인 방법을 이용하여 구체적인 자료로부터 일반적인 원칙을 발견할 수 있는 능력의 향상에 강조점을 주어야 할 것이다. 또 지리 내용에서는 인간이 자연환경을 어떻게 이용하고 있는지에 대한 일반적인 서술, 즉 인간과 환경과의 관계에 대한 일반화를 시도하고, 그러한 일반적인 원칙으로부터 구체적인 우리의 생활을 설명할 수 있도록 해야 할 것이다. 여러 가지 사회과학들이 시민교육이라는 관점에서 조직되어야 하며, 이것은 앞으로의 사회과 교육의 중요한 과제로 등장하고 있다.

(2) 교과(학문)적 특징

(가) 본질 교과로서의 사회과

사회과는 사회적 효율성 운동이라는 맥락(脈絡)에서 개발된 것으로 전통적인 역사·지리를 중심으로 한 사실적인 지식의 전수가 아닌 산업 사회를 올바르게 살아갈 인간 형성, 시민 형성을 직접적인 목적으로 하는 교과라는 기본적인 성격을 갖는다.

21세기 현대 정보 사회의 입장에서 사회과는 바람직한 민주 시민 양성이라는 아주 기본적이고도 본질적인 역할에 충실하여야 한다. 일반적으로 사회과는 교육의 일반 목표와 구별하기 어려운 교과 목표를 가질 수밖에 없으며 내용 구성상의 난점(難點)은 있지만, 여타 도구 교과와는 달리 교육의 본질적인 목표를 추구하는 가장 본질적인 '인간 교육 교과'의 기능을 수행하는 교과라는 점을 간과

해서는 안 될 것이다(진영은 · 조인진, 2008: 217-220).

다만, 아쉬운 점은 2009년 개정 교육과정에서 형식상은 사회과에 일반사회, 역사, 지리가 통합되어 있으나, 실제적으로는 역사 과목이 독립 형태를 취하고 있어서 일반사회, 지리만 통합되어 있는 기형(奇形)을 보이고 있으며, 향후 지리 과목도 분리를 주장할 개연성을 내포하고 있다는 점이다. 따라서 이제 우리나라의 사회과도 60년 이상의 학문적 역사를 갖고 있는 이상 사회과의 통합, 즉 일반사회 · 역사 · 지리 과목의 바람직한 위상을 재고(再考)할 필요가 있다고 본다.

(나) 시민교육 교과로서의 사회과

일반적으로 사회과는 민주 시민적 자질을 육성하는 교과라는 데 동서고금(東西古今)의 모든 국가와 모든 사람들이 합의를 하고 있다. 물론 민주 시민적 자질의 개념을 어떻게 정의할 것인가와 시민적 자질 육성이라는 과정을 어떻게 설정할 것인가에 대해서는 완전한 합의를 이루지 못하고 있다.

사회과에서 추구하는 민주 시민적 자질은 포괄적인 사회 구성원으로서의 자질로 확대 해석하기보다는 정치적 공동체의 구성원으로서 적극적인 참여하에 합리적인 판단과 행동을 실행하는 인간이라고 할 수 있다. 이러한 인간의 육성은 직접적으로 특정 가치나 덕목을 주입해서 이루어지는 것이 아니라 과학적인 사회인식을 토대로 한 시민 교과라는 점에서 조명하여야 한다.

한국의 시민교육은 독특한 특징을 가지고 있음을 간과해서는 안 된다. 과거의 한국 시민교육은 정권에 의하여 전제적 획일교육, 집단적 국민교육, 신민교육(臣民 敎育), 이데올로기 교육 등 양상으로 왜곡되어 왔다. 심지어 반공교육이 시민교육으로 여겨지기까지 했다. 이러한 시민교육은 현대 시민 사회에 적합하지도 않을뿐더러 오히려 반시민사회적 · 반시민교육적이었다. 그렇기 때문에 이처럼 굴절되고 왜곡된 시민교육은 한국 시민 사회의 활성화에 기여했다기보다는 권위적인 국가 독재의 정당성 부여의 도구로 전락하고 말았다(강대현, 2008: 56-57).

특히 최근 세계화의 흐름 속에서 신자유주의적 · 신시장주의적 논리가 득세하면서 모든 것을 개인의 경쟁력에 초점을 맞추면서 또 다른 시민교육의 양상이 나타나고 있다. 분명한 점은 이러한 시민교육의 왜곡은 교육의 논리를 경제 논리로 대체하는 문제점을 내포하고 있으며, 교육이라는 숭고한 공공 영역의 상업화를 초래한다는 점을 간과해서는 안 될 것이다.

(다) 종합적 · 통합적 교과로서의 사회과

사회과는 특정 학문을 그 계통에 따라 교수할 목적으로 개발된 교과가 아니다. 사회과는 과학 논리보다 교육 논리를 우선하는 점이 명확한 특징이다. 따라서 사회과는 학문적 계통성보다는 경험을 중시하고 실제 사회생활과 사회문제를 종합적 · 통합적 시각과 관점에서 조직하여야 한다. 이는 신사회과 운동 이후 개별 사회과학의 구조와 체계를 강조하면서도 종합적 · 통합적 교과로서의 사회과의 기본적 성격과 구조는 변화 없이 일관성을 유지하고 있다.

사회과 교육은 다른 교과, 학문과는 달리 아주 다양하고도 종합적 · 통합적인 내용을 담고 있다. 그리고 다양한 방법과 접근을 필요로 한다. 정치학 · 경제학 · 사회학 · 문화인류학 · 법학 · 역사학 · 지리학 · 심리학 · 윤리학 등 전통적인 사회과학에다 최근에는 환경학 · 북한학 · 여성학 · 국제학 등을 사회과 교육에서 다루고 있다. 아울러, 이러한 교과 내용학으로서의 사회과학의 내용을 중심으로 지식, 기능, 가치·태도 등 다양한 영역을 취급하여야 하며, 방법 면에서도 아주 다양한 기법과 매체를 활용하여 학생 중심 교수·학습 활동을 전개하여야 한다. 사회과 교육은 다양한 학문적 내용과 성과를 사회생활과 연계하여 통섭·융합적으로 교수하여야 하는 것이다.

(라) 교수·학습 방법 중시(중심) 교과로서의 사회과: 실천적 지식, 방법적 지식 중시

사회과는 다양한 유형으로 분류할 수 있으며, 그 분류 기준 자체도 매우 다양하다. 내용과 방법 중 어디에 중점을 두느냐에 따라 사회과를 분류할 경우 사회과의 성격을 이해하는 데 중요한 시사점을 발견할 수 있다. 즉 초창기 경험주의 교육 이론에 치우쳤던 사회과나 학문 중심주의에 치우쳤던 신사회과, 그 이후의 사회과가 공통적으로 교수·학습의 방법 면을 중시하였다는 점에서 사회과는 기본적으로 방법 중시 교과라는 특징을 갖는다고 볼 수 있다. 특히 사회과에서는 이론적 지식보다는 방법적 지식에 큰 관심을 갖는다.

기본적으로 본질 교과인 사회과는 사회과학, 사회적 사실, 사회현상 등에 관한 내용의 인식과 이해(내용적 측면)도 중요하지만, 사회 탐구와 가치 탐구를 위한 다양한 교수·학습 방법의 창안과 적용(방법적 측면)이 더욱 중요한 교과인 것이다.

3) 교육과정상의 특징

2009년 개정 사회과 교육과정에서는 사회과의 성격을 통합적으로 규정하고 있다. 즉 사회과는 사회현상을 올바르게 인식하고 사회지식 습득과 사회생활에 필요한 기능을 익히며, 민주 사회 구성원들에게 요구되는 가치와 태도를 지님으로써 민주 시민으로서의 자질을 육성하는 교과이다. 사회과에서 기르고자 하는 민주 시민이란 사회생활을 영위하는 데 필요한 지식을 가지고 인권 존중, 관용과 타협의 정신, 사회 정의의 실현, 공동체 의식, 참여와 책임 의식 등 민주적 가치와 태도를 함양하고, 나아가 개인적·사회적 문제를 합리적으로 해결하는 능력을 기름으로써 개인의 발전은 물론 국가, 사회, 인류의 발전에 기여할 수 있는 사람이다.

사회과는 지리, 역사 및 제 사회과학의 개념과 원리, 사회 제도와 기능, 사회 문제와 가치, 그리고 연구 방법과 절차에 관한 요소를 통합적으로 선정·조직하여 사회현상을 종합적으로 이해하고 탐구한다. 특히 사회과에서는 우리의 삶의 터전인 국토에 대한 이해를 바탕으로 우리 민족의 역사와 활동에 대한 종합적인 파악과 우리 현실에 대한 역사적인 시각에서의 이해 및 한국인으로서의 민족적 정체성과 세계 시민으로서의 가치·태도 등에 관한 요소를 중시한다.

사회과는 다양한 정보를 활용하여 사회현상에 관한 지식을 발견하고, 문제를 해결하는 데 필요한 비판적 사고력, 창의력, 판단 및 의사 결정력 등의 신장을 강조한다. 이를 위하여 다양한 탐구 방법을 활용하여 학습자 스스로 학습하는 기회를 제공하고 흥미와 관심을 고려하여 개개인의 수준에 적합한 경험을 제공하는 효율적인 교수·학습 전략을 지향한다. 그리고 학교의 특성에 따라 지역성과 시사성을 적극 고려하여 지도하여야 한다(교육인적자원부, 2007: 2-3).

5. 사회과 교육과정상의 사회과 특색

1) 사회과의 개념 및 목적 측면

현행 '2009년 개정 사회과 교육과정'에서는 사회과를 "사회생활에 필요한 지식과 기능을 익혀서 이를 토대로 사회현상을 올바르게 인식하고, 민주 사회 구성원들에게 요청되는 가치와 태도를 지님으로써 민주 시민으로서의 자질을 갖추도록 하는 교과"라고 성격 정의를 하고 있다. 이는 사회과가 민주 시민으로서의 자질을 길러 주는 데 주도적 역할을 하는 교과라는 점과 사회생활에 필요한 지식, 기능, 가치·태도 등을 고르게 습득함으로써 다양한 사회현상을 이해하고 우리 사회를 바람직한 방향으로 견인하는 능력을 함양하는 교과라는 점을 강조한 것이다(교육과학기술부, 2008: 306-308).

사회과의 목적은 민주 시민으로서 사회생활을 할 수 있는 올바른 자질을 길러 주는 데 있다. 바람직한 민주 시민이란, "사회생활을 영위하는 데 필요한 지식을 바탕으로 인권 존중, 관용과 타협의 정신, 사회 정의의 실현, 공동체 의식, 참여와 책임 의식 등 민주적 가치와 태도를 함양하고, 나아가 개인적·사회적 문제를 합리적으로 해결하는 능력을 길러 개인의 발전은 물론 사회, 국가, 인류의 발전에 이바지할 수 있는 자질을 갖춘 사람"이라고 정의하고 있다. 이는 바람직한 민주 시민이 인간과 사회에 대한 기본적인 지식과 민주 사회 구성원들에게 요구되는 민주적인 가치와 태도, 나아가 개인·사회 문제를 합리적으로 해결할 수 있는 능력을 갖춘 사람이라는 점과 개인이 사회적으로 원만한 사회생활을 영위하고 자아실현과 더불어 사회와 국가의 발전과 번영에 이바지하며 궁극적으로는 세계 시민으로서 인류 평화와 발전에 이바지할 수 있는 사람이라는 점을 밝힌 것이다.

2) 사회과의 내용 선정 및 조직 측면

현행 '2009년 개정 사회과 교육과정'에서는 사회과의 내용 선정과 조직의 원칙을 "지리, 역사 및 제 사회과학의 개념과 원리, 사회 제도와 기능, 사회 문제와 가치, 그리고 연구 방법과 절차에 관한 요소를 통합적으로 조직한다."고 규정하고 있다. 즉 사회과의 내용 선정 및 조직 대상인 학습 요소는 사회과학을 비롯하여 인문 과학 및 자연 과학 등 광범위한 분야의 원천으로부터 나오는 지식과 연구 방법 및 절차, 사회문제 및 쟁점과 관련 가치·태도 등이다. 이들 학습 요소를 지식, 연구 방법과 절차, 가치·태도 등으로 구분하여 고찰하면 다음과 같다.

첫째, 지식과 관련된 학습 요소로는 역사, 지리 및 제 사회과학의 개념과 원리, 사회 구성원으로서 이해해야 할 사회의 기능적 요소, 현대 사회의 문제와 쟁점에 대한 지식, 미래 사회에 대한 지식 등이다.

둘째, 연구 방법 및 절차와 관련된 학습 요소로는 설문 조사, 현장 답사, 참여 관찰, 사료 학습, 사례 학습 등 역사, 지리, 제 사회과학의 연구 방법에 기초한 탐구 방법에 관한 요소를 비롯하여 사고과정, 문제 해결 절차, 정보의 활용 능력, 의사소통 능력, 의사 결정 능력 등을 들 수 있다.

셋째, 가치 · 태도에 관한 요소에는 인권 존중, 자유, 평등, 사회 정의, 참여, 책임감, 의무, 협동심 등 사회생활 각 분야의 당위 가치와 가치 갈등을 해결하는 데 필요한 관용, 타협, 연대 등 태도가 포함된다.

또한, 사회과에서는 우리의 삶의 터전인 국토의 이해를 바탕으로 우리 민족의 역사와 활동에 대한 종합적인 통찰과 체계적인 역사의식을 가지는 것과 한국인으로서의 민족적 정체성과 세계 시민으로서의 가치 · 태도를 갖추는 것을 중요한 학습 요소로 고려한다. 이러한 학습 요소들은 교육과정상의 주제를 중심으로 조직되어 사회과 교육 내용의 체계를 구성하고 있다.

3) 사회과 교수 · 학습 전략 측면

사회과는 고급 사고력과 의사 결정력의 신장을 강조하고, 이를 위해 학습자는 다양한 탐구 방법을 활용하여 스스로 탐구해 가는 학습 전략을 지향하고 있다. 사회과는 사회적 사실과 현상에 관한 지식을 발견하고 적용하는 데 필요한 사고와 판단을 강조하는 교과이다(교육과학기술부, 2008: 306-307). 따라서 사회과는 논리적 사고를 비롯하여 반성적 사고, 비판적 사고, 창조적 사고, 가치 판단, 의사 결정 등 능력을 신장시키기 위해서 다양한 교수 · 학습 방법을 적용하여야 한다. 이에 따라 발견 학습, 탐구 학습, 문제 해결 학습, 의사 결정 학습, 가치 분석 학습 및 가치 명료화 학습 등 각 영역의 내용을 학습하는 데 적합한 학습 방법을 모색하여 적용하여야 할 것이다.

그리고 사회현상에 대한 올바른 인식과 다양한 사고력 신장을 위하여 학습자 스스로 관심 있는 분야를 선택하여 학습할 수 있는 자기 주도적 학습 기회를 많이 제공하고, 질적 · 양적 관점, 주관적 · 객관적 관점이 고려된 다양한 탐구 방법을 적용하여 학습할 수 있도록 안내하여야 할 것이다.

사회현상은 시간적 · 공간적 영향을 많이 받으므로 사회과 교육은 시대의 변화에 부응하여 시사 자료를 적절하게 활용하고, 학교와 지역 사회 실정에 적합한 교재를 개발하여 다루어야 한다. 교재의 지역화와 재구성은 사회과 교육과정의 목표와 내용을 근간으로 하여 지역 사회 특성에 적합하도록 개발하여 그 근본 취지를 충분히 살려야 할 것이다.

6. 사회과 교육에 대한 비판적 접근

1) 사회과 교육의 개념에 대한 비판

사회과학을 내용으로 하여 사회 사상(社會 事象)을 탐구의 대상으로 하는 사회과의 정체성에 대해서 비판적으로 접근하는 것은 사회과학도로서는 매우 중요한 인식과 태도이다. 실제 사회과에 대한 개념, 정의, 의미, 성격과 특징 등을 두루 고찰할 때 매우 광범위하고 다양하다는 것이 최대공약수일 것이다. 사실, 사회과 내지 사회과 교육을 '민주 시민의 자질을 육성하는 교과', '올바른 사회인식을 조장하는 교과', '사회과학적 지식을 함양하는 교과', '반성적 탐구를 통한 고급 사고력을 신장하는 교과', '바람직한 인간 육성, 사람다운 사람 양성을 목표로 하는 교과' 등으로 규정하고 있다.

그러나 이러한 사회과 교육에 대한 정의와 개념, 그리고 성격 및 특성 규정이 사회과 교육의 정체성을 충분히 담보하는 것은 아니다. 그만큼 사회과 교육은 단선적으로 정의할 수 없을 만큼 다양한 교과 속성을 갖고 있는 것이다. 사회과의 성격과 개념에 대한 정의는 학자 수만큼 다양하다고 할 수 있다. 사회과는 근본적으로 종합적이고도 통합적인 교과이기 때문이다. 특히, 사회과의 성격 규정에서는 다음과 같은 쟁점을 충분히 고려하여야 할 것이다(최용규 외, 2007: 12-13).

첫째, 민주 시민의 자질 육성 교과가 유독 사회과만의 권리이자 책무인가에 대한 비판이 있다. 사실, 모든 교육의 일반 목적과 목표가 바람직한 인간 육성, 인간다운 인간 육성에 있다. 이러한 교육의 일반 목적은 교육철학에서 시작하여 교육심리를 거쳐서 교육과정, 그리고 각 과 교육에 이르기까지 계승되는 것이다. 그러므로 교육의 일반 목적과 목표, 사회과 외의 다른 교과의 목표도 결국은 미래 사회의 주역이 될 학생들을 대상으로 바람직한 인간으로서의 성장을 도모해 주는 데 있다는 점에는 이론(異論)의 여지가 없다. 학교교육의 핵심적 목적이 바람직한 시민적 자질에 있다는 점에서 사회과의 목적은 학교교육의 목적과 일맥상통한다고 볼 수 있는 것이다. 그러한 점을 전제하면, 다른 교과와 구별하여 사회과만의 고유한 시민적 자질 육성의 영역은 그리 넓지 않다는 지적인 것이다. 더 비판적으로 접근하면 사회과를 제외하더라도 여타 교과만 가지고도 민주 시민의 자질 육성에는 아무런 장애가 없다는 혹독한 지적을 피상적으로는 면하기 어려운 것이 사실이다. 사회과 교육만의 진정한 목적과 목표에 대한 고민이다.

실제, 동서고금(東西古今)을 막론하고 모든 교육은 민주 시민 교육, 바람직한 사람 육성, 인간다운 인간 양성 등을 지향하고 있는데, 유독 사회과만이 이러한 교육에 중점을 두고 있다는 주장에는 일정한 한계를 가질 수밖에 없는 것이다.

둘째, 민주 시민적 자질에 대한 개념의 애매모호성(曖昧模糊性)이 문제가 된다. 사회과의 근본적 목적인 민주 시민의 자질 육성에서 '민주 시민'이라는 핵심 개념이 지나치게 추상적이라는 비판인 것이다. 모든 사람들이 시민성, 민주 시민성 등이라는 말을 많이 사용하지만, 이는 실제 구체적이지 않을뿐더러 막연한 감이 없지 않다. 민주 시민적 자질이 법과 질서 및 공중도덕을 잘 준수하는 것인지, 사회봉사 활동에 관심을 갖고 실천하는 것인지, 사회적 문제에 대한 비판 의식을 갖고 접근하는 것인지에 대한 실체가 명확하지 않은 것이다. 사회과 교육의 핵심 목적, 목표인 '민주 시민'의 개념이 실제적으로 파고 들어가면 '뜬구름 잡는 식'으로 아주 추상적이고 남는 것이 없다는 점은 사회과의 또 다른 비판인 것이다.

셋째, 사회과 교수·학습이 민주 시민적 자질 함양에 기여하는 방법의 구체성 결여이다. 도구 교과인 국어과, 수학과 등은 교수·학습 효과와 성과가 매우 명시적이고 계량적이다. 국어과의 경우 언어 구사력, 수학과의 연산 및 문제 해결력 등은 양적 측정과 비교가 가능하다. 하지만 본질 교과인 사회과에서는 사회인식, 민주 시민의 자질 함양 등을 계량적으로 나타내기가 매우 곤란한 난점이 있는 것이다. 이는 사회과가 단일 학문을 대상으로 하지 않는 유일한 교과이고, 나아가 개별 사회과학의 내용보다는 이를 바탕으로 한 사회인식과 사회 탐구, 사회 사상(社會 事象)을 대상으로 하고 있다는 점과 깊은 관련이 있다.

넷째, 사회과 교육의 양대 목표인 '올바른 사회인식'과 '민주 시민적 자질 함양'의 인과관계가 확연하지 못하다는 지적이 있다. 사실, 사회적 지식을 습득하고, 사회인식을 올바르게 한다고 해서 민주 시민적 자질이 함양되는가에 대한 회의(懷疑)가 없지 않다. 민주 시민적 자질은 사회적 지식뿐만 아니라, 사회적 기능, 민주적 가치·태도 등이 종합적으로 구비되어야 하는 것이다. 실제적으로 학교 현장의 사회과 교육에서 사회인식과 민주 시민의 자질을 상호 연계하여 교수·학습하기가 쉽지 않다. 다양한 주제를 통합하여 재구성, 지역화하는 교재 연구가 필수적인데, 현재 초·중·고교 사회과 교사가 처한 현실과 여건이 이를 수용할 만큼 한가하거나 녹록하지 못하기 때문이다.

다섯째, 사회과의 배경 학문이 각 사회과학의 개성, 특성이 매우 강하다는 점이다. 국어과는 국어학과 국문학, 수학과는 수학 등 단일 학문을 배경으로 하기 때문에 교과 내용학의 내용과 경계가 명확하다. 하지만 다양한 사회과학의 교과 내용학으로 하는 사회과는 이를 단순하게 범주화하기가 곤란하다. 사회과의 배경 사회과학으로서 전통적인 역사학, 지리학과 19세기 이후에 등장한 정치학·경제학·사회학·문화인류학·심리학·윤리학·법학 등의 성격이 다르고, 최근 사회과의 내용학으로 진입한 환경학·여성학·통일학 등도 독특한 특성을 갖고 있다. 또 최근에는 다문화 교육, 법 교육 등이 사회 교육의 핵심 내용으로 대두되었다. 따라서 사회과의 교과 내용학인 이들 사회과학을 포괄하여 사회과의 개념, 성격 등을 규정한다는 것은 아주 복잡하고도 일정한 한계를 가질 수밖에 없는 것이다.

여섯째, 교과로서의 사회과를 이루는 과목인 일반사회, 역사, 지리 등의 사회인식과 민주 시민성 함양에 대한 개별적 방법론에 대한 문제이다. 일반사회 과목을 통한 사회인식과 민주 시민적 자질 함양과 역사 과목을 통한 사회인식과 민주 시민적 자질 함양이 같을 수 있느냐는 문제이다. 역시 지리 과목의 예도 마찬가지이다.

특히, 사회과의 오랜 쟁점인 일반사회, 역사, 지리 간의 통합과 분과의 문제도 사회과의 성격과 목표에 견주어 나란히 갈 수 있느냐의 지적도 있다. 아울러, 통합을 강조하면서도 중등학교의 경우 교과서를 별도로 편찬하는 문제, 사범계 대학에서 일반사회교육과, 역사 교육과, 지리교육과를 별도로 설과하면서도 실제 일선 학교에서는 통합적으로 지도하기를 기대하는 교과 체제와 제도적·행정적 문제도 짚어 볼 문제이다.

2) 사회과 교육의 특성에 대한 비판

사회과 교육은 사회인식을 토대로 하여 민주 시민의 자질을 함양하기 위해서 교수·학습하는 교과교육의 하나이다. 이러한 사회과 내지 사회과 교육의 특성은 올바른 사회인식, 민주 시민의 자질 함양, 세계 시민적 소양 제고(提高), 고급 사고력 신장, 학생 중심적 활동, 탐구 학습의 실행, 의사 결정력 신장 등을 들 수 있다.

이와 같은 사회과 교육은 다른 교과교육과는 달리 목표, 내용, 교수·학습 방법, 평가, 피드백 등 전 과정에 걸쳐서 독특한 특성을 갖고 있다. 특히, 사회과 교육은 목적과 목표 면에서 교육의 일반 목적, 목표와 대동소이(大同小異)한 특성이 있다. 바람직한 인간 육성, 민주 시민의 자질 함양 등은 교육의 일반 목표, 사회과 교육의 공통된 목표라고 할 수 있다. 환언하면, 구태여 사회과가 아니면 민주 시민의 자질을 함양할 수 없느냐에 대한 답변의 궁핍성이다. 또한 사회과가 아니면 사람다운 사람, 인간다운 인간을 육성하기 어려운가에 대한 깊은 고민인 것이다.

사회과 교육의 특성과 관련하여 비판적 접근은 여러 가지 면에서 고찰할 수 있지만, 가장 근본적인 것은 사회과를 왜, 무엇을, 어떻게 가르치고, 평가하느냐에 귀결된다. 즉 목표, 내용, 지도 방법, 평가 및 피드백(feedback)에 관련된 사회과 내지 사회과 교육만이 가진 특성을 분석적으로 고찰해 보면 다음과 같이 요약할 수 있다.

첫째, 사회과 교육의 목적 및 목표에 대한 문제이다. 민주 사회의 구성원인 학생들에게 사회현상을 올바르게 이해하고 판단할 수 있는 민주 시민적 자질을 길러 줌으로써, 그 사회에 적극적인 참여자로서 행복한 삶을 살 수 있도록 배려하는 교육이라고 할 수 있다.

민주 시민을 양성하고자 하는 교육은 제도적인 학교교육뿐만 아니라, 가정과 사회 등 비제도적인 교육 기관을 통해서도 상당히 많은 영향을 받게 된다. 민주 사회의 지속적인 변화와 성장이 학교 현장에서 학생들을 대상으로 행해지는 민주 시민 교육에 크게 의존하여 왔음을 부인할 수 없다. 학교에서 이루어지는 여러 교과교육 중에서 민주 시민 교육의 가장 핵심적인 교과가 바로 사회과인 것이다.

민주 시민이란 민주주의에 대한 기본적 가치를 인정하고 사회현상을 올바르게 이해할 수 있는 기본 지식과 타인과 상호작용할 수 있는 기능과 공익을 위해서 적극적으로 참여할 수 있는 태도, 합리적인 판단 능력을 가진 사람이다. 이는 사회과 교육에서 기르고자 하는 민주 시민과 일맥상통한다.

최근에는 세계화·정보화 시대를 맞아 사회과 교육의 목적이 민주 시민의 자질 함양에서 세계 시민적 소양 제고, 세계 시민적 자질 함양으로 폭(넓이)과 깊이가 심화되고 있다. 세계 시민적 자질이란 빠르게 변화하는 세계화 사회에서 글로벌 지구촌 사회의 구성원으로서 개방적인 자세를 갖고 문제를 탐구적으로 이해하고 고급 사고력을 통하여 문제를 해결하고, 다양한 정보를 합리적으로 습득하고 적용할 수 있는 태도와 세계 사회문제에 대한 적극적이고 능동적인 해결 자세와 태도를 의미한다.

사회과 교육은 미래의 주역인 학생들에게 민주 시민의 자질을 길러 주면서 사회현상을 올바르게 이해하고, 합리적인 판단 능력을 통하여 사회현상 탐구에 적극적으로 참여하는 역할을 감당할 수 있도록 교육하는 데 초점을 맞추어야 한다.

둘째, 사회과 교육의 내용 선정과 조직에 관한 문제이다. 사회과 교육의 본질적인 목적인 민주 시민의 자질을 함양하기 위하여 '어떤 내용으로 사회과를 구성하는 것이 바람직한가?'에 대한 질문에 대한 답은 여러 측면에서 접근할 수 있다. 사회과 교육의 내용 선정과 조직의 문제는 '사회가 어떤 방향으로 변화, 발전되어 가고 있는가'와 밀접하게 연관되어 있다. 사회과 교육의 내용을 구성하고자 할 때에는 철학적·학문적 관점, 사회적·문화적 관점, 심리적·발달적 관점 등이 종합적으로 감안되어야 한다. 아울러, 구체적으로 내용을 선정하여 배열할 때에는 범위(scope)와 계열성(sequence) 등을 적극 고려하여야 한다.

사회과에서의 범위(scope)와 계열성(sequence)의 문제는 1916년 미국에서 사회과가 성립될 당시의 역사, 지리 중심의 사회과에서, 사회과학의 발달, 사회의 변화와 발전 등으로 다양한 사회과학의 내용이 새로 추가되어 그 범위가 엄청나게 확대되었다.

　계열성은 선정된 내용을 순서에 맞게 조직하고 배열하는 것이다. 사회과 교육의 계열성의 기본은 동심원적 확대법, 나선형식 교육과정 등이다. 즉 사회과 교육의 내용 배열은 단순한 것에서 복잡한 것으로, 연대기순 또는 역연대기순으로, 가까운 곳에서 먼 곳으로, 구체적인 것에서부터 추상적인 것으로, 일반적인 것에서 특수한 것으로 배열하는 것이다. 따라서 ‘2009 개정 교육과정’의 기본 이념과 정신에 따라 공통교육과정으로서 제1학년에서 제9학년(초등학교 제1학년~중학교 제3학년)까지 사회과 내용을 배열할 때, 학생들의 연령, 발달 정도, 관심도 등에 따라 알맞게 배열하되, 동심원적 확대법, 나선형식 교육과정의 원리를 준용하여야 할 것이다. 아울러 고등학교는 ‘선택교육과정’으로서 직업, 진로 교육 및 미래 사회 준비 교육에 중점을 두어야 한다.

　셋째, 사회과 교육의 교수·학습 방법 및 자료에 관한 문제이다. 사회과에서 추구하는 목적을 실현하기 위하여 어떠한 방법으로 가르쳐야 할 것인가에 대한 많은 연구가 진행되었다. 사회과 교수·학습 방법은 목표와 내용에서 어떤 면을 강조하느냐에 따라 여러 가지 방법을 강구해 볼 수 있다.

　사회과 교수·학습의 질을 제고하기 위하여 사회과 교사는 학습자의 특성, 학습 환경, 가르치고자 하는 내용에 따라 교수 전략을 다르게 수립하여야 한다. 가령, 교사가 사실, 개념, 일반화 등 지식 위주로 가르쳐야 할 내용은 강의식, 탐구식 수업 방법을 적용할 것이며, 가치·태도 등을 가르치는 수업은 정의적 수업 모형을 적용할 것이다. 아울러, 의사 결정 능력, 문제 해결 능력 등을 신장하고자 하는 수업은 의사 결정 수업 모형, 논쟁 문제 수업 모형 등을 적용해야 할 것이다.

　현행 ‘2009 개정 사회과 교육과정’에서는 탐구 및 문제 해결에 적합한 교수 기법으로 질문, 조사, 토의, 관찰 및 면담, 현장 견학, 자원인사, 초빙, 역할놀이와 시뮬레이션 게임, 인물 학습, 사료 학습 등을 강조하고 있으며, 정보 사회에 적극 대응하기 위하여 정보 처리 기능과 창의적 사고력 신장을 위한 신문 활용 교육(NIE), 컴퓨터 보조 프로그램(CAI), 인터넷 활용 학습(IIE) 등을 권장하고 있다.

　아울러, 사회과 교육의 효과를 제고하기 위하여 지도 방법을 새롭게 적용하여야 하고, 각종 교수·학습 자료를 개발하여 적용하여야 한다. 사회과 교육에 적합한 자료에는 각종 시청각 자료, 인터넷 자료, 시사 자료 등을 활용하되, 학교의 여건과 학생의 수준에 맞게 재구성 및 지역화가 선행되어야 할 것이다.

　넷째, 사회과 교육의 평가에 관한 문제이다. 교육 혁신은 평가의 혁신에서 비롯되어야 한다. 일반적으로 평가는 학습의 결과 학생들의 행동이 얼마나 긍정적인 방향으로 변화했는지를 측정해 보는 것으로, 교육 내용의 특성 및 목적에 따라 다양한 평가 방법을 적용하여야 한다.

　21세기 세계화·정보화 사회에서는 기존의 진부하고도 상투적인 교육평가에서 벗어나 새롭고도 창의적인 평가를 요구하고 있다. 물론, 지도 방법 면에서 자기 주도적 학습, 문제 해결 학습, 협동 학습 등이 주류를 이루어야 할 것이다. 평가 역시 지식 자체를 얼마나 암기하고 있느냐에서 탈피하여 창의력, 탐구력, 문제 해결력, 의사 결정력, 메타 인지 등 고급 사고력 측정에 초점을 맞추어야 할 것이다. 최근 지필평가 외에 사회과 교육의 평가 방법으로 주로 사용되고 있는 기법은 참평가, 수행평가, 직접평가, 포트폴리오 평가 등이다. 아울러, 자기 평가, 동료 평가, 보고서 평가, 면접법, 관찰법 등이 아주 다양하게 적용되어야 할 것이다. 사회과의 개선은 사회과 교육과정 전반적인 혁신에 바탕을 두어야 한다.

7. 사회과 교육 관련 유사 용어

사회과는 정치학, 경제학, 사회학, 문화 인류학, 법학, 윤리학, 심리학, 역사학, 지리학 등 제 사회과학을 내용학으로 하는 교과이다. 그러므로 이와 같은 여러 사회과학은 유기적으로 각각 통합되어 사회과라는 과목을 형성하고 있는 것이다. 사회과는 종합 교과로서 현재 초·중·고교의 국민공통기본교과 중의 한 교과인데, 이와 유사한 용어가 많아 개념 혼동을 일으키는 경우가 많다. 따라서 사회과 교육학도로서 사회과 관련 유사 용어에 대한 개념 정의를 분명히 하는 것이 바람직하다.

첫째, 사회과 교육은 보통 사회과와 같은 의미로 사용된다. 즉 정치학, 경제학, 사회학, 문화 인류학, 법학, 윤리학, 심리학, 역사학, 지리학 등 제 사회과학을 내용학으로 하는 교과인 사회과를 가르치고 배우는 교육 활동이다. 일반적으로 한국에서는 사회과와 사회과 교육을 구별하지 않고 있다. 대체로 동일한 의미로 사용하고 있는 것이다.

사회과와 사회과 교육의 개념 정의에서 유념할 점은 사회과가 일반사회 과목, 역사 과목, 지리 과목을 모두 포함한 폭넓은 교과라는 점이다. 환언하면, 사회과는 교과이고, 일반사회, 역사, 지리 등은 과목인 것이다. 현재 일부 사범계 대학에서 사회교육과를 개설하고 역사, 지리 영역의 내용을 배제하고 일반사회 과목만을 교수(이수)하고 있는 것은 일반사회교육과와 비교하여 제고해야 할 대목이다.

둘째, 사회과학은 사회과를 이루는 교과 내용학인 정치학, 경제학, 사회학, 문화 인류학, 법학, 윤리학, 심리학, 역사학, 지리학 등 개개 사회과학의 학문 자체를 의미한다. 사회과학이 법칙, 원리를 발견하려는 데 초점을 맞추는 학문인 데 비하여, 사회과는 인간과 인간, 자연, 사회제도 등에 관한 사회과학적인 지식을 학생들에게 교육하기 위해서 재조직한 교수용 교과(instructional school subject)인 것이다. 사회과학의 목적은 진리의 발견과 같은 학문적 면을 중시하며 법칙의 탐구를 지향하는 학문의 무리이다. 사회과(교육)는 인간, 자연, 제도 등에 관한 사회과학적인 지식을 학생들에게 교육하기 위하여 재조직한 교수용 교과목이다. 그러므로 사회과(교육)는 교육 현장에서 사회과학적 내용을 현실 생활에 알맞게 재조직하고 교수될 수 있도록 하는 교과인 것이다. 아울러, 사회과의 목적이 교과로서 바람직한 인간 육성인 데 비하여, 사회과학은 각 학문의 법칙, 원리 탐구와 규명인 점이 상이한 점이다.

셋째, 사회생활과는 사회과의 예전 교과명이다. 원래 '사회생활'은 사회과 도입 초기 'Social Studies'를 한국식으로 번역한 것이다. 사회생활과는 사회과 교육이 인간의 사회생활을 중요한 내용으로 하고 있다는 데에서 유래한다고 본다. 오늘날의 사회과를 해방 후에는 오랫동안 사회생활과라고 부르기도 했다. 실제 교수요목기의 초·중·고교 사회과와 교과과정기인 제1차 교육과정기의 초등학교와 중학교의 사회과명이 바로 '사회생활과'였다. 사회생활 내지 사회생활과라고 하는 용어는 오늘날도 많이 사용하고 있는데 이것은 사회과 교육이 인간의 사회생활을 그 중요한 내용으로 한다는 데에서 유래된 것으로 보인다. 현행 유치원 교육과정에서의 '사회생활'은 건강생활, 표현생활, 언어생활, 탐구생활 등과 함께 중심적 활동 영역으로 편제되어 있다. 아울러, 현재도 우리나라 사범대학 중에서 학과명으로 사회생활과를 개설·편제하고, 세부 전공으로 일반사회 전공, 역사 전공, 지리 전공을 둔 학교도 있다.

넷째, 일반사회과는 일반사회교육과를 약칭(略稱)한 것인데, 과거 교육과정의 공민과(公民科) 의미와 사범대학의 학과명 등 두 가지 의미가 있다. 즉 일반사회과 내지 일반사회교육과는 사회과 중에서 역사 교육, 지리교육 관련 내용을 제외한 정치, 경제, 법, 사회, 문화 등에 관련된 과거의 이른바 공민과(公民科)를 의미한다. 현재, 우리나라 교육과정에서 '일반사회'라 하면 사회과에서 역사 영역, 지리 영역을 제외한 영역인 정치, 경제, 사회, 문화 인류, 법, 윤리, 심리 등을 종합한 영역을 의미한다.

일반사회는 용어상으로 '일반'이 넓은 의미의 사회과로 역사 영역, 지리 영역을 포함하여야 하나, 현행 우리나라 교육과정에서는 오히려 역사 영역, 지리 영역을 제외한 나머지 사회과학을 의미하고 있다. 따라서 사범대학의 일반사회교육과는 역사 교육과, 지리교육과의 전공인 역사 영역, 지리 영역을 나머지 사회과학의 제 학문을 전공하는 학과로 자리매김 되었다.

다만, 현재는 사회과의 과목 중에서 일반사회 과목은 여타 세부 소과목(특히 교과서)으로 분리되어 존재하고 있으며, 사범대학 학과의 하나로서 일반사회교육과가 존재하고 있다. 사범대학에서 일반사회교육과, 사회교육학과의 일반사회 전공, 사회교육학부의 일반사회 전공을 두고 있는데, 이는 중등학교 교사 자격증 교과목명이 '일반사회'로 발급되는 것과 밀접하게 관련되어 있다고 본다. 우리나라 2007년 개정 사회과 교육과정에서는 역사(교육)가 영역 독립을 하여 사회과는 일반사회 영역, 지리 영역이 통합한 기이한 통합 형태를 이루고 있다.

다섯째, 사회교육은 사회과 교육을 줄여서 칭하는 의미와 학교 밖의 제도권 외의 교육인 평생교육의 의미를 가지고 있다. 특히, 초ㆍ중학교 교과서인 '사회'를 가르치는 교과가 사회교육이라고 할 때는 사회교육이 사회과교육과 같은 의미인 것이다. 또 역사 교육이나 지리교육에 대하여 사회 문화 교육을 사회교육이라고 하기도 하고, 때로는 사회교육을 일반사회교육과 같은 의미로 쓰는 등 용어가 정교하게 구분되어 있지 않고, 혼동이 오는 경우가 많다.

사회교육의 의미에 대해서는 유념해야 할 점이 있다. 사회교육은 학교 안에서 실시되는 학교교육과는 달리 학교 밖에서 실시되는 조직적이고 체계적인 교육을 사회교육이라고 부르고 있는 것이다. 정규 학제가 아닌 평생교육 차원의 교육 일반을 의미하는 것이다. 최근에는 평생교육, 성인교육, 비형식교육, 계속교육 등 용어와 밀접한 관련을 가지고 사용되고 있다. 이 때문에 우리나라에서 사회교육이라 할 때에는 초ㆍ중ㆍ고등학교에서 학교의 교과목으로 교수되는 사회과의 교육 또는 사회과 교육을 의미하기도 하고, 또 학교 밖에서 학교에 다니지 않는 일반인들을 대상으로 하여 실시되는 교육을 함께 의미한다. 문화원의 꽃꽂이 교육, 평생교육원의 각종 프로그램, 방송통신대학교와 사이버대학교, 디지털대학교 등도 사회교육(평생교육) 프로그램, 교육기관이라고 할 수 있다.

여섯째, 민주 시민 교육은 학교뿐만 아니라 학교 밖으로까지 확대되는 교육 프로그램으로써 개인ㆍ집단의 구성원으로서 갖추어야 할 지식, 기능 가치, 행동 등을 발달시킬 수 있도록 도와주는 교육을 의미하기도 하며, 한편으로는 사회과 교육의 목표로서의 민주 시민 교육을 말하기도 한다. 이는 1916년 태동한 사회과의 근본적 목적, 목표가 민주시민성 양성이라는 점과 궤를 같이하는 것이다.

끝으로, 사회과 내지 사회교육과 유사한 용어로 사회봉사, 사회주의, 사회복지, 사회문제, 사회개혁, 사회혁신 등을 들 수 있다. 하지만 사회과 교육은 이들 용어들과는 완전히 다른 개념이다. 사회라는 글자가 붙어 있기는 하지만, 그 근본적 의미는 각각 다르다. 사회봉사는 사회를 위해서 일을 한다는 의미이며, 사회주의는 분배를 지향하며, 사회의 생산 수단을 공유해야 된다는 이념, 사상이며, 사회복지는 모든 사회 구성원들이 행복하고 인간다운 삶을 누릴 수 있도록 국가, 사회가 제도적으로 보장하는 정책이다. 또 사회문제는 범죄, 탈선, 낙태, 도덕적 해이(moral hazard), 환경오염 등 사회생활에서 발생하는 다양한 바람직하지 못한 문제를 의미하며, 사회개혁은 사회제도가 부적당하기 때문에 변화시키려고 하는 것이다. 사회혁신은 사회개혁과 궤를 같이하되 기존의 사회체제를 일시에 획기적으로 바꾸어 새로운 사회변화를 지향하는 것이다. 다만 이러한 사회과의 유사 용어들의 전반적인 내용을 사회과에서 포함하여 교수·학습한다는 점을 유념할 필요가 있다.

<표 3> '사회과(교육)'와 '사회과(교육)의 유사 용어' 비교

용어	주요 개념(의미)	비고
사회과(교육)	사회과학의 내용을 중심으로 한 바람직한 인간 육성을 위한 교과목	사회과 교육과 동일 의미
사회과학	인간관계 및 사회현실을 과학적으로 연구하는 학문의 총체, 사회과학의 목적은 진리의 발견과 같은 학문적인 것을 중요시하며 법칙의 발견에서 신뢰도를 중시	자연과학에 대(對)되는 학문의 무리 (역사학, 지리학 정치학 등)
사회생활(과)	사회과 교육이 인간의 사회생활을 중시하는 데서 기인한 교과 명칭, 교수요목기와 제1차 교육과정기의 초·중학교 사회과 및 교수요목기의 고등학교 사회과의 교과목 명칭	일부 대학교 사범대학의 사회과계 학과 명칭
일반사회 (교육과)	사회과에서 역사, 지리 과목을 제외한 과목 명칭, 과거 교육과정의 공민(公民) 영역의 변경된 명칭, 사범대학 일반사회교육과의 약칭(略稱)	역사, 지리 영역을 제외한 사회과 영역 (일반사회교육학과)
사회교육	학교 밖에서 학교를 다니지 않는 일반인(성인)을 대상으로 하는 교육(평생교육)	제도권 외 교육
사회주의	자본주의의 대척점에 있는 사회의 생산 수단을 공유하는 사상, 이념의 형태	
사회봉사	사회와 사회 구성원들의 복지와 후생을 위해 일하는 활동	
사회문제	사회의 바람직하지 못한 여러 문제로 범죄, 탈선, 환경오염, 일탈 행위 등	
사회복지	사회의 모든 구성원들이 인간다운 생활을 할 수 있도록 국가가 제도적으로 보장하려는 노력	
시민교육	민주 시민의 자질 육성, 바람직한 인간 육성을 위한 교육, 세계 시민 사회의 교육	일부 외국의 사회과 교육 명칭
세계화 교육	세계화 시대의 흐름과 내용, 윤리, 세계시민교육, 사회적 관점 등을 통틀어 다루는 교육	
다문화 교육	다문화 사회를 맞아 다문화, 다민족, 다종교 등에 대한 열린 마음, 포용성 등을 다루는 이해 교육	
통합 교육	다양한 내용과 방법, 매체 등을 바탕으로 종합적으로 접근하는 교육, 사회과 교육에서는 일반사회, 역사, 지리 영역의 통합 교육을 지향함	교육의 종합적 접근 사회과 교육의 특성

▌제2장▐ 사회과의 탄생과 발달

1. 사회과의 성립과 출범

사회과 내지 사회과 교육은 20세기 초인 1916년 미국에서 탄생하였다. 당시 미국에서 사회과가 탄생한 것은 미국의 특별한 사회적 환경과 여건에 기인한 것이다. 사회과의 발상지인 미국에서는 통합적 사회과가 탄생하기 전까지는 정치, 경제, 사회, 법, 문화, 역사, 지리 등 제 사회과학 영역이 독립적으로 교수되었다. 다민족 사회인 미국에서 이들을 통합하는 교과, 즉 사회과를 탄생시킨 계기는 그 당시 미국의 사회적·교육철학적 배경이었다. 미국 사회의 특수한 여건이 오늘날의 사회과 탄생의 단초가 되었던 것이다. 사회 통합이 사회과 탄생의 핵심적 동기였던 것이다.

사회과의 탄생 초기인 1916년 미국의 사회적 배경 면을 고찰하려면, 우선 당시 미국의 사회상을 심층적으로 살펴볼 필요가 있다. 미국은 1776년 독립 이후 민주주의 이념으로 시민 정신을 크게 강조하여 왔다. 그런데 19세기 중엽에 접어들면서 미국 사회에서도 서서히 자본주의 구조적 모순들이 나타나기 시작하여, 당시 사회적 문제인 극심한 빈부 격차, 기업 집중, 독점 기업 출현 등으로 심각한 노사 간 대립과 갈등이 초래되었다. 뿐만 아니라, 농민과 상공업자 간에도 이해의 대립과 정경유착(政經癒着)으로 인한 각종 부패와 부정, 그리고 부조리가 국민들로 하여금 정치적·경제적인 개혁을 요구하도록 하였다.

1848년을 전후하여 미국 서부 캘리포니아(California)에서 개발된 금광(金鑛)의 영향으로 동부에 밀집되어 있던 인구의 서부 대이동이 전개되었다. 1869년 미국 대륙 횡단 철도가 미국 서해안까지 도달하면서 서부의 개척은 가속화되었고, 광활한 서부는 세계적인 불경기에도 불구하고 수많은 미국인들에게 안정과 부(富)를 보장해 주는 희망과 기회의 땅이었다. 따라서 국제적 이주민뿐만 아니라, 해외, 즉 유럽으로부터 이주해 온 사람들이 20세기 초에 이르기까지 백만 명을 넘었으며, 전체적으로 수백만의 인구가 이주 및 이민을 오게 되었다. 이러한 사회적 상황은 미국 교육에서 큰 문제점으로 등장하였으며, 강력하고 통일된 미국을 지향하는 미국의 정책 담당자들에게 해결하여야 할 중요 과제를 던져 주게 되었다. 이와 같은 현실적인 문제 해결을 위한 사회적인 요청으로서 민주 시민 양성이라는 교육에 대한 검토와 반성의 교육 개혁 운동은 사회과의 탄생을 촉구하였다. 통일된 미국 국민으로서 국가의 발전에 이바지할 충성된 국민을 육성할 목적으로 통합된 사회과의 출현을 도모하였던 것이다.

한편, 사회과 출현의 교육·철학적 배경은 20세기에 접어들기까지 미국 내 초등학교의 수가 비약적으로 증가하였으며, 또한 의무교육 기간 연장으로 교육의 내용과 방법이 전환되지 않으면 안 될 상황에 놓이게 되었다. 종전에는 소수의 엘리트 계층만을 위한 지식 중심의 교육과정에서, 이제는 다수를 대상으로 하는 대중 교육으로 학생 활동을 바탕으로 하는 생활 중심 교육과정, 아동 중심 교육과정, 경험 중심 교육과정 등으로 전환되게 되었다.

이와 같은 현실적 변화를 더욱 촉진시킨 것은 20세기 초 듀이(J. Dewey)의 교육 철학을 기초로 한 실용주의 교육 사상이었다. 이러한 실용주의적 교육 사조는 인간의 행동과 사고, 그리고 경험의 바탕을 연구하여 주입식의 전통적인 교육에 반대하면서 학습자의 흥미, 필요, 목적의식, 문제의식 등에 의한 생활에의 적응을 중요하게 생각하면서 스스로 사고하고, 스스로 활동하는 경험 중심 학습을 강조하게 되었다. 따라서 학습자의 흥미와 관심에 부합되는 교육과정을 구성하고 교육의 생활화, 교육의 사회화가 이루어져 민주 사회에서 요구하는 유능한 인간을 형성해야 한다고 주장하였다. 이와 같은 움직임은 당시 여러 가지 사회적 현실과 연관되어 교육은 '행동하면서 익히고, 생활하면서 배운다'라는 방향으로 전환되기 시작하였다. 생활을 통해서 생활을 배운다는 것은 학문적으로 분류되고 계통적으로 배열된 교재의 한 토막 한 토막을 이해하고 암기하는 것이 학습이 아니라, 생활하는 가운데서 당면하는 여러 가지 문제를 해결할 수 있도록 지도되는 활동의 원칙이 곧 학습이라는 것이다. 가령, 갈등적 상황을 학습에 끌어들이고 가설적이나마 체험하게 하여 실제적 갈등 상황에 대처하려고 하였다. 이러한 학습에 대한 개념 변화는 생활에서 당면하는 문제 해결을 위한 경험 단원 학습이란 새로운 학습 형태를 탄생하게 하였고, 이러한 학습 형태는 당시까지 독립적으로 다루어져 오던 교과, 즉 지리, 역사, 공민 간의 경계와 벽을 무너뜨려 통합 교과 출범의 계기가 되었다.

따라서 사회과의 내용은 학문적 체계를 이탈하여 학습자의 필요와 요구에 적합하도록 하려는 심리학적 요구와 다음으로, 교육의 생활화라는 명제하에 실제적으로 실제 당면하는 문제를 합리적으로 해결할 수 있는 인간을 육성해야 한다는 사회적 요구가 일치되어 통합적 사회과를 탄생시키게 되었다. 즉 1916년 미국에서 태동한 전통적 사회과의 특징은 역사, 지리를 중심으로 한 통합적 사회과였다는 점이다.

2. 초기 미국 사회과 교육의 시사점

미국 사회과 교육과정은 전체적인 교육과정의 맥락에서 이해하여야 한다. 미국 교육과정의 변천은 사회과 교육의 변천에 대한 이해 없이 밝히기 어렵고, 사회과 교육과정의 변천 또한 미국 전체 교육과정의 변천에 대한 이해 없이 명확하게 밝히기 어렵기 때문이다(이종일, 2007: 66-69).

미국의 사회과는 역사적으로 1916년 역사와 지리의 통합을 기반으로 탄생되었지만, 그 이전에 이미 사회과는 1905년 미국에서 처음으로 'Social Studies'라는 교과목으로 시작되었다. 1900년대 당시에 미국은 급속한 공업화 과정에 많은 노동력을 필요로 하여 유럽 등으로부터 갑작스런 인구 유입이 진행되었다. 당시 미국에 일(직업)하러 온 유럽인들은 미국을 돈을 많이 벌 수 있는 것 외에는 그다지 매력적인 지역으로 생각하지 않았으므로 미국에 일시적으로 왔다가 다시 돌아가는 경우가 많았다. 당시 미국 사람들은 이 외국인들이 미국에 와서 돈을 벌고 미국에 정착하기를 원했고, 이를 위해서는 그들에게 단합과 협동과 연계를 바탕으로 하는 '미국 시민화' 교육이 필요함을 깨닫게 되었다. 이 과정에 미국인들은 역사학, 지리학을 하나의 교과목으로 묶어서 가르침으로써 미국 시민화 작업을 완성하려고 하였다. 즉 미국에서 경제적 부를 축적하여 자기 나라로 떠나려는 생각을 버리고, 향후 계속 미국에 정착하여 미국 국민으로서 살아갈 수 있는 인식 전환과 여건 마련이 우선이라는 점을 강조하였다.

1930년대에 이르러 사회과는 '경험 중심, 공민 중심, 진보적 사회과'라는 모습으로 변하게 되었다. 20세기 초기의 직접 민주주의 실행과 그에 따른 보통 의무교육의 확산은 이전 시기 엘리트 중심의 학교교육에 많은 변화를 요구하였다. 보통 의무교육의 실시로 노동자, 농민들의 자녀들도 학교에 다닐 수 있게 되었으나 당시의 지역 예산으로 교육 환경을 개선하기 위해서는 역부족이었으므로 학급당 학생 수가 오히려 증대하였다. 이러한 이유 때문에 초·중등학교에서는 쉽고 간단하면서도 일반적이며 주변 생활 속에서 경험할 수 있는 내용들로 교육과정을 구성할 것을 요구하였다. 다른 한편, 1929년의 대공황은 공급이 수요를 초과하는 현상으로 나타나 많은 공장들이 문을 닫게 되었고, 이 과정에서 많은 사람들은 직장에서 해고되어 거리의 실업자로 추락하였다. 이러한 상황은 미국 지식인들로 하여금 기존의 자유 민주주의의 완전성 속에서 기업가들의 이기주의적 행태를 막을 수 없다고 생각하였다. 이에 미국의 지식인들은 새로운 공적인 시민상 형성을 통하여 이 문제를 해결하고자 하였다. 이에 부응하여 사회과에서는 지리, 역사 외 공민(일반사회) 등을 주요 영역으로 설정하고, 새로운 시민상으로 천박한 이기주의를 떠나서 사회 속에서 개인의 존재를 인정하는 사회적 자아(Social Self)를 사회과 속에서 형성할 것을 주장하였다.

제2차 세계대전 이후 사회변화는 1960년대에 이르러 '학문 중심, 사회과학 중심, 신사회과'라는 모습으로 나타나 사회과의 성격 변화에 영향을 미치게 되었다. 스푸트니크 쇼크가 계기가 되어 학문 중심 교육과정이 시작되긴 하였지만, 주된 원인은 20세기 인쇄 미디어의 발달과 그에 따른 지식의 폭발적인 증가에서 찾을 수 있다. 인쇄 미디어가 고도로 발달하기 이전까지 인간의 체험에 의한 지식은 일정한 시공간을 넘을 수 없었다.

그러나 20세기 초 인쇄 미디어의 보편화는 한 지역에 한정될 수밖에 없었던 지식을 전 세계에 전파할 수 있게 하였고 이는 사회적 측면에서 지식 폭증 현상으로 이어지게 하였다. 그래서 종래의 교육 방법과 기간으로는 이 문제를 해결하기에는 역부족이었다. 브루너, 타바 등 교육학자들은 이 문제를 해결하는 과정에 학문 중심 교육과정을 주장하였다. 한편 제2차 세계대전까지 잠재되어 있던 미국 내부의 여러 가지 갈등 표출과 그에 대한 대응은 행동과학이 중시되던 사회과학 중심 사회과 교육을 요청하기에 이르렀다. 사회과 연구자들은 이러한 특징을 바탕으로 이 시기의 사회과를 이전 시기의 사회과와 구별하여 '신사회과'라고 지칭하였다.

1960년대 후반기에 들어와 미국은 동서 체제 경쟁에서 어느 정도 자신감을 회복하였는데, 특히 1969년 아폴로 11호의 달 착륙은 미국의 자존심을 회복하는 데 결정적인 역할을 하였다. 그 결과 자본주의 체제 경쟁과정에서 등한시되어 온 조직 사회 속에서 인간의 자율성 상실이라는 문제들을 회고하게 되었으며, 교육학자들로 하여금 사회과학의 기본 개념을 토대로 한 과학적 인식의 형성과 조직 사회로부터 인간성 회복이라는 두 가지 문제를 교육 속에서 통일적으로 실현하려는 움직임이 나타나게 되었다. 이런 이유로 1970년대 사회과의 흐름을 오늘날에는 '인간 중심·역사 사회과학 중심'의 시대로 지칭하고 있다.

미국 사회과의 성립, 변천 과정에 대한 원인을 찾아보면, 사회과는 성립, 변천 당시의 역사적·사회적 상황에서 생겨난 문제와 이를 해결하려는 인간들의 노력이 밀접하게 관련되어 있음을 알 수 있다. 사회과 교육의 주된 목적이 '바람직한 시민성 양성'에 있을지라도 바람직한 시민의 구체적 모습은 각 시대가 직면한 역사적·사회적 상황과 그에 대응하는 인간의 노력에 따라 달리 설정됨을 알 수 있다. 미국 사회과의 변천에 대한 지식 사회학적 접근으로 미루어 볼 때, 이 시점 한국의 바람직한 시민상의 구상문제는 결국 현 시기 우리의 역사적·사회적 상황에서 출발하여야 함을 알 수 있다.

그러나 이 접근은 논리의 명료성은 있지만, 그렇게 간단한 문제가 아니다. 해방 이후 지금까지 차용하여 온 이론을 한꺼번에 무시하기가 쉽지 않으며, 뿐만 아니라 그 자리를 메울 만한 이론을 자체적으로 발전시켜 오지도 못하였기 때문이다. 그렇다고 하여 지금까지 차용하여 오던 방식대로 앞으로도 계속하여 미국 사회과의 내용과 교수·학습 이론을 차용하기에는 문제가 많다. 이러한 이유로 대부분의 사회과 연구자들은 미국 교육과정이 우리의 역사적·사회적 상황에 적합하면 수용하고 그렇지 못하면 수용하지 않아도 좋다는 논리를 겉으로는 펴면서도 실제로는 미국 교육과정의 이전에 그치는 것을 볼 수 있다.

3. 사회과의 발달

사회과는 성립 이후 사회적·교육철학적 요구에 부응하는 교과로서 그 중요성을 인정받게 되었고, 아울러, 사회과에 대한 연구도 함께 발전적으로 이루어져 왔다. 1916년 사회과의 등장 이래 사회과는 당시의 사회적 여건과 교육 사조의 변화에 따라 그 운영이나 방법에 변화가 생긴 것이다.

미국의 사회과를 단계적으로 구분하면, 우선 사회과 초기인 1916년에서부터 1930년대까지를 전통적 사회과 시기라 할 수 있다. 이 당시 사회과의 고유 영역으로 인식되고 있던 역사, 지리, 공민의 교과 편성 유형은 세 가지 형태가 혼용되고 있었다. 역사, 지리, 공민이 따로 교수되는 분과형과 함께, 세 분과를 구분하지 않고 통합하는 통합형, 그리고 분과형과 통합형을 적절하게 혼합한 절충 형태, 즉 교과 통칭만을 사회과라고 하고, 그 내용은 분과로 하는 절충형 등이 있다.

사회과의 역사 분류에서 흔히 1930년대 이후 1960년대까지를 진보적 사회과 시기라고 하는데, 진보적 사회과란 학문적 체계에서 탈피하여 생활에서 직면하는 제 문제를 중심으로 조직된 통합형 사회과를 의미한다. 1930년대를 전후하여 세계적인 대공황은 미국의 경제에도 엄청난 충격을 몰고 오면서, 생산은 왕성하나 실업률이 급증하면서 산업활동의 마비로 이어졌다. 또 수출입의 감소는 경제의 위기를 불러일으키면서 각종 사회적인 문제들을 야기(惹起)시켰다. 이러한 경제적인 위기는 정치적인 위기감을 조장하면서 사회적으로 민주주의의 존립마저 위태롭게 하였다. 이와 같은 심각한 사회적 현실은 필연적으로 교육을 통한 해결책을 요구하였다. 사회과는 그 궁극적인 목표를 내세워서 사회 속에서 살아가는 한 구성원으로서 훌륭한 자질을 지닌 인격체 양성에 목적을 두고 사회적인 문제 해결에 합리적인 판단을 할 수 있는 인간 육성에 초점을 맞추는 통합 교과로 자리 잡게 되었다. 결국, 모든 학교교육과정에서 중핵적 위치를 차지하게 되었고 지역 사회와 학생들의 실태에 따라 학습 내용을 포착하여 실생활에서 제기되는 문제 해결을 위한 단원을 설정하고 지식과 생활 및 행동을 연관시킨 사회과 교육과정으로 형성되었다.

1960년대 이후를 신사회과(New Social Studies) 시기라고 하는데, 냉전(冷戰)의 산물이라 할 이념적 대립의 경향이 교육에도 영향을 미쳤던 시기이다. 1957년 냉전 종주국들 간의 우주 개발 경쟁에서 미국의 패배인 스푸트니크 충격(Sputnik Shock)은 미국 내 모든 교육에 일대 반성의 소리를 높였고, 학문적 개념과 체계를 중요시하고, 방법적인 면에서도 스스로 그것을 발견하고 탐구하여 논리적인 구성을 하도록 강조한 소위 학문 중심 교육과정 강조기이다. 이 시기에는 사회과학적 탐구 방법의 도입이 강화되고, 그러한 탐구 능력을 신장시키려는 의도가 강하게 반영되었으며, 사회과 속에서 사회과학적 개념과 원리, 법칙 등을 통한 지적 교육이 강조되었다. 이와 함께 내용적인 면에서는 사회과를 형성하던 기존의 전통적인 사회과 영역인 역사, 지리, 공민 외에도 사회과의 내용학인 정치학, 경제학, 사회학, 법학, 문화 인류학 등과 같은 사회과학의 분야에서 이루어진 성과들도 도입하여 교육 내용을 구성하려는 시도가 과감하게 이루어졌으며, 지식과 아울러 방법의 학습도 매우 중요하게 다루어져서 지적 개발 및 탐구과정이 강조되었던 시기였다(노정식 외, 1996: 12 - 13).

1970년대 이후 사회과 교육은 인간화를 지향하는 교육 개혁 운동이 활발하게 전개되면서 인간화 교육에 초점을 맞추었고, 진보적 사회과와의 절충되는 경향을 보였다. 즉 사회과학의 기본적 개념과 원리, 법칙 등을 통일적으로 실현하려고 모색하게 되었다.

1980년에서 1990년대에 들어와서 미국 사회과에서는 사회과 교육과정의 형성에서 학생들의 요구를 적극 반영하는 한편, 다양한 사회적 환경에 적응하고, 문제 해결력을 갖춘 참여적인 인간을 육성함을 목적으로 하고 있다. 따라서 인지적 지육(知育)과 정서적인 덕육(德育)을 함께 강조하였으며, 실생활에 적용할 수 있는 살아 있는 교육과 인간교육을 강조하였다.

2000년대 이후 급속한 세계화·정보화 사회로의 발전과 세계적인 개방화 현상으로 사회과 교육에는 이론과 실천 면에서 많은 변화가 일어나고 있다. 무엇보다도 먼저 인지 심리학자들의 연구 결과에 따라서 사회과에서의 학습이 인지적 구성주의의 입장에서 학습 모형이 개발되고 있다는 점이다. 정보 처리모형의 발달과 개념학습, 고급사고력학습 등에 관한 관심은 이러한 경향을 말해 주는 것이다. 이것은 과거 행동주의에 입각한 학습 모형과는 매우 다른 것이다. 스키머(schme)학습에 대한 연구도 이러한 경향에 속하는 것이다. 이와 함께 사회과학적 탐구에 의한 지식과 가치 탐구에 의한 가치분석을 종합하여 의사결정 학습 모형이 강조되는 것도 특기할 만하다. 의사결정 모형은 인지적 모형과 정의적 모형의 종합이라고 할 수 있다.

교육 내용 면에서는 정치, 경제, 사회, 문화, 심리학, 지리, 역사 등 전통적인 사회과학뿐만 아니라 철학, 문학 등 인문학, 미술, 음악 등 예술 대중매체, 미래연구, 생명과학, 환경문제, 다문화 교육, 대중문화, 여성학, 도시문제, 통일문제, 인권문제 등 수많은 학문적 영역과 생활문제 영역에서 문제를 발견하여 교육의 자료를 구성하고 있다는 점이다. 시민생활에 관한 모든 문제가 과감하게 도입되고 있다는 것을 말해 주는 것이다. 이와 같은 내용 폭의 확대는 내용 자체의 다양성만을 의미하는 것이 아니라 하나의 문제를 여러 학문적 관점에서 통합하여 고찰하는 학제적 또는 종합 학문적 관점에서 문제를 학습하고 있다는 것을 말해 주는 것이다. 결과적으로 당연히 '전쟁과 평화', '환경과 인간' 등 주제 중심의 접근을 강화하고 있는 것이다.

가치교육 면에서도 새로운 변화가 시도되고 있다. 가치분석이나 가치추론과 같은 것이 1970년대에 가장 관심을 끄는 것이었으나, 이들이 주로 공정성과 정의와 같은 지적 판단력을 기초로 하고 있기 때문에 참다운 사랑과 이해를 함양하지 못한다는 비판을 받았다. 이러한 경향에서 참다운 인간의 사랑과 타인에 대한 봉사를 강조하는 친사회적 가치나 윤리, 타인에 대한 사랑과 봉사의 윤리가 강조되고 있다. 이들은 세계가 너무 살벌하고 이기적이기 때문에 지적 판단력보다 체험적이고 무조건적인 이타적인 사랑이 인류에게 요청된다는 교훈을 우리에게 전해 주고 있는 것으로 사료된다.

뉴 밀레니엄이라고 일컫는 2000년대에 들어서 사회과 교육은 세계 시민교육의 강조와 배경 학문의 다양성과 그 교육의 강화를 지향하고 있다. 세계 시민교육은 사회과의 전통적인 고유한 본질이자 목표인 민주 시민 교육의 폭과 깊이를 확대한 개념이다. 하지만 단순한 민주 시민 교육의 물리적 확대가 곧 세계 시민교육의 개념은 아니다. 세계 시민교육은 전통적인 민주 시민 교육에 통합적·유기적으로 폭과 깊이를 더해진 개념이다. 사회과의 근본적 목적 내지 목표는 시민성 함양, 민주 시민의 자질 함양이다. 이러한 시민성과 민주 시민의 자질 함양은 향토, 지역 사회, 국가 내에서의 가치와 덕목 함양이 주된 관심이었다. 반면, 세계 시민의 자질 함양, 세계 시민의 소양 제고는 글로벌 지구촌 시대이자 세계화·정보화 시대를 맞아 그 폭과 깊이를 인류 공동체, 세계 전 가족으로 확대한 광범위한 개념이다. 따라서 지구촌 구성원으로서 언어, 예절, 질서, 도덕, 문화 등 기초적 자질과 소양을 초·중·고등학교에서부터 함양하도록 지도하여야 할 소명을 사회과 교육은 안고 있다.

한편, 2000년대 들어 사회과 교육의 새로운 경향은 기존의 전통적인 내용학으로서의 사회과학인 정치학, 경제학, 사회학, 문화 인류학, 법학, 윤리학, 역사학, 지리학 등 학문 외에 심리학, 여성학, 환경학, 노인학, 인구학, 북한학, 통일학, 군사학 등이 새롭게 사회과 교육의 내용 영역으로 편입·포함되어 더욱 학문적 다양성을 지향하고 있다. 특히, 현대 사회과 교육은 사회과학 외에도 인문과학, 자연과학 등과의 경계가 낮아지고 완화되었으며, 일부 내용을 공유하는 방향으로 나아가고 있다. 지리학(지리교육), 환경학(환경교육) 등이 사회과학과 자연과학의 내용을 함께 넓혀 가고 있으며, 양자가 중첩되고 공유하는 영역이 넓어지고 있는 것이 그 사례이다.

4. 한국의 사회과 도입(출범)

우리나라에 현대적 의미의 사회과의 내용으로 볼 수 있는 교과교육이 실시된 시기에 대해서는 의견이 일치되지 않고 있다. 다만 미루어 보면, 과거 고구려의 태학, 경당, 그리고 고려의 구제학당 등과 같은 교육 기관에서도 그 시대적 상황과 부합되는 교육을 했을 것으로 유추되고 있다. 조선에서도 서당이라는 보편화된 교육 기관이 있었는데, 교육되는 내용은 주로 현실적인 목적을 달성하기 위하여 교수되는 강독, 제술, 습자 등이 중심이었다. 따라서 이들은 오늘날과 같은 제도화된 학교교육이라고 보기 어려울 뿐만 아니라, 그 내용 또한 평등적 사상에 기초한 인권 교육이나 자율적이고 능동적인 시민 육성 교육이라는 관점과는 거리가 멀었기 때문에 이러한 시대로 거슬러 올라가 사회과 교육의 기원을 고찰하는 것은 무리이다(노정식 외, 1996: 14-16).

실제로 1885년 우리나라에 최초의 근대식 학교인 배재학당이 설립되면서부터 그 뒤를 이어 관립, 사립의 각종 학교들이 설립되었는데, 오늘날의 초등학교 전신인 보통학교들도 이때에 주로 설립되었다. 이들 학교에서 전통적으로 교수되던 교과들이 대체로 수신이나 지리, 역사와 같은 것들인데, 오늘날의 사회과 구성 영역이라고 할 수 있다. 그러나 이때에는 일정한 교육과정이 존재한 것도 아니고 구체적인 교수 시간이 계획되어 있었던 것도 아니었기에 이를 우리나라 사회과 교육의 출발로 보기는 어렵다.

1910년 일제가 우리나라를 강점한 후에 근대적 의미의 관립 학교들이 본격적으로 설립되기 시작하였는데 이때에 만국 지리, 만국사 등 교과가 비로소 교수되었다. 이때에 교수된 만국 지리, 만국사 등은 진정한 세계의 지리나 역사를 교육한 것이 아니라 일본 제국을 세계의 중심으로 인식시키려는 식민 교육의 하나였고, 또 형식상으로도 만국 지리, 만국사라고 하였으나 실질적인 내용은 일본 지리와 일본 역사 중심이었다. 당시 일제에 저항하는 민족주의 인사들에 의하여 설립된 사립학교를 중심으로 하여 조선의 역사가 교수되기도 하였으나 짧은 기간에 그쳤고, 1930년대에 내려진 조선어 및 조선 역사 교수 금지 조치에 의하여 독립 운동가들의 민족주의 노선에 따른 교육은 비밀리에 이루어질 수밖에 없었다. 따라서 이 시기는 지리, 역사, 공민 등 과목이 분리된 채로 교수되었으나 그 목적과 내용이 오늘날과 같은 민주적 시민을 위한 교육이 아니라 제국주의적이고 침략적인 식민지 국민 교육의 일환이었으므로 사회과의 본질적인 측면에서 볼 때 진정한 사회과 교육이 이루어진 시기로 볼 수는 없고 오히려 파행적인 교육이 실시된 시기로 보아야 할 것이다.

1945년 제2차 세계대전이 종료되고 일제가 물러가면서 미군정청이 우리나라의 독자적인 정부가 수립되어 독립적인 행정 수행력을 지닐 때까지의 과도 기간을 맡아서 행정을 수행하게 되었고, 따라서 교육 부문은 군정청 교육부가 담당하였다. 당시 교육에 있어서는 일제의 군국주의적 식민교육의 내용과 방법을 청산하고 새로운 서구식 민주주의를 바탕으로 한 애국적이고 애족적인 한국 국민의 육성이 시급한 과제였다. 사회과 계통에서는 공민, 역사, 지리가 임시 교과목 편제에 선정되었으나 일제 강점기에 배워 오던 교과의 편제나 내용을 전면적으로 수정하여 우리나라의 실정에 알맞은 새로운 교과를 만들기에는 시간과 재정, 그리고 이론 등 능력적인 면에서 강점기 35년이라는 세월이 너무나 긴 기간이었다. 따라서 체계는 그대로 두되 내용은 우리의 윤리, 도덕과 우리의 역사, 우리의 지리로 대체하였으며, 시간 운영은 시간 배당표를 작성하여 그 기준을 마련하였으나 엄격한 준수는 요구하지 않았고 가급적이면 학교의 실정을 감안하여 그 재량에 일임하였다.

미군정청 문교부는 교수요목제정위원회와 교재편찬위원회를 설치하여 교수요목과 교과서 편찬에 들어갔으며, 일제의 잔재를 청산하고 서구식 민주주의를 바탕으로 한 민주 시민 교육의 창달을 위하여 민주주의의 선진국인 자국의 교육을 모델로 삼아 이러한 작업을 진행시켜 나아갔다. 그리하여 미국 여러 주의 교육과정과 교과서가 입수되어 검토되었는데, 그중 우리나라의 자연적인 환경과 여건이 유사하고, 비교적 다른 주보다 사회과 교육에 대한 연구가 활발한 콜로라도(Colorado) 주의 교육과정에 초점이 모아졌고, 그중에서도 주도인 덴버(Denver) 시의 것을 따르기로 하는 한편, 당시 미국 내에서 가장 선진화된 버지니아(Virginia) 주의 교육과정도 참고하였다. 이러한 논의과정에서 공민, 역사, 지리를 독립 교과로 하자는 안과 이러한 과목들을 종합하여 하나의 교과목으로 하자는 안이 대립하였으나, 결국 이를 통합하여 하나의 교과목으로 하자는 데 의견이 모아졌다.

그러나 통합된 교과인 「Social Studies」를 우리말로 번역하는 데에 문제가 제기되어 '사회공부', '사회연구', '사회생활' 등을 놓고 의견 조정을 거친 결과 최종적으로 '사회생활'로 결정되었다. 이러한 대강이 결정되자 미군정청 문교부는 새로이 탄생한 교과인 '사회생활과'에 대한 이해를 돕기 위해 연수회와 강습회를 여는 한편, 교육과정과 교과서의 개발에도 박차를 가하여 1946년 초등학교 사회생활과 교수요목을 탄생시켰다. 이로써 우리나라 최초로 현대적 의미의 사회과가 도입되면서 민주적인 시민교육으로서의 사회과 교육이 시행되게 된 것이다. 이와 같은 과정과 경과로 인하여 우리나라 초기 사회과 교육이 미국 사회과 교육을 모방했다는 비판과 지적이 있는 것이다.

1978년 사회과 교육학자인 바아, 바스, 셔미스(R. Barr, J. L. Barth, S. S. Shermis) 등은 사회과 교실 수업을 조사하여 사회과의 전통을 크게 시민성 전달로서의 사회과(social studies as citizenship transmission), 사회과학으로서의 사회과(social studies ac socia science), 반성적 탐구로서의 사회과(social studies as refoective inquiry) 등 세 가지로 제시하였다(Barr, et al., 1978: 39－194). 이들은 현실적인 사회과를 경험적으로 일반화하여 시민성 전수 모형(Citizenship transmission Model), 사회과학 모형(Social Science Model), 반성적 탐구 모형(Reflective Inquiry Model) 등 세 가지 모형을 제시하였다. 물론 이 세 가지 모형은 모두 최종적으로 민주 시민성 함양이라는 사회과의 본질적이고도 궁극적인 목적을 지향하고 있다.

그 후 1980년에 넬슨과 미카엘리스(J. L. Neoson & J. U. MIchaelis)가 사회과의 3가지 전통에 두 가지 전통, 즉 '사회비판과 사회적 행위로서의 사회과(social criticism and social action)', '학생의 개인적·사회적 발달로서의 사회과(personal－social development of syudent)'를 추가하여 제시했다. 특히, 넬슨과 미카엘리스는 바아, 바스, 셔미스의 분류 중 시민성 전달로서의 사회과를 문화유산 전달로서의 사회과로 보았다(Nelson & Michaelis, 1980: 11－15).

이처럼 사회과의 개념과 목표가 무엇이고 어떤 지식과 기능을 가르쳐야 하며 어떤 방법과 자료를 사용해야 하는가라는 '당위적 문제'에 대한 이론적 관점(접근)은 다양하다. 사회과 교육자들은 이 문제에 대해 다양한 의견을 제시하고 있다.

그렇지만 사회과의 본질과 목적을 기준으로 서로 유사한 의견과 입장을 묶어서 6가지 관점으로 분류할 수 있다. 사회과의 목적에 대한 5가지 이론적 관점은 크게 ① 시민성 전달 및 문화유산 전달로서의 사회과, ② 사회과학으로서의 사회과, ③ 반성적 탐구로서의 사회과, ④ 개인발달로서의 사회과, ⑤ 합리적 의사 결정으로서의 사회과, ⑥ 사회비판으로서의 사회과 등으로 분류될 수 있다. 사회과의 목적을 중심으로 다섯 가지 사회과 모형의 이론적 관점을 종합하면 다음과 같다(Woolever & Scott, 1988: 10－13, Barr et al., 1977; Nelson & Michaelis, 1980).

1. 시민성 전수(문화유산 전수) 모형

시민성 전수로서의 사회과는 비교적 초기의 사회과 모형의 핵심으로서 교육 내용에 대한 교과 중심적 접근의 전통을 이어받은 것이다(전숙자, 2008: 27). 시민성 전수 모형은 사회 안정과 적응을 중시하고 애국심을 강조하며, 이데올로기를 주입하여 정치적 교화(教化)를 도모하려는 보수주의적 입장이다.

사회과 교육은 사회에서 전래되어 오는 문화적 유산을 학생들에게 전수하여 학생들이 미래 사회의 훌륭한 시민이 되게 하는 것이 목적이라는 전통적 사회과 교육의 모형이 곧 시민성 전수 모형이다. 민주 시민성은 정체성, 덕목, 법률적 측면, 정치적 측면, 사회적 측면 등 요소 구조, 지식, 기능, 가치·태도 등 교육 요소, 그리고 세계, 대륙, 국가, 지방 등 지리적 수준 요소 등 3차원적 구조로 구성된다. 이와 같은 입체적 구조를 통해서 학생들은 원만한 사회생활을 영위할 수 있는 민주 시민성을 함양하게 되는 것이다.

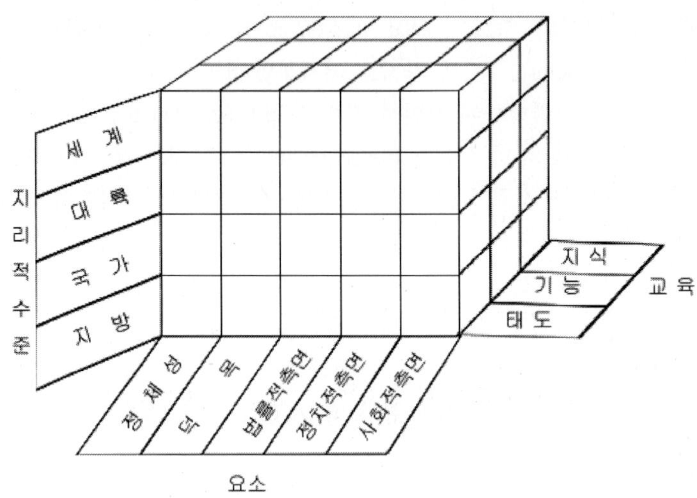

[그림 1] 민주 시민성의 3차원적 구조: 요소, 교육, 지리적 수준

이와 같은 사회과의 시민성 전수(Citizenship Transmission) 관점은 교육은 기성(전) 세대가 후대에게 문화유산을 전달(전수)해 준다는 전통적인 교육관에서 비롯되었다. 미국의 건국 초기 다민족으로 구성된 미국 국민들이 미국의 역사와 지리, 그리고 전통적 문화유산에 대해 올바르게 이해하고 있어야 한다는 관점에서 출발하였다. 시민성 전수 모형에서의 훌륭한 시민이란 애국심이 강한 시민(국민)으로서의 각종 책무를 다하는 성실한 사람을 의미한다. 사회과 교육에서 시민성 전수 모형은 아주 본질적이고도 전통적인 모형이다.

시민성 전수 모형의 주된 교육 방법은 설명식이며, 탐구 수업과 사고력 신장을 지향한다 하더라도 궁극적으로 의도하는 가치와 덕목을 전달하는 데 있다. 따라서 이데올로기의 주입이라는 비판을 받으며, 다양한 가치들과 새로운 혁신에 대해서 소극적이며, 그렇게 때문에 역동적·입체적 교육에 관심이 많은 학생들에게 흥미를 끌기 어렵다는 비판이 있다(정문성 외, 2008: 11-12).

사회과의 시민성 전수 모형(Citizenship Transmission Model)은 학습자는 시민성 함양을 위하여 바람직한 가치 수용을 하여야 하며, 교사는 이러한 가치 전수를 독려해야 한다는 입장이다. 가치의 정오(正誤) 여부는 기성세대에 의해 전통적으로 판단이 내려진 상태이기 때문에 학습자는 수용하기만 하면 된다는 입장이다. 그렇기 때문에 사회과 교수·학습은 교과서 암송, 교사의 주입 등이 주류를 이루며, 학습자는 수업의 주체라기보다는 객체로서 수업과정에서 주로 수동적 위치에 서게 된다(남호엽, 2008: 24-25).

시민성 전달 내지 문화유산 전달로서의 사회과는 사회 구성원인 민주 시민으로서 갖추어야 할 자질이란 이미 사회적 합의를 얻고 있는 것으로 보고, 그것을 다음 세대에 전달, 전수하여 사회적 안정과 발전을 기대하려고 한다. 이와 같은 사회과 교육이 갖는 특징은 교육 내용으로서 중요한 것은 사회적 합의에 도달한 가치이고, 그것의 전수 방법으로서는 기본적 전달, 자유로운 교화라는 데서 찾을 수 있다. 전달자로서의 교사는 훌륭한 시민을 어떤 가치와 태도를 견지하고 안정된 공공활동에 참여하는 사람으로 규정하고, 이러한 사람을 육성하려는 데 목적을 두고 있다. 사회과에서의 전달 (전수)은 단순한 물리적 인계인수의 의미라기보다는 유의미한 교수와 학습의 의미이다. 현대 사회과 교육에서는 지구촌 사회, 세계화 사회를 맞아 이와 같은 민주 시민성 함양, 세계 시민성 배양은 더욱 강조되고 있다.

시민성 전수 모형의 관점에서는 사회과의 핵심 목표를 젊은 학생들을 '훌륭한 미국 시민'으로 훈련시키는 것으로 간주한다. 이 관점에서 훌륭한 미국 시민이란 미국의 역사·지리·정부·경제 체제에 대해 잘 알고 있고, 인간의 존엄성·인권·자유·평화·평등·정의·민주주의 등 미국적 가치를 공유하는 시민이다.

이 관점에 기초하여 사회과 교육이 이루어지면, 교육의 최종적인 결과는 기존의 사회질서와 현 상태가 그대로 유지된다는 것이다. 즉 학생들이 사회과 교육을 통해 사회 구성원으로서의 책임을 받아들이고 민주적인 생활방식에 따르게 됨으로써, 결국 현 세대의 문화유산이 다음 세대로 전달되고 보존된다는 것이다.

문화유산의 선택적 전달자로서의 사회과는 영원한 진실과 가치를 창조한다는 점에서 교육 철학의 항존주의와 유사하며 학생들이 인생을 준비하기 위해 필요하다고 생각되는 지식, 기능, 가치 및 태도 등을 추구한다는 점에서 본질주의와도 연계된다. 물론 문화유산 전수에서 전승하고자 하는 내용은 각 사회과학과 사회 탐구의 기초가 되는 것을 중심으로 하여 사회과 교사가 결정해야 한다(노정식 외, 2007: 38-39).

사회과 교육은 전통적으로 사회에서 전해 내려오는 문화적 유산을 학생들에게 전달하여 학생들이 미래의 훌륭한 시민이 되게 하는 것이 목적이라는 견해인 것이다. 사회의 안정을 위하여 의미가 있지만, 보수적이라는 비판을 받는다. 전통적인 사회과 교육의 모형이 여기에 속한다. 문화유산은 전통적인 사회과에 관련된 지식과 진리 등이 주류를 이루는 것이다.

〈표 4〉 민주 시민성의 목록

시민성의 책임		시민성의 권리	
부패한 형태	참된 형태	참된 형태	부패한 형태
·법과 질서	·정의	·자유	·무정부 상태
·강제된 동질성, 복종	·평등	·다양성	·불안한 다원주의
·권위주의, 전체주의	·권위	·사생활	·자유의 절대화, 사유화
·다수결주의	·참여	·정당한 절차	·범죄 취약성
·가장된 위선	·진실	·소유권	·인권보다 소유권 중시
·국수주의, 외국인 혐오증	·애국심	·국제적 인권	·문화적·민족적 제국주의
	민주적 시민성		

출처: 박상준, 사회과교육의 이론과 실제, 교육과학사, 2008: 51.

2. 사회과학 모형

사회과학 모형(Social Science Model)은 학문 중심 주의, 지식의 구조를 중시하면서 시민성 함양을 사회과학적 안목에서 찾는다. 사회과학 모형은 사회과의 핵심 목표를 학생들이 사회과학자와 같이 사고하도록 가르치는 것이다. 즉 이 관점의 핵심은 미래 사회의 주인공인 학생이 사회과학적 지식의 구조, 사회과학적 지식과 탐구방법 등을 배우고, 사회과학자가 경험적 문제를 해결하는 방법에 따라 학생이 과학적 문제의 해답을 찾는 활동에 능동적으로 참여하는 수업 방법이 사용되어야 한다고 믿는다. 이 모형은 사회과 교육의 목적을 '꼬마(어린) 사회과학자' 양성에 두는 입장이다.

사회과학(Social Science)적 관점은 구소련의 스푸트니크 인공위성 발사 이후 일어난 학문 중심 교육과정의 영향을 받아 '꼬마 사회과학자'의 양성으로 대표되는 전통이다. 사회과를 구성하는 학문의 지식 구조와 탐구과정을 배우는 것이 가장 중요하게 강조되었다. 그러므로 매우 중립적이고 학생 스스로의 과학적 탐구 방법을 강조하여 개념과 일반화의 이해를 강조한다. 하지만 보편적인 가치와 현실 문제를 경시하고 있으며 매우 추상적이고, 나아가 지적으로 우수한 학생에게 편향적이라는 비판을 받고 있다. 사회과학적 탐구력을 함양하는 것은 좋으나, 시민교육적인 차원이 소홀히 된다는 비판을 받고 있다.

사회과학으로서의 사회과의 입장은 인간사의 법칙과 형식, 그리고 질서 확립 등을 추구한다는 점에서 사실주의와 상통하며, 인간관계를 연구하는 객관적이고 경험적인 방법을 강조한다는 점에서 과학적 실증주의와 상통한다. 사회과학으로서의 사회과의 주된 목적은 학생들을 사회과학의 기존 지식과 연구 방법에로 인도하는 것이다. 사회과학적 탐구 방법, 가설, 개념, 일반화, 원리, 이론 등이 내용으로 제시되며, 객관성의 추구, 증거의 추구 등이 강조된다(노정식 외, 2007: 38-39).

사회과학 모형은 학생들에게 각종 사회과학을 가르치는 것을 사회과 교육의 본질로 보는 입장이며, 사회과학의 지식, 개념, 일반화, 이론 등을 체계적으로 교육하고 가치중립적인 사회과학적 탐구력을 함양하는 것이 목적이다. 이 모형은 사회과학의 지식은 강조하나 사회과의 본질인 시민교육적 측면을 소홀히 한다는 비판을 받고 있다.

사회과학 모형은 1960년대 사회과학의 발달과 함께 등장한 학문 중심 접근의 전통을 이어받은 모형으로 교과의 구조, 지식의 구조 등을 중심으로 가르쳐야 한다는 것이다. 이는 다양한 학문 분야로부터 도출된 사실, 개념 및 일반화 등 개념적 요소와 사회과학자들이 연구할 때 사용하는 탐구 방법적 요소 등을 중시한다(전숙자, 2008: 28).

사회과학 모형은 학생들은 사회과학자의 사고과정을 통하여 지적 안목이 형성되며, 이와 같은 안목이 학습자로 하여금 선량하고도 훌륭한 시민으로 선도한다는 입장이다. 사회과학 모형에서의 교육 내용은 사회과학의 구조, 개념, 연구 방법 등 핵심 아이디어이다(남호엽, 2008: 25).

사회과학으로서의 사회과는 사회과학의 연구 방법과 성과를 가르치는 것이다. 사회과학의 개념, 이론, 방법을 지나치게 강조함으로써, 학생들을 사회과학의 소비자로 만든다는 비판이 있지만, 사회과학의 구조와 탐구 방법을 학습함으로써 과학적 사고, 합리적 사고를 할 수 있고 그것이 바람직한 시민적 자질 향상의 기초가 될 수 있다는 견해가 핵심 주장이다. 또한, 현실적으로 사회과학의 개념, 이론을 중심으로 다루는 사회과 교육이 강조되고 있다.

사회과학 모형의 교육 방법은 사회과학자들의 연구 방법 및 문제 해결 방법이며 이와 같은 교육 방법이 수업의 구조를 결정하는데, 사회과학자들의 탐구 전략과 연구 기법들이 교수·학습 방법의 원천이 된다. 이러한 사회과학의 각 학문 영역의 연구 방법에 기초한 것으로 사회과에서 적용하고 있는 학습 형태에는 참여 관찰 학습, 사례 조사 학습, 표본 조사 학습, 문헌 조사 학습, 현장 학습, 사료 학습, 자원 인사 초빙 학습, 상황 분석 학습 등을 들 수 있다.

이런 탐구의 결과로 학생들은 과학적 탐구방법을 사용하여 지식이 어떻게 획득되는지를 평가할 수 있고, 과학적 지식과 태도를 소요하게 될 것이라고 가정된다. 그 결과 학생들은 인간관계와 물리적 환경에 대해 과학적으로 이해하고 대중 매체에서 제공되는 지식과 정보를 취사선택하여 유능하게 사용하는 소비자가 될 것이라고 간주된다.

사회과의 교과 내용학인 각종 사회과학을 가르치는 것을 사회과 교육의 본질로 보는 입장이다. 사회과학의 지식, 개념, 일반화, 이론 등을 체계적으로 교육하고 가치중립적인 사회과학적 탐구력을 함양하는 것이 사회과에서 중요하다. 상당수에 달하는 우리나라의 사회과 교사들도 생활과 관련된 문제 해결력보다 사회과학적 지식을 가르치는 것을 사회과에서 가장 중요한 것으로 보고 있다.

1957년 스푸트니크(sputnik) 사건, 1970년대 신사회과 운동(new social studies) 등은 사회과에서의 사회과학의 재강조가 핵심이었다. 사회과에서의 사회과학 강조는 사회과 내용학인 사회과학의 학문적 구조에 의한 지식의 강조가 핵심적 요소이다.

사회과학 모형은 사회과학자들의 사유 방법과 탐구 기법, 기능, 아이디어 등을 학생들의 발달 수준에 적합하도록 재조직하여 가르침으로써 과학적 절차와 객관적 증거에 의하여 사회현상에 관한 법칙 발견을 도모하려고 한다. 물론 궁극적으로는 사회과학 탐구를 통해서 시민성 함양을 지향하고 있는 것이다.

3. 반성적 탐구 모형

반성적 탐구(Reflective Inquiry)는 듀이(Dewey)의 이론에 바탕을 두고 있다. 듀이는 일상생활 속에서 학생들의 욕구와 흥미를 중심으로 학생 스스로 학습 내용을 결정하기를 강조하였다. 체계적이고 과학적인 학습과정을 통한 의사 결정을 하여 시민성 신장을 연습하는 교육을 강조한 것이다. 끊임없이 폭증하는 지식, 변화하는 사회, 사회적 쟁점의 등장 및 다원화 등에 대응하기 위해서는 애국심에 호소하거나 검증된 과학적 지식의 습득만으로는 충분하지 못하다. 학생들로 하여금 자신 및 사회와 관련된 문제가 무엇인지 확인하고, 그 문제와 관련된 사실과 가치에 대한 과학적이고 경험적인 검토와 토론, 그리고 상황에 부합되는 합리적 의사 결정으로 이어지는 과정이 탐구이며, 이것이 곧 시민성 함양이라는 입장이다(정문성 외, 2008: 11−12).

사회과의 반성적 탐구 모형(Reflective Inquiry Model)에서는 시민성 함양이 전적으로 합리적인 의사 결정 능력에 달려 있다고 본다. 의사 결정의 대상은 사회적 쟁점과 문제들이며, 이는 학습자들의 경험 세계에 바탕을 둔 흥미, 관심 등이 초점이다. 따라서 반성적 탐구 모형에서는 학습자들의 자기 주도적 학습에 주목하면서, 학습자가 교수·학습과정에서 능동적으로 참여할 수 있도록 교육 내용을 구체화해야 한다. 아울러, 반성적 탐구 모형에서의 교육 방법은 사회문제 해결을 위한 지적 탐구과정으로써 지식은 그 자체로 목적화되기보다는 문제 해결을 위한 도구이자 수단이 된다(남호엽, 2008: 25). 반성적 탐구 모형은 인지적 발달 모형이라고도 하며 체계적으로 사고하는 능력과 관련된 기능, 반성적 사고(reflective thinking) 등 인지적 기능 발달을 사회과 교육의 중요한 목적의 하나로 간주한다.

반성적 탐구 모형은 학생들의 반성적 사고 능력을 개발하도록 도와주는 것을 사회과 교육의 핵심 목표로 제시한다. 여기서 '반성적 탐구' 또는 '반성적 사고'는 다양한 사고의 과정, 즉 비판적 사고, 문제 해결, 과학적 탐구, 귀납적 사고, 윤리적·법적 추론, 가치 탐구, 합리적 의사 결정 등을 포함한다. 이런 사고과정들의 공통점은 문제의 해답을 찾고 평가하기 위한 고도의 정신과정의 사용을 포함한다는 것이다.

반성적 탐구, 반성적 사고로서의 사회과 입장은 실용주의와 관련되어 있다. 반성적 탐구로서의 사회과의 주된 목적은 사회문제와 사회적 쟁점에 대해서 반성적 탐구와 반성적 사고를 통해서 학생들의 사고력과 의사 결정력을 발전시키는 데 있다. 반성적 탐구로서의 사회과 학습 내용은 학생들에게 중요하고 관심 있는 쟁점이나 문제를 다룰 수 있는 것이면 무엇이나 가능하다. 이 모형에서는 문제의 정의, 가설의 설정과 검증, 대안의 설정, 대안 결과의 분석, 결론 도출, 판단과 결정 등과 같은 과정으로 진행된다(노정식 외, 2007: 38－39).

반성적 탐구로서의 사회과는 교수·학습의 결과보다는 과정을 중시하며, 합리적인 의사 결정, 문제 해결에 필요한 지식과 가치를 탐구하는 과정에서 시민적 자질이 육성된다고 보고 있다. 반성적 탐구 모형의 지지자는 지식 획득과 가치 명료화 과정이야말로 교사가 진정으로 가르쳐야 할 것으로 보고 있다. 합리적 의사 결정자는 이 과정을 통해서 양성될 수 있다고 보기 때문이다. 사회과가 암기식·강의식 수업, 교육이 되어서는 안 되며, 나아가 학생 중심의 탐구 학습에 초점을 맞추어야 한다고 주장하는 학자들에게 적극적인 지지를 받는 모형이다.

이 관점은 학생들이 단순한 암기나 주입이 아니라 사고하는 법을 배워야 한다고 가정한다. 이러한 사회과 교육을 받은 학생들은 지식(사실)문제와 가치문제에 대한 해결책을 찾기 위해 충분한 지적 능력을 사용할 수 있게 된다. 사고의 과정을 배우는 것이 더하여 학생들이 반성적으로 사고하는 법을 배우고 사고를 위한 사고의 즐거움을 경험할 수 있게 된다. 이러한 사회과 교육의 결과로 학생들은 개방적이고 책임감 있는 사회 구성원이 될 것이고, 사회는 더 높은 단계로 발전할 것이라고 가정된다.

반성적 탐구 모형은 사회생활에서 직면하는 문제를 해결하기 위하여 반성적 사고력을 기르는 것을 사회과 교육에서 가장 중요시하는 모형이다. 현대사회의 상황으로 보아 가장 적절한 모형으로 평가되고 있으나, 내용의 실체보다 방법론에 너무 치우친다는 지적이 있다. 또 사회과학적 지식 체계가 소홀히 될 우려가 있다는 비판도 있다. 이에 대한 반발로 기본적인 지식으로 돌아가야 한다는 '기초 복귀 운동(Back to Basics Movement)'이 일어나기도 했다.

반성적 탐구 모형은 사회 이슈(issue) 및 쟁점, 문제 해결 과정을 통하여 학생들의 사고 능력을 향상시키는 것을 중시한다. 반성적 탐구 모형은 반성적 사고를 강조하면서 사회과 교육과정을 통해서 사회변화를 이끌어 가고자 했던 보다 진보적인 관점을 취하는 것으로 정보 사회에서 문제 해결 능력을 갖춘 시민 양성이 사회과의 중요한 목표가 되어야 한다는 주장과 궤(軌)를 같이하고 있다.

하지만 반성적 탐구 모형은 탐구과정이 일선 학교 현장에서 매우 어려우며, 교사에게 많은 부담을 가중시켜서 상대주의에 빠질 우려가 있다는 단점을 내포하고 있다.

4. 개인 발달 모형

사회과의 개인 발달 모형은 학생 중심, 아동 중심 사회과 교육의 전통과 일맥상통한다. 개인 발달 모형은 사회과의 특성상 사회 구성원인 개인의 발달과 성장이 사회, 국가, 인류의 발달에 대한 초석이 된다는 관점에 바탕을 두고 있다. 개인과 사회의 조화로운 연계에 바탕을 두고 있는 모형이다.

개인 발달 모형은 학생들의 정체성 형성 및 자아실현을 도와 조화로운 인간의 성장 발달을 촉진하는 것을 사회과의 목적으로 보고 있다. 학생들의 개인적·사회적 발달로서의 사회과 모형은 학생 중심의 진보주의와 관련이 있으며, 일면 실존주의와도 연관이 있다. 개인 발달 모형의 주된 목적은 자기 이해, 자아실현, 타인과 자신의 관계를 이해하는 것으로 과학적이기보다는 인간적인 면을 강조하는 점이다. 따라서 자아 인식과 자기 평가 등을 중시한다. 아울러 개인 발달 모형은 아동 중심, 학생 중심의 사회과 교육 전통을 이어받아 아동(학생)들의 흥미와 욕구, 잠재가능성의 실현, 자아 인식, 자아실현, 인간성 회복 등을 중시한다.

학생들의 개인적 발달로서의 사회과의 입장은 학생 중심의 진보주의 사조와 밀접하게 관련되어 있으며, 실존주의와도 불가분적 관련을 맺고 있다. 개인적 발달 모형의 주된 목적은 자기 이해, 자아실현, 타인과 자신과의 관계를 이해하는 것으로 과학적이기보다는 인간적인 측면을 강조한다. 따라서 자아실현과 자아 조절, 자아 인식, 자기 평가 등을 강조한다(노정식 외, 2007: 38-39).

적극적인 자아개념과 자아의 발달 및 성취, 개인적 효율성, 개인을 위한 취업 준비, 행복한 생활 능력 등의 함양을 중요한 내용으로 하는 모형이다. 모든 사람은 개인적인 생활을 가지고 있는 것이므로 이 모형도 중요한 부분을 시사하고 있으며, 이 부분을 너무 강조하다 보면 사회과 교육의 중요한 부분인 사회성이 소홀히 되는 단점을 가지고 있다. 또 개인적 발달 모형은 적극적인 자아 개념과 발달 및 성취, 개인적 효율성, 개인의 발달을 위한 취업 준비, 행복한 생활 능력의 함양 등을 사회과 교육에서 강조하나 사회과 교육의 중요 부분인 사회성 교육이 소홀히 되는 단점을 안고 있다(김현석·한관종, 2008: 4-5).

이 관점에 따르면 사회과의 핵심 목표는 학생 개인이 자신의 '잠재능력'을 최대한 발달시키도록 도와주는 것이다. 충분히 발달된 사람은 높은 자아 존중감을 갖고, 다른 사람들과 잘 지내고, 실제적인 목표를 달성하고자 노력하고, 일상적인 문제를 효과적으로 잘 처리하고, 독서산(讀書算) 등 기본적 능력과 직업기술을 개발하는 사람이다.

본질적으로 사회과 교육의 목표는 바람직한 사회 구성원을 기르는 것이다. 개인적 발달의 목표를 달성하기 위해서 사회과 교사는 교사 중심·교과 중심 교육보다는 학생 중심 교육을 실시해야 한다. 아울러 개인 발달 모형에서는 사회생활에서 자신과 타인의 관계를 이해하고 다양한 삶의 의미를 추구하고 잠재가능성을 발휘하여 개인적·사회적으로 조화로운 성장 발달을 도모하고 있다고 전제한다.

5. 합리적 의사 결정 모형

합리적 의사 결정 모형은 사회과의 핵심 목표를 학생들에게 '합리적인 의사 결정'과 그 결정에 따른 행동을 가르치는 것으로 간주한다(Engle: 1960, 1988, Banks: 1977, 1990, Woolever & Scott: 1988). 합리적으로 의사 결정한다는 것은 개인적·사회적 문제들을 해결하기 위해 최고의 지적 능력을 사용하는 것이다.

문제 해결을 위한 사고의 과정(방법)을 가르친다는 측면에서 이 과정은 반성적 탐구로서의 사회과와 많은 부분이 중복된다. 두 관점의 차이는 사고 능력이 가르쳐지는 '목적'과 사고 능력이 실천되는 '맥락'에 있다.

합리적인 의사 결정으로서 사회과에 있어서 목적은 개인 또는 집단이 개인적·사회적 문제들에 대해 결정할 때 사고 능력을 사용하도록 하는 것이다. 반면에 반성적 탐구로서의 사회과에 있어서 목적은 학생들에게 다양한 이유에서 사고방법을 가르치는 것이다. '후자는 무엇을 해야 하는가'(가치판단과 실천)에 대한 의사 결정을 필연적으로 요구하지 않는다. 예컨대 이 관점에 따르면, 학생들은 두발 또는 교복의 자유화를 허용할 것인가에 관한 찬반 주장에 대해 객관적으로 생각하고 검토하겠지만, 두발과 교복을 자유화해야 하는가에 대해 구체적인 가치판단과 실천에 대해 의사 결정하지 않아도 된다.

그러나 전자는 의사 결정에 기초한 '사회적 행위의 실천'을 사회과의 목표로 포함한다. 학생들이 합리적인 의사 결정을 했다면, 어떤 방식으로든 그 결정에 따라 행동할 것이라고 가정된다.

이 모형은 합리적인 의사 결정 방법을 배움으로써, 학생들은 일생 동안 개인적·사회적 문제에 직면했을 때 반성적이고 책임감 있는 인간으로 행동할 수 있다고 가정한다. 학생들은 합리적 의사 결정이 문제 해결의 가장 좋은 방법이라고 확신하고, 자신의 삶과 사회를 발전시키기 위해 그 결정 과정에 따라 실천하는 데 헌신할 것이라고 가정된다.

6. 사회 비판 모형

사회 비판 모형은 과거의 이론과 실제, 제도, 문제 해결과 사고방식 등 전반적인 사회 시스템(system)을 새롭게 재검토하고 비판하며 새로운 대안을 추출, 제시하는 것이 사회과 교육에서 핵심적이고도 중요하다고 보는 모형이다. 사회 비판 모형은 사회적 문제에 대한 비판 능력을 사회과 교육에서 강조하나 이러한 비판 능력도 민주적 시민교육의 중요한 부분임에는 틀림없지만, 이 부분을 너무 강조하면 문화유산의 전수와 사회과학 교육이 소홀히 된다는 단점을 내포하고 있다(김현석·한관종. 2008: 4-5).

사회 비판 모형은 사회 정치적 참여 중심 모형이라고도 한다. 사회 비판 모형은 사회과 교육의 목적이 사회의 정의, 언론·집회·결사의 자유, 세계 평화, 세계화 등과 같은 목적을 위해 학생들에게 참여의 기회를 제공하고, 사회 비판이나 정치적 참여를 증진하는 것을 강조한다. 사회적 비판과 사회 참여로서의 사회과에서는 학교는 현재보다는 미래를 위해 보다 더 다양한 개선, 개량에 초점을 두는 기관이라는 재건주의 입장과 관련된다. 사회 비판 모형의 주된 목적은 학생이 사회 상황과 사회문제를 비판적으로 분석하고, 사회변화를 가져오는 방법을 제안할 수 있는 능력을 발달시켜야 한다는 입장이다. 따라서 사회적 비판의 기법이 강조되며, 정의와 기회에 대한 평등, 인간의 존엄성, 진보에 대한 신념, 문제 해결을 위한 지성 등과 같은 가치가 중요시되고 있다.

사회적 비판과 사회 참여로서의 사회과의 입장은 학교는 사회를 개선, 혁신시키는 기관이 되어야 한다는 재건주의와 관련된다. 이 입장의 주된 목적은 학생들이 사회 상황과 사회문제를 비판적으로 분석하고, 사회변화를 가져오는 방법을 제안할 수 있는 능력을 발달시키는 것이다. 비판의 기법이 강조되며, 정의와 기회에 대한 평등, 인간의 존엄성, 진보에 대한 신념, 문제 해결을 위한 지성 등과 같은 가치를 중요시한다(노정식 외, 사회과 교육, 서울: 형설출판사, 2007: 38–39).

과거의 전통, 현재의 이론과 실천, 제도, 문제 해결과 사고방식 등을 새롭게 재검토하고 비판하며, 새로운 대안을 제시하는 것이 사회과 교육에서 가장 중요하다고 보는 모형이다. 1960년대에서 1980년대에 이르러 전 세계적으로 일어났던 반권위적인 지향 운동의 영향으로 비판적인 능력을 사회과에서 중시하는 것이다. 사회 비판 모형은 학교 내와 학교 외에서 실제적으로 정치과정에 참여하고 리더십을 발휘하는 참여 능력 신장을 강조한다. 이 모형은 비판적인 능력도 민주적인 시민교육의 중요한 한 부분으로 보고 있지만, 이 부분을 지나치게 강조하면 문화유산의 전달이나 사회과학 교육이 소홀히 되는 단점을 가지고 있다.

〈표 5〉 사회과 3대 주요 모형의 특성 비교

구분		시민성 전달(전수) 모형	사회과학 모형	반성적 탐구 모형
출현 배경 (등장 환경)		· 미국 초기의 토착민과 이주민 사이의 갈등, 대립 완화, 인종과 민족의 통합과 협동심 함양	· 사회과학의 독립화, 스푸트니크 사건, 브루너의 '교육의 과정', 신사회과 운동 등	· 20세기 급격한 사회 변동 · 사회문제의 합리적 해결 요구
주요 특징		· 대중이 널리 지지함 · 전달할 가치와 지식의 목록 분명	· 스푸트니크 충격 이후 급부상 · 학문의 구조 강조	· 상대주의적 가치관 · 가치 갈등의 현상
교육 목표	목표관	· 사회과의 과제는 바람직한 가치 전달 · 보편적 절대적인 가치를 가르쳐야 함	· 사회과의 과제는 사회과학의 안목 형성 · 사회현상에 관한 합리적인 분석 능력, 사고 능력	· 사회과의 과제는 사회 문제 및 쟁점 대처 능력 · 학습자의 현재 삶이 곧 시민의 삶
	본질 목표	· 훌륭한(애국적)민주 시민 양성 · 사회 가치, 규범의 내면화와 준수 · 시민성은 올바른 가치 내 변화로 육성	· 학식을 갖춘 시민 양성 · 사회과학적 지식 습득 · 사회과학적 탐구방법 습득 · 사회과학자의 탐구 방법 (꼬마 사회과학자 양성) · 사회과학의 개념 과정으로 시민성 육성	· 사회문제의 객관적 분석 · 합리적 의사 결정 모색(의사 결정력, 문제 해결력) · 지식 활용, 문제 해결, 의사 결정 등으로 시민성 육성 · 사회적 문제 탐구

구분		시민성 전달(전수) 모형	사회과학 모형	반성적 탐구 모형
핵심 교육 내용		·전통적 문화유산의 전수·가치, 규범 등의 내면화 ·권위에 의해 선정, 교사에 의해 해석, 가치·태도, 신념, 예시 등 ·사회, 시민 관련 기존 가치, 규범, 신념 등 지향	·사회과학의 구조, 개념, 문제, 과정 등 ·제1차적 자료와 탐구 문제 ·사고와 탐구의 내용 ·과학자의 관심 문제 ·과학적 문제(사실) ·사회과학적 지식, 연구 방법 ·인간과 사회의 상호작용 연구	·사회문제 관련 자료 ·일상적 사회문제의 사실과 가치 혼합 과제, 자료 ·문제, 학생의 흥미와 관심 등 ·일상적 사회문제, ·학생 관심 문제(사실, 가치) ·학생 참여의 민주적 문제
교사관		·하나의 신념 수용 ·학생과일심동체(사제동행) ·내용의 전수자 ·대체로 보수적	·방법의 전달자 ·결론의 불간섭	·조력자 ·주제 선정, 내용과 방법에 불간섭
문제 성격		· 전통적으로 강조된 문제 · 기득권이 중시하는 문제	· 과학적 문제(과학적 사실) · 과학자가 관심을 갖는 문제	· 일상적 사회문제(사실＋가치) · 학생들이 관심을 갖는 문제
탐구 주체		· 교사	· 교사	· 학생
학습과정		· 학생들은 교사의 전달 내용을 단지 수용	· 제시된 자료를 활용하여 질문의 해답 찾기	· 자료의 활용, 해석의 자율적 결정
교육 방법	교수 기법	·전달, 주입, 교화가 핵심 직접적 전수, 간접적 전수(주입, 행동 수정 기술) ·전수: 암송, 강의, 문답, 구조화된 기법 등으로 개념, 가치 준수	·탐구 방법의 탐구(탐구 수업) ·사회 제 현상의 탐구 ·발견: 사회과학의 방법 발견 및 적용	·반성적 탐구와 토론 수업 ·가설 설정 후 검증 ·토론을 중심으로 전개 ·탐구: 문제 확인 통찰, 갈등 해결
	수업 방법	·교화, 주입, 교사 중심 ·통제된 문제 해결 활동 ·주입식(기술＋설득), 행동 수정 기술, 강의식, 문답식 방법	·사회과학 탐구, 교사 중심 ·개별 사회과학에서 사용하는 방법들 ·탐구식 수업	·반성적 탐구, 의사 결정 수업, 학습자 중심 ·선정된 주제들에 적용되는 탐구 및 의사 결정과정의 실제 수행 ·반성적 탐구와 토론 수업
	교과서 접근법	·기술적 접근법	·개념적 접근법	·역동적 접근법
비판과 평가 (문제점)		·사회현실과 사회과학 내용, 학생의 요구 등 무시 ·사실 왜곡, 규범의 맹종 우려 ·특정 가치에 대한 지나친 확신	·실제적 사회적 현상과 유리(遊離) ·사회과학의 구체적 사회 상황 제시 곤란 ·의사 결정의 해결책 제시 곤란 ·가치중립 불가능 ·소수 엘리트에게 유리	·실제적 사회현실과 시민 육성에 한계 ·합리적 의사 결정의 판단 곤란(가치 상대주의적) ·교사와 학생의 능력 결여 시 진행 곤란 ·교사에 너무 많은 것 요구 ·전통 파괴의 우려

한편, 사회과 수업을 중심으로 한 유형 분류는 올리버(Oliver)의 분류가 대표적이다. 올리버는 그의 논문 "사회과학의 범주(Categories of Social Science Instruction)"에서 사회과의 유형을 지혜로운 인간 형성을 위한 접근법, 사회과학 접근법, 조화로운 인간 형성을 위한 접근법, 위대한 국가상 정립을 위한 접근법, 법리적 접근법, 시민 행동 접근법 등 여섯 가지를 제시하고 있다. 각 접근법의 핵심 논

리는 다음과 같다.

첫째, 지혜로운 인간 형성을 위한 접근법(the wisdom approach)은 지식이란 학생들이 사물을 이해하고 지혜롭도록 하며, 그러하기에 유의미하다고 보는 입장이다. 이때 지식은 극도로 추상화된 기성의 지식이며 사실적 지식을 다룬다. 대체로 이 접근법은 사회과학의 내용이 유래하는 연구 방법에 대한 논의가 결여되어 있다. 학생들이 사회과학적 지식을 접수받아야 하는데, 이 지식이 학생들을 지혜롭게 만든다고 보았다. 다만, 설명식 수업이 주가 되며, 학생들이 그러한 지식을 암기한다고 해서 진정으로 지혜롭게 되는가에 대해서는 비판적인 면에 직면하는 한계가 있다.

둘째, 사회과학 접근법(the social science approach)은 사회인식의 결과 면 못지않게 인식의 방법 면을 중시한다. 사회과학의 아카데미즘을 강조하는데, 학문의 연구 성과에 대한 맹목적인 교수는 아니다. 수업의 절차는 관찰, 사건의 기록, 사건 해석을 위한 이론적 도구의 사용에 기초한다. 전반적으로 사회 사상(社會 事象)을 중심으로 한 사회과학적 탐구를 강조한다.

셋째, 조화로운 인간 형성을 위한 접근법(the harmonist approach)은 역사와 사회과학의 내용보다는 상대적으로 학습자에 관심을 기울인다. 사회의 문화 통합을 목적으로 협력적 인간관계, 공동 작업, 교실 민주주의 등을 강조한다. 경쟁보다는 조화로운 인간관계의 성취를 지향한다. 이 접근법은 특히 사회생활의 인간관계를 강조한다.

넷째, 위대한 국가상 정립을 위한 접근법(the image of greatness approach)은 학생들로 하여금 역사적 실체에 대한 감각을 형성하도록 하는데, 이는 동포들과의 유대감을 가지게 한다. 문화 통합을 목적으로 하면서, 동일한 국가 이미지를 학생들에게 제공하기 위하여 극적인 이야기체 역사를 제공한다. 국민 통합주의와 문화 상대주의 등도 이 접근법의 한 부류로 볼 수 있다.

다섯째, 법리적 접근법(the jurisprudential approach)은 이성에 기초하여 논쟁 문제를 해결하려는 것이 기본 정신이며, 갈등적인 논쟁점이나 정치적 주장, 결정에 앞서서 증거에 기초하면서 지적 절차의 수행, 정치적 문제를 다루기 위한 교육받은 이성과 설득을 위한 논증의 사용 등 세 가지 구성 요소가 있다. 특히 법리적 접근법은 사회체제의 공공적 문제에 초점을 맞추고 있다.

여섯째, 시민 행동 접근법(civic action approach)은 전통적인 학습 공간인 교실을 떠나 배운 내용의 적극적 적용을 중시한다. 즉 지식과 행위가 통합되어야 민주 시민으로서 바람직한 생활이 가능하다고 보고 있다(남호엽, 2008: 2・1−23). 시민 행동적 접근법은 사회 구성원으로서의 시민들의 참여와 활동을 적극 장려하고 있다.

〈표 6〉 올리버의 사회과 유형: 교육 목적 · 내용 · 방법

사회과 유형	교육 목적	교육 내용	교육 방법
① 지혜로운 인간 형성	지식의 전수는 지혜로운 삶을 유도	사회과학의 사실적 지식	전달, 암기, 사고의 결과 강조
② 사회과학	사회과학의 안목 형성	사회과학의 구조	과학적 탐구, 사고의 과정 중시
③ 조화로운 인간 형성	문화 통합을 위한 상생의 자세 확립	조화로운 인간관계 성취를 위한 교리와 방법	협동, 집단 작업, 교실 민주주의
④ 위대한 국가상 정립	문화 통합을 위한 국가 이미지 내면화	국가 구성원이 공유하는 역사적인 문제 상황	교화, 주입
⑤ 법리적 접근법	합리적인 가치판단력 신장	사회 논쟁점, 정치 문제	합리적 근거와 절차에 기초한 논증
⑥ 시민적 행동	참여 민주주의 실현	학교와 지역 사회의 문제, 국가 및 국제적인 관심사	지적 탐구와 사회적 행동

또 다른 한편으로는, 울에버와 스콧(Woolever & Scott)은 기존 여러 학자들의 분류를 분석하여 그 중요성에 따라 합리적 의사 결정 및 사회적 행동, 사회과학 교육, 반성적 탐구 교육, 개인 발달 교육, 시민성 전달 교육 등으로 열거하였다. 합리적 의사 결정 및 사회적 행동이 가장 중요한 것은 우리 사회가 민주주의의 이상을 실현하고 유지하는 데 가장 필요한 기능과 태도이기 때문이라는 점이다. 기존에는 우리 사회가 민주주의 이상을 완전히 실현 내지 유지하지 못했으므로, 이를 달성하고 유지하기 위해서는 시민들의 지적이고 합리적인 실천적 행동이 필요하다는 주장이다(정문성 외, 2008: 13 – 17).

첫째, 시민성 전달 관점이다. 미국 독립 이후 국민 통합과 민주주의 국가 건설을 위하여 모든 국민들이 민주 시민으로서의 기본적 자질을 갖추어야 한다고 판단하였다. 이와 같이 국민 통합과 민주주의 국가 건설을 위하여 '사회과'가 탄생하였고, 이 사회과에서 추구하는 민주 시민의 자질을 '시민성'으로 보았고, 당시 시민성의 보편적 가치들은 인간의 존엄성, 자유, 평등, 정직, 정의 등 오늘날까지 전승되는 민주주의의 이념들이었다.

둘째, 개인 발달 관점이다. 시민성 전달이 이데올로기 주입이라는 비판과 함께 개인의 인권과 개성이 존중되는 사회 분위기에 따라 교육에서도 개별화 교육과 개인의 잠재력 발굴이 본질이라는 주장이 출현하였다. 민주 시민 교육은 개인의 자아실현을 도와서 생산적인 시민을 양성하는 것이며, 자아실현이 곧 사회의 자아실현으로 이어지며, 훌륭한 민주 시민은 시민성의 기초 위에 자신이 가진 잠재력을 최대한 발휘하는 사람으로 정의되었다.

셋째, 반성적 탐구과정이다. 시민성 발달을 비판하고 등장한 개인 발달 관점이 학생들을 편협한 개인주의자로 만들 뿐만 아니라 개인의 자아실현이 곧 사회의 자아실현으로 이어지지는 않는다는 비판을 바탕에 깔고 등장한 관점이다. 듀이(Dewey)가 '아는 것이 힘이 아니라 아는 방법이 힘'이라고 사고력을 강조하면서 기존의 시민교육의 패러다임(paradigm)이 변화하였다. 즉 훌륭한 시민은 시민성의 기초 위에 자아실현을 도모하되, 사고력 개발을 위하여 높은 수준의 지적 능력을 갖춘 사람이라는 것이다. 시민교육은 듀이가 말한 ' 반성적 탐구'를 통해서 사고 방법을 익히고 발견의 기쁨을 누리는 교육이 되어야 한다고 강조하였다.

넷째, 사회과학 교육 관점이다. 기존의 반성적 탐구 관점이 사고력만 강조하고 실천의 문제를 경시했다는 비판을 받는 가운데, 1957년 스푸트니크 충격으로 미국 교육계가 큰 충격에 빠진 배경에서 출범하였다. 미국이 구소련과의 우주 경쟁에서 패배한 진정한 이유는 교육, 특히 아동(학생) 중심의 진보주의 사고가 핵심적인 지적 훈련을 시키지 못했다는 반성과 함께 사고력을 강조하고 있음에도 불구하고 지식 주입식 교육 일변도의 교육에 치중했다는 비판에서 브루너로 대표되는 학문 중심 교육과정이 태동하였다. 즉 초·중등학교는 대학의 준비 기관으로 대학에서 배울 사회과학의 내용과 지식의 구조를 미리 배우는 곳으로 간주되었다. 훌륭한 민주 시민은 사회과학적 지식과 방법을 잘 아는 사람을 의미하게 된 것이다.

다섯째, 합리적인 의사 결정과 사회적 행동의 관점이다. 사회과학 교육이 초·중등학교의 보통 교육의 기능과 정의적 측면을 도외시했다는 비판에서 출범하였다. 특히 산업 사회를 거치면서 사회에 다양한 여러 가지 사회문제가 팽배하여 교육에 대한 역할, 기능이 제고되었다. 즉 교육은 학생과 사회가 직면한 문제 해결 능력을 가르치는 것이어야 한다는 자각을 하게 되었다. 진정한 민주 시민 교육은 각 개인이 개인적 또는 사회적 문제에 직면했을 때 이를 해결하게 하기 위해서 도와주는 것이며, 그 문제 해결은 합리적 의사 결정과 실천을 통해서만 가능하다는 입장이다. 합리적 의사 결정은 문제에 대한 사회과학적 지식과 시민성이나 잠재력 등을 고려한 통합적인 최선의 의사 결정을 의미한다. 아울러 훌륭한 민주 시민은 합리적 의사 결정 능력을 보유한 사람이며, 나아가 이를 실천하는 사람으로 인식되었다.

<표 7> 울에버와 스콧(Woolever & Scott)의 사회과 교육 관점

관점	출현 배경	핵심 내용
① 시민성 전달 (전수)	미국 국민 통합, 민주 시민 교육	보편적 가치(인간의 존엄성, 자유, 평등, 정직, 정의 등) 수용, 민주 시민 교육은 문화유산 전달로 성취
② 개인 발달	개별화 교육과 잠재력 발굴 추구	자아실현을 통한 민주 시민 교육, 개인적 자아실현이 사회적 자아실현
③ 반성적 탐구과정	시민성은 사고력 개발 통행 성취, 사회과학적 사고방식 강조	과학적 사고방식을 통한 '발견', 탐구식 수업을 통한 민주 시민 교육
④ 사회과학 교육	스푸트니크 충격, 학문 중심 교육과정과 지식의 구조	사회과학의 기초 개념과 내용 중시, 원리 등 핵심적 아이디어와 지식의 구조 강조
⑤ 합리적 의사 결정	보통 교육의 기능 외면과 정의적 영역 외면 비판, 학생의 직면한 문제 해결 지향	합리적 의사 결정과 실천을 통한 문제 해결, 지식과 시민성 및 잠재력 통합을 통한 의사 결정

▌제4장▐ 한국 사회과 교육의 이론 모형

1. 사회과 교육의 정초기: 미국적 사회과 교육(이론)의 도입

해방 후 한국의 사회과 교육은 타율성에 의하여 형성된 시기로 미국의 고전적인 사회과 이론 모형이 직수입된 시기이다. 따라서 정초기인 제1기 우리나라 사회과 이론 모형은 미국식의 전통적 교과 중심 모형과 활동 중심 모형의 통합적 형태가 주류를 이루고 있었다. 한국 사회과 교육의 정초기는 사회과 교육이 걸음마를 시작한 시기로 한국 사회과의 특성이 전무한 상태로 미국식의 사회과 모형을 맹목적으로 우리 사회과 교육 현장에 적용하던 시기라고 할 수 있다(안천, 2008: 22－23). 미국식 사회과 교육을 수용하여 한국 사회과 교육으로 발아(發芽)를 시작했던 시기라고 볼 수 있다.

2. 사회과 교육의 자생기: 한국적 사회과 교육(이론)의 창립 및 시발

1962년 한국사회과교육연구회가 창립된 이후부터 제4차 사회과 교육과정이 공표되기 직전까지의 20여 년간을 한국 사회과 교육의 자생기라고 구분할 수 있다.

한국 사회과 교육의 자생기는 한국사회과교육연구회를 중심으로 꾸준히 발전하였으며, 제2차 교육과정과 제3차 교육과정이 이 시기에 적용되었으며, 이때부터 현장 사회과 교사는 사회과 수업을 탐구 수업으로 인식하였다.

한국 사회과 교육의 자생기에 강조된 사회과 교육은 시민교육 모형의 일종인 국가교육 모형이다. 국가교육 모형은 5·16군사 쿠데타 이후 반공교육이 강조되고, 제3공화국과 제4공화국에서 국가주의적이고 민족 주체성을 강조하는 교육이 중시되었기 때문이다. 이는 남북 분단이라는 현실 속에서 통일이라는 민족적 과제를 실현하기 위하여 당연하다고 할 수 있다.

한편 이 시기에 강조된 모형으로는 사회 개발 모형이 있다. 1962년부터 추진된 소위 제5차 경제개발5개년계획을 뒷받침하는 사회과 교육으로서 당시 우리나라 사회과 교육은 사회개발적 성향이 강조되었다고 볼 수 있는 것이다. 즉 한국적 사회과 교육의 연구와 실행을 고민하고 모색했던 시기라고 볼 수 있다.

3. 사회과 교육의 중흥기: 창의적 사회과 교육(이론)의 개발 및 성장

제4차 교육과정기부터 제6차 교육과정기까지를 사회과의 중흥기라고 부를 수 있다. 이 시기의 사회과는 한국교육개발원(KEDI)에 사회과교육연구실이 설치되어 교과교육으로서의 사회과의 발전에 크게 이바지하였으며, 제4차 사회과 교육과정과 제5차 사회과 교육과정이 탄생하는 계기가 되었다. 이 시기의 사회과 모형은 산업화에 의한 환경문제를 강조하는 환경 개선 모형이 나타났으며, 21세기를 앞두고 한국도 산업 사회가 최고로 첨예화되면서 환경에의 본질적 접근이 강조되었다. 제6차 사회과 교육과정에서 학교교육과정을 도입하여 각 단위 학교에서 창의적인 사회과 교육과정을 편성·운영하여 사회과 교육을 특성화시킨 시발점이 되었던 시기였다.

4. 사회과 교육의 발전기: 사회과 교과 교육 이론과 실제의 통합 및 획기적 발전

1997년 고시된 제7차 사회과 교육과정과 2007년 공표된 소위 '2007년 개정 사회과 교육과정기'를 의미한다. 그리고 2009년 개정 사회과 교육과정기를 포함한다. 이 시기의 사회과 교육과정은 '만들어 가는 교육과정', '실현해 가는 교육과정'을 지향하고 있다. 특히 이 시기는 사회과 교육이 중흥기를 넘어서 실질적으로 발전을 추구하는 시기이다. 사실 21세기에 이르러 한국의 사회과 교육은 전문 연구학자들의 등장, 다양한 연구와 전문 도서 등의 출판, 교과교육 차원의 활발한 연구 진행 등으로 발전과 부흥의 계기를 맞고 있다.

이 시기의 사회과 교육과정은 국민공통기본교육과정 도입으로 학습자 중심 학습, 수준별 교육과정 적용, 재량 활동의 신설 등을 도입하였다. 2009년 개정 교육과정에서는 사회·도덕 교과군을 도입하였다.

특히 학습자 중심 사회과 교육과 학습을 정착하기 위해서 기존의 일반사회, 역사, 지리 영역이 기계적 통합을 이루었던 것을 세 영역의 특성을 고려한 유기적 통합을 적극적으로 도모하였다. 아울러, 과거 전통적으로 계승되어 오던 환경 확대법을 탄력적으로 적용토록 하여 교육과정 내용상에서 지역과 공간 및 시간을 유동적·복합적 성격을 가진 존재로 파악도록 하였다. 또한 기존 사회과 교육과정 내용과 활동이 중복되고 과다하다는 비판을 수용하여 사회과 학습 목표 및 내용을 정선, 조직하고 양과 수준의 적정화를 도모하였다. 따라서 제4기인 발전기의 한국 사회과 교육 이론 모형은 학습자 중심 모형으로 분류할 수 있을 것이다.

특히, 기존의 사회과 교육과정의 진술 측면이 지나치게 상세화되어 있는 문제점을 해결하고자 내용과 주제 제시의 상세화와 대강화를 적절히 고려하였다.

〈표 8〉 한국 사회과 교육 이론 모형의 변천

시기 구분	제1기(정초기)	제2기(자생기)	제3기(중흥기)	제4기(발전기)
교육과정기	교수요목~제2차 교육과정	제3차~제4차 교육과정	제5차~제6차 교육과정	제7차~2009년 개정 교육과정
이론 모형	교과 중심 모형	사회과학 모형	시민교육 모형	학습자 중심 모형
	활동 중심 모형	국가 교육 모형	환경 개선 모형	통합 모형
		사회 개발 모형		

✍ 탐구 문제

1. 1916년 성립기의 사회과와 1960년대 신사회과 시기의 사회과를 서로 비교하여 기술하시오.

2. 사회과의 시민적 자질 구성 요소를 공통적인 요소 중심으로 서술해 보시오.

3. 교과교육 차원에서 사회과 교육의 성격과 특징에 대해서 간단히 설명해 보시오.

4. 사회과 교육의 전통적 모형인 민주 시민성 전달 모형, 사회과학 모형, 반성적 탐구 모형의 특징과 지향점을 약술하시오.

5. 올리버(Oliver) 사회과 유형인 여섯 유형의 명칭과 각각의 유형 특징을 약술하시오.

6. 사회과 교육의 개념과 의의에 대해서 간단히 설명해 보시오.

7. 사회과 교육의 핵심인 시민성의 개념 변화를 20세기 초반, 20세기 중반, 20세기 후반, 21세기 초반 등 시대별로 간단히 기술해 보시오.

8. 사회과 교육의 교과(학문)적 특징에 대해서 서술해 보시오.

9. 사회과 교육의 한계와 제한점에 대해서 타 교과와 비교하면서 설명해 보시오.

10. 사회과 교육의 유사 용어를 열거하고 각각의 용어를 설명해 보시오.

제부

◀◀ 사회과 교수·학습의 기저 ▶▶

제1장 사회과 교육의 성격과 특성
제2장 사회과 교육의 목표
제3장 사회과 목표의 계열
제4장 사회과의 내용: 2009년 개정 사회과 교육과정 중심
제5장 사회과 수준별 교육과정과 수업

◉ [Key Point] ◉

　제2부에서는 사회과 교육의 성격과 특성을 탐구하고, 이를 바탕으로 사회과 교육과정의 핵심인 사회과 교육의 목표와 내용을 학습한다. 또한 사회과 교육과정의 기초적 이해를 중심으로 하여 수준별 교육과정과 수준별 수업을 사회과 교실 현장 적용적 측면과 관점에서 접근한다. 특히 사회과 교육의 내용과 위계성의 관계를 분석적으로 고찰한다.

■제1장■ 사회과 교육의 성격과 특성

사회과는 사회현상을 올바르게 인식하고 사회지식 습득과 사회생활에 필요한 기능을 익히며 민주사회의 구성원들에게 요청되는 가치와 태도를 지님으로써 민주 시민으로서의 자질을 육성하는 교과이다. 사회과에서 가르치고자 하는 민주 시민은 사회생활을 영위하는 데 필요한 지식을 구비하고 인권 존중, 관용과 타협의 정신, 사회 정의의 실현, 공동체 의식, 참여와 책임 의식 등 민주적 가치와 태도를 함양하고, 나아가 개인적·사회적 문제를 합리적으로 해결하는 능력을 기름으로써 개인의 발전은 물론 사회, 국가, 세계 인류의 발전에 기여하려는 자질을 갖춘 인간을 육성하는 교과이다.

사회과 교육은 민주 시민 교육을 통하여 바람직한 인간 육성을 추구하는 교과교육으로서 다음과 같은 성격과 특성을 갖고 있다.

첫째, 사회과는 일반 교육과 가장 가까운 목표와 지향점을 갖고 있다. 교육의 일반 목표가 홍익인간의 교육 이념에 기반을 두어 바람직한 인간 육성, 사람다운 사람 양성에 있는 것처럼, 사회과 내지 사회과 교육도 올바른 사회인식, 바람직한 사회 탐구, 합리적인 의사 결정 등을 통하여 시대와 사회가 요구하는 민주 시민의 자질 함양과 민주 시민·세계 시민의 양성에 있는 것이다.

둘째, 사회과는 사회현상을 올바르게 인식하고, 사회지식 습득과 사회생활에 필요한 기능을 익히며, 민주 사회 구성원에게 요청되는 가치와 태도를 지님으로써 민주 시민으로서의 자질을 육성하는 교과이다.

셋째, 사회과는 지리학, 역사학, 정치학, 경제학, 사회학, 문화 인류학, 심리학, 철학 등에서 사회과 교육에 필요한 지식과 가치, 학습 방법과 절차, 학습 자료 등에 관한 요소를 선정하여 통합적으로 조직한다.

넷째, 사회과는 다양한 정보를 활용하여 사회현상에 관한 지식을 발견하고 문제를 해결하는 데 필요한 비판적 사고력, 창의적 사고력, 판단 및 의사 결정력 등의 신장을 강조한다. 이를 위하여 학습자가 다양한 탐구 방법을 활용하여 스스로 탐구해 가는 학습 전략을 지향한다.

다섯째, 사회과 교육은 학생들이 주변의 사회적 사실과 현상에 대하여 관심과 흥미를 가지며, 생활과 관련된 기본적 지식과 능력을 습득하고, 창의적인 자세로 일상생활에 적응할 수 있도록 한다.

여섯째, 사회과 교육은 시대의 변화에 부응하여 신문, 방송 등 다양한 최신 정보원으로부터 사회현상의 이해에 적절한 자료를 수집, 번안하여 활용한다.

일곱째, 사회과는 교육과정의 목표와 내용을 지역 실정에 알맞게 재구성하고, 고장 및 시도의 생생한 사례를 수집, 활용하도록 함으로써 고장이나 지역을 바르게 이해하도록 한다.

여덟째, 사회과는 종합적인 교과이다. 사회과는 교과의 폭이 매우 넓고 다양한 내용을 포괄하는 종합적·통합적 교과이다. 민주 시민, 세계 시민으로서의 자질과 능력을 함양하기 위하여 여타 교과의 중핵적인 위치에 있는 교과가 곧 사회과인 것이다. 21세기에 이르러서는 특히 다문화 교육, 법교육, 환경교육, 양성평등교육 등이 사회과에서 강조되고 있다.

아홉째, 사회과는 시대와 사회의 요구에 따르는 교과이다. 사회과는 다른 교과처럼 교육과정, 교과서에 게재된 내용과 방법을 철도 레일(rail)처럼 따라가는 교과가 아니다. 사회 사상(社會 事象)을 다루는 사회과는 다양한 뉴스, 시사, 이슈(issue), 사회적 쟁점 등을 두루 다루는 소위 '살아 있는 교육, 움직이는 학습'을 지향하여야 한다.

▌제2장▐ 사회과 교육의 목표

세계 모든 나라의 동서고금을 통틀어 변하지 않는 사회과의 목표는 훌륭한 민주 시민의 양성이다. 즉 사회과 교육을 통해서 바람직한 인간, 사람다운 사람을 육성하고자 하는 데 목표를 두고 있다.

일찍이 미국사회과교육협의회(NCSS)에서는 "사회과 교육의 목적은 문화적으로 다양하고 민주화된 개방 사회의 시민으로서 공공선을 위한 지적이고 합리적인 의사 결정 능력을 가진 시민으로 성장하는 것을 돕는 것"이라고 주장하였다. 이는 교과적 측면과 목적적 측면에서의 사회과 목표를 함축한 주장이라고 볼 수 있다. 첫째, 교과적 측면에서 보면 사회과는 사회과학과 인문과학의 다양한 분야로부터 사실적 지식, 개념, 기능, 탐구 방법, 쟁점들을 학생들에게 의미 있는 학습으로 통합하고 종합하여 가르친다는 의미이다.

둘째, 목적적 측면은 사회과는 학생들에게 사회적 이해와 시민적 효능감을 함양토록 돕는 교과라는 의미이다. 사회적 이해는 사회과학과 인문과학에서 나온 인간의 생활공간인 사회를 새롭게 이해하는 것이며, 시민적 효능감은 시민으로서의 책무를 다하려는 태도와 의지를 의미하며, 나아가 이는 개인의 권리와 자유뿐만 아니라, 사회 전체의 선(善)을 추구하는 것을 의미한다.

한국의 2009년 개정 교육과정의 사회과 교과 목표와 영역별 목표는 다음과 같다. 교과 목표는 종합적인 목표이자 통합적인 목표의 성격을 띠고 있다.

> "사회현상에 관한 기초적 지식과 능력은 물론, 지리, 역사 및 제 사회과학의 기본 개념과 원리를 발견하고 탐구하는 능력을 익혀, 우리 사회의 특징과 세계의 여러 모습을 종합적으로 이해하며, 다양한 정보를 활용하여 현대 사회의 문제를 창의적이며 합리적으로 해결하고, 공동생활에 스스로 참여하는 능력을 기른다. 이를 바탕으로 개인의 발전은 물론, 국가, 사회, 인류의 발전에 기여할 수 있는 민주 시민의 자질을 기른다."

① 사회의 여러 현상과 특성을 그 사회의 지리적 환경, 역사적 발전, 정치·경제·사회적 제도 등과 관련시켜 이해한다.

② 인간과 자연 간의 상호 작용에 대한 이해를 통하여 장소에 따른 인간생활의 다양성을 파악하며, 고장, 지방 및 국토 전체와 세계 여러 지역의 지리적 특성을 체계적으로 이해한다.

③ 각 시대의 특색을 중심으로 우리나라의 역사적 전통과 문화의 특수성을 파악하여 우리 문화와 민족사의 발전상을 체계적으로 이해하며, 이를 바탕으로 인류생활의 발달과정과 각 시대의 문화적 특색을 파악한다.

④ 사회생활에 관한 기본적 지식과 정치·경제·사회·문화 현상에 대한 기본적 원리를 종합적으로 이해하고, 현대 사회의 성격 및 민주적 사회생활을 위하여 해결해야 할 여러 문제를 파악한다.

⑤ 사회현상과 문제를 파악하는 데 필요한 지식과 정보를 획득·조직·활용하는 능력을 기르며, 사회생활에서 나타나는 여러 문제를 합리적으로 해결하기 위한 탐구 능력, 의사 결정 능력 및 사회 참여 능력을 기른다.

⑥ 인간생활 및 사회생활을 민주적으로 운영하고, 우리 사회가 당면한 문제들에 관심을 가지고, 민족 문화 및 민주 국가의 발전에 적극적으로 이바지하려는 태도를 가진다.

■제3장■ 사회과 목표의 계열

사회과 교육과정은 그 내용의 범위와 계열성을 바탕으로 한다. 그리고 교육과정의 체계인 목표, 내용, 방법, 평가의 환류 시스템에서 목표의 위계화와 상세화는 매우 중요하다. 학교급, 영역별 목표의 제시와 이수는 교육 목표 달성의 핵심이기 때문이다.

1) 교육과정 실천에 직접적으로 요구되는 주제 목표나 차시 목표는 교과 목표나 학년 목표와 같은 상위 목표의 요소들을 잘 파악하여, 서로 간에 관련성·일관성을 지니면서도 상위 목표보다 구체성·현실성이 드러나게 설정해야 한다.

2) 교육과정에서는 학년 목표 제시를 공식적으로 생략하고 있으므로, 교과 목표와 학년별 단원 목표를 직접 위계화하는 과제는 교사에게 주어져 있다고 볼 수 있다.

3) 지식, 기능, 가치·태도 영역에서 추구해야 할 핵심적인 목표 요소들은 교재 연구의 대상 단원에 관계없이 확인하고 숙지해야 하며, 한 단원의 목표를 파악하거나 재설정하려고 할 때, 세 영역에 걸쳐 목표가 설정되어야 하고, 목표 요소 중 어느 요소인가와 관련성이 분명하고 구체화된 단원 목표가 되도록 한다.

4) 한 단원 내의 여러 차시 목표들은 객관적으로 제3자가 보아 가르치려는 의도성, 내용 요소와 학생의 변화된 행동이 가장 분명히 진술되도록 한다.

5) 목표 상세화의 일반 원칙

(1) 하나의 목표에 한 가지 내용과 한 가지 변화될 행동만을 포함하여 진술한다.

(2) 내용 진술은 한 가지 의미로 해석될 정도의 분명한 내용 요소로 표현해야 한다.

(3) 행동 진술은 교사의 행동이 아닌 학생의 관찰가능한 행동으로, 그리고 명시적 행위 동사로 진술한다.

6) 사회과 목표의 위계화와 상세화의 개념

(1) 목표의 위계화: 최상위 목표인 교과 목표로부터 최하위 목표인 차시 목표에 이르기까지 관련성과 일관성을 유지하도록 목표를 확인하여 연계하는 것

(2) 목표의 상세화: 하위 목표인 주제 목표나 차시 목표를 철저히 행동 중심의 명시적 목표로 진술하는 것

일반적인 교육목표는 매우 포괄적이며 추상적인 목표로서 이념이나 교육기본법, 초·중등교육법, 고등교육법 등 교육 관련 법령상의 목표, 학교 교육 및 교과(사회과) 교육과정 목표 수준의 것을 의미한다.

사회과의 목표 중에서 정보목표는 비교적 덜 추상적인 목표로서 단원목표 등 블룸(Bloom)이 제시하는 정도의 포괄성을 지닌 목표이다.

사회과의 계획목표는 매 수업 시간에 구체적으로 도달하여야 할 행동목표와 전략하지도 명료하게 제시된 목표로서 매우 구체적이고 의도성을 띤 목표이다.

제7차 교육과정과 2007년 개정 교육과정에서 적용되었던 제1학년(초 1)에서 제10학년((고 1)까지의 국민공통기본교육과정과 제11학년(고 2)에서 제12학년(고 3)까지의 선택중심교육과정 체제가 2009년 개정 교육과정에서는 제1학년(초 1)에서 제9학년(중 3)까지의 공통교육과정, 제10학년(고 1)에서 제12학년(고 3)까지의 선택교육과정 체제로 개정되었다.

1. 제3학년

(1) 시·군을 범위로 한 '고장의 생활'이 중심이 된다(시·군 지역교과서).
(2) 단원의 구성(6개 단원)
　　① 우리가 살아가는 곳, 우리 고장의 정체성
　　② 고장의 생활 문화, 사람들이 모이는 곳
　　③ 이동과 의사소통, 다양한 삶의 모습들
(3) 시, 읍·면, 시·군·구 등 고장생활을 중심으로, 고장의 모습, 주민생활의 모습, 고장의 변화, 고장의 발전을 위한 노력에 대해 알아보기 위하여 공간적·경험적으로 동심원적 확대법, 시간소급법을 적용하였다.
(4) 고장의 자연환경과 그 이용 모습, 고장 사람들의 문화와 의사소통 등 다양한 삶을 탐구하고, 고장생활의 변화, 고장생활의 문제점 및 해결을 통한 발전 방안을 탐구하는 데 필요한 절차와 방법 등을 학습하기에 적합하도록 구성하였다.

2. 제4학년

(1) 지리 영역과 일반사회 영역을 중심으로 내용을 구성하였다. 자신이 살고 있는 시도를 범위로 하는 지역 학습을 하게 하였다.
(2) 단원의 구성(6개 단원)
　　① 우리 지역의 자연환경과 생활 모습, 우리 지역과 관계 깊은 곳들
　　② 여러 지역의 생활, 주민 자치와 지역 사회의 발전
　　③ 경제생활과 바람직한 선택, 사회변화와 우리 생활
(3) 자신이 살고 있는 시도 지역을 중심으로 자연과 생활 모습을 배우고, 주민 자치와 경제생활 및 사회변화와 생활 등을 학습하도록 구성되었다.

3. 제5학년

(1) 역사 영역 중심의 단원으로 구성되어 있다. 특히 중세 시대인 고려 시대와 근세 시대인 조선
  시대를 거쳐서 현대의 대한민국에 이르기까지를 통사적으로 구성하여 학습하도록 하였다.
(2) 단원의 구성(6개 단원)
  ① 하나 된 우리 겨레, 다양한 문화가 발전한 고려
  ② 유교 전통이 자리 잡은 조선, 조선 사회의 새로운 움직임
  ③ 새로운 문물의 수용과 민족 운동, 대한민국의 발전과 오늘의 우리

4. 제6학년

(1) 지리 영역과 일반사회 영역 중심으로 내용이 구성되어 있다. 지리 영역에서는 우리나라의 국토와
  환경, 세계의 자연과 문화를 익히고, 일반사회 영역에서는 우리의 경제 성장과 과제, 우리나라의
  민주 정치, 세계화·정보화 속의 우리나라 등을 중심으로 학습하도록 내용이 편제되어 있다.
(2) 단원의 구성(6개 단원)
  □아름다운 우리 국토, 환경을 생각하는 국토 가꾸기
  □세계 여러 지역의 자연과 문화, 우리 경제의 성장과 과제
  □우리나라의 민주 정치, 정보화, 세계화 속의 우리
(3) 현대 사회의 과학적 인식을 위한 역사적 및 지리적 기초를 학습하고, 이를 토대로 오늘의 우
  리 사회와 지구촌 사회의 문제를 탐구하는 학습 경험을 제공하고 있다.

5. 제7학년

(1) 주로 지리 영역과 일반사회 영역의 내용으로 구성되어 있다. 지리 영역에서는 기후와 주민생
  활, 지역 및 지형과 문화, 인구와 도시문제 등을 다루고 있으며, 일반사회 영역에서는 개인과
  사회생활, 문화의 이해, 생활과 법, 인권문제 등을 다루고 있다.
(2) 단원의 구성(10개 단원)
  ① 내가 사는 세계, 다양한 기후 지역과 주민 생활
  ② 다양한 지형과 주민 생활, 지역마다 다른 주민 생활
  ③ 인구 변화와 인구문제, 도시 발달과 도시문제
  ④ 개인과 사회생활, 문화의 이해와 창조

⑤ 우리의 생활과 법, 인권 보호와 헌법

(3) 현대 사회의 개인 생활과 지형, 기후, 인구, 도시문제 등과 문화와 인권, 법 생활 등을 중점적
으로 다루고 있다. 특히 오늘의 우리 사회와 지구촌 사회의 문제와 사회과 이슈를 구체적으로
다루고 있다.

6. 제8학년

(1) 한국사 영역과 세계사 영역 등 주로 역사 영역의 내용으로 구성되어 있다. 한국사 영역에서는
고조선에서 조선에 이르기까지의 각 나라(왕조)의 성립과 발전 등을 통사적으로 익히도록 구
성되어 있다.
세계사 영역에서는 통일 제국과 세계 종교, 다양한 문화권 형성, 교류와 전통 사회 발전 등을 두
루 학습하도록 구성되어 있다.
(2) 단원의 구성(9개 단원)
<한국사 영역>
① 문명의 형성과 고조선의 성립, 삼국의 성립과 발전
② 통일 신라와 발행, 고려의 성립과 발전
③ 고려 사회의 변천, 조선의 성립과 발전
<세계사 영역>
④ 통일 제국의 형성과 세계 종교의 등장, 다양한 문화권 형성
⑤ 교류의 확대와 전통 사회의 발전
(3) 역사 영역을 주로 다루고 있으며 한국사 영역에서는 우리나라의 각 왕조별·시대별 통사적 이해를
강조하고 있으며, 세계사 영역에서는 세계 종교, 문화권, 전통 사회의 발전 등을 강조하고 있다.

7. 제9학년

(1) 역사 영역과 지리 영역, 일반사회 영역이 두루 내용으로 구성되어 있다. 역사 영역은 한국사
영역과 세계사 영역으로 구성되어 있다. 역사 영역의 한국사 영역에서는 근세 시대인 조선 시대 이
후에서 현대인 대한민국까지를 통사적으로 이해하도록 구성되어 있고, 세계사 영역에서는 산업화와
국민 국가 형성, 아시아와 아프리카의 민족 운동, 현대 세계의 전개 등을 다루고 있다.
지리 영역에서는 자원, 산업, 환경을 비롯하여 통일 한국의 미래 등을 다루고 있으며, 일반사회
영역에서는 민주 정치, 시민 참여, 경제생활 등을 두루 다루고 있다.

(2) 단원의 구성(16개 단원)

   <한국사 영역>

   ① 조선 사회의 변동, 근대 국가 수립 운동

   ② 대한민국의 발전

   <세계사 영역>

   ① 산업화와 국민 국가의 형성, 아시아·아프리카 민족 운동과 근대 국가수립 운동

   ② 현대 세계의 전개

   <지리 영역>

   ③ 자원의 개발과 이용, 산업 활동과 지역 변화

   ④ 지역에 따라 다른 환경문제, 세계 속의 우리나라

   ⑤ 통일 한국의 미래

   <일반사회 영역>

   ⑥ 정치 생활과 민주주의, 민주 정치와 시민 참여

   ⑦ 경제생활과 경제문제, 시장 경제의 흐름

   ⑧ 일상생활과 경제 주체의 역할

(3) 역사 영역의 한국사 영역에서는 근세 시대 이후에서부터 현대 대한민국까지의 발전상을 익히고, 세계사 영역에서는 산업화와 근대 국가의 형성, 현대 세계의 발전 등을 익히도록 하였다. 지리 영역에서는 자원, 산업과 지역, 지역과 환경, 세계 속의 우리나라, 통일 한국의 미래 등을 강조하고 있다. 일반사회 영역에서는 우리나라의 민주 정치와 경제생활을 중점적으로 다루고 있다.

8. 제10학년(2007년 개정 사회과 교육과정 중심)

(1) 역사 영역과 지리 영역, 일반사회 영역이 두루 내용으로 구성되어 있다. 역사 영역은 조선 시대 이후의 우리나라의 발전과 국제 정세, 세계 사회의 변동을 다루고 있다.

지리 영역에서는 국토와 지리 정보, 자연환경, 문화 경관, 공간 행동, 지역 개발 등을 내용으로 하여 구성하고 있다. 일반사회 영역에서는 사회변동과 문화, 인권과 법, 정치과정, 경제 성장, 세계화 등을 다루고 있다.

(2) 단원의 구성(19개 단원)

   <역사 영역>

   ① 우리 역사의 형성과 발전, 조선 사회의 변화와 서구 열강의 침략적 접근

   ② 동아시아의 변화와 조선의 근대 개혁 운동, 근대 국가 수립 운동과 일본 제국주의의 침략

   ③ 일제의 식민지 지배와 민족 운동의 전개, 전체주의의 대두와 민족 운동의 발전

   ④ 냉전 체제와 대한민국 정부의 수립, 대한민국의 발전과 국제 정세의 변화

   ⑤ 세계화와 우리의 미래

　　<지리 영역>

　　⑥ 국토와 지리 정보, 자연환경과 인간생활

　　⑦ 문화 경관과 다양성, 장소 인식과 공간 행동

　　⑧ 지역 개발과 환경 보전

　　<일반사회 영역>

　　⑨ 사회 변동과 문화, 인권 및 사회 정의와 법

　　⑩ 정치과정과 참여 민주주의, 경제 성장과 삶의 질

　　⑪ 국제 거래와 세계화

(3) 역사 영역에서는 근세 시대 이후 우리나라의 발전과 세계정세 변화를 중점적으로 다루고 있다. 지리 영역에서는 자연과 문화, 지역개발과 환경문제 등을 다루고 있으며, 일반사회 영역에서는 사회 변동을 중심으로 민주 정치와 경제생활에 초점을 맞추고 있다.

■제5장■ 사회과 수준별 교육과정과 수업

1. 수준별 교육과정의 구성(제7차 사회과 교육과정)

　사회과 학습에서 학생 개개인에게 적절한 교육적 경험을 제공하기 위해서는 사회과의 특성에 따라 학습의 깊이나 폭(학습 수준)에 맞추어 교육 내용을 제공해 줄 수 있어야 한다. 이러한 의미에서 사회과에서의 수준별 교육과정은 학습 내용의 범위와 수준을 달리하여 조직한 보충·심화형 수준별 교육과정으로 구성되어 있다. 제7차 사회과 교육과정은 수준별 교육과정 편성·운영을 강조하고 있다.

　사회과에서의 수준별 교육과정의 적용은, 모든 학생이 이수해야 할 '기본과정' 이수 후, 성취 기준에 도달한 학생에게는 '기본과정' 내용을 심화, 확대하는 '심화과정' 내용을 학습하게 하고, 기본과정의 성취 기준에 미달한 학생에게는 '기본과정' 내용의 가장 핵심적인 개념과 지식을 보충하는 '보충과정'(지도 교사가 재구성하여 설정하는 내용)을 제공할 수 있도록 하였다. 보충 및 심화과정은 교사의 자율적인 판단에 따라 적절한 시기에 편성·운영하며, 학습자의 능력, 흥미, 요구 등을 고려하여 학습의 효율성을 기하도록 한다. 제7차 사회과 교육과정에서는 수준별 교육과정 편성·운영을 강조하고 있다.

2. 심화과정과 보충과정의 구별

　사회과에서 '심화과정'과 '보충과정'을 구별하는 기준은 내용이 아니라 능력이므로, 학습 내용의 범주는 동일하지만, 학습 능력의 수준에서는 차별화된다. 즉 보충과정은 기본과정의 내용을 동일한 상태 혹은 단순화한 상태에서 학생에게 요구하는 학습 능력의 수준을 낮춘 과정(예를 들면, 단순히 이해하는 과정)이 되고, 심화과정은 기본과정의 내용을 복잡하게 하거나 확대한 상태에서 학생에게 요구하는 학습 능력의 수준을 높인 과정으로 가령, 외삽적 추론이나 분석, 적용, 종합하는 과정 등이 된다.

3. 수준별 교육과정 운영 방법

　사회과에서의 수준별 교육과정은 시간 배당 기준에 제시된 연간 수업 시수의 범위에서 기본과정을 중심으로 지도하되, 심화·보충 학습도 함께 이루어지도록 해야 한다. 즉 기본과정을 위한 시간을 최대한 확보하여 모든 학생이 학습 목표를 성취하도록 지도하고, 심화·보충을 위한 시간이 부족할 경우 별도의 시간을 확보하여 학습 결손 정도와 능력에 따른 적절한 지도를 하여야 한다. 특히,

보충과정의 학습에서는 학생들의 성취 수준은 물론, 과제의 특성을 고려하여 학습이 개별화되도록
해야 한다.

1) 심화과정의 운영

교육과정에 제시된 심화과정의 내용은 기본과정에서 학습한 내용을 토대로 다양한 활동을 하거나
사고하는 기회를 강화하고 심화할 수 있도록 구성되어 있다. 따라서 교사는 구체적이며 적절한 과제
를 제시하여 학생들의 고차적 사고 능력을 향상시킬 수 있도록 하여야 한다.

2) 보충과정의 운영

교육과정에는 보충과정의 내용을 별도로 제시하지 않았으나, 보충 학습이 필요한 학생에게는 기
본과정의 주요 요소에 대한 학습 결손을 보충할 수 있도록 해 주어야 한다. 보충과정의 학습에서는
학생들의 성취 수준은 물론, 과제의 특성을 고려하고 학습이 개별화되도록 한다. 구체적인 방법으로
는 적절한 프로그램이나 모듈을 활용하고, 상호 지도 학습, 협동 학습 등 다양한 방법을 활용한다.

3) 수준별 교육과정 운영에서의 시간 배당

기본과정과 심화 · 보충과정에 대한 시간 배당은, 사회과의 경우 단원이나 주제에 배당된 시간의
약 80%를 기본과정에 배당하고, 약 20%를 보충 · 심화과정에 배당하도록 하고 있다. '심화 · 보충과
정을 단원이나 주제의 어느 부분에 배치하는 것이 효과적인가?' 혹은 '단위 시간에 배치하는 것이
효과적인가?'의 문제는 지도 교사가 단원의 성격이나 학생과 학교의 특성과 여건에 따라 신축적으로
적용할 문제이지만, 어떠한 경우에도 학습 결손이 누적되지 않도록 학생들의 특성을 중시하여 결정
해야 할 것이다. 즉 학생의 개인차를 고려한 적절한 학습 기회를 제공하기 위해서는 단원의 끝에서
만이 아니라 단원의 학습 중에 수시로 심화 · 보충 학습이 이루어지도록 하여 학습 결손이 오래 누
적되지 않도록 한다.

4. 심화 · 보충과정의 운영 형태

1) 분화된 과제로 동일 수준의 목표를 추구하는 형태: 학습 과제별 차별화 학습 모형

학생들의 다양한 학습 흥미를 고려하여 서로 다른 과제를 제공하지만, 학습 과제를 통하여 추구하는 학습 목표는 동일하게 설정하는 경우이다. 이는 학생들의 특성, 특히 학생의 흥미나 관심이 다른 경우에 서로 다른 과제를 제시해 주되, 동일한 목표를 추구하도록 요구할 수 있다.

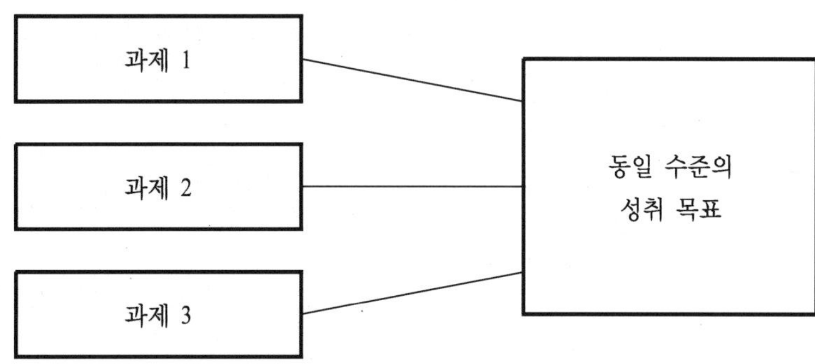

[그림 2] 학습 과제별 차별화 학습 모형

2) 분화된 과제로 분화된 목표를 추구하는 형태

학생 간의 수준 차이가 명백한 경우, 학생들에게 서로 다른 과제를 제시하고 서로 다른 학습 목표가 달성되기를 기대하는 것이 보다 합리적이다. 즉 상위 학생들에게는 심화 내용을, 중간 학생들에게는 기본 내용을, 하위 학생들에게는 보충 내용을 제시해 주고, 각 집단에 대한 학습 목표를 다르게 설정하는 것이다.

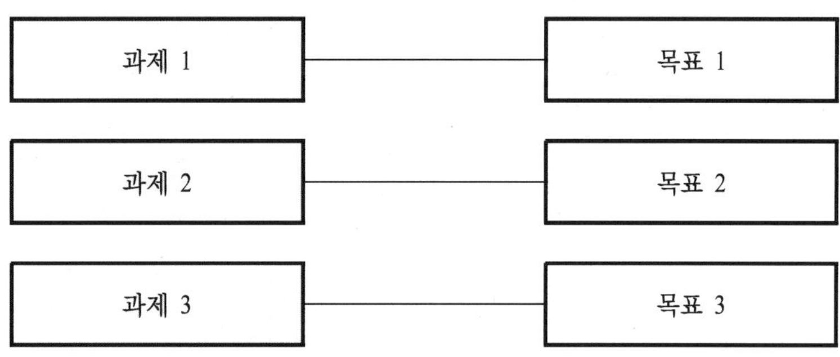

[그림 3] 분화된 목표 추구 학습 모형

3) 공통 과제와 분화된 과정으로 분화된 목표를 추구하는 형태

학습 능력에 따른 차별화 학습 모형이다. 이는 분화된 과제로 동일 수준의 목표를 추구하는 형태와 분화된 과제로 분화된 목표를 추구하는 형태를 종합하여 운영하는 것으로, 모든 학생들이 우선 공통 과제인 기본 과제를 학습하도록 한 다음, 기본 목표를 도달한 학습자들에게는 자신의 학습 흥미나 학습 능력 등의 특성에 적합하게 심화 학습 과제를 선택하도록 하고, 기본 목표를 달성하지 못한 학생들에게는 보충 내용을 학습할 기회를 제공해 주어 기본 목표에 도달할 수 있도록 처치하는 형태이다.

이는 심화·보충형 수준별 교육과정 운영의 가장 일반적인 형태로 가정되고 있다.

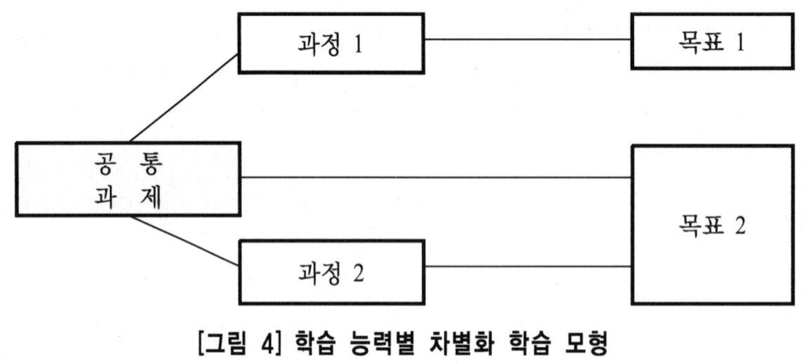

[그림 4] 학습 능력별 차별화 학습 모형

5. 수준별 수업의 운영(2009년 개정 사회과 교육과정 이후)

2009년 개정 사회과 교육과정에서는 국어과, 수학과, 과학과, 영어과 등과 더불어 수준별 수업을 수행하도록 하고 있다. 수준별 교육과정이 학습자 집단에 초점을 맞추고 있는 데 비하여, 수준별 수업은 학습자 개인에 방점을 찍고 있다는 점이 차이점이다.

수준별 수업은 학생의 능력과 적성, 진로 등을 고려하여 교육 내용과 방법을 다양화하는 것이다. 특히 수준별 학생들의 능력과 적성, 필요, 관심, 흥미 등에서의 개인차를 최대한 고려하는 수업으로 학생들의 개인별 성장 잠재력과 교육의 효율성을 고양하기 위해서 운영한다. 수준별 수업은 다음 사항에 유의하여 편성, 운영하여야 한다.

① 수준별 수업을 적용하는 교과(사회과, 국어과, 수학과, 과학과, 영어과)는 심화·보충 학습을 위한 추가 시간이 필요할 경우, 재량 활동에 배당된 시간 등 별도의 시간을 활용할 수 있다.

② 수준별 수업 운영을 위한 학습 집단은 학교의 여건이나 학생의 특성에 따라 다양하게 편성할 수 있다.

〈표 9〉수준별 교육과정과 수준별 수업의 비교

구분	수준별 교육과정	수준별 수업	비고
적용 교과	·사회과, 국어과, 과학과(심화보충형), 수학과, 영어과(단계형)	·사회과, 국어과, 수학과, 과학과, 영어과	·교육과정에서 수업으로 전환
주안점	·교과 교육과정 내용 ·수업	·수업	·총론 지침 대강화 ·교과서와 교수·학습 자료 대강화
처방 수준	·총론 ·교과 교육과정 내용 ·단일 교과서 내 처방 ·수업	·총론 ·교과서(워크북) ·수업	·내용 부분에 '기본과정' 정선 제시
교과 교육과정 (내용 처방)	·기본과정과 더불어 심화, 보충 과정 제시	·기본과정만 제시	
초점	·기본적으로 그룹(집단)	·기본적으로 개인	·수준별 교육과정에서 수준별 수업으로 전환
적용	·제7차 사회과 교육과정	·2007년 개정 사회과 교육과정 ·2009년 개정 사회과 교육과정	·국민공통기본교육과정에서 공통교육과정으로 수정

✍ 탐구 문제

1. 사회과 교수·학습에서 심화과정과 보충과정을 지도할 때 중점을 두어야 할 점에 대해서 기술하시오.

2. 사회과 교수·학습에서 내용의 지역화와 재구성이 필요한 이유와 그 방법에 대해서 설명하시오.

3. 사회과 목표의 위계화와 상세화에 대해서 간단히 설명하시오.

4. 사회과 교과 목표를 핵심 요점만을 간단히 요약하여 기술해 보시오.

5. 사회과의 교과적 성격과 특성을 간단히 서술해 보시오.

6. 사회과 교수·학습에서 학습자들의 요구적 수준(관심, 흥미, 특성, 욕구 등)을 최대한 수용하여야 하는 이유를 설명해 보시오.

7. 사회과 교수·학습의 심화과정과 보충과정을 운영할 때에 분화된 과제로 동일 수준의 목표를 추구하는 형태에 대해서 그 요점을 기술하시오.

8. 사회과 교수·학습에서 전국 단위 교과서와 지역 단위 교과서(시·군 교과서, 시도 교과서)를 통합하여 지도하는 효과적인 방안에 대해서 서술해 보시오.

9. 사회과 수준별 교육과정과 수준별 수업의 초점을 제시하고, 상호 비교 설명해 보시오.

10. 2009년 개정 사회과 교육과정의 학년별 내용의 개요를 설명해 보시오.

제 ③ 부

◀◀ 사회과 교수·학습의 원리 ▶▶

제1장 사회과 교수·학습의 기본 조건
제2장 사회과 고급 사고력 신장
제3장 사회과 학년별 주요 학습 기능: 공통교육과정 중심
제4장 사회과의 교수·학습과 수행 평가 방법

◉ [Key Point] ◉

　제3부에서는 사회과 교육의 핵심인 사회과 교수·학습의 원리에 대해서 중점적으로 탐구한다. 이를 위하여 사회과 교수·학습의 기본 조건, 사회과 고급 사고력 신장, 사회과 학년별 주요 학습 기능, 사회과 수행 평가 등에 대해서 사회과 교육 현장 중심적 입장에서 심층적으로 탐구한다. 이를 통하여 사회과 교수·학습의 기초 원리를 이해하도록 유도한다.

■ 제1장 ■ 사회과 교수 · 학습의 기본 조건

사회과 교육에서 다루는 지식, 기능, 가치 · 태도 등은 사회적 지식, 사회적 기능, 사회적 가치 · 태도 등이다. 즉 사회생활에서 발견되거나 구현된 지식이고 기능이며, 가치 · 태도이다. 그러므로 사회과 교육에서 사회과 수업이 살아 있는 역동적 수업이 되기 위해서는 다양한 사회적 사상과 사실을 학습자 중심으로 다양하게 다루어야 한다. 따라서 사회과 교수 · 학습에서는 사회생활 주변에서 자주 접하는 사회 사상(社會 事象)에 관심을 갖고 탐구하는 자세가 중요하다.

아울러, 바람직한 사회과 교수 · 학습이 이루어지기 위해서는 학습자들의 발달 단계와 관심, 특성, 요구 등의 조건을 충족시키는 학생 중심 교수 · 학습을 지향하여야 한다. 사회과 교수 · 학습이 여타 교과에 비해서 다양한 매체와 자료를 활용하여 매우 흥미 있고 학생 활동 중심적으로 이루어져야 한다.

일반적으로 바람직한 훌륭한 사회과 교수 · 학습을 구현하기 위한 기본 조건과 그 세부 내용을 제시하면 다음과 같다.

첫째, 의미 있는 학습이 활발하게 전개되는 사회과 교실을 만들어야 한다.

① 가능한 한 생활 사례나 갈등 장면 등 실제 생활 사태를 많이 제시하고, 관련 지식과 가치를 적용하여 그 사태의 의미를 파악하고, 바르게 판단하여 행동할 수 있는 기회를 적절하게 제공한다.

② 자유로운 분위기 속에서 교사와 학생이 마음을 터놓고 의논하며 대화와 토의가 활발하게 이루어질 수 있도록 한다.

③ 스스로 문제를 찾고 이를 다양한 방법으로 해결하도록 한다.

둘째, 사회현상에 관한 원리를 발견하고 적용할 수 있는 기회를 제공하여야 한다.

교사가 수업을 계획하기 위하여 가르칠 내용을 결정할 때에는 먼저 원리나 법칙을 결정하고, 그 원리나 법칙을 이루는 주요 개념을 찾아낸다. 그리고 원리나 법칙 또는 주요 개념을 이루는 사실을 확인한 다음, 예상되는 학습 경험을 선정하여 구체적 학습 계획을 세운다.

반면에, 학생들의 학습은 그들의 경험을 바탕으로 구체적 사물이나 사실을 통하여 개념을 이해하고, 원리나 법칙을 발견하며, 이들을 생활의 여러 분야와 관련지어 생각하도록 지도하여야 한다.

셋째, 교사와 학생이 모두 사회과의 기본적 성격과 도달하려는 목표에 대해서 잘 알고 있어야 한다.

사회과는 사회현상을 바르게 이해하게 하고, 올바른 사회생활을 할 수 있는 능력과 가치 · 태도를 지니게 함으로써 민주 시민의 자질을 육성하려는 교과이다.

따라서 사회과에서 도달하고자 하는 목표는, 사회현상에 관한 기초적 지식과 능력은 물론, 지리, 역사 및 제 사회과학의 기본 개념과 원리를 발견하고 탐구하는 능력을 익혀, 우리 사회의 특징과 세계의 여러 모습을 종합적으로 이해하며, 다양한 정보를 활용하여 현대 사회의 문제를 창의적이며 합리적으로 해결하고, 공동생활에 스스로 참여하는 능력을 기르는 것이다. 이를 바탕으로 개인의 발전은 물론, 국가, 사회, 인류의 발전에 기여할 수 있는 민주 시민의 자질을 가지게 할 수 있다.

넷째, 사회과 관련 다양한 교수·학습 방법을 구안하고 이를 수업 현장에서 적극 적용하여야 한다.
사회과 학습에 활용될 수 있는 학습 방법은 다양하다. 그중에서도 사회과의 특성을 더 고려한 탐구적인 학습 방법은 사회과학적 연구 방법을 적용한 학습 방법들이다. 참여 관찰 학습, 사례 학습, 표본 조사 학습, 문헌 조사 학습, 현장 학습, 인물 학습, 사료 학습, 자원 인사 초빙 학습, 상황 분석 학습 등이 그 예이다. 가치 학습을 위해서는, 자아 발달 모형, 도덕적 발달 모형, 가치 분석 모형, 가치 명료화 모형, 학급 집회 모형, 가치 수용 모형 등을 활용할 수 있다. 그 밖에도 의사 결정 학습, 문답법, 토의법, 역할 수행 모형, 모의 놀이 학습(Simulation Games) 등을 활용할 수 있다.

다섯째, 사회과 교수·학습에서 자료로 활용되는 교과용 도서(교사용 지도서, 교과서)의 성격을 바르게 알아야 한다.
① 사회 교과서의 내용을 '문제 해결형' 구조로 제시하였으므로 종전처럼 교과서를 읽게 하여 주요 사실이나 개념을 찾도록 해서는 안 되며, 학생들의 참여와 활동을 강조하는 수업을 전개해야 한다.
② 사회과 수업 시간은 '사회' 교과서와 '사회과 탐구' 교과서가 언제나 함께 사용될 수 있도록 해야 한다.
③ 수준별 학습은 '사회' 교과서의 주제 선택 학습 및 단원 정리 학습, 그리고 '사회과 탐구'의 자료 속에 직접 반영되어 있다.

여섯째, 사회과 교수·학습 계획을 요령 있게 세울 줄 알아야 한다. 일반적인 단원 학습 계획 수립의 절차는 다음과 같다.
① 단원 속의 주제와 제재를 살핀다. ⇨ ② 단원의 구조도를 만든다. ⇨ ③ 제재별 학습문제를 찾는다. ⇨ ④ 시간을 배정한다. ⇨ ⑤ 학습 과제를 분담한다. ⇨ ⑥ 준비할 학습 자료를 분담한다.

일곱째, 사회과 영역과 단원에 적합한 지도 내용을 선정하고 학교, 학생, 교사의 특성과 여건에 따라 내용 재구성과 지역화를 실행하여야 한다.
사회과 학습에서 중요한 것은 단편적인 사실이나 현상에 관한 지식의 학습이 아니라 중요한 개념이나 원리의 탐구이다. 그러기 때문에 지도하여야 할 개념과 원리가 무엇인지 추출하는 작업이 중요하다. 목표에 접근한 지도 내용을 선정하는 데 가장 용이한 방법은 교과서의 문장으로 되어 있는 부분과 도표, 사진, 지도 등으로 되어 있는 부분을 이용하는 것이다. 이 두 가지 유형의 자료로 다음 것들을 추출할 수 있다.
① 사회적 사실이나 현상에 대한 내용
② 개념이나 원리에 대한 내용
③ 학습 방법을 시사하는 내용 등

여덟째, 사회과 교수·학습 과제를 슬기롭게 제시하고 이를 수행할 수 있도록 지원하여야 한다.

① 텔레비전 드라마 <전원 일기>를 시청하고, 오늘날 농촌의 문제를 한 가지씩 찾아오기
② 자기 집에서 부산역까지 가는 버스 노선과 지하철 노선을 조사하기
③ 집에서 많이 쓰는 물건 10개를 골라 시장 가격 알아보기
④ 텔레비전 드라마 <명성 황후>를 시청하고, 등장하는 인물 중 한 사람을 선정하여 자세히 조사해 보기

아홉째, 학생들이 적극 참여하는 수업으로서 발표와 토의를 활발하게 잘 할 수 있도록 만들어야 한다.
① 교사와 학생의 상호 이해적 분위기 조성
② 자유로운 학습 분위기 조성
③ 대화, 토의에 필요한 기초적 기능 익히기
④ 대화, 토의에 적절한 주제의 선정 및 활용
⑤ 교사의 효율적 발문 및 중재적 역할의 수행
⑥ 주제에 적합한 토의 학습 유형의 적용

열째, 교수·학습 매체와 자료를 효율적으로 활용할 줄 알아야 한다.
사회과 교과서, 사회과 탐구, 사회과 부도, 교육 방송, 자원 인사나 고장의 유물과 유적, 신문, 잡지, 사진, 화보, 엽서 등은 좋은 사회과 학습 자료이다. 이런 자료를 잘 이용하느냐, 못 하느냐에 따라서 사회과 수업의 효과는 달라진다.

열한째, 학생들에게 지적(知的) 도전감을 심어 주는 의미 있는 사회과 평가를 시행하여야 한다.
사회과 평가는 학생들의 학습 방향을 결정짓는 데 중요한 역할을 한다. 지적 도전감을 심어 주는 평가가 자주 이루어지면 학생들의 학습 방법도 이러한 쪽으로 나아가게 될 것이다.

■제2장■ 사회과 고급 사고력 신장

사회과 교육에서 고급 사고력(High level thinking)은 논리적 사고력, 비판적 사고력, 창조력·창의력, 의사 결정력, 초인지(메타인지, Meta cognitive) 등으로 학습에서 심도 있는 학생 중심 활동을 추구한다.

사회과 교육과정 운영의 실제에서 항상 고려하여야 할 것은, 사회 사상(事象)을 바르게 이해하는 데 필요한 기본적인 지식과 이러한 지식을 바르게 활용할 수 있는 능력을 길러 주는 것이다. 사회과 교육과정에서 모든 학생이 기본과정을 통해 적은 양의 중요한 지식을 이해하고 심화하며 그 성취 정도가 부진한 학생들은 보충 학습을 하도록 한 것도 이러한 교육적 의미를 고려한 것이라고 할 수 있다. 교육과정에서는 이를 '소량 다시간 심도주의'라고 한다.

사회과에서 기르고자 하는 고급 사고력 신장을 위해서는 다음과 같은 학습 방법을 특히 강조하여야 한다.

① 개념의 특성을 논리적으로 규명하는 학습
② 반성적 사고에 의하여 원리를 발견하는 학습
③ 발견된 원리를 적용하여 사실을 증명하는 학습
④ 당면 문제를 창의적으로 해결하는 학습
⑤ 가치 명료화 학습
⑥ 어떤 방안을 선택 결정하는 의사 결정 학습 등을 들 수 있다.

이러한 학습과정을 통하여 학생들은 논리적 사고, 비판적 사고, 창의적 사고력 등을 신장시킬 수 있는데, 단원의 어떠한 부분에서 어떠한 사고를 강조할 것인가는 그 주제의 특성에 따라 적절하게 선정·결정하여야 하며, 이는 단원의 수업 설계에서부터 고려하여야 한다.

1. 논리적 사고력

개념 학습과정이나 문제 해결의 과학적 절차를 통해서 형성된다. 사회적 사실과 사상(事象)에 대한 논리적 접근이 핵심이 된다.

2. 비판적 사고력

제시된 아이디어와 제안, 관점, 절차, 활동 및 행동, 언급이나 논쟁 등에 대한 평가적 활동이다. 비판적 사고는 기준에 따라 평가하고 판단하는 것이다. 그러므로 이 사고는 창조적 사고보다 더 객관적이라고 말할 수 있다. 비판적 사고의 구체적 기능의 예로는 사실과 의견 구분하기, 진술의 의미 명료화하기, 진술들 간의 모순점 찾기, 정보 출처에 대한 신뢰성 확인하기, 추론의 논리적 타당성 검토하기, 숨은 가정이나 전제 이해하기, 적용한 원리의 적절성 확인하기, 결과 예측하기, 논리적 오류 찾아내기 등을 들 수 있다. 이러한 비판적 사고 기능들을 문제 해결의 여러 단계에 활용함으로써 문제를 바르게 해결하도록 한다. 특히, 문제의 핵심을 파악하거나 증거 제시 단계에서 관계를 분석하고 결론을 내릴 때에 다양한 비판적 사고 활동이 이루어진다.

3. 창조력 · 창의력

　문제 해결의 방향을 모색하는 중에 신장시킬 수 있다. 창조적 사고의 방향은 독창적이고, 융통성이 있으며, 정교하게 하도록 지도한다. 창조적 사고를 위한 지도 기법으로는 브레인스토밍을 통한 새로운 아이디어 말하기와 변형, 수정, 축소, 재배열, 전도 등 다양한 기법이 있다. 폐품의 재활용 방안을 모색하는 수업은 창조적 사고를 촉진시키는 수업의 한 예라고 할 수 있다.

4. 의사 결정력

　지적 사고, 정의적 사고를 거쳐야 하는 복잡한 사고과정이다. 개인이나 집단이 처한 여러 문제를 합리적으로 해결하기 위해서는 객관적이며 실증적인 분석과 더불어 중립적인 가치 판단을 거쳐 바르게 선택, 결정해야 한다. 따라서 사회현상에 관한 지식을 발견하고, 이를 적용하는 발견 학습과 문제 해결 학습, 의사 결정 학습, 가치 명료화 학습 등을 적절하게 활용하여야 하며, 각 영역의 내용을 학습하는 데 적합한 탐구적 학습 방법들도 모색, 적용하여야 한다.

5. 초인지(Meta cognitive)

　초인지(Meta cognitive)는 '인지의 인지'로서 사물과 사상(事象)에 대한 심도 있는 사고와 접근을 의미한다. 사물과 사상의 인과 관계와 연계 관계, 과정의 흐름 등을 분석하는 능력이 핵심이 된다.

제3장 사회과 학년별 주요 학습 기능: 공통교육과정 중심

각 교과에서는 학생들에게 가장 기본적이고도 필수적인 학습 요소를 이수토록 강조하고 있다. 사회과에서도 각 학년 사회과 교육과정을 운영할 때에는 각 학년에서 강조하여 신장시켜야 할 주요 기능이나 능력을 협의, 결정하여 평소의 학습에 반영하여야 한다. 이때에 유의할 점은 학년 간의 계열성을 유지하는 일이다. 사회과 학습 기능으로 중시되는 정보의 활용 및 의사 교환력, 문제 해결 및 사고 능력, 참여 및 공동생활 능력을 중심으로 각 학년에서 고려하여야 할 핵심 주요 학습 기능들을 예시하면 다음과 같다.

제10학년은 고등학교 제1학년 단계로 2007년 개정 사회과 교육과정에서는 '국민공통기본교육과정'으로 편제되어 있고, 2009년 개정 사회과 교육과정에서는 '공통교육과정'으로 편제되어 있다.

1. 정보의 활용 및 의사 교환 기능(제3~10학년)

- 제3학년: 다른 사람과 의사소통을 원활하게 하기
- 제4학년: 현장 학습 및 면담과 조사를 통하여 자료 수집하기
- 제5학년: 탐구 주제와 개요에 따른 여러 가지 정보 찾아내기
- 제6학년: 여러 분야의 정보를 수집하고 종합적으로 활용하기
- 제7학년: 사회생활에 관한 다양한 정보를 탐색하기
- 제8학년: 역사적 사료에 대한 정보를 수집하고, 정보에 관하여 토의하기
- 제9학년: 다양한 정보를 심층 탐구하고 결론 도출하기
- 제10학년: 다양한 정보를 분석적으로 이해하고 종합적으로 해석하기(국민공통기본교육과정)

2. 문제 해결 및 사고 기능(제3~10학년)

- 제3학년: 고장의 여러 현상을 관계 지어 생각하기
  문제 파악 및 해결 방법 생각하기
- 제4학년: 시도 및 지역문제에 대해 공동으로 사고하기
  문제 해결을 위한 가설 추론 및 근거 제시하기
- 제5학년: 한 가지 이상의 자료에서 탐구 주제 파악하기
  추론과 증거에 의하여 문제 해결하기
  산업 활동과 국토 활용을 국민 생활과 관련지어 사고하기

· 제6학년: 사회적 사실의 기초적 인과 관계 파악하기
　　　　　 합리적이고 민주적인 절차에 의하여 토론한 후, 문제를 해결하고 의사소통 및 의사
　　　　　 결정하기
　　　　　 우리나라의 여러 문제를 상호 관련지어 생각하기
　　　　　 우리나라와 세계 여러 나라를 관련지어 생각하기
· 제7학년: 개인과 사회생활에 관한 다양한 사고와 문제 해결 모색하기
　　　　　 생활과 관련된 여러 가지 사실에 대한 문제 해결하기
· 제8학년: 우리나라 역사에 관한 다양한 방법적 탐구와 고급 사고를 통한 문제 해결하기
　　　　　 세계 역사에 관한 다양한 방법적 탐구와 고급 사고를 통한 문제 해결하기
· 제9학년: 우리나라 역사의 사회적 변동과 발전 상황에 대해서 반성적 사고하기
　　　　　 세계 역사의 사회적 변동과 발전 상황에 대해서 반성적 사고하기
　　　　　 우리나라의 여러 가지 사회문제에 대한 문제 해결 방안 모색하기
· 제10학년: 우리나라 역사의 형성과 발전의 주요 문제에 대해서 숙고하기
　　　　　　 우리 국토에 대한 탐구적 접근과 다양한 문제 해결책 모색하기
　　　　　　 우리나라 사회 변동과 그 대안에 대한 해결 방안 모색하기(국민공통기본교육과정)

3. 참여 및 공동생활 능력(제3~10학년)

· 제3학년: 공동 작업 및 고장의 일에 참여하기
· 제4학년: 문제 해결 및 의사 결정을 위한 집단 작업 및 토의에 참여하기
· 제5학년: 우리나라 역사에 대한 올바른 이해와 그 분석과 탐구 적극적으로 참여하고 역할을 수
　　　　　 행하기
· 제6학년: 정치, 경제 등 민주적 생활 문제에 대한 협의에 적극 참여하여 역할 수행하기
· 제7학년: 각종 사회생활에 적극 참여하고 민주적으로 활동하기
· 제8학년: 우리나라 및 세계의 역사 탐구에 적극적으로 참여하고 활동하기
· 제9학년: 우리나라의 정치·경제·사회적 문제 해결에 적극 참여하고 활동하기
· 제10학년: 우리나라의 역사적·지리적·정치적 변동에 대해 이해하고 민주적 공동생활에 민주
　　　　　　 시민의 자세로 적극 참여하기(국민공통기본교육과정)

1. 사회과 수행 평가의 의의

① 학생이 인지적으로 아는 것도 중요하지만, 그들이 아는 것을 실제로 적용할 수 있는지를 파악하는 것도 중요하다.

② 획일적인 표준화 검사를 적용하기 어려운 상황, 예컨대 다양한 인종과 문화가 공존하는 사회 속에서 다양성 그 자체를 인정하면서도 동시에 타당한 평가를 할 수 있다.

③ 수행 평가는 여러 측면의 지식이나 능력을 지속적으로 평가할 수 있는 장점이 있다.

④ 스스로 문제를 찾고 해결하는 과정에서의 활동과 참여는 아동의 사회과 수업에 대한 흥미와 관심을 크게 진작시킬 수 있다.

⑤ 학습자 개인에게 의미 있는 학습 활동이 이루어질 수 있다.

⑥ 교수 · 학습 목표와 평가 내용을 보다 직접적으로 관련시킬 수 있다.

⑦ 교육 평가의 과정이 학생의 학습과 이해력을 직접적으로 조장할 수 있다.

⑧ 문제 해결과 탐구의 내실화에 희망을 걸게 해 준다.

2. 사회과 수행 평가의 방향

① 사회과의 어느 단원에서 가르치고자 하는 것이 무엇인지, 그 목표와 내용을 선정해야 한다. 사회과의 주요 내용은 교육과정(교과서 포함)에 제시된 사실, 개념, 일반화 및 쟁점이 되는 사회 현상 등이다.

② 선정된 내용에 대해 학습자가 수행해 주기를 기대하는 것이 무엇인지 정한다. 즉 교사는 내용 지식을 어떻게 활용해야 제대로 학습했다고 할 수 있는지 교사가 판단할 수 있는 활동을 선정해야 한다.

③ 수업과 평가를 해 나가기 위해, 평가 상황을 어떻게 구성해 나갈지에 대한 전략을 세워야 한다. 전략은 소재 도입에서 시작된다. 사회과의 소재는 통계, 지도, 사료 등 실제 상황을 반영하는 자료에서 추출해야 하며, 소재를 선택한 다음에는 과제 성격에 맞도록 평가 방법을 연결시켜야 한다.

④ 지식의 단순한 암기가 아닌 종합적인 능력을 평가하는 데 중점을 두어야 한다. 이것은 사고력, 문제 해결력, 태도 등의 평가를 포함하는 것인데, 그 성격은 새로운 문제 장면에 직면하여 그것에 효과적으로 적응하기 위하여 그 장면의 상황을 분석하고, 이미 알고 있는 이해, 지식, 기능을 동원하여 전체를 상호 관련시켜서 문제를 처리하고 해결하는 고도의 정신 능력과 판단 자세 등이라고 할 수 있다.

⑤ 목표의 한 영역이 아니라 여러 영역이 골고루 평가되어야 한다. 인지적 목표는 말할 것도 없고, 문제 해결력, 의사소통 능력, 다른 사람과 협력해서 일을 처리할 수 있는 능력, 사회 공동체에 대한 참여 태도 등 여러 목표를 포괄적으로 평가해야 한다.

⑥ 다양한 방법의 평가가 이루어져야 한다. 널리 사용되고 있는 수행 평가의 유형으로는 서술형 검사, 논술형 검사, 구술시험, 찬반 토론법, 실기평가, 실험 실습법, 면접법, 관찰법, 연구 보고서, 포트폴리오 등이 있다.

3. 사회과 수행 평가의 방법

(1) 관찰법·면접법

관찰은 평상시 학생의 행동을 보고 목표 달성 여부를 평가하는 방법이라면 면접은 평가 시간을 따로 설정하여 평가하는 것으로 주로 구두 문답의 형식으로 이루어진다.

지식 영역 중 높은 사고력과 기능 영역, 가치·태도 영역이 관찰 평가의 대상이 될 수 있다. 예를 들어 토의나 문제 해결 과정을 관찰하여 아동의 비판적·창의적 사고, 의사소통 및 참여 기능과 내면화된 가치 등을 파악할 수 있다. 관찰은 계획을 세워 실시하고 체크리스트를 활용할 수 있다.

사회과 교육에서의 면접은 특별한 절차를 따르기보다는 자연스러운 대화를 통하여 학생이 알고 있거나 생각하고 있는 내용 또는 가치를 끄집어내도록 하는 방식이 바람직하다.

(2) 조사보고서: 보고서법

사회과 교육에서는 수업의 여러 장면에서 보고서 작성이 요구된다. 현장 학습의 결과 보고서, 특정 주제에 대한 탐구 보고서, 비교적 장기간을 요하는 프로젝트 보고서 등 과제가 주어진다. 보고서의 내용 평가를 통해 아동의 학습 기능과 관점, 가치 등을 평가할 수 있다. 보고서가 소집단의 공동 작업에 의해 이루어질 경우에는 아동들의 협동 정도도 평가 요소로 채택될 수 있다.

(3) 작품 분석법

사회과에서 부과되는 그림, 글짓기, 만들기 등 창작 활동은 아동이 사회과를 통해 무엇을 배우고 생각했는가를 알아보기 위한 유용한 평가 도구로 활용될 수 있다. 아동들은 작품을 만드는 동안에는 바른 답을 찾아야 하는 심리적 부담을 거의 느끼지 않는 장점이 있다. 수행 평가의 대상이 되는 작품에는 그림 이외에도 창의적 글쓰기, 지도·연표 만들기, 벽신문 만들기, 모형 및 디오라마 만들기 등을 들 수 있다.

(4) 포트폴리오(portfolio)

포트폴리오(portfolio)는 자신이 만든 작품을 지속적으로 모아 둔 작품집을 이용한 평가 방법이다. 자신이 제작한 포트폴리오를 통해 자기 자신의 변화과정을 알 수 있으며, 자신의 장점이나 약점, 장래 가능성 등을 스스로 인식할 수 있고, 교사들은 학생의 과거와 현재의 상황을 쉽게 파악할 수 있을 뿐만 아니라 앞으로의 발전 방향에 대한 조언을 쉽게 할 수 있다.

사회과에서 포트폴리오 평가를 위한 작품 모음 자료들이 포트폴리오 평가의 도구가 되려면 학생이 평가의 목표를 스스로 인식하면서 자료를 지속적으로 모으고 아동의 반성적 진술과 교사의 조언이 포함되어야 한다.

(5) 토론법

토론법은 학생들로 하여금 특정 주제에 대하여 소집단별 혹은 전체 학급별로 토론하도록 하고 교사가 이를 관찰하는 방법으로 학습과 평가가 동시에 이루어지는 평가도구이다. 토론법은 사회과의 평가 영역 중 의사 소통 능력을 측정하는데 적합하고, 학생 주도의 토론에서 요구되는 협력적이고 비판적인 기능을 습득한 이후에 체계적인 과정에 따라 문제를 구조화한 것이 아니라, 각각의 사회 상황에 따라 느끼는 감정과 해결 방법, 해결 과정 등이 서로 다를 수 있다는 개연성(蓋然性)을 전제로 한다.

(6) 학습지법(Worksheet)

학습지법은 계획된 수업안을 구현할 수 있도록 학습 자료, 학습 내용, 학습 활동 등을 구조화 시켜 학습지를 개발한 후, 그것을 중심으로 수업을 전개하고 평가하는 방법으로 학습과 평가가 동시에 시행되는 방법이다. 즉, 학습지는 학습 과정을 평가할 수 있도록 구조화된 수업에서 이용되는 수업 교재이며 평가 도구이다.

일반적으로 학습지 개발 절차는 ① 수업 목표 분석, ② 수업 내용과 활동 분석, ③ 수업안 작성, ④ 수업안 분석 및 질문 구체화, ⑤ 학습 자료, 학습 내용, 질문 및 활동의 체크러스트 작성, ⑥ 수집 자료의 수업 활용 재구성, ⑦ 학습지의 전체적인 구조 설계, ⑧ 개발 학습지와 수업안 비교, 수정, 보완 및 완성 등이다.

✍ 탐구 문제

1. 사회과 교수·학습에서 다양한 교수·학습 방법을 창의적으로 적용해야 하는 이유를 설명해 보시오.

2. 21세기 세계화 시대에 학생들에게 참여 및 공동생활 능력을 신장시키기 위해서는 사회과 교수·학습에서 어떠한 점에 중점을 두어야 하는지 간단히 설명해 보시오.

3. 지적 사고와 정의적 사고를 통합하여 의사 결정력을 신장시키기 위한 바람직한 사회과 교수·학습 방법에 대해서 서술해 보시오.

4. 정보 활용 및 의사 교환 기능의 각 학년별 학습 기능을 열거해 보시오.

5. 사회과 고급 사고력(high level thinking)의 종류를 나열하고 각각의 특성을 간단히 설명해 보시오.

6. 사회과 자료로서 교과용 도서의 중요성을 설명해 보시오.

7. 사회과 교수·학습의 기본 조건을 열거하고 그 특징을 설명해 보시오.

8. 사회과 조사보고서 작성 방법과 평가 초점에 대해서 간단히 설명해 보시오.

9. 학생들에게 지적(知的) 도전감을 신장시키기 위해서는 사회과 평가를 어떻게 하여야 하는지 약술해 보시오.

10. 사회과 교수·학습에서 발표와 토의를 활발하게 하고, 또 적극 장려하기 위해서는 어떻게 하여야 하는지 설명해 보시오.

제  부

◀◀ 사회과 교수·학습 탐구 ▶▶

제1장 사회과 교수·학습 모형의 설계
제2장 사회과 교수·학습 설계
제3장 사회과 교수·학습 모형의 분류
제4장 사회과 교수·학습의 전개
제5장 사회과 교수·학습의 유형

◉ [Key Point] ◉

　제4부에서는 사회과 교수·학습의 기초와 설계, 모형 등에 대해서 두루 학습한다. 이를 위하여 사회과 교수·학습의 모형 논리, 교수·학습 설계, 교수·학습 모형의 분류, 교수·학습의 전개, 교수·학습의 유형 등에 대해서 집중적으로 탐구하고 이론과 실제의 연계적 차원과 현장 중심적 측면으로 접근한다. 사회과 교수·학습 방법 적용의 기초 단계로서 사회과 교수·학습 전개의 기법과 과정 및 절차 등을 파악한다.

▌제1장▌ 사회과 교수·학습 모형의 설계

1. 사회과 수업 구성의 논리

일반적으로 모든 교육의 최종적인 목적은 바람직한 인간 육성에 있다. 즉 자고로 사람다운 사람의 양성이 교육의 궁극적인 목적인 것이다. 이의 연장선으로 교과교육으로서의 사회과 교육이 목적하는 바는 올바른 사회인식의 형성에 토대한 바람직한 시민적 자질의 육성에 있다. 사회과 수업은 이러한 목적을 달성하기 위한 실천이다. 다만, 이러한 목적은 한 시간 한 시간 단위의 수업을 통해 달성된다고 볼 수는 없으며, 장기적인 실천의 축척을 기다리지 않으면 안 될 것이다. 특히, 시민적 자질의 육성이라는 복합적인 경로를 통해 달성될 수밖에 없는 목적을 매 시간별로 이루어지는 수업에서 성급하게 성취하려고 한다면 오히려 성공 이전에 부작용이 커질 수도 있다.

사회과 수업에서는 가치의 내재화 혹은 행동의 정형화(定型化)까지를 직접 달성하려 하지 않고 사회인식의 형성을 목표로 한다. 사회과 수업이란 사회인식의 형성을 위한 교육적 실천이라는 것이다. 따라서 사회과 수업과정은 사회인식의 과정에 따라 계획될 수밖에 없다. 그런데 사회인식 과정에 대한 견해가 하나가 아니라는 점에 주목할 필요가 있다. 사회과 교육 방법은 강조 원리, 사회인식론에 따라 실천방법도 달라진다. 사회인식론의 차이는 결국 사회과 수업관의 차이를 낳고 사회과 수업관의 차이에 따라 사회과 수업의 구성, 실천도 달라진다는 것이다.

사회인식론은 크게, 인식 주체(학습자)의 체험, 경험 속에서 문제를 발견하고 그 문제 해결을 위한 사고, 탐구의 과정 혹은 그 결과로 사회인식이 형성된다는 입장과 인식 객체(사회현상 및 그에 대한 지식)의 교수·학습을 통해 사회인식이 형성된다는 입장으로 나눌 수 있다. 인식 객체의 교수·학습을 통해 사회인식이 형성된다는 입장은 다시, 사회에서 합의, 통용되는 일반적·상식적 지식 및 가치를 가르쳐 사회현상을 '이해'하는 것이 사회인식의 형성으로 이어진다는 견해와 사회과학의 개념적 지식 및 방법의 탐구를 통해 사회형상을 '설명'할 수 있게 되는 것이 사회인식 형성으로 이어진다는 견해로 나눌 수 있다. 이는 사회과학의 방법론상의 견해 차이와 같은 문맥에서 나누어진 것이라고 하겠다. 다시 정리하자면, 사회인식론을 ① 인식 주체의 사고과정·방법이 곧 사회인식 과정·방법이라는 견해, ② 인식 객체를 전체적으로 이해하는 과정·방법이 사회인식의 과정·방법이라는 견해, ③ 인식 객체를 법칙적으로 설명하는 과정·방법이 사회인식의 과정·방법이라는 견해로 나눌 수 있다.

1) 사고(思考)과정으로서의 수업과정

듀이는 인식과 행위, 이론과 실천, 행동의 목적으로서의 마음과 행동의 목적으로서의 신체를 분리하여 파악할 것을 거부한다. 종래의 인식론에서는, 경험적 인식(특수적이고 구체적인 지식)과 이성적

인식(보편적·일반적 원리나 법칙), 기성품으로 존재하는 객관적 지식과 순수하게 내적이고 주관적인 것으로서의 인식, 외재적인 진리를 지향하는 지성과 개인적이고 내재적인 정열과 욕구를 추구하는 정서와를 대립시켜 왔지만, 이러한 생각들은 전혀 잘못된 것으로 교육적 피해를 증대시켜 왔다는 것이다(Dewey, 1969). 듀이에게 있어서는, 오히려 경험과 주체와 내재적인 흥미, 욕구를 중심으로 일반적 원리와 객관적 지식, 그리고 외재적인 진리가 통일, 포섭되는 것으로 파악된다.

따라서 프래그마티즘(듀이)의 인식론에 따르면, 지식이란 그 자체로서는 완전한 것이 될 수 없으며, 어린이의 생활 속에서 일정한 대상의 상호 관련적 구조, 즉 망상조직(網狀組織)을 상징하는 것만이 완전한 지식이라는 것이다. 어린이가 스스로의 활동 경험에 의미, 가치를 부여할 수 있는 유용성을 지닌 것이 진리이며, 객관적 조건이 진리 결정기준이 될 수 없게 된다(Dewey, 1915).

학습 활동에서 주체적 통일성, 구체적 유용성을 갖는 지식을 탐구하는 것이 '사고'이다. 사태가 불확실하고 의문스러울 때, 그 문제 상황을 극복할 수 있는 방안을 찾아 시험적으로 행동해 보는 것과 그 결과 일어나는 것과의 관계를 인식하는 것이 사고인 것이다. 사고가 동반되지 않은 경험은 의미를 가질 수 없으며, 경험 속에 포함되는 이지적 요소를 명백히 하는 사고가 있음으로써, 목적지향적인 의미 있는 행동이 가능해진다. 사고 없는 행동은 다만 관습에 따르는 기계적 반복을 되풀이할 따름이다(Dewey, 1916).

어떠한 사고과정도 현상대로 불완전한 성숙되지 않은 현재 진행 중의 문제 상황으로부터 출발하는 탐구과정이다. 사고, 탐구는 항상 미지의 세계에 도전하는 행위로, 지식의 습득은 탐구의 이차적 산물일 뿐이다. 그러므로 어린이가 사고-탐구한다는 것은 그것이 비록 모든 사람이 알고 있는 사실에 대한 것일지라도, 어린이 자신에게 있어서는 본래적이고 독창적인 의미를 갖는다(Dewey, 1916). 이 사고, 탐구과정은 지적 재구성 과정으로 ① 불완전한 상황 속에서의 당혹·혼란·의혹(문제 상황), ② 해결해야 할 특수한 문제의 명확화와 신중한 분석(문제설정), ③ 가능 상황의 시사나 가설(가설), ④ 제안된 가설의 논리적 결과에 관한 추리(추론), ⑤ 가설의 최종적 점검과 평가(실험), ⑥ 문제 해결을 성취한 결정적 상황(보증된 언명)의 단계로 전개되어 간다. 그리고 이 과정은 다음과 같은 의미를 내포하고 있다(Hendel, 1975).

첫째, 탐구의 여러 단계나 계기는 실제 탐구 행위의 시간적 순서를 나타내는 것은 아니다.

둘째, 탐구 결과의 의미는 반드시 실천적 성패에 의해 제한되지 않는다.

셋째, 탐구적 분석은 단순히 특정 방법의 묘사나 답습이 아니라, 탐구원리의 발견과 그 원리에 터한 방법의 수정까지를 포함한다.

넷째, 탐구의 성공 여부는 탐구 규준의 파악에 의존하는 것이 아니라 구체적인 상황 속에서 어떻게 규준을 활용하느냐에 달려 있다.

다섯째, 지식은 탐구의 산물로서 탐구를 통하여 그 정당성이 보증될 수도 부정될 수도 있다.

사고과정으로서의 교수·학습과정에서 목표하는 것은 위와 같은 의미를 갖는 탐구를 통하여 바람직한 사고 습관을 기르는 데 있으며, 그를 위한 교수·학습과정은 다음과 같이 요약될 수 있다(Dewey, 1961).

① 어린이가 그 자체 속에서 흥미를 가질 수 있는 관찰의 경험적 장면을 제시하여야 한다.

② 그 장면에서 사고를 불러일으키는 자극으로서의 관찰 문제가 나타나도록 하여야 한다.

③ 어린이로 하여금 문제 해결에 필요한 정보를 갖게 하고 관찰하도록 해야 한다.

④ 어린이가 해결책을 구상할 수 있어야 하고, 뿐만 아니라 그것을 정연히 전개시킬 책임을 갖도록 해야 한다.

⑤ 어린이가 스스로의 사고결과를 실제에 적용, 테스트하여 그것들의 의미를 밝히고, 타당성을 발견할 수 있는 기회를 갖도록 해야 한다.

사고과정으로서의 교수·학습과정에서는 구체적인 사실을 어린이가 주체적으로 자신의 문제로서 학습문제를 다룬다. 그런 만큼, 학습문제가 추상화되지 않을 수 있다. 그러나 구체화는 거꾸로 결점이 될 수도 있다. 구체화는 일반화, 개념화를 저해하여 학습 내용의 학문적 구조화를 곤란케 하고, 다른 사회현상에의 적용, 전이를 어렵게 만들고 만다. 또 추상적이고 복잡한 직접 관찰될 수 없는 사회 전체적인 구조는 학습 대상에서 제외될 수밖에 없다. 그 결과 학습 내용의 논리적 전개 계열을 확실히 할 수 없게 된다. 체계적이고 계통적인 학습이 불가능하여 여기저기 기웃거리다 마는 사회과 수업이 될 위험이 따른다는 것이다. 다만 구체적인 사실에 터하여 지식의 망상구조를 재구성하는 것이 추상적 사고, 인식을 위한 필수적 전 단계라는 점은 부인할 수 없을 것이다.

2) 이해(理解)과정으로서의 수업과정

사회과 수업 논리에서 '이해'란, 자연과학의 단일현상을 인식하는 '설명' 방법에 대하여 인문사회과학의 독자적인 방법으로서 딜타이(W. Dilthey)에 의하여 확립된 인식론의 개념이다.

이해의 대상이 되는 것은 인간의 행위에 의해 만들어진 역사적·사회적 현상으로 개인이나 집단의 존재, 제도, 조직, 생활양식, 법제, 경제, 종교, 학문 등이다. 인간의 행위에 의해 만들어진 것들은 자연과학의 대상인 자연과 다르다는 점에서 중요성을 갖는다. 그리고 이해의 대상은 인간 활동의 산물이므로 어떤 의도나 목적을 갖고 구성되어 있으며, 또 그것은 유기적으로 하나의 전체 관련 구조를 이루고 있다. 예컨대, 고속도로라는 인식 대상은 산업이라든가 생활상의 편리라는 의도, 목적을 가지고 만들어졌고, 또, 이것은 우리나라의 정치, 경제, 사회, 문화 등의 전체적·통합적 연계와 깊은 관련을 갖고 있다고 보는 것이다. 따라서 고속도로에 대하여 이해한다는 것은 고속도로가 우리나라 국민들의 생활 전체 속에서 갖는 구조적인 관련을 분석하고 고속도로의 의미를 파악하는 것이다. 즉 고속도로라는 객관화된 대상의 의미를 파악하는 것이 이해의 도달점이라고 볼 수 있다. 그 의미라고 하는 것은 ① 사회적·역사적·객관적 사실이나 현상을 만들어낸 의도·목적·지향, ② 그 사실이나 현상이 전체적 관련 속에서 갖는 가치 등을 의미한다.

이해 이론은 본래 도야 이론과 밀접한 관계에 있는 것이기에 교육, 교수이론과 쉽게 결합될 수 있다(伊東亮三, 1983). 즉 개별적·현재적·주관적 개인이 사회적·역사적·객관적 현상을 이해시킴으로써 사회화되고, 역사화되고, 객관화된다고 보는 것이다. 따라서 어린이로 하여금 사회적·역사적·객관적 현상에 대하여 이해를 하는 과정이 곧 교수·학습과정이라고 할 수 있다.

사회과 교육에서 이해 이론을 수업과정 구성에 응용하기 위해서는 교수학적 조작이 필요할 것이다. 그러나 의식적이었든 무의식적이었든, 이해론적인 교수·학습과정을 따르는 수업을 흔히 볼 수 있다. 이것은 뒤에 말하겠지만, 이해과정으로서의 교수·학습과정에 따랐을 때, 도덕과적인 성격이 강한 우리나라의 전통적인 사회과 커리큘럼에 합치될 가능성이 높았기 때문이라고 보인다.

이해과정은 심리적 지향성(intentionality)을 갖는 "밖으로부터 실감적으로 주어진 대상에서 내면적 의미를 인식하는 과정"으로 파악된다. 따라서 이해는 학습 내용을 평가, 내면화하기까지의 전 인식과정 선상에 위치하게 된다. 예컨대, 시나트라(R. Sinatra) 등은 인식과정을 지각 → 이해 → 적용 → 종합 → 평가로, 스파이로(M. E. Spiro)는 학습 → 이해 → 인정 → 행동 → 내면화로 보고 있다 (Sinatra, 1984; Spiro, 1966). 이와 같이 이해가 평가, 내면화에 이르는 심리적 지향과정에 위치한다고 볼 때 사회적·역사적 사실·현상의 이해는 결국 그 사회적·역사적 상황 속에서의 태도 형성(가치의 내면화)과 직결되게 된다. 실제로, 우리나라 사회과 교육과정 혹은 수업에서 '…을 이해시켜, … 태도를 기른다'는 식의 목표를 자주 접하게 되는 것도 이러한 연유에서라고 하겠다. 이해과정에 따르는 사회과 수업은, 지식과 태도를 동시에 형성할 수 있고, 사회현상을 종합적으로 학습할 수 있으며, 실감 있게 주체적으로 학습하므로 낙오자가 적은 교실을 만들 수 있다. 그러나 한편으로는 다음과 같은 문제점 혹은 한계를 갖고 있다고도 볼 수 있다(최용규 외, 2008: 126-130).

① 사회현상을 분석하는 개념이나 이론이 빈약하다.

② 어린이들이 실감적으로 추구할 수 없는 공황, 전쟁과 같은 사회현상의 학습은 곤란하게 된다. 전쟁을 개인 간의 다툼에서 유추하는 잘못을 저지르는 수업이 될 가능성이 많다.

③ 객관화된 문화를 이해한다는 것이 이 이론의 중심과제이기 때문에 주어진 학습 내용만을 수용하는, 즉 교과서에만 의존하는 경향이 강하다. 따라서 보수적인 사회과라는 비판을 받을 공산이 크다.

④ 이해의 수업과정이 의미 파악이나 가치 수용으로 끝나기 때문에, 도덕주의적 사회과가 될 위험이 크다. 비판 없이 직접 수용의 우려가 있기 때문이다. 예컨대, 사회보장제도나 공적부조제도는 국민을 위해서 만든 것이므로, 감사하는 마음으로 이러한 제도의 발전에 다 같이 노력하지 않으면 안 된다는 태도 형성이 도달 목표상 궁극적인 위치를 차지하게 된다는 것이다.

그러나 이와 같이 이해과정을 이용한 수업 방법이 반드시 기성세대나 체제의 입장을 전달하기 위한 도구로만 사용된 것은 아니다. 최근에서는 똑같은 방식으로 주류나 체제가 아닌 타자·소수자·내부자를 이해시키고자 하는 수업 방법이 등장하고 있다. 이러한 경향은 최근의 다문화주의(multi-culturalism), 페미니즘, 비판이론, 포스트모더니즘, 질적 연구방법 등의 유행과 관련이 적지 않다. 학교교육을 통해 사회적 주류의 세계관만이 전수된다면 사회적·문화적으로 소외된 계층의 가치관이 상대적으로 소홀히 다루어질 수 있으며 자칫 이들의 입장이 왜곡될 수도 있다는 입장이다. 예컨대, 야만인으로서의 아메리칸 인디언의 이미지는 백인들의 입장에서 그들의 본모습을 왜곡한 결과라는 것이다. 따라서 이들의 세계관을 이해하기 위해서는 그들의 입장에 서서 세계를 파악할 수 있어야 한다. 예컨대, 6·25전쟁을 설명할 때 당시의 정치권력이나 강대국의 입장만을 들려주지 말고, 학생들의 가족이 겪었던 이야기를 해 보게 한다든가, 당시 피난민들이나 포로들의 삶을 들려주는 방법이 활용될 수 있다. 이러한 방법을 통해 소외된 사람들의 눈을 빌려 한국전쟁의 본질을 바라보게 하고 나아가 그들의 행동 양식과 가치관을 이해하는 것이다.

3) 설명(說明)과정으로서의 수업과정

사회과 수업 논리에 바탕을 둔 설명 수업과정의 '설명'이란, 통상적으로 사용하는 있는 그대로의 사실을 자세히 진술한다는 의미가 아니라 "하나의 사실을 원리에 귀속시키는 일 또는 하나의 이론을 일반적인 이론에 귀속시키는 일"을 의미한다. 즉 법칙이나 원리 혹은 이론을 가지고 사실이나 현상 간의 인과관계를 밝히려는 행위로서, 본래 자연과학적 방법론에 기초를 둔 개념이다. 설명은 이해가 내포하는 심리적 지향성을 배제하면서 이미 기록되어 있는 사실(자료)을 이해가능케 하는 과학적 탐구과정 속에 위치한다.

① 과학적 연구의 다양한 주제를 관찰하고 있는 과학적 방법의 통일이라고 하는 방법론적 일원론, ② 엄밀한 자연과학, 특히 수학적 물리학이 방법론적 이상 내지 기준이며, 이 기준에 따라 모든 학문의 발전도와 완성도를 측정할 수 있다는 생각, ③ 모든 과학적 설명은 넓은 의미에서 '인과적 설명'이라는 견해 등에 터하는 실증주의가 방법론적 주류를 이루면서 과학적 설명은 인문·사회과학의 영역에까지 들어오게 된다. 다만, 사회과학의 원리나 법칙은 자연과학의 그것들과 같은 완벽성을 갖추지 못하기 때문에 사회과학에 있어서의 설명은 보편성이 결여된 통계적 설명(statistical explanation)의 수준에 머물게 된다. 시간과 공간을 초월한 보편적 설명은 기대할 수 없다는 것이다(Hempel, 1965).

설명은 일정한 질문에 대한 대답으로서, 질문의 수준에 따라 설명의 질도 달라진다. 즉 질문과 관련하여 설명을 분류할 수 있다는 것이다.

(1) 규정적 진술('무엇'): 내용적
"이것이 무엇이냐?"라는 질문에 대하여 "그것은 사회과 교과서이다."라고 했을 때, 그 대답은 사회과 교과서가 갖는 특성이나 조건에 따라 규정적·단정적으로 진술한 셈이다.

(2) 기술적 진술('어떻게'): 방법적
"모의재판은 어떻게 이루어지는가?"라는 질문에 대답하기 위해서는 법관, 원고, 피고, 증인, 방청객 등의 역할과 기능을 알고, 나아가 개회, 재판 진행, 판결, 그 이후의 진행과정 또는 그 과정에 관계하는 기관들의 구조를 이미 알고 있었던 개념들을 활용하여 기술적(記述的)으로 설명하여야 한다.

(3) 추론적 진술('왜'): 규명적
사회생활에서 "왜 채소 가격이 상승했는가?"라는 질문에 대답하기 위해서는 "장마로 채소 생산량이 감소하여 채소의 반입이 감소하였다. 즉 공급이 줄었다. 공급이 줄면 가격이 상승한다."라는 법칙, 이론의 추론적 활용에 의해 설명되지 않으면 안 된다. 이와 같이 추론적 설명은 법칙, 이론에 의거하여 질문된 사실, 현상을 밝히게 되는데 이때 의거하는 법칙이나 이론의 수준에 따라 설명의 폭이 결정된다.

설명과정으로서의 교수·학습과정에서 가르치고자 하는 것은, 추론적 설명, 즉 법칙이나 이론이다. 그러나 어린이들에게 처음부터 고차적인 이론을 가르친다는 것은 불가능하다. 학습 대상자의 수준에 따라 사실관계를 파악한 다음 차츰 높은 차원의 이론 학습으로 발전시켜 가지 않으면 안 된다.

사회과 수업 논리에서 설명과정으로서의 교수·학습과정에서 볼 때, '무엇' 혹은 '어떻게'라는 질문에 유도되어 얻어지는 사실적 지식을 무시할 수는 없지만 '왜'라는 질문으로 시작되는 추론은 보다 틀림이 적은 객관적·개념적 지식을 추구하기 때문에 어느 시전에서 확정된 의문의 여지없는 지식의 습득을 기대하기보다 계속적으로 지식을 음미하고 비판하는 교수·학습과정을 전개시킨다. 즉 이 과정에서는 모든 이론, 지식을 가설적인 것으로 받아들이는 것이다. 따라서 설명과정으로서의 교수·학습과정은 열린 과정으로서 교사와 어린이의 계속적인 커뮤니케이션을 통하여 간주관적(inter-subjective) - 객관적 지식을 탐구해 가는 과정이 된다. 기존의 이론, 지식의 잘못을 밝힐 수 있는 반증자료를 찾고 잘못을 배제하는 새로운 이론을 정립하고 또 그 이론의 문제점을 비판적으로 음미하는 과정인 것이다. 이를 도식화하면 앞의 그림과 같이 되겠는데 기본적으로 포퍼(K. Popper)의 반증주의에 입각한 지식 성장 과정을 나타낸 것이라고 볼 수 있다(Popper, 1979).

설명과정이 반증과정이냐, 검증과정이냐에 대한 사회과학 방법론상의 논쟁은 계속되고 있다. 반증주의는 과학적 방법론의 개선을 위한 방향 제시에 불과하여, 실제로 이론이나 방법론의 교수·학습에는 부적합하다는 비판이 있는가 하면 검증주의는 과학적 엄밀성이 의심되기도 한다(Brownhill, 1983). 그만큼 설명과정을 사회과 교수·학습과정을 사회과 교수·학습과정으로 구체화하기 위해서는 아직 검토되어야 할 문제점들이 많이 남아 있다고 하겠다. 그러나 1960년대 이후 '사회과학과 사회과' 수업이 기본적으로 설명과정(반증과정이든 검증과정이든)으로서의 교수·학습과정을 지향해 온 것도 사실이다.

설명과정으로서의 교수·학습과정에서는 보다 객관적이고 확실한 개념적 지식을 획득하고 지식 탐구의 과정·방법을 익힐 수 있으리라 기대된다. 뿐만 아니라, 사회과만의 고유한 도달 목표를 설정할 수 있어 성격이 뚜렷한 사회과의 구축이 보장될 수 있다. 그러나 다음과 같은 문제점을 안고 있다.

① 어린이들의 사회과학 인식과 실제 사회인식을 연계시키기 어렵다.

② 엄밀한 사회과학적 설명과정에 따를 수 있는 어린이는 한정될 가능성이 높다.

③ 국가, 사회의 요구(교육과정)에 충실치 못한 사회과라는 비판을 면하기 어렵다.

2. 수업 및 교수·학습의 개념

1) 교수(敎授: Teaching)

사회과 교수·학습과 관련된 용어에는 사회과 교수(敎授), 사회과 학습(學習), 사회과 수업(授業) 등을 들 수 있다. 이 중 교수(teaching)는 학습자의 지적·기능적·정의적 제 목표를 달성할 수 있도록 학습 경험과 연습을 조장하는 과정이다. 즉 교수는 "개인으로 하여금 특정한 조건이나 상황에 반응하여 특정한 행동을 나타내거나, 참여할 수 있도록 환경을 계획적으로 조작하는 과정"을 의미한다. 환경과 관련된 개인행동의 변화가 이루어질 수 있도록 환경을 계획적으로 조작하는 것이다. 그러므로 교수는 학습에 비해서 의도적이며 조작적인 경향을 강하게 내포하고 있다. 결국 교수는 학습이 주어진 상황에서 그 학습이 가장 잘 이루어질 수 있도록 교사가 어떤 의도를 갖고 계획하고 전개·실행해 가는 것이다. 특히, 교수는 학습을 위한 수단이다. 교수 행위는 그 자체로서 의미를 갖는 것이 아니라, 학습을 돕는 데에 참다운 가치가 있는 것이다. 교수 상황이 같더라도 다른 학습이 일어날 수 있으며, 같은 교수과정 속에서도 다양한 학습이 일어날 수 있는 것이다. 교수는 근본적으로 '학문과 기술을 가르치는 행위' 또는 '교사에 의해 전달되는 학습 경험' 등을 의미한다. 교수 활동은 교사와 학생의 상호 작용을 촉진시키는 데 목적이 있다.

2) 학습(學習: Learning))

학습(learning)은 경험이나 연습의 결과로 인하여 개인의 지식, 행동, 태도 등이 지속적으로 변화되는 것을 의미한다. 학습이란 "주어진 사태에 반응함으로써 어떤 행동이 발생하거나 변화하는 과정"인 것이다. 인간을 둘러싼 환경적 요소와 그 환경과의 상호작용, 그리고 행동의 변화라는 요소가 있으며, 최종적으로 행동의 변화에 초점을 맞춘다. 학습은 의도적일 수도 있고 무의도적일 수도 있다. 인간의 행동은 의도적으로 계획하지 않더라도 환경과의 관계에서 변할 수 있는 것이다. 다만 학교교육에서의 학습은 다분히 의도적인 것을 지칭한다.

즉 학습은 교수를 통해 일어나는 학생의 비교적 영속적인 인지과정과 행동 및 정서의 변화과정을 의미한다. 일반적으로 학습의 4대 요소는 동기(動機), 감지(感知), 반응(反應), 강화(强化) 등이다.

3) 수업(授業: Instruction)

수업(Instruction)은 강의, 학습 지도라고도 하는데, 의도한 목표가 정해져 있고, 이 목표를 달성하기 위한 교사의 교수 활동과 학습자의 학습 활동이 교육 내용, 학습 내용이나 교수 매체를 통하여 상호작용으로 이루어지는 일련의 과정을 의미한다. 전통적인 교육 방법인 교수법을 벗어나서 학습자를 돕고 안내하는 활동이다. 수업은 교수와 학습을 포함하는 광범위한 의미를 갖고 있다. 수업은 공식적인 교육과정을 학생과 환경에 맞추어 새롭게 구성하고, 인간으로서 교사가 갖고 있는 가치관, 욕구, 지식, 기술, 그리고 학생들이 갖고 있는 공통성과 개인적인 특성 및 교사와 학생 사이에 매개되는 공간과 물적 조건 등 역동적인 상호작용 전반을 일컫는다(이해명 외, 2010: 322).

4) 교수와 학습의 관계

교수는 교사가 학생들에게 어떤 학습이 일어날 수 있도록 학생들에게 의도적으로 어떤 경험을 시키는 것이며, 이를 가르치는 것이다. 그러므로 교수가 수단이라면 학습은 목적이 되는 것이다. 교수는 목표인 학습에 효과적으로 도달하게 하는 방법 내지 수단인 것이다.

교수는 교사 중심에서 가르치는 활동에 초점을 두고 있으며, 학습은 학생 중심으로 배우는 활동에 초점을 맞추고 있다. 다만, 교수와 학습이 대부분 동시에 발생하므로 교사 중심과 학생 중심을 통합한 역동적인 활동으로 규정할 수 있다.

<표 10> 교수·수업·학습의 상호 비교

교수(Teaching)	수업(Instruction)	학습(Learning)
·학습자의 모든 능력을 발휘하게 하는 포괄적인 내용을 전달 ·의도적·비의도적인 것을 모두 포함 ·인격적인 상호작용을 전제로 함	·학습자의 지적·탐구적 특성을 자극하는 내용만을 전달 ·의도적인 것만을 포함 ·반드시 인격적인 상호작용을 전제로 하는 것은 아님	·학습자의 입장에서 학습 과제 해결 ·교수자와의 상호작용 ·인지, 행동, 정서의 변화와 발전

3. 교수·학습의 원리

일반적인 사회과 교수·학습의 원리는 자발성의 원리, 개별화의 원리, 사회화의 원리, 직관의 원리, 통합의 원리, 목적의 원리 등 여섯 가지이다.

<표 11> 교수·학습의 원리

교수·학습 원리	주요 핵심 내용
① 자발성의 원리	학습자 자신이 자발적으로 학습에 참여하는 원리(구안법, 발견학습, 프로그램 학습 등에 적용)
② 개별화의 원리	학습자 각자의 요구와 능력에 맞는 학습 활동의 기회를 마련해 주는 원리(개별화 수업 등)
③ 사회화의 원리	학교와 사회의 경험을 교류시키고, 공동 학습을 통해서 협력적·우호적 학습을 강조하는 원리(분단 학습, 집단 학습 등)
④ 직관의 원리	어떤 사물에 대한 개념을 인식시키는 데 구체적 사물을 제시하거나 경험시키는 원리(시청각 교육)
⑤ 통합의 원리	학습을 부분적, 분과적으로 지도하는 것이 아니고 종합적·전체적으로 지도하는 원리(전인 교육)
⑥ 목적의 원리	교육은 반드시 목적의식을 갖고 이루어져야 한다는 원리

4. 교수·학습의 모형

1) 글레이저(R. Glaser)의 모형

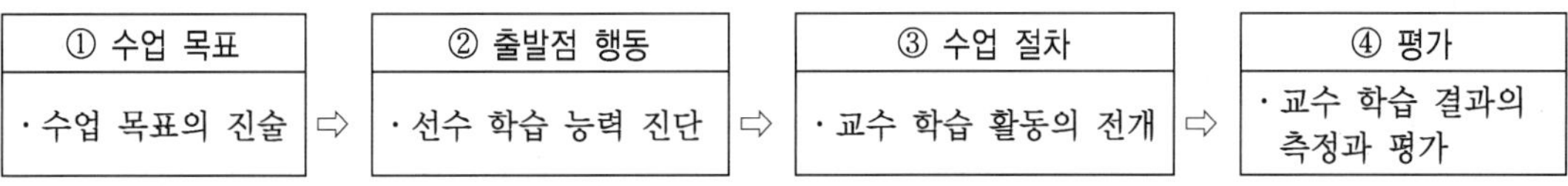

[그림 5] 글레이저(R. Glaser)의 모형

글레이저의 수업 모형의 특징은 다음과 같다.

첫째, 수업 목표를 세분화된 행동 용어로 진술한다.

둘째, 전 단계가 후속 단계를 계속적으로 결정하고 수정한다.

셋째, 각 단계가 피드백에 의해서 유기적으로 관련된다.

넷째, 수업과정과 평가가 밀접하게 관련된다.

다섯째, 학습자의 개인차를 고려한다.

2) 한국교육개발원(KEDI)의 모형

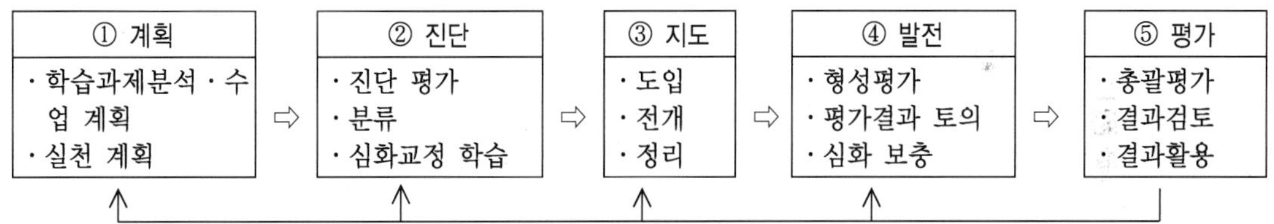

[그림 6] 한국교육개발원(KEDI)의 모형

5. 최신 교수·학습 이론

1) 구성주의 교수·학습 이론

교수·학습 이론으로서 구성주의(Constructivism)란 학습자가 실제를 재구성하여 받아들인다고 보는 현상학, 학습자 자신을 학습과정의 주체자로 보는 실존주의 교육관, 학습자가 타고난 적응 능력으로 현상을 재구성하여 받아들여 인지 구조를 변형시켜 간다고 보는 비고츠키 이론 등의 영향을 받아 등장한 것이다. 이는 지식의 주관성, 개별성, 다양성, 역동성, 비고정성, 변화 가능성 등을 주장하는 포스트모더니즘의 흐름(trend)이 교수·학습 이론에 적용된 것이다.

(1) 인지적 도제 이론

전문가의 안내적 교수 방법을 통하여 학생이 점차 내면화하고, 마지막으로 독립적 과제를 수행하는 구성주의 학습 이론, 전문가의 문제 해결에 필요한 인지적 활동과 틀을 학습자가 받아들이고, 이를 시연해 봄으로써 지식의 내면화를 이룰 수 있다고 본다.

(2) 사회 발달 이론

인지적 발달은 특정한 나이에 있어서 특정한 범위에 제한되어 있고, 사회적 교류를 통하여 완전한 인지적 발달이 이루어진다고 본다. 학교교육은 학생들이 실생활에서 발달시키는 지식 및 학습과 밀접한 관계를 가진 의미 있는 것이어야 한다고 본다.

(3) 상황 학습 이론

실제 상황 속에서 지식과 기능을 학습하도록 하는 교수·학습 방법으로 학생들이 실제적 성격의 과제를 해결해 가는 과정에서 개인적 견해와 사고의 틀을 가지도록 하는 것이다. 학생 주도의 문제 형성, 문제 해결 방법이다.

(4) 인지적 유연성 이론

인지적 유연성이란 즉흥적으로 자신의 지식을 재구성할 수 있는 능력을 말함. 효율적인 학습이 일어나기 위해서는 실생활과 관련되어야 하고, 수업 역시 매우 구체적이어야 한다. 좋은 교육이 일어나기 위해서는 학습자가 주어진 정보를 가지고 자기 자신이 새롭게 개발할 수 있는 기회를 가져야 한다.

2) 구성주의 학습 이론의 관점

(1) 학습자관

학습자 자체를 맥락에 적합한 의미를 탐색하고 추구하는 적극적이고 능동적인 존재로 본다. 교수 학습의 초점을 구성의 주체인 학습자에 두고 지식을 구성할 수 있는 재량을 학습자에게 부여한다.

(2) 교사관(교수자관)

교사는 학습자들이 학습을 유의미하고 적합하게 잘 다룰 수 있도록 도와주는 역할을 한다. 교사는 학습 환경의 조성자이자 안내자로, 또한 동료 학습자로서 풍부하고 다양한 학습 환경을 조성하고, 상황적 맥락에 따라 참과제를 제시함으로써 의미 구성을 촉진하는 역할을 수행한다.

(3) 학습관

학습이란 인지 구조의 혼란을 극복하려는 노력의 결과로 얻어진다. 아울러, 경험에 근거를 두고 의미를 형성하는 적극적인 과정이다. 특히, 학습은 실제의 상황과 유사한 상황 학습으로 이루어져야 한다. 지식은 재생산되는 것이 아니라 능동적으로 구성되는 것이다.

〈표 12〉 구성주의와 객관주의 비교

구분 요소	구성주의 교육(학습)	객관주의 교육(학습)
지식의 생성 존재 형식	지식은 기존 경험을 바탕으로 개개인의 마음속에서 구성되며, 자신이 속한 사회의 구성원들에 의해 영향을 받음. 역동적이며 개인적·사회적·합리적으로 창출	지식은 인식 주체의 외부에 존재. 외부의 지식을 발견 또는 수용하여 체계적으로 구조화, 암기를 통하여 저장됨
교육 목표	만들어 가는 지식으로 재구성	보편타당한 절대적 진리의 지식 추구
교육과정	잠재적 교육과정, 내현적 교육과정	의도적 교육과정, 교과서 중심의 사실 지식 및 기본 기능 강조
주요 개념	탐구, 구성, 전이	발견, 암기, 전수
학습자	지식의 적극적 창조자	지식의 수동적 수용자
교사 역할	지식 이해와 문제 해결의 안내자, 동반자, 친절한 반려자	지식·아이디어의 보고 또는 전달자, 지휘자
교육 방법	개별화 수업, 학생 활동 중심, 탐구 중심 수업	일제 수업, 개별화 활동, 강의 중심 수업, 암기 위주 수업 반복
수업 스타일	자유 활동식 수업	태권도 시범식 수업
초점, 강조점	탐구 학습, 문제 해결 학습	완전 학습

3) 신자유주의적 교육 이론

교육 영역에서 신자유주의적 시장 경제 원리를 도입한 것으로서 개개인의 자아실현을 돕는 교육 본질의 가치보다는 시장적 가치를 더 중시하자는 이론이다. 정부 주도의 교육 정책이 약화되면서, 교육의 다양성 추구와 더불어 학생 및 학교 간의 개별적 경쟁을 유도하여 교육의 수월성 확보를 꾀하는 한편, 교육 재원의 활용을 통해서 교육 성과의 극대화를 도모하고자 한다. 또한 교육 소비자에게 초점을 맞추고 가능한 한 일선 교육 기관과의 자율성과 책무성을 보장하려고 한다. 신자유주의적 교육 이론은 경쟁과 발전, 성장 등을 지향한다.

4) 포스트모더니즘 교육관

포스트모더니즘(postmodernism)은 탈근대화, 탈현대화 등으로 번역된다. 즉 포스트모더니즘(postmodernism)은 근대정신의 바탕을 이루어 온 모더니즘의 합리주의에 반기를 든 이론으로 1970년대부터 주의를 끌기 시작하였으며, 반합리주의, 상대적 인식론, 탈정전화(脫正典化) 등을 강조하고 있다. 포스트모더니즘의 교육관은 상대주의 진리관 중시, 개인의 상황과 맥락(脈絡) 및 특성 존중, 다양성 신장 중시 등과 관계가 깊다. 오랜 역사를 통해서 축적되고, 체계화되고, 보편화된 개념과 이론 중심의 과학주의 교육관의 한계를 넘어 개인의 다양한 삶에 초점을 맞추고 그들의 행복을 고양시키는 살아 있는 지식을 탐구하려고 한다.

5) 다중 지능 이론(Multiple intelligence theory)

미국 하버드대학교의 심리학 교수인 가드너(H. Gardner)에 의해 1983년 주장된 이론인데, 인간은 논리 수리 지능, 언어 지능, 음악 지능, 공간 지능, 운동 감각 지능, 대인 관계 지능, 개인 지각 지능, 자연 관찰 지능, 실존적 지능 등 아홉 가지 영역이 각각 독특한 지능을 갖고 있어서, 개성과 개인차에 알맞은 교육이 필요하므로 자율성, 다양성에 기반을 둔 교육이 중요함을 강조하고 있다.

6) 생태주의 교육관

포스트모더니즘(postmodernism)적 사고에 토대하여 학습자가 처한 상황과 생태적 특성을 고려하여 교육 현상을 새롭게 평가하고 해석하려는 패러다임이다. 과거의 인간 중심에서 생태 중심으로, 인간과 자연 사이의 상하 관계보다는 공생으로, 개발과 풍요보다는 보존과 나눔으로 인류의 삶의 방식을 전환하려는 자세이다. 생태주의 교육관은 인간과 환경의 공존 도모, 학습자의 잠재력 최대한 계발, 실천적 지식의 습득에 관심 부여, 물질문명의 발달로 인한 환경 파괴와 인간성 매몰 등의 회복이라는 특징을 지니고 있다.

7) 홀리스틱 교육(Holistic Education)

홀리즘(Holism)은 관계성의 자각을 중시하는 이론으로 인간은 인간과 가족 및 이웃, 나아가 지구, 우주 등과 하나로 관련되어 있기 때문에 개인이 병들면 사회와 지구가 병든다는 생각을 바탕으로 조화, 사랑, 협동을 강조한다.

홀리스틱 교육 이론은 교육의 본질화를 추구하는 운동으로서 실생활 체험 교육의 강화, 참여형 민주주의 교육 실현, 지구촌 시민교육, 생태학적 소양교육, 정신교육 등 전체론적 사고로 교육에 접근하고 있다. 홀리스틱 교육은 전인적 발달에 도움을 주고, 교사와 학생 간의 관계를 중시하고, 교과 내용이 생활 경험과 관련이 깊으며, 학습자들이 처한 문화적·도덕적·정치적 상황에 비판적으로 접근할 것을 주장한다.

8) 브레인스토밍(Brainstorming)

창의성 신장 교육의 대표적인 방법으로 여러 사람이 모여서 어느 한 주제에 대해 다양한 아이디어를 공동으로 내놓는 일종의 집단 토의 기법이다. 창의성 신장 교육 방법의 하나로, 일체의 권위나 고정 관념을 배제하고, 수용적인 온화한 분위기에서 자유로이 생각나는 것을 무엇이든지 말하여 그 중에서 실제적이지 못한 것부터 제거하여 가장 좋은 힌트나 아이디어를 찾아내는 방법이다. 브레인스토밍의 4가지 규칙은 비판 엄금과 평가 유보, 자유분방한 사고, 아이디어 산출 시 질보다 양 우선, 아이디어의 결합 개선 등이다.

6. 사회과 학습자와 학습 환경

1) 사회과 학습자에 대한 가정

사회과 교수·학습을 진행하면서 교사들은 학습자들을 대상으로 다양한 기본과정을 전제하게 된다. 물론 모든 학습자들이 완전 학습 차원에서 일정한 지도와 환경만 부여되면 학습 과제를 이수할 수 있다고 보고 있다. 즉 다음과 같은 기본 가정을 하여야 한다.

첫째, 모든 학습자들이 한 나라의 문화를 구성하는 행동 패턴, 문화 유물, 인식 등을 접하는 가운데 어느 정도 문화에 적응되어 있다고 본다. 학습자들은 더러 보통 사람들보다 적은 어휘를 지니고 있을 수도 있으나 이들은 어디까지나 문화적 과정의 참여자였고, 사회에서 행동하는 성인에 대한 관찰자였다. 즉 학업 성취가 낮은 한계 학습자의 경우에도 문화적 경계 내에서 상대적으로 세련되지 못하더라도, 다른 사람들과 문화적으로 다르지는 않다고 본다.

둘째, 일반적으로 지적 능력의 차이는 특정한 학습 목표의 숙지와 관련하여 본질적으로 시간의 차이로 해석될 수 있다는 입장이다. 덜 지적인 학습자의 경우에 학습할 수 있는 것이 문화적으로 다르지 않으나, 문화 속에 있는 어떤 지식을 습득하는 데 많은 시간을 요구할 수도 있다.

셋째, 주어진 환경과 생산적으로 관계를 맺지 못하는 무능력에 부쳐지는 사회적 낙인(social stigma)이 있다. 적응하지 못하는 학습자는 다른 사람에 의하여 낙인이 찍히며 학습자 자신의 문화 규범을 내면화하고 고착 활동으로 한계 상황이 존재하고 부작용이 드러날 때 보다 강력한 압력이 학습자에게 대두되게 된다.

넷째, 학습자는 융통성과 탄력성이 있다는 점이다. 학습자는 고정되어 있지 않고 성장하는 존재이며 상당한 적응력(adaptive capacity)을 보유하고 있다. 거의 모든 학습자는 너무 불편하게 느끼도록 하는 상황이 아니라면, 주어진 환경과 생산적으로 관련을 짓도록 도움을 준다면 다양한 학습 환경과 관계를 맺을 잠재력을 갖고 있는 것이다.

2) 사회과 학습 환경에 대한 가정

사회과 학습 환경에서는 문화적 측면, 개별화와 환경, 학습자의 적응, 다양한 환경과 교육적 결과 등을 기본적 가정으로 고려하여야 한다. 이를 요약하면 다음과 같다.

첫째, 문화와 학습 환경을 고려하여야 한다. 문화적 측면에서 보면, 학습 환경도 사회 문화의 변화형이다. 수업 모형의 형성자인 학자, 교육자는 학습자와 동일한 문화권에 있다. 사회 문화, 학교 문화를 기준으로 사회과에서 민주 시민의 육성이라는 궁극적인 교육 목적이 동일하고, 국가 사회가 민주 이념에 기초하고 있으며, 나아가 계속적으로 민주적 사회로의 발전을 지향하고 있다는 점이다.

둘째, 개별화와 환경을 고려하여야 한다. 사회과 학습은 기본적으로 개별화 학습, 수준별 학습, 협동 학습 등을 통합하여 진행되어야 한다. 학습자가 환경과 효율적으로 상호작용할 수 있는 면에서, 각 학습 환경은 학습자에게 다양한 반응을 일으킨다. 대체로 학습 스타일과 학습을 위해서 계획된 환경은 서로 달리 상호작용을 한다. 특히, 어떤 환경이라도 모든 학생들에게 완벽한 환경은 되지 못한다는 점을 유념하여야 한다.

셋째, 환경은 학습자에 맞추어 변화된다. 학습에서 유연성을 기반으로 계획을 한다면 학습 환경은 최소한도 내에서 잠재적으로 학습자들에 맞추어 변화될 수 있다. 적절한 수업 환경, 수업 모형은 학습자에게 융통성 있게 이용될 수 있으며, 적절하게 구성된다면 학습 환경은 학습자들의 특성에 맞추어질 수 있다.

넷째, 다양한 환경과 교육적 결과를 고려하여야 한다. 학습자들에게 다른 효과를 나타낼 수 있는 많은 수업의 접근법들은 나름대로 특징을 갖고 있다. 교수법에 따라서 어떤 학습 결과가 일어날 가능성이 증가할 수도 있고, 또 어떤 종류의 학습 결과가 일어날 가능성이 감소할 수도 있다. 사회과 수업에서 역할놀이 모형은 학생들이 자신의 가치관을 검토해 보도록 하기 위하여 만들어졌다. 탐구 수업 모형은 학생들이 인과관계를 추론할 가능성을 전제한다. 결국 궁극적으로 각 모형은 원래 계획된 쪽에서 보다 효과적일 것이다. 그러므로 사회과 수업에서는 수업 모형 개발과 적용이 아주 중요한 것이다.

▌제2장▐ 사회과 교수·학습의 설계

1. 수업 설계

1) 수업 설계의 개념

어떤 수업 목표를 학습자들에게 효율적으로 성취시키기 위하여 수행되어야 할 제반 활동과 요소를 자세하게 계획하는 활동 전반을 의미한다. 즉 수업 내지 교수·학습의 도입, 전개, 정리 등 전체적 계획을 지칭한다.

2) 수업 설계의 필요성

① 과거보다 가르치는 수업 목표, 수업 내용 등이 증대되고 있기 때문이다.
② 학습자의 수준을 고려하여 수업을 제공하기 때문이다.
③ 다양한 평가 방법 적용, 교수·학습 자료나 매체의 장점을 활용하기 위해서이다.
④ 계획적인 수업 진행으로 수업 중의 오류, 실패, 시행착오 등을 최소화하기 위해서이다.
⑤ 가능한 한 투입을 적게 하고 최대한 산출을 증대시키기 위해서이다.
⑥ 학습자들에게 다양한 경험을 제공하고, 학습 효과를 극대화하기 위해서 수업 설계를 한다.

3) 수업 설계의 조건

① 학습자의 개인차인 지능, 적성, 흥미, 태도 등을 고려하여야 한다.
② 장기적인 것과 단기적인 것을 고려하여야 한다.
③ 경제성의 원칙을 최대한 고려하여야 한다.
④ 교육 공학을 최대한 활용하여야 한다.
⑤ 교육의 본질적 문제로부터 접근하여야 한다.

4) 수업 설계의 일반적 과정

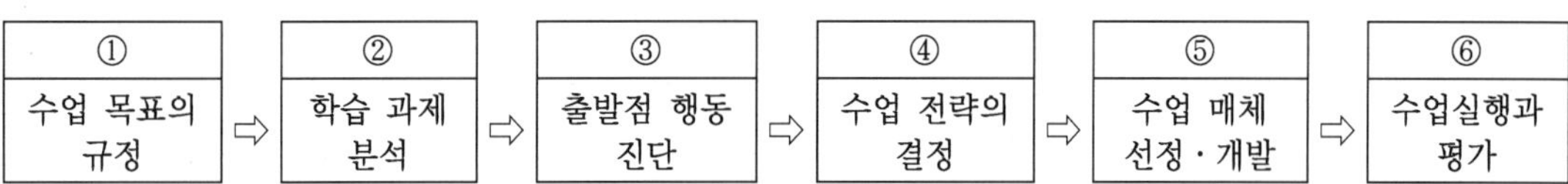

[그림 7] 수업 설계의 일반적 과정

(1) 수업 목표의 규정

수업 목표의 규정 단계에서는 수업 목표가 교육과정, 학습자 수준, 교과의 학문 체계에 의하여 선정되어야 한다. 인지적 영역과 정의적 영역, 기능적 영역 등을 포괄하여야 한다. 내용과 행동을 한 진술문 속에 포함하여 진술하여야 한다.

(2) 학습 과제의 분석

학습 과제 분석 단계에서는 학습 요소 간의 상호 위계적 관계를 추출하여 체계화하고, 학습 위계별, 학습 단계별, 시간·기능별 분석을 기한다. 특히, 학습 내용의 중요성, 단계별 활동, 평가 내용 등을 중점 분석하여야 한다.

(3) 출발점 행동 진단

출발점 행동 진단 단계에서는 선수 학습 능력과 사전 학습 능력 등을 파악하고, 학습 곤란의 원인을 판명하며, 수업 방법과 관련하여 학생들의 적성, 흥미, 성격 등 특성을 분류한다.

(4) 수업 전략의 결정

수업 전략의 결정 단계에서는 학습 요소별 시간 계획에 바탕을 두고서 수업 형태 및 수업 계열을 결정하고, 수업 활동을 구상한다. 수업 활동 구상에 영향을 미치는 요소로는 학생들의 동기 유발, 자료 제시, 학생 활동, 발문, 평가 시기 등이 있다.

(5) 수업 매체의 선정

수업 매체의 선정 단계에서는 수업 목표의 효과적인 달성을 위한 매체를 선정해야 하고, 시기별, 제시 방법, 양과 질 등 고려점을 염두에 두어야 한다.

(6) 수업 실행과 평가

수업 시행과 평가 단계에서는 자기 평가와 학생 평가, 참관자에 의한 평가 등을 하고, 교사는 자기 수업 평가표에 의한 평가도 병행하여야 한다.

2. 수업 운영의 실제

1) 준비 단계

(1) 교수·학습 목표 설정

① 교육과정, 학습자의 수준, 교과의 학문 체계를 고려하여 학습 목표를 설정한다.
② 인지적 영역과 기능적 영역, 정의적 영역 등을 두루 포함하여 설정한다.
③ 내용과 행동을 한 진술문 속에 포함하여 진술한다.

(2) 출발점 행동 진단

① 선수 학습 능력 진단
② 사전 학습 능력 진단
③ 학생의 정의적 특성 진단

(3) 교수·학습 과정안 작성

교수·학습과정안은 교사의 교수와 학생의 학습 활동을 효과적으로 진행하기 위한 조직적인 수업 진행 계획이다.

2) 도입 단계

(1) 수업 환경 및 학습 분위기 조성
(2) 수업 주제 및 학습 목표 제시
(3) 전시 학습 상기와 본시 학습과의 연결
(4) 학습 동기 유발
  ① 내재적 동기와 외재적 동기의 조화
  ② 흥미 있고 유연성 있는 발문과 보상
  ③ 판단을 요구하는 갈등 상황 제시
  ④ 이색적인 자료(그림, 도표, 표본, 모형 등)
  ⑤ 학습 후의 결과 제시

3) 전개 단계

(1) 학습 내용에 대한 효과적 학습 방법

① 내용에 알맞은 효과적 학습 방법
② '계단 오르기' 식 수업
③ '숲과 나무를 함께 보는' 수업
④ 교수(teaching)와 학습(learning)의 조화

(2) 활발한 학습 활동 조장

① 학생이 참여하는 학습 활동
② 구성주의적 교육관 반영
③ 적절한 탐구 과제 제시
④ 개별 활동, 모둠 활동 조장
⑤ 보상과 강화를 통한 동기 유발
⑥ 적절한 질문(발문) 기회 부여

(3) 학습 자료의 적절한 활용

① 내용에 알맞은 학습 자료 개발
② 완성된 것보다는 미완성된 것이 좋음
③ 자료의 색상, 크기, 음향 등을 고려
④ 양보다는 질을 고려

(4) 다양하고 적절한 발문

① 폐쇄적인 발문보다 개방적 발문
② 개인적 발문과 전체적 발문 동시 고려
③ 개인차, 수준차를 고려한 발문
④ 구체적이고 간결한 발문
⑤ 수용적이고 여유 있는 태도 견지

(5) 교사의 적절한 태도와 언어

① 쉽고도 정확한 언어 사용(표준어)
② 적절한 성량(聲量), 억양, 템포, 휴지(休止, pause)
③ 언어와 태도(제스처, 몸동작)의 조화
④ 강함(hard)과 부드러움(soft)의 조화, 강약(强弱)과 고저(高低)의 균형

(6) 계획적이고 구조화된 판서(板書)

① 판서의 기능: 주요 내용 재강조, 학습 내용 파지, 핵심 요소 정리 등
② 판서의 시기: 도입기, 전개기, 발전기, 정리기 등
③ 판서의 요령: 크게, 정확하게, 깨끗하게, 빠르게, 학생을 보면서
④ 학생 판서 조장: 토론 학습 시, 학생들이 발표 시(스스로 판서)
⑤ 학습장 정리 지도: 수시 확인 및 지도, 적절한 코멘트 필요(身言書判)

4) 정리 단계

① 내용 정리 및 일반화
② 중요 사항에 대한 재강조
③ 형성 평가 실시
④ 질문 시간 부여
⑤ 차시 학습 예고

3. 사회과 수업의 조건

1) 바람직한 수업의 조건

① 학습 목표를 제시하는 수업(학습 목표 제시는 선택이 아닌 필수임)
② 동기 유발이 확실한 수업(동기 유발이 잘 되면 50%의 수업 성공)
③ 학생들의 눈높이(수준)에 맞는 수업(학생들의 수준을 고려하여 적절한 비유와 예를 적용하는 수업)
④ 원리와 개념이 중시되는 수업(원리와 개념은 지식을 이루는 기반이며 핵심)
⑤ 학생들의 움직임이 계속되는 수업(학습자가 지식을 구성, 생성하는 수업)
⑥ 교과서 플러스 알파(+a)로 가르치는 수업(교과서로 가르치지 말고 교육과정으로 가르침)
⑦ 격려와 칭찬이 계속되는 수업(격려, 칭찬은 학생들을 사로잡는 요소)

⑧ 학습 내용과 수업 방법이 어울리는 수업(학습 내용과 수업 방법이 어울려야 효과 제고)
⑨ 과정과 단계를 중시하는 수업(계단을 오르듯이 차근차근 진행해 가는 수업)
⑩ 수업의 단계가 확실한 수업(도입 → 전개 → 정리 등 3단계는 필수 과정)
⑪ 말과 내용의 강약이 있는 수업(교향곡이 연주되듯이 말과 내용의 변화와 억양이 있는 수업)
⑫ 적절한 쉼(pause)이 있는 수업(쉼은 시간 낭비가 아니라 보다 집중을 위한 촉진제)
⑬ '무엇'보다 '왜', '어떻게'를 강조하는 수업('그건 뭐지요?'보다 '그건 왜 그렇게 되지요?'라고 묻는 수업 유도 → 수렴적 발문 대신 확산적 발문 강조)
⑭ 끝나고 나서 남는 것이 있는 수업(머릿속에 남는 것이 좋은 수업)

2) 바람직하지 못한 수업의 사례

① 시작과 끝이 애매한 수업
② 학습 보조 자료에 얽매인 수업(실질적 내용이 없고 형식에만 매몰된 수업)
③ 발표만 있고 정리가 안 된 수업
④ 교사와 학생이 따로 노는 수업
⑤ 수업 후 침전물이 없는 수업(맹목적인 수업)
⑥ 판서를 하지 않는 수업
⑦ 중심 개념이 없는 수업
⑧ 교과서에만 얽매인 수업(교육과정 중심 수업 지향)
⑨ 칭찬이 없는 수업
⑩ 유머와 웃음이 실종된 수업

4. 사회과 수업의 진행 시 고려점

1) 학생들과 인간적인 관계를 맺어라

교사는 평소에 학생들의 이름을 다정하게 불러 주고, 복도에서 지나칠 때 인사를 주고받고, 현장 학습을 가서 함께 사진을 촬영하고, 공부 못하는 학생들의 어깨를 두드려 주며 격려하는 등 사제지간(師弟之間)에 끈끈한 인간관계를 맺을 때, 학생들은 그러한 교사들에게 호의와 관심을 갖고 수업 시간에 더욱 집중하게 된다. 사회과 수업은 교사와 학생이 함께 호흡하며 연주하는 한 편의 오케스트라와 같은 것이다. 사회과 수업 내지 교수·학습이 종합적 조화의 예술이 되어야 하는 것이다.

2) 사랑과 기대를 갖고 수업에 임하라

학생들에 대한 기대와 사랑이 가득한 교사는 그것이 얼굴에 그대로 나타난다. 교사가 밝은 표정으로 수업하는 시간과 짜증스런 얼굴로 수업하는 시간 중 어떤 수업이 효과적인지는 불문가지(不問可知)이다. 사랑과 기대를 갖고 하는 수업이 바람직한 수업이다.

3) 준비된 수업을 하라

수업에 들어가기 전에 진도를 파악하고, 학습 목표를 점검하고, 보조 자료를 챙기고, 재미있는 이야기 한 토막이라도 준비하는 수업이 좋은 수업이다. 준비된 수업은 구조적이고, 일정한 흐름이 있으며, 부자연스런 데가 없고, 무엇보다도 교사에게 자신감을 부여한다.

4) 처음부터 사로잡아라

수업 시작 단계에 참신한 발문과 색다른 시청각 자료, 현실적인 관심사 등을 제기하면 학생들은 호기심을 갖고 집중하게 된다. 쓸 데 없는 이야기나 우물쭈물하는 태도는 학생들로 하여금 교사에 대한 불신, 그리고 수업에 대한 관심도를 떨어뜨리게 한다.

5) 힘 있고 자신 있게 임하라

교실 뒷자리에 앉은 학생들도 충분히 알아들을 수 있는 목소리, 환하고 자신 있는 표정, 변화 있는 음성, 주의를 집중시키기 위한 쉼, 전체 학생들을 골고루 쳐다보는 시선 등이 학생들을 집중하게 하고 학습 효과를 제고하게 한다.

6) 학생들과 함께 호흡하라

사회과 수업에서 '왜, 어떻게'라는 발문, 책 읽히기, 판서, 소집단 토의, ICT 활용, 퀴즈 등을 통하여 학생들을 부단히 자극하고, 계속적으로 커뮤니케이션을 가지면 학생들은 결코 딴짓을 할 수 없다. 수업은 40~50분짜리 '단편 영화 감상'이 아니라, 연기자와 관객이 함께 어우러지는 아름다운 한 편의 '마당놀이'인 것이다. 사회과 수업은 교사와 학생들이 따로 달리는 마라톤이 아니라, 교사와 학생들이 함께 호흡하는 조화롭고 아름다운 '오케스트라'인 것이다. 물론 사회과 수업의 출연자는 사회과 교사와 학생들 모두이다.

7) 사소한 것도 칭찬하라

'칭찬은 고래도 춤추게 한다'라는 말이 있는데, 이는 교육 활동에 아주 적합한 말이다. 진정 구체적이고도 가슴에 와 닿는 칭찬은 학생들과 교사와의 거리감을 좁히고, 학생들을 더 열심히 하게 한다. 보상과 강화를 적절히 활용하는 수업이 좋은 수업이다. 칭찬에서 유념해야 할 점은 일반적·상투적인 칭찬을 지양하고 특정한 활동, 수범적 행동 등에 초점을 맞추어 칭찬해야 하는 점이다.

8) 교단만을 고집하지 마라

사회과 교사는 교단에서 수업하다 때로 학생들 사이에 가서 이야기하고, 적절하게 이곳저곳 다니면서 학생들의 활동을 점검하고, 어깨를 두드려 줌으로써 학생들에 대한 장악력을 높이고, 학생들의 적극적 수업 참여를 독려하는 것이 바람직하다.

9) 쉬운 사례와 비유를 많이 들어라

어려운 수업은 졸기 쉬운 수업이 된다. 어려운 내용일수록 유치하다고 생각할 정도의 쉬운 예나 비유를 해야 한다. 예는 거친 음식을 잘게 부수어 먹기 좋게 넣어 주는 것이다. 그리고 예는 추상적이고 멀리 있는 것보다는 학교, 가정, 교사, 친구, 연예인, 스포츠, 영화 등 누구나 쉽게 경험하고 접할 수 있는 것에서 찾는 것이 좋다. 주변에 있는 사례와 경험이 좋은 예가 되는 것이다.

10) 스트레칭을 시켜라

수업만 계속하면 재미가 없다. 학생들의 집중도가 저하될 만할 때, 간단한 스트레칭을 하는 것도 바람직하다. 기지개 켜기, 팔목 돌리기, 상대방 어깨 주물러 주기, 등 두드려 주기, 박수치기, 목 돌리기 등 많은 응용 동작이 있다.

11) 재미(흥미)있게 하라

웃음은 스트레스를 날려 보내는 신약이다. 기대와는 전혀 다른 결말이 날 때, 자신도 그런 일이 있을 때, 기발한 표정을 지을 때, 어처구니가 없을 때 웃음이 나온다. 간간이 터지는 교사의 조크와 웃음은 수업의 양념이 되어 학생들을 수업에 집중하게 한다.

〈표 13〉 사회과 수업 분석의 관점

항목	수업 분석 관점
① 동기 유발	• 학습문제와 직접 관계되는 내용을 소재로 하고 있는가? • 학습문제를 자신의 문제로 받아들이고 문제 파악을 용이하게 하였는가? • 본시 학습문제와 관련시키도록 하였는가? • 학습 내용에 관한 경험 내용을 학습자 전원이 집중하도록 하였는가?
② 학습 목표	• 목표 분석은 바르게 되었는가? • 학습 목표 진술이 바르게 되었는가? (학생 행동, 학습 결과, 명시적 동사, 수행 조건, 도달 기준, 성취 행동 등) • 중심 목표가 정확하게 잡혀 있는가? • 목표 도달을 위한 학습 계획이 이루어지고 있는가?
③ 학습 내용	• 수업 내용에 따라 시간 배당은 알맞게 되었는가? • 학습 내용의 계열은 알맞게 되었는가? • 학습 내용은 구조화에서 제시되었는가? • 실험, 실습, 노작 활동 등은 적절하게 배치되었는가?
④ 학습 형태	• 일제 학습, 분단 학습, 개별 학습의 학습 형태는 학습의 내용, 학습의 장, 학생들의 여러 조건에서 볼 때 적절한가? • 강의식, 토의식, 실험·실습 등 학습 형태는 단원의 특성에 알맞은가?
⑤ 학습 자료	• 적절한 보조 교재가 있는가? • 목표 도달에 도움을 주는 자료인가? • 자료 활용의 시간, 방법이 적절하고, 익숙하게 사용되었는가? (교사, 학생)
⑥ 학습과정	• 전체적인 흐름은 일관성이 있고 논리적인가? • 수업의 흐름은 중심 목표에 합치되었는가? • 수업 방법이 목표, 내용, 과정에 따라 알맞게 적용되었는가? (개념 습득, 원리 이해, 문제 해결력 신장)
⑦ 교사의 발문	• 발문은 학급 전체를 대상으로 하고 있는가? • 응답에 필요한 생각의 여유를 주었는가? • 발문은 학습자의 경험과 지식의 범위 안에서 이루어졌는가? • 발문 내용은 중복되지 않게 잘 조직되었는가? • 발문은 간단명료하게 하였는가? • 발문 처리는 적정하게 하였는가?
⑧ 교사의 태도	• 교사의 음성, 용어는 때와 내용에 따라 적정하였는가? • 학생의 응답, 학습 활동에 대해 적절하게 반응하였는가? • 수업의 장면에서 일어나는 문제에 대한 처리는 민첩했으며, 전환은 바람직한가?
⑨ 학생 활동	• 학습 분위기는 잘 조성되고 질서 있게 진행되었는가? • 활동은 적극적이며, 상호 협조적 태도를 보였는가? • 응답은 사고하고 비판하며 분석한 것인가?
⑩ 학습 정리	• 목표 도달 정도를 확인하고 환류(feedback) 교육은 이루어졌는가? • 계획과 실제 수업은 일치되었는가? • 차시 예고와 과제 해결 방안은 제시되었는가?

▌제3장▐ 사회과 교수·학습 모형의 분류

1. 사회과 수업의 특성

일반적으로 사회과 내지 사회과 교육은 사회과학적 연구 방법론을 토대로 하여 바람직한 민주 시민의 자질을 기르는 교과이다. 민주 시민은 사회과 교수·학습을 통해서 실현이 가능한 것이다. 우리는 사회과 교육과정과 사회과 교수·학습과정이 전혀 별개로 유리된 것이 아니라는 점을 유념할 필요가 있다. 사회과 교수·학습과정은 사회과 교육과정에 근거하여 실천되는 것이고, 사회과 교육과정의 정신을 반영한 것이기 때문이다. 따라서 사회과 교육과정과 사회과 교수 학습과정은 매우 밀접하게 연계된 것이다.

사회과 교육과정에서 교수(teaching)와 학습(learning)의 의미는 교사와 학생 중 어느 쪽 활동을 강조하느냐에 따라 교수는 교사 활동 측면을 강조하고, 학습은 학생 활동 측면을 강조한 것으로 구분하기도 하나, 사회과 교실에서의 교사 활동은 학생 활동을 촉진하고 학생 활동 또한 교사의 활동의 기초가 되므로, 사회과에서의 교수 학습 활동은 교사와 학생의 상호작용적 활동이라고 할 수 있다.

사회과 교육에서 교수자와 학습자의 수업 상호작용, 즉 교수·학습과정이란, 사회과 교실에서 교사가 정해진 목표에 도달하기 위해서 학습자의 내외적 환경을 조직해 가는 변인들의 상호작용이다. 사회과에서 교수 학습에 영향을 미치는 변인을 요약하면 다음과 같다.

첫째, 투입 변인에는 직접 변인으로 교수자, 학습자, 학습 과제 등이 있고 학습자를 둘러싼 다양한 환경이 있다.

둘째, 과정 변인에는 교수자와 관련된 것으로 수업 방법, 수업 전략, 수업 설계, 수업 매체, 활용 기법 등이 있으며, 학습자와 관련된 것으로 학습 전략, 학습 방법, 학습 습관 등과 같은 학습 양식을 들 수 있다.

셋째, 산출 변인에는 효과성과 관련된 것으로 학업 성적, 목표 도달 정도 등이 있고, 효율성과 관련된 것으로 합리성, 능률성 추구 등이 있으며, 매력성과 관련된 것으로 학습 동기, 학습 흥미 등이 있다.

2. 사회과 수업 모형·기법의 분류

사회과 수업에서는 투입, 과정, 산출에 대한 논리를 갖고 실천할 때, 수업 자체가 보다 유의미하며 수업을 성공적으로 이끌 수 있다. 수업에서 투입, 과정, 산출 등 각각의 변인만을 강조할 수도 있고, 세 가지 변인 모두를 연계하는 논리로써 구성할 수도 있다. 각 변인의 내용, 조직 방법, 활동 방법, 자료 유형 등에 따라 사회과 수업을 분류하면 다음과 같다(최용규 외, 2007: 125–129).

〈표 14〉 사회과 수업 모형의 분류

수업 분류의 기준 (관점)	수업(학습)의 종류
1. 학습 과제(영역)	① 지적 학습(인지적 영역): 사실학습, 개념학습, 일반화(원리)학습 ② 기능 학습(기능적 영역) ③ 가치·태도 학습(정의적 영역) 등
2. 학습 조직	① 일제 학습, ② 소집단 학습, ③ 개별 학습, ④ Team Teaching, ⑤ 협동 학습 등
3. 학습 활동	① 현장 학습(야외 관찰, 조사 학습), ② 구성 학습(지도, 도표, 연표, 신문·모형 만들기), ③ 극화 학습(시뮬레이션, 모의 학습, 역할놀이), ④ 강의법, ⑤ 토의 학습, ⑥ 조사 보고 학습, ⑦ 자원인사 초빙 학습 등
4. 학습 매체(자료)	① 사료 학습(史料 學習), ② 연표 학습, ③ 인물 학습, ④ 지도·지구의 학습, ⑤ 시사 자 료 활용 학습, ⑥ 문화재 학습, ⑦ 지역 사회 자료 활용 학습, ⑧ 시청각 학습 등
5. 학습(수업) 모형	① 문제 해결 학습, ② 탐구 학습, ③ 의사 결정 학습, ④ 개념 학습 ⑤ 범례 학습, ⑥ 법리 모형, ⑦ 가치 명료화 학습, ⑧가치 분석 모형 등

3. 사회과 수업의 차원과 방법

1) 일반적 수업의 차원

(1) 수업 방법

사회과 교수·학습에서 수업 방법이란 철학적 배경이 있고, 이러한 철학적인 배경을 반영한 목표를 달성하기 위하여 교사가 조직하는 접근 방법을 의미한다. 대개의 경우 교육과정의 정신을 반영하는 수업 방법을 말하며, 듀이의 경험 중심 교육관에 바탕을 둔 문제 해결 학습, 브루너의 학문중심 교육과정을 반영한 탐구 학습, 능력 심리학에 바탕을 둔 전수(transmission) 등도 여기에 속한다.

(2) 수업 기법

수업 기법은 수업 방법의 목적을 달성하기 위하여 교사에 의하여 선택되는 개개의 수단을 의미한다. 가령, 문제 해결 학습에서 문제 해결을 위하여 교사 주도하에 행해지는 활동인 강의, 토론, 조사 등의 학습 모두가 수업 기법이다. 수업 방법을 위해 동원되는 수업 기법은 매우 여러 가지가 있다.

(3) 수업 전략

수업 전략이란 교사가 수업 방법을 달성하기 위하여 여러 가지 수업 기법을 조합하는 계획을 의미한다. 수업안은 이러한 수업 전략을 수립해 놓은 결과물이다.

일반적으로 사회과 수업에서 수업 방법은 수업 기법을 계획하고 수업 전략을 수립하기 위한 기반이 되므로, 수업에서 우선적으로 고려해야 할 사항이다. 매 단위 시간 수업 방법을 설정하여 실천하기는 어렵다. 하나의 수업 방법을 실현하기 위해서는 기본적으로 학생들이 다양한 수업 기법을 익히고 있어야 가능하기 때문이다. 평상시에 토의 학습, 조사 학습 등과 같은 수업 기법을 익힘으로써 장차 문제 해결 학습, 탐구 학습, 의사 결정 학습 등과 같은 고차원적 학습을 실시할 수 있다.

2) 수업의 원칙과 방법

(1) 사회과 교수 · 학습의 원칙

(가) 원리 발견과 적용
사회과는 학생들에게 인간관계 및 인간과 환경과의 관계를 이해하게 하고 학생들로 하여금 사회 변화 속에서 겪게 되는 여러 사회문제를 반성적 사고와 가치 선택을 거쳐서 합리적으로 해결할 수 있는 능력을 기르는 교과이다(교육과학기술부, 2008: 364－372). 학생들이 복잡한 사회현상을 설명하고 예측하며, 당면한 문제를 해결할 수 있는 힘을 기르려면, 스스로 원리와 법칙을 발견하고, 이를 실행에 적용할 기회를 많이 제공하여야 한다. 따라서 생활 경험을 바탕으로 구체적 사물이나 사실을 통하여 개념을 이해하고, 원리와 법칙을 발견하며, 이러한 개념, 원리, 법칙 등을 생활의 여러 분야에 적용할 기회를 많이 제공하여 지식의 생성 과정을 경험할 수 있도록 한다. 또한, 수업 결과에 치중할 것이 아니라 개념 형성 과정 혹은 문제 해결 과정을 중시하여야 한다. 이를 위해 학습자의 다양한 삶의 맥락에서 사회적 현상을 탐구하여 그것의 의미를 파악하게 하고, 지식이 학습자의 삶의 맥락 속에서 재구성되어 문제 해결에 합리적으로 활용될 수 있는 과정에 학생들을 노출하여야 한다. 이를 통하여 사회과 학습이 쉽고 재미있다는 생각을 할 수 있도록 유도하여야 한다.

(나) 목표와 교육 환경 고려
사회과는 사회현상을 인식하고 문제를 파악하는 데 필요한 지식과 정보를 획득, 조직, 활용하는 능력을 길러 사회생활에서 경험하게 되는 여러 문제를 합리적으로 해결할 수 있도록 문제 해결력 및 의사 결정력, 비판적 사고력, 창의적 사고력 등 고급 사고력(high level thinking) 향상을 위해 수업의 중요 요소로 부각시키고 있다.

사회과 교수 · 학습에서 고급 사고력을 신장하려면 개념의 특성을 논리적으로 규명하는 학습, 반성적 사고에 의해 원리를 발견하는 학습, 발견된 원리를 적용하여 사실을 증명하는 학습, 당면 문제를 비판적으로 고찰하여 합리적인 문제 해결 방안을 마련하려는 학습, 가치 명료화 학습, 대안을 선택, 결정하는 의사 결정 학습 등을 들 수 있다. 이러한 학습과정을 통하여 학생들은 논리적 사고력, 비판적 사고력, 창의적 사고력 등을 신장시킬 수 있다. 나아가 문제를 파악하고 증거를 검토하는 과정에서 그 진술이나 증거의 타당성을 밝히는 학습은 비판적 사고력을 신장시키는 학습이다.

문제를 해결하는 학습과정에서는 문제 해결의 각 단계에서 일어나는 구체적 사고 활동을 고려하여야 한다. 문제 인지과정에서는 요약, 중요한 것의 선택, 개념 정의, 사실과 의견 및 편견 등의 구분, 탐구 이유 추론, 문제의 의미 해석, 유사 사태의 추론 등이 이루어질 수 있으며, 가설 단계에서는 자료의 분석, 요인 관계 추론, 원리 적용, 조건이나 원인 등의 예견, 문제 해결의 방향 추론 등의 활동이 이루어질 수 있다. 그리고 증거 제시 단계에서는 정보의 명확성 검토, 번역, 해석, 분류, 요인 및 요인 간의 관계 분석 등 활동이 이루어지며, 결론의 단계에서는 가설과 증거 간의 논리적 관계 검토, 가설의 긍정 또는 부정이나 수정, 여러 요소의 종합 등 활동이 이루어질 수 있다. 따라서 학습 내용과 직접 관련되는 사고 활동이 소홀히 다루어지지 않도록 하여야 한다. 특히, 수업의 실제에서는 사고의 과정이나 학습 형태가 복합적으로 일어나거나 한 사고과정이 순간적으로 일어나는 경우가 있다는 것에 유의하여 단원의 어떠한 부분에서 어떠한 사고를 강조할 것인가를 주제의 특성에 적절하게 선정, 결정하여야 하며, 이는 단원의 수업 설계에서부터 고려하여야 한다.

또한 고급 사고력 향상을 위해서는 하나의 주제, 개념, 사건, 문제 등을 깊이 있게 학습하는 것이 필요하며, 이를 위해서 충분한 시간을 갖도록 하며, 주어진 문제에 관한 여러 아이디어를 학생들이 자신의 사고 틀로 탐구하면서 조작할 수 있는 학습 기회를 제공한다. 또한 가능한 소집단 활동을 자주 하며, 이때에는 구체적인 과제를 제한된 시간에 해결할 수 있도록 하며, 쓰기(writing)를 사용하는 것이 좋다. 쓰기를 통해서 아이디어를 생성하고 자료를 수집하고 자신의 생각을 명료화하고 타인을 이해시키며 설득하는 과정에서 사고력이 신장된다. 또한 교사는 좋은 질문을 통해서 학습자들에게 끊임없이 역동적 사고(활동적 생각)를 자극하는 발판을 마련하도록 유도하여야 한다.

(다) 학습자 중심 수업

학습자 중심의 수업 운영은 학습의 주도권을 학습자에게 두는 교육, 개별화 수업을 지향하는 교육, 교사와 학생의 참여를 유도하는 교육, 경험의 통합을 강조하는 교육, 학습하는 방법의 학습을 통하여 이룰 수 있으므로, 크게 자기 주도적 학습과 적극적인 참여를 유도하는 학습으로 방향을 설정할 수 있다.

자기 주도적 학습은 학습자가 능동적인 자기 통제자라는 점을 전제로 하며, 학습에 대한 자기 인식, 자기 조절 활동, 자기 모니터링, 자기 성찰 활동, 지식의 구성 및 활성화 활동과 관련된다. 자기 주도적 학습의 관점에서 본 사회과 교육의 목적은 자기 모니터링과 자기 성찰적 자세를 통하여 사회생활을 적극적으로 영위하며 개인, 사회의 자아실현을 이루는 시민을 양성하는 것이다. 이러한 방향에서 사회과 교육은 사회적 상호작용 속에서 자기의 필요에 따라 자기 인식 체계에 의하여 학습하며 스스로 체계화하여 지식을 구성해 나갈 수 있도록 지도하는 것이다. 그러려면 학습자가 목적의식을 갖고 학습을 계획, 실행, 평가할 수 있도록 학습이 전개되어야 하며, 이를 통해서 학습자의 이해를 심화시켜 나아갈 뿐만 아니라 적극적인 참여를 유도하여 효율적인 학습을 촉진할 수 있다. 즉 귀납적 인식, 반성적 사고, 메타 인지 등과 같은 학습과정은 학습자 스스로 지식을 구성하고 자기 주도적 학습 능력을 향상시킬 수 있다.

그리고 학생들이 수업에 적극 참여하도록 유도하려면 그래프 만들기, 지도 그리기, 보고서 쓰기 등 조작적인 학습 자료와 질문, 토론 수업 등의 구체적인 활동을 이용하도록 하는 것이 효과적이다.

이를 통해서 학생들은 학습한 내용과 자료 간의 유의미한 관계를 스스로 파악하고 학습에 대한 흥미를 가지게 될 뿐만 아니라 실제 사회생활에 대한 이해를 강화할 수 있다.

(2) 사회과 교수 · 학습 방법 적용 원리

사회과 교수 · 학습 방법의 적용 원리는, 사회과 학습 지도의 원리, 수업 계획, 통합적 교수법, 단원의 재구성 방향, 수준별 교육과정 운영 등에 관하여 학생 중심 교수 · 학습을 위하여 두루 고찰하여야 한다.

첫째, 학습자가 사회현상에 대한 흥미와 관심을 넓히고 인간생활과 사회현상의 원리를 발견하며 이를 실생활에 적용할 수 있도록 한다.

둘째, 교사의 수업 계획은 사회과학의 일반화 지식에 출발하여 개념, 구체적 사실과 사례의 확인으로, 그리고 학습자의 수업과정은 구체적 사실과 문제로부터 개념과 일반화를 획득하는 과정으로 이루어질 수 있도록 한다.

셋째, 사회현상에 대한 종합적인 인식을 위하여 통합적인 학습 · 교수 방법을 강조한다.

넷째, 교과서의 단원을 그대로 학습 단원으로 대치하는 일은 지양하고, 학습 내용에 적합한 주제를 문제를 중심으로 단원(문제 해결 단원, 탐구 단원)을 재구성하여 수업을 운영하도록 한다.

다섯째, 학습자의 흥미와 능력의 차이를 고려한 수준별 교육활동이 이루어질 수 있도록 한다.

① 수준별 교육과정은 전체 학습자를 대상으로 한 기본과정과 학습자의 학습 속도를 감안한 보충과정 및 심화과정으로 나누어 운영한다.

② 단원, 주제에 배당된 시간의 80%를 기본과정에, 약 20%를 보충 및 심화과정에 할애한다.

③ 심화과정의 학습자에게는 고차적 사고의 기회를 보다 강화하고 넓힐 수 있는 과제를 부여하고, 보충과정의 학습자에게는 기본과정의 학습 결손을 보충할 기회를 제공한다.

④ 보충과정은 별도의 교육 내용을 제시하고 있지 않는 만큼, 교사는 기본과정의 중요 요소에 대한 학습 결손을 보충할 수 있는가를 확보하여, 학습자의 학습 결손 정도와 능력에 따른 적절한 지도를 한다.

여섯째, 사회과의 성취 기준인 핵심 지식의 이해와 탐구 기능 및 고차적 사고력 신장을 위해 탐구 수업 등 다양한 교수 기법을 활용한다. 특히, 사고력이 증진될 수 있도록 적절한 탐구 장면을 설정하고, 다양한 발문 기법을 활용한다.

일곱째, 탐구지향적 수업을 내실화하기 위해 탐구 주제 또는 문제의 해결에 적합한 교수기법과 활동을 활용한다. 탐구 및 문제 해결 활동에 적합한 교수기법으로 질문, 조사, 토의, 관찰 및 면담, 현장 견학, 자원 인사 초빙, 모형제작, 실험, 역할놀이와 시뮬레이션, 게임 인물 학습, 사료학습 등을 활용한다.

여덟째, 학습 · 교수의 효율성을 높이기 위하여 지도, 도표, 영화, 슬라이드, 통계, 연표, 연감, 신문, 방송, 사진, 기록물, 유물, 여행기, 탐험기 등 다양한 학습 · 교수 자료를 활용한다.

아홉째, 교육의 이념과 방법 및 교실 환경을 적극 수용하여 수업의 개별화를 도모하고, 아울러 소집단별 협동 학습의 장점을 살려 민주 시민 자질의 중요 요소라 할 수 있는 집단 구성원으로서의 책무성, 참여의식, 타인에 대한 존중, 협동심 등 정의적 영역의 목표 달성에도 주력하도록 한다.

열째, 학습자가 수업목표, 계획, 진행과정을 분석, 평가하는 데 참여하게 하여 수업을 스스로 구성해 갈 수 있도록 한다.

열한째, 정보화 사회에 적극 대응하기 위해 요구되는 정보 처리 기능과 창의적 사고력의 신장을 위해 신문 활용 교육(NIE), 컴퓨터 보조 학습 프로그램(CAI)과 인터넷 활용교육(IIE)을 적극 활용하도록 한다.

열두째, 학습자의 민주 시민적 자질 함양과 지역 사회 참여의식을 고취하기 위한 방안으로 각종 사회문제에 관한 시사 자료와 지역 사회 자료를 교재화하여 지도하도록 한다.

열셋째, 민주 시민 교육, 환경교육, 성교육, 통일교육, 경제교육, 근로정신 함양 교육, 민족문화 정체성 교육, 국제 이해 교육, 대중 매체 교육 등을 관련 단원에서 비중 있게 다루도록 한다.

열넷째, 각 지역의 생활 특색을 그 지역의 자연환경과 인간과의 상호 관련성을 중심으로 다루도록 한다.

(3) 사회과 교수·학습의 방법

(가) 통합적 교수·학습

사회과는 사회현상을 종합적으로 인식하는 것을 강조하는 교과이므로 학문과 생활 영역 간의 통합, 지식과 기능, 가치·태도가 유기적인 관계를 맺도록 함으로써 지식과 행동의 통합이 이루어지도록 지도해야 한다. 통합의 방법은 흥미 중심, 활동 중심, 탐구 중심, 주제 중심, 기능 중심 등 다양한 형태로 이루어지도록 한다. 이를 위해서 사회과 교사는 학습자의 활동 및 경험의 의미와 가치를 부여할 수 있는 내용을 중심으로 핵심 내용을 정선하고 그것을 학생의 이해 수준에 맞는 형태로 구조화하여야 한다. 이를 통해 지나치게 많은 양의 지식으로 인해 이해과정에서 겪을 수 있는 혼란을 줄이고 수업에 대한 흥미를 증가시킬 수 있을 것이다. 또한 내용과 유리되지 않은 학습 방법을 적용하여 지식과 기능, 가치·태도가 함께 획득될 수 있도록 해야 할 것이다.

(나) 교재 재구성 및 주제(문제) 중심 접근

학습자들이 실생활 경험에서 도전적인 과제로 인지하는 주제와 문제를 통해서 사회현상에 대한 흥미와 관심을 넓히고 인간생활과 사회현상에 대한 원리를 이해하며 이를 실생활에 연계할 수 있도록 교사는 교재를 재구성할 수 있어야 한다. 이를 통해 고급 사고력 신장과 사회과 영역 내용의 중복 및 연계의 문제를 해결할 수 있다. 내용 재구성 시에는 사회과 교육의 목표에 부합하도록 교육 내용을 재구성해야 하며, 사회과 교실의 상호작용 과정이 충분히 고려되어야 한다.

교재 재구성을 위해 각 단원의 주제에 포함된 주요 개념과 일반화, 가치 등을 찾아서 확인하고, 문제 해결에 효과적인 내용을 파악하여 그것과 관련된 구체적인 사실, 학습 경험, 학습 자료의 형식, 소요 시간 등을 선정·결정한다. 그 다음에 단원 전개 계획을 수립하게 되는데, 이때에는 교과서 단원, 주제, 제재 등의 명칭이나 순서를 그대로 따르기보다는 실제 학습 내용에 더 적합한 주제와 문제를 선정하여 활동 중심의 학습이 이루어지도록 단원을 재구성하는 것이 좋다. 또한, 학습 교재는 지역 또는 학교 특성에 알맞도록 재구성하되, 교육과정에서 의도하는 기본 정신이나 주요 목표, 기본 원리 등은 반드시 유지되도록 한다.

주제 중심의 내용 재구성은 학생들의 생활과 관련한 소재나 주제를 중심으로 의미를 폭넓고 깊이 있게 탐구하여 가는 방식으로 실시하며, 학습한 내용을 실제 생활 세계에 적용시켜 보면서 문제 해결 능력을 함양하고 학생들의 적극적인 수업 참여를 유도할 수 있도록 해야 한다. 문제 중심으로 내용을 재구성한 수업 상황에서 교사는 문제 토론 전 학생들에게 문제에 대한 배경 지식을 설명하기보다는 문제 해결에 도움이 되는 정보를 제공해야 하며, 학생들이 다양한 정보 자원에 접근할 수 있는 환경을 제공해 주어야 한다.

(다) 다양한 발문 기법 적용

사회과 교수·학습에서의 발문은 학생들로 하여금 탐구를 지향하게 하고 독자적인 탐구 습관을 형성하게 하며 비판적이고 이성적으로 사고하게 하는 중요한 방법이다. 수업 상황에서 교사와 학생의 언어 상호작용은 교사의 발문과 학생의 응답 형태에서 학생과 학생 간의 자연스런 토의나 대화 형태로 옮겨 가도록 유도하는 것이 좋다. 이를 위해서는 허용적인 분위기를 조성하여 학습에 관한 이야기는 무엇이든지 할 수 있도록 해야 하며, 적절한 시기에 발문하고 학생들이 생각할 수 있도록 여유를 주어 사고가 자유롭고 활발하게 이루어지도록 해야 한다. 그리고 항상 보고 듣고 경험한 것을 바탕으로 이야기하는 습관을 길러 주어야 한다. 그리고 발문의 표현은 간단명료하고 정확하게, 적절한 속도로 재미있게, 체계적·단계적으로 불필요한 반복이 없도록 지도하는 것이 바람직하다.

(라) 소집단 학습을 통한 교수·학습 전개: 협동 학습 전개

학교는 민주주의의 실험장이고, 사회과 교실은 민주주의의 온실과 같은 역할을 한다. 소집단 학습은 이러한 민주주의 교육의 종묘장 구실을 하는 사회과의 핵심 학습 방법이다. 소집단 학습은 2~6명의 학습자를 하나의 집단으로 구성하여 학습이 이루어지게 하는 것이다. 소규모 집단 내에서 서로 다른 구성원들이 동일한 학습 목표를 향하여 함께 활동하는 수업을 통하여 학습에 대한 동기, 학업 성취 능력을 향상시킬 뿐만 아니라 사회적 관계 형성을 통하여 개별적 책무성, 긍정적인 상호 의존성, 역동적인 상호작용을 하게 되면서 서로 협력하는 과정에서 공동체에서 생활하는 민주 시민들에게 요구되는 지식과 기능, 가치·태도 등을 익히게 된다. 협동 학습은 소집단 구성원들이 공동으로 노력하여 주어진 학습 과제나 학습 목표에 도달할 수 있도록 하는 데 효과적인 수업 방법이며, 수평적 의사소통 기회를 많이 제공하여 구성주의적 실험을 가능하게 한다.

사회과 교사는 학생 소집단 성취 모형(STAD), 소집단 게임 토너먼트 모형(TGT), 직소우 모형(Jigsaw), 집단 연구 모형(GI) 등 다양한 협동 학습 방법을 참조하여 학습자 수준에 적합한 자료와 과제를 개발하여 협동 학습의 원리와 규칙을 학생들에게 이해시킨다. 즉 학습 목표 혹은 과제 성격에 따라 학습자들을 동질적·이질적으로 4~6명 정도의 소규모 집단으로 구성하여 학습적인 측면과 사회적인 측면을 고려하여 학습 목표를 명료화하고 학습 과제를 수행하도록 하여 집단 구성원으로서의 소속감, 타인 존중 의식, 사회 참여 의식, 협동 정신을 함양할 수 있도록 한다.

(마) 다양한 교수·학습 방법 적용

사회과 교수·학습은 학생들이 이미 아는 지식을 바탕으로 문제에 접근하여 그 문제의 성격을 명확하게 하고, 문제 해결 방향과 연구 결과를 검토할 수 있는 기준을 선정한다. 그리고 다음 단계에서 사회과학적 연구 방법에 기초한 탐구 방법이나 그 밖의 다양한 방법을 활용하여 문제를 해결하게 된다. 따라서 사회과 교수·학습에 필요한 지식과 기능, 가치·태도를 기를 수 있도록 다양한 교수·학습 방법을 적용하여야 한다.

사례 학습, 통계(표본) 조사 학습, 야외 관찰 및 현장 학습, 지도 이용 학습, 문헌 조사 학습, 인물 학습, 사료 학습, 상황 분석 학습, 미래 예측 학습 등이 적용될 수 있다. 이 중에서 야외 학습이나 지도 이용 학습은 지리적 성격이 강한 내용에 더 적합하며, 인물 및 사료 학습 등은 역사적인 학습에 더욱 적합하다. 가치 학습에는 도덕적 발달 모형, 가치 명료화 모형, 가치 수용 모형, 가치 분석 모형을 적용할 수 있다. 그리고 대안의 선택 결정을 위한 학습에서는 의사 결정 모형을 적용할 수 있으며 강의 학습, 조사 학습, 문답 학습, 토의 학습, 역할 학습, 시뮬레이션 학습 등은 여러 분야의 내용에 두루 적용할 수 있다.

(바) 정보화·세계화에 부응하는 교수·학습 전개

자신이 가졌거나 가질 수 있는 정보와 지식의 수준, 정확성 및 활용 능력이 중요한 요소로 부각되는 정보화 사회에 능동적으로 대처하기 위해서 정보 처리 능력과 고급 사고력을 함양하여 스스로 사회현상에 관한 지식을 구성하고 활용할 수 있도록 하여야 한다. 그러기 위해서 신문 활용 교육(NIE), 컴퓨터 보조 학습 프로그램(CAI), 인터넷 활용 교육(IIE), 이러닝(e-learning) 등을 적극적으로 적용하여 다양한 정보를 수집하고 처리하는 능력과 문제 해결력, 의사 결정력, 개념화 능력 등을 함양하여야 한다.

데이터베이스와 시뮬레이션 프로그램 등을 통한 컴퓨터 활용은 정보화에 대처하는 가장 효과적인 교수·학습 방법이다. 데이터베이스를 활용하여 학습자가 자료와 정보를 선택하고 검색하며, 조직하고 분석하며, 종합하고 해석하도록 함으로써 학습자의 정보 처리 및 탐구와 사회 참여 능력을 신장시킨다. 인터넷을 통하여 세계 각지의 산업, 문화, 환경 등의 최선의 다양한 정보를 획득하여 다양하고 폭넓은 사고의 기회를 가지도록 격려하여야 한다. 시뮬레이션 프로그램을 활용함으로써 학습자들이 사회문제를 더 현실감 있게 이해하고 지식과 기능을 더 능동적으로 획득하고 적용하며, 비판적 사고력, 창의적 사고력 등을 통한 다양한 관점에서 문제 해결의 기회를 갖도록 한다.

한편, 세계화 시대에 대비하여 세계 여러 나라의 생활 문화를 우리들의 생활과 비교하고 정치, 경제, 사회·문화 등 여러 측면에서 우리와의 관계를 파악하여 환경, 생태, 자원 문제 등의 해결을 위한 국제 협력의 필요성을 깨닫게 한다.

민주 시민 교육에 비중 있게 지도하여야 할 국가·사회적 요구 사항으로는 부패 방지 교육, 환경 교육, 에너지 교육, 경제 교육, 소비자 교육, 법 교육, 복지·보험 교육, 고령화 사회 대비 교육, 진로 교육, 근로정신 함양 교육, 공명선거 교육, 통일 교육, 한국 문화 정체성 교육, 문화 예술 교육, 문화 유산 교육, 국제 이해 교육, 정보화·정보 윤리 교육, 건강한 가정 만들기 교육, 아동·청소년 보호 교육, 의사소통·토론 중심 교육, 양성 평등 교육, 장애인 이해 교육, 인권 교육, 지적 재산권 교육,

안전 교육 등이 있다.

(사) 다양한 교수·학습 자료 개발 및 활용

사회과 교수·학습에서 다양한 자료는 수업과정에서 사회과 교사와 학생 간의 의사소통의 물질적 매개로 작용하기 때문에 교과서 외의 다양한 수업 자료 활용은 사회과 교수·학습과정에서 매우 중요하다. 더욱이 사회과 교과서가 탐구 형식에 따라 구성됨으로써 교사들은 수업 내용의 이해를 도모하기 위해서 다양한 자료를 수집·활용해야만 한다.

사회과 교수·학습에서는 사진, 그림, 지도, 통계, 도표, 연표, 문화재, 참고 도서, 신문, 잡지, 방송, 이야기, 노래, 실물, 표본, 모형, 기록물, 여행기, 탐험기, 파워포인트(PPT) 자료, 영화, 워크시트(work sheet) 등 다양한 자료를 활용하여야 한다. 관련 자료는 교재를 분석한 후 필요한 자료의 목록을 작성하고, 이들 자료를 수집·제작·구입하여 자료의 유형별로 분류한 다음, 자료 활용을 위한 목록을 만들고, 사회과 각 학년 단원 목표, 내용, 교수·학습 방법 등에 관한 안내서를 만들어 활용하도록 한다.

사회과 내용의 특성 및 변화의 속도를 고려할 때, 시사 자료의 활용은 사회현상 및 변화에 대한 관심을 확대시켜 주고, 쟁점이 되는 문제를 인식하는 데 도움을 준다는 측면에서 매우 중요하다. 시사 자료의 활용에서 유의할 점은 자료가 담고 있는 내용에 대한 오류 및 관점의 편중화 문제이다. 따라서 신문, 잡지, 라디오, 텔레비전, 인터넷 등에서 수집된 자료는 내용의 사실 여부를 정확하게 파악한 후 어느 한 측면의 입장만을 지나치게 강조하고 있지는 않은지 신중하게 검토하여 신뢰성 있는 자료를 교재 내용에 반영하여 활용하여야 한다. 따라서 자료를 선정할 때에는 교육 목적과 수업 목표의 일치성, 흥미 유발의 적절성, 학생의 연령과 수준의 적절성, 비판적 사고와 문제 해결 능력의 증진 여부, 오류와 편견 여부, 자료의 정확성과 활용 가능성을 고려하여야 할 것이다.

한편, 지역 사회 자료는 지역의 지리적·역사적·정치적·경제적·사회문화적 생활과 밀접하게 관련된 구체적이고 실증적인 자료를 제공하여 학습에 대한 학생들의 흥미를 유발하고 지역 사회문제에 관심을 갖도록 유도하여 지역에 대한 애정과 사회 참여 의식을 고취시키는 데 유용하며 교수·학습 상황에서 의사소통을 활성화하는 도구이다. 또한 지역 사회에 대한 이해도를 높이고 의미를 구성하게 하여 사회인식 능력을 향상시킨다. 지역 사회 자료는 학생들의 주변 문제로 인식된 것, 지역의 과제를 명확하게 나타내는 전형적인 것, 학생들의 힘으로 끝까지 추구할 수 있는 것, 학생들이 체험적으로 실감할 수 있는 것, 새로운 시점이나 생각을 산출할 수 있는 자료를 활용하여야 한다. 학생들에게는 워크북(worksheet) 형식으로 제시하여 활동을 안내하고 활동 내용을 기록할 수 있도록 한다.

(4) 사회과 교수·학습의 유의점

사회과 교육과정의 운영에서는 영역이 분명하게 드러난 주제, 단원 등을 지도할 때에는 그 주제, 단원의 배경, 학문적 관점 이해를 바탕으로 정치, 경제, 사회, 문화, 법, 심리, 역사, 지리 등 여러 영역 생활과의 관련성을 통합적으로 지도해야 한다.

사회과의 교수·학습 설계 시 각 학년에서 강조하여 신장시켜야 할 주요 기능이나 능력을 협의,

결정하여 평소의 학습에 반영하여야 한다. 유의할 점은 학년 간의 계열성(sequence)을 유지하는 일이다. 사회과 기능 학습으로 중시되는 정보의 수집 및 활용, 문제 해결 및 사고, 사회 참여를 중심으로 다양한 요소를 지도해야 한다. 아울러, 자료 활용에 대한 기초적 능력과 가치·태도 등 정의적 영역 지도에 깊은 관심을 가져야 한다.

1. 단원 학습 지도 계획의 체계화

1) 단원의 교재 분석

단원의 학습 지도 계획을 위하여 단원의 교재를 분석하게 된다. 이때에 분석되는 단원은 교육과정의 단원이 될 수도 있고, 교과서 단원이 될 수도 있다. 그러나 현실적으로 교과서 단원이 되는 경우가 많다. 교과서 단원을 분석할 경우에는, 그 목표나 내용이 교육과정의 어느 단원에 근거한 것인가를 먼저 확인하여야 한다.

단원의 학습 요소 분석에서는, 대체로 단원의 각 주제에 포함된 주요 개념과 일반화, 가치 등을 찾아 확인한다. 그리고 이와 관련된 구체적 사실, 학습 경험, 학습 자료의 형식, 소요 시간 등을 선정 결정한다. 이와 같이 교재를 분석한 다음에 수업을 설계하게 되는데, 이 과정에서 특히 고려할 것은 사고의 과정과 탐구 방법 및 구체적 사고 활동이다.

2) 사고과정의 고려

사회과의 학습과정에서 이루어지는 사고과정은, 개념의 특성을 논리적으로 규명하는 학습, 반성적 사고에 의하여 원리를 발견하는 학습, 발견된 원리를 적용하여 사실을 증명하는 학습, 당면 문제를 창의적으로 해결하는 학습, 가치 명료화 및 분석 학습, 어떤 방안을 선택 결정하는 의사 결정 학습 등을 들 수 있다.

예를 들면, 여러 공업 도시에서 공업의 입지적 조건을 찾아내는 학습을 하였다면, 이는 반성적 사고에 의하여 원리를 발견하는 학습이 될 것이다. 그러나 특정 지역에 왜 공업 지대가 형성되었는가를 알아보는 학습은 원리를 적용하여 그 사실을 증명하는 문제 해결 학습이 될 수 있을 것이다. 그 밖에, 우리나라의 식량 문제를 해결하는 방안이나 이농 현상으로 일어나는 농촌 문제를 해결하는 학습은 새로운 방안을 찾아내는 창의적인 학습이 될 것이다. 그리고 어떤 가치 갈등 상황을 분석하는 학습이나, 문제를 파악하고 증거를 검토하는 과정에서 그 진술이나 증거의 타당성 등을 밝히는 학습은 비판적 사고를 활발하게 전개하는 학습이 될 것이다. 한편, 고장 마을(향토)의 유휴지 개발, 규칙의 결정 등은 의사 결정 학습이 될 것이다.

단원의 어떤 부분에서 어떠한 사고과정을 강조할 것인가를 그 주제의 특성에 따라 적절하게 선정, 결정하여야 하며, 이는 단원의 수업 설계에서 매우 기본적이며 중요한 작업이 되는 것이다.

3) 다양한 탐구 방법의 고려

대체로 사회과 학습은 학생들이 알고 있는 것을 바탕으로 하여 문제에 접근하며, 그 문제의 성격을 명확히 하고, 문제 해결 방향과 연구 결과를 검토할 수 있는 기준을 선정한다. 그리고 다음 단계에서 다양한 방법을 활용하여 문제를 해결하게 된다. 이때, 사회과학적 연구 방법에 기초한 탐구 방법이나 그 밖의 여러 가지 방법을 활용하게 된다. 사례 학습, 통계(표본)조사 학습, 야외 및 현장 학습, 지도 이용 학습, 문헌 조사 학습, 인물 학습, 사료 학습, 상황 분석 학습, 미래 예측 학습 등은 사회과학 연구 방법에 기초한 학습 방법들이다. 여기에서 야외 학습이나 지도 이용 학습 등은 지리적 성격이 강한 내용에 더 적합하며, 인물 및 사료 학습 등은 역사적인 학습에 더 적합하다. 가치 학습에는 자아 발달 모형, 도덕적 발달 모형, 가치 명료화 모형, 학급 집회 모형, 감수성·사려성 모형, 융합적 교육 모형, 가치 수용 모형을 활용할 수 있다. 그리고 방안의 선택 결정을 위한 학습에서는 의사 결정 모형을 활용할 수 있으며, 강의 학습, 문답법, 토의법, 역할 학습, 모의 놀이 학습 등은 여러 분야의 내용에 고르게 활용할 수 있다.

4) 구체적 사고 활동의 고려

이 단계에서는 문제 해결에 필요한 구체적인 사고 활동을 고려하여야 한다. 즉 한 시간의 수업과정 속에서 몇 분 동안, 순간순간에 이루어지는 활동들로서 요약, 분류, 비교, 대조, 번역, 해석, 가설, 예측, 추론, 적용, 분석, 종합, 평가, 상상, 대안 제시, 선택, 결정 등 사고 활동이 이루어질 것을 예상하고 적절히 선정·활용하여야 한다.

그러나 수업 계획의 실제에서는 경우에 따라 사고의 과정이나 학습 형태가 복합적으로 일어나거나, 한 사고과정이 순간적으로 일어나는 경우가 있음에 유의하여야 할 것이다.

2. 단원 수업 설계의 절차(과정)

1) 수업 설계의 일반적 절차

① 교재의 재구성: 교재의 해석과 번역
② 수업 모형의 선정: 교과 교재의 특질 고려
③ 수업 목표의 설정: 의도한 결과, 성취적인 용어, 조건과 수락 기준 제시
④ 학습 과제의 배열: 학습량의 적정화, 학습 계열의 개별화
⑤ 출발점 행동의 확인: 학습 성취 수준, 능력차, 선수 학습 수준
⑥ 형성 평가의 설계: 서면, 필답, 구두, 동작, 실기 등
⑦ 학습 자료, 수업 매체의 선정: 문제 해결의 탐색에 도움이 되는 자료

2) 사회과 단원 수업 설계의 절차

① 단원에 내포되어 있는 문제의 선택과 효과적인 도입 방법 탐색
② 단원과 관련된 사회과 교과 목표와 학년 목표의 의의와 중요성 인식 및 단원 목표와 차시별
　수업 목표 설정, 진술의 명료화
③ 목표 달성에 적합한 학습 경험의 선정, 조직(재구성)
④ 학습 경험(학습문제)을 분석하여 문제 해결(탐구)의 학습 활동(과정) 결정
⑤ 평가 도구의 작성

3. 사회과 수업의 전개

1) 도입 단계

학습 활동의 시동이 걸리는 입문과정으로서, 학습에 대한 동기를 유발하면서 학습의 방향 제시,
문제 파악, 학습 준비 등을 개시하는 단계이다. 이 단계에서 대체적으로 많이 활용되고 있는 방법에
는 강의법, 토의법, 발문법, 자원 인사 초빙, 슬라이드, 비디오 자료 제시 등이 있다.
① 사회과 학습에 도움이 되는 환경을 조성한다.
② 종적·횡적으로 이미 학습한 내용을 기저로 하며, 이를 발전적으로 본 학습에 관련시켜 관심
　을 갖게 한다.
③ 학습문제와 관련이 되는 신문 기사, 잡지, 텔레비전, 라디오 등의 시사성 있는 내용 등을 선정
　하여 학습에 대한 관심과 의욕을 불러일으키도록 한다.
④ 사회과 교과서의 삽화, 도표, 지도 등을 소재로 학습에 흥미를 갖도록 유도한다.
⑤ 지역 사회에서 보고 들은 관심사나 문제 등을 끄집어내어 학습에 대한 흥미와 호기심을 불러
　일으킨다.

2) 전개 단계

사회과 지도의 과정에서 가장 중핵적인 단계로서, 작업 단계, 실험 단계, 연구 단계라고도 하는데,
학생들로 하여금 직접적인 학습 활동을 통해 사회적 지식이나 경험을 체득게 하는 작용이 이루어진다.
① 학습 목표와 내용에 가장 적절한 방법이 선정되고 활용되어야 한다.
② 학습 활동은 학생들의 능력, 욕구, 흥미 등을 고려한 다양성 있는 지도가 전개되어야 한다.
③ 교사는 지도 조언을 통해 학생들의 자율적이고 능동적인 학습 활동을 유도하고, 학습 과제에
　대하여 신중하게 사고할 수 있는 기회를 제공해야 한다.

④ 학습 과제와 연관되는 사회 사상(社會 事象)이나 사회과학적인 내용들을 유기적으로 연결하여 학습할 수 있도록 해야 한다.
⑤ 교사와 학생은 원활한 인간관계가 형성될 수 있도록 인격적 학습 활동이 전개되어야 한다.
⑥ 조사보고서, 지도, 연대표, 통계표 등을 작성하고, 사회적 상황들에 대하여 모의 활동을 해 보도록 한다.
⑦ 사회적 사상이나 사회과학적인 내용에 대하여 조사한 것을 발표한다.
⑧ 새로운 사회적 사실과 현상을 탐구한다.

3) 정리 단계

학습의 전개 활동을 최종적으로 결말짓는 단계로서, 학습한 내용을 총괄, 확인, 정리, 평가하는 작업이 이루어진다.
① 전개한 학습 활동의 결과를 확인, 요약, 정리한다.
② 학습 결과를 효과적으로 전이, 발전시킬 수 있도록 적절한 지도를 한다.
③ 정리의 방법으로는 검토, 발표, 전시, 보고, 작품 제작, 극화, 질문 등이 있다.
④ 차시 학습과 연결하여 적절한 과제를 제시한다.
⑤ 학습 활동을 정리한 결과를 반성하고, 목표에 어느 정도 접근했느냐를 측정한다.

제5장 ▌ 사회과 교수·학습의 유형

1. 사회과 교수·학습 유형의 개념

사회과의 학습 지도 유형이란, 사회과의 학습 목표를 달성하기 위하여 학습 목표와 학습 내용에 따라 그에 적절한 지도의 과정이나 방법을 체계적으로 조직화한 교수·학습 활동의 체제라고 말할 수 있다.

이렇게 볼 때 학습 지도 유형은 학습 목표 달성의 한 수단으로서 학습 활동과 교수 활동의 방법을 구체적으로 제시해 주는 것이다. 그러므로 학습 지도 유형과 학습 활동은 엄밀한 의미에서 구별될 수 있다. 학습 지도 유형이 "목표, 내용, 방법이 잘 융합되어 있는 지도의 유형으로서 학생들이 계획성 있는 활동을 스스로 이끌어 갈 수 있도록 조직된 학습 체제"라고 본다면 학습 활동이란 "한 학습유형의 효과적인 운영을 실현시키는 활동의 형태"라고 할 수 있다.

그런데 학습 지도 유형에 대한 개념은 논자에 따라 이견이 많을 뿐만 아니라 그 종류도 많다. 그러므로 바람직한 사회과의 학습 지도를 하려면 사회과에서 필요로 하는 여러 가지 학습 지도 유형에 대하여 장점이나 단점들을 속속들이 잘 알고 있어야 한다.

2. 사회과 교수·학습 유형의 분류

사회과의 궁극적인 목표는 민주 시민으로서 올바른 자질을 길러 주는 데 있다. 즉 사회생활을 하는 데 필요한 지식을 가지며, 인권 존중, 관용, 타협의 정신, 사회 정의 실현, 공동체 의식, 참여와 책임 의식 등 민주적 가치와 태도를 함양하고, 나아가 개인 및 사회적 문제를 합리적으로 해결하는 능력을 기름으로써 개인의 발전은 물론 국가 사회, 인류의 발전에 기여할 수 있는 자질을 갖춘 사람을 길러 주어야 함을 강조하고 있다.

이러한 사회과 교육의 목표를 달성하기 위한 교수 방법은 두 가지 상반된 입장에서 논의될 수 있는데, 그 하나는 사회과학적 지식 전달을 중요시하는 입장과 학생의 사회현상을 인식하는 과정에서 문제 해결 능력을 키워 주는 입장으로 전자를 전수, 후자를 문제 해결이라고 할 수 있다. 위와 같은 전수나 문제 해결처럼 포괄적으로 목표에 도달하기 위한 접근 방법을 교수·학습 방법이라고 말할 수 있다.

여러 학자와 연구가들이 제시한 학습 지도 유형은 무수히 많다. 그러나 이들 유형은 사회과에서 특정의 수업 목표를 달성하는 데 최적이라고는 볼 수 없고 오직 교수·학습의 방향과 단계를 제시하고 있을 뿐이다. 따라서 교사는 이들 학습 지도 유형이 지닌 단계와 절차를 고려하여 적절하게 설정, 진술된 수업 목표를 달성하기 위하여 특정의 수업 모형을 구안하여 적용하여야 한다.

  그리고 수많은 학습 지도 유형들을 어떤 일정한 기준에 의하여 엄밀하게 분류하기는 매우 어려운 일이다. 왜냐하면 어떠한 지도 유형이든 모두가 현실적인 교육 원리를 기반으로 하여, 교육적인 성과를 극대화하기 위하여 고안된 것이기 때문에 여러 지도 유형들 간에는 유사성과 상호 관련성이 내포되어 있다고 볼 수 있다.
  사회과 학습 지도 유형을 분류하는 데 있어서 논자들의 관점에 따라 다양한 견해들이 있으나, 학습 목적 면·학습 활동 면·학습 조직 면·학습 과제 면·학습 매체 면·수업 절차 면에 따라 분류하면 다음과 같이 종합할 수 있다.

1) 학습 목적 면

① 탐구 학습
② 문제 해결 학습
③ 발견 학습
④ 구안 학습
⑤ 과제 학습(주체 학습)
⑥ 검증 학습

2) 학습 활동 면

① 현장 학습
② 조사 학습
③ 사례 학습
④ 표본 조사 학습
⑤ 지도 학습
⑥ 인물 학습
⑦ 사료 학습
⑧ 자원 인사 초빙 학습
⑨ 야외 관찰 학습
⑩ 토의 학습
⑪ 발문 학습(문답법)
⑫ 강의 학습
⑬ 극화 학습 및 모의 학습(모의 역할 학습)

3) 학습 조직 면

① 일제 학습
② 개별 학습
③ 분단 학습
④ 집단 지도법
⑤ 버즈 학습

4) 학습 과제 면

① 사실 학습
② 개념 학습
③ 원리 학습
④ 가치 수용 학습
⑤ 가치 명료화 학습

5) 학습 매체 면

① 시청각 학습
② 프로그램 학습

6) 수업 절차 면

① 완전 학습
② 선조직자 모형

그리고 교사용 지도서에서는 조직 방법에 따라 일제 학습, 분단별 학습, 개별화 학습, 협동 학습, 열린 학습 등으로 분류하고 있으며, 활동 방법에 따라서는 현장 학습, 구성 학습, 극화 학습, 시청각 학습, 토의 학습, 강의 학습, 조사 보고 학습 등으로, 사고력 신장 중심의 교수·학습 방법으로 문제 해결 학습, 탐구 학습, 의사 결정 학습, 자료를 이용한 교수·학습 방법으로 사료 학습, 인물 학습, 지도 학습, 시사 학습, 그 밖의 교수·학습 방법으로 프로젝트 및 주제 학습, 가치 학습을 소개하고 있다.

이 중에서 현장의 사회과 수업에서 비교적 활용가능성이 높고 사회과의 본질적인 목표 추구에 필수적인 학습 지도 유형이라고 생각되는 현장 학습, 극화 학습, 토의 학습, 조사 보고 학습, 문제 해결 학습, 의사 결정 학습, 사료 학습, 인물 학습, 가치 학습, 소집단 학습, ICT 활용 학습 등에 대하여 탐구하는 것이 중요하다.

3. 사회과 교수·학습 적용상의 유의점

　사회과 교육의 다양한 학습 지도 유형 중 사회과의 목표 도달을 위하여 어떠한 학습 지도 유형이 효과적인 교수 방법일까에 대해서는 환경의 변인에 따른 학습 구성원의 조직 변인과 학습 내용, 그리고 학급 환경의 실태가 고려되어야 한다. 즉 학습 내용에 알맞은 학습 지도 유형은 어떤 특성을 지니고 있고, 특히 이들 각 지도 유형은 대체로 어떤 경우에 적용할 필요가 있는지를 파악하는 것이 중요함과 동시에 특정한 단원 또는 차시를 가르치고자 할 때 어느 유형을 택하는 것이 좋은지, 이 유형을 다소 변형할 필요가 없는지를 면밀히 검토해 보아야 할 것이다.

　사회과의 교육 내용은 그 성격이 다양하며, 그에 따른 목표도 어느 한두 유형으로 구분하기 어렵다. 이들 교육 내용을 지도하는 데 두루 적용되는 학습 지도 유형을 마련하는 것은 매우 어려운 일이다. 왜냐하면 가르치고자 하는 학습의 목표와 내용의 성격, 그리고 학생들의 관심이나 능력, 학습 자료 구비 정도 등에 따라 적용되는 학습 지도 유형은 달라질 수밖에 없기 때문이다.

　사회과의 여러 가지 학습 지도 유형을 교수·학습과정에 적용하는 데 있어서 일반적으로 강조되어야 할 사항은 다음과 같다.

　① 여러 가지 학습 지도 유형들은 제각기 독특한 특성을 가지고 있기는 하지만 어떠한 유형을 적용하든 반드시 사회과 학습 지도 원리에 입각하여 활용되어야 한다.

　② 사회과는 사고력 신장에 역점을 두고 있으므로 어떠한 유형을 적용하더라도 이와 같은 본질을 충실하게 달성할 수 있도록 활용되어야 한다.

　③ 사회과 교수·학습에서 강조되는 또 하나의 성격은 자주적인 학습이다. 따라서 사회과 교사는 학생들로 하여금 자주적으로 문제를 발견하고 해결하려는 심적인 태도와 방법을 습득시키고 자기 발전에 노력하려는 실천적 역량을 기를 수 있도록 활용되어야 한다.

　④ 사회과는 종합적인 전인 교육을 목적으로 하고 있을 뿐만 아니라 그 내용에 있어서도 복잡다양하기 때문에, 어떤 한정된 학습 지도 유형에만 치중하지 말고 내용에 따라 적절성을 기할 수 있는 여러 가지의 유형을 다양하게 활용해야 한다.

　그리고 이들 각각의 학습 지도 유형은 고정된 것이라고 생각해서는 안 된다. 교수·학습 상황에서 얼마든지 변형될 수 있다. 실제의 교수·학습 상황에서 한두 단계를 빼거나 추가할 수도 있고, 한두 단계를 변형해서 적용해도 무방하다. 특히, 학습 지도 유형을 적용할 때, 어떤 단원이나 제재가 어떤 유형에 적합하다는 것은 어떤 특정 유형을 적용할 때 그 효과가 높을 가능성이 크다는 것으로 이해할 필요가 있다.

✍ 탐구 문제

1. 사회과 수업과정 중 사고로서의 수업과정, 이해로서의 수업과정, 설명으로서의 수업과정에 대해서 서로 비교 설명해 보시오.

2. 사회과 '수업'과 '교수·학습'의 공통점과 차이점을 비교 설명해 보시오.

3. 사회과 교수·학습의 원리를 열거하고 설명해 보시오.

4. 글레이저(R. Glaser)의 수업 모형을 제시하고, 사회과의 교과 특성을 중심으로 각 단계별 특징을 간단히 설명해 보시오.

5. 사회과 구성주의 교수·학습 이론에 대해서 간단히 서술해 보시오.

6. 사회과 교수·학습 이론으로서 구성주의와 객관주의를 비교 설명해 보시오.

7. 생태주의 교육관과 홀리스틱(Holistic education) 교육관에 대해서 비교 설명해 보시오.

8. 사회과 수업 설계의 일반적 과정을 제시하고, 각 단계의 특징을 약술하시오.

9. 바람직한 사회과 수업의 조건에 대해서 설명해 보시오.

10. 사회과 수업 모형의 분류 기준(관점)에 대해서 설명해 보시오.

제  부

◀◀ 사회과 교재 연구와 교수·학습 자료 ▶▶

제1장 사회과 교재 연구
제2장 사회과 교과용 도서 탐구
제3장 사회과 교수·학습 자료

◉ [Key Point] ◉

　제5부에서는 사회과 교재연구, 사회과 교과용 도서 탐구, 사회과 교수·학습 자료 등에 대해서 심층적으로 탐구한다. 즉 사회과 교과서를 중심으로 한 교재연구의 방법, 사회과 교과용 도서인 교사용 지도서와 교과서에 대한 분석적 연구, 다양한 사회과 교수·학습 자료 등에 대해서 집중적으로 연구한다.

■제1장■ 사회과 교재 연구

1. 사회과 교재(Material)의 의미와 개념

교재(material)란 교수·학습에서 두루 사용되는 교과서를 비롯하여 참고서, 신문, 잡지, 노트북, 표본, 괘도, 비디오, 슬라이드 등 자료와 매체를 의미한다. 따라서 교재는 우선 교육적으로 가치로운 것이어야 한다. 따라서 교재 중에서 가장 중요한 것이 교과용 도서인 교과서와 교사용 지도서이다. 교재는 학생 지도에 중핵적인 역할과 기능을 갖고 있으므로 교재에는 여러 가지 사실, 사실에 대한 해석(과학적 성과), 사실을 해석하기 위한 방법 등을 포함하고 있어야 한다.

사회과 교수 학습에서 사용되는 모든 형태의 자료와 도구가 곧 사회과 교재인 것이다. 사회과 교재에서 가장 중요하고도 핵심적인 것이 사회과 교과서이다. 물론 사회과 교과서가 전통적으로 교재의 중핵적인 위치를 차지하고 있으며, 그 중요성은 아주 지대하다고 할 수 있다.

사회과 교수 학습의 구성 요소를 사회 교육과정의 환류 시스템인 교육 목표, 내용, 교수 학습 방법, 평가 등 네 요소에 견주어 볼 때, 교재는 네 요소에 유기적으로 용해되어 내포되어 있지만, 그중에서도 내용과 가장 가까이 있으며, 이는 공유하는 내용을 담고 있는 경우가 많다. 물론 교수·학습 방법 지원을 위한 교재도 많이 있다.

2. 사회과 교재의 범위와 종류

일반적으로 사회과 교재의 범위와 종류는 다음과 같이 요약, 분류할 수 있다.

첫째, 읽기 형태의 교재에는 사회과 교과서, 사회과 탐구, 참고서, 일반도서, 신문, 잡지 등이 있다. 사회과 읽기 교재의 활용에서 유념해야 할 점은 학습하기 위해서 읽는 책과 읽기 위해 학습하는 책은 다르다는 점이다. 사회과 교과서를 비롯한 읽기 교재는 학습하기 위해서 읽는 책이지 단순히 읽기를 위한 책이 아닌 것이다. 사회과 교과서와 국어과 교과서의 특성적 차이가 여기에 있다.

둘째, 시청각 형태의 교재에는 그림, 만화, 사진, 도표, 그래프, 소리, 노래, 슬라이드, 영상, 예술 작품 등이 있다. 이와 같은 교재는 학습자의 관심과 흥미를 좀 더 자극할 수 있다는 장점이 있다. 즉 사회과 시청각 교재는 정보와 학습자 간의 정서적·심리적 간격을 좁히고 감성적인 강화를 이끌어 내는 데 적합하다. 특히 이와 같은 시청각 교재는 대체로 교수·학습의 방법적 측면에서 다른 '활동'과 연계되어 활용되기도 한다.

셋째, 학습지 형태의 교재가 있다. 사회과 학습지와 활동지(workbook) 형태의 교재는 교사가 직접 제작한 것이 대부분이다. 이 교재는 정보의 습득 및 활용을 동시에 할 수 있도록 구성되어 있다. 따라서 읽기 형태의 교재, 시청각 형태의 교재 등과 함께 제시되는 경우가 많다.

넷째, 실물 교재가 있다. 일반적으로 실물 교재는 역사 수업과 지리 수업에 주로 활용된다. 또한 거북선, 집과 대궐, 의복, 무기 등을 실물과 유사하게 축소·제작하여 학생들이 직접 만져 보고 음미하며, 당시 사람들의 생활 모습을 감정이입(感情移入)할 수 있도록 교재화하기도 한다.

3. 사회과 교재 연구의 방향

교재 그 자체를 이해하기 위한 작업으로 교재 자체가 갖고 있는 사실을 교사 스스로가 어떻게 생각하고 있고, 본인이 학습자라면 무엇을 알고 싶은가를 묻는 것이다.

첫째, 학습자들의 중요한 발언과 발견을 찾아낸다. 교사는 학습자들이 수업 중에 행하는 여러 가지의 발언이나 발견 등을 관심 있게 살펴보아야 한다. 학습자의 가능성을 최대한 찾아내고 발전시키기 위해서는 교사가 학습자의 발언, 발견 중에서 좋은 것을 추출할 수 있는 능력을 갖고 있어야 한다. 때에 따라서는 틀린 발언(오답)이나 발견일지라도 그것을 교육적으로 유의미하게 유도할 수 있는 방안을 유도하여야 한다.

둘째, 학습자가 하고자 하는 관심과 흥미를 유도하고 배양시켜 주어야 한다. 교사가 학습자의 발언이나 발견을 바람직하게 다루고 효과 있게 살펴 주면 학습자의 학습 의욕을 북돋우게 되는 것이다.

셋째, 사회과 교사는 교재를 사용할 때, 학생의 능력과 교재의 난이도를 파악하여 어려운 부분은 어떻게 다루어야 하며, 어떻게 보충해 주면 좋을까를 고려하여야 한다. 또 현재의 학습 내용은 어느 정도 학생들의 발달 단계에 따라 쉽고 어려운지, 계통적으로 배열되어 있는지를 고찰하여야 한다. 학생들의 입장에서 정말 이 교재와 이대로의 배열이 좋은가를 살펴보고 재구성, 지역화하는 데 노력하여야 한다. 또한 바람직한 교재 연구가 필수적이다. 교과서와 자료는 상황에 따라 제한적일 수밖에 없다. 이를 교사들이 여건과 환경에 알맞도록 재구성하여 적용, 투입하는 것이 사회과 교재 연구의 첩경인 것이다.

한편, 사회과 교사는 교재를 사용할 때 학생들의 수준과 능력을 고려하여 교재의 난이도를 파악하여야 한다. 이를 통해서 어려운 부분은 어떻게 다루고 보충해 주어야 할지를 연구하여야 한다.

사실 현재 교재의 학습 내용은 어느 정도 학생들의 발달 단계에 따라 배열되었다고 보지만, 현실적으로 학생들의 입장에서 볼 때 정말 바람직한가를 다시 분석하여야 한다. 바람직한 사회과 지도를 위해서는 우선 교사가 교재의 성질이나 한계를 확인하여야 한다. 교재 연구의 핵심은 학습자의 수준과 능력과 당해 교재의 난이도 분석과 배열을 재파악하는 것이다.

4. 사회과 교재 구성의 원리와 교재 선정 기준

1) 교재 구성의 원리

사회과 교재 구성의 원리에는 다음과 같은 점이 고려되어야 한다.

첫째, 초점이 분명해야 한다. 교재를 통해서 전달하고자 하는 주제와 메시지가 분명하게 드러나야 한다.

둘째, 통일성을 유지해야 한다. 교재가 담고 있는 내용이 교수·학습 목표를 충분히 달성할 수 있도록 통일성을 유지해야 한다.

셋째, 일관성을 유지해야 한다. 교재를 구성하는 각 부분이 서로 아귀가 맞고 정합적인 관계를 유지하여야 한다.

넷째, 정교함이다. 원자료들을 단순히 나열하는 데 그치지 않고, 오류가 없이 잘 정선되어 있어야 한다.

다섯째, 어휘의 적절성이 유지되어야 한다. 학습자가 충분히 이해하고 수용할 수 있는 수준의 어휘를 사용하여야 한다.

여섯째, 학습자와의 적합성이다. 학습자의 욕구, 심리, 관심, 흥미 등을 충분히 반영하여야 한다.

일곱째, 일정한 형식을 갖추어야 한다. 수업에 활용하기에 용이한 구조로 이루어져야 한다.

여덟째, 품격 있는 질문이 이루어져야 한다. 고급 사고력을 자극하는 유의미한 질문이 두루 활용되어야 한다.

2) 교재 선정의 기준

사회과 교수·학습에서는 다음과 같은 기준을 고려하여 교재를 선정하여야 한다.

첫째, 학습 동기를 유발하는가?

둘째, 교과서의 편향성을 보완하여 균형을 갖출 수 있는 정보나 시각을 제공하는가?

셋째, 주제나 사건을 현실적으로 재현하고 있는가?

넷째, 학생의 흥미를 고양하는가?

다섯째, 시사성 있는 정보를 제공하는가?

여섯째, 교과서 중심 수업에 대해 전환점을 제공하는가?

일곱째, 교과서에서는 다루지 않는 학생들의 특별한 요구를 충족시켜 주는가?

5. 사회과 교재 구성 관점의 변화

1) '작품에서 텍스트로'의 변화

사실 전통적인 우리나라의 교과서는 거의 성전(Bible) 같은 절대적 위상을 견지하여 왔다. 과거에는 교과서가 유일하고 절대적인 교재의 역할을 수행하였으나, 그로 인한 부작용도 없지 않았다. 그러한 교과서의 절대성으로 인해 교사와 학생의 자율성을 훼손하기도 하였고, 사실적 오류와 관점의 편향성 등으로 인해 잘못된 정보와 가치를 전수하기도 하였다.

향후에는 사회과 교과서가 교재를 구성하는 데 절대적인 작품이 아닌, 하나의 텍스트적 관점에서 바라보려는 노력이 필요하다. 이는 교실 속 사회과 교육을 보다 더 유연하고 융통성 있게 수행할 수 있으며, 교재를 사용하는 주체로서의 교사와 학생의 역할이 보다 더 부각되는 계기가 될 것이다(정문성 외, 2010: 84-87).

2) '보편에서 맥락으로'의 변화

사회과 교재로서의 사회과 교과서는 시간, 공간을 막론하고 대체로 평균적·일반적·보편적인 수준의 학습자를 대상으로 편찬되었다. 그리고 학습자들을 대상으로 동일한 투입, 동일한 효과를 기대해 왔다. 그러나 실제로 교재를 활용한 결과는 그대로 나타나지 않았다. 교재가 지나치게 평균적·일반적·보편적인 성격을 띠게 되면 학습자의 맥락과 연계되지 않아 감정이입을 일으키기 어렵고 생활 세계 속에 스며들기 어렵다는 한계가 있다.

그러한 점에서 지역 교과서의 개발과 활용은 권장되어야 한다. 지역 교과서는 해당 지역의 특수한 맥락을 반영하고 있기 때문이다. 자신이 살고 있는 고장의 위치, 역사, 환경 등과 같은 기본적인 정보는 물론, 자랑거리, 문제점, 해결방안 등을 학습하게 되면 지역 사회 구성원으로서의 정체감, 흥미, 친근감 등을 고양할 수 있다.

3) '백화점식 망라에서 전문점식 선택과 집중으로'의 변화

사회과를 기피하고 싫어하는 학습자들이 제시하는 이유는 대부분 '외워야 할 것이 너무 많다'는 점이다. 특히 과거 시민성 전달의 전통에 따라 만들어졌던 사회과 교과서는 너무 두껍고 난해한 내용들로 가득 차 있었다. 사회현상의 변화에 따라 배워야 할 지식의 양은 증가하는데, 기성세대들의 관점에서 볼 때 어느 것 하나 버릴 것이 없기 때문에 사회과 교과서는 백화점식의 정보를 총망라해 왔던 것이다. 하지만 앞으로의 사회과 교과서는 그러한 구태의연한 체제에서 벗어나 필요한 내용만을 선별해서 수록하는 선택과 집중 형식으로 획기적으로 변화해야 할 것이다.

6. 사회과 교재 분석

1) 사회과 교재 분석의 의의와 필요성

교재 분석이란 일정한 준거에 따라 교재의 형식 및 내용을 깊이 있게 파악하고 평가하는 활동이다. 교재 분석을 할 때에는 반드시 체계적인 준거가 있어야 한다. 그렇지 않으면 분석 주체의 선호와 취향에 좌우될 가능성이 많다. 교재 분석 시에는 일회적 관찰이 아닌, 치밀하고 반복적인 관찰이 필수적이다.

사회과 교재 분석의 필요성은 다음과 같이 종합할 수 있다.

첫째, 사회과 교재의 문제점을 파악하고 그 대안을 제시할 수 있다. 좋은 사회과 수업을 위해서는 훌륭한 교재가 마련되어야 하는데, 주요 교재로 활용되고 있는 사회과 교과서에 대해서 사회과 교사들과 학생들의 개선 요구가 많은 것이 사실이다. 이러한 요구 사항을 반영할 수 있도록 교재 분석을 철저히 하여야 한다.

둘째, 사회과 교재 재구성의 근거를 찾을 수 있다. 교재 재구성은 곧 분석된 문제점에 대한 대안으로서 제시될 수 있는 것이다. 그러한 대안이 정당성을 얻기 위해서는 치밀한 분석이 선행되어야 한다.

셋째, 사회과 교육과정 개선을 위한 대안을 제시할 수 있다. 특정 영역, 특정 단원과 관련한 교재의 재구성이 미시적인 작업이라면, 사회과 교육과정의 개정은 매우 거시적인 활동이다. 교재 분석과 재구성이 반복적·지속적으로 이루어지고 그 결과물이 축적되고 공유되면 바람직한 방향으로의 사회과 교육과정 개정이 기대되는 것이다.

2) 사회과 교재 분석 대상

사회과 교재 분석 대상은 내용적 측면에서는 텍스트(줄글), 이미지(그림, 사진 등), 소리(사운드), 동영상 등이고, 형식적 측면에서는 교재의 체계(구성 방식), 분량, 어법, 문법 등이다.

3) 사회과 교재 분석 원리

사회과 교재 분석은 다음과 같은 원리 포괄성, 체계성, 객관성 등을 유지하여야 한다. 이를 요약하면 다음과 같다.

첫째, 포괄성으로서 전체적인 구성과 흐름 및 맥락 등이 고려되어야 한다. 부분적인 면과 전체적인 면이 동시에 고려되어야 한다. 따라서 분석 대상인 해당 영역, 해당 단원 전체의 목표, 내용 체계 등을 지속적으로 염두에 두면서 분석하여야 한다.

둘째, 체계성으로서 미리 설정된 타당한 준거에 따라 분석을 해야 한다. 분석의 준거를 따르지 않으면 분석자의 개인적 성향에 따라 분석의 편차가 크게 나타날 우려가 많다. 분석의 준거는 가능한 한 서로 중첩되지 않고, 또 배제되지 않아야 한다.

4) 사회과 교재 분석의 준거

사회과 교재의 내용 분석에서는 다음과 같은 준거를 적용하여야 한다.

첫째, 사회과 교육과정 내용에 부합되는가, 이에 대한 세부 분석 준거는 사회과 교육의 목표를 반영하고 있는가, 교육과정에 고시된 내용을 구성하고 있는가, 표현하고자 하는 주제가 완결성과 명료성을 구비하고 있는가 등을 고려하여야 한다.

둘째, 학습자의 수준에 적합한가, 이에 대한 세부 분석 준거는 학습자의 흥미와 관심을 자극할 수 있는가, 학습자의 성취 능력과 적합한 내용이 선정·제시되었는가, 학습자의 고급 사고력 함양에 기여하고 있는가, 학습자의 합리적 의사 결정력 함양에 기여할 수 있는가 등이 고려되어야 한다.

셋째, 교사가 수업으로 수행·적용하기에 적합한가, 이에 대한 세부 분석 준거는 일반적인 교실 속 또는 교실 밖 상황에서 활용할 수 있는가, 교사가 주어진 시간 내에 실행하기에 적절한 분량인가, 관련된 기타 자료와 교구 등에 교사가 쉽게 접근할 수 있는가 등이 고려되어야 한다.

넷째, 정확성과 논리성을 확보하고 있는가, 이에 대한 세부 분석 준거는 기본적인 사실을 객관적으로 반영하고 있는가, 경험적·논리적 근거를 가지고 주장하고 있는가 등이 고려되어야 한다.

다섯째, 시사성과 지역성을 띠고 있는가, 이에 대한 세부 분석 준거는 시대의 변화와 흐름을 반영하고 있는가, 지역의 특수성과 맥락을 반영하고 있는가 등이 고려되어야 한다(정문성 외, 2010: 92-93).

〈표 15〉 사회과 교재 분석표

대영역	중영역	상중하	해당 없음	판단 근거
형식적 측면	1. 교재의 체계와 구성 방식이 학습에 효과적인가?			
	2. 시수에 비해 분량이 적절한가?			
	3. 어법, 문법 등에 알맞은 표현을 사용하고 있는가?			
사회과 교육과정	1. 사회과의 목표를 반영하고 있는가?			
	2. 교육과정에 고시된 내용을 구현하고 있는가?			
	3. 표현하고자 하는 주제가 완결성과 명료성을 갖추고 있는가?			
학습자의 수준과 경험	1. 학습자의 관심과 흥미를 자극할 수 있는가?			
	2. 학습자의 성취능력에 적합한 내용으로 선정(제시)되었는가?			
	3. 학습자의 고급 사고력 함양에 기여할 수 있는가?			
	4. 학습자의 합리적 의사 결정에 기여할 수 있는가?			
교사의 수업 실행 가능성	1. 일반적인 교실 속(밖) 상황에서 실행할 수 있는가?			
	2. 교사가 주어진 시간 내에 실행하기에 적절한 분량인가?			
	3. 관련 교구, 자료 등에 교사가 쉽게 접근할 수 있는가?			
정확성과 논리성	1. 기본적 사실을 객관적으로 반영하고 있는가?			
	2. 경험적·논리적 근거를 가지고 주장하고 있는가?			
시사성과 지역성	1. 시대의 변화와 흐름을 반영하고 있는가?			
	2. 지역의 특수성과 맥락을 반영하고 있는가?			

■제2장■ 사회과 교과용 도서 탐구

1. 사회과 교과용 도서의 조건

사회과 교과용 도서인 교과서와 교사용 지도서 등은 사회과 교수·학습 전개에 매우 중요하고도 기본적인 교재로서 다음과 같은 조건을 구비해야 한다(김정호 외. 2008: 205 - 206).

첫째, 사회과 교과서에 대한 인식을 바로 가져야 하고 교과서에 지나치게 의존하지 않도록 한다.

둘째, 사회과 교과서의 내용을 철저히 분석하고 파악하여야 한다. 교과서에 간단히 언급된 내용이더라도 그 의미와 배경을 철저히 잘 파악해야 한다. 그리고 해당 교과서의 주어진 내용뿐만 아니라, 교육과정 및 선수 학습 학년 및 후속 학습 학년 간의 내용 연계성도 적극 고려하여야 한다.

셋째, 사회과 교과서를 이용한 다양한 교수·학습 활동이 전개되어야 한다. 교과서에 제시된 개념과 자료 등을 이용한 적절한 학습 활동을 사회과 교육에서는 학생 활동 중심으로 활성화하여야 한다.

넷째, 사회과 교과서 내용의 재구성과 다양한 학습 자료의 활용이 필요하다. 교과서에 제시된 내용은 전국 단위 또는 지역 단위의 공통된 것이다. 따라서 각 지역 및 학교, 학생들의 환경과 여건, 수준 등에 따라 적절하게 내용의 재구성과 지역화를 통한 적용이 필수적인 것이다.

다섯째, 문제 해결력 및 고급 사고력 육성과 가치·태도 함양에 보다 노력하여야 한다. 사실 사회과 교과서가 많은 사회 사상(社會 事象)을 취급하다 보니 사실, 지식, 개념의 비중이 너무 지나친 것이 아닌가 하는 지적이 많았다. 하지만 지식 정보화 시대, 세계화 사회를 맞아 지식과 정보는 폭증하고 있다. 이 많은 지식과 정보를 모두 교수할 수는 없으므로 기본 사항들을 이용하여 원리 파악, 문제 해결, 일반화를 할 수 있는 능력을 신장하고 가치·태도를 함양할 수 있는 방향으로 나아가야 한다.

여섯째, 적절한 과제 제시와 평가가 이루어져야 한다. 사회과 교과용 도서에는 이와 같은 기본 체제가 제시되어 있는데, 이는 연구 문제, 익힘 문제, 학습 정리 등이다.

일곱째, 국정 교과용 도서뿐만 아니라, 검인정 교과용 도서를 선택하여 사용하고자 할 때에는 아주 신중하게 접근하여야 한다. 검정 및 인정 교과서는 교육과정의 범주 내에서 개발, 편찬되었지만, 집필자와 출판사에 따라 종류가 다양하고 각기 특징이 있기 때문에 신중하게 선택하여 적용하여야 한다.

끝으로 교사용 지도서의 효율적인 활용이 요구된다. 교사용 지도서는 교과 담당 교사에게 제공되는 하나의 자료집이다. 교사용 지도서의 발행자가 만들어 제공하는 이 자료집을 바탕으로 사회과 교사의 창의성을 바탕으로 가장 적합한 실제적 지도서를 교사 자신이 만들어 가는 노력이 필요하다.

특히, 2009년 개정 사회과 교육과정에서는 교사들이 사회과 교수·학습에서 '교과서로 가르치는 것'이 아니라, '교육과정으로 가르칠 것'을 강조하고 있다. 이는 교과서를 금과 옥조식(金科玉條式) 성전으로 여기던 과거의 관행에서 벗어나 하나의 중요한 자료로 인식해야 한다는 교과서관의 전환을 의미하는 것이다.

2. 사회과 교과용 도서의 편찬 방향

최근 한국의 사회과는 교육과학기술부로부터 주어지는 교과서 또는 가장 핵심적인 지식을 담은 금과옥조(金科玉條)형, 경전(經典)형 교과서를 탈피하고자 노력하여 왔다. 기본적인 학습 자료로 선택되는 교재로서, 사회과 교육과정 운영에 필요한 핵심적인 자료로서의 교과서 또는 문제 해결형, 사고형·탐구형 및 활동형 교과서 편찬을 지향하고 있다.

학교 현장에서 전개되는 사회과 교수·학습은 이러한 의도와는 달리 약간의 변화를 보이면서도 기본적으로 '알아 두어야 할 지식과 익혀야 할 기능·태도'를 주입식으로 가르치고 배우는 양상이 상존하고 있다. 그 이유는 이미 오래전부터 교과서가 경전(經典)으로서의 위치를 탈피하고 기본적 학습 자료로서 활용되어야 한다는 데는 누구나 동의하면서도 그러한 교과서가 편찬되지 못하였고, 현장에서는 사회과 교육과정의 의도보다는 요구나 편의성에 기울어진 까닭에 '전개된 교육과정'이 '의도한 교육과정'과 큰 괴리(乖離)를 보여 왔기 때문이다. 따라서 교육과정을 개정할 때마다 사회과 교과서의 내용이나 체제를 개선하려는 노력이 계속되어 왔고, 그 결과 사회과 교과서는 다른 교과의 교과서보다도 다양한 변화와 발전을 거듭하고 있다.

그동안 사회과 교과서의 현저한 변화를 요약해 보면, 내용 면에서는 '개념 제시형'에서 '사례 제시형'으로, 체제 면에서는 '주요 사실 배열형'에서 '학습 활동 유도형' 또는 '문제 해결형'으로 변하여 왔다. 지식과 기술의 폭발적 생산과 그에 따른 사회의 급속한 변화와 발전이 이루어지고 있는 오늘날의 사회과 교수·학습은 지식의 습득에 있어서 전달과 기억을 중심으로 전개되어서는 도저히 국가사회적·학문적·학습 심리적 요구를 수용할 수 없게 되었으므로, 학생들이 자기 주도적으로 지식과 기능을 조직하고, 평가·선택하여 활용·생산해 낼 수 있도록 도와주는 형태로 이루어져야 할 것이다.

교육과학기술부에서는 사회과 교과용 도서의 편찬 방향으로 ① 재미있고 이해하기 쉬운 교과서, ② 활동 중심의 문제 해결형 교과서, ③ 수준별 교육과정을 반영한 교과서, ④ 제재(소단원) 간의 통합성과 연계성을 추구하여 가능한 한 제재(중단원) 내의 2~3개 제재가 하나의 문제 해결을 위한 내용과 활동으로 통합되고 연계된 교과서, ⑤ 정보화·세계화의 시대적 요청을 반영하여 편집상의 혁신을 이루고 멀티미디어 학습과의 관련성을 제고하며, 지역 안에서의 세계화 시각을 반영하는 등 동심원적 확대법 원칙에 융통성을 부여하는 교과서 등을 제시하고 있다.

이와 같은 원칙과 방향에 따라 편찬된 사회과 교과용 도서는 학습문제와 활동 안내, 자료, 활동 과정이 본문 내용의 기본 구성 요소가 되는 '문제 해결형' 구성 체제를 추구함으로써 사회과 교과서는 핵심 개념의 이해를 위한 문제 해결 활동과 그러한 활동에 필요한 자료로 구성하고, 사회과 탐구 교과서는 기본과정의 학습을 뒷받침하기 위한 자료와 학습 활동으로 구성하고 있다.

3. 사회과 교과용 도서 구성 방향

사회과 교과용 도서인 사회과 교과서는 다음과 같은 구성 방향으로 조직되어 있다.

첫째, 자기 주도적 학습을 안내하기 위한 조사, 문제 해결, 탐구, 의사 결정 등 활동과정을 제시하였다.

① 한 제재당 2~3개의 학습 활동을 제시하였다. 각각의 학습 활동을 순차적으로 연계하는 것을 원칙으로 한다.

② 제재의 첫 번째 활동은 문제 인지를 위한 상황 또는 자료의 배경 지식으로 시작되는 것을 원칙으로 한다.

둘째, 학생이 경험할 수 있거나 익숙하게 상상할 수 있는 실제적 상황, 사례, 문제 등을 학습문제, 소재로 선정하였다.

셋째, 협동 학습, 토의 학습에서 강조하는 학생들 간의 상호작용이 이루어질 수 있도록 구성하였다.

넷째, 학습을 통하여 토의 학습과정 중에 수행 평가가 이루어질 수 있도록 '주제 선택 학습' 또는 '단원 정리 학습' 등을 활용하도록 하였다.

다섯째, 학생들의 흥미, 관심, 능력 등의 차이를 존중하며, 그에 바탕을 둔 수준별 학습 활동을 내용화한다.

한편 사회과 교과용 도서에는 사회과 교과서와 자료형 교과서인 '사회과 탐구', 그리고 '사회과 부도' 등 국정 교과용 도서와 시도별 인정 도서로 편찬되는 지역 교과서(사회과 탐구 4-1)가 있다. 제3학년에 적용되는 시·군 단위 지역 교과서(우리 고장의 생활 3-1)도 있으나 이는 교사가 각자 사회과 학습에서 요구하는 다양한 학습 자료를 풍부하게 구하기 어려운 사정을 감안하여 지역 교육청별로 자유롭게 발행한 자료이며, 교육과학기술부에서는 제3학년의 경우에는 교사용과 학생용 자료를 다양하게 경제적으로 개발하여 활용토록 권장하고 있다.

제4학년 1학기에 적용되는 지역교과서는 '사회과 교과서'를 학습하는 데 필요한 지역 자료를 담은 학습 자료로 편찬하였으며, 내용과 방법을 함께 지역화하여 학습하는 데 따른 부담을 줄이기 위해 주제 선택 학습이나 단원 정리 학습 등 보충·심화과정은 '사회과 교과서'에서만 제시하였다. 하지만 제4학년 2학기부터의 '사회과 탐구'는 다음과 같은 구성 체제 면에서 '사회과 교과서'와 차별화되어 있다.

첫째, '사회과 교과서'는 교육과정의 '기본과정'에 나타난 핵심 개념의 이해를 위한 문제 해결 활동과 그에 따른 본문 내용 및 필수적 자료로 구성하였다.

둘째, '사회과 탐구' 교과서는 각 제재별로 기본과정의 학습을 지원하는 학습 자료와 활동 아이디어, 보충·심화형 활동 및 그에 수반되는 자료로 구성하였다.

4. 사회과 교과용 도서 활용 방안

1) '사회과 교과서'와 '사회과 탐구'의 활용 방안

사회과 교과용 도서는 학교 현장에서 활용하는 과정에서는 결코 완전한 것이 아니고 유일한 자료도 아니며, 전국적으로 동일한 방법으로 활용되는 것도 아니다. 더구나 같은 자료라도 그것을 활용하는 교사의 의도에 따라 더욱 다양하게 활용될 수 있다는 점을 고려하면, 오히려 당연하고 바람직한 것이라고 할 수 있다.

특히 교사용 지도서의 경우에는 수많은 교사들의 수업 형태를 일일이 감안한 교수·학습과정안(수업안)을 제시하기는 불가능하여 대체로 '사회과 교과서'의 단원, 주제, 제재의 배열에 따라 전국의 어느 학교에서나 적용할 수 있는 일반적인 안을 제시하였으므로, 실제의 사회과 교수·학습에서는 이 교사용 도서를 참조하여 사회과 교과서를 분석하고 당해 사회과 교실에서 가장 적절한 교수·학습을 전개하여야 할 것이다.

먼저, '사회과 교과서'와 '사회 탐구'의 활용 면을 살펴보면, '사회과 교과서'는 내용을 '문제 해결형' 구조로 제시하였으므로 종전처럼 교과서를 읽게 하여 주요 사실이나 개념을 찾도록 해서는 안 되며, 학생들의 참여와 활동을 강조하는 교수·학습을 전개하여야 한다.

'사회과 교과서'에는 교육과정의 기본과정과 심화과정을 반영하고, 또 교육과정에는 제시하지 않았으나, 수준별 학습의 이상에 따라 보충과정의 활동도 반영하였음을 이해할 필요가 있다.

'사회과 탐구'는 교과서를 지원하는 보조 교과서의 위상을 보다 분명히 하여 자료 및 사회과 교과서의 내용 활동과 관련이 있는 지역화 학습 등 부가적 활동으로 구성하였으므로, 사회과 교수·학습 시간은 '사회과 교과서'와 '사회과 탐구' 자료형 교과서를 함께 사용하여야 한다.

한편, 수준별 교육과정을 고려한 수준별 학습은 '사회과 교과서'의 선택 학습 및 단원 정리 학습 활동을 통해서, 그리고 '사회과 탐구'의 자료를 통해서 이루어진다는 점도 유념하여야 한다.

2) 사회과 교사용 지도서 활용 방안

사회과 교사용 지도서에는 종전처럼 교수·학습과정안(수업안)을 차시별로 상세하게 제시하지 않았다. 따라서 교사들은 교재를 연구하지 않고 사회과 교과서만 펴 놓은 채 교수·학습을 전개할 수 없게 되었다. 즉 교사용 지도서에는 제재별로 일련의 연속된 학습과정을 간결하게 제시하고, 사회과 교수·학습의 특성과 본질 구현에 필요한 다양한 교수·학습 기법과 교수·학습에 필요한 다양한 자료와 활동 아이디어 등을 묶어서 제시하였으므로 사전에 사회과 교과서와 교사용 지도서를 체계적으로 분석하여 이를 적극적으로 활용하여야 한다.

물론, 사회과의 교과 특성 상, 주어진 사회과 교과용 도서를 그대로 사용해서는 안 된다. 교자용 지도서와 교과서 모두 지역과 학교 여건, 학급과 학생들의 수중을 고려하여 재구성하여 지도하여야 한다.

5. 사회과 교과서의 일반적 특성

현행 초·중·고교 등 각급 학교에서 사용하는 교과서는 교육과정의 교육 목표와 지도 내용을 구현하기 위하여 조직 및 배열된 교재로서, 학습용으로 제공되는 학생들의 기본적 교과용 도서를 의미한다. 물론 교과용 도서는 교사용 지도서와 학생용 교과서를 포괄하여 의미한다.

과거의 교과서는 학교에서의 교육이 교과서를 가르친다는 관점으로 절대적 지위를 갖고 있었다. 학습의 내용과 지도 순서가 교과서에 따라 진행되고 학생은 교과서의 내용을 무조건 암기하면 되는 것으로 중시되었다. 이는 근본적으로 진부한 교육관에서 파생된 것으로 가르치게 될 지식의 양이 교과서에 집약되어 있고, 교사는 학생들에게 교과서의 내용을 주입, 암기시키는 형식으로 일관하는 것으로 바람직하지 않다. 학생들의 경험과 성장의 문제는 수단으로 전락할 우려가 있는 것이다.

그러나 현대의 교과서관은 하나의 전국적인 기준과 방향만을 제시하는 것이며, 지역 사회, 학교의 여건, 학생들의 수준 등을 고려하여 재구성·지역화하여 적용하여야 한다. 즉 교과서는 학생들의 경험 재구성이라는 관점에서 다양한 학습 경험과 활동을 통하여 학생들의 발달을 기대할 수 있는 주요한 정보 학습 자료로서의 역할과 기능을 하는 것이다. 그러므로 현대의 사회과 교과서는 융통성을 가진 학습 보조 자료로서 사용되어야 하며, 나아가 교수·학습과정에서 최상의 매개체로서 적절하게 활용되어야 하며, 교과서 외의 여러 가지 교구, 교재와 병용될 때보다 효과적일 것이다.

일반적으로 사회과 교과서의 특성을 요약, 정리하면 다음과 같다.

첫째, 학습 내용을 제시해 준다. 교과서는 학생들이 배워야 할 내용을 학습하기 용이하도록 조직·배열하는 데 일차적인 기능이 있다.

둘째, 탐구과정을 유도해 준다. 교과서에 제시된 내용으로서의 지식은 독특한 탐구과정을 통하여 산출된 것이다. 따라서 교과서는 내용뿐만 아니라, 그 내용을 탐구하거나 발견하는 과정을 안내하고 유도하는 기능을 발휘하도록 구성되어야 한다.

셋째, 학습 자료를 제시해 준다. 교과서에는 내용의 이해를 돕거나 탐구에 필요한 많은 자료가 제시된다. 교과서의 설명, 예화, 사진, 삽화, 통계표 등은 바로 학습을 돕는 좋은 자료가 된다.

넷째, 학습 동기를 유발해 준다. 학습자의 지적·심리적 상태와 학습 과제와의 사이에는 어느 정도 거리가 있기 마련이다. 학습이 효과적으로 어우러지게 하려면 학습자로 하여금 학습 과제보다 많은 관심과 흥미를 갖도록 하여야 한다. 교과서는 학생들의 관심과 흥미를 중심으로 학습 동기를 유발하게 해 주는 것이다.

다섯째, 연습 문제 및 학습 과제를 제시해 준다. 일반적으로 교과서에는 한 단계의 학습이 종료되면 배운 내용의 보충·심화 및 발전을 위한 연습 문제와 학습 과제가 제시된다. 이는 이미 배운 내용을 다시 확인하고 보다 심화된 내용으로 안내하며, 아울러 배운 내용을 활용하여 다른 과제를 해결하는 기능을 하는 것이다.

사회과 교과서는 국가의 교육 이념과 목적에 따라 구성된 사회과 교육과정의 목표를 달성하기 위하여 그 기본 정신에 알맞게 편찬된 교수·학습 자료이자 학생용 도서이다.

6. 사회과 교과서의 기능

사회과 교과서를 교재로 하여 학생들에게 올바른 학습을 하도록 지원하는 데에는 경험의 재조직이 중요하다. 실제 교수·학습의 보조 자료, 참고서 역할과 성격이 강한 사회과 교과서는 기억·암기보다는 활동·실천을 지향하여야 한다. 그러므로 사회과 교과서는 원칙적으로 사회 변동적 내용을 탄력적으로 교수·학습할 수 있는 방향으로 조직되어야 한다.

사회과 교수·학습에서는 지역 사회와 학생의 실태에서 학습 내용을 구성하고 학생의 경험을 중심으로 전개되어야 한다. 학생들의 경험의 범위에는 한계가 있고, 학년과 학교급이 올라갈수록 보다 복잡한 문제에 직면하게 된다. 그러므로 사회과 교과서는 정선된 내용과 기본 자료로서 편찬된 사회과의 교육과정을 교사의 교육 계획을 규제하고, 학습을 간접적으로 규정하고 있으나 교사, 학생, 학습 내용, 학습과정 등을 직접적으로 규정하고 있는 교재인 것이다. 사회과 교과서는 하나의 학습 소재인 동시에, 학습 내용, 학습 활동의 개요이다. 교사가 독자적으로 계획을 수립하거나 분단·모둠 학습에서도 사회과 교과서는 중요한 자료이며 표준적 지식 내용을 밝히고 있는 것이다.

사회과 교과서는 학교에서의 사회과 교수·학습에 활용되는 학습용 교재로서 교과서 제도에 의해서 발행 목적, 발행 집단, 수용 집단 등이 법률과 관행으로 정해진 절차에 따라 발행된 도서로서 교육과정의 구성에 맞게 조직·배열하여 중요한 교재로 쓰이는 학생용 도서이다(김영희, 1996: 25-26).

현대적 의미의 사회과 교과서관은 과거처럼 교과서를 절대시하거나 성전(聖典)시 하는 입장에서 벗어나 교과서를 학습자의 요구와 필요에 적합하게 편찬하는 일종의 학습 자료, 학습 도구라는 인식을 갖게 되었으며, 사회과 교과서는 사회과 교수·학습에 도움을 주는 여러 가지 교재 가운데 가장 기본적인 핵심적 교재라는 인식으로 전환되었다.

사실 사회과 교과서는 사회과를 학습하는 학습자가 스스로 탐구할 수 있는 지식의 내용을 포함하며, 이를 위한 학습 자료를 제공할 수 있는 것이어야 한다. 현행 한국에서는 사회과 교과서가 초등학교는 국정의 단일본, 중·고등학교는 다양한 검인정 교과서로 편찬되고 있다. 어느 경우이든지 사회과 교과서가 교육 목표, 수업 목표를 달성하는 데 도움이 되는 기능과 역할을 수행하여야 한다.

일반적으로 사회과 교과서는 다음과 같은 핵심적 기능을 수행하고 있다(조영복, 2008: 22-23).

첫째, 학습 매체로서 학습 동기를 유발하는 기능을 한다.

둘째, 자율 학습의 습관을 길러서 개인의 성장을 돕는 기능을 한다.

셋째, 탐구 기능 및 고등 정신 능력을 신장시키는 기능을 한다.

넷째, 학습 형태의 결정을 돕는 기능을 한다.

한편, 이와 같은 기능을 다하기 위해서는 사회과 교과서는 다음과 같은 요건을 구비하고 있어야 한다(이원순, 1991: 253).

첫째, 학습 동기 유발이 가능하도록 편제되어야 한다.

둘째, 학습의 기본 요소가 제시되어야 한다.

셋째, 탐구과정이 유도되어야 하고, 특정 자료가 제시되어야 한다.

넷째, 발전적 후속 조치에 대한 시사 기능을 가져야 한다.

이와 같은 사회과 교과서의 기능과 요건은 곧 학습자들의 흥미와 관심, 학습 동기를 유발하고 기본적인 학습 요소를 제시하여 탐구를 유도하는 기본 참고 도서로서의 역할을 지향하고 있는 것이다. 이와 같은 지향점을 충족시키기 위해서 사회과 교과서는 사회과 교수·학습의 과정에서 학습자에게 학습 내용에 대해서 의욕을 갖게 하고, 탐구 활동에 활용할 수 있도록 적절한 설명, 예화, 삽화, 통계, 지도, 사진, 그림, 인터넷 검색 자료 등을 수록하여 사회과 학습 자료로서의 기능과 역할을 다하도록 하여야 할 것이다.

7. 사회과 교과서의 활용

1) 사회과 교과서 활용 관점

사회과 교과서는 저자가 전국적인 기준으로 최소 학습량만을 제시하고 있어서 자세하고 구체적이지 못한 한계가 있다. 교과서의 모든 내용을 가급적 지역적 사실에서 끌어오고 지역적 내용과 관련을 맺도록 하며, 나아가 지역의 당면 과제를 해결하기에 충분한 학습 발전을 하기 위해서는 교과서 활용에 대한 심도 있는 접근이 필요하다. 사회과 교과서는 사회적 사상에 관한 올바른 인식력, 비판적 사고, 문제 해결력 등을 신장할 수 있고, 탐구적인 학습과정으로 유도하는 데 도움을 주어야 한다.

사회과 교과서는 단원 계획을 기초로 하여 교수·학습을 전개해 나아갈 때, 기본적인 자료로 활용되고, 지역 사회 내용을 보다 가미하거나 작업 등을 통해서 현실적이고 구체적인 학습을 진행할 수 있도록 활용되어야 한다.

사회과 교과서의 활용은 여러 학습 활동상 학습 성과, 기초 학력 등에 큰 영향을 미치게 된다. 현대의 사회과 교과서에는 결론적인 사실만을 수록한 것이 아니고, 사회과 교수·학습의 길잡이로서 학습 자료를 보다 많이 제공하고, 학습 정리상의 많은 편의를 제공해 주고 있는 것이 특징이다. 따라서 사회과 교사는 사회과 교과서에 제시된 주요 교재 및 소재를 현실 생활과 연관되도록 재구성하여야 하며, 새로운 자료를 활용하거나 다른 자료를 보충, 병용하는 것이 중요하다. 특히, 최근의 사회과 교과서는 직접 교과서에 조사, 학습, 활동 등의 결과를 기록할 수 있는 활동지(work sheet) 형태로 편찬, 제시되는 경향이 많은데, 사회과 교사는 이러한 활동지의 특성을 살려서 특성 있게 활용하면 매우 효과적일 것이다.

2) 사회과 교과서 활용 방법

사회과 교수·학습 전개에서 사회과 교과서는 학습 활동의 모델, 학습문제의 제시, 학습 활동의 자극과 유도, 학습 활동의 반성과 정리라는 입장에서 고찰할 때, 학생들의 사회과 교수·학습을 돕는 수단으로서 매우 중요한 의의를 갖는다.

　사회과 교과서에 수록된 내용에 따라 활동한다든지, 교과서 내용에 자극되어 새로운 활동을 한다든지 하는 것은, 스스로 활동하고 경험을 쌓으며 교과서의 도움을 얻어 그것을 반성, 정리하는 수단인 것이다(노정식 외, 1996: 405-407).

(1) 도입 단계 활용

　첫째, 사회과 교과서 내의 내용 일부를 동기유발의 자료로 삼기 위하여 학습 내용에 관한 대체적인 윤곽을 예견하도록 한다.
　둘째, 학습문제의 발견 방법을 이해시키기 위한 길잡이로 활용한다.
　셋째, 내용의 개관, 요점 등을 파악하거나, 문제점을 찾아내고 취사선택(取捨選擇)하여 중점적으로 다룬다.

(2) 전개 발전 단계 활용

　첫째, 사회과 교과서의 모든 부분을 다 같이 평면적으로 다룰 것이 아니라, 내용의 가치나 시간 계획 등에서 취사선택하여 중점적으로 다룬다.
　둘째, 문제 해결의 순서나 계획에 있어서 교과서를 기준으로 이용하고, 학생들의 모든 계획에 도움을 주게 한다.
　셋째, 통계, 도표, 사진, 삽화 등을 이용하게 하고, 학생들이 직접 조사한 자료의 처리 방법을 이해시킨다.
　넷째, 교과서에 제시된 자료를 참고로 하여 현장 학습의 방법, 견학의 방법, 사후 처리 방법 등을 이해한다.
　다섯째, 조사, 보고, 발표, 토의, 구성 활동 등 학습 활동의 방법을 파악시킨다.
　여섯째, 교과서의 요점을 지적, 해설하고, 그 중점을 보는 방법, 생각하는 방법에 대해서 지도 조언한다.
　아울러, 필요한 경우에는 교과서의 탐구 문제를 모둠을 정해서 해결하고 발표 및 토론 등을 거쳐서 문제 해결력, 의사 결정력 등을 함양하는 방법도 고려해 볼 수 있다.

(3) 종결(정리) 단계 활용

　첫째, 학습 사항을 스스로 정리할 때에 이용한다.
　둘째, 사회과 교과서의 문장제, 표해식(表解式)이나, 간단하고 요령 있게 정리할 때 활용한다.
　셋째, 학습 내용의 복습과 예습 자료로 활용한다.
　넷째, 교과서의 내용 중에서 다루어지지 않는 문제에 관하여 자주적·발전적으로 학습하도록 한다.
　종합적으로, 사회과 교과서는 문제 발견에 대한 시사, 문제 해결 방법에 대한 시사, 문제 해결에 대한 지식의 부여, 지식의 유효한 정리 등을 위하여 유용하게 활용되어야 할 것이다.

1. 사회과 학습 자료의 의의

사회과 학습 자료는 사회과 교수·학습에서 효과적으로 목표 달성을 지원하는 촉매제이다. 사회과 교수·학습에서 사회과 교과서, 사회과 학습 자료는 학습 효과를 고양하는 데 매우 중요한 매체이다.

효과적인 사회과 교수·학습이 진행되려면, 그 효과의 지속성이 강한 지식이어야 새로운 문제에 직면했을 때, 적용이 용이하다. 지속성이 강하고 문제 해결력에 바탕을 둔 사회과 교수·학습을 위해서는 학습 자료의 적절한 활용이 매우 중요하다. 학습 자료는 학습의 목적과 방법을 지원하기 위한 수단에 불과하므로 사회과 학습 자료가 적절하게 선택, 조직되어 활용되지 못하면, 소기의 학습 효과를 기대하기 어렵다.

사회과 교사는 정확한 사회적 지식을 토대로 학생들에게 사회 사상을 바르게 이해시켜야 하는데, 이때 필요한 학습 자료는 학생들이 절실하게 접하게 되는 수단으로 존재하는 것이다. 사회과 학습 자료는 각각 독자적인 특성과 한계를 갖고 있는 것이므로 사회과 교사가 우선 학습 자료의 특성과 기능을 명확하게 인지하고 있어야 하며, 이를 학습 내용에 잘 관련시켜서 학습 효과를 고양하여야 한다.

특히, 21세기 지식 기반 사회와 세계화·정보화 시대를 맞이하여 사회과 교수 학습 지도는 보다 역동적으로 변해야 하며, 학습 자료 역시 적기에 적재적소로 제시되어 학습 효과의 극대화와 함께 생동적이고 발전적인 교수·학습의 진행에 도움을 주어야 할 것이다.

2. 사회과 학습 자료의 활용

1) 지역 사회 자료 및 지역화 자료

지역 사회 자료는 활용 빈도가 높고 실증적·구체적인 자료이다. 따라서 사회과 교사는 지역 사회 자료에 대한 수집, 조사, 분석, 연구 등에 두루 적극적으로 임하여야 한다. 지역 사회 자료를 떠나서는 효과적인 사회과 교수·학습 지도가 이루어지기 어렵다. 따라서 지역 사회 자료는 활용가치가 매우 크므로 수집, 활용, 정리, 보관 등이 체계적으로 이루어져야 한다.

지역 사회 자료의 종류에는 산지, 하천, 평야 등 물질적 자료(material resource), 정당, 법원, 관공서 등 제도적 자료(institutional resource), 풍속, 관습, 전통 등 심리적 자료(psychological resource), 유명 인사, 지역 주민 등 인적 자료(persons resource), 문화 행사, 교육 행사, 지역 행사 등 행사적 자료(event resource) 등이 있다.

한편, 사회과 교육에서는 지역화 학습을 강조하고 있다. 지역화 학습 자료는 매우 다양하지만, 학생 자신의 경험과 관찰 자료 등이 우선되어야 한다. 그 밖에 면접, 견학, 문헌 자료, 질문지, 자원 인사, 봉사 활동, 현지 조사, 각종 시설과 단체 및 기관, 행사, 시청각 교재, 편지, 민요, 설화 등 다양하다(김정호 외. 2008: 209 - 211).

지역화 자료의 활용에는 목표의 철저한 분석, 사전 조사, 자료의 설명, 자료 수집, 정리, 분석 및 활용, 평가 등이 뒤따라야 한다. 학생들이 지역화 자료를 활용할 때에는 지역 및 자료에 대한 인식을 한다는 점에서 의의가 크다. 지역의 견학이나 현지 자료 수집 중에서 처음 의도했던 목표보다 뜻밖의 사실을 발견하거나 지득(知得)하기도 하는 효과를 거둘 수 있다.

2) 문헌 자료

문헌 자료는 도서 자료를 비롯한 읽기 자료로서의 모든 자료를 포함한다. 이는 교과서의 시사적 내용과 시청각적 자료에서 명확하지 못한 점을 보완하여 주면서 경험을 상기시켜 준다. 그리고 새로운 지식을 획득하게 하여 안목을 넓혀 주고 도서 동기와 의욕을 고취시킨다.

따라서 사회과 교사는 사회과의 학습 단원과 관계되고 학생들의 능력에 알맞은 도서 자료를 선택, 소개하여 널리 읽을 수 있도록 장려하여야 한다. 현대 사회에서는 출판문화가 발달하여 컬러화 등으로 학습 자료의 효과를 배가시키고 있다.

(1) 신문과 잡지

신문은 시사 문제를 비롯하여 현대 사회의 기능과 방향을 이해할 수 있는 자료이다. 세상 돌아가는 모습을 한눈에 볼 수 있는 자료이다. 아울러, 각종 기사를 스크랩하여 이를 구성함으로써 보다 신속한 정보를 얻을 수 있다.

잡지는 신문에 비하여 신속성이 떨어지나 어떠한 자료를 광범위하고 체계적으로 추출하여 사회 사상을 다각적이고 깊이 있게 파악할 수 있는 자료이다.

(2) 각종 참고서

참고서는 교과서 다음으로 많이 활용되는 것으로 학습의 자율적 보조 자료이다. 따라서 사회과 교수·학습의 참고서는 단편적이고 기계적인 것보다는 고급 사고력을 신장할 수 있는 것이 바람직하다. 특히, 학생들의 참고서 활용 시 유의할 점은 사회과 교사가 미리 참고서의 내용을 점검한 후, 권장하는 것이 바람직하다.

(3) 단행본

사회과 교수·학습 활동에서 학습 내용의 이해와 촉진, 심화에 대하여 크게 도움이 되는 단행본이 좋다. 사회과 교육에 관련된 영웅전, 위인전, 자서전, 회고록, 전사(戰史), 각 나라 소개 책, 문예작품, 역사 소설 등 다양한 장르 중에서 교육적으로 취사선택하는 것이 주요한 것이다.

(4) 각종 사전·연감류

각종 사전류와 연감류는 사회과 교수·학습에 매우 유용한 것으로서 적절한 것들을 학급 문고나 도서실에 비치하여 활용토록 하며, 특히 사전이나 연감류에서 필요한 정보와 자료를 찾는 방법에 대한 지도가 선행되어야 한다.

3) 시사 자료

시사 자료는 현실의 사회적 자료와 현상을 생생하게 이해하게 하며, 실생활에서 제기되는 여러 가지 현실적인 문제나 사회문제의 해결에 깊은 관심을 갖게 하고, 이를 통하여 학습 효과의 증진과 정보 활용 능력 등의 육성을 위해 의미 있게 정선되고 적절하게 활용되는 교과서 이외의 시사 자료를 의미한다. 특히, 세계화·정보화 시대에 사회의 제 현상에 대한 지식을 습득하고 적용하는 데 필요한 고급 사고력 신장을 강조하는 사회과 교육에서는 학습자들로 하여금 주체성, 창조성, 사고력, 판단력, 정보 활용력 등의 육성을 위한 시사 자료의 적절한 활용이 요구되고 있다.

시사 자료가 사회과 수업에서 갖는 의의는 첫째, 교과서 내용을 현실과 연계시킴으로써 학생들의 학습 흥미를 유발시키고, 나아가 학습 내용을 입체화시켜서 보다 이해를 용이하게 해 준다. 둘째, 사회 사상의 현실 접촉을 통하여 문제 해결의 추리력과 탐구력을 기르며, 변화하는 사회의 시사 자료를 수집, 활용하려는 의욕과 자세를 함양한다. 셋째, 학생들이 사회의 여러 가지 간행물, 매스컴 등 매체들을 현명하게 읽고, 볼 수 있는 기능과 능력을 육성한다. 넷째, 폭넓은 지식 습득을 위한 증거 제시 및 탐구 방법으로 학습 기능을 신장한다. 다섯째, 풍부한 시사 자료를 활용하여 화제(topic) 중심의 시사 접근 수업을 유도할 수 있다.

사회과 교수 학습 자료로서의 시사 자료 공급원은 인쇄 매체, 영상 자료, 컴퓨터, 정보 통신 네트워크 등을 들 수 있다. 그러나 일반적으로 교사와 학생들이 손쉽게 풍부한 자료를 접할 수 있는 것은 각종 신문류이다. 신문 정보는 현 사회의 정보를 가장 많이 수록하고 있으며, 신문의 특성상 정확성, 신속성을 특징으로 하고 있다. 하지만 아무리 좋은 자료와 정보가 있더라도 이를 분류하여 재가공하고 체계적으로 분석, 종합하지 않으면 아무런 의미가 없는 것이다.

사회과 시사 자료는 그 파급 효과가 매우 강력하다. 시사 자료는 자료원의 부족보다는 범위가 매우 넓고 다양하여, 어떤 기준으로 자료를 어디서 수집, 선택, 정리하느냐가 문제이다. 기준에 따라 자료를 수집한 후에는 수업 시에 일정한 시간 배당을 해서 수업을 하는 것이 일반적인 방법이다. 아울러, 학생들의 시사 문제에 대한 토의, 토론 후에는 교사가 마무리로 종합, 정리해 주는 것이 중요하다. 신문의 시사 자료 활용은 사회과의 교과 특성에 부합되는 최신의 정확하고 풍부한 시사 내용을 수업에 활용할 수 있고, 교과서에만 의존하는 수업에서 탈피하여 교육과정에 의거한 교재의 재구성과 화제 접근 중심의 사회과 수업을 진행할 수 있는 장점이 있다.

4) ICT 학습 자료

ICT(정보통신기술교육) 자료는 사회과 교수·학습에서 컴퓨터와 각종 멀티미디어 자료, 인터넷 활용 학습 등을 활용하는 것이다. 사회과에서 컴퓨터를 활용한 수업에는 컴퓨터 보조 수업(CAI: computer assisted instruction)과 컴퓨터 운영 수업(CMI: computer managed instruction) 등이 있다.

사회과 교수·학습에서의 컴퓨터를 활용한 ICT 수업은 최근 많은 정보 자료의 활용뿐만 아니라, 시뮬레이션 게임(simulation game) 등 문제 해결 학습 등에 폭넓게 활용되어 큰 효과를 거두고 있으며, 활용상의 전략과 유의점 등을 숙지한 후 교수·학습에 적용하는 것이 중요하다.

5) 시청각 자료

학습 자료로서 감각으로 얻어지는 모든 시청각 자료는 학생들의 경험을 보다 심화하여 학습을 능률적·효과적으로 이수할 수 있도록 해 준다. 시청각 자료는 언어 편중의 결점을 극복하고, 물적 자료에 의하여 직접 경험을 보완하여 학생들의 개념 인식을 발달시키며 공통적 사고를 도와주는 역할을 한다. 또한, 흥미, 의욕 등을 환기시켜서 적극적인 활동을 돕는 동시에 정밀성, 정확성, 자극성, 영속성, 반복성 등을 학생들에게 전할 수 있는 장점을 갖고 있다. 사회과의 학습 활동에서 활용되는 시청각 자료를 단계별로 고찰하면 다음과 같다.

첫째, 도입 단계에서는 학습문제를 파악하고, 학습 내용과 진행의 윤곽을 의식하는 단계이므로 강한 동기유발이 필요하다. 특히, 교과 시간의 교체로 인한 학생들의 심리적 분산의 통일을 기하는 데에도 시청각 자료는 매우 유용하게 활용된다. 설명식 수업보다 그림, 사진, 도표 등 시청각 자료로 훨씬 효과적인 사회과 수업을 이끌 수 있는 것이다.

둘째, 전개 단계는 본시 또는 본 단원의 본격적인 내용을 이해하기 위한 단계이다. 설명이 어렵거나 많은 시간을 요하는 내용, 난해한 내용을 이해시키거나, 시간을 절약하기 위하여 다양하게 활용한다.

셋째, 정리 단계는 본시 또는 본 단원을 마무리하는 단계이다. 이에 필요한 개념, 지식 등을 얻게 하고 다른 차시, 단원 등으로 연계해 가는 발전적 측면을 지니고 있으므로 도표, 괘도, 녹음 자료 등을 이용하여 정확한 지식을 얻도록 하는 것이 중요하다.

시청각 자료는 행위에 관한 것으로 직접적·목적적 경험, 계획적 체험, 연극적 참가 등이 있고, 관찰에 관한 것으로 시범, 실지 견학, 박물관·전람회, 영화, 라디오, 녹음기 등이 있으며, 상징에 관한 것으로 지도, 그래프, 도표 등 시각적 추상 자료, 언어적 상징 자료 등이 있다.

(1) 실물 · 모형 · 표본

실물 · 모형 · 표본 등은 단원의 성격을 파악하기 위하여 사회과 교수 · 학습의 도입과정에서 주로 사용한다. 또, 단원의 전개과정에서 경험을 풍부하게 하며, 학습의 능률 향상에도 도움을 준다. 정리 과정에서는 학습과정을 총괄적으로 파악하게 하며, 내용의 이해를 깊게 한다. 실물 · 모형 · 표본 등은 전개, 정리 단계에서는 전시하는 정도로 하고, 실물을 통해서 현실적으로 파악하도록 한다.

실물은 학생들에게 올바른 개념을 형성시켜서 인상적으로 인식시켜 준다. 실제의 모습을 그대로 보여 줌으로써 사실감과 현장감이 있는 것이 특징이다.

모형은 실물이나 현장 학습에서 가장 적당하다고 생각되는 것은 모두 사용할 수 있다. 하지만 우주 전체나 지구의(지구본) 전체와 같은 거대한 실물이나 기관차, 자동차, 미생물 등은 실물로 제시하기가 곤란하므로 모형으로 제시하는 것이 바람직하다. 복잡한 것을 단순화하고 중요한 부분만을 노출시킴에 따라 학습자로 하여금 원리 · 원칙을 빨리 납득시키도록 하는 데 목적이 있다.

표본은 유사 실물이다. 즉 표본은 실물의 일부분 또는 전부를 관찰할 수 있도록 모아 놓은 것이다. 표본은 학습자의 학습 의욕을 고취시키고 시각을 통해 빠르고 바른 이해를 하기 위한 것이다. 표본은 실물이나 그 일부를 형상대로 등장시키는 것으로서 현실 자체로는 시간의 소비가 과대하거나 원상대로는 내부의 상태를 관찰할 수 없는 것을 관찰할 때 활용한다. 표본은 현장과의 관련이나 영화, 사진, 회화 등의 활용으로 불완전한 점을 보충할 수 있다.

(2) 정화(靜畵)

말 그대로 '움직이지 않는 그림'이다. 사진, 그림, 만화, 디오라마(diorama) 등을 들 수 있다. 사진은 지리적 사상이나 경관을 그대로 재현시켜 주는 것이고, 그림은 사진에 비해 정밀성이 떨어지나, 중요한 요소를 강조할 수가 있고, 무관한 부분은 이를 제거하여 단순화할 수 있는 장점을 갖고 있다.

정화(靜畵)는 교실 내에서 우리나라와 세계의 전형적인 지리적 사상이나 경관을 관찰할 수 있고, 문제의식의 심화에 도움을 준다. 전개과정에서 이를 활용하면, 지리적 사상의 이해와 문제 해결의 자료를 발견할 수 있는 것이다. 이러한 정화는 학습의 목표와 학생들의 욕구에 대응하는 것으로 다루어져야 하며, 이를 차례대로 관찰하여야 한다. 또 정화는 다양하게 관계적 추구를 통하여 통일적인 것이 되도록 구성하여야 하고, 관찰에서는 설명, 질문, 자료의 발견과 해석 등에 충분한 시간을 부여하여야 한다.

정화의 관찰은 짧은 시간에 많이 보는 것보다는 철저하게 관찰하는 것이 중요하다. 정화의 활용에서는 제목이 없이 보이면 관련 추구로써 제명(題名), 지명, 주제 등을 기록하게 한다. 또 관찰 경쟁을 시켜서 그 속에서 제명을 반영하고 있는 특색을 발견할 수 있다. 사회과 교수 · 학습에서는 가정, 거리의 모습, 지역의 천연자원, 산업 발달의 모습, 국가 재건의 모습 등 내용을 담은 정화를 통하여 감사하는 마음, 개발 의욕의 환기, 봉사 활동 참가 등에 자극을 줄 수 있어야 한다.

디오라마(diorama)는 원근 화법에 의하여 화상이 입체적으로 활동하고 있는 장면이다. 즉 이해를 쉽게 하기 위하여 연극의 무대를 연상할 수 있도록 고안된 것으로 현실 감각을 나타내는 것이 중요하다. 그리고 입체성, 원근적 효과, 색채 등 세 가지가 구비되었는데, 학생들에게 예절, 역사적 사건, 지리적 대상, 전설의 한 토막 또는 현대적 감각에 의한 묘사 등을 보다 쉽게 이해시킬 수 있어야 한다. 이것은 형식이 단순하여 이해하기 쉽고, 감동을 줄 수 있으므로 사회적 사상을 구체적으로 다룰 때 매우 효과적이다.

(3) 지도(地圖)

지도(地圖)는 사회과 지리 영역 지도의 핵심 자료이다. 지도는 야외에서 지표상의 여러 사상을 직접 관찰하는 것보다도 자기가 의도하고 있는 지리적 사실을 명료하게 표시해 줌으로써 지리적 사실 간의 공간 관계를 찾는 데 가장 효과적인 도구이며, 동시에 자기가 발달시킨 개념이나 이론을 효율적으로 발표할 수 있는 도구이기도 하다. 지도는 언어를 통한 학습 결과를 시각적인 형태로 바꾸어 주는 기능을 함으로써 지표상의 여러 현상들을 짧은 시간에 비교할 수 있으며, 학습 결과를 오랫동안 파지할 수 있게 해 준다. 따라서 지리는 지리 영역뿐만 아니라 사회과 교수·학습 전반에 걸쳐 내용을 구체화·직관화시켜 주는 중요한 자료이다.

지도를 학습하는 것은 결국 지도를 읽을 수 있는 능력과 지도로부터 얻는 정보를 해석할 수 있는 능력을 기르는 것이다. 이 같은 능력의 육성을 위하여 지도 교육의 주요 개념과 이를 바탕으로 한 지도 읽기 내용에 대한 학습이 기본인 것이다.

지도 교육의 주요 개념으로는 일반적으로 독도, 도법, 판독, 작도 등을 들 수 있다. 독도는 지도에서 각 지점의 위치, 지점 간 거리, 상대적 위치, 기타 단순한 지리적 사실을 찾기 위한 행동인데, 학생들에게 지리적 생각을 효율적으로 나타내고 지리적으로 생각하도록 하는 개념으로 지도 개념 중에서 가장 기본적인 것이다. 독도를 위한 기본 요소로는 축척, 위치, 방위, 기복의 표현, 기호 등을 들 수 있다.

도법(圖法)이란 정각(正角), 정형성(正形性), 정적성(正積性), 정거성(正距性), 정방성(正方性) 등 각 특성에 따른 지도의 제작 기법을 의미한다. 지도를 사용할 때에는 지도 제작 도법이 어떤 특성을 갖고 있는지에 대한 정확한 이해가 필수적이다.

판독은 지도에 나타난 사실을 통해서 지리적인 개념을 이해하고 설명하는 것으로서, 등고선을 통해서 지도를 판독하는 것, 산맥의 방향에서 찾는 단순한 판독에서부터 촌락의 위치와 지형의 관계, 도시와 교통로와의 관계 등 고차적 판독도 있다.

작도는 지리적 사실과 개념을 지도로 표시하는 것으로서, 지리적 지식을 지도화함으로써 지도 해석을 보다 용이하게 하고, 학습의 효과를 높이는 장점이 있다.

한편, 지도 자료를 사회과 교수·학습에 활용할 때에는 다음과 같은 점에 유의하여야 한다.

첫째, 지도는 구면을 평면으로 나타낸 것으로, 지표면을 정확하게 표현하는 데 일정한 한계가 있다는 점을 지도하여야 한다.

둘째, 지도의 구비 조건을 충분히 이해시키고 난 뒤에 지도를 읽도록 지도한다.

셋째, 축척(縮尺)에 대해서는 대축척에서 소축척으로 단계적으로 이해시킨다.

넷째, 축척은 거리의 비라는 점을 이해시킨다.

다섯째, 등고선에 대해서는 조감도, 모형 지도 등을 통하여 그 개념을 충분히 이해시키고, 평면 지도 위의 표현 방법을 다루도록 한다.

여섯째, 지도의 읽기는 축척, 거리, 방위 등을 단순하게 다루기보다는 지리적 사상을 분석, 종합하는데 도움이 될 수 있도록 지도한다.

일곱째, 지도에 관한 이해는 학생들의 발달 단계에 따라 지도하되, 일상생활과 관련시켜서 활용도를 높이도록 지도한다.

(4) 연표와 역사 지도

사회과 역사 학습에서는 역사 연표의 활용이 매우 중요하다. 역사 연표의 활용 지도는 역사적 사고력을 깊게 하는 데 필요한 수단이 된다. 연표는 판독할 수 있어야 하지만, 그 판독 지도를 기초로 하여 연표의 제작 방법 지도가 중요하다. 역사 연표 활용 지도상의 유의점은 다음과 같다.

첫째, 역사적 사상의 시간적 거리를 정확하게 파악시킨다.

둘째, 역사적 사상의 인과관계를 바르게 파악시킨다.

셋째, 역사적 사상의 상호 관련을 파악시킨다.

넷째, 역사적 사상을 개괄하여 시대적 특성이나 특색을 파악시킨다.

다섯째, 역사적 사상을 발전적·상관적으로 이해시킨다.

한편, 역사 지도의 활용도 매우 중요한데, 역사적 사상은 그 조건과 밀접한 관련이 있다. 토지, 위치, 지형, 기후 등 자연환경의 영향이 큰 것이므로, 역사적 이해에서는 지리적 이해가 필요하고, 역사 지도 활용 지도가 경시될 수 없다. 사회과 교과서와 사회과 탐구, 사회과 부도, 역사 부도 등에는 역사 지도가 수록되어 있으므로, 그 활용에 대하여 고찰해 볼 필요가 있다. 이는 역사적 이해를 심화시킬 수 있는 방법과 매우 밀접한 관련을 맺고 있다.

역사적 학습 속에서 역사적 사실을 공간적 관계에서 포착하고, 국토의 어느 지점에서 일어났던 사실인가에 대한 흥미와 관심을 지니게 하여 역사 지도에 대한 탐구 의욕을 북돋워 주어야 한다.

(5) 지구의(지구본)

지구의는 지도를 본떠서 만든 모형에 경도와 위도, 해양과 육지를 나타낸 것으로서, 지구를 일정한 축척으로 묘사한 자료이다. 따라서 구체인 지구를 평면으로 나타낸 지도를 통한 세계 및 각 지역의 자연적·인문적 특성이 학생들의 이해력으로는 무리가 있으며, 때로는 왜곡되어 인지될 수도 있지만, 지구의는 평면 지도에 비해서 지표면의 자연적 특성과 어떤 지점이나 지역의 위치, 거리, 면적 등이 왜곡 없이 나타나기 때문에 학생들의 이해에 효과적이다.

지구의는 지구의 기초적이고 추상적인 개념을 학습 단계에 따라 이해하는 데에 중요한 자료인 것이다. 지구의를 통해서 이해되고 습득될 수 있는 기능으로는 지구의 형태, 수륙의 분포, 지도 투영법, 적도의 양극, 경선과 위선, 경도와 위도, 정확한 거리와 방향, 위치, 대권 거리와 항로, 지축, 자전과 공전, 계절의 변화, 주야의 장단, 시차와 일부 변경선 등을 들 수 있다.

지구의의 종류로는 보통 지세와 나라들을 색과 기호로 나타낸 자연 및 정치 지구의가 가장 많고, 식생도, 기후도 등 지구의도 있다. 또한 지학용 지구의, 천문학적 지구의 등도 있다.

지구의는 구면적인 표현인데, 색채나 인쇄는 선명한 것으로 이용하고, 기호나 명칭은 보다 정확한 것을 이용하도록 한다. 지구의에 관한 기초적인 지식의 지도에 있어서 우리나라와 세계 주요 국가 간의 공간적·시간적 거리 및 정확한 위치 관계, 그리고 대륙과 해양에 관한 올바른 이해가 선행되어야 할 것이다.

(6) 통계 연표

도표(圖表)는 사회과 교수·학습에서 사회현상을 이해하는데 가장 간편하므로 널리 사용된다. 그 중에서 통계 연표는 통계 자료를 가지고 양적 비교나 차이를 명확하게 하기 위하여 표현하고 직관할 수 있는 자료이다. 사회과 교수·학습에서 통계자료, 도표 등을 분석·비교·종합함으로써 사회적 사상을 수치에 의하여 구체적·객관적으로 파악시켜야 한다. 따라서 통계 자료의 도표화를 위한 과정은 매우 중요한 것이다.

(가) 그림그래프
그림그래프는 실물 현상을 도표화하여 많고 적음과 변화의 경향성을 파악시키는 데 효과적이다.

(나) 지도 그래프
지도 그래프는 비교 통계 지도라고도 하며, 수량과 위치가 관련되어 있어서 지역 상호 간의 비교가 용이하나, 그림그래프와 같이 상세한 내용까지 정확하게 나타내기는 어려운 단점이 있다. 또 지도 내부에 기입하지 않아도 될 지명, 산맥, 평야, 강 등을 기입하면 도면이 복잡해지는 단점이 있다.

(다) 절선(꺾은선) 그래프
절선 그래프는 수량 전체가 어떻게 변화되고 있는가 하는 변화과정을 파악하고자 하는 그래프이다. 이는 또한, 시간 경과에 따라 나타나는 변화과정을 나타낸 것으로 수량을 전후 관계에서 비교하는 데 유용한 자료이다.

(라) 점그래프
점그래프는 지도에 점을 찍어서 수량을 비교시키므로, 지리적 관계와 수량적 관계를 대비하여 이해시키는 데 유용하다. 점그래프에서는 찍을 점들을 어느 정도의 단위로 잡느냐 하는 것이 문제가 되며, 너무 많은 점을 찍으면 이해가 곤란하다.

(마) 원 그래프
원 그래프는 개개의 수량이 전체에 대하여 어떠한 관계에 놓여 있는가를 파악하는 데 적당하다. 원 그래프는 360°의 원주(圓柱)를 100%로 하여 1%가 3.6°가 되므로, 3.6°에 백분율로 된 수치를 곱

하여 각도를 구하여 그린다.

(바) 띠그래프

띠그래프는 비교와 변화를 겸하는 것으로, 경과 그래프라고도 한다. 띠그래프는 전체를 100으로 하고, 해당되는 수량을 백분율로 하여 그린다.

(사) 체적 그래프

체적 그래프는 체적을 상기시키면서 수량을 비교하기 위하여 육면체(입방체), 원기둥(원통구) 등으로 나타내는 형태의 그래프이다.

(7) 환등기

환등기는 슬라이드 환등기, 실물 환등기, 투시물 환등기 등이 있다. 환등기를 활용하게 되면, 목표와 부합되는 내용의 자료를 잘 정선하여 학생들의 주의를 집중시킬 수 있고, 공통적인 내용과 경험을 제공할 수 있다. 그리고 시설이 간편하고 시간의 낭비가 적으며, 영화와 같은 효과를 얻을 수도 있다. 슬라이드는 학생들의 학습 사항이나 지도 내용에 따라, 학습 진행 중에 언제라도 적절한 것을 선택하거나 제외할 수도 있다. 이런 점에서 영화나 VTR보다도 자유재량성이 큰 것이다. 슬라이드는 누구나 손쉽게 조작할 수 있다는 장점이 있다.

투시적 환등기는 차트(chart), 도표(graph), 그림, 지도, 일람표 등을 투시지에 옮겨서 사용할 수 있다는 점에서 실물 환등기와 유사하다고 볼 수 있다. 실물 환등기는 사진, 그림, 실물 등을 반사 투영으로 화면에 제시하는 환등기이다. 즉 피사체가 반사경을 통하여 투영되는 것을 학습에 이용하는 것이다.

한편, 환등기를 이용할 때에는 다음과 같은 점에 유의하여야 한다.

첫째, 준비된 자료를 집중적으로 제시하지 말고 주제에서 벗어나지 않도록 한다.

둘째, 도입 단계에서 뚜렷한 문제의식을 갖게 하고, 문제를 해결하려는 의욕을 지니도록 한다.

셋째, 학생들이 주변에서 볼 수 없는 사상과 경험을 중심으로 다루는 것이 바람직하다.

(8) 영화

영화는 동적으로 표현되는 영상을 통하여 줄거리를 표현하고, 사회 사상이 변해 가는 양상을 알고 전체적인 흐름의 파악과 이해를 하는 데 도움을 준다. 그리고 학습 내용을 오래 기억하게 하면서 단시간에 많은 경험과 지식을 얻게 한다.

하지만 영화 자료는 목표와 내용에 적절한 것을 취사선택하여야 좋은 효과를 얻을 수 있다. 따라서 사회과 교육과정의 연간 계획에 준거하여 선택·제시하되, 단원 내용에 적절해야 하며 지도과정에서 활용할 위치를 잘 검토하여 영화 활용의 초점에 대한 사전 지도가 필요하다.

이와 같은 사회과 교수·학습 자료로서의 영화 자료 활용의 가치는 다음과 같다.

첫째, 학생들에게 주의력과 관심을 불러일으켜 강한 자극을 줄 수 있다.

둘째, 먼 곳의 사상을 이해시킬 수 있다.

셋째, 실물을 확대·축소시킬 수 있으며, 눈에 보이지 않는 것을 직관할 수 있게 한다.

넷째, 실물, 사상, 사건 등 상호 관계를 쉽게 이해하게 한다.

다섯째, 심미적인 쾌감을 불러일으켜 준다.

여섯째, 다수의 학생들에게 동시에 공통적인 내용과 경험을 줄 수 있다.

(9) TV, 라디오

TV와 라디오는 견학·조사·청취 등 방법을 통해서만 얻을 수 있는 사상을 직접 보고 들을 수 있는 장점을 가진 자료로서, 학교의 방송 시설을 최대한으로 활용하여 학습 목표 달성에 큰 효과를 올릴 수 있다.

우선, 사회과 교수·학습 자료로서 TV 활용에서는 다음과 같은 점을 특별히 고려하여야 한다.

첫째, 학생들에게 사회적 사상에 대해서 보다 현실감을 주어야 한다.

둘째, 사회적 내용을 적절히 보고 듣는 훈련이 이루어지게 한다.

셋째, 복잡한 사회적 문제에 대한 탐구 의욕을 고취시키고, 시야를 넓혀서 국제 사회, 지구촌 세계를 두루 연구하려는 자세를 갖게 한다.

넷째, 사회적 학습에 대한 문제의식을 바탕으로 큰 관심과 흥미를 갖도록 한다.

한편, 사회과 교수·학습에서 학습 자료로서의 라디오 활용에서는 다음과 같은 점에 유의하여야 한다.

첫째, 급격하게 변동하는 사회적 정보를 신속하게 파악하는 데 역점을 두어야 한다.

둘째, 방송자의 의사 표시를 통하여 내용과 정서를 직감하게 하여야 한다.

셋째, 동일 내용의 방송으로 문제를 다룰 수 있는 장점을 잘 활용하여야 한다.

(10) VTR(Video Tape Recorder)

VTR은 TV 영상과 음성을 그대로 녹화·녹음하여 재생함으로써 교수·학습 지도에 활용하는 것이다. 라디오와 TV는 학생들에게 다소 방송 내용의 파악을 어렵게 하고, 시간적인 조정이 어려운데, 이 점을 보완하는 시청각 자료가 곧 VTR이다. VTR의 교수·학습 자료 활용 면에서의 특징으로는, TV의 영상이나 음성을 그대로 재생하여 주므로 그중에서 필요한 내용을 정선하여 선택적으로 사용할 수 있다. 또한 녹음테이프의 재생·정지 등이 간편하고, 테이프를 소거한 뒤에 새로운 내용을 녹화할 수도 있다. TV 영상의 내용에 따라서는 사전 검토를 충분히 하여, 단원 내용에 부합되는 적절한 내용이 편성되어야 유용성이 나타날 수 있다는 점을 염두에 두어야 한다.

(11) 녹음 자료

녹음 자료는 설명의 보충 자료로 활용할 수 있다. 또 조사, 보고, 발표, 토의 등의 교수·학습 전개에 이용하면 매우 효과적이다. 다만, 활용 목적이 자세히 수리되어야 하며, 환경 정비 및 기계 조작 기술 습득 등이 원만하게 뒷받침되어야 한다.

일반적으로 녹음자료 활용에서의 유의점은 다음과 같다.

첫째, 목표에 부합되는 충분한 계획을 수립하고 녹음 자료를 활용할 수 있는 분위기를 조성하여야 한다.

둘째, 슬라이드 자료와 유기적인 관련을 맺어 통합적으로 활용하는 것이 좋다.

셋째, 필요에 따라 반복적으로 청취시켜서 요점과 핵심을 파악하도록 한다.

넷째, 올바른 발표 요령, 대화 방법, 표현 방법 등을 터득하게 한다.

(12) 기타 보조 자료

기타 사회과 교수 학습에 활용할 수 있는 자료로는 흑판(black board), 게시판(bulletin board), 융판(flannel board) 등이 있다.

흑판(black board)은 사회과 교수·학습 내용을 요령 있게 판서하고, 그림을 그려 주거나 제시를 하는 등 사회과 교수·학습에 많은 도움을 준다. 따라서 사회과 교수·학습의 목표 달성을 위하여 교사는 효과적인 판서 요령, 학생들의 흑판 이용에 대한 지도 등에 검토와 지도가 있어야 한다. 특히, 사회과 교수·학습 기기로서 흑판은 다음과 같은 점을 고려하여 활용되어야 한다.

첫째, 판서의 모든 표현이 학생들에게 친밀감을 주도록 하여야 한다.

둘째, 약서(略書), 약화(略畵), 약도(略圖)로써 표현하는 방법을 터득하여야 한다.

셋째, 다른 시청각 자료와 흑판과의 관련성을 잘 고려하여, 흑판이 교사와 학생 간 사이를 잘 연결할 수 있도록 하여야 한다.

넷째, 흑판은 항상 깨끗하게 관리하며, 압정, 못 등으로 흠집이 나지 않도록 하여야 한다.

다섯째, 흑판의 상단부에는 철사를 준비하여, 자료 게시를 좌우로 이동할 수 있게 하는 등에 유의하여야 한다.

여섯째, 흑판의 위치, 광선, 방향, 크기, 높이 등에 유의하여야 한다.

게시판(bulletin board)은 학생들에게 홍보적 가치가 있는 것을 게시해 주는 자료이다. 학생들의 주의를 집중시킬 수 있고, 학습 의욕을 증진시키는 데 중요하고, 나아가 시사문제 등의 홍보에 실효성이 높다. 사회과 교수·학습 기기·매체로서 게시판을 사용할 때에는 첫째, 사회과 내용의 학습과 관련이 있는 자료 중에서 시기적으로나 시각적으로 관심을 환기시킬 수 있는 것으로 정선하고, 홍보적 가치가 있는 것으로 편성한다. 둘째, 게시판의 크기, 높이, 넓이, 위치 등을 학생 입장에서 고려하여야 한다.

융판(flannel board)은 시각적 보조구로서 학생들이 사회과 교수 학습 활동에서 용이하게 활용할 수 있다. 융 조작은 글씨, 그림, 숫자 등이 풀이나 핀이 없어도 붙도록 조작되어 있다. 융판의 사용에서는 흑판, 게시판 등과 병행하여 활용하는 데에 충분한 검토가 이루어져야 한다.

✍ 탐구 문제

1. 사회과 교재 연구의 특성을 요약하여 제시하시오.

2. 효과적인 사회과 교수 · 학습의 전개를 위해서 사회과 교재 연구가 중요한 이유를 기술하시오.

3. 사회과 교과용 도서인 사회과 교사용 지도서와 사회과 교과서에 대해서 간단히 설명해 보시오.

4. '사회과 교과서'와 '사회과 탐구' 자료형 교과서의 통합적 연계 활용 방법에 대해서 설명해 보시오.

5. 사회과 교수 · 학습 자료의 종류를 들고, 간단히 그 특징을 서술하시오.

6. 현행 사회과 교과용 도서의 구성 방향에 대해서 약술해 보시오.

7. 지역 교과서인 시 · 도의 생활(4-1), 우리 고장의 생활(3-1 · 2)의 효과적인 활용 방안에 대해서 설명해 보시오.

8. 문제 해결 학습에서 사회과 교과서의 활용과 학생들의 교수 · 학습 참여 방법에 대해서 간단히 기술하시오.

9. 사회과 교수 학습 자료의 효과적인 활용 방법에 대해서 설명해 보시오.

10. 사회과 교재 연구와 교수 · 학습 자료의 연계 방안에 대해서 간단히 서술하시오.

제 **6** 부

◀◀ 사회과 교수·학습의 방법 ▶▶

제1장 소집단 학습 제 8장 의사 결정 학습
제2장 토의 학습 제 9장 사료 학습(史料 學習)
제3장 조사(발표) 학습 제10장 인물 학습
제4장 현장 체험 학습 제11장 ICT 활용 학습
제5장 문제 해결 학습 제12장 가치탐구 학습
제6장 극화 학습 제13장 가치명료화 학습
제7장 시뮬레이션 학습

◉ [Key Point] ◉

제6부에서는 사회과 교육의 실제적 접근인 다양한 교수·학습 방법에 대해서 탐구한다. 즉, 소집단 학습, 토의 학습, 조사(발표) 학습, 현장체험 학습, 문제해결 학습, 극화 학습, 시뮬레이션 학습, 의사결정 학습, 사료 학습, 인물 학습, ICT 활용 학습, 가치탐구 학습, 가치명료화 학습 등 13개 교수·학습 방법과 기법을 중심으로 적합한 단원, 주제, 제재별 교수·학습과정안(수업안)을 작성하고 심층적으로 분석한다. 또한 사회과 교수·학습과정안(수업안)을 분석적, 종합적으로 접근해 보고 실제 현장 적용적 측면에서 연구한다.

■제1장■ 소집단 학습

제1절 소집단 학습의 이해

1. 소집단 학습의 개념

최근에 많이 인식되고 있는 수업 방법 중의 하나가 소집단 학습이다. 소집단 학습이란 협동 학습과도 관련은 있으나 엄격히 말하면 같은 것은 아니다. 협동 학습이란 학습 전체 단위와 소집단 사이의 관계에 관련이 깊지만 소집단 학습은 한 학급의 학습자들을 학습 목적이나 목표에 따라서 몇 개의 작은 그룹으로 나누어 그 그룹별로 활동에 의해서 학습 효과를 거두려는 교수·학습 방법이다. 소집단 학습은 집단으로 나누는 것에 목적이 있는 것이 아니라 학습 효과를 위해서 소집단을 조직하는 데 그 목적이 있는 것이다. 그렇기 때문에 학습자의 발달 정도와 교육 내용의 성질을 고려해서 융통성 있는 소집단을 조직할 필요가 있다.

'수업 집단을 편성할 때 학생 수의 규모가 어느 정도일 때 소집단이라고 보아야 되겠는가'라는 질문에 명확한 답변을 제시하기란 힘들다. 그 이유는 학습과제의 성격에 따라 소집단의 구성이 달라지며, 적용하고자 하는 수업방식(예: 역할놀이, 게임, 소집단 토의, 소집단 협동 학습 등)에 따라서도 달라질 수 있기 때문이다. 따라서 학자에 따라 또는 제시되어 있는 수업의 절차 모형에 따라 소집단의 규모를 각기 달리 규정하고 있다. 몇 가지의 견해에 비추어 볼 때 소집단의 편성 규모는 학습 과제가 집단 편성의 취지에 따라 3~4명에서부터 20명 내외의 집단을 구성할 수 있으며 30명은 결코 넘지 않는 것이 좋다(인천광역시사회과교육연구회, 2007: 51-55).

2. 소집단 학습의 특징

① 심리적으로 의사표현과 감정표현이 자유롭다.
② 구성원의 수가 적어서 개인의 집단참여 기회가 많고, 사회적인 평가를 받게 되어 학습 동기가 촉진된다.
③ 참가한 개인이 중시되어 개인의 책임감이 증대된다.
④ 구성원의 수가 적어 집단지도가 가능하다.
⑤ 구성원 간의 결속력, 협동심이 증진되어 학습 효과가 배가된다.

3. 소집단 학습의 기능

① 구성 방법에 따라 과밀학급에서도 개별화 수업을 가능하게 하며, 또한 상호협력 학습은 학습 자들의 학습 능률을 높인다.

② 공동 참여로 지도력, 협동성 등과 같은 사회적·인간적 자질과 민주적 태도의 육성을 가능하게 한다.

③ 자아 효능감을 키워 주고, 가치판단과 그것을 표현하는 방법을 학습하게 하여 주체적 사고를 가능하게 한다.

④ 소속감과 연대의식을 갖게 하고, 이로써 집단의 응집력을 강화한다.

⑤ 보다 다양한 수업 방법과 수업 전략의 적용이 용이해지며, 특히 기초적인 학습기능, 창의성, 표현력 등의 향상에 유효하다.

4. 소집단 학습 전략의 교육적 이점

1) 학업 성취 수준의 향상

프리미어(A. Frymier)의 연구 결과에 따르면 초등학교 저학년 학생들의 경우 30명 미만의 학습 집단을 구성할 때 30명 이상의 학습 집단보다 읽기, 언어능력, 수학능력에서 월등히 높음을 밝혀냈다.

또한 푸르노(Furno)와 콜린스(Collins)의 연구에서는 26명 이상의 대규모 학습 집단보다 25명 이하의 소규모 학습 집단에서 읽기 및 수학 성적이 높게 나타났다.

2) 교수·학습과정의 활성화

소집단 학습을 운영함으로써 교수·학습과정에서 얻을 수 있는 이점을 지적하면 다음과 같다. 하대드(Haddad, 1978)의 연구 결과에 의하면 소집단 학습에서는 ① 다양한 교수 방법과 학습 활동을 전개할 수 있고, ② 학생들은 개별화 학습의 혜택을 받을 수 있으며, ③ 학생들에게 보다 창의적이고 확산적인 사고를 증진시킬 수 있다는 것이다.

또한 푸그(Pugh)의 연구에서는 20명 이하의 소규모 학습 집단이 대규모 집단에 비해 다음과 같은 이점을 가지고 있다고 지적하고 있다.

① 개인차를 존중하는 개별화 학습이 보다 잘 이루어질 수 있다.

② 교수 방법이 보다 다양하고 융통성이 있다.

③ 학급의 분위기가 보다 비형식적이고 안정적이며 교사와 학생, 학생과 학생 간에 보다 친밀한

관계가 형성되게 된다.

④ 교사 학생들의 개인적인 일과 개인의 발달에 보다 많은 관심을 보이며, 학생들의 재능과 흥미를 발견할 수 있는 기회가 보다 많다.

⑤ 학생들의 학습 활동에 보다 많이 참여할 수 있으며, 보다 많은 관심과 책임감을 나타낸다.

⑥ 바람직한 정의적 특성을 형성한다.

학습 집단의 규모가 정의적 특성 형성에 미치는 영향을 분석한 대부분의 연구에서는 소집단 학습이 학생과 교사의 정의적 특성 형성에 긍정적인 영향을 미치고 있는 것으로 밝히고 있다.

5. 소집단 학습의 단점

일반적으로 소집단 학습에 따른 단점과 문제점을 요약하면 다음과 같다.

① 소집단 학습에 대한 학생, 교사의 운영 기술이 부족하면 시간적으로 보아 비능률적인 결과가 초래된다.

② 능력별 학습이 이루어질 경우 정의적 측면에서 비교육적 효과를 초래할 수 있다.

③ 집단 학습의 강도는 우수학생의 교육적 성장가능성을 위축시킬 우려가 있다.

6. 소집단의 편성 방법 및 훈련

1) 소집단의 편성 방법

(1) 인원 조작(수): 조직 인원은 대체로 4~6명 정도가 좋고, 가급적으로 남·여 혼합이 바람직하다.

(2) 편성 원칙

① 한 집단 안에서 이질 분단이 되게 하고 상호간의 동질 분단이 되게 한다. (예, P1 – 상급아, P2·P3 – 중급아, P4 – 하급아)

② 편성 기준은 학력, 흥미, 성격, 교우관계, 사회성 등 고려

(3) 편성 활용: 교수 – 학습, 극화 학습, 조사 학습, 실험, 모둠활동 등

(4) 조장 선출: 각 집단마다 자율적으로 선출하는 것을 원칙으로 하되 그 기간은 1~2개월로 하고 그 기간 내에는 되도록 변경치 않는 것이 좋다.

2) 소집단의 편성 및 훈련

(1) 편성의 형태(틀)
① 2인 1조　② 4인 1조　③ 6인 1조　④ 일제 학습에서 전환

(2) 훈련 방법
① 의자는 그대로 두고 엉덩이와 두 발만 살짝 돌려 앉는 요령과 5초 안에 말없이 한다는 것을
　지시한다.
② 처음 약 10분간은 계속 훈련으로 말소리와 의자 소리가 나지 않을 때까지 반복 훈련을 실시한다.
③ 조장(사회자)이 토의 개회를 선언하면서 활동에 들어간다.
④ 조장을 중심으로 주제에 의해 자유로운 대화 활동을 시킨다.
⑤ 토의를 하고 내용을 정리하여 발표 준비를 하게 한다.
⑥ 조장의 훈련을 철저히 시킨다.
⑦ 소집단 전원이 참여 의식을 갖도록 1인 1역할을 담당하게 한다.

7. 소집단 토의 학습에서의 역할

1) 교사의 역할

① 토의에 가능한 한 참견하지 않고 조력자 내지는 추진자 역할을 한다.
② 교사는 학생들의 토의를 통제해서는 안 된다.
③ 토의가 성공할 확률이 큰 주제를 선정하도록 유도한다.
④ 순회하면서 활동 내용과 방법을 지도하고 고립된 학생이 있으면 발견하여 지도한다.

2) 소집단 구성원의 역할 분담과 지도

(1) 역할 분담
　구성원 각자가 긍지를 갖고 학습 활동에 참여하도록 소집단 전원에게 역할 분담을 주고 주 1회 임무를 교체하도록 하여 전 영역을 고루 담당하는 기회를 갖도록 한다.
　일반적으로 소집단 학습의 역할 분담은 조장, 부조장, 기록팀, 자료팀, 발표팀, 연락팀 등으로 구분하는 것이 바람직하다. 조장은 소집단 전체를 통괄하고 부조장은 소집단 내 분위기를 조성하고 조장을 보좌한다.

내용 역할	활 동 내 용	내용 역할	활 동 내 용
조 장	전체 통괄, 의견 조정, 발표내용 파악	자료팀	발표자료 준비
부조장	조장 도우미, 소집단 내 분위기 조성	발표팀	소집단 협의를 종합하여 발표
기록팀	소집단 협의 내용 기록	연락팀	집단과의 정보 교환

(2) 소집단 내 구성원의 역할

(가) 사회자의 역할
① 토의할 문제나 내용을 명확히 해 준다.
② 발표할 기회를 고르게 준다.
③ 항상 토의 주제나 내용과 관련지어 생각하게 한다.
④ 소집단 토의의 규칙을 지키도록 환기시킨다.
⑤ 공정하고 객관적으로 토의를 이끌어야 한다.

(나) 발표자의 역할
① 소집단명을 밝히고 토의한 내용을 발표한다.
② 창의적인 아이디어는 제안자의 이름도 소개해 준다.
③ 설득력 있는 자료나 사례를 들어 발표한다.
④ 각자 맡은 업무, 임무를 충실하게 수행한다.

8. 소집단 학습의 적용

일반적으로 사회과 토의 학습은 다음과 같은 조건일 때 적용하는 것이 바람직하다.
① 학습 과제를 발견시키려 할 때 효과적이다.
② 전체 토의과정에서 두 개 이상의 다른 의견이 대립되어 해결되지 않아 좀 더 사고시키려 할 때보다 효과적이다.
③ 전체 학습에서의 학습 과제를 학습자 개개인이 정리하여 그것을 기초로 하여 토의시키려 할 때 효과적이다.
④ 혼자 생각한 내용을 다른 사람의 생각과 비교시킬 필요가 있을 때 바람직하다.
⑤ 학습문제가 광범위하여 학습의 효과를 기하고자 할 때 효과적이다.
⑥ 과제 학습, 생활문제 해결 학습에 보다 효과적이다.

제2절 소집단 학습의 실제

1. 교수·학습과정안(예시 1)

1) 단원: 2. 가정생활과 여가생활(4 - 2)

(2) 여가생활의 변화

2) 단원 학습 안내

이 단원은 사회의 기본적 단위인 가정의 특징을 이해하고, 화목한 가정생활의 중요성을 깨닫게 하려는 단원이다. 나아가, 건전한 여가생활은 개인의 자아 발전과 원만한 가정생활 영위를 위해서 필요한 것임을 깨닫게 한다.

첫 번째 주제에서는 학생들의 가정에 대한 조사 결과나 가정에 대한 관찰 결과를 통하여 현대 가정의 다양성을 파악하고 이를 전통적인 가정 형태와 비교해 보게 한다. 또, 가족 구성원의 역할에서 변화된 것과 그렇지 않은 것을 찾아봄으로써 화목한 가정을 위해 필요한 각자의 역할을 깨닫게 한다.

둘째 번 주제에서는 가족의 여가생활을 파악하게 하여 건전한 여가생활은 우리의 자아실현과 밀접한 관계가 있다는 것을 깨닫게 한다. 옛날의 놀이와 오늘날의 놀이를 비교하여 흥미를 가지도록 하고, 반 아이들의 여가 활동을 조사하여 사회 조사법의 기초 능력을 기르도록 한다.

3) 단원의 목표

지식·이해
·현대 가정생활의 특징과 다양성을 이해할 수 있다. ·전통적인 가정생활과 가정 형태가 오늘날과 달라진 점을 파악할 수 있다. ·가족 구성원들이 하는 일과 그 특징을 이해할 수 있다. ·조상들의 여가생활 내용과 의미를 알 수 있다.

· 가족의 여러 모습에 대하여 조사하고, 그 특징을 정리할 수 있다.
· 가족의 소중함을 나타내 주는 자료를 모아 정리할 수 있다.
· 우리 조상들이 즐기던 여가생활을 조사할 수 있다.
· 조사한 자료를 기준을 세워 분류할 수 있다.
· 바람직한 여가생활에 대하여 조사할 수 있다.

· 가정의 화목을 위해 가족 구성원으로서 역할을 다하려는 태도를 가진다.
· 여가생활의 중요성을 깨닫는다.
· 건전한 여가생활을 보내려는 태도를 가진다.

4) 단원의 지도 계획

(사)사회과 탐구, (탐)사회과 탐구

단원	주제	제 재	제재별 주요 내용 요소	쪽 수	차 시
2. 가정 생활과 여가생활		단원 도입 및 계획	· 단원의 학습 내용 대략적으로 살펴보기	사: 56~57 탐: 50~51	1(1/13)
	❶ 가정생 활의 변화	① 가정의 여러 형태	· 가정의 여러 형태 · 가정의 소중함	사: 86~65 탐: 52~60	2(2~3/13)
		② 서로 돕는 우리 가족	· 가족 구성원의 역할 변화 · 행복한 가정을 위해 노력할 점	사: 66~72 탐: 61~70	2(4~5/13)
		선택 학습	· 가족 구성원들이 가정을 위해서 하는 일을 관찰, 기록하기 · 가훈을 만들어 발표하기 · 바람직한 가족 형태에 대해 토론하기	사: 73	1(6/13)
	❷ 여가생 활의 변화	① 윷놀이와 컴퓨터 게임	· 우리 조상들의 여가생활 · 우리 조상들의 여가생활 분류 · 여가생활의 변화 모습	사: 74~81 탐: 71~78	2(7~8/13)
		② 즐거운 주말	· 바람직한 여가생활 · 여가생활이 우리 생활에 주는 도움	사: 82~88 탐: 79~87	2(9~10/13)
		선택 학습	· 조상들이 즐긴 놀이의 방법과 규칙 설명하기 · 친구들의 여가생활 조사하기 · 바람직한 여가생활에 대해 토의하기	사: 89	1(11/13)

단원	주 제	제 재	제재별 주요 내용 요소	쪽 수	차 시
2. 가정 생활과 여가생활	단원 정리 학습	단원 정리 학습	·옛날과 오늘날의 가족 비교하기 ·텔레비전이 없을 때의 여가생활에 대해 생각해 보기 ·가족만들기 놀이 하기 ·옛날과 오늘날의 놀이 비교하기 ·여가 활동 소개하는 광고문 만들기 ·가정의 형태에 대한 나의 생각을 글로 정리하기	사: 90~93	2(12~13/13)

5) 단원의 평가 계획

(1) 평가 방향

이 단원에는 주위의 가족 모습과 역사적인 사실(우리 조상들의 가족 모습과 여가생활)을 함께 비교하면서 다루도록 되어 있다. 따라서 주변에서 관찰을 통하여 자료를 수집하기도 하고 다양한 방법으로 역사적인 사실을 조사하도록 되어 있다.

(2) 평가 방법

(1) 가정생활의 변화	
·가족의 여러 형태 조사, 분류하기 ·가족 구성원들이 하는 일 조사하기	작품제작 질문지 보고서 작성 지필 평가

(2) 여가생활의 변화	
·우리 조상들의 여가생활 조사, 분류하기 ·여가생활의 변화 알아보기 ·바람직한 여가생활 알아보기	작품제작 질문지 보고서 작성 지필 평가

6) 본시의 전개

학년·학기	4 - 2	단원(주제)	2. 가정생활과 여가생활 (2) 여가생활의 변화	차시	7/13

학습 주제	(2) 여가생활의 변화 ① 윷놀이와 컴퓨터 게임	교 과 서	74~78쪽
		사회과 탐구	71~76쪽

학습 목표	조상들이 여가에 즐긴 놀이와 취미 활동을 알아보고, 우리가 본받을 점을 찾을 수 있다.
예습 과제	· 조상들이 여가에 즐긴 놀이와 취미 활동에 대하여 조사해 오기 · 놀이와 취미 활동에 관한 그림이나 사진 수집해 오기
수업 유형	소집단 학습 학습 조직 형태 소집단

단계	학습 내용	교수·학습 활동 교 사	교수·학습 활동 학 생	시간 (분)	자료 및 유의점
문제 파악	학습 동기 유발하기	■다섯 고개 퀴즈를 내겠습니다. ·나무를 이용합니다. ·4개가 있습니다. ·말을 이용합니다. ·도, 개, 걸, 윷, 모는 놀이를 할 때 쓰는 말입니다. ·역할극 ·본 느낌 발표시키기 ■어떤 놀이들을 볼 수 있었습니까?	□윷놀이입니다. ·역할극 보기 ·느낌을 발표한다. □제기차기입니다. □그네타기입니다. □사군자치기입니다. □공기놀이입니다.	5′	▶ 그네, 제기, 공기, 붓, 벼루, 화선지
문제 추구	예습 과제 검토 하기 학습 문제 찾기	■지난 시간에 내어 준 과제가 무엇이었나요? ■오늘 공부할 내용이 무엇인지 찾아볼까요?	□조상들이 여가에 즐긴 놀이 및 취미 활동을 조사하는 것이었습니다. □민속놀이 방법을 조사하는 것이었습니다. □…… □민속놀이 방법에 대하여 알아보는 것입니다. □…….	4′	

단계	학습 내용	교수 · 학습 활동		시간 (분)	자료 및 유의점
		교　사	학　생		
	학습문제 확 인	■이번 시간에는 우리 조상들은 어떤 놀이와 취미 활동을 하며 여가를 보냈는지 알아보도록 하겠습니다. 우리 조상들은 어떤 놀이와 취미 활동을 하며 여가를 보냈는지 알아보자.			·판서한다
문제 해결	자　료 수집하기	■어떤 자료를 가지고 왔습니까?	□저의 모둠은 씨름, 그네 뛰는 모습의 그림을 가지고 왔습니다. □윷놀이하는 모습의 신문 자료를 가지고 왔습니다. □……	37′	
	자　료 분류하기	■모둠별로 자료를 모아서 기준을 세워 나누어 봅시다.	·모둠별로 토의하여 분류 기준을 정한다. ·기준에 따라 나눈다. ·학습판에 적는다.		▶학습판, 매직 ·분류 기준을 다양하게 정하 도록 유도한다.
	자　료 분석하기	■어떻게 분류했는지 발표해 볼까요?	□저희 모둠은 놀이와 운동, 취미 활동으로 나누어 보았습니다. □우리 모둠은 남자들이 주로 즐겼던 놀이와 취미 활동으로 나누어 보았습니다. □……		
	과　제 해결하기	■민속방법을 조사해 보고 발표 준비를 해 봅시다.	·토의를 해서 조사할 민속놀이를 정한다. ·조사한다. ·발표할 자료를 만든다.		▶컴퓨터, TV ·파워포인트로 제시한다.

단계	학습 내용	교수·학습 활동		시간 (분)	자료 및 유의점
		교 사	학 생		
	조사 내용 발표하기	■모둠별로 조사한 내용을 발표해 봅시다.	·조사된 내용을 다양한 방법 으로 발표한다. ·1분단: ·2분단: ·3분단: ·4분단:		
	민속놀이 하　기	■여러 가지 민속놀이를 실제로 해 봅시다. ■놀이를 해 보니 어떤 생각이 들 었습니까?	·민속놀이 한다.		·교실에서 할 수 있 는 놀이를 한다. ▶ 바둑, 장기, 투호, 공기, 윷판, 윷, 고 누판 고누, 제기, 실뜨기
적용 및 발전	학습 내용 정리하기	■학습 내용을 정리해 봅시다. ■조상들이 여가에 즐긴 놀이와 취 미 활동에는 어떤 것이 있었습 니까? ■우리가 본받을 수 있는 것은 무 엇입니까?	□놀이에는 윷놀이, 고누 등이 있었습니다. □씨름이 있었습니다. □취미 활동에는 붓글씨, 사 군자치기도 있었습니다. □'…….' □여가생활을 보람 있게 보냈 다는 것입니다. □놀이를 하면서 협동심을 길 렀습니다. □'…….'	4 '	·마인드맵으로 정리 한다.
	형성평가 ·차시수 업 예고 하기	·얼마나 열심히 공부했는지 확인 해 보겠습니다. ■다음 시간에는 오늘날의 취미 활동에 대해 공부하도록 하겠습 니다. 예습해 올 과제를 찾아보도록 합시다.	·각자 스스로 평가한다. ·'교과서 38~40쪽' '사회과 탐구 38~41쪽'을 읽 어 보고 과제를 찾는다.		▶학습판, 매직 ·파워포인트로 문제 제시한다. ▶교과서 사회과 탐구

7) 교수·학습과정안(수업안) 해설

구 분	수업 과정 해설(내용)
핵심적인 활동	우리 조상들의 여가생활을 조사한 다음 기준을 세워 분류하는 활동을 한다. 분류할 때는 기준을 정하는 일이 중요하다. 아이들이 잘 이해가 안 될 때는 교사가 예시를 보여 줌으로써 분류를 쉽게 할 수 있다.
학습조직 형태	분류를 하거나 놀이 방법을 알아보고 발표하기, 조상들이 즐겼던 놀이를 모둠원끼리 해 볼 수 있게 함으로써 수업의 흥미를 가져올 수 있다.
자료의 활용법	이 제재를 위해서 자료를 준비하기보다는 학기 초에 코너를 만들어 교실에서 할 수 있는 놀이 기구를 교실에 비치해 두고 쉬는 시간, 점심시간 등을 이용해서 놀이를 하면 놀이에 취해서 소란스럽거나 놀이하는 데에만 관심을 두는 것도 예방할 수 있어 좋다.
수업 아이디어	조상들이 즐기던 놀이에는 여러 가지가 있지만 너무 많이 알려져 아이들에게 흥미를 잃게 하는 놀이를 선택하기보다는 잘 해 보지 않은 놀이를 부모님께 여쭈어 보고 조사해 와서 해 보는 놀이(자치기, 다양한 고누 놀이, 돌멩이 공기 등)는 아이들에게 더욱 흥미를 끌 수 있어 좋다.

2. 교수·학습과정안(예시 2)

학년·학기	4 - 2	단원(주제)	2. 가정생활과 여가생활 (2) 여가생활의 변화	차시	9 - 10/13

학습 주제	(2) 여가생활의 변화 ② 즐거운 주말	교 과 서	82~88쪽
		사회과 탐구	79~87쪽

학습 목표	▫ 바람직한 여가생활이 우리에게 주는 도움을 사례를 들어 제시할 수 있다.
예습 과제	나의 여가생활에 대해 조사해 오기(학습지 해결)
수업 유형	소집단 토의 학습	학습 조직 형태	소집단 학습

단계	학습 내용	교수·학습 활동	시간(분)	자료 및 유의점
문제 파악	· 농구와 관련됨 어린 시절 알아보기 · 공부할 문제 확인	■VCR을 통하여 농구경기의 장면을 1~2분 상영한다. - 학생들이 좋아하는 농구선수를 발표하기 - 그 농구선수의 어린 시절 취미 활동은 무엇이었을까? ■세계적인 음악가의 어린 시절에 대한 일화를 위인전을 읽은 것 중에서 이야기한다. ┌ 건전한 취미생활은 우리에게 어떤 도움을 주는지 알아보자. ┐	6′	· VCR · 위인전기
문제 추구	· 오늘날의 취미 활동 특징 찾아보기	■전 시간에 조사하여 분류 정리한 표를 보고 오늘날 학생들이 주로 많이 하는 취미 활동을 발표하기 - 학생들이 주로 많이 하는 취미 활동은 무엇인가? - 그 이유는 무엇이라 생각하는가? - 옛날 어린이들이 했던 놀이와 다른 점은 무엇인가?	7′	

단계	학습 내용	교수·학습 활동	시간 (분)	자료 및 유의점
문제 추구	·취미생활의 좋은 점을 찾아 발표하기	■ 사회과 탐구 42 – 43쪽 '거리의 악사'를 읽고 각자의 생 각 발표하기 – 아인슈타인은 어떤 사람인가? – 아인슈타인이 바이올린을 좋아하게 된 이유는? ■ 자기의 취미생활에 대하여 발표하기 – 자기의 취미생활은 무엇인가? – 그 취미생활을 하게 된 이유는? – 취미생활을 하고 난 후의 느낌은 어떠한가?	10′	·사회과 탐구 ·위인전
문제 해결 적용 및 발전	·바람직한 취미 활 동에 대하여 토의 해 보기 ·여가생활을 위한 우 리의 자세 발표하기 ·차시학습 예고	■ 자기의 장래 희망과 현재하고 있는 취미생활과의 관계 를 발표한다. – 각자의 장래 희망은 무엇인가? – 현재의 나의 취미는 무엇인가? – 장래의 희망과 현재 나의 취미생활과는 어떤 관계가 있 는가? ■ 어린이들에게도 취미 활동이 필요한 까닭을 이야기해 본다. ■ 취미생활의 좋은 점을 생각해 보고 발표하기 – 피로회복에 도움이 되는가? – 여가생활에 도움이 되는가? – 건전한 생활을 할 수 있는가? – 소질을 계발할 수 있는가? ■ 좋은 취미생활이란 어떤 것인지 토의한다. ■ 조상들의 여가생활과 취미 활동에서 배울 점을 이야기 해 보기 ■ 어른들의 취미 활동에 대한 각자의 생각 발표하기 ■ 여가를 뜻있게 보내기 위한 각자의 다짐 발표하기 ■ 교과서 45쪽 '더 공부해 보기'를 읽고 자기의 생각 정리 해 오기	12′ 5′	·전자오락, 컴퓨 터 게임 등에 대해서도 솔직 한 토의가 되 도록 유도한다.
수 행 평 가 관점		◦일상생활에서 여가생활을 구분해 낼 수 있는가? ◦바람직한 여가생활이 어떤 것인지 말할 수 있는가? ◦바람직한 여가생활이 우리 생활에 주는 도움을 사례를 들어 제시할 수 있는가?		

나의 여가생활

제○학년 ○반 성명(   )

1. 다음의 경우 여가생활을 해 본 경험을 각각 2가지 이상 써 보아라.

<혼자서>   <친구와 함께>   <가족과 함께>

2. 평소에 가장 많이 해 온 여가생활은 무엇인가?

3. 평소 많이 해 온 여가생활이 바람직하였는지 적어 보고, 그 이유를 써 봅시다.

4. 이번 주말에 가장 하고 싶은 여가생활은 무엇이며, 그것이 주는 도움은 무엇인가?
(1) 가장 하고 싶은 여가생활

(2) 여가생활이 주는 도움

(3) 나의 다짐

(학습지)

사회과 자율 학습지

단원	1. 가정생활과 여가생활 (바람직한 취미 활동)	제( )학년 ( )반 ( )번 성명( )	
다짐	1. 아인슈타인이 과학자이면서 바이올린을 곁에 두고 생활했던 이유는 무엇인가? 2. 나의 장래의 희망은 무엇인가? 3. 지금 나의 취미와 장래 희망은 어떤 관계가 있을까? 4. 훌륭한 축구 선수 중에는 어렸을 때부터 취미 활동을 주로 무엇을 했을까?		
북돋음	※ 다음과 같은 취미를 살린다면 장차 어떤 사람이 될까 두 가지씩 써 보시오. 1. 운동을 좋아한다. 2. 책읽기를 좋아한다. 3. 노래 부르기를 좋아한다. 4. 컴퓨터 조작을 좋아한다. 5. 만들기를 좋아한다.		
오름	1. 좋은 취미 생활이란 어떤 것일까? 2. 취미 생활을 하면 좋은 점은 무엇인가? 3. 옛날 어른들의 취미 생활과 오늘날 어른들의 취미 생활의 다른 점을 써 보시오.		
새 다짐	1. 앞으로 나의 취미와 장래 희망을 더욱 발전·성장시키기 위해서 노력할 점은 무엇인가? 2. 나의 취미, 장래 희망과 미래의 내 진로, 직업을 견주어 생각하여 보자.		

1) 교수·학습과정안(수업안) 해설

구 분	수업 과정 해설(내용)
핵심적인 활동	이 제재를 학습할 때는 어떤 활동이 바람직한 여가 활동인가를 자기 스스로 판단해서 선택할 수 있도록 하는 것이 중요하기 때문에 왜 바람직한지 바람직하지 않은지 근거를 명확하게 제시할 수 있도록 해야 한다. 따라서 다양한 취미 활동과 여가생활에서 바람직한 것을 찾아 이를 생활 속에서 실천할 수 있도록 하는 데 중점을 두고 있다. 이러한 실천으로 나아가기 위하여 먼저, 학생들 각자가 생각하는 바람직한 여가생활에 대하여 의견이 자유롭게 제시될 수 있도록 해야 한다. 그러므로 교사는 학생들이 자유롭게 의견을 제시하고, 최선의 선택을 할 수 있도록 허용적인 학습 환경을 구축하는 데 힘써야 한다.
학습조직 형태	개별학습을 통해 자기의 여가생활을 알아보고, 전체 학습을 통해서 친구들은 어떻게 여가생활을 하는지 알아봄으로써 바람직한 여가생활에 대한 의미를 찾을 수 있도록 한다.
자료 활용	사회과 교과서에 제시되어 있는 학습지를 미리 과제로 제시하여 해결할 수 있도록 하며, 해결 후에는 거두어서 수행평가로 처리할 수 있다.
수업 아이디어	바람직한 여가생활을 실천하기 위한 일들로 여가생활에 대한 광고를 만든다든지, 가족과의 주말 계획을 자기가 직접 세워 보게 하는 것도 의미가 있다. 광고는 신문이나 실제 광고지를 이용해서 소개할 수도 있고, 주말 여가생활 계획은 대상, 종류, 언제, 어디서, 어떻게 할 것인지 구체적으로 세워 부모님께 보여 드리면 함께 갈 수 있도록 교사가 통신문을 통해 안내해 주면 좋다. 그렇지 않을 경우에는 계획을 세우는 데 아무런 의미가 없기 때문에 가족이 함께할 수 있는 내용으로 세우도록 지도할 필요가 있다.
지도상의 유의점	토의 학습을 하기 전 적합한 교실 분위기를 조성해 두는 것이 좋은데 이때는 서로 마주보고 토의를 할 수 있도록 하는 것이 좋다. 한 사람이 여러 번 발언하기보다는 모든 학생이 골고루 적극 참여할 수 있도록 발언이 집중되는 것을 제한할 필요가 있다.

3. 소집단 학습 참고 자료

1) 소집단(모둠) 조사 학습의 사례

(1) 문헌 조사 학습의 예

[주제] 우리나라의 경제 성장
[목표] 1960년대 이후 우리나라 경제가 발전한 과정을 통계 자료, 정부 간행물, 기타 기록 문서 등에 관한 자료를 조사 분석하여 그 경향성과, 국민들이 노력한 점을 파악할 수 있다.

■문제 파악
예) 1960년대 이후 우리나라 경제 발전은 어떻게 이루어져 왔는가?

■가설의 형성
예) 1960년대 이후 경제 개발 계획의 추진은 경제 발전과 깊은 관계가 있다.

■자료(문헌)의 수집 및 검토
예) 경제 개발 계획서 및 경제 개발 계획 실시 이후의 경제 변동 상황에 관한 여러 가지 자료의 수집 및 검토

■검토 분석한 내용의 해석
예) · 1960년대 이전에 가난했던 이유
　· 1960년대 이후 산업 시설의 증가
　· 1960년대 이후 무역량의 증가
　· 1960년대 이후 국민 소득의 증가
　· 1960년대 이후 산업 구조의 변화
　· 1960년대 이후 경제 발전을 위한 주민들의 노력
이상의 결과에서 알 수 있는 것:

■보고서 작성 및 발표, 토의, 정리
　1960년대 이후 우리 정부는 계속적인 경제 개발 계획을 수립하고 추진하였으며 국민들이 이에 적극 참여하고 노력하여 국민 소득이 크게 향상되었음을 정리한다.

(2) 사례 조사 학습의 예

[주제] 준희네 마을의 자치 생활
[목표] 어려웠던 준희네 마을 사람들이 자치 활동을 통해 어려움을 극복하게 된 동기와 과정, 결과 등을
     파악할 수 있다.
[수업과정]
■학습문제의 설정
(예) 준희네 마을의 자치 생활은 어떻게 이루어졌으며, 그 결과 주민 생활은 어떻게 변화되었는가?
■조사할 내용
○준희네 마을의 어려웠던 상황
○준희네 마을에 생긴 문제
○자치 기구의 결성과 그 활동 상황
○자치 활동에 의한 주민 생활의 변화
■조사 방법 결정
○준희네 마을이 어렵게 되었던 초기 상황과 현재의 주민 생활 태도(현지 관찰)
○마을에 생긴 문제와 자치 기구 설치 및 그 활동의 결과(현지조사와 면접)
○현재의 주민들의 생각과 각오(질문지)
■관련 정보의 수집
○준희네 마을의 위치, 거리, 교통, 마을의 지도자, 조사 시기, 조사상 어려운 점
■조사 실시
○관찰, 면접, 질문지: 조사의 구체적인 계획에 의하여 분단별로 조사 실시
■수집된 자료의 정확성 검토
○관찰, 면접 사항의 정확성 검토
○질문지에 응답한 사항의 확인
○지도자 및 주민의 활동 상황 기록 자료의 검토 분석
○관찰 결과 및 면접, 질문지에 응답한 결과의 유목별 분류, 정리
■분석 결과의 정리 및 보고서 작성
○조사의 문제 및 내용에 따른 조사 결과 확인 및 최종 보고서 작성
① 조사 문제
② 조사 내용
③ 조사 방법 및 일정
④ 조사 결과
·마을이 어려웠을 때의 상황
·문제의 발생
·운동 전개 이후의 마을의 변화
·문제 해결을 위한 자치 기구 결성 및 활동 상황
·주민의 협동 생활
·자치 활동의 결과 → 마을의 생활 환경 및 주민 생활의 변화
·현재 주민의 의식과 앞으로의 생활의 개선과의 관련성
⑤ 정리
·자치 활동을 결성하게 된 동기, 경위, 현재의 상황 요약
·주민들의 자치 정신 발휘와 주민 생활의 개선과의 관련성
·주민들의 자치 정신의 중요성

■발표, 토의
○준희네 마을의 자치 활동의 경위, 결과 및 그에 대한 의견
○다른 고장의 자치 생활 사례와 그 결과
○조사과정에서의 문제점과 개선 방법

(3) 표본 조사 학습의 예

[주제] 시·도 사람들이 바라는 것
[목표] 자기 반 학부모들을 대상으로 간단한 질문지를 통해서 우리 시도 사람들이 요구하는 것이 무엇
　　　인지를 조사하여 개략적인 특징을 파악할 수 있다.
[수업의 전개]

■문제 파악
우리 시도 주민들이 생활하면서 느끼는 어려움을 개략적으로 이야기하고, 이러한 문제에 대하여 주민들
이 어떻게 생각하며, 바라는 것이 무엇인지를 알아보는 것이 중요한 학습문제임을 알도록 한다.

■가설의 설정
주민들이 생활하는 데에는 교통·통신, 상·하수도, 주택, 문화 시설 등 여러 분야에 어려움이 있고, 이
러한 문제가 해결되기를 바라고 있을 것임을 추론한다.

■조사 내용 결정
우리 시·도 주민들이 생활하는데 불편을 느끼거나 이루어지기를 바라는 여러 가지 문제에 대해 토의하
고 유목별로 정리한다. 그러한 문제의 예를 들면, 주택 부족, 도로 확장 및 포장, 쓰레기 수거, 상·하수
도, 교통안전 시설 및 주차장, 통신 시설, 문화 시설 등이 될 것이다.

■표본 추출 및 조사 방법 협의
시·도 민원실에 들어온 여러 가지 민원 사항을 알아볼 수도 있으나, 질문지를 만들어 주민들을 상대로
직접 조사해 보는 것이 좋을 것이라는 논의를 한다.
자기 반의 학부모를 대상으로 질문지 조사를 하는 방법이 있다는 것을 이야기하고, 학부모와 자기가 살
고 있는 동네의 주민들을 대상으로 조사할 것을 결정한다.

■조사 계획 수립
· 교사: 간편한 형식으로 질문지를 만든다.
· 학생: 질문지를 배포하고 회수한다.
· 조사 대상(인원) 결정: 학부모와 이웃 주민을 포함하여 100명 정도(자기 반 학부모 수의 2배 정도)
· 조사 및 자료 처리 시기 결정

■조사 실시
질문지를 1인당 2~3매씩 나누어 받아, 각자의 부모 또는 이웃 어른들을 대상으로 조사한다.

■조사 결과 처리
질문지의 반응 결과를 보고 요구 사항별로 그 빈도를 구하여 표를 만들고 막대그래프나 그림그래프로
나타낸다.

■조사 결과 해석
　시·도 주민들의 요구 사항 중에서 가장 큰 불편을 느끼거나 개선하기를 바라는 사항들을 알아보고,
왜 그러한 요구 사항이 있으며, 그러한 요구 사항을 해결하려면 어떻게 해야 하는지 토의 정리한다.

2) 소집단 토의 학습의 단계별 훈련 방법

학습 효과를 높이기 위한 하나의 방법으로 소집단 토의 방법을 많이 이용하고 있다. 이를 잘 운영만 한다면 학습의 효과는 물론 집단 사고과정에 의해 서로 돕는 협동심 및 이해하려는 인성이 길러지고, 학습문제도 바르게 해결할 수 있으며 나아가 '학습 방법의 학습'과 '학습력을 기르는 학습'도 이룰 수 있게 된다.

따라서 학기 초 소집단 토의 학습 훈련을 시켜 두면 사회과 학습뿐만 아니라 타 교과의 학습 활동도 활성화할 수 있으며 학습자들의 학습 활동에 대한 참여도 적극적으로 유도할 수 있으므로 소집단 토의 방법을 단계별로 익혀 나가는 것이 필요한 것이다.

(1) 학습 순서

단 계	1	2	3	4
학 습 제 재	·짝끼리 대화하기	·소집단 편성훈련 및 소집단 토의 요령 알기	·리더의 역할 및 개인과 리더의 말하기 방법	·소집단 토의의 진행 절차
지 도 요 소	·정해진 주제로 대화하기 ·자유 주제로 대화하기	·소집단 편성방법을 익혀 자연스럽게 만들기 ·소집단 토의를 할 때는 - 토의 요령 알기 - 유의할 점 알기	·리더 역할 알기 ·개인과 리더의 말하기 방법 익히기	·소집단 토의의 일반적인 진행 절차 익히기

(2) 단계별 학습 계획

단계	학습 목표	학 습 내 용	시간(분)	자료 및 유의점
1	정해진 주제와 자유주제로 짝끼리 대화를 할 수 있다.	●정해진 주제로 대화하기(예: 심부름) ·둘이 서로 마주 보기 ·A 듣고 B 대답하기 ·B 듣고 A 대답하기 ·둘의 이야기 내용 발표 ·발표 후 칭찬과 격려 ●자유주제로 대화하기 ·둘이 서로 마주 보기 ·서로 순서 없이 주제를 정하여 이야기 나누기 ·나눈 이야기 발표 후 칭찬과 격려해 주기	40	·아동들이 자신감 있게 발표할 수 있도록 칭찬과 격려를 많이 하도록 한다. ·발표하기 전 혼잣말로 연습을 충분히 하게 한다.
2	자연스럽게 소집단을 만들 수 있으며 소집단 토의 시 토의 요령을 익힐 수 있다.	●소집단 편성 훈련 ·첫째, 셋째, 다섯째 줄에 앉은 아동 손들기 ·손 든 아동은 일어나서 걸상과 책상을 옆으로 소리 나지 않게 돌린 후 앉기 ●소집단 토의를 할 때에는 ·토의 요령 ·유의할 점	40	·말소리나 책걸상 움직이는 소리가 나지 않을 때까지 반복 훈련한다. (4인 1조)

단계	학습 목표	학 습 내 용	시간(분)	자료 및 유의점
3	리더의 역할을 알고 말하기 방법을 익힐 수 있다.	• 리더의 역할 • 리더와 개인의 말하기 방법 익히기 · 같은 생각 · 발표 권장 · 의문이 날 때 · 수정하려고 할 때 · 대립된 의견 조정할 때 · 확인하려고 할 때	40	· 리더의 역할 을 알아본 후 모두 돌아가면서 적극적으로 말하게 한다.
4	소집단 토의의 일반적인 절차를 알 수 있다.	• 소집단 토의의 진행 절차 · 소집단 짜기 · 주제 및 활동 선택 · 개별 활동 · 소집단 토의 · 검토 및 마무리 · 소집단별로 발표 · 전체 마무리	40	· 토의의 절차를 익혀 간단한 주제로 토의해 보면서 확실히 익히기 · 토의 메모용 책받침

(3) 학습에 도움이 되는 자료

1 소집단 토의 방법	5 소집단 토의의 진행절차
2 리더의 역할	6 소집단 토의의 실제
3 소집단에서 개인의 말하기	7 소집단 토의 학습지
4 소집단에서 리더의 말하기(발언)	

1 소집단 토의방법

• 소집단 토의 요령

> · 리더(leader)가 사회를 본다.
> · 모두가 꼭 한마디씩 한다.
> · 리더는 구성원이 발표한 내용의 요점을 메모한다.
> · 그 시간에 토의된 내용을 전 구성원이 확인한다.
> · 토의가 끝나면 발표자를 결정한다.
> · 자세를 바르게 하고 토의가 끝났음을 교사에게 신호로 알린다.

• 토의 시 유의할 점

> · 자기 의견만 고집하지 않는다.
> · 남의 이야기를 경청한다.
> · 틀렸거나 실수한 말에 웃거나 비난하지 않는다.
> · 너무 큰 소리가 나지 않도록 소곤소곤 이야기한다.
> · 자기의 의견과 다를 경우에는 그 이유를 밝혀 이해를 구한다.
> · 어느 한 사람이 대화를 독점하지 않는다.

2 리더의 역할

> ・토의를 위한 제반 여건을 조성한다.
> ・토의의 목표와 절차를 알려 준다.
> ・토의를 시작하고 흐름을 유지시켜야 한다.
> ・적절한 통제로 학습자 전원의 참여를 유도한다.
> ・토의를 요약하거나 다른 사람이 요약하도록 한다.
> ・적극적이고 개방적인 질문이나 진술을 던질 수 있어야 한다.
> ・사실이나 판단의 잘못된 점을 분명히 지적함으로써 비생산적이고 산만하게 전개되지 않도록 신경을 쓰며, 토의시간도 분배 관리한다.
> ・토의의 마지막 부분에서 참가자들의 아이디어를 모두 연결해서 결론을 맺고 일반화할 수 있어야 한다.
> ・주제를 흥미롭게 다루는 유머감각이 필요하다.
> ・타인의 의견을 존중하고, 자신의 의견을 억제한다.
> ・태도와 행동에 대해서 성급하게 판단하지 않고 수용과 격려의 자세가 중요하다.

3 소집단에서 개인의 말하기

> ### 소집단에서의 토의는 이렇게
>
> > ◎ 리더를 중심으로 질서 있게 토의한다(리더는 돌아가면서 맡고 사회자가 된다.).
> > ◎ 다른 소집단에 방해가 되지 않도록 조심하면서 소곤소곤 말한다.
> > ◎ 토의된 내용은 학습장에 정리하고 전체 학습에 이용할 수 있도록 자료를 만든다.

〈개인의 말하기〉

・같은 생각
- ○○의 의견은 참 좋습니다. 특히 ~하자는 의견은 제 생각과 같습니다.
- ○○가 낸 의견은 ~한 부분이 실천하기에 좋은 의견입니다. 그렇게 했으면 좋겠습니다.

・보충할 때
- ○○의 의견은 ~하자는 생각인데, 거기에다가 ~한 방법을 더했으면 좋겠습니다. 훨씬 간단하고 편리할 것 같습니다.
- ○○의 생각에~것은 빼고 ~를 하면 어떻겠습니까? 우리 반 실정에 맞지 않을까요?

・추정할 때
- 만약 ~하게 된다면 앞으로 그 의견은 ~이 될 것 같습니다.
- ○○가 말씀하신 대로 이루어진다면 정말 보람 있는 일이 될 것이라고 생각합니다.
- ○○의 의견은 ~한 결과를 가져올 것이고, ○○의 의견은 ~한 결과를 가져올 것이라고 생각합니다.

・요약할 때
- ○○의 의견을 정리하면 ~인 것 같습니다.
- 우리 조의 의견은 대체로 ~으로 요약할 수 있습니다.
- ○○의 의견은 전체 의견과 약간 다르지만 대체로 ~이라고 우리 의견을 요약할 수 있습니다.

・생각이 다를 때
- ○○의 의견은 제 생각과 다릅니다. 그 의견은~면에서 타당하지 않습니다.
- ○○의 생각은 ~라는 점에서 실천이 불가능합니다. 따라서 저는 그 의견에 반대합니다.
- ○○의 의견은 ~점에서 매우 좋지만 ~점에서는 ~한 나쁜 점도 있습니다. 따라서 그 의견을 조금 바꾸거나 다른 의견으로 했으면 좋겠습니다.

④ 소집단에서 리더의 발언

〈리더의 발언〉

● 같은 생각
- 예, 저도 그 생각이 마음에 와 닿습니다.
- 예, 그런 방법도(생각도) 있군요.
- 예, 정말 좋은 생각입니다.
- 저도 그렇겠다는 생각이 듭니다.
- ○○는 우리가 생각지도 못한 것을 잘 말해 주었습니다.

● 발표 권장
- 다른 의견을 말씀해 주시면 고맙겠습니다.
- 지금 말씀하신 것과 달리 생각하는 분은 안 계십니까?
- 어떠한 생각이라도 말씀해 주시면 오늘의 토의가 더욱 빛날 것입니다.
- 아주 사소한 생각이나 의견도 도움이 됩니다. 발표해 주십시오.
- "생각은 뱉어야 빛이 된다."는 말이 있습니다.
여러분의 마음속에 있는 의견을 진솔하게 발표해 주시기 바랍니다.

● 의문이 날 때
- 방금 하신 말씀은 ~라고 생각되는데 맞습니까?
- 다시 한 번 말씀해 주시면 다른 분들이 이해를 더 잘할 것입니다.
- 왜 그렇게 생각하셨는지 말씀해 주시겠습니까?
- 좋은 의견인데 토의 주제하고 어떤 관련이 있을까요?

● 수정하려고 생각할 때
- 토의 주제는 ~인데 발표하신 의견과 조금 다른 것 같지 않습니까?
- 보충하실 말씀이나 반대의견이 있는 분은 말씀해 주십시오.
- 방금 발표한 ○○의 의견에 대해 수정하실 말씀이 있는 분은 발표해 주십시오.

● 대립된 의견을 조정할 때
- 대체로 ~라는 의견과 ~라는 의견으로 나누어졌습니다.
그 밖에 다른 의견이 없다면 두 가지 의견 중에서 택해 보는 것이 어떻습니까?
- ○○의 의견과 ○○의 의견은 정반대의 의견입니다.
이 두 가지를 가지고 어떻게 하는 것이 좋을지 다시 한 번 의논하겠습니다.

● 확인하려고 할 때
- 방금 말씀하신 것은 "~하자"는 의견인 것 같은데 맞습니까?
- ○○가 발표한 의견 가운데 혹시 잘못된 부분은 없습니까?

⑤ 소집단 토의의 진행 절차

1단계	2단계			3단계	4단계	5단계	6단계	7단계
소집단 짜기	주제 또는 활동 선택	·공동 창작 ·지역 조사 ·사진글 쓰기	·개별 활동: 주제에 대해 혼자 생각하여 간단히 메모하기	·소집단 토의: 토의 주제별 토의자 교체: 토의자, 발표자 말 요약해 적기(발표자, 기록자명, 날짜, 토의 주제, 토의 내용 적기): 시작 부분에는 순환식으로 소집단 구성원 모두 자기 의견을 발표하고 개별 발표가 끝난 후 자유 토의에 들어가 쟁점을 다룸.	검토 및 마무리	·소집단별 발표 및 상호 평가: 발표 때마다 다른 소집단에서 질문 ·반론을 제기할 것이 있으면 기록해 두었다가 전체 자유토론 시간에 질문: 개인별로 듣기 훈련을 통해 토론 중에 자유롭게 메모하게 하든지 아니면 전체 마무리 후 간략히 기록하는 시간을 설정해 두고 기록하게 함.	전체 마무리

⑥ 소집단 토의의 실제

주 제: 숙제는 꼭 있어야 하는가?
조 장: 좋은 아침입니다. 혹시 어제 숙제를 못 해 오거나 안 해 온 분 있습니까? (한두 명 손을 든다고 가정) 조 장: 조원 1은 왜 숙제를 안 했습니까? 조원 1: 저는 어제 큰집에서 제사를 지냈는데 거기서 새벽 2시에 집에 왔습니다. 그래서 일부러 안 한 것이 아니라 못 했습니다. 조 장: 새벽 2시에 왔으면 졸음이 와서 하기가 어려웠겠군요. 조원 2는 왜 안 했지요?

주 제: 숙제는 꼭 있어야 하는가?
조원 2: 저는 그 숙제가 너무 어려웠습니다. 부모님은 직장에 나가셔서 늦게 들어오시고 도와줄 분도 안 계셔서 제힘으로는 도저히 풀 수가 없었습니다. 조 장: 아, 그런 어려움도 있군요. 좋습니다. 숙제는 이런 이유로 하지 못하는 경우도 있습니다. 자, 그러면 오늘은 '숙제는 꼭 있어야 하는가'라는 주제를 가지고 토의를 한번 해 보도록 하겠습니다. 먼저 한 사람씩 돌아가면서 자유롭게 의견을 말해 봅시다. 조원 3: 저는 숙제가 있는 게 좋다고 생각합니다. 그저께 푼 수학 문제가 학교에서는 잘 이해가 되지 않았습니다. 그렇지만 집에 가서 문제를 궁리해 보니 확실하게 푸는 방법을 알 수 있었습니다. 숙제가 없었다면 알쏭달쏭했던 것은 모르는 문제로 남게 되었을 것입니다. 그러니까 숙제가 있는 것이 우리에게 훨씬 도움이 되지 않겠습니까?

조원 4: 저도 조원 3의 생각과 같습니다. 물론 숙제하기가 재미있고 좋은 것은 아닙니다. 그러나 우리에게 유익한 것만은 분명합니다. 그러니 있어야 한다고 생각합니다.

조원 5: 조원 3과 조원 4의 생각도 일리가 있지만 제 생각은 다릅니다. 쑥스럽지만 저는 수학을 잘하는 편이어서 숙제가 없더라도 잘할 수 있는 자신이 있습니다. 저 같은 경우는 똑같이 내준 수학 숙제를 하기보다는 그 시간에 제가 부족한 역사책을 읽는 게 훨씬 도움이 되었을 것입니다.
조원 6: 저는 숙제라는 이름으로 전 학생에게 똑같은 과제를 주지 말고 자유롭게 했으면 좋겠습니다. 각자 하고 싶은 것을 배우거나 해 볼 수 있는 기회를 가질 수 있게 말입니다.

조 장: 아. 그것은 숙제가 있어야 하나, 없어야 하나의 주제에서 약간 거리가 있는 것 같습니다. 조원 6의 의견은 숙제의 방법을 이야기할 때 말씀해 주시는 게 좋겠습니다. 숙제가 꼭 있어야 한다는 쪽부터 좀 더 구체적으로 말씀해 주십시오.

조원 3: 사실 우리는 놀고 싶은 나이입니다. 숙제가 없다면 아무리 결심을 하고 열심히 하는 학생이라 해도 마음먹은 대로 되지 않을 게 뻔합니다. 틀림없이 빈둥빈둥 놀기만 할 것입니다.

주 제: 숙제는 꼭 있어야 하는가?

조원 5: 그건 조원 3 개인의 생각일 뿐입니다. 우리는 학원을 가야 하고 지금 배우고 싶은 것도 많습니다. 숙제할 시간에 좋아하는 특기나 취미 활동을 하는 게 더 바람직합니다.
우린 항상 시간이 모자랍니다.

조원 4: 숙제가 그렇게 학원 갈 시간을 뺏을 정도로 많지 않은 경우가 대부분입니다. 대개는 20~30분이면 끝납니다. 그 정도 수고하고 자신에게 도움이 된다면 있어야 하는 게 당연하지 않습니까?
조원 1: 조원 4의 의견에 약간 덧붙이겠습니다. 수업 시간에는 이해되어도 복습하지 않으면 잊어버리는 게 많습니다. 그러니까 복습의 의미에서 숙제는 있어야 하는 게 당연하지 않습니까?

조원 6: 숙제가 없다고 복습을 안 하는 것이 아닙니다. 이해가 안 된 사람은 복습을 하고 이해가 된 사람은 백과사전을 본다든지 다른 공부를 하자는 것입니다. 숙제에 얽매이지 말고 말입니다.

조 장: 네, 아주 열기가 대단합니다. 요약을 하면 숙제가 있어야 한다는 쪽은 숙제를 함으로써 배운 내용을 확실히 익히고 공부하는 습관을 가지며 시간도 그렇게 많이 걸리지 않는다는 것이고, 숙제가 없어도 된다는 쪽은 그 시간에 자기에게 부족하거나 하고 싶은 것들을 자유롭게 하는 게 더 바람직하다는 것입니다. 다른 조의 의견(혹은 선생님)도 더 들어 보고 숙제가 과연 있어야 하는가에 대해 좀 더 깊이 의논해 보겠습니다.

조 장: 마지막으로 결론을 내려 보겠습니다. 숙제가 여러모로 도움이 되고 필요하므로 있어야 된다고 생각하시는 분은 손을 들어 주십시오. (반대쪽 거수)

조 장: 저희 조(반)에서는 대체로 숙제는 없어도 된다는 쪽의 의견이 많습니다. 선생님께 건의해 보도록 하겠습니다. 숙제가 있어야 된다는 의견도 적지 않았고 이유도 타당한 점이 많습니다.
각자 다시 한 번 깊이 생각해 보시기 바라며 다음 기회에 한 번 더 이 문제를 토의해 보는 것도 좋을 것 같습니다. 긴 시간 진지한 토론을 벌여 주신 여러분께 감사드립니다.

우리 모둠원들의 생각

연월일	년 월 일	모둠	( ) 모둠	기록자	

토의 주제:

우리들의 생각	말한 사람	무슨 말을 했나?

모아진 생 각	

반 성	잘 된 점	고쳐야 할 점

다음 주 토의 주제	

3) 소집단 학습 시 좌석 배열

사회과 교실에서의 좌석(책상) 배열은 이상적인 하나의 형태만이 존재하는 것은 아니다. 예를 들어 그룹을 지어서 책상을 배치하는 경우에는 작은 그룹별로 토론하는 수업에서는 유용하지만 전체 학급을 대상으로 하는 수업에서는 교사와 학생이 직접 얼굴을 다 볼 수 있는 배치가 적합하다. 학생들은 교사가 자기 등 뒤에 있으면 교사가 자신의 혼란스러운 행동을 볼 수 없을 것이라 생각하여서 수업에 집중하지 않는 경향이 있기 때문이다. 각 배열 방식의 장단점을 알아보고 상황에 적절하게 활용하는 것이 바람직하다.

(1) 전통적 배열법

일반적으로 전통적인 방식의 책상 배열은 학급에서 통제를 많이 요구하는 상황에서 활용한다. 실지로 많은 선생님들이 전통적 책상 배열이 가진 부작용으로 아예 이런 방식을 기피하려고 하는 경우도 있으나 상황에 따라서는 전통적인 배열이 효과적일 수도 있다. 과업지향적인 상황이나 단시간에 많은 분량을 수업해야 하는 경우, 특별한 개념을 설명해야 하는 경우에 적합하다. 학생들 간에 상호작용이 필요 없는 상황 등에 효과적이다. 교사가 완전하게 통제하고 지배할 수 있는 장점이 있다.

(2) 수평적 배열법

수평적 배열법은 좌석을 옆으로 길게 배열하는 방식이다. 전통적 배열과 원탁형 배열의 이점을 모두 살린 형태이다. 학생들의 관심을 교사에게 집중시킬 수 있기 때문에 학생들이 앉아서 과업을 성취하는 경우나 암기식 학습 활동 등에 유용하다. 옆에 앉을 수 있으므로 학습 자료의 제시 등에는 효과적이나 대집단 토의에는 적합하지 못한 단점이 있다.

(3) 소집단 배열법과 원탁형 배열법

소집단 배열은 4명 정도의 학생이 마주 보고 앉은 형태이고 원탁형 배열은 전체 학생이 하나의 원 형태로 앉은 상태를 말한다. 이런 배치는 학생들 전체에 대한 학습 자료의 제시나 학급을 통제하는 데에는 비효과적이다. 소집단 배열은 학생들 간에 서로 이야기하고 도와주며 집단적 과업 수행에 효과적이며 원탁형 배열은 전체 학생들이 참여하는 토론에 유용하며 독자적인 과업 수행에 적용가능하다. 학생들이 관심의 대상인 사물에 가까이 모여 앉을 수 있도록 좌석을 배열한 형태이다. 학습 문제를 심도 있게 분석하거나 소규모 시청각 기자재를 보아야 하는 상황에 적합하다. 하지만 모둠형 배열은 학생 통제에 문제가 야기될 수 있으므로 짧은 기간 동안에 시행되어야 한다.

(4) 말발굽형 배열법

보다 화기애애한 분위기에서 토의할 수 있다. 학생들 상호간에 감독기능이 강화되어 토의에 집중할 수 있고 자유스럽게 발표할 수 있다.

(5) 다양한 책상 배열법

기본적인 책상 배열 방식은 활동의 양식에 따라 장단점이 있음을 알 수 있다. 소집단 학습과 토론 학습, 그리고 일제식 수업을 다 같이 효과적으로 하기 위하여 책상 배열을 바꿔 보는 것도 고려해야 한다(배지영, 1997: 79-80).

일(1)자형 책상 배열이 편리하다. 디귿(ㄷ)자형은 학교에서 보편화되어 있는 4분단형 배치에서 2, 3분단의 앞쪽 1~2개의 책상을 1, 4분단으로 옮기는 것이다. 일(1)자형 배치는 1, 2분단 또는 3, 4분단의 앞 2~4개 책상을 빼거나 다른 분단으로 옮기는 것이다. 이렇게 하면 가운데 빈 공간이 생기는데 이곳은 일제 학습 시 바닥에 잠시 앉아 교사의 가르침을 받는 장소가 된다. 이렇게 되면 각 조별로 마주 앉아 토의 학습도 할 수 있다. 또 안쪽 편에 앉은 아이들만 뒤로 돌아 앉으면 서로 마주 보게 되어 전체 토론도 가능하다.

기존의 책상 구조에는 일(1)자형 배열이 가장 알맞다. 일(1)자형 책상 배열은 이동식 화이트보드식 소칠판이 있는 경우에 공간을 알뜰하게 활용하는 방법으로 많이 쓰이고 있으나 새로운 책상 배열법에 비해 덜 활용하는 편이다.

■제2장■ 토의 학습

제1절 토의 학습의 이해

1. 토의 학습의 개념과 특징

사회현상에 관한 여러 가지 학습 과제를 해결하기 위하여 학습자들 상호 간에 자기 의견을 발표함과 동시에 다른 사람들의 의견을 경청하고 존중하면서 학습을 전개하는 공동학습 형태가 곧 토의 학습이다. 학생들이 토의를 할 때 자기 의사를 올바르게 표현할 수 있을 뿐만 아니라 다른 사람의 의사를 존중하며, 여러 가지 집회 활동에 적극 참여할 수 있는 민주 시민의 자질과 능력을 함양하고자 한다.

민주 시민으로서의 자질 함양을 강조하고 있는 사회과의 교수·학습에서, 토의 학습 방법은 매우 중요한 학습 형태이다. 민주 사회에서 훌륭한 시민이란, 자기의 의사 표시를 올바르게 잘 할 수 있어야 하며 다른 사람들의 의견과 주장을 적극 수용하는 자세를 가져야 한다. 또한 다른 사람의 의견을 존중하는 태도를 가져야 하며, 여러 가지 집회 활동을 하는 데에 리더로서 회의 진행 요령이라든가 토의 방법 등을 유능하게 수행할 수 있는 능력을 구유하여야 한다. 따라서 사회과의 토의 학습은 민주 시민의 자질 함양과 능력 향상에 있어서 중요한 학습 방법이다. 그리고 토의 학습 기능은 여러 가지가 있다. 특히, 토의 학습은 자기의 의사를 명확하게, 알아듣기 쉽게 표현하게 해 주며, 민주적·자주적·논리적 사고 기능을 신장시켜 준다. 아울러, 타인의 의사를 존중하며 집단 의견 존중과 협동 정신을 길러 준다.

토의 학습은 두 사람 이상이 참여하는 공동 학습의 일종으로 학급 또는 한 집단 내에서 학습자들이 특정한 문제에 대하여 서로 비판적인 의견을 교환하고 토의함으로써 올바른 결론에 도달하려는 학습 방법이다. 이 방법은 집단 수업이나 공동 학습에서 비교적 많이 채택되고 있는 형태인데 1915년 파커(Parker)가 종래에 행하여지던 형식적인 문답에 대한 개선 방안으로 고안된 회화법으로부터 시작되었다. 원래 이것은 상호 이해를 깊이 하고 서로의 입장을 존중하면서 공동으로 문제 해결을 모색하는 민주적인 생활 태도의 양성을 목적으로 하는 것으로 그 형식에는 토의의 형식에 따라 순수토의 또는 자유스런 집단토의(informal group discussion), 배심토의(panel discussion), 공개 토의(forum), 강단토의(symposium), 대화(dialogue), 위원회 형식의 토의(commitee discussion) 등이 있다.

여러 사람이 공동으로 관심을 가지고 있는 문제에 대하여 서로 의견을 말하고 들으면서 문제의 해결을 모색하는 수업의 형태가 토의 학습이다. 토의 학습은 여러 가지 형태로 나누어진다. 개방성의 정도에 따른 열린 수업과 닫힌 수업, 수업의 목표에 따른 지도적 토의와 반성적 토의, 운영방법에 따른 문답식, 심포지엄식, 포럼식 토의, 교사와 학생의 역할에 따른 복습식, 소크라테스식, 세미나식 토의 등 매우 다양하다.

토의 학습에서는 학생들의 자유로운 토론을 통해 하나의 결론을 이끌어 낸다. 따라서 토의 학습의 본질은 구두표현을 수반하는 집단적 사고(group thinking)에 있다. 집단 구성원 상호간에 자기 의견을 발표하고 남의 의견을 존중하면서 공동으로 문제를 해결하기 위해 집단 구성원 전체의 지식이나 의견을 모으고 협력하여 올바른 결론을 이끌어 내는 데 토의 학습의 가장 중요한 교육적 의의가 있다고 하겠다. 또한 집단 구성원의 자유토론은 학생들의 자기중심화에서 벗어나도록 촉진시켜 지적·도덕적으로 자유화되고, 개개인의 학업 성취 수준을 향상시켜 줄 수 있다는 점에서 중요한 의의를 찾을 수 있다.

토의 학습은 문제 해결을 위한 하나의 방법인 동시에 그 자체가 교육적 가치를 지니며, 토의 학습의 본질은 사고에 의한 의견을 평등한 입장에서 자유로이 소통하고 상호 비판해서 서로 검토 보완함으로써 의견의 대립이 해소되고 공동 결론을 도출하여 결국 문제 해결에 도달하려는 일련의 협력활동이라는 점에 있는 것이다.

따라서 토의 학습은 각 교과마다, 영역마다, 소재마다, 각각 의도된 학습 목표를 보다 효율적으로·효과적으로 성취할 수 있다는 전제에서만 토의 기법을 적용함으로써 이루어져야 할 것이며, 동시에 집단과정의 체득까지를 포함하는 통합적 차원에서 수행되어야 할 것이다(인천광역시사회과교육연구회, 2007: 85-92).

2. 토의 학습의 유형

토의 학습은 토의의 목적, 참가자 수, 청중의 유형에 따라 여러 종류가 있는데, 그중 대표적으로 다음의 여섯 가지를 들 수 있다. 각 유형의 개념과 그 진행 방법에 대해서 고찰하면 다음과 같다.

1) 심포지엄(강연식 토의: symposium)

심포지엄(symposium)은 사전에 몇몇 연설자에게 특정한 화제를 주고 그에 대해 연설하도록 요청하여, 각 연설자로 하여금 해당 화제의 어떤 한 부분이나 그 전체에 대해 이야기를 준비하도록 한다. 따라서 심포지엄은 특정의 문제(또는 주제)에 대하여 해당 분야의 권위자나 전문가 2~3명이 강연식으로 발표하고, 그 후에 청중도 질의 응답 형식을 통해 토의에 참가하여 다양한 의견을 개진하는 방식으로 진행되는 토의의 한 유형이다. 강연자, 사회자, 청중 등 모두 주제에 관하여 전문가이거나 주제에 관하여 해박한 지식과 경륜을 갖춘 사람들이 참여한다.

연설자들은 발표 시간이 되면 번갈아 가며 말하게 되는데, 이때의 말하기는 주로 해당 화제에 대한 정보의 전달이다. 연설자들의 시간은 대체로 비슷하게 할당이 되기 때문에 서로 간의 의견 교환과 의견 일치를 위한 상호 탐색과정이 없다. 이처럼 연설자 간의 의견 조정보다는 주어진 화제를 여러 측면에서 살펴보는 형태를 보이는 심포지엄은 청중이 참여하는 시간이 있음에도 불구하고, 참가자들 간에 발생할 수 있는 의견 충돌의 양상을 찾아보기가 힘들다.

심포지엄은 대개 토의 참가자(연사), 사회자 및 청중으로 구성되며, 동일한 문제를 놓고 각 분야 전문가가 자신의 입장에서 검토하는 것이기 때문에 강연과 유사한 형태로 진행된다.

구체적인 진행을 살펴보면, 우선 사회자는 주제 발표와 연사의 소개를 하고, 주제에 대한 전문가들의 강연이 실시되며, 강연이 끝난 후 사회자가 강연 내용을 요약, 정리하여 소개한다. 다음으로 청중들의 질의 시간이 있고 전문가들의 응답 시간이 있다.

심포지엄에서 사회자는 토의할 문제를 소개하고, 그 중요성을 지적함으로써 청중들의 주제를 잘 파악할 수 있도록 해 준다. 또, 연사에 대해 소개하고 연사의 발언을 요약하는 등 전체 토의의 요점을 간략하게 정리하여 청중의 이해를 돕는 등의 중요한 역할을 하게 된다.

심포지엄은 하나의 공통 주제에 대해 각 분야의 전문가가 여러 각도에서 의견을 말하는 것이므로, 청중은 문제 전반에 관한 체계적이고 권위 있는 설명을 들을 수 있다는 이점이 있다.

2) 공개 토의(forum)

공개 토의(forum)는 1~2명의 전문가가 10~20분간 공개 연설을 하고 청중과 토론하는 방식이다. 공개 토의는 원래 고대 로마에서 공공의 문제나 재판에서 공개 토의를 행한 공공의 광장을 의미했었는데, 그 뒤 공식 모임이나 토의를 위한 장소로 의미가 변화했다. 여기에 또 특별한 의미가 첨가되어 청중이 질문하거나 의견을 제시할 수 있는 말하기의 한 유형이 되었다. 보통 포럼은 공공의 장소에서 공중의 문제에 대해 공개적으로 의견을 나누는 토의 방식으로, 보통 한 명 정도의 사회 유명인사나 특별히 지정된 인물을 중심으로 하여 나머지 참석자인 청중과 대화를 주고받는 것이다. 이런 진행 방식 때문에 포럼에서는 연설이나 집단 토의, 토론 등의 말하기 유형이 모두 나타나기도 한다.

심포지엄에서 사회자는 공개 연설의 시간을 조절하고 청중들의 질문을 유도하는 역할을 한다. 심포지엄의 청중은 반드시 전문가일 필요는 없다. 심포지엄의 경우는 연사가 먼저 강연을 한 뒤에 청중이 질의 응답을 통해 참여하지만, 반면 포럼은 처음부터 청중의 참여가 이루어지는 형식이다. 또, 포럼에서는 토의를 위한 간략한 주제 발표가 있을 뿐이므로, 심포지엄에서와 같은 강연이나 연설은 없다. 포럼에서 사회자는 청중의 질문을 재차 반복해서 들려주기도 하며, 질문 시간을 조정하기도 하고, 산회 시간을 결정하기도 한다.

3) 패널 토의(배심 토의: panel discussion)

패널 토의(panel discussion)는 일명 '배심 토의'라고도 하는데, 특정 문제를 해결하거나 해명하려는 목적으로 주어진 문제나 화제에 대하여 특별히 관심이 있거나, 정보와 경험이 있는 사람을 배심원으로 뽑아 청중 앞에서 각자의 지식, 견문, 정보를 발표하고, 여러 가지 의견을 제시해서 함께 생각하는 대규모 집단의 공동 토의라 할 수 있다. 한편, 경우에 따라서는 공적으로 문제를 토의하면서 동시에 사적 모임의 특성인 비공식성을 보일 때도 있다.

대체로 의장과 4~6명의 패널이 주제 토론을 하고 경우에 따라서는 청중에게도 발언권과 질문권

을 부여한다. 패널은 대체로 관련 주제에 관한 전문가로서 사전에 내용을 충실하게 조사, 파악해야
한다. 진행은 의장의 진행에 따라 패널 간에 상호 토론으로 이루어진다.

패널에서 배심원은 토론자가 아닌, 자신의 의견을 제시하는 선에서 짧고 명확하게 발언을 해야
한다. 배심원의 토의가 끝난 뒤 청중과의 질의 응답이 있다. 이때 청중들은 토의 의제에 대해 충분
히 생각한 뒤 질문을 해야 한다.

이와 같은 토의는 토론자 간의 의견 일치를 인정하고, 그 의견 일치를 목적으로 하므로 의회나
일반 회의에서 이견 조정 수단으로 자주 쓰이는데, 시사 문제나 전문적인 문제를 해결하는 데에 적
합하다.

4) 원탁 토의(round table discussion)

원탁 토의(round table discussion)는 10명 내외(대체로 3~12명)의 소규모 집단이 참가자 서열의 구
별 없이 모두가 평등한 입장에서 참여하여 상호 관심사에 대해 자유롭게 의견을 나누는 토의 방식
이다. 원래 원탁에 앉아 진행되었기 때문에 원탁 토의라 하지만, 여기서 원탁은 비공식적인 의미를
담고 있는 상징적인 존재일 뿐, 탁자의 모양이나 그 존재 유무는 문제되지 않는다. 따라서 보통 사
회자가 없이 진행되지만 편의상 의장을 따로 둘 수도 있으며, 각 개인의 연설보다는 참석자 간의 비
공식적인 의견 교환이 중심이 된다. 상대방의 의견을 충분히 듣고 자신의 의견과 관점을 변경할 수
있으며, 민첩하게 대응하는 방법을 숙달시킬 수 있는 방법이다.

원탁 토의에서는 일상생활에 관한 것에서부터 세계적으로 중요한 정치, 경제, 사회문제까지 화제
로 다룰 수 있다. 때로는 화제의 성격이 불분명한 것도 있기 때문에, 참가자들은 이야기를 나눔으로
써 토의할 문제를 설정하고, 숙의를 거쳐 문제의 중요성에 대한 인식을 명확히 하기도 한다. 그런
다음, 주어진 문제에 대한 해결 방안을 찾아내고, 그것을 평가하여 최선의 해결안을 선택한다. 이와
같은 원탁 토의에 익숙하지 못하면 토의의 분위기가 산만해지고, 시간의 낭비를 초래할 수도 있다.
그리고 참가자 이외의 청중이 없고, 또 청중이 있어도 이 토의에 참가할 수 없다.

5) 소집단 토의(분임 토의)

한 집단을 여러 소집단(4~7)으로 나눈 다음 서로 마주 본 상태에서 조별로 문제를 해결하도록 하
는 토의 학습 형태로 소집단 토의가 끝난 다음 토의한 내용을 종합하는 토의를 갖도록 하며, 학습과
정에서 가장 많이 활용되는 토의의 유형이다.

6) 세미나(Seminar)

세미나는 참가자 모두가 토의 주제 분야에 권위 있는 전문가나 연구가들로 구성된 집단 토의 행
태로, 한 사람이 어떤 주제에 대하여 발표하고 다른 참가자들은 자유롭게 질의하고 토의하는 형식을

지닌다. 특히 대학원 강좌나 소규모 학회의 논문 발표에서 자주 활용하는 방식이며, 학교에서는 각종 직원 연수 등에 활용되기도 한다.

7) 버즈 토의(Buzz group): 소집단 토의 후 전체 토의법

보통 6명 정도씩 소집단으로 나뉘어 6분간 토의한 후, 다시 전체가 모여서 토의하는 형식으로 6·6법이라고도 한다. 200명 규모까지는 어떤 집단에도 적용이 가능하다. 짝과의 토의로부터 시작하여 차차 다른 구성원들과 확대 공동 토의를 전개하는 방식을 취할 수도 있는 이 방법은 소수 인원으로 그룹을 형성하여 참가자 상호간에 친밀감을 갖게 하고 자유로운 발언의 기회를 갖게 함으로써 자아 참여를 체험하고 적극적인 태도로 참여하는 것이 특징이며, 일반적 토의나 강연회 등의 예비 토의로 진행할 수도 있다.

3. 토의 학습 활성화의 과제

21세기 지식 기반 사회, 세계화·정보화 시대를 맞아 토의 학습은 더욱 강조되어야 하고 권장해야 할 방향이지만, 실천에는 몇 가지 문제가 있다. 대략 다음과 같은 원인을 들 수 있다.
① 남의 앞에서 발표하기를 주저하는 사회 문화적 풍토
② 초·중·고교 시 훈련을 받지 않은 학생들의 습관(체계적 발언, 경청 태도 결어)
③ 강의에 익숙하여 예습을 하지 않고 편하게 학습하려는 학생들의 습관
④ 학생은 내용의 학습에, 교사는 내용의 전달에 충실하려는 자세들
⑤ 주제와 관련된 내용을 연계시켜 토론을 전개하는 능력 부족

4. 토의 학습의 자세와 태도

토의를 성공적으로 이끌기 위해서는 참가자 전원이 토의 문제에 관심을 가지고 적극적으로 참여해야 한다. 특정인이 발언 기회를 독점해서는 안 되며, 남의 이야기를 가로채거나 강압적인 분위기를 유도하는 등 행위도 삼가야 한다. 그리고 발표를 할 때에는 발표 내용이 남에게 정확하게 전달되도록 분명한 음성으로 명료하게 말한다.
또, 청중이 질문을 할 때에는 엄격한 격식이 요구되는 것은 아니지만, 질문 자체가 긴 연설이 되지 않도록 하고, 요점을 분명히 드러내도록 해야 한다. 청중의 질문은 또한 주제와 관련된 것이어야 하고, 한 사람이 질문을 독점해서도 안 된다. 토의 참가자는 발언의 질서를 지켜 발언권을 얻은 후에 발언을 해야 하며, 남이 발언을 할 때에는 예의 바른 태도로 진지하게 들어야 한다.

토의에서 사회자의 역할은 매우 중요하다. 사회자는 토의를 시작할 때, 토의할 문제를 설명하거나 화제에 대한 배경 지식을 제공한다. 토의 진행과정에서 사회자는 토의 질서 유지에 힘쓰고, 중간중간에 간단히 토의 진행 사항을 요약해 주는 등 토의 진행 방향을 토의 목적에 맞게 이끌어 나가는 역할을 담당하면서 참가자 전원의 협력적인 사고를 유도한다. 아울러, 토의 문제와 관계없는 문제는 배제시키고, 논의된 중요한 자료들을 정리하기도 한다.

또, 소극적인 참가자들을 독려하여 토의에 적극적으로 참여하게 되고, 참가자들의 발언 내용이 어렵거나 불명료하면 다시 풀어 이야기하도록 조정하기도 한다. 그리고 사회자는 바람직한 결론이 내려질 수 있도록 공정하게 토의를 진행해야 한다. 다시 말하면, 참석자의 의견 교환을 조정하고, 공정성과 결단력이 있어야 한다.

일반적으로 토의에서 참가자들이 유의해야 할 것은 다음과 같다.

첫째, 다른 사람에게 발언 내용이 잘 전달되도록 분명하고 정확히 말해야 한다.

둘째, 모두 들을 수 있는 목소리로 뚜렷하게 말해야 한다.

셋째, 강압적이거나 설교조로 말하지 않도록 한다.

넷째, 발언 기회를 독점하여 한 사람이 계속해서 말하지 않도록 한다.

다섯째, 다른 사람이 이야기를 끝내기 전에 말하지 않는다.

여섯째, 상대방의 입장이나 생각을 인정하는 태도를 지닌다.

일곱째, 토론이나 논쟁으로 흐르지 않도록 한다.

집단 토의에서 두드러진 특징이라고 할 수 있는 것은 질의이다. 원탁 토의는 청중에게 집단의 결론을 제시하는 것으로 마무리하게 되는데, 이 경우를 제외하고는 대부분 청중의 질의 시간이 있다. 패널 토의는 청중의 질의 시간을 전제로 토의가 진행되고, 심포지엄 또한 질의 시간이 있다. 포럼에서도 한 사람 이상의 연사가 청중의 질의에 답변한다. 따라서 이때 사용되는 질문들이 빚어낼 수 있는 파급 효과를 고려하여, 다음과 같은 곤란한 질문에 대해 미리 마음의 준비를 해 두는 것이 필요하다. 물론 가급적 이와 같은 질문은 하지 않는 것이 바람직하다.

1) 불명확한 질문

모호한 질문은 질문자 자신조차 질문의 내용을 파악하지 못한 채 질문한 경우, 답변을 들어도 이해하지 못할 가능성이 있다는 점과, 연사가 그 질문을 이해하지 못해서 엉뚱한 대답을 하거나, 그 질문을 다른 말로 풀어 답변하는 순환 논리의 오류에 빠질 위험이 있다는 점에서 문제가 된다. 따라서 일단 질문자는 자신이 질문의 핵심을 이해한 후 질문을 명확히 표현해야 하며, 연사는 질문을 이해하지 못했을 경우, 질문자에게 질문에 대해 다시 표현하도록 요구해야 한다.

2) 적의(敵意) 있는 질문

실제로 이런 질문은 드물지만, 이것 때문에 연사는 자신의 목적을 달성하는 데 방해를 받게 되므로 잘 대처해야 한다. 우선 적대적인 질문과 사실상 자신의 의도와 반대되는 질문을 구별해야 하는데, 전자의 경우는 토의가 끝난 후에 개인적으로 토의하자고 청하여 대답을 뒤로 미루는 것이 현명하다. 후자의 경우는 연사의 주목적과 관계없는 것일 가능성이 많은데, 이때 연사는 그 질문의 부적절성을 몇 가지 측면에서 설명하고 넘어가거나, 연설의 주목적에 심각한 영향을 끼치지 않는다고 간단히 언급하면서 받아넘길 수도 있다.

3) 양적 질문 공세

어떤 경우에는 제한된 시간에 비해 너무 많은 질문을 받게 되는 경우가 있다. 이때에는 연설자 자신이 이미 했던 이야기와 관련지을 수도 있고, 세부적인 질문이면 큰 범주로 묶어 답변할 수도 있다.

4) 관계없는 질문

수업과 관계없는 질문 때문에 토의 내용이 빗나가기도 하지만 의외로 참가자들이 품고 있던 혼란을 해결해 주는 역할을 하기도 한다. 다시 말하면, 연사가 그 질문의 부적절성을 말하기 위해 자신의 의견을 좀 더 상세히 설명하는 계기가 되기 때문에 청중의 이해를 돕기도 한다. 그러나 대부분의 경우 청중들의 관심을 다른 데로 쏠리게 만들기 때문에 토의의 분위기가 산만해지므로 주의해야 한다.

토의는 질의 응답으로 인해 해당 문제가 마지막에 엉뚱하게 바뀌거나, 그 목적이 잘 달성되지 못하는 경우가 발생하므로, 참가자 모두가 유념해서 이 과정을 잘 관리하여 대처하는 것이 필요하다.

보통 토의에 대한 평가는 토의에 적극적으로 참여하였는가, 발언의 내용이 진지하였는가, 발언의 내용이 논리적으로 조직되었는가, 토의를 조직적으로 진행하는 데 기여하였는가, 다른 사람의 의견을 존중하였는가, 토의 진행상 다음 단계로의 이동 필요성을 깨닫고 있었는가, 토의의 주제에서 벗어나지는 않았는가, 가능한 모든 해결안을 충분히 고려하였는가 등과 같은 항목들을 중심으로 이루어진다. 따라서 실제로 토의에 참가하기 전에는 화제 진술이나 용어의 정확한 정의 연습을 하고, 토의 평가 항목들에 유의하면 좋은 토의를 할 수 있을 것이다.

5. 토의 학습의 준비

1) 토의 학습의 과정(절차)

(1) 토의 주제 설정 단계

토의할 주제를 설정하는 데 있어서 교사가 설정하거나, 학생들과 협의하여 정할 수도 있는데, 학생들의 관심, 수용, 요구, 능력 등을 충분히 고려하여야 한다. 그리고 주제가 설정되면 토의할 수 있는 내용에 대하여 조사하고 연구할 수 있는 기회를 미리 주어야 한다.

(2) 토의 활동 전개 단계

미리부터 정해진 계획에 따라 여러 가지 형태로 토의 활동이 이루어지게 되는데, 발표자나 일반 학생들은 모두 자유롭고 우호적인 입장에서 자기의 의사들을 충분하게 토의할 수 있도록 분위기를 조성하는 것이 중요하다. 토의 전개 시에는 모든 참가자들이 자유롭고 개방적이며 수용적인 분위기에서 자신의 의사를 충분히 교환하여야 한다.

(3) 정리·반성 단계

토의한 내용을 교사와 학생들이 협의하여 정리하고, 또한 민주적인 분위기에서 그 방법이나 내용들이 바람직하게 이루어졌는지를 반성한다.

<표 17> 정리·반성 단계

단계	과정	활동 내용
1단계	토의 주제 설정 (선정)	·학생들의 관심, 요구, 능력 등을 고려하여 교사가 토의할 주제를 선정하거나 학생과 협의하여 결정하기 ·토의 내용에 대한 조사 및 연구 기회 부여하기
2단계	토의 활동 전개	·내용에 적합한 토의 활동 전개하기 ·정해진 방식에 따라 토의 형식 정하기 ·토의 전개 시 자유롭고 개방적인 분위기 조성하기 ·개인별 의견 충분히 소통하기
3단계	정리·반성	·토의한 내용을 교사와 학생 간에 협의 및 정리하기 ·토의 활동에 대한 반성하기

2) 토의 학습 수업과정안

〈표 18〉 토의 학습 수업과정안

학습과정	토의단계	교수·학습 활동	유의점
① 문제파악	주제결정	· 토의 동기 부여 · 토의 목적 확인 · 토의 주제 결정	· 허용적인 학습 분위기 조성 · 토의 배경 복습
② 문제추구	토의안내	· 토의 방식 및 형태 결정 · 집단 편성 및 역할 분담 · 토의에 필요한 준비물 확인 · 토의 절차 확인	· 토의 방법의 명확화 · 사전 예습과제 확인
③ 문제해결	토의전개	· 토의 주제 및 내용 확인 · 개인별 사고활동 · 구성원 간 토의하기	· 학습자 전원 참가 유도 · 토의 주제 이탈 금지 · 토의 진행 수시 정리
④ 적용발전	종합	· 토의 결과 정리발표 · 토의 결과 반성 및 평가 · 토의 결과 종합 정리 · 토의과정 반성 및 평가	· 토의의 중점 강조 · 토의 결과 실천 의욕 고취

6. 토의 학습의 유의점

토의 학습은 특정한 학습 과제에 대하여 학생 상호 간에 의견을 교환하는 학습이다. 토의를 통해서 자신의 의사를 올바르게 표현할 수 있을 뿐만 아니라, 다른 사람의 의견을 존중하며 경청하는 능력, 이를 통해 정보를 수집하고 처리하는 능력 등 민주 시민적 자질로서 요청되는 합리적인 사고와 문제 해결력을 기를 수 있다.

사회과에서 토의 주제로 적합한 것은 가치관이나 관점의 차이에 의해 상반되는 견해가 제시될 수 있는 쟁점이 있는 것이다. 이러한 쟁점에 대하여 대립 토의나 패널 토의 등 여러 가지 토의 형태로 자신의 가치나 의견에 대한 논의를 통해서 다양한 가치와 여러 가지 의사소통 기술을 배울 수 있게 된다.

토의를 원만하게 이끌어 가기 위해서 교사는 많은 준비를 해야 한다. 먼저, 학생들이 마주 보거나 상대방의 의견을 경청할 수 있는 토의에 적합한 환경을 구성하여야 하고, 토의과정에서 교사에게 질문이 돌아오거나 몇몇 학생들만 토의의 흐름을 주도하게 되는 점을 미연에 방지하여 모든 학생들이 함께 적극적으로 참여할 수 있도록 자유로운 발언 분위기를 마련하여야 한다. 토의 후의 정리과정에서는 내용을 요약하고, 여러 가지 자료와 증거에 입각하여 스스로 결론을 내릴 수 있도록 도와주어야 한다.

① 질서와 규칙을 준수하여 토의에 참여하도록 한다.

② 토의의 주제와 요점을 이해하고 참여하도록 한다.

③ 토의 학습을 소수의 학생들이 독점하지 않도록 지도한다.

7. 토의 학습의 장점

① 핵심 주제에 대한 대화, 상호작용, 의사소통 등을 모색하는 데 적합하다.
② 주어진 주제에 대하여 공동으로 문제 해결을 하는 데 바람직하다.
③ 민주주의에 대한 이해와 실천, 대인 관계, 사회생활의 방법과 태도를 익히는 데 바람직하다.

8. 토의 학습의 단점

① 토의 학습 참여 요령을 이해하지 못하고 참여하면 수업 분위기가 흐트러질 우려가 있다.
② 일정한 수준의 학습 능력이 결여되면 학습 목표 달성이 곤란할 수도 있다.
다. 대화와 배려가 전제되지 않으면 토의가 감정적으로 흐를 우려가 있다.

제2절 토의 학습의 실제

1. 교수 · 학습과정안(예시 1)

1) 단원: 1. 우리 민족과 국가의 성립 ② 민족을 다시 통일한 고려(6-1)

2) 단원의 개관

본 단원에서 주로 다루는 내용은 3, 4, 5학년에서 배운 고장이나 시·도의 내력 또는 우리 민족의 문화생활 영역에 관한 기초적인 역사 학습을 바탕으로 하여, 우리 겨레의 뿌리와 생활 터전에 관심을 가지게 하고, 먼 옛날부터 근대에 이르기까지 우리나라 역사의 흐름을 유명한 인물들과 사건들을 중심으로 개략적으로 파악하는 데 목적이 있다.

따라서 이 단원에서는 세 개의 주제를 통하여 우리 겨레와 우리나라의 형성, 발전 및 다른 민족과의 관계, 민족 문화와 사회·경제의 발전 모습을 이해하게 함으로써 역사적 변화와 인과 관계를 파악 및 조상들이 나라를 사랑한 마음을 본받게 하고자 한다.

3) 단원의 목표

(1) 지식·이해

- 우리 민족의 형성, 민족 국가의 성장 및 발전 과정을 개략적으로 파악한다.
- 정치, 경제, 외교와 국방, 사회, 문화 등으로 나누어 우리나라의 문화 발전 및 국권 수호에 크게 이바지한 조상들의 업적을 파악한다.
- 우리 민족의 문화가 지니고 있는 특징과 창조적 가치를 이해한다.
- 우리 민족이 대외적 활동을 통해 보여 준 개척 정신과 진취적 기상을 이해한다.

(2) 기능·능력

- 인물 이야기를 통하여 그 인물이 살았던 시대의 특성과 과제를 분석하고 해석하는 능력을 기른다.
- 역사적 인물의 업적과 관련된 사실을 유물 및 유적과 연표, 역사지도, 전기 등을 활용하여 종합적으로 분석하는 능력을 기른다.

(3) 가치·태도

- 조상들의 애국심을 본받아 국가와 문화 발전을 위해 노력하는 마음을 가진다.
- 조상들의 국난 극복 의지를 본받는다.

4) 단원의 지도 계획

단원	주제	제재	제재별 주요 내용 요소	교과서 쪽수	차시
1. 우리 민족과 국가의 성립	단원 도입 및 계획		• 단원 학습 내용의 개괄적 파악 • 장기학습 과제 선정 및 학습 방법, 자료 소개	사: 2~3 탐: 2~3	1(1/21)
	❶ 하나로 뭉친 겨레	① 처음으로 세운 나라 고조선	• 먼 옛날 조상들의 생활 모습 • 최초의 국가 고조선	사: 4~9 탐: 4~9	2(2~3/21)
		② 힘을 겨루며 성장한 세 나라	• 고구려, 백제, 신라 세 나라의 성장과정 • 삼국 문화의 특징	사: 10~16 탐: 10~21	2(4~5/21)
		③ 삼국을 통일한 신라, 고구려를 이어 받은 발해	• 신라의 삼국 통일과정과 통일 후 신라의 발전 • 고구려를 계승한 발해	사: 17~20 탐: 22~26	2(6~7/21)
		선택 학습	• 삼국의 성장 및 발전과 관계되는 역사적 인물을 한 일에 따라 분류해 보기 • 삼국의 우수한 문화재 조사하기 • 삼국 통일기 왕의 입장이 되어 보고 글로 표현하기	사: 21	1(8/21)

단원	주제	제재	제재별 주요 내용 요소	교과서 쪽수	차시
1. 우리 민족과 국가의 성립	❷ 민족을 다시 통일한 고려	① 고려의 건국으로 달라진 정치	• 고려의 후삼국 통일과정 • 고려의 발전 모습	사: 22~26 탐: 27~33	2(9~10/21)
		② 역경을 이겨내며 꽃피운 고려 문화	• 북방민족 침략의 극복과정 • 고려의 찬란한 문화	사: 27~34 탐: 34~40	2(11~12/21)
		선택 학습	• 고려시대에 관한 낱말 맞히기를 해보기 • 고려의 문화재에 관한 홍보책자 만들기 • 고려 시대 위인들에게 편지 써 보기	사: 35	1(13/21)
1. 우리 민족과 국가의 성립	❸ 유교를 정치의 근본으로 삼은 조선	① 정치개혁으로 새로운 나라를	• 조선의 건국 후 여러 가지 정책 • 달라진 백성들의 생활 모습	사: 36~43 탐: 41~49	2 (14~15/21)
		② 문화의 발달과 백성들의 생활 모습	• 조선의 문화 과학기술의 발전이 백성들의 생활에 미친 영향 • 양반과 상민의 생활 모습	사: 44~50 탐: 50~55	2 (16~17/21)
		③ 두 차례의 전란 극복	• 임진왜란의 발생 원인과 극복과정 • 병자호란의 발생 원인과 북벌정책의 배경	사: 51~56 탐: 56~63	2 (18~19/21)
		선택 학습	• 오늘날에도 이어지고 있는 유교적 전통 찾기 • 통신사가 되면 무엇을 할지 토의하기 • 이성계 때의 관료가 되어 왕에게 건의한 정책을 시무책의 형식으로 써 보기	사: 57	1(20/21)
		단원 정리 학습	• 각 시대별로 중요한 내용 정리하기 • 임진왜란 당시의 의병이 되어 글 쓰기 • 도구의 발전이 생활에 미친 영향 알아보기 • 고려시대 시무 28조를 통해 오늘날의 모습 생각해 보기	사: 58~59	1(21/21)

5) 평가 계획

(1) 평가 방향

이 단원은 과거와 현재라는 시간적 차이를 극복하여 과거를 이해해야 하기 때문에 역사 인식 수준이 아직 미흡한 제6학년 학생들에게는 그 시대상을 수용하고 이해하는 데 다소 시간이 걸리리라 본다. 또, 개인의 관심 및 경험에 따라 선수 학습 수준이 매우 다양하여 수업을 이끌어 나가거나 평가를 할 때 다소 어려움이 생길 수 있다. 따라서 문헌조사 학습이나 위인전 읽기를 통한 인물탐구, 그 시대로 돌아가서 상상한 내용을 글로 표현하는 상상적 글 쓰기, 유적이나 유물사진을 수집해서 연표로 만들어 보기, 직접 그 시대 사람들의 생활을 실연하기 등을 통해 이해를 도울 수 있다. 이러한 활동들은 미리 교사와 학생이 단원이나 주제도입에 장기학습과제로 학급의 특색에 맞게 선별하여 그 해결과정을 평가하도록 한다.

(2) 평가방법

<1. 하나로 뭉친 겨레>
- 선사시대의 도구의 종류와 쓰임 조사하기
- 고조선의 건국과 발달 조사하기
- 삼국의 성장과 발전에 관해 정리하기
- 삼국문화의 특징 비교하기

<2. 민족을 다시 통일한 고려>
- 고려가 민족을 재통일한 과정 정리하기
- 고려시대의 빛나는 문화유산 조사하기
- 고려시대 조상들의 활약과 역사적 배경 탐구하기

<3. 유교를 정치의 근본으로 삼은 조선>
- 조선의 건국 후 정책 정리하기
- 조선시대 두 차례의 전란의 원인과 결과 분석하기
- 조선시대 사람들의 생활 모습을 표현하기

6) 본시의 전개

학년 · 학기	6-1	단원(주제)	1. 우리 민족과 국가의 성립		차시	12/13
학습 주제	민족을 다시 통일한 고려		교 과 서			27~34쪽
			사회과 탐구			34~40쪽
학습 목표	▫ 고려시대의 빛나는 문화유산의 종류와 의의를 설명할 수 있다.					
예습 과제	▫ 고려시대의 문화유산의 종류 조사해 오기					
수업 유형	버즈 토의(Buzz group)		학습 조직 형태		대집단 → 소집단 → 대집단	

단계	학 습 내 용	교수 · 학습 활동		시간 (분)	자료 유의점
		교 사	학 생		
문제파악	동기 유발 학습 목표 확인	■이천 도자기 축제 모습 보여 주기 ■우리나라 도자기가 국제적으로 유 명한 까닭은 무엇일까요? ■이 밖에 고려시대의 문화유산에는 어떤 것이 있을까요? ■이번 시간에는 고려시대의 문화유 산을 토의를 통해 알아봅시다. ◆ 고려시대의 문화유산의 특징에 대해 설명하기	◉도자기 축제 모습 보기 □빛깔이 아름다워서입니다. □모양이 아름다워서입니다. 등 □팔만대장경이 있습니다. □금속활자가 있습니다. 등	5 ′	
문제추구	토의 방법 안내	■토의하기 위해 알아야 하는 것은 무엇일까요? ■토의 방법 안내하기 【토의 방법 안내하기】 ■ 1차 토의 - 고려시대 문화유산의 종류 ■ 2차 토의 - 고려시대 문화유산의 특징 1. 토의 방식을 결정한다. - Buzz 토의 2. 집단의 크기는 한 모둠 6명씩으로 한다. 3. 모둠별 토의 시간은 6분으로 한다. 4. 토의에 필요한 준비물을 확인한다. - 토의기록장, 개인별 자료 등 5. 1차 토의하기 6. 2차 토의하기 7. 1차, 2차 토의 내용 정리 및 발표	□토의 방식입니다. □모둠의 크기를 정해야 합니다. □토의에 필요한 자료 확인입니다. □토의하는 순서입니다.	5 ′	· 토의 방법 안내
문제 해결	1차 토의 토의 정리 2차 토의 토의 내용 발표	■그럼 지금부터 1차 토의를 시작해 봅시다. ■1차 토의 내용을 정리하여 봅시다. ■이번에는 2차 토의를 시작하겠습 니다. ■1, 2차 토의 내용 정리 ■1차 토의 내용을 발표해 봅시다. ■2차 토의 내용을 발표해 봅시다.	◉1차 모둠별로 좌석에 앉기 □반갑습니다. 사회를 맡은 ○○○ 입니다. □제가 발표해 보겠습니다……. □○○○에게 질문 있습니다. □예, 질문하십시오……. ◉2차 모둠별로 좌석에 앉기 ◉2차 토의도 1차와 같은 방법으로 진행한다. □고려시대의 금속활자는 세계 최 초의 인쇄판으로 유명합니다. 등 □팔만대장경을 통해 나라를 지키 려는 조상들의 애국심을 알 수 있었습니다.	20 ′	

단계	학습 내용	교수 · 학습 활동		시간 (분)	자료 유의점
		교 사	학 생		
적용발전	토의 내용 정리 반성 및 평가 차시예고	■오늘 토의한 내용을 전체적으로 정리해 봅시다. ■이러한 조상들의 문화재를 지키기 위해 우리가 해야 할 일은 무엇일까요? ■그래요. 우리는 이러한 문화재에 대해 자부심을 갖고 소중히 간직하는 마음을 가져야 하겠습니다. ■이번 토의에서 가장 인상 깊었던 점은 무엇입니까? ■이번 토의에서 반성할 점이 있다면 무엇입니까? ■다음 시간에는 선택 학습을 하도록 하겠습니다.	□문화재를 만든 조상들의 훌륭한 솜씨를 알 수 있습니다. □외침을 극복하려는 나라 사랑의 정신이 있습니다. □세계적으로 우리 문화재를 알려야 합니다. □문화재 보존을 위한 국가적인 노력이 필요합니다. □내 생각과 같은 친구가 있을 때 신이 납니다. 등 □친구의 의견을 끝까지 듣는 태도를 가져야 하겠습니다. 등	10′	

7) 수행평가 계획

평가 주제	고려의 빛나는 문화유산의 종류와 의의			
평가 내용	◦고려시대 문화유산의 종류 열거하기 ◦고려시대 문화유산의 특징 및 의의 설명하기	평가방법	관찰, 체크리스트	
		교과서	27쪽~34쪽	
평가 자료	관찰지, 개인별 보고서, 형성평가지			
평가 관점 및 척도	◦고려시대 문화유산의 종류를 3가지 이상 열거하고, 특징 및 의의를 자세하게 설명할 수 있다. ◦토의 학습에 적극적으로 참여한다.			3
	◦고려시대 문화유산의 종류를 1~2가지 정도만 열거하고, 특징 및 의의를 설명할 수 있다. ◦토의 학습에 적극적으로 참여한다.			2
	◦고려시대 문화유산의 종류를 1가지만 열거하고, 특징 및 의의에 대한 설명이 서툴다. ◦토의 학습에 소극적으로 참여한다.			1

8) 토의 학습과정안(수업안) 해설

단 계		수업 과정 해설(내용)
문제 파악	주제 결정	1. 토의 주제를 확인하고 이를 해결하기 위한 내용을 인지하는 단계이다. 2. 대집단활동으로 일제수업으로 학습 목표를 인식시키는 것이 효과적이다. 3. 이천도자기 축제 모습을 보여 줌으로써 우리 문화유산에 대한 관심도를 높인다. 4. 이천도자기 축제 모습을 VCR로 보여 주고 우리 문화재사진을 실물화상기를 통해 보여 주는 　것도 좋다.
문제 추구	토의 안내	1. 토의 방법과 내용을 제시하여 토의 계획을 세우는 데 안내를 해 주는 단계이다. 2. 학습 조직 형태는 대집단으로 구성하는 것이 효과적이다. 3. 판서를 통해 토의 내용과 방법에 대한 안내를 하는 것이 효과적이다.
문제 해결	토의 전개	1. 토의 계획을 세우고 토의를 하고 정리하여 발표를 하는 단계이다. 2. 학습 조직 형태는 소집단으로 구성하는 것이 좋으며 모둠원은 5~6명이 적합하다. 3. 토의를 이끌어 갈 사회자의 역할을 정확하게 안내해 주어 토의가 엉뚱한 방향으로 흐르지 않 　도록 지도한다. 4. 1차 토의와 2차 토의의 주제가 다르므로 사회자를 달리하여 진행하는 것도 좋은 방법이다. 5. 모둠별 토의 내용을 정리 발표할 때 OHP나 PPT 프로젝션 등을 활용하는 것도 좋은 방법이다.
적용 발전	종합	1. 토의한 내용을 전체적으로 정리하는 단계로서 우리 문화재를 지키기 위해 가져야 할 올바른 　태도를 내면화시키는 단계이다. 2. 대집단활동으로 일제수업을 하는 것이 효과적이다. 3. 판서를 통해 내용을 정리 요약하는 것이 좋다. 4. 토의 시 지켜야 할 태도를 토의 반성 시간을 통해 기른다.

2. 교수·학습과정안(예시 2)

1) 단원: 3. 새로워지는 우리 시·도(4-1)

2) 단원의 개관

　이 단원은 제3학년의 '살기 좋은 고장을 위한 노력'에서 고장의 기관에 대해 알아본 내용을 토대로 하여 지방자치를 다루면서, 주민대표를 뽑는 원리와 절차 및 이들 대표들이 지역 사회의 문제를 해결하는 방법을 알아보도록 한다. 또, 시도 단위 이하의 지역에서 발생하는 사회문제를 찾아보고 합리적으로 해결하는 방법을 익히도록 한다.

　이를 바탕으로 지역 사회의 미래 모습을 자연환경, 도시 발전 등으로 나누어 예측하여 보며, 시도 단위의 지방자치단체에서 세운 지역의 발전 계획이 어떻게 실행되고 있는지 알아보고 지역 사회의 미래 모습을 다양한 방법으로 표현하여 보는 단원이다.

3) 단원의 목표

(1) 지식·이해

> ·지방자치단체의 종류와 하는 일을 이해한다.
> ·지역 주민들이 지역의 대표를 뽑는 원리와 절차를 이해한다.
> ·지방자치단체 조직과 그곳에서 하는 일을 이해한다.
> ·고장에는 여러 사회문제가 발생하고 있음을 인식한다.
> ·지역 사회문제에 대한 주민들의 의견과 해결방법이 다양함을 이해한다.

(2) 기능·능력

> ·우리 지역을 상징하는 것들을 조사하여 그 의미와 유래를 파악해 본다.
> ·우리 지역의 문제 중에서 주민들의 의견이 엇갈리는 사례를 찾아낼 수 있다.
> ·우리 지역의 발전 계획을 파악하고 그에 대한 의견을 말할 수 있다.
> ·자원인사를 초빙하여 들은 것을 요약 정리할 수 있다.
> ·지역 주민들의 의견을 알기 위한 간단한 설문조사를 할 수 있다.
> ·고장의 앞날의 모습을 여러 가지 자료를 보고 예측할 수 있다.

(3) 가치·태도

> ·시·도청과 시·도의회에서 벌이는 사업에 자발적인 협력정신을 가진다.
> ·지방선거에 관심을 가진다.
> ·지역 사회의 문제에 관심을 가지고 적극적인 해결태도를 지닌다.
> ·지역 사회문제의 해결과정에서 서로 다른 입장을 가진 사람들을 이해하려고 노력한다.

4) 단원의 지도 계획

단원	주제	제재	제재별 주요 내용요소	교과서 쪽수	차시
3.새로 워지는 우리 시도		■단원도입 및 계획		88~91	1(1/18)
	① 지방자치 와 주민생활	① 시도 청을 찾아서	·시·도청에서 하는 일	92~95	2(2~3/18)
		② 지역의 대표 뽑기	·지방자치선거의 방법 ·시·도의회에서 하는 일	96~99	2(4~5/18)
		③ 시도의 상징	·우리 시·도의 상징물 조사하기 ·우리 시·도를 대표하는 것 조사하기	100~102	1(6/18)
		선택학습	·우리 시·도의 상징물 수집하기 ·우리 시·도의 활동을 골라 광고문 만들기 ·우리 시·도 자치단체의 하는 일 나타내기	103	1(7/18)

단원	주제	제재	제재별 주요 내용요소	교과서 쪽수	차시
3.새로 워지는 우리 시도	② 우리 시 도의 여러 가지문제와 해결	① 우리 시·도의 여러 가지 문제	·생활 주변에서 발생하는 지역 사회문제 ·자치단체와 주민과의 문제	104~109	2(8~9/18)
		② 함께 해결하는 우리시·도의 문제	·주민이 함께 해결하는 지역문제 ·주민들 사이에 이해가 엇갈리는 지역문제 ·시민단체가 하는 일	110~115	2(10~11/18)
		선택학습	·자연환경의 이용과 이와 관련된 지역문제 ·지역문제의 발생 원인과 피해	116	1(12/18)
	③ 우리 시 도의 미래	① 시·도 주민의 희망	·지역 주민들의 바람 ·주민들이 바라는 지역의 미래 모습	117~122	2(13~14/18)
		② 우리 시·도의 미래 모습	·지역의 미래 모습 꾸미기 ·지역의 미래 모습을 그림지도로 나타내기	123~126	2(15~16/18)
		선택학습	·30년 후의 우리 지역의 미래 모습 ·여론으로 알아본 우리 고장 사람들의 바람	127	1(17/18)
	단원정리 학습		·이 단원에서 알아본 주요 내용	128~130	1(18/18)

5) 평가 계획

(1) 평가 방향

이 단원은 지방자치단체의 활동 내용을 알고 민주주의 절차에 따라 주민들이 정치에 참여하여 지역 사회의 문제 해결에 자발적으로 참여하여 미래에는 발전된 고장이 될 것을 확신할 수 있도록 하는 데 초점을 두고 있다.

따라서 지역 사회를 이끌어 가는 자치단체의 조직과 하는 일, 주민들이 선거로 지역대표를 바르게 뽑는 방법을 알고 있는지 평가한다. 또, 지역 사회에서 일어나는 사회문제를 찾아내어 합리적으로 해결할 수 있는 의지와 방법을 알고 있는지 알아본다. 아울러 시도의 미래 모습을 그림지도 등 다양한 방법으로 나타낼 수 있는지 알아보도록 한다.

(2) 평가 방법

<1. 지방자치와 주민생활>
• 지방자치단체가 주민을 위해 하는 일들에는 무엇이 있는가?
• 지방 선거의 절차를 알고 선거권자의 태도를 알고 있는가?
• 지역문제 해결에 있어서 주민들이 참여하는 방법을 알고 있는가?

<2. 우리 시도의 여러 가지 문제와 해결>

• 공동생활에 있어서 지역 주민들 간에 의견이 엇갈리는 사례를 찾을 수 있는가?

• 지역 사회문제를 한 가지 선정하여 관련된 자료를 수집 분석하여 의견을 말할 수 있는가?

• 지역 사회의 문제와 관련된 자료를 다양하게 모을 수 있는가?

<3. 우리 시 · 도의 미래>

• 새로워지는 우리 지역의 앞날을 위해 참여하려고 하는가?

• 미래의 발전된 고장을 만들기 위한 주민들의 바람은 무엇인지 알 수 있는가?

• 고장의 미래 모습을 실제에 근거하여 다양한 방법으로 표현할 수 있는가?

6) 본시의 전개

학년 · 학기	4 – 1	단원(주제)	3 – (1) – ③ 시도의 상징	차시	6/18

학습 주제	우리 시 · 도를 상징하는 것들을 조사하여 그 의미와 유래를 알아보기	교 과 서	100~102쪽
		사회과 탐구	86~89쪽

학습 목표	▫ 부산을 상징하는 것들을 조사하여 그 의미와 유래를 발표할 수 있다.		
예습 과제	▫ 시 · 도의 상징물 조사해 오기		
수업 유형	소집단 토의 학습	학습 조직 형태	대집단 → 소집단 → 대집단

단계	학습 내용	교수 · 학습 활동		시간 (분)	자료 및 유의점
		교 사	학 생		
문제 파악	동기 유발	■ 우리 학교를 상징하는 교목은 무엇일까요? ■ 우리 학교를 상징하는 꽃은 무엇입니까? ■ '부산'이라는 단어를 생각하면 제일 먼저 떠오르는 것들을 말해 봅시다. ■ 이번 시간에는 부산을 상징하는 것들을 토의를 통해 알아봅시다.	▫ 향나무입니다. ▫ 장미입니다. ▫ 자갈치, 동백꽃, 해운대 등	5′	▫ 교 과 서에 제시된 상징물에 그치지 않고 다양한 의견을 수렴하도록 한다.
	학습 목표 확인	♣ 우리 시 · 도를 상징하는 것에는 어떤 것들이 있는지 알 수 있다.			
문제 추구	토의 방법 안내	■ 우리 시 · 도를 상징하는 것들을 어떤 방법으로 알아보면 좋을까요?	▫ 모둠별로 조사한 내용을 중심으로 토의를 통하여 알아봅니다.		

단계	학습 내용	교수·학습 활동		시간 (분)	자료 및 유의점
		교 사	학 생		
문제 추구	토의 방법 안내	■어떤 내용을 조사하면 좋을까요? ■토의방법과 내용 안내하기	□ -우리 시·도를 상징하는 마크의 모 양, 의미, 유래 - 우리 시·도를 상징하는 새, 꽃이나 나무 등 캐릭터 - 우리 시·도를 대표하는 행사, 특산 물, 시설, 인물 등	5′	우리 시·도 의 휘장, 캐 릭터, 나무, 새 등의 사 진이나 그림
		【토의 방법 안내하기】 ■ 토의 주제 - 우리 시·도를 상징하는 마크의 모양, 의미, 유래 - 우리 시·도를 상징하는 새, 꽃이나 나무 등 캐릭터 - 우리 시·도를 대표하는 행사, 특산물, 시설, 인물 등 1. 토의 방식을 결정한다. 2. 집단의 크기는 한 모둠 6명씩으로 한다. 3. 모둠별 토의 시간은 20분으로 한다. 4. 토의에 필요한 준비물을 확인한다. - 토의 기록장, 개인별 자료 등 5. 토의하기 6. 토의 내용 정리 및 발표			
문제 해결	토의 계획 세우 기	■그럼 지금부터 토의할 내용에 대 한 계획을 세워 봅시다.	⊙ 모둠별로 좌석에 앉아 토의 계획 세 우기 - 우리 시·도를 상징하는 마크, 새, 꽃, 나무 등 의미와 유래, 토의 계획 을 모둠별로 나누어 실시한다. - 그 밖에 시·도를 대표할 수 있는 것 들(행사, 특산물, 시설, 인물 등)도 토 의할 수 있도록 토의 계획을 세운다.		
문제 해결	토의 하기 토의 내용 발표	■계획한 내용과 방법을 토대로 토 의를 하여 봅시다. ■토의 내용 정리 ■토의 내용을 발표해 봅시다. -우리 시도를 상징하는 마크의 모 양, 의미, 유래 -우리 시·도를 상징하는 새, 꽃이 나 나무 등의 캐릭터 -우리 시·도를 대표하는 행사, 특 산물, 시설, 인물 등	⊙계획한 내용과 방법을 토대로 토의하기 ⊙모둠별로 토의한 결과를 발표한다. □부산의 시화는 동백꽃이며. 시목은 동 백나무입니다. 등 □부산의 시조는 갈매기이고 마스코트 는 부비입니다. 등 □행사는 부산국제영화제와 자갈치축제 입니다. 등	20′	자치단체의 홍보책자 및 각 기관의 홈 페이지를 활 용한다.

단계	학습 내용	교수·학습 활동		시간 (분)	자료 및 유의점
		교 사	학 생		
적용 발전	토의 내용 정리	■오늘 토의한 내용을 전체적으로 정리해 봅시다.	○○의 상징물 • 시화(市花): 동백꽃 • 시조(市鳥): 갈매기 • 시목(市木): 동백나무 • 마스코트: 부비		
	반성 및 평가	■다른 시·도의 상징물과 우리 시도 상징물을 비교해 볼까요? ■이번 토의에서 가장 인상 깊었던 점은 무엇입니까? ■이번 토의에서 반성할 점이 있다면 무엇입니까?	□서울의 시조는 까치이고 인천은 두루미, 광주는 비둘기입니다. 등 □모르는 사실을 친구와의 토의를 통해서 알게 되었을 때 기뻤습니다. 등	10′	사회 101쪽 삽화
	차시 예고	■다음 시간에는 선택학습을 하도록 하겠습니다.	□친구의 의견을 끝까지 듣는 태도를 가져야 하겠습니다. 등		

수행 평가 관점	·우리 시·도의 상징물을 조사하여 그 의미와 유래를 파악할 수 있는가? ·우리 시·도의 상징물과 대표할 수 있는 것들을 조사 발표하는 활동에 적극적으로 참여하는가?

7) 토의 학습과정안(수업안) 해설

단 계		수 업 과 정 해 설(내용)
문제 파악	주제 결정	1. 토의 주제를 확인하고 이를 해결하기 위한 내용을 인지하는 단계이다. 2. 학습 조직 형태는 대집단으로 구성하는 것이 효과적이다. 3. 우리 학교의 상징물들을 알아보는 활동을 통해 토의 주제(부산을 상징하는 것)를 파악한다. 4. 부산을 주제로 한 마인드맵 활동을 통해 토의 주제에 대한 흥미를 갖게 한다.
문제 추구	토의 안내	1. 토의 방법과 내용을 제시하여 토의 계획을 세우는 데 안내를 해 주는 단계이다. 2. 학습 조직 형태는 대집단으로 구성하는 것이 효과적이다. 3. 판서를 통해 토의 내용과 방법에 대한 안내를 하는 것이 효과적이다.
문제 해결	토의 전개	1. 토의 계획을 세우고 토의를 하고 정리하여 발표를 하는 단계이다. 2. 모둠별로 토의하는 것이 좋고 모둠 구성은 5~6명이 적합하다. 3. 자치단체홍보책자 및 홈페이지를 활용하도록 하는 것도 효과적이다. 4. 모둠별 토의 내용을 정리 발표할 때 PPT 자료로 하는 것이 정리, 발표 등에 바람직하다.
적용 발전	종합	1. 토의한 내용을 전체적으로 정리하고 내면화시키는 단계이다. 2. 일제 수업이 효과적인 단계이다. 3. 판서를 통해 정리 요약하는 것이 좋다. 4. 토의 시 지켜야 할 태도를 토의 반성 시간을 통해 기른다.

(학습지)

모둠 토의 기록지

토 의 주 제		일자	년 월 일	모둠명	
토 의 내 용	구분				
	주장				
토 의 결 과					
새롭게 알게 된 점					
다음 토의를 위해 고칠 점					

전체 의견 기록장(기록부)

제 학년 반

토 의 주 제			일 자	년 월 일
토 의 내 용 (주장)	구분			
	1			
	2			
	3			
	4			
	5			
	6			
	7			
	8			
토 의 결 과				
새롭게 알게 된 점				
다음 토의를 위해 고칠 점				

3. 토의 학습 참고 자료

1) 토의 관련단원 분석(3 - 4학년): 중학년

【3학년 1학기】

단원	차시	제재	토의 관련 학습 내용	교과서	토의 유형
2. 우리 고장 사람들의 생활 모습	16/16	* 단원 정리 학습	-미래의 생활 모습 상상하여 토의하기	71	소집단
3. 고장생활의 중심지	2/16	(1) ① 시장이 있는 곳	-사람들이 살아가는 데 필요한 물건들을 토의하여 골라 보기	74~75	소집단
	3/16	(1) ① 시장이 있는 곳	-시장이 없을 때의 불편한 점 토의하기	76~77	소집단
	4/16	(1) ② 시장이 하는 일	-시장 견학의 절차와 방법 토의하기	80~81	소집단
	10/16	(2) ① 역과 터미널	-공공시설의 이용 방법 토의하기	93	소집단

【4학년 1학기】

단원	차시	제재	토의 관련 학습 내용	교과서	토의 유형
1. 우리 시·도의 모습	9/17	(2) ② 자연재해의 극복	-자연재해의 예방을 위해 할 일 토의하기	28~29	소집단
	10/17	(2) ② 자연재해의 극복	-댐을 건설하는 문제에 대한 찬성과 반대의 입장 토의하기	30~31	패널토의
	13/17	(3) ① 어떻게 달라졌을까	-우리 지역의 변화에 따른 좋은 점과 나쁜 점 토의하기	36~37	소집단
2. 우리 시·도의 발전하는 경제	12/16	(2) ② 경제활동의 중심지	-시장이 없다면? 가상 토의해 보기	74~75	소집단
3. 새로워지는 우리 시·도	4/18	(1) ① 지역의 대표 뽑기	-지방의회 의원 선거와 전교 어린이회 선거의 같은 점과 다른 점 토의하기	97	공개 토의(forum)
	6/18	(1) ③ 시도의 상징	-우리 시도를 상징하는 것에 대해 토의하기	100~102	소집단
	9/18	(2) ① 우리 시도의 여러 가지 문제와 해결	-우리 고장의 여러 가지 문제에 대해 토의하기	108~109	소집단
	11/18	(2) ② 함께 해결하는 우리 시도의 문제	-우리 고장에 쓰레기 매립장을 건설한다면, 먼저 어떤 조건을 생각해야 하는지 토의하기	110~113	소집단
	12/18	* 선택학습	-상류에 공장을 세우려고 하는 기업가와 하류에서 양식업을 하는 사람을 정하여 토론하기	116	패널토의

2) 토의 관련 단원 분석(5 - 6학년): 고학년

단원	차시	제재	토의관련 학습 내용	교과서
1. 우리 나라의 자연 환경과 생활	3/17	1-① 사람들은 어떤 곳에서 생활하고 있을까	•지형에 따라 사람들의 생활 모습은 어떻게 다를까요?	7
	5/17	1-② 기후와 생활	•계절에 따라 우리 조상들의 생활 모습을 어떻게 다를까요?	11~13
	9/17	2-① 더위와 추위에 대비한 한복	•우리 조상들은 더위를 어떻게 이겨 냈을까요?	20~23
	10/17		•우리 조상들은 추위를 어떻게 이겨 냈을까요?	24~26
	11/17	2-② 우리 조상들이 즐긴 음식	•우리 조상들이 계절에 따라 특별한 음식을 만들어 먹은 까닭은 무엇일까요?	27
	117		•지역에 따라 김치 맛이 다른 까닭은 무엇일까요?	29~31
	13/17	2-③ 여러 가지 모양의 집	•옛날에 방을 따뜻하게 했던 방법이 오늘날에는 어떻게 변했을까요?	32~34
	14/17		•지방에 따라 지은 집의 모양이 다른 까닭은 무엇일까요?	35~36
	17/17		•우리 조상들의 전통적인 의식주 생활에서 우리가 이어받아야 할 점들은 어떤 것일까요?	43
2. 우리가 사는 지역	2/17	1-① 도시는 어떤 곳일까?	•도시와 촌락의 생활 모습은 어떻게 다를까요?	50~52
	6/17	1-② 도시로 몰려들고 있어요	•사람들이 도시로 모여드는 까닭은 무엇일까요?	62~63
	8/17	1-③ 도시의 여러 문제를 어떻게 해결할까	•도시의 교통난을 해결할 수 있는 방법에는 어떤 것이 있을까요?	70
	8/17		•부족한 주택 문제를 해결할 수 있는 방법에는 어떤 것이 있을까요?	71
	8/17		•도시의 환경오염을 해결할 수 있는 방법에는 어떤 것이 있을까요?	72
	13/17	2-② 촌락에서 일어나는 일	•촌락의 문제와 도시의 문제는 어떤 관계가 있을까요?	82
	14/17	2-③ 촌락이 변화하고 있어요	•촌락의 발전을 위해 우리가 할 수 있는 일은 무엇일까요?	84
	15/17		•자연환경을 이용하여 고장을 발전시킬 수 있는 방법에는 어떤 것이 있을까요?	88~90
	17/17		•도시와 촌락의 균형적인 발전을 위해 주민들 간에 서로 이해하고 도울 수 있는 방법에는 어떤 것이 있을까요?	95
3. 환경 보전과 국토 개발	2/17	1-① 우리는 자연의 일부	•자연은 우리 생활에 어떤 도움을 줄까요?	98~100
	3/17		•자연을 지키는 활동이 중요한 까닭은 무엇일까요?	102~103
	5/17	1-② 자연재해	•자연재해를 극복하기 위해 어떤 노력을 해야 할까요?	107~111

단원	차시	제재	토의관련 학습 내용	교과서
3. 환경 보전과 국토 개발	6/17	1-③ 환경문제	● 가족의 행동이 다른 사람들이나 환경에 어떤 영향을 끼칠까요?	112~115
	7/17		● 세계적으로 환경을 보호하는 활동이 필요한 까닭은 무엇일까요?	116~120
	7/17		● 자연을 살리는 방법에는 어떤 것이 있을까요?	116~120
	9/17	2-① 환경문제의 합리적 해결	● 학교에서 실천할 수 있는 환경 보전 활동에는 어떤 것이 있을까요?	122~124
	10/17		● 환경 기초 시설 설치와 관련하여 지방자치단체와 주민들을 어떤 자세를 가져야 할까요?	125~126
	12/17	2-② 환경을 생각하는 국토 개발	● 국토를 개발해야 하는 까닭은 무엇일까요?	130~132
	17/17		● 내가 만일 미래의 국토 종합 계획을 세우는 전문가라면 국토 종합 계획을 세울 때 자연재해 예방과 환경 보전을 위해 어떤 점을 유의해야 할까요?	141
1. 우리 민족 과 국 가 의 성립	2/21	1-① 처음으로 세운 나라 고조선	우리 조상들의 생활 모습은 도구의 발달에 따라 어떻게 변해 왔을까요?	4~6
	3/21		쇠로 만든 농기구가 보급되면서 사회에는 어떤 변화가 일어났을까요?	9
	4/21	1-② 힘을 겨루며 성장한 세 나라	삼국이 한강 유역을 얻기 위해 계속 다툰 까닭은 무엇일까요?	10~13
	5/21		가야는 우리 문화에 어떤 영향을 끼쳤을까요?	14
	6/21	1-③ 삼국을 통일한 신라, 고구려를 이어받은 발해	신라는 어떻게 위기를 극복하고 삼국 통일을 이루게 되었을까요?	17~18
	7/21		발해의 건국은 역사적으로 어떤 의의를 가질까요?	19~20
	8/21		내가 만일 고구려나 백제 말기의 왕이었다면 기울어 가는 나라를 구하기 위해 어떤 일을 했을까요?	21
	9/21	2-① 고려의 건국으로 달라진 정치	임금으로서 갖추어야 할 바람직한 인품에는 어떤 것이 있을까요?	22~24
	10/21		통일 신라에 비하여 고려는 어떤 점이 발전했을까요?	25~26
	11/21	2-② 역경을 이겨 내며 꽃피운 고려 문화	고려가 북방 민족의 침략에 맞서 승리한 까닭은 무엇일까요?	27~31
	14/21	3-① 정치 개혁으로 세운 나라들	유교 정신이 추구하는 정치는 백성들의 생활 모습에 어떤 영향을 끼쳤을까요?	36~38
	16/21	3-② 문화의 발달과 백성들의 생활 모습	훈민정음은 당시 백성들의 생활과 우리나라 문화에 어떤 영향을 끼쳤을까요?	44~45
	17/21		조선 초기의 문화와 과학 기술은 백성들의 생활에 어떤 영향을 끼쳤을까요?	44~46
	18/21	3-③ 두 차례의 전란 극복	우리 조상들이 임진왜란을 이겨 낸 힘은 무엇일까요?	51~54
	20/21		만일 내가 일본이나 다른 나라에 통신사로 간다면 우리나라의 무엇을 전해 주고 그 나라의 무엇을 받아들여 올 것인가요?	57
	20/21		만일 내가 태조 이성계 때에 나라의 정책을 세우는 관료였다면, 새로운 나라를 위하여 어떤 정책을 왕에게 건의했을까요?	57

단원	차시	제재	토의관련 학습 내용	교과서
2. 근대 사회로 가는길	2/16	1-① 사회변화를 위한 서민들의 노력	금속 화폐의 발달은 당시 서민들의 생활에 어떤 변화를 가져왔을까요?	65
	3/16		조선 후기 양반과 서민의 예술과 문화 활동은 어떻게 달랐을까요?	66~67
	5/16	1-② 잘사는 백성 부강한 나라로	내가 만약 조선 후기 당시의 실학자였다면 어떤 주장을 했을까요?	71~73
	6/16	1-③ 복을 빌고, 평등한 세상을 바라고	조선 후기 백성들 사이에 민간 신앙이 이전보다 성행한 까닭은 무엇일까요?	74~75
	7/16		조선 후기에 천주교를 믿는 사람이 많이 늘어난 까닭은 무엇일까요?	76~77
	7/16		나라에서 천주교를 금지한 까닭은 무엇일까요?	76~77
	7/16		많은 사람이 동학을 믿은 까닭은 무엇일까요?	78~79
	7/16		동학을 믿은 사람들 중에 농민이 많았던 까닭은 무엇일까요?	78~79
	9/16	2-① 척화비를 세운 까닭	경복궁을 다시 복원한 까닭은 무엇일까요?	81
	10/16		흥선대원군이 척화비를 세운 까닭은 무엇일까요?	85
	10/16		흥선대원군이 쇄국정책을 편 까닭은 무엇일까요?	81~85
	11/16	2-② 조선, 어디로 가야 하는가	강화도 조약을 불평등 조약이라고 하는 까닭은 무엇일까요?	86
	11/16		내가 만일 강화도 조약 체결 회담에 참석하여 일본의 대표와 담판을 하게 된다면 어떻게 할까요?	88
	12/16		동학 교도들이 조정에 요구한 내용이 바뀐 까닭은 무엇일까요?	89
	12/16		동학 농민 운동이 일어난 까닭은 무엇일까요?	90
	14/16	2-③ 대한제국을 선포한 뜻은	당시 사람의 입장이 되어 개화에 대한 생각을 찬성과 반대로 나누어 토론하기	94
	14/16		새로운 문물의 도입에 따른 급격한 변화가 사람들의 생활에 어떤 영향을 주었을까요?	95~96
3. 대한 민국의 발전	2/14	1-① 총과 펜을 들어 싸운 조상들	을사조약이 체결된 후, 우리 민족은 나라를 지키기 위해서 어떤 방법으로 저항했을까요?	102~103
	3/14		우리 민족은 우리 역사와 문화를 지키기 위해 어떤 노력을 하였을까요?	108~109
	3/14		우리 민족은 우리의 얼과 혼을 지키기 위해 어떤 노력을 하였을까요?	108~109
	4/14	1-② 대한 독립 만세, 한국광복군 만세	대한민국 임시 정부를 세운 까닭은 무엇일까요?	112~113
	5/14		일제의 식민 통치에 맞선 우리 민족의 독립 운동은 어떻게 전개되었을까요?	115
	5/14		독립을 위해 목숨을 바친 분들의 뜻을 어떻게 이어받아야 할까요?	115~117
	5/14		내가 일제 침략기에 살았다면 일제에 어떤 방법으로 항거하였을까요?	115~117

단원	차시	제재	토의관련 학습 내용	교과서
3. 대한민국의 발전	8/14	2-① 분단을 딛고 일어선 대한민국	6·25전쟁으로 우리 민족은 어떤 고통을 당했을까요?	123~124
	9/14		우리나라의 민주주의가 성숙되기까지 우리 국민들은 어떤 노력을 기울였을까요?	125~128
	10/14		5·18 민주화 운동과 6월 민주 항쟁이 우리나라의 민주화에 미친 영향은 무엇일까요?	127
	12/14		경제 성장에 따라 크게 달라진 국민들의 생활 모습에는 어떤 것이 있을까요?	132~133
	12/14		경제 성장으로 인한 빈부의 격차를 해소할 수 있는 방안은 무엇일까요?	133
	12/14		경제 성장으로 인해 팽배해진 물질 만능주의를 해결할 수 있는 방안은 무엇일까요?	133
	12/14		경제 개발에 따른 환경오염 문제를 해결할 수 있는 방안은 무엇일까요?	133
	12/14		경제 개발에 따른 인구의 도시 집중 문제를 해결할 수 있는 방안은 무엇일까요?	133
	12/14		통일을 위해 우리가 할 수 있는 노력에는 어떤 것이 있을까요?	134

▎제3장▎ 조사(발표) 학습

제1절 조사(발표) 학습의 이해

1. 조사(발표) 학습의 개념

조사(발표) 학습은 탐구 학습, 문제 해결 학습, 과제 학습 등 방법으로 학습을 지도하는 과정 가운데, 문제의 해결과정에서 자료를 수집하고 분석 검토하는 등의 조사 활동을 위주로 하고 있는 학습 형태이다. 따라서 이 학습법은 현장 학습과 같이 사회과의 학습지도 과정에서 실증적인 자료의 활동을 통해 사회적 기능이나 사회과학적 지식을 생생하게 습득할 수 있다는 점에서 그 의의가 크다는 것이다. 이러한 관점에서 볼 때, 조사 학습은 학생으로 하여금 자학자습의 태도와 기능, 자주적인 정신과 행동의 기능, 문제 해결능력, 탐구능력, 계획능력, 행동능력, 분석력, 종합력 등을 기르려는 데에 효과적인 학습법이라 하겠다. 즉 실증적인 자료들을 조사·관찰케 함으로써 흥미롭게 학습의욕을 환기시키면서 사고력이나 판단력을 길러 줄 수 있다. 또한 조사 학습이 현장 학습과 구별되고 있는 것은, 학습의 장을 교실로부터 현장으로 옮기지 않고도 조사 활동이 이루어질 수 있다는 것이다. 다시 말하면 조사 활동은 교실 밖에서 이루지는 경우가 많다고 하겠으나 교실 안에서도 가능한 활동들이 적지 않은 것이다.

조사 학습이 전개되는 유형에 있어서도 여러 가지 형태들이 있다. 즉 개별 조사, 집단 조사, 문헌 자료 조사, 시청각 자료 조사, 현장 자료 조사, 자원 인사 면접 조사, 표본 조사, 사례 조사, 관찰 조사, 인물 조사 등으로 구별할 수 있다.

2. 조사 학습의 특징

사회과 수업에서 가장 활성화 되어 있고 흔하게 볼 수 있는 학습 형태가 바로 조사 학습이다. 즉 교사가 사전에 학생들에게 일정한 과제를 부여하면, 학생들은 개인별 혹은 모둠별로 조사 과제를 수행한 다음, 본 수업 시간에 발표를 하고, 교사가 그것을 종합·정리하는 형태의 수업방식이 가장 일반적인 사회과 수업이었다. 이러한 학습 방법은 조사 학습을 위주로 하면서 발표 학습, 토의 학습, 소집단 학습 등이 복합된 학습 형태를 띠고 있는 것이다.

사회과에서의 조사 활동은 사회과학의 연구방법을 적용한 탐구과정이나 문제의 해결과정에서 주로 이루어지는데, 학습문제에 대한 조사 활동은 풍부한 교육적 경험을 제공할 수 있다. 따라서 조사 활동은 아동의 지적 수준에 맞아야 하고 사회적 사실과 현상을 관찰·조사하는 데 적절히 활용될 수 있다. 조사의 유형에는 문헌 자료, 시청각 자료, 지역 사회 자료에 의한 조사와 자원인사와의 면담을 통한 조사 등이 있다. 특히, 최근에는 인터넷 웹사이트(internet web site)나 멀티미디어 자료를 활용하여 많은 자료를 검색할 수 있게 되었다. 그런데 보다 바람직한 조사 활동이 되기 위해서는 조사 내용, 활용 자료, 조사 방법, 조사 내용의 정리 및 분석과 조직 등 요소를 고려하여야 한다.

3. 조사 학습의 의의와 가치

사회과 조사 학습은 다음과 같은 교육적 의의와 가치를 갖는다.
① 생활에 일어나는 문제의 상호 관계 또는 복잡한 지역 사회의 구성과 과정에 관한 종합적인 이해를 갖게 한다.
② 중요한 지역 사회의 문제와 경향에 대한 통찰을 시킨다.
③ 지역 사회에 직접 참여시킬 수 있는 기회를 제공한다.
④ 사회생활에 있어 인간은 상호 의존, 협력의 필요성을 깨닫게 한다.
⑤ 현실 문제에 대한 비판과 상황 판단을 할 수 있게 한다.

4. 조사 학습의 유형

조사 학습은 문제 해결의 과정에서 조사 활동을 중심으로 하는 학습 형태이다. 조사 학습에는 내용이나 조사 대상에 따라 여러 가지 형태가 있으나 사회 여러 분야의 조사 방법에 관한 것으로 개별조사, 집단조사, 문헌 자료조사, 시청각 자료조사, 현장자료조사, 자원인사면접조사, 표본조사, 사례조사, 관찰조사, 사료조사, 인물조사 등으로 유별할 수 있다. 예컨대 문헌 자료에 의한 조사 활동이란 참고도서, 신문, 잡지, 스크랩 북(scrap-book), 향토지, 연감, 통계표, 연대표 등을 이용하는 활동이고, 시청각 자료에 의한 조사 활동은 괘도, 사진, 그림, 슬라이드(slide), 영화내용, 선전광고물, 설명도, 안내도, 모형, 실물 등을 이용하는 활동이며 현장자료에 의한 조사 활동은 야외관찰, 유물, 유적 등을 이용하는 활동이다.
조사발표 학습의 대표적인 유형으로서 문헌조사, 사례조사, 표본조사 학습에 대하여 살펴보면 다음과 같다(인천광역시사회과교육연구회, 2007: 85-92).

1) 문헌 조사 학습

문헌 조사 학습의 과정은 학습의 목적 내용 및 조건에 따라 다양하게 전개할 수 있다. 그러나 적어도 문헌의 조사를 통한 학습은 학생들로 하여금 문제와 관련된 문헌 자료를 찾고, 이들 자료의 정확성을 검토, 분석하여 문제를 해결하는 데 적극 참여하도록 도와주어야 한다.

2) 사례 조사 학습

사례 조사 학습은 사례 연구법을 적용한 조사 학습이다. 사례 연구는 개인이나 소집단을 대상으로 하여 양적으로 조사하기 힘든 문제에 대하여 그 특성까지 넓고 깊게, 그리고 상세하게 조사·검토·분석함으로써 여러 요인을 전체적으로 밝히는 연구이다. 사례 연구의 특징을 요약하면 다음과 같다.
① 소수의 대상을 시간적인 변화에 이르기까지 수직적으로 추구한다.
② 사례의 독특한 성질, 즉 미묘한 관계나 독자적이며 특수한 소재를 포함할 수 있다.
③ 많은 특수성이나 여러 요인을 관계 지어 조사할 수 있다.
사례 학습은 어떤 개인이나 집단에 관한 특정 사례에 대하여 학생들이 깊고 폭넓게 관찰 조사 분석하거나 사례 조사 결과를 가지고 분석 비판함으로써 그 현상의 특징을 파악하게 하는 것이다.
사례 조사 학습은 학생들이 하나의 사례에 대하여 관찰·조사·수집한 자료를 분석하게 할 수도 있고, 자서전, 전기, 일기, 판례집, 편지, 회상록, 신문 기사 등 자료를 분석하게 할 수 있다.

3) 표본 조사 학습

표본 조사 학습은 통계 조사의 한 방법으로 전체 대상 중 어느 한 부분만을 조사하여 전체 대상의 특징을 설명하려는 방법이다. 따라서 전체 대상 중 일부분의 사람 혹은 집단을 표본 추출하여 자료를 수집하고, 정리·분석함으로써 그 통계적인 경향을 알아보는 학습이다.
그러나 학생들이 과학적이며 엄밀한 방법과 절차를 밟아 자료를 해석하기는 어려우므로 개략적인 특징을 이해하여 간단한 조사와 자료의 처리를 거쳐 학습 목표를 달성하도록 유의한다.
표본 조사 학습의 과정은 문제의 설정과 가설의 형성, 조사 내용과 방법의 탐색, 조사 계획 수립, 조사 실시, 자료의 처리결과 해석의 절차로 진행된다.

5. 조사 학습의 학습과정

조사 학습의 유형에 따라 학습과정에 차이가 있기는 하나 일반적인 조사 학습의 세부 학습 단계는 계획활동 단계, 조사 활동 단계, 보고활동 단계, 정리·발전활동 단계 등 4단계를 밟는다.

| 계획 활동 단계 | → | 조사 활동 단계 | → | 보고 활동 단계 | → | 정리·발전 단계 |

[그림 8] 조사 학습 세부 활동 과정

1) 계획활동 단계

계획활동 단계에서는 조사 활동을 전개할 주제(과제)의 선정과 학습계획을 수립하는 과정이다. 주제의 선정이나 계획을 세우는 데에는 학생들의 관심, 욕구, 흥미 등을 충분하게 고려하여 교사와 학생이 공동으로 협의를 하는 것이 바람직하다. 조사 학습은 대부분의 경우 교실 밖에서 이루어지는 것이므로 교사는 사전에 조사주제에 대한 예비지식을 가지고 있어야 할 뿐만 아니라 조사할 자료가 현장의 실태에 대하여 예비조사를 하여 파악하고 있어야 한다. 그리고 조사 활동의 계획에 있어서는 조사목적, 조사내용, 조사범위 또는 영역, 조사방법 등에 대하여 명확한 인식을 하도록 해야 하고, 또한 현장조사를 하려고 할 때에는 현장에서 자원인사와 면접을 하는 경우 청취태도, 질문요령, 기록방법 등에 대하여 사전지도를 해야 하며, 그리고 또한 현장조사 활동에서 필요로 하는 사항들로는 일시, 장소, 거리, 조사 진행 경로, 예상되는 질문, 준비물, 예비지식, 현장교섭 등에 관하여 바람직한 계획이 세워져야 한다.

<표 19> 조사 발표 학습 계획서

구 분	활동 내용
① 조사 주제	
② 주제 선정 이유	
③ 모둠 명	
④ 모둠원의 역할 분담	

2) 조사 활동 단계

조사 활동 단계는, 전 단계에서 결정된 계획과 방법에 따라 활동이 전개되는 과정이다. 조사 활동의 방법은 조사하려는 내용의 성질 여하에 따라서 여러 가지의 형태로 이루어질 수 있겠으나 다만 사회과학적인 조사방법이라든가 심사숙고하는 사고방법 등에 의하여야 한다는 것을 잊어서는 아니 된다. 특히 현장에 나가서 조사 활동을 하는 경우에는 학생들의 안전사고 예방에 각별히 유의하여야 하므로 불의의 사고를 예방할 수 있는 주의사항 등을 철저하게 주지시켜 주어야 한다.

3) 보고활동 단계

조사 활동을 통하여 얻어진 자료를 정리하면서 보고할 보고서, 차트 또는 전시에 사용할 스크랩북(scrap book), 스케치(sketch) 조감도 등을 작성한 다음, 개인 또는 분단의 대표가 이를 보고하는 과정이다. 학생들이 보고한 조사방법이나 내용에 대하여 질의응답 등의 토론활동을 하면서 교사는 이때 보고 사항을 분석하고 정리하여야 한다.

일반적으로 조사 보고서는 다음과 같은 방법으로 작성한다.

・설문지 활용, 조사한 내용 분류하기와 같은 방법으로 생각해 본다.
・관찰한 내용을 충분히 검토한 뒤 통계를 정확히 내어 보고서를 작성한다.
・보고서를 쓰고 나면 보고서 내용을 정확히 분석하여 더 자세히 쓸 부분, 표와 그래프에 대한 설명이 잘 나타나 있는지 점검해 본다.

4) 정리・발전활동 단계

조사 보고한 내용들을 종합적으로 정리하여 일반화시킬 수 있는 지식이 되어야 하므로 적용 과정을 거치도록 함으로써, 생생한 지식이 되고, 경험이 되어, 고차적인 영역으로서 발전이 이루어질 수 있도록 하여야 한다.

사회과 교사(발표・보고) 학습의 정리・발전 활동 단계에서는 다음과 같은 점에 유의하여야 한다.

첫째, 정리・반성 및 평가 방향을 주제 설정 과정, 문제 해결 탐색, 역할 분담, 합리적 자료 수집, 창의적 지식 산출 등의 과정에 얼마나 충실하였는가를 검토하여야 한다.

둘째, 조사 보고 학습과정을 구분한 평가와 보고서 등을 중심으로 한 종합적 평가로 구분할 수 있다. 사회과 교사는 자신의 판단에 따라 과제가 제시되고 문제 해결 활동이 이루어지고 평가가 수행된다는 점을 인식하고 적절한 계획은 물론 조사 학습과정을 충분히 예상하고 학생들을 지도해야 한다.

6. 조사 학습 지도상의 유의점

① 조사 학습을 즉흥적으로 실시하지 말고, 학기 초부터 미리 계획을 세워야 한다.
② 학생들로 하여금 조사 활동의 문제(주제)를 명확하게 인식하도록 하고, 활동 주제와 활동의 방법도 구체적으로 제시해 줌으로써 그릇된 조사가 되지 않도록 사전지도를 해야 한다.
③ 학생들 스스로가 조사 학습의 필요성과 조사 대상, 조사 방법 등을 인식하여 자주적이고 능동적인 조사 보고 활동이 전개되도록 하여야 한다.
④ 조사 활동은 소요되는 시간이 많으므로 그 활동이 산만해지지 않게끔 연속적인 지도가 필요하다.
⑤ 조사 활동은 학생들의 능력, 욕구, 흥미 등을 고려하여 그들의 수준으로 해결될 수 있는 내용이라야 한다.
⑥ 조사 활동에 활용될 수 있는 자료들에 대하여 그 종류, 내용, 소재지, 출처 등을 기록한 목록표 등을 비치하거나 제시해 주어야 한다.
⑦ 현장에서의 조사 활동에 있어서는 대인 접견의 태도라든가 현장의 안전관리 유지에 필요한 주의사항 등을 유념하도록 지도해야 한다.
⑧ 조사 활동의 결과를 정리, 보고, 발전을 할 수 있는 요령들을 잘 지도해야 한다. 학생들이 조사 정리, 보고 활동, 발표 요령 등을 알고 적극 참여하도록 유도하여야 한다.

7. 조사 학습 시 교사의 역할

① 조사 문제 결정에서 보고서 작성까지의 전 과정을 교사와 학생이 함께 계획하여야 한다.
② 학생이 추진하는 상황을 검토하고 조언하는 역할을 하여야 한다.

8. 조사 학습의 장점

① 사회현상에 대한 과학적 연구 절차와 도구의 제작, 자료 정리 및 해석, 결론 도출 및 보고서
　작성 발표 등 다양한 탐구 기능을 익힐 수 있다.
② 학습자들의 관심과 흥미를 유발할 수 있고 적극적 참여를 도모할 수 있다.
③ 교실에서의 사회탐구 이론을 교실 밖에서 적용하는 계기가 된다.

9. 조사 학습의 단점

① 학교 밖의 조사 대상, 장소에 대하여 학생들은 일정한 제약을 가질 수밖에 없다.
② 조사 자료를 정리하는 기본적 능력이 구비되지 않으면 효과적인 학습을 기대하기 어렵다.
③ 조사과정에서 발생하는 돌발적인 사태에 적절히 대처하기가 곤란하다.

제2절 조사(발표) 학습의 실제

1. 교수·학습과정안(예시 1)

　1) 단원: 2. 우리 고장 사람들의 생활 모습(3~1)

　　(2) 고장 사람들이 하는 일

2) 단원 학습 안내

이 단원은 자연과 함께 생활하고 자연을 극복해 가는 과정에서 고장 사람들은 자연환경의 영향을 어떻게 받아 왔는지를 살펴보는 데 주안점을 두고 있다. 또 이러한 사실을 습득하기 위한 다양한 기능도 학습하도록 하고 있다.

첫째 주제 '자연을 이용하는 생활'에서는 사람들이 자연환경 속에서 생활하여 오면서 자연을 이용하기도 하고 자연에 적응하기도 하면서 살아왔다는 사실을 여러 가지 자료를 통해 배우게 된다.

둘째 주제 '고장 사람들이 하는 일'에서는, 우리 고장에 살고 있는 사람들은 여러 가지 직업을 가지고 있으며, 또 고장마다 일의 종류가 같기도 하고 다르기도 하다는 사실을 여러 가지 방법을 통해 알아보고, 이렇게 알아낸 사실을 도표나 통계표로 나타내어 본다. 조사 학습은 최소한 일주일 전부터 장기 학습 과제로 부과하여 본 수업에 임해야 각 차시에 따른 시간 계획에 맞출 수 있음을 염두에 두어야 할 것이다. 이어서 고장의 산업 발달 모습을 견학 조사를 통해 살펴본 후, 우리 고장에 그 산업이 발달한 이유에 대해 이해하도록 하고 있다.

3) 단원의 목표

지식 · 이해

· 고장 사람들이 자연을 이용하는 모습을 설명할 수 있다.
· 계절에 따라 달라지는 생활 모습을 설명할 수 있다.
· 사람들은 자연을 개발하기도 하고, 또 자연환경에 적응하면서 살아간다는 것을 이해한다.
· 고장 사람들이 하는 일과 고장의 자연환경과의 관련성을 이해한다.
· 고장 사람들이 하는 일은 우리 생활에 많은 도움을 주고 있음을 설명할 수 있다.
· 고장의 환경과 고장의 산업과의 관련성을 이해한다.
· 고장의 산업 발달은 고장의 발전과 많은 관련이 있다는 것을 이해한다.

기능 · 능력

· 계절에 따라 다른 생활 모습의 자료를 모아 정리하고 분류할 수 있다.
· 고장의 자연환경을 이용하는 모습을 모아 정리할 수 있다.
· 그림지도를 보고, 고장의 환경 이용 모습을 찾아 표시할 수 있다.
· 면접법을 이용하여 고장 사람들의 직업을 조사할 수 있다.
· 조사한 결과를 통계표, 도표 등으로 나타낼 수 있다.
· 고장의 산업을 기준에 따라 분류하여 정리할 수 있다.
· 고장의 산업 현장을 견학하고 견학보고서를 간략하게 작성할 수 있다.

· 고장의 자연환경은 우리가 살아가는 터전임을 알고, 보호하라는 태도를 가진다.
· 일의 소중함을 알고, 고장의 발전에 관심을 가진다.
· 고장의 산업 발달에 관심을 가지고, 견학 시 지켜야 할 예절을 기른다.

4) 단원의 지도 계획

단원	주제	제재	제재별 주요 내용 요소	교과서 쪽수	차 시
2. 우리 고장 사람들의 생활 모습		단원 도입 및 계획	· 단원의 학습 내용을 대략적으로 알아보기 · 장기 학습 과제 정하기	38~39	1차시 (1/16)
	① 자연을 이용하는 생활	① 자연을 이용하는 모습	· 고장 사람들의 자연 이용 모습 · 옛날과 오늘날의 자연 이용 모습 비교	40~46	3차시 (2~3/16)
		② 계절에 따라 달라지는 생활	· 계절에 따라 다른 의식주의 모습 찾아보기 · 계절에 따른 영향과 미래의 생활 모습 상상해 보기	47~51	3차시 (5~7/16)
		선택 학습	· 여러 고장생활의 모습 설명하기 · 자연 이용의 장단점 찾아보기	52~53	1차시 (8/16)
	② 고장 사람들이 하는 일	① 부모님께서 하시는 일	· 다양한 방법을 통해 고장 사람들의 직업 조사해 보기 · 조사한 내용을 통계표로 만들기	54~60	2차시 (9~10/16)
		② 우리 고장에 발달한 산업	· 고장의 산업과 환경과의 관계 알기 · 고장의 산업 현장 견학하기	61~66	3차시 (11~13/16)
		선택 학습	· 다양한 직업 찾아보기 · 직업을 분류하여 보기	67	1차시 (14/16)
		단원 정리 학습	· 자연을 이용하는 모습과 계절에 따른 생활 모습 · 통계표를 보고 고장의 모습을 생각해 보고, 이를 그림으로 나타내기 · 그림을 통해 고장의 생활 모습과 고장 사람들의 직업을 찾아보기 · 바람직한 미래의 생활 토론하기 · 그림지도를 보고 자연환경 이용 모습 알아보기	68~71	2차시 (15~16/16)

5) 단원의 평가 계획

(1) 평가 방향

이 단원은 고장의 자연환경과 고장 사람들의 생활 모습과의 관련성을 찾는 데 주안점이 있다. 아울러 이러한 관련성을 찾기 위한 다양한 자료의 수집 방법과 정리 방법을 지도해야 한다.

이러한 학습은 수집 절차가 수업 중에 이루어지는 것도 있지만, 실제 수집 과정이 과제로 이루어지는 경우가 많다. 따라서 단순한 결과물에 치우치게 되면 학생들 스스로의 자기주도적인 학습이 저해될 우려가 있으므로, 단계에 따라 그 과정이 지속적으로 평가되어 누가 기록되어야 한다.

(2) 평가 방법

(1) 자연을 이용하는 생활

· 계절에 따라 달라지는 생활 모습을 알고 세 가지 이상 말하여 보기	· 지필
· 계절에 알맞은 사진을 분류하여 붙이기	· 포트폴리오
· 미래 생활 모습을 꾸미고 설명하기	· 지필

(2) 고장 사람들이 하는 일

· 고장 사람들이 하는 일과 고장의 환경과의 관계 이해	· 지필
· 면접법을 이용한 고장 사람들의 직업 조사	· 보고서 및 계획서
· 조사된 자료를 통계표나 도표로 작성	· 보고서 및 관찰
· 자료의 해석 및 고장 사람들이 하는 일의 특징 파악	· 지필
· 일의 소중함과 고장 발전에 대한 관심	· 발표 및 태도의 지속적인 관찰

6) 본시의 전개

학년 · 학기	3 - 1	단원(주제)	2 - (2) 고장 사람들이 하는 일		차시	9~10/16
학습 주제	(2) 고장 사람들이 하는 일 ① 부모님께서 하시는 일			교 과 서		54~60쪽
				사회과 탐구		쪽
학습 목표	부모님께서 하시는 일을 조사해 보고 조사한 결과를 도표로 정리해 보고, 이를 설명할 수 있다.					
예습 과제	· 부모님께서 하시는 일을 자세히 조사해 오기 · 부모님께서 하시는 일은 우리에게 어떤 도움을 주는지 조사해 오기 · 직업과 관련된 사진이나 그림 수집해 오기					
수업 유형	조사 학습		학습 조직 형태	소집단		

단계	학습 내용	교 수 · 학 습 활 동		시간 (분)	자료 및 유의점
		교 사	학 생		
계획	조사 방법 생각 하기	■ 사회 54~55쪽을 보고 고장 사람 들이 일하는 모습을 살펴봅시다. ■ 어떤 일들을 하고 있나요? ■ 우리 친구들의 부모님께서는 어떤 일을 하시는지 알아보기 위해서는 어떻게 하면 좋을까요? ■ 설문지로 조사하여 우리 고장 사 람들이 하는 일을 알아보기로 하 겠습니다.	□ 회사에 근무합니다. □ 농사를 짓고 있습니다. □ 친구들에게 물어보면 됩니다. □ 이웃 어른들께도 여쭈어 봅니 다. ……	10′	· 부모님이 직장 에서 일하시는 모 습이나 직장사진 을 과제로 제시 한다.
		■ 설문지로 조사하기 위한 계획을 세워 봅시다. – 조사 대상은? – 조사 기간은? – 조사 시간은? – 조사 내용은?	□ 각자 이웃 어른들을 중심으로 5장씩 조사한다. □ 5일간의 여유를 준다. 공부가 끝난 후 자유로이 이용한다. □ 부모님이 어떤 일을 하시나? □ 하시는 일은 우리에게 어떤 도움을 줄까?		· 같은 사람에게 여러 장 주지 않 도록 지도한다.
조사	직업과 관련하여 수집한 그림이나 화보를 분류하기	■ 직업과 관계된 사진이나 그림을 가져왔습니까? ■ 사진이나 그림을 보고 모둠별로 토의해 보세요. ■ 수집된 그림이나 사진을 비슷한 직 업끼리 나누어 봅시다. ■ 나눈 것을 발표해 봅시다.	□ 예 □ 수집된 사진, 그림을 보고 모 둠별로 토의한다. □ 모둠별로 기준을 정하여 비슷 한 직업끼리 나누어 본다. – 농업, 수산업 등 1차 산업군 – 장사 및 유통업, 서비스업, 개 인사업 – 회사원, 공무원 – 교사, 의사, 약사, 등전문직 – 기타 □ 저희 모둠에서는 사무실에서 근무하는 사람끼리 나누어 보 았습니다. □ 저희 모둠에서는 농사 고기잡 이 등 직접 몸으로 움직이는 일끼리 나누어 보았습니다. □ ……	10′	· 각 모둠에서 나 눈 기준도 허용 해 주도록 한다.
		■ 나눈 자료를 직업군별로 전지에 붙여 봅시다. ■ 모둠별로 분류하여 정리한 화보를 간단하게 설명해 봅시다.	□ 나눈 기준에 맞게 붙인다.		2절지, 풀

단계	학 습 내 용	교 수 · 학 습 활 동		시간 (분)	자료 및 유의점
		교 사	학 생		
조사	우리 부모님께 서 하시는 일과 가까운 직업군 찾기	■ 부모님께서 하시는 일과 가까운 직업은 어느 것인지 발표해 봅시다 (어머니께서 직장에 다니시는 사람은 발표한다). ■ 어떤 일을 하시는 분들이 가장 많습니까? ■ 어떤 일을 하시는 분들이 가장 적습니까?	□ 저희 아버지께서는 회사에 다니시기 때문에 ③번 직업에 속하십니다. □ 저희 아버지는 운전기사이기 때문에 ②번 직업에 속하고, 어머니는 공장에 다니시기 때문에 ①에 속합니다.	10´	1~2명의 직업은 기타로 분류한다. · 하시는 일을 아버지와 어머니로 구분하여 나타낼 것인가는 지역 특성을 고려한다.
보고	통계표(표)와 도표 (그래프) 해석 하기	■ 통계표 도표의 특징을 알아봅시다. ■ 조사한 내용을 보기 편하게 하려면 어떻게 하면 될까요? ■ 통계표란 무엇입니까? ■ 도표(그래프)는 무엇입니까? ■ 도표의 특징은 무엇입니까? ■ 도표를 보고 알아낸 것은 무엇입니까? ■ 농사짓는 분이나 공장에 다니시는 분이 왜 많을까요? ■ 장사하는 사람은 왜 적을까요? ■ 우리 고장 사람들이 가장 많이 하시는 일은 무엇입니까? ■ 앞으로 자신이 가지고 싶은 직업은 무엇인지 발표해 봅시다.	□ 표나 도표로 나타냅니다. …… □ 조사한 수를 표로 간단히 나타낸 것입니다. □ 표를 보고 그림으로 나타낸 것입니다. □ 통계표를 보고 그림으로 나타내기 때문에 한눈에 어느 것이 많은지 알 수 있습니다. □ 서로 비교하기 쉽습니다. □ 우리 고장 사람들 중 아버지들께서는 공장에 다니시는 분이 가장 많다는 것을 알았습니다. □ 어머니들께서는 농사를 짓는 분이 가장 많습니다. □ 우리 고장 사람들 중에는 장사를 하는 사람이 가장 적다는 것도 알았습니다. □ 예, 저희 마을은 주위에 논밭이 많기 때문이다. □ 그리고 농공단지가 있기 때문입니다. □ 농촌 지역이라서 가게가 많지 않기 때문입니다. □ 넓은 논과 밭을 이용하며 농사를 짓습니다. □ 공장들이 많이 있기 때문에 공장에 다니는 사람이 많습니다.	30´	· 표의 제목을 말하는 것이 아니라 그래프를 보고 알아낸 사실을 발표하도록 한다.

단계	학습 내용	교 수·학 습 활 동		시간 (분)	자료 및 유의점
		교 사	학 생		
보고	부모님의 직업군의 분포를 표와 그래프로 나타내기	■ 설문지는 모두 가져왔습니까? ■ 설문을 하면서 어렵거나 힘들었던 점이 있으면 발표해 봅시다. ■ 각자 정리해 온 것을 모둠별로 더해서 학습지에 도표로 나타내어 봅시다.	□ 예 □ 빨리 해 주지 않아 거두는 데 시간이 좀 걸렸습니다. □ 저는 이사를 온 지 얼마 되지 않아 나누어 줄 사람이 없어 힘들었습니다. □ 모둠장이 계산기로 모두 더한다. □ 표에 나타낸 후 그래프를 완성한다.	15′	· 자, 색연필, 학습지, 계산기(더하는 데 시간이 많이 걸릴 수 있으므로 계산기를 이용한다) · 학습지에 보조선을 제시하여 색칠만으로 완성하도록 한다.
발전	일과 고장의 발전과의 관계 이해하기	■ 우리 고장 사람들이 하는 일은 모두 자신의 발전뿐만 아니라 고장, 나아가 나라 전체의 발전에 도움을 준다는 것을 알게 한다. ■ 고장 사람들이 하는 일은 고장의 발전에 어떤 도움을 줄까요? ■ 도움을 받은 경험이 있으면 언제, 어떤 일로 도움을 받았나요? ■ 우리 고장 사람들이 하는 일의 특징은 무엇입니까?	□ 고장이 더욱 발전할 수 있도록 해 줍니다. □ 일하는 보람을 느끼면서 고장을 위해 더 열심히 일합니다. □ 고장의 발전뿐만 아니라 나라의 발전에도 도움을 줍니다.	5′	· 모든 일은 소중하다는 것을 느끼게 한다.
수행 평가 관점		· 우리 조상들의 여가생활에 대하여 조사하여 발표할 수 있는가? · 우리 조상들의 여가생활을 기준을 세워 분류할 수 있는가? · 옛날과 오늘날의 여가생활 모습을 비교하여 그 차이점을 말할 수 있는가?			

7) 교수·학습과정안(수업안) 해설

구 분	수업 과정 해설(내용)
핵심적인 활동 내용	이 수업에서는 질문지법, 면접법, 관찰법 등 기본적인 사회 조사 방법을 익혀, 그것을 이용하여 고장의 모습이나 사회현상을 살펴보게 하려는 데 수업의 중점이 있다.
학습조직 형태	조사는 소집단으로 나누어서 각자 4~5명을 조사한 후 분단 조사 내용을 합하여 자료로 이용하면 된다.
학습 활동 방법	사회 조사 방법을 이용한 고장의 직업 조사 (질문지법, 통계표 작성, 도표 작성)
지도상의 유의점	① 설문지법에 의한 조사 방법은 지역 설정과 학습 시간을 고려하여 수업과 별도로 시행할 수 있으나, 현실적인 면을 고려하면, 학교 내의 학생들을 대상으로 조사하는 것이 효과적일 것이다. ② 여기서 통계표는 표로, 도표는 그래프로 표기하였다. 통계표와 도표의 구분은 3학년 학생에게는 개념 이해가 어렵기 때문이다. ③ 그래프 그리는 기술적인 문제는 학년 정도를 고려하여 학습지를 통하여 사전에 간격을 정해 준다.

2. 교수·학습 과정안(예시 2)

1) 단원: 2. 우리 시·도의 발전하는 경제(4 - 1)

(2) 서로 돕는 경제생활

2) 단원의 개관

이 단원은 한 지역의 자연·인문환경에 관한 주요 사실, 현상, 특징 등에 대한 지식을 바탕으로 지역 특유의 자원들을 이용하여 주요 생산 활동이 이루어지고 있으며, 한 지역의 생산 및 소비 활동은 다른 지역의 물자 유통과 깊은 관계가 있고, 지역 상호 의존이 증대됨으로써 지역 경제 문제들이 개선될 수 있다는 취지에서 설정되었다.

첫째 주제는 우리 지역의 주요 산업의 현황과 그 산업에 이용되는 자원의 개발, 해외로 진출하고 있는 기업의 활동, 지역 경제 발전을 위한 지방자치단체의 역할, 경제 개발에 관한 주민들의 의사 결정 등이 주요 내용이다. 이러한 내용의 학습과정에서 특히 신문 기사, 사진, 통계와 도표, 기관지 등 다양한 정보와 자료를 수집하여 요약, 분석, 해석하는 능력을 기르도록 하였다.

둘째 주제는 경제 발전에 따른 생산 및 직업의 분화, 물자 교환의 필요와 화폐의 기능, 시장의 기능과 유통의 중요성, 경제생활에서의 다양한 상호 의존 모습 등이 주요 내용으로 되어 있다. 통계와 도표만 이용하기보다는 가계운영 사례, 신문에 난 경제 활동 사례를 수집하여 활용하고, 특히 생활 경험이나 사례로부터 추론할 수 있는 능력을 기르도록 하였다.

3) 단원의 목표

<table>
<tr><td>지식·이해</td></tr>
<tr><td>·시·도의 특산물이나 주요 산업을 파악하여, 지역 특유의 자원이 이용되고 있는 모습 및 자원의 개발과 이용의 가능성을 이해한다.
·시·도의 주민들이 이용하는 주요 생산 요소나 소비 물자들의 개략적인 유통 경로를 파악하고, 지역 경제에서 유통과 상호 의존의 중요성을 인식한다.</td></tr>
</table>

<table>
<tr><td>기능·능력</td></tr>
<tr><td>·시·도의 자연·인문환경에 대한 정보들을 지도, 그래프, 도표로 나타내고, 다양한 지도, 그래프, 도표에서 지역에 대한 자료를 찾을 수 있다.
·여러 가지 자료를 통하여 시·도의 대표적인 생산 활동과 자원, 유통에 관한 여러 가지 정보를 수집하고, 그 정보를 도표, 그래프, 요약문 등으로 제시할 수 있다.</td></tr>
</table>

4) 단원의 지도계획

단원	주제	제재	제재별 주요내용요소	교과서 쪽수 (부·생 쪽수)	차시
		■ 단원 도입 및 계획		46~49 (38~39)	1 (1/16)
2. 우리 시·도의 발전하는 경제	❶ 우리 시·도의 자원과 생산 활동	① 자원을 이용하는 생산 활동	· 특화산업과 자원과의 관계 · 지역의 특화산업	50~55 (40~43)	2 (2~3/16)
		② 세계로 열린 경제	· 해외 경제 협력 사례 · 해외 진출 노력 · 자원 개발과 상품 생산 실적	56~61 (46~49)	2 (4~5/16)
		③ 공공시설을 내 것처럼	· 공공재의 개념과 종류 · 지방자치단체의 노력 · 바른 이용 자세	62~66 (50~55)	2 (6~7/16)
		선택학습	· 지방자치단체에서 개발한 특산품	67	1 (8/16)
	❷ 서로 돕는 경제생활	① 나누어 맡은 생산	· 분업의 개념과 직업의 다양화 · 정보화 사회의 직업	68~71 (56~60)	2 (9~10/16)
		② 경제 활동의 중심지	· 물자 교환의 필요와 화폐 · 지역 시장의 발달과 기능	72~77 (61~63)	2 (11~12/16)
		③ 서로 도움을 주는 경제 활동	· 유통의 발달과 필요 · 경제 의존 사례 · 상호 의존 사례	78~83 (64~69)	2 (13~14/16)
		선택학습	· 유통 과정의 문제점과 해결방안	84	1 (15/16)
	단원 정리 학습		· 지역의 주요 자원 발굴 · 유통과정 합리화, 시도 경제발전과 농촌과 도시간의 경제적 협조	85~87	1 (16/16)

5) 본시의 전개

학년·학기	4 - 1	단원(주제)	2. 우리 시도의 발전하는 경제	차시	12/16
학습 주제	(2) 서로 돕는 경제생활 ② 경제 활동의 중심지			교 과 서	74~77쪽
				사회과 탐구	쪽
학습 목표	▫우리 지역의 큰 시장을 조사하여 시장이 경제 활동의 중심지임을 알 수 있다.				
예습 과제	모둠별로 시장에 대하여 조사해 오기				
수업 유형	조사 학습		학습 조직 형태	소집단 학습	

단계	학습 내용	교수·학습 활동	시간 (분)	자료 및 유의점
문제 인식 및 문제 파악	동기 유발	●물건 사진을 보여 주며 어디서 볼 수 있는지 알아맞히게 한다. - 점심을 맛있게 먹었나요? - 어디를 가면 살 수 있나요? - 어디를 가면 더 많이 볼 수 있나요?	5′	▶자유로운 분위기를 조성한다. ◆실물 (게, 버섯)
	학습 문제 파악	●학습동기 유발과 예습 과제를 참고하여 학습 문제를 파악하게 한다. 우리 지역의 큰 시장을 조사해 보고 시장의 역할을 여러 가지 방법으로 발표해 보자.		▶학습동기 유발 내용과 예습과제를 참고하여 학습문제를 찾는다. ◆ppt
문제 탐구 및 문제 해결	시장의 종류 설문지 분석	●시장의 종류를 알아본다. - 도매시장, 소매시장 - 종합시장, 전문시장 - 상설시장, 정기시장 ●고장 사람들이 많이 이용하는 시장은 어디인지 설문지를 분석하여 표나 그래프로 작성하여 발표하게 한다. - 조사한 결과와 느낀 점을 중심으로 발표한다. - 모둠별 발표 후 전체 통계를 내어 보충해 준다.	4′ 8′	◆설문지 분석 자료 ▶미리 과제 학습으로 부과한다.

단계	학습 내용	교수·학습 활동	시간 (분)	자료 및 유의점
문제 탐구 및 문제 해결	시장 조사 보고서 모둠 별 토의	●모둠별 과제 내용 협의 및 준비하기 －준비한 과제 내용을 중심으로 발표할 내용, 발표방법, 　발표자를 선정한다. ●지역의 큰 시장을 모둠별로 토의한다. －1모둠(자갈치시장) －2모둠(부산진시장) －3모둠(대형할인점) －4모둠(구포장) －5모둠(국제시장) －6모둠(반여농산물도매시장)	36′	.◆학습지 ◆pp ■ ◆VTR 　자료 ▶모둠장이 시장의 위치를 백지도에 표 시한 후 내용을 발 표한다.
	시장 조사 보고서 발표	●모둠별로 조사한 내용을 바탕으로 다양한 방법으로 발 　표한다. －신문으로 나타내기 －인터뷰로 표현하기 －비디오로 발표하기 －보고서 발표하기 －인형극으로 꾸미기 －노래자랑으로 표현하기 등 ●발표를 들으면서 각 시장의 특징적인 점을 정리해 본다.		
적용 및 발전	더 나아가기	●모둠별로 발표한 것을 잘 듣고 서로 평가해 본다. ●요즈음 새로 생긴 시장에 대해서 알아본다. －우리가 직접 시장에 가지 않고도 집에서 편하게 물건 　을 사 본 적이 있나요? －어떤 방법으로 살 수 있나요?	2′	◆홈쇼핑, 신용판매, 통신판매, 인터넷상 거래 사진
정리 및 차시예고	학습 정리	●학습 활동 마무리하기 －우리 고장의 큰 시장은 어떤 곳이 있나요? －시장의 특징은 어떠하나요? －시장에 있는 물건 중 우리 고장의 시장에서 생산되는 물건과 생산되지 않는 물건에는 어떤 것이 있나요? －시장은 어떤 곳인가요?	5′	▶마인드맵으로 정리한다.
	차시 예고	●다음 시간에 공부할 내용을 살펴본다. －우리 주변에 있는 물건들의 생산지와 유통 과정에 대 하여 조사해 봅시다.		
수행평가 관점		◎ 토의 조사 학습에 능동적인가? ◎ 설문 내용을 잘 분석하여 정리할 줄 아는가? ◎ 우리 지역의 발전을 위해 시장의 역할을 알고 있는가? ◎ 모둠 활동에 적극적으로 참여하는가?		

6) 교수·학습과정안(수업안) 해설

구 분	수업 과정 해설(내용)
핵심적인 활동	모둠별로 시장을 조사한 후 각 시장에 대한 내용을 서로 토의하여 발표할 자료를 만들고 발표하는 데 중점을 둔다. 시장에서 보고 들은 내용을 충분히 토의하도록 해야 발표할 내용을 잘 전달할 수 있다.
학습조직	소집단(각 모둠 6명으로 구성)
수업의 기법	이 제재에서는 모의시장놀이, 설문조사 학습, 통계처리 학습, 견학학습, 보고서 작성 등 학생의 활동에 다양한 학습 방법을 활용할 수 있다.
지도상의 유의점	모둠별로 다양한 발표를 시킬 때는 어떻게 발표를 하느냐보다는 발표 내용에 관심을 갖고 듣도록 하는 태도가 중요하다.

(학습지)

조사(발표)학습 내용 기록장(기록부)

제(   )학년   (   )반   성명(   )

시장 구분	알게 된 내용
노량진 시장	
용산시장	
양재동 시장	
농산물도매시장	
대형할인 매장	
국제 시장	
시장(市場)의 역할	
기타 참고 사항	

제1절 현장 체험 학습의 이해

1. 사회과 현장 체험 학습의 개념 정의

현장 체험 학습은 학습의 장(場)을 교실 중심에서 사회적인 사실과 현상이 구체적으로 나타나고 있는 현장으로 옮겨서 그 현장에서 견학, 면접, 조사, 관찰 등 실제적인 활동을 하게 하는 데에 중점을 두는 학습 방법이다. 사회적 사상을 학습 내용으로 하는 사회과에서는 현장 학습의 중요성은 더욱 강조된다.

사실적인 현장의 사상(事象)과 직접 접촉하는 가운데 실천적인 사회 기능이나 학습 기능이 실감 있게 발휘될 수 있기 때문이다. 따라서 사회과 학습 지도는 학습의 장을 동일한 교실에서만 한정하지 말고 교실 밖으로 끌어내어 실제적인 현장에서 생생한 경험을 할 수 있도록 함으로써, 흥미롭게 학습 의욕을 환기시켜 주어야 한다. 이러한 관점에서 볼 대, 현장 학습은 많은 장점이 있다.

현장 체험 학습은 교실 밖에서 이루어지는 학습의 총칭이다. 지리 분야에서의 야외 학습, 역사 분야에서의 사적지 답사, 인류학에서의 현지 연구 등은 현장 학습으로 구현할 수 있는 대표적인 영역들이다.

현장 체험 학습은 거시적 방법과 미시적 방법, 직접적인 방법과 간접적인 방법 등이 있다. 거시적 방법은 멀리서 한눈으로 공장의 분포, 도시의 모습 등을 개관하는 것이다. 이 경우 시야가 넓고 고층 옥상이나 고지 등이 현장 학습 장소로 적합하다. 미시적 방법은 농장에 들어가서 작물의 종류, 재배 방법, 작물의 생장 모습 등을 세밀하게 관찰하고 조사하는 것이다. 한편, 직접적인 방법은 취락의 형태나 토지의 이용 모습을 관찰하고, 그 지역의 지형, 지하수, 토지 요인 등을 실제로 조사하는 것이다. 그리고 간접적인 방법은 탐방 기관에서 제시된 여러 자료를 수집하거나 설명 등을 듣고 필요한 학습 자료를 얻는 것이다.

사회과 현장 학습(action learning)에 대한 개념 정의는 매우 다양하여 실제 현장 학습이 지향하는 것만큼 명료하지 못하다. 현장 학습과 유사한 개념으로 사용되는 것으로서, 경험학습(learning by experience), 현장교육(field education), 현장견학(field trip), 현장연구(field study), 현지연구(field research), 현지조사(field work) 등이 있다. 간단히 유사 개념을 설명하면 다음과 같다.

첫째 경험학습은 직접적으로 현실 사회나 자연에 접촉하는 가운데 그 경험에 기초해서 학습하는 것이다.

둘째, 현장교육은 새로운 피고용자에 대한 직업교육을 말하는 것이다.

셋째, 현장견학은 야외학습이나 수학여행처럼 학습의 장을 교실 밖의 실제 현장으로 옮겨서 하는 학습 활동이다.

넷째, 현장연구는 교육현장의 문제를 중심으로 현장의 실천 개선을 위해서 현장 교사가 추진하는 연구를 말한다.

다섯째, 현지연구는 현지인들의 생활을 있는 그대로 관찰하는 목적을 지닌 참여관찰과 동일한 의미를 지니고 있다.

여섯째, 현지조사는 사회조사에서도 연구대상으로 선정된 사람들로부터 조사 자료를 얻어내는 기법이다.

이들은 모두 실생활과 관련되어 있으며 직접적인 체험을 강조한다는 점에서 공통점을 지니기는 하나, 교사와 학생과 수업활동이 존재한다는 사회과 수업이라는 측면에서 보면 현장 학습의 범주에 속하는 것은 경험학습과 현장견학 정도일 것이다.

현장 체험 학습에서 보다 중요한 문제는 현장 학습과 현장견학의 개념 범주를 설정하는 일이다. 전통적으로는 현장견학을 현장 학습과 동일한 용어로 사용하여 왔으나, 현장견학은 교실 밖에 있는 장소를 조직적으로 찾아가서 하는 학습 활동을 의미한다는 점에서 협소한 관점에 속한다. 즉 현장 학습은 학교 밖으로 나가서 직접 경험을 하는 것뿐만 아니라, 실질적인 사회 현장을 교실 안으로 가져오면 혹은 개인용 컴퓨터 안으로 가져오면 된다는 점에서 현장견학보다는 포괄적 개념 범주를 가지는 것이다. 이런 관점에서 종래의 현장견학은 현장 학습 개념에 포함되는 것으로 정의하는 것이 타당한 개념 범주의 규정이라고 할 수 있을 것이다.

현장 학습은 다양한 형태를 가지는 것이므로 간단히 정의하기에는 부적당한 개념이기는 하지만, 다음의 세 가지 요소들은 기본적인 것이다.

첫째, 현장 학습은 학교에서 배운 관념이나 사실들과 학교 밖의 세계 사이의 연결을 요구한다.

둘째, 현장 학습은 추상적이고 멀리 떨어져 있는 학습보다 구체적이고 명백하며 가까이 있는 학습을 요구한다.

셋째, 현장 학습은 학생들이 그들 주제에 단지 수동적인 입장의 학습자가 아니라 적극적인 참여자가 될 것을 요구한다. 학생들은 그들이 살고 있는 세계를 관찰, 조사, 검토, 지식화하는 교양 있는 참여자가 되어야 하는 것이다(Mehlinger & Davis, 1991: 190).

따라서 현장 학습은 교실의 수업과 지역 사회를 연결할 때, 구체적이고 직접적인 것에 초점을 맞출 때 그리고 학생들이 자신의 학습에 능동적으로 참여할 때 이루어지는 학습 활동이 되는 것이다(인천광역시사회과교육연구회, 2007: 117-121).

일반적으로 현장 학습의 본질은 교실 안에서 배운 지식과 교실 밖에서 일어나는 실제 상황을 연결 지음으로써 이론과 실천 간의 괴리 현상을 감소시키고, 행동화된 학습을 지향함으로써 기존 교과서 지식의 사회적 유용성과 개인적 적합성을 동시에 생각할 수 있도록 해 준다는 것에서 발견할 수 있다. 이런 점을 고려하여 사회과 현장 학습을 정의하면, "사회과 현장 학습이란 사회현상에 대한 이론적 지식을 사회현상에 대한 구체적 실천과 연결 지어 사회과 교수·학습과정에 도입함으로써 개인과 사회, 이론과 실천, 추상과 구체성 간의 대화가 가능하게 하여 학습자로 하여금 시민성을 형성하게 해주는 학습 방법"으로 볼 수 있다.

2. 현장 체험 학습의 의의

사회과 교육에서 '우리 고장'을 학습하게 될 경우를 생각해 보자. 교과서에 나온 내용의 일회용 자료를 칠판에 붙여 가면서 수업하고 있지 않은가? 이제 협소하며 옹색하고 한정된 학습장으로부터 과감히 벗어날 필요가 있다. 학습자들로 하여금 직접 고장의 모습을 살펴보고 거기에서 보고 느끼고 조사 문제를 분석하여 해결해 보도록 하여야 한다.

우리 고장의 지형적 특색은 무엇이며, 교통량이 가장 많은 곳은 어디인가, 통학로에서 위험한 곳은 몇 군데이며, 안전 생활을 위해 우리들이 해야 할 일은 무엇인가, 고장 사람들에게 부족한 시설은 무엇이며, 우리 고장의 발전을 위하여 개선되어야 할 것은 무엇인가 등을 살펴보면서 학습자들로 하여금 현장 체험의 경험을 갖게 한다.

3. 현장 체험 학습의 특징

학생들은 교실을 떠나 사회 사상을 '관찰', '조사' 혹은 그 사상과 관련이 있는 사람과 '면접'하는 등의 학습 활동이 현장 학습이다. 현장 학습은 야외관찰, 야외조사, 필드 워크(Field Work), 필드 스터디(Field Studies) 등으로 불리기도 한다. 이렇게 현장 학습은 다양한 형태를 갖고 있어서, 현장 학습의 개념을 명확하게 규정짓기는 어려우나, 일반적으로 현장 학습은 교실 밖에서 이루어지는 학습의 총칭으로 야외 관찰, 현장 답사, 면접 답사, 조사 활동 등이 모두 포함된다. 본래 야외에서 지표의 여러 현상을 관찰하고 그것을 분석, 종합하는 일은 지리학 연구의 오래된 전통이며, 사회에 관한 사실을 수집·조사하는 일은 기타 사회과학의 중요한 연구 방법이다. 야외 학습은 이러한 사회과학의 연구 방법을 그대로 학습에 적용한 좋은 예이며, 사회과 교수의 중요한 학습 방법이 되고 있다.

사회과 현장 학습의 일반적인 특징은 대체로 다음과 같이 종합할 수 있다.

첫째, 세상을 구체적이고 직접적으로 관찰할 수 있으므로 흥미와 관심을 높이고 자주적인 학습 의식을 높일 수 있다.

둘째, 학생들로 하여금 생생한 사회현상에 직면시켜 폭넓은 경험을 시킴으로써 사회적 태도나 관찰·조사 능력을 육성시킬 수 있다.

셋째, 교과와 관련된 문제들을 실제 체험을 통해 오감에 의한 입체적인 학습을 전개할 수 있다.

넷째, 직관적 원리에 기반을 두고 있다. 학생들이 구체적인 신변의 사회 사상을 직접적으로 조사, 관찰하는 데에서 학습을 시작한다.

다섯째, 학생들이 직접 조사·관찰하여 자료를 얻으므로 제1차 자료 획득의 기능을 발달시킬 수 있다. 즉 구체적인 사회적 사실의 수집 및 문제를 발견할 수 있다.

여섯째, 학생들이 흥미와 관심을 가지고 주체적으로 학습문제에 도전할 수 있다.

일곱째, 학교와 지역 사회를 밀접하게 연계시킬 수 있다.

여덟째, 교실에서 배운 지식을 실제 생활공간에서 관찰하고 검증할 수 있기 때문에, 학습 결과와 학습자의 생활과의 정합성을 높일 수 있다.

아홉째, 다양한 학습 유형과 학습 기회를 경험할 수 있다. 아울러, 협동심 함양 및 사회참여 능력의 신장 등 정의적인 영역에서의 바람직한 태도 형성이 가능하다.

4. 현장 체험 학습의 문제점과 해결 방안

① 많은 학생들이 방문하면 해당 기관에 방해가 될 경우에는 10명 이하의 소집단으로 나누어 서로 다른 기관을 방문하고 학교에 돌아와 서로가 얻은 지식이나 방법을 교환한다. 견학할 기관이 하나뿐인 경우에는 계획 단계에서는 전 학생들이 참여하고 대표로 한 집단만 보내는 경우도 생각해 볼 수 있다.

② 정상적인 사회과 수업 시간으로는 견학하기가 부족하다. 특별 활동 시간이나 교사 재량 시간을 활용하고, 현장 학습(소풍) 시 해당 장소를 포함하는 방법을 고려한다.

③ 필요한 현장 학습 장소가 해당 지역에서 멀거나 없을 때에는 이미 보급된 시청각 자료를 이용하거나, 직접 대표가 찍어 와서 함께 수업하는 방법도 있다.

④ 일상생활 특히 가정에서 휴일이나 방학 때 수시로 현장 학습이 이루어지도록 한다.

5. 현장 체험 학습의 과정(절차)

안 내
■현장(견학) 학습 사항 발견 - 문제의식, 견학 사항의 공통화 ■현장 학습 계획 세우기 - 견학 방법, 견학을 위한 조직 및 분담, 견학 순서 결정 ■현장 학습상의 유의점 - 사전 연락, 시기·장소의 고려, 질문 사항 준비, 견학 내용 이해, 필기 용구 준비 등

⇓

탐 색
■현장 견학 실시 -제반 상황 살피기, 분담한 내용의 관찰 및 조사, 자원 인사와의 정보 교환, 상호 정보 교환, 요점의 메모 ■성취 상황 확인 ■폐를 끼치거나 방해되지 않게 하기, 안전에 유의, 예절 지키기

⇓

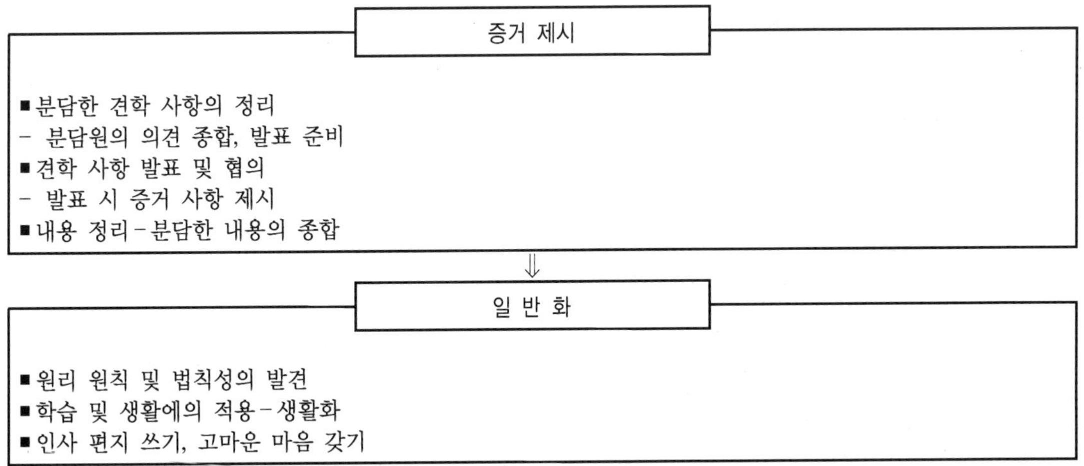

6. 현장 체험 학습의 단계

1) 학습 계획 수립 단계

현장 학습에서는 유독 학습 계획이 보다 바람직하게 짜여져야 한다. 계획이 바람직하지 못할 경우, 시간, 경비, 노력 등에 비해서 학습 효과가 적기 때문이다. 따라서 사회과 현장 학습 계획 단계에서는 현장에 나가서 학습할 주제를 선정하는 데 있어서 교사와 학생이 공동으로 충분히 협의해야 함은 물론, 단원의 성격이나 내용이 타당하여야 하고, 그 학습 효과에 대한 검토도 충실히 이루어져야 한다. 현장 학습 계획을 수립하는 계획을 임박해서 하는 것보다는 많은 시간적 여유를 두고 미리부터 세우는 것이 필요하다. 그리고 현장에 나가서 학습 활동을 아는 요령이나 방법 등에 대하여 충분한 사전 지도가 이루어져야 한다. 또한, 계획의 내용에 있어서는 일정 인원, 목표, 내용, 현장 위치, 현장 활동, 준비물, 경비, 정리 보고 사항, 유의 사항 등에 대한 치밀한 계획이 수립되어야 한다.

2) 현장 학습 단계

현장 학습 단계에서는 실제로 현장에 나가서 학생들이 구체적으로 작업, 실연에 참가하는 활동이 이루어진다. 가령, 우체국에 가서 편지 부치는 실연, 읍·면·동사무소에 가서 하는 일 알아보기, 도로 교통정리 활동 해 보기, 공장에 가서 하는 일 직접 해 보기 등이 있다. 이와 같은 현장에서의 활동들을 계획된 프로그램이나 사전에 훈련된 방법에 따라 질서 정연하게 진행하는 것이 중요하다.

3) 정리 · 반성 단계

현장에서 활동한 내용들을 정리하고 반성해 보는 과정이다. 이 단계에서는 현장에 나가기 이전에 제시하여 준 결과 처리 요령이나 보고 양식 등 방법에 따라 정리하게 하고, 그것에 대하여 분석, 검토, 토의 등 활동을 통해 잘 되고 못 된 점을 반성해 봄으로써 현장 학습에 대한 유종의 미를 거두도록 한다.

7. 현장 체험 학습 사전 및 사후 지도

① 현장 학습을 실시함에 있어서는 사전, 사후에 충분히 준비 · 지도하지 않으면 외형적인 생동감에 비해 실질적으로 의미 있는 성과를 얻기는 어렵다.
② 교사는 사전에 관찰 · 조사할 주제와 세부 내용, 대상 등을 확인해 두어야 한다. 그리고 어린이들에게 학습의 목적을 충분히 인식시켜 무엇을 보고, 묻고, 들을 것인가를 계획하도록 안내해야 한다.
③ 한 학급을 몇 개의 그룹으로 나누어 각각의 그룹에게 과제를 제시하는 방안을 강구한다.
④ 관찰 · 조사 내용의 메모 요령 지도, 녹음 · 사진 촬영 준비 등도 필요하다.
⑤ 현장 학습이 끝난 후에는 관찰 · 조사한 내용을 학습 전체에서 확인해야 한다.

8. 현장 체험 학습의 유의점

현장 체험 학습은 일상적인 학습 공간인 교실을 떠나 사회현상이 구체적으로 나타나 있는 현장에서 견학, 면접, 조사, 관찰 등 실제적인 활동을 수행하는 교수 · 학습 방법이다. 이는 무엇보다도 교실, 학교라는 동일한 환경 속에서 벗어난다는 점에서 학습에 대한 흥미와 관심, 호기심 등을 불러일으킬 수 있다. 사회과는 사회현상을 교육 내용으로 하고 있는 만큼 실제로 학생들이 접하는 현장 학습이 더욱 의의가 있다고 하겠다. 그러나 치밀한 계획이 세워지지 못할 경우 현장 체험 학습은 자칫 야외 구경놀이로 끝날 우려가 있다.

효과적인 현장 체험 학습을 위해서는 사전에 교사와 학생이 함께 계획을 세우고 실천하는 것이 중요하다. 즉 현장 체험 학습의 목적이 무엇인지, 무엇을 어떻게 보고 듣고 기록할 것인지, 또 현장에서 보고 듣고 기록한 것을 차후에 어떻게 정리, 보고할 것인지에 인식이 미리 이루어진다면 현장 체험 학습은 현실 생활과 사회생활을 연결해 줌으로써 학생의 올바른 사회인식을 도울 수 있는 바람직한 학습 방법이 된다. 따라서 현장 체험 학습에서는 다음과 같은 점을 유의하여야 한다.
첫째, 학습 내용의 성격상 현장 학습의 타당성을 신중하게 고려한다.
둘째, 면밀한 계획과 사전 답사 등을 철저하게 하여야 한다. 즉 현장의 사전 답사, 현장 학습의 가능성과 가치도, 수송 수단, 전체 시간 계획의 조정, 현장과의 교섭 등이 철저히 이루어져야 한다.

셋째, 사전 지도를 통하여 학습할 문제의 확인, 현장 학습 방법과 요령의 주지, 보고 요령, 자료의 처리, 대인 관계, 질의응답 요령, 작업 및 실연의 요령, 행위의 태도 등에 대하여 철저히 인식하도록 한다.

넷째, 현장에서의 강화(强化)나 설명을 가급적 담당 교사가 하는 것이 바람직하다.

다섯째, 학습 활동의 질서 유지와 안전에 각별히 주의하도록 한다.

여섯째, 결과의 보고, 자료의 정리 등을 통하여 학습 성과의 검토와 평가 및 반성을 하도록 하여야 한다.

9. 현장 체험 학습의 장점

① 학습자들이 직접 현장을 체험할 수 있다.
② 교사와 학생들의 상호작용적 연계를 강화할 수 있다.
③ 학습자들의 관심과 흥미를 크게 신장시킬 수 있다.

10. 현장 체험 학습의 단점

① 학교 밖에서 학습이 이루어지므로 시간 조정 및 학습자 관리에 애로가 있다.
② 준비과정과 학습 후의 정리에 많은 노력과 시간이 소요된다.
③ 학습 목표를 망각하면 다분히 흥미 위주로 흐를 우려가 있다.

11. 현장 학습 관련 학년별 내용 분석

초등학교 사회과 제3학년부터 제6학년까지의 학년별 교육과정 내용의 개관과 단원별 내용의 구성을 통하여 현장 학습 관련 내용을 정리하여 보면 다음과 같다.

1) 제3학년의 사회과 내용은 시·군·구를 범위로 한 고장의 생활이 그 중심이며, 일상생활 속에서 경험하는 것 중에서 자연환경과 사회현상에 대한 시간적·공간적으로 확대된 것이며, 고장의 모습을 관찰하고 견학, 조사하는 고장생활 중심으로 현장 학습 내용이 반영되어 있다. 표에서와 같이 1학기 일곱 군데, 2학기 여섯 군데가 현장 학습과 관련된 내용으로 조사되었다.

첫째, '우리 고장의 모습': 지도에 나타난 고장의 특징, 즉 자연환경과 인문환경, 생활 모습, 고장
　　의 산업을 볼 수 있는 현장 학습

둘째, '고장생활의 중심지': 시장의 모습, 고장의 교통을 관찰, 조사하기

셋째, '고장생활의 변화': 도구의 변화, 통신방법의 변화, 놀이와 행사의 변화를 알아볼 수 있는 민
　　속 박물관이나 특수 박물관의 현장 학습

2) 제4학년은 환경 확대법의 원리에 따라 3학년에서의 시, 군, 구 범위의 지역학습에 이어 시도를
　범위로 하는 지역 학습을 하게 되며, 특히 4학년 사회과탐구 교과서는 지역화 교과서로 구성되
　어 있으므로 현장 학습이 더욱 필요한 요소가 많이 포함되어 있다. 이러한 현장 학습 관련 내
　용을 모두 경험하기에는 시간과 노력, 경비 등 한계가 있으므로 다양한 유형의 현장 학습으로
　대처함이 필요하다고 하겠다.

첫째, '우리가 사는 지역 사회': 우리 지역의 자연환경과 인문환경 역사적 변천 과정, 우리 지역의
　　자원 이용, 우리 지역의 생산 활동 현장, 시장 조사

둘째, '주민자치와 지역 사회의 발전': 지역 사회의 문제 현장, 우리 지역의 발전 계획을 쉽게 알
　　수 있는 지방자치단체 방문

셋째, '문화재와 박물관': 여러 종류의 박물관 견학, 옛 도읍지 방문

넷째, '가정생활과 여가생활': 민속놀이 인터넷 학습

다섯째, '가정생활과 경제생활': 아버지 직장 방문, 은행, 우체국 견학

3) 제5학년의 내용도 지역 확대의 원칙에 따라, 우리나라를 범위로 하여 각기 다른 측면에서 학습
　되어야 할 내용들로 구성되어 있다. 국토 환경의 특징과 변화를 다루고, 이어서 사람들의 공간
　적 생활양식의 두 유형인 도시와 촌락의 생활 모습을 다루게 된다. 따라서 5학년의 내용은 전
　체적으로 다양한 학문 영역의 관점을 가지고 접근해야 할 내용이다.

현장 학습 관련 내용으로는 지방 의회, 법원, 경찰청 견학, 4학년에 이어서 가까운 이웃 고장인
여러 박물관 등을 들 수 있겠다.

첫째, '우리 국토의 모습': 자연환경을 극복하는 모습들, 환경보전 현장

둘째, '여러 지역의 생활': 도시와 촌락의 입지 요인 관찰을 위한 현장 학습

셋째, '우리 겨레의 생활 문화': 의식주 생활 도구와 조상의 슬기 관찰 조사

4) 제6학년에서는 우리나라와 지구촌의 관계, 우리나라의 역사, 역사적 인물과 주요 사건을 중심
　으로 구성되어 있으므로 역사적인 관련 문화재에 대한 현장 학습이 이루어져야겠다. 가까운 곳
　의 현장 학습으로는 4·19혁명 의거탑을 들 수 있고, 수학여행 등을 통하여 국회의사당 견학을
　사전에 계획을 수립하여 방문하는 프로그램과 더불어 다른 고장 특히 수도권 지역의 역사 현
　장도 아울러 현장 학습을 한다면 바람직하다고 할 수 있겠다.

첫째, '우리 겨레 우리나라': 국난 극복의 현장 찾아보기

둘째, '새로운 사회, 문화로 가는 길': 조상의 문학예술 작품 감상

셋째, '우리나라의 민주정치': 민주정치와 법 집행의 현장(국회, 법원)

(1) 3학년 1학기 현장 학습 관련 내용

단원명	주제 또는 제재명	학습 내용	현장 학습 관련 내용
1. 우리 고장의 모습	1) 학교 주변의 모습 2) 그림지도로 살펴본 고장의 모습	4방위 알기 주변 모습 관찰하기 고장의 특징 알기 안내도 만들기	마을 탐험하기 상점과 공장이 많은 곳의 특징 알기
2. 우리 고장 사람들의 생활 모습	1) 자연을 이용하는 생활 2) 고장 사람들의 하는 일	자연 이용 모습 비교 고장의 산업과 환경 부모님이 하는 일	자연 이용 모습 산업현장 견학 부모님 직장 견학
3. 고장생활의 중심지	1) 시장과 우리 생활 2) 이어 주는 길	시장이 있는 곳 시장이 하는 일 역과 터미널 이웃 고장으로의 여행	여러 종류의 시장 역, 버스터미널 이웃 고장

(2) 3학년 2학기 현장 학습 관련 내용

단원명	주제 또는 제재명	학습 내용	현장 학습 관련 내용
1. 우리 생활의 변화	1) 생활 도구의 발달 2) 교통 통신의 발달	• 옛 물건에 담긴 슬기 • 교통이 생활에 미치는 영향 • 옛날과 오늘날의 통신방법 비교	• 옛날과 오늘날의 생활 도구 비교(민속 박물관) • 컴퓨터 통신으로 장보기
2. 우리 고장의 전통문화	1) 가정과 고장의 행사	• 가정의례 • 문화 행사 찾아보기 • 명절놀이 및 음식 알아보기	• 신구 결혼식 참여하기 • 전통 문화 축제 참가하기
3. 살기 좋은 우리 고장	1) 고장의 여러 기관과 단체 2) 2030년의 우리 고장	• 고장의 기관과 단체 조사 • 우리 고장 미래 공동작품 만들기	• 고장의 기관, 단체 방문 • 부모님이 가입한 단체 • 고장 사람들이 하는 일 조사

(3) 4학년 1학기 현장 학습 관련 내용

단원명	주제 또는 제재명	학습 내용	현장 학습 관련 내용
1. 우리 시·도의 모습	1) 지도에 나타난 이루 시도의 모습. 2) 우리 시·도의 사연 환경과 생활 3) 우리 시·도의 달라진 모습	• 시·도의 교통, 인구 분포 • 관광지, 특산물 등의 모습 • 자연재해의 종류와 극복 사례 • 지역의 옛날과 오늘날의 변화 모습 비교	• 시·도의 홈페이지 방문 (지역의 옛날과 오늘날의 사진이나 동영상)
2. 우리 시·도의 발전하는 경제	1) 우리 시·도의 자원과 생산 활동 2) 서로 돕는 경제생활	• 지역의 특화 산업 • 공공재의 개념과 종류 • 지역 시장의 발달과 기능	• 지역의 여러 종류의 시장 조사하기

단원명	주제 또는 제재명	학습 내용	현장 학습 관련 내용
3. 새로워지는 우리 시도	1) 지방자치와 주민 생활 2) 우리 시도의 여러 가지 　문제 해결 3) 우리 시도의 미래	• 시도 청이 하는 일 • 지방자치 의회가 하는 일 • 지역의 미래 모습 꾸미기	• 시청 홈페이지 방문 • 지방 의회 견학하기

(4) 4학년 2학기 현장 학습 관련 내용

단원명	주제 또는 제재명	학습 내용	현장 학습 관련 내용
1. 문화재와 박물관	1) 옛 도읍지와 문화재 2) 박물관 견학과 문화재 답사	• 옛 도읍지의 문화재 • 박물관의 종류와 하는 일	• 옛 도읍지 여행 • 여러 종류의 박물관 견학
2. 가정생활과 여가생활	1) 가정생활의 변화 2) 여가생활의 변화	• 가정의 여러 형태 • 가정 구성원의 역할 변화 • 조상들의 여가생활 분류 • 여가생활의 변화 모습	• 민속놀이 인터넷 학습
3. 가정과 경제 생활	1) 다양한 생산 활동과 가정의 　소득 2) 알뜰한 살림살이	• 가족의 생산 활동 알아보기 • 은행이나 기타 금융기관이 　하는 일	• 아버지 직장 방문 • 은행, 우체국 방문

제2절 현장 체험 학습의 실제

현장 학습 학습 방법별 준거안을 토대로 실제 적용해 본 사회과 현장 학습 교수·학습과정안을 다음과 같이 예시할 수 있다. 교수·학습과정안의 제재는 단원의 내용 요소를 참고로 하여 현장 학습에 적합하도록 재구성한 것이다.

1. 교수·학습과정안(예시 1)

1) 단원: 3. 고장생활의 중심지 ❶ 시장과 우리 생활(3-1)

　　1 시장이 하는 일(4/16)

2) 단원 개관

이 단원은 1, 2학년 '슬기로운 생활'에서 가정과 이웃, 동네 등을 학습한 내용을 기초로 하여 시·군(구)으로 범위가 확대되는 고장생활을 학습 범위로 하고 있다.

1단원에서 고장의 자연환경과 인문환경, 그림지도와 지도의 이해, 2단원에서 고장 사람들의 생활 모습, 시장과 유통, 산업, 직업 등을 학습한 것을 바탕으로 하여 그 연장선상에서 학습이 전개되는 것이다. 따라서 이 단원에서는 고장생활의 중심이 되는 지역과 우리 고장과 다른 고장과의 상호 관계 등을 포괄적으로 이해함으로써 3학년 1학기를 전체적으로 정리하는 역할을 담당하고 있다.

이 단원의 학습 내용은 3학년 2학기의 고장의 변천과 전통 문화의 계승, 고장의 여러 기관 등으로 이어져 3학년의 범위인 시·군(구) 전체 고장에 대한 이해를 높임으로써 고장 사람의 일원으로 고장생활에 적응하고, 고장 발전에 기여하는 자세를 기르기 위하여 설정한 것이다.

3학년은 고장의 범위가 시·군(구)이므로, 조사 활동 및 견학 활동이 활발히 이루어질 수 있도록 학생들과 의논하며, 공동 참여, 협동 및 탐구 활동이 활발히 이루어지도록 지도해야 한다.

3) 단원의 목표

(1) 지식·이해

- 의식주 생활을 유지하는 데 기본적으로 필요한 것을 알 수 있다.
- 고장에 있는 시장의 종류와 하는 일을 알 수 있다.
- 역과 터미널에 사람들이 많이 다니는 까닭을 알 수 있다.
- 시장과 터미널을 통해서 우리 고장과 이웃 고장의 상호 관계를 이해할 수 있다.

(2) 기능·능력

- 우리 고장에 시장이 위치하기 알맞은 곳을 찾을 수 있다.
- 시장 견학 계획을 세우고 견학할 수 있다.
- 고장에서 사람들이 가장 많이 왕래하는 곳을 조사하여 알 수 있다.
- 이웃 고장을 견학하고 보고서를 쓸 수 있다.

(3) 가치·태도

- 공공시설을 바르게 이용하는 자세를 가진다.
- 이웃 고장과 협력하는 태도를 가진다.

4) 단원의 지도 계획

단원	주제	제재	제재별 주요 내용 요소	교과서 쪽수	차시
3. 고장생활의 중심지		단원 도입 및 계획	· 단원의 학습 내용을 대략적으로 알아보기 · 장기 학습 과제 정하기	72~73	1차시 (1/16)
	❶ 도시 지역의 생활	① 시장이 있는 곳	· 의식주 생활에 꼭 필요한 것들 조사하기 · 물건들을 살 수 있는 곳 알기 · 시장의 입지적 특성 파악하기	74~79	3차시 (2~3/16)
		② 시장이 하는 일	· 시장의 종류 알기 · 시장으로 모이는 사람들이 하는 일 이해하기 · 시장의 구실 알아보기	80~86	3차시 (4~6/16)
		선택 학습	· '시장' 하면 떠오르는 말 10가지 적어 보기 · 여러 가지 시장 중 한 가지를 골라 '시장 광고' 하기 · 시장의 구실 알아보기	87	1차시 (7/16)
	❷ 이어 주는 길	① 역과 터미널	· 사람들의 왕래가 많은 곳 조사하기 · 버스 터미널 · 시장의 입지적 특성 파악하기	88~93	3차시 (8~10/16)
		② 이웃 고장으로의 여행	· 이웃 고장으로 가는 길 · 이웃 고장 보고서	94~99	3차시 (11~13/16)
		선택 학습	· 그림편지 써 보기 · 기차역 주변의 특징 찾아보기 · 교통이 끊긴 후의 상황 추론하기	100	1차시 (14/16)
		단원 정리 학습	· 역과 시장의 공통점, 차이점 알기 · 신발은 어디서 사는 것이 편리할까요? · 역과 터미널 이외의 고장의 여러 중심지 찾아보기 · 교통이 끊긴 후의 상황 추론하기	101~102	2차시 (15~16/16)

5) 단원의 평가 계획

(1) 평가 방향

이 단원은 고장 사람들의 생활을 위하여 필요한 물건을 공급하고 지역 통합 기능을 하는 시장의 중요성을 파악하며, 이웃 고장들 간에 상호 의존 관계를 파악하는 데 초점이 있다. 따라서 시장을 조사, 분석할 수 있는 기능을 기르고, 고장 간 상호 의존 관계를 이해한 내용이 평가되어야 한다.

그러기 위해서는 조사 활동, 관찰 활동, 토의 등이 이루어지는 과정에 대한 관찰 평가 및 보고서에 대한 평가가 이루어져야 한다.

(2) 평가 방법

(가) ❶ 시장과 우리 생활

· 의식주 생활에 꼭 필요한 물건에 대한 토의하기	· 관찰 평가
· 고장에 있는 상점의 종류 알아보기	· 보고서 평가
· 생활에 쓰이는 물건의 생산지 조사하기	· 보고서 평가
· 시장의 위치와 기능 조사하기	· 지필 평가
· 시장을 견학하고 모습 이해하기	· 현장 견학 보고서 평가
· 시장의 종류와 매매되는 물건들 알아보기	· 지필 평가
· 물건이 생산지에서 소비지로 이동하는 과정 이해하기	· 보고서 평가

(나) ❷ 이어 주는 길

· 역과 터미널에 사람이 모이는 이유 알아보기	· 현장 견학 보고서 평가
· 역과 터미널 주변의 모습 알아보기	· 현장 견학 보고서 평가
· 우리 고장과 이웃 고장이 주고받는 도움 이해하기	· 지필 평가

6) 주제별 지도 - ❶ 시장과 우리 생활

(1) 주제별 지도 내용

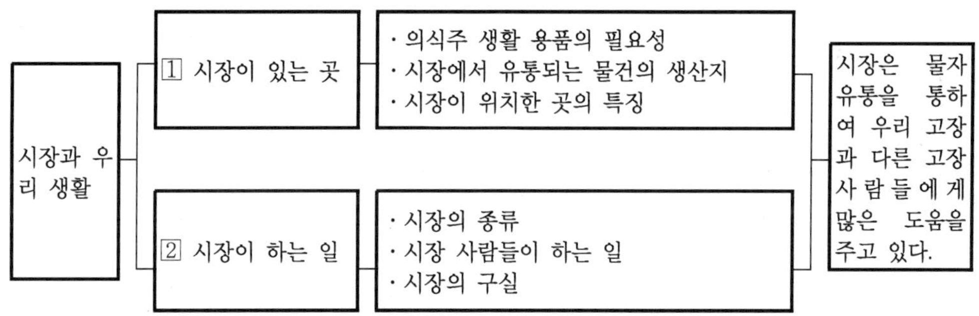

(2) 주제별 지도 계획 및 활동

(가) 주안점

이 주제에서는 의식주 개념을 바탕으로 하여 고장에 있는 시장을 견학, 조사하면서 시장의 종류, 유통되는 물건, 물건의 생산지, 물건을 사 가는 사람 등을 파악하려는 것이다. 이러한 학습을 통해 우리 고장이 시장을 중심으로 결합되고, 다른 고장과 상호 의존적 관계를 맺게 됨을 파악할 수 있게 지도해야 한다.

(나) 지도 계획

차시	제재	주요 학습 활동	자료
1	단원 도입	• 단원 학습 내용 파악하기 • 장기 학습 과제 정하기	• 고장의 지도 • 시장, 역, 터미널 등
2~3	① 시장이 있는 곳	• 의식주 생활 용품 조사표 만들기 • 의식주 생활에 꼭 필요한 물건에 대하여 토의하고 선택하기 • 물건의 생산지를 조사하여 분류하기 • 시장이 위치한 곳의 특징을 지도에서 찾아보기	• 생활 용품 사진들 • 토의 학습지 • 상품 포장지 • 우리 고장의 그림, 지도
4~6 (본시)	② 시장이 하는 일	• 시장의 종류 알아보기 • 시장놀이 하기 • 상인들이 하는 일과 구실 조사하기 • 시장이 우리 생활에 주는 도움 조사하기	• 시장에 관한 VCR 자료 • 시장에서 판매되는 물건들, 모형 화폐 • 시장 조사 보고서
7	선택학습	• '시장' 하면 떠오르는 말 10가지 적어 보기 • 여러 가지 시장 중 한 가지를 골라 '시장 광고' 하기 • '시장의 구실' 알아보기	• 학습 백과사전

7) 본시의 전개

학년·학기	3 − 1	단원(주제)	3. 고장생활의 중심지	차시	4/16

학습 주제	❶ 시장과 우리 생활 ① 시장이 하는 일	교 과 서	80~86쪽
		사회과 탐구	쪽

학습 목표	▫ 시장과 상점의 종류, 판매하는 물건, 시장에 모여드는 사람들에 관한 견학 보고서를 작성할 수 있다.
예습 과제	시장을 견학하며 수집한 자료 정리해 오기

수업 유형	현장 학습	학습 조직 형태	일제 학습, 조별 협동·토의 학습

단계	학습 내용	교수·학습 활동		시간(분)	자료 및 유의점
		교 사	학 생		

도입	학습 동기 유발	■ 지난번에 어디를 다녀왔습니까?
		■ 어떤 시장을 견학하고 왔는지 발표해 볼까요?
			□ 시장을 견학했습니다.
			
			□ 견학한 시장에 대해서 발표한다.
			  − 반여동 농산물시장
			  − 반여동 수산물시장
			  − 석대 꽃시장
				7′	• 예습 과제물

	견학할 때 필요한 준비	■ 견학하기 전에 어떤 준비를 했나요? ■ 견학계획서를 작성하는 방법을 간단히 말해 봅시다.	□ 조를 편성하고 책임자를 선출했습니다. □ 견학계획을 세웠습니다. □ 견학계획서 작성 요령을 발표한다.		

단계	학습 내용	교수·학습 활동		시간 (분)	자료 및 유의점
		교 사	학 생		
도입			−교통편 −조사할 내용 −견학 일시 −견학할 곳 −견학 목적 −주의할 점		
		■오늘 공부할 문제를 함께 찾아봅 시다.	□공부할 문제를 결정한다.		
	학습 문 제 확인	시장과 상점의 종류, 판매하는 물건, 시장에 모여드는 사람들에 관한 견학 보고서를 작성해 보자.			
전개	견학한 내용 발 표하기	■견학한 시장에 따라 3개의 분단으 로 나누어 봅시다. ■견학하면서 어떤 내용을 조사했는 지 발표해 봅시다.	□견학한 시장에 따라 분단을 재구성한다. □과제물을 참고로 하여 조사한 내용을 발표한다. −안내자의 설명에 따라 여러 곳 둘러 보기 −시장의 모습과 여러 가게에서 일하 는 사람들의 모습 살펴보기 −안내자의 설명 듣고 요점 기록하기 ·방문한 시장의 특징 ·이 시장이 우리 고장에 미치는 영향 ·주로 취급하는 품목 ·이 시장에 입주한 상가 수 및 종사 자 수 등 −의문사항 질문하기 −각종 참고자료 수집	15′	·수준별 편성 ·보고 듣거 나 기록한 것 을 토대로 자유롭게 발표하게 한다.
	견학 보고서 작성하 는 요령	■견학보고서 작성하는 요령을 설명한다. ■견학한 내용을 정리하여 견학 보 고서를 작성하게 한다.	□견학보고서 작성하는 요령을 익힌다. □견학 보고서를 조별로 작성한다. −개인별 조사 내용 정리하기		·견학보고 서 작성 요 령에 관해서 미리 제작해 둔 PPT를 보 여 준다.
	견학 보고서 꾸미기		−조사 내용 요약하기 ·조별 자료 정리하기 ·보고서 분담하여 쓰기 −보고할 때 발표자 선정하기		·견학하면 서 구해 온 책, 안내서, 사진, 통계 자료 등을 활용한다.

단계	학습 내용	교수 · 학습 활동		시간 (분)	자료 및 유의점
		교 사	학 생		

정
리
	견학
	보고서
	발표
		■보고서를 통해 시장을 견학하여 알
		게 된 내용을 발표시킨다.
		
		■질문이 있거나 보충할 내용이 있으
		면 발표해 봅시다.
		
		■발표 내용을 컴퓨터로 종합하여 프
		로젝션 TV로 보여 주면서 정리한다.
			□작성한 견학 보고서 내용을 발표한다.
			─시장의 종류
			 ·개설시기: 상설시장과 5일장(정기
			  시장)
			 ·시장법 시행령: 도매시장, 소매시장,
			  백화점, 대형할인점 등
			 ·거래 관계: 도매 시장, 소시장
			 ·판매하는 물건: 농산물 시장, 수산물
			  시장, 청과 시장, 꽃시장 등
			─각 상점에서 판매하는 물건
			 ·농산물 시장: 쌀, 보리, 콩 등 곡식
			  류와 무, 배추 등 채소류, 감, 사과
			  등 과일류
			 ·수산물 시장: 고등어, 잉어 등 바다
			  나 강에서 잡거나 양식한 어류와 조
			  개, 굴, 전복 등 조개류와 김, 미역
			  등 해초류
			─시장에 모여드는 사람들
			  생산자, 판매자(상인), 소비자(고객)
			□조별로 의견을 종합한 후 발표한다.
			─견학지를 오고 갈 때의 질서는 잘 지
			 켰는가?
			─현장에서의 질서는?
			─조사할 때의 태도는?
			─조사를 충분히 했는가?
			─자료 수집을 잘 했는가?
			─보고서는 서로 협조하여 바르게 작성
			 했는가?
				15 ′	·실물화상
					기를 프로
					젝션 TV에
					연 결 하 여
					발표한다.
					
					·컴 퓨 터,
					프 로 젝 션
					TV

	견학 반 성 하기	■견학 활동에 대한 반성을 하도록 한다.			
	견학 반 성 하기 과제 예 고	■견학 후 느낀 점을 말해 봅시다. ■현장 학습에 도움을 주신 분들께 감사 편지를 써 오도록 한다.	□우리 고장을 위해 힘쓰는 사람들이 많음을 알게 되었다. □고장 발전을 위해 우리도 애써야 함 을 알게 되었다. □과제 확인하기	3 ′	·분단별로 견학 활동 에 대한 반 성을 자유 롭게 한다.
수 평 관	행 가 점	□조원들과 협동하며 견학 보고서를 바르게 작성하는가? □견학한 내용을 바탕으로 시장과 상점의 종류를 구별하는가? □시장에 따라 판매하는 물건의 종류가 다름을 알고 있는가? □시장에는 어떤 사람들이 모여드는지 알고 있는가?			

8) 교수·학습과정안(수업안) 해설

단 계	수업 과정 해설(내용)
도입	1. 현장 학습의 교수·학습 방법은 사전 활동, 현장 활동, 사후 활동으로 나눌 수 있다. 본 지도안에서는 교실에서의 수업이라는 점을 감안하여 사후 활동을 중심으로 다룬다. 2. 사전 활동과 현장 활동은 앞 차시 또는 체험 학습을 통해서 이루어진 것으로 보고, 그에 따른 과제물과 수집한 자료들을 활용하여 수업을 진행하는 하나의 예로 제시해 보았다. 3. 본교 부근에 있는 반여동농수산물도매시장과 석대 화훼시장을 3학년 학생들을 데리고 체험 학습으로 견학하였는데, 도입단계에서는 이를 활용하여 견학하기 전에 해야 할 일, 견학계획서 작성 요령 등을 간단히 살펴보고 학습문제를 확인하도록 하였다.
전개	1. 관심 있게 견학한 시장에 따라 수준별로 분단을 편성한다. 2. 견학하면서 보고 듣거나 기록한 것을 토대로 자유롭게 발표하도록 한다. 3. 견학보고서 작성요령을 PPT 자료를 통해서 자세히 안내해 준다. 4. 견학하면서 구해 온 안내서, 책자, 사진, 통계자료 등을 활용하여 견학보고서를 작성한다. 5. 이 단계는 검증과 적용 및 발전에 해당된다. 현장 활동이 완료된 후, 교실에 돌아와 조사된 내용을 검토하고 정리한다. 그리고 현장 학습에서의 조사 결과에 대한 미비점을 보충하고 반성함으로써 학습의 성과를 높임과 동시에 그 결과를 협의, 제작, 전시 등 방법으로 연결 지어 효과적으로 끌어내야 한다.
정리	1. 보고서 발표를 통해 시장을 견학하여 알게 된 내용을 발표시킨다. 이때 OHP 또는 실물화상기를 프로젝션 TV에 연결하여 사용하면 효과적이다. 2. 현장 학습 활동을 통하여 새로운 의미를 갖게 된 교실지식을 아동들의 기록물과 대화과정에서 발견, 정리하여 다음 현장 학습 활동 자료로 활용한다. 3. 본 교수·학습과정안의 학생 활동 부분은 하나의 예시에 해당한다. 따라서 학생들의 발표는 다양하게 나타날 수 있다.

2. 교수·학습과정안(예시 2)

1) 단원: 3. 새로워지는 우리 시·도 ❶ 지방자치와 주민 생활(3-1)

　　1 시·도청을 찾아서(3/18)

2) 단원의 개관

이 단원은 제3학년의 '살기 좋은 고장을 위한 노력'에서 고장의 기관에 대해 알아본 내용을 토대로 하여 지방자치를 다루면서, 주민 대표를 뽑는 원리와 절차 및 이들 대표들이 지역 사회의 문제를 해결하는 방법을 알아보도록 한다. 또, 시도 단위 이하의 지역 사회에서 발생하는 사회문제를 찾아보고 합리적으로 해결하는 방법을 익히도록 한다.

이를 바탕으로 지역 사회의 미래 모습을 자연환경, 도시 발전 등으로 나누어 예측하여 보며, 시도 단위의 지방자치단체에서 세운 지역의 발전 계획이 어떻게 실행되고 있는지 알아보고, 지역 사회의 미래 모습을 다양한 방법으로 표현하여 보는 단원이다.

3) 단원의 목표

(1) 지식 · 이해

• 지방자치단체의 종류와 하는 일을 이해한다.
• 지역 주민들이 지역 대표를 뽑는 원리와 절차를 이해한다.
• 지방자치단체의 조직과 그곳에서 하는 일을 이해한다.
• 고장에는 여러 사회문제가 발생하고 있음을 인식한다.
• 지역 사회문제에 대한 주민들의 의견과 해결 방법이 다양함을 이해한다.

(2) 기능 · 능력

• 우리 지역을 상징하는 것들을 조사하여 그 의미와 유래를 파악해 본다.
• 우리 지역문제 중에서 주민들의 의견이 엇갈리는 사례를 찾아낼 수 있다.
• 우리 지역의 발전 계획을 파악하고, 그에 대한 의견을 말할 수 있다.
• 자원 인사를 초빙하여 들은 것을 요약, 정리할 수 있다.
• 지역 주민들의 의견을 알기 위한 간단한 설문 조사를 할 수 있다.
• 고장의 앞날의 모습을 여러 가지 자료를 보고 예측할 수 있다.

(3) 가치 · 태도

• 시 · 도청과 시 · 도 의회에서 벌이는 사업에 자발적인 협력 정신을 가진다.
• 지방 선거에 대한 관심을 가진다.
• 지역 사회의 문제에 관심을 가지고 적극적인 해결 태도를 가진다.
• 지역 사회문제의 해결과정에서 서로 다른 입장을 가진 사람들을 이해하려고 노력한다.

4) 단원의 지도 계획

단원	주제	제재	제재별 주요 내용 요소	교과서 쪽수	차시
3. 새로워지는 우리 시도	단원 도입 및		·계획 수립	88~91	1차시 (1/18)
	❶ 지방자치와 주민 생활	① 시·도 청을 찾아서	·시·도 청에서 하는 일	92~95	2차시 (2~3/18)
		② 지역의 대표 뽑기	·지방자치 선거 방법 ·시도 의회에서 하는 일	96~99	2차시 (4~5/18)
		③ 시·도의 상징	·우리 시도의 상징물 조사하기 ·우리 시도를 대표하는 것 조사하기	100~102	1차시 (7/18)
		선택 학습	·우리 시·도의 상징물 수집하기 ·우리 시·도의 활동을 골라 광고문 만들기 ·우리 시·도의 자치단체에서 하는 일 나타내기	103	1차시 (8/18)
	❷ 우리 시·도의 여러 가지 문제와 해결	① 우리 시·도의 여러 가지 문제	·생활 주변에서 발생하는 지역 사회문제 ·자치단체와 주민과의 문제	104~109	2차시 (8~9/18)
		② 함께 해결하는 우리 시·도의 문제	·주민이 함께 해결하는 지역문제 ·주민들 사이에 이해가 엇갈리는 지역문제 ·시민 단체가 하는 일	110~115	2차시 (10~11/18)
		선택학습	·자연환경의 이용과 이와 관련된 지역문제 ·지역문제의 발생 원인과 피해	116	1차시 (12/18)
	❸ 우리 시·도의 미래	① 시·도 주민의 희망	·지역 주민들의 바람 ·주민들이 바라는 지역의 미래 모습	117~122	2차시 (13~14/18)
		② 우리 시·도의 미래 모습	·지역의 미래 모습 꾸미기 ·지역의 미래 모습을 그림지도로 나타내기	123~126	2차시 (15~16/18)
		선택학습	·30년 후의 우리 지역의 모습 ·여론으로 알아본 우리 고장 사람들의 바람	127	1차시 (17/18)
	단원 정리 학습		·이 단원에서 알아본 주요 내용	128~130	1차시 (18/18)

5) 단원의 평가 계획

(1) 평가 방향

이 단원은 지방자치단체의 활동 내용을 알고 민주주의적 절차에 따라 주민들이 정치에 참여하여 지역 사회의 문제 해결에 자발적으로 참여하여 미래에는 발전된 고장이 될 것을 확신할 수 있도록 하는 데 초점을 두고 있다.

　따라서 지역 사회를 이끌어 가는 자치단체의 조직과 하는 일, 주민들이 선거로 지역 대표를 바르게 뽑는 방법을 알고 있는지 평가한다. 또, 지역 사회에서 일어나는 사회문제를 찾아내어 합리적으로 해결할 수 있는 의지와 방법을 알고 있는지 알아본다. 아울러 시·도의 미래 모습을 그림지도 등 다양한 방법으로 나타낼 수 있는지 알아보도록 한다.

(2) 평가 방법

(가) ❶ 지방자치와 주민 생활

> · 지방자치단체가 주민을 위해 하는 일들에는 무엇이 있는가?
> · 지방 선거의 절차를 알고, 선거권자의 태도를 알고 있는가?
> · 지역문제 해결에 있어서 주민들이 참여하는 방법을 알고 있는가?

(나) ❷ 우리 시·도의 여러 가지 문제와 해결

> · 공동생활에 있어서 지역 주민들 간에 의견이 엇갈리는 사례를 찾을 수 있는가?
> · 지역 사회문제를 한 가지 선정하여 관련된 자료를 수집·분석하여 의견을 말할 수 있는가?
> · 지역 사회문제와 관련된 자료를 다양하게 모을 수 있는가?

(다) ❸ 우리 시·도의 미래

> · 새로워지는 우리 지역의 앞날을 위해 참여하려고 하는가?
> · 미래의 발전된 고장을 만들기 위한 주민들의 바람은 무엇인지 알 수 있는가?
> · 고장의 미래 모습을 실제에 근거하여 다양한 방법으로 표현할 수 있는가?

6) 주제별 지도 – ❶ 지방자치와 주민 생활

(1) 주제별 지도 내용

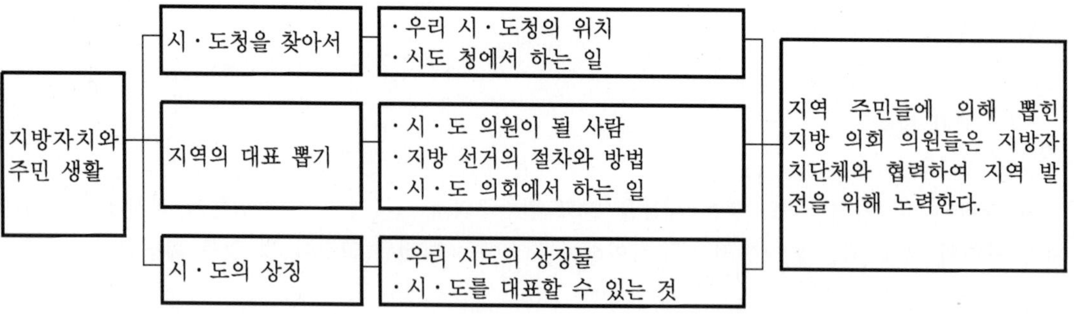

(2) 주제별 지도 계획 및 활동

(가) 주안점

이 주제에서는 자유 민주주의의 주민 자치 원리에 따라 주민들이 주축이 되고, 주민들에 의해서 선출된 지방자치단체장을 중심으로 운영되는 자치단체와, 지방 의회 의원들이 서로 협력하여 지역 발전을 위해서 여러 가지 지역의 문제 해결에 참여하는 모습을 탐구하여 인식할 수 있도록 학습 활동을 전개한다.

(나) 학습계획
① 주안점

이 주제에서는 지역 사회의 문제를 둘러싸고 주민들 간에 갈등이 있을 수 있음을 깨닫게 한다. 즉 제3학년에서 주민들이 모두 힘을 합쳐 고장의 발전을 위해 노력한다는 것을 강조하였다면, 4학년에서는 주민들의 의견이 일치하지 않을 수도 있음을 깨닫게 하는 것이다. 이 주제는 기본적으로 지역 사회의 문제를 해결해 가는 과정을 습득시키려는 것이 주제이므로, 대립 속에서도 서로 의견을 조정하여 최선의 의견을 만들어 가는 과정을 강조해야 한다. 심화과정에서는 학습 범위를 넓혀, 고장과 고장 사이 또는 시도 사이의 문제는 어떠한 과정을 거쳐 해결하는지에 대해 조사하게 할 수 있다.

② 학습 계획

차시	제재	주요 학습 활동	교수·학습 자료
1	단원계획	• 주요학습 내용 확인 • 현장 학습 계획 세우기 • 단원을 살펴보고 새롭거나 모르는 단어 찾기	• 학습 계획서 • 지방자치단체 및 의회 사진
2~3 (본시)	① 시·도청을 찾아서	• 우리 시·도청의 위치를 현장 학습을 통하여 조사하기 • 시·도청에서 하는 일 발표하기	• 현장 학습 기획안 • 자치단체 조직표 • 견학보고서
4~5	② 지역의 대표 뽑기	• 모의 지방 선거 준비하기 • 모의 지방 선거 실시하기 • 시·도 의원들이 하는 일 발표하기	• 선거 유세 영상 자료 • 선거 관련 홍보물 • 지방 의회 기구표와 의원 의정 보고 자료
6	③ 시·도의 상징	• 우리 시·도의 상징물 조사하기 • 우리 시·도를 대표할 수 있는 것들을 발표하기	• 우리 지역 상징 자료 • 자치단체의 홍보 자료
7	선택 학습	• 우리 시·도의 상징물 나타내기 • 우리 시·도 자치단체의 하는 일 나타내기	

7) 본시의 전개

학년·학기	4 - 1		단원(주제)	3. 새로워지는 우리 시도			차시	3/18

학습 주제	❶ 지방자치와 주민 생활 ① 시·도청을 찾아서	교 과 서	92~95쪽
		○○의 생활	72~77쪽

학습 목표	▫ 시청에서 하는 일에 대하여 견학보고서를 작성하여 발표할 수 있다.
예습 과제	시청 견학한 내용을 맡은 부서별로 정리해 오기
수업 유형	현장 학습	학습 조직 형태	일제 학습, 소집단 협력 학습

단계	학습 내용	교수·학습 활동		시간(분)	자료 및 유의점
		교 사	학 생		
도입	학습 동기 유발	■여러분 영상자료는 어디서 촬영한 것일까요? ■언제 시청을 견학했습니까? ■시청을 견학할 때의 교통편과 시청의 위치에 대하여 발표해 봅시다.	▫시청을 견학했을 때 우리들이 견학하는 모습입니다. ▫○○일 시청을 견학했습니다. ▫시청 견학 시 교통편과 시청의 위치에 대하여 발표한다. －학교와의 거리 －소요 시간	10′	•시청을 견학했을 때 촬영한 영상 자료를 보여 준다. •부산시 안내 지도 또는 인터넷상의 부산시 지도(컴퓨터, 프로젝션 TV).
	견학할 때 필요한 준비	■견학하기 전에 어떤 준비를 했는지 말해 봅시다. ■견학계획서를 작성하는 방법을 간단히 말해 봅시다.	▫조를 편성하고 책임자를 선출했습니다. ▫자세히 조사할 부서를 정했습니다. ▫견학계획을 세웠습니다. ▫견학계획서 작성 요령을 발표한다. －견학일시, －견학할 곳 －교통편, －견학 목적 －조사할 내용 －주의할 점		
	예습과제 발표	■예습과제는 무엇이었습니까? ■오늘 공부할 문제를 함께 찾아봅시다.	▫편성된 조별로 부과된 과제물을 간단히 발표한다. －1조: 공보관실, 감사관실 기획관리실, 행정관리국 복지 여성국 －2조: 경제진흥국, 상품유통과 교통국, 문화관광국, 환경국 －3조: 도시계획국, 건설주택국 항만농수산국, A·G준비단 －2조: 경제진흥국, 상품유통과 교통국, 문화관광국, 환경국 －3조: 도시계획국, 건설주택국 항만농수산국, A·G준비단 ▫공부할 문제를 결정한다.	70′	•예습 과제물 (전 차시에 수준별로 조를 편성)

단계	학 습 내 용	교수·학습 활동		시간 (분)	자료 및 유의점
		교 사	학 생		
도입	학습 문제 확인	▫ 시청에서 하는 일에 대하여 견학보고서를 작성하여 발표해 보자.			

전개	견학보고서
	작성요령
	
	견학보고서
	작성하기
	
	견학보고서
	발표
		■ 견학보고서 작성하는 요령을 PPT로 설명한다.
		■ 먼저 예습과제를 보고 개인별 조사 내용을 정리합시다.
		■ 조원들끼리 잘 의논하여 순서에 따라 꼭 필요한 내용이 정리되었으면 견학보고서를 작성하세요.
		
		■ 견학보고서를 통해 시청을 견학하여 알게 된 내용을 발표시킨다.
		
		■ 1조의 발표에 대한 보충 의견이나 질문이 있으면 말해 봅시다.
			□ 견학보고서 작성하는 요령을 익힌다.
			
			□ 개인별로 조사 내용을 정리한다.
			
			□ 과제물을 참고로 하여 조사한 내용을 서로 토의하면서 내용을 정리한다.
			
			□ 조별로 견학보고서를 작성한다.
			 − 조사 내용 요약하기
			  · 조별 자료 정리하기
			  · 보고서 분담하여 쓰기
			 − 보고할 때 발표자 선정하기
			
			□ 작성한 견학 보고서를 발표한다.
			□ 1조의 발표 내용
			
			 − 공보관실: 시정의 여러 가지 활동을 홍보하는 부서, 신문, 책자, 영상물을 제작하여 시민들에게 널리 알리고 언론에 보도할 자료를 제공합니다.
			 − 감사관실: 시청의 각 부서와 관련단체의 직무감찰, 감사, 조사, 징계 의결 요구 및 처분업무를 담당합니다.
			 − 기획관리실: 시정의 전반적인 종합기획조정 및 한 해 살림살이를 계획하고, 이외에도 각종 통계 및 행정업무의 전산화 및 부산시 정보화사업을 담당합니다.
			 − 행정관리국: 부산시 행정시책 추진 및 직원의 인사관리, 종합민원실 운영, 민방위대책을 마련하고 민방위의 날 훈련을 실시하며, 체육시설을 설치, 보수합니다.
			 − 보건복지여성국: 생활이 어려운 사람을 도와주고 양로원, 정신요양원 등 복지시설을 세웁니다. 또 여성의 사회활동을 도와주고 어린이들을 올바르게 성장할 수 있는 사업을 추진합니다.
			
			□ 2조의 발표 내용
			 − 경제진흥국: 우리 고장을 보다 잘 살도록 하기 위해서 공업단지를 지정, 조성하고 첨단기술 개발을 위한 지원을 합니다.
				23′	· 견학보고서에 대하여 작성해 둔 PPT를 이용한다. (컴퓨터, 프로젝션 TV)
					
					· 시청홈페이지 http://www.metro.pusan.kr/index.jsp
					
					· 견학하면서 구해 온 책, 안내서, 사진, 통계 자료 등을 활용한다.
					
					• 실물화상기, 프로젝션 TV

단계	학습 내용	교수·학습 활동		시간 (분)	자료 및 유의점
		교 사	학 생		
전개	견학 보고서 발표	■2조의 발표에 대한 보충의견이나 질문이 있으면 말해 봅시다.	－상품유통과: 소비자보호 업무를 담당하고 다른 지역이나 외국 도시와의 경제, 통상협력 등 서로간의 교류를 실시하며, 외국의 자본을 빌려 오는 일도 합니다. －교통국: 사람과 물자의 원활한 소통을 위한 교통종합계획을 수립하여 추진하고 버스, 택시 운행에 관한 전반적인 업무를 담당합니다. 이 외에도 주차장 관리, 법규위반 차량에 대한 부과금 징수, 주차단속 등을 합니다. －문화관광국: 향토문화의 전승, 발전 및 체육·관광 진흥을 위한 종합적인 업무를 담당합니다. 지역예술, 문화 활동을 지원, 육성하고 문화재 관리 및 관광에 관한 일, 외국도시와의 자매결연 을 합니다. －환경국: 환경을 보전하기 위한 종합적인 계획을 수립, 시행합니다. 병원, 약국을 허가하고 질병과 전염병 예방대책을 세웁니다. 또 식당과 위생업소를 허가 지도하고 쓰레기 분리수거, 폐품 재활용 등 계획을 세웁니다. □3조의 발표 내용 －도시계획국: 토지의 관리 및 이용계획을 통한 종합적인 도시계획을 수립하여, 불량주택을 짓거나 고치고, 공원과 유원지를 조성하는 등 우리 부산을 살기 좋게		• 실물화상기, 프로젝션 TV
		■3조의 발표에 대한 질문이 있거나 보충할 내용이 있으면 발표해 봅시다.	아름다운 도시로 만들기 위한 사업을 추진합니다. －건설주택국: 집을 짓고 도로를 건설하고 건설회사를 지도, 감독하는 등 건설에 관한 전반적인 일을 봅니다. 또 하수도를 보수, 관리하고 강과 하천을 깨끗하게 보존하는 일을 합니다. －항만농수산국: 항만개발사업, 수산행정, 어업지도, 농업행정, 축산행정 －소방본부: 화재를 예방하고 불이 났을 때 불을 꺼 줍니다. 소방시설을 관리하고 긴급한 사태에 대비해 119 구조 구급대와 소방항공대를 운영, 관리합니다. －A·G 준비단: 아시안게임을 기획·지원 및 운영합니다.		

단계	학 습 내 용	교수·학습 활동		시간 (분)	자료 및 유의점
		교 사	학 생		
	정리하기	■ 발표 내용을 컴퓨터로 종합하여 프로젝션 TV로 보여 주면서 정리한다.	□ 오늘 공부한 내용을 TV를 보면서 정리한다.	7′	
정리		**시청에서 하는 일** 시청에서는 부산 시민들의 편리하고 행복한 생활을 위해 많은 노력을 하고 있습니다. 우리 일상생활에 필요한 수돗물 공급과 하수도 공사, 도로와 다리 건설, 버스와 택시의 운행, 택지와 주택의 공급, 깨끗한 생활환경 유지 등 모든 분야에서 시민들을 돕고 보호하는 일들을 하고 있습니다. 또한 각 구·군청과 동사무소에서 행정업무를 민주적이고 능률적으로 처리할 수 있도록 도와주고 있으며 종합적인 계획, 조정, 통제업무와 특수한 성질의 업무를 직접 처리하기도 합니다.		7′	• 컴퓨터, 프로젝션 TV
	견학 반성	■ 견학 활동에 대한 반성을 하도록 한다.	□ 조별로 의견을 종합한 후 발표한다. - 견학지를 오고 갈 때 질서는 잘 지켰는가? - 현장에서의 질서는? - 조사할 때의 태도는? - 조사를 충분히 했는가? - 자료 수집을 잘 했는가? - 보고서는 서로 협조하여 바르게 작성하였는가?		· 조별로 견학 활동에 대한 반성을 자유롭게 한다.
	과제 예고	■ 견학 후 느낀 점을 말해 봅시다. ■ 다음 시간에는 시·도 의회 의원들이 하는 일에 관해서 공부하겠습니다.	□ 우리 고장을 위해 힘쓰는 사람들이 많음을 알게 되었다. □ 우리 마을, 우리 학교, 우리 고장의 발전을 위해 우리도 애써야 함을 알게 되었다. □ 과제 확인하기		
	수 행 평 가 관 점	▫ 조원들과 협동하며 견학 보고서를 바르게 작성하는가? ▫ 견학한 내용을 바탕으로 시청에서 하는 일을 알고 있는가? ▫ 작성한 견학 보고서를 제대로 발표하는가?			

8) 교수·학습과정안(수업안) 해설

단 계	수업 과정 해설(내용)
도입	1. 현장 학습의 교수-학습 방법은 사전 활동, 현장 활동, 사후 활동으로 나눌 수 있다. 본 지도안에서는 교실에서의 수업이라는 점을 감안하여 사후 활동을 중심으로 다룬다. 2. 사전 활동과 현장 활동은 전 차시 또는 체험 학습을 통해서 이루어진 것으로 보고, 그에 따른 과제물과 수집한 자료들을 활용하여 수업을 진행하는 하나의 예로 제시해 보았다. 3. 도입 단계에서는 시청을 견학하면서 촬영한 영상 자료를 보여 주면서 학습 동기를 유발시킨다. 4. 견학계획서 작성 요령과 수준별로 제시된 예습과제에 대해서 간단히 발표하게 하고 학습문제를 확인하도록 한다.
전개	1. 견학보고서 작성에 대한 PPT자료를 보여 주며 견학보고서 작성 요령을 익히도록 한다. 2. 견학하면서 구해 온 안내서, 책자, 사진, 통계 자료, 영상 또는 녹음 자료 등을 활용하여 견학보고서를 작성한다. 3. 이 단계는 검증과 적용 및 발전에 해당된다. 현장 활동이 완료된 후, 교실에 돌아와 조사된 내용을 검토하고 정리한다. 그리고 현장 학습에서의 조사 결과에 대한 미비점을 보충하고 반성함으로써 학습의 성과를 높임과 동시에 그 결과를 협의, 제작, 전시 등 방법을 통해 효과적으로 끌어내야 한다. 4. 보고서 발표를 통해 시청을 견학하여 시청에서 하는 일에 대하여 알게 된 내용을 발표시킨다. 이때 OHP 또는 실물화상기를 프로젝션 TV에 연결하여 효과적으로 사용할 수 있다.
정리	1. 발표 내용을 간단히 요약하여 프로젝션 TV로 제시한다. 2. 현장 학습 활동을 통하여 새로운 의미를 갖게 된 교실 지식을 아동들의 기록물과 대화과정에서 발견, 정리하여 다음 현장 학습 활동의 자료로 활용한다. 3. 본 지도안의 학생 활동 부분은 하나의 예시에 해당한다. 따라서 아동들의 발표는 다양하게 나타날 수 있다.

3. 현장 체험 학습 참고 자료

1) 현장 체험 학습 참가 신청서

가정 통신

　　안녕하십니까?

평소 자녀교육을 위해 열과 성을 다해 학교교육 활동을 적극적으로 지원해 주시는 학부모님들의 정성에 깊이 감사를 드립니다.

　　20○○학년도 학교교육계획에 의거하여 학교운영위원회의 심의를 거친 바 있는 '현장 체험 학습의 날(현장 체험 학습)' 행사로 저희 ○학년은 ○월 ○○일에 현장 학습을 나갈 계획입니다.

　　사회과 교육과정의 정상적인 운영의 한 방안으로 3학년에서 배워야 할 우리 고장의 기관에 대한 현장 학습이 절실히 필요하여 다음과 같이 실시코자 합니다.

학생들이 보다 효과적이고 의미 있는 체험 학습이 될 수 있도록 학부모님들의 협조를 다시 한 번 부탁드립니다.

1. 현장 학습 안내: 20○○년○○　○월 ○일 ○요일
2. 장소: ○○ 화훼시장, ○○ 농수산물시장
3. 소요 경비:

경비(예산)	내역(적요)	비고
○○○원	교통비	

○ ○ 초 등(중 · 고 등) 학 교 장 　○ ○ ○

－－－－－－－－－－－ 절 －－－－－ 취 －－－－－ 선 －－－－－－－－－－

현장 학습 참가 여부(해당 란에 ○표)

참가	불참

제　학 년　반　번 이름(　　　　)

보호자　관계(　　　　)

성명(　　　　) ㊞

2) 현장 체험 학습(견학) 계획서

현장 체험 학습(견학) 계획서

1. 견학 일시: 년   월   일 ○요일(09 : 30 ~ 12 : 00)
2. 견학할 곳: ○○ 화훼시장, ○○ 농수산물시장
3. 견학 인원: 제   학년   학생   명, 인솔교사   명
4. 견학 목적
1) 우리 고장에는 어떤 종류의 시장이 있는지 알아보기

- -

2) 시장 안에는 어떤 상점들이 있는지 조사하기

- -

3) 각 상점에서 판매하는 물건에는 어떤 것들이 있는지 알아보기

- -

4) 물건들을 사 가는 사람들은 누구인지 알아보기

- -

5. 견학할 내용(문제)
1) 시장에는 어떤 종류가 있는가?
2) 시장에는 어떤 상점들이 있는가?
3) 시장의 상점들은 무엇을 팔고 있는가?
4) 시장을 이용하는 사람들은 누구인가?

6. 견학할 때 주의할 점
1) 자극하는 것들이 많기 때문에 견학목적을 반드시 기억하고 견학한다.
2) 질서를 지키고, 진열한 물건들을 함부로 만지지 않는다.
3) 설명하는 것을 잘 듣고 즉시 기록한다.
7. 견학을 위한 사전 준비
1) 견학 조 편성: 12명이 1조씩 3개 조로 편성
2) 예상되는 질문: 시장은 우리에게 어떤 도움을 주는가?
3) 교통편: 사전에 답사하여 차량을 이용할 곳 또는 도보로 이동할 곳 등을 분명히 알아 둔다(교사).

3) 현장 체험 학습(견학) 보고서

<h1 align="center">현장 체험 학습(견학) 보고서</h1>

보고 분임:　　조 ○○명, 조장: ○　○　○

1. 견학 일시: 20○○년 ○월 ○○일 ○요일 09 : 30 ～ 12 : 00(2시간 30분)
2. 견학 장소: ○○ 화훼시장, ○○ 농수산물시장
3. 견학 내용

■오고 가는 도중에 본 것	큰 화물차가 농산물을 가득 신고 시장으로 들어가는 모습, 여러 가지 꽃 종류, 분재, 풍산금속 공장
■안내자의 소개로 본 것과 들은 것	반여동 농수산물시장 현황, 수산물 시장, 각종 과일 보관 창고, 수족관 등
■견학 시 질문한 내용	1일 평균 거래 실적, 농산물의 유통과정 등

4. 견학을 통해 알게 된 점과 조사한 내용

> ■반여농산물도매시장은 농산물 시장과 수산물 시장으로 구성되어 있고, 시장 밖으로는 석대동 화훼단지가 밀집해 있다.
> ■반여농수산물도매시장의 개설 목적 및 기능: 농수산물 유통구조 개선으로 공정한 거래질서를 확립하여 생산자와 소비자를 보호한다. 즉 농수산물의 유통을 원활히 하고, 적정한 가격을 유지·공급하고 생산자와 소비자의 이익을 보호한다는 것이다.
> ■농산물 시장의 거래품목은 총 153개 품목으로 과실류 32종, 과채류 14종, 엽경채류(32종), 조미채류 15종 등이다.
> ■1일 평균 거래실적은 물량으로는 460톤, 금액으로는 5억 3백만 원에 이른다고 한다.
> ■농산물시장의 입주상인의 수는 497명이고 이 시장을 이용하는 사람들의 대부분은 부산 시민들이고, 가격이 싸기 때문에 멀리서도 자동차로 와서 물건을 많이 사 간다고 한다.
> ■농산물의 유통과정: 생산 → 출하 → 상장(거래소에 등록하는 일) → 경매 → 중도매인 → 소매상 → 소비자
> ■반여농산물도매시장의 홈페이지 http://www.banyeo-makret.busan.kr

5. 더 알고 싶은 내용
■경매 절차는 어떻게 이루어지는가?
■이곳 시장 외에도 새로 생겨나는 종류는 어떤 것이 있는가?

4) 현장 체험 학습 협조 의뢰서(공문 첨부)

현장 체험 학습(견학) 협조 의뢰 서한

<u>○○시장관리사업소장 귀하</u>

안녕하십니까?
요즘 저희 ○○초등학교 제3학년 ○반에서는 요즘에 사회과
'단원: 3. 고장생활의 중심지 학습주제: (1) 시장과 우리 생활'
에 대하여 공부하고 있습니다.

학생들이 귀 기관(청)을 방문하여 조사, 관찰, 견학 학습을 하는 데 협조를 구하고자 합니다. 어린이들로 인해 조금은 시끄럽고 업무에 방해가 될 것으로 생각되오나 자라나는 어린이들의 학습에 도움이 되도록 많은 지도를 부탁드립니다.

현장 학습일: 20○○년 ○월 ○○일(○요일)
현장 학습 인원: 40명
기타: 교사 1명(인솔자)

20○○년 ○월 ○○일
담임 ○ ○ ○ ⑩

○ ○ 초 등(중 · 고등)학 교 장(직인)

■제5장■ 문제 해결 학습

제1절 문제 해결 학습의 이해

한국의 교육계에서 1945년 해방과 더불어 미국의 경험주의 교육론이 우리나라에 들어와 '새교육'이 주창되었을 때 교실에서의 변화를 촉구하는 것은 문제 해결 학습이었다. 문제 해결 학습은 1950~1960년대 초기 사회과에서 주로 활용된 교수·학습 방법이다. 종래의 지식 중심 학습이 현실 생활에 아무런 도움을 주지 않고, 특히 민주사회를 건설하기 위하여 학생들이 스스로 문제를 발견하고, 민주적으로 그 문제를 해결할 수 있도록 하지 않으면 안 된다는 생각이 문제 해결 학습의 단초가 되었고 이를 더욱 확산·촉진시키는 계기가 되었다.

문제 해결 학습에서 말하는 지식이란 그 자체로서는 완전한 것이 될 수 없으며, 어린이의 생활 속에서 적용 가능성을 지닐 때 의미를 갖게 된다. 통일체로서의 생활-환경 속에서 일정한 대상의 상호 관련적 구조를 가질 때만이 완전한 지식이라는 것이다. 이와 같이 주체적 통일성, 구체적 유용성을 갖는 지식을 탐구하는 것이 '사고(thinking)'이다. 문제 해결 학습은 결국 문제 해결과정에서 사고력개발을 기대하는 사고과정으로서의 수업을 보장하려는 모형이라고 할 수 있다.

1. 문제 해결 학습의 개념

문제 해결 학습은 경험 중심의 사회과 교육과정에서 주로 이루어지는 학습 모형이다. 문제 해결 학습은 변화와 발전이 화두(key word)인 현대 사회에서 각종 사회적 문제를 원만하게 해결하고 대처해 나아갈 유능한 민주 시민 육성에 주안점을 둔 교수·학습 모형이다.

학습자가 직면하는 문제의 해결을 위한 활동을 중심으로 하는 학습이다. 인간과 인간의 상호작용, 인간과 환경과의 상호작용을 경험이라고 할 때, 여러 가지 경험 중에서 간단하게 해결할 수 없는 문제 사태에 직면하여 여러 가지 경험을 의도적으로 조직하여 문제를 해결하려는 학습 방법이다.

문제 해결 학습은 사회적 사실이나 현상 중에서 학습 문제를 포착하여 심사숙고하는 사고과정을 통해 이를 해결해 가는 것이다. 아울러, 지식과 개념을 이해하게 하는 것보다 개인적·사회적 생활의 문제 해결 방법을 중시하는 만큼, 지식의 계열이나 무의미한 사실을 기억하는 기법이나 능력을 중시하는 기계적 학습과는 달리 학생들의 사고과정을 중시하면서, 학생들이 스스로 문제를 발견하고 해결해 가는 능력을 길러 주는 데 초점을 맞추고 있다.

문제 해결 학습은 종래의 지식 암기 중심의 학습이 현실 생활에 아무런 도움을 주지 못하고, 특히 민주 사회를 건설하기 위해서는 학습자들이 스스로 문제를 발견하고 민주적으로 그 문제를 해결할 수 있도록 하지 않으면 안 된다는 사고에서 출발한다. 학습자가 직접적으로 사회생활에서 문제되는 상황을 학습하고 여기에 참가, 개선하려는 태도와 기능을 함양하기 위해서는 스스로 문제를 발견하고 그 해결책을 찾지 않으면 안 되기 때문이다.

문제 해결 학습 모형에서 문제 해결 능력이란, 자료를 수집하고 분석하는 능력, 자료를 비판하고 조직·종합하는 능력, 시안을 작성하고 음미하는 능력 등을 의미한다. 따라서 사회과 교사는 학생들의 문제 해결에 도움을 주기 위하여 폭넓고 유의미하며 정확한 정보와 자료를 제공해 주어야 한다. 특히, 문제 해결 학습 모형은 학생들의 경험을 중시하면서, 개성과 자주성을 존중하고 바람직한 인간관계 형성을 도모한 바탕 위에서, 올바른 사고 능력과 비판력, 그리고 실천 기능 등을 배양하는 데 지향점이 있는 교수·학습 모형이다.

사실, 문제 해결 학습이란 개념은 다의적이지만, 여기서 말하는 문제 해결 학습이란 어린이가 직면하는 해결을 위한 활동을 중심으로 하는 학습 활동을 말한다. 인간과 환경과의 상호작용 방법 혹은 그 결과를 경험이라고 할 때, 문제 해결 학습은 여러 가지 경험 중에서, 지금까지의 경험으로는 간단히 풀 수 없는 문제 사태에 있어서의 해결 경험을 의도적으로 교육의 장에 도입하여 학습 방법으로서 조직한 것이라 하겠다. 따라서 문제 해결 학습은 학문상의 지식이나 기능의 교수를 전제로 하여 그것들을 체계적으로 습득시키려고 하는 학습과 본질적으로 다르다고 볼 수 있다.

해방과 더불어 미국의 경험주의 교육론이 우리나라에 들어와 소위 '새 교육'이 주창되었을 때, 교실에서의 변화를 촉구하는 것은 문제 해결 학습이었다. 종래의 지식 중심 학습이 현실 생활에 아무런 도움을 주지 않고 특히 민주사회를 건설하기 위하여 어린이들이 스스로 문제를 발견하고 민주적으로 그 문제를 해결할 수 있도록 하지 않으면 안 된다는 생각이 문제 해결 학습을 강조하였다.

1955년에 개정된 제1차 사회과 교육과정은 내용 선정의 범위(scope)를 생산, 소비, 교통, 통신, 생명, 재산의 보전, 후생, 위안, 교육, 문화, 정치, 국방 등 사회기능 중심으로 내용의 배열 계열성(sequence)은 동심원적 경험확대법에 따랐다는 것이 일반적인 견해이다. 이와 같이 사회 기능과 동심원확대의 논리에 토대를 둔 교육과정이 실천의 장에서 문제 해결 학습이라는 형태로 나타나리라는 것은 명확한 사실이다. 이 교육과정은 학문적 체계에 따르는 내용의 선정과 배열이 아니다. 어린이가 사회생활을 영위할 때 경험하고 봉착하는 문제를 해결하기 위하여 꼭 알아 두어야 할 제반 사회기능을, 어린이들이 구체적으로 경험할 수 있는 세계의 확대과정에 따라 학습할 수 있도록 조직하기 때문이다. 또, 당시의 사회생활과 교육과정에 따라 학습할 수 있도록 조직하기 때문이다. 또, 당시의 사회생활과 교육과정의 목표에서, "자주적으로 사고하고 행동하는 태도"를 기리고, 사회 집단 관계를 이해하여 "그 안에 있어서의 자기의 올바른 입장을 깨닫게" 하며, "사회적인 협동 활동에 적극적으로 참가하는 태도" 혹은 사회를 "개선하는 노력"을 기르도록 한 것에서도 사회과 수업이 문제 해결 학습 방법을 따라야만 했던 이유를 엿볼 수 있다. 학생들이 직접적으로 사회생활에서 문제 되는 사람들을 학습하고 참가, 개선하는 태도와 기능을 갖추기 위해서는 스스로 문제를 발견하고 그 해결책을 찾지 않으면 안 되기 때문이다. 뿐만 아니라, 당시의 교육과정에서 사회과의 내용을 체계적으로 다룰 것이 아니라 종합적으로 다루어야 함을 명기하고 있는 것도 학문적 체계에 따르지 않는, 즉 문제 해결식의 학습을 시사하는 것으로 받아들일 수 있다.

우리나라의 사회과 현장에 문제 해결 학습이 얼마만큼 심도를 갖고, 어떻게 정착되었는지에 대한 확실한 보고는 없다. 다만 문제 해결 학습이 "① 일체의 학습 원리를 학습하는 어린이의 경험에 의하여 결정하며, ② 새 의문, 새 문제, 곤란에서 출발하여 해결하는 과정에서 목표에 도달한다. ③ 듀이의 반성적 사고과정을 학습과정에 이용하는 것이다. ④ 어린이의 개별적 특성과 자주성을 최대한으로 존중하고 이용하는 학습 방법이다.”와 같이 그 학습 원리와 방법이 소개되고 있음을 알 수 있다(사회과교육연구회, 1976). 그리고 “문제란 의문과 동시에 나타나서 해결되기까지의 연속적인 과정을 포함하고 있었으므로 단원 학습과 관련을 갖게 된다. 근래에 이르러 단원 학습이 사회생활과교육의 주축이 되면서 문제 해결의 학습 형태가 중심이 된 것도 그 까닭이다.”라 하여 문제 해결 학습과 단원 학습과를 같은 선상에서 이해, 수용하고 있었다(강우철, 1977). 이는 어린이가 봉착하는 문제 상황을 하나의 단위(unit)로 하여 학습 내용을 조직할 때 단원 학습이 불가피해진다는 것으로 ‘문제 해결 학습＝단원 학습’이 널리 인식되고 있었음을 짐작할 수 있다.

　문제 해결 학습과 함께 프래그머티즘의 교육이론에서 출발하는 것으로 프로젝트법(Project Method)이 있다. 이는 원래 실제 작업을 필요로 하는 작업 과목, 가정과 등 교수법으로 시작된 것으로서 ‘① 실제적이고 구체적인 문제 해결의 한 방법이며, ② 학습자 자신이 자발적으로 계획하여 수행함으로써 지식과 기술을 종합적으로 획득하게 하여 ③ 자연적인 환경 밑에서 실제의 생산이나 생산 활동을 시킨다’는 특징을 갖고 있다. 킬패트릭(W. H. Kilpatrick)은 프로젝트법을, ‘① 일정한 개념 또는 계획을 형태로 표현함을 목적으로 하는 것, ② 일정한 지적 경험을 향수함을 목적으로 하는 것, ③ 일정한 문제를 해결함을 목적으로 하는 것, ④ 일정한 지식, 기능의 습득을 목적으로 하는 것’ 등으로 분류한다(W. H. Kilpatrick. 1918). 그리고 어느 유형도 다양한 학습 활동을 내포하지만, 대체로 해결해야 할 문제에 대하여 목적의식을 갖는 단계 → 문제 해결을 수행하는 단계 → 활동의 결과를 비판, 평가하는 단계 등 전개과정을 거친다고 보고 있다. 이와 같이 프로젝트법 역시 학생들의 직접적인 경험을 중시하고 문제 해결 학습과정을 거치고 있어 넓은 의미의 문제 해결 학습법에 포함시켜 보는 수도 있다. 그러나 프로젝트법은 물질적 재료 사용에 중점을 두고 실천적이고 구체적이며 결과가 유형으로 나타난다는 점에서 일반적으로 사용되는 문제 해결 학습의 개념과 구분된다고 하겠다.

2. 문제 해결 학습의 특징

　문제 해결 학습 모형은 듀이(J. Dewey)의 반성적 사고와 연구에 바탕을 둔 모형이다. 일반적으로 문제 해결이란, 학생 개인의 입장에서 과업 또는 문제가 되는 것이 문제의 요구에 알맞은 해결과정으로 나아가는 것을 의미한다. 이러한 과정에서 학생들의 사고 활동을 강조하며, 문제 해결을 위해 학생들은 경험한 활동이나 과정을 참고하면서 해결책을 이끌게 된다.

　실제 문제 해결 학습 모형은 일상생활에서 부딪치는 문제를 해결하는 과정에서부터 학술적인 문제를 해결하는 과정에 이르기까지 다양한 상황에서 활용할 수 있는 모형이다. 특히, 문제 해결 학습은 일상생활의 문제를 다루는 데 매우 효과적인 모형으로 학생들의 경험과 사회문제에 대한 생생한 정보를 활용하는 데 의의가 있다. 학생들이 직면하는 문제의 해결을 추구하기 때문에 활동 중심의 학습이 되며, 결과적으로 학생들의 문제 해결력을 신장시키는 데 초점을 맞추고 있다(최용규 외, 2007: 151–153).

이와 같은 문제 학습 모형은 특징을 요약하면 다음과 같다.

첫째, 교수·학습의 과정이 열려 있어야 한다.

둘째, 학습자들의 흥미와 노력이 상호 자극적이고 조화를 이루어야 한다.

셋째, 구체적인 유용성을 갖는 지식의 학습이어야 한다.

넷째, 학습 내용과 방법이 상호 유리(遊離)되지 않게 하여야 한다.

문제 해결 학습은 매 시간 일정한 패턴을 갖는 수업 형태라고 볼 수는 없다. 이는 어디까지나 학생들을 학습의 주체로 하기 위한 이론이고 교육을 보는 입장이기 때문이다. 그러나 문제 해결 학습의 수업으로 전개될 때 나름대로의 단계와 형태를 갖추게 되는 것도 사실이다. 문제 해결 학습의 실천적인 교수·학습과정은 대체로 다음과 같이 전개된다고 보겠다.

① 제1단계: 한 단원의 학습이 시작될 때, 학생들 개개인이 그 단원의 내용, 학습 대상과 어떤 관계를 맺고 있는가를 찾아낸다. 그 위에서 교사는 교재를 선택하고 구성하여 단원 내용에 어떻게 도전해 갈 수 있을까 전망하지 않으면 안 된다. 학습자와 학습 내용, 교재와의 관련성 등을 확인해 가는 과정에서 문제의식을 찾아낼 수 있다.

학생들이 처음부터 교재나 학습대상에서 문제를 발견한다는 보장은 없지만, 학습대상과 학생들 간의 관계를 찾아가면, 학생들이 어떤 문제의식을 갖고 있는가를 확인할 수 있다.

② 제2단계: 학급 전원의 공통문제를 설정해야 하는 단계다. 이 단계에서는 그룹별로 문제를 내놓아 하나로 좁혀 가는 방법을 취함이 좋다. 당연한 주문이지만 제출된 여러 가지 문제 중에서 교재구성의 관점으로부터 또 학생들의 문제의식의 관점으로부터 중핵적인 위치를 차지하는 것을 공통문제로 삼아야 한다. 그리고 상호 토론하면서 중핵적인 문제를 찾아내도록 유도해야 한다.

③ 제3단계: 공통 문제를 추구하여 해결하는 단계다. 말할 것도 없이, 가장 중심이 되는 과정이라고 하겠다. 이 단계에서 자료수집, 견학, 상호 토론 등 학습 활동이 그룹별로 이루어진다. 그런데 공통문제는 아무리 추구해 보아도 완전히 해결될 수는 없고 그 추구과정에서 새로운 문제에 봉착하게 될 것이다. 이 단계에서는 문제의 핵심을 벗어나지 않도록 논점을 분명히 하고 개방적 자세를 견지하여 학습자의 사고과정이 닫히지 않도록 하는 것이 중요하다.

④ 제4단계: 공통의 문제를 해결하려고 하는 과정에서 새로이 생겨난 문제를 확인하는 과정이다. 공통문제의 추구과정에서 새로이 생겨난 문제를 확인하는 단계다. 학생들이 추구해 가면 갈수록 더 많은 문제가 나올 것이고, 그것으로 문제 해결 학습은 성공적으로 추진된다고 보아도 좋다. 다만 학생들의 능력으로는 도저히 완벽한 추구를 다할 수는 없고, 그와 같이 벽에 부딪혔을 때는 학생들이 나름대로의 '할 수 없음'을 확인한다는 것은 거기서부터 다시 스스로 문제를 추구해 갈 가능성이 남아 있음을 말하기 때문이다. 그러므로 교사로서 학생들이 어떤 '알 수 없음'에 도달하였는가를 확인해 두어야 한다.

문제 해결 학습은 기초학력, 과학의 성과를 무시하는 것이라는 비판을 받아 왔다. 그러나 기초학력이란 무엇인가? 객관적이고 과학적인 지식이란 무엇인가를 깊이 고찰해 보면 기초학력, 과학을 중시함이 오히려 공허한 추상적 세계로의 인도를 의미할 수도 있음을 발견할 수 있다. 특히 초등학교 단계에서는 추상적인 내용보다는 구체적인 문제로부터의 학습이 현실적이라는 생각이 지배적이다. 개념적 지식을 중시하는 경우에도, 생활개념으로부터 과학개념을 발전시키는 과정으로서의 교수·학습과정을 검토하지 않으면 안 된다는 주장이 설득력을 갖는다. 실제로 문제 해결 학습의 교수·학습과정의 원형이라고 볼 수 있는 듀이의 반성적 사고과정이 신사회과(New Social Studies) 이후의 메트칼프(L. Metcalf), 앵글(S. H. Engle), 마시알라스(B. Massialas), 올리버(O. Oliver) 등의 탐구 학습 이론 기반이 되고 있다는 점을 주목해야 한다.

문제 해결 학습은 경험 중심의 사회과 교육과정에서 주축을 이루고 있는 학습지도 방법이다. 따라서 이 학습법은 변화가 심한 사회적 사태에 대응해 나갈 수 있는 유능한 민주적인 생활인을 육성하려고 하는 데에 주안점을 두고 있는 학습법이다. 그러므로 문제 해결 학습은 사회적 사실이나 현상들 가운데서 학습문제를 포착하여 심사숙고하는 사고과정을 통해 그것을 해결해 가는 것이다. 그리고 지식이나 개념을 이해하게 하는 것보다는 개인적 또는 사회적인 생활의 문제를 해결하는 방법이나 능력을 중시하느니만큼, 지식의 계열이나 무의미한 사실을 기억하는 기계적인 학습과는 달리 학생들의 사고과정을 중시하면서 학생들 스스로가 문제를 발견하고 스스로가 해결할 수 있는 방법을 찾도록 하는 능력을 길러 주려는 것이다. 여기서 해결 능력이란 자료를 수집하고 분석하는 능력, 자료를 비판하고 조직·종합하는 능력, 시안을 작성하고 음미하는 능력 등을 의미하는 것이다. 따라서 사회과 교사는 학생들의 문제 해결에 도움이 되도록 하기 위하여 폭넓고 유가치하며 정확한 자료와 정보를 제공해 주어야 한다.

즉 문제 해결 학습은 학생들의 생활경험을 중시하면서, 그들의 개성과 자주성을 존중하고 바람직한 인간관계의 형성을 도모하여 정확하고 올바른 사고 능력과 비판력 그리고 실천기능을 배양하는데에 그 의미가 크다.

3. 문제 해결 학습의 수업모형

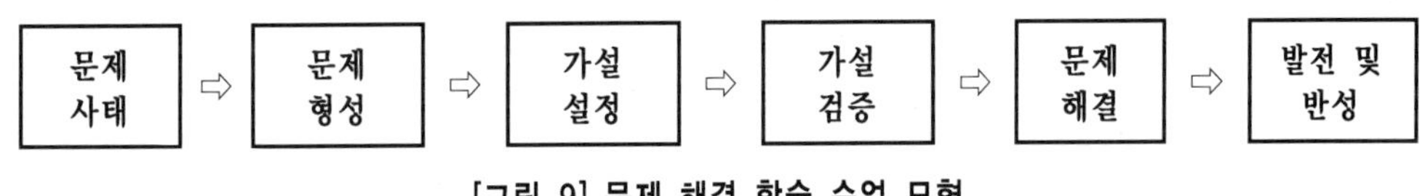

[그림 9] 문제 해결 학습 수업 모형

1) 문제 사태 단계

문제 사태에 직면한다는 것은, 학생들이 그들의 생활 주변이나 사회적 사상 가운데서 어떠한 일이나 어려움에 직면했을 때, 이들을 사고적인 활동을 통하여 문제를 발견하는 것이라 하겠다. 학생들에게 경험담이나 여러 가지의 자료를 제시해 줌으로써 문제를 발견하게 되기도 한다. 여기에서의 문제의 발견은 어디까지나 학생들의 개인적 및 사회적으로 직면하는 사회적 사상이나 사회제과학의 영역을 그 소재로 하고 있는 것이다. 즉 사회 사상적인 측면에서 직면하는 문제들로는 주로 현실적인 사회문제가 되겠고, 사회제과학적인 측면에서 직면하는 문제는 사회과학에 관한 지식문제가 주가 되고 있다.

사회생활에서 문제 사태에 직면한다는 것은, 학생들이 그들의 생활 주변이나 사회적 사상 가운데에서 어떤 의문이 되는 일이나 난점(難點)에 부딪히는 일들을 사고과정을 통하여 문제를 발견하는 것이다. 학생들이 문제를 발견하게 되는 것은 학생 스스로 또는 교사가 학생들에게 경험담이나 여러 자료를 제시해 줌으로써 발견하기도 한다.

2) 문제 형성 단계

문제 형성 단계는 문제 사태에 직면하여 발견된 문제를 학생들로 하여금 거론하도록 하고, 거론된 문제들에 대하여 객관적·종합적·다각적으로 검증함으로써 의미가 있고, 해결해야 할 문제인가를 가려내어 해결할 필요가 없는 문제라든가 이미 해결된 문제들을 취사선택(取捨 選擇)하고 또한 해결해야 할 문제에 대해서는 하나의 문제로서의 그 핵심과 성격을 분명하게 밝히는 것이다. 즉 문제를 형성하는 과정을 의미하는 것이다.

3) 가설 설정 단계

가설(假說)은 문제에 대한 잠정적 결론이다. 가설의 설정 단계는 형성된 문제에 대하여 해결의 방향이나 암시를 통하여 문제가 해결됨으로써 얻을 수 있는 결과를 잠정적으로 설정하는 과정이다. 즉 가설은 문제와 관련된 지식이나 경험을 기저로 하는 사고활동을 통하여 이루어지는 것이기 때문에 심사숙고하여 '○○문제에 대하여 어떻게 생각하느냐? ○○문제를 어떻게 하면 해결할 수 있을까? 이러한 식으로 묻는다면 학생들은 ○○문제는 ○○이 될 것이다'라는 식으로 답을 하게 되는데 이것이 곧 가설이 되는 것이다.

4) 가설 검증 단계

가설의 검증 단계는, 설정된 가설을 조사·관찰·분석 등 활동을 통하여 검증하는 과정이다. 검증하는 요령에 있어서는 여러 가지 방법들이 활용될 수도 있다. 즉 검증하는 요령은 여러 가지 방법이 있으므로 한 가지 방법만을 고집해서는 안 된다. 교사들은 간접적인 암시를 통하여 학생들의 창의적인 활동을 조장하여, 올바른 검증에 이르도록 안내하여야 한다.

예컨대 하나의 가설에 대해서도 여러 가지 검증 방법이 있다는 것을 감안하여 한 가지 방법만을 고집해서는 안 된다. 그리고 검증 방법을 찾아내는 데에도 어디까지나 학생들의 창의적인 사고 능력을 동원하도록 해야 한다. 따라서 교사는 검증할 수 있는 방법들을 간접적으로 암시해 주면서 검증에 필요한 자료를 제시해 준다. 또한 검증 과정은 문제로서 부여할 수도 있으나 일반적으로 학습시간에 하고 있는 것이 대체적인 흐름이라 하겠다. 그리고 또한 부여되는 과제를 조사 관찰하면서 검증을 하는 데 있어 해결점이 나오지 않을 때에는 다른 방법들을 재차 삼차로 모색하도록 하고, 조사하고 관찰한 내용들을 발표, 토의하게 한다.

5) 문제 해결 단계

문제 해결 단계는 설정된 가설에 따라 검증활동을 통해 얻어지는 내용들을 종합적으로 정리 요약하여 일반화하는 과정이다. 이 단계에서도 학생들의 자유스러운 토론이나 발표 등이 이루어질 수 있도록 함으로써 창의적이고 능동적인 사고 능력이 배양될 수 있는 것이다. 이 단계에서 특히 유의해야 할 것은 문제 해결의 핵심이 뚜렷하게 세워져 있어야 한다는 점이다.

6) 발전 및 반성 단계

발전 및 반성 단계는 문제 해결의 과정에 있었던 활동들을 반성해 봄으로써 어려웠던 점이나 쉬웠던 점들을 발표, 토론하도록 하고, 또한 해결한 문제들을 통해 유사한 다른 문제들을 해결하게 해 보는 과정이다. 따라서 다른 문제들을 해결하게 해 보는 전이 방법에는 다음 시간과 연결시킬 수 있는 과제의 부과를 하는 방식, 협동 학습 권장 등 방법 등이 있을 수 있다(인천광역시사회과교육연구회, 2007: 150-154).

4. 문제 해결 학습 지도상의 유의점

① 문제 해결 학습은 문제 해결의 결과보다도 과정에다 중점을 두고 있으므로 학생들이 문제 해결의 방법을 모르고 있을 때에 그 해결 방법을 알도록 하는 과정에 역점을 두어 지도해야 한다. 따라서 문제에 대한 해결방법을 이해하고 있으면 다른 지도 방법으로 대치해야 한다.

② 학생들 스스로가 문제를 발견하고 해결할 수 있도록 하기 위하여 지도의 과정에서 적극적인 입장에 서지 말고 능숙한 조력자의 입장에서 해결에 도움을 주는 암시만을 주어야 한다. 그리고 학생들이 능동적이고 자주적인 입장에서 문제를 해결할 수 있도록 하는 분위기 조성을 해 주어야 한다.

③ 문제 해결 학습은 창의적인 사고 능력을 기르는 데 역점을 두고 있으니만큼 지나치게 지식의 습득에 신경을 쓰지 말고 어디까지나 학생들의 생활경험을 풍부하게 할 수 있도록 지도해야 한다. 계통적이고 종합적인 사고활동과 실천기능이 배양되는 지도가 전개되기 위해서는 문제 해결의 핵심을 잡아 단편적이고 산발적인 학습경험이 되지 않도록 수업의 질서를 세워야 한다.

④ 문제 해결 학습은 학생들의 자주적이고 능동적인 학습 활동에 역점을 두고 있으니만큼, 스스

로 사고할 수 있는 능력이 형성되는 발달 단계를 고려하여야 한다. 따라서 이와 같은 사고의 능력은 중학년 이후부터 본격적으로 발달된다고 볼 때, 저학년에서의 문제 해결 학습은 문제에 대한 관심만을 갖도록 대치하는 방식도 무방할 것이다.

⑤ 문제 해결 학습은 학생들로 하여금 풍부한 자료를 가지고 의욕적으로 활동을 하게 함으로써 곤란한 점이 없도록 하여야 한다. 문제의 해결이 어렵게 되면 문제 해결 학습은 그 의의가 없어지게 될 뿐만 아니라 시간이 낭비되어 학력의 저하를 초래하게 되는 것이다.

⑥ 학습자들이 자주 접하는 일상생활 속에서 주제를 찾는 것이 바람직하다.

⑦ 타 교과, 타 영역과 통합적 수업을 전개하는 것이 바람직하다.

5. 문제 해결 학습의 교수·학습 원리

1) 수용적이고 개방적인 교수·학습의 과정 및 환경

탐구의 선행조건은 불확정적인 열려 있는 상황의 제시이며, 탐구 성과로서의 지식은 수정가능성을 갖고 있어야 한다. 원리적으로 모든 지식은 가설적 성격을 갖는 것이며, 이것이 계속되는 탐구에 의하여 고도의 확실성을 나타낸다. 이러한 논리에 따를 때 교수－학습 과정은 절대적이고 확정적인 지식의 주입－암기 과정이 될 수 없으며, 탐구－사고가 보장된 열린 과정이어야 한다.

2) 학습자의 흥미와 상호작용이 권장되는 교수·학습 활동

교수·학습 활동은 목적 없는 흥미에 좌우될 수도 없고, 노력의 강요가 될 수도 없다. 구체적인 문제를 제시하여 흥미를 유발시켜 노력하도록 하고, 그 노력의 결과 새로운 흥미를 유발시키는 것이야말로 교수－학습 활동의 본래적인 모습이다.

3) 학습자의 활동, 경험의 가치 부여 및 유용적 지식 추구

객관적 조건이 지식의 진위를 결정하는 기준이 될 수 없으며, 학습자의 생활 속에서 구체적인 유용성을 발휘하거나 사고를 자극, 고양시킴으로써 지식의 성장이 곧 사고의 성장을 보장할 수 있어야 한다.

4) 내용(객체)과 방법(주체)의 통일성 지향

방법이란 목적 달성을 위해 지적으로 통제된 활동을 말하며, 사상성·방향성을 갖는 것이라 볼 수 있다. 따라서 교육의 목적-내용-방법은 분리될 수 없고, 일정한 목적-방향에 따라 내용-객체를 분석, 인식하는 방법의 실험, 선택이야말로 주체(학습자)의 발달을 의미하는 것이라고 볼 수 있다. 방법(주체)의 발달은 정교하고 고차적인 내용(객체)의 인식을 가능케 하며, 또 보다 성장된 내용의 인식과정에서 다시 방법의 발달이 기대될 수 있다.

6. 문제 해결 학습의 제한점 및 한계점

① 수업의 목표가 학습 주체의 '사고-인식'의 발달보다는 객체(지식 및 특정 가치)의 '이해'에 초점을 맞추고 있다.
② 수업을 통해 획득되는 지식은 문제 해결을 위한 것 혹은 사고를 자극할 수 있는 것이라기보다 교과서적인 계통성을 유지하고 있다.
③ 수업과정에서 '사고-탐구'하는 과정이 누락되어 있다. 교실에서 수업을 진행할 때 '왜?'라는 발문보다는 흔히 '무엇?' 또는 '어떻게'라는 발문을 더 많이 사용하고 있다.
④ 조사, 발표, 토론이라는 방법이 수업 속에 포함되기는 하지만 이 기능들은 내용에 도달하기 위한 획일적인 것들로 학습 주체의 사회인식을 자극한다는 차원의 방법의 학습을 기대하기 힘들다.
⑤ 수업의 목표를 설정할 때 구체적인 사실을 다루게 된다. 하지만 학습문제가 간혹 구체화되지 않을 수도 있으며 이런 구체화는 일반화, 개념화를 저해하여 학습 내용의 학문적 구조화를 곤란케 하고, 다른 사회 사상에의 적용, 전이를 어렵게 만들 수 있다.
⑥ 추상적이고 복잡한 직접 관찰될 수 없는 사회 전체적인 구조는 학습 대상에서 제외될 수 있으므로 학습 내용의 논리적 전개 계열이 불확실하다.

7. 문제 해결 학습의 장점

문제 해결 학습에서는 '문제'가 무엇인지, 그것의 성격을 파악해야 한다. 문제 해결 학습에서 문제란 과학적 설명을 요하는 학문상의 문제가 아니라, 학생들이 일상생활에서 부딪히는 문제를 의미한다. 문제 해결 학습에서는 학생들이 일상생활에서 부딪히는 문제를 다루기 때문에, 그 내용은 주로 학생들의 일상생활의 사태이다. 곧 사회생활은 사회기능이다.
가. 탐구 학습 등과 연계하여 진행할 수 있다.
나. 학습자들의 일상생활과 밀접한 교수·학습 활동으로 관심과 흥미를 유발할 수 있다.

다. 구성주의적인 종합적 고급 사고력(high level thinking)을 신장시키는 데 유용하다.

8. 문제 해결 학습의 문제점과 개선책(개선 방안)

1) 학교 현장에서 이론적 논의에 치중하는 경향이 있다

문제 해결 학습은 현장 중심적, 학생 중심적 교수·학습 방법인데 실제적으로는 이론 중심적으로 흐르는 경향이 있다. 문제 해결 학습은 본래의 특성 그대로 교실 현장 중심적이고 학생 중심 교수·학습 방법이 되도록 사회과 교사가 유도해야 할 필요성이 많은 지도 방법이다.

2) 실제 교수·학습 활동에서 '과정'보다는 '결과'에 치중하는 경향이 있다

문제 해결 학습을 할 때 방법, 즉 사고과정이나 활동을 지나치게 강조하는 경우 문제의 내용보다는 단순한 활동 위주의 수업이 되기 쉬우며, 반대로 지나치게 교과 내용이나 학문의 논리를 강조하는 경우에는 학생들의 경험이나 흥미를 소홀히 하기 쉽다. 또한 교육 방법이란 교육 목표를 달성하기 위하여 교육 내용을 조직하고 이를 그것에 충실하게 가르치고자 하는 일련의 사고과정이라는 것을 생각할 때 교육 내용에 따라 교육 방법은 각기 다를 수 있으므로 내용에 따라 그에 적합한 방법을 적용해야 한다.

3) 주제 선택에 어려움이 있고 시간과 노력이 많이 소요된다

문제 해결 학습은 정해진 표면적 교육과정과 연계된 주제를 선택하는 데 일정한 제약이 있다. 또 학습자 활동을 조장하기 때문에 타 교육 방법, 모형에 비해 시간이 많이 소요되는 편이다. 그리고 학습자들이 문제 해결에 대한 절차를 잘 이해하고 있어야 한다.

4) 학생 경험과 참여가 중요하다

문제 해결 학습에서 주요한 것은 학생과 학생의 행동이다. 그러므로 문제 단원을 설정할 때에는 학생들이 그 단원의 내용에 대하여 어떤 경험을 가지고 있으며, 지금 얼마나 흥미를 가지고 있는가를 탐구하는 것이 중요하다. 따라서 한 단원을 설정할 때 학생들에게 설문 조사 등으로 그 단원(제재) 등과의 관련도, 흥미도 등을 파악하고 학습에 들어가야 한다.

9. 문제 해결 학습과정의 학습자 조직 흐름

문제 해결 학습에서의 학습자 조직 흐름은 전제 활동, 개별 활동, 조별(소집단) 활동, 전체 활동, 개별 활동, 전체 활동 등 순으로 이루어진다.

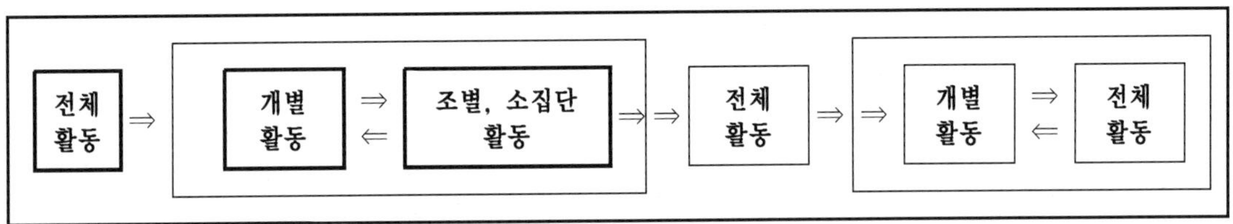

[그림 10] 문제 해결 학습의 과정 흐름

10. 창의적 문제 해결 학습 능력의 개념 요소

문제 해결 학습에서 창의적으로 문제 해결을 하기 위한 개념 요소, 개발 요소 및 탐구 문제 등을 요약하면 <표 20>과 같다.

〈표 20〉 문제 해결 능력의 개념 요소

개념 요소	개발 요소	탐구 문제
특정 영역의 지식과 기능	각 교과 특유의 일반적인 개념과 원리, 핵심적 아이디어, 각 교과 특유의 탐구 기능	·특정 영역의 지식과 기능(교과)의 개발을 통해서 일반 영역의 지식과 기능(지식), 동기적 요인, 확산적 사고, 비판적 사고가 길러진다면 개념 요소로 이들을 구분한 이유는?
일반 영역의 지식과 기능	학습자가 학습 사태에 갖고 들어오는 지식과 기능(지능 등)	·확산적 사고와 비판적 사고는 특정 영역의 기능이면서 교과를 가로질러 사용되는 기능이라는 점을 인정할 때 교과를 통해서 길러지는 것인가? 아니면 교과가 오히려 도구적 기능을 해야 하는 것인가?
동기적 요인	자기 조절 전략, 내재적 동기, 자기 효능감, 초인지	·확산적 사고와 비판적 사고를 개념 요소로 구분하여 도구적 기능으로 개발하게 되면 특정 영역에서의 확산적 사고와 비판적 사고 기능과는 어떻게 구분되어야 하는가?
확산적 사고	창의적 문제 해결 목표, 창의적 문제 해결의 도구적 기능	·특정 영역에서의 지식과 기능(교과)의 개발을 통해 동기적 요인이 길러진다면 개념 요소로 이를 구분한 이유는? 독립적으로 선행적으로 가르칠 수 있는 요인인가?
비판적 사고	창의적 문제 해결 목표, 창의적 문제 해결의 도구적 기능	

제2절 문제 해결 학습의 실제

1. 교수·학습과정안(예시 1)

1) 단원: 2. 우리가 사는 지역 ❶ 도시 지역의 생활(5 - 1)

③ 도시의 여러 문제를 어떻게 해결할까(8/17)

2) 단원 개관

이 단원은 도시와 촌락으로 대비되는 지역에 대한 탐구를 통하여 도시와 촌락은 각각 독특한 입지 조건과 분포, 기능적인 특징을 가지고 있으면서도 상호 보완적 관계를 맺고 있다는 것을 이해하고, 최종적으로는 지역의 문제 및 해결을 통한 지역 발전을 주 내용으로 하고 있다. 크게 도시와 촌락의 생활로 나누어지는 이 단원의 학습 내용은 도시와 촌락의 인구학적·사회학적인 측면에서의 상이함을 중심으로 경관, 사진, 그림 및 각종 통계표와 도표, 읽기 자료 등을 매개로 학습자의 경험과 관련시킬 수 있도록 정보 제공형, 탐구형 교재로 구성되어 있다.

첫째 주제인 '도시 지역의 생활'에서는 우리나라 도시의 경관적 특징, 도시 분포 및 입지와 도시화 과정, 그리고 기능적 특징을 파악하고 인구의 밀집, 환경의 파괴와 오염 등 복합적인 도시의 문제를 이해하게 된다.

둘째 주제인 '촌락지역의 생활'에서는 자연환경, 촌락의 입지와 기능 및 산업 활동, 생활 모습을 살펴봄으로써 촌락의 지역성을 파악하게 한다. 특히, 촌락 지역 개발 사업의 의미를 국토의 균형적 발전과 도시와 촌락 지역의 상호 보완적 관계에서 파악하도록 한다.

사회과 탐구는 사회과 교과서의 학습 내용과 긴밀한 관계를 가지고 동일한 흐름으로 전개되며, 도시 및 촌락 지역 학습과 관련하여 자료 활용 및 분석을 이끌 수 있도록 내용을 편성하였다. 학생의 원활한 탐구 활동을 위한 그림 및 도표, 사진, 이야기 자료를 제시하고, 이를 해석하는 도해력(圖解力) 기반 활동을 통하여 도시·촌락화 과정상의 특징, 문제점과 해결 방안을 이해할 수 있도록 구성되어 있다.

3) 단원의 목표

(1) 지식·이해

• 도시와 촌락의 생활 모습에 관한 사실, 현상, 특징을 이해한다.

• 도시와 촌락의 입지 조건, 분포, 기능 및 상호 보완 관계를 이해한다.
• 도시와 촌락이 가지고 있는 복합적인 문제와 지역 개발의 필요성을 인식한다.

(2) 기능·능력

• 도시와 촌락에 대한 지역 탐구를 위해 도표 및 통계표, 사진과 그림 자료를 활용할 수 있다.
• 도시와 촌락의 실태 조사를 위한 계획을 세워 이를 실행에 옮길 수 있다.
• 도시와 촌락과 관련한 각종 자료를 활용하여 결과를 해석하고, 앞으로의 방향을 예측할 수 있다.

(3) 가치·태도

• 도시와 촌락에 대한 지역 탐구에 관심을 가지고 의욕적으로 참여한다.
• 도시와 촌락생활의 특징을 살린 균형적 발전에 관심을 가진다.
• 자신이 속한 지역문제에 관심을 가지고, 일상생활에서 지역의 문제를 해결하기 위하여 노력한다.
• 자신이 살고 있는 지역과 향토에 대한 관심을 갖고 봉사하려는 태도를 갖는다.

4) 단원의 지도 계획

단원	주제	제재	제재별 주요 내용 요소	교과서 쪽수	차시
		단원 도입 및 계획	·단원 학습의 개괄적인 내용 파악하기 ·장기 학습 과제 선정 및 학습 방법, 자료 소개하기	사: 48~49 탐: 48~49	1차시 (1/17)
2. 우리가 사는 지역		① 도시는 어떤 곳일까	·촌락생활과의 비교를 통해 도시의 특징 파악하기 ·한 지역이 도시로 발전하기까지의 과정 탐색하기 ·도시에서 발달하는 여러 기능 조사하기	사: 50~58 탐: 50~59	3차시 (2~4/17)
	❶ 도시 지역의 생활	② 도시로 몰려들고 있어요	·다양한 인구 이동 모습 및 우리나라 인구 이동에서 드러난 인구의 도시 집중 현상 파악하기 ·도시로의 인구 집중 원인 탐구하기	사: 59~64 탐: 60~66	2차시 (5~6/17)
		③ 도시의 여러 가지 문제들 어떻게 해결할까	·인구의 도시 집중으로 인한 여러 가지 도시문제 탐구하기 ·도시문제의 다양한 해결 방법 탐색하기	사: 66~72 탐: 67~71	2차시 (7~8/17)
		선택 학습	·제시된 네 개의 낱말을 활용하여 '도시 발달' 표현하기 ·인구 수 변화 그래프를 활용한 해석, 도시의 인구 집중 원인 정리하기 ·가상 상황 구성을 통해 도시문제와 해결 방법 나타내기	사: 73	1차시 (9/17)

단원	주제	제재	제재별 주요 내용 요소	교과서 쪽수	차시
		① 촌락의 어제와 오늘	·농어촌의 환경 조건 및 생활 모습을 통한 촌락의 특징 파악하기 ·오늘날의 촌락 지역 변화 모습 탐색하기	사: 74~79 탐: 72~77	2차시 (10~11/17)
	❷ 촌락 지역의 생활	② 촌락에서 일어나는 일	·인구의 도시 집중으로 인한 촌락생활의 문제점 파악하기 ·촌락의 문제점과 도시문제의 관련성을 설문 조사를 통해 파악하기	사: 80~83 탐: 78~83	2차시 (12~13/17)
		③ 촌락이 변하고 있어요	·촌락의 발전을 위해 할 수 있는 일 조사하기 ·촌락의 문제점을 극복하고 발전시킨 사례 찾아보기	사: 48~49 탐: 48~49	2차시 (14~15/17)
	❷ 촌락 지역의 생활	선택 학습	·촌락생활에 대한 체험 학습 보고서 쓰기 ·촌락에서 도시로 이동한 사례를 주변에서 찾고 그 까닭 조사하기 ·도시와 촌락의 상호 교류 도모를 위한 방송 프로그램 구안하기	사: 48~49 탐: 48~49	1차시 (16/17)
	단원 정리 학습		·도시와 촌락의 특징 이해하기 ·도시와 촌락의 문제점 및 해결 방법 모색하기 ·도시와 촌락 지역의 균형적 발전 방안 살펴보기	사: 48~49 탐: 48~49	1차시 (17/17)

5) 단원의 평가 계획

(1) 평가 방향

이 단원에서는 경관 사진, 각종 통계표와 도표, 다양한 이야기 및 기사를 활용하여 도시와 촌락의 특징 및 인구 이동의 도시 편중으로 인해 드러나는 도시와 촌락 지역의 문제점, 그리고 각 지역 간의 균형적 발전을 위한 상호 보완적 관계 파악에 평가의 중점을 둔다.

(2) 평가 방법

(가) ❶ 도시 지역의 생활

·인구 분포, 경관적·사회적인 면에서의 도시 특징을 파악할 수 있는가? ·우리나라 도시 분포 지도 및 지형도를 활용하여 도시의 입지 및 발달 조건을 찾을 수 있는가? ·우리나라 인구 이동의 특징과 도시로의 인구 집중 원인을 찾을 수 있는가? ·도시화 과정에서 드러나는 도시문제를 파악하고, 창의적인 해결 방안을 제안할 수 있는가?	·구술 평가 ·수행 평가 ·활동지를 활용한 평가 ·포트폴리오

(나) ❷ 촌락 지역의 생활

·도시와 다른 촌락 지역의 환경 및 생활 모습을 파악할 수 있는가? ·도시화 과정 속에서 드러나는 촌락의 문제점을 파악할 수 있는가? ·도시와 촌락의 상호 보완적이고 균형적인 발전 방향을 모색할 수 있는가?	·구술 평가 ·수행 평가 ·포트폴리오 ·지필 평가

6) 주제별 지도 - ❶ 도시 지역의 생활

(1) 주제별 지도 내용

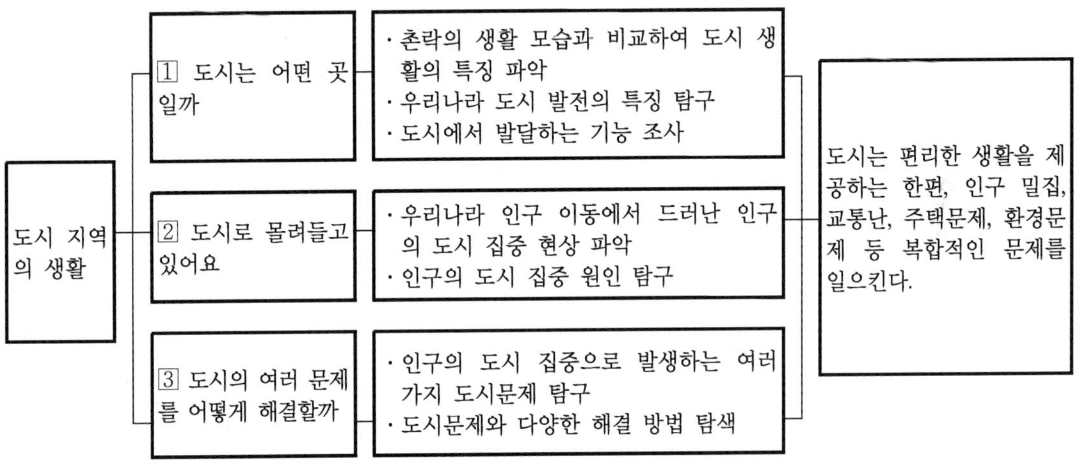

(2) 주제별 지도 계획 및 활동

(가) 주안점

이 주제에서는 도시의 경관적·사회적 특징과 우리나라의 도시 분포 및 도시화 과정을 파악하고, 인구 밀집, 환경의 파괴와 오염 등 복합적인 도시문제를 이해하게 한다. 중소 도시를 사례로 사진, 각종 도시 분포 지도 및 인구 관련 통계표 등 구체적인 자료를 활용하여 학습을 전개하고 촌락 지역의 상호 보완적 관계 속에서 도시의 특징과 문제를 파악할 수 있도록 지도한다.

(나) 지도 계획

차시	제재	주요 학습 활동	교수·학습 자료
1	단원 도입 및 계획	• 단원 학습 내용 파악하기 • 장기 학습 과제 정하기	• 사회 교과서
2~4	① 도시는 어떤 곳일까	• 도시의 경관적·사회적 특징 살펴보기 • 우리나라 도시의 입지 및 발달과정 탐구하기	• 도시별 홍보 자료 • 타 지역 사진 자료 • 도시별 인터넷 자료
5~6	② 도시로 몰려들고 있어요	• 인구 이동의 의미 파악하기 • 우리나라 인구 이동의 모습에서 드러나는 인구의 도시 집중 현상 파악하기 • 앞으로의 인구 이동 방향 예측하기 • 인구 이동 원인 중에서 도시로의 인구 집중 원인 파악하기	• 인구 이동 모습 사진 및 그림 자료 • 인구 이동 원인 조사 계획 및 실행을 위한 활동지 • 살고 있는 지역을 표시하는 가족 구성도
7~8 (본시)	③ 도시의 여러 문제를 어떻게 해결할까	• 다양한 활동을 통해 도시문제 살펴보기 • 인구의 도시 집중으로 인한 문제점 파악하기 • 도시문제의 해결 방안 탐구하기	• 도시문제를 나타낸 활동지 • 도시문제 발생 지역의 사진 및 기사 자료 • 도시문제 해결 방법과 관련한 사례 자료
9	선택 학습	• 세 가지 활동 중에서 두 가지를 선택하여 해결하기 <선택 1> 주어진 낱말을 활용하여 '도시 발달'과 관련한 짧은 글 짓기 <선택 2> 특정 지역의 인구수 변화 그래프를 활용한 자료 해석 및 도시 인구 집중 원인 정리하기 <선택 3> 가상 인터뷰 구성을 통한 도시문제 및 해결 방법 제시하기	서울시 인구수 변화 그래프

(다) 유의점

제재 ① 에서 등장하는 촌락의 개념은 도시의 특징을 부각시키기 위한 비교 자료이므로 촌락에 대한 내용은 상세히 다루지 않도록 한다. 그러나 도시의 편리함을 강조하여 촌락이 낙후된 개념으로 인지되지 않도록 주의하여 지도한다. 제재 ② 는 생활 주변에서 관찰되거나 경험되는 인구 이동 사례를 활용한 후, 우리나라의 지역 간 인구 이동 모습에서 드러나는 특징을 발견할 수 있도록 지도한다. 인구의 도시 집중 원인은 생활 주변의 인구 이동을 활용하여 그 원인을 먼저 파악한 후, 제재 ① 에서 발견된 촌락과 다른 도시의 특징이 그 원인으로 작용됨을 알 수 있도록 한다. 제재 ③의 도시문제는 도시 지역의 학생인 경우에는 직접 체험하는 문제이지만, 촌락 지역의 학생에게는 생소할 수 있으므로 문제 인식을 돕는 흥미롭고 실제적인 조사 및 통계 자료가 제공되어야 할 것이다. 아울러, 도시 지역의 학생일 경우에도 환경문제를 먼저 제시하기보다는 생활 주변을 중심으로 미처 인식하지 못한 상황을 상기시키는 차원에서 구성하여 제시할 수 있도록 한다.

7) 본시의 전개

학년 · 학기	5 - 1	단원(주제)	2. 우리가 사는 지역		차시	8/17
학습 주제	❶ 도시 지역의 생활 ③ 도시의 여러 문제 어떻게 해결할까			교 과 서	70~72쪽	
				사회과 탐구	67~69쪽	
학습 목표	▫ 인구의 도시 집중으로 인하여 발생하는 문제점과 해결책을 찾을 수 있다.					
예습 과제	도시의 교통, 주택, 환경에 관련된 자료 수집하기					
수업 유형	문제 해결 학습		학습 조직 형태	전체 학습, 소집단 학습		

단계	학습 내용	교수 · 학습 활동		시간 (분)	자료 및 유의점
		교 사	학 생		
문제 파악	동기 유발	■ 이 사진들을 잘 살펴봅시다. 무슨 사진인지 발표해 볼까요? ■ 이런 모습들은 어디서 볼 수 있습니까?	▫ 사진을 보고 발표한다. – 도로에 자동차가 많이 밀려 있는 모습입니다. – 가파른 산 위에까지 집들이 들어선 모습입니다. – 대기 오염으로 건물들이 희미하게 보이는 사진입니다. ▫ 복잡한 도시에서 흔히 볼 수 있습니다.	4 ′	• 도시문제와 관련된 사진 자료 (실물화상기 또는 관련 웹사이트 자료 활용)
문제 파악	문제 장면 선정	■ 이 사진들과 관련된 경험을 말해 봅시다.	▫ 아빠와 함께 삼촌 결혼식장에 가다가 길이 막혀 늦게 도착한 적이 있습니다. ▫ 우리 동네는 집이 너무 많아 저녁이 되면 주차 장소 때문에 어른들이 서로 다투는 모습을 자주 볼 수 있습니다.		• 자신이 겪었던 일을 중심으로 발표하도록 유도한다.
문제 형성	발견된 문제 찾기	■ 도시의 여러 가지 문제에 관한 VTR 자료를 보고 오늘 공부할 문제를 생각해 봅시다.	▫ VTR 자료를 시청하고 서로 의견을 모아 공부할 문제를 찾는다.	5 ′	• 여러 가지 도시문제가 녹화된 VTR 자료
	학 습 문 제 확인	인구의 도시 집중으로 인하여 발생하는 문제점과 해결책을 찾아보자.			
		■ 도시의 여러 가지 문제 중에서 심각하게 생각되는 것을 과제물을 참고로 하여 발표해 봅시다. ■ 학습문제를 해결하기 위해 주제에 따라 3개의 분단으로 나누고 원하는 곳으로 아동들을 이동하게 한다.	▫ 과제로 공부해 온 내용과 관련하여 발표한다. – 도시의 교통문제 – 도시의 주택문제 – 도시의 환경문제 ▫ 원하는 분단으로 이동한다. – 1분단: 도시의 교통문제 – 2분단: 도시의 주택문제 – 3분단: 도시의 환경문제		• 분단별 인원수가 균형을 유지하도록 한다.(수준별 편성)

단계	학습 내용	교수 · 학습 활동		시간 (분)	자료 및 유의점
		교 사	학 생		
가 설 설정	결과 예상 하기 검증하기	■이와 같이 여러 가지 도 시문제가 해결되지 않고 심 각해진다면 앞으로 어떻게 될까요? ■이렇게 여러 가지 도시문 제가 발생하는 원인과 문제 점은 무엇인지 분단별로 토 의를 거쳐 종합된 의견을 발표해 봅시다.	□각자의 생각을 자유롭게 발표한다. −자동차가 더 많아져 길이 막히게 되면 걸어 다니는 것이나 별 차이가 나지 않을 것입니다. −집값이 더 오르고 집을 사기도 힘 들 것입니다. −여러 가지 오염 물질로 환경이 오 염되면 사람과 동물에 질병을 일으키 고 식물도 자라지 못하게 될 것입니다. □분단별로 정해진 주제에 대한 여 러 가지 도시문제의 원인을 찾는다. −1분단: 교통문제는 도로 부족, 자 동차 증가, 출퇴근 거리 증가, 대중교 통시설의 미비 등입니다. 도시의 기 능이 도시 중심부에 있고, 자동차 교 통을 대비한 도로와 시설이 미비하여 교통문제를 더욱 심각하게 합니다.	3′	•검증 자료는 교 사가 보충해 준다.
		■분단별로 토의 결과를 정 리하여 발표하도록 한다. ■보충 의견이나 질문이 있 으면 발표해 봅시다.	−2분단: 주택문제는 주택의 절대량 이 부족한 데서 발생합니다. 이것은 과도한 도시화, 즉 도시의 과잉 인구 때문에 발생합니다. 이 때문에 집이 더 많이 필요하게 되고 땅값이 오르 고 집 지을 땅이 모자라는 문제점이 나타납니다. −3분단: 환경문제의 원인은 상·하 수도, 통신, 공공 서비스 시설이 절대 부족하고 과밀화에 의한 생태계 파 괴, 공해 배출업소의 증가, 도시의 무 질서한 팽창에 의한 자연 녹지의 파 괴 등에서 유래한다. 크게 환경 파괴 와 오염으로 나누어 볼 수 있고, 폐 수, 매연, 독성 물질 등의 배출과 소 음, 진동 등도 우리의 건강과 정서를 위협한다.	11′	•OHP를 사용하 거나 실물화상기 를 프로젝션TV 에 연결하여 정 리된 것을 발표 한다.
문 제 해결	해결 방법 찾기 종합 정리	■여러 가지 도시문제의 해 결 방법을 분단별로 알아봅 시다. ■분단별 주제에 따른 내용 을 종합하여 정리해서 발표 해 봅시다.	□분단별로 여러 가지 자료를 활용 하여 해결 방법을 찾는다. □교통문제의 해결 방안 −지하철, 버스 등 대중교통수단 이 용의 활성화 −주차장 이용의 규제: 도심지의 주 차 요금을 외곽 지역에 비해 높게 정 한다. −자가용 10부제 지키기 실천하기 −대도시 지하철 건설 및 도심의 순 환도로 건설	12′	•자유로운 토론 이 되도록 한다. •OHP를 사용하 거나 실물화상기 를 프로젝션 TV 에 연결하여 정 리된 것을 발표 한다.

단계	학습 내용	교수·학습 활동		시간 (분)	자료 및 유의점
		교 사	학 생		
문제 해결	일반화	■발표를 잘 들어 보고 그 내용이 얼마나 타당한지 알아봅시다. ■더 보충하거나 질문할 내용이 있으면 해 봅시다.	□주택문제의 해결 방안 -충분한 주택 건설 사업 추진 -대도시 주변 신도시에 대량 주택 건설 -교통 시설의 발달로 대도시와의 연계가 편리한 지역에 신도시를 건설하여 인구 분산 정책 시행 □환경문제 해결 방안 -대도시 지역을 중심으로 천연가스 버스 운행 등 무공해 교통수단 이용의 활성화 -매연을 줄이기 위해 '자동차 없는 거리' 만들기 등 각종 행사 추진 -공장에는 폐수 정화 장치 설치의 의무화 등		
발전 및 반성	유 사 문 제 해결 반성	■도시 지역의 소음의 종류를 알아보고 우리에게 어떤 영향을 미치는지 발표해 봅시다. ■이번 시간 공부하면서 잘된 점과 힘들었던 점, 그리고 앞으로 공부하는 데 도움이 될 것이 있으면 발표해 봅시다.	□자기의 경험을 바탕으로 소음의 종류와 우리에게 미치는 피해에 대해서 발표한다. □소음의 종류 -자동차, 기차, 비행기의 소음 -공장의 소음 -확성기를 설치하고 다니면서 물건을 파는 자동차 등 □우리에게 미치는 영향 -수면, 공부, 업무에 방해 -정신 건강에 악영향 □의견을 발표한다.	5′	•발전 심화를 통한 문제 해결 능력을 키워 간다.
발전 및 반성	차시 예고	■다음 시간에는 73쪽 선택 학습을 공부하겠습니다. 세 개의 주제 중 하나를 선택하여 관련된 자료를 조사해 오기 바랍니다.	□다음 차시에 공부할 내용을 확인한다.		•발전 심화를 통한 문제 해결 능력을 키워 간다.
	수 행 평 가 관 점	▫도시문제의 해결 방법이 적정한가? ▫도시문제의 해결 방안 모색에 적극적으로 참여하는가?			

8) 문제 해결 교수·학습과정안(수업안) 해설

단 계	수업 과정 해설(내용)
문제 파악	1. 여러 가지 자료를 통해서 도시에는 여러 가지 문제가 많음을 확인시키고 이들을 해결하기 위한 내용을 인지하는 단계이다. 2. 대집단활동으로 일제수업으로 진행하는 것이 효과적이다. 3. 비디오 또는 관련 웹사이트의 자료를 활용할 수 있다. 각 방송사의 시사성 있는 관련 뉴스 자료를 활용하는 것도 아동의 흥미를 고조시킬 수 있을 것이다. 4. 학생들로 하여금 여러 가지 도시문제들로 인해 겪었던 불편한 경험을 발표하게 하여 도시문제가 우리들의 생활과 직접 관계가 있다는 사실을 발견하도록 한다.
문제 형성	1. 여러 가지 도시문제에서 발견된 문제를 학생들로 하여금 거론하게 하고, 거론된 문제들에 대해서 객관적·다각적·종합적으로 검증함으로써 의미 있고, 해결해야 할 문제인가를 밝히는 단계이다. 2. 과제물 발표를 통해서 다루어야 할 주제를 결정한다. 3. 학습문제를 확인한 후에 주제에 따라 분단을 재구성한다.
가설 설정	1. 형성된 여러 가지 도시문제에 대하여 해결의 방향이나 암시를 통하여 문제가 해결됨으로써 얻을 수 있는 결과를 예상해 보거나 또는 예상되는 결과를 잠정적으로 설정하는 과정이다. 2. 인구의 도시 집중으로 인한 직접 또는 간접적인 피해에 대해 예상한다.
가성 검증	1. 예상되는 여러 가지 도시문제에 대하여 조사 관찰 분석 등의 활동을 통하여 검증하는 과정이다. 2. 하나의 예상에 대해서도 여러 가지 검증 방법을 찾아낼 수 있도록 학생들의 창의적인 사고 능력을 이용할 수 있도록 해야 한다. 3. 교사는 검증할 수 있는 방법들을 간접적으로 암시해 주면서 검증에 필요한 자료를 제시해 준다.
문제 해결	1. 설정된 예상에 따라 검증활동을 통해 얻어지는 내용들을 종합적으로 정리 요약하는 과정이다. 2. 학생들의 자유로운 토론이나 발표가 이루어질 수 있도록 함으로써 창의적이고 능동적인 사고 능력이 배양될 수 있도록 해야 할 것이다. 3. 이 단계에서는 특히 문제 해결의 핵심이 명확히 세워져 있어야 한다.
발전 및 반성	1. 문제 해결의 과정에서 있었던 활동들을 반성해 봄으로써 어려웠던 점이나 쉬웠던 점을 발표, 토론하도록 한다. 2. 해결한 문제들을 통해 유사한 다른 문제들을 해결하게 하는 과정이다. 3. 다음 시간과 연결할 수 있는 과제를 부과하는 방법도 좋을 것이다.

2. 교수·학습과정안(예시 2)

1) 단원: 3. 환경 보전과 국토 개발 ❷ 환경과 더불어 살아가는 길(5 - 1)

① 환경문제의 합리적 해결(9/17)

2) 단원의 개관

이 단원은 통합 교과인 '슬기로운 생활'에서 가정, 학교, 이웃, 마을 등 일상생활 속에서 경험하는 자연환경과 사회현상에 대한 학습을 기초로 하고, 3학년의 '고장생활', 4학년의 '시도의 모습과 사회생활', 5학년 1학기 1단원의 '우리나라의 자연환경과 생활'을 선수 학습으로 구성하고 있다. 6학년에서는 세계의 사회현상을 파악하고 문제를 해결하는 학습 활동으로 확대된다.

단원 구성을 인간의 자연환경에 대한 적응과 개발이라는 두 가지 태도에 따른 자연환경의 변화 및 그에 따른 문제점과 해결 방안을 모색해 볼 수 있도록 학습 내용을 선정하였다.

첫째 주제는 자연의 일부로서 자연을 이용, 개발하면서 생활하고 있는 우리 나 라의 주요 자연재해와 도시화, 산업화에 따른 환경 파괴와 오염문제를 파악하도록 하였다.

둘째 주제에서는 환경 기초 시설 설치와 관련된 여러 형태의 갈등을 해결하는 방안을 알아보고, 환경 친화적인 차원에서의 효과적인 국토 개발 계획을 주요 내용으로 다루었다.

3) 단원의 목표

(1) 지식 · 이해

- 우리는 자연환경과 밀접한 관계를 가지고 생활하고 있음을 이해할 수 있다.
- 우리나라의 주요 자연재해 종류를 알 수 있다.
- 자연재해를 극복하기 위한 노력을 알 수 있다.
- 환경오염문제와 환경 보전 방법을 알 수 있다.
- 환경 기초 시설 설치와 관련된 갈등 사례를 통하여 민주적 의사 결정 방법을 알 수 있다.
- 국토 개발의 필요성을 이해하고, 환경을 잘 보전하면서 추진하고 있는 모습을 설명할 수 있다.

(2) 기능 · 능력

- 수집하고 분류한 자료를 지도화(地圖化)하고 그래프로 나타낼 수 있다.
- 환경오염문제를 해결하기 위하여 다양한 자료를 모으고 종합할 수 있다.
- 환경 보전과 국토 개발에 관한 여러 가지 정보를 해석하고 분석할 수 있다.

(3) 가치 · 태도

- 민주적이고 합리적인 방법으로 갈등 사태를 해결하려는 태도를 가진다.
- 자원을 효율적으로 이용하고, 국토를 환경 친화적으로 개발하려는 마음을 가진다.

4) 단원의 지도 계획

단원	주제	제재	제재별 주요 내용 요소	교과서 쪽수	차시
3. 환경 보전과 국토 개발	❶ 도시 지역의 생활	단원 도입 및 계획	· 단원 학습의 개괄적인 내용 파악하기 · 장기 학습 과제 선정 및 학습 방법, 자료 소개하기	사: 96~97 탐: 96~97	1차시 (1/17)
		① 우리는 자연의 일부	· 우리 생활과 자연의 관계 알아보기 · 자연이 우리에게 주는 도움 알아보기 · 자연을 지키는 활동의 중요성 알기	사: 98~103 탐: 98~102	2차시 (2~3/17)
		② 자연재해	· 계절 및 지역에 따른 자연재해 알아보기 · 자연재해를 극복하기 위한 노력 조사하기	사: 104~111 탐: 103~109	2차시 (4~5/17)
		③ 환경문제	· 우리 주변의 환경문제 조사하기 · 세계적인 환경 보호 활동 조사하기	사: 112~120 탐: 110~115	2차시 (6~7/17)
		선택 학습	· 우리 고장의 환경 지도 그리기 · 자연재해 예방 달력 만들기	사: 121	1차시 (8/17)
	❷ 환경과 더불어 살아가는 길	① 환경문제의 합리적 해결	· 환경 보전을 위한 노력 알아보기 · 환경 기초 시설 설치를 둘러싼 다툼 살펴보기 · 지역의 환경문제를 합리적으로 해결할 수 있는 방법 찾기	사: 122~129 탐: 116~124	3차시 (9~11/17)
		② 환경을 생각하는 국토 개발	· 국토 개발 사업의 필요성과 목적 알아보기 · 우리나라 국토 종합 개발 사업의 주요 성과 알아보기 · 제4차 국토 종합 계획의 주요 내용 조사하기	사: 130~139 탐: 125~135	4차시 (12~15/17)
		선택 학습	· 환경 기초 시설에 대해 알아보기 · 물이 부족한 미래의 생활 모습 알아보기	사: 140	1차시 (16/17)
		단원 정리 학습	· 자연재해 극복을 위한 국토 개발 생각하기 · 환경 보전 자료 찾아보기 · 올바른 물 사용법 · 환경 보전 노랫말 바꾸어 부르기 해 보기 · 관광 휴양지 개발 계획 세워 보기 · 통일에 대비한 국토 개발	사: 141~143	1차시 (17/17)

5) 단원의 평가 계획

(1) 평가 방향

이 단원은 자연환경 변화 및 이에 따른 문제점과 해결 방안을 중심으로 학습 내용이 선정되어 있다. 지역에 따른 자연재해의 종류와 발생 원인, 이를 극복하려는 노력과 환경 보전과의 관계를 파악하고, 환경오염과 파괴 사례를 바탕으로 지구 환경이 인간생활에 미치는 영향을 지식·이해, 가치·태도 면에서 평가하여야 한다.

(2) 평가 방법

(가) ❶ 자연재해와 환경문제

·우리 생활과 관련한 자연의 역할 설명하기 ·우리 조상들이 자연재해를 이겨 낸 방법 설명하기 ·조상들의 생활 모습에서 지혜로운 점 찾기 ·우리나라에서 발생한 자연재해의 종류와 지역 말하기 ·환경문제의 종류와 특징을 알고 피해 정도를 구체적으로 제시하기	·지필평가 ·보고서 ·발표 ·지필 평가 ·보고서

(나) ❷ 환경과 더불어 살아가는 길

·환경오염과 훼손을 막기 위하여 어떤 일을 하고 있는지 사례를 들어 설명하기 ·환경 기초 시설 설치 과정에서 발생하는 사람들의 갈등 사태에 대해 가치 판단하기 ·국토 개발 사업의 필요성과 주요 성과 설명하기 ·국토 개발 사업 추진 과정에서 자연환경을 보전해야 하는 문제에 관심 가지기	·발표 ·지필 평가 ·지필 평가 ·관찰 평가

6) 주제별 지도 - ❷ 환경과 더불어 살아가는 길

(1) 주제별 지도 내용

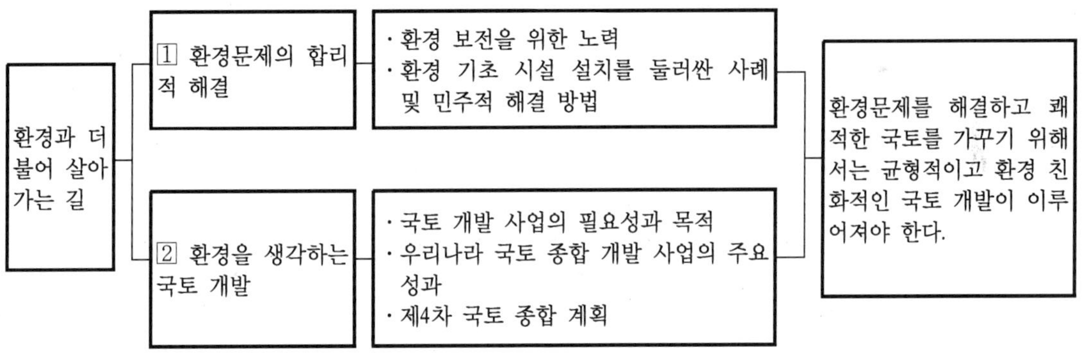

(2) 주제별 지도 계획 및 활동

(가) 주안점

이 주제에서는 환경 기초 시설 설치 장소 선정을 둘러싼 지역 간의 갈등 사례를 통해 민주적 의사 결정의 중요성을 깨닫게 하고, 나아가 환경 파괴와 오염문제를 미래 지향적이면서 균형적인 국토 개발의 필요성과 관련지어 학습하도록 한다.

(나) 지도 계획

차시	제재	주요 학습 활동	교수·학습 자료
9~11 (본시)	① 환경문제의 합리적 해결	• 환경오염으로 인한 문제점과 그 해결 방법 알아보기 • 환경 기초 시설의 설치에 따른 문제점 살펴보기 • 민주적 의사 결정을 통한 환경문제 해결 방법 토의하기	• 여러 가지 환경오염 사진 또는 그림, 동영상 자료 • 환경 보전 활동 사례 자료 • 환경 분쟁 사례
12~15	② 환경을 생각하는 국토 개발	• 국토 개발의 주요 내용 이해하기 • 국토 개발의 주요 성과 파악하기 • 제4차 국토 종합 계획의 주요 내용 살펴보기 • 우리 시도의 국토 종합 계획 조사하기	• 국토 개발 관련 자료 (신문 스크랩 자료) • 시도의 백지도
16	선택 학습	• 환경 기초 시설에 대하여 알아보기 • 물이 부족한 미래의 생활 모습	• 색연필
17	단원 정리 학습	• 국토 개발 계획을 세울 때에 유의할 점 • 환경문제와 해결 방법 알아보기 • 올바른 물 사용법 • 관광 휴양지 개발 계획	• 사례 지역의 그림 또는 사진

7) 본시의 전개

학년·학기		5-1	단원(주제)	3. 환경 보전과 국토 개발		차시	9/17
학습 주제		❷ 환경과 더불어 살아가는 길 ① 환경문제의 합리적 해결			교 과 서	122~129쪽	
					사회과 탐구	116~124쪽	
학습 목표		▫ 환경오염에 따른 문제점과 그 해결 방법을 찾을 수 있다.					
예습 과제		여러 가지 환경오염 사례 조사해 오기					
수업 유형		문제 해결 학습		학습 조직 형태	전체 학습, 소집단 학습		

단계	학습 내용	교수·학습 활동		시간 (분)	자료 및 유의점
		교 사	학 생		
문제 파악	동기 유발	■예습 과제로 공부한 것을 발표해 봅시다.	▫여러 가지 환경오염에 관련된 내용을 발표한다. -수질 오염 -대기 오염 -토양 오염	4′	▫아 동 들 의 발표에 관련된 사진이나 그림을 준비한다. • 프 로 젝 션 TV 또는 실물 화상기 이용 • 자신이 겪었던 일을 중심으로 발표하도록 유도한다.
	문제 장면 선정	■환경오염으로 인해 겪었던 불편한 점을 말해 봅시다.	▫각자 자기의 경험을 발표한다. -우리 학교 옆을 지나는 하수구에 악취가 심하여 그곳을 지날 때는 코를 막고 갑니다. -큰길 옆에 있는 우리 집은 자동차 매연 때문에 여름에도 창문을 열지 못합니다.		

단계	학 습 내 용	교수·학습 활동		시간 (분)	자료 및 유의점
		교 사	학 생		
문제 형성	발견된 문 제 찾기 학습문제 확인	■환경오염에 관련된 VTR 자료를 보고 오늘 공부할 문제를 찾아봅시다. 환경오염에 따른 문제점과 그 해결 방법을 찾아보자. ■세 개의 주제가 있습니다. 세 개의 분단으로 나누어 볼까요?	□VTR 자료를 시청하고 서로 의견을 모아 공부할 문제를 찾는다. □과제로 공부해 온 내용과 관련된 분단으로 이동한다. -수질 오염: 1분단 -토양 오염: 2분단 -대기 오염: 3분단	5′	• 환경오염에 관한 VTR 자료 • 분단별 인원 수 차이가 많으면 조정해 준다.
가설 설정	결과 예 상하기	■이런 식으로 계속 환경오염이 계속된다면 어떻게 될까요?	□각자의 생각을 자유롭게 발표한다. -물이 오염되어 마실 물도 구하기 힘들 것입니다. -땅이 오염되어 식물들이 잘 자라지 못할 것입니다. -공기가 나빠져서 도시에는 사람이 살 수 없게 될 것입니다.	3′	
가설 검증	검증 방 법 찾기	■이렇게 환경이 오염되는 원인과 문제점은 무엇인지 분단별로 종합된 의견을 발표해 봅시다. ■분단별로 토의 결과를 정리하여 발표하도록 한다. ■보충 의견이나 질문이 있으면 발표해 봅시다.	□분단별로 정해진 주제에 대한 환경오염의 원인을 찾는다. -1분단: 수질 오염의 원인은 공장의 폐수, 농약의 과다 사용, 세제를 많이 사용하는 가정의 폐수 방류 등이고, 앞으로 오염이 더 심해지면 마음 놓고 마실 물도 귀하게 될 것입니다. 특히 가뭄이 계속될 때는 더 심각할 것입니다. -2분단: 토양 오염의 원인은 쓰레기 불법 투기, 기름 유출, 지나친 농약 사용 등입니다. 문제점으로는 식물이 잘 자라지 않고, 생산된 농산물도 먹을 수 없게 됩니다. -3분단: 대기오염의 원인은 공장에서 나오는 연기, 자동차 매연, 가정의 난방, 황사 등입니다. 문제점으로는 호흡기에 관련된 질병이 많이 발생합니다. -황사는 중국의 오염 물질이 포함되어 있어 더 심각합니다.	10′	• 검증 자료는 교사가 보충해 준다.

단계	학습 내용	교수·학습 활동		시간 (분)	자료 및 유의점
		교 사	학 생		
가설 검증		■보충 의견이나 질문이 있으면 발표해 봅시다.	−3분단: 대기오염의 원인은 공장에서 나오는 연기, 자동차 매연, 가정의 난방, 황사 등입니다. 문제점으로는 호흡기에 관련된 질병이 많이 발생합니다. −황사는 중국의 오염 물질이 포함되어 있어 더 심각합니다.		•검증 자료는 교사가 보충해 준다.
문제 해결	해결 방 법 찾기 내용의 종합 정리	■환경오염으로 인한 문제점의 해결 방법을 분단별로 알아봅시다. ■해결 방안 중 현실적으로 가능한 것은 어떤 것입니까? ■불가능한 것은 어느 것이고 또 그 이유는 무엇입니까?	□공장의 폐수 정화시설 설치, 무공해 농약 개발, 가정에서의 세제 사용 줄이기 등을 실천하여 수질오염을 예방할 수 있습니다. □쓰레기를 분리하여 배출하고, 무공해 농약을 사용하여 토양 오염을 방지할 수 있습니다. □무공해 연료와 전기자동차를 개발하고, 황사는 사전에 정확히 예보하여 미리 대비할 수 있도록 합니다. □가정에서 세제 사용 줄이기와 쓰레기 분리 배출(특히 중금속이 든 건전지)은 우리들이 실천할 수 있고, 자가용보다는 대중교통을 이용하는 것이 오염을 줄일 수 있습니다. □황사는 우리가 해결하기 힘들고, 무공해 농약과 전기자동차는 앞으로 더 연구해야 합니다.	13ʹ	•자유로운 토론이 되도록 한다.
	일반화	■우리들이 실천할 수 있는 것들은 어떤 것이 있습니까? ■우리들이 학교에서 실천해야 할 환경 보전 활동을 알아봅시다. ■더 보충하거나 질문할 내용이 있으면 해 봅시다.	□가정에서 세제 사용 줄이기와 쓰레기 분리 배출(특히 중금속이 든 건전지)은 우리들이 실천할 수 있고, 자가용보다는 대중교통을 이용하는 것이 오염을 줄일 수 있습니다. □교실에서 쓰레기를 줄이고 철저히 분리해서 배출합니다. 그리고 음식물을 남기지 않습니다.		•OHP 또는 실물화상기를 통해 정리된 것을 발표한다. •실천할 수 있는 일을 찾아 실천하도록 노력하게 한다.

단계	학 습 내 용	교수·학습 활동		시간 (분)	자료 및 유의점
		교 사	학 생		
발전 및 반성	유사문제 해결	■재활용을 위한 분리수거하 는 요령을 종류에 따라 알아 봅시다.	□자기의 경험과 자료를 참고로 하여 발표한다. 　－종이류 　－유리병류 　－고철류 　－플라스틱류	5′	•발전 심화를 통한 문제 해 결 능력을 키 워 간다.
	반성	■이번 시간 공부하면서 잘된 점과 힘들었던 점이 있으면 발표해 봅시다.	□의견을 발표한다.		
	차시 예고	■다음 시간에는 환경 기초 시설 설치로 생기는 문제에 대하여 공부하겠습니다.	□다음 차시에 공부할 내용을 기억한다.		
수　행 평　가 관　점		▫환경 보전의 필요성을 알고 있는가? ▫환경이 오염되는 원인과 문제점을 알고 있는가? ▫환경오염의 문제점의 해결 방법을 알고 있는가?			

8) 교수·학습과정안(수업안) 해설

단 계	수업 과정 해설(내용)
문제파악	1. 여러 가지 자료들을 통해서 우리 생활 주변에는 환경오염과 관련된 여러 가지 문제가 많음을 발견하게 하는 단계이다. 2. 대집단활동으로, 일제수업으로 진행하는 것이 효과적이다. 3. 비디오 또는 관련 웹사이트의 자료를 활용할 수 있다. 각 방송사의 시사성 있는 관련 뉴스 자료를 활용하는 것도 아동의 흥미를 높일 수 있다. 4. 학생들이 생활 주변에서 환경오염으로 인해 겪었던 경험을 발표하게 하여 환경오염이 우리들의 생활을 심각하게 위협하고 있다는 사실을 발견하도록 한다.
문제 형성	1. 여러 가지 환경오염에 대하여 발견된 문제를 학생들로 하여금 거론하게 하고, 거론된 문제들에 대해서 객관적·다각적·종합적으로 검증함으로써 의미 있고, 해결해야 할 문제가 무엇인가를 밝히는 단계이다. 2. 사전에 예고된 과제물 발표를 통해서 다루어야 할 주제를 결정한다. 3. 학습문제를 확인하고 해결해야 할 주제에 따라 분단을 다시 편성한다.
가설 설정	1. 형성된 여러 가지 환경오염에 대하여 해결의 방향이나 암시를 통하여 문제가 해결됨으로써 얻을 수 있는 결과를 예상해 보거나 또는 예상되는 결과를 잠정적으로 설정하는 과정이다. 2. 환경오염으로 인하여 발생한 피해 또는 환경오염으로 인하여 앞으로 일어날 수 있는 피해에 대하여 예상한다.
가설 검증	1. 예상되는 여러 가지 환경오염에 대하여 조사·관찰·분석 등 활동을 통하여 검증하는 과정이다. 2. 하나의 예상에 대해서도 여러 가지 검증 방법을 찾아낼 수 있도록 학생들의 창의적인 사고 능력을 동원할 수 있어야 한다. 3. 교사는 검증할 수 있는 방법들을 간접적으로 암시해 주면서 검증에 필요한 자료를 제시해 준다.

단 계	수업 과정 해설(내 용)
문제 해결	1. 설정된 예상에 따라 검증활동을 통해 얻어지는 내용들을 종합적으로 정리 요약하는 과정이다. 2. 학생들의 자유로운 토론이나 발표가 이루어질 수 있도록 함으로써 창의적이고 능동적인 사고 능력이 배양될 수 있도록 해야 할 것이다. 3. 이 단계에서는 특히 문제 해결의 핵심이 명확히 세워져 있어야 한다. 4. 본 시안의 아동활동에 제시된 내용은 예시에 불과하다. 여러 가지 다양한 해결 방법이 있을 수 있다. 5. 발표할 때는 OHP, 실물화상기 등을 사용하면 효과적이다.
발전 및 반성	1. 문제 해결의 과정에서 있었던 활동들을 반성해 봄으로써 어려웠던 점이나 쉬웠던 점을 발표, 토론하도록 한다. 2. 해결한 문제들을 통해 유사한 다른 문제들을 해결하게 하는 과정이다. 특히 학생들이 실천할 수 있는 일을 다룸으로써 공부한 내용이 내면화될 수 있도록 하면 좋을 것이다. 3. 다음 시간과 연결할 수 있는 과제를 부과하는 방법도 좋을 것이다.

3. 문제 해결 학습 참고 자료

1) 문제 해결 학습의 접근

문제 해결 학습이란 학생들이 직면하는 문제 해결을 위한 활동을 중심으로 하는 학습을 말한다. 인간과 환경과의 상호작용 방법 혹은 그 결과를 경험이라고 할 때, 문제 해결 학습은 여러 가지 경험 중에서 지금까지의 경험으로는 간단히 풀 수 없는 문제 사태에 있어서의 해결적 경험을 의도적으로 교육의 장에 도입하여 학습 방법으로 조직한 것이라 하겠다.

이러한 문제 해결 학습은 선행지식을 활성화 및 정교화하는 과정을 거쳐 장기기억 속에 저장할 수 있는 기회를 제공한다. 또한 장기기억 속에 저장되어 있는 정보를 필요하거나 적절히 사용할 수 있는 능력을 발달시킬 수 있다.

문제 해결 학습에서 학생들은 수업의 서두에 학습 목표와 그 목표가 반영된 '문제 상황'을 제시받게 되고(문제 사태 및 문제 형성 단계), 현시점에서 자신들이 소유하고 있는 다양한 선행 지식과 경험을 활용하여 주어진 문제 상황에 대한 '잠정적' 해결을 시도(가설 설정 단계)함으로써 학습 활동을 시작한다. 그리고는 개별 학습 활동으로 들어가 다양한 자료를 통해 문제 해결을 위한 새로운 지식이나 정보를 확인, 수집 및 분석하고 이들을 활용하여 본격적이고 체계적인 문제 해결을 다시금 시도(가설 검증 및 문제 해결 단계)한다. 마지막으로는 주어진 문제 상황을 중심으로 자신들의 그간 학습 활동을 검토하고, 정리하며, 또 평가해 봄으로써 일련의 수업 활동을 마무리 짓는 것(발전 및 반성 단계)으로 되어 있다.

2) 문제 해결 학습의 특징

문제 해결 학습의 특징은 수업 시작과 함께 문제 상황을 학습자에게 제시하여 잠정적인 해결을 시도하게 해 본다. 이 학습 모형은 '알 수 없음'을 남긴 채 단원을 끝내도 좋다. 학생들이 '알 수 없음'을 확인한다는 것은 거기서부터 다시 스스로 문제를 추구해 갈 가능성이 남아 있음을 말하기 때문이다. 그러므로 교사로서는 어린이가 어떤 '알 수 없음'에 도달하였는가를 확인해 두어야 한다. 또한 문제 해결의 결과보다는 사고과정에 중점을 두고 있으며 교사는 학생들이 활발한 토의를 할 수 있는 분위기 조성 및 능숙한 조력자의 입장을 견지해야 한다.

하지만 이러한 문제 해결 학습은 추상적이고 복잡하며 관찰 불가능한 사회구조는 학습 대상에서 제외될 수 있으므로 학습 내용의 논리적 전개가 불명확하다는 비판을 받고 있다. 문제 해결 학습의 적용에서의 한계점은 교육과정에서 다루고 있는 내용들은 지식을 습득하는 데 중점을 두고 있으며 문제 해결 능력이 내용에 도달하기 위한 수단으로써의 역할, '주의·가치·이념'들이 전면에 나타남으로써 도덕적 사회과 수업이 될 소지를 갖고 있다.

현재로서는 많은 측면에서 미비점이 발견되고 있고 또한 이론적 체계화와 절차적 세련화의 필요성이 대두되고 있지만 문제 해결 학습이 사회과 지식의 습득 및 고등인지능력 개발이라는 두 목표를 효과적으로 달성시킬 수 있는 대안적인 수업전략으로 적용될 수 있을 것이다.

제1절 극화 학습의 이해

1. 극화 학습의 개념과 특징

극화(劇化)는 복잡한 사회현상을 단순화시키는 것이다. 이는 실제로 일어날 수 있는 사회현상이나 문제를 가상적으로 꾸미고 체험하게 하는 것으로, 역할놀이나 시뮬레이션 게임 등이 일반적인 형태이다. 사회과 극화 학습은 극화를 학습에 도입한 것이다.

극화 학습인 극 놀이 내지 역할유희는 학생들에게 다른 사람의 역할을 경험하게 함으로써 학습효과를 높이려는 새로운 학습 방법의 하나이다. 인지적인 내용의 학습보다 정의적인 내용, 특히 태도와 가치관의 학습에 효과적인 것으로 전문가들은 평가하고 있다. 아무리 말을 하여도 한 귀로 듣고 한 귀로 흘러가게 되지만, 자기 자신이 비슷한 체험을 하게 되면 마음이 달라진다는 것을 우리는 경험을 통해서도 알 수 있다.

학생들이 흥미를 가지고 적극적으로 참가할 수 있고, 강의와 독서를 통해서 느끼지 못했던 것을 역할유희를 통해서 체험할 수 있는 장점이 있다. 실제로 운전사와 교통 경찰관, 보행인은 서로 갈등을 느낄 때가 많다. 자기가 운전을 할 때는 교통 경찰관이나 보행인이 운전을 방해한다고 생각하기 쉽지만, 반대로 보행인이 되었을 때는 자동차가 무법천지로 운행하다고 생각하게 되는 경우가 흔히 있다. 이런 경우 이러한 세 가지 역할을 서로 교대로 해 봄으로써 그러한 갈등은 편견에서 나올 수도 있다는 것을 쉽게 인식하게 될 것이다. 그러나 이 학습 방법은 학생들이 사전에 철저한 준비를 하지 않고, 단지 흥밋거리로만 생각할 때는 사고력의 향상 등 수업의 진정한 목표를 달성하기 어려운 단점이 있다.

역할유희를 효과적으로 하기 위해서 사전에 충분하고 철저한 준비가 있어야 하며, 진지하게 수업에 임하는 학생들의 태도가 있어야 한다. 교사는 먼저 방향을 정확하게 알려 주어야 하고, 시나리오가 치밀하게 있어야 하며, 각자가 자기가 맡은 역할을 성공적으로 수행할 수 있어야 한다. 그리고 수업이 끝난 다음에는 평가를 충분히 하여 자기가 겪은 경험을 다른 사람에게 알려서 공감대를 형성해야 수업의 효과가 나타날 수 있다.

사회과에서 극화 학습이란 병원놀이, 가게놀이와 같은 놀이 학습, 구성 학습에서 작성된 모형을 이용한 학습, 어린이가 출연자로서 역할을 담당하여 실제 사회의 문제 상황을 인식하고 해결책을 찾으려는 역할놀이, 실제 사회생활의 조건이나 가치를 의제한 상황 속에서 학습 활동을 전개하는 시뮬레이션 게임 등을 모두 포괄하는 개념이다.

역할놀이와 시뮬레이션은 의사 결정에 수반되며, 사회현상을 단순화시킴으로써 학생들이 그 활동을 통해서 여러 가지 경험을 할 수 있도록 구성한 것이다. 이는 사회를 구체적으로 실감나게 이해할 수 있도록 하며, 학생들의 수준에 적합하지 않은 사회현상과 사례들도 단순화해 준다. 이를 통하여 학습해야 할 개념과 원리 등을 자연스럽게 획득할 수 있으며, 여러 가지 상황 속에서 다른 사람의 역할을 시연해 보는 가운데 감정이입 능력을 기르는 등 민주 시민적 자질 함양에도 유의미하다. 역할놀이와 시뮬레이션은 다양한 사회과 교육 목표 달성에 효과적으로 사용될 수 있다. 이 두 가지는 특히 사회문제를 검토해 보는 데 유용하며, 교사와 학생들이 어떤 신념, 태도, 가치를 지니고 있는지를 쉽게 알 수 있다. 그러나 두 가지 방법 모두 학생들이 문제에 대해 가지고 있는 그들의 평상시 관점들을 드러낼 수 있도록 하는 일종의 게임 같은 분위기를 만들어 주어야 성공할 수 있다.

다만, 복잡한 사회현상은 단순화하기에 어려움이 따르므로 사전에 충분한 준비가 이루어져야 하며 많은 학생들이 골고루 참여할 수 있는 기회를 줄 수 있도록 배려하는 자세가 요구된다.

2. 극화 학습의 특징

극화 학습의 내용이 되는 놀이 학습, 역할놀이, 시뮬레이션 게임 등은 각기 다른 과정을 거치게 되나 다음과 같은 공통적인 특징을 갖고 있다.

첫째, 복잡한 사회사상을 단순화하여, 구체적으로 이해할 수 있는 장을 제공한다.

둘째, 언어뿐만 아니라, 그 이외의 모든 의사소통(커뮤니케이션) 수단까지 동원함으로써 종합적이고 실감 있는 사회인식을 기대할 수 있다.

셋째, 학생 자신이 직접 그 상황의 주인공으로 활동하기 때문에 어린이의 흥미와 주체성을 살릴 수 있다.

넷째, 직접적으로 사회가치를 수용하고 협력적인 사회적 태도의 형성에 효과적이다.

3. 역할놀이 학습

1) 역할놀이 학습의 필요성

현실 또는 역사 속에서 당면하고 있는 문제나 가치 판단 등의 학습에서 개인 또는 집단의 역할을 실연해 봄으로써, 개인 간 및 사회적 갈등을 해결하기 위한 학습 방법이다. 역할놀이 학습은 학생들에게 구체적 문제 상황을 실제로 경험해 볼 수 있는 기회를 제공해 줌으로써 학생들에게 스스로가 지닌 가치나 의견을 좀 더 분명하게 깨닫게 하고, 또 사람들이 어떻게 타인의 행동에 영향을 미치는지를 더 잘 이해하도록 도와준다. 그러므로 가족놀이, 시장놀이, 모의국회, 모의재판 등 다양한 주제에 대하여 적용할 수 있는 방법이며, 가상적인 역할을 실행해 봄으로써 문제 상황의 핵심을 더욱 깊이 이해할 수 있게 해 준다.

역할놀이 학습 방법은 학생들에게 어떤 상황에 대하여 토론하고, 상황 속의 인물이 다음에 어떤 행동을 할 것인가를 제의하거나 실연해 보이며, 이와 같은 행동 과정과 결과에 대하여 평가하고, 주어진 문제 상황에 대한 해결책을 제시하고자 하는 학습 방법이다. 이 가운데 주로 하게 되는 실연은 학생들로부터 순수하고 전형적인 정서적 반응과 행동을 이끌어 낸다. 이 과정을 통하여 학생들은 실생활에서 자기가 선택한 것의 결과를 이해하게 되고, 또 그 결과는 자신의 행동 결과만이 아니라 자신이 통제할 수 없는 타인의 의견이나 행동에 영향을 받게 됨을 알게 된다. 그리고 역할놀이는 교사와 학생, 학생과 학생 간의 솔직한 감정 표현이 개방되어 있어 전통적인 교사의 역할이 덜 강조되고, 학생들 스스로 참여하고 학습하는 것을 권장한다(인천광역시사회과교육연구회, 2007: 181 – 187).

2) 역할놀이 학습(수업)의 의의

사회과 교육에서 역할놀이 수업(학습)은 다음과 같은 의의를 갖고 있다.

첫째, 개인은 삶 속에서 부딪히는 상황을 극복할 능력을 갖고 있다.

둘째, 삶 속의 여러 문제들을 현명하게 다루는 능력을 신장시킬 수 있다.

셋째, 역할놀이에서 선택되어 시연된 행위는 옳지도 나쁘지도 않다.

넷째, 학생들은 인간 상호간에 일어나는 여러 가지 평범한 문제를 정의하고, 그것에 직면하여 대처해 나갈 수 있다.

다섯째, 학생들은 자신의 행동과 타인의 행동에 영향을 미치게 될 가치, 충동, 두려움, 외적인 영향력 등을 깨닫게 된다.

여섯째, 학생들은 가상적인 상황 행동을 통하여 자신의 이상, 의견, 행동을 평가해 볼 수 있다.

일곱째, 가상적으로 어떤 역할을 해 봄으로써 문제나 상황을 깊이 이해할 수 있게 된다.

여덟째, 역할놀이 방법을 배움으로써 학생들은 대인 관계 기술을 향상시키고 자신과 타인의 동기에 대한 이해력을 높일 수 있다.

3) 역할놀이 활동 단계

일반적으로 역할놀이 활동은 다음과 같은 5단계로 나누어지는데, 각 단계의 중요한 사항을 살펴보면 다음과 같다.

(1) 초기 작업과 지도

모든 역할놀이 활동은 학급 전체가 혹은 교사가 정의한 적이 있는 문제들을 가지고 시작한다. 교사는 학생들이 역할놀이를 하는 과정에 익숙해지기 전까지는 가벼운 성격의 논쟁점들을 주제로 선택한다. 학생들이 역할놀이 활동을 하는 경험이 많이 쌓이고 익숙해짐에 따라 보다 현실적이고 까다로운 주제로 옮겨 갈 수 있다.

연기(演技)를 하기 전에 드라마틱한 활동을 하기 위한 '워밍업'이 필요하다. 이를 위해서 간단한 팬터마임 장면이나 한 문장 정도의 시나리오를 연기해 볼 수 있다. 일단 학생들이 심리적으로 준비가 되면 역할놀이 활동이 실제로 시작된다.

(2) 시나리오 쓰기

사회문제와 관련이 있는 문제를 주제로 선택한다. 역할놀이에서 다루게 될 현실상의 문제는 구두로, 그림으로 혹은 글로 표현될 수도 있다. 간단한 스토리를 가진 문제에는 이성계의 위화도회군 결정과 같은 역사적 사건의 재현도 가능하다. 또한 남녀성비에 관한 현시대 문제들도 다루어 볼 수 있다.

(3) 역할 분담

역할 분담은 매우 조심스럽게 이루어져야 안다. 즉 전형적 배역(type casting)이 나타나지 않게 해야 하고, 역할을 맡는 것을 그다지 달갑게 여기지 않는 배우는 포함되지 않도록 해야 한다. 자원자들에게 배역을 주고, 전형적 캐스팅의 요소들을 제거하면서, 맡은 역할을 효과적으로 해낼 수 없는 학생들이 포함될 가능성을 줄인다. 이것은 정의된 역할에 가장 큰 타당성을 부여할 수 있는 학생들을 선발하는 것이 문제 해결 대안들을 효과적으로 표현하는 데에 바람직하기 때문이다.

일단 역할 분담이 되면 모든 참가자들은(청중으로서의 나머지 학급 학생들 역시) 각자의 역할에 대해 간단한 설명을 들어야 한다. 대부분의 경우 이것은 구두로 이루어진다. 한편, 개인적인 역할이 드러나지 않도록 하는 것이 중요하다.

청중인 학생들 역시 비록 수동적인 것이긴 하지만 역할을 갖는다. 결론 단계에서 그들은 분담된 역할들이 성실하게 잘 연기되었는가에 대해 평가하거나, 역할을 수행한 연기자에게 다른 방법적 대안을 제안해 보도록 질문을 할 수도 있다. 또한 특정 행위자에 초점을 두고, 배우 대신 그 행위자와 자신을 동일시해 보라는 요구를 청중들에게 할 수도 있다.

(4) 연기 전개(상연 · 실연)

역할놀이를 하기 전에 개인적으로 인물들에 대해 설명을 들음으로써, 자신의 역할을 어떻게 연기할지 계획할 수 있다. 비록 연기는 실제 전개되는 동안 수정될 수 있지만, 리허설을 통해 학생들은 자신들의 역할을 분명히 파악할 수 있게 된다.

학생들에게 연기가 전개되는 동안 그들이 사용해야 할 인물의 이름을 상기시키는 것이 중요하다. 이 과정에서 학급 학생들 자신이 분석의 대상이 아니라는 것을 강조한다. 마찬가지로 그들의 역할 안에 머무르도록 자주 상기시키는 것도 필요한데, 그것은 마치 그 인물로서 사건을 다루게끔 한다.

(5) 보고

보고 단계는 역할놀이에서 가장 중요하고 핵심적인 부분이다. 생산적이고 의미 있는 결과를 만들기 위해서는 교사의 세심한 주의와 지도가 요구된다.

보고는 연기 전개(상연) 뒤 곧바로 하는 것이 좋다. 등장인물들은 그들이 역할을 하는 동안 느꼈던 감정 등을 공유하도록 한다. 그리고 청중들로부터의 질문을 부담스럽지 않게 받을 수 있어야 한다. 인물들의 역할을 표현함에 있어서 다른 대안들도 시도해 보아야 한다. 만일 참가자들이 할 의사가 있다면, 역할을 바꾸어, 다른 방식으로 그 사건을 재현해 보도록 할 수도 있다.

보고하기 활동은 다양한 형식으로 이루어질 수 있다. 보고과정은 역할놀이 안에서 제시된 몇 가지 문제점들을 요약하고, 교사는 그 뒤 학생들이 실제 사건들과 역할놀이를 비교해 볼 수 있게 도움을 준다.

역할놀이는 감정이입의 상태로 이끌어 가기 때문에 다른 사람의 견해나 행동을 이해하는 데 유용한 방법이다. 만일 학생들이 잠시 동안 다른 사람의 입장에서 그 문제에 대하여 자기와 다른 견해를 제시해 보고 본래의 자기 입장에 반대하는 역할을 해 본다면 학생들의 사고력이 신장될 것이다.

역할놀이 활동이 성공하기 위해서는 각 단계들이 어떻게 펼쳐질 것인지와 같은 세부사항에 대한 사전 계획과 세심한 주의가 요구된다. 따라서 교사는 학생들이 역할에 몰입되었을 때 나타날 수 있는 솔직한 감정들에 대해 준비할 필요가 있다. 역할놀이 자체의 드라마틱한 연기 상연뿐만 아니라 무대 세팅, 토의, 연기를 하면서 얻게 된 시각들을 내면화하는 것도 중요하다.

4) 역할놀이 학습의 교수·학습 단계

역할놀이 학습에서 많이 적용하는 샤프텔(Shaftel, 1967) 부부 모형의 단계와 절차 및 과정은 다음과 같다.

(1) [제1단계] 집단의 분위기 조성

학생들에게 사건, 딜레마, 논쟁거리 등을 제시하여 학생들이 그 문제를 학습할 필요가 있다는 점을 인지하게 한다. 상황 설명이나 시청각 자료 등의 이용으로 문제 상황을 분명하게 인지할 수 있도록 하여야 하며, 갈등 상황에 도달하였을 때 중지함으로써, 그 갈등과 대립되는 측면을 분명히 하고 각각의 관점에서 그 결과를 예측해 보도록 한다. 이 단계에서는 ① 문제를 규명하거나 안내하기, ② 문제 이야기를 해석하거나 문제점을 탐색하기, ③ 역할놀이를 설명하기 등이 실행되어야 한다.

(2) [제2단계] 장면 설정 및 참여자 선정하기

문제 상황에서 필요한 역할을 간단하게 기술하게 하고, 등장인물의 성격, 가치관, 행동 방식 등을 검토해 본 후, 참여자를 선정하거나 지원을 받아 배역을 결정한다. 이 단계에서는 ① 역할 분석하기, ② 역할 연기자 선정하기 등이 실행되어야 한다.

(3) [제3단계] 무대 설치하기

행동 순서, 공간의 이용, 역할 등에 대해서 학생들이 가지고 있는 의문점에 대하여 토론해 보고 그 결과를 바탕으로 하여 간단하게 교실 비품 등을 이용하여 무대를 설치한다. 이 단계에서는 ① 행동 라인 정하기, ② 교사가 역할들을 다시 설명하기, ③ 문제 상황 속의 구체적인 문제 파악하기 등이 실행되어야 한다.

(4) [제4단계] 관찰자들 준비시키기

역할놀이에 참가하는 학생들과 참관자들이 모두 역할놀이의 경험으로부터 배워야 하기 때문에 역할놀이(극: 劇)에 참여하지 않는 학생들에게 역할놀이의 현실성, 연기자 행동의 계열성, 그 결과에 대한 논평, 연기를 통해 묘사된 인물의 감정과 사고방식의 규명 등과 같은 과제를 부여함으로써 학생들을 수업에 참가시킬 수 있다. 관찰자에게 중요하게 보아야 할 점과 기록해야 할 점을 파악하게 하여 역할놀이가 실연되는 동안 보고 들은 것을 정확하게 진술하여야 하며, 자신의 기준에 견주어 평가할 수 있도록 하여야 한다. 이 단계에서는 ① 무엇을 바라볼 것인가의 설정, ② 관찰 과제 분담 등이 실행되어야 하고, 특히 이 과정에서 협동 학습 수업 몇 가지를 빌려 오고, 학습지를 사용하면 학습효과에 더욱더 도움이 될 것이다.

(5) [제5단계] 실연하기

주어진 역할에 따라 실제 역할을 수행하여 보는 단계이다. 여러 가지 대안적 역할을 추출하기 위하여 역할 수행자를 바꾸어 볼 수도 있고, 제안된 역할 행동이 분명해지고 행동적 기능이 연습될 수 있도록 교사는 지도 조언을 할 수도 있다. 그리하여 역할에 내재된 기본 아이디어와 기본적 관점이 형성되도록 한다. 이 단계에서는 ① 역할놀이 시작하기, ② 역할놀이 유지하기, ③ 역할놀이 중지시키기 등이 실행되어야 한다.

(6) [제6단계] 토론과 평가하기

토의는 역할 수행에 대한 각자의 의견이 일치하지 않는 부분에 초점을 맞추어 토의하며, 그 결과에 대하여 평가하고 또 다른 변화를 고려하게 한다. 이 단계에서는 ① 역할놀이 행동 검토하기, ② 중요한 초점에 대해 토론하기, ③ 다음 실연할 내용 고려하기 등이 실행되어야 한다.

(7) [제7단계] 재실연하기

제1차 실연을 한 후 토론과 평가를 거친 후 다시 실연하는 단계이다. 이 단계에서는 ① 수정된 역할놀이 하기, ② 다음 단계 또는 행동 대안을 제안하기 등이 실행되어야 한다.

(8) [제8단계] 경험 내용의 교환 및 일반화

처음에 제기된 문제 상황을 학생들의 경험에 비추어 재조명해 보고 제시된 해결책을 탐구해 봄으로써 그것을 일반화하도록 한다. 이 단계에서는 ① 문제 상황을 실제 경험과 현존 문제에 관련시키기, ② 행동들의 일반원칙 탐색하기 등이 시행되어야 한다.

5) 역할놀이의 학습 환경

역할놀이 상황은 여러 가지 자료, 즉 교실에서 일어나는 학생 상호간의 문제, 신문에 실린 최근의 관심사, 문학 작품이나 역사적 상황 등에서 얻어질 수 있다. 상황을 설정하는 데 고려해야 할 세 가지 일반 원리는 다음과 같다.

첫째, 교사가 선택한 자료에 대하여 학생들은 자신의 경험이나 견해에 따라서 서로 다르게 행동할 수 있어야 한다.

둘째, 어떤 상황이나 문제도 개인의 사생활에 대한 권리를 침해해서는 안 된다.

셋째, 상황이나 문제는 어느 정도 학생들에게 친숙한 것이어야 한다.

(1) 자료와 시설

자료 수집은 학생들을 관찰하거나, 다른 교사에게서 이야기를 듣거나, 문학 작품을 통해서 아이디어를 얻을 수 있다. 역할놀이 상황이 학생들에게 친숙한 것이 아닐 때에는 그림을 사용하거나, 현장에 직접 가는 것이 바람직하다. 즉 학생들이 세세한 정보를 충분히 아는 것은 관련 인물이 겪는 상황이나 현실뿐만 아니라 그들이 어떻게 행동할 것인가를 분명히 상상하는 데 도움이 된다.

(2) 시간 계획

역할놀이 활동은 매우 융통성 있게 계획할 수 있다. 여러 가지 대안과 해결 방법을 탐구해야 할 경우에는 토론과 재연을 위하여 수업 시간을 더 연장할 수 있다.

6) 지도상의 유의점

· 역할놀이 학습은 목표 중심보다는 과정을 중시하고 학생들의 교육적 생활 세계에 접근하여야
한다.

· 학생들은 인간의 상호 작용에서 일어나는 공통적 문제를 이해하고, 문제에 직면해서 효과적으
로 대처해 나갈 수 있는 능력을 길러야 한다.

· 학생들에게 자신의 행동과 타인의 행동에 영향을 끼치는 개인의 가치, 충동, 두려움 또는 외적
영향력이 무엇인지를 깨닫게 해 주어야 한다.

· 학생들은 역할놀이를 통해 얻은 통찰력을 실제 상황에 적용할 수 있어야 한다.

· 가상적으로 어떤 역할을 행함으로써 문제나 상황의 핵심을 깊이 이해할 수 있게 해야 한다.

7) 역할놀이 학습에 유용한 단원 및 제재

〈표 21〉 역할놀이 학습의 단원 및 제재

학기	단 원	제 재	학 습 내 용	시량
3-1	3. 고장생활의 중심지	① 역과 터미널	· 공공시설을 바르게 이용하는 자세를 가질 수 있다. - 공공시설 이용을 역할놀이로 나타내어 보기	40분
4-1	1. 우리 시·도의 모습	② 지도를 이용하여 배우자	· 우리 시도의 자연환경과 인문환경의 주요 특징을 설명할 수 있다. - 고장의 모습을 역할놀이로 나타내기	40분
〃	2. 우리 시도의 여러 가지 문제와 해결	② 함께 해결하는 우리 시도의 모습	· 지역의 여러 문제는 사람들의 이해가 엇갈리는 경우가 많으며, 양보와 타협으로 해결해 나가려는 태도를 가진다. - 쓰레기 처리 문제를 통한 지역 간의 갈등문제를 역할놀이로 나타내기	40분
4-2	1. 문화재와 박물관	② 문화재 현장 학습	· 문화재 조사 내용을 역할놀이로 나타내기	40분
〃	2. 가정생활과 여가생활	① 가정의 여러 형태	· 가정의 소중함을 알 수 있다. - 가정의 기능을 역할놀이로 나타내어 보기	40분
〃	〃	② 서로 돕는 우리 가족	· 가족 구성원들이 하는 일이 다름을 알 수 있다. - 가족 구성원이 하는 일을 역할놀이로 나타내어 보기	40분
5-1	3. 환경 보존과 국토 개발	① 우리는 자연의 일부	· 자연의 소중함을 깨달을 수 있다. - 훼손된 산림에 관련된 역할놀이 하기	40분
6-1	1. 우리 민족과 국가의 성립	문화의 발달과 백성들의 생활 모습	· 훈민정음 창제가 백성들의 생활에 미친 영향을 알 수 있다. - 세종대왕이 훈민정음을 창제한 까닭을 역할놀이로 나타내기	40분
〃	2. 근대 사회로 가는 길	잘사는 백성, 부강한 나라로	· 실학의 뜻과 실학 운동이 일어난 배경을 설명할 수 있다. - 양 난 이후 어려운 생활을 하고 있는 백성들의 모습을 역할놀이로 나타내기	40분
〃	〃	척화비를 세운 까닭	· 흥선 대원군의 생애와 업적을 조사해 보고, 그의 개혁 정책을 설명할 수 있다. - 흥선 대원군의 개혁 정책을 역할놀이로 나타내기	40분

4. 극화 학습의 유의점

첫째, 극화 학습으로 진행할 학습 주제의 설정은 적어도 학기 초부터 수립된 사전 계획에 따라, 단원의 내용에 알맞은 활동을 구상하여야 한다. 즉 주제의 선정은 학습 목표 달성에 적절하여야 하며, 가치로운 것이어야 한다. 특히, 학습 결손을 최대한 줄여야 한다.

둘째, 극화 학습이 여러 시간 소요되는 경우에는 면밀한 시간 계획을 작성하여 수업 결손을 방지하여야 한다.

셋째, 흥미 위주의 활동이나 표현의 기교에 치중함으로써, 사회과의 본질적 목표에서의 이탈이 없도록 하여야 한다.

넷째, 강의 학습에서 학습한 지식을 배경으로 하여 강의 학습의 후속 단계로 극화 학습을 전개하는 것이 바람직하다.

다섯째, 극화 활동의 소재와 학습 내용과의 부합 정도를 충분히 고려하는 것이 좋다.

여섯째, 충분한 환경 구성과 도구나 자료의 준비 등 사전 계획을 철두철미하게 수립하여야 한다.

일곱째, 직접적인 참여자와 간접적인 참여자가 감정의 융합을 가져 민주적 협동 정신을 배양하도록 한다.

여덟째, 극화 활동은 단독으로 전개하는 것보다는 타 지도 과정에 삽입하여 병행하는 것이 효과적이다.

아홉째, 활동의 결과에 대하여 정리, 반성, 평가의 기회를 가져 피드백(feedback)을 모색하여야 한다.

5. 극화 학습의 장점

첫째, 추상적 개념과 애매모호한 상황을 구체적인 역할을 통해서 명확하게 이해시킬 수 있다.

둘째, 실제 극화를 중심으로 강의식, 문답식, 토론식 수업 등 여러 가지 다른 수업과 연계하여 적용할 수 있다.

셋째, 학생 활동 중심이므로 문제 인식을 통한 흥미를 유발한 훌륭한 수업을 전개할 수 있다.

6. 극화 학습의 단점

첫째, 각본, 소품 등 사전 준비물이 많이 요구된다.

둘째, 다분히 흥미 위주 학습으로 흐를 우려가 있다.

셋째, 연기하는 학습자에 대한 의존도가 높은 편이다.

제2절 극화 학습(역할놀이 학습)의 실제

1. 교수·학습과정안(예시 1)

1) 단원: 3. 살기 좋은 고장을 위한 노력(4~1)

② 함께 해결하는 우리 시·도의 문제

2) 단원의 개관

이 단원은 3학년의 '살기 좋은 고장을 위한 노력'에서 고장의 기관에 대해 알아본 내용을 토대로 하여 지방자치를 다루면서, 주민 대표를 뽑는 원리와 절차 및 이들 대표들이 지역 사회의 문제를 해결하는 방법을 알아보도록 한다. 또, 시·도 단위 이하의 지역 사회에서 발생하는 사회문제를 찾아보고 합리적으로 해결하는 방법을 익히도록 한다.

이를 바탕으로 지역 사회의 미래 모습을 자연환경, 도시 발전 등으로 나누어 예측하여 보며, 시·도 단위의 지방자치단체에서 세운 지역의 발전 계획이 어떻게 실행되고 있는지 알아보고, 지역 사회의 미래 모습을 다양한 방법으로 표현하여 보는 단원이다.

3) 단원의 목표

(1) 지식·이해

· 지방자치단체의 종류와 하는 일을 이해한다.
· 지역 주민들이 지역의 대표를 뽑는 원리와 절차를 이해한다.
· 지방자치단체의 조직과 그곳에서 하는 일을 이해한다.
· 고장에서 여러 사회문제가 발생하고 있음을 인식한다.
· 지역 사회문제에 대한 주민들의 의견과 해결 방법이 다양함을 이해한다.

(2) 기능·능력

· 우리 지역을 상징하는 것들을 조사하여 그 의미와 유래를 파악해 본다.
· 우리 지역의 문제 중에서 주민들의 의견이 엇갈리는 사례를 찾아낼 수 있다.
· 우리 지역의 발전 계획을 파악하고, 그에 대한 의견을 말할 수 있다.

· 자원 인사를 초빙하여 들은 것을 요약, 정리할 수 있다.
· 지역 주민들의 의견을 알기 위한 간단한 설문 조사를 할 수 있다.
· 고장의 앞날의 모습을 여러 가지 자료를 보고 예측할 수 있다.

(3) 가치·태도

· 지역 사회의 문제에 관심을 가지고 적극적인 해결 태도를 지닌다.
· 지역 사회문제의 해결과정에서 서로 다른 입장을 가진 사람들을 이해하려고 노력한다.

4) 단원의 지도 계획

차시	주제	제재	주요 활동 내용	자료
1/18		단원도입 및 학습 계획	· 단원의 구조 및 학습 계획 의논 · 장기 학습 과제 준비하기	· 단원의 학습 내용 체계표
2~3/18		① 시·도 청을 찾아서	· 시·도 청에서 하는 일	· 현장 학습 계획안 · 자치단체조직표
4~5/18	❶ 지방 자치와 주민 생활	② 지역의 대표 뽑기	· 지방자치 선거의 방법 · 시·도 의회에서 하는 일	선거유세 영상 자료 선거 관련 홍보물 지방 의회 기구표
6/18		② 시·도의 상징	· 우리 시·도의 상징물 조사하기 · 우리 시·도를 대표하는 것 조사하기	우리 지역 상징 자료 자치단체의 홍보 자료
7/21		선택 학습	· 우리 시·도의 상징물 수집하기 · 우리 시·도의 활동을 골라 광고문 만들기 · 우리 시·도 자치단체의 하는 일 나타내기	
8~9/18		① 우리 시·도의 여러 가지 문제	· 주민 생활에서 발생하는 지역 사회문제 · 자치단체와 주민과의 문제	· 고장의 지도 · 쓰레기 처리 관련 사진 · 조사 보고서
10/18 (본시)	❷ 우리 시·도의 여러 가지 문제와 해결	② 함께 해결하는 우리 시도의 문제	· 쓰레기 처리에 대한 주민과 자치단체의 입장이 다른 까닭 찾기 · 지역 사회문제를 선택하여 역할 학습하기	· 설문지 · 우리 고장의 사진
11/18		② 함께 해결하는 우리 시·도의 문제	· 시민 단체가 하는 일	· 시민단체 활동사진
12/18		선택 학습	· 자연환경의 이용과 이와 관련된 지역문제 · 지역문제의 발생 원인과 피해	· 학습지
13~14/18		① 시·도 주민의 희망	· 지역 주민들의 바람 · 주민들이 바라는 지역의 미래 모습	· 지역의 미래 계획도
15~16/18	❸우리 시·도의 미래	② 우리 시·도의 미래 모습	· 지역의 미래 모습 꾸미기 · 지역의 미래 모습을 그림지도로 나타내기	· 꾸미는 데 필요한 여러 가지 재료
17/18		선택 학습	· 30년 후 우리 지역의 미래 모습 · 여론으로 알아본 우리 고장 사람들의 바람	
18/18		단원 정리 학습	· 이 단원에서 알아본 주요 내용	· 정리된 내용

5) 단원의 평가 계획

(1) 평가 방향

이 단원은 지방자치단체의 활동 내용을 알고 민주주의 절차에 따라 주민들이 정치에 참여하여 지역 사회의 문제 해결에 자발적으로 참여하여 미래에는 발전된 고장이 될 것을 확신할 수 있도록 하는 데 초점을 두고 있다.

따라서 지역 사회를 이끌어 가는 자치단체의 조직과 하는 일, 주민들이 선거로 지역 대표를 바르게 뽑는 방법을 알고 있는지 평가한다. 또, 지역 사회에서 일어나는 사회문제를 찾아내어 합리적으로 해결할 수 있는 의지와 방법을 알고 있는지 알아본다. 아울러 시·도의 미래 모습을 그림지도 등 다양한 방법으로 나타낼 수 있는지 알아보도록 한다.

(2) 평가 방법

<1. 지방자치와 주민 생활>
▫ 지방자치단체가 주민을 위해 하는 일들에는 무엇이 있는가?
▫ 지방 선거의 절차를 알고, 선거권자의 태도를 알고 있는가?
▫ 지역문제 해결에 있어서 주민들이 참여하는 방법을 알고 있는가?
<2. 우리 시·도의 여러 가지 문제와 해결>
▫ 공동생활에 있어서 지역 주민들 간에 의견이 엇갈리는 사례를 찾을 수 있는가?
▫ 지역 사회문제를 한 가지 선정하여 관련된 자료를 수집 분석하여 의견을 말할 수 있는가?
▫ 지역 사회의 문제와 관련된 자료를 다양하게 모을 수 있는가?
<3. 우리 시·도의 미래>
▫ 새로워지는 우리 지역의 앞날을 위해 참여하려고 하는가?
▫ 미래의 발전된 고장을 만들기 위한 주민들의 바람은 무엇인지 알 수 있는가?
▫ 고장의 미래 모습을 실제에 근거하여 다양한 방법으로 표현할 수 있는가?

6) 지도상의 유의점

이 주제에서는 지역 사회의 문제를 둘러싸고 주민들 간에 갈등이 있을 수 있음을 깨닫게 한다. 즉 3학년에서 주민들이 모두 힘을 합쳐 고장의 발전을 위해 노력한다는 것을 강조하였다면, 4학년에서는 주민들의 의견이 일치하지 않을 수도 있음을 깨닫게 하는 것이다. 이 주제는 기본적으로 지역 사회의 문제를 해결해 가는 과정을 습득시키려는 주제이므로, 역할을 설정하여 역할놀이를 한 뒤 서로의 입장을 이야기하고 대립 속에서도 서로 의견을 조정하여 최선의 의견을 만들어 가는 과정을 강조해야 한다. 심화과정에서는 학습 범위를 넓혀, 고장과 고장 사이 또는 시·도 사이의 문제는 어떠한 과정을 거쳐 해결하는지에 대해 조사 학습 과제를 주도록 한다.

7) 본시의 전개

학년·학기	4-1		단원	3-(2)-② 함께 해결하는 우리 시·도의 문제		차시	10/18
학습 주제	·쓰레기 매립장 건설에 대한 자신의 생각 말하기				교 과 서	110~111쪽	
					사회과 탐구	96~97쪽	
학습 목표	▫ 쓰레기 매립장이 필요한 까닭과 문제점을 알 수 있다. ▫ 쓰레기 매립장 건설에 대한 자신의 생각을 정리하여 말할 수 있다.						
예습 과제	▫ 쓰레기 매립장이 필요한 까닭 조사하기 ▫ 쓰레기 매립장 설치로 인해 발생하는 문제점 알아오기						
수업 유형	역할놀이 학습		학습 조직 형태		대집단 → 소집단 → 대집단		

단계	학습 내용	교수·학습 활동		시간 (분)	자료 유의점
		교 사	학 생		
문제파악	전시 학습 상기	■분위기 조성 ■지난 시간에는 무엇을 공부하였습니까? ■우리 시도에서 해결해야 할 문제들은 무엇이 있었습니까?	□'생각해 봐' 노래 부르기 □우리 시도에서 해결해야 할 문제들은 무엇이 있는지 알아보았습니다. □교통문제, 환경문제, 쓰레기 처리문제 등이 있었습니다.	6′	▫ VTR ▫ 아동들이 구체적으로 충분히 학습문제를 인식할 수 있도록 한다.
	학습 동기 유발	■쓰레기가 많이 쌓여 있는 모습과 쓰레기 매립장 모습, 매립장 건설을 반대하는 지역 주민의 모습을 담은 VTR 자료 시청	□비디오 시청		
	학습 문제 탐색	■어떤 장면을 보았습니까? ■그럼 이번 시간에는 무엇에 대해 공부해 보고 싶어요?	□쓰레기가 많이 쌓여 있는 것을 보았습니다. □쓰레기를 처리하는 매립장의 모습도 보았습니다. □쓰레기 매립장 건설을 반대하는 주민의 모습도 보았습니다. ▫ 매립장이 필요한 까닭과 문제점에 대하여 공부해 보았으면 좋겠습니다. □쓰레기 매립장 건설에 대하여 자기의 생각을 말해 보면 좋겠습니다.		
	학습 문제 제시	**쓰레기 매립장이 필요한 까닭과 문제점을 알아보고, 쓰레기 매립장 건설에 대한 자신의 생각을 역할놀이로 나타내어 보자.**			

단계	학 습 내 용	교수·학습 활동		시간 (분)	자료 유의점
		교 사	학 생		
문제추구	학습 순서 정하 기	▪어떤 순서와 방법으로 공부하 면 좋을까요?	□먼저 쓰레기 매립장 건설이 필 요한 까닭과 문제점을 조사 발표 해 보고 쓰레기 매립장 건설에 자 신의 입장을 역할놀이로 표현했으 면 합니다. 【활동 1】 □쓰레기 매립장이 필요한 까닭과 문제점 －예습 과제 조사·발표하기 【활동 2】 □쓰레기 매립장 건설에 대하여 역할놀이 하기	3 ′	
문제해결	예습 과제 발표	▪지난 시간 예습 과제 내용은 무엇이었습니까? ▪조사한 내용을 발표하여 봅시 다.	□쓰레기 매립장이 필요한 까닭을 조사하였습니다. □쓰레기 매립장 건설로 인해 생 기는 문제점을 조사하였습니다. □조사 발표 질의 응답하기	10 ′	▫T.V. ▫실물화상기 ▫비디오 ▫사진자료 ▫비디오자료 ▫보고서 ▫조사기록지
	학습 내용 정리 하기	쓰레기 매립장이 필요한 까닭과 문제점 － 예습 과제 조사·발표하기			
		【○○조】 ▪쓰레기 매립장이 필요한 까닭 조사 ▪<활동 1>의 내용 정리	【□□조】 □쓰레기 매립장 건설로 생기는 문제점 조사 □학습지에 알게 된 사실을 정리 하여 적는다.		▫학습지 ·상호평가
	주제 제시	[역할놀이 주제] ·**쓰레기 매립장 건설에 자신의 입장을 역할놀이로 나타내어 봅시다.**			
	찬반 그룹 나누 기 자기 입장 정하 기	▪매립장 건설 시 어떤 의견들 이 있는지 살펴봅시다. ▪어떤 의견들이 있나요? ▪자기의 생각은 누구의 입장과 같은지 정해 봅시다. ▪자, 그러면 서로 다른 두 입장 의 배역을 정하여 역할놀이를 꾸며 봅시다.	□쓰레기 처리 문제로 고민하다 매립장 건설을 찬성하는 시청의 입장이 있었습니다. □쓰레기 매립장 건설을 반대하는 주민의 입장이 있었습니다. □자신의 입장을 정한다.		

단계	학 습 내 용	교수 · 학습 활동		시간 (분)	자료 유의점
		교 사	학 생		
문제 추구	역할 놀이 순서 안내	■배역을 정해 봅시다. ■각 모둠별로 대본을 짜고, 배역을 선정하여 봅시다. ■각자의 입장에서 역할놀이를 한다.	■ 역할놀이 진행과정 ■ ► 자기 입장 정하기 ↓ ► 대본 꾸미기 ↓ ► 배역 선정 ↓ ► 역할놀이 시연하기 ↓ ►토론 및 평가하기 ↓ ► 재시연하기	10′	▫주어진 탐구 과제를 해결하면서 자신의 입장을 정하여 온다. ▫상대방의 입장을 이해하도록 한다.
	역할 놀이 하기	■매립장 건설 시 어떤 의견들이 있는지 살펴봅시다. ■어떤 의견들이 있나요? ■자기의 생각은 누구의 입장과 같은지 정해 봅시다. ■자, 그러면 서로 다른 두 입장의 배역을 정하여 역할놀이를 꾸며 봅시다.	□쓰레기 처리 문제로 고민하다 매립장 건설을 찬성하는 시청의 입장이 있었습니다. □쓰레기 매립장 건설을 반대하는 주민의 입장이 있었습니다. □자신의 입장을 정한다.	3′	
	역할 놀이 후속 학습	■역할놀이 후에 자신의 생각이 바뀐 사람이 있으면 이야기해 봅시다. ■자, 그럼 학습지에 자신의 생각을 이유를 들어 적어 보도록 합시다. ■우리들이 살고 있는 지역 사회에는 여러 가지 문제들이 있습니다. 이를 해결하는 방법은 무엇일까요?	□자기의 생각이 바뀐 이유를 말한다. □자기의 생각을 학습지에 적는다. □서로의 입장을 대화를 통하여 이해하고 조금씩 양보하여야 합니다.	3′	
적용 · 발전	태도	■그렇다면 우리 고장의 쓰레기 처리 문제를 해결하기 위해 우리가 할 수 있는 일은 무엇일까요?	□쓰레기양을 줄일 수 있도록 분리수거를 철저히 해야 합니다. □음식물 쓰레기를 줄이기 위하여 음식을 남기지 않아야 합니다. □일회용품 사용을 줄여야 합니다.	5′	▫쓰레기 문제를 해결하기 위해서는 쓰레기양을 줄여야 한다는 사실을 깨닫게 한다.

단계	학습 내용	교수 · 학습 활동		시간 (분)	자료 유의점
		교 사	학 생		
과제파악		■(사진을 제시하며) 다음 시간에는 무엇을 공부해 볼까요? ■예습 과제로는 '시민 단체가 하는 일'에 대해 조사해 오기로 합시다.	▫'시민 단체'에 대해 공부해 보면 좋겠습니다.	3′	
수행 평 가 관점	▫쓰레기 매립장이 필요한 까닭과 문제점을 잘 알고 있는가? ▫쓰레기 매립장 건설에 대한 자신의 생각을 근거를 들어 바르게 말할 수 있는가?				

8) 역할놀이 학습과정안(수업안) 해설

단 계	교수 · 학습과정안(수업안) 해설(내용)
문제파악	1. 역할놀이 학습은 사회문제를 해결하기 위한 학습 방법으로 매우 효과적이다. 2. 쓰레기 매립장의 건설에 대한 입장 차이가 분명하나 아동들의 학습 경험을 넓히기 위해 보도 자료를 사용하여 학습 동기를 불러일으키는 것이 바람직하다. 3. VTR 자료도 효과적이나 아동이 사전에 매립장을 방문하고, 지역 주민이나 관공서의 견해를 들어 보는 것이 학습에 효과적이다. 사전에 조사 학습을 통한 지도가 이루어져야겠다.
문제추구	1. 아동 스스로 학습 순서와 방법을 탐색함으로써 자기 주도적 학습이 가능하게 되며, 학습에 흥미를 느낄 것이다. 2. 활동 1과 활동 2에 대한 충분한 안내가 필요하다. 3. 조사한 학습 내용의 발표는 파워포인트, 비디오 자료 등 다양한 학습 자료를 제시하도록 하고, 내용을 간단하게 구성하며, 발표지를 보지 않고 발표하도록 하고, 듣는 아동은 메모를 하면서 듣도록 한다.
문제 해결	1. 역할놀이 학습은 수업의 전 과정에서 이루어질 수 있고, 경우에 따라서는 도입이나 정리 단계에도 활용할 수 있다. 본시 수업안은 전개과정에 역할놀이 학습 모형을 적용하여 대별되는 입장에서 자신이 직접 매립장 건설을 찬성하는 사람, 반대하는 사람의 입장이 되어 자연스럽게 자신의 주장과 감정을 역할놀이로 나타낸다. 2. 성공적인 역할놀이 학습이 이루어지기 위해서는 사전에 교사가 허용적인 분위기를 조성하거나, 간단히 몸을 풀 수 있는 동작을 통해 자연스럽게 역할 수행이 되도록 한다. 3. 역할놀이 후에는 반드시 토론 및 평가를 통해 재시연이 이루어지도록 지도한다.
적용발전	1. 역할놀이 수업 후 내면화의 단계로 아동의 실천 의지를 드높이도록 유도한다. 2. 매우 중요한 단계로서 교사의 학습 정리 활동이 이루어져야 한다.
과제파악	·사회과는 과제를 사전에 조사함으로써 아동의 학습 의욕을 높일 수 있으므로 과제 제시를 하는 것이 바람직하다.

2. 교수·학습과정안(예시 2)

1) 단원: 2. 근대 사회로 가는 길(6~1)

 ① 척화비를 세운 까닭

2) 단원의 개관

이 단원에서는 우리나라가 근대 사회로 접어드는 과정을 다룬다. 조선은 근대 사회로 접어드는 과정에서 사회 안팎으로 해결해야 할 많은 문제들을 안고 있었다. 양 난 이후 농토가 황폐해졌고, 갈수록 관리들의 횡포도 심해졌다. 또, 도시가 개방되고 자력으로 근대화를 이루지는 못했으나, 이런 어려운 상황을 극복해 나가려는 사람들의 노력들이 있었음을 주목해야 한다. 경제적으로나 문화적으로 성장해 가는 서민들, 새로운 사회를 만들려고 노력한 실학자들, 개항 후 이루어진 많은 개혁들이 그것이다. 각 주제별 내용과 활동을 제시하면 다음과 같다.

첫째 번 주제에서는 조선 후기에 사회 경제 문화를 새롭게 변화시키려는 다양한 노력들을 다룬다. 양 난을 겪은 후 피폐해진 농토를 복구하려는 나라와 서민의 노력, 나라의 살림을 키우고 잘못된 제도를 고치려고 한 실학자들의 노력, 종교의 힘을 통해서 병든 사회를 극복해 보려는 노력들이 주요 내용이 된다. 조선 후기 경제 사회 문화의 변화를 당시 상황을 극복하고 개선하려는 사람들의 개선 의지와 동기에 초점을 두어 학습한다.

둘째 번 주제에서는 서양 세력과 일본, 중국, 러시아 등의 압력으로 인한 개방과 그 결과 달라진 정치 사회적 변화를 다룬다. 흥선 대원군의 개혁 정책과 문호화가 주요 내용이다. 개개 사건들을 접하는 것에 초점을 두지 않고, 각 사건들의 인과(因果) 관계를 고려하여 당시 상황을 학습한다.

3) 단원의 목표

(1) 지식·이해

· 조선 후기에 서민들이 경제적으로 성장할 수 있었던 까닭을 알 수 있다.
· 조선 후기 서민 문화의 여러 모습을 알 수 있다.
· 실학의 성격 및 실학이 일어난 까닭을 알 수 있다.
· 신앙 및 종교의 특성을 바탕으로 이 종교들이 조선 후기에 널리 받아들여졌던 까닭을 알 수 있다.
· 흥선 대원군의 개혁 정책을 알 수 있다.
· 조선 후기 문호 개방의 특징과 의의를 알 수 있다.
· 개항 이후 서양 문물들이 들어옴으로써 조선의 모습이 어떻게 변했는지 알 수 있다.

· 외국의 영향을 받아 근대적 사회로의 모습을 갖추어 나가는 과정을 알 수 있다.

(2) 기능·능력

· 조선 후기에 서민들이 여러 분야에서 성장한 모습을 여러 사료를 통하여 조사할 수 있다.
· 실학 운동에 앞장선 학자들의 주장을 조사·발표할 수 있다.
· 조선 후기의 다양한 종교 생활을 여러 사료를 통해서 조사할 수 있다.
· 병인양요와 신미양요의 원인과 결과를 자료를 통해서 조사할 수 있다.
· 조선 후기 개혁 운동을 조사하여 발표할 수 있다.
· 조선 후기 문호 개방에 관한 자료를 수집하여 보고서를 작성할 수 있다.
· 개항 이후 서양 문물이 전래된 상황을 연극이나 그림으로 나타낼 수 있다.

(3) 가치·태도

· 새로운 사회를 만들기 위한 옛사람들의 노력을 가치 있게 여긴다.
· 과거의 생활 모습을 옛사람들의 입장에서 이해하려고 노력한다.
· 새로운 문화를 수용하는 바른 태도를 지닌다.

4) 단원의 지도 계획

차시	주제	제재	주요 활동 내용	자료
1/16		단원도입 및 학습 계획	· 근대 사회의 이미 파악하기 · 장기 학습 과제 준비하기	· 단원의 학습 내용 체계표
2~3/16		① 사회변화를 위한 서민들의 노력	· 조선 후기 농업의 변화 모습 · 조선 후기 상업의 변화 모습 · 조선 후기 서민 문화의 변화 모습	· 판소리 녹음자료 · 발달하는 상업의 모습
4~5/16	1. 새로운 사회로의 움직임	② 잘 사는 백성 부강한 나라로	· 실학의 뜻과 발생 배경 · 실학자들의 주장과 활동	· 조사보고서
6~7/16		③ 복을 빌고, 평등한 세상을 바라고	· 조선 후기 민간 신앙이 성행한 까닭 · 천주교와 동학이 조선 후기에 받아들여졌던 까닭	· 천주교, 동학 자료
8/16		선택 학습	· 조선 후기 사회변화 모습 찾아보기 · 김홍도 그림을 보고 당시 생활 모습 생각해 보기 · 실학에 관한 역사 신문 만들기	

차시	주제	제재	주요 활동 내용	자료
9~10/16 (본시)		① 척화비를 세운 까닭	·흥선 대원군의 개혁 정책 ·외세의 침략을 극복하기 위한 노력	·역할놀이 대본
11~12/16		② 조선, 어디로 가야하는가	·강화도 조약과 그 후의 개화 정책 ·조선 후기 개혁 운동	·설문지 ·우리 고장의 사진
13~14/16	(2) 우리 시도의 여러 가지 문제와 해결	③ 대한 제국을 선포한 뜻은?	·근대적인 외교 관계를 맺게 된 이후의 자주권을 지키기 위한 노력 ·개화 정책과 근대 문물로 달라진 사회 모습	·시민단체 활동 사진
15/16		선택 학습	·개화기 때의 주요 사건을 연표로 정리하기 ·개화기의 우리 조상들이 어떤 사회를 만들고자 했는지 정리해 보기 ·서양 문물이 우리나라에 처음 전해졌을 때 무엇이라고 불렀는지 조사해 보기	·학습지
16/16		단원 정리 학습	·이 단원에서 알아본 주요 내용	·정리된 내용

5) 단원의 평가 계획

(1) 평가 관점

역사는 당시 사람들의 생생한 삶이다. 옛사람들의 입장에서 과거를 생각하고 느끼는 것이 무엇보다 중요하다. 따라서 과거의 사건이나 사람들에 대한 감정 이입적 이해를 기반으로 한 문제 해결이나 탐구과정을 평가하도록 한다. 평가 자료로는 학생들이 역사를 쉽게 접할 수 있는 것을 선택한다. 이야기, 자서전, 옛 사진, 위인전, 역할놀이 등이 좋은 자료가 될 수 있다. 하지만 이런 자료들이 단순한 상상거리로 제시되는 것이 아니라 역사적 사료가 바탕이 되어야 한다. 사료를 비판하고 사료에 근거해서 역사를 연구하는 역사가들의 작업이 학생 활동의 중심이 되어야 한다. 또, 학생에게 맞게 번역된 원사료를 해석해 보는 과정을 평가하는 기회도 가지도록 한다.

특히, 역사는 과거, 현재, 미래의 연속적 과정이며, 역사 교육은 과거의 사회 사상을 탐구하여 미래를 지향하는 거울과 같은 것이라는 점을 유념하여야 한다.

(2) 평가방법

<1. 새로운 사회로의 움직임>

·조선 후기 농업 기술에 관한 자료를 보고 농업 생산량이 늘어난 까닭 찾기	·지필평가
·판소리에 나타난 당시 사회 모습을 정리해 보기	·지필 평가
·실학자들의 활동을 주제별로 정리하기	·포트폴리오
·조선 후기 민간 신앙에 관한 자료 정리하기	·포트폴리오
·천주교, 동학과 관련된 사건을 연표로 작성해 보기	·연표 작성

<2. 외세의 침략과 우리 민족의 대응>

·흥선 대원군의 개혁 정책 알아보기 ·강화도 조약의 내용을 보고 조약의 성격을 설명하기 ·동학 농민 운동과 갑오개혁의 공통점과 차이점에 관해 토의하기 ·새로운 의식주의 변화와 관련된 역할놀이 꾸미기	·역할놀이 ·지필평가 ·지필 평가 ·역할놀이

6) 본시의 전개

학년·학기	6학년 1학기	단원	2-① 척화비를 세운 까닭	차시	9/16
학습 주제	·흥선 대원군은 어떤 인물이며, 그의 개혁 정책 알아보기		교 과 서	81~85쪽	
			사회과 탐구	85~90쪽	
학습 목표	▫흥선 대원군의 생애와 업적을 조사해 보고, 그의 개혁 정책을 설명할 수 있다.				
예습 과제	▫흥선 대원군의 생애와 업적 조사하기				
수업 유형	역할놀이 학습	학습 조직 형태	전체 학습 → 개별학습 → 전체학습		

단계	학습 내용	교수·학습 활동 교 사	학 생	시간 (분)	자료 유의점
도입	동기 유발	■'강화 도령 이야기'를 들려준다.	▫'강화 도령 이야기'를 들으며 세도 정치에 대해 생각한다.		▫강화 도령 이야기 자료
		■세도 정치란 무엇입니까?	▫왕의 신임을 얻은 사람이 왕을 대신하여 나라의 정치를 맡아 보는 정치 형태입니다.		
		■세도 정치로 인해 조선 사회는 어떤 모습을 가지게 되었습니까?	▫나라의 질서가 문란해졌습니다. ▫왕의 힘이 약해지고 신하의 힘이 강해졌습니다.		
	과제 학습 발표 하기	■흥선 대원군에 대해 조사해 온 내용을 발표해 봅시다.	▫2~3명 흥선 대원군에 대해 조사해 온 내용을 발표한다.	5′	
		■흥선 대원군은 누구인가요?	▫고종의 아버지입니다.		
	학습 문제 파악	■흥선 대원군이 정권을 잡을 수 있었던 까닭은 무엇입니까?	▫개혁 정책을 펴나갔기 때문입니다. ▫양반에게도 세금을 부과하고 서원을 정리하는 등 왕권을 강화했기 때문입니다.		
		■오늘 공부할 내용을 살펴봅시다.	▫흥선 대원군에 대해 공부할 문제를 살펴본다.		▫역할놀이 대본
		■오늘 공부할 문제는 무엇입니까?	▫흥선 대원군의 개혁 정책에 대하여 공부하면 좋겠습니다.		

단계	학습 내용	교수·학습 활동		시간 (분)	자료 유의점
		교 사	학 생		
	학습 문제 제시	**홍선 대원군의 개혁 정책에 대한 역할놀이를 하고, 그의 개혁 정책에 대해 알아보자.**			
	상황 설정 하기 배역 선정 하기 청중 의 관람 태도 지도	■역할놀이 대본을 제시한다. ■대본을 읽어 보고, 자신이 하고 싶은 역할을 생각해 봅시다. ■역할놀이 참가자를 정한다. ■청중들은 어떤 태도로 관람해야 할까요?	□역할놀이 대본을 보고, 상황을 재구성한다. □대본을 읽어 보며, 자신이 하고 싶은 역할을 정한다. □자유롭게 정하도록 한다. □역할놀이 참가자와 청중을 정한다. □역할놀이 참가자는 배역의 특성을 잘 파악하고, 역할놀이를 시연한다. □청중들은 관찰의 초점을 확인하고 감상한다. □시연된 역할놀이를 보고, 연기자들의 행동을 평가한다. □역할놀이를 잘 지켜보아야 합니다.		
전개	역할 놀이 시연 하기 역할 놀이 의 토론 과 평가 재연 을 위한 토론	■역할놀이를 시연하도록 분위기를 조성한다. ■연기자의 행동에 관한 토론과 평가를 하도록 한다. ■홍선 대원군의 역할을 잘 해내었습니까? ■연기하는 것보다 홍선 대원군의 개혁 정책에 대한 아이디어를 제시하는 데 중점을 두었습니까? ■홍선 대원군의 개혁 정책에는 어떤 것들이 있습니까? ■역할놀이를 보면서 부족한 부분이나 다시 한 번 더 생각할 점은 무엇일까요? ■연기를 할 때에는 어떻게 해야 할까요? ■개혁 정책에 대한 또 다른 이야기는 없을까요?	□참가자나 청중은 모두 극중의 분위기 속으로 들어간다. □연기자의 행동을 관찰하고 평가한다. □홍선 대원군의 역할에 적극 참여하였습니다. □연기보다는 아이디어를 제시하는 데 중점을 두었습니다. □인재를 등용하고, 서원을 정리하였습니다. □양반에게도 세금을 부과하였습니다. □역할놀이에서 배역을 제대로 하지 못한 부분이나 새로운 아이디어를 생각해 본다. □홍선 대원군을 연기할 때는 좀 더 목소리를 강하게 해야 홍선 대원군의 개혁 정책에 대한 의지가 잘 나타나게 됩니다. □당백전에 대한 이야기를 더 넣었으면 좋겠습니다.	25′	◦역할놀이 평가지 ◦학생들이 주어진 상황처럼 똑같이 느끼도록 유도한다.

단계	학 습 내 용	교수 · 학습 활동		시간 (분)	자료 유의점
		교 사	학 생		
정리	역할 놀이 재연 하기	■역할놀이를 다시 해 봅시다. ■배역을 정하고, 다시 역할놀이를 실연하도록 한다.	□역할놀이 참가자와 청중을 정한다. □배역을 정해 재실연한다. □참가자와 청중을 다시 정해 실연하고, 관찰한다.	10′	˚역할놀이 대본 ˚배역을 다시 정해도 되고, 먼저 했던 아동이 다시 해도 무방하다. ˚첫째 번 실연과 다른 각도에서 역할놀이가 수행되도록 유도한다.
	일반 화	■흥선 대원군의 개혁 정책에 대한 여러분의 생각을 발표해 봅시다. ■흥선 대원군의 개혁 정책 중에서 가장 잘 했다고 생각하는 것은 무엇입니까? 그리고 그 까닭은 무엇입니까? ■흥선 대원군의 개혁 정책 중에서 가장 못 했다고 생각하는 것은 무엇입니까? 그리고 그 까닭은 무엇입니까?	□내용을 바탕으로 흥선 대원군의 개혁 정책에 대한 자신의 생각을 발표한다. □양반들에게 세금을 부과한 것입니다. 그 이유는 양반도 똑같은 인간이고, 특히 서민들보다는 더 부자인데 세금을 내지 않는다는 것은 잘못되었다고 생각하기 때문입니다. □경복궁을 무리하게 지은 것입니다. 그 이유는 경복궁을 지을 돈이 부족하자 성문 출입세 등 터무니없는 세금을 거두어들여 백성들의 생활을 어렵게 했기 때문입니다. □아동 각자의 다양한 사고를 유도한다.		
	차시 예고	■만약 여러분이 흥선 대원군이라면 어떻게 하겠습니까? ■차시 학습 예고	□척화비에 대해 조사		
수행 평가 관점		·역할놀이에 적극적으로 참여하였는가? ·흥선 대원군의 개혁 정책에 대해 설명할 수 있는가?			

7) 역할놀이 교수·학습과정안(수업안) 해설

단 계	수업 과정 해설(내용)
도입	1. 역사나 사료 학습, 인물을 학습하는 주제는 역할놀이 학습 방법이 매우 효과적이다. 2. 본시 계획안은 교수·학습과정의 도입, 전개, 정리의 과정을 따라 역할놀이 학습 모형을 그대로 적용하여 보았다. 3. 특히 인물 학습을 할 경우에는 역할놀이 학습 모형을 적용하면 그 인물이 되어 자신의 생각을 말하지 않고, 객관적인 입장에서 의견을 말하는 경우가 있다. 선악의 판단에 좌우되지 말고, 자신을 그 인물과 동일시하도록 학습 분위기를 조성시켜 주는 것이 바람직하다.
전개	1. 역할놀이 학습에 자발적으로 참가하도록 유도한다. 2, 역할놀이 참가자는 자신의 역할을 바르게 이해하고 역할놀이를 할 수 있도록 지도한다. 3. 청중도 참가자 못지않게 중요하다. 청중들은 자신의 관찰 관점을 갖고 감상하도록 하고, 초등학교에서는 교사가 관찰 관점을 제시하는 것도 바람직하다. 4. 역할놀이 대본을 제시하거나 또는 상황만 제시할 수 있으나, 초기 단계에는 교사가 대본을 제시하고, 아동이 대본을 그대로 시연하는 것보다 재해석을 하도록 유도하는 것이 바람직하다. 5. 청중도 재시연 단계에서는 다시 참가할 수 있고, 직전의 역할놀이 참가자가 다시 그 배역을 수행해도 무방하다. 6. 토론과 평가 단계에서는 배역의 역할 수행을 잘 하였느냐뿐만 아니라, 배역을 맡은 참가자에게 질문이나 행동 수정을 요구하는 것도 바람직하다.
정리	· 본시는 흥선 대원군의 개혁 정책의 타당성을 살피고, 그의 개혁 정책을 알아보는 학습 내용으로 역할놀이 학습에서 연기에만 중점을 두지 말고, 자신의 의견을 교환할 수 있는 토론 단계를 거쳐 학습을 정리하도록 한다.

□ 역할극 대본

□해설: 철종이 후사 없이 승하하자 조정에서는 후계자 문제로 갈팡질팡하게 되었다. 조 대비는 왕의 옥새를 잘 간수하고 있다가 흥선군의 둘째 아들 명복으로 대통을 잇게 한다는 교지를 내려 흥선군의 둘째 아들인 명복이 고종이 되어 왕위에 오르게 되었다. 이에 흥선군은 대원군에 봉해지고 조 대비가 수렴청정을 하게 되었다. 그러나 수렴청정은 말뿐이고 정권은 흥선 대원군이 장악하였다.

□흥선 대원군: 전하, 왕권을 강화해야 합니다. 왕권이 약하면 바른 정치를 할 수가 없습니다.

□고종: 아버님, 어떻게 해야 합니까?

□흥선 대원군: 외척의 세력이 너무 컸습니다. 안동 김씨들을 축출하여 그 세력을 약화시켜야 합니다.

□고종: 그렇게만 하면 됩니까?

□흥선 대원군: 그 밖에도 해야 할 일이 많이 있습니다. 전하께서는 아무 걱정 마시옵소서. 제가 잘 알아서 처리할 것이옵니다.

(어전 회의)

□흥선 대원군: 새로운 개각을 단행하도록 하겠소. 이번에는 인재를 등용함에 있어 당파를 가리지 말고 유능한 사람들을 찾아 적재적소에 기용하겠오. 다음과 같이 정할까 하오.

□해설: 개각의 명단을 발표한다.

□흥선 대원군: 다음으로 국가의 재정을 낭비하고 붕당의 온산이 된 서원을 대폭적으로 정리하도록 하시오. 화양동 서원을 포함한 600여 개의 서원을 철폐하고 전국에 47개소의 서원만 남기도록 하오.

□관리 1: 그것은 아니 되옵니다. 그렇게 하면 전국에서 유생들이 들고 일어날 것입니다.

□흥선 대원군: 유생들이 무서워서 서원을 정리할 수가 없다니 말이 되는가? 서원은 이제까지 각종 혜택을 누려 오지 않았소? 또, 서원은 붕당의 온상이 되어 왔으니 정리함이 마땅할 것이오.

□해설: 이렇게 해서 서원은 대폭적으로 정리되었다. 그 밖에도 대원군은 의정부를 부활시키고 비변사를 폐지하였으며, 조세 제도를 과감히 개혁하여 부패 정치를 처단하고 서민층의 이익을 도모하는 개혁 정치를 과감하게 추진하였다. 또, 왕의 권위의 상징인 경복궁의 중건에 착수하였다.

(어느 농촌 마을)

□농민 1: 흥선 대원군 대감이 경복궁 중건을 시작했다더군. 참 대단하신 분이야.

□농민 2: 내일 공사 현장에 나가 도와 드려야겠어. 같이 가지 않겠나?

(그러나 3년 후)

□공사 감독: 대감, 목재상에 큰불이 나서 목재와 자금이 부족하옵니다.

□흥선 대원군: 목재가 부족하면 전국 각지에서 모아들이고 묘지의 목재도 배어 충당하거라. 그리고 부족한 자금은 강제 기부금인 원납전을 거두어들이고, 성문 출입세를 징수하며, 당백전을 발행해서 충당해 주겠노라. 걱정하지 말라.

□해설: 이러한 과정을 거쳐 경복궁은 7년 만에 완성을 보게 되었다. 그러나 양반에서 일반 백성에 이르기까지 완성이 높아져 대원군이 몰락하는 계기가 되었다.

(평가지)

관찰자 평가표

(1) 평가 연기자

평가내용 \ 연기자	흥선 대원군	고종	농민	관리
· 역할놀이에 적극 참여하였는가?				
· 자신이 맡은 사람의 입장을 잘 나타내었는가?				
· 연기보다는 아이디어를 제시하는 데 중점을 두었는가?				
· 다른 연기자와의 의사소통이 잘 이루어졌는가?				
잘함: ○ 보통: △ 부족함: ×				

(2) 역할놀이에 대한 자기 평가

(가) 연기에 대한 자기 평가

내 용	합계		
	상	중	하
· 나는 역할놀이에서 주어진 역할을 자발적으로 맡았는가?	3	2	1
· 나는 역할놀이에서 자신의 의견과 다른 역할이라도 자진해서 맡았는가?	3	2	1
· 나는 역할놀이에 적극 참여하였는가?	3	2	1
· 나는 맡은 사람의 입장을 잘 나타내었는가?	3	2	1
· 나는 연기보다는 아이디어를 제시하는 데 중점을 두었는가?	3	2	1
합계			점

(나) 관찰과 토론에 대한 자기 평가서

내 용	평점		
	상	중	하
·나는 역할놀이에서 연기자들의 말, 표정과 행동을 유심히 살펴보았는가?	3	2	1
·나는 토의 시 상대방의 의견에 대한 타당성을 생각하며 들었는가?	3	2	1
·나는 토의 시 역할놀이에서 전달된 의견이나 감정을 정확하게 전달하였는가?	3	2	1
·나는 토의 시 생각이나 의견을 자진해서 발표하였는가?	3	2	1
·나는 토의 시 의견을 말할 때 증거 자료를 제시하여 상대방을 설득하였는가?	3	2	1
합 계			

(학습지)

교 과	단 원	학 교	학 반	이 름	확인
사 회	1. 근대 사회로 가는 길		6학년 반 번		

1. 흥선 대원군이 실행한 개혁 정치에는 어떤 것들이 있는가? 아는 대로 쓰고 간략하게 설명하시오.

1)

2)

3)

4)

2. 흥선 대원군의 개혁 정치 중에서 가장 잘 했다고 생각하는 것은 어떤 것인가? 그리고 그 까닭
은 무엇인가?

3. 흥선 대원군의 개혁 정치 중에서 가장 잘못 했다고 생각하는 것은 어떤 것인가? 그리고 그 까
닭은 무엇인가?

3. 극화 학습·역할놀이 학습 참고 자료

1) 역할놀이 수업의 단계와 교수·학습 활동

샤프텔 부부의 8단계	뱅크스 등의 6단계	교사용 지도서의 단계
1. 역할놀이 준비 2. 역할놀이 참가자 선정 3. 역할놀이의 바탕 조성 4. 청중 준비 5. 역할놀이 시연 6. 논의와 평가 7. 재연 8. 경험의 공유와 일반화	1. 역할놀이 상황(장면) 설정 2. 역할놀이 준비 1) 상황 설정 2) 장면 설정 3. 역할놀이 참가자 선정 4. 청중의 자세 준비 5. 역할놀이 시행 6. 역할놀이 토론과 평가 1) 토의와 평가 2) 재연	1. 역할놀이 상황의 설정과 준비 2. 역할놀이 참가자 선정 및 청중의 준비 자세 확인 3. 역할놀이 시연 4. 역할놀이에 대한 토론 및 평가

2) 일반적인 역할놀이 학습 단계별 교수·학습 활동

역할놀이 단계	각 단계에서의 교수·학습 활동
1. 역할놀이 상황의 설정과 준비	· 상호간의 문제와 관심사 확인 · 다양한 상황 제시 · 친숙한 상황 제시 · 교사의 상황(장면) 설명 · 학생의 솔직한 발언 · 배역들의 행동 방향 결정 · 배역들은 자신의 역할 제고 · 역할놀이 시연 분위기 조성
2. 역할놀이 참가자 선정 및 청중의 준비 자세 확인	· 역할놀이 배역 선정 · 청중의 관람 태도 지도 · 자신의 기준에 의해 평가할 준비
3. 역할놀이 시연	· 자연스러운 분위기 조성 · 관찰의 초점 확인 · 문제의 다양한 해결방안 탐색
4. 역할놀이에 대한 토론 및 평가	· 경험의 공유와 일반화 · 재연을 위한 토론 · 새로운 아이디어 창출, 개인의 발표력 신장

제1절 시뮬레이션 학습의 이해

1. 시뮬레이션 게임 학습의 개념

시뮬레이션(simulation)은 가공의 상황을 실제적인 것처럼 재연하여 위험 요소나 문제의 소지가 있는 것을 제거하거나 어떤 기능을 연마 또는 가공하는 상황에서 벌어질 사건들을 예측하는 등 여러 영역, 방면에서 활용할 수 있다. 실제 현장에 투입되기 전 모형에서 비행기, 트럭, 배 등을 다루기와 어떤 상황을 주어 발생할 수 있는 사건들을 예측하고 문제를 사전에 발견한다든지, 컴퓨터를 활용하여 모의 전쟁을 한다든지 모의 증권 투자를 한다든지 하는 것 등을 통틀어 시뮬레이션이라고 할 수 있다.

시뮬레이션은 역할극과 매우 밀접한 관련이 있는 것으로, 컴퓨터 프로그램 등 다양한 형식으로 나타난다. 시뮬레이션 게임이라고 부르는 교육적 시뮬레이션은 게임 형식 안에서 문제 해결 경험을 제공하도록 디자인된 것이다. 이와 같은 시뮬레이션은 실제 세상에 존재하고 있거나 존재했던 어떤 현상, 사건 또는 이슈에 대한 설명을 제공한다. 즉 가능한 한 실제 상황과 같이 세밀하게 묘사되도록 하여야 하며 역사적 사건이나 국제적 사건, 가족문제, 군사작전, 학교, 정치 혹은 어떠한 사회활동이든 재현을 통하여 모든 학생이 의사 결정을 하는 데 있어서 역할을 대신하여 경험할 수 있게 해 준다.

이러한 특징 때문에 빙고게임이나 야구처럼 규칙과 목적은 갖고 있으나 실제 사회적 사건을 설명하지 못하는 단순한 게임과 시뮬레이션이 구별된다. 시뮬레이션 게임은 학생을 더 적극적으로 만들며 학생의 흥미를 자극시킨다.

시뮬레이션의 주된 장점은 많은 학생들이 그다지 심각하게 생각하지 않았을 수도 있는 문제에 대해 흥미를 갖도록 할 수 있다는 것이다. 더욱이 시뮬레이션을 통해 학생들은 교사에게 덜 의존하면서, 그들 자신의 학습을 스스로 조정할 수도 있다.

모든 시뮬레이션은 다양성 면에서 사용자들에게 한계가 있을 수 있으며, 너무 복잡하게 이루어져 있기도 하다. 예를 들어, 의회 시뮬레이션에서는 입법자들의 숙고과정이 모두 실질적으로 고려되는 것은 아니다. 이런 의미에서 시뮬레이션은 문제 학습에 대한 이해를 쉽게 하지만, 또한 그것을 다소 왜곡시킬 수 있음을 상기해야 한다.

시뮬레이션과 게임의 가장 중요한 측면은 결과보고(debriefing)에 있다. 결과보고를 하는 목적은 자신의 경험을 반성해 보고, 의미를 신중하게 생각해 본다는 데 있다. 차이오도와 프라임(Chiodo & Flaim)에 의하면 결과보고는 EIAG(경험, 동일과, 분석, 일반화)로 설명되는 양식을 따른다고 주장하면서, 이 과정에서 학생들은 시뮬레이션 경험을 바탕으로 어떤 일이 일어났는가를 설명, 기술, 분석하고 결론을 도출해 낸다. 그 내용을 자세히 살펴보면 다음과 같다.

① 경험(experience): 시뮬레이션을 통해 경험한 것들의 목표, 목적, 문제점을 토론해 본다.

② 확인(identity): 게임을 하는 동안 일어날 수 있는 중요한 상황, 게임 중의 느낌, 그리고 게임과 그 결과에 대한 설명, 즉 무슨 일이 일어났는지를 추론하여 그들이 내려야 하는 결정들이 무엇인가(회상단계), 그들이 고려해야만 하는 대안이 무엇이고 그 결과는 무엇인가(추론단계)를 확인한다. 이러한 질문들을 통해 시뮬레이션 사건과 결과의 인과관계가 명확해지도록 해야 한다.

③ 분석(analyze): 당면한 문제와 결정 자료 간의 관련 그리고 게임의 아이디어와 전개를 통해 실생활과 비교해 보는 개념화 단계이다. 질문을 통해 학생들은 게임과 실생활 상황의 규칙 간의 변화를 만들 수 있는가, 즉 학생들이 습득한 정보를 실세계에서 분석/전이할 수 있는지를 교사는 알아봐야 한다.

④ 일반화(generalize): 공통된 요소, 원리, 결론, 의사 결정 절차를 통해 학생들은 사실을 습득한다.

사회과 교사는 시뮬레이션이 끝나자마자 학생들이 결과보고에 참여하도록 준비시킬 필요가 있다. 한편, 미국의 대표적인 시뮬레이션인 'Oregon Trail Computer Simulation'을 마치고 위의 단계에 따라 결과보고가 어떻게 이루어지는지에 관한 사례는 다음과 같다(인천광역시사회과교육연구회, 2007: 212 −213).

<표 22> 시뮬레이션 학습의 단계와 내용

경험	·직업은 무엇? 몇 마일 여행? 출발부터 도착까지의 비용? 생활필수품 구입을 위해 교역했는가? 여행 중 위험한 일을 기억할 수 있나? 강을 안전하게 건널 수 있었나? 사냥이 가능했는가? 팀의 모든 사람들이 오레곤에 도착했는가?
확인	·만일 속도·식량이 증가·감소했다면 또는 당신이 쉬지 않았다면 당신의 건강 상태가 바뀌었을까? ·사냥·교역·구입으로 어떤 이점이 있었나? ·여행 기간이 길어짐에 따라 생활비가 왜 증가했는가? ·수심·강폭이 강을 건널 때 나룻배로 건널지, 뗏목으로 건널지를 결정하는 데 영향을 주었나? ·미주리로부터 거리가 증가할 때 사냥이 왜 중요해졌는가?
분석	·컴퓨터 시뮬레이션에서 트레일 지도를 살펴보고, 오늘날 도로 시스템과 비교 ·오늘날 여행 시 가져가는 생활필수품과 그들이 Oregon Trail에서 가져갔던 것이 유사한가 다른가를 결정 ·4륜차와 스페어타이어 또는 엔진 부분 간의 관계 분석 ·트레일에서 그들의 생활은 생활필수품에 의존했는데, 현재 생활도 그런가 비교
일반화	·왜 사람들이 집을 떠나 장거리를 여행하고 새로운 지역에 정착하는 위험을 겪는가를 설명

2. 시뮬레이션 게임 학습의 특징

1) 시뮬레이션 학습의 의의

모의 놀이는 시뮬레이션 게임(simulation game)을 우리말로 옮긴 것으로, 시뮬레이션 게임은 역할 놀이 학습과 문제 해결 학습을 혼합한 것이다.

일반 놀이와의 차이점은 잘 정선된 실제 상황과 관련 깊은 가정의 상황에서, 학생들이 활발히 참여하여 이해할 수 있도록 놀이의 목적이 뚜렷하고 이를 통하여 학습해야 할 개념과 원리를 자연스럽게 체득하고 상대방이 입장을 이해하도록 하는 것이다.

시뮬레이션 게임이 효율적으로 이루어지기 위해서는 엄격한 규칙이 있어야 한다.

2) 시뮬레이션 학습의 필요성

PC의 등장 및 PC를 이용한 정보 처리 능력의 확대로 인해 복잡한 시뮬레이션들을 실행해 볼 수 있는 기회가 많아졌다. 이로 인해 학생들이 비컴퓨터화된 미디어들을 가지고 하는 것보다 훨씬 더 가깝게 실제 사건들에 접근할 수 있게 되었다. 교사들이 자신의 시뮬레이션을 개발함에 있어, 다양한 상업적 시뮬레이션을 접해 봐야 한다.

3) 시뮬레이션 수행 지침서

효과적인 시뮬레이션을 실행하는 방법에 대하여 설명하는 데 유용한 많은 교재들이 있는데, 시뮬레이션을 활용하는 주요 단계를 살펴보면 다음과 같다.

① 시뮬레이션이 표현하고자 하는 문제 혹은 이유에 대해 정의한다.
② 그 시뮬레이션의 목표에 대해 가능한 한 자세하고 분명하게 진술한다.
③ 배우들 또는 연기할 역할들을 명확히 제시한다.
④ 역할을 맡은 사람들이 성취해야 할 것이 무엇인지, 역할들의 주요한 몇 가지 세부사항에 대해 자세히 설명한다.
⑤ 역할을 맡은 학생들이 지켜야 할 규칙을 알려 준다.
⑥ 의사 결정 메커니즘 또는 그 시뮬레이션이 작동하는 방법을 분명히 정해 준다.
⑦ 그 시뮬레이션의 실험버전을 개발하고, 실제 실험을 해 본다.
⑧ 실제 실험의 기초 위에서, 모든 '문제점'들이 제거될 때까지 그 시뮬레이션을 수정하고 재테스트한다.

또한 교육에서 효과적으로 시뮬레이션을 사용하기 위해서 앞서 역할극에서 제시된 지침들을 따를 수도 있다. 이 중 보고하기 과정은 시뮬레이션 활동을 평가하는 중요한 단계이다. 이 과정에서 학생들 각자가 자신의 시각과 반응을 토론할 수 있는 충분한 시간을 마련해 주어야 한다. 그리고 이러한 토의과정 안에서 흉내 낸 사건들과 학생들의 경험들을 연관시키는 것 또한 중요하다.

4) 시뮬레이션 게임(모의 놀이) 학습의 활동 순서

(1) 실시 방법

극화 결정 단계 → 준비 단계 → 극화 발표 단계 → 반성 단계 등으로 나눌 수 있다.

① 학습 주제의 설정: 모의 놀이 학습으로 실시할 학습 주제의 설정은 학기 초부터 단원의 내용과 시간 계획에 의해 사전 계획에 따라 구상되어야 한다.

② 목적, 목표의 설정: 학생들에게 학습 목표를 충분히 제시하여야 한다.

③ 적용 단계의 결정: 단원의 도입 단계나 종합 및 정리 단계에 사용할 수 있다.

④ 활동 및 유의점: 대본 작성, 역할 분담, 활동 순서 결정, 필요한 도구와 자료 준비, 활동 장소의 확인 및 실내 배치, 학생들의 자기 역할에 대한 확인 및 연습이 필요하다.

· 모의 놀이에서 달성하고자 하는 목적이 무엇인지 이해하고 있어야 한다.

· 참가자들에게 동기를 보다 확실히 부여하고 활동을 촉진시키도록 한다.

· 각 역할에 관련된 자원을 알고 활용하도록 한다.

· 활동의 순서를 정한다. 모의 놀이 학습 활동 동안의 긴장된 상호 작용 시간과 그 뒤의 짧은 휴식, 그리고 결과 분석 등 활동과 상호 안배가 적절해야 한다.

· 득점 기준 또는 성공 기준을 공식화한다.

제2절 시뮬레이션 게임 학습의 실제

1. 교수·학습과정안(예시 1)

1) 단원: 3. 고장생활의 중심지(3~1)

① 시장과 우리 생활(3-1)

2) 단원의 개관

이 단원은 제1, 2학년 '슬기로운 생활'에서 가정과 이웃, 동네 등을 학습한 내용을 기초로 하여 시·군(구)으로 범위가 확대되는 고장생활을 학습 범위로 하고 있다.

1단원에서 고장의 자연환경과 인문환경, 그림지도와 지도의 이해, 2단원에서 고장생활을 학습 범위로 하고 있다.

1단원에서 고장의 자연환경과 인문환경, 그림지도와 지도의 이해, 2단원에서 고장 사람들의 생활 모습, 시장과 유통, 산업, 직업 등을 학습한 것을 바탕으로 하여 그 연장선상에서 학습이 전개되는 것이다. 따라서 이 단원에서는 포괄적으로 이해함으로써 3학년 2학기의 고장의 변천과 전통문화의 계승, 고장의 여러 기관 등으로 이어져 3학년 범위인 시·군(구) 전체 고장에 대한 이해를 높임으로써 고장 사람의 일원으로 고장생활에 적응하고, 고장 발전에 기여하는 자세를 기르기 위하여 설정된 것이다.

3학년은 고장의 범위가 시·군(구)이므로, 조사 활동 및 견학 활동이 활발히 이루어질 수 있도록 학생들과 의논하며, 공동 참여, 협동 및 탐구 활동이 활발히 이루어지도록 지도해야 한다.

3) 단원의 목표

(1) 지식·이해

· 의식주 생활을 유지하는 데 기본적으로 필요한 것을 알 수 있다.
· 고장에 있는 시장의 종류와 하는 일을 알 수 있다.
· 역과 터미널에 사람들이 많이 다니는 까닭을 알 수 있다.
· 시장과 터미널을 통해서 우리 고장과 이웃 고장의 상호 관계를 이해할 수 있다.

(2) 기능·능력

· 우리 고장에 시장이 위치하기에 알맞은 곳을 찾을 수 있다.
· 시장 견학 계획을 세우고 견학을 할 수 있다.
· 고장에서 사람들이 가장 많이 왕래하는 곳을 조사하여 알 수 있다.
· 이웃 고장을 견학하고 보고서를 쓸 수 있다.

(3) 가치·태도

· 공공시설을 바르게 이용하는 자세를 가진다.
· 이웃 고장과 협력하는 태도를 가진다.

4) 단원의 지도 계획

단원	주제	제재	제재별 주요 내용 요소	쪽수	차시
3.고장생활의 중심지	단원 도입 및 계획		· 단원의 학습 내용을 대략적으로 알아보기 · 장기 학습 과제 정하기	72~73	1/16
	■ 시장과 우리 생활	① 시장이 있는 곳	· 의식주 생활에 꼭 필요한 것들 조사하기 · 물건을 살 수 있는 곳 알기 · 시장의 입지적 특성 파악하기	74~79	2~3/16
		② 시장이 하는 일	· 시장의 종류 알기 · 시장으로 모이는 사람들이 하는 일 이해하기 · 시장의 구실 알아보기	80~86	4~6/16
		선택 학습	· '시장' 하면 떠오르는 말 10가지 적어 보기 · 여러 가지 시장 중 한 가지를 골라 '시장 광고' 하기 · '시장의 구실' 알아보기	87	7/16
	② 이어 주는 길	① 역과 터미널	· 사람들의 왕래가 많은 곳 조사하기 · 버스 터미널	88~93	8~10/16
		② 이웃 고장으로의 여행	· 이웃 고장으로 가는 길 · 이웃 고장 보고서	94~99	11~13/16
		선택 학습	· 그림편지 써 보기 · 기차역 주변의 특징 찾아보기	100	14/16
	단원 정리 학습		· 역과 시장의 공통점, 차이점 찾기 · 신은 어디서 사는 것이 편리할까요? · 역과 터미널 이외 고장의 여러 중심지 찾아보기 · 교통이 끊긴 후의 상황 추론하기	101~102	15~16/16

5) 단원의 평가 계획

(1) 평가 방향

이 단원은 고장 사람들의 생활을 위하여 필요한 물건을 공급하고 지역 통합 기능을 하는 시장의 중요성을 파악하며, 이웃 고장들 간에 상호 의존 관계를 파악하는 데 초점이 있다. 따라서 시장을 조사, 분석할 수 있는 기능을 기르고, 고장 간 상호 의존 관계를 이해한 내용이 평가되어야 한다.

그러기 위해서는 조사 활동, 관찰 활동, 토의 등이 이루어지는 과정에 대한 관찰 평가 및 보고서에 대한 평가가 이루어져야 한다.

(2) 평가 방법

<1. 시장과 우리 생활>

· 의식주 생활에 꼭 필요한 물건에 대해 토의하기	· 관찰 평가
· 고장에 있는 상점의 종류 알아보기	· 보고서 평가
· 생활에 쓰이는 물건의 생산지 조사하기	· 보고서 평가
· 시장의 위치와 기능 알아보기	· 지필 평가
· 시장을 견학하고 모습 이해하기	· 현장 견학 보고서 평가
· 시장의 종류와 매매되는 물건을 알아보기	· 지필 평가
· 물건이 생산지에서 소비지로 이동하는 과정 이해하기	· 보고서 평가

<2. 이어 주는 길>

· 역과 터미널에 사람이 모이는 이유 알아보기	· 현장 견학 보고서 평가
· 역과 터미널 주변의 모습 알아보기	· 현장 견학 보고서 평가
· 우리 고장과 이웃 고장이 주고받는 도움 이해하기	· 지필 평가

6) 본시의 전개

학년·학기	3-1	단원	3-① 시장과 우리 생활	차시	9/16
학습 주제	· 시장이 자리 잡은 곳의 특징을 찾아보기			교 과 서	74~79쪽
				사회과 탐구	85~90쪽
학습 목표	□ 고장 사람들의 생활에 필요한 물건들의 유통과정과 구하는 곳을 조사할 수 있다. □ 시장이 자리 잡은 곳의 특징을 찾을 수 있다.				
예습 과제	□ 집에서 사용하는 물건들을 구한 곳을 조사하기				
수업 유형	시뮬레이션학습	학습 조직 형태	전체 학습 → 소집단학습 → 개별 학습		

단계	학 습 내 용	교수·학습 활동		시간 (분)	자료 및 유의점
		교 사	학 생		
도입	동기 유발	■가족들이 생활하는 데 필요한 물건을 사기 위해 심부름을 한 경험 이야기하기	□심부름한 경우를 자유롭게 발표한다.	5′	▫심부름한 경우를 자유롭게 발표한다.
	학습 문제 파악	■심부름한 가게가 어디에 있었습니까? ■우리 생활에 필요한 물품을 파는 곳은 어디일까요?	□우리 집 옆에 있는 반찬 가게를 쉽게 찾을 수 있었습니다. □가게를 쉽게 찾을 수 없어 어려웠던 경험도 발표한다. □우리 생활에 필요한 물품은 시장에서 삽니다. □백화점이나 대형 마트에서 팝니다.		
	학습문제 제시	**고장 사람들의 생활에 필요한 물건들의 유통과정과 시장이 자리 잡은 곳의 특징을 알아보자.**			
전개	과제 학습 발표	■자기 집에서 사용하는 물건들은 어디에서 구한 것인지 조사해 온 표를 살펴보고 발표한다. ■자신이 가지고 있는 물건들은 어디에서 구했습니까? ■학급 친구들의 가정에서 사용하는 물건들은 어디에서 구했습니까? ■시장에서 어떤 것들을 보았습니까? ■시장에서 파는 물건들의 생산지를 조사해 온 내용을 발표하도록 한다. ■시장의 물건들이 생산된 장소는 어디입니까?	□과제 학습을 해 온 내용을 참고로 발표한다. □시장에서 샀습니다. □백화점에서 샀습니다. □대형 마트에서 샀습니다. □시장, 대형 마트에서 샀습니다. □집 옆의 가게에서 샀습니다. □부모님과 함께 시장에 간 경험을 떠올리며 이야기한다. □조사해 온 내용을 발표한다. □고추는 양양에서 납니다. □도자기는 여주 이천 도자기가 유명합니다. □미역은 기장에서 생산됩니다. □파는 명지에서 생산됩니다. □부산에서 신발이 많이 생산됩니다.	25′	▫물건을 구한 곳을 조사해 온 학습지 ▫가정에서 사용하는 다양한 물품의 생산지를 알 수 있도록 유도한다.

단계	학 습 내 용	교수·학습 활동		시간 (분)	자료 및 유의점
		교 사	학 생		
	시장의 구실 알기	■ 생산지를 나누고 백지 도 위에 표시해 준다. ■ 생산지가 각기 다른 시 장의 여러 물건들은 어 떻게 우리 고장의 시장 까지 오게 되었을까요?	□ 모아 온 상품포장지나 상표 등 에서 물건의 생산지를 찾아내 어 공책에 적는다. □ 찾아낸 물건의 생산지를 우리 고장의 것과 다른 고장의 것 으로 나눈다. □ 백지도에 표시된 지명에 상품 의 스티커를 붙인다. □ 우리가 생활하는 데 필요한 물건들은 각종 교통기관을 통 해 시장에 모여들게 됩니다. □ 공장→전국 도매상→지역 도매 상→고장의 시장→동네 소매상 →우리 집으로 오게 됩니다.		▫ 집에서 생산지가 표 시된 상품포장지나 상 자 곽, 상표를 갖고 와 서 살펴보도록 한다. ◦ 첫째 번 실연과 다른 각도에서 역할놀이가 수행되도록 유도한다.
정리	사람과 물건을 모으는 시장	■ 내가 가게 주인이라면 어떤 곳에 가게를 차리 겠는지 백지도에 표시하 고, 그 까닭을 발표한다.	□ 시장이 자리 잡은 일반적인 특징을 고려하여 가게를 차릴 곳을 정한다. □ 문방구점, 옷가게, 빵가게, 신 가게, 가구점, 서점 등을 선택 한다. □ 만일 가게를 차린다면 어느 곳에 가게를 차릴 것인지 마 을 지도에 나타내고, 그 까닭 을 설명한다.	10′	◦ 개인별로 해도 좋고, 소집단별로 해도 좋다. ◦ 마을 지도 ◦ **시뮬레이션 게임 학습**
	수행 평가 관 점	· 수집해 온 자료를 분석하여 시장 물건의 생산지가 각기 다름을 잘 파악하고 있는가?			

2. 교수·학습과정안(예시 2)

1) 단원: 2. 우리 시·도의 발전하는 경제(4~1)

① 경제 활동의 중심지(4 - 1)

2) 단원의 개관

이 단원은 한 지역의 자연·인문환경에 관한 주요 사실, 현상, 특징 등에 대한 지식을 바탕으로 하여 지역 특유의 자원들을 이용하여 주요 생산 활동이 이루어지고 있으며, 한 지역의 생산 및 소비 활동은 다른 지역의 물자 유통과 깊은 관계가 있고, 지역 간 상호 의존이 증대됨으로써 지역 경제 문제들이 개선될 수 있다는 취지에서 설정되었다.

첫째, 주제는 우리 지역의 주요 산업 현황과 그 산업에 이용되는 자원의 개발, 해외로 진출하고 있는 기업의 활동, 지역 경제 발전을 위한 지방자치단체의 역할, 경제 개발에 관한 주민들의 의사 결정 등이 주요 내용이다. 이러한 내용의 학습과정에서 특히 신문 기사, 사진, 통계와 도표, 기관지 등 다양한 정보와 자료를 수집하여 요약, 분석, 해석하는 능력을 기르도록 하였다.

둘째, 주제는 경제 발전에 따른 생산 및 직업의 분화, 물자 교환의 필요와 화폐의 기능, 시장의 기능과 유통의 중요성, 경제생활에서의 다양한 상호 의존 모습 등이 주요 내용으로 되어 있다. 통계 와 도표만 이용하기보다는 가게 운영 사례, 신문에 난 경제 활동 사례를 수집하여 활용하고, 특히 생활 경험이나 사례로부터 추론할 수 있는 능력을 기르도록 하였다.

3) 단원의 목표

(1) 지식·이해

· 시·도의 특산물이나 주요 산업을 파악하여, 지역 특유의 자원이 이용되고 있는 모습 및 자원 의 개발과 이용의 가능성을 이해한다.
· 시·도의 주민들이 이용하는 주요 생산 요소나 소비 물자들의 개략적인 유통 경로를 파악하고, 지역 경제에서 유통과 상호 의존의 중요성을 인식한다.

(2) 기능·능력

· 시·도의 자연·인문환경에 대한 정보들을 지도, 그래프, 도표로 나타내고, 다양한 지도, 그래프, 도표에서 지역에 대한 자료를 찾을 수 있다.
· 여러 가지 자료를 통하여 시도의 대표적인 생산 활동과 자원, 유통에 관한 여러 가지 정보를 수집하고, 그 정보를 도표, 그래프, 요약문 등으로 제시할 수 있다.

(3) 가치·태도

· 시·도의 발전을 위해 관심을 가지고 참여하는 태도를 기른다.

4) 단원의 지도 계획

단원	주제	제재	제재별 주요 내용 요소	쪽수	차시
		단원 도입 및 계획		46～49	1/16
2. 우리 시도의 발전하는 경제	❶ 우리 시도의 자원과 생산 활동	① 자원을 이용하는 생산 활동	· 지역의 특화 산업 · 특화 산업과 자원과의 관계	50～55	2～3/16
		② 세계로 열린 경제	· 해외 경제 협력 사례 · 해외 진출 노력 · 자원 개발과 상품 생산 실적	56～61	4～5/16
		③ 공공시설을 내 것처럼	· 공공재의 개념과 종류 · 지방자치단체의 노력 · 바른 이용 자세	62～66	6～7/16
		선택 학습	· 지방자치단체에서 개발할 특산품	67	8/16
	❷ 서로 돕는 경제생활	① 나누어 맡은 생산	· 분업의 개념과 직업의 다양화 · 정보화 사회의 직업	68～71	9～10/16
		② 경제 활동의 중심지	· 물자 교환의 필요와 화폐 · 지역 시장의 발달과 기능	72～77	11～12/16
		③ 서로 도움을 주는 경제 활동	· 유통의 발달과 필요 · 경제 의존 사례 · 상호 의존 증대	78～83	13～14/16
		선택 학습	· 유통과정의 문제점과 해결 방안	84	15/16
	단원 정리 학습		· 지역의 주요 자원 발굴 · 유통과정 합리화, 시도 경제 발전과 도시 간의 경제적 협조	85～87	16/16

5) 단원의 평가 계획

(1) 평가 방향

이 단원은 지역의 대표적인 사례나 정보들을 수집, 요약, 분석하는 과정이 많이 요구된다. 따라서 평가 방향도 지역의 특성을 파악하고 특유의 자원을 이용하여 지역의 경제 발전에 일익을 담당하는 모습을 찾아가는 적합한 자료를 수집, 분석하고, 추론하는 과정을 평가한다.

(2) 평가 방법

<1. 우리 시·도의 자원과 생산 활동>
· 각 시간별 자료의 수집 또는 자료의 분석과정을 포트폴리오 형식으로 평가한다.
· 실적보다는 과정을 중시하여 평가한다.
· 집단 평가 때 상호 평가를 통해 집단의 일률적인 평가보다는 개인의 과정을 중시하여 평가한다.

<2. 서로 돕는 경제생활>
· 경제생활과 미래에 대한 창의적인 사고와 활동 참여 수준을 고려하여 평가한다.
· 일련의 과정을 통하여 나타난 결과물보다는 매 시간의 참여도를 평가한다.

6) 본시의 전개

학년·학기	4-1	단원	3-② 경제 활동의 중심지	차시	11/16
학습 주제	· 화폐의 필요성 알기		교 과 서	72~77쪽	
			사회과 탐구	85~90쪽	
학습 목표	□ 물물 교환 놀이를 통하여 화폐의 필요성을 찾을 수 있다.				
예습 과제	□ 화폐의 발달 조사하기				
수업 유형	시뮬레이션 학습	학습 조직 형태	전체 학습 → 개별 학습 → 전체 학습		

단계	학습 내용	교수·학습 활동		시간 (분)	자료 및 유의점
		교 사	학 생		
도입	마음 열기	■구슬의 여행 ■여러분의 오른손에는 파란 구슬이 놓여 있고, 왼손에는 빨간 구슬이 놓여 있습니다. 구슬이 손안으로 들어 가 온몸을 돌아다닙니다. 무엇이 보입니까?	□눈을 감고 마음속 상상의 여행을 떠나도록 한다. □편안한 마음으로 구슬의 여행을 떠난다. □자유로운 상상을 통하여 마음의 긴장을 풀게 한다. □마음이 보입니다. □오늘 공부 열심히 하라는 소리가 들립니다.	5′	□시뮬레이션 게임 학습에 몰입할 수 있도록 분위기를 조성한다.
	동기 유발	■돈을 주고 물건을 산 경험이 있습니까? ■옛날에 돈이 없을 때는 어떻게 하였을까요?	□대부분의 아동이 화폐를 사용하고 있다는 사실을 안다. □물물 교환을 하였을 것입니다. □조개껍데기를 화폐로 대신하여 사용하였습니다. □돈이 없어 매우 불편하였을 것입니다.		
	학습 문제 파악				
	학습문 제파악	■오늘 물물 교환 놀이를 해 보고, 느낀 을 이야기하도록 합시다. ■오늘 공부할 내용을 살펴봅시다.	□사회 교과서 72쪽의 규칙을 알고 물물 교환 놀이를 준비한다. □물물 교환 놀이에 대한 이해를 높인다.	5′	□물물 교환 놀이를 할 수 있는 분위기를 조성한다.

단계	학 습 내 용	교수·학습 활동		시간 (분)	자료 및 유의점
		교　사	학　생		
	학습문제 제시	**물물 교환 놀이를 통하여 화폐의 필요성을 찾아보자.**			
전개	활동 방법 알기 시뮬레이션 게 임 놀이 하기	■학습 활동 안내하기 [활동 1] 물물 교환 놀이하기 [준비물] □놀이에 필요한 물건을 준비한다. 1인당 한 종류의 　물건 5개를 준비한다. (예) 학생 1인당 한 종류의 물건 5개→연필 5자루, 공책 5권 등 [활동 방법] □정해진 시간 내에 바꾸도록 한다. (예) 5분 이내에 바꾸도록 합니다. □상대방이 서로 바꾸기를 원할 때에만 바꿀 수 있다. □놀이가 끝난 후 결과 이야기하기 □놀이를 통해 느낀 점 이야기하기 -처음 가지고 싶은 물건과 바꾸었습니까? -바꾸지 못했다면 그 이유는 무엇입니까? □학습지에 정리하기 □물물 교환의 어려운 점 토의하기 -가장 힘든 일은 무엇이었습니까? -물건끼리 쉽게 바꾸어 가지는 방법은 없을까요? 　있다면 무엇일까요?		30´	▫물물 교환 할 물품 5개 ▫정해진 시간 안에 물물 　교환이　이루어지도록 　유념시킨다. ▫교사는 자연스럽게 놀이 　활동을 지원한다. ▫학습지
정리	화폐의 필요성 차시 예고	■물물 교환의 불편한 점 을 해결하는 방법은 무 엇일까요? ■화폐의 편리한 점을 이야기해 봅시다. ■차시 예고	□화폐를 사용하면 편리합 니다. □쉽게 교환할 수 있다. □원하는 물건을 얻을 수 있다. □과제 학습 준비	5´	▫모의 놀이를 통하여 시 장의 개념과 교환의 중 요성을 알 수 있다.
	수행 평가 관 점	·물물 교환 놀이를 통해 화폐의 필요성을 찾을 수 있는가?			

7) 역할놀이 교수·학습과정안 해설

단 계	수업 과정 해설(내용)
도입	1. 시뮬레이션 게임 학습은 모의 놀이 학습으로 사회적 문제나 쟁점을 모의 놀이로 하는 학습 형태이다. 2. 역할놀이 학습보다 더욱 경쟁적이며, 아동의 흥미를 높일 수 있다.
전개	1. 물물 교환 놀이를 통해 물물 교환의 어려움을 직접 겪어 봄으로써, 교환을 위한 화폐의 출현과 시장의 기능을 탐구할 수 있다. 2. 물물 교환 놀이를 할 때는 제한 시간 안에서 원하는 물건을 교환함을 원칙으로 놀이를 진행한다. 3. 교사는 물물 교환이 잘 이루어질 수 있도록 분위기를 조성한다. 4. 물물 교환의 어려움을 직접 체험하고 느낄 수 있도록 유도한다.
정리	·화폐의 필요성을 자연스럽게 체득할 수 있도록 지도한다.

(학습지)

교과	단 원	학 교	학반, 번호	이 름	확인
사 회	2. 우리 시·도의 발전하는 경제		제4학년 반 번		

1. 물물 교환 놀이를 하면서 어려웠던 점은 무엇입니까?

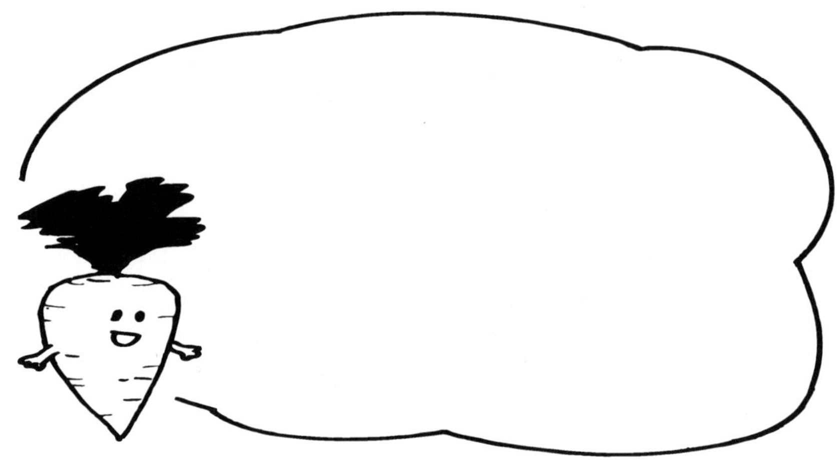

2. 물물 교환 놀이를 하면서 느낀 점을 적어 보세요.

제1절 의사 결정 학습의 이해

1. 의사 결정 학습의 중요성

사회과 교육은 근본적으로 사회 구성원들의 바람직하고도 부단한 의사 결정을 지향하고 있다. 사회과 교육이 실제 생활과 유리되고 지나치게 추상적인 내용만을 취급하고, 채택된 내용이 성적 향상을 위하여 효율적인 성과에 집착하는 과거의 교수·학습 방법을 고수한다면, 사회의 기본 원리를 이해시키고 사회현상에 대한 분석 능력과 합리적이고 책임감 있는 의사 결정 능력을 배양함으로써 장차 성숙한 민주 사회에 슬기롭게 적응하고 이를 주도해 나갈 수 있는 건전한 소양을 지닌 시민을 양성한다는 사회과 교육의 본래 목적 달성에는 많은 어려움이 있다고 할 것이다. 따라서 사회과 교육의 주요 임무는 학생들이 합리적으로 의사 결정을 내릴 수 있는 능력을 개발하도록 도와서 그들이 장차 지적인 사회 행동에 참여함으로써 공공 정책에 영향을 끼칠 수 있도록 하는 데 있다. 합리적 의사 결정을 위해 사용되는 지식은 과학적이어야 하는데, 유능한 의사 결정자는 사회과 교육을 이해하고 습득하는 데만 그쳐서는 안 되고 과학적 지식을 도출할 줄도 알아야 한다. 따라서 학생들은 사회 과목의 주요 개념과 일반화에 숙달되어야 하지만, 탐구 결과가 아니라 탐구과정이 강조되어야 한다. 그런데 의사 결정은 지식이라는 요소 외에 가치 판단의 요소도 포함하고 있다. 즉 지식은 의사 결정과정의 필수적인 요소이나 그것만으로 충분한 것이 아니고 합리적인 의사 결정을 하기 위해서 사회행위자는 그들 각자의 가치를 인식하고 명료화하며 그러한 가치들을 습득한 지식과 관련지어 의사 결정과정을 수행할 수 있어야 한다.

21세기를 눈앞에 둔 오늘날, 사회과에서 강조되어야 할 것은 인간의 가치적인 측면이다. 순수한 학문적인 자질도 중요하지만, 그에 못지않게 중요한 것이 사회 구성원으로서 필요한 자질인 것이다.

이러한 맥락에서, 탐구수업에 대신할 사회과 수업 논리로, 1980년대 이후부터 의사 결정과정 모형이 강조되기 시작하였다. 그러나 의사 결정과정 모형은 아직 그 의의가 충분히 알려져 있지 않으며, 그 구체적인 실천 방안에 대해서는 더더욱 그러하다. 그렇다면 사회과에서의 의사 결정 학습은 고급 사고력 신장과 학생 중심 교육과정 운영, 학생 활동 중심 학습 등 측면에서 아주 중요하다.

2. 의사 결정 학습의 목적

의사 결정 학습은 제7차 사회과 교육과정, 2007년 개정 사회과 교육과정, 2009년 개정 사회과 교육과정 등에서 한결같이 합리적 판단력, 문제 해결과 함께 바람직한 시민이 갖추어야 할 자질을 규정하여 사회과 교육의 핵심 목표로 강조하고 있다. 합리적 의사 결정력은 문제 해결책으로서 대안을 개발하고 선택하여 행동하는 능력으로 문제에 대한 대안이나 의사 결정을 할 수 있는 고급 사고력이다. 따라서 의사 결정 학습이란 문제 해결력, 비판적 사고력, 반성적 탐구력과 같은 문제에 대한 대안이나 의사 결정을 할 수 있는 일련의 학습과정을 의미한다(이운발, 2007: 188 – 199).

사실 우리 생활은 모두가 의사 결정으로부터 출발한다. 크고 작은 일들이 모두 개인과 사회의 의사 결정에서부터 비롯되는 것이다. 사회 탐구가 지식의 생성에 목적이 있다면, 의사 결정은 지식을 선택, 종합, 적용하는 데 있다.

3. 의사 결정 학습의 의의

사회과 탐구 학습이 가치까지를 포함하지만, 일반적인 의미는 지식을 중심으로 한 학습이며, 그것이 지향하는 인간상은 사회과학자이다. 그러나 사회과가 지향하는 것은 사회과학자 양성이 아니며, 오히려 사회 구성원의 한 사람으로서 필요한 자질을 기르는 교과라는 점이다.

사회 구성원으로서의 시민은 수많은 의사 결정을 하면서 살아간다. 그 결정은 순수하게 개인적인 사항에 관한 것에서부터 사회 전체가 관련되는 사항에 관한 것까지 매우 다양하다. 무엇에 대한 결정이든 그 결정은 합리적인 것이어야 한다. 사회과의 목적은 학생들의 합리적인 의사 결정력을 신장하는 것이다.

의사 결정은 결정자의 마음을 정하고, 판단을 하여 결론에 도달하는 과정이다. 학생들이 합리적인 의사 결정을 하려면 과학적인 방법을 통하여 가장 정확한 예측을 할 수 있는 지식의 형태인 높은 수준의 일반화와 이론을 끌어낼 수 있어야 한다. 합리적인 의사 결정이란 의사 결정자가 과학적 방법을 통하여 지식을 구하고 그 지식에 근거하여 가장 해결력이 뛰어난 방안을 추구하는 것이다. 어느 한 학문 분야의 지식만으로는 복잡한 문제에 대하여 합리적인 의사 결정을 내릴 수 없기 때문에 이때 지식이란 간학문적이 될 수밖에 없다. 그러므로 의사 결정 문제가 제기되면 그 문제에 관련되는 과학적 탐구를 거쳐서 가장 해결력이 우수한 지식을 구하고, 그 의사 결정 문제와 관련된 가치를 분석한다. 사실적 지식과 가치를 함께 고려하여 의사 결정을 내리게 되면 그 의사 결정에 따라 행동으로 이어지게 될 때, 가장 합리적인 의사 결정이 이루어지게 된다. 이와 같은 의사 결정을 학습에 도입하게 되는 중대한 의의는 단순히 지식을 전수하거나 가치를 주입하게 되면, 그 지식은 전이력을 상실하게 되고 가치는 주입하는 교사의 권위에 따라 달라진다. 역동적인 현대 생활에서 특정한 지식이나 가치의 주입은 의미를 잃어 가고 있다. 주어진 상황에 대처하여 상호 대립하는 지식이나 가치를 발견하고 이를 비교하며 결과를 예측함으로써, 가장 합리적인 대안을 찾고 그것을 선택하는 과정이다.

사회과의 의사 결정 학습은 사회 사상의 여러 문제를 중심으로 학습자들이 합리적인 의사 결정을 할 수 있도록 교수·학습을 하는 형태이다. 사회과에서의 의사 결정 능력이란 사회적 문제를 해결하려는 대안을 개발하고 선택한 대안에 따라 수행하는 능력을 의미한다.

의사 결정 능력은 인간만이 가진 고유한 능력인데, 사회과에서 지향하는 합리적인 의사 결정력은 이성(理性)에 부합하는 의사 결정으로 다음과 같은 특징이 있다.

첫째, 의사 결정의 기반은 정확한 사실에 두어야 한다. 정확한 사실은 문제 상황과 관련되고 진실한 사실 정보의 의미와 함께, 당해 정보가 광범위한 사실을 나타내면서도 편파적이지 않은 균형적인 정보라는 의미를 함축하고 있다.

둘째, 의사 결정의 과정은 당연히 과학적이어야 한다. 의사 결정의 과정이 다분히 권위적 · 주술적 · 감정적이지 않고 실증의 바탕에서 진행되어야 한다. 이 점에서 의사 결정과정은 반성적 사고과정(reflective thinking process)과 밀접하게 연관된다.

셋째, 의사 결정과정은 합리성, 타당성을 담보하기 위해서는 대안의 발생가능성과 의사 결정자의 유용성을 충족하여야 한다. 바람직한 결과를 도출할 것이라고 판단되는 대안이라도 그 실행에 어려움이 크거나, 결과가 만족스럽지 못하면 그 대안에 따른 합리적인 의사 결정을 할 수 없기 때문이다.

넷째, 의사 결정은 도덕적 · 사회적으로 공정성을 확보하여야 한다. 합리적인 의사 결정은 사회 정의에 부합되어야 하며, 합리적인 의사 결정은 학교교육과정 내용의 지적인 면과 기능적인 면, 정의적인 면 등을 포괄하며, 문제 해결의 종합적 접근이 이루어져야 한다.

일반적으로 의사 결정 학습은 유능한 민주시민으로서의 자질 함양, 사회지식의 획득과 활용, 가치 선택 능력의 신장 등에서 중요한 의의를 갖는 것이다.

합리적인 의사 결정과정의 수업 전개는 사회지식을 바탕으로 자신의 가치를 합리적으로 선택하고 그것의 타당성을 검토하는 훈련이 수반되기 때문에 건전한 가치의 선택과 가치관을 정립하는 데 도움을 줄 것이다.

4. 의사 결정과정의 요소

1) 사회 지식(사회과학 지식)

합리적이고 효율적인 결정은 진공 속에서 만들어질 수는 없다. 그러므로 사회지식은 건전한 의사 결정에 필요한 요소이다.

2) 지식 획득 방법

건전한 결정을 내리기 위한 선행조건인 지식을 획득하는 데는 여러 가지 경로가 있다. 페이스(Peicer)에 의해 제창되고 커링커(Kerlinger)에 의해 요약된 4가지 방법을 보게 되면 고집에 의한 방법, 권위에 의한 방법, 선험적인 방법, 과학적 방법이다.

3) 과학적 방법

과학적 방법(지식획득의 한 방법)은 사적인 것이기보다는 공적인 것이며 그 접근법에 따르는 개인의 가치나 편견과는 독립적이어야 한다. 골드마크(Gold mark)는 과학적 방법을 선호하는 이유로 '체계적이고 간결하며 확산적이고 검증, 책임요구, 재구성이 가능하기 때문이다.'라고 하였다.

4) 탐구와 의사 결정

사회과학의 지식은 의사 결정과정에서 하나의 필요조건이기는 하나 충분조건은 아니다. 사회 탐구와 의사 결정의 목적은 엄연히 다르다. 사회과학 탐구의 기본 목적은 사실, 분석적 개념, 이론의 형태로 사회적 지식을 도출하며 많은 지식을 축적하는 것이다. 그러나 의사 결정 행위자는 그 지식이 어떻게 그의 문제 해결이나 의사 결정에 도움이 될지에 관심을 가진다. 사회과학 탐구는 지식을 생성하나 의사 결정에서는 지식을 선택, 종합, 적용한다.

5) 지식의 구조와 의사 결정의 과정

1960년대 「교육의 과정(Process of education)」에서 브루너는 '학문의 구조'라는 개념을 보급시켰다. 구조라는 것은 사회과학에서 쓰이는 독특한 탐구의 유형과 함께 주요 개념 일반화, 이론(원리·법칙) 등으로 구성된다. 구조의 개념은 아동들이 유효한 예측을 하고 가장 효과적인 결정을 하도록 도울 수 있는 지식의 종류를 확인하게 하는데 여기에서 지식은 저차원에서 고차원 순으로 사실, 개념, 일반화, 이론 등 4가지 위계 범주로 나눈다. 구조라는 개념은 학문들의 주된 아이디어를 확인하게 한다. 이 아이디어는 의사 결정에서 가장 유리한 종류의 지식이다.

6) 의사 결정에서 가치의 요소

자신과 타인의 탐구로부터 높은 수준의 지식을 이끌어 낸 다음 합리적 행위자는 행동을 결행하기에 앞서 사실, 개념, 일반화, 이론을 그 자신의 가치 체계와 관련시키려고 시도해야 한다. 개인이 사회 탐구로부터 도출한 지식을 가지고 하려는 바는 결정해야 될 문제의 요소나 요건에 관해 그가 가지고 있는 가치에 크게 의존한다. 가치 탐구는 의사 결정과정의 매우 중요한 요소이다.

사실 가치 탐구의 명료화가 의사 결정과정의 가장 중요한 단계의 하나라고 볼 수 있다. 의사 결정 학습은 미래의 주역인 학생들에게 삶의 방향과 방법을 제시해 주는 중요한 학습 방법이다.

7) 탐구, 가치판단, 의사 결정 등 행동적 목표와 설정

사회과 탐구, 가치판단, 의사 결정 기능에 유능해지도록 학생들을 도와야 한다. 또 사회과의 궁극적 목표는 학생들이 건전한 결정을 내릴 수 있도록 지식을 도출, 적용시키고 가치를 명료화하는 기능을 얻도록 돕는 데 있으므로 각 기능들을 다른 것들과 관련시키는 연습이 되도록 수업이 계획되어야 한다. 수업 목표는 교사가 그들의 수업을 효과적으로 판단할 수 있도록 구체화되어야만 한다. 또한 의미 있는 수업목표를 수립하고 그 기술을 발달, 세련시키도록 고안된 수업을 평가할 수 있도록 탐구, 가치판단, 의사 결정을 행동적으로 정의하는 것이 필요하다.

5. 의사 결정 및 사회적 행동 전략

사회과의 주목표가 학생들이 지적 사회 행동에 참여함으로써 개인의 문제를 해결하고 공공정책을 형성할 수 있도록 그들의 의사 결정 능력을 개발하는 데 있다. 이러한 이론은 합리적 의사 결정의 능력이 선천적인 것이 아니라, 설명할 수 있고 체계적으로 가르칠 수 있는 일련의 기능들로 구성되어 있다고 한다. 사람은 자신의 가치를 분명하고 명확하게 할 수 있고 그 가치에 따라 행동하기 전에 문제들에 관해 심사숙고하도록 단련될 수 있다. 의사 결정의 주 내용으로서 지식, 가치, 분석과 명료화, 예언 그리고 지식과 가치를 종합한 행동방식의 규명을 든 바 있으며 학생들이 의사 결정의 주체가 되어야 할 뿐만 아니라 나아가 합리적인 의사 결정 능력을 개발시켜야 한다고 제시하였다 (인천광역시사회과교육연구회, 2007: 231 - 235).

1) 의사 결정 합리성에 대한 기준

합리적인 의사 결정이란 의사 결정자가 과학적 방법을 통해 지식을 구하는 경우이다.

의사 결정에 필요한 지식은 강력하고 널리 적용 가능한 것이며 가장 정확한 예측을 할 수 있는 지식의 형태인 높은 수준의 일반화 이론을 끌어낼 수 있어야 한다. 또한 지적 의사 결정을 위해서는 사회 행위자가 비강압적 교실 분위기하에서 가치를 도출하고 명확히 하며 그 결과를 숙고할 수 있는 과정을 배울 수 있어야 한다.

2) 의사 결정 기능들의 개발

기능 개발 방법은 지역 사회의 사회과 교육과정, 교사의 흥미, 가용자원, 학생의 배경에 의해 영향을 받는다.
① 사회과학탐구 단원 내의 질문식 전략을 주도면밀하게 사용함으로써 의사 결정 기능을 개발할 수 있다.
② 많은 사회문제를 확인하고, 그것과 관련하여 명철한 의사 결정에 필요한 지식을 학생들에게 가르치기 위한 개념단원을 구조화하고 이어 연중 상이한 시기에 사회문제와 연관된 의사 결정 단원들을 학습시키는 방법도 있다.

3) 중대한 사회적 쟁점 및 사회문제의 규명

(1) 의사 결정 단원의 계획 단계

① 학생들이 흥미를 갖고 있으며 지역 사회 내의 해결되지 않고 있는 사회문제를 규명한다.
② 일시적인 것이 아니고 오랜 시간을 걸쳐 뉴스매체를 주의 깊게 조사함으로써 지역 사회 내의 여러 사건들을 넓게 연구하고 주변세계에 대한 학생들의 화제나 학급 내 논평을 청취함으로써 현재 만연된 사회문제가 무엇인지를 확인할 수 있게 한다.
③ 학생들이 어떤 사회문제가 제일 중요한 것이라고 생각하는지를 알려면 설문지나 에세이를 작성하게 할 수도 있다.

4) 의사 결정 문제 단원의 지도

① 의사 결정의 문제 제기
② 사회과학 탐구
③ 교수를 위한 조직화
④ 가치 탐구
⑤ 의사 결정 및 사회적 행동
⑥ 행동 방식의 규정
⑦ 환경에 관한 의사 결정 문제 단원

6. 의사 결정 학습의 사례

의사 결정 학습은 주로 사회적 논쟁 문제를 다룬다. 그런 경우 의사 결정을 내리기 어렵고, 그것이 문젯거리가 된다. 가령, 어떤 곳에 공항을 새로 건설하려고 하는 데 주민들이 반대하는 경우를 들 수 있다. 주민들은 피해를 보상하는 방법으로 집이나 땅을 매입해 주기를 바라지만, 공항 당국에는 그럴 만한 재원이 없다. 이 문제를 뉴스를 듣는 등 방법으로 도입한 후, 다음과 같이 분석에 들어간다.

① 제트 비행기는 주민들이 반대하지 않으면 안 될 정도로 심한 소음을 낸다.
② 상당히 많은 주민들이 소음 때문에 고통을 받고 있다.
③ 주민들은 공항 당국이 이 문제를 해결하기 위하여 무엇인가를 해야 한다고 주장하고 있다.
④ 주민들은 변호사를 선임하는 등 집단 소송을 준비하고 있다.
⑤ 소음문제 때문에 공항에 인접한 지역의 집이나 땅이 잘 팔리지 않고 있다.
⑥ 공항 당국이 공항에 인접한 땅을 구입할 재원이 바닥이 났다.
⑦ 도시 지역에는 주민들이 편리하게 이용할 수 있는 곳에 공항 시설이 들어서야 한다.

7. 의사 결정 수업 모형

바스(Barth)는 교사가 수업 현장에서 당면하는 세 가지 문제로서, 수업 목적이 무엇인가, 어떻게 가르칠 것인가, 가르쳐야 할 내용이 무엇인가 등을 들고서 이에 대한 답변에 따라 시민성 전달을 위한 사회과, 사회과학을 가르치기 위한 사회과, 반성적 사고력을 가르치기 위한 사회과로 분류하였다.

<표 23> 사회과 교육의 유형

구분	시민성 전달로서의 사회과	사회과학으로서의 사회과	반성적 탐구로서의 사회과
목적	시민성을 고양하는 가장 좋은 길은 의사 결정의 준거가 될 '올바른' 가치를 주입하는 것이다.	시민성을 고양하는 가장 좋은 길은 사회과학의 개념, 과정 그리고 문제들을 터득하여 내리는 의사 결정을 통해서이다.	시민성을 고양하는 가장 좋은 길은 탐구의 과정을 통해서이다. 시민들이 의사 결정을 내리고 문제를 해결하기 위해 알아야 하는 그 무엇이 탐구과정 속에서 도출된다.
방법	**전달(Transmit)** 교과서, 암송, 강의, 질문, 연습 문제를 통해서 개념과 가치를 전달	**발견(Discovery)** 각 사회과학은 독자적인 지식 획득과 검증방법을 갖추고 있는데, 학생은 각 사회과학의 구조를 통하여 그 학문의 문제를 발견해야 한다.	**반성적 사고(Reflective Inquiry)** 갈등에 직면하여 통찰력을 검증해 보는 반성적 탐구과정을 통하여 의사 결정은 구조화되고 훈련된다.

구분	시민성 전달로서의 사회과	사회과학으로서의 사회과	반성적 탐구로서의 사회과
핵심 내용	교사가 내용을 선정하고, 그 내용이 바람직한 가치, 태도 및 신념의 본보기가 된다.	분과된 또는 통합된 사회과학의 구조, 개념, 및 과정이 그 내용이 된다.	학생들이 자신의 가치를 분석함으로써 스스로 문제를 선택할 필요와 흥미를 느끼고, 문제 선택의 기반을 마련한다. 따라서 문제가 반성을 위한 내용을 이룬다.

    민주 시민 교육을 통한 바람직한 인간 육성을 추구하는 사회과의 목적은 세 가지 분류 형태 모두에서 의사 결정과 밀접하게 연관되어 있음을 알 수 있다.

    즉 의사 결정 모형은 여러 다양한 교수·학습 모형을 포괄할 수 있는 모형임을 의미한다. 뱅크스(Banks)는 이러한 가능성을 구체적으로 보여 주고 있다. 그러므로 뱅크스(Banks), 일본의 이마타니의 제안형 수업 모형, 스타히(Stahi)의 의사 결정 학습의 모형 등을 해석하는 것이 중요하다.

8. 의사 결정 학습의 과정

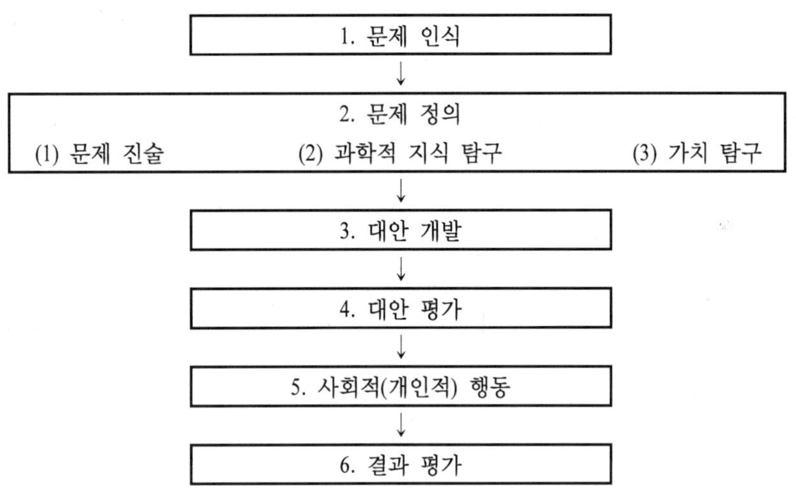

[그림 11] 개인적·합리적 의사 결정 모형

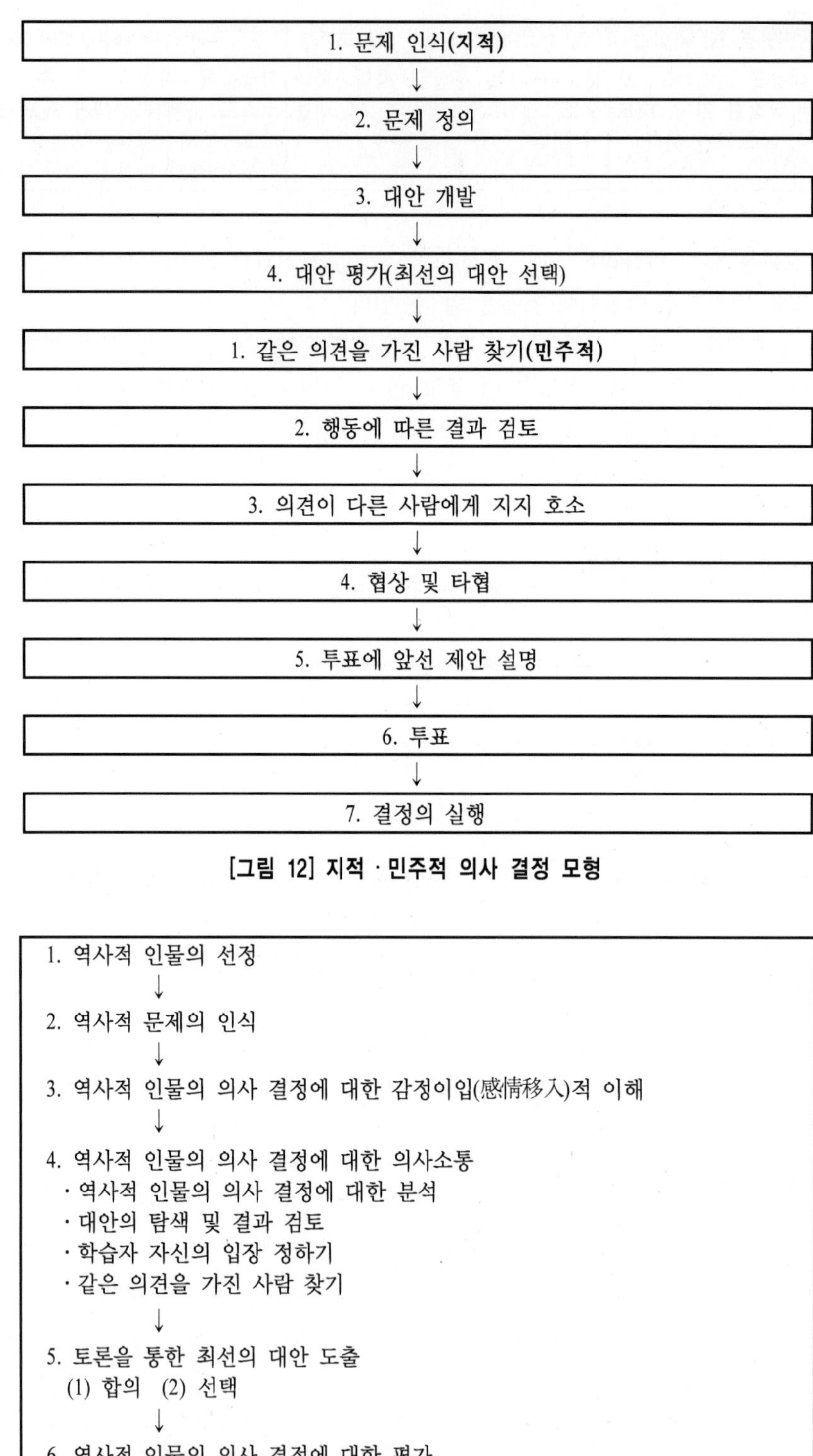

[그림 12] 지적 · 민주적 의사 결정 모형

[그림 13] 의사 결정과정을 수용한 인물 학습 모형

의사 결정 학습은 사회과의 본질을 추구하고자 하는 일련의 노력으로 등장하였으며, 의사 결정과정에 대한 '지식'을 가르치는 수업이 아니라 실제 의사 결정 '능력'을 향상시키기 위해 의사 결정 '과정'을 경험하게 하고 의사 결정과정을 연습하고 학습할 수 있는 '기회'를 제공하는 것을 중시하는 교수 방법이므로 이를 위해서는 실제와 같은 의사 결정과정을 중심으로 교수 학습과정을 수정하고 학습 내용을 선정해야 한다. 의사 결정 능력은 사회과 수업을 통해서만 길러 주는 것은 아니며 일상생활의 실제적 경험 속에서 길러 주어야 한다. 따라서 가정·학교·사회가 함께 합리적인 의사 결정을 할 수 있는 민주적 분위기를 만들어 주어야 하며, 특히 학급회의를 통해 학습 공통의 문제를 집단 의사소통과정을 통해 합리적으로 해결하는 기회를 제공하는 등 학교 상황에서 다양한 의사 결정 경험을 제공해야 한다. 아울러, 다양한 의사 결정지나 학습지, 평가도구 등이 개발되어 교사의 수업 준비나 학생들의 학습 활동에 도움이 될 수 있도록 하여야 할 것이다.

의사 결정 능력의 함양은 현대 사회과 교육의 중요한 목표로 대두되고 있다. 오늘날 우리가 살고 있는 사회가 급속하게 변하고 있기 때문에 순간마다 우리는 의사 결정을 하지 않을 수 없고, 결과 우리의 일생에 많은 영향을 준다. 진학, 취직, 결혼 등 인생의 중요 문제가 어느 것 하나 의사 결정 문제 아닌 것이 없다. 민주주의 사회에서는 정책 선택이나 결정의 문제에 국민이 직접 참여하기 때문에 의사 결정은 개인적으로뿐만 아니라 사회적으로도 가장 중요한 과제로 제기되고 있는 것이다.

오늘날 대부분의 사회과 교육학자들이 의사 결정 모형을 중요한 것으로 취급하고 있는 것은 바로 이러한 이유 때문이다. 사회과에서 일반화되고 있는 의사 결정 모형은 크게 개인적 의사 결정 모형과 집단적 의사 결정 모형으로 대별된다.

뱅크스(Banks)는 의사 결정 능력 함양을 위한 사회과 수업 단계를 ① 문제 제기, ② 사회 탐구(필요한 지식 획득), ③ 가치 탐구(관련가치의 명료화), ④ 의사 결정(대안 검토와 결과 예측), ⑤ 행동 등 5단계를 들고 있다. 사회 탐구에서는 다시, 문제 제기(가설 설정−자료수집−자료 분석) 등 다시 8단계를, 또 가치 탐구에서는 가치문제 제기, 가치 관련 행동 서술, 가치갈등 확인 등 9단계를 거칠 것을 제안하였다.

허스트(Hurst)는 ① 문제 확인 단계, ② 문제 정의(문제 진술 용어 정의, 과학적 지식 탐구, 가치 탐구), ③ 대안 탐색 및 개발, ④ 대안 평가 및 최선의 대안 선택, ⑤ 행동, ⑥ 행동의 평가 결과 등 단계를 제시하고 있다.

뱅크스(Banks)는 의사 결정의 단계로 ① 결정할 문제의 선택, ② 사회 탐구(사회적 지식) 또는 가치 탐구(가치 명료화), ③ 의사 결정, ④ 지적인 사회 행위 등 4단계를 들고 있다.

마시알라스와 허스트(Massialas & Hurst)는 개인적 의사 결정 모형을, ① 문제 확인, ② 문제 정의, ③ 대안 탐색 및 개발, ④ 대안의 평가 및 최선의 대안 선택 등 과정을 들고, 집단적 의사 결정과정으로 ① 지지 호소, ② 집단 결집, ③ 집단 조직, ④ 협상 및 타협, ⑤ 집단적 결정 진술, ⑥ 투표, ⑦ 결정의 시행 등으로 제시하였다.

울에버와 스콧(Woolever & Scott)은 ① 문제의식, ② 문제의 정의 내리기(ⓐ 문제 서술, ⓑ 과학적 지식 탐구, ⓒ 가치 탐색), ③ 대안 개발, ④ 대안의 평가와 최선의 선택, ⑤ 사회적 및 개인적 행동, ⑥ 결과의 평가 등 6단계로 구분하였다. 앵글과 오초아(Engle & Ochoa)는 의사 결정을 진리 주장에 관한 의사 결정과 공공 정책 문제에 관한 의사 결정 두 가지로 나누었다. 진리에 관한 의사 결정은

① 호기심 유발, ② 진리라는 주장과 근거 제시, ③ 자료 수집, ④ 자료 평가, ⑤ 결론 5단계를 제시했다. 일반적인 사회과학 탐구의 과정과 유사한 것이다. 사회적인 공공 정책 문제에 대해서는 ① 문제의 확인과 정의, ② 가치에 관한 가정 확인, ③ 대안의 확인, ④ 결과의 예측, ⑤ 의사 결정, ⑥ 결정의 정당화, ⑦ 의사 결정의 변경 가능성 인정 등 7단계를 제시했다. 이것은 가치 분석의 과정과 매우 흡사한 것이다. 한국의 김만곤은 의사 결정 학습의 단계를 ① 문제의 인식 및 명료화, ② 자료의 수집 및 분석, ③ 가능한 대안의 제시, ④ 대안의 분석 및 평가, ⑤ 대안의 결정 등으로 제시하고 있다(이운발, 2007: 189).

결국 의사 결정 모형들은 모두 사회 탐구과정과 가치 탐구과정 두 과정을 포함하고 있다는 점이다. 이것은 곧 의사 결정을 하기 위해서는 사실을 인식하기 위하여 필요한 지식이나 정보가 있어야 하기 때문에 이 부분에 대해서는 사회 탐구를 통해서 해결한다는 것이다. 또 동시에 의사 결정에는 선택해야 할 가치가 반드시 개입되어 있기 때문에 이 문제를 해결하기 위하여 가치 탐구의 과정이 필요하다는 것을 의미하고 있는 것이다. 의사 결정은 결국 이러한 두 개의 상이한 성격의 과정을 거쳐서 최종적으로 이루어진다고 할 수 있다.

일반적으로 의사 결정을 위한 수업 모형의 단계는 ① 문제의 제기, ② 지식과 가치문제의 확인, ③ 사회 탐구에 의한 지식 획득, ④ 가치 탐구에 의한 가치분석, ⑤ 대안 탐색과 결과 예측, ⑥ 선택 및 결론, ⑦ 행동 등으로 종합할 수 있다.

9. 의사 결정 학습의 전략

사회과의 의사 결정 학습은 고급 사고력을 바탕으로 하기 때문에 학생들의 수준에 알맞게 재구성하여 투입하는 것이 중요하다. 이와 같은 사회과의 의사 결정 학습은 전반적인 교수 · 학습과정인 문제 파악, 자료의 수집과 분석, 해결책 제시, 해결책의 분석과 평가, 의사 결정, 적용 발전 등 과정을 통하여 사고력 신장에 효율적인 전략을 구사하는 것이 필요하다. 이러한 의사 결정 학습의 전략을 모색하면 다음과 같다.

첫째, 문제 파악 단계에서는 결정해야 할 모든 학습문제에 관심을 갖고, 그 문제의 의미와 성격을 파악해야 한다. 즉 낯설거나 난해한 용어의 의미를 알아보고, 문제의 특성을 규명하며 목표 확인, 목표 구현의 대체적 방법을 결정해야 한다.

둘째, 자료의 수집과 분석 단계에서는 현재의 문제 상황과 전망, 해결책 등에 관한 자료를 수집하며, 수집한 자료의 검토, 분석을 통하여 현재의 여러 가지 상황이 이루어지게 된 요인과 각 요인들 간의 관계를 예측하고 탐구하게 한다.

셋째, 해결책의 제시 단계에서는 문제 해결의 방향을 다양하게 찾아서 제시하는 단계로 브레인스토밍과 같은 활발한 토의 활동을 통하여 창의적으로 문제를 해결하도록 방향을 제시해 준다.

넷째, 해결책의 분석과 평가 단계에서는 학습자들이 제시한 여러 가지 해결책을 목표와 관련시켜서 실행 가능성, 비용, 그리고 장 · 단기적 목표에 비추어 보고 실행 가능성, 가능한 결과 등 측면에서 적합성을 평가하게 된다.

다섯째, 의사 결정 단계에서는 여러 가지 해결책 중에서 그 결과가 목표, 실행 가능성, 가치 등 측면에서 합당한 것을 추출한다. 즉 현재까지 가장 바람직하다고 생각한 것 중에서 향후에도 계속되어야 할 것과 개선하여야 할 것을 결정하며, 모든 사람들을 위하여 가장 먼저 해야 할 것을 찾고, 시행 순서와 절차를 결정하도록 한다.

여섯째, 적용 발전 단계에서는 이전 단계에서 의사 결정한 내용들을 실제 상황에서 실천할 수 있는 방법들을 찾아보게 하고, 실제로 행동으로 옮길 수 있게 준비하도록 한다.

〈표 24〉 의사 결정 학습의 전략

학습 단계	주요 학습 내용 및 활동
1. 문제 파악	· 결정해야 할 모든 문제에 대하여 관심을 갖기 · 문제의 의미와 성격 파악하기 · 용어의 정의, 문제의 특성 규명, 목표 실현의 방법 등 알기
2. 자료의 수집과 분석	· 현재 문제의 상황이나 전망, 해결책 등에 관한 자료 수집 · 수집한 자료의 검토, 분석 등을 통하여 현재의 여러 상황이 이루어지게 된 요인이나 요인들 간의 관계를 탐구하고 예측
3. 해결책 제시	· 문제 해결의 방향을 다양하게 찾아서 브레인스토밍과 같은 활발한 토의 활동을 통해서 창의적인 문제 해결의 방향 제시
4. 해결책의 분석과 평가	· 학생들이 제시한 여러 가지 해결책을 목표와 관련시켜서 실행 가능성, 비용, 장·단기적 목표에 비추어 실행 가능성, 가능한 결과 등의 측면에서 적합성 평가
5. 의사 결정	· 여러 가지 해결책 중에서 그 결과가 목표나 실행 가능성, 가치 등의 측면에서 적합한 것 찾기, 현재까지 바람직하다고 생각한 것 중에서 향후에도 계속되어야 할 것과 개선해야 할 것 등을 결정하기
6. 적용 발전	· 결정된 사항에 대한 계획과 준비하기 · 실제 상황에서 실천할 수 있는 일을 토의하기

출처: 이운발. 고등 사고력 함양을 위한 초등 사회과 통합 교육과정 구성. 2007: 190.

10. 의사 결정 학습의 특징

사회과 교수·학습에서 합리적인 의사 결정을 유도하는 의사 결정 학습은 다음과 같은 특징을 갖고 있다.

첫째, 급변하는 현대 사회의 개인적·사회적·국가적 문제를 합리적으로 해결할 수 있는 기초 능력을 신장시켜 준다.

둘째, 학생들에게 주어진 사회적 문제를 진지하게 검토하게 함으로써, 복잡한 문제에 대한 합리적 의사 결정을 유도할 수 있다.

셋째, 의사 결정 학습은 학생들의 고급 사고력(high level thinking)을 신장시켜 준다. 의사 결정과정은 반성적 사고과정, 비판적 사고과정, 창의적 사고과정, 탐구과정, 문제 해결 과정, 메타 인지과정

(meta cognitive process) 등이 포함된 고급 사고력과 밀접하게 관련되어 있다.

넷째, 학생들의 지식과 가치를 효율적으로 연결시키도록 도와준다. 의사 결정을 하기 위해서는 학습자의 다양한 지식과 기능, 가치·태도 등이 총동원되어야 한다.

11. 의사 결정 학습의 유의점과 장단점

1) 의사 결정 학습의 유의점

① 교사는 여러 가지 의사 결정 수업 모형 중에서 주제에 적절한 모형을 선택하여 학습자들에게 제시하여야 한다.
② 개인적 의사 결정과정과 집단적 의사 결정과정을 두어 모든 학습자가 소외되지 않고 참여하도록 배려하여야 한다.
③ 의사 결정의 중요성과 기본적 참여 요령을 사전에 지도하여야 한다.

2) 의사 결정 학습의 장점

① 사회적 탐구 문제를 종합적으로 이해하고 해결하는 계기가 된다.
② 여러 가지 고급 사고력을 신장시켜 준다.
③ 사회적 실제 상황을 간접 경험하는 기회를 제공해 준다.

3) 의사 결정 학습의 단점

① 의사 결정 학습은 다양한 준비와 과정, 절차를 거치므로 비교적 시간이 많이 소요된다.
② 실제 상황과 연계되는 적절한 상황을 찾기가 쉽지 않다.
③ 학습과정에서 리더 등 능력 있는 소수가 독점할 우려가 있어서 적절한 통제가 필요하다.

제2절 의사 결정 학습의 실제

1. 교수·학습과정안(예시 1)

1) 단원: 3. 환경보전과 국토 개발(5-1)

2) 단원 개관

제5학년 1학기 3단원 환경 보전과 국토 개발은 통합 교과인 '슬기로운 생활'에서 가정, 학교, 이웃, 마을 등 일상생활 속에서 경험하는 자연환경과 사회현상에 대한 학습을 기초로 하고, 제3학년의 '고장생활', 제4학년의 '시·도의 모습과 사회생활', 제5학년 1학기 1단원의 '우리나라의 자연환경과 생활'을 선수 학습으로 구성하고 있다. 제6학년에서는 세계의 사회현상을 파악하고 문제를 해결하는 학습 활동으로 확대된다.

단원 구성은 인간의 자연환경에 대한 적응과 개발이라는 두 가지 태도에 따른 자연환경의 변화 및 그에 따른 문제점과 해결 방안을 모색해 볼 수 있도록 학습 내용을 선정하였다.

첫째 주제는 자연의 일부로서 자연을 이용, 개발하면서 생활하고 있는 우리나라의 주요 자연재해와 도시화, 산업화에 따른 환경 파괴와 오염문제를 파악하도록 하였다.

둘째 주제에서는 환경 기초 시설 설치와 관련된 여러 형태의 갈등을 해결하는 방안을 알아보고, 환경 친화적인 차원에서의 효과적인 국토 개발 계획을 주요 내용으로 다루었다.

3) 단원의 목표

【지식·이해】
· 우리는 자연환경과 밀접한 관계를 가지고 생활하고 있음을 이해할 수 있다.
· 우리나라의 주요 자연재해의 종류를 알 수 있다.
· 자연재해를 극복하기 위한 노력을 알 수 있다.
· 환경오염문제와 환경 보전 방법을 알 수 있다.
· 환경 기초 시설 설치와 관련된 갈등 사례를 통하여 민주적 의사 결정 방법을 알 수 있다.
· 국토 개발의 필요성을 이해하고, 환경을 잘 보전하면서 추진하고 있는 모습을 설명할 수 있다.

【기능·능력】
· 수집하고 분류한 자료를 지도화하고 그래프로 나타낼 수 있다.
· 환경오염문제를 해결하기 위하여 다양한 자료를 모으고 종합할 수 있다.
· 환경 보전과 국토 개발에 관한 여러 가지 정보를 해석하고 분석할 수 있다.

---

4) 단원의 지도 계획

단원	주제	제재	제재별 주요 내용 요소	교과서 쪽수	차시
3. 환경 보전과 국토 개발		단원 도입 및 계획	· 단원 학습 내용을 개괄적으로 파악하기 · 장기 학습 과제 선정 및 학습 방법, 자료 소개하기	사: 96~97 탐: 96~97	1차시 (1/17)
	❶ 자연재해와 환경문제	① 우리는 자연의 일부	· 우리 생활과 자연의 관계 알아보기 · 자연이 우리에게 주는 도움 알아보기 · 자연을 지키는 활동의 중요성 알기	사: 98~103 탐: 98~102	2차시 (2~3/17)
		② 자연재해	· 계절 및 지역에 따른 자연재해 알아보기 · 자연재해를 극복하기 위한 노력 조사하기	사: 104~111 탐: 103~109	2차시 (4~5/17)
		③ 환경문제	· 우리 주변의 환경문제 조사하기 · 세계적인 환경 보호 활동 조사하기 · 자연환경을 보전하는 방법 알아보기	사: 112~120 탐: 110~115	2차시 (6~7/17)
		선택 학습	· 우리 고장의 환경 지도 그리기 · 자연재해 예방 달력 만들기	사: 121	1차시 (8/17)
	❷ 환경과 더불어 살아가는 길	① 환경문제의 합리적 해결	· 환경 보전을 위한 노력 알아보기 · 환경 기초 시설 설치를 둘러싼 다툼 살펴보기 · 지역의 환경문제를 합리적으로 해결할 수 있는 방법 찾기	사: 122~129 탐: 116~124	3차시 (9~11/17)
		② 환경을 생각하는 국토 개발	· 국토 개발 사업의 필요성과 목적 알아보기 · 우리나라 국토 종합 개발 사업의 주요 성과 알아보기 · 제4차 국토 종합 계획의 주요 내용 조사하기 · 우리 시도의 국토 종합 계획 조사하기	사: 130~139 탐: 125~135	4차시 (12~15/17)

단원	주제	제재	제재별 주요 내용 요소	교과서 쪽수	차시
3. 환경 보전과 국토 개발		선택 학습	·환경 기초 시설에 대해 알아보기 ·물이 부족한 미래의 생활 모습 알아보기	사: 140	1차시 (16/17)
		단원 정리 학습	·자연재해 극복을 위한 국토 개발 생각하기 ·환경 보전 자료 찾아보기 ·올바른 물 사용법 ·환경 보전 노랫말 바꾸어 부르기 해 보기 ·관광 휴양지 개발 계획 세워 보기 ·통일에 대비한 국토 개발	사: 141~143	1차시 (17/17)

※ 단원의 지도 계획은 예시적 성격을 지니고 있으므로, 지역 및 학교의 실정과 학생의 발달 정도 등에 따라 학교에서 재구성하여 지도할 수 있다.

5) 단원의 평가 계획

(1) 평가 방향

이 단원은 자연환경 변화 및 이에 따른 문제점과 해결 방안을 중심으로 학습 내용이 선정되어 있다. 지역에 따른 자연재해의 종류와 발생 원인, 이를 극복하려는 노력과 환경 보전과의 관계를 파악하고, 환경오염과 파괴 사례를 바탕으로 지구 환경이 인간생활에 미치는 영향을 지식·이해, 가치·태도 면에서 평가하여야 한다.

(2) 평가 방법

❶ 자연재해와 환경문제	
·우리의 생활과 관련한 자연의 역할 설명하기	·지필평가
·우리 조상들이 자연재해를 이겨 낸 방법 설명하기	·보고서
·조상들의 생활 모습에서 지혜로운 점 찾기	·발표
·우리나라에서 발생한 자연재해의 종류와 지역 말하기	·지필평가
·환경문제의 종류와 특징을 알고 피해 정도를 구체적으로 제시하기	·보고서

❷ 환경과 더불어 살아가는 길	
·환경오염과 훼손을 막기 위하여 어떤 일을 하고 있는지 사례를 들어 설명하기	·발표
·환경 기초 시설 설치 과정에서 발생하는 사람들의 갈등 사태에 대해 가치 판단하기	·지필평가
·국토 개발 사업의 필요성과 주요 성과 설명하기	·지필평가
·국토 개발 사업 추진 과정에서 자연환경을 보전해야 하는 문제에 관심 가지기	·관찰평가

6) 소단원 ❷ 환경과 더불어 살아가는 길

(1) 주제별 지도 내용

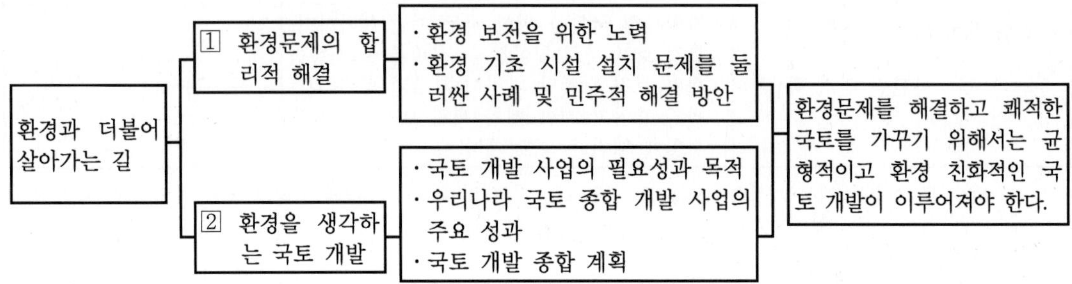

(2) 주제별 지도 계획 및 활동

(가) 주안점

이 주제에서는 환경 기초 시설 설치 장소 선정을 둘러싼 지역 간의 갈등 사례를 통해 민주적 의사 결정의 중요성을 깨닫게 하고, 나아가 환경 파괴와 오염문제를 미래지향적이면서 균형적인 국토 개발의 필요성과 관련지어 학습하도록 한다.

(나) 지도 계획

차시	제 재	주요 학습 활동	자 료
9	① 환경문제의 합리적 해결	·환경 보전을 위해 노력하는 사례 조사하기	·환경 보전 활동 사례 자료 ·환경 분쟁 사례
10		·환경 기초 시설의 설치에 따른 문제점 살펴보기	
11 (본시)		·민주적 의사 결정을 통한 환경문제 해결 방법 토의하기	
12~15	② 환경을 생각하는 국토 개발	·국토 개발의 주요 내용 이해하기 ·국토 개발의 주요 성과 파악하기 ·국토 개발 종합 계획의 주요 내용 살펴보기 ·우리 시도의 국토 종합 계획 조사하기	·국토 개발 관련 자료 (신문 스크랩 자료) ·시도의 백지도
16	선택 학습	·환경 기초 시설에 대하여 알아보기 ·물이 부족한 미래의 생활 모습	·색연필
17	단원 정리 학습	·국토 개발 계획을 세울 때에 유의할 점 ·환경문제와 해결 방법 알아보기 ·올바른 물 사용법 ·관광 휴양지 개발 계획	·사례 지역의 그림 또는 사진 자료

(다) 본시의 전개

학년 · 학기	5 - 1	단원(주제)	3 - 2 - ① 환경문제의 합리적 해결		차시	11/17
학습 주제	지역의 환경문제 해결 방법 알아보기			교 과 서	127~129쪽	
				사회과 탐구	122~124쪽	
학습 목표	민주적 의사 결정으로 교통문제를 해결하기					
예습 과제	우리 고장의 여러 가지 문제, 교통문제와 그 해결 사례					
수업 유형	의사 결정 학습		학습 조직 형태	전체→개별→모둠→전체→모둠		

단계	학습 내용	교수 · 학습 활동		시간 (분)	자료 및 유의점
		교 사	학 생		
문제 인식 및 명료화	전시 학습 상기	■ 환경 기초 시설의 설치에 따른 문제점에는 어떤 것이 있었나?	□ 쓰레기 매립장, 소각장, 하수처리장, 분뇨 처리 시설 등이 있음.		
		■ 고장의 불편한 점에 대해 발표하기	□ 교통, 주차, 쓰레기, 환경오염, 소음 등을 이야기하기		
		■ 차로 인하여 불편을 겪었던 경험 발표하기	□ 등굣길에 차들이 노란 선을 넘어 사람들이 다니는 길로 와서 위험했어요. □ 자신의 경험이야기		
	동기 유발	■ 차량이 많아 교통 소통이 원활하지 못해 운전자 간에 다툼이 있는 VTR 시청	□ 왜 그런 일이 생겼는지 생각하며 본다.	7′	▫ VTR
	학습 문제 확인	■ 오늘의 공부할 문제를 알아봅시다. 민주적 의사 결정으로 교통문제를 해결하기			
자료의 수집		■ 교통량의 증가로 일어나는 문제 알아보자.	□ 모둠별로 준비한 자료를 돌려 보며 발표준비를 한다.		▫ 준비한 자료에 중요한 것을 표시해 와서 모둠학습
		■ 차가 계속 늘어난다면 어떻게 될까?	□ 주차장이 부족하여 주민들 간에 다툼이 일어난다.		
			□ 교통체증이 심해 우리 생활에 어려움을 겪는다.		
			□ 자동차의 배기가스가 대기오염을 시키고 오존농도가 높아져서 우리 몸에 해롭다.	8′	

단계	학습 내용	교수·학습 활동		시간 (분)	자료 및 유의점
		교 사	학 생		
가능한 대안 제시		■교통문제를 해결하기 위한 방법에는 어떤 것이 있는지 가능한 방법을 의논해 보시오 ■모둠에서 의논한 대안을 발표해 봅시다.	□모둠별로 가능한 대안을 의논한다. □설문 조사 내용도 요약한다. □각 모둠별 대안을 발표한다. (2부제 운행, 5부제 운행, 10부제 운행, 주차장 확보를 위한 노력, 새로운 신호체계 등) □자동차를 2부제 운행을 해야 합니다. 그 이유는……. □자동차를 10부제 운행을 해야 합니다. 그 이유는…….	13′	▫설문 조사한 내용을 모둠별로 사전에 정리해 놓기 ▫교사는 칠판에 모둠별 대안을 적어 준다.
대안의 분석		■각 모둠에서 대안으로 제시한 내용을 살펴봅시다. ■자동차를 2부제로 운행하게 하면 어떤 어려운 점이 생길까? ■주차장을 확보하기 위해 주차장 빌딩을 짓거나 지하 주차장	□모둠별 발표를 열심히 듣는다. □생활이 불편해집니다. □배달하는 사람들은 다니게 해야 합니다. □주차 빌딩을 짓게 되면 주변에 교통이 복잡해지고, 돈이 많이 드니까…….	7′	▫들으면서 중요한 내용은 메모
대안의 평가 및 결정		■그럼 교통문제를 해결하기 위해 어떤 모둠의견을 받아들이는 것이 좋을까? ■가장 많은 의견은 어떤 것이었나? ■그러면, 모든 모둠의 의견을 모아 알맞은 결정을 내려 봅시다.	□각 다른 모둠의 의견으로 발표하게 한다. □승용차 운행을 자제하고, 대중교통을 이용하자는……. □설문 조사로 주민들의 의견을 모은 뒤 결정하는 것이 좋겠……. □가까운 거리는 승용차 운행을 자제하고, 대중교통을 이용하자는…… 주차공간 확보를 위해…….	5′	
	차시예고	■다음 시간에는 우리나라의 발전된 모습에 대해 공부하겠습니다.	□예습과제 적기		
수 행 평 가 관 점		▫다른 사람의 의견에 귀를 기울이는가? ▫타당한 근거로 자신의 의견을 주장하는가? ▫전체의 의사 결정에 합리적으로 따르는가?			

(라) 교수 · 학습과정안(수업안) 해설

단계	수업 과정 해설(내용)
사전학습	- 교사의 의도와 핵심적인 활동 안내: ·주변 환경의 문제에 관심을 갖게 한다. ·환경을 생각하면서 생활하게 한다. ·교통문제를 통해 주변의 어려운 문제들에 관심을 가지고 해결방안을 모색해 본다. ·문제를 해결하는 데 있어서 합리적인 방법이 무엇인지 - 핵심적인 활동으로 의사 결정과정에 필요한 사전지식, 토의 학습, 여러 가지 의견을 종합하여 정반합의 결정을 내릴 수 있는 태도를 배운다. 나아가서는 민주주의 사회에 요구되는 의사 결정 태도를 배우게 된다. - 학습 조직 형태(일제 → 개별 → 분단학습 → 일제 → 분단 → 일제 학습) - 학습 활동 방법: 소집단 협동 학습과 토의 학습에 기초한 의사 결정 학습 - 수업의 기법 및 아이디어: ·조사 계획부터 학생들의 적극적인 개입으로 수업에 관심을 갖게 한다. ·사전 조사와 주요한 내용을 간추릴 수 있는 능력을 길러야 이 수업은 성공하게 된다. 사전에 교사가 과제 확인을 해야 시간이 부족하지 않다. - 자료의 활용법: 신문이나 방송, 주민들의 반응, 인터넷 자료 등을 적극 활용한다. - 지도상의 유의점 ·타당한 근거로 자기의 주장을 하면서 다른 사람의 의견에 귀를 기울이게 한다. ·모둠 토의 연습과 주요한 내용을 간추리는 연습이 되어 있어야 한다. - 학습지는 과제로 제시하는 것이 좋겠음

(조사 학습지)

교 과	단 원	쪽 수		학 반	이 름	교사 도움말
사 회	3. 환경과 더불어 살아가는 길	교과서	120~122쪽	5학년		
		사·탐	124~125쪽	반 번		

안녕하십니까?

저는 ○○초등학교 5학년 담임교사 ○○○입니다.

우리 학급에서는 우리 지역의 교통문제를 해결하기 위한 여러 가지 방법에 대해 의결해 보려고 합니다. 지역에서 생활하시면서 교통문제에 대한 여러 가지 견해를 답해 주시면 됩니다. 협조해 주셔서 감사합니다.

내용	매우 그렇다	조금 그렇다	보통이다	조금 그렇지 않다	전혀 그렇지 않다
우리 지역의 교통문제는 심각하다.					
우리 지역의 교통소음은 심각하다.					
우리 지역의 주차문제는 심각하다.					
우리 지역의 공기오염은 심각하다.					
교통문제에 대한 해결 방안에 대해 생각나는 대로 적어 주세요.					

2. 교수·학습과정안(예시 2)

1) 단원: 3. 대한민국의 수립과 발전(6-1)

2) 단원의 개관

이 단원은 일제 강점기에 독립을 위해 애쓰신 조상들과 그들이 나라의 독립과 주권을 지키기 위해 국내외에서 여러 가지 방법으로 일본에 대항한 역사적 사실을 파악하게 함으로써 조상들의 독립 정신과 애국심을 깨닫게 하고, 그 정신을 바탕으로 대한민국이 수립되었고 발전하였으며 민주화 운동의 전개로 이어져 왔음을 종합적인 관점에서 이해시키고, 그 정신을 계승시키려는 데 주안점을 두고 있다.

첫째 주제에서는 우리 조상들이 일본에 대항하여 무력 투쟁과 아울러 애국계몽 운동과 민족 문화 수호 운동을 전개하였음을 여러 가지 자료를 통해 알게 한다.

둘째 주제에서는 대한민국 정부의 수립, 6·25전쟁, 주요 민주화 운동을 중심으로 민주주의의 달성과정을 이해하고, 경제 성장 관련 통계 자료를 통해 우리나라의 경제적 과제와 전망을 파악하도록 한다.

3) 단원의 목표

【지식·이해】
· 을사조약이 체결된 과정을 통해 일본의 침략을 이해한다.
· 일제 강점기하에서 펼친 의병 운동과 3·1운동의 의의를 이해한다.
· 3·1운동과 대한민국 임시 정부 수립의 관계를 연관 지어 설명할 수 있다.
· 대한민국 임시 정부의 성격과 활동, 주요 인사들을 알 수 있다.

【기능·능력】
· 을사조약 이후 전개된 의병 운동 자료를 모아 정리할 수 있다.
· 의병 운동이 일어난 지역과 의병장들에 대해 조사할 수 있다.
· 조사한 결과를 의병 지도나 연표로 나타낼 수 있다.
· 대한민국 임시 정부의 조직과 활동 내용을 조사하여 표로 정리할 수 있다.

【가치·태도】
· 나라의 주권을 되찾기 위해 일본에 대항한 조상들의 애국심과 자주 독립 정신을 본받으려는 태도를 가진다.
· 나라를 위해 목숨을 바치신 분들의 유가족을 도우려는 마음 자세를 가진다.
· 나라의 소중함을 알고, 나라의 발전을 위해 노력하는 자세를 가진다.

4) 단원의 지도 계획

단원	주제	제재	제재별 주요 내용 요소	교과서 쪽수	차시
3. 대한민국의 수립과 발전		■ 단원 도입 및 계획	· 단원의 학습 내용을 개략적으로 알아보기 · 장기 학습 과제 정하기	사: 100~101 탐: 102~103	1(1/14)
	1. 나라를 되찾기 위한 노력	① 총과 펜을 들어 싸운 조상들	· 을사조약 이후 의병 운동 전개 모습 · 민족의 힘을 기르기 위해 전개한 계몽 운동	사: 102~109 탐: 104~114	2(2~3/14)
		② 대한 독립 만세, 한국광복군 만세	· 3·1운동의 전개과정 · 대한민국 임시 정부를 세운 까닭과 활동 내용 · 3·1운동 이후의 독립운동	사: 110~118 탐: 115~123	2(4~5/14)
		선택 학습	· 일제의 침략에 대항한 인물에 대한 인물 카드 만들기 · 독립군이 되어 일기 쓰기 · 독립군가 완성하기	사: 119	1(6/14)
	2. 대한민국의 수립과 발전	① 분단을 딛고 일어선 대한민국	· 대한민국 정부 수립 과정 · 6·25전쟁의 전개과정과 그 결과	사: 120~124 탐: 124~126	1(7~8/14)
		② 민주 시민이 승리하던 날들	· 4·19혁명의 원인과 과정 · 5·18 민주화 운동 · 6월 민주 항쟁	사: 125~128 탐: 127~130	2 (9~10/14)
		③ 한강의 기적에서 통일로	· 경제 발전과 우리의 노력 · 나아진 국민 생활 모습 · 통일을 위한 정부와 국민의 노력	사: 129~134 탐: 131~136	2 (11~12/14)

단원	주제	제재	제재별 주요 내용 요소	교과서 쪽수	차시
3. 대한민국의 수립과 발전	2. 대한민국의 수립과 발전	선택 학습	·5·10 총선거에 대한 이승만과 김구의 입장을 정리하고 자신의 생각을 말해 보기 ·4·19 혁명을 취재 기장의 입장에서 대담하기 위한 질문을 정리하기 ·외환 위기에 처한 후에 정부와 기업, 국민들이 벌인 노력을 정리하기	사: 135	1(13/14)
		단원 정리 학습	·일제 침략기에 우리 민족이 벌인 주권 지키기 운동을 찾아보기 ·일제 침략기부터 대한민국이 수립하기까지의 역사적 인물과 사건으로 역사 퀴즈 대회 열기 ·여러 항일 운동 중에서 하나를 골라 자세히 조사하기 ·4·19 혁명, 5·18 민주화 운동, 6월 민주 항쟁을 비교하기	사: 136~137	1(14/14)

※ 단원의 지도 계획은 예시적 성격을 지니고 있으므로, 지역 및 학교의 실정과 학생의 발달 정도 등에 따라 학교에서 재구성하여 지도하는 것이 바람직함

5) 단원의 평가 계획

(1) 평가 방향

이 단원은 일제 강점기에 일본에 대항해서 국내외에서 펼친 항일 운동과 광복 이후 오늘날까지 전개되어 온 민주화 과정에서 나타난 우리 민족의 애국심과 자주 독립성을 깨닫게 하는 데에 주안점이 있다. 따라서 다양한 사실 자료의 수집, 정리와 더불어 항일 투쟁의 유적과 유물이 있는 곳에 현장 학습 기회를 가지게 하여 지적·기능적·정의적 평가가 두루 골고루 이루어지도록 한다.

(2) 평가 방법

나라를 되찾기 위한 노력

·우리 민족의 자주 독립을 위해 노력한 인물의 사전 만들기
·포트폴리오
·일제의 우리나라 탄압 내용과 사진 자료 스크랩하기
·포트폴리오
·3·1운동 이후의 독립 운동 전개 모습 설명하기
·보고서 및 발표
·항일 투쟁의 유적과 유물이 있는 곳의 현장 학습
·보고서

· 국토 분단의 원인과 과정의 이해
· 지필
· 4 · 19혁명과 5 · 18 민주화 .운동의 공통점
· 지필, 발표
· 4 · 19혁명 이후 오늘날까지의 국사 연표 작성
· 작품 평가

6) 소단원: ① 분단을 딛고 일어선 대한민국

(1) 학습 목표

· 대한민국 정부의 수립과 발전 과정에서 발생한 중요한 사건과 역사적 인물에 대하여 말할 수 있다.
· 6 · 25전쟁의 전개과정과 그 결과를 알고 우리 민족이 당한 고통에 대하여 설명할 수 있다.

(2) 수업의 기본 방향

이 제재는 중요한 인물과 역사적 사건을 중심으로 대한민국의 수립과 발전 과정에 대하여 알아본다. 이 제재는 크게 8 · 15 광복과 남 · 북한 정부의 수립을 통한 남북의 분단과 6 · 25전쟁으로 구분된다. 이러한 내용의 학습을 위하여 8 · 15 광복, 5 · 10 총선거, 신탁 통치 반대 운동 등 과정을 알아보고, 이 과정에서 이승만과 김구 등의 활약상에 대해 조사해 본다. 또, 6 · 25전쟁의 발생 원인과 전개과정 및 그 영향에 대해 조사해 보도록 한다. 대한민국 정부의 수립과 6 · 25전쟁에 대해 다룰 때 지나치게 이념의 대립이나 갈등을 부각시키는 것은 바람직하지 않으며, 남북 모두 이념 대립의 피해자이고, 남한의 경우에 자유 민주주의 수호를 위해 노력하였다는 것에 중점을 둔다. 이를 위해 구체적으로 대한민국 정부 수립의 전체적인 과정을 일화, 사진, 만화 등을 통해 살펴보고 연표를 통해 정리한다. 6 · 25전쟁은 전쟁의 발생과 전개에 대하여 간단히 언급한 후, 인명, 재산, 이산가족 등 전쟁으로 인한 피해를 강조한다. 이를 통해 전쟁이란 끔찍한 것이며, 전쟁 방지를 위해서도 통일이 시급함을 깨닫게 한다.

(3) 핵심 내용

| 분단을 딛고 일어선 대한민국 | · 대한민국 정부의 수립 | · 대한민국 정부가 수립된 과정
· 대한민국 정부 수립 과정의 중요 사건과 인물 | · 대한민국 정부 수립의 과정은 고난의 과정이었으나, 민주 국가 수립을 위한 초석이 되었다. |
| | · 6 · 25전쟁 | · 6 · 25전쟁의 진행과정
· 6 · 25전쟁으로 인한 고통 | |

(4) 교수 · 학습 전개과정

차시	제재	주요 학습 활동	교수 · 학습 자료
7 (본시)	① 분단을 딛고 일어선 대한민국	·대한민국 정부의 수립 과정을 알아보기	·백과사전 ·학습 만화
8	① 분단을 딛고 일어선 대한민국	·6·25전쟁의 원인, 경과, 영향에 대해 조사하기	
9~10	② 민주 시민이 승리하던 날들	·4·19 혁명의 전개과정에 대하여 알아보기 ·5·18 민주화 운동의 의미와 6월 항쟁에 대하여 조사하기	·인터넷 ·학습 만화
11~12	③ 한강의 기적에서 통일로	·경제 발전 과정을 설명하기 ·석유 파동과 외환 위기 극복 과정 설명하기 ·나아진 국민 생활 모습을 설명하기 ·통일을 위한 정부와 국민의 노력 알아보기	·경제 개발 5개년 계획 관련 기록, 통계, 사진, 그림, 비디오, 신문기사
13	선택 학습	·5·10 총선거에 대한 이승만과 김구의 입장을 정리하고 자신의 생각을 말해 보기 ·4·19 혁명을 취재 기자 입장에서 대담하기 위한 질문을 정리하기 ·외환 위기에 처한 후에 정부와 기업, 국민이 벌인 노력을 정리하기	·백과사전
14	단원 정리 학습	·일제 침략기에 우리 민족이 벌인 주권 지키기 운동을 찾아보기 ·일제 침략기부터 대한민국이 수립하기까지의 역사적 인물과 사건으로 역사 퀴즈 대회 열기 ·여러 항일 운동 중에서 하나를 골라 자세히 조사하기 ·4·19 혁명, 5·18 민주화 운동, 6월 민주 항쟁을 비교하기	·색연필

(5) 본시의 전개

학년 · 학기	6-1	단원(주제)	3-❷-① 분단을 딛고 일어선 대한민국	차시	7/14
학습 주제	대한민국 정부 수립 과정에서의 의사 결정		교 과 서	120~122쪽	
			사회과 탐구	124~125쪽	
학습 목표	대한민국 정부 수립 과정을 살펴보면서 의사 결정 능력을 기른다.				
예습 과제	독립을 위해 노력한 단체, 인물 조사, 김구, 이승만 집중 조사				
수업 유형	의사 결정 학습	학습 조직 형태	대집단→개별→소집단→대집단		

단계	학 습 내 용	교수 · 학습 활동		시간 (분)	자료 및 유의점
		교 사	학 생		
문제 인식 및 명료화	동기 유발	■이산가족 상봉 VTR상영 ■왜 이런 일이 생겼을까?	□'우리의 소원' 노래 부르기 □VTR의 내용을 생각하면서 시청한다. □남북한 친척들이 서로 자유롭게 만나지 못했기 때문에 □휴전선을 경계로 자유롭게 드나들지 못하기 때문에 □남북한의 지도자들이 서로 만나지 못하게 막기 때문에 □어렵게 만난 가족, 친척들과 헤어지기 힘들어서		▫VTR (탈북자 사건에 관한 내용도 좋음)
	문제의 인식	■세계 어느 나라든 여행할 수 있는데, 왜 남북한의 사람들은 자유롭게 만나지도 못할까?	□북한의 공산당이 막기 때문에 □북한 사람들이 남한 사람들을 만나면 살기 좋은 남한에서 살고 싶어 할까 봐 □남한의 지도자들도 북한을 마음대로 방문할 수 없도록 막고 있기 때문에	8´	
	문제의 명료화	■그러면 어떻게 해서 우리나라가 남북한으로 나뉘게 되었는지 알아볼까? ■그래서 오늘은 다음과 같은 내용으로 공부해 보자.	□예. 우리나라가 언제 지금 같은 대한민국이 되었는지도 알고 싶어요. □공부할 문제 확인하기		
	학습문제	대한민국 정부 수립 과정을 살펴보면서 의사 결정 능력을 기른다.			
자료의 수집	학습 순서 알기	■학습 순서 알아보기 1. 광복의 원동력 알아보기 2. 광복 직후의 모습 알아보기 3. 대한민국 정부수립 과정 알아보기 4. 이승만과 김구에 대해 알아보기			▫소집단별로 주제 나누기
	모둠별 조사 · 발표	■먼저 각 모둠별로 조사한 내용을 발표하고 정리해 봅시다.	□조사해 온 자료를 준비하여 중요한 내용을 뽑아 모둠별 자료를 정리하여 전체 발표를 할 준비를 한다.		▫소집단 내에서도 세부내용 나누기

단계	학 습 내 용	교수·학습 활동		시간	자료 및 유의점
		교 사	학 생		
	전체 조사· 발표	■각 모둠에서 학습한 내용을 발표해 보자. ■광복의 원동력 알아보기 ■광복 직후의 모습 알아보기 ■대한민국 정부 수립의 과정 알아보기 ■이승만과 김구 인물 조사 알아보기	□내부의 독립운동에 대해 발표하기 □연합군의 승리와 일본의 패망 발표하기 □임시정부 요인의 귀국 발표하기 □민족 교육의 시작 알아보기 □8·15 광복에 대해 알아보기 □신탁 통치의 결정에 대해 알아보기 □5·10 총선거에 대해 알아보기 □5·10선거에 대한 김구의 입장은 어떠하며 왜 그러한 주장을 하게 되었는가? □5·10선거에 대한 이승만의 입장은 어떠하며 왜 그러한 주장을 하게 되었는가?	9′	▫개별 → 소집단 →대집단
가능한 대안 제시	의사 결정 경험하기	■내가 김구라면 어떤 주장을 할 것인가? ■내가 이승만이라면 어떤 주장을 할 것인가? ■내가 그 당시 국민이라면 어떤 주장이 타당하다고 생각하겠는가?	□김구는 5·10선거에 대해 반대의 입장을 표명했다. 그 이유는…… 때문인데, 내가 김구라도 그러한 주장을 할 것이다. 왜냐하면……. □이승만은 5·10선거에 대해 찬성의 입장을 표명했다. 그 이유는…… 때문인데, 내가 이승만이라도 그러한 주장을 할 것이다. 왜냐하면……. □김구의 주장이 옳다고 생각합니다. 그 이유는……. □이승만의 주장이 옳다고 생각합니다. 그 이유는……. □김구와 이승만의 주장이 모두 잘못되었습니다. 그 이유는……. □김구와 이승만의 주장을 잘 조절하여 결정할 것 같습니다. 왜냐하면…….	10′	▫소집단토론
대안의 분석		■김구의 입장을 지지했던 사람들의 주장에는 문제가 없나?	□김구가 주장한 내용은 잘못하면 북한의 뜻대로 될 것이므로…….		▫대안의 분석이 이루어지도록

단계	학습 내용	교수·학습 활동		시간 (분)	자료 및 유의점
		교 사	학 생		
대안의 분석		■이승만의 입장을 지지했던 사람들의 주장에는 문제가 없나? ■김구와 이승만의 입장을 조절한 제3의 주장에는 문제가 없나? ■결정에 영향을 줄 만한 내용은 어떤 것인가?	□이승만의 주장대로 남한만 참여하는 5·10선거를 통해 남북한이 각각의 정부를 수립했기 때문에 지금도 남북이……. □김구와 이승만의 주장에는 모두 어려운 점이 많았으므로 이 두 주장을 조절한 제3의……. □국민들이 자유민주주의나, 공산주의 또는 민족주의에 대한 정확한 정보가 부족했다. □정확한 정보가 부족했으므로 가장 현명한 판단을 내리기 힘들었다.	8´ 8´	교사가 개입한다.
대안의 평가 및 결정	결정	■내가 김구라면 생각하고 제시한 대안은 현실적으로 가능한가? ■내가 이승만이라면 생각하고 제시한 대안은 현실적으로 가능한가? ■내가 그 당시의 국민이었다면, 어떤 결정을 했겠는가? 그 이유는? ■우리 반 친구들의 결정은 어떠한지 알아보자.	□내가 김구라면 이승만을 설득하려고 더욱……. □내가 이승만이라면 비록 북한이 공산주의를 하려고 해도 설득해서……. □내가 그 당시의 국민이라면 김구와 이승만이 만나서……. □김구: ○명, 이승만: ○명, 제3의 의견: ○명 □그래서 우리 반 친구들은 ○○한 결정을 하였습니다.	5´	
	차시예고 및 과제 제시	■다음 시간에는 6·25전쟁의 원인을 알고 우리 민족에게 끼친 영향을 알아보겠습니다. ■6·25전쟁에 대해 조사해 봅시다.	□알림장에 과제를 적는다.		
수 평 관	행 가 점	□자기가 조사한 내용을 주제가 분명하게 전달하는가? □대한민국 정부 수립과 이승만과 김구의 입장 차이를 비교하여 말할 수 있는가?			

(학습지)

교 과	단 원	쪽 수		학 반	이 름	교사 도움말
사 회	3. 대한민국의 수립과 발전	교과서	120~122쪽	6학년		
		사·탐	124~125쪽	반 번		

※ 다음 주제망을 창의적으로 그려 보자.

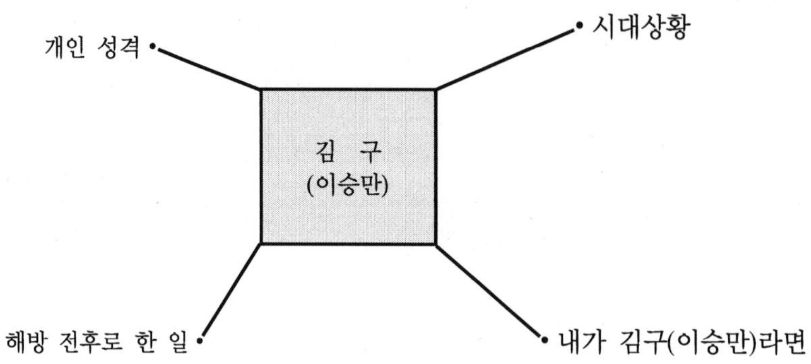

(6) 교수·학습과정안(수업안) 해설

단계	수업 과정 해설(내용)
사전 준비	− 교사의 의도와 핵심적인 활동 안내: 남북통일의 필요성과 당위성에 근거하여 학생들에게 대한민국 정부 수립 과정을 알게 하고 서로 다른 견해의 정치 지도자들의 주장과 태도를 배워 나아가서는 올바른 선거권을 행사하는 데 그 목적이 있다. − 핵심적인 활동으로 광복 전후의 상황, 김구와 이승만의 입장의 차와 그 배경을 조사·토론하여 그 당시의 국민으로서 학생들 스스로 어떤 의사 결정을 하게 될지를 경험하게 한다. − 학습 조직 형태(일제 → 개별 → 협동 학습 → 일제 → 개별 →분단 → 일제 학습) − 학습 활동 방법: 소집단 협동 학습과 토의 학습에 기초한 의사 결정 학습 − 수업의 기법 및 아이디어: 조사 계획부터 학생들의 적극적인 개입으로 수업에 관심을 갖게 함. 주제를 크게 4개로 나누어 한 주제에 2개 이상의 모둠이 참여하게 하고 모둠 내에서도 작은 주제로 쪼개어 학생들이 집중 탐구를 함과 동시에 주요한 내용을 간추릴 수 있게 사전에 교사가 과제 확인을 해야 시간이 부족하지 않다. − 조사 항목의 결정 ① 8·15 광복: 8·15 광복의 배경, 8·15 광복에 기여한 사람들, 8·15 광복 직후의 모습 ② 신탁 통치의 결정: 모스크바 3상 회의의 결정 내용, 신탁 통치에 대한 찬탁과 반탁의 주장 내용 ③ 5·10 총선거: 5·10 총선거 결정의 과정, 5·10 총선거가 가지는 의미 ④ 대한민국 정부의 수립: 국호, 국가의 상징, 국시 및 대통령 조사하기, 북한 정권의 수립 과정 − 역할 분담: 각 분단별로 관심 있는 주제를 결정한다. − 자료의 활용법: 신문이나 방송, 인터넷 자료를 적극 활용한다. − 지도상의 유의점: 모둠 토의 연습과 주요한 내용을 간추리는 연습이 되어 있어야 한다.

▌제9장▐ 사료 학습(史料 學習)

제1절 사료(史料) 학습의 이해

1. 사료(史料)의 개념

1) 사료의 의미

사료 학습은 역사 학습에서 인간들의 역사적인 활동의 흔적이 담긴 제반 자료, 즉 사료인 문헌, 유물, 유적 등을 이용하여 역사적인 제 문제를 이해하고 탐구하여 해결할 수 있도록 하면서 역사적 가치를 발견하게 하는 학습 형태이다. 그러므로 사료 학습은 과거 인간들의 제반 활동 자료이며, 역사 연구의 도구이고 역사 연구의 매개물적 역할을 하는 사료의 활동을 통하여 학생들로 하여금 역사적 사실에 대하여 비판력·분석력·해석력 등을 높여서 탐구력을 발전시키고 역사의식을 신장시키려고 하는 데 의의가 있다.

사료 학습은 학생들이 사료를 올바르게 다루고, 그것을 실제 학습에 이용하는 방법을 학습함으로써, 모든 역사적 현상을 탐구할 수 있는 능력을 기르며, 역사를 보는 안목과 사회 사상의 의미를 추구하는 능력에도 큰 변화를 가져오게 되는 것이다.

역사 교육에 있어서 사료(史料)는 역사적 사실을 객관적으로 인식하고 역사적 사고력 및 태도를 기르는 데 필수적 도구이다. 역사 연구의 대상은 과거의 인간이 남겨 놓은 제 활동의 사실이다. 이 같은 인간 행동과 사상(事象)이 담긴 총체로 직접 경험할 수 없는 과거를 인식하는 데 효과적인 자료 중 하나가 '사료'이다. 사료는 역사가와 과거의 사실을 연결해 주는 매개이며 역사가의 역사 인식 수단이다. 이러한 사료는 역사가에 의해 비판·해석되어 역사적 사실 설명에 기여할 수 있는 가치를 가진다. 특히 교육에 이용되는 사료는 사학자에 의해 그 가치를 확실히 인정받은 사료 중에서 핵심적 문제 해결에 공헌이 가능한 구체적이고 실증적인 것만을 포함한다.

2) 사료의 분류

사료란 역사적 자료 중 문헌 자료를 가리킨다. 사료는 역사 연구에서 기본적인 자료이다. 사료에는 제1차적 사료와 제2차적 사료 및 제3차적 사료가 있다.

사료를 형태상으로 구분하면 크게 문헌 사료와 비문헌 사료로 나눌 수 있다. 문헌 사료란 글자로 쓰인 모든 사료이며 비문헌 사료에는 건축물, 일용품, 생산도구, 예술품, 유적 등 인간의 손길이 닿은 모든 물적 잔존물이 이에 속한다. 여러 역사학자의 견해를 종합하여 크게 나누어 보면 다음과 같다. 제1차 사료는 문헌 자료, 비문헌 자료 등이고, 제2차 사료는 역사서, 논문, 보고서 등이며, 제3차 사료는 통계, 그림, 사진 등이다.

<표 25> 사료(史料)의 구분

제1차적 사료		제2차적 사료	제3차적 사료	
문헌	비문헌	역사서, 논문, 보고서	통계	그림 사진 등

제1차적 사료는 당대에 기록된 문헌 사료나 유적, 유물을 말한다. 잔적(殘跡·과거 행동의 산물로서 곧바로 사실 추리의 근거로 삼을 수 있는 사료)으로 객관성을 갖춘 것뿐 아니라 주관이 개입된 문헌이나 유물 중에서도 역사적 검증을 거쳐 시대상을 반영하고 해석의 가치를 지니는 것으로 판별된 것은 교육상 제1차 사료로 분류한다. 해당 역사적인 상황을 좀 더 직접적으로, 구체적으로 보여주는 것이다. 가령, '조선왕조실록', '승정원일기' 등이다.

제2차적 사료는 원사료를 보고 역사가를 포함한 후대인이 해석한 사료를 말한다. 즉 역사서, 논문, 보고서 등으로 여기는 역사가의 주관이 포함될 수 있다. 제1차적 사료에 입각하여 기술된 '정도전에 대한 연구' 등이다.

제3차적 사료는 당대 기록에 의거해 제작된 통계, 지도, 그림 등이다. 특히 그림은 단순히 인물의 초상을 그린 것은 해석의 가치가 없어 제3차적 사료로 분류하고, 당시대 성격을 나타낸 예술품으로서의 그림은 유물로서 제1차적 사료에 포함시킨다.

이와 같은 사료는 역사를 연구하는 데 아주 중요한 자료이지만, 대부분의 사료는 한문(漢文)으로 쓰여 있어 학생들은 물론 교사들도 그것을 해독하지 못하는 어려움이 있다. 그러므로 본격적인 사료의 이용은 학교급별, 수준별로 활용하여야 한다. 초등학교의 사료 학습은 번역서(풀이해 놓은 글)를 중심으로 하는 것이 바람직하다. 그리고 중·고교로 올라갈수록 그 수준을 높여야 한다.

3) 사료의 교육적 기능

학습자가 학습 과제를 해결해 가는 데 있어서 구체적으로 실증할 수 있는 가치와 증빙력이 있는 자료인 사료가 가지고 있는 교육적 기능을 들자면,

첫째, 사료는 역사에 대한 흥미와 지적 호기심을 충족시켜 주고 단조로운 역사 학습에 학습 동기를 주어 역사 학습에 대한 관심을 높인다. 사료를 통해 경험하는 일차적 경험 기회는 추리력과 상상력이 부족한 학생에게는 능동적이며 확실한 경험의 세계를 제공하고, 이미 역사적 개념들을 습득한 학생이 역사적 사실을 구조화하는 데 큰 도움이 된다.

둘째, 사료는 교과서의 획일적인 서술의 한계성을 극복해 줄 수 있다. 사료로 연대사별로 서술된 교과서의 내용을 보완하고, 그 평면적 서술의 한계를 극복해 교재와 내용을 보충·심화하는 기능을 가진다.

2. 사료 학습의 특징

사료란 과거의 인간 활동과 사상이 담긴 다양한 형태의 흔적을 뜻한다. 이 사료를 매개로 하여 직접 체험할 수 없는 과거의 사실에 대해 문제의식을 갖고, 증거 자료로서의 사료에 대한 비판과 해설을 통해 역사적 사실을 확인하고 그 사실의 의미를 깊이 있게 이해하는 과정에서 역사적 사고를 하도록 안내하는 학습이 사료 학습이다. 사료 학습은 이상적으로는 역사학자의 역사연구방법, 즉 사료의 수집·비판·해석의 과정을 교실에 적용하는 교사가 학생의 발달수준에 맞게 재구성한 사료를 토대로 일련의 탐구과정을 거치도록 안내하는 방식을 택하게 된다.

3. 사료 학습의 의의

1) 사료 학습의 필요성

사료 학습은 내용 위주의 교육이 아닌 방법 중심의 교육 방법으로서 강의식 수업을 대체할 효과적인 수업 방식의 하나이다. 즉 사건의 표면적 서술에 그치는 교과서의 제한성을 극복하고 학습자에게 자료를 직접 활용하게 함으로써 학습동기를 고양하며, 직접 경험에 의한 지식의 내면화를 보장하기 때문에 역사적 사고력, 역사적 탐구력 등을 길러 차원 높은 역사의식을 형성하는 데 가장 효율적인 교수 방법이다. 사료 학습의 필요성을 내적·외적 요인으로 나누어 살펴보면,

우선, 외적으로 역사학에서의 역사관이 고증적·문헌사적 연구에서 철학적 이해라는 차원으로 발전함으로써 역사 교육 방법의 전환이 요청되었다. 즉 단순히 과거의 사실을 실증적으로 모사하고, 역사적 사실을 획득하기보다는 거기에 내재된 의미를 파악하고자 하는 새로운 역사관이 제기된 것이고, 역사적 사실에 내포된 현대적 의미에서 해석을 내리는 역사적 사고력이 필요하게 된 것이다. 이러한 요청에 부응하여 제기된 교수 방법의 하나가 사료 학습으로서, 사료를 사용해 현재적 입장에서 역사를 이해·해석하고, 비판·탐구함으로써 역사 인식의 심화를 기대할 수 있다.

다음으로 내적인 요인에서 역사 교육이 당면한 변화들, 예컨대 현대 지식의 양적 증대, 교육 내용의 전문화, 교육 목표의 변화 등에 따른 필요성을 들 수 있다. 하나의 교과목으로서 역사는 다루어야 할 내용의 양이 연간 실제 수업 분량을 훨씬 능가한다. 이러한 상황을 무시한 채 전통적 방법에 의해 하나의 과목으로 역사를 가르치기에, 역사 과목은 시간에 쫓기는 암기 과목이 될 수밖에 없으므로 자료로서 가르치는 것이 더 효과적이라는 의견이다.

따라서 교과서를 하나의 자료로 끌어내리는 한편, 교사는 교과서 내용을 모두 전달하려는 의미 없는 교수 활동을 지양하고, 피교육자의 수준, 타 교과와의 관련성 등을 고려한 다양한 교수 자료를 개발하여 사용하는 사료 학습은 교과서 중심의 현행 역사 교육의 문제를 극복할 수 있는 한 방법으로 필요성이 제기되는 것이다.

2) 사료 학습의 의미

일반적으로 사료를 이용하여 역사를 탐구하는 사료 학습의 기능, 즉 구체적인 교육적 효과는 다음과 같다.

첫째, 사료 학습은 역사 사상의 구체화와 동적 이해에 효과가 있다. 단순하고 추상적인 지식을 일방적으로 전달하는 주입식·강의식 수업과는 달리 생생한 문헌 자료를 대함으로써 과거의 사실을 동적으로 이해할 수 있고, 그 배경이나 인과 관계 등을 파악하여 개념을 구체적으로 인지해 역사 인식의 내면화가 오랫동안 유지될 수 있다.

둘째, 사료 학습은 주관식 학습으로서 자료 처리 능력, 역사를 읽는 능력, 사료 선택하는 능력, 공정한 판단을 하는 능력 등 제반 능력을 육성시켜 준다. 문서에 대한 본질적인 질문을 통하여, 자료와 사상을 대할 때 실증적이고 과학적인 태도를 갖도록 돕는다.

셋째, 사료 학습을 통하여 학생들은 역사적 사고력과 역사의식을 신장시킬 수 있다. 사료를 가지고 역사가와 흡사한 작업을 하는 과정에서 역사적 근원을 찾고, 사료에 대한 내적·외적 비판을 가함으로써 역사적 사실에 대한 통찰력과 역사의식을 기를 수 있는 것이다. 특히 대립된 학설이 있을 경우나 고고학 사료와 문헌 사료, 국내외 사료를 비교할 때 이러한 학습태도를 기르게 된다.

넷째, 사료를 준비하는 과정에서 교사는 스스로 자료 처리 능력과 역사 연구의 방법을 체득하게 되며, 사료를 읽고 토론하는 과정에서 학생은 적극적 참여와 사고를 도모할 수 있다. 즉 사료 학습은 교사·학생 간의 생동적인 협동수업의 장을 마련하여 준다.

역사 학습에서의 사료 활용은 학습자의 역사에 대한 흥미·관심을 제고하고, 역사적 사실을 깊이 있게 이해할 수 있게 하고, 나아가 사료를 활용하는 활동 중심 학습에 의해 역사적 사고 능력과 태도를 기를 수 있게 한다.

그 밖에, 사료 활용은 역사적 사실의 인식이 사료에서부터 시작된다는 점을 인식하게 하고, 과거에 대한 시간 의식을 기르는 데 도움을 주고, 교과서에 기술된 내용이 역사적 사실의 전부가 아니라는 것을 깨닫게 해 준다는 점에서 교육적 의의가 크다. 이러한 사료 활용의 효용성을 정리하면 다음과 같다.

① 사료를 직접 대하고 경험함으로써 역사에 대한 관심과 흥미를 불러일으키고 지적 호기심을 유발할 수 있다는 점
② 사료를 접하여 분석·비판·종합해 봄으로써 사상을 공정하게 판단하고 이해할 수 있다는 점
③ 사료를 접하여 역사적 연구의 방법을 체득함으로써 사실을 객관적으로 인식하고 역사적 태도와 능력, 역사의식과 역사적 사고력을 기를 수 있다는 점
④ 다양한 사료를 활용하여 사실을 실증적으로 파악함으로써 학습의 파지가 오랫동안 계속될 수 있다는 점
⑤ 실증적 자료를 활용함으로써 역사에 대한 이미지를 풍부히 하고 독사 능력을 기를 수 있다는 점

3) 사료 학습의 방법

(1) 사료 학습의 단계

현장에서 사료 학습을 전개하여 교육적 효과를 증가시키기 위해서는 적절한 단계에 따른 작업이 선행되어야 한다. 일반적으로 사료 학습의 단계는 준비 단계 → 계획 단계 → 지도 단계 → 평가 단계 등으로 나눌 수 있다.

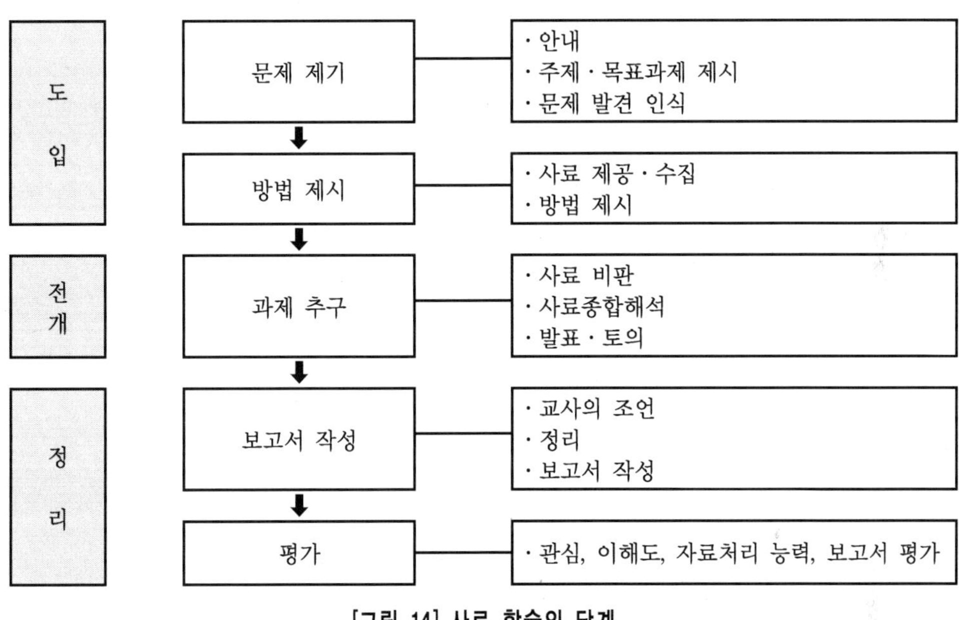

[그림 14] 사료 학습의 단계

준비 단계에서는 학습 주제와 과제를 설정한다. 연간 지도 계획에 따라 사료 학습이 필요한 단원을 선정하고, 적절한 탐구 과제를 고안해 내는 작업이 이루어져야 한다. 이때 학습자의 능력과 관심도를 측정하는 기초 학력 평가와 설문지 검사가 병행되어야 한다.

계획 단계에서는 주제 목표와 활동 계획이 수립되고, 그에 따라 교사가 사료를 수집·비판하고 학습 지도안을 작성하는 과정을 포함한다. 사료의 선정과 이용은 교수 방법의 성패를 좌우할 만큼 중요한 위치를 차지한다. 왜냐하면 사료 학습의 특징은 학생 스스로 학습의 방법을 습득하도록 하는 것이므로, 그것의 매개인 사료를 제대로 선정하여 이용하지 못하면 아무리 학습자가 성실하게 탐구 과정을 거쳐도 엉뚱한 결과를 초래할 수 있기 때문이다.

그러므로 교사는 학습 주제와 학생의 수준에 알맞은 사료를 수집해야 한다. 사료의 수집 시에는 교과서에 수록된 사료와 교사용 지도서, 사료집, 각종 개론서, 학생용 참고서 등에서 수집한 사료 중 최적의 것을 선택하면 된다. 모아진 사료는 출전, 작가, 내용 및 기타 사항에 따라 분류해 놓고 주제에 맞게 적절히 활용하도록 준비해 놓는다. 이 같은 사료 수집·분류 단계는 전문가와의 협의하에 계획적인 작업을 하는 것이 효과적이다. 사료 수집과 분류 단계를 마치면 구체적인 수업 지도안을 작성한다. 지도안에는 학습 단계, 학습 주제, 세부 학습 활동, 제공될 사료명, 유의 사항, 소요시간 등이 명시되어야 한다.

지도 단계는 실제 수업을 진행하는 단계이다. 이 과정은 사료 학습의 방법에 따라 달라지는데, 사료 학습 방법은 '단원 접근법'과 '분산적 접근법'으로 나뉜다. 일반적으로 지도 단계에서 교사가 유의할 점은 학생들의 참여도를 살피고, 학생들이 적극적으로 사료를 읽고 사고하도록 유도해야 한다는 것이다. 사료 학습은 주로 질의를 통해 진행하는 것이 좋은데, 사료에 익숙지 않은 학생들의 관심을 이끌어 내고, 사고의 방향을 제시할 수 있기 때문이다. 질의에 대한 답변을 미리 예측하여 두면 학습에 도움이 된다. 계획되지 않은 상태에서 마구잡이 식으로 사료와 질의를 제공할 경우엔 학생들에게 오히려 혼란을 초래할 수 있다.

평가 단계에서 교사는 관찰을 통해 학생들의 관심도와 참여도를 측정하고, 적절한 평가 문항을 개발하여 학생들의 성취도를 진단해 본다. 평가 내용은 사실 인지 능력, 자료 처리 능력, 사고력, 태도의 변화 등을 포함한다. 평가는 사료 학습 시간마다 실시하지는 못하고, '단원 접근 방법' 수업 진행 후나 단원 총괄 평가 때에 측정하도록 한다.

한편, 일부 학자들을 중심으로 사료 학습의 단계를 다음과 같이 제시하기도 한다.

(2) 문제 설정 단계

역사 연구의 방법적 과정론에는 대체적으로 사료의 수집, 비판, 해석, 서술 등으로 나누는 것이 일반적이다. 문제 설정 단계에서는 사료를 활용함으로써 학습 효과를 얻을 수 있는 학습문제를 교사와 학생이 협의하여 설정하고, 설정된 문제를 해결하는 가설을 설정하는 활동이 이루어지는 과정이다. 이 과정에서 교사는 사료의 종류, 출처, 이용 방법 등에 대해서 충분한 시사(示唆)를 해 주어야 한다.

(3) 사료의 수집·비판·해석 단계

사료의 수집·비판·해석 단계에서는 박물관, 도서관, 문서관 자료 소장실 등에 찾아가서 사료를 수집하고, 이를 분류 채택하여 인용, 복사 등을 한다. 그리고 이러한 사료들에 대하여 왜곡과 오류, 실용성과 가치성을 판별해 보도록 하는데, 여기에는 사료의 위작과 변조 여부를 가리는 외적 비판과 사료의 신빙성과 내적 가치를 판별하는 내적 비판이 있다. 또한 이와 같은 비판이 끝나 사료들을 읽고 해석하며 그 의미를 파악함으로써 전 단계에 설정된 가설과 문제 해결의 방향에 연관시키는 활동이 이루어진다.

(3) 검증·정리 단계

검증·정리 단계에서는 수집된 사료를 비판·해석한 것을 분단별로 발표하고, 질의 응답하며 토론하는 활동을 통하여 문제 해결의 가설에 따라 검증하고 정리하여 보고서를 작성하는 등 활동이 이루어진다. 이때에는 제기되었던 구체적 사료를 통하여 그 해결 과정을 자세하게 파악한다.

4. 사료 학습의 자료

① 문헌 자료를 활용한다. 문헌 자료는 역사적 중요한 사건에 대한 고문서, 일기, 편지, 전기, 신문 기사, 역사 소설, 노래, 글 등을 자료를 통해서 사건의 원인, 경과, 결과, 성격 등을 파악하는 것이다.
② 유물 자료를 활용한다. 유물 자료는 민속물, 회화, 조각, 공예품 등 자료를 통하여 그 당시의 생활양식, 사회 상황, 풍습, 문화적 성격 등을 파악하는 것이다.
③ 기타 자료의 활용이다. 이것은 향토 자료, 문화적 설화, 구비 문학 자료 등을 통하여, 그 지방의 역사적 변천이라든가, 민중 의식의 구조와 생활 모습의 변화 등을 파악한다.

5. 사료 학습의 종류

사료 학습의 방법도 일반적 통사 학습과정에서 필요할 때마다 본시 학습 내용과 관련 있는 사료를 활용하는 분산적 접근 방법과 사료 학습 그 자체를 하나의 단원 학습으로 전개하는 단원 접근 방법이 있다.

분산적 접근 방법은 본시 수업의 이해 폭을 확장하기 위해 본시 수업 전개과정상 몇 분씩 사료를 활용하여 평면적 내용을 보충·심화하는 방법이다. 이것을 본격적인 사료 학습이라고 볼 수는 없고, 전통적 교수법의 장점을 최대한 이용하고 단점을 보완하는 목적에서 이용된다. 그러나 교과과정상 매시간 본격적인 사료 학습을 진행하는 것은 무리가 있기 때문에 이 방법이 주로 이용된다. 단원 접근 방법은 주제를 선정하고 그 주제의 과제를 해결하기 위한 사료를 교재의 자료로 활용함으로써 역사적 사실과 의미를 탐구하는 방법이다. 이는 본격적인 사료 학습이며, 2~3시간에 걸쳐 수업을 진행하고 한 학기당 1~2회 정도 진행하는 것이 바람직하다.

이 학습과정에서 가장 중요한 것은 학생들이 활동하는 방법을 찾아내고 작업의 절차를 익히는 것이다. 사료에서 해답을 얻어 내는 것도 필요하지만 그 과정이 객관적이고 단계적이었는지가 더욱 중요하다. 그러므로 교사는 학생을 일방적으로 이끌지 말고 사고과정을 효과적으로 하는 지원을 제공해야겠다.

6. 사료 학습의 유의점

사료 학습은 학생들이 역사 연구 방법을 습득하고, 사료를 다루는 과정에서 역사적 사고력과 기타 제 기능을 신장시키기 위한 학습이므로 지도 계획에서 평가에 이르기까지 많은 주의가 필요하다. 사료 학습의 일반적 유의점을 들자면,

첫째, 사료가 교육적으로 가치 있고, 과제 해결에 도움이 되는지, 지나치게 지시적인 내용을 제시한 것은 아닌지 등 사료에 대한 고려가 있어야겠다.

둘째, 교사의 수업 진행이 사료 해석보다는 사료 이용 방법에 대한 훈련에 초점을 두어야 하겠다. 사료를 해석, 비판할 때 객관적인 입장을 유지하도록 유도해야 한다. 사료의 해석만을 강조하거나 사료를 교과서와 같이 절대시할 경우 학생들의 개념 사고력 신장에 도움을 주지 못할 뿐 아니라 오히려 수업 부담을 가중시키는 결과를 낳는다. 그러므로 사료를 하나의 자료로서 이용하여 시대적 구조와 이해와 사고과정의 발달에 목적을 두어야 하겠다.

셋째, 시간을 고려하여 사료 단원을 설정하고, 정해진 시간 내에 가장 효과적인 수업 진행이 되도록 철저한 계획을 수립하여야 하겠다. 특히, 역사 교육에서는 다루어야 하는 내용이 방대하므로 잘 조직된 학습 지도 계획안이 필요하다.

넷째, 수업 중 학생들에게 개방적인 분위기를 조성하고, 주제 파악 및 견해 피력 시 명확한 표현을 사용하도록 훈련시켜 주어야 한다. 또한 학생들의 답변은 반드시 그 근거를 사료에서 밝혀 단순한 상상력이 아닌 사고력을 육성하도록 유의해야 한다(인천광역시사회과교육연구회, 2007: 291-296).

7. 적용 가능한 단원 내용

학년	단 원	주 제	제 재
3 학년	다. 고장생활의 변화	① 생활 도구의 변화	1 도구의 변화 2 도구의 발달과 생활 변화 3 도구를 통해 알 수 있는 조상들의 삶
		② 교통·통신의 변화	1 교통수단의 변화 2 통신 방법의 변화 3 교통·통신에 따른 고장의 발전
		③ 놀이와 행사의 변화	1 전해 오는 민속 2 가정의례의 변화 3 고장의 행사와 문화 전통의 계승
4 학년	다. 옛 도읍지와 문화재	① 옛 도읍지를 통해 본 나라들	1 옛 도읍지와 나라들 2 옛 도읍지의 문화재 탐방 <심화> 옛 도읍지와 입지 조건
		② 박물관과 문화재	1 박물관 2 우리 고장의 문화재 <심화> 우리 고장의 유형·무형 문화재 조사

학년	단 원	주 제	제 재
5학년	라. 우리 겨레의 생활 문화	① 생활 도구와 과학 기술	① 의식주 생활 도구와 조상의 슬기 ② 우리 겨레의 과학 문화유산 <심화> 생활 도구에 담긴 조상들의 과학 기술과 슬기
		② 마을 제사와 종교 생활	① 건국 이야기와 민족정신 ② 마을 제사와 두레 ③ 민족·예술과 종교 <심화> 민속 신앙의 긍정적·부정적 측면에 대한 토의: 종교와 공동체 생활의 관계 토의하기
6학년	가. 우리 겨레, 우리나라	① 나라를 일으킨 조상들	① 선사 시대의 주민 ② 하나로 뭉친 우리 겨레 ③ 민족 국가의 신장 <심화> 나라를 일으킨 역사적 인물의 업적
		② 문화를 빛내고 외침을 물리친 조상들	① 민족 문화의 발달 ② 국난의 극복 <심화> 민족 문화 발달과 국난 극복에 기여한 역사적 인물의 생애와 업적
	나. 새로운 사회, 문화로 가는 길	① 국가의 부강과 국민의 복지를 위해 노력한 조상들	① 실학의 출현과 사회변화 ② 사회개혁을 위한 노력 ③ 예술·종교 면에서의 새로운 움직임 <심화> 문학, 예술 작품에 나타난 실학과 서민 정신
		② 자주와 독립을 위해 싸운 조상들	① 근대화를 위한 자주적 노력 ② 항일 독립 전쟁 ③ 8·15 광복과 민주 국가 건설 <심화> 근대 이후의 역사적 인물 가운데 존경할 인물을 선택하여 생애와 업적 조사하기

제2절 사료 학습의 실제

1. 교수·학습과정안(예시 1)

1) 단원

1. 우리나라의 자연환경과 생활 ❷ 자연환경을 이용한 생활(5-1)

2) 단원의 개관

이 단원은 우리 국토를 배경으로 인간과 환경의 상호 작용에 대한 이해를 추구하고 있다. 즉 인간생활의 모습이 지형과 기후 조건과 밀접한 관계가 있다는 것을 알게 한다. 또, 의식주 생활의 모습은 자연환경을 이용한 결과이며, 지형과 기후 조건에 따라 그 모습이 다르다는 것을 학습한다.

첫째 주제인 '❶ 우리 생활과 자연환경'에서는 지형과 기후 조건이 인간의 생활 모습에 주는 영향을 알아본다. ① 제재에서는 지형에 따라 인간의 생활양식이 다르다는 것을 학습한다. ② 제재에서는 기온과 강수량 같은 기후 조건이 인간생활에 미치는 영향을 학습한다.

둘째 주제인 '❷ 자연환경을 이용한 생활'에서는 우리 조상들의 기본적인 생활 모습이 자연환경을 이용한 결과임을 알아본다. ① 제재에서는 더위와 추위에 대비한 의생활 모습을 살펴보고, ② 제재에서는 기후와 지형에 따라 다른 식생활 모습을 학습한다. ③ 제재에서는 기후와 자연조건에 따라 다른 주생활 모습을 학습한다.

3) 단원의 목표

(1) 지식 · 이해

· 산간, 평야, 해안 지역의 특징을 알고, 지형과 인간생활의 관련성을 이해한다.
· 지형도와 인구분포도의 관련성을 이해하고, 지형이 사람이 살아가는 데 미치는 영향을 이해한다.
· 조상들의 의생활과 자연환경의 관계를 알 수 있다.
· 식생활 모습이 지형 및 기후와 관계있음을 이해한다.
· 주생활 모습이 지형과 기후에 따라 다른 까닭을 알 수 있다.

(2) 기능 · 능력

· 각 지형과 관련된 자료를 모으고, 이를 분류하여 정리할 수 있다.
· 기후에 관한 정보를 여러 가지 자료를 통해 찾아낼 수 있다.
· 계절에 따라 달라지는 음식 종류를 찾아서 제시할 수 있다.
· 견학 후의 결과를 다양한 방법으로 표현할 수 있다.

(3) 가치 · 태도

· 자연환경을 바르고 슬기롭게 이용하려는 태도를 가진다.
· 옛날과 오늘날의 생활을 비교하고, 민족 고유의 의식주를 발전시키고자 하는 마음을 가진다.
· 공동의 문제 해결을 통해 타인과 협력하는 태도를 가진다.

4) 단원의 지도 계획

단원	주제	제재	제제별 주요 내용 요소	교과서 쪽수	차시
	단원 도입 및 계획		· 단원의 학습 내용 알아보기 · 장기 학습 과제 정하기	사: 2~3 탐: 2~3	1 (1/17)
	❶ 우리 생활과 자연환경	① 사람들은 어떤 곳에서 생활하고 있을까	· 지형의 모습과 특징 알기 · 지형에 따른 생활 모습 알기 · 지형도와 인구분포도의 관계 알기	사: 4~10 탐: 4~13	3 (2~4/17)
		② 기후와 생활	· 계절의 변화와 생활의 관계 알기 · 계절과 관련된 생활 모습 알기 · 우리나라 기후의 특징 알기	사: 11~18 탐: 14~21	3 (5~7/17)
		선택 학습	· 인구 밀도와 지형의 관계 알기 · 일기 예보도를 보고 우리 시도의 날씨 알기 · 일기 예보도로 생활 모습 판단하기	사: 19	1 (8/17)
	❷ 자연환경을 이용한 생활	① 더위와 추위에 대비한 한복	· 더위와 추위에 대비한 한복의 재료와 특징 알기 · 의생활에 나타난 조상들의 슬기 알기	사: 20~26 탐: 22~29	2 (9~10/17)
		② 우리 조상들이 즐긴 음식	· 우리 조상들이 즐긴 계절 음식 알기 · 지방에 따라 김치 맛이 다른 까닭 알기 · 김장을 하는 까닭과 시기 알기	사: 27~31 탐: 30~39	2 (11~12/17)
		③ 여러 가지 모양의 집	· 추위와 더위에 대비한 집 모양 알기 · 각 지방별 집 모양의 차이 알기 · 현장 학습의 방법과 주의점 알기	사: 32~39 탐: 40~47	3 (13~15/17)
		선택 학습	· 우리 고장에서 즐겨 먹는 김치의 재료와 특징 알기 · 한복을 계승하려는 까닭 알기	사: 40~41	1 (16/17)
	단원 정리 학습		· 자연 이용과 극복 사례 알기 · 지명의 유래를 자연조건과 관련짓기 · 기후에 적응한 조상들의 의식주 생활에서 이어받을 점 알기 · 인구 밀도와 자연조건의 관계 알기 · 조상들의 의식주 생활 모습에서 슬기를 찾아 소개하는 글 쓰기 · 지형에 따른 마을의 입지 조건 알기 · 우리 지역의 특색 있는 음식의 재료와 지형 및 기후 관계 알기 · 조상들의 생활 모습을 계절별로 구분하고, 조상들의 지혜 알기	사: 42~47	1 (17/17)

5) 단원의 평가 계획

이 단원에서는 인간생활과 자연환경의 관계에 대해 알고 있는지를 평가의 주안점으로 둔다. 학생들의 이해 정도를 다양한 접근 방식을 통해서 평가하고, 학습 활동 과정에서 산출되는 결과물을 평가하여 학습 방법의 개선과 학습 능력 향상에 기여할 수 있도록 한다.

		교수·학습 활동	평가
❶ 우리 생활과 자연 환경	· 지형 관련 자료를 수집하여 산간, 평야, 해안 지형별로 분류하기 · 사진에 제시된 지형이 인간생활에 미치는 영향을 쓰고 이 지형을 슬기롭게 이용하는 방법을 설명하기 · 지형도와 인구분포도를 보고, 인구가 많은 곳과 인구가 적은 곳의 지형적 특징을 설명하기 · 기후에 대한 정보를 효과적으로 찾아내기 · 계절에 따른 기후의 변화가 사람들의 생활에 미치는 영향을 설명하기 · 우리나라 기후의 특징을 간략하게 정리하여 발표하기	· 분류 결과물 평가 · 학습지 평가 · 구술 평가 · 지필 평가 · 관찰 평가
❷ 자연환경을 이용한 생활	· 한복이 더위와 추위에 대비했다는 점을 찾아내기 · 한복을 발전시킬 수 있는 토의 학습에 적극 참여하기 · 지방마다 김치의 종류와 맛이 다른 까닭을 설명하기 · 김장하는 시기가 다른 까닭을 설명하기 · 지방에 따라 주생활 모습이 다른 점과 그 까닭을 조사하기 · 견학 활동에서 주의할 점을 잘 지키고 열심히 참여하기 · 견학 발표에서 견학 결과를 다양한 방법으로 나타내기	· 지필 평가 · 구술 평가 · 작품 분석 평가 · 포트폴리오 평가 · 관찰 평가

6) 본시의 전개

학년·학기	5-1	단원(주제)	1. 우리나라의 자연환경과 생활	차시	14/17
학습 주제		❷ 자연환경을 이용한 생활 ③ 여러 가지 모양의 집	교 과 서	35~35쪽	
			사회과 탐구	42~43쪽	
학습 목표	주생활의 모습이 지형에 따라 다른 까닭을 알 수 있다.				
예습 과제	지방별로 서로 다른 집의 모습을 나타낸 사진, 그림, 설계도				
수업 유형	사료 학습		학습 조직 형태	소집단학습	

단계	학습 내용	교수·학습 활동 교 사	학 생	시간	자료 및 유의점
문제 인식 및 문제 파악	대면인사 학습동기 유발 공부할 문제 제시	**상호 대면 인사** ■ 본시 수업과 관련된 다양한 형태의 한옥의 모습 사진을 제시하여 학생들에게 동기 유발시킨다. **공부할 문제** 주생활의 모습이 지형에 따라 다른 까닭을 알아보자.	□ 제시된 내용을 통하여 흥미를 갖고 본시 학습 목표를 암시받는다.	7'	▫ 당시의 다양한 형태의 한옥 사진을 사료로 제시한다.

문제 탐구 및 문제 해결	문제 해결 방법안내	■공부할 문제를 해결하기 위한 학습 　순서의 방법에 대해서 안내한다.	□공부할 문제에 대한 학습 순서 　의 방법에 대해 이해한다.	7'	·소집단학습 　방법 안내
		■**학습 순서** ① 주제 선정: 각 소집단별로 알아보고자 하는 학습 주제 선정하기 ② 사료 검토: 주어진 사료를 살펴보고 그 특징 파악하기 ③ 발표: 파악된 특징이 잘 나타나도록 다양한 방법으로 발표하기			
	여러 지방의 집 모습과 그 특징 살펴보기	■교사가 준비한 자료를 나누어 주고 　제시된 과제를 중심으로 주제를 선 　정하도록 한다.	□준비된 과제에 관한 각자의 의 　견을 제시하고 주제와 역할을 　선정한다.		
		☺ **뿌: 남부 지방의 집 모습을 살펴보고 그 특징을 알아보자** ☺ **리: 중부 지방의 집 모습을 살펴보고 그 특징을 알아보자** ☺ **깊: 북부 지방의 집 모습을 살펴보고 그 특징을 알아보자** ☺ **은: 섬 지방의 집 모습을 살펴보고 그 특징을 알아보자** ☺ **나: 바닷가 지방의 집 모습을 살펴보고 그 특징을 알아보자** ☺ **무: 산촌 지방의 집 모습을 살펴보고 그 특징을 알아보자**			
문제 탐구 및 문제 해결	여러 지방 집 모습과 특징 발표하기	■소집단별로 선택한 과제에 대하여 　토의 및 발표 준비를 하게 한다.	□교사가 나누어 준 사료를 살펴 　보고 그 특징을 알아보기 위한 　토의를 하고 다양한 방법으로 　발표가 될 수 있도록 준비한다.	12'	·과제 해결을 　위한 토의 학 　습지는 사전에 　준비
		☺ **뿌: 남부 지방의 집 모양** 남부 지방의 집 모양을 살펴보고 그 특징을 설계도로 그 려 발표한다. ☺ **리: 중부 지방의 집 모양** 중부 지방의 집 모양을 살펴보고 그 특징을 연극으로 발 표한다.			
		☺ **깊: 북부 지방의 집 모양** 북부 지방의 집 모양을 살펴보고 그 특징을 마인드맵으로 발표한다. ☺ **은: 섬 지방의 집 모양** 섬 지방의 집 모양을 살펴보고 그 특징을 인형극으로 발 표한다. ☺ **나: 바닷가 지방의 집 모양** 바닷가 지방의 집 모양을 살펴보고 그 특징을 실물화상기 를 통해서 발표한다.			·활발한 토의 　활동을 위해 　의문점이 있으 　면 질문하고, 　질문한 내용에 　대해서 각자 　의견을 종합하 　여 정리하도록 　한다. 　단, 모든 구성원 　이 의문을 가질 　시에는 교사에게 　도움을 요청한다.

문제 탐구 및 문제 해결	여러 지방 집 모습과 특징 발표하기	 북부 지방의 집 모양을 살펴보고 그 특징을 마인드맵으로 발표한다. 섬 지방의 집 모양을 살펴보고 그 특징을 인형극으로 발표한다. 바닷가 지방의 집 모양을 살펴보고 그 특징을 실물화상기를 통해서 발표한다. 산간 지방의 집 모양을 살펴보고 그 특징을 뉴스 형태로 발표한다.		▫활발한 토의 활동을 위해 의문점이 있으면 질문하고, 질문한 내용에 대해서 각자 의견을 종합하여 정리하도록 한다. 단, 모든 구성원이 의문을 가질 시에는 교사에게 도움을 요청한다.
	소집단별 토의 결과 발표 지방별로 집의 모습이 다른 까닭	■소집단별로 선택한 과제에 대한 토의 내용을 다양한 방법으로 발표하게 하고 의문이 나는 사항은 질문하도록 한다. ■발표한 내용을 바탕으로 지방별로 집의 모습이 다른 까닭을 소집단별로 토의하고 내용을 종합·정리토록 한다. ■소집단별로 종합·정리된 내용을 발표시킨다.	□소집단별로 자신들이 선택한 토의 내용을 발표하고 발표 내용을 토대로 상호 질의·응답한다. □소집단별로 토의·발표된 내용을 바탕으로 종합·정리한다. □소집단별로 종합·정리된 내용을 발표한다.	7'
적 용 및 발 전	자연환경 과 주생활의 관계	■오늘날까지 우리 조상들이 주생활에서 자연환경을 알맞게 이용한 슬기가 엿보이는 사례에 대해 발표하도록 한다.	□추위에 대비하기 위한 온돌의 기능에 대해 발표한다. □더위에 대비하기 위한 마루의 기능에 대해 발표한다. □해안지방이 가지는 집 모양의 특징에 대해 발표한다. □지방별로 기후 조건과 지붕의 모습의 관계에 대해 발표한다.	7'	▫자신 있게 자신이 알게 된 내용을 발표케 한다.
	정리 및 차시 예고	■학습 내용을 정리하고 차시 학습 내용을 예고한다. ■조상의 주생활에서의 슬기를 알 수 있는 현장 학습 계획을 세우도록 한다.	□정리된 학습 내용을 알고 차시 학습 내용을 안다. □현장 학습에 대한 사전 자료를 조사한다.		▫현장 학습할 만한 장소 안내하기

7) 자료의 활용법

(1) 학습 자료서의 사료 활용

수업에서 도입 단계는 학습의 성패가 좌우되는 중요한 단계이므로 아동의 호기심과 학습 의욕을 충분히 자극할 수 있는 도입 자료가 절실히 필요하다. 물론 교사가 오랜 시간을 거쳐서 만든 자작 자료가 가장 효과적이지만 여러 가지 이유로 현실적으로는 불가능하다. 여기서는 사진자료를 확대하여 아동에게 보여 줌으로써 아동의 흥미를 끌 수 있다.

(2) 사진이나 그림사료 확대하는 방법

① 먼저 도입단계에 꼭 필요한 사료를 인터넷에서 다운받거나 책자에서 스캐너로 복사하여 저장한다.

② 그 사진을 파워포인트에서 <삽입-그림-그림파일>로 불러와서 한 슬라이드의 크기에 맞게끔
확대하거나 축소한 뒤 다시 저장한다.

③ 다음으로 배너방에서 파워포인터에 저장된 파일을 <개체삽입-OLE 개체-파일로부터 만들기-
찾아보기>의 순으로 다시 불러온다.

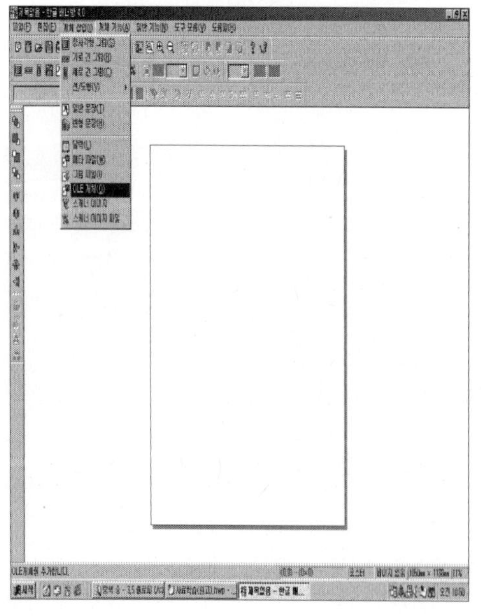

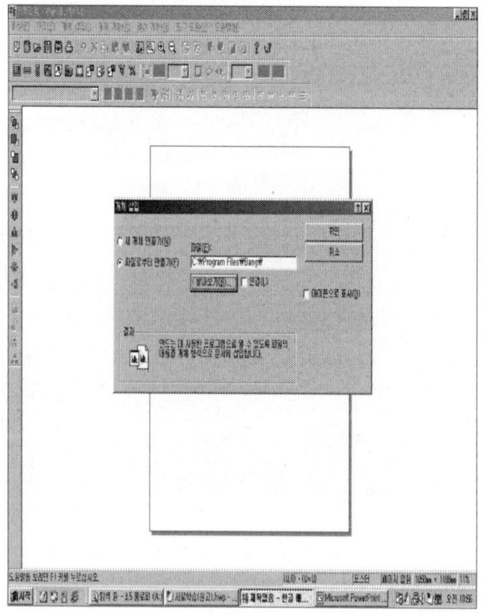

④ 불러온 파일을 화면 크기에 맞추어서 붙이고 알맞은 출력 형태를 선정한다.

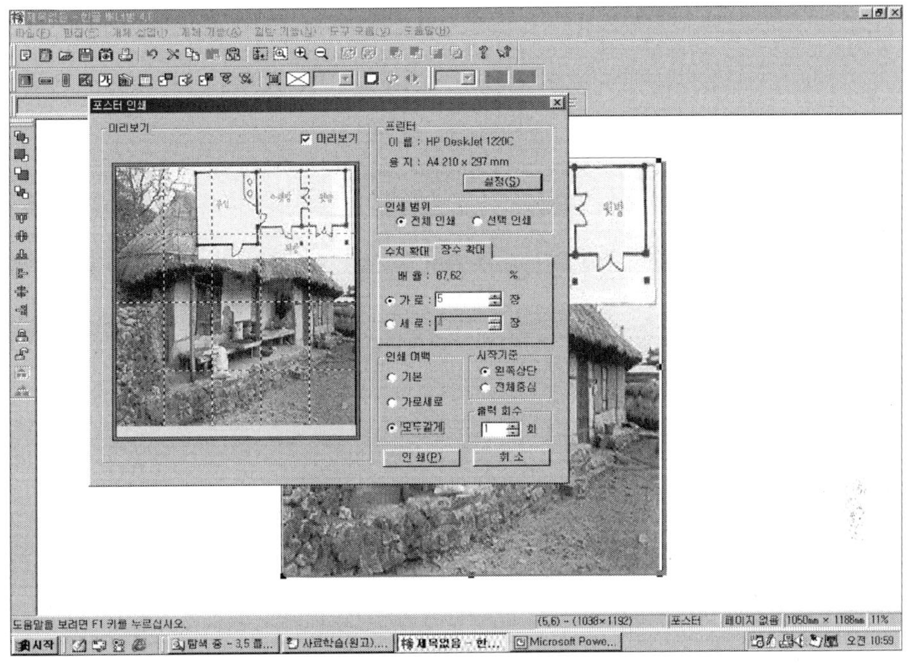

2. 교수·학습과정안(예시 2)

1) 단원

3. 대한민국의 발전 ❶ 나라를 되찾기 위한 노력(6-1)

2) 단원의 개관

이 단원은 일제 강점기에 독립을 위해 애쓰신 조상들과 그들이 나라의 독립과 주권을 지키기 위해 국내외에서 여러 가지 방법으로 일본에 대항한 역사적 사실을 파악하게 함으로써 조상들의 독립 정신과 애국심을 깨닫게 하고, 그 정신을 바탕으로 대한민국이 수립되었고, 발전하였으며 민주화 운동의 전개로 이어져 왔음을 종합적인 관점에서 이해시키고, 그 정신을 계승시키려는 데 주안점을 두고 있다.

첫째 주제에서는 우리 조상들이 일본에 대항하여 무력 투쟁과 아울러 애국 계몽 운동과 민족 문화 수호 운동을 전개하였음을 여러 가지 자료를 통해 알게 한다.

둘째 주제에서는 대한민국 정부의 수립, 6·25전쟁, 주요 민주화 운동을 중심으로 민주주의의 달성과정을 이해하고 경제 성장 관련 통계 자료를 통해 우리나라의 경제적 과제와 전망을 파악하도록 한다.

3) 단원의 목표

(1) 지식 · 이해

· 을사조약이 체결된 과정을 통해 일본의 침략을 이해한다.
· 일제 강점기하에서 펼친 의병 운동과 3 · 1운동의 의의를 이해한다.
· 3 · 1운동과 대한민국 임시 정부 수립의 관계를 연관 지어 설명할 수 있다.
· 대한민국 임시 정부의 성격과 활동, 주요 인사들을 알 수 있다.

(2) 기능 · 능력

· 을사조약 이후 전개된 의병 운동 자료를 모아 정리할 수 있다.
· 의병운동이 일어난 지역과 의병장들에 대해 조사할 수 있다.
· 조사한 결과를 의병 지도나 연표로 나타낼 수 있다.
· 대한민국 임시 정부의 조직과 활동 내용을 조사하여 표로 정리할 수 있다.

(3) 가치 · 태도

· 나라의 주권을 되찾기 위해 일본에 대항한 조상들의 애국심과 자주 독립 정신을 알고 본받으려
  는 태도를 가진다.
· 나라를 위해 목숨을 바치신 분들의 유가족을 도우려는 마음 자세를 가진다.
· 나라의 소중함을 알고, 나라의 발전을 위해 노력하는 자세를 가진다.

4) 단원의 지도 계획

단원	주제	제재	제제별 주요 내용 요소	교과서 쪽수	차시
3. 대한민국의 발전	단원 도입 및 계획		· 단원의 학습 내용을 개략적으로 알아보기 · 장기 학습 과제 정하기	사: 100~101 탐: 102~103	1 (1/14)
	❶ 나라를 되찾기 위한 노력	① 총과 펜을 들어 싸운 조상들	· 을사조약 이후 의병 운동 전개 모습 · 민족의 힘을 기르기 위해 전개한 계몽 운동	사: 102~109 탐: 104~114	2 (2~3/14)
		② 대한 독립 만세, 한국광복군 만세	· 3 · 1운동의 전개과정 · 대한민국 임시 정부를 세운 까닭과 활동 내용 · 3 · 1운동 이후의 독립 운동	사: 110~118 탐: 115~123	2 (4~5/17)

단원	주제	제재	제제별 주요 내용 요소	교과서 쪽수	차시
3. 대 한 민 국 의 발 전		선택 학습	· 일제의 침략에 대항한 인물에 대한 인물 카드 만들기 · 독립군이 되어 일기 쓰기 · 독립군가 완성하기	사: 119	1 (6/14)
	❷ 대한민국의 수립과 발전	① 분단을 딛고 일어선 대한민국	· 대한민국 정부 수립 과정 · 6·25전쟁의 전개과정과 그 결과	사: 120~124 탐: 124~126	2 (7~8/14)
		② 민주시민이 승리하던 날들	· 4·19혁명의 원인과 과정 · 5·18 민주화 운동 · 6월 민주 항쟁	사: 125~128 탐: 127~130	2 (9~10/14)
		③ 한강의 기적에서 통일로	· 경제 발전과 우리의 노력 · 나아진 국민 생활 모습 · 통일을 위한 정부와 국민의 노력	사: 129~134 탐: 131~136	2 (11~12/1)
		선택 학습	· 5·10 총선거에 대한 이승만과 김구의 입장을 정리하고 자신의 생각을 말해 보기 · 4·19 혁명을 취재 기자의 입장에서 대담하기 위한 질문을 정리하기 · 외환위기에 처한 후에 정부와 기업, 국민들이 벌인 노력을 정리하기	사: 135	1 (13/14)
	단원 정리 학습		· 일제 침략기에 우리 민족이 벌인 주권 지키기 운동을 찾아보기 · 일제 침략기부터 대한민국이 수립하기까지의 역사적 인물과 사건으로 역사 퀴즈 대회 열기 · 여러 항일 운동 중에서 하나를 골라 자세히 조사하기 · 4·19 혁명, 5·18 민주화 운동, 6월 민주 항쟁을 비교하기	사: 136~137	1 (14/14)

5) 단원의 평가 계획

이 단원은 일제 강점기에 일본에 대항해서 국내외에서 펼친 항일 운동과 광복 이후의 오늘날까지 전개되어 온 민주화의 과정에서 나타난 우리 민족의 애국심과 자주 독립을 깨닫게 하는 데에 주안 점이 있다. 따라서 다양한 사실 자료의 수집, 정리와 더불어 항일 투쟁의 유적과 유물이 있는 곳에 현장 학습 기회를 가지게 하여 지적, 기능적, 정의적 평가가 골고루 이루어지도록 한다.

❶ 나라를 되찾기 위한 노력	· 우리 민족의 자주 독립을 위해 노력한 인물의 사전 만들기 · 일제의 우리나라 탄압내용과 사진 자료 스크랩하기 · 3·1운동 이후의 독립 운동 전개 모습 설명하기 · 항일 투쟁의 유적과 유물이 있는 곳의 현장 학습	· 포트폴리오 · 포트폴리오 · 보고서 및 발표 · 보고서
❷ 대한민국의 수립과 발전	· 국토 분단의 원인과 과정의 이해 · 4·19 혁명과 5·18 민주화 운동의 공통점 · 4·19 혁명 이후 오늘날까지의 국사 연표 작성	· 지필 · 지필, 발표 · 작품 평가

6) 본시의 전개

학년·학기	6-1	단원(주제)	3. 대한민국의 발전		차시	4/14
학습 주제	❷ 나라를 되찾기 위한 노력 ② 대한 독립 만세, 한국광복군 만세			교 과 서	110~118쪽	
				사회과 탐구	115~123쪽	
학습 목표	▫ 3·1운동의 원인과 경과 및 그 역사적 의의를 알 수 있다.					
예습 과제	3·1운동이 일어난 배경과 그 경과 과정을 알 수 있는 각종 사료 조사해 오기					
수업 유형	사료 학습		학습 조직 형태		협동 학습	

단계	학습 내용	교수·학습 활동		시간 (분)	자료 및 유의점
		교 사	학 생		
문제인식및문제파악	대면인사 학습동기 유발 공부할 문제 제시	**상호 대면 인사** ■본시 수업과 관련된 장면을 제시하여 학생들에게 동기 유발시킨다. **공부할 문제** ▫3·1운동의 원인과 경과 및 그 역사적 의의를 알아보자.	▫제시된 내용을 통하여 흥미를 갖고 본시 학습 목표를 암시받는다.	7'	▫컴퓨터 TV
문제탐구및문제해결	문제 해결 방법 안내 모집단별 모임	■공부할 문제를 해결하기 위한 학습 순서의 방법에 대해서 안내한다. ■**학습 순서** ① 둥지 모임: 각자가 토의할 내용을 선정하고 자료를 분류하기 ② 전문가 둥지 모임: 자신의 자료와 상호 비교하여 제시한 과제를 해결하기 ③ 둥지 모임: 해결된 과제를 설명하고 질문에 응답하기 ■준비된 자료를 살펴보고 제시된 과제를 중심으로 역할을 나누게 한다. ☻ 뿌: 3·1운동의 원인을 조사해 보시오. ☻ 리: 3·1운동의 진행과정을 백지도를 이용하여 조사해 보시오. ☻ 깊: 3·1운동 이후 일본의 무력적 탄압이 자행된 실례를 표로 나타내시오. ☻ 은: 3·1운동의 역사적 의의를 조사해 보시오. ☻ 나: 3·1운동이 현재 우리에게 주는 교훈을 토의해 보시오. ☻ 무: 3·1운동에 힘쓴 독립운동가들의 일대기를 연표로 나타내시오.	▫공부할 문제에 대한 학습 순서의 방법에 대해 이해한다. ▫준비된 과제에 관한 각자의 의견을 제시하고 역할과 자료를 분류하고 선정한다.	7'	▫협력 학습 방법 안내 ▫다양한 사료를 사전에 아동에게 충분히 나누어 주어서 실제 토의하는 데 어려움을 느끼는 일이 없도록 지도한다.

단계	학습 내용	교수·학습 활동		시간 (분)	자료 및 유의점
		교 사	학 생		
문제 탐구 및 문제 해결	협력 학습 형태의 과제별 토의	■ 전문가 둥지 모임으로 편성하여 주어진 과제에 대하여 토의하게 한다.	□ 전문가 둥지 모임으로 이동하여 자기 둥지에서 준비된 자료를 다른 둥지 자료와 비교, 분석하고 과제를 해결하기 위한 토론을 한다.	12'	□ 과제 해결을 위한 학습지는 사전에 준비 □ 활발한 토의 활동을 위해 의문점이 있으면 질문하고, 질문한 내용에 대해서 각자 의견을 종합하여 정리하도록 한다. 단, 모든 구성원이 의문을 가질 시에는 교사에게 도움을 요청한다.

☺ 뿌: 3·1운동의 원인

3·1운동의 원인을 국내·국외적 상황과 관련지어 조사하고 토의, 분석한다.

☺ 리: 3·1운동의 진행과정

3·1운동의 진행과정을 조사하여 백지도에 나타내고 토의, 분석한다.

☺ 깊: 3·1운동 이후 일본의 탄압

3·1운동 이후 일본의 무력적 탄압이 자행된 실례를 조사하여 도표로 나타낸다.

☺ 은: 3·1운동의 역사적 의의

3·1운동의 역사적 의의를 조사하고 토의, 분석한다.

☺ 나: 3·1운동이 우리에게 주는 교훈

3·1운동이 우리에게 주는 교훈을 현재의 시대적 상황과 관련지어 토의한다.

☺ 무: 3·1운동에 힘쓴 독립운동가들

3·1운동에 힘쓴 독립 운동가들의 일대기를 조사하여 연표로 나타낸다.

단계	학습 내용	교수 · 학습 활동		시간 (분)	자료 및 유의점
		교 사	학 생		
	둥지별 종합 정리	■자기 둥지로 이동하여 전문가 둥지 모임에서 토의한 내용을 설명하고 질의·응답하도록 한다.	□자기 둥지로 이동하여 전문가 둥지 모임에서 토의한 내용을 토대로 상호 질의·응답한다.	7'	
적 용 및 발 전	결과 발표 정리 및 차시 예고	■둥지별로 토의·발표된 내용을 종합·정리토록 한다. ■둥지별로 종합·정리된 내용을 발표시킨다. 【 사전 자율 선택 활동 】 ▶ 역할극 활동　▶ 뉴스 보도 활동 ▶ 역사 신문 제작 활동　▶ 인터뷰 활동 ▶ 광고지 제작 활동　▶ 현장 답사 활동 ■학습 내용을 정리하고 차시 학습 내용을 예고한다.	□협력학습에서 토의·발표된 내용을 바탕으로 종합·정리한다. □둥지별로 종합·정리된 내용을 발표한다. □정리된 학습 내용을 알고 차시 학습 내용을 안다.	7'	□실물화상기 비디오카메라 비디오(테이프) 간단한 소품 벽신문 자료 광고지 자료 녹음기(테이프) □자신 있게 자신이 알게 된 내용을 발표케 한다.

7) 교수 · 학습과정안(수업안) 해설

단계	수업 과정 해설(내용)
수업 전 단계 ①	① 학습 환경 조성 ① '위인 길라잡이' 작성 배부 - 3·1운동뿐만 아니라 일제 치하에 독립운동을 한 분들의 전기를 요약하여 소책자로 아동들에게 배부한다. ② 삽화 그리기 - 3·1운동과 관련되는 위인전에서 본 삽화를 중심으로 그 당시 상황을 상상하여 그리기를 실시하고 그 작품을 교실의 앞뒤 적의한 곳에 전시한다. ③ 위인 사진 모음집 - 독립운동을 전개한 분들의 얼굴을 알 수 있는 초상화를 스캔하여 교실에 진열한다. 독립 운동가들의 사진은 비교적 많은 자료들이 문헌이나 사진으로 구하기 쉽다.
수업 전 단계 ②	④ 각종 기관의 팸플릿 모으기 - 독립기념관, 전쟁기념관, 백산기념관 등 국내의 박물관, 기념관에서 발행하는 팸플릿이나 가이드북을 수집하여 교실에 비치하여 둔다. ⑤ 역사 서적 구비하기 - 역사 만화책이나 위인전 등 아동이 학습에 도움이 될 수 있는 다양한 책을 수집하거나 학교 도서관에서 장기(약 1달 내외)로 임대하여 아동들에게 독서하도록 한다.
도입 단계	② 동기 유발 - 아동에게 흥미유발이 될 수 있는 다양한 장면을 연출 ① 역할극 - 우리나라를 빛낸 조상들 중에서 학습 내용과 관련된 내용을 사전에 아동들에게 시나리오를 작성하도록 하고 필요한 복장을 준비하여 아동들에게 도입 자료로써 활용함 예) 삼일 운동 당시 유관순 누나가 일본 순사에게 끌려가면서도 대한 독립 만세를 외치는 장면 ② TP 인형극 - TP 용지에 그 당시의 배경 화면이나 등장인물을 삽화로 그리고 시나리오는 미리 녹음테이프에 목소리 및 배경 음악, 효과 음악을 삽입한다. OHP의 불빛을 자막에 비치지 않고 불빛을 천장에 비추면 교실 천장 전체가 자막의 효과를 가지고 와서 대형 화면을 보는 느낌을 준다. 이때 준비한 TP 용지의 배경 화면을 깔고 그 위에 가는 철사로 인형을 연결하여 아동들에게 녹음된 내용으로 인형극을 보여 준다.

단계	수업 과정 해설(내용)
전개 단계	③ 동적인 학습 활동 전개(직소우 학습 활동) ① 모집단에서 자료 발표하기 - 아동들이 학습 내용을 항목별로 잘 분류하여(뿌리 깊은 나무) 과제들 간에 난이도가 고르게 배분하는 것이 가장 중요하다. ② 전문가 집단에서 토의하고 자료 요약하기 - 아동의 토의 학습 능력과 자료 해석력, 종합력이 사전에 충분히 학습되어야 한다. ③ 모집단에서 토의 내용 발표하기 - 천편일률적인 발표가 되지 않도록 아동의 의사를 존중하여 다양한 형태로 발표가 이루어지게 한다. 또한 발표 시 소집단 모두가 고르게 참석할 수 있도록 해야 한다.
심화 단계	④ 학습 결과 발표하기(사전과제 제시도 괜찮음) ① 학습 내용의 지역화(동래고등학교 역사관) - 교재의 지역화가 이루어질 수 있는 내용으로 부산에서 가장 먼저 삼일 운동이 전개되었던 동래만세 현장의 자료가 보존되어 있는 동래고등학교 역사관을 아동 스스로가 촬영하여 아동들에게 발표한다. ② 양로원 할머니의 역사적 인터뷰 - 일제 치하에 살았던 할머니나 할아버지를 찾아서 그 당시의 이야기를 녹음하여 발표한다. ③ 가상 인터뷰, 뉴스 보도 - 당시의 인물이나 사건을 객관적으로 보도하는 내용을 발표한다. ④ 역사 신문 제작 ⑤ 역할극 하기 ⑥ 마인드맵으로 보여 주기

사료 1	2·8 독립 선언

 1919년 1월 21일 대한제국의 마지막 황제 고종이 돌아가셨다. 참으로 갑작스러운 비보였다. 고종은 1907년 이후 12년간 서울의 덕수궁에 갇혀 살아왔기 때문에 나랏일을 전혀 모르고 있었으나 국민들은 그를 나라님으로 생각하고 만수무강을 빌어 왔다. 그가 살아 있는 한 나라는 다시 일어난다고 믿었기 때문이다. 그런데 그가 의문의 죽음을 당하였다고 하니 슬프고 원통한 일이 아닐 수 없었다. 일본인들이 식혜에 독약을 타서 죽였다는 소문까지 있고 보니 분하기 짝이 없는 일이었다. 서울 거리는 하루아침에 죽은 도시로 변하였다. 모든 가게 문이 닫히고 덕수궁 앞에는 통곡하는 군중으로 가득 찼다. 심지어는 분한 나머지 자결하는 사람도 나타났다.

 돌이켜 보면 나라를 잃은 지 10년, 우리 민족은 감옥 같은 생활 속에서 살아왔다. 농민들은 땅을 **빼앗겨** 해외로 유랑하게 되었고, 상인들은 일본인들에게 상권을 **빼앗겨** 구멍가게도 변변히 꾸려 가기 어려운 처지에 놓였다. 또 학자들은 읽던 책을 모두 **빼앗겨서** 공부조차 마음대로 할 수 없는 가련한 신세가 되었다. 어린 학생들은 칼 차고 교실에 들어오는 일본인 교사 밑에서 일본말과 일본역사를 배워야만 했다.

이렇게 비참한 고국의 사정을 누구보다도 안타깝고 분하게 여긴 사람들은 해외에 망명하거나 공부하러 나갔던 애국지사들이었다. 때마침 1차 세계대전이 끝나 유럽에서는 파리강화회의가 열리고 모든 식민지는 민족자결의 원칙에 따라 독립하여야 한다는 소리가 들려왔다. 이러한 세계정세를 재빨리 알아차린 해외 독립운동가들은 일제의 혹독한 헌병경찰정치 밑에서 신음하는 우리 민족이 기필코 독립하여야 한다고 믿고 1919년 2월 초 무오 독립선언서를 발표하였다.

 "슬프다. 일본의 무력이여! 섬은 섬으로 돌아가고 반도는 반도로 돌아오라. 그리고 대륙은 대륙으로 회복할지어다."

 해외 독립 운동가들은 이같이 우리나라의 독립과 동양의 평화를 부르짖었다. 이와 거의 때를 같이하여 1919년 2월 8일 동경유학생들이 독립선언서를 발표하였다. 유학생 6백 명이 동경에 있는 한국기독교청년회관에 모여 조선청년독립단을 결성하여

 "우리 2천만 민족을 대표하여 정의와 자유를 위해 세계만방에 독립을 선언하노라."

고 외친 것이다. 참으로 용감한 거사였다. 지금도 일본 동경의 한국기독교청년회관 입구에는 이날의 거사를 기리는 작은 기념비 하나가 서 있어 오가는 사람들의 가슴을 울려 주고 있다.

　일본의 젊은 유학생들이 독립을 선언했다는 소식이 들려오자 국민들은 눈물을 닦고 일어날 때가 왔다고 생각하였다. 그것도 적국의 한복판인 일본 도쿄에서 젊은 학생들이 과감하게 독립을 선언하였으니 조국의 어른들이 가만히 보고만 있을 수 없는 일이었다.

　이에 손병희를 비롯한 민족대표 33인이 극비리에 독립선언서를 작성하여 고종의 장례식 이틀 전인 1919년 3월 1일 12시를 기해 만세시위운동을 벌이기로 하였다. 이것이 바로 3·1운동이다. 이날 민족대표가 모인 곳은 태화관이라는 음식점이었고 학생들은 파고다 공원에 모였다. 서울 시내의 곳곳에는 고종의 장례식에 참석하기 위해 모인 시골 선비와 시민들로 가득 차 있었다.

　"오등은 자에 아(我) 조선의 독립국임과 조선인의 자유민임을 선언하노라"

　참으로 10년 동안 참고 참아오던 민족의 함성이었다. 우리가 왜 남의 노예인가. 반만년 유구한 역사를 가진 자랑스러운 민족이 아닌가. 이제 우리 스스로 독립국이란 사실을 세계만방에 선언함으로써 일본 침략자들을 몰아내고 버젓이 다른 나라와 어깨를 겨누고 살아가야 하는 것이며 그것이 또 3·1독립선언의 참뜻이었다. 이날 파고다 공원에 모인 학생들은 수천 명에 이르렀다. 오후 2시 정각 한 젊은이가 단상에 오르더니 목멘 소리로 3·1독립선언서를 낭독하였다. '최후의 1인, 최후의 일각까지'라는 공약 3장까지 모두 낭독하자 학생들은 일제히 모자를 벗어 하늘에 날렸고 서로 부둥켜안고 조국독립의 기쁨을 나누었다. 그리고 어깨동무를 하며 시가행진에 나섰다. 손에 태극기를 든 학생들은 '대한독립만세!'를 소리 높이 외치며 종로거리를 힘차게 달려갔다. 시민들도 거리에 뛰쳐나와 태극기를 흔들면서 독립만세를 연창하였다. 거리는 순식간에 기쁨의 함성으로 떠나갈 듯하였다.

　3·1운동은 이처럼 폭력을 쓰지 않고 평화적으로 진행되었다. 그러나 시위운동이 해질 무렵까지 계속되자 일본 경찰들은 군중을 향해 총을 쏘기 시작했다. 순간 거리는 피로 물들여졌으며 곳곳에 시체가 널렸다. 서울뿐만 아니라 다른 도시에서도 마찬가지였다.

　3·1운동은 그 뒤 도시에서 농촌으로 퍼져 나갔다. 사태가 이렇게 확대되자 일본경찰은 힘겹다고 생각한 끝에 본국에서 2개 사단이나 되는 병력을 불러들여 무자비한 학살·방화작전을 감행하기 시작하였다. 일제의 무차별 양민 학살이 자행된 대표적인 사례가 경기도 수원군 제암리 마을이었다. 여기서는 수백 명의 마을사람들이 교회당에 갇힌 채 집중사격과 방화로 타죽고 말았다. 일제의 만행은 3월 20일부터 4월 10일까지 20일간이 가장 심했는데 이로 인하여 전국에서 7천여 명이 넘는 양민이 죽고 1만 6천여 명이 부상당하고 4만 7천 명이 체포되어 투옥되었다. 참으로 하늘과 땅이 모두 울고 분노할 일이었다. 일본의 정치지도자들은 지금까지도 그들의 조상이 이 같은 만행을 저지른 데 대해 조금도 뉘우치지 않고 있다. 남의 나라를 강제로 빼앗고 남의 나라 백성을 이토록 무참히 죽인 데 대한 책임은 반드시 져야 하는 것이다. 우리 민족은 예부터 절망하고 자포자기 하지 않는 끈질긴 겨레로 널리 알려져 왔다. 3·1운동이야말로 그 같은 민족 정신을 한꺼번에 드러내 준 산 증거라 할 수 있다. 3·1운동이 일어났을 때 누가 지었는지 모르는 많은 독립가가 불렸는데 이들 노래의 가사들도 한결같이 우리 민족의 독립 의지가 얼마나 굳고 드센가를 잘 나타내 주고 있다. 지금 나이 많은 어른들은 1945년 8·15광복 때 태극기를 처음 보고 감격의 눈물을 흘린 기억이 생생하다. 그러나 1919년 3·1운동 때 태극기를 본 우리의 할아버지들의 감격은 그보다 몇 곱절이나 더 뜨거운 눈물을 자아내게 했다. 나라 잃은 설움이 얼마나 아픈 것인지를 지금의 젊은이들은 아마 모를 것이다. 고생해 보아야 안다는 말은 이를 두고 하는 말이다.

<table><tr><td>사료 3</td><td>3·1 운동의 영향</td></tr></table>

3·1운동은 결코 헛되지 않았다. 수만 명의 목숨과 피와 눈물이 대한민국 임시정부의 수립을 가져왔기 때문이다. 3·1운동이 아직도 한창 국내와 국외에서 열기를 뿜어 대고 있을 때 중국 상해에서는 대한민국 임시정부가 수립되어 3·1독립정신을 구현하였다. 오늘의 대한민국은 바로 이 임시정부를 계승한 나라이며 3·1정신을 이어받아 성립된 정통 정부인 것이다. 비록 그 장소가 우리나라가 아닌 남의 나라 땅이었으나 언젠가는 꼭 독립하고야 말겠다는 정신이 모습을 드러낸 것이니 임시정부야말로 이 나라 이 겨레가 세운 유일하고 정통성 있는 정부인 것이다.

3·1운동이 낳은 또 하나의 아들은 독립군이었다. 우리 독립군의 근거지는 압록강과 두만강 북쪽의 간도 땅이었다. 이곳에는 일찍부터 구한말 때의 의병장들과 애국지사들이 망명하여 신흥무관학교를 비롯한 많은 독립군 사관학교를 세워 독립전쟁을 준비하고 있었다. 3·1운동이 일어나자 홍범도·김좌진과 같은 장군 밑에 무장한 독립군이 조직되어 단번에 조국강산을 수복할 태세를 갖추었다.

이 사실을 알아차린 일제는 1920년 간도 땅에 침입하여 독립군을 섬멸하려 들었다. 그러나 그들은 봉오동 전투와 청산리 전투에서 우리 독립군에게 참패하여 3천 명이나 되는 많은 병사를 잃고 말았다. 독립군은 그 뒤에도 계속 끈질긴 투쟁을 벌여 1940년 마침내 임시정부 산하에 광복군을 창설하는 데까지 이르렀다.

이와 같이 생각해 볼 때 만일 3·1운동이 일어나지 않았다면 우리 민족은 어떻게 되었을까 걱정되는 것이다. 3·1운동이 일어났기 때문에 우리는 8·15 광복의 날이 올 때까지 조국의 독립과 민족의 자유를 위해 투쟁한 빛나는 역사를 가질 수 있었던 것이 아닌가. 그런 뜻에서 3·1운동은 단 하루, 아니 단 한두 해로 끝난 운동이 아니라 27년에 걸친 오랜 항전으로 이어져 발전했던 것이며 1945년 이후에도 계속 살아서 우리의 앞날에 희망의 불빛을 던져 주었던 것이다. 만일 우리 민족이 다시 3·1운동 때와 같이 한마음 한뜻으로 뭉칠 수만 있다면 남북통일 정도의 작은 문제는 쉽게 풀리고 말 것이고 세계에 자랑하는 일등국이 될 날도 머지않을 것이다.

<table><tr><td>사료 4</td><td>3·1 정신과 의의</td></tr></table>

3·1운동은 우리나라 역사에 무한한 가능성과 희망을 안겨 주었으나 그로써 끝나는 것이 아니다. 3·1운동은 다른 여러 나라에서도 영향을 끼쳐 그들을 각성시키고 그들의 독립운동을 도와주었다. 가장 먼저 영향을 받은 나라가 중국이었다. 3·1운동이 일어나자 중국 신문들은 연일 운동 상황을 보도하면서 "세계 혁명의 역사에 있어서 새로운 장을 열었다."고 찬양하였으며 이로 인하여 1919년 5월 4일 북경에서 5·4학생 운동이 일어났다. 북경 천안문 광장에 학생들이 모여 구국선언을 했던 것이다. 당시 중국도 일제 침략으로 나라가 위태로웠었다. 그래서 이 운동은 중국 전역에 확대되었으며, 3·1운동과 같은 독립운동으로 발전하였다. 3·1운동은 중국뿐만 아니라 멀리 인도에도 영향을 끼쳤다. 인도는 당시 영국의 식민지로서 신음하고 있었는데 우리나라에 3·1운동이 일어나자 그에 자극을 받아 1919년 여름, 간디 주도하의 독립운동이 일어났다. 그의 비폭력 독립운동도 3·1운동으로부터 받은 영향이었으며 인도의 유명한 시인 타고르가 한국을 '동방의 빛'이라고 노래한 것도 바로 3·1운동 때문이었다.

이 밖에도 3·1운동은 여러 나라 여러 민족을 각성시켰다. 프랑스의 식민지였던 베트남을 비롯하여 미국의 통치를 받고 있던 필리핀, 영국의 지배 아래 있던 이집트 등 여러 나라에서 독립운동이 일어났는데 모두가 3·1운동으로 인한 각성이요 자각이었다. 이렇게 볼 때 3·1운동으로 피를 흘린 애국지사들의 넋은 비단 우리나라만을 위한 것이 아니라 당시 제국주의 열강의 식민지로 고통받았던 아시아, 아프리카 여러 나라 백성들의 자유와 행복을 위한 값진 희생이었던 것을 알 수 있다.

결과적으로 우리의 민족은 아시아 15억 인을 위해 수만 명의 목숨을 기꺼이 바친 자랑스러운 민족이 된 것이다. 3·1운동의 여파로 간도의 동포 7천 명(1920년), 일본에 거류하던 동포 7천 명(1923년)이 잇따라 일제의 총칼에 희생된 것을 생각하면 우리의 희생은 너무나 컸고 값진 것이었다. 우리의 이 희생이 밑거름이 되어 아시아인이 각성하고 제국주의 열강의 식민주의자들까지도 뉘우치기 시작하여 20세기 최대의 비극인 전쟁과 정복 그리고 착취와 노예정책이 이 지구상에서 사라지게 하는 데 큰 기여를 하였던 것이다. 이렇게 생각할 때 3·1운동은 민족의 무한한 영광이요, 빛나는 승리요, 역사의 교훈인 것이다.

3. 사료 학습 관련 사회과 교수·학습 훈련 참고 자료

교육은 훈련과 다르다. 교육이란 바람직한 인간 행동의 변화이므로 가치관의 문제를 내포하지만 훈련이란 반복되는 연습을 통하여 아동이 무의식적으로 자기 몸에 스스로 익어 버린 경험의 총체를 의미한다(서커스에서 코끼리나 사자 혹은 개가 재주를 넘는 것은 훈련이지 교육이 아님).

1) 주의 집중력

① 목표 파악 단계나 학습 내용 정리 단계에서는 학생들의 집중적인 주의력이 필요함(교사가 학습 단계에서 가장 중요시되는 학습 장면이나 개념 설명 시에는 학생들에게 '주의' 하면 '집중' 하면서 교사를 응시하도록 함)
② 청취력 향상을 위해 학생들에게 교사의 수업 내용이나 학생들의 발표내용을 갑자기 학생들에게 다시 반복 질문함으로써 수업의 집중도를 높임
③ 발문이나 수업 시간에 학생이 교사의 눈을 응시하도록 훈련함

2) 발표력

(1) 발표를 하지 않는 학생의 원인(이유)

(가) 부진아
누적된 학습 경험의 실패(학습된 침묵－이때까지의 학생의 경험 중 수업 시간에 발표를 함으로써 교사나 학생들의 웃음거리나 조롱거리가 된 경험을 가지고 있거나 자기 스스로 발표가 틀렸다는 데 대한 부끄러움을 가지고 수업 시간에 괜히 나서기보다는 조용히 침묵을 지킴으로써 자기 방어를 하려는 경향을 보임) 특징으로는 되도록 교사의 발문에 응답하지 않고 교사와의 눈을 맞추기를 회피하는 경향을 보임

(나) 우수아
낮은 수준의 학습 과제로 인한 학습 의욕의 저하(교사가 발문하는 내용이 벌써 알고 있거나 자신이 발표를 할 정도의 내용이 아니라고 인식함)

(다) 일반 아동
방관자의 입장을 견지함('내가 아니라도 누군가는 발표를 하겠지' 라는 생각으로 수업에 참관인 입장으로 서 있음)

(2) 발표력 향상을 위한 방법

(가) 손들기의 의미 확인

일어나서 내가 잘난 것을 말하는 것(발표하는 모습이 '예 제가 발표해 보겠습니다. 그 내용은 무엇 무엇입니다. 그 이유는 무엇 무엇 때문입니다'라는 완벽한 자세를 요구하는 것이 아니라)이 아니라 지금 내가 머릿속에 그것에 대한 생각을 가지고 있다는 의미로서의 손들기

(나) 손들기의 습관화(반복 연습)
　① 단답형 발문 혹은 다양한 정답이 가능한 발문에서 점차 복합적이고 고차원적인 발문으로
　　 진행(자신의 이름 발표, 단순 지식의 확인 – 한국의 수도는 어디인가 등)
　② 자기 의견 발표 기회 제공(자기소개)
　③ 손드는 자세 지도("저요"라는 말을 하지 않고 조용히 자신의 머리 정도까지 들어 올림)
　④ 적극적인 정적 강화
발표를 실패했을 경우 강한 정적 강화 부여
발표의 미참여 아동의 상담 후 자신감 주기

(다) 목소리 교정
　① 노래 부르기(역사를 빛낸 위인 100명)
　② 가장 단순한 내용(고조선의 8조금법 중 3가지) 큰소리로 반복하기

3) 자료 수집력

(1) 자료의 소재 및 내용을 명확히 제시하기

교사가 사전에 자료의 형식(사진, 문헌, 비디오, 오디오 자료 등)과 그 자료를 찾을 수 있는 소재지를 알려 주거나 미리 준비함(인물 사진, 전기문, 지도, 연표, 도표, 인터넷사이트 명)

(2) 가져온 자료의 갈무리 – 교사와 일대일로 자료 정리 방법 수정하기

먼저 1차적 자료의 문제점을 가지고 교사와 의논하여 해결 및 처리

(3) 자신이 이해할 수 있도록 내용을 정리하기
　① 단문형식으로 정리
　② 자신이 알 수 있는 단어로 바꾸기
　③ 최대한 요약하기
　④ 우수한 자료의 예를 학생에게 제시하기

4) 토의 학습력

(1) 토의 모습을 실제 모습으로 참관하여야 함(비디오 상영: '토의 학습법' 비디오 시청)
(2) 교사의 대본에 의한 소수의 우수아동 시범 보이기
(3) 각 집단별로 교사가 직접 관찰하고 아동의 진행 고쳐 주기
    ① 모든 학생에게 골고루 발표할 수 있는 기회를 제공함
    ② 자신의 의견을 근거나 이유를 들어 설명하기
    ③ 관련 참고 자료를 제시하기
    ④ 친구의 의견과 내 의견을 비교해 보기
    ⑤ 소집단 내 의견이 대립되는 경우 해결 방안

(4) 각 학생들에게 집단 내에서의 역할 명확히 인식시켜 주기
    ① 사회자의 역할
    ② 자료 발표자의 역할
    ③ 내용 정리자의 역할

(5) 각 조장들에게 토의 학습 시 애로점 이야기 듣고 교정시켜 주기
    ① 토의 학습에 방해가 되는 학생의 행동 원인 파악하기
    ② 방해가 되는 학생과 상담하기
    ③ 문제 학생에 대해서 잘된 행동이 있을 경우 강한 칭찬과 격려하기

■제10장■ 인물 학습

제1절 인물 학습의 이해

1. 인물 학습의 개념

역사는 인물에 의해 만들어지고, 인물은 역사에 의해 만들어진다. 이러한 의미에서 역사를 학습한다는 것은 곧 인물을 학습한다는 것과 마찬가지이다. 인물 학습은 학생들을 역사에 보다 친근하게 접근할 수 있게 하며, 역사를 구체적으로 배울 수 있게 한다.

한 인물을 그들이 살던 시대의 배경과 관련지어 이해하고 역사 발전과 관련시켜 인식함으로써, 그 인물과 당시의 정치권력과의 관계, 민중 생활과의 관계, 경제 구조와의 관계, 문화 발달 등과 관련시켜 그 인물의 본질을 이해하는 한편, 그 인물이 속한 당시의 정치적·사회적·경제적·문화적 상황을 살펴보아야 한다.

인물 학습에 있어서 어떠한 인물을 선정할 것인지의 문제는 매우 중요하다. 일반적으로 정치적 지도자로서 국가의 발전을 이룩한 인물, 국가의 위기를 맞아 국란을 극복하는 데 공을 세운 인물, 문화 활동으로 민족의 슬기를 펴낸 인물, 학문 발달에 이바지한 인물, 과학 기술로 민족의 생활을 증진시킨 인물 등이다. 인물을 선정할 때에는 군주, 정치가, 장군 등 인물들만 선정할 것이 아니라 경제, 사회, 학문, 예술 등 분야에서 역사적 인물들, 그리고 여성들도 선정하여야 한다.

역사는 과거의 거울로 미래를 보는 연구이자 활동이다. '역사는 인간에 의해서 창조되고, 인간은 역사에 의해서 만들어진다'는 말의 의미는 인간이 역사에 작용하는 측면과 역사가 인간에 작용하는 측면을 표현하는 것이라고 할 수 있다. 따라서 역사를 학습한다는 것은 곧 인간의 역사를 학습한다는 것이다.

인물 학습은 학생들로 하여금 보다 친근감 있게 역사에 접근할 수 있게 하는 계기를 마련하여, 역사에의 관심과 판단력을 길러서 역사의 개성적인 내면의 이해를 가능하게 하며, 편협한 인간관을 시정하고 보다 넓은 시야에서 인간을 바라보는 혜안을 길러 주는 데 있다.

인물 학습은 역사 속에 묻혀 있는 수많은 역사적 인물 가운데 국가와 민족 사회에 공헌한 인물을 학습 교재로 선정하여 그 인물을 연구하고 그 인물의 역사적 배경을 파악하여 역사 발전에 어떻게 작용하는가를 인식시키는 학습 방법이다. 어떤 의미에서는 인물 학습과 인물사 학습을 구별하기도 하는데, 인물 학습은 인간 탐구에 주안점을 두고 역사의 외적 목적이나 윤리적 평가에 작용함으로써 덕목 구현의 매체로 삼기 위하여 선택된 전형적인 인물에 대한 학습인 것이다. 그러나 인물사 학습은 교재화된 인물의 인간적 탐구를 하긴 하지만, 그 인물의 역사적 존재를 통하여 그 시대를 파악하고 그의 민족사적 공헌을 그 시대의 흐름과 역사 발전 속에서 파악하려는 학습이다.

2. 인물 학습의 특징

인물 학습이란 과거나 현재의 인물을 학습의 제재로 삼는 학습이다. 여기서, 인물은 그의 가치와 신념이 사회에 의해서 추앙을 받고, 명성과 도덕적인 힘을 가진 개인을 의미한다. 인물은 사회과외에 국어과, 도덕과 등에서도 다루어지나, 특히 사회과의 역사영역 학습에서는 역사적 인물이 소재로 선정된다. 사회과에서의 인물 학습은 인물의 역사적 업적과 사상을 이해하거나 또는 그 인물이 관련된 역사적 사건이나 시대정신을 심층적으로 이해하는 데 목적이 있다. 이런 까닭에 역사 교육에서의 인물 학습은 '인물사 학습'이라고도 규정된다.

3. 인물관(人物觀)과 역사의식(歷史 意識)

1) 초등학교 학생의 인물관

구체적 조작기에 있는 초등학교 학생들은 형식적 조작기에 입문하는 시기이다. 즉 이 시기에는 신체적 발달과 함께 지적 발달도 가속화되어 자극에 대한 기계적 반응과는 달리 중간에 선택과 판단이 따르는 행동, 즉 지각·기억·이해판단·추리·상상과 같은 지적 기능이 중심이 된 행동이 따르게 된다. 그러나 지식을 구하려는 열정에 비해 아직은 구체적 조작기의 행동 유형을 가지고 있어 완전한 논리적 사고에는 이르지 못한다.

또한 상상이나 공상 작용이 시간적으로나 공간적으로 확대되며 새로운 경험을 많이 얻으려는 의욕으로 인해 독서와 각종 대상에 흥미를 느끼게 된다. 그러므로 독서가 차지하는 비중이 매우 커지게 되어 이를 통해 간접적으로 인간에 관한 문제 및 가치의 기준을 배우게 되는 것이다. 또한 신문·잡지·TV·영화·책 등에서 읽어 본 것에서 사회적으로 인정되는 훌륭한 인물을 이상화하여 자신의 모델로 삼게 되는데, 학생들은 동일시 대상의 행동·태도·인생관 등을 닮아 가게 되므로 동일시의 대상이 긍정적인 인물일 때에는 바람직한 결과를 낳지만 그렇지 못한 인물일 때에는 좋지 않은 영향을 미치게 된다.

2) 초등학교 학생의 역사의식

초등학교 사회과는 기본적으로 인물 중심으로 역사 학습을 하도록 되어 있다. 초등학교 사회과에서 인물 학습을 하는 방법은 두 가지로 나누어 볼 수 있다. 그 한 가지는 보통의 역사 내용을 특정 인물에 대한 설명을 5~10분 정도 첨가하여 하는 방법과 인물 교재에 따른 학습 단원을 별도로 구성하여 체계화된 인물 지도를 하는 방법이 있다. 다음에는 단원 또는 주제의 전체를 인물 학습으로

만 일관할 수는 없으므로 이러한 때에는 한 학기에 1~2회 정도 실시하여 인물에 대해서 좀 더 깊은 탐구를 유도해야 한다.

역사 교육의 진정한 목적은 학생들의 역사의식 수준에 알맞게 민족사를 가르쳐 올바른 역사적 사고력·비판력·판단력 등을 육성하여 민족사에 대한 긍지를 갖고 국가 문제 해결에 적극 참여하는 태도를 배양함에 있다. 여기서의 역사의식이란 역사적 인식과 역사적 행위의 기저(基底)가 되는 의식인 동시에 역사 교육을 통하여 얻어지는 역사적 이해력, 역사적 견식, 역사적 태도와 능력으로 학습자의 발달 단계에 따라 성장하여 가는 가변적인 것이라고 할 수 있다. 이러한 역사의식은 학생들의 지적 성장과 더불어 하나의 단계적 구조를 형성하면서 변천, 발달하여 가는데, 역사의식의 단계적 구조는 다음과 같이 구분할 수 있다.

<표 26> 역사의식의 단계적 구조

학년	단계적 구조의 특성
1·2학년	·막연하게 옛날을 느낌, 즉 그것은 내가 살지 않던 시절이라는 느낌일 뿐이다. ·사물에서 옛것을 느끼는 데 직관적인 것이지 이유는 없다.
3학년	·옛것과 지금 것을 구별하며 그 이유를 자기 나름대로 설명한다. ·옛것과 지금 것 사이의 시간의 흐름, 시간의 거리를 느끼게 된다.
4학년	·시간의 흐름에 따른 변천을 느끼게 된다. ·500년, 1,000년 전 등 시간성을 감각하게 된다. ·신변적인 역사에 대한 관심이 커진다.
5학년	·변천의식은 더욱 심화되고 변천이 역사성을 느끼게 된다. ·역사적 인간관계에 대한 초보적 사고가 시작된다. ·생활 주변의 문화 현상에 대한 역사적 흥미가 커진다.
6학년	·인과의식이 점차 강화된다. ·역사를 종적으로 이해할 수 있게 된다. ·체계적인 역사 교육이 가능하나 초보적이고 구조적이어야 한다.

첫째, 고금 상이 의식(古今 相異 意識)이다.

초등학교 저학년 때 나타나는 가장 초보적인 단계의 역사의식으로 옛날과 지금을 서로 비교하여 그 상이 되는 사실을 파악할 수 있다.

둘째, 변천 발달 의식이다.

사회의 모든 사실과 현상은 시간의 흐름에 따라 옛날부터 오늘에까지 계속되고 있으며 점차적으로 발달하면서 현재에 이르고 있다는 사실을 파악할 수 있다.

셋째, 인과 관계 의식이다.

사회의 사실과 현상이 옛날로부터 지금으로 이행 발전하는 데에는 각각 인과 관계가 있다는 것을 알게 된다. 이 의식에는 서로 다른 사실의 관련성을 파악할 수 있는 능력 및 발생 조건과 변화 조건을 함께 파악할 수 있는 능력이 내포되어 있으며 이 의식까지 초등학교 고학년에서 나타나지 않는다면 표준보다 늦어지고 있다고 할 수 있다.

넷째, 시대 구조 의식이다.

상위층에 속하는 의식으로 역사의 흐름은 역사적 특수성에 따라서 한 시대를 형성하고 있으며 그 속에서 영위되고 있는 인간생활은 각 분야가 상호 관련성을 밀접히 가지면서 한 시대의 개체성과 특수성을 지니게 된다는 것을 알게 된다. 이 시대 구조를 이해할 수 있는 능력이 육성된 단계에 도달하여야 비로소 역사적 사건이나 인물 및 문화유산에 대한 역사적 의의를 파악할 수 있게 되는 것이므로 이 의식은 역사 교육 및 학습에 있어서 중요한 구실을 한다.

다섯째, 역사 발전 의식이다.

역사의식의 최상층에 속하는 의식으로 역사는 한 시대에서 다음 시대로 계속적인 발전을 하면서 오늘에 이르고 있음을 파악할 수 있다.

4. 인물 학습의 의의

1) 인물 학습의 의의와 성격

역사는 인물에 의하여 창조되고, 인간은 역사에 의해서 만들어진다는 의미는 인간이 역사에 작용하는 측면과 역사가 인간에 작용하는 측면을 표현하는 것이라 할 수 있다. 따라서 역사를 학습한다는 것은 곧 인간의 역사를 학습하는 것이라 할 수 있다. 이러한 관점에서 인물 학습은 역사 교육에 있어서 아주 중요한 부분임에 틀림이 없을 뿐만 아니라 인간으로부터의 역사 이해를 강조하고 있는 것이다. 인물 학습은 학생들로 하여금 보다 친밀감 있게 역사에 접근할 수 있는 계기를 마련하여 역사에 대한 관심과 판단력을 길러서 역사의 개성적인 내면의 이해를 가능하게 하며 편협한 인간관을 시정하고 보다 넓은 시야에서 인간을 보도록 하는 데 의의가 있다.

즉 인물 학습은 역사 속에 묻혀 있는 수많은 역사적 인물 가운데 국가와 민족 사회에 특히 공이 큰 인물을 학습 교재로 선정하여 그 인물을 연구하고 그 인물의 역사적 배경을 파악하여 역사 발전에 있어서는 인물 학습과 인물사 학습을 구별하는 견해도 있다. 인물 학습은 인간 탐구에 주안점을 두고 그 인물의 시대적 배경과 관련시켜 구체적으로 정치적 목적이나 윤리적 평가를 적용함으로써 의미 구현의 매체로 삼기 위하여 선택된 전형적인 인물에 대한 학습이다. 그러나 인물사 학습은 물론 교재화된 인물의 인간적 탐구를 안 하는 것은 아니지만, 그 인물의 역사적 존재를 통하여 그 시대를 파악하고 그의 민족사적 공헌을 그 시대의 흐름과 역사 발전 속에서 파악하려는 학습인 것이다.

인물 학습에 있어서 어떠한 인물을 선정할 것이냐 하는 문제는 매우 중요한 일의 하나이다.

2) 인물(위인) 선정 기준

인물 학습의 소재로 어떤 인물(위인)을 선정할 것인가는 크게 국가·사회적 요청에 의해 영향을 받게 될 것이나, 사회과 또는 역사과 교육과정 개발과정에서 합리적인 선정 준거에 따라 선정되는 것이 바람직할 것이다. 역사적 인물의 선정 준거는 역사 학습 내용 선정 기준으로서의 '중요성'에서 찾을 수 있을 것이다. 역사 학습 내용으로서의 중요성은 한마디로 당대 사회와 후대에 끼치는 영향력을 의미한다. 이러한 중요성의 관점에 기초하고, 교육과정 및 교과서 내용 선정의 경험을 토대로 다음과 같은 인물선정 기준이 제시되고, 실제 활용되고 있다.

① 한 시대의 특징을 나타낼 수 있는 인물(나라를 세운 인물, 정치적 지도자, 시대 전환기에 활동한 혁명가 등)
② 민족과 국가의 발전에 기여한 인물(외침을 격퇴하여 나라와 민족을 구한 인물, 일제 강점기의 독립운동가 등)
③ 문화의 각 부문을 대표하는 인물(종교, 학문, 예술분야에서 뛰어난 업적을 남긴 인물)
④ 국민의 생활 향상에 기여한 인물(교육, 과학기술, 경제 분야에 공이 큰 인물)

그런데 역사 학습에서의 인물 학습에서는 역사 발전의 원동력으로서의 '민중'의 역할도 강조되어야 하고, 학생의 인격 형성에 귀감이 될 수 있는 '보통사람' 혹은 지역 사회의 인물도 소재로 선정되는 것이 바람직하다. 아울러 양성평등 교육의 관점에서 여성인물도 적극 발굴하여 다룰 수 있도록 해야 한다.

인물 학습의 목적은 역사 발전의 모습을 그 인물을 통해 실증적으로 이해하는 한편, 인류 역사와 문화 발전에 공헌한 인물을 개성적으로 이해하고 현실에서 역사와 문화 발전에 이바지하고자 노력하는 인간을 키워 내는 데 있다. 이와 같은 인물 학습의 목적을 달성하기 위해 선행되어야 할 중요한 문제는 '어떤 인물을 어떤 기준에 의하여 선정하는가?' 하는 이른바 인물의 선정 기준에 관한 것이다. 대표적인 객관적 기준을 정리해 보면, 한 시대의 특징을 나타낼 수 있는 인물이거나 각 문화권의 특징을 대표할 수 있는 인물로 대별될 수 있다. 즉 시대의 발전에 공헌하였거나 시대의 전환기에 변혁을 이끈 인물, 사상적·종교적 활동에 이바지한 인물, 문화의 창조에 공헌한 인물 등이며 무엇보다도 역사적인 사명감과 강한 의지력으로 어려운 환경을 극복하고 인류 역사 발전에 헌신한 인물이 선정되어야 한다. 그 밖에 고려해야 할 기준으로는 학생들이 관심과 흥미를 가지고 있는 인물, 학습자의 인생관과 가치관에 좋은 영향을 끼치는 인물, 학교와 지역 사회의 실정 및 요구에 맞는 친근감 있는 인물, 인물을 독립적으로 파악하지 않고 인물의 구체상을 종합적으로 파악할 수 있는 인물, 참고 자료가 많아 탐구 학습이 가능한 인물 등을 들 수 있는데 무엇보다도 중요한 것은 교사의 관점이라 생각된다.

(1) 타당성 있는 선정 기준
　　① 정치적 지도자로 국가의 발전을 이룩한 인물
　　② 국가의 위기를 맞아 국난을 극복하는 데 공을 세운 인물
　　③ 문화 활동으로 민족의 슬기를 펴낸 인물
　　④ 학문 발달에 이바지한 인물

(2) 인물 학습의 진행에 있어서 지도 사항
　　① 한 인물을 그들이 살던 시대의 배경과 연관시켜 이해하도록 한다.

② 역사 발전과 관련시켜 파악시킨다.

③ 그 인물과 당시의 정치권력과의 관계, 민중생활과의 관계, 경제 구조와의 관계, 문화의 생성 발달 등과 관련시켜 그 인물의 본질을 이해시킨다.

④ 그 인물이 속한 당시의 정치적·사회적·경제적·문화적 상황을 살펴보게 한다.

⑤ 다방면의 인물과 접촉시킨다.

⑥ 군주·정치가·장군 등 지배자 중심의 인물뿐만 아니라, 경제·사회·학문·예술 등 활동과 관계되는 역사적 인물에도 관심을 기울이도록 지도한다.

3) 인물 학습의 방법

(1) 인물 학습의 과정

도 입	·교사는 교재 내용과 관련된 인물을 선정하고 인물의 전기, 초상화, 신문 기사나 학생들이 이미 알고 있는 지식을 이용하여 인물 학습을 유도 ·교사와 학생은 공동으로 협의하여 그 인물에 대한 탐구 문제를 결정
전 개	·선정된 인물에 대하여 조사할 문제, 즉 그 인물의 생애와 인간상, 업적, 시대적 배경, 역사적 상황 등을 개인별 혹은 분단별로 분담하여 자료를 수집하고 조사 ·자료의 수집과 조사는 도서관, 박물관, 서점, 가정 등에 비치된 그 인물의 전기, 신문 기사, 인물 사전, 사진, 초상화 등을 근거로 하여 이러한 자료들을 학생들과 같이 검토, 비판하게 하여 신빙성 있는 자료만을 선택
정 리	·선택·비판·수용 단계를 거친 자료는 분단별로 토의 활동을 한 연후에 보고서에 요약정리 ·분단별로 요약정리된 내용은 전체 학생들이 참석한 가운데서 발표·토의·질의·응답 등 활동을 통해 문제점을 명료화
평 가	·인물의 시대적 배경과 더불어 그 업적이나 역사적 의의를 바르게 인식하였는가를 알아보기 ·학생들의 정의적인 가치·태도 및 자료의 분석과 비판 능력 등에 대하여 평가 ·평가하는 방법 – 감상문, 독후감, 보고서 이용

(2) 인물 학습의 과정에 따른 방법

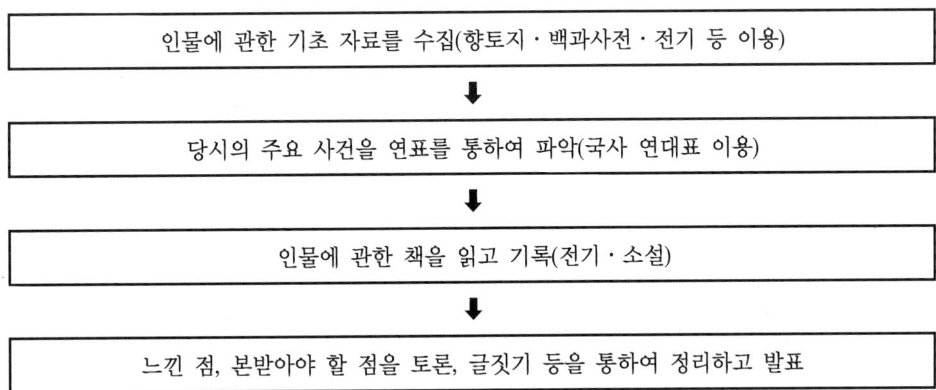

(3) 인물 학습의 종류

(가) 탐구 학습

역사 지식의 구조적 습득을 위한 탐구 방법은 사실 탐구와 의미 탐구로 나누되 탐구과정은 다음과 같은 절차를 거치도록 한다.

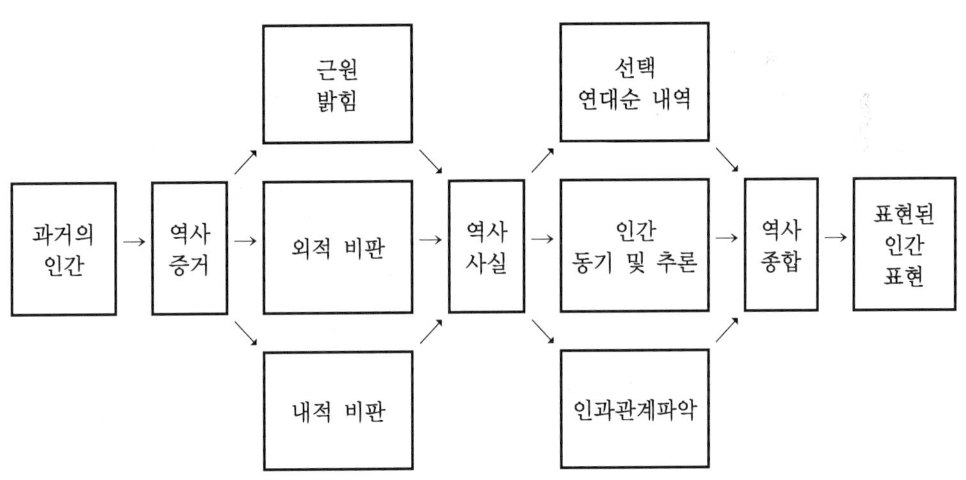

[그림 15] 탐구 학습의 절차

인물 학습은 여러 가지 풍부한 자료의 제공으로 가능하기 때문에 이와 같은 탐구 학습은 인간을 탐구하는 인물 학습을 심화시키는 학습 방법으로 매우 효과적이다. 즉 인물에 대한 사료나 논평한 것을 포함한 자료들을 학생들에게 주어 특정의 인물을 집중적으로 탐구하게 함으로써 그 인물에 대한 탐구뿐만이 아니라 그 시대의 심층을 파악할 수 있게 하는 것이다. 탐구 학습을 통한 인물 학습을 실시함에 있어 교사는 일정한 가치를 주입시키지 말고 어색한 결론이라도 학생 스스로가 증거에 민감한 결론을 내리도록 유의해야 한다.

(나) 과제 학습

효과적인 인물 학습이 이루어지기 위한 한 방법으로 과제 학습을 들 수 있다. 이것을 특정 인물에 관한 문헌적 기록을 소개하여 읽게끔 과제를 주고 독후감을 적어 제출케 하는 방식으로 이루어질 수 있다. 그러므로 경우에 따라서는 쓰기 학습, 읽기 학습 또는 자료 학습으로 분류될 수도 있다. 교사가 학생들에게 지시하는 과제는 교사 단독의 판단으로 정하지 말고 학생의 이해 측면과 관심도 등을 고려하여 교사·학생의 협의하에서 마련되어야 한다. 가급적 써 온 독후감은 학생 상호간 바꿔 읽히거나 4~5명이 발표하여 의견 교환이 있도록 하고 정리 단계에서 교사가 종합함으로써 학생 스스로 인물의 활동상을 정확히 마음속에 정착시킴으로써 그 인물의 내면적 가치를 체득하도록 해야 한다.

(다) 극화 학습

극화 학습이란 타인의 역할을 경험해 봄으로써 행동적인 경험을 통하여 자신과 타인을 이해하는 데 도움을 주고자 하는 학습 방법이다. 극화 학습은 어떤 갈등의 시대적 상황 속에서 개인의 신념과 역할에 대해 토의함으로써 시대 상황을 이해하고 개인의 역사성을 지각하는 데 효과적이므로 인물 학습의 한 형태로 이루어질 수 있다. 극화 학습이 학습 방법으로서 갖는 이점은 여러 가지가 있지만 그중에서도 특히 학습 과제가 집단 속의 개인적 문제를 중심으로 한 정의적 영역에 관련성이 깊을 때 특히 효과적인데 이러한 점에서 역사의식의 함양에 바람직한 학습 방법으로 간주된다. 그리고 전문적 연극이 아닌 학습 자료로서의 연극이어야 하므로 줄거리는 학습토론의 주제가 될 수 있는 것이어야 하며 공연시간만큼에 해당되는 토의·평가 시간을 반드시 가지도록 해야 한다.

(4) 인물 학습의 유의점

인물 학습은 특정 인물의 업적이나 생활을 논하거나 도덕적인 인물 평가를 하려는 것이 아니라 역사상에서 인류의 역사와 문화 발전에 공헌한 인물을 개성적으로 연구 파악시켜 현실에서 역사와 문화 발전에 이바지할 인간을 키우자는 데 목적이 있다. 따라서 이와 같은 인물 학습의 목적을 달성하기 위해서는 인물 지도 시 다음과 같은 점에 유의해야 한다.

첫째, 인물을 오늘날의 가치관이나 개인의 인물관에서 평가해서는 안 되며 그가 살던 시대나 사회의 척도에서 객관적 역사 속에서 파악하도록 하고 역사 발전과의 연관에서 평가하도록 지도해야 한다.

둘째, 역사의 전체 구조 속에서 인물을 파악하도록 지도하여야 한다. 인물의 업적이나 활동상만을 단순히 이해하는 면에서 그치지 말고 시대적 배경과 사회적 기반을 관련지어 지도하되 한 인물이 민족사에서 차지하고 있는 위치나 후세에 미친 영향을 역사 발전의 흐름 속에서 객관적으로 파악하도록 지도해야 한다.

셋째, 교사의 편견이나 인물관을 학습자에게 강요해서는 안 되며 학습자 스스로의 판단과 사고에 맡겨 역사를 보는 눈과 태도를 기르도록 해야 한다.

넷째, 역사의 발전과 문화의 창조에 공헌한 인물을 부각하는 나머지 그의 공헌 뒤에 놓여 있는 말없는 다수의 국민을 망각해서는 안 된다. 역사 발전에 기여한 국민 전체의 통합적 힘과 원동력, 개인과 집단, 영웅과 일반 대중, 지배와 피지배라는 상호 역동적인 관계에서 파악하도록 해야 한다.

다섯째, 많은 학습 자료를 제시해 주어야 한다. 학습자의 발달 심리와 역사의식의 발달 단계에 맞는 자료를 개발하여 활용하되 자료의 정확성·진실성·활용성·가치성 등과 시대성·한계성을 충분히 고려하여 제공하도록 한다.

여섯째, 몇몇 특정한 인물을 지나치게 강조함으로써 편협한 견해에 몰입되지 않도록 하고, 위대한 인물들의 이면(裏面)에는 이름 없는 민중들의 뒷받침이 있었음을 소홀히 해서는 안 된다.

일곱째, 인물에 대해서 단순한 나열이나 업적의 해결에만 그치지 말고, 그 인물을 통해서 시대적·사회적 상황을 알도록 하며, 현재의 국가 사회적 당면 과제의 해결에 보다 중점을 두는 방향으로 지도해야 한다.

여덟째, 지나친 민족적 감정으로 기울지 않게 하여 학생들로 하여금 역사적 사고력과 비판력 및 자료 처리 능력을 길러서 객관적이고 공정한 인물의 파악과 역사의 이해가 가능하도록 지도해야 한다.

5. 인물 학습의 단계

1) 도입 단계

사회과 교사는 교재 내용과 관련된 인물을 선정하고 인물의 전기, 초상화, 보도적 기사, 학생들이 기득한 지식을 이용하여 인물 학습으로 유도한다. 그리고 교사와 학생은 공동으로 협의하여 그 인물에 대한 탐구 문제를 결정한다.

2) 전개 단계

선정된 인물에 대하여 조사할 문제, 즉 그 인물의 생애와 인간상, 업적, 시대적 배경, 역사적 상황 등을 개인별 혹은 분단별로 분담하여, 자료를 수집하고 조사한다. 자료의 수집과 조사는 도서관, 박물관, 서점, 가정 등에 비치된 인물의 전기, 보도 기사, 인물 사전, 사진, 초상화 등을 근거로 하고, 또한 이러한 자료를 학생으로 하여금 검토, 비판하게 하여 신빙성 있는 자료만을 선택하도록 한다.

3) 정리 단계

선택, 비판, 수용 단계를 거친 자료는 분단별로 토의 활동을 한 후, 보고서에 요약, 정리한다. 또한, 분단별로 요약, 정리된 내용은 전체 학생들이 참석한 가운데 발표, 토의, 질의, 응답 등 학습 활동을 통하여 문제점을 명료화한다. 이때에 교사는 보충적인 지도 조언을 함으로써 문제 해결에 접근하도록 한다.

4) 평가 단계

학습 활동을 통하여 선정된 인물의 시대적 배경과 더불어 그 업적이나 역사적 의의를 바르게 인식하였는가를 알아보고, 학생들의 정의적인 가치·태도 및 자료의 분석과 비판 능력 등에 대하여 평가를 한다. 평가하는 방법에는 감상문, 독후감, 보고서 작성 등의 방법을 고려하는 것이 바람직하다(인천광역시사회과교육연구회, 2007: 324-332).

6. 인물 학습 적용 가능 단원

단원	주제	제재
1. 우리 민족과 국가의 성립	❶ 하나로 뭉친 겨레	① 처음으로 세운 나라 고조선
		② 힘을 겨루며 성장한 세 나라
		③ 삼국을 통일한 신라, 고구려를 이어받은 발해
	❷ 민족을 다시 통일한 고려	① 고려의 건국으로 달라진 정치
		② 역경을 이겨 내며 꽃피운 고려 문화
	❸ 유교를 정치의 근본으로 삼은 조선	① 정치 개혁으로 새로운 나라를
		② 문화의 발달과 백성들의 생활 모습
		③ 두 차례의 전란 극복
2. 근대 사회로 가는 길	❶ 새로운 사회로의 움직임	① 사회변화를 위한 서민들의 노력
		② 잘사는 백성, 부강한 나라로
		③ 복을 빌고, 평등한 세상을 바라고
2. 근대 사회로 가는 길	❷ 외세의 침략과 우리 민족의 대응	① 척화비를 세운 까닭
		② 조선, 어디로 가야 하는가
		③ 대한 제국을 선포한 뜻은
3. 대한민국의 발전	❶ 나라를 되찾기 위한 노력	① 총과 펜을 들어 싸운 조상들
		② 대한 독립 만세, 한국광복군 만세
	❷ 대한민국의 수립과 발전	① 분단을 딛고 일어선 대한민국
		② 민주 시민이 승리하던 날들
		③ 한강의 기적에서 통일로

7. 시대별 인물(위인) 분류

〈표 27〉 시대별 인물(위인) 분류표

시대	주요 인물(위인)
고조선	단군
고구려 백제 신라 (삼국) 발해	동명성왕, 담징, 광개토대왕, 장수왕, 을지문덕, 양만춘, 연개소문 온조, 무령왕, 근초고왕, 왕인, 계백, 성왕 박혁거세, 진흥왕, 김수로왕, 설총, 원효, 의상, 김유신, 김춘추, 문무왕, 장보고 대조영등
고 려	왕건, 최승로, 강감찬, 윤관, 김부식, 문익점, 최충, 서희, 일연, 의천, 혜초, 공민왕, 최영, 최무선, 정몽주, 길재, 이색 등
조 선	이성계, 황희, 세종대왕, 맹사성, 장영실, 이종무, 신사임당, 이이, 이황, 조식, 허균, 이순신, 권율, 허준, 서산대사, 김시민, 사명대사, 곽재우, 김덕령, 조헌, 이원익, 이덕형, 이항복, 김시습, 논개, 임경업, 한석봉, 지눌국사, 영조, 정조, 정약용, 조광조, 정철, 박지원, 박제가, 김홍도, 홍대용, 박문수, 김정호, 김정희, 고종황제, 김대건, 최익현, 최제우, 전봉준, 김옥균, 박영효, 흥선 대원군, 김홍집, 명성황후, 신돌석, 민영환, 지석영, 홍영식 등
근 대	김 구, 김소월, 김좌진, 나운규, 남궁억, 방정환, 박은식, 서재필, 신채호, 안익태, 안중근, 안창호, 손병희, 유관순, 윤동주, 윤봉길, 이범석, 이봉창, 이승훈, 이시영, 이육사, 이중섭, 조만식, 주시경, 한용운, 홍난파, 홍범도 등

제2절 인물 학습의 실제

1. 교수 · 학습과정안(예시 1)

1) 단원

2. 근대 사회로 가는 길 ❷ 외세의 침략과 우리 민족의 대응(6 - 1)

2) 단원의 개관

이 단원은 우리나라가 근대 사회로 접어드는 과정을 다룬다. 조선은 근대사회로 접어드는 과정에서 사회 안팎으로 해결해야 할 많은 문제들을 안고 있었다. 양란 후 농토가 황폐해졌고, 갈수록 관리들의 횡포도 심해졌다. 또 서양의 수교 요구 등으로 사회 분위기가 불안해졌다. 비록 외압에 의해서 문호가 개방되고 자력으로 근대화를 이루지는 못했으나, 이런 어려운 상황을 극복해 나가려는 사람들의 노력들이 있었음을 주목해야 한다. 경제적으로나 문화적으로 성장해 가는 서민들, 새로운 사회를 만들려고 노력한 실학자들, 개항 후 이루어진 많은 개혁들이 그것이다. 각 주제별 내용과 활동을 제시하면 다음과 같다.

첫 번째 주제에서는 조선 후기에 사회·경제·문화를 새롭게 변화시키려는 다양한 노력들을 다룬다. 양 난을 겪은 후 피폐해진 농토를 복구하려는 나라와 서민의 노력, 나라의 살림을 키우고 잘못된 제도를 고치려고 한 실학자들의 노력, 종교의 힘을 통해서 병든 사회를 극복해 보려는 노력들이 주요 내용이 된다. 조선 후기 사회·경제·문화의 변화를 당시 상황을 극복하고 개선하려는 사람들의 개선 의지와 동기에 초점을 두어 학습한다.

두 번째 주제는 서양 세력과 일본, 중국, 러시아 등의 압력으로 인한 개방과 그 결과 달라진 정치·사회적 변화를 다룬다. 흥선 대원군의 개혁 정책과 문호 개방 압력, 문호 개방 과정과 개혁 운동, 개혁 이후 서양 문물 수용과 생활 변화가 주요 내용이다. 개개 사건들을 접하는 것에 초점을 두지 않고, 각 사건들의 인과 관계를 고려하여 당시 상황을 학습한다.

3) 단원의 목표

(1) 지식·이해

· 조선 후기에 서민들이 경제적으로 성장할 수 있었던 까닭을 알 수 있다.
· 조선 후기 서민 문화의 여러 모습을 알 수 있다.
· 실학의 성격 및 실학이 일어난 까닭을 알 수 있다.
· 신앙 및 종교의 특성을 바탕으로 조선 후기 민간 신앙이 성행한 까닭을 알 수 있다.
· 천주교와 동학의 정신을 바탕으로 이 종교들이 조선 후기에 널리 받아들어졌던 까닭을 알 수 있다.
· 흥선 대원군의 개혁 정책을 알 수 있다.
· 조선 후기 문호 개방의 특징과 의의를 알 수 있다.
· 개항 이후 서양 문물들이 들어옴으로써 조선의 모습이 어떻게 변했는지 알 수 있다.
· 개항 이후 서양 문물들이 들어옴으로써 조선의 모습이 어떻게 변했는지 알 수 있다.
· 외국의 영향을 받아 근대적 사회로의 모습을 갖추어 나가는 과정을 알 수 있다

(2) 기능·능력

· 조선 후기에 서민들이 여러 분야에서 성장한 모습을 여러 사료를 통하여 조사할 수 있다.
· 실학 운동에 앞장선 학자들의 주장을 조사·발표할 수 있다.
· 조선 후기의 다양한 종교 생활을 여러 사료를 통해서 조사할 수 있다.

· 병인양요와 신미양요의 원인과 결과를 자료를 통해서 조사할 수 있다.
· 조선 후기 개혁 운동을 조사하여 발표할 수 있다.
· 조선 후기 문호 개방에 관한 자료를 수집하여 보고서를 작성할 수 있다.
· 개항 이후 서양 문물이 전래된 상황을 연극이나 그림으로 나타낼 수 있다.

(3) 가치 · 태도

· 새로운 사회를 만들기 위한 옛사람들의 노력을 가치 있게 여긴다.
· 과거의 생활 모습을 옛사람들의 입장에서 이해하려고 노력한다.
· 새로운 문화를 수용하는 바른 태도를 지닌다.

4) 단원의 지도 계획

단원	주제	제재	제재별 주요 내용 요소	교과서 쪽수	차시
2. 근대화로 가는 길		단원 도입 및 계획	· 근대 사회의 의미 파악하기 · 단원 학습 내용 개괄적으로 파악하기 · 장기 학습 과제 선정 및 학습 방법	사: 60~61 탐: 64~65	1 (1/16)
	❶ 새로운 사회로의 움직임	① 사회변화를 위한 서민들의 노력	· 조선 후기 농업의 변화 모습 · 조선 후기 상업의 변화 모습 · 조선 후기 서민 문화의 모습	사: 62~68 탐: 66~71	2 (2~3/16)
		② 잘사는 백성, 부강한 나라로	· 실학의 뜻과 발생 배경 · 실학자들의 주장 및 활동	사: 69~73 탐: 72~77	2 (4~5/16)
		③ 복을 빌고, 평등한 세상을 바라고	· 조선 후기 민간 신앙이 성행한 까닭 · 천주교와 동학이 조선 후기에 받아들여졌던 까닭	사: 74~79 탐: 78~84	2 (6~7/16)
		선택 학습	· 조선 후기 사회변화 모습 찾아보기 · 김홍도 그림을 보고 당시 생활 모습 생각해 보기 · 실학에 관한 역사 신문 만들기	사: 80	1 (8/16)
	❷ 외세의 침략과 우리 민족의 대응	① 척화비를 세운 까닭	· 흥선 대원군의 개혁 정책 · 외세의 침략을 극복하기 위한 노력	사: 81~85 탐: 85~90	2 (9~10/16)
		② 조선, 어디로 가야 하는가	· 강화도 조약과 그 후의 개화 정책 · 조선 후기 개혁 운동	사: 86~91 탐: 91~95	2 (11~12/16)
		③ 대한 제국을 선포한 뜻은	· 근대적인 외교 관계를 맺게 된 이후의 자주권을 지키기 위한 노력 · 개화 정책과 근대 문물로 달라진 사회 모습	사: 92~96 탐: 96~101	2 (13~14/16)

단원	주제	제재	제재별 주요 내용 요소	교과서 쪽수	차시
		선택 학습	· 개화기 때의 주요 사건을 연표로 정리하기 · 개화기의 우리 조상들이 어떤 사회를 만들고자 했는지 정리해 보기 · 서양 문물이 우리나라에 처음 전해졌을 때 무엇이라고 불렀는지 조사해 보기	사: 97	1 (15/16)
	단 원 정 리 학 습		· 조선 후기 사람들에게 일어났던 변화의 원동력 정리하기 · 서양 물건이 처음 들어왔을 때 일어난 일 상상하여 글쓰기 · 역사 속의 인물을 대담한 기사 쓰기 · 소설에 나타난 조선 후기 사회의 모습이나 서민들의 생각 정리하기	사: 98~99	1 (16/16)

5) 단원의 평가 계획

역사는 당시 생활을 한 사람들의 생생한 삶이다. 옛사람들의 입장에서 과거를 생각하고 느끼는 것이 무엇보다 중요하다. 따라서 과거의 사건이나 사람들에 대한 감정이입(感情移入)적 이해를 바탕으로 한 문제 해결이나 탐구과정을 평가하도록 한다. 평가 자료로는 학생들이 역사를 쉽게 접할 수 있는 것을 선택한다. 이야기, 자서전, 옛 사진, 위인전, 역할극 등이 좋은 자료가 될 것이다.

❶ 새로운 사회로의 움직임	· 조선 후기 농업 기술에 관한 자료를 보고 농업 생산량이 늘어난 까닭 찾기 · 판소리에 나타난 당시 사회 모습을 정리해 보기 · 실학자들의 활동을 주제별로 정리하기 · 조선 후기 민간 신앙에 관한 자료 정리하기 · 천주교, 동학과 관련된 사건을 연표로 작성해 보기	· 지필평가 · 지필평가 · 포트폴리오 · 포트폴리오 · 연표 작성
❷ 외세의 침략과 우리 민족의 대응	· 강화도 조약의 내용을 보고 조약의 성격을 설명해 보기 · 동학 농민 운동과 갑오개혁의 공통점과 차이점에 관해 토의하기 · 새로운 의식주의 변화와 관련한 역할극 꾸미기	· 지필 평가 · 토의 · 역할극

6) 주안점

이 주제에서는 조선 후기 문호를 개방하게 된 과정과 문호 개방 이후 조선에 일어난 일련의 정치적 변화와 개혁의 움직임, 서양 문물에 의한 조선 후기 사람들의 생활변화를 다룬다. 이 시기는 조선 왕조 시대의 마지막 부분이기도 하며 대한민국이 성립하는 데 필요한 근대화를 처음으로 시도한 시기라는 점을 인식할 수 있도록 한다. 그러나 근대화의 과정이 우리 민족 스스로의 힘으로 이루어지지 못해 이후 왜곡된 근대화의 출발점이 되었음을 인식할 수 있도록 한다. 이를 위해 구체적인 역사적 사실과 당시 상황 및 자료를 중심으로 역사적 상상력과 추론 능력을 키울 수 있는 수업으로 구성해 나가도록 한다. 또 흥선 대원군의 쇄국 정책에 대한 토론을 통해 역사를 비판적으로 바라보는 태도를 가지도록 한다.

7) 본시의 전개

학년·학기	6-1	단원(주제)		2. 근대 사회로 가는 길	차시	12/16
학습 주제	❷ 외세의 침략과 우리 민족의 대응 ② 조선, 어디로 가야 하는가			교 과 서		86~91쪽
				사회과 탐구		91~95쪽
학습 목표	갑신정변을 일으킨 김옥균의 행동에 대해 자신의 의견을 말할 수 있다					
예습 과제	갑신정변을 일으킨 김옥균의 행동이 죄가 되는지, 아닌지를 증명할 수 있는 자료 조사해 오기					
수업 유형	인물 학습		학습 조직 형태		소집단학습	

단계	학습 내용	교수·학습 활동		시간 (분)	자료 및 유의점
		교 사	학 생		
학습 문제 파악	동기유발	■ 김옥균이 노랫말로 나온 '한국을 빛낸 100명의 위인들' 노래를 부르게 한다. ■ 오늘 무엇을 공부하기로 했습니까?	□ 김옥균이 노랫말로 나온 '한국을 빛낸 100명의 위인들' 노래를 부르며 학습할 내용이 나오는 인물에서 멈춘다. □ 갑신정변을 일으킨 김옥균의 행동이 죄가 되는가, 죄가 되지 않는가에 대하여 공부하기로 했습니다.	5'	▫ 학습문제는 과제로 제시하였기 때문에 학습문제 선정의 토의 없이 사전에 제시한다.
	학습문제 확인	갑신정변을 일으킨 김옥균의 행동은 죄가 되는가? 되지 않는가?			
	역할극 하기	■ 그럼, 갑신정변이 어떤 사건이었는지 준비한 연극을 보겠습니다.	□ 준비한 연극을 실연한다.	5'	▫ 극화 소도구 (신호총, 劍, OHP)
	자신의 생각 정리하기	■ 이 사건이 갑신정변입니다. 여러분은 갑신정변을 일으킨 김옥균의 행동이 죄가 된다고 생각합니까? 죄가 되지 않는다고 생각합니까? 방금 본 연극과 준비해 온 자료를 통하여 발표해 봅시다. ■ 죄가 있다고 생각한 사람은 오른쪽으로, 죄가 없다고 생각한 사람은 왼쪽으로 앉아 주세요.	□ 아동들 각자 생각한 바를 말한다. - 조국의 근대화를 위해서 노력한 애국자로서 당연히 죄가 되지 않는다고 생각합니다. - 조국의 근대화를 위해 노력한 점은 인정되지만, 그 방법과 절차가 과격하고 외세에 의존한 것이 바람직하지 못합니다. □ 아동들 각자 자신이 판단한 결과에 따라 자리를 이동한다.		
개념의 명료화	모의재판 하기	■ 여러분의 주장과 근거를 좀 더 확실히 하기 위해 갑신정변에 대한 모의재판을 하겠습니다. 여러분의 생각과 비교하면서 잘 보고 들어 주기 바랍니다.	□ 모의재판을 시작한다.	15'	▫ 극화 소도구

가치선택 및 증거제시	재판에 대한 토론하기	■여러분은 갑신정변을 일으킨 김옥균에 대한 모의재판을 보았습니다. 판결을 하려고 합니다. 여러분은 김옥균이 죄가 있다고 생각하나요, 없다고 생각하나요? 가까이 앉아 있는 배심원들과 토의해 본 후 발표를 해 봅시다.	□가까이 앉아 있는 배심원들과 토의한다.		▫교사는 재판결과에 대하여 중립적인 입장에서 유도해 나간다.
	자신의 생각 수정·보완	■어느 쪽이 먼저 이야기를 해 볼까요? 죄가 있다고 생각한 배심원 쪽이 먼저 발표를 해 볼까요. ■친구들의 이야기를 듣고 생각이 바뀐 사람은 손을 들어 보세요. ■생각이 바뀐 까닭을 말해 봅시다.	□저는 죄가 있다고 생각합니다. 왜냐하면 자기의 목적을 달성하기 위하여 많은 사람을 다치게 하거나, 죽였기 때문입니다. □자신의 목적을 달성하기 위하여 사람의 목숨을 죽인 것은 살인 행위나 다름없습니다. □저는 ○○이의 생각과 다릅니다. 김옥균은 죄가 없다고 생각합니다. 그 까닭은 나라의 발전을 위해서 어느 정도 희생은 감수해야 하기 때문입니다.	10'	▫인물에 대한 비판보다는 역사적 사실이 지니고 있는 의의에 중점을 둔다.
가치선택 및 증거제시	자신의 생각 수정·보완		□저는 김옥균이 죄가 있다고 생각하였는데 친구의 이야기를 듣고 …… 한 이유 때문에 죄가 있다는 생각이 바뀌었습니다. □저는 김옥균의 죄가 없다고 생각하였는데 친구의 이야기를 듣고 …… 한 이유 때문에 죄가 없다는 생각이 바뀌었습니다.		▫이유나 근거에 합당한 주장을 하도록 한다. ▫바른 자세로 경청하도록 한다.
신념화	자신의 생각 정리	■각자의 생각이 옳다고 생각한 뚜렷한 이유를 공책에 정리해 보세요. ■다음 시간에는 무엇을 공부할 차례입니까?	□각자 내용을 공책에 정리한다. □다음 시간에 공부할 내용을 발표한다.	5'	
수행평가 관점		○갑신정변을 일으킨 김옥균의 행동에 대해서 타당한 근거나 이유를 제시하며 그 무·유죄를 주장하고 있는가?			

8) 모의재판 자료

모의 재판 순서	1. 검사의 피고 행적 열거 및 논고 2. 변호사의 피고 변론 3. 피고 심문 4. 증인 심문: 검사 측 증인 민영익, 명성황후 심문하기변호사 측 증인 서재필, 박영효 심문하기 5. 검사의 최종 논고 6. 변호사의 최후 변론 7. 피고의 최후 진술 8. 배심원의 토론

	3일 천하(三日 天下) 곳: 우정국 때: 우정국 낙성식 날 등장인물: 김옥균, 박영효, 민영익, 보수파 대신 1, 대신 2 **[장면 1]** 두 명의 대신, 웃으며 뭔가 얘기를 나누고 있다. 이때 민영익 등장한다. 대신 1: 민영익 대감, 어서 오세요. 민영익: 안녕들 하시오, 일찍들 나오셨군요. 대신 2: 오늘이 바로 우정국 낙성식이 있는 날이잖소, 그래서 일찍 나왔지요. 민영익: 이제, 우리 조선에도 우체국이 생기는 역사적인 날이군요. 대신 1: 누가 아니랍니까? 대신 2: 어이구, 저기 청나라 영사, 영국총영사, 미국 공사들도 다 와 있구려. 민영익: 그렇군요. – 이때 불이야! 하는 소리 들린다. – 대신 1: 아니 이게 무슨 소리요? 불이라니. 민영익: 이러고 있을 게 아니라 한번 나가 봅시다. 대신 2: 그럽시다. **[장면 2]** 박영효, 김옥균 등장 김옥균: 저기 청나라를 등에 업은 보수파들이 나옵니다. 모두 제거해 버립시다. 박영효: 그럽시다. – 민영익과 대신들 나오다 개혁파에 의해 쓰러진다. – 김옥균: 이제 조선은 우리 개혁 세력이 앞장서서 사회제도를 고치고 새로운 나라를 건설하겠습니다. 박영효: 큰일 났습니다. 청나라 군대가 우리 개혁파를 몰아내기 위해 오고 있다고 합니다. 김옥균: 할 수 없군요. 일단 일본으로 도망갑시다. 훗날 다시 우리나라의 근대화를 위해 개혁을 도모하도록 합시다. 박영효: 그럽시다. – 둘 도망간다. –
상황극/ 갑신정변	

2. 교수·학습과정안(예시 2)

1) 단원

1. 우리 민족과 국가의 성립 ❶ 하나로 뭉친 겨레(6-1)

2) 단원의 개관

이 단원에서는 제3~5학년에서 배운 고장이나 시·도의 내력 또는 우리 민족의 문화생활 영역에 관한 기초적인 역사 학습을 바탕으로 하여, 우리 겨레의 뿌리와 생활 터전에 관심을 가지게 하고, 먼 옛날부터 근대에 이르기까지 우리나라 역사의 흐름을 유명한 인물들과 사건들을 중심으로 개략적으로 파악하는 데 목적이 있다. 따라서 이 단원에서는 세 개의 주제를 통하여, 우리 겨레와 우리나라의 형성, 발전 및 다른 민족과의 관계, 민족 문화와 사회·경제의 발전 모습을 이해하게 함으로써 역사적 변화와 인과 관계를 파악하는 능력을 기르고, 조상들이 나라를 사랑한 마음을 본받게 해야 한다.

이 단원은 전기, 연표, 역사 지도, 고고학적 유물이나 유적에 관한 여러 가지 자료를 수집, 활용하여 학습이 이루어지도록 한다.

3) 단원의 목표

(1) 지식·이해

· 우리 민족의 형성, 민족 국가의 성장·발전 과정을 개략적으로 파악한다.
· 정치, 경제, 외교와 국방, 사회, 문화 등으로 나누어 우리나라의 문화 발전 및 국권 수호에 크게 이바지한 조상들의 업적을 파악한다.
· 우리 민족의 문화가 지니고 있는 특징과 창조적 가치를 이해한다.
· 우리 민족이 대외적 활동을 통하여 보여 준 개척 정신과 진취적 기상을 이해한다.

(2) 기능·능력

· 인물 이야기를 통하여 그 인물이 살았던 시대의 특성과 과제를 분석하고 해석하는 능력을 기른다.
· 역사적 인물의 업적과 관련된 유물·유적과 연표, 역사 지도, 전기 등을 활용하여 종합적으로 분석하는 능력을 기른다.

(3) 가치·태도

· 조상들의 애국심을 본받아 국가와 문화 발전을 위해 노력하는 마음을 가진다.
· 조상들의 국난 극복 의지를 본받는다.

4) 단원의 지도 계획

단원	주제	제재	제재별 주요 내용 요소	교과서 쪽수	차시
1. 우리 민족 과 국가 의 성립		단원 도입 및 계획	·단원 학습 내용 개괄적 파악 ·장기 학습 과제 선정 및 학습 방법, 자료 소개	사: 2~3 탐: 2~3	1 (1/21)
	❶ 하나로 뭉친 겨레	① 처음으로 세운 나라 고조선	·먼 옛날 조상들의 생활 모습 ·최초의 국가 고조선	사: 4~9 탐: 4~9	2 (2~3/21)
		② 힘을 겨루며 성 장한 세 나라	·고구려, 백제, 신라 세 나라의 성장 과정 ·삼국 문화의 특징	사: 10~16 탐: 10~21	2 (4~5/21)
		③ 삼국을 통일한 신라, 고구려를 이어받은 발해	·신라의 삼국 통일 과정과 통일 후 신라의 발전 ·고구려를 계승한 발해	사: 17~20 탐: 22~26	2 (6~7/21)
		선택 학습	·삼국의 성장 및 발전과 관계되는 역사적 인물을 한 일에 따라 분류해 보기 ·삼국의 우수한 문화재 조사하기 ·삼국 통일기의 왕의 입장이 되어 보고, 글로 표현하기	사: 21	1 (8/21)
	❷ 민족을 다시 통일 한 고려	① 고려의 건국으 로 달라진 정치	·고려의 후삼국 통일 과정 ·고려의 발전 모습	사: 22~26 탐: 27~33	2 (9~10/21)
		② 역경을 이겨 내 며 꽃피운 문화	·북방 민족 침략의 극복과정 ·고려의 찬란한 문화	사: 27~34 탐: 34~40	2 (11~12/21)
		선택 학습	·고려 시대에 관한 낱말 맞히기 ·고려의 문화재에 관한 홍보 책자 만들기 ·고려 시대 위인들에게 편지 쓰기	사: 35	1 (13/21)
	❸ 유교를 정치의 근 본으로 삼 은 조선	① 정치 개혁으로 새로운 나라를	·조선의 건국 후 여러 가지 정책 ·달라진 백성들의 생활 모습	사: 36~43 탐: 41~49	2 (14~15/21)
		② 문화의 발달과 백성들의 생활 모습	·조선의 문화·과학 기술의 발전이 백성들의 생활에 미친 영향 ·양반과 상민의 생활 모습	사: 44~50 탐: 50~55	2 (16~17/21)
		③ 두 차례 전란 극복	·임진왜란의 발생 원인과 극복과정 ·병자호란의 원인과 북벌 정책의 배경	사: 51~56 탐: 56~63	2 (18~19/21)
		선택 학습	·오늘날에도 이어지고 있는 유교적 전통 찾기 ·통신사가 되면 무엇을 할지 토의하기 ·이성계 때의 관료가 되어 왕에게 건의한 정책을 시무책의 형식으로 써 보기	사: 57	1 (20/21)
	단　원 정　리 학　습		·각 시대별로 중요한 내용 정리하기 ·임진왜란 당시의 의병이 되어 글쓰기 ·도구의 발전이 생활에 미친 영향 알아보기 ·고려 시대 시무 28조를 통해 오늘날의 모습 생각해 보기	사: 58~59	1 (21/21)

5) 단원의 평가 계획

(1) 평가 방향

이 단원은 과거와 현재라는 시간적 차이를 극복하여 과거를 이해해야 하기 때문에, 역사 인식 수준이 아직 미흡한 6학년 학생들에게는 그 시대상을 수용하고 이해하는 데 다소 어려움이 있으리라 본다. 또, 개인의 관심 및 경험에 따라 선수 학습 수준이 매우 다양하여 수업을 이끌어 나가거나 평가를 할 때 다소 어려움이 생길 수 있다. 따라서 문헌 조사 학습이나 위인전기 읽기를 통한 인물 탐구, 그 시대로 돌아가서 상상한 내용을 글로 표현하는 상상적 글 쓰기, 유적이나 유물 사진을 수집해서 연표로 만들어 보기, 직접 그 시대 사람들의 생활을 실연하기 등을 통해 이해를 도울 수 있다. 이러한 활동들은 미리 교사와 학생이 단원이나 주제 도입에서 장기 학습 과제로 학급의 특색에 맞게 선별하여 그 해결과정을 평가하도록 한다. 특히, 다양하고 특색 있는 연표 만들기, 1인 1인물 탐구, 박물관 견학 후 보고서 만들기, 마인드맵이나 개념도 그리기 등은 학생들이 자신의 의미 구성을 다양하게 표출할 수 있기 때문에 수행 평가의 방법으로써 적극 활용될 수 있다.

(2) 평가 방법

❶ 하나로 뭉친 겨레	·선사 시대의 도구 종류와 쓰임 조사하기 ·고조선의 건국과 발달 조사하기 ·삼국의 성장과 발전에 관해 정리하기 ·삼국 문화의 특징 비교하기	·박물관 견학 보고서 작성 ·문헌 조사 보고서 작성 ·역사 신문 만들기 ·지필 평가
❷ 민족을 다시 통일한 고려	·고려가 민족을 재통일한 과정 정리하기 ·고려 시대의 빛나는 문화유산 조사하기 ·고려 시대 조상들의 활약과 역사적 배경 탐구하기	·연표 만들기 ·역사 신문 만들기 ·인물 탐구 보고서 작성
❸ 유교를 정치의 근본으로 삼은 조선	·조선의 건국 후 정책 정리하기 ·조선 시대 두 차례의 전란의 원인과 결과 분석하기 ·조선 시대 사람들의 생활 모습 표현하기	·마인드맵 그리기 ·지필 평가 ·상황극 연출하기

6) 본시의 전개

학년·학기	6-1	단원(주제)	1. 우리 민족과 국가의 성립		차시	4/21
학습 주제	❶ 하나로 뭉친 겨레 ② 힘을 겨루며 성장한 세 나라			교 과 서	10~13쪽	
				사회과 탐구	10~21쪽	
학습 목표	삼국의 성립과 발전에 힘쓴 지도자들의 업적을 알 수 있다.					
예습 과제	삼국의 성립과 발전을 위해 힘 쓴 지도자들의 업적 조사해 오기					
수업 유형	인물 학습		학습 조직 형태		협동 학습	

단계	학 습 내 용	교수 · 학습 활동		시간 (분)	자료 및 유의점
		교　사	학　생		
도입	학습 동기 유발	■TV 화면에서 제시하는 사람들이 누구인가 생각해 봅시다. ■화면에 나왔던 사람들이 누구인지 말하여 봅시다. ■이 사람들에 대해 알고 있는 것이 있는 사람은 발표하여 봅시다. ■그럼 모둠별로 과제를 돌려 보면서 공부할 문제를 생각해 봅시다. ■이번 시간에 공부할 문제가 무엇인가 발표해 봅시다.	□TV 화면에 제시된 사진들을 주의 깊게 관찰한다. □장수왕입니다　광개토대왕입니다 진흥왕입니다 □고구려, 백제, 신라 전성기 시대 지도자들의 업적에 대하여 간단히 발표한다. □모둠별로 개인별 과제를 돌려 본다 □개인별 과제와 모둠 친구들이 조사한 내용을 참고로 하여 공부할 내용을 발표한다.	7'	▫'위인을 찾아서'란 역사사이트에서 제시한 인물 사진을 미리 교실에 전시함. • Jigsaw 학습
	학습문제 파악	삼국의 성립과 발전에 힘쓴 지도자들의 업적에 대하여 조사하여 보자			
전개	학습 과제 확인	■오늘 학습할 과제에 대하여 발표해 봅시다.	□<학습과제> -소수림왕의 업적 -광개토대왕의 업적 -근초고왕의 업적 -성왕의 업적 -진흥왕의 업적 -무열왕의 업적	7'	▫가장 중요한 내용만을 간략하게 발표한다.
	학습 방법 안내	■학습 과제 해결을 위한 구체적인 방법을 안내한다.	□학습 방법(직소우학습)과 학습 규칙에 대해 바른 자세로 듣는다.		
	정보의 수집 및 사실의 확인 토의 결과 발표	■먼저 옆 모둠에 있는 같은 과제를 해 온 친구와 앉아 과제 내용을 토의해 보겠습니다. 자리를 옮길까요? ■이제 자기 자리로 돌아와 모둠별로 토의를 하겠습니다. 자기 모둠으로 돌아오세요. ■모둠별로 토의·정리된 내용을 친구들 앞에서 발표하겠습니다. -모둠별로 한 가지 과제에 대해 창의적인 방법으로 발표하게 한다.	□과제 내용이 같은 학생끼리 앉아 해결해 온 과제 내용에 대해 토의한다. □예습 과제와 전문가 집단 학습의 보충 내용을 중심으로 학습 과제에 대해 토의·정리하고 발표 방법을 의논·준비한다. □<각국 지도자들의 업적 발표하기> -소수림왕의 업적(일본 사신이 소수림왕을 알현하는 모습을 역할극으로 나타내기) -광개토대왕의 업적(지도로 나타내기) -근초고왕의 업적(연대표로 나타내기) -성왕의 업적(편지글 쓰기) -진흥왕의 업적(인터뷰하기) -무열왕의 업적(비문 쓰기)	15'	▫전문가 집단학습 시 발표한 내용 중 가장 빈도나 중요도가 높은 내용을 요약한다. ▫다양한 형태의 발표가 창의적으로 이루어지도록 한다.

단계	학습 내용	교수 · 학습 활동		시간 (분)	자료 및 유의점
		교 사	학 생		
정리 발전	학습 내용 정리	■그럼 오늘 공부한 내용을 PPT 화면을 보면서 정리하도록 하겠습니다. 공부한 내용을 생각하면서 살펴보도록 합시다. ■오늘 삼국의 성립과 발전을 위해 애쓴 지도자들에 대해 공부하였는데, 느낀 점이나 본받을 점이 있으면 이야기해 봅시다.	□공부할 문제와 학습 활동을 생각하며 정리된 내용을 바른 자세로 시청한다. □넓은 영토를 차지한 광개토대왕의 용기를 본받고 싶습니다. □삼국을 통일한 무열왕의 지혜를 본받고 싶습니다.	6'	▫각 시대별 지도자의 업적을 비교할 수 있도록 도표화하여 내용을 정리한다.
	예습 과제 해결	■다음 시간에는 교과서 17~20쪽을 중심으로 공부하게 될 것입니다. 예습해 올 과제를 찾아서 모둠원끼리 분담하고, 해결 방법과 준비할 자료에 대해서도 의논해 봅시다.	□교과서와 사회과 탐구를 통해 차시의 학습과제를 찾아 세분하여 분담하고, 해결 방안에 대해서도 서로 이야기를 나눈다.	5'	▫아동 각자가 자신의 과제에 대한 이해를 충분히 한다.
수행 평가 관점		○ 삼국을 발전시키는 데 힘쓴 지도자들의 업적을 말할 수 있는가			

7) 교수 · 학습과정안(수업안) 해설

단계	수업 과정 해설(내용)
정보의 수집 및 사실의 확인	협동 학습이 주는 장점은 아주 많은 편이다. 왜냐하면, 아동들이 소집단별로 모여서 자기가 가지고 온 자료를 토대로 토의를 하고 보충·심화하는 활동이 활발하게 펼쳐지는 매우 동적인 수업활동이
정보의 수집 및 사실의 확인	기 때문이다. 하지만 협동 학습이 가지고 있는 가장 큰 문제점은 아동들 각자가 가지고 온 정보, 즉 사전 과제에 대한 부분이다. 한 아동이 사전 학습 과제를 가져오지 않았을 경우는 그 아동이 속한 집단은 수업 진행이 곤란하게 될 수 있고 가져오더라도 과연 그 정보가 수업에 정말 꼭 필요한 양질의 자료인가 하는 의구심도 들 수 있다. 그러므로 많은 과제 학습이 필요한 사회과 수업에서의 아동의 자료 수집력과 자료 해석력, 그리고 자료의 가치에 대한 판단력은 교사의 사전 지도가 필요하다 먼저, 아동들에게 그 자료를 찾을 수 있는 다양한 정보원을 제공해 주어야 한다. 처음 과제 학습을 할 경우에는 문헌의 경우 어느 출판사의 책제목까지 상세히 알려 주고, 인터넷사이트의 경우는 그 사이트의 어느 부분까지 제시하여 준다. 이러한 과정을 지속적으로 하다 보면 어느 순간 이제는 아동 스스로가 자신이 자료를 검색하고 수집할 수 있는 능력이 생기게 된다. 처음부터 아동 스스로가 자료를 찾는 것은 매우 어려우므로 교사의 구체적인 지도가 있어야 한다. 다음으로 아동들이 찾아온 자료를 읽고 해석해 내는 능력을 길러야 한다. 그러기 위해서는 우선 아동 자신이 가져온 원자료에 대한 이해력이 있어야 한다. 가져온 원자료를 읽고 간단한 내용으로 요약할 수 있는 능력을 기르기 위해 자신의 자료에서 가장 중요한 내용을 개조식으로 ③~④ 정도로 요약해서 발표할 수 있는 습관을 기르도록 하면 자료의 이해력과 해석력이 보다 신장될 수 있다.

8) 사회과 교육 관련 사이트

구분	사이트 명	사이트 주소
사회교과관련 사이트	초등교육 길라잡이	http://user.chollian.net/~aaads/
	사회과 공부방	http://www.edunet4u.net/cho/study/study_soci.htm
	에듀피아	http://www.edupia.net/menu.html
	어린이 사회 교실	http://www.jnue.ac.kr/
	공부방 – 경남에듀넷	http://www.gnedu.net/
	사이버 교실	http://dev.cein.or.kr/
	무등초등학교	http://www.mudeung.es.kr/
	내기초등학교	http://naegi.es.kr/
	야후 꾸러기	http://kr.kids.yahoo.com/
	한국교육학술진흥원	http://www.keris.or.kr/
	디그	http://www.dig.co.kr/elem/
	햇바람공부방 (사회)	http://www.hetbaram.net/school/global/websitewindow.asp?from=std
특산물관련 사이트	여의도 농수산물시장	http://www.yoidoava.co.kr
	한국 전통 특산물 사이버 박물관	http://www.netsgo.com/basic/teuksan
지도 관련 사이트	어린이지도여행	http://www.ngi.go.kr/kid/kid.htm
	지도학습사이트	http://myhome.naver.com/mjh1014/
	지도찾기	http://map.daum.net/, http://kr.maps.yahoo.com/, http://map.hanmir.com/
	한국의 지도	http://www.kepco.co.kr/~parkhs
역사 위인 사이트	역사를 찾아서	http:/user.chollian.net/~tnsl/

■제11장■ ICT 활용 학습

제1절 사회과 ICT 활용 학습의 이해

1. 사회과 ICT 활용 학습의 개념

ICT 활용 학습이란 정보 소양 능력을 바탕으로 학습 및 일상생활의 문제 해결에 정보 통신 기술을 적극적으로 활용할 수 있도록 하는 교육을 말하며, 사회과 ICT 활용 수업이란 사회과 수업 시간에 정보 통신 기술을 활용하여 정보화 사회의 훌륭한 시민을 양성하고 정보화된 사회의 현상을 탐구하는 것을 말한다.

ICT 학습을 하기 위해서는 ICT 학습 자체에 대해서 잘 알고 있어야 한다. 학습자들은 ICT 소양교육으로 정보 통신 기술에 대한 기초적인 능력을 습득하고, 이를 토대로 각 교과에서 정보 통신 기술을 활용할 수 있다. 이러한 ICT 소양교육과 ICT 활용 교육은 불가분의 관계로 서로 밀접하게 관련되어 있으며, 이 두 가지를 연계하여 교육할 때, 정보 통신 활용 교육은 가장 효과적으로 신장될 수 있다.

한국교육학술정보원(KERIS)에서는 ICT 학습의 유형을 정보 탐색하기, 정보 분석하기, 정보 안내하기, 웹 토론하기, 협력 연구하기, 전문가와 교류하기, 웹 펜팔하기, 정보 만들기 등 8가지를 들고 있다.

2. 사회과 ICT 활용 학습의 특징

기본적인 정보 소양 능력을 바탕으로 학습 및 일상생활의 문제 해결에 정보 통신 기술을 적극적으로 활용할 수 있도록 하는 학습 형태이다. ICT 학습은 기본적인 정보 소양을 바탕으로 학습 및 일상생활의 문제 해결에 정보 통신 기술을 적극적으로 활용할 수 있도록 교육하는 것으로, 각 교과의 교수 · 학습 목표를 효과적으로 달성하기 위하여 정보 통신 기술을 교과 과정에 통합시켜서 교육적 매체(instructional media)로 활용하는 교육이다.

일반적인 ICT 활용 학습의 특징은 다음과 같다.

① 사회과에서 ICT 활용 수업은 정보화 사회의 순기능과 역기능에 대한 이해를 건전한 정보의 공유와 같은 정보 윤리 영역과 결합하여 지적 · 정의적 영역이 통합된 수업을 가능하게 한다.

② 사회과에서 ICT를 활용하면 사례의 추출을 통해 지리, 역사 및 여러 사회과학의 기본 개념과 원리를 발견할 수 있으며, 사회문제의 해결에 적용해 보는 과정을 통해 통합교과적 접근이 가능해진다.

③ 사회과에서 ICT 활용은 다양한 정보의 수집뿐만 아니라. 더 나아가 실제 사회문제의 해결 과정에서 합리적 의사 결정을 내리고 참여하는 행동에까지 이를 수 있도록 학습자의 활동 영역을 확장시킨다.

④ 사회과에서 ICT 활용은 우리 전통 문화와 다른 사회 문화에 관한 정보를 시·공간적으로 압축하여 동시에 비교할 수 있으므로 전통 문화에 대한 교육과 국제 이해 교육을 동시에 진행할 수 있다.

⑤ 사회과에서 ICT 활용은 설문 조사 과제나 토론 과제 등과 같이 시간과 비용을 많이 투자해야 가능한 학습자의 활동을 수업시간 중에 온라인상으로 진행할 수 있어 다양한 학습 형태를 가능하게 한다.

⑥ 사회과에서 ICT 활용은 학습자의 다양한 의사소통 경로를 보장하고 참여를 가능하게 하기 때문에 경험 중심의 민주시민교육을 진행할 수 있게 한다.

⑦ 사회과에서 ICT 활용은 지도, 도표, 통계, 연감, 사진, 신문, 방송, 유물, 기록물, 여행기, 탐험기 등 다양한 교수·학습 자료를 풍부하게 제공받을 수 있다.

3. ICT 활용 학습의 단계

> ① 학습 주제 선정 ⇨ ② 수업 목표 수립 ⇨ ③ 수업 활동 유형 선정 ⇨ ④ ICT 활용 선수 능력 확인 ⇨ ⑤ ICT 활용 환경 및 매체 선정 ⇨ ⑥ 교사의 ICT 활용 수업 사전 준비⇨ ⑦ 평가 도구 개발 및 평가 요소, 방법 결정

1) 학습 주제 선정

사회과의 단원별 교수·학습 계획에 따라 학습 주제를 선정하되, 교과서의 학습 내용이 학생들에게 어떤 능력과 태도를 갖게 하는지를 분석하여 실생활과 관련 있는 학습 주제를 발굴, 선정함으로써 학생들이 자연스럽게 흥미를 갖고 수업에 임하도록 한다.

2) 수업 목표 수립

ICT 수업의 목적, 즉 통신, CD-ROM과 인터넷 등을 활용하여 지식 정보 사회에서 필요로 하는 정보의 수집, 가공, 생성, 분석, 활용 등의 기본적인 정보 소양을 수업과정 중에 자연스럽게 기르고, 그 능력을 활용하여 자기 주도적으로 주어진 문제를 해결할 수 있게 한다는 측면을 고려하여, 수업 목표를 수립한다.

3) 수업 활동 유형 선정

8가지 수업 활동 유형과 그 외의 다양한 측면의 ICT 활용 유형들 중에서 수업 목표 및 학습 환경 등을 고려하여 결정하되, 어느 특정 유형의 하나에 의해서 수업이 진행되는 경우보다는 여러 유형을 통합적으로 적용하여 다양한 수업을 전개하는 것이 바람직하다.

4) ICT 활용 선수 능력 확인

학생들의 ICT 활용 능력은 교육과학기술부에서 제시한 5단계에 따라 융통성 있게 결정하되, 수업 목표 달성에 반드시 필요한 능력이 아닐 경우에는 ICT 활용 능력 단계를 벗어나지 않도록 한다.

5) ICT 활용 환경 및 매체 선정

ICT 활용 교육을 통한 환경을 학교의 정보화 여건, 수업 목표 등을 고려하여 결정하여야 한다. ICT 활용 지원 도구 및 매체별 특성을 적극 고려하여야 한다.

6) 교사의 ICT 활용 수업 사전 준비

교사의 ICT 활용 수업 준비에서는 ICT 활용 환경 구비를 위한 사전 준비, 활동 유형별 수업 자료를 위한 사전 준비, 수업 진행을 위한 사전 준비 등이 적극적으로 반영되어야 한다.

7) 평가 도구 개발 및 평가 요소 · 방법 결정

ICT 활용 수업 후 평가를 어떤 방식으로 할 것이며, 어떤 부분을 평가할 것인가? 학생들의 결과물뿐만 아니라, 학생들이 그 결과물을 완성하기까지의 과정도 함께 평가할 수 있도록 내용을 구성한다. 또한, ICT의 도입으로 인해서 각 교과목에서 요구하는 기존의 학업 평가 기준이 무용지물이 되지 않도록 명확한 표준을 선정하여 제시한다. 평가가 ICT 수업, ICT 학습의 목적 달성이 되어야 하고, 교과 관련 전문 지식과 그 과정 속에서 자연스럽게 정보 능력과 소양이 달성된다는 측면에서 고려되어야 한다.

4. ICT 활용 학습의 교육적 의의

　ICT의 활용 학습은 기본적으로 학습목표의 효과적 달성에 그 의의가 있으며, 다음과 같은 교육적 의의를 살릴 수 있다.
　① 다양한 학습자원을 활용할 수 있도록 한다.
　② 학생들이 실감나는 문제 상황을 접할 수 있도록 해 준다.
　③ ICT는 학생들의 창의적 사고와 다양한 학습활동을 촉진시킨다.
　④ ICT는 교사와 학생의 다양한 상호작용이 일어날 수 있도록 한다.

5. 사회과에서의 ICT 활용 학습 유형

　사회과 수업에서 ICT를 활용하는 유형이나 기능은 매우 다양한 형태가 존재할 수 있으나, 여기서는 여덟 가지 유형으로 구분하여 제시하고자 한다. 여기서 제시하는 유형은 사회과 수업모형을 적용하여 수업을 전개할 때 특정 단계에서 적절하게 활용할 수도 있고, 하나의 유형을 수업에서 독립적으로 적용할 수도 있다.
　ICT 학습 활동은 탐구학습모형의 탐구문제 확인 단계, 의사 결정무형의 결정상황 단계, 문제 해결 학습의 문제사태 단계, 법리모형의 논쟁상황 확인 단계에 포함될 수 있는 활동이다. 복잡한 현대 사회를 살아가는 성원으로서 사회문제에 대한 관심을 갖고 이를 해결하고자 하는 의욕을 길러 주는 활동이라 할 수 있다. 특히 복잡한 사회문제가 내 생활과 밀접한 관련이 있다는 것을 보여 줌으로써 이에 대해 알고자 하는 의욕을 불러일으킬 수 있다.

6. 사회과 ICT 활용 학습의 주요 활동

1) 정보 탐색하기

　문제가 주어졌을 때, 이를 해결하기 위하여 인터넷 검색 엔진을 활용하거나 PC통신 자료실이나 웹 사이트를 탐색해 보며 직접 정보를 가지고 있는 사람과의 정보 교환을 통해서 다양한 정보를 찾아보는 유형이다. CD-ROM 타이틀은 물론 백과사전, 신문이나 잡지 같은 인쇄 자료를 활용한 자료 탐색도 중요한 정보 탐색 활동에 속한다. 정보 탐색하기의 목표는 학습자가 어떤 주어진 문제를 새로운 방법으로 해결하려는 문제 해결 능력을 길러 주고 탐구 활동을 통해서 새로운 것을 탐구해 보려고 하는 적극적인 태도를 길러 주는 것이다.

2) 정보 분석하기

웹 사이트 검색, 설문 조사, 실험 등 다양한 방법으로 수집한 초기 자료를 문서 편집기나 데이터베이스, 스프레드시트 등을 이용하여 비교, 분류, 조합 등의 분석 활동을 통해 결론을 예측하고 추론해 보는 유형이다.

3) 정보 안내하기

사회과 교사에 의해서 주도되는 유형으로 CD-ROM 타이틀 제공, 프레젠테이션 자료 제시, 웹 기반 교육 등을 의미한다. 교사가 주도적으로 학습 계획을 치밀하게 구성하여 자신의 홈페이지를 통하여 수업 자료를 제시하거나 추천 사이트 형식으로 웹 사이트를 학습자들에게 안내하는 유형이다.

4) 웹 토론하기

가장 대표적인 ICT 수업 형태이다. 대화방이나 게시판 등을 토론방으로 활용하거나 전자우편 등을 활용하여 특정한 주제에 대해서 토론을 해 보는 형태를 의미한다. 화상 채팅을 통한 토론을 포함한 지역과 국가를 뛰어넘어 시행되는 웹 토론이 권장사항이다. 이 유형의 목적은 다른 사람의 의견을 존중하는 태도와 합리적 사고력을 함양하는 데 있으며, 웹의 특성상 면대면 토론 학습에 부담감을 갖고 있는 학습자들을 적극적으로 참여시켜서 의사 표현 능력을 신장시키고자 한다.

5) 협력 연구하기

교실의 범위를 넘어 다른 지역, 다른 나라 학습자와 학습에 적용할 수 있는 공동 주제를 연구해 보는 행태로 교사에게는 교육과정을 통합하여 운영할 수 있는 기회를 제공해 준다. 여기에서는 여러 교과의 통합적인 평가가 가능하고 학습자에게는 다문화 상호작용에 참여할 수 있는 학습 기회를 제공하면서 탐구력, 분석력, 종합력을 길러 줄 수 있는 교육 형태이다.

6) 전문가 교류하기

전자우편, 화상 카메라 등을 이용한 원격 회의 형식으로 인터넷을 통하여 특정 분야의 전문가, 학부모, 지역 인사, 동문, 다른 교과목 교사와의 인터뷰 혹은 질의응답 형식으로 의사소통을 하면서 전문가의 지식을 학생들의 탐구 및 학습 활동에 지원하는 것을 의미한다.

7) 웹 펜팔하기(E - PALS)

인터넷의 전자우편 기능을 이용하여 여러 지역의 다른 사람들과 개인적인 교류를 하거나 다른 지역 국가의 역사, 언어, 풍습, 기후에 대한 이해를 증진시키기 위한 목적으로 교류하는 메일을 교환하는 학습 형태이다.

8) 정보 만들기

문제 해결 과정에서 산출된 각종 결과물들을 여러 사람들 앞에서 발표할 수 있도록 보고서, 프레젠테이션 자료, 홈페이지로 만드는 유형이다. 일정 기간을 주고 소집단 협력에 의한 프로젝트형 수업이 많이 권장된다. 정보 만들기에는 학습자들의 정보 소양 기술은 물론 창의적인 표현 능력, 종합력, 분석력, 비판력, 협동심 등의 함양에 매우 효과적인 유형이다.

7. ICT 활용 학습의 유의점

첫째, 검색한 자료의 출처를 원문과 함께 반드시 적도록 한다.
둘째, 발표 자료의 형식을 가급적 통일한다.
셋째, 모둠을 3~4명으로 한정한다.
넷째, 이와 같은 화동이 지속될 수 있도록 한다.
다섯째, 매시간 5분 정도 할애하여 시사문제를 소개할 수 있다.
여섯째, 학습 홈페이지에 시사 문제란을 개설하여 운영할 수도 있다.

8. 사회과 ICT 활용 교수 · 학습 전략

1) 시디 롬(CD - ROM) 활용 학습

①인터넷 홈쇼핑의 기능을 알고 활용해 보기
②키워드를 이용한 검색을 통해 고장에 관한 자료를 자치 단체의 홈페이지, 에듀넷의 지역 학습 정보 데이터베이스에서 찾아보기
③고장 자치 단체의 홈페이지를 검색하여 그림 지도를 찾아보기
④에듀넷에 제공된 그림 지도를 보면서 지도에 관한 공부하기

⑤자치 단체의 홈페이지에서 대민 업무 관련 내용을 검색하여 문서 작성기로 정리
⑥주어진 주제에 대하여 관련된 인터넷 사이트(예: 박물관 사이트, 백과사전 사이트 등)를 검색하
  여 정보를 찾아 정리하고 프레젠테이션 자료로 만들기

2) 웹(WEB) 활용 학습

①인터넷 사이트에서 자신이 원하는 자료를 요청하고 이를 메일로 받아보기
②인터넷의 지도 사이트에서 제공하는 지도 자료를 가지고 자신의 집 약도를 그려 친구들에게 메
  일로 보내기
③다른 지방의 친구와 각 지역의 특성에 대한 정보를 메일을 교환하여 지역 간의 차이점을 발표
  해 보기

3) 응용 프로그램 활용 학습

①조사한 자료를 문서작성기를 이용하여 표로 만들어 보기
②조사한 자료를 스프레드시트를 이용하여 표로 만들고 결과를 예측해 보기
③사회적 현상에 대한 통계 자료를 웹에서 검색하여 찾아보고 이를 스프레드시트를 활용하여 자
  신의 목적에 맞는 표로 만들어 보고 이를 적절한 그래프로 표현하기
④자신의 고장을 소개하는 간단한 홈페이지를 만들어 보기

4) 지도상의 유의점

①웹 설문 조사나 웹 토론 학습 및 공동 협력 연구, 전문가 교류, 웹 펜팔 등을 통한 사회과 학습
  에 있어서는 통신 예절을 생활화할 수 있도록 사전 지도가 항상 수반되어야 한다.
②정보 저작을 통한 사회과 학습에 있어서는 문서나 사진 등 다양한 형태의 자료에 대한 저작권
  문제를 충분히 이해하도록 함으로써 될 수 있는 대로 공공 기관의 정보를 인용하고 재가공하도
  록 유도하고 자료의 출처를 밝히는 습관을 기르도록 한다.
③개별 학습이나 모둠 학습을 전개하기 위해서는 1인당 1대의 컴퓨터가 배치된 교실이나 모둠별
  로 1대의 컴퓨터가 배치된 교실이 필요하므로 최소 수업 환경을 감안하여 교수·학습 계획을
  수립해야 한다.

5) 적용가능한 단원 및 제재(소수세)

사회과에 있어서 정보화 사회의 훌륭한 시민을 양성하고 정보화된 사회의 현상을 탐구하기 위해서는

어느 단원에서나 ICT를 활용한 교수 학습이 가능하다(인천광역시사회과교육연구회, 2007: 260-268).

(1) 제3학년

영역	1. 고장생활의 중심지	
하위영역	터미널과 교통	
학습목표	가상의 상황에서 교통기관을 선택하여 목적지까지 도착할 수 있다.	
학습활동유형	·정보 분석하기	
주요 학습활동	ICT선수학습능력	·CD-ROM 타이틀을 이용할 수 있다.
	주요 학습형태	·개별학습
	수업 환경	·1인 1대의 컴퓨터
	학습 활동	·시뮬레이션 프로그램을 보고 자신에게 주어진 상황을 파악한다. ·필요한 교통 기관을 선택한다. ·상황에 맞게 교통 시설을 설치한다. ·실제 상황과 시뮬레이션 상황은 무엇이 다른지 실제 상황을 어떻게 바꾸면 좋을지를 토의한다. ·교통질서 및 예절에 관한 퀴즈를 풀어 본다.
지도상의 유의점	·다양한 상황이 부여되어 있는 시뮬레이션 게임을 확보한다. ·그 고장의 실제 교통 상황을 그림 자료로 미리 준비한다.	

영역	2. 살기 좋은 고장을 위한 노력	
하위영역	고장의 여러 기관과 단체	
학습목표	고장의 기관과 단체가 하는 일을 알 수 있다.	
학습활동유형	·정보 탐색하기 ·정보 만들기	
주요 학습활동	ICT선수학습능력	·학습에 필요한 홈페이지에 접속할 수 있다. ·워드프로세서를 활용하여 필요한 자료를 작성할 수 있다.
	주요 학습형태	·모둠별 학습
	수업 환경	·인터넷 환경이 가능한 컴퓨터 모둠별 1대
	학습 활동	·각 모둠별로 방문할 기관이나 단체를 하나씩 정한다. ·인터넷에서 우리 고장의 기관과 단체 웹 사이트를 방문한다. ·기관과 단체가 하는 일을 기관의 홈페이지에서 조사하여 정리한다. ·다른 사람들이 이해하기 쉽게 자료를 정리하여 발표한다. ·교사가 전자 게시판에 결과를 올린다.
지도상의 유의점	·교사는 웹사이트 주소를 미리 준비하고 안내한다.	

(2) 제4학년

영역	1. 옛 도읍지와 문화재	
하위영역	옛 도읍지를 통해 본 나라들	
학습목표	역사적 인물과 사건에 관한 자료를 찾아보고, 연표를 만들 수 있다	
학습활동유형	·정보 탐색하기 ·정보 분석하기 ·정보 만들기	
주요 학습활동	ICT선수학습능력	·웹 브라우저의 기본 사용법을 익혀 사용할 수 있다. ·워드프로세서를 활용하여 필요한 자료를 작성할 수 있다.
	주요 학습형태	·개별 또는 모둠별 학습
	수업 환경	·인터넷 사용이 가능한 컴퓨터 1인 1대 또는 모둠별 1대
	학습 활동	·모둠별로 인물을 설정한다. ·인물과 관련된 사건 자료를 제시된 웹사이트에 접속하여 탐색한다. ·시대순으로 구분하여 순서를 정리한다. ·정리된 자료를 가지고 연표를 작성한다. ·모둠별로 발표하고 토의한다.
지도상의 유의점	·인물과 사건의 탐색을 위해 교사는 미리 웹사이트의 주소를 준비하여 안내한다. ·모둠별로 다양한 시대의 인물이 선정되도록 유도한다. ·사전에 대표적인 인물과 사건에 대한 자료를 준비한다.	

영역	1. 옛 도읍지와 문화재	
하위영역	박물관과 문화재	
학습목표	문화재 자료를 찾아내어 박물관을 구성할 수 있다.	
학습활동유형	·정보 탐색하기 ·정보 분석하기 ·정보 만들기	
주요 학습활동	ICT선수학습능력	·학습에 필요한 홈페이지에 접속할 수 있다. ·워드프로세서를 활용하여 필요한 자료를 작성할 수 있다.
	주요 학습형태	·모둠별 학습
	수업 환경	·인터넷 사용이 가능한 컴퓨터 1인 1대 또는 모둠별 1대
	학습 활동	·박물관이 필요한 이유를 서로 논의하고, 어떤 박물관을 지어야 좋을지에 대하여 토의한다. ·박물관 이름을 정한다. ·모둠별로 각 전시실의 주제를 정하고 교사가 제시한 웹사이트를 이용하여 정보를 수집한다. ·주제에 맞게 문화재를 정리한다. ·박물관 구성에 필요한 역사 연표와 지도를 만든다. ·자료 전시물을 정리한다.
지도상의 유의점	·한 반에서 박물관 전체를 꾸밀 수 있도록 각 모둠별로 다른 시대의 문화재를 정리한다. ·교사가 학생들에게 박물관 웹사이트를 안내해 준다.	

(3) 제5학년

영역	1. 국토의 자연환경과 생활		
하위영역	우리나라의 자연환경과 생활		
학습목표	다른 지역의 학생들과 협력하여 여러 지역의 자연환경과 생활을 비교할 수 있다.		
학습활동유형	· 정보 탐색하기 · 협력 연구하기 · 정보 만들기		
주요 학습활동	ICT선수학습능력	· 인터넷을 활용하여 전자 게시판과 전자우편을 이용할 수 있다. · 워드프로세서를 활용하여 필요한 자료를 작성할 수 있다.	
	주요 학습형태	· 모둠별 학습	
	수업 환경	· 인터넷 사용이 가능한 컴퓨터 1인 1대 또는 모둠별 1대	
	학습 활동	· 각 모둠별로 조사할 영역을 정한다. · 자기 고장의 지형, 기후, 인구 분포, 교통과 산업 발달 등에 대하여 조사한다. · 조사한 내용을 정리하여 다른 지역의 학교에 전자우편으로 보낸다. · 다른 지역에 대해 의문점을 제기하고, 자료를 받는다. · 여러 지역의 자연환경과 생활을 비교한다. · 자기 고장과 다른 지역의 고장을 비교한 결과물을 만들어 전자 게시판에 올린다.	
지도상의 유의점	· 도시 지역과 촌락 지역의 2~4개의 학교 간에 협력이 이루어지도록 주선한다. · 차이점뿐만 아니라, 공통점의 도출에도 유의한다.		

영역	2. 정보화 시대의 생활과 산업		
하위영역	정보화 시대의 산업		
학습목표	유전 공학의 활용 분야를 찾아보고, 이의 사용에 대한 찬반 토의를 할 수 있다.		
학습활동유형	· 정보 탐색하기 · 웹 토론하기		
주요 학습활동	ICT선수학습능력	· 웹브라우저를 사용하여 정보를 검색할 수 있다. · 전자게시판에 자신의 글을 올릴 수 있다.	
	주요 학습형태	· 개별 또는 모둠별 학습	
	수업 환경	· 인터넷 사용이 가능한 컴퓨터 1인 1대 또는 모둠별 1대	
	학습 활동	· 토론 주제를 확인한다. · 인터넷 등에서 유전 공학의 활용 분야를 검색한다. · 인간 복제 등 유전 공학의 문제점을 찾아내고, 모둠별 의견을 정리한다. · 모둠별 의견을 제시하고 토론한다. · 결론을 제시한다.	
지도상의 유의점	· 영국 및 미국의 인간 배아 복제 승인 기사를 활용한다. · 토론 주제에서 벗어나지 않도록 지도한다.		

(4) 제6학년

영역	1. 우리나라의 민주 정치	
하위영역	나랏일을 맡아 하는 기관들	
학습목표	입법부, 사법부, 행정부가 하는 일을 알 수 있다.	
학습활동유형	· 정보 탐색하기 · 정보 만들기	
주요 학습활동	ICT선수학습능력	· 웹브라우저를 사용하여 정보를 검색할 수 있다. · 프레젠테이션 자료를 만들 수 있다.
	주요 학습형태	· 모둠별 학습
	수업 환경	· 인터넷 사용이 가능한 컴퓨터 모둠별 1대
	학습 활동	· 모둠별로 조사할 영역을 분담한다. · 입법부, 사법부, 행정부에 대해 조사한다. · 조사한 자료를 모둠별로 정리한다. · 정리한 자료를 프레젠테이션 파일로 만들어 발표한다. · 결과를 전자 게시판에 올린다.
지도상의 유의점	· 입법부, 사법부, 행정부에 대한 조사는 해당 기관의 홈페이지에서 이루어질 수 있도록 안내한다.	

영역	2. 함께 살아가는 세계	
하위영역	지구촌 문제는 우리의 문제	
학습목표	유니세프에서 하는 일을 조사하고, 홍보 활동을 할 수 있다.	
학습활동유형	· 정보 탐색하기 · 정보 만들기	
주요 학습활동	ICT선수학습능력	· 웹브라우저를 사용하여 정보를 검색할 수 있다. · 워드프로세서를 활용하여 필요한 자료를 작성할 수 있다. · 전자 게시판에 자신의 글을 올릴 수 있다.
	주요 학습형태	· 모둠별 학습
	수업 환경	· 인터넷 사용이 가능한 컴퓨터 모둠별 1대
	학습 활동	· 유니세프에서 하는 일을 조사한다. · 참여하고자 하는 사업을 선정한다. · 선정한 사업에 왜 참여해야 하는지에 대하여 서로 논의하고 발표한다. · 홍보지를 만든다. · 전자 게시판에 홍보 내용을 올려 다른 학생들의 참여를 유도한다. · 홍보 활동을 한다.
지도상의 유의점	· 세계 어린이들을 돕기 위한 프로그램을 알아보고 참여한다. · 정보 통신 기술을 활용하면 시간과 공간을 초월하여 활동을 할 수 있다는 인식을 심어 준다.	

6) ICT 활용 교수·학습 단계별 과정안(사례)

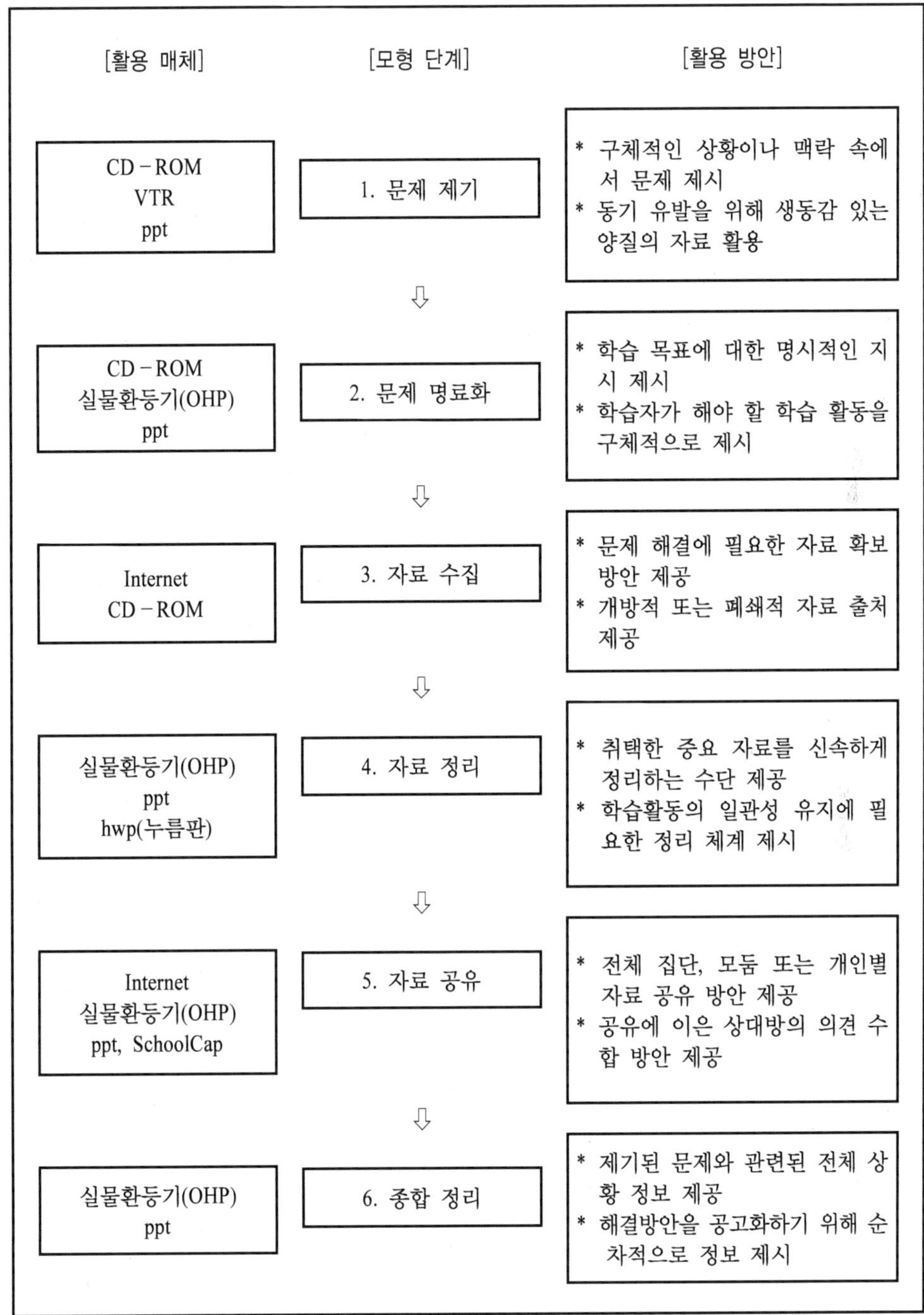

[그림 16] ICT 활용 수업의 단계별 과정안

7) 수업 단계별 ICT 활용 사례: 사회과 교수·학습 중심

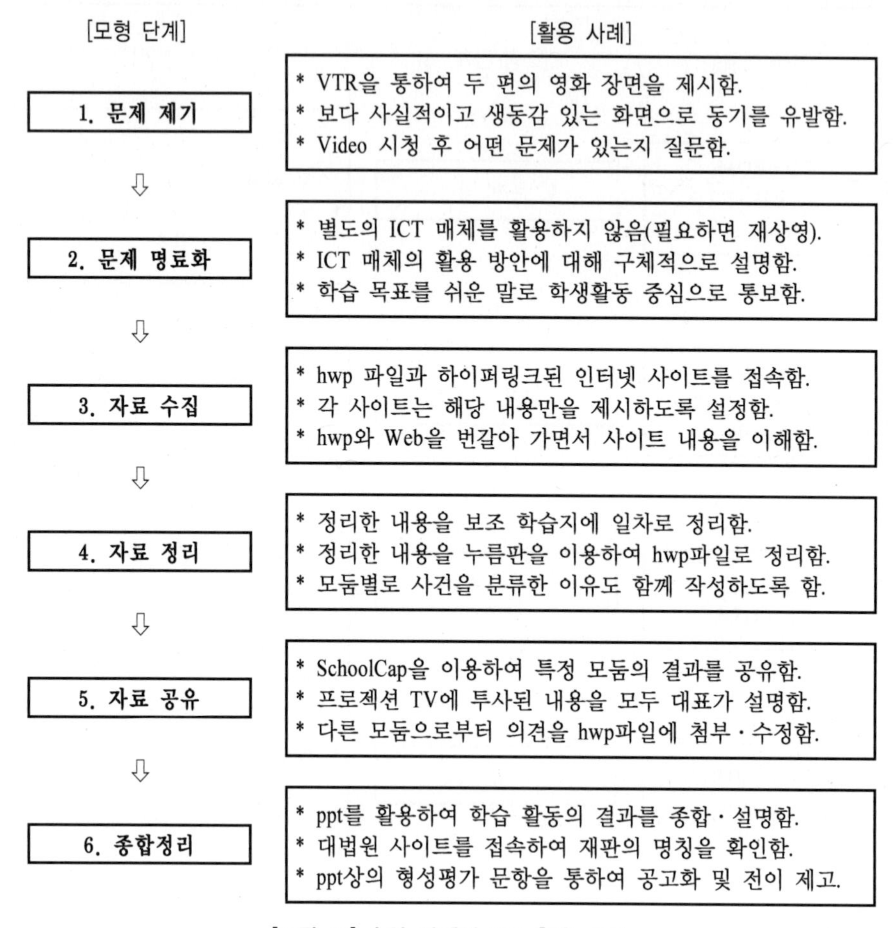

[그림 17] 수업 단계별 ICT 활용 사례

　　사회과 ICT 활용 수업모형은 교실수업개선과 수준별 교육에서 강조하고 있는 학습자의 적성, 흥미, 수준을 최대한 고려한 수업을 설계하는 데 지침이 되는 처방 정보를 제공해 줄 것이다. 즉 교과 내용과 학습자의 특성에 알맞은 정보 기기를 활용함으로써 학습자에게 구체적인 학습경험을 제공하고 선행 학습 경험을 통합하는 데 기여할 것이다.

　　또한 다양한 형태로 정보를 제공함으로써 내용의 전달을 명료하게 해 주고 이해를 촉진시키며 동기를 유발함으로써 교수의 질을 높이게 된다. 따라서 사회과 교수·학습에서 학생 중심 활동인 ICT 활용 수업(학습)이 활성화되어야 한다.

제2절 사회과 ICT 활용 학습의 실제

1. 교수·학습과정안(예시 1)

1) 단원명: 1. 우리나라의 민주 정치 (3) 국민의 권리를 보호하는 법원(6-2)

2) 단원의 개관

이 단원은 우리나라 민주 정치의 기본 원리를 이해시키기 위해 일상생활과 정치의 관계, 입법·사법·행정부의 기본 개념, 국민의 기본권 등을 다루는 내용으로 구성되어 있다.

첫째 주제인 '(1) 우리의 생활과 정치'에서는 생활 속에서 문제를 해결하는 과정을 통해 정치 참여의 중요성과 방법을 조사하도록 한다.

둘째 주제인 '(2) 나랏일을 맡아하는 기관들'에서는 국회에서 하는 일, 행정부가 하는 일, 법원의 필요성 등을 알고, 이들 기관들이 국민을 위해서 존재한다는 사실을 알도록 한다.

셋째 주제인 '(3) 국민의 권리와 의무'에서는 국민의 권리와 의무에는 어떤 것들이, 왜 있는지 알아보고 인권을 지켜야 하는 까닭과 인권을 지키기 위한 노력들을 살펴봄으로써 인권을 소중히 하는 태도를 가지도록 한다.

3) 단원의 목표

(1) 지식·이해

· 민주 정치는 국민의 적극적인 참여를 통해서 이루어진다는 것을 알 수 있다.
· 국회가 어떤 기관이며 무슨 일을 하는지 말할 수 있다.
· 행정부의 구성과 하는 일을 말할 수 있다.
· 법원의 필요성과 조직 및 하는 일을 말할 수 있다.
· 국민의 기본권과 의무의 종류와 필요성을 설명할 수 있다.
· 생활 속에서 직면하는 문제를 국민의 권리와 의무와 관련지어 이해할 수 있다.
· 국민의 기본권 보장을 위한 국가의 노력을 사례를 들어 제시할 수 있다.

(2) 기능·능력

· 생활 속의 문제를 대화와 타협을 통해 해결할 수 있다.

· 오늘날의 정치 참여 방법을 과거와 비교하여 설명할 수 있다.

· 국회의원의 선출 과정과 의원들이 하는 일을 조사하여 발표할 수 있다.

· 대통령, 국무총리, 각부 장관(내각)이 하는 일을 조사·발표할 수 있다.

· 사건의 성격에 맞게 민사 재판과 형사 재판으로 나눌 수 있다.

· 인권을 지키기 위한 노력에 관한 조사보고서를 만들 수 있다.

· 신문 등의 자료에서 국민의 기본권에 대한 자료를 찾을 수 있다.

(3) 가치·태도

· 대화와 타협을 통해 문제를 해결하려는 태도를 가진다.

· 대표 선출의 중요성을 알고, 올바른 기준에 의해 대표를 뽑으려는 자세를 가진다.

· 민주 사회의 구성원으로서 의무를 다하려는 태도를 가진다.

· 인권의 소중함을 깨닫고 인권을 지키기 위해 노력하는 태도를 가진다.

4) 단원의 지도계획

단원	주제	제재 (차시)		제재별 주용 내용 요소	자료 (학습 방법)
3 대 한 민 국 의 발 전		◆단원 도입 및 계획 (1/19)		· 단원의 학습 내용을 개략적으로 알아보기 · 장기 학습 과제 정하기	사: 2~3 탐: 2~3 분단협력학습 (마인드맵으로 나타내기)
	(1) 우리의 생활과 정치	1) 민주정치와 생활		· 정치의 의미와 민주정치의 과정 · 대화와 타협을 통한 지역 간의 문제 해결	사: 4~21 탐: 4~21 자료: 민주정치 과정이 나타난 사진, 이야기자료, 시민단체활동계획서유형: 소집단 토의학습 (사례조사학습)
		2) 국민의 참여		· 정치 참여의 중요성과 방법 · 시민 단체의 종류와 활동	
		선택 학습		· 생활 속의 정치 활동 · 올바른 참여 태도 · 알맞은 정치 참여 문제의 민주적 해결	
	(2) 나랏일 을 맡아 하는 기관들	1) 국민의 대표들 이 모인 국회		· 국회의원 선출 방법 · 국회에서 하는 일	사: 22~45 탐: 22~48 자료: 선거유인물, 뉴스녹화자료, 행정부기구표, 사전조사자료, 국무회의 모습사진 유형: 모의 놀이학습 소집단 조사발표학습 소집단 토의학습 인터넷을 활용한 ICT 활용 학습
		2) 나라의 살림살 이를 맡아야하 는 행정부		· 대통령이 국민을 위해 하는 일 · 행정 각부의 조직 구성과 하는 일	
		3) 국민의 권리를 보호하는 법원		· 법원의 필요성 · 사건의 성격에 따른 재판의 종류	
		선택 학습		· 행정 각부의 이름과 하는 일 · 우리 시도 법원의 위치 · 삼권분립	

단원	주제	제재 (차시)	제재별 주용 내용 요소	자료 (학습 방법)
3 대 한 민 국 의 발 전	(3) 국민의 권리와 의무	1) 지켜야 할 권 리와 의무	·국민 권리의 종류와 필요성 ·국민 의무의 종류와 필요성	사: 46~63 탐: 49~67 자료: 어린이회의록, 뉴스녹화자료 유형: 소집단 토의학습
		2) 보호해야 할 인권	·인권을 지키기 위해 도움을 필요로 하는 사람들 ·인권을 지키기 위한 노력	
		선택 학습	·의무를 잘 지켜야 하는 까닭 ·기본권 간의 갈등 문제 해결하기 ·인권이 보호되어야 하는 사례	
	단원 정리 학습		·국민의 대표와 하는 일·나랏일을 맡은 기관 ·행정부 각부에서 하는 일·인권보호 ·개인의 권리·옛날이야기에 나타난 인권 침해	사: 64~65 보충심화과정

5) 단원의 평가계획

(1) 평가의 방향

민주 정치의 기본 원리를 실생활과 연관 지어서 파악하도록 하고, 민주적 의사 결정 과정을 통해서 문제를 해결하는 사례를 찾도록 한다. 국회, 행정부, 법원의 기능에 대한 지식을 바탕으로 모의 국무회의 모의재판 활동에서 주어진 역할에 참여하는 정도를 평가한다. 인권의 소중함을 알고, 일상생활과 관련지어 국민의 권리와 의무를 설명하는 데 중점을 두어 평가한다.

(2) 평가 방법

(1) 우리의 생활과 정치

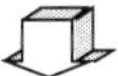

·생활 속의 문제를 대화와 타협을 통해 해결할 수 있는가? ·시민의 정치 참여의 중요성을 알고 있는가?	·보고서

(2) 나랏일을 맡아 하는 기관들

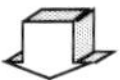

·국회, 행정부, 법원에서 하는 일을 알고 있는가? ·모의 국무회의와 모의재판에 적극적으로 참여하는가? ·4·19 혁명 이후 오늘날까지의 국사 연표 작성	·지필평가 ·역할극관찰

(3) 국민의 권리와 의무

· 인권을 지키기 위한 노력을 조사하여 보고서로 나타낼 수 있는가? · 국민의 기본권과 의무의 종류와 필요성을 설명할 수 있는가?	· 보고서 · 지필평가

6) 본시의 전개

학년·학기	6-2	단원(주제)	1. 우리나라의 민주 정치		차시	12/19
학습 주제	· 사건의 성격에 따른 재판의 종류			교과서	37~44쪽	
				사회과 탐구	41~48쪽	
학습 목표	· 사건의 성격에 따른 재판의 종류를 지적할 수 있다.					
예습 과제	· 대법원 법정 입구에 있는 '정의의 여신상'이 의미하는 것 알아오기					
수업 유형	개념 학습 (ICT 활용)		학습 조직 형태		모둠별 학습	

단계	학습 내용	교수·학습 활동		시간 (분)	자료(■) 및 유의점(◆)
		교사	학생		
문제제기	동기 유발	■두 편의 사건을 제시한 후 사건을 어떻게 해결할 지 물어본다. -두 사건에서 문제가 되는 상황은 무엇입니까? -이런 사건들을 개인끼리 해결할 수 없을 때, 어떻게 해결할 수 있습니까?	ㅁ비디오를 시청하며 어떤 문제가 있는지 확인한다. -한 사건은 강도가 들었고, 한 사건은 두 사람이 서로 다른 사람을 탓하며 싸우고 있다. -재판을 통해 해결한다.	5'	■자료(1) 교통사고로 인한 싸움과 강도사건에 관한 VTR 자료
문제명료화	사건의 차이점 인지	■두 사건에서 차이점이 있는지 물어본다.	ㅁ두 사건에서 차이점이라고 생각하는 점을 자유롭게 이야기한다.	3'	
	학습 활동 안내	■사건의 성격에 따라 다른 재판을 받아야 함을 주지시키고 학습문제를 제시한다.	-한 사건은 강제로 돈을 빼앗기고 다른 사건은 그렇지 않다. 등.		

단계	학습 내용	교수 · 학습 활동		시간 (분)	자료(■) 및 유의점(◆)
		교사	학생		
자료 수집 및 검토	인터넷 자료 검색, 토의, 분류	*** 사건의 성격에 따른 재판의 종류를 알아보자.** ■교사 컴퓨터의 학습활동이 담긴 파일을 열어 모둠별 컴퓨터로 ***화면분배**해 준 후 학습활동을 안내한다. ■학습할 과제를 제시한 학습지 파일을 각 모둠별 컴퓨터로 ***파일 분배**하여 활용할 수 있도록 안내를 한다.	□각 모둠별로 화면에 제시된 내용을 보며 이번 시간의 학습활동을 주지한다. □모둠별로 학습지 파일에 표시된 사건 6가지를 클릭하여 인터넷 자료를 검색한 후 사례들을 살펴보고 모둠원끼리 토의를 통해 공통점이 있는 사건끼리 세 가지로 분류한다.	15'	■자료(2) 인터넷자료 ■자료(3) 보조학습지 ◆토의가 끝난 모둠은 서로 대화방을 열어 학습결과에 대해 토의한다.
자료 정리 자료 공유	토의결과 정리 학습결과 발표, 비교 의견제시, 종합	■모둠별로 사건을 분류한 결과와 그 근거를 전체화면에 띄워 발표하게 한다. ■모둠별 사건 분류 결과 중 모둠끼리 상충되는 사례에 대해 전체 토의를 하게 한다.	□토의결과를 보조학습지에 정리한 후, 모둠별 토의결과를 파일로 저장한다. □자기 모둠의 학습 결과를 발표하고 다른 모둠의 학습 결과를 확인하며 비교한다. 다른 의견이나 의문점이 있을 때는 질문을 한다. □사건 분류에 대한 자신의 의견을 제시하고 여러 사람의 의견을 종합하여 결론을 내린다. - 사건 3, 4는 개인 간의 사사로운 다툼이라는 공통점이 있다. - 사건 2, 6은 남의 생명이나 재산에 피해를 끼치는 강도, 살인 등의 범죄이다. - 사건 1, 5는 국가가 하는 일에 대해 사람들이 해를 입은 경우이다. 등.	10'	◆모둠별로 다른 의견이 나오면 서로 질문과 답변을 통해 조정해 나가도록 한다.
	대법원 사이트 검색, 발표	■각 사건별로 해당하는 재판의 종류를 알기 위해 대법원 사이트를 열어서 모둠에서 각 재판의 이름을 찾아보도록 한다.	□각 사건의 성격에 알맞은 재판의 종류를 대법원 사이트를 검색하여 찾아서 발표한다. - 사건 3, 4는 민사재판 - 사건 2, 6은 형사재판 - 사건 1, 5는 행정재판이다.	10'	■자료(4) 대법원 홈페이지 ◆민사, 형사 행정재판 외에도 다른 재판도 있음을 알게 한다.
종합 정리 형성 평가	재판의 종류 확인 재판의 종류 말하기	■파워포인트 자료를 통해 재판의 종류와 사건의 성격을 확인한다. ■사건 1, 2를 파워포인트자료로 제시한 후 아동들이 재판의 종류를 말하도록 한다.	□자료를 보며 사건의 성격에 따른 재판의 종류를 확인한다. □각자 사건의 성격을 파악한 후 해당하는 재판 종류를 이야기한다.	5' 2'	■자료(5) ppt 자료1 ■자료(6) ppt 자료2

7) 교수 · 학습과정안(수업안) 해설

단계	수업 과정 해설(내용)
★ 교사의 의도	21세기 새로운 천 년은 컴퓨터를 자유자재로 다루는 기능을 가진 자만이 이 시대를 정복할 수 있다고 할 만큼 '정보화'의 세계일 것이다. 그러기 위해서는 교사 모두가 멀티미디어를 활용한 수업을 연구, 적용하고 그 교수활동과정을 통해 아동들에게 정보, 탐색 및 활용 능력을 길러 주는 학습협력자로서의 역할을 분명히 해야겠다. 그리고 이런 시대적 변화에 대처할 방안을 가르쳐야 할 사람이 교육의 현장에서는 바로 교사, 즉 나 자신이다. 본시 수업은 사건의 성격에 따른 재판의 종류를 알아보고자 하는 개념학습이다. 본시 수업에서 아동들은 과제의 해결을 위해 단순히 조사학습을 통해 개념을 이해하는 학습을 지양하고 실제 사례를 인터넷 자료를 활용하여 살펴보고 토의를 통해 분류, 종합, 결론을 내릴 수 있도록 하였다. 그리고 단일 홈페이지를 직접 방문하여 아동들이 스스로 재판의 용어를 찾아낼 수 있도록 안내하였다. 모둠별로 아동들은 각자의 역할을 분담하여 학습목표에 도달함과 동시에 자기주도적 학력력을 배양할 수 있도록 하였다.
★ 단계별핵심 활동	◆ 문제 제기: 비디오 시청하며 문제가 되는 상황 파악하기 ◆ 문제명료화: 사건의 성격에 따라 다른 재판을 받아야 함을 이해하기 →학습문제 인지 ◆ 자료 수집 및 검토: 인터넷 자료 검색→모둠원 토의→공통점이 있는 사건끼리 세 가지로 분류하기 ◆ 자료 정리: 토의 결과 정리하기→파일로 저장하기 ◆ 자료 공유: 학습결과 발표하기→학습결과 확인, 비교하기→의견 종합하여 결론내리기 →대법원 사이트 검색하여 재판의 종류 확인하기 ◆ 종합 정리: 파워포인트를 통해 사건의 성격에 따른 재판의 종류 확인하기 ◆ 형성 평가: 사건의 성격에 따른 재판의 종류 말하기
★ 학습 조직 형태	소집단 협동 학습
★ 본시 학습에 사용한 자료의 활용	■ 자료(1) VTR자료: 실제 생활에서 사람들 사이에 여러 가지 문제가 발생함을 영화 장면을 통해 보여 주고자 하였다. 두 영화에서 각 장면은 학습자가 본시 학습에 직접적으로 관련된 여러 사건의 성격을 전체적 맥락에서 받아들일 수 있으며 본시 학습이 실제 생활에서 일어나는 일을 해결하는 데 꼭 필요함을 알게 하는 데 그 목적이 있다. ■ 자료(2) 인터넷 검색 자료: 본시 학습에서 분류할 사건들로서 인터넷의 여러 신문 사이트와 법률관계 사이트의 게시판 등에서 찾은 자료이다. 이 자료들은 학습자가 실제 생활에서 일어나는 문제를 확인하고 사건의 성격을 파악하기 위한 것으로, 교과서에 제시된 익명의 사건들보다 더 실제감을 줄 수 있다고 본다. 다만, 이런 자료를 학습자가 수업시간에 찾도록 하는 것은 시간적으로 낭비일 뿐 아니라, 본시 학습의 목표와도 관련이 없는 활동이다. 따라서 학습자들이 자료를 바로 검색할 수 있도록 교사가 미리 학습지 파일을 만들어 하이퍼링크 기능을 활용하면 학습자들은 클릭만 하면 자료를 확인할 수 있다. 이는 학습자가 자료 학습지를 수동적으로 읽는 활동보다 클릭에 의한 자료 출현으로 생동감 있고 능동적인 학습 활동을 가미할 수 있으며, 학습자의 호기심도 증대시킬 수 있을 것이다. ☞ 사건 1: 쓰레기 매립장 건립 http://kr.dailynews.yahoo.com/headlines/so/20001009/dongacom/2000100808744.html ☞ 사건 2: 추수철 벼 도둑 설친다. http://www.khan.co.kr/news/view.khn?artid=200010071436351&code=940202

단계	수업 과정 해설(내용)
★ 본시 학습에 사용한 자료의 활용	☞ 사건 3: 월급을 안 주는 데 방법이…… http://bbs2.joins.com/servlet/ViewData?ID=lawadm&Code=20000808010999&Mode=&SearchText=&fWriter=null&Title=null&fContent=null&Count=273&Page=19&TotalCount=783&sortgubun=0 ☞ 사건 4: 악덕 집주인을 고발한다. http://bbs2.joins.com/servlet/ViewData?ID=lawadm&Code=20000723002999&Mode=&SearchText=&fWriter=null&fTitle=null&fContent=null&Count=403&Page=27&TotalCount=783&sort ☞ 사건 5: 주남저수지 건립 환경단체 반발 http://kr.dailynews.yahoo.com/headlines/lo/20001007/maeilshinmun/2000100714190019037.html ☞ 사건 6: 조직 폭력 17명 구속 http://www.m2000.co.kr/cgi-bin/news/detail?p=soc&f=soc/200010090328.txt ■ 자료(3) 보조 학습지: 각 모둠별로 본시 학습활동에 대해 사고하고 토의한 결과를 임시로 정리하기 위한 학습지이다. 이는 학습자들이 모둠별로 컴퓨터 화면에 발표할 내용을 정리하기 위한 보조자료로 특별한 질문이나 양식을 주는 것이 아니라 발표 양식과 거의 비슷한 양식을 주었다. 이 양식을 거의 사용하지 않고 바로 컴퓨터 화면에 정리를 할 수도 있으나, 모둠에 따라서는 토의 결과가 서로 상충되거나 하여 결론을 내리기 어려울 때 학습지에 미리 정리를 해 보도록 하기 위해 활용하였다. ■ 자료(4) 대법원 홈페이지: 인터넷 사이트 중 본시 학습에 직접적으로 관련되어 있으며, 안동들이 스스로 재판의 용어를 찾아낼 수 있도록 내용을 이해하기 쉽게 설명하고 있는 사이트였다. 따라서 본 자료는 학습자들의 학습활동을 점검하고, 촉진하기 위한 자료로 단일 홈페이지 자체를 활용한 예가 될 수 있을 것이다. ■ 자료(5) 파워포인트 자료 1: 본시 학습내용을 종합 정리하고 정착시키기 위한 자료로 교사가 학습자들과 문답을 통해 학습내용을 정리하면서 자료를 제시하면 좋을 것이다. ■ 자료(6) 파워포인트 자료 2: 형성평가용 자료로 학습한 내용에 대한 문제를 제시하고 학습자가 그 답을 발표하거나, 교사가 한 학습자를 지적하여 확인할 수 있을 것이다. * 화면분배 및 파일분배: 수업 진행용 소프트웨어(SchoolCap)의 여러 기능 중 하나이다. 화면분배는 교사의 컴퓨터 화면을 모든 학습자의 컴퓨터로 분배해 주는 기능이다. 본시 학습에서는 교사가 학습활동을 안내할 때 사용하였는데, 교사는 본시 학습을 위한 자료 검색방법이나 발표 내용을 정리하는 방법을 직접 시연하여 보임으로써, 학습자들의 학습활동 이해를 도울 수 있다. 또한 대형화면이 물리적으로 멀어서 보이지 않는 단점도 보완할 수 있다. 그리고 파일 분배 기능은 교사가 만든 자료를 파일 형태로 학습자 컴퓨터로 보내 주는 기능이다. 이 기능을 활용하여 학습활동이 담긴 파일을 각 모둠에 분배할 수 있다.

8) WWW 참고 자료 접속을 위한 HWP 문서

> ♣ 사건의 성격에 따른 재판의 종류를 알아보자.
> ☞ 다음 사건들을 읽고 3가지로 분류하세요.
> 사건 1. 쓰레기 매립장 건립
> 사건 2. 추수철 벼도둑 설친다.
> 사건 3. 월급을 안 주는 데 방법이…….
> 사건 4. 악덕 집주인을 고발한다.
> 사건 5. 주남저수지 준공 승인 환경단체 반발
> 사건 6. 조직 폭력 17명 구속
> 모둠별 토의 결과로 가기

9) HWP 편집용지를 이용한 학습자료 파일

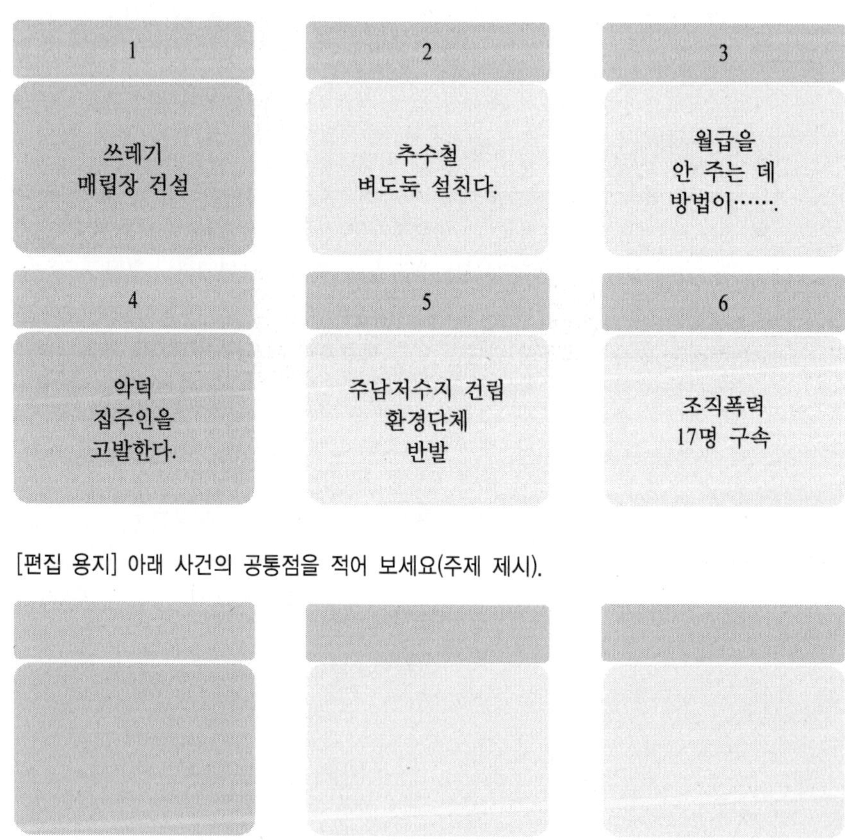

[편집 용지] 아래 사건의 공통점을 적어 보세요(주제 제시).

10) 종합 정리용 PPT 자료

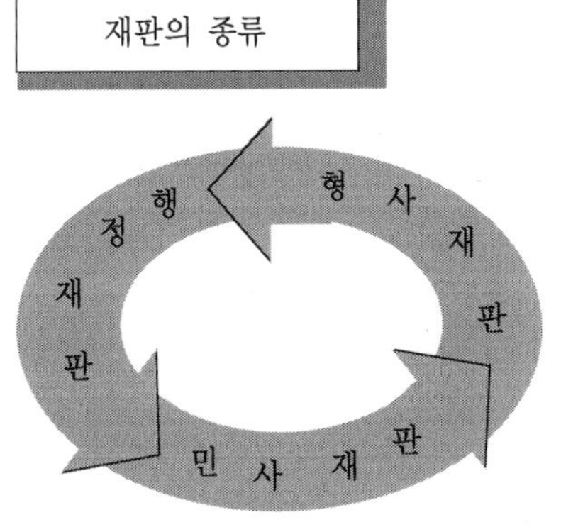

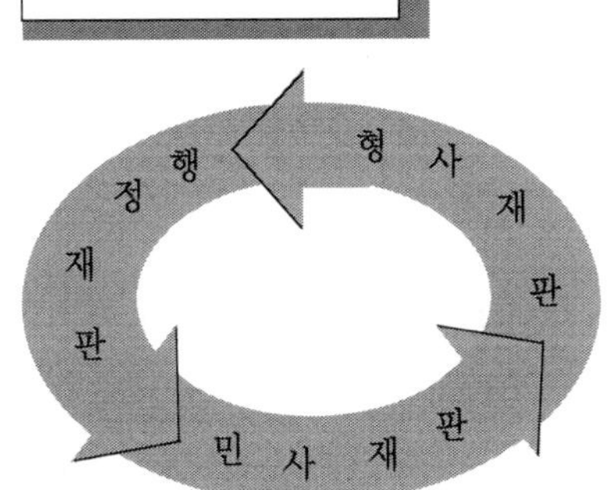

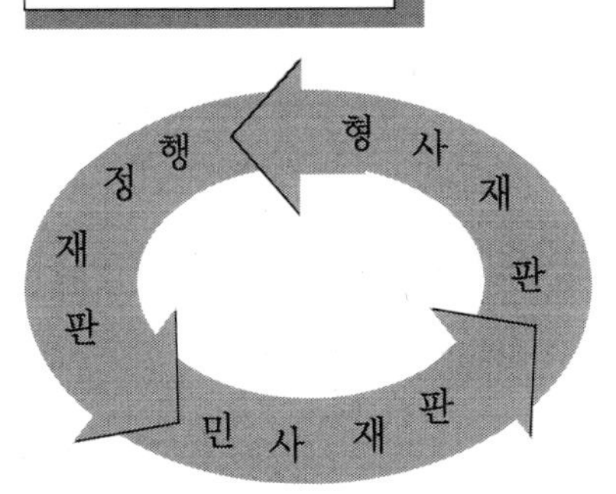

[그림 19] 종합 정리용 PPT 자료

2. 교수·학습과정안(예시 2)

1) 단원명: 3. 대한민국의 발전 (1) 나라를 되찾기 위한 노력(6-1)

2) 단원 + 개관

이 단원은 일제 강점기에 독립을 위해 애쓰신 조상들과 그들이 나라의 독립과 주권을 지키기 위해 국내외에서 일본에 대항한 여러 가지 방법을 역사적 사실을 통하여 파악하게 함으로써 조상들의 독립 정신과 애국심을 깨닫게 하고, 그 정신을 바탕으로 대한민국이 성립되었고 발전하였으며 민주화 운동의 전개로 이어져 왔음을 종합적인 관점에서 이해시키고, 그 정신을 계승시키려는 데 주안점을 두고 있다.

첫째 주제 '① 나라의 독립을 위해 싸운 사람들'은 우리 조상들이 일본에 대항하여 무력 투쟁과 아울러 애국 계몽 운동과 민족 문화 수호 운동을 전개하였음을 여러 가지 자료를 통해 알게 한다.

둘째 주제 '② 대한민국의 성립과 발전'에서는 대한민국 정부의 수립 과정과 6·25 전쟁 이후 주요 민주화 운동을 중심으로 민주주의의 달성 과정을 이해하고, 경제 성장 관련 통계 자료와 새로운 산업으로 각광받는 정보·통신 관련 산업 자료를 통해 우리나라의 경제적 과제와 전망을 이해하도록 하고 있다.

3) 단원 목표

(1) 지식·이해

· 을사조약이 체결된 과정을 통해 일본의 침략을 이해한다.
· 일제 강점기하에서 펼친 의병 전쟁과 3·1운동의 의의를 이해한다.
· 3·1 운동과 임시 정부 수립의 관계를 연관 지어 설명할 수 있다.
· 대한민국 임시 정부의 성격과 활동, 주요 인사를 이해한다.

(2) 기능·능력

· 을사조약 이후 전개된 의병 활동 모습을 자료를 모아 정리할 수 있다.
· 의병이 일어난 지역과 의병장들에 대해 조사할 수 있다.
· 조사한 결과를 의병 지도나 연표로 나타낼 수 있다.
· 대한민국 임시 정부의 조직과 활동 내용을 조사하여 표로 정리할 수 있다.

(3) 가치 · 태도

· 나라의 주권을 되찾기 위해 일본에 대항한 조상들의 애국심과 자주 독립정신을 알고 본받으려
는 태도를 가진다.
· 나라를 위해 목숨을 바치신 분들의 유가족을 도우려는 마음 자세를 가진다.
· 나라의 소중함을 알고, 나라의 발전을 위해 노력하는 자세를 기른다.

4) 단원의 지도 계획

단원	주제	제재 (차시)	제재별 주용 내용 요소	자료 (학습 방법)
3 대 한 민 국 의 발 전	(1) 나라를 되찾기 위한 노력	◆ 단원 도입 및 계획 (1/14)	· 단원의 학습 내용을 개략적으로 알아보기 · 장기 학습 과제 정하기	사: 100∼101 탐: 102∼103 분단협력학습 (마인드맵으로 나타내기)
		① 총을 들고 펜을 들고 싸운 조상들 (2∼3/14)	· 청일 전쟁과 러일 전쟁의 결과 · 을사조약 이후 의병 활동 전개 모습 · 민족의 힘을 기르기 위해 전개한 계몽운동	사: 102∼117 탐: 104∼122 자료: 역사책, 사, 부, 인터넷 검색 자료 등 분단협력학습 (주제탐구학습: 극화, 조사, 토의 등의 여러 탐구과정을 거치는 학습 활동을 함)
		② 대한 독립 만세, 대한광복군 만세 (4∼5/14)	· 조선 총독부와 일제의 우리 민족 탄압 · 3 · 1 운동의 전개 과정 알기 · 대한민국 임시 정부를 세운 까닭과 활동 내용	
		선택 학습 (적용 발전) (6/14)	· 우리나라와 일본과의 관계를 역사 속에서 바르게 찾아보기 · 일제 강점기 우리 민족이 일본에 대항했던 모습 찾아보기 · 앞으로의 바람직한 한 · 일 관계에 대해 토의해 보기	사: 118 생각 키우기 학습지 학급홈페이지, 인터넷 자료 (ICT 활용) 신문 및 기타 자료 분단 협력 학습 웹토론 학습, 시사 학습
	(2) 대한민 국의 성립과 발전	① 분단을 딛고 일어선 대한민국(7∼8/14)	· 대한민국 정부 수립 과정 · 6 · 25전쟁과 민주주의 발전과의 관계	사: 119∼134 탐: 123∼137 자료: 역사책, 사, 부, 인터넷 검색 자료 등 분단협력학습 (주제탐구학습: 극화, 조사, 토의 등의 여러 탐구과정을 거치는 학습 활동을 함)
		② 민주 시민이 승리하던 날들 (9∼10/14)	· 4 · 19 혁명의 원인과 과정 · 4 · 19에서 오늘날까지 민주화 과정 연표 · 5 · 18 민주화 운동	
		③ 한강의 적에서 통일로 (11∼12/14)	· 경제 발전과 우리의 노력 · 나아진 국민 생활 모습 · 통일을 위한 정부와 국민의 노력	

단원	주제	제재 (차시)	제재별 주용 내용 요소	자료 (학습 방법)
		선택 학습 (13/14)	·5·10 총선거에 대한 김구와 이승만의 입장을 정리하고 자신의 생각 써 보기 ·4·19 혁명을 취재 기자의 입장에서 인터뷰 질문 사항을 정리하기 ·외환위기에 정부와 기업, 국민이 벌인 노력 정리하기	사: 135 극화 학습 (기자 되어 보기, 시위자 되어 보기, 대통령 되어 보기, 국민 되어 보기 - 그들의 입장에서 당시 상황을 이해하기)
	단원 정리 학습		·일제 침략기에 우리 민족이 벌인 주권 지키기 운동을 찾아보기 ·경제 개발 5개년 계획의 주요 내용 살펴보기 ·여러 항일 운동 중에서 하나를 골라 풍자만화 그리기 ·4·19 혁명, 5·18 민주화 운동, 6월 민주 항쟁을 비교하기	사: 136~137 분단협력학습 (마인드 맵 만들기)

5) 단원의 평가 계획

(1) 평가의 방향

이 단원은 일제 강점기에 일본에 대항해서 국내외에서 펼친 항일 운동과 광복 이후 오늘날까지 전개되어 온 민주화의 과정에서 우리 민족의 애국심과 자주 독립성을 깨닫게 하는 데 주안점이 있기 때문에 다양한 사실 자료의 수집과 정리는 물론 투쟁의 유적과 유물이 있는 곳의 현장 학습 기회를 가지게 하여 가치·태도의 함양을 위한 평가도 병행되어야 한다.

(2) 평가 방법

■ 나라를 되찾기 위한 노력

·우리 민족의 자주 독립을 위해 노력한 인물의 인물 사전 만들기	·포트폴리오
·일제의 우리나라 탄압 내용과 사진 자료 스크랩하기	·포트폴리오
·3·1운동 이후의 독립 운동 전개 모습 설명하기	·보고서 및 발표
·항일 투쟁의 유적과 유물이 있는 곳의 현장 학습	·보고서

② 대한민국의 성립과 발전

·국토 분단의 원인과 과정의 이해	·지필
·4·19와 5·18 민주화 운동의 공통점	·지필, 발표
·4·19 혁명 이후 오늘날까지의 국사 연표 작성	·작품 평가

6) 본시의 전개

학년·학기	6-1학기		단원(주제)	3-(1)나라를 되찾기 위한 노력	차시	6/14
학습 주제	역사적 사실을 통한 과거 한·일 관계를 알아보고 앞으로의 바람직한 한·일 관계 제시하기				교과서	118쪽
					사·탐	·
학습 목표	·우리나라와 일본과의 관계를 역사 속에서 바르게 찾을 수 있다. ·앞으로의 바람직한 한·일 관계를 객관적 입장에서 제시할 수 있다.					
예습 과제	·학급 홈페이지 토론방에 바람직한 한·일 관계에 대한 자신의 의견 남기기					
수업 유형	ICT 활용 수업, 시사 토론 학습			학습 조직 형태	소집단 활동	

단계	학습요소	교수·학습 활동		시간	자료 및 유의점
		교사	학생		
문제 제기 문제 명료화	경험 떠올리기 동기 유발 갈등 사태 제시 학습문제 확인	■지난주 열렸던 축구 경기를 기억하나요? ■그날 응원했던 그 기분으로 축구 경기를 다시 봅시다. ■어느 팀을 응원했나요? ■왜 프랑스를 응원했나요? ■일본이 싫은 이유는 무엇인가요? ■이번 시간에는 우리나라와 일본이 왜 사이가 좋지 않은지 알아보고, 앞으로는 어떻게 지내야 할지 토의해 봅시다.	-프·일 경기를 기억합니다. □인터넷으로 프·일 축구 장면 시청 -프랑스입니다. -일본입니다. -일본이 싫기 때문입니다. -교과서를 왜곡하기 때문입니다. -우리나라를 탄압했기 때문입니다. □학습 문제 확인	5'	☆인터넷 자료 (2001년 6월 kbs. vod-프·일 축구경기) ☆간단하게 자신의 생각을 발표하는 정도로 한다.
		과거 일본과의 관계를 알아보고 2002년 월드컵의 성공적 개최를 위한 바람직한 한·일 관계에 대해 말해 보자			
자료 수집	사실 확인	■삼국시대부터 일제침략기까지의 일본과의 관계를 알아봅시다. ■생각나는 사실이 있으면 발표해 봅시다.	-고려시대 왜구의 침입이 잦아 우리 백성들이 많은 고통을 겪었습니다. -조선시대 임진왜란이 일어났습니다.	10'	
자료 수집 자료 정리	 개별활동 소집단활동 (모둠별 사실정리)	■시대를 나눠 좀 더 구체적으로 알아보는 활동을 해 봅시다. ■준비해 온 자료에서 시대에 맞는 일본과의 관계를 찾아봅시다.	□주사위를 던져 시대별 모둠 활동을 나눈다. 1번: 삼국시대 2번: 고려시대 3번: 조선 초기 4번: 조선 중기 5번: 조선 후기 6번: 일제침략기 □개별적으로 교과서와 여러 자료를 분석하여 일본과의 관계를 정리한다. □모둠별로 정리한 의견을 주어진 종이에 기록한다.	8'	☆주사위 ☆대형연대표 (칠판게시)-나라만 제시 ☆자석이 붙여진 종이, 매직

단계	학습요소	교수·학습 활동		시간	자료 및 유의점
		교사	학생		
자료 공유	전체 활동 (사실 확인내용 발표)	■각자 조사한 내용을 소집단 활동 속에서 발표해 봅시다. ■각 모둠에서 조사한 사실을 연대표로 만들어 가며 발표해 봅시다.	□소집단별로 조사한 내용을 발표한다. −삼국시대: 고구려, 백제, 신라, 가야가 일본에 다양한 문화 전파 −보충할 부분 있으면 말씀해 주십시오. −고구려의 담징은 호오류사에 금당벽화를 그렸습니다. −백제의 유민들이 일본에 건너가 아스카 문화를 일으켰습니다. −의문점이나 궁금한 사실은 질문해 주십시오. −일본에 있는 문화재 중 삼국시대 문화가 전파되었다는 증거가 있으면 말해 주십시오. −일본 국보1호인 목조미륵보살반가사유상이 우리나라 국보인 금동미륵보살반가사유상과 매우 비슷합니다. −고려시대: 왜구의 침입 및 최무선의 화포 제작 −조선 초기: 이종무의 대마도 정벌 −조선 중기: 임진왜란 발생 −조선 후기: 강화도 조약, 일본의 침략과정 −일제침략기: 민족의 수난사, 독립투쟁 과정	8'	−간단한 역사적 사실만 기록하여 소집단 발표 시 연대표 형태로 칠판에 게시한다. ☆보충 및 질의 응답은 모둠마다 실시한다.
		■현재 우리나라는 일본과 어떤 관계에 있습니까?	−일본과 역사왜곡으로 사이가 좋지 않다. −한·일 월드컵 공동개최를 위해 노력한다. −경제적으로 밀접한 관련이 있다. −영화, 만화 등과 같은 일본 문화가 우리나라에 많이 들어오고 있다.		☆긍정적, 부정적 관계에 대해 알고 있는 사실을 간단히 말한다.

단계	학습요소	교수 · 학습 활동		시간	자료 및 유의점
		교사	학생		
적용 발전	중심과제 확인	■학급 홈페이지 토론마당의 토론내용을 확인하며 오늘의 토론주제를 다시 확인해 봅시다.	□2002년 월드컵 공동개최 후의 바람직한 한·일 관계에 대해 토론한 내용을 살펴본다.	15'	☆학급 홈페이지 토론마당 내용 −일주일 전부터 홈페이지 토론마당에 토론 주제를 올려놓고 자유로운 의견을 게시하도록 함: 웹토론 활용 −잘못 인식하고 있는 내용은 본시 학습을 위해 수정하지 않고 그대로 두었음
		2002년 월드컵의 성공적 개최 후의 바람직한 한·일 관계는 어떠해야 할까?			
		■토론 내용에서 좋았던 의견이나 문제점 또는 의문점에 대해 말해 보도록 합시다. ☞웹 토론방에서 잘못 인식하고 있는 사실들을 찾아 고치기	□○○○의 의견 중 감정에 얽매여서 일본 전체를 나쁘다고 하지 말아야 한다는 의견이 좋았습니다.		
	소집단활동 (바람직한 대안 제시)	■오늘 배운 역사 속의 한·일 관계를 다시 생각해서 자신의 의견을 정리하여 봅시다.	□생각 나누기 학습지에 자신의 의견을 정리함		☆개별, 모둠 학습지(생각 나누기 학습지 제시)
		■모둠별로 토론 주제를 다시 확인하고 타당한 근거와 이유를 제시하며 바람직한 한·일 관계를 토론해 봅시다.	□소집단별로 바람직한 한·일 관계에 대해 토론한 후 모둠 학습지에 토론 내용을 정리함		
		■모둠별로 토의한 내용을 정리하여 발표해 봅시다.	−문화 개방을 통하여 서로를 더 이해할 수 있는 기회를 만들어 간다. −우리 역사와 문화의 우수성을 일본에 전파하여 일본이 스스로 자신의 잘못된 역사의식을 고치도록 한다. □모둠 내에서 타당하게 제시된 의견을 자율적으로 발표한다.		
		■모둠에서 정리하여 발표한 의견 외에 자신의 의견을 발표하고 싶은 사람은 발표해 보도록 합시다.	−역사를 왜곡하고 자신의 잘못을 반성할 줄 모르는 일본과는 좋은 관계를 가지는 것이 힘들다.		
		■일본 내의 변화되는 모습 자료를 시청하며 국가 간의 관계는 함께 변화돼야 함을 알아봅시다.	□일본교과서 역사왜곡에 따른 일본 학부모의 반발 뉴스 시청하기		☆kbs 9시 뉴스.vod (2001. 4. 14일)
정리	학습내용 정리	■오늘 공부에서 가장 인상 깊었던 내용이 있다면 발표해 봅시다.	−마지막 뉴스 내용이 아주 인상 깊었다. 일본 내에도 양심적인 사람이 있다는 것은 한·일 관계에 좋은 영향을 줄 수 있다고 생각한다.	2'	
	차시 예고	■다음 시간에는 대한민국 정부의 수립 과정을 알아보겠습니다.			

7) 교수·학습과정안(수업안) 해설

단계	교수·학습 과정(수업 과정) 해설(내용)
교사의 의도와 핵심적인 활동안내	☆역사 토론 수업은 역사적 사실에 대한 이해를 높여 주고 역사를 바라보는 관점을 바로 갖게 하는 데 도움이 된다. 이러한 토론 수업을 역사적 쟁점에 대한 토론으로 그치지 않고 역사란 과거와 현재 그리고 미래의 유기적인 상관관계 속에 존재함을 깨닫게 하기 위해 시사문제에서 토론의 쟁점을 끄집어내어 보았다. 일본의 역사 교과서 왜곡 사건으로 한·일 관계가 경직되어 가고 있는 이즈음에 삼국시대에서 일제침략기를 거치는 동안 한·일 관계가 어떻게 이루어졌 는지를 살펴보는 것은 바람직한 한·일 관계사를 정립하는 데 도움이 된다고 생각한다. 과거와 현재의 관계를 분석해 보고 미래의 모습에 발전적인 대안을 제시할 수 있도록 하는 것은 역사 학습에서 수준이 매우 높은 단계를 요구하는 것으로 사전에 '재미있는 역사 공부' 등의 다양한 활동을 통해 역사적 사실에 대한 이해도를 높이는 것이 중요하다. 또한 토론에 대한 익숙함을 갖도록 하기 위해 '학급 홈페이지에서의 토론방 활성화', 교과 또는 특활 시간에 '토론 게임하기', 홈페이지에서의 '주제 있는 채팅하기' 등으로 말하기 능력을 신장시키는 다양한 활동 또한 중요하다.
학습 조직 형태	☆사고 활동의 극대화를 위해 개별-조별-전체의 활동 과정을 반복 투입한다. 학습 조직 형태가 유기적으로 변화될 수 있도록 ㄷ자형 좌석 배치를 하고, 개별 사고의 시간을 충분히 준 다음 전체 학습 전 조별 활동 과정을 넣어 말하기에 대한 자신감을 가질 수 있도록 하였다.
학습 활동 방법	☆과제가 사전 예고된 만큼 학습 활동이 단위 시간 내에 국한되지 않고 정해진 웹의 공간 내에서 자유롭게 주제에 대해 깊이 생각하고 의견을 게시할 수 있도록 하였다. 그래서 단위 시간 내에 학습한 역사적 사실이 자신의 의견에 영향을 미친다면 의견 수정을 가할 수 있도록 유도 하였다. 인터넷이라는 공간과 교실이라는 공간을 시간의 제약을 받지 않고 유효적절하게 활용하므로 아동들의 학습에 대한 흥미를 높이는 데 큰 역할을 하였다.
수업의 기법 및 아이디어	☆현재 ICT 활용 수업은 자료 보여 주기에 머무는 단계가 아니라 아동 스스로가 정보를 찾고, 분석하며 매체를 통해 의견을 제시할 수 있는 수준까지를 요구한다. 전체 앞에서 말하기를 꺼리는 아동들은 이러한 매체 활용이 큰 효과를 보며 웹토론 수업은 많은 의견을 한꺼번에 수용할 수 없는 교실 수업의 한계를 넘어설 수 있게 해 준다. 또한 시사 내용이 적용되는 학습에서는 TV뉴스의 동영상 자료가 학습 자료로 좋은 역할을 한다.
자료의 활용법	☆대형 연대표를 칠판에 게시하므로 시각적 효과를 높이고 스스로 역사적 사실을 시대에 맞게 붙여 나가므로 연대표에 대한 이해도를 높일 수 있게 했다. 또한 vod자료를 스포츠, 뉴스 등 다양하게 준비하므로 집에서 시청했던 프로그램이 훌륭한 학습 자료가 된다는 사실에 아동들의 흥미와 요구가 높아졌다.
자료의 제작 및 제시 방법	-대형 연대표 제작: 한글 배너로 작성하여 칠판의 가로 크기에 맞게 제작, 게시하며 자석이 붙여진 대형 종이를 세로로 길게 잘라 모둠당 3~5장을 나눠주고 간단한 사실을 기록한 후 모둠 발표 시 붙이게 하면 대형 연대표를 쉽게 제작할 수 있다. 수업 후 뒤 작품게시판에 게시해 두면 좋은 학습 자료로 활용할 수 있게 된다. -토론방이 있는 학급 홈페이지 만들기: www.freechal.com 사이트에서 커뮤니티 만들기에 들어가면 간단한 홈페이지는 쉽게 제작이 가능하다. -동영상 화면 활용하기: 동영상 화면이 컴퓨터에 뜰 수 있는 기본 프로그램을 먼저 설치한 다음 방송국의 지난 화면 보기를 통해 자료로 쉽게 활용할 수 있다.
지도상의 유의점	☆주어진 과제가 웹을 통해서만 가능한 학습이므로 인터넷이 연결되지 않는 가정은 학습에 어려움을 느꼈으나 인터넷이 가능한 친구와 엮어주기를 통해 다소 어려움이 완화될 수 있었다. 한·일 관계 악화가 자칫 감정적으로 대응하게 되어 바람직한 대안을 제시하는 데 영향을 줄 수 있으므로 교사가 객관적 입장에서 감정적 요소들을 제어하는 지도가 필요하다.

(학습지)

생각 키우기

오늘의 토론 주제

① 토론 주제에 대한 나의 생각은 어떠한가요?

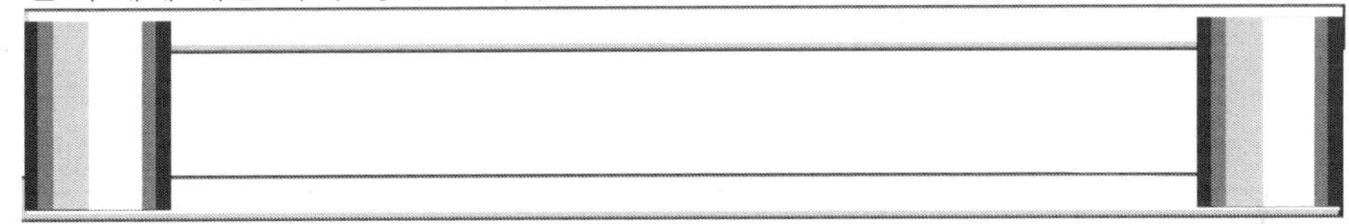

② 위와 같은 입장을 선택한 타당한 이유와 근거를 써 보시오.

☆여러분이 선택한 입장에 대한 문제점을 토론과 자료를 통해 듣고 나서 다시 한 번 깊이 생각한 후, 여러분의 입장을 다시 선택해 보고, 그 이유와 근거도 써 보세요.

③ 다시 선택한 나의 입장

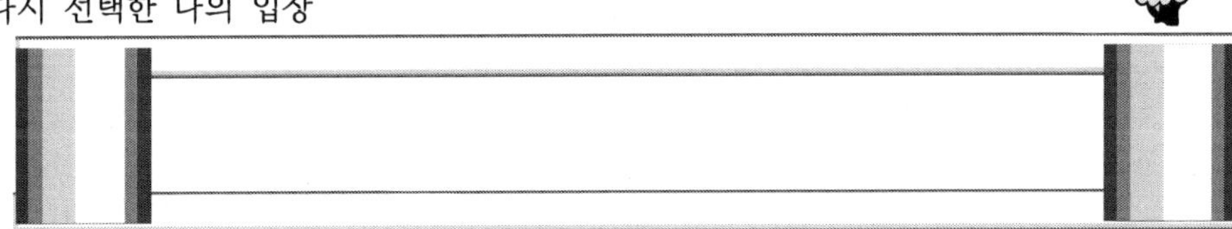

④ 다시 선택한 입장에 대한 이유나 근거

3. 사회과 ICT 활용 학습 참고 자료

1) ICT 활용 학습 자료

<제3학년 1학기>

단원	제재	관련 사이트
1. 우리 고장의 모습	(학교주변의 모습) 1. 무엇이 보이나요?	http://www.busanmap.net/ (부산 전자지도)
	2. 그림지도로 나타내기	http://mountains.new21.net/rg/mt_ps.htm (부산의 산) http://tour.metro.pusan.kr/new_tour/tematour/sportsearch/cult1.htm (부산의 문화유적)
	(그림지도로 살펴본 고장의 모습) 1. 우리 고장의 안내도 2. 상점과 공장이 많은 곳 3. 산과 들이 보여요	http://myhome2.naver.com/psgs21/ma/gumjung.htm (금정산과 금정산성) http://myhome.naver.com/mjh1014/jidodraw/jidodraw.htm (그림지도 그리기) http://www.com21c.pe.kr/draw.htm (우리 고장 그림지도) http://ns.koejeong.es.kr/3－1/학습자료실/그림 그리기/ (그림지도 그리는 방법)
2. 우리 고장 사람 들의 생활 모습	(자연을 이용하는 생활) 1. 자연을 이용하는 모습	http://www.kwasuwon.com/ (과수원) http://www.nongdo.co.kr/ (목장) http://www.gnedu.net/php－bin/swebdata/ (자연을 이용하는 생활모습)
	2. 계절에 따라 달라지는 생활	http://www.educn.or.kr/element/3gread/sa/2－1－2.htm (계절에 따른 생활모습)
	(고장사람들이 하는 일) 1. 부모님께서 하시는 일 2. 우리 고장에서 발달한 산업	http://www.gnedu.net/php－bin/swebdata/ (고장사람들이 하는 일) http://teacher.openclass.net/instructor/s/s3103000.html (고장사람들의 생산 활동)

단원	제재	관련 사이트
3. 고 장 생 활 의 중 심 지	(시장과 우리 생활) 1. 시장이 있는 곳 2. 시장이 하는 일	http://www.topianet.co.kr/topia/3/3sa/3sa040101.htm (시장) http://www.pusansarang.co.kr/tour6.html (자갈치 시장) http://ns.koejeong.es.kr/3 − 1/ (시장과 우리 생활)
	(이어 주는 길) 1. 역과 터미널 2. 이웃 고장으로의 여행	http://myhome2.naver.com/psgs21/ma/gumjung.htm (부산 교통공단) http://www.pusanstation.co.kr/ (부산역) http://www.ypedu.or.kr/pds/ji3 − 1/lession3/sec3 − 2 − 1.htm (역과 터미널) http://hsed.or.kr/hswbi/2001web/ (이웃 고장으로의 여행)

<제3학년 2학기>

단원	제재	관련 사이트
1. 고 장 생 활 의 변 화	(생활도구의 발달) 1. 편리해지는 집 2. 오늘날에도 쓰이는 맷돌	http://210.180.129.130/newdata/new_cai/3 − 2/1 − (1)달라진 생활 모습 − 민속자료실1.htm (민속 자료실) http://bora.dacom.co.kr/~warmm/muse.htm (민속박물관) http://kr.dir.yahoo.com/Education/Learning/Society/Elementary_School/3/3_2/Town/Tool/ (생활 도구의 발달)
	(교통, 통신의 발달) 1. 마차와 자동차 2. 봉수와 컴퓨터 통신	http://www.topianet.co.kr/topia/3/3sa/3sa210105.htm http://www.kakm.es.kr/khd/holiday/sak15.htm http://kr.dir.yahoo.com/Education/Learning/Society/Elementary_School/3/3_2/Town/Communication2/ (교통 통신의 발달)

단원	제재	관련 사이트
2. 우리고장의전통문화	(전해 오는 민속) 1. 고장의 민속놀이 2. 할머니의 옛날이야기	http://my.netian.com/~happycyj/ (한국의 민속놀이) http://www.topianet.co.kr/topia/3/3sa/3sa220103.htm http://www.pusanminsok.or.kr/ (부산민속 예술 보존협회) http://www.pusan－shopping.co.kr/frame10_013_festival_03.htm (부산의 축제) http://kr.dir.yahoo.com/Education/Learning/Society/Elementary_School/3/3_2/Culture/Tradition (우리 고장의 전통문화)
	(가정과 고장의 행사) 1. 가정의 여러 행사	http://www.topianet.co.kr/topia/3/3sa/3sa220103.htm (결혼식) http://www.gnedu.net/php－bin/swebdata/ (가정의례)
	2. 우리 고장의 전통 문화 축제	http://www.chagalchi.co.kr/ (자갈치 축제)
3. 살기좋은우리고장	(고장의 여러 기관과 단체) 1. 무엇을 도와드릴까요? 2. 주민 단체들	http://www.emc.or.kr/ (환경관리공단) http://ccoma.redcross.ac.kr/ (꼬마 안전 짱) http://www.rescue.go.kr/ (중앙 119 구조대) http://www.1018.co.kr/cgi/search1/pages/3_2/soc/03/01/ (고장의 기관과 단체) http://ns.koejeong.es.kr/3－2/3－(2)%20힘모아 일하는 사람들－부녀회2.htm http://www.yonje.busan.kr/ (연제구청)
	(함께 노력하는 고장 사람들) 1. 깨끗한 거리, 정다운 이웃 2. 2030년의 우리 고장	http://www.1018.co.kr/cgi/search1/pages/3 http://210.218.82.13/study/files/3sa/sa323033.htm

2) 한국교육학술정보원(KERIS)의 ICT 활용 의사 결정학습모형

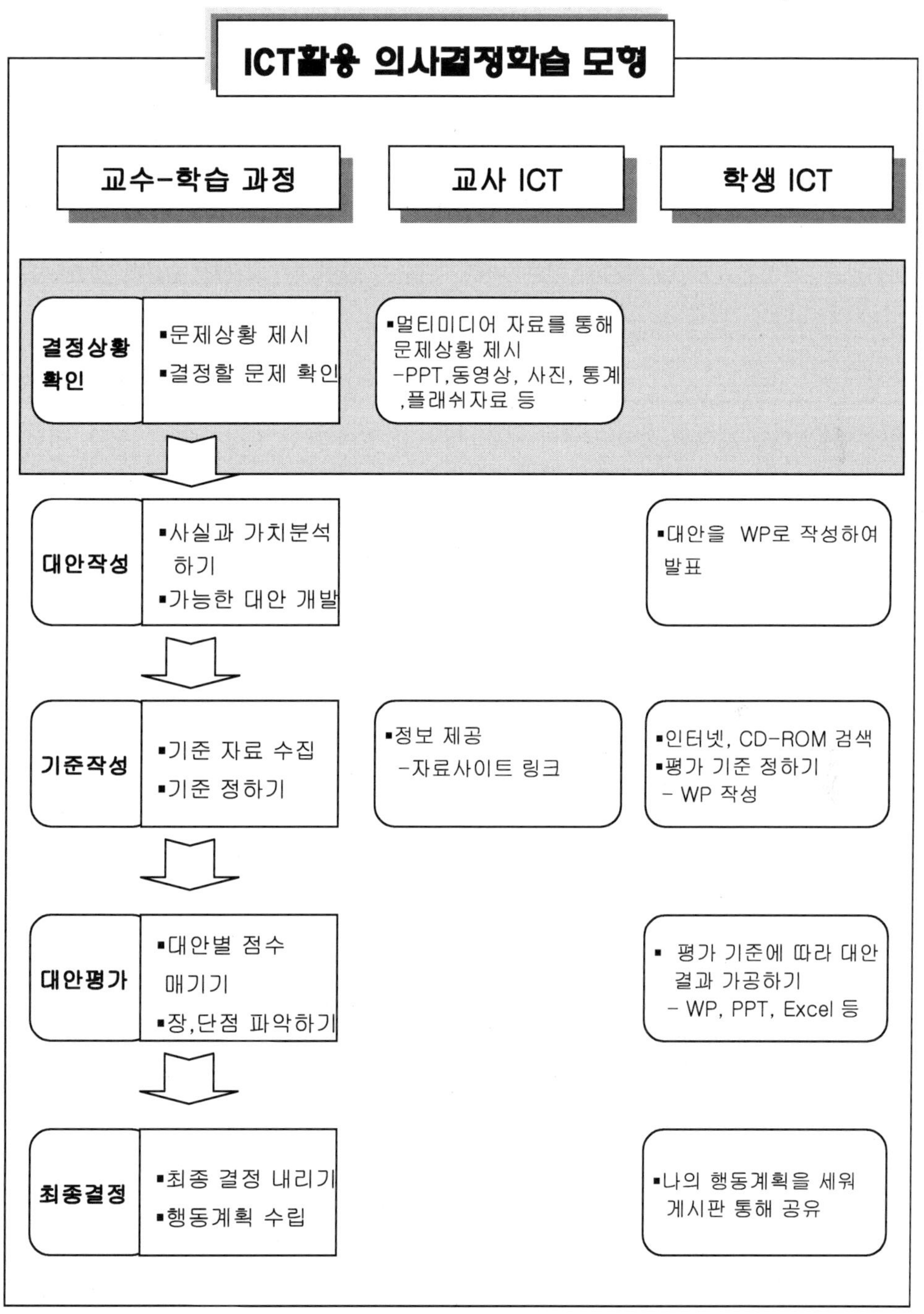

제1절 가치탐구 학습의 이해

1. 가치의 의미

타일러(Tyler, 1973)는 가치란 "흥미, 태도, 만족 등을 규제한다는 점에서 교육적 중요성을 지니고 있는 것으로서 개인이 간직하고 있는 어떤 대상물, 활동이나 행동양식 또는 아이디어"로 정의하였다.

한편, 로케치(Rokeach, 1973)는 "어떤 구체적인 행위 양태나 존재의 종국적 상태가 개인적으로나 사회적으로 볼 때 그와 상반되는 행위 양태나 존재의 종국적 상태보다 더 좋다고 믿는 지속적인 신념, 그것은 행동, 어떤 대상과 상태에 대한 태도, 이념, 타인에 대한 자신의 표출, 평가, 정당화, 타인과 자신과의 비교, 그리고 타인에게 영향을 미치려는 시도 등을 결정하고 안내하는 표준이다."라고 하였다.

여러 학자들의 정의를 종합해 보면 가치란 바람직해야 하는 것, 중요하거나 소중한 것, 그리고 어떤 행위나 존재의 표준이 개인적으로, 사회적으로 받아들여질 수 있는 것 등에 대한 신념이라고 할 수 있다. 또한 어떤 것에 영향을 미치거나 그것을 방향 지워 안내하는 것이며 잘 변하지 않고 지속된다고 할 수 있다. 그리고 가치문제를 해결하는 과정에서 개인의 심리적 변화과정과 타인과의 관련 속에서의 문제 해결을 통하여 하나의 가치가 내면화되는 과정에 알맞은 탐구유형의 학습을 가치 탐구 학습이라고 한다.

2. 태도의 의미

램머즈(Remmers. H. M)와 게이지(Gage. N. L)는 "태도란 심리적 대상에 대해 긍정적으로나 혹은 부정적으로 반응하는 경험을 통해 형성된 정서적 경향"이라고 하였다. 정서적 경향이라는 말 속에는 태도를 인지적 정신 작용과 구별하는 의미가 포함되어 있으며, 긍정과 부정이라는 말은 태도의 방향성을 나타내는 것으로 접근과 퇴행, 좋아하고 싫어하는 것, 애정과 증오, 호의와 비호의 등 상반된 감정적 색조를 나타내고 있다. 이러한 정의의 공통점은 태도는 본질적으로의 경향이며 경험의 결과이고 지속적이며 항구적이라는 특성을 가진다.

태도는 사회적 기능, 외적 표현의 기능, 대상 사정의 기능, 표현의 기능을 가진다. 즉 태도는 자기 태도를 밝힘으로써 어떤 사회 집단에 일원이 되는 사회적 관계를 맺게 하는 데 도움을 준다. 그리고 대상에 대한 경향은 결국 내적 노력에 대한 태도에 의하여 영향을 받게 되며, 주위에 있는 대상에 대하여 '어떤 행위를 할까'와 관련하여 분류를 하고, 이를 해결하는 데 가장 적절한 반응을 하게 하는 기능을 갖는다.

3. 가치탐구 학습과정

사회과의 가치·태도에 관한 학습은 사회적 자아 개념의 형성, 다양한 상황에서의 가치판단, 사회적 행위 규범의 실천을 위한 지식, 신념과 태도, 사회 참여 의식 함양들의 측면에 관한 학습이 이루어져야 한다. 그리고 정의적 학습과정은 가치의 명료화와 행위의 결정을 필요로 하는 사회적 상황과 문제, 가치화를 필요로 하는 여러 문제에 적합한 학습 방법을 결정한다.

| 가치의 명료화와 행위를 필요로 하는 사회적 상황과 문제가치와 방안의 구성 | ⇨ | ① 자아 발달 모형
② 도덕적 발달 모형
③ 가치 명료화 모형
④ 가치 분석 모형
⑤ 학급집회 모형
⑥ 역할 수행모형
⑦ 감수성·사려성 모형
⑧ 융합적 교육 모형
⑨ 가치수용모형 | ⇨ | 바람직하게 행동할 수 있는 판단과 신념의 확립 |

[그림 20] 사회과 가치·태도 학습과정

4. 가치·태도 형성의 내용

가치·태도는 지식과 이해를 기반으로 현대 사회에서 합리적으로 실천하는 구체적인 행위이다. 따라서 사회과 수업을 통하여 학생에게 바람직한 태도를 이해시키고, 그 태도를 일상 사회생활에서 실천하려는 의욕을 일으키며 노력하도록 내용을 선정 구성하여 지도하여야 한다. 주요 내용은 다음과 같다.

　① 자아실현의 자세

　② 향토애, 국토애 민족애 갖기

　③ 민족 통일과 국가 발전을 위해 노력하기

④ 지구촌 사회에서 협력하면서 살아갈 수 있는 태도 지니기

5. 사회과에서 가치탐구 학습의 의의

사회과 가치탐구 학습은 학생들에게 사회적 행위의 지침과 판단의 기준을 인식시켜 주고 그러한 방향으로 행위하려는 신념을 갖게 하는 데 있으므로 사회과의 최종 목표가 민주시민의 자질 함양이라는 점에 비추어 볼 때 가치에 대한 교육은 매우 핵심적이며 중요한 의미가 있다고 본다. 가치 탐구 학습의 의의를 살펴보면 개인, 집단, 문화 등에 대해 긍정적인 태도를 갖게 하며, 개인과 소유에 대한 인정, 공적 일에 대한 의무 등의 통일된 가치를 인정하게 된다. 또한 다원적이며, 개인적 가치, 사회적 자유, 가치 개념의 분석, 도덕 추론, 가치 갈등 분석 등에 관한 능력을 기르고 타인에 대한 관심과 창의적 인간관계 등을 인식하게 한다.

6. 효과적인 가치·태도 학습

① 추상적인 개념을 현실적인 상황에 맞추어서 집중토론을 해야 한다.
② 교사는 획일적인 가치를 학생들에게 주입하려 해서도 안 되지만 가치의 문제를 학생들에게 일임해 버려서도 안 된다.
③ 학교교육과 관련하여 가정, 지역사회 등에서의 지도와 밀접한 관련을 가지고 있어야 한다.

제2절 가치탐구 학습의 실제

사회적 가치는 바람직한 가치와 합리적인 가치로 구분하고 있다. 전자는 공공선에 부합되는 가치 또는 특정 국가나 사회의 여건에서 용인되는 가치로 정의되며 학생들이 수용하여 유지하기를 바라는 것이고, 후자는 합리적인 가치 판단 기준에 의하여 결정되는 것이기 때문에 학생들 나름대로의 개인적 목적(자아실현)에 잘 부합되는 가치로 정의되고 있으며 가치 탐구과정을 거쳐서 판단하고 내면화하는 '가치 명료화 과정'에 중점을 둔다(인천광역시사회과교육연구회, 2007: 353-358).

1. 가치탐구 학습 : 가치 수용 학습

1) 가치 수용 학습의 의의와 성격

한 나라의 안전과 유지, 그리고 발전을 위해서는 사회 성원에 의해 일련의 보편적 가치가 공유되어야만 한다는 점이고 또한 그 같은 합의 가능한 보편적 가치들이 확인되어야 하며 초등학교 학생들의 인지 발달상의 특성과 그들의 효과적인 사회 적응을 도모하기 위해서 핵심적인 가치에 대해서는 가치 수용과 내면화가 가치 탐구나 가치 명료화에 대해 선행될 필요가 있다는 인식이 가치 수용 학습의 근거가 된다.

가치 수용학습의 목적은 당위적 가치들에 관련된 문제가 있을 경우 학생들로 하여금 이들에 관해 충분히 이해하고, 받아들이며, 그들의 내면에서 지속적으로 유지하도록 한다.

2) 당위적 가치 영역

극기, 정직, 질서, 준법정신, 효도, 협동심, 자연보호정신, 애국심, 향토애, 신의, 민주적 절차의지 등과 관련된 것으로 주로 학습 방법은 교사에 의한 주입 또는 설득과정이 두드러질 수 있으며, 미리 예견된 방향에로의 반응에 대하여는 격려와 칭찬이 주어지고, 그와 상반되는 경우에는 새로운 환경이나 자극을 통해 수정을 요구하는 형태를 보이게 된다. 그러나 실제 상황에서는 개인의 욕구나 다양한 상황과 관련하여 여러 가지 혼란이나 갈등 상황을 극복하여야 하는 어려움이 따른다.

3) 가치 수용 학습의 교수·학습과정

단계			교수·학습 활동		유의점
문제 파악	문제 파악	문제파악	• 공통학습 및 과제 발견	− 동기유발, 학습문제 설정, 가치 갈등문제의 투입하여 관련 가치를 파악	• 사례자료, 뉴스, 사건 기사, 극화자료를 사용한다.
사태의 요인 규명	수 용	자기탐색	• 초점화	− 문제 해결 방법 구상 활용 자료의 결정	• 교사가 주입시키는 가치에 대해 수용한다. • 문답, 토의, 설명 등 다양한 방법을 활용한다.
			• 감수 반응	− 가치문제에 관심, 가치문제의 지적 배경 이해 '공공선' 가치를 이해함	
		자기 학습	• 평가	− 특정 가치에 대한 합리적 추구, 특정 가치를 수용하였을 경우 결과 예상 특정 가치 당위성 깨닫기	
선택 및 근거제시			• 조직화	− 기존 가치의 체계 속에 특정 가치를 연관 지음	

단계			교수·학습 활동		유의점
신념의 제시 와 유지	유지	자기발전	• 존중 확인	-현존 가치나 수용된 가치를 계속 내면화하도록 강조, 실천 동기 강화	• 일상생활과 밀접한 관련을 지어 계속 실천할 수 있도록 분위기를 조성한다.
			• 적용	-선택한 가치를 여러 상황에서 적용하여 그 결과를 예측하기	
			• 실천	-행동으로 실천하기, 실천 동기 강화	
		확인 및 평가	• 형성평가	-학습 성취도 확인	

(1) 문제 파악

가치문제가 포함된 사례 자료, 뉴스 이야기 특종 사건, 극화된 자료 등의 문제 사태가 제시된다. 학생들은 문제사태에 관심을 가지고, 문제되고 있는 가치나 규범이 무엇인가를 파악한다. 이때 가치나 덕목의 의미를 말하게 하여 개념을 정의하기도 한다. 그러면서 그러한 가치나 규범의 어떤 측면이 문제되고 있는가를 분명히 한다.

【예】· 학교에 늦을 것 같아 교통신호를 무시하고 뛰어 건넜다.

· 저축할 돈으로 군것질을 하였다.

(2) 사태의 요인 규명

제시된 사태와 유사한 다른 사태를 찾아보거나 제시된 문제의 원인과 결과 등을 생각해 본다. 그리고 그 가치나 규범과 관련된 다른 가치나 규범과의 관계를 생각하며 문제의 의미나 심각성을 더 깊이 생각해 본다.

【예】· 왜 교통신호를 무시하고 뛰어 건넜을까?

· 건너가라는 다음 신호까지 기다렸다면 시간이 얼마나 더 걸렸을까?

· 보는 사람이 없다고 건넜다면 규칙 위반 이외에 또 어떤 잘못을 저지른 것인가?

· 그때 급하게 달려오는 차가 있었다면 어떻게 되었을까?

(3) 선택 및 근거 제시

문제 상황의 의미를 다시 한 번 생각해 보고 어떻게 행동하여야 할까에 대하여 생각해 본다. 그리고 자기가 결정한 행동방향에 대한 근거를 제시한다. 이때의 근거는 사실에 바탕을 둔 근거(귀납적 방법), 상위의 규범이나 가치 또는 다른 가치들과 관련시켜 생각해 본다(연역적 방법), 특히, 그러한 행동의 결과 어떤 일이 일어날까 등에 대하여 생각해 보게 한다. 여기서는 사람들이 옳다고 생각하거나 당연히 수행하여야 할 가치를 학생들이 충분히 이해하고 받아들이도록 하여야 한다. 문답, 토의, 설명 이외에 다양한 방법을 활용한다.

【예】 ·누구나 급하다고 신호를 무시하고 길을 건너면 어떻게 될까?(사실적 근거)
　　　·우리가 교통 규칙 이외의 여러 가지 법을 지키지 않으면 사회 질서는 어떻게 될까?(규범
　　　 의 당위성)

(4) 신념의 제시와 유지

이 단계에서는 자기가 행하기로 결정한 행동을 실천하기 위한 방법이나 마음가짐에 대하여 이야
기함으로써 그 행위에 따른 굳은 신념이나 태도를 갖게 한다.

학생들이 수용한 가치를 계속적으로 실천에 옮길 수 있도록 신념을 보이게 하는 것이다. 그러므
로 학생들이 몸에 익숙할 때까지, 즉 항상 의도하는 바대로 행동할 수 있도록 여러 가지 생활 조건
을 마련해 주거나 적절한 자극을 주어야 한다. 평상시에도 절약하고 저축하는 습관을 장려하거나 행
사 때마다 국민의례를 지키게 함으로써 국가와 민족에 대한 공동체 의식을 고취시키는 것은 그 좋
은 예라고 할 수 있다.

4) 단계별 적용 사례

단계	단계별 적용		
	사례1	사례2	사례3
	6학년 (3) 국민의 군리와 의무 ① 지켜야 할 권리와 의무	**4학년** (1) 옛 도읍지와 문화재 ② 박물관과 문화재	**4학년** (2) 알뜰한 살림살이 ② 우리 집 저금통장
문제파악	·민주 시민으로서의 책임과 의무 수행의 필요성에 대한 문제의식	·문화재 보호에 대한 문제의식	·소비 생활에 관한 문제의식
수용	·민주 시민으로서의 책임과 의무를 수행해야 하는 까닭의 인식	·문화재 보호와 필요성 인식	·소비를 줄이고 저축을 해야 하는 까닭
유지	·시민으로서 선거에 참여한다.	·시민으로서 선거에 참여한다.	·고장의 유적지를 깨끗하게 한다.

제3절 가치탐구학습의 실제

1. 교수·학습과정안(예시 1)

1) 단원: 1. 우리나라의 민주 정치(6-1)

2) 단원의 개관

이 단원은 우리나라 민주 정치의 기본 원리를 이해시키기 위해 일상생활과 정치의 관계, 입법·사법·행정부의 기본 개념, 국민의 기본권 등을 다루는 내용으로 구성되어 있다.

일상생활 가운데 민주 정치가 실현되는 과정을 발견하도록 하고, 나아가 민주 국가의 주인으로서 정치 참여의 중요성을 과거 정치 참여 과정을 통해서 발견하여 참여 의식을 고취시키도록 한다. 또한 입법·사법·행정부의 기능을 국민과의 관계 속에서 알도록 하여 국민이 누려야 할 권리와 지녀야 할 의무를 알게 한다.

첫째 주제인 '(1) 우리의 생활과 정치'에서는 생활 속에서 문제를 해결하는 과정을 통해 정치 참여의 중요성과 방법을 조사하게 한다.

둘째 주제인 '(2) 나랏일을 맡아 하는 기관들'에서는 국회에서 하는 일, 행정부가 하는 일, 법원의 필요성 등을 알고, 이들 기관들이 국민을 위해서 존재한다는 사실을 알게 한다.

셋째 주제인 '(3) 국민의 권리와 의무'에서는 국민의 권리와 의무에는 어떤 것들이, 왜 있는지 알아보고 인권을 지켜야 하는 까닭과 인권을 지키기 위한 노력들을 살펴봄으로써 인권을 소중히 하는 태도를 가지게 한다.

3) 단원의 목표

(1) 지식·이해

· 민주 정치는 국민의 적극적인 참여를 통해서 이루어진다는 것을 알 수 있다.

· 국회가 어떤 기관이며 무슨 일을 하는지 말할 수 있다.

· 행정부의 구성과 하는 일을 말할 수 있다.

· 법원의 필요성과 조직 및 하는 일을 말할 수 있다.

· 국민의 기본권과 의무의 종류와 필요성을 설명할 수 있다.

· 생활 속에서 직면하는 문제를 국민의 권리와 의무와 관련지어 이해할 수 있다.

· 국민의 기본권 보장을 위한 국가의 노력을 사례를 들어 제시할 수 있다.

(2) 기능 · 능력

· 생활 속의 문제를 대화와 타협을 통해 해결할 수 있다.
· 오늘날의 정치 참여 방법을 과거와 비교하여 설명할 수 있다.
· 국회의원의 선출 과정과 의원들이 하는 일을 조사하여 발표할 수 있다.
· 대통령, 국무총리, 각부 장관이 하는 일을 조사하여 발표할 수 있다.
· 사건의 성격에 맞게 민사 재판과 형사 재판으로 나눌 수 있다.
· 인권을 지키기 위한 노력에 관한 조사 보고서를 만들 수 있다.
· 신문 등의 자료에서 국민의 기본권에 대한 자료를 찾을 수 있다.

(3) 가치 · 태도

· 대화와 타협을 통해 문제를 해결하려는 태도를 가진다.
· 대표 선출의 중요성을 알고, 올바른 기준에 의해 대표를 뽑으려는 자세를 가진다.
· 민주 사회의 구성원으로서 의무를 다하려는 태도를 가진다.
· 인권의 소중함을 깨닫고 인권을 지키기 위해 노력하는 태도를 가진다.

4) 단원의 지도 계획

단원	주제	제재		제재별 주요 내용 요소	쪽수	차시
1. 우리 나라의 민주 정치		단원 도입 및 계획		· 단원의 학습내용을 알아보기	사: 2~3 탐: 2~3	1 1/19
	1) 우리의 생활과 정치	① 민주 정치와 생활		· 정치의 의미와 민주 정치의 과정 · 대화와 타협을 통한 지역 간의 문제 해결	사: 4~12 탐: 4~11	2 2~3/19
		② 국민의 참여		· 정치 참여의 중요성과 방법 · 시민 단체의 종류와 활동	사: 13~20 탐: 12~21	2 4~5/19
		선택 학습		· 생활 속의 정치 활동 · 올바른 참여 태도 · 알맞은 정치 참여 문제의 민주적 해결	사: 21	1 6/19
	2) 나랏일을 맡아 하는 기관들	① 국민의 대표들이 모인 국회		· 국회의원 선출 방법 · 국회에서 하는 일	사: 22~28 탐: 22~32	2 7~8/19
		② 나라의 살림살이를 맡아 하는 행정부		· 대통령이 국민을 위해 하는 일 · 행정 각부의 조직 구성과 하는 일	사: 29~36 탐: 33~40	2 9~10/19
		③ 국민의 권리를 보호하는 법원		· 법원의 필요성 · 사건의 성격에 따른 재판의 종류	사: 37~44 탐: 41~48	2 11~12/19
		선택 학습		· 행정 각부의 이름과 하는 일 · 우리 시도의 법원의 위치 · 삼권 분립	사: 45	1 13/19

단원	주제	제재	제재별 주요 내용 요소	쪽수	차시
1. 우리 나라의 민주 정치	3) 국민의 권리와 의무	1 지켜야 할 권리와 의무	· 국민의 권리의 종류와 필요성 · 국민의 의무의 종류와 필요성	사: 46~54 탐: 49~59	2 14~15/19
		2 보호해야 할 인권	· 인권을 지키기 위해 도움을 필요로 하는 사람들 · 인권을 지키기 위한 노력	사: 55~62 탐: 60~67	2 16~17/19
		선택학습	· 의무를 잘 지켜야 하는 까닭 · 기본권 간의 갈등 문제 해결하기 · 인권이 보호되어야 하는 사례	사: 63	1 18/19
	단원 정리 학습	· 국민의 대표와 하는 일 · 나랏일을 맡아 하는 기관 · 행정부 각부에서 하는 일 · 옛날이야기에 나타난 인권침해 · 개인의 권리 · 인권 보호		사: 64~65	1 19/19

◆ 재구성 지도 계획

단원	주제	제재	제재별 선택 학습의 내용 및 재구성 내용		수업 방법	쪽수	차시
1. 우리 나라의 민주 정치		단원 도입 및 계획	· 장기 과제 제시 · 단원의 학습 내용 파악하기(마인드 맵) · 능력과 흥미에 따른 과제 정하기		전체 학습 개별학습 모둠학습	사: 2~3 탐: 2~3	1 - 2 /21
	1) 우리의 생활과 정치	1 민주 정치와 생활	■ 지역의 문제점 - 각 구별로 문제점 조사 해결 방안 찾기		토의 학습 문제 해결 지역화	4~12 4~11	3 - 4/21
		2 국민의 참여	★ ■ 미래에 내가 선택할 시민 단체의 종류와 선택의 이유		조사사례 지역화	13~20 12~21	5 - 6/21
		선택 학습	♠정치 활동에 관한 자료 수집과 진행 과정 ★생활 속의 문제를 민주적으로 해결하기	과제 해결을 위한 자료를 기본 학습 활동 중에 미리 자연스럽게 준비	지역화 개별학습	사: 21	7/21
	2) 나라 일을 맡아 하는 기관들	1 국민의 대표들이 모인 국회	◆ · 조사 발표 · 국회. 행정부, 법원 자랑하기	♠정치가가 된다면 되고 싶은 사람 조사 및 통계표 작성하여 분석하기 ★분석에 따른 앞으로의 경향 알아보기	모의놀이 소집단 협력학습	22~28 22~32	8 - 9/21
		2 나라의 살림 살이를 맡아			모의놀이 소집단 협력학습	29~36 33~40	10 - 11/21
		3 국민의 권리를 보호하는 법원	♠옛날과 오늘날 법의 다른 점 ★미래의 법		모의역할,조사 소집단 협력학습	37~44 41~48	12 - 13/21
		선택 학습	♠ 행정 각부의 이름과 하는 일: 퀴즈열전 · 우리 시도의 법원의 위치: 빙고 ★ 삼권 분립: 옛날의 왕, 오늘날의 왕, 대통령 다른 점과 같은 점,		개별학습 모둠학습	사: 45	14/21

단원	주제	제재	제재별 선택 학습의 내용 및 재구성 내용	수업 방법	쪽수	차시
1. 우리 나라 의 민 주 정 치	3) 국민 의 권리 와 의무	① 지켜야 할 권리와 의무	·국민의 권리의 종류와 필요성 ·국민의 의무의 종류와 필요성 ★ 옛날과 오늘날의 의무의 변화 ★ 미래에는 권리와 의무가 어떤 모습으로	모의놀이 조사토의 사례학습	46~54 49~59	15 – 16/21
		② 보호해야 할 인권	·인권을 지키기 위해 도움을 필요로 하다 ·인권을 지키기 위한 노력 ★ 다른 나라의 사례 조사 발표 ★ 다른 나라와 우리나라의 비교 발표 ★ 선진국과 후진국의 차이점	시청각학습 소집단 토의학습 모의놀이학습	55~62 60~67	17 – 18/21
		선택학습	♠ 의무를 잘 지켜야 하는 까닭 ·기본권 간의 갈등 문제 해결 ★ 인권이 보호되어야 하는 사례	◉학습활동 재구성	개별학습 사례학습	사: 63	19/21
	단원 정리 학습	무엇을 배웠나요?	·국민의 대표와 하는 일 ·나랏일을 맡아 하는 기관 ·행정부 각부에서 하는 일 ·개인의 권리	◉수행평가를 중심으로 하며 20/21차시는 확인 21/21차시는 심화·보충학습으로 21~21/21은 연 차시 운영함.	개별학습 사례학습	사: 64~65	20 – 21/21
		재미있어요 우리 힘으로 해결해요	♠옛날이야기에 나타난 인권침해 ★인권 보호사례 발표 및 홍보하기			

※보기 ♠ 보충학습　★ 심화학습　◆ 차시통합　■ 지역화　◉ 학습활동의 재구성

5) 단원의 평가 계획

(1) 평가의 방향

민주 정치의 기본 원리를 실생활과 연관 지어서 파악하도록 하고, 민주적 의사 결정 과정을 통해서 문제를 해결하는 사례를 찾도록 한다. 국회, 행정부, 법원의 기능에 대한 지식을 바탕으로 모의 국무회의, 모의재판 활동에서 주어진 역할에 참여하는 정도를 평가한다. 인권의 소중함을 알고, 일상 생활과 연관 지어 국민의 권리와 의무를 설명하는 데 중점을 두어 평가한다.

(2) 평가 방법

(가) 우리의 생활과 정치
·생활 속의 문제를 대화와 타협을 통해 해결할 수 있는가?

· 시민의 정치 참여의 중요성을 알고 있는가?

(나) 나랏일을 맡아 하는 기관들
· 국회, 행정부, 법원에서 하는 일을 알고 있는가?
· 모의 국무 회의와 모의재판에 적극적으로 참여하는가?

(다) 국민의 권리와 의무
· 인권을 지키기 위한 노력을 조사하여 보고서로 나타낼 수 있는가?
· 국민의 기본권과 의무의 종류와 필요성을 설명할 수 있는가?

사회과에서는 제재별 기본 학습 활동 중 수행평가를 통해서 기능, 이해영역을 평가한다. 단원 정리 학습의 '무엇을 배웠나요?'에 제시된 활동은 1차시를 확보하여 자료의 수집, 정리, 분석과정과 결과물로 학습의 성취 정도를 알아본다. 본시에서는 지식 평가를 중심으로 단원 평가를 보충하고 학습 활동 과정의 관찰 평가와 포트폴리오(portfolio) 및 토의 활동 참여 태도 평가를 중심으로 교사의 관심 있는 지도와 아울러 학생 스스로 자신의 흥미, 능력에 따른 선택학습이 자연스럽게 이루어지도록 한다.

6) 본시의 전개

학년 학기	6학년 2학기	단원 (주제)	1. 우리나라의 민주 정치	차시	16/21
학습 주제	① 지켜야 할 권리와 의무		교과서		52~53쪽
			사회과 탐구		54~59쪽
학습 목표	• 민주 사회의 구성원으로서 의무를 다하려는 태도를 갖는다.				
예습 과제	• 국민의 의무 조사 • 세금이 쓰이는 곳 조사 • 국가가 국민을 위해 하는 일 조사 • 사진 및 신문 스크랩				
수업 유형	가치 수용학습			학습조직형태	모둠학습

단계	학습내용	교수·학습 활동		시간 (분)	자료 및 유의점
		교사	학생		
문제 파악	문제 상황 제시	• 도로를 건설하고, 학교를 짓는 모습, 군인들이 훈련을 하는 모습 등을 제시한다. • 어떤 내용이었습니까?	▫ 자료를 본다	7'	▫ 세금이 쓰이는 곳 제시
		−군인 아저씨들이 경비를 서고 있는 모습 −도로가 건설되고 있는 모습 −학교 선생님의 인터뷰 내용 −양로원, 고아원의 모습 −부서진 도로 등의 모습 −열심히 일하는 모습			
		• 어떤 생각이 듭니까?	▫ 힘이 들어 보입니다. ▫ 돈이 많이 들 것 같았습니다. ▫ 남을 도와주는 사람들이 고마웠습니다. ▫ 새로 고쳐야 할 것이 많다고 생각되었습니다.		▫ 자유롭게 발표한다.
	학습문제 제시	국민의 의무를 다할 때의 좋은 점과 실천해야 할 일을 알아봅시다.			
수용	수용 가치 확인	• 학습 문제를 해결하기 위해서 알아보아야 할 것은 무엇입니까?	▫ 국민의 의무 종류를 알아보아야 합니다. ▫ 의무가 필요한 이유를 알아야 합니다. ▫ 국민의 의무를 지켰을 때 좋은 점을 알아보아야 합니다. ▫ 국민의 의무를 다하지 않았을 때의 결과를 알아보아야 합니다.	24'	
		• 국민의 의무가 필요한 이유를 발표해 봅시다.	▫ 국민의 의무가 국민의 안전을 위해서 꼭 필요합니다.		
		• 의무의 종류에 대하여 발표해 봅시다.	▫ 국방의 의무 ▫ 납세의 의무		▫ 의무의 종류를 나열하는 식으로는 하지 않는다.
	수용가치를 이해하기	• 의무를 다하지 않았을 때 생기는 일에 대하여 발표해 봅시다.	▫ 학교가 부족하여 학생들이 공부하기가 힘들 것입니다. ▫ 병원이 부족하여 생활이 어려운 사람들이 치료받기가 힘들 것입니다.		▫ 자신의 경험과 사실을 바탕으로 발표한다.
	의무를 다했을 경우의 좋은 점 토의하기	• 의무를 다했을 때 좋은 점을 토의해 봅시다.	▫ 모둠 토의를 한 후 발표해 봅시다.		▫ 수용 가치로 받아들여야 할 이유를 발표하게 한다.

단계	학습내용	교수·학습 활동		시간 (분)	자료 및 유의점
		교사	학생		
수용	수용 가치 확인	• 국민의 의무를 다하기 위해서 할 일을 구체적으로 토의해 봅시다. • 발표해 봅시다. • 발표한 것을 잘 생각하여 국민의 의무에 대한 자신의 생각을 발표해 봅시다.	▫ 국민의 의무 지키기 위한 구체적 방법 토의하기 ▫ 나이가 되면 국방의 의무를 다하도록 해야 합니다. ▫ 세금을 빠지지 않고 내어야 합니다. ▫ 도로법을 잘 지켜서 도로가 훼손되지 않도록 애써야 합니다. ▫ 직장을 가지고 열심히 일해야 합니다. ▫ 환경 보호를 위해 힘써야 합니다. ▫ 국방의 의무를 잘 지켜야 나라가 안전해져서 우리가 편안하게 생활할 수 있습니다. ▫ 세금을 꼭 내어서 학교나 병원을 많이 건설할 수 있도록 해야 한다고 생각합니다.		▫ 발표한 내용을 생각하며 결론을 짓는다. ▫ 학습지
유지	나의 다짐 발표하기	• 의무에 대한 나의 다짐을 글과 그림으로 나타내어 봅시다. • 의무에 대한 나의 다짐을 발표해 봅시다.	▫ 각자 자신의 다짐을 생각하며 글이나 그림으로 표현해 봅시다. ▫ 어른이 되면 꼭 군인이 되겠습니다. ▫ 부모님께 말씀드려 세금을 잊지 않고 내겠습니다. ▫ 종이를 버리지 않겠습니다.	6'	▫ 색연필 연습장 원고지
정리	학습내용 정리하기	• 의무를 다해야 하는 이유를 우리 생활과 관련지어 발표해 봅시다. • 작품은 복도나 교실에 전시를 하겠습니다.	▫ 국민 모두의 생활을 향상시키기 위해서입니다. ▫ 일정한 곳에 자신의 작품을 게시한다.	3'	▫ 학습내용을 정리를 명확히 한다. ▫ 수행평가

7) 단계별 지도 중점

단계	지도 중점
문제 파악	1. 학습 문제를 파악하고 이를 해결하기 위한 내용을 인지하게 하는 단계이다. 2. 국민의 의무를 다하는 모습과 다하지 못하는 모습을 통해 학습문제를 파악한다. 3. 어린이 생활 주변에서 발생하는 문제점을 직접 촬영하여 사용하면 효과적일 것이다.
수용	1. 자신이 알고 있는 의무를 구체적인 사례를 제시하여 실천 방법을 수용하는 단계이다. 2. 발표한 내용을 요약하여 결론을 제시하는 단계이다.
유지	1. 다양한 방법으로 자신에게 수용된 가치를 내면화하는 단계이다. 2. 학생들의 가치 수용에 대하여 칭찬하며 실천 의지를 갖도록 한다.
정리	1. 작품을 게시하므로 자신의 각오와 다짐을 유지하도록 하게 한다

(학습지)

과목	단원	쪽수		학교	학반	이름	확인
사회	1. 우리나라 민주정치	교과서	52~53쪽		6학년 반 번		
		사·탐	54~59쪽				

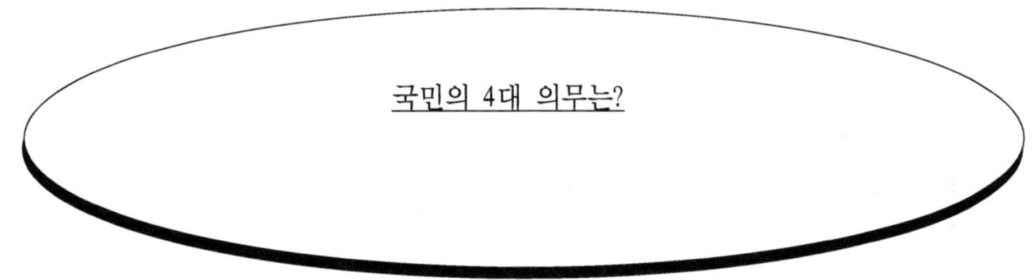

◗ 우리 가족은 어떤 국민의 의무를 다하고 있는지 알아볼까요?

아버지	
어머니	
언니	
나	
동생	

◑ 아버지께서 어렸을 때부터 지금까지 했던 의무를 나이순으로 조사해서 연표로 만들어 봅시다.

나이					
의무					

(학습지)

교과	단원	쪽수		학교	학반	이름	확인
사회	1. 우리나라 민주정치	교과서	52~53쪽		6학년 반 번		
		사·탐	54~59쪽				

♠ 의무를 지키지 못할 때 나라에 어떤 일이 생길까요?

♠ 의무를 다할 때 나와 국가에 어떤 좋은 일이 있을까요?

2. 교수·학습과정안(예시 2)

1) 단원: 1. 우리나라의 경제 성장(5-2)

2) 단원의 개관

이 단원에서는 여러 가지 사례를 통해 우리나라 경제 제도의 특징과 우리 경제가 성장해 온 모습, 최근에 경험했던 경제 위기를 개략적으로 살펴봄으로써 경제 성장의 의미, 경제 성장을 위한 각 경제 주체들의 노력 및 앞으로 우리 경제의 과제를 학습하도록 한다.

첫째 주제인 '우리나라 경제생활의 특징'에서는 자유 시장 경제 제도의 특징과 경제 성장의 의미에 대해 알아본다. 첫 제재에서는 우리 경제 제도의 주요 특징인 자유와 경쟁을 살펴보고, 우리 경제 제도의 이점에 대해 알아본다.

둘째 주제인 '세계로 뻗어 가는 우리 경제'에서는 우리 경제 제도와 또 다른 특징인 개방 경제와 치열한 국제 경쟁 속에서 우리 경제가 발전하기 위해 노력해야 할 과제에 대하여 알아본다. 첫째 제재에서는 우리 경제가 개방형 구조를 취하고 있음과 아울러, 수출 주도형 경제 정책의 필요성, 시대별 수출 구조의 변화에 대하여 학습하고, 둘째 제재에서는 해외에서 활동하고 있는 우리 기업의 사례와 앞으로 우리 경제를 발전시키기 위해 노력해야 할 과제를 탐구하도록 한다.

3) 단원의 목표

(1) 지식·이해

· 우리 경제생활의 주요 특징인 자유와 경쟁의 의미와 이점을 이해한다.
· 경제 성장의 의미를 알고, 경제 성장이 생활에 미치는 영향을 파악한다.
· 여러 가지 산업의 종류를 알고, 경제 성장에 따른 산업의 발달 모습을 파악한다.
· 무역의 이점을 알고, 우리나라가 세계 여러 나라와 무역을 하고 있음을 이해한다.
· 우리나라 무역의 변화 모습을 파악하고, 앞으로의 경제 발전을 위해 어떤 노력을 기울여야 할지를 이해한다.

(2) 기능·능력

· 경쟁과 자유의 여러 가지 사례를 모으고, 이를 분류하여 정리할 수 있다.
· 우리 경제 성장의 모습과 관련된 여러 가지 사례를 다양한 방법으로 찾고, 정리하여 나타낼 수 있다.
· 경제 성장에 관련된 통계 자료를 찾아 분석하고, 그 특징을 파악할 수 있다.
· 산업의 유형에 따라 여러 가지 경제 활동을 분류할 수 있다.

·우리나라의 해외무역과 관련된 통계 자료를 찾아 분석하고, 그 특징을 파악할 수 있다.

·해외에서 활동하고 있는 우리 기업의 사례를 찾을 수 있다.

·우리 무역의 통계 자료를 찾아 분석하고, 그 특징을 파악할 수 있다.

(3) 가치 · 태도

·우리의 경제 질서를 존중하려는 자세를 기른다.

·우리 경제 발전을 위해 할 수 있는 일들을 알고, 실천하려는 자세를 가진다.

·공동의 학습 과제 해결을 통해 다른 사람들과 협력하는 태도를 기른다.

4) 단원의 지도 계획

단원	주제	제재	제재별 주요 내용 요소	교과서 쪽수	차시
		단원도입 및 계획	·단원학습 내용의 객관적 파악 ·장기 학습 과제 선정 및 학습 방법, 자료소개	사: 2~3 탐2~3	1/164
	1. 우리 나라 경제 생활 의 특징	① 자유와 경쟁	·자유과 경쟁의 사례 찾아보기 ·자유와 경쟁의 이점 알아보기	사: 4~11 탐: 4~12	2~3/14
		② 우리 경제의 발자취	·과거와 현재 생활 모습의 비교를 통해 경제 성장의 의미 알아보기 ·여러 가지 산업의 종류 알아보기 ·우리 경제의 변화모습과 경제 주제들이 노력했던 점 알아보기 ·최근 우리 경제의 시련과 극복에 대해 알아보기	사: 12~24 탐: 13~23	4~6/14
1. 우리 나라 의 경제 성장		선택 학습	·경쟁의 이점과 경쟁에서 이기기 위한 기업의 노력 ·경제활동을 산업별로 분류하기 ·경제 성장에 따랄 달라진 생활모습	사: 25	7/14
	2. 첨단 기술 과 산업 의 발달	① 세계를 향한 우리 경제	·경제 환경에 따른 우리 경제 정책 파악하기 ·무역의 이점과 우리나라의 무역 활동 조사해 보기 ·수출 증대를 위해 우리가 해야 할 일 생각해 보기	사: 26~35 탐: 24~33	8~9/14
		② 세계 속의 우리 기업	·해외에서 활동하고 있는 우리 기업의 활동 알아보기 ·우리 경제를 발전시키기 위한 새로운 산업 알아보기 ·경제 발전을 위해 우리가 해야 할 일 생각해 보기	사: 35~43 탐: 34~41	10~12/14
		선택 학습	·국제 무역의 사례 조사하기 ·우리 기술의 우수성 홍보하기 ·기업이 해외에서 활동하는 이유와 그 장점 알아보기	사: 44	13/14
		단원 정리 학습	·자유와 경쟁의 사례 찾아보기 ·시대별 우리 무역의 특징 조사해 보기 ·무역이 필요한 이유와 국제 무역의 사례 조사하기 ·수출 주도형 정책을 쓰는 이유 알아보기 ·상품을 소비하기까지 관련된 산업 조사해 보기 ·통계 자료를 통해 경제의 발전 모습 알아보기 ·경제 시련의 원인과 시련 극복을 위한 국민의 노력 조사하기	사: 45~47	14/14

5) 평가계획

주제	영역	평가 관점	평가 방법
1. 우리 나라 경제 생활 의 특징	지식 이해	·우리 경제생활의 특징인 자유와 경쟁의 예를 찾을 수 있는가? ·우리 경제생활의 특징인 자유와 경쟁의 이점을 말할 수 있는가? ·경제 성장의 의미를 생활상의 변화와 관련시켜 설명할 수 있는가? ·여러 가지 산업의 종류를 알고, 여러 재화와 서비스와 산업을 관련시킬 수 있는가? ·우리 경제의 성장 과정을 개략적으로 말할 수 있는가? ·경제성장을 위해 우리 경제 주체들이 노력했던 점에 대해 이야기할 수 있는가?	·구술 평가 ·지필 평가 ·관찰 평가 ·과제물 평가 ·분단활동 평가
	기능	·경제 성장과 관련된 통계, 신문, 기타 여러 가지 자료를 찾고, 분석할 수 있는가?	
	가치 태도	·경제 성장을 위해 개인이 할 일을 알고 실천하는가?	
2. 세계 로 뻗어 가는 우리 경제	지식 이해	·우리나라가 수출 주도형 경제 정책을 취하는 이유를 말할 수 있는가? ·무역의 이점을 말할 수 있는가? ·우리나라 무역활동의 변화 양상을 말할 수 있는가? ·해외에서 활동하고 있는 우리 기업의 활동 사례를 찾을 수 있는가?	·구술 평가 ·지필 평가 ·관찰 평가 ·과제물 평가 ·분단활동 평가
	기능	·국제 무역과 관련된 여러 가지 자료를 다양한 방법으로 찾고 분석할 수 있는가?	
	가치 태도	·경제 발전을 위해 각 경제 주체들이 노력해야 할 점에 대하여 말할 수 있는가?	

6) 본시의 전개

학년 학기	5학년 2학기	단원	1-(2)-② 세계로 뻗어 가는 우리 경제	차시	11/14
학습 주제	② 세계 속의 우리 기업		교과서		42~43쪽
			사회과 탐구		38~41쪽
학습 목표	·경제 발전을 위하여 개인이 해야 할 일을 알아보고, 실천하려는 태도를 가진다.				
예습 과제	·우리나라의 경제 발전 모습의 사진 스크랩 ·경제 발전을 위해 국가, 기업, 국민이 해야 할 일 조사				
수업 유형	가치 수용 학습			학습조직형태	모둠학습

단계	학습내용	교수·학습 활동		시간	자료 및 유의점
		교사	학생		
문제 파악	문제 상황 제시	• 수출 수입을 하는 모습의 비디 오를 보면서 나라의 경제 발전 에 대하여 생각해 본다. • 어떤 내용이었습니까?	▫ 자료를 본다.	7'	▫ 활발한 경제 활동 모습비 디오 보기
		- 컨테이너가 물건을 싣고 있는 모습 - 고속도로에서 많은 차들이 물건을 싣고 달리는 모습 - 아파트를 건축하는 모습 - 여가 생활을 즐기는 모습 - 열심히 일하는 사람들의 모습 - 노숙자들의 모습			
		• 보면서 어떤 생각을 하게 되었 습니까?	▫ 살아 있는 듯합니다. ▫ IMF가 생각납니다. ▫ 힘들게 일하시는 아버지가 생 각납니다. ▫ 우리나라가 잘살고 있다는 생 각이 듭니다.		▫ 자유롭게 발 표한다
	학습문제 제시	경제 발전을 위해 개인이 할 일을 알고 실천할 수 있다			
수용	수용 가치 확인	• 학습 문제를 해결하기 위해서 알아보아야 할 것은 무엇입니까?	▫ 국가의 경제가 어떻게 해야 발 전이 있는지 알아보아야 합니다. ▫ 경제 발전을 위해 국민 각자가 해야 할 일을 알아보아야 합니다.	24'	
		• 경제 발전을 위해 국민이 할 일에 대해 알아봅시다. • 국민이 해야 할 일에는 무엇이 있습니까?	▫ 모둠 토의를 통하여 국민 각자 가 해야 할 일을 알아본다. ▫ 저축을 해야 합니다. ▫ 적당한 소비도 해야 합니다. ▫ 무엇보다 물자를 아껴 써야 합 니다.		▫ 나열하는 식 으로는 말하 지 않는다.
	수용가치를 이해하기	• 개인이 나라 경제를 위해 저축과 절약을 하지 않았을 때 생기는 일에 대하여 발표해 봅시다.	▫ 외환낭비로 인해 자금의 해외 신용도가 떨어집니다. ▫ 경제 발전이 느려지기 때문에 어 려운 사람이 생길 수 있습니다.		▫ 자신의 경험 과 사실을 바 탕으로 발표 한다.
	저축과 절약을 다 했을 경우의 좋은 점 토의하기	• 저축과 절약을 했을 경우 개인 과 국가에 좋은 점을 토의해 봅시다.	▫ 모둠 토의를 한 후 발표해 봅 시다.		▫ 수용 가치로 받아들여야 할 이유를 발 표하게 한다.

단계	학습내용	교수 · 학습 활동		시간	자료 및 유의점
		교사	학생		
수용		• 절약과 저축을 할 수 있는 구체적인 방법을 토의해 봅시다. • 토의 내용을 발표해 봅시다. • 발표한 것을 잘 생각하여 국가 경제의 발전을 위한 자신의 생각을 발표해 봅시다.	▫ 절약과 저축의 방법에 대하여 구체적 방법 토의하기 ▫ 돈을 쓰기 전에 저축부터 합니다. ▫ 소비가 미덕이라는 말이 있듯이 합리적인 소비생활을 해야 합니다. ▫ '14살에 부자가 된 키라'라는 경제 동화 같은 것을 많이 읽어 경제에 대해 평소에 관심을 가져야 한다고 생각하였습니다.		▫ 발표한 내용을 생각하며 결론을 짓는다. ▫ 학습지
유지	나의 다짐 발표하기	• 저축, 절약에 대한 나의 다짐을 마인드 맵 또는 만화로 나타내어 봅시다. • 의무에 대한 나의 다짐을 발표해 봅시다.	▫ 각자 자신의 다짐을 생각하며 만화나 마인드맵으로 표현한다. ▫ 내일부터 경제 동화를 많이 읽겠습니다. ▫ 절약을 생활화하기 위해 용돈 기입장을 꼭 쓰겠습니다.	6'	▫ 색연필 연습장
정리	학습내용 정리하기	• 절약을 해야 하는 이유를 우리 생활과 관련지어 발표해 봅시다. • 작품은 복도나 교실에 전시를 하겠습니다.	▫ 국민 모두의 생활을 향상시키기 위해서입니다. ▫ (일정한 곳에 자신의 작품을 게시한다).	3'	▫ 학습내용의 정리를 명확히 한다. ▫ 수행평가

(학습지)

교과	단원	쪽수		학교	학반	이름	확인
사회	1. 우리나라 경제 성장	교과서	42~43쪽		5학년 반 번		
		사 · 탐	38~41쪽				

♠생각나는 것 적기

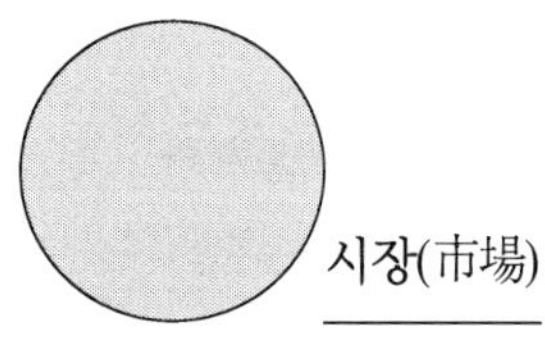

◑ 우리 집의 저축 통장은 몇 개?	
아버지	
어머니	
나	
내가 이 다음에 갖고 싶은 통장	이유:

(학습지)

교과	단원	쪽수		학교	학반	이름	확인
사회	1. 우리나라 경제 성장	교과서	42~43쪽		5학년 반 번		
		사·탐	38~41쪽				

◑ 나의 잘못된 경제생활 태도

◑ 내가 앞으로 실천할 일

■제13장■ 가치명료화 학습

제1절 가치명료화 학습의 이해

1. 가치 명료화 학습의 의의와 성격

가치 수용 학습과 비교할 때 가치 명료화 학습은 학생이 모종의 가치를 획득했다는 결과 자체보다는 그 같은 가치를 획득하는 과정에 더 많은 비중을 두는 학습 지도 방법이다.

즉 미리 정해진 특정의 가치를 학생들에게 주입시키는 것이 아니라, 학습자 자신이 자기의 가치를 스스로 판단하고 내면화하는 방법과 기능을 발달시키는 데 중점을 두고 있는 접근 방법으로 사람들은 시간과 장소에 따라 살아갈 수 있는 조건이나 상황이 각기 다르기 때문에 어느 때, 어디서나 적용될 수 있는 유일한 가치를 찾아내기는 어렵다. 특히 변화가 빠른 현대 사회에서는 더욱 그러하다. 그러므로 일상생활 속에서 가치를 획득하는 데 필요한 사고과정을 중요시하여야 한다. 다양한 가치와 관련해 어떤 가치를 획득하는 데 요구되는 사고과정에 중점을 두어 제안되는 학습 지도 방법이 가치 명료화 학습이다.

합리적인 가치·태도는 주로 가치 갈등 문제를 제시하여 가치 간의 가치 명료화를 통하여 합리적인 가치 판단이나 선택을 할 수 있는 능력을 키워 주는 것이다. 가치를 명료화시키는 방법으로는 집단 토의에 방법을 둔 가치지(價値紙) 기입 방안과 가치 토의 방안이 있다.

가치 명료화 모형에서 '가치'의 속성은 개개인의 경험과 상대성을 바탕으로 보편성과 절대성을 부정하고 '구체적인 조건'이나 '구체적인 상황' 속에서의 가치만을 취급하여 '상황 의존적' 입장을 견지하고 있다. 또한 각자 스스로 좋아하는 가치가 무엇인지를 명료화해 가도록 돕는 방법으로 순수하게 개인적인 가치를 지도하는 데 적절한 방법이다.

일반적으로 가치 교육은 특정한 사회 규범이나 기준에 따라 학생들이 구체적인 가치 목표를 획득, 유지, 발전시킬 수 있도록 돕는 데 그 목적이 있다.

가치 명료화는 자신의 가치를 정립하지 못하거나 가치가 불분명한 사람들에게 사회적 갈등 상황에 대한 자신의 가치를 분명하게 드러내는 것이다. 따라서 가치 명료화 이론은 어떤 개인이 자신이 원하는 가치를 드러내고, 그 가치를 내면화함으로써 궁극적으로는 당해 가치를 일상생활 속에서 실천을 통해서 습관화하고, 나아가 생활화하는 것이다.

가치 명료화 이론은 1960년대, 미국의 라스(Raths) 등에 의해서 구안되었다. 당시 미국의 사회는 다방면에 걸친 변화와 발전으로 인하여 선택 상황은 매우 다양해졌지만, 반면 이것은 청소년들에게 가치 혼동과 혼란을 야기했다. 다양한 사회변화로 인하여 청소년들이 가치 고민과 선택의 기로에 직면하게 되었다. 이럴 때마다 스스로의 의지로 선택을 하고 자신의 가치관을 정립하는 것이 어렵기는 하지만, 가치관 정립을 위한 꾸준한 연습과 훈련이 필요하게 되었다. 가치 명료화 이론은 이와 같이 다양한 가치 갈등을 겪는 상태에서 청소년들이 불분명한 가치를 스스로 명료화하고, 그에 따라 현명한 선택을 하도록 돕는 데 초점을 맞추고 있다.

　가치 교육을 할 때, 사회과 교사는 학생들에게 생활 속에서 진정한 가치에 대해서 생각해 보도록 하기 위해서 가치문제를 제기하는 과제를 부과할 수 있다. 또한 교사는 개방적인 마음 자세를 갖고, 학생들의 다양한 인식과 관점을 수용하여야 한다. 특히, 교사는 개인적 가치를 갖고 있다 하더라도, 학생들이 교사의 가치에 영향을 받지 않고 다양한 가치를 탐색해 볼 수 있는 기회를 가질 때까지 교사 자신의 가치를 노골적으로 노출시킬 필요는 없다.

2. 가치 명료화 학습의 특징

　가치 명료화는 개인이 가치가 있는 것에 대하여 알게 되어 가치의 함축적 의미를 검토하고 선택된 가치를 중요한 위계질서 내에 위치를 정하도록 하여 자신의 미래 선택이 좀 더 합리적이며 인간적이고 긍정적일 수 있게 하는 일련의 가치를 선택하고 긍정적으로 임하도록 하는 수업과정이다.

　가치 명료화 학습은 학생들이 자신이 주장하는 것과 자신들이 실제로 행위하는 것들 간에 존재하는 차이에 대하여 지각하고 그것에 직면하도록 도와주는 데에 있다. 일단 이러한 지각이 이루어지면 학생들은 자연적으로 그 차이를 줄여 보고자 열망하게 되고 그러한 열망은 이들에게 결론이나 선택에 이르는 사고과정을 추구하고 그 선택 이후의 상황에 적용해 보고자 하는 본질적 동기를 제공하게 될 것이다. 이러한 과정을 되풀이하게 될 때 이들은 보다 긍정적이고 목적적이며 일관성 있고 역동적인 활동을 하게 될 것이다. 가치 명료화 모형은 자신의 입장을 방어하거나 다른 사람의 입장을 공격할 필요를 느끼는 대결 상황을 만드는 것이 아니라 개인적인 문제에 대하여 자기의 판단에 따른 입장을 선택하고 대안을 검토하여 선택하는 과정이다. 그러므로 학생들이 다양한 가치를 적극적으로 선택하여 복잡한 가치문제나 갈등을 해결할 수 있는 통합된 가치 체계를 가지도록 하는 것이 이 모형의 궁극적인 목적인 것이다.

　가치 명료화 이론은 가치문제 혹은 도덕·윤리를 다루는 교육 방법이다. 가치 분석 이론이 주로 사회적 가치문제에 관심을 두는 반면, 가치 명료화 이론은 주로 개인적인 가치문제에 관심을 갖고 있다.

　가치 명료화 이론을 창시한 라스(Raths) 등은 가치 강요를 하는 접근을 비윤리적, 비도덕적이라고 간주한다. 그들은 학생들이 자신들의 가치 체계를 스스로 창조할 수 있도록 허용하여야 한다고 강조한다. 가치 명료화 이론 추종자들은 이러한 맥락 속에서 가치를 개인적 경험의 산물로 보고 있다. 즉 가치는 옳고 그름의 문제가 아니라, 개개인의 경험과 상대성을 바탕으로 한다고 보고 있다. 그럼으로, 가치의 보편성과 절대성을 부정하고 있다. 가치의 '구체적인 조건'이나 '구체적인 상황' 속에서의 가치만을 취급하고 있으며, 추상적인 가치는 논의 대상에서 제외하고 있다.

　가치 명료화 이론은 가치 분석 이론처럼, 논리적 틀이나 안목을 기르기보다는 개별적인 가치를 학습자들이 직접 선택하고 평가해서 내재화시키는 데 주안점을 두고 있다. 이와 같은 가치 명료화 학습의 특징은 다음과 같이 종합 정리할 수 있다.

첫째, 현대 다원주의 사회를 살아가는 학생들에게 자신의 정체성과 가치관을 스스로 확립하게 도와준다.

둘째, 여타의 가치 교육 접근이 도덕적인 측면을 중점으로 두고 있는 데 비하여, 탈도덕적인 문제까지도 포괄적으로 다룬다.

셋째, 가치의 문제를 학생들 개인의 문제로 바라봄으로써 자신의 선택이나 행동에 대한 책무성을 강화할 수 있다.

넷째, 행동적·정의적 측면의 통합과 발달을 통해서 조화로운 인간 형성을 도모할 수 있다.

한편, 이와 같은 가치 명료화 학습의 교수 원리를 모색해 보면, 우선 가치 명료화 학습 모형은 가치의 내용보다는 과정, 절차를 강조하는 학습 모형이다. 즉 하나의 도덕적 원리, 덕목보다는 가치화의 과정을 중시하며, 수업과정에서도 내용적 측면보다는 과정적 측면을 중시하고 있다.

가치 명료화 학습 모형 옹호론자들은 가치를 유동적인 것으로 보고 있으며, 가치 명료화를 통하여, 학생들에게 더 지속적이고 기능적인 유산을 제공할 수 있다고 강조한다. 가치 명료화에서는 가치의 개발을 개인적이며, 일생의 과정으로 보고 있다. 이는 성인이 되었다고 완벽하게 완성되는 것이 아니다. 사회와 세상이 변함에 따라 사람의 가치도 변하며, 세상을 변하게 하는 방법과 평가를 탐구해야 한다는 입장이다. 사회과 교수·학습에서 강조해야 할 것은 바로 이러한 가치화의 과정인 것이다.

가치 명료화 학습에서는 객관적인 도덕적 원리, 가치 등 그 자체를 중시하지는 않는다. 오히려, 그런 원리와 가치들을 심사숙고하여 선택하는 과정으로 관심을 돌리고 있다. 즉 원리보다는 가치를, 가치보다는 가치화를 더욱 강조하는 것이다.

3. 가치 명료화 학습의 가치 갈등 사례

- 선생님은 제자를 가장 사랑해야 하면서 엄격하게 대하여야 하는 경우(학교에서의 학생 체벌 문제)
- 국방의 의무를 수행해야 하는가? 부모님을 봉양해야 하는가?(독자의 국방·병역의 의무 문제)
- 전통적 생활 방식과 현대적 생활 방식과의 갈등
- 세계화 시대에 국제결혼을 통한 생활의 차 극복
- 유교 사회인 한국 사회에서의 간통죄 폐지 문제
- 국토의 개발과 자연과 생태 보호 문제 갈등(한국의 4대강 사업 정책)

4. 가치 명료화 학습과정

가치 명료화는 "내가 좋아하는 음악은 무엇인가?"와 같이 각자 스스로 좋아하는 가치가 무엇인지를 명료화하도록 돕는 것이다. 이것은 개인적인 가치를 지도하는 데 적절한 방법이지만, 사회적 가치를 주로 다루는 사회과에서는 바람직하지 않다. 가치 명료화는 여러 대안 중에서 각자 자유롭게 선택하고 그것을 여러 사람 앞에서 공언(公言)하며, 각자 선택한 가치를 존중하고, 그에 따라 행동하는 단계로 되어 있다.

가치명료화 모형은 어떤 가치를 주입하려고 하는 것이 아니라 학생들이 가지고 있는 가치가 무엇인지 명백하게 하여 자신이 선택한 가치를 소중히 여기며, 가치와 일관성을 가지고 행동하는 것을 중요시하는 가치 지도의 한 방법이다. 가치수업을 위한 최초의 체계적인 수업모형으로서 개인의 자유와 가치관을 존중하는 미국적 풍토에도 맞아 1970년대에는 미국의 일선에서 교사들의 관심을 가장 많이 모은 인기 있는 수업모형이었다. 그러나 1990년대에 오면서 개인의 자유를 너무 중시하고, 교사의 역할이 너무 소극적이라는 비판과 함께 다음에서 서술하는 가치분석에 요즈음에는 자리를 내주고 있는 실정이다.

가치 명료화 모형은 개인의 자유와 가치를 존중하면서도 가치관의 확립, 가치관과 행동의 일관성 등을 지도하는 장점을 가지고 있다. 그러나 개인의 자유를 너무 중시한 나머지 교사의 지도적인 역할이 너무 소극적이라는 비판을 받는다. 가치명료화모형에는 (1) 선택 ① 자유로운 상황, ② 다양한 대안, ③ 각 대안의 결과에 대한 충분한 검토, (2) 선택을 소중히 여김 ① 선택을 기쁘게 생각하고 소중히 여김, ② 선택을 타인에게 기꺼이 발표함, (3) 행동 ① 선택에 따라서 행동함, ② 삶의 한 유형이 되도록 계속 반복함 등의 7단계의 필수적인 과정이 있다.

<표 28> 가치 명료화 학습의 실제

순	학습과정	응답 명료화 활동
1	자유롭게 선택하기	-그 아이디어를 처음에 어디에서 얻게 되었는가? -이 방식으로 느끼는 사람이 여러분 친구 중에서 자신이 유일한 사람인가? -여러분 부모님은 어떻게 생각하는가? -여러분 선택에 반항심은 없는가?
2	대안으로부터 선택하기	-여러분이 이것을 선택하기 전에 고려했던 것은 무엇인가? -여러분이 결정하기 전에 얼마나, 오랫동안 숙고해 보았는가? -가능한 다른 대안을 모두 고려해 보았는가? -여러분 선택 이면에 어떤 이유가 있는가? -여러분이 거부한 선택에는 어떤 것들이 있는가?
3	사려 깊고 반성적으로 선택하기	-이용 가능한 각 대안의 결과는 무엇인가? -이것이 내가 당신에게 말한 것을 이해하고 있는가?(진술 해석) -여러분의 선택에 어떤 가정들이 관련되어 있는가, 검토해 보자. -만약 이것을 하게 된다면 어떤 일이 일어날 것인가? -이 선택이 가지는 이점은 무엇인가?
4	소중히 하고 기쁘게 여기기	-그 방법을 만족스럽다고 느끼는가? -왜 그것이 여러분에게 중요한가? -그것이 없다면, 삶이 어떤 방향으로 달라질 것인가?
5	주장하기	-여러분이 느끼는 방식을 때때로 학급에 이야기할 것인가? -그것을 주장하는 청원서에 여러분은 기꺼이 사인을 할 것인가? -여러분이 믿는 것을 말하고 있는가? -그것을 믿는 사람은 다른 사람에게 공표해야만 하는가? -여러분은 그것을 지속하고 중요하다고 여길 것인가?

순	학습과정	응답 명료화 활동
6	선택에 대한 행동 취하기	-여러분의 첫 번째 단계, 두 번째 단계는 무엇인가? -이 아이디어에 여러분의 돈을 어느 정도 기부할 것인가? -같은 목적을 위해 세워진 단체가 있는가? 여러분은 그 단체에 참여할 것인가? -여러분이 이미 한 것보다 더 많은 것을 하기 위해 계획을 세웠는가?
7	행동 반복하기	-여러분은 때때로 이런 방식을 느껴본 일이 있는가? -어떤 것을 이미 행하여 본 일이 있는가? 당신은 이것을 종종 행하는가? -이 외에도 당신이 할 수 있는 것에는 어떤 것들이 있는가? -당신은 그것을 다시 할 수 있는가?

출처: 전숙자, 사회과 교육의 새로운 이해, 2007: 405.

가치 명료화 학습의 시작은 일반적으로 서로 다른 가치가 공존하는 문제 상황에 직면하는 과정으로부터 시작된다. 서로 다른 가치가 갈등하는 상황이 설정되고 나면, 가치 명료화 학습은 크게 선택단계, 존중단계, 행위 단계를 거치며 전개된다.

1) 가치의 선택

(1) 자유로운 선택
(2) 다양한 대안 중에서의 선택
(3) 결과를 고려한 뒤의 선택

2) 선택한 가치 존중

(1) 선택한 가치의 존중
(2) 선택한 가치의 확언

3) 선택에 따른 행위

(1) 선택한 바를 행위로 나타냄
(2) 반복해서 행위를 함

가치 명료화 학습의 각 단계별로 세부 특징을 고찰하면 다음과 같다.

(1) 자유로운 선택

수업이 시작되는 이 단계에서는 개인이 특정한 가치 상황을 확인하고, 자기 스스로의 생각에 의하여 특정한 입장을 선택하게 된다. 부모, 친구, 교사, 그 밖의 권유자의 도움이 없이, 그리고 누가 보든 보지 않든 간에 자기 스스로 가치를 선택하도록 한다.

갈등 상황
어느 학생이 매우 어려움이 있음에도 불구하고 상급학교에 진학할 것인가? 아니면 직업을 선택할 것인가?

문답과 토의 진행

- 어떻게 생각합니까?
- 어디에서 그와 같은 생각을 할 수 있었습니까?
- 언제나 그렇게 생각해 왔습니까?
- 친구들 중에 그러한 생각을 한 사람은 당신 혼자뿐인가요?
- 부모나 형제들은 어떻게 생각합니까?
- 그렇게 생각할 경우 다른 사람들은 무엇이라고 할까요?
- 누구의 도움을 받고 있습니까? 내가 도와줄 일은 없을까요?

(2) 여러 대안 중에서의 선택

이 단계는 자기가 택할 수 있는 행동의 방향을 여러 가지 면에서 생각해 보고 그중에서 가장 적절한 방법을 택하게 된다. 즉 다양한 도덕적 대안들을 제시해 보고 그중에서 자유롭게 선택한다.

도덕적 대안 제시
1) 진학을 했을 경우 2) 일찍 직업을 가질 경우 3) 그 밖의 경우

문답과 토의 진행

- 그러한 생각
(예: ① 어떠한 일이 있어도 진학한다.
② 낮에는 직장에, 밤에는 야간학교에 나간다.
③ 가사를 돕는다 등)을 하기 전에는 어떠한 생각을 하였습니까?
- 그러한 결정을 내리기 전에 주위 사람들의 생각에 대해 얼마나 고려해 보았습니까?
- 매우 어려운 결정을 하였습니다. 어떻게 하여 그러한 결정에 이르게 되었습니까?
- 선택한 것 이외의 다른 방안에 대해서 생각해 보지 않았습니까?
- 그렇게 결정한 이유는 무엇입니까?
- 다른 방안에 대하여 그것이 특별히 좋은 이유는 무엇입니까?

(3) 결과를 고려한 후의 선택

이 단계에서는 자기가 어떤 가치를 택하고 그것을 행하였을 때, 자기에게는 물론 다른 사람들에

게는 어떤 일이 일어날 것인가를 충분히 생각해 본 후 선택한다.

자기가 특정한 가치관을 받아들인 뒤에 일어날 일들을 의식적으로 예측하기

문답과 토의 진행

• 선택한 방안의 결과는 무엇입니까?
• 말하는 것은 어떠한 의미와 같은 것입니까?
• 선택에는 어떠한 가정이 포함되어 있습니까? 그것을 검토해 봅시다.
• 이 선택을 하면 무엇이 좋아질 것이라고 생각합니까?
• 왜, 또 누구를 위하여 그 일을 하여야 한다고 생각합니까?
• 선택한 것을 중요한 순서대로 제시해 주십시오.

(4) 선택한 가치의 존중

이 단계에서는 학습자들이 여러 가지 중에 자기가 택한 것을 기쁘게 생각하고 그것이 행복하다거나 좋다고 생각하는 점을 찾아서 제시한다. 우리가 가지고 있는 가치관들을 존중해야 하며, 그것들을 우리 자신의 실존의 한 통합된 일부로 생각해야 한다.

선택한 것에 대한 만족과 그렇게 중요하게 생각하게 된 까닭에 대하여 답하기

문답과 토의 진행

• 택한 것(예: ① 어떠한 일이 있어도 진학한다.
　　　　　 ② 낮에는 직장에, 밤에는 야간학교에 나간다.
　　　　　 ③ 가사를 돕는다 등)에 대하여 얼마나 기뻐하고 만족해합니까?
• 그것이 중요한 까닭은 무엇입니까?
• 모든 사람이 그렇게 해야 한다고 생각합니까?
• 그것은 진정으로 가치 있다고 여기는 것입니까?
• 그렇게 하지 않으면 자신의 인생은 어떻게 달라질 것이라고 생각합니까?

(5) 선택한 가치의 확인

이 단계에서는 자기가 택한 가치에 대하여 다른 사람들에게 분명하고 자신 있게 표현한다. 이때에는 과거의 경험이나 현재의 여러 사실에 비추어 충분히 정당화하는 것이다. 여기에서 논리적인 정당화는 가치 탐구적인 태도의 근본이 된다. 학습자들의 가치 확언을 좀 더 활발하게 촉진시키기 위하여 자기가 옳다고 생각하는 점에 대한 근거나 믿음을 분명히 말하게 한다.

자기가 옳다고 생각하는 점에 대한 근거나 믿음을 분명히 말하기

문답과 토의 진행

• 느낀 바를 학급의 다른 사람들에게 말해 보시겠습니까?
• 옳다고 생각하는 점에 대한 보충 설명을 할 수 있습니까?
• ~을 확실히 믿고 있습니까?
• 그것을 믿고 있으며 또 그와 같은 일을 한다는 것을 다른 사람들의 알고 있습니까?
• 그것을 지지한다는 충분한 근거나 증거를 제시해 주십시오.
※보통 교실 수업에서는 이 단계에서 수업 중 토의가 매우 활발하게 이루어졌음을 칭찬하고, 수업을 종료할 수도 있다.

(6) 선택한 가치의 행위와 반복

이 단계에서는 자기가 택한 가치를 행동으로 옮기고 또 행위를 반복적으로 행함으로써 습관화, 태도화하는 과정이다. 우리가 지닌 가치관이 무엇인가는 우리 자신의 행동으로 나타나야 할 것이다. 그리고 그 행동은 일관성 있게 반복되는 형태로 나타날 때 일정한 태도가 형성된다.

학습 문제와 관련된 갈등상황 제시, 행위에 대한 신념을 계속 강화시키기

문답과 토의 진행

【예제 ①】
• 어느 학생이 우수한 성적으로 대학 입학시험에 합격하였으나 가정 형편이 어려워 진학을 할 수 없다는 신문 기사가 났다. 그러나 당신이 가지고 있는 돈은 당신의 학비를 겨우 낼 정도밖에 안 된다면 어떻게 하겠는가?
【예제 ②】
• 친구의 아버지는 당신의 친구에게 대학에 꼭 진학할 것을 바라고 있으나 친구는 집안의 형편을 고려하여 진학을 포기하고 가사를 돕겠다는 결정을 하려 한다. 이 경우에 친구나 그 아버지께 어떻게 하라고 하겠습니까?
• ~한 입장을 지지한다고 하였습니다. 그것을 위해 당신이 할 수 있는 일은 무엇입니까?
• 1단계로 해야 할 일은 무엇입니까? 2단계는? 3단계는?
• 당신의 그러한 행위의 결과를 생각하여 보셨습니까?

4) 가치 명료화 학습 모형

단계		주요 내용 및 활동	교수·학습 활동	자료 및 유의점
문제 파악	문제 찾기	• 가치갈등사태의 제시	− 예습적 과제의 검토 − 가치 갈등 자료 제공 − 문제 사태 읽기 − 이야기 줄거리 발표 − 상반된 두 의견 파악 − 학습문제의 설정	• 가치 갈등 자료
	탐색	• 상반된 가치의 개념 명료화	− 상반된 가치 파악 − 가치 관련 개념의 명료화	• 가치 갈등 개념 파악자료
선택	자기 학습	• 자유로운 선택	− 자유로운 선택하기 − 자유로운 선택의 이유 발표 − 선택한 가치 확인하기	• 근거 자료 제시 • 자유로운 선택을 강요하지 않는다.
		• 여러 대안 중에서 선택	− 여러 측면을 고려 후 선택하기 − 여러 측면에서 관점 제시 − 선택한 이유 발표하기	
		• 결과를 고려한 후 선택	− 결과를 예상 후 선택하기 − 선택의 이유 발표하기	
존중	자기 발전	• 선택한 가치의 존중 • 선택한 가치의 확인	− 최종 선택 가치 존중 선택한 가치의 확신 및 존중 − 가치 선택의 정당성을 설득력 있게 발표하기	• 의견을 존중하고 자유롭게 토의 발 표하게 한다.
정리	종합	• 선택한 가치의 실행과 반복	− 자신의 가치 실천 의지 및 계획 발표하기	

5. 가치 명료화 모형의 유의점과 장단점

1) 가치 명료화 모형의 유의점

① 학습자들이 각자 나름대로 논리를 가지고 가치를 주장하고 스스로 확신하도록 도와주어야 한다.
② 교사와 학습자들이 가치중립적인 입장에서 출발하여야 한다.
③ 자신과 다른 입장에 있는 타인의 가치를 인정하고 존중하는 태도를 가져야 한다.

2) 가치 명료화 모형의 장점

① 교사와 학습자 등 교수·학습 참여자들의 가치가 보호되고 존중된다.
② 학습자들이 자신의 가치에 대한 확신을 가질 수 있다.
③ 자신과 타인의 가치가 함께 소중함을 이해하게 된다.

3) 가치 명료화 모형의 단점

① 가치에 대한 선행 학습이 되어 있지 않으면 적용하기가 곤란하다.
② 잘못하면 가치 상대주의에 빠질 우려가 있다.
③ 자기의 가치를 고집하거나, 타인의 가치에 맹종할 우려가 있다(인천광역시사회과교육연구회, 2007: 381－386).

제2절 가치명료화 학습의 실제

1. 교수 · 학습과정안(예시 1)

1) 단원: 3. 환경 보전과 국토 개발 계획(5~1)

2) 단원의 개관

이 단원은 통합교과인 '슬기로운 생활'에서 가정, 학교, 이웃 마을 등 일상생활 속에서 경험하는 자연환경과 사회현상에 대한 학습을 기초로 하고, 제3학년의 '고장생활', 제4학년의 '시 도의 모습과 사회생활', 5학년 1학기 1단원의 '국토의 자연환경과 생활'을 선수 학습으로 구성하고 있다. 제6학년에서는 세계의 사회현상을 파악하고 문제를 해결하는 학습 활동으로 확대된다.

단원 구성은 인간의 자연환경에 대한 적응과 개발이라는 두 가지 태도에 따른 자연환경의 변화 및 그에 따른 문제점과 해결 방안을 모색해 볼 수 있게 학습 내용을 선정하였다.

첫 번째 주제는 자연의 일부로서 자연을 이용 · 개발하면서 생활하고 있는 우리나라의 주요 자연재해와 도시화, 산업화에 따른 환경 파괴와 오염 문제를 파악하도록 하였다.

두 번째 주제에서는 혐오 시설 설치와 관련된 여러 형태의 갈등을 해결하는 방안을 강구하고, 환경 친화적인 차원에서의 효과적인 국토 개발 계획을 주요 내용으로 다루었다.

3) 단원의 목표

(1) 지식 · 이해

· 우리는 자연의 일부로 자연환경과 밀접한 관계를 가지며 생활하고 있음을 파악할 수 있다.
· 우리나라의 주요 자연재해 종류에 따른 발생 지역과 시기를 알 수 있다.
· 자연재해로 인한 피해 실태를 환경문제와 관련지을 수 있다.

· 도시화, 산업화로 인한 환경오염과 파괴 문제를 인간생활과 관련지어 파악할 수 있다.
· 환경 보전 시설 설치와 관련된 갈등 사례를 통하여 환경문제의 심각성을 알 수 있다.
· 국토 개발의 필요성을 이해하고, 미래 지향적 관점에서 추진하고 있는 모습을 설명할 수 있다.

(2) 기능 · 능력

· 사회적 문제 해결을 위해 다양한 자료를 수집하고 종합할 수 있다.
· 환경 보전과 국토 개발에 관한 여러 가지 정보를 해석하고 분석할 수 있다.

(3) 가치 · 태도

· 민주적이고 합리적인 방법으로 갈등 사태를 해결하는 태도를 가진다.
· 자원을 효율적으로 이용하고, 국토를 환경 친화적으로 개발하려는 마음을 가진다.

4) 단원의 지도계획

단원	주제	제재		제재별 주요 내용 요소	교과서 쪽수	차시
1. 환경 보전 과 국토 개발 계획		단원도입 및 계획		· 단원학습 내용의 객관적 파악 · 장기 학습 과제 선정 및 학습 방법, 자료소개	사: 96~97	1/17
	1. 자연 재해 와 환경 문제	①	우리는 자연의 일부	· 우리 생활과 자연과의 관계 · 자연의 중요성	사: 98~103 탐: 104~106	2~3/17
		②	자연재해	· 조상들의 자연 극복 사례 · 자연재해의 지역별 분포 · 자연재해 극복을 위한 노력	사: 104~111 탐: 109~117	4~5/17
		③	환경을 보살피는 생활	· 우리나라 환경문제의 종류와 특징 · 자연환경을 보존하는 방법	사: 112~120 탐: 118~123	6~7/17
			선택 학습	· 우리 마을 환경 지도 그리기 · 자연재해 예방 달력 만들기	사: 121	8/17
	2. 환경 과 더불 어 살아 가는 길	①	환경문제로 생기는 다툼	· 환경 보전을 위해 노력하는 일 · 환경 보전 시설 설치를 둘러싼 다툼 · 민주적 의사 결정을 통한 환경문제 해결 방법	사: 122~129 탐: 124~132	9~11/17
		②	환경을 보전하기 위 한 국토 개발 계획	· 국토 개발 사업의 필요성과 목적 · 국토 개발 사업의 주요 성과 · 제4차 국토 개발 계획의 주요 내용 · 우리 시도의 국토 개발 계획	사: 130~139 탐:133~144	12~15/17
			선택 학습	· 환경 보전 노랫말 만들기 · 물이 부족한 미래의 생활 모습	사 : 140	16/17
			단원 정리 학습	· 자연재해와 다른 사고로 인한 피해의 정도 · 올바른 물 사용법 · 국토 개발 계획 세우기	사 : 141~143	17/17

5) 평가 계획

주제	영역	평가 관점	평가 방법
1. 자연 재해 와 환경 문제	지식 이해	· 우리의 생활과 관련한 자연의 역할을 설명할 수 있는가? · 우리 조상들의 자연재해를 이겨 낸 방법을 설명할 수 있는가? · 우리나라에서 발생할 자연재해의 종류와 지역을 말할 수 있는가? · 우리나라에서 발생한 자연재해의 종류와 지역을 말할 수 있는가?	· 구술 평가 · 지필 평가 · 관찰 평가 · 과제물 평가 · 분단활동 평가
	기능	· 자연재해에 대한 자료를 수집, 분류, 분석할 수 있는가?	
	가치 태도	· 우리 조상들의 생활 모습에서 지혜로운 점을 본받아 생활할 수 있는가?	
2. 환경 과 더불 어 살아 가는 길	지식 이해	· 환경오염과 훼손을 막기 위하여 어떤 일을 하고 있는지 사례를 들어 설명할 수 있는가? · 국토개발 사업의 필요성과 주요 성과를 이해하고 있는가	· 구술 평가 · 지필 평가 · 관찰 평가 · 과제물 평가 · 분단활동 평가
	기능	· 환경 보전과 국토 개발에 대한 자료를 꾸준히 수집하여 정리하는가?	
	가치 태도	· 환경 보전 시설 설치 과정에서 발생하는 사람들의 불편함 등 사태에 대해 가치 판단을 할 수 있는가? · 국토 개발 사업 추진 과정에서 자연환경을 보전해야 하는 문제에 관심을 가지는가?	

6) 본시의 전개

학년 · 학기	5학년 1학기	단원	3 - (2) - ② 환경을 생각하는 국토개발	차시	13/17

학습 주제	개발이냐, 보전이냐?(국토개발과 환경보전)	교과서	130~132쪽
		사회과 탐구	125~126쪽

학습 목표	· 국토 종합 계획의 문제점을 파악하고, 개선점을 찾을 수 있다. · 결과를 예상하면서 선택한 가치에 맞는 행동을 할 수 있다.
예습 과제	· 국토 개발의 문제점 조사 및 사진 자료 모으기 · 국토 개발의 사례 모음집 · 국토 개발로 인한 환경문제 자료 모으기

수업 유형	가치 명료화 학습	학습조직형태	모둠학습

단계	학습 내용	교수 · 학습 활동		시간	자료 및 유의점
		교사	학생		
문제 파악	가치갈등 사태의 제시	· 어떤 일이 일어났는지 생각하며 글을 읽어봅시다. · 승혜네 마을은 어떻게 살아가고 있습니까? · 무슨 생겼습니까? · 마을사람들이 고민하고 있는 문제가 무엇입니까?	▫ 자료를 읽는다. ▫ 양식장을 만들어 양식을 하며 살아가고 있습니다. ▫ 공장이 세워지려고 합니다. ▫ 공장을 세우면 환경보전이 어렵다고 생각합니다. ▫ 공장을 세우면 취직이 되어 경제적으로 좋을 것 같습니다.	7'	▫ 가치 학습지

단계	학습 내용	교수 · 학습 활동		시간 (분)	자료 및 유의점
		교사	학생		
문제 파악	상반된 가치의 개념 명료화	• 상반된 두 가지의 입장 (의견)이 무엇인지 발표해 봅시다.			▫ 상반된 두 가지 입장 ▫ PPT
		• 입장 1: 공장을 세워야 한다. • 입장 2: 공장을 세우지 말아야 한다. －왜 공장을 세우지 말아야 하는가? －왜 공장을 세워야 하는가? • 학습 문제를 찾아본다.			
	학습 문제 제시	두 가지 입장 중에서 한 가지를 선택하여 자신의 입장을 설명해 봅시다.			▫ 판서
선택	자유 로운 선택	• 여러분이 섬마을 사람이 라면 위의 입장 중 어떤 것을 선택하겠습니까?	▫ 개별로 1, 2 중 선택을 한다.	20'	▫ 선택을 강요 하지 않는다.
		▫ 왜 그런 선택을 하였는지 이유를 발표해 봅시다.	▫ 입장 1을 선택했습니다. 그 이 유는 공장이 들어오면 양식장 에서 일하는 것보다 힘도 덜 들고 언제나 일을 할 수 있기 때문입니다. ▫ 입장 2를 선택하였습니다. 그 이유는 바다가 오염될 것이기 때문입니다.		• 선택한 이유 나 근거를 들 어 발표한다.
		• 두 입장에 대하여 장단점 을 발표해 봅시다.	▫ 두 입장을 선택했을 때의 장단 점을 비교하여 발표한다.		▫ 상반된 두 입 장을 깊이 있 게 분석한다. ▫ 입장별 모둠끼 리 토의한다.
		'입장 1'의 장점과 단점 '입장 2'의 장점과 단점			
	결과를 고려한 후 선택	• 언제부터 그런 생각을 하 였습니까?	▫ TV보고 환경 보호의 심각성을 알게 되고부터 생각하게 되었 습니다. ▫ 도시의 사람들이 공장에 다니 면서 여유 있는 시간을 보내는 것을 보고 생각하게 되었습니다.		▫ 상반된 두 입 장을 깊이 있 게 분석할 수 있어야 한다.
선택		• 이것을 선택하면 무엇이 좋은지 그 이유를 발표해 봅시다.	▫ 많은 사람에게 일자리가 생길 것 같습니다. ▫ 양식장이 보호되어 오래 있게 되면 소득도 늘어나게 될 것 같습니다.		
		• 모든 사람들이 나와 같이 선택한다면 결과는 어떻게 될까?	▫ 자연환경이 보존되어 결국 모 든 사람들에게 도움이 될 것입 니다.		
		• 모든 사람들이 나와 반대 되는 결과를 선택한다면 어떻게 될까요?	▫ 환경오염이 되어 결국 우리도 피해를 보게 될 것입니다.		

단계	학습 내용	교수·학습 활동		시간 (분)	자료 및 유의점
		교사	학생		
선택	선택한 가치의 문제점 찾기	• 자신이 선택한 입장에서 문제점을 찾는다면 무엇입니까? • 다른 사람들의 여러 가지를 생각해 들어보았습니다. 생각을 바꾸어 보겠습니까?	▫ 공장을 짓게 되면 바다 오염이 생길 것 같습니다. ▫ 공장을 짓지 않게 되면 지금처럼 계속 발전 없이 살게 될 것 같습니다. ▫ 수정한다		▫ 가치 선택을 다시 하게 하여 숫자를 파악한다
	선택한 가치의 존중	• 소집단별로 자신이 선택한 입장의 중요성에 대하여 토의해 봅시다.	▫ 모둠별 각자 자신이 선택한 입장에 대하여 중요성을 토의한다.	7'	
존중	선택한 가치의 확언	• 자신이 선택한 입장에 대하여 정당함을 논리적으로 설득력 있게 발표해 봅시다.	▫ '입장 1'은 공장에 취직하면 지금보다 높은 소득이 생길 것입니다. 또한 많은 사람이 일을 하게 되어 경제 성장이 이루어질 것입니다. ▫ '입장 2'는 공장에 취직하는 것보다 생활은 곤란하더라도 미래의 생활에 있어서 깨끗한 환경 속에서 생활할 수 있을 뿐만 아니라 결국 높은 소득도 올릴 수 있을 것입니다.		▫ 수용적인 분위기를 조성하여 자유스럽게 토의가 이루어지도록 한다.
정리	선택한 가치의 실행과 반복	• 선택한 입장에서 실천하기	▫ 자신이 선택한 가치에 대하여 실천의지를 갖는다.	6'	

7) 단계별 지도중점

단계	지도 중점
문제 파악	1. 개발에서 얻어지는 이익과 그로 인한 환경 파괴 문제에 의한 상반된 가치의 명료화 과정의 학습이다. 2. 교사는 개발의 중요성이나 환경파괴의 문제점 등 특정 가치를 설명하거나 강조해서는 안 된다. 3. 두 입장을 깊이 이해하고 있으면 가치 명료화가 보다 용이하게 되며, 보다 질 높은 학습 활동이 가능하다. 그러므로 학습 준비 단계에서 충분한 준비가 이루어지도록 한다. 4. 어린이들의 생활 주변에서 느끼는 문제 상황을 다양하게 제시하는 것이 효과적이다. 5. 가치 명료화의 절차를 충분히 숙지하도록 지도한다.

단계	지도 중점
선택	1. '자유로운 선택'은 선 경험과 지식을 통하여 외부의 강요 없이 자유로운 분위기에서 선택할 수 있도록 한다. 2. 학생의 학습능력에 따라 선택한 입장에 대한 이유나 근거를 제시하여야 한다. 3. 이유나 근거는 생활 속의 경험에서 구체적인 사례를 들도록 하면 흥미유발에 도움을 준다. 4. 장단점을 비교하여 단점이 있음에도 불구하고 다른 입장에 비하여 더 좋은 이유를 밝힐 수 있어야 한다.
존중	1. 학생들이 나름대로의 사고과정을 거쳐 선택한 가치이기 때문에 교사는 아동들의 의견을 존중해 주어야 하며 스스로 자신의 의견을 존중하도록 해야 한다. 2. 자신이 선택한 가치에 대하여 확언하도록 하게 하고, 자신감을 갖도록 하며 자신이 없을 때에는 그 가치에 대한 명료화가 이루어지지 않았으므로 새로운 선택을 통하여 명료화가 이루어져야 한다.
정리	1. 구체적인 행위의 실행과 관련이 있으므로 실천의지와 실천 계획을 알아보는 것으로 수업을 마쳐야 한다. 2. 학생들이 실천할 수 있는 과제를 찾아보도록 한다.

(학습지)

교과	단원	쪽수		학교	학반	이름	확인
사회	3. 환경 보전과 국토 개발	교과서	130~132		5학년 반 번		
		사·탐	125~126				

'사회과 탐구' 126쪽을 읽고 다음을 생각하여 봅시다.

읽을거리

순화 할머니께서는 넓은 갯벌이 있는 섬에 사신다. 이 섬 주민들은 갯벌에서 조개, 굴, 낙지 등의 해산물을 채취하고, 김을 양식하여 생활하고 있다. 주민들은 갯벌에서 얻은 해산물을 판 돈으로 자녀들을 학교에 보내고, 생활을 꾸려 왔다.

그런데 몇 년 전부터 섬 주민들에게는 걱정거리가 생겼다. 이 섬에 공장을 건설하기로 했기 때문이다. 일부 주민들은 새로 건설하는 공장이 주민들의 소득을 높이고 마을의 발전을 이룩하게 할 것이라고 주장하며, 갯벌이 오염되지 않도록 오염 방지 시설을 갖추면 문제가 없다고 주장하였다. 그러나 다른 주민들은 공장 건설로 인하여 갯벌이 메워지고 오염될 것을 염려하여 반대하고 있다. 갯벌을 개발하여 얻는 이익보다 자연을 파괴해서 잃는 것이 더 크다는 것이다. 결국, 주민들은 마을의 발전을 위해 공장을 세워야 한다는 주장과 환경보전을 위해 공장을 세우지 말아야 한다는 주장으로 나뉘어 논란을 계속하고 있다.

◑ 섬에서는 무슨 일이 있습니까?	
◑ 내가 이 섬의 주민이라면 어떻게 할까?	

(학습지)

과목	단원	쪽수		학교	학반	이름	확인
사회	3. 환경 보전과 국토 개발	교과서	130~132		5학년 반 번		
		사·탐	125~126				

'사회과 탐구' 126쪽을 읽고 다음을 생각하여 봅시다.

1. 내가 선택한 입장	
2. 예상되는 결과	

장점	단점

| ◑ 다시 선택한다면? | 내용 | |
| | 그 이유 | |

| ◑ 선택 후 내가 해야 할 일 | |

2. 교수·학습과정안(예시 2)

1) 단원: 2. 정보화 시대의 생활과 산업(5 - 2)

2) 단원의 개관

이 단원은 우리 경제가 더욱 발전해 나가는 데에 정보의 창조와 활용, 그리고 기술 개발이 무엇보다 중요하다는 것을 인식하도록 하는 데 주안점을 두고 있다.

제3학년 2학기에서 옛날과 오늘날 통신의 변화를 살펴보면서 컴퓨터 통신으로 장보기 사례를 학습하였다. 첫째 주제는 의사소통의 증가라는 측면에서 이를 보다 확대·심화하여 정보화 시대의 특징을 탐색한다. 먼저, 정보화 사회에서 정보는 개인과 기업에 경쟁력이 되며, 이러한 정보화는 우리 생활 모습을 크게 변화시키고 있다는 것을 인식하도록 지도한다. 또, 정보화 세상의 밝은 면과 어두운 면을 조사함으로써 바람직한 정보화 세상을 만들려는 자세를 가지도록 하는 데 그 주안점을 둔다.

둘째 주제는 농·수산업, 컴퓨터 산업, 새롭게 성장하고 있는 산업으로 나누어서 이러한 산업의 첨단 기술이 산업 발달과 우리나라 발전에 중요한 요소가 된다는 것을 알아보도록 하였다.

3) 단원의 목표

(1) 지식·이해

· 정보화가 생활과 산업에 준 영향을 이해한다.
· 정보를 나누는 까닭을 설명할 수 있다.
· 첨단 기술이 산업과 우리 생활에 준 영향을 이해한다.
· 첨단 기술이 우리나라의 발전에 중요한 요소임을 이해한다.

(2) 기능·능력

· 정보 및 기술개발의 중요성을 신문자료 등을 통해 찾을 수 있다.
· 정보화 세상에서 일어나는 일을 알기 위해 인터넷을 활용할 수 있다.
· 첨단 기술의 활용 사례를 여러 가지 자료를 통해 찾아낼 수 있다.
· 정보 통신 기술사용에 대한 실태를 조사하고 이를 도표, 그래프 등으로 제시할 수 있다.

(3) 가치 · 태도

· 정보 활용과 정보 창조에 적극적으로 참여하려는 태도를 가진다.
· 바람직한 정보화 세상을 만들기 위한 노력에 참여하려는 태도를 가진다.
· 첨단 기술 개발이 우리 생활에 주는 영향에 대해 관심을 가진다.
· 유전 공학의 활용에 대한 서로 다른 주장을 이해하려고 노력한다.

4) 단원의 지도 계획

단원	주제	제재		제재별 주요 내용 요소	교과서 쪽수	차시
2. 정보화 시대의 생활과 산업		단원도입 및 계획		· 단원학습 내용의 객관적 파악 · 장기 학습 과제 선정 및 학습 방법, 자료소개	사: 48~49 탐: 42~43	1/16
	1. 정보화 시대의 생활	① 정보화 시대의 달라져 가는 생활 모습		· 옛날과 오늘날의 정보 양의 차이 비교하기 · 생활에서 정보의 중요성 탐구하기 · 초고속 정보 통신망을 만드는 까닭 알아보기 · 정보화로 인한 생활의 변화 모습 조사하기	사: 50~61 탐: 44~56	2~5/16
		② 더불어 사는 정보화 세상 만들기		· 정보를 함께 나누는 목적 조사하기 · 정보화 세상의 어두운 면 알아보기 · 바람직한 정보화 세상 만들기 위한 노력	사: 62~68 탐: 57~61	6~7/16
		선택 학습		· 실제 세상과 사이버 세상의 장단점 비교하기 · 기술이 산업과 생활에 끼친 영향 조사하기	사: 69	8/16
	2. 첨단 기술과 산업의 발달	① 첨단기술과 산업의 발달		· 생활 속에 활용되는 첨단 기술 조사하기 · 첨단 기술이 우리 생활에 주는 편리한 점 알아보기 · 첨단 기술로 인해 변화할 미래 생활 예상하기	사: 70~76 탐: 62~67	9~10/16
		② 첨단기술을 활용하는 산업		· 농 · 수산업에서 첨단 기술 활용사례 살펴보기 · 제조업에서 첨단기술을 활용하는 사례 살펴보기	사: 77~82 탐: 68~75	11~12/16
		③ 우리가 만드는 미래의 산업		· 첨단 기술을 활용하여 새롭게 성장하는 산업 조사하기 · 유전 공학의 활용에 대해 토의하기	사: 83~88 탐: 76~83	13~14/16
		선택 학습		· 컴퓨터가 우리 생활에 주는 영향 생각해 보기 · 컴퓨터 산업의 발전 요소 생각해 보기	사: 89	15/16
		단원 정리 학습		· 컴퓨터를 활용하여 할 수 있는 일 생각해 보기 · 우리 생활과 산업에서 로봇의 활용 분야 생각해 보기 · 첨단 기술이 미래 생활에 주는 변화 예상하기 · 바람직한 정보 통신 예절에 대해 생각해 보기	사: 90~91	16/16

5) 평가 계획

주제	영역	평가 관점	평가 방법
1. 자연재해와 환경 문제	지식 이해	·우리의 생활과 관련한 자연의 역할을 설명할 수 있는가? ·우리 조상들이 자연재해를 이겨 낸 방법을 설명할 수 있는가? ·우리나라에서 발생할 자연재해의 종류와 지역을 말할 수 있는가? ·우리나라에서 발생한 자연재해의 종류와 지역을 말할 수 있는가?	·구술 평가 ·지필 평가 ·관찰 평가 ·과제물 평가 ·분단활동 평가
	기능	·자연재해에 대한 자료를 수집, 분류, 분석할 수 있는가?	
	가치 태도	·우리 조상들의 생활 모습에서 지혜로운 점을 본받아 생활할 수 있는가?	
2. 환경과 더불어 살아가는 길	지식 이해	·환경오염과 훼손을 막기 위하여 어떤 일은 하고 있는지 사례를 들어 설명할 수 있는가? ·국토개발 사업의 필요성과 주요 성과를 이해하고 있는가?	·구술 평가 ·지필 평가 ·관찰 평가 ·과제물 평가 ·분단활동 평가
	기능	·환경 보전과 국토 개발에 대한 자료를 꾸준히 수집하여 정리하는가?	
	가치 태도	·환경 보전 시설 설치 과정에서 발생하는 사람들의 등 사태에 대해 가치 판단을 할 수 있는가? ·국토 개발 사업 추진 과정에서 자연환경을 보전해야 하는 문제에 관심을 가지는가?	

6) 본시의 전개

학년·학기	5~2		단원	2-(2)-② 정보화 시대의생활과 산업		차시	14/16
학습 주제	유전공학 활용의 이점과 위험성			교과서			86~88쪽
				사회과 탐구			83쪽
학습 목표	·유전공학의 활용의 긍정적인 면과 부정적인 면을 말할 수 있다. ·결과를 예상하면서 선택한 가치에 맞는 행동을 할 수 있다.						
예습 과제	·유전 공학 발달에 대한 자료 수집 ·유전 공학의 긍정적인 면과 부정적인 면 조사 ·신문이나 사설이나 잡지 스크랩						
수업 유형	가치 명료화 학습			학습조직형태			모둠학습

단계	학습 내용	교수·학습 활동		시간 (분)	자료 및 유의점
		교사	학생		
	가치갈등 사태의 제시	·복제양 둘리와 복제 인간 영화 보여 주기 ·무슨 내용입니까? ·무슨 일 생겼습니까?	▫VTR보기 ·복제양의 탄생과 인간 복제 인간으로 인한 문제점을 보여주는 내용입니다. ▫둘리로 인해서 좋은 점과 복제 장기로 인해 지구가 멸망하는 내용들입니다.	7'	▫가치 학습지

단계	학습 내용	교수 · 학습 활동		시간 (분)	자료 및 유의점
		교사	학생		
문제 파악	상반된 가치의 개념 명료화	▪상반된 두 가지의 입장(의 견)이 무엇인지 발표해 봅시다. ▪입장 1: 복제 인간을 찬성한다. ▪입장 2: 복제 인간을 반대한다. -왜 복제 인간을 찬성하는가? -왜 복제 인간을 반대하는가? ▪학습 문제를 찾아본다.			▫상반된 두 가 지 입장 ▫PPT
	학습 문제 제시	두 가지 입장 중에서 한 가지를 선택하여 설명해 봅시다.			▫판서
선택	자유로운 선택	▪어느 쪽의 입장을 선택하겠 습니까? ▫왜 그런 선택을 하였는지 이 유를 발표해 봅시다.	▫개별로 1, 2 중 선택을 한다. ▫입장 1을 선택했습니다. 그 이 유는 불치의 병에 걸린 환자의 생명을 연장할 수 있기 때문입 니다. ▫입장 2는 열등 유전자를 가진 사람이 되어 인간 불평등이 생 길 것 같기 때문입니다	20'	▫선택을 강요하 지 않는다. ▪선택한 이유 나 근거를 들 어 발표한다.
		▪두 입장에 대하여 장단점을 발표해 봅시다.	▫두 입장을 선택했을 때의 장단 점을 비교하여 발표한다.		▫상반된 두 입 장을 깊이 있 게 분석한다. ▫입장별 모둠끼 리 토의한다.
		입장 1의 장점과 단점 입장 2의 장점과 단점			
	결과를 고려한 후 선택	▪언제부터 그런 생각을 하였 습니까?	▫신문을 보고 장기를 이식받아 죽어가던 사람이 살았다는 기 사를 본 후부터입니다. ▫2차 세계대전 때 유태인 학살 에 관한 책을 읽고 나서부터입 니다.		▫상반된 두 입 장을 깊이 있 게 분석할 수 있어야 한다.
		▪이것을 선택하면 무엇이 좋은 지 그 이유를 발표해 봅시다. ▪모든 사람들이 나와 같이 선 택한다면 결과는 어떻게 될까? ▪모든 사람들이 나와 반대되 는 결과를 선택한다면 어떻 게 될까요?	▫많은 사람이 생명을 연장할 수 있기 때문입니다. ▫복제 인간으로 인해 사회가 혼 란을 일으킬 것 같습니다. ▫과학이 발달되어 많은 도움을 얻을 것입니다. ▫국가 간의 불평등으로 인해 세 계의 평화가 깨어질 것입니다.		

단계	학습 내용	교수·학습 활동		시간 (분)	자료 및 유의점
		교사	학생		
	선택한 가치의 문제점 찾기	▪ 자신이 선택한 입장에서 문제점을 찾는다면 무엇입니까? ▪ 다른 사람들의 여러 가지를 생각해 들어보았습니다. 생각을 바꾸어 보겠습니까?	▫ 노인문제가 생길 것 같습니다. ▫ 공부를 못 하는 사람이 없어지게 되고 사회가 불균형을 이룰 것 같습니다. ▫ 수정한다.		▫ 가치 선택을 다시 하게 하여 숫자를 파악한다.
	선택한 가치의 존중	▪ 소집단별로 자신이 선택한 입장의 중요성에 대하여 토의해 봅시다.	▫ 모둠별로 각자 자신이 선택한 입장에 대하여 중요성을 토의한다.		
존중	선택한 가치를 확언	▪ 자신이 선택한 입장에 대하여 정당함을 논리적으로 설득력 있게 발표해 봅시다.	▫ 입장 1은 유전 공학이 발달하고 과학자들이 자유롭게 연구하여 인류 발전에 큰 도움이 될 것입니다. ▫ 입장 2는 인간 불평등이 없어지고 세계 평화가 유지될 것입니다.	7'	▫ 수용적인 분위기를 조성하여 자유스럽게 토의가 이루어지도록 한다.
정리	선택한 가치의 실행과 반복	▪ 선택한 입장에 서서 실천하기	▫ 자신이 선택한 가치에 대하여 실천의지를 갖는다.	6'	

(학습지)

교과	단원	쪽수		학교	학반	이름	확인
사회	2. 첨단 기술과 산업의 발달	교과서	86~88쪽		5학년 반 번		
		사·탐	83쪽				

◗ VTR을 본 후 생각나는 것 마인드 맵 그리기

(학습지)

교과	단원	쪽수		학교	학반	이름	확인
사회	2. 첨단 기술과 산업의 발달	교과서	86~88쪽		5학년 반 번		
		사·탐	83쪽				

1. 내가 선택한 입장	
2. 예상되는 결과	

장점	단점

◑ 다시 선택한다면?	내용:
	그 이유
◑ 선택 후 내가 해야 할 일	

7) 기타 가치·태도 학습의 기법

〈표 29〉 가치·태도 학습 기법

드라마 기법	학급에서 어떤 사회문제가 발행했을 때 그 상황을 학생들이 정확하게 경험하기 위해 그 사건을 드라마로 만들어 시연해 보고, 학급 학생들은 이 드라마로 제시된 문제에 대해 토론을 한다. 사회성 드라마는 사회문제를 취급하는 역할 놀이의 일종으로 미리 계획된 드라마를 만들게 되는데, 아동들은 과거 경험을 새로운 문제 상황에 가져와서 문제를 해결하기 위해 재생산하고 생산적 사고를 하게 된다.
역할 놀이	문제를 한쪽 측면에서만 보는 드라마와는 달리 역할 놀이에서 학생은 자신과는 다른 관점에서 문제를 보아야만 하는 입장에 처해진다. 이러한 전략을 통해서 자신을 감정 이입의 상태로 투사하는 방법을 배우는 것이다.
인형극	인형극은 드라마를 사람이 아닌 인형극으로 보여 주는 것으로 아동이 매우 죄의식을 느끼는 역할을 연극해야 할 때 그들의 감정을 인형을 통하여 제대로 표현할 수 있다. 이것이 실제 드라마보다 더 객관적이고 실제에 가까울 수 있는 인형극의 장점이다.
미완성 이야기	이것은 아동의 실생활에서 발생할 수 있는 사회문제가 포함된 이야기로 구성된다. 이 이야기에는 해결책은 포함되어 있지 않다. 단지 문제만 제시될 뿐이다. 그리고 드라마와 같은 식으로 사용된다. 이야기를 들려준 다음 아동은 가능한 결말에 대해 토론을 하게 된다.
문제 이야기	문제 이야기는 미완성 이야기와 비슷하다 문제 이야기는 이야기의 끝에 "당신은 어떻게 할 것인가?"라는 형태의 질문이 포함된 형식을 취한다. 이것은 학생으로 하여금 가치를 형성하고 의사 결정과 판단을 도우는 목적을 가지고 있다.
문제 그림	문제 그림은 어떤 문제를 표현할 수 있는 그림을 제시하고 그 그림을 해석하는 수업이다. 학생이 자신의 주위 세계에 대한 이해를 하도록 돕고, 타인의 문제와 감정을 이해하는 것을 돕기 위해 사용된다.
독서 기법	아동 개인은 이야기 속의 주인공이 문제를 해결하는 방법을 자기의 것으로 동화시키는 경향이 있다는 점에 착안한 것으로 비슷한 종류의 문제를 취급한 책들을 아동이 읽음으로써 자신의 문제를 해결하게 한다.
미완성 그림 이야기	사회적 또는 윤리적 문제를 설명하는 일련의 그림을 보여 주고 설명한다. 그리고 나서 설명이 중단되고, 아동은 그 문제를 해결하는 토론을 한다.
카드 과제	교사가 여러 가지의 과제 카드를 준비해서 특정 코너에 두고 틈틈이 아동 스스로 활동할 수 있도록 해 주는 수업 방법이다. 많은 과제 카드가 확산적 문제로 되어 있고, 거기에는 정답이나 오답이 없다. 성적이 매겨지지도 않지만 아동을 이해하고 아동의 인성발달을 도울 수 있다.
자원 인사 학습	학부모를 중심으로 자원 봉사자들이 많이 활동하고 있다. 특히 원로 자원 봉사자들의 도움이 유용하다. 원로 자원 봉사자들은 조부모의 역할이 권장된다. 청소년들이 노인들과 함께 일할 때 그들은 안정감을 얻는다. 최근의 아동들은 그들의 조부모와 접촉이 많지 않기 때문에 인성 교육에 큰 도움이 된다.
모의 학습	실제 상황을 단순화시킨 모의 상황으로 수업을 한다(10장의 시뮬레이션 게임 참조).
그림 동화	그림 동화를 통하여 토론을 유도하여 의도하는 가치와 태도를 갖게 한다.

8) 가치 명료화 학습에서의 교사 역할

① 학습자들이 가지고 있는 여러 가지 서로 다른 가치관을 비판 없이 받아들여야 한다.
② 가치관에 관한 의견 교환의 과정에서 다른 학습자들의 가치관에 관한 발언을 억누르는 학생이
　나타나지 않도록 해야 한다.
③ 필요할 경우 교사의 가치관도 밝힐 수 있어야 한다.
④ 강요함이 없이 단순히 자신의 입장을 말함으로써 토의를 촉진시키도록 해야 한다.
⑤ 수용적이고 허용적 수용적 분위기를 조성해야 한다.

9) 가치 명료화 학습 지도상의 유의점

① 학생들의 자유로운 사고과정을 중시하는 학습 지도 방법임을 재인식할 필요가 있다.
② 적절한 질문 계획을 세워 다음 단계로의 이행을 추구하고, 지나치게 소란스러운 학습 상황이
　되지 않도록 주의하여야 한다.
③ 교사와 학생 간 상호 신뢰롭고 자유로운 학습 분위기 조성을 한다.
④ 마지막 행위 단계는 대개 실생활을 통해 이루어질 수 있는 것이므로, 교실 수업에서는 존중
　단계에서 그치는 것도 한 방법이다.

제3절 가치분석 학습의 이해

　가치 분석은 개인이 특수한 가치를 선택할 때 논리성과 이유를 충분히 밝히고, 가능하다면 증거
도 제시하도록 함으로써 가치관 확립을 도우려는 가치지도의 한 방법이다. 가치 명료화와 비슷한 데
가 있지만 좀 다르다. 가치 명료화는 선택하는 가치를 명백하게 하려고 하지만, 가치의 논리성을 밝
히는 데 중점을 두지 않는다. 가치분석에서는 가치의 논리성과 정당성을 충분히 변호할 수 있는 것
을 매우 중요시하고, 가치선택을 과학적으로 검토하려고 하는 것이다.
　가치분석에서는 가치문제를 확인하고, 갈등상황을 인식하며, 대안의 검토, 선택의 이유 확인, 결과
의 예측 등을 매우 면밀하게 진행한다. 이러한 과정을 거치면 학생은 자기가 선택하는 가치의 정당
성을 발견하고 훨씬 더 효과적으로 가치의 내면화를 이룰 수 있게 될 것이다.

제4절 가치 분석 학습의 실제

1. 가치 분석 모형

대안의 제시와 그 결과에 대한 예측, 그것으로부터 학생 자신이 특수한 가치를 선택하고 그 선택의 논리적 정당성을 발견하는 것은 특히 중요하다. 왜냐하면 그러한 과정에서 내면화가 이루어진다고 보기 때문이다. 예컨대 민주주의가 좋다는 것을 가르치기 위해서는 언어로써만 민주주의가 좋다고 설명해 버리고 끝나는 것보다도 민주주의의 특징, 민주주의의 결과에서 오는 상황예측, 대안의 탐색과 그 결과예측, 가치판단, 가치의 선택과 행동 등의 과정을 거칠 때에 학생들은 자기가 선택하는 가치의 정당성을 발견하고 훨씬 더 효과적으로 가치의 내면화를 이룰 수 있게 될 것이다.

① 가치문제의 제기
② 가치관련 행동의 서술
③ 행동과 관련된 가치의 확인 및 서술
④ 가치 갈등의 확인
⑤ 가치 원천 서술
⑥ 대안적인 가치의 서술
⑦ 대안적 가치의 결과 예측 및 검토
⑧ 가치 선택
⑨ 선택한 가치의 이유, 원천, 결과서술, 정당화 및 예측

2. 가치 분석 교수 · 학습에서의 사회과 교사 역할

가치 명료화에서보다는 더 적극적이라고 할 수 있지만, 사회과 교사는 바람직하다고 생각하는 가치를 결코 학생들에게 강요하여 받아들이도록 해서는 안 된다. 학생들이 가치를 검토하는 과정에서 스스로 선택하고, 그 이유를 밝히며, 선택과 행동에 일관성을 갖도록 해야 한다. 사회과 교사는 올바른 가치 분석의 안내자인 반면, 학생들은 가치 선택자라는 점을 유념해야 한다.

3. 가치 갈등 분석 학습과정

〈표 30〉 가치 갈등 분석 학습과정

단계	교수·학습 활동 내용
문제 제기	• 동기 유발 • 가치 갈등 문제의 투입 • 학습 문제 제시
가치문제 및 가치갈등의 확인	• 감정적 접근 – 평소 자기 생각 발표, 자유로운 선택 • 이성적 접근 ── 여러 대안의 갈등 상황 　　　　　　 └── 여러 대안을 비교 분석 • 가치 선택 ── 결과를 예측 　　　　　　── 가치 선택 및 근거 제시 　　　　　　└── 당위성 추구
대안 검토 및 결과 예측	• 선택한 가치에 대한 평가 • 합리적인 정당성 발표하기 • 선택한 가치를 여러 사회 상황에 적용하여 결과 예상하기
가치 선택과 행동	• 행동으로 실천하기

✍ 탐구 문제

1. 사회과의 다양한 교수·학습 방법을 열거하고 각각의 특징을 약술하시오.

2. 사회과 소집단 학습에서의 교사의 역할에 대해서 기술하시오.

3. 사회과 토의 학습의 기저인 토의의 종류를 제시하고, 각각의 특징을 간단히 설명하시오.

4. 사회과 교수·학습에서 극화 학습, 역할놀이 학습으로 적합한 학습 주제를 몇 가지 제시하시오.

5. 사회과에서 의사 결정 학습이 중요한 이유를 설명하고, 학생들의 의사 결정력을 신장시키기 위한 사회과 교사의 역할에 대해서 기술하시오.

6. 사회과 ICT 학습의 단계(과정)를 제시하고 간단히 설명하시오.

7. 사회과 조사 보고 학습, 현장 학습의 특징을 상호 비교하여 설명하시오.

8. 사회과 인물 학습을 전개하고자 할 때 학습의 대상인 '위인으로서의 인물'은 어떠한 기준과 조건으로 선정해야 하는지 기술하시오.

9. 사회과 가치탐구 학습, 가치명료화 학습에서 사회과 교육은 가치 지향적인 데 비하여, 사회과 교사는 가치중립적이어야 하는 이유를 간단히 설명해 보시오.

10. 사회과 교수·학습의 여러 방법 중에서 실제 교실 현장에서 수업(교수·학습)을 전개할 때에는 다양한 방법을 통합적으로 적용하여야 하는 이유를 교과교육적 차원에서 설명하시오.

제 **7** 부

◀ ◀ ◀ 사회과 교육의 평가 ▶ ▶ ▶

제1장 일반적 교육 평가의 개관

제2장 사회과 교육 평가의 의의와 원리

제3장 사회과 교육 평가 방향과 목적

제4장 사회과 교육 평가의 유형

제5장 사회과 평가 도구의 개발 절차

제 6장 사회과 평가 도구의 개발 지침

제 7장 사회과 평가 도구의 준거

제 8장 사회과 평가의 방법

제 9장 사회과 학습과정의 평가

제10장 사회과 평가의 실제

◉ [Key Point] ◉

제7부에서는 사회과 교육과정 운영과 사회과 교수 · 학습의 마무리 단계인 사회과 교육 평가에 대해서 종합적으로 접근한다. 즉 사회과 교육 평가의 개관, 의의, 원리, 방향, 목적 등에 대해서 심도 있게 이해하고, 이를 바탕으로 사회과 교육 평가의 유형과 평가 도구, 그리고 다양한 평가 방법과 기법 등에 대해서 탐구한다. 아울러, 다양한 사회과 교육의 평가를 사회과 교육 및 사회과 교실 현장에 적용할 수 있도록 실제적 평가 출제, 적용방법 등에 대해서도 심층적으로 연구한다.

▎제1장▎ 일반적 교육평가의 개관

1. 교육평가의 일반적 개념

일반적으로 평가란 목표에 어느 정도 도달하였는가를 판단하는 활동이다. 따라서 교육평가는 교육 목표의 달성 정도를 재는 활동이다. 교육평가는 어떤 것에 가치를 부여하고 그 결과의 득실을 따지는 교육 활동이다. 어떤 영역, 분야의 계획이든지 여러 가지 대안 중에서 하나 또는 몇 개를 선택하는 과정이다. 그 과정에서 평가가 이루어지기 마련이다. 따라서 교육평가는 교육의 역사만큼이나 오래된 것이며, 나아가 인간이 생활하는 가운데 의식적 또는 무의식적으로 계속적으로 이루어지는 활동인 것이다.

물론 교육평가는 교육 활동의 연속적 활동이며, 교육과정 운영의 계속적인 한 단계이다. 즉 교육과정은 교육 목표, 교육 내용, 교수·학습 방법, 교육평가라는 일련의 환류(feedback) 과정으로 이루어지는데, 이처럼 교육평가는 교육과정과 별개의 활동이 아니라 교육과정 실행의 중요한 한 영역인 것이다.

교육평가에 대한 개념은 평가의 목적과 기능에 따라 크게 세 가지로 구분된다.

첫째, 교육평가를 '교육 목표의 달성 정도를 밝히는 과정'으로 보는 타일러(Tyler)식 개념 정의가 있다.

둘째, 교육평가를 경험이나 과정의 가치 판단에 초점을 두는 입장이 있다. 교육평가를 '교육과 관련된 어떤 대상의 장점, 질, 가치 등을 판단하는 과정과 그 산물'로 개념 정의를 하는 입장으로, 스크리븐(Scriven), 스테이크(Stake) 등이 있다.

셋째, 교육평가를 '의사 결정에 도움을 주는 정보를 제공하는 활동'이라고 보는 입장으로, 교육평가를 교육과 관련된 의사 결정을 내리는 데 필요한 정보와 자료의 수집 활동 내지 그 과정으로 인식하는 것이다. 이런 입장의 학자로는 크론바하(Cronbach), 스터플빔(Stufflebeam) 등을 들 수 있다.

결국 교육평가에 대한 여러 개념 정의를 종합하면 결국 교육평가란 '교육 프로그램의 개선이나 유지, 종료를 위하여 교육 프로그램의 효과나 장·단점에 대한 자료를 수집하고, 가치 판단을 하는 일련의 체계적 교육 활동'이라고 규정할 수 있을 것이다.

한편, 교육평가의 개념은 결과 중심으로 보느냐, 아니면 과정 중심으로 보느냐에 따라 그 성격이 달라진다. 결과 중심의 교육평가는 총괄적 평가의 성격이 강하기 때문에 외적·형식적이며, 일반화 여부에 주목한다. 결과 중심 교육평가의 초점은 최종 산출물에 있으며, 판단적·분석적 성향이 강한 반면, 과정 중심 교육평가에서는 형성적 성격이 강하기 때문에 내적·비형식적 개발 사례에 주목한다. 과정 중심 교육평가의 초점은 발달과정에 있으며, 기술적·종합적 성향을 보인다(이해명 외, 현대 교육과정과 평가, 교육아카데미, 2007: 394). 다만 분명한 것은 현대 교육평가는 과정 중심, 활동 중심, 결과 중심 등의 균형적 평가를 지향할 때 보다 바람직한 평가가 이루어진다는 점이다.

2. 교육평가의 유형

1) 평가(evaluation)

교육평가의 유형에서는 평가, 측정, 총평 등을 고찰해 보아야 한다. 이 중에서 평가(evaluation)는 학생들의 변화에 일차적 관심이 있으며, 학습자에게 일어난 다양한 변화를 판단하는 일련의 절차에 대한 포괄적 개념이다.

인간의 행동 특성은 안정성이 없고 언제나 변화한다는 관점이 학생의 행동 변화에 주된 관심을 두지만, 동시에 이 변화를 위해 투입된 교수 방법, 교수 프로그램, 수업의 과정, 교사의 효율성, 교육 과정의 효과성 등을 판단하기 위하여 평가를 활용한다. 평가는 평가 도구의 내용 타당성에 초점을 맞추며, 교육 목적 · 목표 달성에 관한 증거에 관심을 둔다. 내용 타당성을 보장하기 위해 평가에서는 간접적인 증거보다 직접적인 증거 수집에 노력한다.

평가 결과에 나타나는 오류나 유형의 질, 그리고 실패의 원인 등을 밝힐 수 있는 질적 증거가 더욱 유효한 증거로 활용될 수 있다. 평가에서는 측정과 달리 환경을 중요한 변화의 자본으로 인식한다. 평가는 목적과 가치에 큰 비중을 두나, 측정은 과학적이고 객관적인 수량화에 중점을 둔다. 그러므로 측정은 신뢰도에 관한 개념으로, 평가는 타당도에 관한 개념이라고 할 수 있다.

2) 측정(measurement)

교육평가의 유형 중 측정(measurement)은 분트(Wundt. W), 갈톤(Galton. F), 비네(Biner. A) 등 초기 학자들의 실험 심리학, 심리 측정, 그리고 검사 이론 등에서 출발한 개념이다.

측정이란 모든 실제는 안정성이 있다는 가정하에서 출발한다. 신뢰성이 타당성에 우선한다고 보는 관점이며 측정 절차나 방법에서의 표준화를 요구한다. 측정의 결과는 주로 선발, 분류, 예언, 그리고 실험 등에 이용한다. 유용하고 정확한 측정 단위가 요구되며, 측정의 최대 장점은 효율성이다.

3) 총평(assessment)

교육평가의 개념 중에서 총평(assessment)은 개인의 행동 특성을 특별한 환경, 과업, 그리고 준거 상황에 관련시켜서 의사 결정을 하려는 것이다. 측정 방법도 다양하지만, 동시에 판단을 위한 접근도 측정에만 의존하는 것이 아니라, 전체적이며 직관적인 판단, 질적인 평가 방법, 그리고 과거와 현재, 그리고 미래를 통합한 판단 등이 두루 이용된다.

총평은 머레이(Murry)가 처음 사용한 개념으로 전인적 평가관에 바탕을 둔다. 총평은 개인과 환경의 상호작용에 주목하며 개인에 관한 정보의 수집은 양적, 질적 형태의 다양한 종류가 활용된다.

총평에서는 투시 방법, 자기 보고 방법, 관찰, 면접, 장면 검사, 역할 연출, 자유 연상법 등이 두루 사용된다. 다양한 형태의 증거를 다양한 사람들이 평가하여 어느 합치점에 도달하도록 하는 과정이 곧 총평의 핵심적 과정이다. 개인에 관한 증거와 환경에 관한 증거에서 가능한 관계를 분석함으로써 상호작용이 무엇인지를 결정하려고 시도한다. 총평의 주된 관심은 구인타당도와 예언타당도에 있다. 아울러, 총평의 장점은 개인과 환경에 대한 상호 다각적인 증거를 추구하는 데 있다.

〈표 31〉 평가·측정·총평의 특징 비교

요소	평가(評價)	측정(測定)	총평(總評)
1. 강조점	·사회적 가치에 비추어 본 양적, 질적 기술 ·직접적 평가 ·개인의 변화하는 특성에 관심 ·모든 것의 측정은 불가능하다는 신념 ·구체적 상황에서 필요한 도구 개발	·규준 집단에 비추어 본 개인의 양적 기술 ·간접적 측정 ·객관도, 신뢰도 중시 ·모든 것에 대한 측정이 가능하다는 신념 ·표준 도구 개발	·전체적 적합도에 비추어 본 질적 기술 ·직접적 및 간접적 기술 ·역동적 분석에서 추리한 행동과 환경의 상태에 관심 ·모든 것에 대한 측정은 불가능하다는 신념 ·구체적 상황에서 필요한 도구 개발
2. 환경관	·환경은 변화한다는 소신 ·환경을 행동 변화의 자원으로 간주	·환경은 불변한다는 신념 ·환경을 오차변인으로 간주	·환경은 변화한다는 신념 ·환경을 행동 변화의 압력으로 간주
3. 타당화 과정	·검사 상황과 교육 목적의 비교 ·검사 상태 속의 개인과 교육 목적 비교 ·내용 타당도 ·목표 타당도	·한 검사 결과와 다른 검사 결과의 비교 ·예언타당도 ·공인타당도 ·내적 합치도	·자체타당도 ·총평과 평가의 비교 ·일치도
4. 결과 이용	·예언, 실험 ·교수 프로그램의 효과 판정, 검사 영향의 이용, 성적 증진 ·동기화의 수단으로 이용 ·객관적 및 주관적 ·반영의 형태, 모든 적절한 반응 ·교육 목표에 비추어 본 해석	·예언, 분류, 자격부여, 실험 ·검사 영향의 완점 배제 및 통제 ·객관적 반응의 정확성과 속도 ·집단 규정에 비추어 본 해석	·예언, 자격 부여, 분류, 실험, 선발 ·검사 조건 아래에서 측정의 영향 강조 ·주관적 반응의 과정 ·전체 반응 과정 준거 분석에서 추리한 가설, 구인, 모형에 비추어 해석
5. 기본적 방법	·적절한 증거를 얻을 수 있는 모든 방법	·필답고사	·적절한 증거를 얻을 수 있는 모든 방법

1. 사회과 교육평가의 의의

사회과의 평가란 사회과 교육과정에 의한 교수·학습을 통하여 학생들로 하여금 사회과 교육이 의도한 목적을 얼마만큼이나 성취하였는가를 진단하고, 측정하여 여기에서 얻어진 자료를 토대로 하여 다음의 교수·학습의 향상을 위해 활용하는 일련의 평가활동을 말한다.

그러므로 평가의 성격은 교수·학습의 종결이 아니라 시발이요, 결과가 아니라 과정이며, 부분이 아니라 전체에 걸쳐서 종합적으로 이루어진다.

다시 말하면 교사가 사회과의 학습내용을 어떤 방법에 따라 지도한 후, 학생들이 그 내용을 습득하여 얼마만큼 학습목표가 달성이 되었는지? 학생들의 학습과정, 학습 성과를 진단, 측정하고, 이에 따라 교사 자신의 지도계획과 지도방법을 반성하고 다음 교수·학습의 수정·보완·개선할 점을 모색하려는 데 평가의 의의가 있으며, 이러한 평가활동은 교육전반에 걸쳐 연관되고 계속되어 종합적으로 이루어질 때 더 큰 의의를 가지게 되는 것이다.

그러나 실제의 경우 대체로 평가라면 한낱 시험에 의한 단편적인 교과 내용의 이해 내지 암기의 평가 정도를 점수화하여 그 순위를 따지고 더욱이 그 우열의 책임을 학생들에게만 돌리고 있는 점이 허다하며, 또한 교사들이 일정기간 동안 수업을 하고 그 결과를 시험이나 성적을 내는 것만으로 인식하는 경향은 크게 반성할 일이다.

요약하면 사회과 평가는 모든 학생이 사회과 교육목표에 성공적으로 달성할 수 있도록 교육 내용을 정선하고, 교사 자신의 지도방법과 학생들의 성장을 일관적으로 진단하여 새로운 지도 방향을 정립하려는 데 그 의의와 목적이 있는 것이다.

2. 사회과 교육평가의 원리

1) 학습목표 일관성의 원리

사회과 평가는 사회과 교수·학습의 지도목표와 직결되는 것으로서 언제나 목표와 평가는 일관성 있게 이루어져야 한다는 원리이다. 사회과의 학습목표는 추상적인 이념목표나 직관목표가 많은 부분을 차지하고 있으므로 이를 위계적으로 세분화하여 구체적인 행동목표로 옮겨서 평가하는 데는 많은 연구가 있어야 한다. 특히 사회과가 다른 교과의 평가보다 어려운 점은 정의적 행동목표이다. 이를 구체적으로 평가하기도 어렵지만 잘못하면 목표에서 요구하는 가치를 상실할 우려가 있기 때문이다.

사회과의 교육 평가는 사회과 목표에 대한 성취 정도를 평가해야 한다. 따라서 단순한 객관적 지식 습득 여부보다는 기본 개념과 원리의 이해, 지식 및 정보의 획득과정과 활용 능력 등을 두루 포함하는 목표 지향적 평가가 시행되어야 한다.

2) 포괄적 종합성의 원리

사회과의 궁극적 목표는 민주국가 사회의 형성자로서의 국민적 자질의 기초를 육성하는 데 있다. 따라서 사회과 평가는 민주적 사회생활을 잘 영위할 수 있는 종합적 인간형성의 제요인, 즉 지적 이해면, 사고·판단 면, 태도·행동 면, 사회·기능 면 등을 포괄적이고 균형 있게 진단·측정해야 한다.

또한 사회과의 내용구조는 종합적 교과의 성격이 강하므로 다른 교과에 비하여 진단측정 영역 역시 광범위하다. 따라서 자칫 잘못하면 부분적이고 국부적인 측면의 평가에 흐르기 쉬워 평가 본래의 유의도가 감소될 우려가 많은 것이다.

3) 객관적 과학성의 원리

사회과는 복잡한 사회의 사실과 현상 및 인간관계를 그 대상으로 하는 교과이기 때문에 지도하는 사람에 따라 평가의 관점이나 기준이 달라질 염려가 많은 것이다. 따라서 사회과의 평가는 객관적인 사회과학적 입장에서 다루어야 한다. 평가의 객관성은 평가기준의 양호도를 결정짓는 중요한 요인이므로 교사는 독단적인 편견이나 선입견을 배제하고 보편타당한 사회과학적인 척도와 합리적인 방법으로 측정하여야 한다.

이와 같이 사회과는 대상 자체가 가치주관성이 강한 속성을 지녔기 때문에 사회과 평가자는 사회과 특유의 평가관에 입각하여 항시 객관적 과학성이 유지되고 있는가에 대하여 유념하여야 한다.

4) 의도적 계속성의 원리

사회과는 바람직한 인간형성의 과정을 주축으로 하는 교과이니만큼 사회과의 평가는 학습의 성취도를 일정한 시기에만 한정하는 것은 바람직하지 못하다. 인간형성의 목표는 단시간에 달성할 수 없기 때문이다.

사회과 교육은 학습과정에 있어 인간형성 과정의 변화현상을 지도하는 기회를 놓쳐서는 안 되므로 학생 성장의 변화 현상을 전 기간에 걸쳐서 의도적으로 계속 관찰하고 진단해야 한다. 학습지도의 계획을 수립하는 단계로부터 학습의 지도방법과 지도과정에 이르기까지 교육 활동 전반에 걸쳐서 의도하는 바에 따라 계속적으로 평가해야 한다.

5) 상관적 개별성의 원리

사회과의 평가는 개인과 집단의 상관적 변화발전의 정도를 측정한 것이라야 한다. 그러므로 집단의 전체적 평가에 한할 것이 아니라 학생 개개인의 성장발달을 중요시하고, 세심한 배려를 하여야 한다.

학생의 성장, 사고, 의문, 문제 등은 학생 개개인의 개성적 주체적 특수성임과 동시에 공동적 집단적, 사회적인 것으로서 이것들은 사회적 관계 속에서 파악되었을 때 비로소 성장을 객관적으로 명확히 할 수 있으며, 또한 개인의 집단 내에서의 위치도 명확해진다. 개개인의 주체적 인격과 자주적 자발적인 창의성의 계발을 통해서 인간형성을 기하려는 사회과는 학생 개개인의 인격과 특성을 존중한다. 그러므로 사회과의 평가는 학생들의 학습 활동 면에서 개인의 차, 즉 이해, 사고, 능력, 흥미, 관심, 의욕, 경험 등의 차에 따라 개별평가를 신중하게 고려해야 한다.

6) 통합성·다양성의 원리

사회과 평가는 지식, 기능(능력), 가치·태도 등 전 영역을 두루 고려하는 통합적이고도 다양한 균형적 평가를 지향하여야 한다. 사실과 지식의 습득 여부, 사회현상에 관한 기본적인 개념과 원리에 대한 이해, 정보의 획득과 활용 기능, 탐구 기능, 의사 결정 및 참여 기능, 바람직한 가치의 내면화, 가치 명료화와 가치 분석 등을 포함하는 영역에 걸쳐서 지필평가, 수행평가 등 다양한 방법으로 이루어져야 한다.

▐ 제3장 ▐ 사회과 교육평가의 방향과 목적

1. 사회과 평가의 기본 방향

일반적으로 교육평가란, 어떤 교수·학습 활동의 성과를 그 교과의 본질에 비추어 점검하는 것이라 볼 수 있다. 그러므로 사회과 교육평가에서는 먼저 사회과의 본질 규명이 선행되어야 한다.

사회과 교육은 사회현상에 관한 표면적 지식의 습득에 있다기보다는, 사회현상을 사회인식 과정을 통하여 깊이 이해하게 하고, 사회의 본질을 꿰뚫어 보게 함으로써 사회 발전에 대한 건전한 태도와 의욕을 가지고 개인과 사회가 부딪히는 문제를 해결해 나가는 능력을 기르는 데 있다고 할 수 있다. 그러므로 사회과 평가는 이러한 능력이 습득되었는지를 알아보는 데에 그 중점이 주어져야 한다.

이러한 관점에서 현재 실시되고 있는 사회과 평가의 실태를 보면, 거기에는 개선하여야 할 점이 많다고 하지 않을 수 없다. 지금까지 여러 차례 지적되어 온 바와 같이, 현재의 평가는 단순한 지식의 평가에 그치고 마는 경우가 많다. 대부분의 문항이 연대나 인물, 지명, 산물 등을 단순히 암기하고 있는가의 여부를 알아보는 데에 그치고 있다. 더욱 심한 것은 원리에 관한 테스트까지도 원리 그 자체를 이해하고 있느냐 하는 것이 아닌, 그것을 표면적으로 암기하고 있는가의 여부만을 묻고 있는 경우가 적지 않은 것이다.

이렇게 단순한 사실의 암기를 테스트하는 사회과 평가는 사회과의 교수·학습에 크게 영향을 끼쳐, 사회과 수업이 표면적으로 흐르게 하는 주요 원인이 되고 있다. 또, 평가의 방법이 지필 검사 위주로 되어 있는 점도 사회과 평가의 병폐가 되고 있다. 사회과에서는 사고력, 의사소통 능력, 참여 기능, 태도 등이 강조되는데 이러한 것은 지필 검사만으로는 다 측정할 수 없는 것이다. 이렇게 암기 위주, 지필 검사 위주의 편협한 평가에서 벗어나, 사회과 본래의 목적을 달성했는가의 여부를 평가하는 사회과 평가의 새로운 방향은 다음과 같다.

첫째, 사회과의 평가는 지식의 단순한 암기가 아닌 종합적인 능력을 평가하는 데 중점을 두어야 한다. 이는 사고력, 문제 해결력, 태도 등의 평가를 포함하는 것인데, 그 성격은 새로운 문제 장면에 직면해서 그것에 효과적으로 적응하기 위하여 그 장면의 상황을 분석하고, 이미 알고 있는 이해·지식·기능을 동원하여 그 전체를 상호 관련시켜서 그 문제를 처리하고 해결하고 고도의 정신 능력과 판단 자세 등이라고 할 수 있다.

사회과는 사회인식의 형성을 목표로 하고 있다. 따라서 학습 활동의 전개과정에서 사회인식을 어떻게 해서 획득하고 형성하여 가는가의 문제 해결 능력, 판단력 등을 평가하는 것이 중요하다. 이러한 의미에서, 사회과 평가는 결과 중심이라기보다는 과정 중심이어야 한다. 문제 해결의 결과만을 묻는다는 것은 사실에 대한 기억만을 묻는 것이다. 아무리 복잡하고 어려운 원리라 할지라도 결과만을 놓고 보면 암기할 수 있기 때문이다. 이에 비하여 과정을 평가한다는 것은 사고나 능력의 중간 단계까지 평가한다는 의미이며, 이 중간 단계야말로 종합적 능력 혹은 문제 해결력, 판단력 등의 핵심인 것이다.

둘째, 사회과 평가에서는 목표의 한 영역이 아니라 여러 영역이 골고루 평가되어야 한다. 사회과에서는 인지적 목표, 기능·능력적 목표, 가치·태도 등 정의적 목표가 포괄적으로 들어 있다. 인지적 목표에만 치우친 평가는 바람직하지 못하다. 고도의 문제 해결력은 말할 것도 없고, 의사소통 능력, 다른 사람과 협력해서 일을 처리할 수 있는 능력, 사회 공동체의 일에 대한 참여의 태도 등 여러 목표를 포괄적으로, 그리고 어느 한쪽에 치우침이 없이 평가하여야 하는 것이다.

셋째, 사회과 평가는 다양한 방법으로 이루어져야 한다. 흔히, 사회과 평가 하면 지필 평가만을 연상하지만, 이 밖에도 관찰 평가, 작품 분석 등 여러 가지 방법이 있을 수 있다. 어떤 특정한 방법에 의한 평가는 그것이 평가할 수 있는 범위가 정해져 있다. 그러므로 다양한 방법에 의한 평가는 위에서 말한 종합적 능력의 평가 혹은 전 영역의 평가를 위해서 꼭 필요하다.

2. 사회과 평가의 목적과 목표

사회과 교육평가의 목적은 사회과 교육 목표를 준거로 학생들의 학습과정과 학습 목표에의 도달 정도를 판단할 수 있는 구체적인 정보를 제공하는 데 있다. 그러나 사회과 평가에서 구체적으로 '무엇'을 '왜' 평가할 것인가를 고려하면 사회과 평가 장면은 달라진다. 평가 관점과 내용은 획일적으로 고정되어 있지 않고, 사회가 변화하고 사회과 교육에 대한 인식이 변화함에 따라 다양하게 구조화된다. 사회과 평가를 보는 관점은 매우 다양하지만 크게 두 가지로 대별해 볼 수 있다.

첫 번째 관점은 객관주의 인식론에 근거한 것으로 사회과 평가는 학생이 사회과를 학습하는 데 나타내는 학습 장애, 개인적인 혼란을 진단하고 치료하고, 선발하는 등의 진리, 참 등이 독립적으로 존재한다고 가정하고 교육은 자기 밖에 있는 진리를 찾아가는 과정이라고 생각한다. 이처럼 학생들이 알아야 할 것이 외적으로 주어진 상태에서 평가는 평가할 '무엇'이 그에 따라 결정된다. 객관주의 입장에서 평가는 이러한 교수·학습 내용을 평가 상황으로 전환하기 위하여 분석하고, 학습자의 기존 능력을 측정하며, 필요한 정보를 학습자에게 전달하기 위한 전략이 성공적이었는지에 대해 평가한다. 공통적으로 이것은 학습과정에서의 방해를 최소화할 수 있기 때문에 교실이나 실험실의 인위적인 구조에서 수행된다. 그리고 학습 결과를 객관적으로 평가할 수 있는 평가 도구와 방법을 정교화하여 왔다.

두 번째 관점은 구성주의 인식론에 근거한 것으로 사회과 평가는 사회과 교수·학습과정을 점검하고, 그 결과를 다음 교수·학습과정에 반영하는 등의 목적을 갖는다는 것이다. 사회과 평가는 점차 학생들의 서열을 매기는 데 그 초점을 두기보다는 학생들이 사회과 학습 목표에 얼마나 도달했는지를 점검하고, 학습과정을 반성하는 데 강조점을 둔다. 따라서 평가는 교수·학습의 과정과 밀접하게 결부되어야 하고 학습 결과에 대한 평가뿐만이 아니라 학습과정에 대한 평가도 포함해야 한다. 교사와 학생은 평가를 통하여 어떻게 학습이 진전되는지를 알아야 하고, 그러한 과정은 학습과정뿐만 아니라 궁극적으로 학습 결과를 개선시키게 될 것이다(박선미, 1998).

이 두 가지 관점 모두 변화를 강조한다는 것을 전제로 한다. 교육은 인간 행동의 변화를 유도한다. 교육받기 전과 후에 변화가 일어나지 않았다면 교육을 받았다고 할 수 없다. 평가는 교육받기 전과 교육받은 후에 무엇이 얼마나 어떻게 변화했는지에 대하여 구체적인 자료를 제공해 줄 수 있어야 한다.

사회과 교육은 사회과의 여러 지식을 많이 가지고 있는 학습자뿐만 아니라 삶의 공간으로부터 부딪혀 오는 문제를 문제 해결의 절차에 따라 해결할 수 있고, 지도나 사료 또는 통계 자료 등을 보며 그 의미를 이해하고, 자신의 생각을 한 장의 지도나 글로 나타내거나 다른 사람과 의사소통할 수 있으며 그리고 궁극적으로는 자신이 가지고 있는 지식과 기능을 생활하면서 적극적으로 이용하려는 학습자를 기르는 데 그 목표가 있다. 따라서 사회과 교육평가는 학생들이 사회과 교육을 받은 후 이러한 측면에서 무엇이 얼마나 어떻게 달라졌는지에 대한 구체적인 정보를 제공해 주는 데 그 목적을 두어야 한다.

평가 목표란, 평가의 기준이 되는 것을 말하는데, 보통 교육 목표로부터 추출된다. 평가 목표에는 여러 단계가 있다. 먼저, 학년별 평가 목표가 추출되어야 하고, 여기에 더하여 단원별 목표, 주제별 목표, 그리고 차시별 목표와 구체적인 문항별 목표까지 단계적으로 추출되어야 할 것이다.

학년별 평가 목표를 추출하기 위해서는 교육과정의 '교과 목표'와 '내용 체계표'를 바탕으로 해야 한다. 현행 교육과정에서는 학년 목표를 제시하고 있지 않으므로, 특히 '내용 체계표'가 유용한 역할을 할 수 있을 것이다. 그것은 사회현상에 관한 지식 목표, 사회 기능에 관한 목표, 학습 능력에 관한 목표, 참여와 협동의 능력에 관한 목표, 그리고 사회 발전에 대한 태도 목표이다.

3. 사회과 교육평가의 기능

사회과 교육의 평가는 교육 목적과 목표의 달성 정도를 측정하는 활동이다. 이와 같은 사회과 교육평가의 기능은 다음과 같이 요약할 수 있다.

첫째, 사회과 학습 동기 유발 및 강화를 도모해 준다. 사회과 평가는 학생들이 흥미와 관심을 갖고 향후 수업에 참여하도록 돕는 구실을 한다.

둘째, 학습 결과의 진단 및 치료에 효과적이다. 사회과 평가는 결과를 분석하여 목표에 피드백하고, 바람직하지 못한 부분을 교정·개선하는 준거로 활용된다.

셋째, 교육과정 및 학습 지도 방법의 개선에 도움을 준다. 사회과 평가 결과는 사회과 교육과정의 정상화, 사회과 수업의 개선의 자료로 활용된다.

넷째, 교육 정치(定置)의 기능을 수행한다. 사회과 평가는 학습자의 수준과 현재 위치를 파악하여 적재적소 배치와 지원의 준거로 활용된다.

다섯째, 바람직한 선발 기능을 수행한다. 사회과 평가는 다수의 학생 중에서 일정한 기준, 준거에 의한 선발의 자료로 활용된다.

4. 사회과 교육평가 방향

사회과 교육의 목적을 달성하기 위한 사회과 교육평가의 기본 방향은 다음과 같이 정리할 수 있다.

첫째, 사회과 평가는 교육과정에 제시된 목표와 내용 및 교수·학습 방법과의 일관성이 유지되도록 해야 한다. 평가는 학습 결과로 나타나는 목표 도달 정도를 측정하는 것이다. 이때 목표는 바로 사회과 교육의 목표를 말하는 것이므로, 평가의 영역도 사회과 목표에 근거를 두고 설정되어야 한다. 사회과 교육에서 평가가 제대로 이루어지기 위해서는 사회과에서 학생들이 성취해야 할 내용과 수준은 분명하게 제시하고, 실제로 학생들이 성취한 수준은 확인할 수 있는 평가도구를 개발하며, 평가결과를 교육과정 및 교수·학습과정에 반영할 수 있는 환류 체계가 마련되어야 한다.

둘째, 평가 요소들은 지식 영역에만 치우쳐서는 안 되며, 기능 영역과 가치·태도 영역을 동시에 고려하는 종합적이고도 균형 있는 평가가 되도록 한다. 지식영역에서의 평가는 사실적 지식 습득 여부와 함께 사회현상의 설명과 문제 해결에 필수적인 기본 개념 및 원리, 일반화에 대한 이해 정도를 측정하는 데 역점을 두고, 성취결과에 대해서는 양적 평가와 함께 질적 평가가 조화롭게 이루어지도록 한다. 사회과에서 배워야 할 지식은 사회현상을 설명하는 데 요구되는 지리, 역사, 일반사회의 사실, 개념과 이론 등으로 구성된다.

기능 영역의 평가에서는 지식의 습득과 민주적 사회생활을 하는 데 필수적인 정보의 획득 및 활용기능과 의사소통기능뿐만 아니라, 획득된 지식을 이용하여 상황을 추론하고 의사 결정하며, 문제를 해결하는 등의 고등사고기능을 측정하는 데 초점을 둔다. 가치·태도 영역의 평가에서는 국가·사회의 요구와 개인적 요구에 비추어 바람직한 가치와 합리적 가치의 내면화 정도, 가치에 대한 분석 및 평가 등의 실제적인 능력을 평가한다.

셋째, 탐구 지향적 수업 또는 사고력 신장을 위한 수업의 과정과 그 결과에 대한 평가를 할 수 있도록 수행과정을 평가해야 한다. 수행과정을 평가하는 것은 양적인 평가보다는 질적인 평가를 통해, 학습자의 능력을 있는 그대로 밝히고자 하는 것이다.

수행 과정에 대한 평가는 학습은 능동적이고 창의적이며 목적 지향적인 과정으로 해석하여 학습자가 애매하고 불완전한 정보나 지식을 자기 나름대로 이해하고 의미를 구성하는 인지적 구조의 재구조화 과정을 중시한다(백순근, 1995. p.130). 이러한 수행평가는 학업성취의 진위를 가리기 위한 목적을 지닌 의사 과학적 도구(pseudo scientific tool)를 이용하여 교수·학습 이후에 이루어지지 않고 학습과정 중에 이루어진다.

2009년 개정 사회과 교육과정에서 요구하는 사회과 교육평가의 방향은 다음과 같다.

첫째, 교육과정의 내용 다양화와 교수·학습의 방법 자율화에 적합한 다양한 평가를 하여야 한다.

둘째, 사회과 교육과정의 목표, 내용, 교수·학습 방법 등 일련의 과정과 연계된 평가를 하여야 한다.

셋째, 지식영역의 평가 요소에만 치우치지 않고 기능영역, 가치·태도 영역을 동시에 고려하는 종합적이고도 균형 잡힌 평가를 하여야 한다.

넷째, 개개인의 학습 과정평가, 수행 평가를 강조하여야 한다.

다섯째, 수업과정과 결과에 대한 원만한 평가를 위해서는 다양한 수행평가방법을 활용하여야 한다.

5. 사회과 평가의 방법

1) 교육의 한 과정으로서의 평가

사회과의 평가는 목표, 내용, 방법과의 일관성을 유지하여야 한다. 성취 기준으로서의 목표와 이를 바탕으로 한 내용에 대해 학습한 과정과 결과를 평가해야 하므로 목표, 내용, 방법, 평가가 동일 선상에서 이루어져야 한다. 일반적으로 '평가'라고 하면, 중간고사 혹은 학기말 고사를 연상하게 되는데, 이것은 평가를 교육 활동의 종착점으로 생각하기 때문이다. 그러나 평가는 종착점이 아니고 시작도 아니며, 일련의 순환적인 교육의 한 과정이다. 교육은 목표 설정과 교수 · 학습 활동, 평가의 과정을 거치는데, 이것은 한 번에 완결되는 것이 아니라 순환적이다. 따라서 평가는 다음 목표 설정 과 교수 · 학습의 밑거름이 되어야 하며 이 세 가지 사이에는 일관성이 있어야 한다.

2) 성취 기준과 성취 수준에 의한 평가

교육 활동이란 목표를 지향하는 활동으로 평가의 기준은 한 학생이 그 목표에 도달했는지가 되어 야 한다. 교육의 목적은 학생을 목표에 도달시키는 것이므로, 평가에서는 학생이 집단 내에서 어떤 위치에 있는가를 알려고 하는 것보다는 정해진 목표를 얼마나 성취했는가를 알고자 해야 한다.

성취 기준은 평가를 하는 데 필수적인 것이 잘 분석되고 체계화된 기준이다. 이때, 교육과정이 그 기준이 되어야 한다. 그러므로 사회과에서의 평가는 성취 수준을 근거로 설정된 평가 기준에 따라 평가하여야 한다. 성취 수준은 교육과정의 목표 또는 내용으로 제시된 내용 기준과 수업의 결과로 나타나는 행동의 변화를 의미하는 행동 기준으로 구성되는데, 평가 기준 역시 이에 따라 설정된다. 행동 기준은 주로 학습 기능, 사고력 신장과 가치 · 태도의 변화에 주목한다. 따라서 평가 기준이란 성취 기준을 좀 더 구체화하여 평가에 도입해야 할 요소와 그것의 범위 및 심화의 정도를 명시한 것을 말한다. 그러나 교육과정의 목표는 평가의 기준으로서 다소 추상적이라고 할 수 있으므로 더욱 상세한 평가 기준이 필요하며, 이러한 평가 기준을 만들려면 구체적인 작업이 이루어져야 한다.

3) 내용 대강화 및 방법 자율화를 고려한 평가

교육과정 내용의 대강화와 교수 · 학습 방법의 자율화에 맞는 다양한 평가 방법을 활용할 수 있는 있도록 한다. 사회과 교육과정에서는 학교 수준에서 교사들에 의한 교육과정 재구성이 이루어져 다 양화되고 융통성 있는 교육과정 운영을 제시하고 있다. 이를 위해서 국가 수준에서 '대강의 교육과정 지침'을 제시하고 기존의 대단원, 중단원, 소단원 체제를 주제명, 성취 기준 체제로 단순화하였으며, 학교 수준에서 '교육과정 개발'을 수행하도록 이원화하였다. 따라서 국가 수준의 교육과정은 대강의 얼개만을 제시하고 있으므로, 학교의 교사 수준에서 그 얼개에 따라 자신이 가르치는 학생들에게 맞는 수업을 계획하고, 자신이 수행한 수업을 고려한 평가 방법을 활용할 수 있어야 한다.

4) 다양한 평가 방법의 활용

사회과의 평가는 지식, 기능, 가치·태도를 종합적으로 평가함과 동시에 학습이 총체적인 과정이라는 관점에서 개인 수준에 맞는 평가를 지향하므로 평가의 주안점에 따라 다양한 평가 방법을 고려하여야 한다. 전통적으로 지식을 평가하는 데 주로 사용한 지필 평가에서 더 나아가 기능 및 가치·태도를 평가하고 학습과정을 평가하기 위해서 관찰 평가, 작품 분석법, 면접법, 상호 평가, 자기평가 등의 다양한 질적 평가 방법도 활용하여야 한다. 객관적 평가 방법은 많은 비판을 받고 있지만 중요하고 편리한 평가 방법임이 분명하다. 객관식 중에서도 선택형이 많이 이용되는데, 이를 적용할 때에도 단순한 암기력보다 사고력을 측정하도록 노력하여야 한다.

사회과 교수·학습 개선을 위해 평가에 대한 교사의 연구가 이루어져야 한다. 수업의 언어적 상호 작용 분석과 같은 형태적인 분석과 더불어, 교육 내용을 어떻게 해석하여 수업으로 구성했는지에 대한 내용 분석이 이루어져야 교사 자신의 교수·학습이 객관화될 수 있어야 할 것이다. 또한 평가도구의 개발은 교재의 분석을 통해 배울 내용과 활동들을 추출하고 교사의 평가 관점을 체계화한 평가 기준을 마련해야 타당도를 높일 수 있을 것이다. 즉 내용에 따른 행동 요소에는 지식 영역은 사실, 개념, 일반화, 기능은 정보 수집 처리, 자료 활용, 의사소통, 참여 활동, 문제 파악, 가설 방법 및 추론, 근거 분석 및 제시, 그리고 가치·태도 영역으로는 관심, 홍미, 동기, 규범 지키기, 신념, 태도 등을 포함한다.

5) 과정 및 수행 중심의 평가

사회과 평가는 교육의 한 과정임을 고려하여 학습과정과 성취 수준을 이해하고 발달을 돕는 차원에서 실시하여야 한다. 아울러, 탐구 지향적 수업 또는 고급 사고력 신장을 위한 수업과정과 그 결과에 대한 평가가 실효를 거두기 위해서는 수행 평가 또는 질적 평가의 방법도 도입되어야 한다. 수행 평가는 기본적으로 평가 방법에 관련되는 것으로, 그 이론은 기존의 지필 평가가 실제의 능력을 제대로 평가할 수 없다는 비판에서 출발한 것이다.

수행 평가는 일반적으로 기능과 가치·태도 영역에서 많이 활용되고 있다. 또한, 지식 영역에서도 암기 이상의 인지 작용을 측정하려고 할 때에는 객관식 지필 평가 방법으로는 제대로 평가하기 어려우므로 수행 평가를 활용하여야 한다. 고도의 정신 작용은 겉으로 드러나지 않는 성격이 있기 때문이다. 그리고 수행 평가는 주로 질적인 자료에 의존하는데, 질적인 자료란 지필 평가에 의한 자료가 아닌 관찰, 면접 등에 의한 자료를 의미한다. 양적 자료는 숫자로 표시되기 때문에 처리하는 데는 편리하지만, 사고의 과정, 기능 영역, 가치 영역 등을 평가하기에는 미흡하다. 수행 평가의 기본은 실제 상황과 가장 근접한 상황에서 목표를 성취했는지를 평가하는 것이다.

6) 종합적·균형적인 평가

사회과의 평가는 지식과 기능, 가치태도 등 여러 영역이 고르게 이루어져야 한다. 단편적인 지식의 암기를 요구하는 종래의 평가관에서 벗어나 지식은 물론, 기능과 가치태도 등을 두루 포괄하는 종합적이고도 균형 있는 평가가 이루어져야 한다.

사회과 평가는 세 영역 중에서도 비교적 소홀히 하기 쉬운 기능 영역에 관심을 가져야 한다. 기능 영역은 실제로 해 보이는 것을 평가해야 하므로 평가하기가 쉽지 않다. 정의적 영역인 가치·태도 영역도 강조되기는 하지만, 학생들의 가치 목표 달성도를 측정하는 것이 어렵다는 난점(難點)이 있다.

한편 사회과 평가의 지식평가와 관련하여 고려할 점의 하나는, 지식 목표에서는 고급 사고력보다는 낮은 수준의 사고력, 개념이나 일반화보다는 단편적인 사실 위주로 평가하는 것도 문제이다. 따라서 사회과는 지식, 기능, 가치·태도의 세 영역이 통합되어 하나의 큰 목표를 이룬다고 할 수 있으므로 이 세 영역이 두루 균형 있게 평가되어야 한다.

6. 사회과 평가 영역

사회과 평가 영역은 사회과 교육 목표로부터 추출되어야 한다. 교육과정은 '각 학교에 분명하고 명료한 목표를 제공하고, 학생과 학부모에게 반드시 배워야 할 지식과 이해 및 기능의 목표 수준과 실제 성취 수준에 대한 정확한 정보를 명료하게 제시하며, 또한 교사에게는 자신이 가르치는 학생들로부터 최선의 학습 결과를 도출하기 위한 지침'으로 기능한다. 따라서 교육과정은 평가영역과 내용 및 수준을 결정하는 준거라고 할 수 있다. 사회과 평가영역은 제7차 교육과정에서 제시한 사회과의 교육목표와 관련하여 '지식의 이해 영역', '문제 해결 영역', '의사소통 및 참여 영역', '가치·태도 영역'이라는 4개의 평가영역으로 구분될 수 있다.

첫째, '지식의 이해 영역'은 지리적, 역사적, 사회적 사실, 개념, 원리에 대한 이해와 관련된 것으로 평가는 해당 학교급에서 반드시 배워야 할 사실, 개념, 원리에 대한 이해 정도를 대상으로 한다. 지식의 이해 영역에서는 사회과의 주요 지식이나 원리 등을 기억하고 있는지뿐만 아니라 지식 습득의 정도와 과정을 측정할 수 있어야 한다.

둘째는 '기능' 요소인데 크게 '문제 해결영역'과 '의사소통 및 참여영역'으로 나눌 수 있다. 문제 해결영역은 사회과와 관련된 자료와 정보를 수집하여 문제별, 특정 관점별로 분류·정리할 수 있고 그 자료로부터 물음을 제기할 수 있으며, 각종 정보 및 자료를 분석·해석하여 사실과 의미를 추론하고 결론을 도출할 수 있는 능력을 측정하는 영역이다. 따라서 문제 해결영역은 '문제의 인식', '탐구 설계 및 자료 수집', '자료의 분석·해석', '결론 도출 및 평가'라고 하는 4개 하위 평가 요소를 지니고 있다. 기능 영역 및 기능요소는 능력 영역 및 능력 요소와 밀접하게 관련된다.

'의사소통 및 참여영역'은 지식의 습득과 구성 및 문제 해결과정에서 도출된 결과를 나타내고 이를 타인과 공유하는 과정에서 요구된다. '의사소통영역'은 글이나 말 혹은 행동으로써 자신의 생각을 나타낼 수 있을 뿐만 아니라 자신의 생각을 나타내기 위하여 언어적 정보를 시각화하는 것과 자신의 생각을 나타내기 위하여 표, 그래픽, 지도 등에 나타난 정보를 언어적 정보로 번역·기술하는 것까지를 포괄한다. '참여영역'은 학교와 지역사회의 주요 활동에서 책임감을 가지고 협상·결정하는 과정에 참여하는 과정을 강조한다.

셋째, '가치·태도영역'은 이해와 기능을 바탕으로 인간 행위와 사회 환경에 대한 관점을 수용하고, 사회적 합의성을 탐색하며, 타인의 기본 가치에 대하여 이해하며 존중하고, 사회과의 학습 내용에 흥미, 관심 등을 내면화하는 일련의 것을 포함한다.

1) 지식 영역

사회과에서 다루는 지식에는 사실적 지식, 기본 개념과 일반화 및 원리가 있다. 사실적 지식이란 특정 공간과 시간에 일어난 사건에 관한 지식을 의미한다. 사회과에서 사실에 관한 지식들은 여러 현상을 설명해 주지 못하므로 사실에 관한 지식만을 평가한다면, 흔히 말하는 암기 위주의 사회과를 지속시키는 결과를 가져올 것이다. 따라서 이보다는 상위 수준의 지식을 평가하도록 노력하여야 한다.

개념의 일반화는 사실보다는 상위의 지식이다. 개념은 여러 사실에서 공통성을 추출하여 명명한 지식이다. 개념이나 일반화는 사실적 지식보다는 적용 가능성이 더 크기 때문에 상위의 지식이라고 할 수 있으므로, 사회과에서 중시하는 평가 영역이다. 지식을 사실에 관한 지식과 개념, 일반화의 두 층으로 구분하여 설명하는데, 이를 인지 작용의 측면에서 보면, 전자는 주로 단순 사고에 해당한다고 볼 수 있고, 후자는 고급 사고력에 관계된다고 볼 수 있다. '암기'의 결과로써 얻은 지식은 주로 '사실'에 해당하는 지식이며, '적용' 이상의 인지 작용의 결과로써 얻은 지식은 주로 '개념'과 '일반화'에 해당하는 지식이다. 그러므로 개념과 일반화의 성취 여부를 측정해야 한다는 것은 '이해' 이상의 고급 사고력 혹은 인지 기능을 측정해야 한다는 의미와 같다.

개념과 일반화를 평가하는 방법으로는 지필 평가도 있고 관찰 등의 방법도 있다. 지필 평가의 방법은 이러한 능력을 평가하는 데에 적절하지 못하다고 지적되기도 하는데, 지필 평가에 지나치게 의존하여 온 종래의 관행을 개선하여 고급 사고력을 평가하는 방법을 개발하여 실시해야 할 것이다.

2) 탐구 기능

일반적으로 기능은 수행할 수 있는 능력을 의미한다. 기능보다 더 넓은 개념으로는 능력이라는 용어가 있다. 사회과의 기능 영역은 지역의 모습을 지도로 표현하거나 지도를 통해서 지표 현상을 읽어내는 지도 관련 기능, 연표의 작성과 같은 시간의 흐름에 관계되는 기능, 도표나 그래프의 분석 및 해석에 관계되는 기능, 원활하게 의사소통을 하면서 일을 해 나가는 기능 등이 전통적으로 중시됐고, 최근에는 정보 처리 기능도 강조되고 있다.

정보 처리 기능이란 사회현상을 탐구하기 위하여 자료를 수집, 정리, 재조직, 평가해 가는 일련의 기능을 의미한다. 정보 처리 기능은 정보화 사회로의 변화와 관련하여 그 중요성이 커지고 있으며, 세부 기능도 다양화하고 있다. 정보 수집 기능만 하더라도 과거에는 도서 및 신문, 시사 자료 등에 관한 능력 정도를 가리켰으나, 최근에는 인터넷 검색뿐만 아니라 GIS 및 인공 영상 등을 이용하여 정보를 수집할 줄 아는 기능까지 중요한 기능으로 취급되고 있다.

3) 의사 결정 및 실천 능력

사회과 평가 요소 중에서 중요한 위치를 차지하고 있는 것이 의사 결정 능력이다. 사람들은 모두 수많은 의사 결정을 내리면서 살아간다. 세상의 모든 사람들은 항상 여러 가지 문제에 봉착하며 살아가고 있다. 그러한 선택이 합리적이냐 아니냐에 따라 개인 생활, 더 나아가 사회 전체의 운명이 바뀔 수도 있다. 의사 결정 능력은 소집단 활동 등 여러 장면에서 관찰하는 것이 바람직하다. 의사 결정 능력 및 의사 결정에 따른 실천 행위에 대한 평가는 소집단 활동 등 여러 장면에서 관찰하는 것이 바람직하다.

의사 실천 능력이란 사회문제나 쟁점에 대한 의사소통 능력이라고 볼 수 있다. 의사소통 능력은 상호작용 관여 수준에 관련된다. 상호작용 관여는 한 사람이 사회 환경이나 다른 사람과의 대화에 참여하는 수준을 의미한다. 다른 사람과의 상호작용 관여 능력은 일상적인 대화 상황에서 다른 사람의 언어적·비언어적 행동을 주의 깊게 관찰하고 예민하게 지각하고 적절하고도 효과적으로 반응하는 타인 지향적 능력을 의미한다. 이러한 능력들은 그 성격상 지필 평가보다는 실제 기능을 실연하는 장면을 포착하여 관찰과 같은 방법으로 평가하는 것이 바람직하다.

4) 가치·태도 영역

아주 전통적이고도 본질적인 지향점이고, 아울러 책임 있는 민주 시민의 양성을 목적으로 하고 있는 사회과 교육의 내용과 관련하여 사회가 요구하는 시민의 자질을 설정하는 것이 중요하다. 이를 위해서 국가·사회적 변화의 특성을 파악하는 것이 선행되어야 한다.

가치·태도 영역은 사회과에서 평가가 쉽지 않은 분야이다. 우리나라의 경우 교과 편제에서 도덕과가 사회과에서 분리되어 있기 때문에 사회과의 가치·태도 목표는 도덕과의 목표와 구별하는 것이 필요하다. 사회과에서 가치·태도 영역은 우선 역사, 지리, 정치, 사회제도 등 사회과 고유의 영역에 관련된 것이라야 한다. 가령, 21세기 세계화된 시대에 시간과 공간을 초월하여 전 세계적으로 존재하는 다양한 문화를 이해할 수 있는 능력을 의미한다. 또한 환경 친화적 사회 조망 능력으로 현대 사회에서 자연과 인간을 대립적인 관점에서 보기보다는 인간을 자연의 일부로 여기는 생태학적 관점에서 보는 능력, 과학·기술·사회(STS)의 통합 인식 능력으로 과학·기술의 발달과 그로 인한 사회변화의 관계를 인식하고 관련된 가치관을 확립할 수 있는 능력, 민주 이념의 이해와 실천 능력 등을 이야기할 수 있다. 그러나 사회과에서 가치·태도 영역은 '무조건, 무엇을, 하여야 한다'는 교조주의식이 아니라 가치를 분석하는 측면에 중점을 두어야 한다.

가치·태도 영역의 평가 방법으로는 관찰법을 활용할 수 있다. 그러나 평가 대상자가 평가를 의식하면 관찰하기가 어렵게 되므로, 학생들이 의식하지 못하는 가운데 관찰이 이루어지는 것이 바람직하다. 따라서 평소에 꾸준히 관찰하고 체크리스트 방법 등으로 그 결과를 누가 기록하는 것이 중요하다.

5) 학습자의 흥미, 관심, 동기, 습관의 평가(심리적 측면 평가)

학습자의 흥미, 관심, 동기 등은 정의적이며 과정적인 특성을 갖는 학습자 변인인 동시에 학업 성취를 위한 노력 또는 활동을 시작하여 일정한 방향으로 나아가는 데 필요한 에너지를 제공해 주는 원천이다. 흥미, 관심, 동기란 대체로 행동에 활력을 불어넣어 주고 행동의 방향을 정해 주는 것으로 정의된다. 사회과 학습에 대한 흥미와 관심 및 동기의 일반적 특성은 내적인 보상을 주는 학습을 모색하는 사람들에게 가장 분명하게 나타난다. 그들은 새로운 정보를 알고 정보의 축적을 확장하는 것 자체를 가치롭게 여긴다. 학습자의 흥미, 관심, 학습 동기와 태도는 학업 성취에 큰 영향을 미치기 때문에 이러한 정의적 영역은 평가 시 고려해야 할 중요한 내용이 된다.

1. 사회과 교육 평가의 일반적 유형

1) 평가 준거를 기준으로 분류한 유형

21세기 세계화·정보화 시대를 맞이하여 최근 교육평가는 평가 방향의 인간화, 절대평가로의 전환, 질적 평가로의 전환으로 그 움직임을 선보이며 기존의 평가 체제가 재구조화되어야 한다는 주장을 하고 있다.

교육평가(educational evaluation)란 교육현장에서 일정한 준거를 잣대(尺度)로 하여 교육의 입력, 과정, 출력에 대한 가치를 조사하여 판단을 내리기 위한 일체의 행위로 교육의 개념과 평가의 개념이 결합된 것이라고 할 수 있다.

그러나 여러 가지 다양한 기능을 갖고 있는 교육평가는 그 본질적 기능이 학생 개개인이 성취해야 할 교육목표들을 어느 정도 성취했는가를 점검하고 그 결과를 학생, 교사, 학부모 등 관련 당사자들에게 제공함으로써 교육적인 노력 및 의사 결정을 도와주는 데 있다고 볼 수 있으므로 하나의 수단이지 그 자체가 목적이 될 수 없다고 생각된다.

교육성과를 평가하는 준거를 교육목표로 하느냐 또는 평가를 실시해서 학습자들이 받은 점수의 평균으로 하느냐에 따라 상대평가, 규준지향평가라고 하는 규준기준평가와 절대평가, 준거지향평가, 목표지향적 평가라고 하는 준거기준평가로 구분된다.

(1) 규준기준 평가 : 상대평가, 규준지향 평가

한 학생이 받은 점수가 다른 학생들이 받은 점수에 의해 상대적으로 결정되는 평가방식으로 규준이란 원점수의 상대적 위치를 설명하기 위하여 쓰이는 척도로써, 모집단을 대표하기 위하여 추출된 표본에서 산출된 평균과 표준편차로 만들어진다.

(가) 규준기준 평가의 특징

① 학생들 간에는 현저한 개인차를 인정한다.
② 학생들의 성취도를 최대한 정밀하게 변별하여 각자의 능력에 맞는 수준의 교육을 하고자 하는 선발적 교육관에 기초를 두고 있다.
③ 일정한 교육수준에 도달할 가능성이 있는 소수의 우수자를 선발한다.
④ 개개 학생들이 지니고 있는 특성을 정확히 측정하여 이를 변별하는 데 초점이 있기 때문에 평가도구의 신뢰도에 관심을 둔다.

(나) 규준기준 평가의 장점
　① 엄밀한 개인차의 변별이 가능하다.
　② 경쟁을 통한 외적인 동기유발에 효과적이다.
　③ 객관적인 검사의 제작 기술을 통해 성적을 표시하므로 교사의 편견을 배제할 수 있다.

(다) 규준기준평가의 단점
　① 상대적 위치만 알려 줄 뿐 진정한 학력의 평가가 곤란하다.
　② 상대적 정보만 주기 때문에 학생 개인의 학습결손을 확인하고 이에 대한 교정이나 보충 학
　　습을 실시할 수 없다.
　③ 시험위주의 선택적 교수·학습을 조장하게 된다.
　④ 학생들에게 필요 이상의 경쟁심을 조장시킬 수 있다.
　⑤ 항상 일정한 비율의 실패자가 나오게 된다.
　⑥ 지적 계급의식을 학생들에게 심어 줄 수 있다.

(라) 규준의 유형
　규준은 전국규준, 지역규준, 연령규준, 학년규준, 백분위 점수, 표준점수(Z), 편차지능지수(Deviation IQ)의 규준이 사용될 수 있다. 그러나 규준을 선정할 때는 어떤 비교집단의 점수를 비교하여 해석하는 것이 더 의미 있는지를 고려해야 한다.

(2) 준거기준 평가 : 절대평가, 준거지향 평가

　한 학생의 성적이 그가 속해 있는 집단의 검사결과와는 아무런 상관을 가지지 아니하고 주어진 교수목표를 어느 정도 달성하였는가 하는 교수목표 달성도에 의하여 그 학생의 성적을 표현하는 방식이다. 준거지향평가는 검사에 포함된 실질적인 기능이나 과제의 성취도를 기술해 주며 준거는 학습자가 충분히 학습했는지를 평가할 수 있는 근거이다.

(가) 준거기준 평가의 특징
　① 검사의 타당도를 강조한다.
　② 개선·발전 기능 강조와 경쟁심을 제거한다.
　③ 방향과 전략을 결정할 자료 제공과 학습강화·효과의 비교 가능하다.
　④ 지적 능력 분류를 배제한다.
　⑤ 검사점수는 비율로 나타내거나 숙달 정도로 나타낸다.

(나) 준거기준 평가의 장점
　① 교수·학습 방법의 개선을 위한 보다 직접적인 정보를 제공해 준다.
　② 의미 있는 점수 제공으로 성취감 및 정신위생에 공헌한다.

③ 불필요한 지적 능력 구분을 탈피할 수 있다.

(다) 준거기준 평가의 단점
① 개인차의 변별이 불용이하다.
② 외발적 동기를 학습에 적용하지 못한다.
③ 타 집단 간의 비교에 어려움이 따른다.
④ 점수분포를 전제로 하지 않으므로 통계적 활용과 측정상 어려움이 있다.
⑤ 평가의 기준이 되는 절대기준과 수준 설정에 어려움이 있다.

(라) 준거기준 평가의 강조 영역
① 인간의 생명과 관계되는 자격증 수여를 위한 평가
② 학습의 위계성이 뚜렷한 수학과 과학 분야에 대한 평가
③ 저학년에서의 읽기, 쓰기, 셈하기의 기초과정에 대한 평가

(마) 준거결정 방법

준거는 일반적으로 구체적인 학습결과에 대하여 설정되는데 과제 수행의 정확성, 허용되는 오답 수 등에 근거하여 준거가 정해질 수도 있다. 완전학습에서는 전형적으로 정답률의 정도를 준거로 삼는 데 준거를 너무 높게 정하면 교사와 학습자에게 불필요한 교수·학습시간을 부과할 뿐 아니라 학습자의 흥미나 동기유발을 약화시킨다. 반면에 준거를 너무 낮추면 다음 학습과제 수행에 어려움을 주거나 학습자의 학습을 약화시킨다.

성취도준거를 결정할 때는 검사유형에 따라 단답형 검사는 80%, 선다형 검사는 85% 진위형 검사는 90%의 준거를, 다음 단계의 수업에서 효과적인 학습에 필요한 정도의 숙달을 보장하는 경우와 검사나 하위검사가 비교적 짧은 것일 때 준거를 높은 정답률로 하는 것을 고려해야 한다(Gronlund 1973).

(3) 규준기준 평가와 준거기준 평가 비교

첫째, 규준참조적인 해석은 개인의 점수가 집단의 점수와 비교하여 해석되며, 준거참조적인 해석은 학습자 행동들의 규정된 체계, 보통 어떤 구체화된 성취수준에 비추어 절대적인 해석에 있다.

둘째, 이 두 평가는 목적, 문항제작 방법, 교수과제에 관한 정보의 구체성 정도 및 평가결과를 과제영역에 일반화하는 정도 등에 따라 구별된다.

셋째, 규준기준 평가는 보다 더 일반적이고 더 포괄적이며 광범위한 내용 영역과 학습과제를 포함하는데 준거기준평가는 학습자의 구체적인 성취행동에 초점을 맞춘다.

넷째, 규준참조적인 평가 점수들은 규준집단 내의 위치로 변형되며 준거참조적인 평가 점수는 보통 정확한 해답의 비율로 나타내거나 숙달 정도로 나타낸다.

〈표 32〉 규준 지향 평가와 준거 지향 평가의 비교

유형 구분	규준 지향 평가(상대평가)	준거 지향 평가(절대평가)
평가 목적	○ 우열의 판정이다. ○ 측정과 관련된다. ○ 진급, 졸업, 합격 등 경영학적 입장이다.	○ 목표의 도달도를 검토한다. ○ 평가와 관계된다. ○ 교육성과를 높이는 교육학적 입장이다.
주요 기능	○ 종합적인 비교가 가능하다. ○ 집단 내의 비교가 가능하다.	○ 구체적인 진단이 가능하다. ○ 타 집단과의 비교가 가능하다.
기준점	○ 집단의 평균점이 기준이 된다. ○ 평점은 평균치로부터의 이탈도로서 표시된다. ○ 평균점이 명백하다.	○ 교육 목표가 기준이 된다. ○ 평점은 교육목표의 도달한 수준을 뜻한다. ○ 목표를 명확히 규정하기 어렵다.
득점 분포	○ 정상분포 곡선을 가정한다. ○ 득점 분포가 비정상이면 검사의 결함이나 오차로 본다.	○ 부적 편포를 기대한다. ○ 득점 분포가 비정상이면 학력의 실태로 본다.
검사 문항	○ 문항은 적당한 곤란도와 높은 변별도를 가질 것을 요구한다.	○ 교과 내용 분석에 의한 기본 개념과 원리가 검사 문항이 된다.
난이도	○ 적당한 곤란도는 정상분포를 이루게 하고 변산도를 크게 하며 높은 변별도는 신뢰도를 높인다.	○ 개념, 원리의 난이도와 집단의 변별에 관심을 두지 않는다.
검사 시간	○ 우열의 변별을 위하여 반응의 정오와 반응 속도의 차를 문제로 삼으며 검사 시간을 엄격히 통제한다.	○ 반응 속도 자체가 문제일 경우 외에는 대개 충분한 시간을 주어 문제를 해결하도록 한다.

2) 평가 기능을 기준으로 분류한 유형

(1) 진단평가(診斷評價: diagnostic evaluation)

진단평가는 효과적이고 능률적으로 교수·학습활동을 전개하는 데 필요한 교수전략을 세우기 위하여 수업을 시작하기 전에 학습지가 갖추고 있는 특성, 이전의 학습수행 정도, 적성, 학습준비도, 학습태도, 흥미, 동기유발 등의 출발점 행동을 진단하는 평가이다.

진단평가는 교수 활동이 전개되는 초기 단계에서 교수 전략을 위한 기초 자료를 얻고 교수 방법, 학습 방법의 적절성을 결정하기 위한 학생들의 기초 능력 전반을 진단하는 평가이다. 진단 평가는 학습 준비도, 학습 흥미, 학습 동기, 학습자의 성격 특성, 기초 학력의 정도, 학습자의 정서 등을 충분히 파악하여야 하며, 교수·학습 방법의 개선 방안의 중요한 자료가 된다.

(가) 진단평가의 목적

진단평가의 목적은 학습자의 상황을 파악하고 학습의 시발점에서 학습자가 지닌 지적, 기능적, 정의적 행동의 정보를 교수·학습과정에 활용함으로써 학생들의 성취 수준을 향상시키고 극대화시키려는 데 목적이 있다. 따라서 학습 과제에 대한 선행 학습의 결손을 파악하고 진단하여 그 교정과 보충 학습을 위한 평가이다.

진단평가는 출발점 행동의 확인, 학습 중복의 회피, 그리고 학습 곤란에 대하여 사전에 수립하여야 한다. 학생들이 시작하기 전에 어떠한 특성, 인지적 수준, 그리고 동기와 태도 등을 지녔는가를 초기 상태의 정보를 얻기 위하여 실시한다.

(나) 진단평가의 기능

① 학습하고자 하는 학습과제와 관련하여 선행학습의 결손을 진단하고 이에 대한 교정과 보충 학습을 위한 선수학습 능력을 진단한다.

② 현재 학습하고자 하는 학습과제를 학습자가 얼마나 미리 달성하고 있는가를 알기 위한 사전학습 능력 진단이다.

③ 학습자의 흥미, 성격, 학업성취 및 적성 등에 따라서 적절한 교수법과 교재활용 처방을 내리는 교육과정의 대안을 제공한다.

④ 학교사회에서는 목표달성에 필요한 투입행동, 기능, 내용 등을 이미 가지고 있는 것으로 여기므로 적정 위치 배정을 위한 진단이다.

(다) 진단평가 요소

① 지적 시발행동의 진단: 학습자 과거 학습의 누적적 총체로 지능, 적성, 과거 학업성적 등이 해당된다.

② 정의적 시발행동의 진단: 개인의 학습과제에 대해 과거에 형성된 지각적 판단, 현상학적 판단이 관련되며 흥미, 태도 등의 개념화이다.

③ 지능과 적성: 지능에 대한 편견을 버리고 단일 지능의 개념보다 적성의 개념을 우선적으로 수용할 필요가 있다.

(라) 진단평가의 절차와 방법

교육내용에 따라 다양할 수 있으며 일반적으로 진단평가를 실시하기 위해서 학교 차원에서 공식적인 일정과 조정이 필요하므로 기존의 학생 관련 자료에 의존하는 경향이 있다.

(2) 형성평가(形成評價: formative evaluation)

학습이 형성되어 가는 과정 중의 평가로써 교수·학습효과를 높이기 위하여 학습자에게 송환(환류)효과(feed-back)를 주고, 수업 방법과 교과과정을 개선하기 위하여 실시하는 평가이다.

(가) 형성평가의 목적

형성평가는 교수·학습과정의 진행 중에 투입되는 평가 활동으로써 교사와 학생들에게 정보를 제공하여 현실적인 도움을 줄 수 있으며, 교수·학습의 궤도 수정을 시도하여 학습 방법을 교정함으로써 학생의 학업 성취를 극대화시키는 데 궁극적인 목적이 있다. 형성평가는 학습 과제에서의 성공과 실패에 대한 피드백 정보를 주고, 교수 방법 사용의 결정과 교수 전략 대안의 결정에 많은 도움을 준다.

형성평가에서는 정책 결정자가 계획을 세밀하게 분석하고 조사할 수 있다. 그리고 평가의 범위가 상당히 넓다. 형성평가는 정책 결정자에게 합리적이고 적절한 결론에 도달하여 바람직한 결론을 내릴 수 있도록 돕는 데 근본적인 목적이 있다.

(나) 형성평가의 특징

① 학습 진행 과정 중의 평가이며 목표준거평가이다.

② 교수·학습과정에 관한 정보의 송환효과와 교정에 중점을 둔다.

③ 교수방법 및 학습과정을 개선하는 데 중점을 둔다.

④ 평가 도구는 교수·학습과정을 직접 이끌어 가는 교사가 제작한다.

⑤ 진단평가나 총괄평가에 비하여 상대적으로 자주 실시한다.

⑥ 결과는 채점은 하되 성적을 주어서는 안 된다.

⑦ 학생들의 내발적 학습동기에 의존하거나 이를 유발시킨다.

⑧ 반드시 간단히 필답고사에만 의존하는 것이 아니라, 형성평가의 원래 기능을 발휘할 수 있다면 어떠한 방법도 활용된다.

(다) 형성평가의 기능

① 학생들에게 바람직한 학습방향을 명시해 준다.

② 학생이 당면한 학습 곤란이나 학습 결손의 내용을 진단하여 교정·보충하는 기회를 제공 및 학습 속도를 개별화할 수 있다.

③ 학습 행동의 강화는 긍정적인 자아 개념을 형성하게 되는 계기가 된다.

④ 문항 분석은 교수·학습 방법을 개선하는 데 좋은 방법이 된다.

(라) 형성평가의 절차

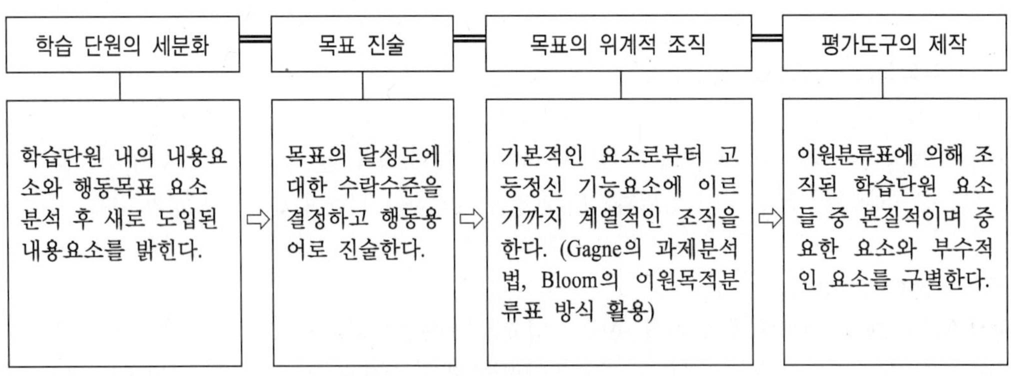

[그림 21] 사회과 형성평가의 절차

(마) 형성평가 도구의 제작

학습 단원 중 어느 요소가 중요하고 본질적인 것이며, 어느 요소가 부수적인 것인지를 결정해야한다. 형성평가 도구를 제작할 때에 고려해야 할 점은 학습 단원 중에서 중요한 학습 요소를 모두포함시켜야 한다. 형성평가의 목표 분류에 나타난 행동 항목을 모두 포함하여야 한다.

목표에 구체화되어 있으면 모두 형성평가의 문항으로 출제되어야 하며, 문항 형식은 다양하게 혼용하여야 한다. 요소들이 위계에 따라 어떤 조직을 이루고 있다고 하면, 학생들의 반응 역시 위계에부응하여야 하며, 학생이 반응한 오류가 무엇인지도 밝혀야 한다. 마지막으로는 오류를 지적할 뿐만아니라, 오류를 극복하기 위해 학습해야 할 교재의 소재를 밝히는 것이 중요하다.

(3) 총괄평가(總括評價: summative evaluation)

일정한 기간 동안의 수업이나 일정한 단원 학습지도가 종결되었을 때 학생들의 학업성취도를 총합적으로 검사하여 교수목표의 달성도를 알아보거나 수업활동의 효율성을 다각적으로 판단하기 위해 실시하는 평가로서, 학교활동의 경우 중간 평가, 기말 평가, 학년말 평가 등이 해당한다.

(가) 총괄평가의 목적

총괄평가는 교과목 전체 혹은 중요한 부분과 관련하여 학업 성취가 어느 정도 달성되었는지 그정도를 종합적으로, 총괄적으로 평가하기 위한 것이 목적이다. 주어진 교수 목표의 달성도에 따라서학생들에게 성적을 알려 주는 것으로 학생 개개인의 성적을 타인과 비교하는 상대적 위치뿐만 아니라 주어진 교수 목표 달성도를 측정해 줄 수 있다. 교과목에 따라서 어느 정도 차이가 있으나 학생의 현재 성적은 다음 학기, 학년 또는 상급 학교에서 얻을 성적을 예언해 주게 된다.

총괄평가에서는 다음 단계의 보다 효과적인 교수·학습 계획을 수립하는 좋은 자료가 된다. 지역간, 학교 간, 학급 간 학업 성취의 비교는 총괄평가의 방법과 그러한 입장에서 얻어진 학습 결과로비교된다.

(나) 총괄평가의 특징
① 교육목적 이원(내용과 행동) 분류표를 작성하는 평가이다.
② 일반적으로 규준 지향평가의 입장을 취하게 되어 상대평가적이다.
③ 교육목표는 포괄적이며 평가의 빈도는 낮고, 단위평가 시간은 길다.
④ 문항표본을 골고루 선택하여 평균난이도는 50% 정도이다.

(다) 총괄평가의 기능
① 성적을 통하여 흔히 학생들의 학습량이나 학습수준을 다른 학생들과 비교·분류하게 된다.
② 학생이 어떤 기능, 지식 또는 능력을 가지고 있다는 사실을 인정한다.
③ 다음 학습의 성공을 예측한다는 중요한 기능을 가지고 있다.
④ 학년 초, 전 학년도의 총괄평가 결과는 후속 수업과정을 어디에서부터 어떻게 시작해야 좋

을지를 결정하는 데에 도움이 된다.
⑤ 서로 다른 교사가 가르쳤을 때의 다양한 학생집단, 동일한 과정의 상이한 방법, 동일 과정의 서로 다른 부분의 효과 등을 비교할 수 있다.
⑥ 학생을 판정하여 등급을 정하고 자격을 부여하며 분류한다.
⑦ 교수·학습의 지속적, 장기적 질 관리에 도움을 준다.

(라) 총괄평가 문항 작성의 절차
① 평가목표 이원분류표(출제 계획서)를 작성하여 교육목표를 확인한다.
② 검사문항의 제작과 선택을 하는 데 문항의 표본은 가급적 상위의 교육 목표를 표집한다.
③ 다양한 문항 형태를 유지한다.
④ 문항의 난이도를 조정한다.
⑤ 결과 해석을 위한 기준을 설정한다.
⑥ 검사의 규칙을 확실히 할 수 있도록 하는 지시문을 작성한다.

(4) 진단·형성·총괄평가 시 유의점

① 진단평가가 정치(定置)를 목적으로 본 수업을 하기 전에 이루어지는 면은 총합평가에 의존하는데 총괄평가 결과를 학생의 편성이나 분단 구성 등 진단목적으로 사용할 때는 주의 깊은 계획이 요구된다.
② 진단평가와 형성평가를 비교해 볼 때 표준화 진단검사는 형성평가보다 일반적인 기능이나 특성을 측정하도록 구성되어 있어 여러 면에서 적성검사와 비슷하지만 형성평가는 특정 단원의 구체적인 수업내용을 측정할 수 있도록 구성되며 단원을 수업하는 과정에서 학습곤란을 많이 받는 부분을 파악하여 보충한다.

〈표 33〉 과정별 교육평가의 특징 비교

구분	진단평가	형성평가	총괄평가
기능	1. 선행 기능의 보유 상태의 결정 2. 학습 전 사고력 성취 수준의 결정 3. 교수방법과 대책에 따른 학생의 분류, 배치(定置) 4. 계속적 학습 곤란의 원인 결정	1. 학습 단위에 관련된 학생의 사고력 진보상태를 교사 학생에게 피드백 2. 학습 단위의 구조에 따라 오류를 확인함으로써 교정, 교수 방법의 대안을 제시	·학습 성과 확인 ·종합적 평정
실시 시기	1. 학습 시초: 학습 시초, 학기, 학년의 시초(출발점 행동) 2. 교수 도중: 정상 수업으로는 학생이 계속해서 도움을 못 받을 때	·수업 도중	·학습 단위, 학기, 학년의 과정 종료 후 ·일정 간격, 일정 시간
강조점	1. 지적, 정의적 활동 2. 신체적, 환경적, 심리적 요인	·지적 행동	·지적 기능 및 사고력, 정의적 행동

구분	진단평가	형성평가	총괄평가
검사도구의 형태	1. 사전검사를 위해서 형성 및 종합 평가의 도구 2. 표준화 학력 검사 3. 표준화 진단 검사 4. 교사 제작의 평가, 관찰 및 체크리스트	·행동 목표에 맞게 특별히 고안된 평가 도구	·다양한 평가 도구
교수목표의 표본	1. 각 선행 기능 행동의 구체적 표본 2. 비중을 둔 사고력 목표의 표본 3. 특별한 교수 형태에 관계있다고 생각되는 학생 변인의 표본 4. 신체적, 정서적, 환경적으로 관련된 행동의 표본	·학습 단위의 위계에 포함된 모든 관련 있는 과제의 구체적 표본	·사고력 및 가치·태도 목표의 표본
문항 난이도	1. 선행 기능 및 능력의 진단: 대부분 쉬운 문항 65% 이상의 난이도	·사전 구체화 관란	·평균 난이도가 35–70% 이고 대단히 쉬운 문항과 어려운 문항 포함
채점	1. 규준 지향 및 목표 지향 겸용	·목표 지향	·일반적으로 규준과 목표 지향의 병용
점수 처리 방법	1. 하위 기능별의 개인 프로 파일	·학습단위의 위계에 포함된 각 과제에 대한 급락의 개인 점수 유형	·목표에 비추어 본 총점 혹은 하위 점수

3) 채점의 주관성을 기준으로 분류한 유형

문항 형식은 학자마다 서로 다르게 구분되고 있으나 검사 결과를 채점하는 데 있어서 채점자의 주관성 개입 여부에 따라서 주관식 평가와 객관식 평가로 구분한다.

(1) 주관식 평가(서답형 평가)

주관식 평가는 학생들에게 자기 자신의 반응을 직접 쓰도록 요구하는 것으로 반응의 범위가 다양하며, 일반적으로 단답형 문항, 완결형 문항, 논문형 문항의 세 가지로 분류할 수 있다.

(2) 객관식 평가(선택형 평가)

객관식 평가는 채점과정에 주관성이 개재될 소지가 완전히 배제되어 있으며 검사문항 형식이 진위형, 선다형, 배합형이 있다.

(3) 주관식 검사를 적용하는 것이 바람직한 경우

① 문장을 통한 표현능력과 조직능력 등의 정신기능을 강조하고자 할 때

② 학업성취보다는 피평가자의 태도나 의견에 많은 관심을 갖고 있을 때
③ 피평가자 집단의 수가 적고 동일한 검사를 다시 사용할 필요가 없을 때
④ 객관식 평가를 제작하는 데 필요한 충분한 시간적 여유가 없을 때
⑤ 평가 문항 제작자가 객관식 평가를 제작하는 것보다는 주관식 평가의 반응을 비판적으로 채점
   할 자신이 있을 때

(4) 객관식 평가를 적용하는 것이 바람직한 경우

① 평가 대상 인원이 수적으로 많을 경우
② 평가의 결과에 대한 관심이 크거나 신뢰할 수 있는 결과가 필요한 경우
③ 평가의 공정성과 객관성에 영향을 끼칠 수 있는 외적 요인을 제거할 때
④ 평가 문항 제작자가 객관식 검사제작에 대한 충분한 소양을 갖추고 있을 때
⑤ 평가 결과가 시급히 요구될 때

(5) 어느 검사이든 적용이 가능한 경우

① 검사결과가 다른 방면에 미치는 영향이 크지 않을 때
② 이해능력 또는 적용능력을 알아보고자 할 때
③ 문제 해결능력을 알아보고자 할 때
④ 비판적 사고능력을 알아보고자 할 때
⑤ 원리에 대한 종합능력을 알아보고자 할 때
⑥ 평가 결과를 학습태도 육성과 동기유발에 활용하고자 할 때

(6) 주관식과 객관식 평가의 비교

사회과 교육평가 형식의 분류로서 주관식 평가와 객관식 평가를 비교하면 다음과 같다.

〈표 34〉 주관식 평가와 객관식 평가의 비교

구분	주관식 평가	객관식 평가
답지구성	·학생들 자신이 답안을 계획하여 답할 것을 요구	·제시된 여러 개의 답지에 대하여학생들이 선택적으로 반응
문제(문항) 수	·적고 광범위한 반응 요구	·많고 비교적 간단한 반응 요구
시간 소모	·답을 생각하는 데보다는 쓰는 데 많은 시간을 소모	·쓰는 데보다는 읽고 생각하는 데보다 많은 시간을 소모
질적 수준	·반응자와 채점자에 의하여 결정	·검사제작에 의하여 결정
반응과 채점	·응답자의 자유가 상당히 주어지며 측정치의 신뢰도가 낮음	·응답자의 자유가 제한되며 신뢰도가 높음

구분	주관식 평가	객관식 평가
문항 제작	·용이하나 채점에 많은 시간과 노력이 요구	·출제과정에 많은 주의 및 노력이 요구되나 채점이 비교적 용이
추측 요인	·배제할 수 있으나 변조하여 반응	·추측요인이 많이 작용
채점자 임의성	·배제되기 어려움	·완전히 배제됨

4) 평가 내용을 기준으로 분류한 유형

교육 내용을 중심으로 한 평가의 종류에는 여러 가지가 있으나 많이 언급되는 것은 교육이념 평가, 교육목표 평가, 교육정책 평가, 교육행정 평가, 교육제도 평가, 교육재정 평가, 장학지도 평가, 학교경영 평가, 학급경영 평가, 교육과정 평가, 생활지도 평가, 학교급식 평가, 교과교육 평가, 특별활동 평가, 교육환경 평가, 부모교육 평가 등이 있다.

5) 평가영역을 기준으로 분류한 유형

(1) **지적 영역의 평가**(知的 領域: cognitive domain): 교육목표에 진술되어 있는 학습내용을 기억, 이해, 추론 등과 같은 사고 작용을 통해 획득해야 하는 지적 학습목표의 달성 여부와 그 정도를 측정하는 것이다.
(2) **정의적 영역 평가**(情意的 領域: affective domain): 정의적 영역의 학습목표가 달성된 정도를 확인하는 평가를 의미하는 데 협동성, 책임감, 준법성, 자아개념 등과 같은 성격특성과 흥미, 가치, 신념, 태도 등이 변화 획득된 정도를 평가하는 것이다.
(3) **심동적 영역의 평가**(心動的 領域: psychomotor domain): 신체의 일부 또는 전신을 움직여서 성취할 수 있는 학습목표의 달성 여부와 그 정도를 측정하는 것이다.

6) 목표수준을 기준으로 분류한 유형

(1) **최소 필수 학력평가**(最小 必須 學力評價): 모든 학생들이 교수·학습을 통해 반드시 알아야 할 학습내용을 진술한 학습목표가 최소 필수 목표이고 최소 필수 목표가 도달된 정도를 확인하는 것이다.
(2) **최대 성취 학력평가**(最大 成就 學力評價): 최소 필수 학습목표가 요구하는 수준 이상의 심화 발달 학습목표를 최대한 어느 정도까지 달성했는지를 평가하는 것이다.

▌제5장▐ 사회과 평가 도구의 개발 절차

1. 사회과 평가의 시행 절차

교육평가는 교수·학습, 즉 수업과 연계되어 시행되어야 하고, 수업의 목표와 내용에 따라 방법과 도구가 달라져야 한다. 일반적인 사회과 평가의 시행 절차는 다음과 같다.

첫째, 학년도가 시작되기 전에 당해 학년의 사회과 연간 수업 및 평가 계획서를 작성한다.

둘째, 각 수업에서 가르치고자 하는 목표, 즉 성취 기준을 명확하게 제시한다.

셋째, 제시된 성취 기준을 성취할 수 있도록 수업을 실시한다.

넷째, 수업을 통하여 성취 기준을 어느 정도 달성했는지를 파악할 수 있도록 평가 기준을 설정한다.

다섯째, 평가 기준에 따라 평가 방법과 평가 도구를 개발하여 평가를 실시한다. 평가 시기는 수업 중에 할 수도 있고, 정기고사 때 실시할 수도 있다.

끝으로, 평가 결과에 따라 학생들의 성취 정도를 등급화하고, 그 결과를 교수·학습의 정보로 이용한다.

2. 사회과 연간(혹은 학기별) 수업 및 평가 계획서 작성

사회과 평가의 방향이 구현되기 위해서는 연간 수업 및 평가 계획을 설정하여 실시하여야 한다. 수업 및 평가 계획서 작성은 다음과 같은 절차에 의해 이루어진다.

첫째, 사회과 교육목표에 대한 검토가 이루어져야 한다.

둘째, 교사 수준에서 교육과정에서 제시된 단원별 교육목표 및 내용을 해석한다. 수업과 평가는 결국 교사 수준에서 운영되는 것으로, 교사는 각 단원의 목표와 내용을 재해석하여 한 차시 한 차시의 수업으로 구현될 수 있도록 한다.

셋째, 각 단원을 몇 차시에 걸쳐 수업할지와 각 차시의 수업 방식을 결정하고, 수업 자료를 준비한다.

넷째, 수업방식, 내용, 자료에 알맞은 평가 도구를 결정하고 수업의 운영과 관련하여 평가 시기를 결정한다.

다섯째, 각 평가 문항에 따른 배점을 결정한다.

각 학년 사회과 교사들 간의 상호 협의를 거쳐 중의(衆意)를 통한 학년별, 학기별 혹은 연간 '수업 및 평가 계획서'를 사전에 작성하는 것이 필요하다.

1) 가르치고자 하는 성취 기준의 구체화

'수업 및 평가 계획서'에 따라 수업을 하기 전에 교육과정을 근거로 해서 성취 기준을 분명히 한다. 성취 기준이란 '교수·학습 활동에서 실질적인 기준 역할을 할 수 있도록 현행 국가 수준의 교육과정을 구체화하여 학생들이 성취해야 할 능력 혹은 특성의 형태로 진술한 것'이다. 무엇을 가르치고 배워야 할 것인가의 문제는 교육과정의 핵심적인 문제이다. 성취 기준은 내용(content)과 활동 수행(performance)의 두 가지 요소를 내포해야 한다. 내용은 교수·학습의 대상이며, 수행은 그 대상을 소재로 하여 학습자가 실제로 해 나가야 할 활동이다.

2) 수업의 진행

수업은 수업 목표와 학습 내용의 특성에 따라 다양하게 조합될 수 있다. 수업 목표는 사회과 교육목표의 큰 틀 속에서 설정되고, 학습 내용은 기본적으로 교육과정에서 제시한 내용 체계에 준거하여 설정된다. 교수·학습 방법은 교수·학습 목표, 내용과 밀접하게 관련된다. 즉 수업목표와 내용 및 방법은 유기적으로 밀접한 관계를 가지고 있어야 한다. 따라서 사회과 교수·학습은 가장 먼저 사회과에서 무엇을 왜 가르치고 배워야 하는가에 대한 고찰로부터 모색되어야 하고, 그러한 원리에 기초하여 각각의 교수·학습 방법에 접근해야 할 것이다.

3) 평가 도구의 결정

평가 목표, 내용, 환경 등이 분석되면 어떤 형태의 평가 도구를 사용할 것인지 결정해야 한다. 결정을 내리기 위해서는 평가 도구 개발자가 평가도구 유형별 특징을 충분히 이해하고 있어야 한다.

4) 평가 도구의 개발

이 단계는 지금까지 분석한 요소를 고려하고 평가 도구의 유형별 특징을 최대한 살릴 수 있는 구체적인 도구를 개발하는 단계로서 성취 기준에 비추어 성취 정도를 평가하기 위해서 그것에 적절한 평가 도구를 제작한다. 평가 도구가 개발되면, 검토와 수정 과정을 거쳐 완성된다. 검토는 주로 평가 도구와 평가 목표·성취 기준과의 부합성·오답 여부·난이도·문항 질문의 명료화·매력적인 답지 구성·이용된 자료의 적절성 등을 기준으로 검토한다.

■제6장■ 사회과 평가 도구의 개발 지침

1. 선다형 평가 도구

선다형(the multiple choice type)은 문항과 그에 따른 두 개 이상의 답지로 구성되어, 피험자로 하여금 맞는 답지 혹은 가장 알맞은 답지를 선택하게 하는 문항이다. 선다형 문항은 학생이 자신의 의견을 피력하기보다는 사회과의 주요 지식이나 원리 등을 잘 이해 혹은 기억하고 있는지를 판별하는 데 적절한 평가 도구이다.

선다형 문항은 매우 쉬운 문항부터 어려운 문항까지 제작할 수 있어 학교에서 가장 많이 사용된다. 선다형은 다른 객관식 문항에 비해 내재적인 결점이 적기 때문에 가장 보편적으로 사용되고 있으며, 여러 가지 문제 상태, 목적, 내용을 다룰 수 있는 다양성·포괄성이 있을 뿐만 아니라 피험자의 우연적 오차의 영향도 적게 받기 때문에 문항 형식으로서는 가장 적절하다. 만약 답지들을 단순하게 제작하면 단순 기억 능력을 측정하는 문항이 되지만, 매력적으로 만들면 고등 정신 능력까지 측정할 수 있는 특징을 지니고 있다.

1) 문항 작성의 원리

선다형 평가 도구는 사회과의 다른 영역보다 지식의 이해 영역을 평가하는 데 적합한 도구로서 기본적인 사실·개념·원리·이론 등의 이해 정도를 골고루 평가할 수 있도록 해야 한다. 사실을 암기하는 것이 중요하다면 암기 정도를 측정할 수 있는 문항을 출제해야 하고, 높은 수준의 지식 습득 여부를 측정하고자 하면 고등 사고 능력을 측정할 수 있도록 출제해야 한다.

2) 답지 작성의 원리

첫째, 5지선다형 문항은 매력적인 오답을 잘 만들어야 한다. 문항의 변별도와 난이도는 매력적인 오답의 유무와 수에 좌우된다.

둘째, 답지 간의 길이가 비슷하도록 문장을 다듬어야 한다. 그리고 답지는 짧은 것부터 긴 것으로 배열하는 것이 좋다.

셋째, 한 문항의 답지들은 가능한 한 제시될 수 있는 모든 경우를 다 포함하되, 답지들 간에는 서로 중첩되지 않도록 해야 한다.

넷째, 답지들이 수나 연도로 서술될 때, 일반적으로 작은 수부터 큰 수로 배열한다. 또한 답지들이 간단한 하나의 단어로 표기될 때 한글 '가나다순' 혹은 '알파벳 abc순' 등으로 나열한다.

다섯째, 정답이 되는 답지의 순서(혹은 번호)를 가능하면 고르게 분포시켜야 하며, 무작위로 배열해야 한다.

2. 수행평가 도구

1) 수행평가의 개념

수행평가는 심동적인 행동 특성을 평가하기 위하여 사회과에서 지식이나 습득한 기능 등을 얼마나 잘 수행하는가를 평가하는 방법으로 일반적으로 관찰에 의존하여 수행하는 모든 과정과 수행 활동이 끝났을 때, 그 과정과 결과를 종합적으로 평가하는 방법이다. 그러므로 본래 의미의 수행평가는 행위의 정도를 보여 주는 평가이며, 실제적인 행위의 평가이다.

수행평가는 전통적인 선다형 평가에 대한 대안적 평가 방법으로써 학습자가 실제 상황과 유사한 상황에서 자신의 지식, 기능 등을 다양한 방법으로 수행해 보이는 것을 평가자가 직접 관찰하거나, 교육적 판단을 위한 정보 수집 과정을 통하여 수집한 정보를 기초로 하여 교육적 의사 결정을 하는 방법이다. 선택적 지필평가 방식 외의 모든 평가가 곧 수행평가라고 광범위하게 개념 정의를 할 수 있다.

〈표 35〉 사회과 수행평가의 방법

지필평가	수행평가			
선택적 반응요구	구성적 반응요구	특정산출물 요구	특정활동 요구	과정 규명
· 선택적 문항 · 진위형 문항 · 배합형 문항	· 논술형 문항 · 완성형 문항 · 단답형 문항 · 도표, 그림 제목 붙이기 · 과제물 제시 · 시간적 자료 만들기	· 쓰기 자료 · 연구 보고서 · 과제 일지 · 실험 보고서 · 이야기 극본 · 자율 보고서 · 포트폴리오 · 작성 작품 제시 · 사회과 프로젝트 · 모형(model) 구성 · 비디오, 오디오 구성	· 구두 발표 · 조사 내용 실제 발표 · 실험, 시연 · 사회과 연극 · 역할놀이 · 토의, 토론 · 조사 발표	· 구두 질문 · 관찰 · 면담 · 회의 · 과정에 대한 기술 · 생각하는 과정 표현 · 학습 일지

출처: 박은종, 사회과 교육학과 교육평가, 공주대학교 강의록, 2007: 193.

2) 사회과 수행평가 문항의 개발 방향

수행평가(遂行評價, performance assessment) 방식은 선택형 문항 위주의 객관식 평가 방식이 사람의 특성을 가급적 공통된 척도(尺度)에 의해 재기 위하여 본격적으로 사용되기 훨씬 이전부터 사용되었던 평가 방식이다. 현재 사회과에서 수행평가가 필요하다는 데에 있어서는 어느 정도 공감대를 형성한 것 같다.

사회과에서 주로 적용할 수 있는 수행평가 유형은 지필검사 형태의 서술형·논술형 문항과, 수업 시간에 이용할 수 있는 워크시트(worksheet)형·토론법 등이 있고 수행 과제로 제시하여 수행하도록 하는 야외 조사법·포트폴리오법·보고서법 등이 있다.

사회과에서 수행평가 도구 및 문항의 질은 학생이 초·중·고등학교 사회과를 학습함으로써 기대되는 능력의 변화가 무엇인지가 명확하게 제시되는지와 그것을 타당하게 물을 수 있도록 구조화되었는지에 따라 결정된다. 최근에 들어서 중·고등학교 사회과에서 수행평가를 실시하고 있으나, 아직까지는 수행평가의 본래 의미가 학교교육에서 뿌리내리는 수준에 이르지 못하고 있다. 수행평가를 위한 외적 조건이 갖추어지지 못했다는 이유와 더불어 학습목표와 결합된 수행평가 도구 및 문항이 잘 구조화되지 못했다는 데 그 이유를 찾을 수 있다.

사회과에서 수행평가 도구 및 문항은 다음과 같은 방향에서 개발되어야 한다. 첫째, 사회과 교육목표를 고려하여, 내용(content)과 활동 과정(activity process)으로 구성되도록 한다. 내용은 실제성과 의미를 지녀야 함은 물론이고, 현실적인 자료를 통하여 추론이 가능한 것이어야 한다. 즉 내용은 사회과 교과서에 수록된 내용 이외에도 학생이 실제 경험할 수 있는 실생활로부터 구할 수 있다. 활동은 사회과 지식의 이해와 탐구 능력을 바탕으로 합리적 의사 결정 및 문제 해결 능력과 의사소통 능력을 요구하는 활동이어야 한다.

둘째, 학생들의 학습결과가 다양하게 나올 수 있도록 개발해야 한다. 예를 들어 학생에게 자신이 살고 있는 도시의 불량 주거 지역에 대한 비디오를 보여 주고 그 지역의 삶에 대하여 신문기사를 작성하도록 과제를 제시한다. 그러면 몇몇 학생은 비디오 내용에 대한 간략한 요약만을 제시하고, 어떤 학생들은 불량 주거 지역에서의 삶에 대한 긍정적인 측면과 부정적인 측면을 개략적으로 기술하며, 어떤 학생들은 다른 지역의 불량 주거 지역과 비교할지도 모른다. 만약 "제주도 오름의 토지 이용에 대하여 조사하기"라는 수행 과제를 제시할 경우, 대부분 학생들의 조사 결과는 "오름은 주로 관광지·목초지·밭농사 지역으로 이용된다"라는 내용이 대부분일 것이다.

셋째, 동일한 주제에 대해서도 다양한 조별활동을 통하여 수행할 수 있도록 개발한다. 수행 자료는 교사가 다양하게 제시할 수도 있으나 학생이 수집할 수 있다. 이런 과제는 보통 주제만 제시되고 학생들이 주제와 관련된 자료를 수집하고 분석하여 보고서로 작성하는 보고서법이나 포트폴리오법 등에 적합하다. 가령 불량 주거 지역에서의 삶에 대한 신문기사를 작성한다는 공동의 과제를 제시할 때, 어떤 조는 교과서·잡지·전문 서적·신문 등과 같은 읽기 자료를 통하여 과제를 수행하고, 어떤 조는 도표·지도·사진·다이어그램 등의 시각적인 자료를 통하여 수행하도록 한다.

넷째, 과제는 학생들의 과제 수행 능력을 고려하여 개발한다. 주제는 동일하지만 과제가 단계별로 제시되어 학생들이 자신의 능력에 맞는 단계까지만 과제를 수행하도록 한다. 일련의 과제와 문제들은 점차 난이도가 높아지며 복잡해진다. 과제 중 어떤 것은 모든 학생들이 접근할 수 있도록 열려 있으며, 어떤 과제는 너무 복잡하고 어려워서 소수의 학생만이 접근할 수 있도록 설계된다. 어떤 학생들은 너무나 쉽게 과제의 모든 단계를 수행하는 한편, 어떤 학생들은 첫 번째 단계의 과제도 수행하지 못한 경우가 있을 것이다.

〈표 36〉 수행 평가(대안적 평가)와 선택적 평가(전통적 평가)의 비교

구분	선택적(전통적) 평가	수행(대안적) 평가
진리관	절대주의	상대주의
철학적 근거	합리론, 경험론	구성주의, 해석학, 현상학, 인류학
시대적 상황	산업화 시대, 소품종 다량 생산	정보화 시대, 다품종 소량 생산
학습관	직선적·위계적·연속적 과정 추상적·객관적 상황 중시 학습자의 기억·재생산 중시	인지 구조의 계속적 변화 구체적·주관적 상황 중시 학습자의 이해·성장 중시
평가 체제 (평가 척도)	상대 평가, 양적 평가 선발형 평가	절대평가, 질적 평가 발달형 평가
평가 목적	선발·분류·배치 한 줄 세우기	지도·조언·개선 여러 줄 세우기
평가 내용	선언적 지식(내용적 지식) 학습의 결과 중시 학문적 지식의 구성 요소	절차적 지식(방법적 지식) 학습의 과정과 결과 모두 중시 실천적 지식의 구성 요소
평가 방법	선택형 평가 위주 표준화 검사 중시 대규모 평가 중시 일회적·부분적 평가(정기) 객관성·일관성·공정성 강조	수행 평가 위주 개별 교사에 의한 평가 중시 소규모 평가 중시(수시) 지속적·종합적인 평가 전문성·타당도·적합성 강조
평가 시기	학습 활동이 종료되는 시점 교수·학습과 평가 활동 분리	학습 활동의 전 과정 교수·학습과 평가 활동 통합
교사의 역할	지식의 전달자	학습 활동의 안내자·촉진자
학생의 역할	수동적인 학습자 지식의 재생산자	능동적인 학습자 지식의 창조자
교과서 구실	교수·학습·평가의 핵심 내용	교수·학습·평가의 보조 자료
교수·학습 활동	교사 중심, 인지적 영역 중심, 암기 위주, 기본 학습 능력 강조	학생 중심, 지·정·의 전 영역 강조 탐구 위주, 창의성 등 고등 사고 기능 강조

출처: 김현석·한관종, 사회과 통합교과교육론, 형설출판사, 2008: 286-287.

3) 사회과 수행평가의 방법

(1) 서술형·논술형 평가

서술형 평가는 주관식 평가라고도 하며, 문제의 답을 선택하는 것이 아니라, 학생들이 직접 서술하는 평가이다. 질문 형태에 있어서 종래의 단편적인 지식을 묻는 방법에서 벗어나 창의성, 탐구력, 문제 해결력, 메타 인지, 의사 결정력 등 고급 사고력을 신장하는 평가이다. 논술형 평가도 일종의 서술형 평가이며, 개인 나름대로의 생각과 주장을 창의적이고도 논리적으로 설득력 있게 조직하여 상대적으로 길게 작성한다. 논술형 평가에서는 서술된 내용의 깊이와 넓이뿐만 아니라 조직, 구성 능력 등을 평가하게 된다.

(2) 구술시험

구술시험은 아주 오래된 평가 형태의 일종으로서 학생들로 하여금 생각을 발표하도록 하여 학생의 준비도, 이해력, 판단력, 의사소통 능력 등을 직접 평가하기 위한 방법이다. 구술시험은 학생들이 사회과 자율 학습을 한 뒤에 부과하기에 알맞은 형태이다. 특히, 사회과 조사 발표 뒤의 종합적 평가 등으로 적용할 수 있다.

구술시험에서는 주제나 질문의 요지를 미리 제시하기도 하지만, 특별한 내용 영역만 제시한 후, 구술시험을 시행할 때 평가자가 그 내용 영역에 관련 있는 주제나 질문을 제시하고 학생이 답변하는 형식을 취할 수도 있다.

(3) 찬반 토론법

개인적·사회적으로 서로 다른 의견을 제시할 수 있는 주제를 개인별로 찬반 토론을 하도록 한 다음, 찬성과 반대 의견을 토론하기 위해서 사전 준비한 자료의 다양성, 충실성, 그리고 토론 내용의 논리성, 반대 의견을 존중하는 태도, 토론 진행 방법 등을 총체적으로 평가하는 방법이다.

찬반 토론법은 찬반 토론 과정을 자세히 관찰함으로써 토론 진행 과정에서 지도력을 발휘하여 토론을 이끌어 가는 사람, 당당하게 자기주장을 피력하는 사람, 타인의 의견을 경청하고 모두의 의견을 집약하는 사람, 상대방에게 의견을 자유롭게 제시하도록 한 후 결론은 자기 의견대로 이끌어 가는 사람 등 여러 유형의 성격을 파악할 수 있는 평가이다. 따라서 찬반 토론법은 논술형 평가와 구술시험을 통하여 얻을 수 있는 정보를 모두 얻을 수 있는 장점이 있는 반면, 학생 수가 많을 경우 개별 학생들이 충분히 발언할 기회가 제한되는 단점이 있음을 유념하여야 한다.

(4) 실기 시험

사회과 수행평가에서의 실기 시험은 실제 수업에서의 실습 참여와 활동을 평가하는 것이다. 사회과의 지도 그리기, 역사 연표 만들기, 인터넷 검색하기, 자료를 통하여 통계·분석·종합하기 등을 들 수 있다. 실기 시험은 학생들이 의식하지 않고 자연스럽게 교수·학습 활동에 참여하면서 평가를 받을 수 있는 자연스러운 분위기 조성이 아주 중요하다.

(5) 면접법

사회과 수행평가의 면접법은 평가자와 피평가자가 서로 대화를 통해서 얻고자 하는 자료나 정보를 수집하고 평가하는 방법이다. 즉 평가자가 피평가자와 직접 대면하여 평가자가 질문하고 피평가자가 답변하는 과정을 통해서 집필 평가와 서류만으로는 알 수 없는 사항을 파악하고 평가하는 방법이다. 면접법은 한 명의 평가자와 한 명의 피평가자가 대면하는 일대일 면접, 다수의 평가자와 한 명의 피평가자가 대면하는 다수 대 일 면접, 다수의 평가자와 다수의 피평가자가 대면하는 다수 대

다수 면접 등이 있다.

사회과 수행 평가로서의 면접법은 평가 시간을 별도로 설정하여 평가하는 것으로, 주로 구두 문답의 형식으로 이루어진다. 사회과 수행평가로서의 면접법의 장점은 보다 심도 높은 정보를 얻을 수 있으며, 진행상 융통성을 발휘할 수 있으며, 단순 암기나 이해 수준을 넘어 평소의 관점과 태도 등을 포괄적으로 평가할 수 있는 장점 등이 있다.

(6) 관찰법

관찰법은 학생들을 이해하고 평가하기 위한 가장 보편적인 방법이다. 교사들은 항상 학생들을 접하고 있으며, 개별 학생 단위로나 집단 단위로나 항상 관찰을 하게 된다. 사회과에서의 교수 · 학습 참여는 물론, 교우 간의 역동적인 관계 등을 관찰할 수 있다. 관찰법은 평상시 학생들의 행동을 보고 어떤 교육 목표가 달성되었는지를 평가하는 것이다. 관찰 평가를 하기에 적합한 평가 영역은 지식 영역 중 고급 사고력, 기능 영역, 가치 · · 태도 영역 등이다. 관찰한 결과는 누군가 기록을 해 나아가야 하는데, 이는 체크리스트법과 관련된다(교육과학기술부, 2008: 379).

관찰법에서는 객관적이고 정확한 관찰을 하기 위해서는 관찰 대상을 있는 그대로 기술하는 일화기록법, 체크리스트, 평정 척도법 등을 사용하고, 녹화 후 분석법을 적용하기도 한다.

(7) 자기평가 보고서

자기평가 보고서는 사회과의 특정 주제나 교수 · 학습 영역에 대하여 자기 스스로 학습과정이나 결과에 대한 자세한 평가 보고서를 작성 · 제출하게 하여 평가하는 방법이다. 가령, 사회과 교수 · 학습 참관, 수업 연구 실시 등의 후에 참관 내용과 활동 내용, 수업 설계와 진행 과정, 수업 후의 반성 등을 보고서로 작성 · 제출하게 한 후 평가하는 방법이다.

(8) 연구 보고서

사회과 수행평가의 연구 보고서 방법은 사회과의 연구 주제 중에서 학생들의 능력, 수준, 흥미 등을 고려하여 적절한 주제를 선택하되, 그 주제에 대해서 자료와 정보를 수집 · 분석 · 종합하여 연구보고서를 작성 · 제출하게 한 후, 이를 평가하는 방법이다.

사회과 수행평가의 연구 보고서 작성을 통해서 학생들은 관심 있는 특정 주제에 대한 각종 정보를 수집하는 방법, 다양한 자료를 종합하고 분석하는 방법, 연구 보고서 작성법 등을 익히게 되고 사회과교과교육연구회, 사회과 교육 현장 연구, 사회과 관련 학회 등에 적극 참여, 발표하는 계기가 될 것이다.

(9) 포트폴리오(portfolio)

포트폴리오(portfolio)는 최근에 수행 평가와 함께 강조되고 있는 평가 방법의 하나로써, 이는 실제로 어떤 일을 해 나아가는 과정을 나타내는 각종 자료를 평가하는 방법이다. 포토폴리오는 하나 혹은 그 이상의 영역에서 학생 참여, 결과의 판단 준거, 학생의 자기반성 준거 등을 가지고 있는 학생들의 노력, 발달, 성취 등을 나타내는 학생들의 과제 성취물, 누적된 활동 기록물 등을 종합하여 평가하는 방법이다. 따라서 사회과의 포토폴리오는 단순한 작품 모음집이 아니라, 학생들의 일정 기간 누적된 활동에 대한 종합적인 유의미한 작품집인 것이다. 즉 어떤 단원을 학습해 나아가면서 학생들이 모은 자료, 만든 도표나 연표, 발표 요지 메모, 기록해 낸 학습지 등은 그 학생이 이 단원을 학습한 결과를 나타내는 중요한 자료들이며, 이러한 자료들은 학생의 성취 정도를 평가하기에 매우 편리하다.

사회과 수행평가로서의 포토폴리오는 이것저것 모은 잡동사니를 평가하는 것이 아니라, 목적과 주제가 뚜렷한 현장 학습집, 조사 활동집, 협동 학습 활동집, 누적 지도(地圖) 자료집, 역사 연표 자료집, 정보 검색 종합 자료집 등을 요소별로 평가하는 것이다.

(10) 체크리스트(checklist)

체크리스트법은 '특정 행동이 일정 수준에 도달했는가?'를 기록해 가는 방법이다. 관찰법이나 면접법을 적용할 때에 학생들의 행동을 포괄적으로 관찰하여 문장화하는 방법도 있겠지만, 좀 더 자세하게 분석하여 각 항목에 도달했는지, 어느 정도 도달했는지를 점검해 갈 수도 있다.

체크리스트의 관점은 다음과 같이 요약할 수 있다.

① 학습에 대한 흥미, 관심, 욕구, 문제의식: 의문을 제기하였는가? 자료에 관심을 가지는가?

② 학습 계획: 학습 문제를 찾아냈는가? 학습을 설계하였는가?

③ 조사, 보고, 토의: 조사할 내용을 잘 파악하였는가? 정보의 소재를 알고 있는가? 정확하고 세밀하게 조사하는가? 끈기를 가지고 끝까지 조사하는가?

④ 학습 결과의 종합 응용: 학습 결과를 다른 사례와 관련지어 말할 수 있는가?

⑤ 학습 목표에 대한 성취: 목표의 성취 수준은 어떠한가?

〈표 37〉 수행평가의 유사 용어와 특징

유사 용어	핵심적 주요 특징
1. 대안적 평가 (alternative assessment)	・한 시대의 주류를 이루는 평가 체제와 특성을 달리하는 평가 체제 ・선택형 문항을 사용하는 표준화된 평가의 대안적 평가(서술형, 논술형) ・대입수능처럼 1회성 평가에 대한 대안적 평가(지속적, 종합적 평가) ・결과 중심 평가에 대한 대안적 평가(결과＋과정) ・수행평가는 대안적 평가의 한 사례

유사 용어	핵심적 주요 특징
2. 실제 상황 평가 (authentic assessment)	· 평가 상황, 내용이 가능한 한 실제 상황, 내용에 가장 유사해야 함 · 도덕 성적이 높은 것과 도덕성이 높은 것은 서로 별개라는 입장 · 진정한 평가, 참평가(true assessment) · 교사의 교수 능력을 평가하기 위해 가르쳐 보게 하는 것과 유사 · 수행평가 방식 중의 한 특수한 사례
3. 직접적인 평가 (direct assessment)	· 간접적인 평가보다 직접적인 평가 강조 · 정답을 선택하기보다는 정답의 서술과 구성 강조 · 도덕성을 지필평가보다는 실제적 행동, 태도로 평가 · 수행평가는 가급적 직접적인 평가 성격을 띠게 함
4. 실기 시험 (performance based assessment)	· 지필평가보다 실기평가 중시 · 암기보다 실제 실행 강조 · 실기평가는 수행평가의 한 유형
5. 포트폴리오법 (portfilio)	· 학생의 누적 작품집, 서류철 등 평가 · 결과가 나오게 된 과정 및 변화에 대한 평가 중시 · 성취도 자체도 중요하지만, 학생의 노력과 향상 중요 · 일회적, 단절적 평가가 아니라 지속적, 통합적 평가 중시 · 수행평가의 대표적 유형
6. 과정 중심 평가 (process based assessment)	· 학습 결과보다 과정을 주요 평가 대상으로 함 · 과정 중심 평가는 수행평가의 강조 주요 측면 평가

출처: 손충기, 교육과정과 교육평가, 태영출판사, 2008: 382.

▌제7장▐ 사회과 평가 도구의 준거

1. 타당도(validity)

교육평가에서의 타당도는 평가 도구가 재려고 의도하는 것을 어느 정도 충실하게 재고 있느냐 하는 것이다. 즉 재려고 하는 것을 올바로 재고 있느냐 하는 개념이자 무엇을 재고 있느냐 하는 개념이다. 평가 방법이나 평가 도구의 타당(validity)란 평가(검사)하고자 의도했던 구체적인 목표나 내용을 제대로 평가하고 있는가를 나타내는 정도를 의미한다. 한마디로 교육 평가 기준으로서의 타당도는 평가 목표와 평가 결과의 관련성을 규명하는 것이다.

교육평가의 타당도에서는 반드시 준거(criteria)가 제시되어야 한다. 어떤 준거의 맥락 속에서만 그 의미가 확인되는 개념이며, 타당성은 유무의 문제가 아니라 정도의 문제인 것이다. 즉 모든 도구는 어느 정도는 타당하다. 타당도는 무엇을 측정하고, 또 측정하려는 것을 어느 정도로 충실히 측정하고 있느냐 하는 문제인 것이다.

즉 타당도는 평가하고자 하는 구체적인 목표나 내용을 제대로 평가할 수 있느냐의 문제라고 할 수 있다. 타당도는 어디까지나 정도의 문제이기 때문에 타당도가 높다거나 낮다고 할 수는 있지만, 있다거나 없다고 하기는 어려우며 대부분의 경우 숫자로 표시하기 어려운 경우가 많이 있다.

일반적으로 평가 방법이나 도구의 타당도를 알아보기 위한 방식에는 여러 가지가 있는데, 어떠한 측면을 강조하느냐에 따라 내용타당도·준거타당도(구인타당도·공인타당도)·예언타당도(안면타당도·이론타당도)·체계적 타당도(혹은 결과타당도), 생태학적 타당도 등으로 분류할 수 있다.

1) 예언타당도

교육평가의 준거타당도는 예언타당도와 공인타당도로 구분된다. 예언타당도란 하나의 평가 기록이 학생들의 미래 행동과 특성 등을 어느 정도로 정확하고 완전하게 예언하느냐 하는 것으로 결정하며, 이때의 준거는 시간적으로 미래의 행동 특성에 있다.

가령, 공무원 시험 문제가 이후 공무원으로 합격하여 능력과 자질을 충실히 발휘할 사람을 선발하는 데 유용한 척도인지, 그리고 대학교 입학 고사 문제(방법)가 이후 합격한 학생이 대학교의 전 과정을 충실하게 이수할 수 있는지를 변별할 수 있는 문항이었는지를 가늠하는 타당도가 예언타당도이다.

예언타당도는 선행 평가 X와 준거 Y의 상관관계로 표시되는데, 상관 계수가 크면 그만큼 예언의 정확성이 크고, 예언의 오차가 적다는 것을 의미한다. 선행 평가 X와 준거 Y의 두 평가 도구의 신뢰도에 크게 영향을 받는데, 두 개의 평가가 모두 신뢰도가 높으면 그 사이의 상관 계수인 예언타당도는 높아진다.

2) 공인타당도

공인타당도란 새로운 연구 및 가능성을 탐색하고, 새로운 해석이나 이론을 모색하기 위하여 유용하게 이용될 수 있는 타당도의 한 가지이다. 이 기준은 현재에 있고 평가 X와 준거 Y가 본질적으로 동시에 측정되며, 준거의 성질이 예언이라는 데 있지 않고 공통된 요인의 유무에 달려 있다. 공인타당도의 통계적 방법은 예언타당도와 마찬가지로 평가 X와 준거 Y의 상관 계수로 나타낸다. 평가 X로 준거 Y를 서로 바꾸어 사용할 수 있느냐 할 때, 그 답이 '그렇다'이면 공인타당도가 있는 것이다. 즉 특성 X를 측정하고자 하는 평가 X와 특성 Y를 측정하고 있는 평가 Y 사이의 경험적 공인 관계를 밝히고자 하는 것이다. 이들 두 가지 유형의 타당도 사이에 존재하는 차이는 시간 차원과 준거의 성질이 다르다는 데 있다.

공인타당도의 특징은 평가의 결과와 기준 변인의 자료를 동시에 수집하며, 평가 목적은 기준 변인에 관한 자료의 수집을 대신하는 데 있다. 평가에 의해서 어떤 기준 변인을 예언하기보다는 검사를 사용하는 것이 목적이라는 점이 예언타당도와의 차이점이다.

3) 내용타당도

내용타당도란 한 평가가 재려고 하는 타당성의 준거를 그 측정 도구의 내용, 즉 내적 준거에 비추어 보는 타당도이다. 내용타당도의 특징은 평가 문항에 의하여 나타난 내용과 그 평가가 대표하고자 하는 내용이나 행동의 전집과 비교하고 내용의 전집을 명확하고 상세하게 정의해야 한다. 전집을 몇 개의 적합한 하위 영역으로 분류, 정의하고 각 영역의 중요도에 따라 적당한 비중을 결정한다. 평가 문항 제작자는 각 문항에 대해서 그 문항이 재고 있는 내용과 기능을 명세화하고 그에 따라 문항의 상대적 비중을 결정한다.

평가가 전반적인 타당성을 측정해 주는 평정척을 만들고, 필요에 따라 재고자 하는 기능 및 중요한 내용, 내용에 관한 문항, 그리고 형식의 적합성을 평정하는 평정척을 만들 수 있다. 내용타당도의 결정은 수량적 관계로써 표현되는 것이 아니라 합리적인 판단 과정이다. 이 과정은 평가와 내용 간의 일치성을 평가하는 논리적이고 합리적인 과정으로 평가 문항의 전문가 입장에서 볼 때, 그 전집을 대표하고 있다고 하면 그 평가는 내용타당도가 있다고 볼 수 있다.

4) 구인타당도

한 평가가 어떤 심리적 개념이나 논리적 구안을 어느 정도 측정하고 있느냐를 의미한다. 조작적으로 정의되지 않고, 과학적으로 이론 정립이 되지 않은 새로운 개념이나 구인을 측정하는 평가로 과학적 이론이나 타당화를 부여하는 과정이다. 한 평가가 조작적으로 정의되지 않은 어떤 특성이나 성질을 측정했을 때, 그것의 과학적 개념을 분석하고 의미를 부여하는 과정인 것이다. 구인타당도의 특징은 A라는 특성을 가진 학생은 B라는 상황에서 C라는 행동을 보일 것이라는 가정 아래 새로운 법칙을 도모한다. 조작적으로 정의되지 않은 특성이나 성질을 측정했을 때, 그것을 심리적 개념으로 분석하고 의미를 부여하는 것이다. 구인타당도는 준거 없이 타당도를 검증한다는 점에서 예언타당도, 공인타당도와 차이가 있다(이해명 외, 현대 교육과정과 평가, 교육아카데미, 2007: 409－415).

2. 신뢰도(reliability)

교육평가의 핵심은 오차 없는 측정이다. 평가 방법이나 평가 도구의 신뢰도(reliability)란 그 평가 방법이나 도구를 이용하여 수집한 검사의 점수가 얼마나 정확하고 일관성이 있는가 하는 정도, 즉 측정의 오차(measurement error)가 얼마나 적은가 하는 정도를 의미한다. 인간의 특성을 측정할 때에는 반드시 오차가 있기 마련인데, 이 오차를 얼마나 줄여서 측정하느냐 하는 개념인 것이다. 교육평가의 일관성과 안정성의 문제로 동일한 평가 도구를 수차 반복, 실시하여 나타난 결과가 동일할 때 신뢰도가 높다고 할 수 있다.

가령, 어떤 평가 방법이나 도구를 이용하여 평가한 결과를 아침에 채점한 점수와 저녁에 채점한 점수가 동일하다면 신뢰도가 높은 평가 방법이나 도구라 할 수 있겠지만, 반대로 아침에 채점한 점수와 저녁에 채점한 점수 간에 차이가 크다면 신뢰도가 낮은 평가 방법이나 도구라고 할 수 있다.

이러한 신뢰도는 어디까지나 정도의 문제이기 때문에 신뢰도가 높다거나 낮다고 할 수는 있지만 있다거나 없다고 하기는 어려우며, 대부분의 경우 숫자(혹은 계수)로 표시하는 경우가 많다. 평가 방법이나 도구의 신뢰도를 알아보기 위한 방식에는 여러 가지가 있는데, 어떠한 방법과 절차를 이용하여 파악하느냐에 따라 채점자 간 일치도·재검사신뢰도·동형검사신뢰도·내적 일관성 신뢰도 등으로 구분할 수 있다.

검사 도구의 신뢰도에 영향을 주는 요인은 다음과 같다.

첫째, 문항 수이다. 일례로, 적은 수의 문항으로 인간이 지니고 있는 속성을 측정할 때보다 많은 수의 문항으로 검사를 실시할 때 측정의 오차를 줄일 수 있다. 문항은 문항 제작 절차와 제작법에 준하여 제작된 문항을 전제한다. 양질의 문항 수가 증가한다 하여 신뢰도가 계속 선형적으로 증가하는 것이 아니라 S자형으로 증가한다.

둘째, 문항의 난이도가 적절해야 한다. 검사가 너무 어렵거나 쉬우면 검사 불안과 부주의가 발생하여 일관성 있는 응답을 하지 못하므로 신뢰도가 저하된다.

셋째, 문항변별도가 높아야 한다. 즉 문항이 피험자를 능력에 따라 구분할 수 있는 문항변별력이 있어야 검사의 신뢰도가 높아진다.

넷째, 검사 도구의 측정 내용이 보다 좁은 범위의 내용이어야 한다. 만약 고등학교 사회 중 검사의 내용 범위를 '지형과 인간생활'로 국한한다면 지리 전체를 내용으로 하는 검사보다 신뢰도가 높아질 것이다. 이는 검사 내용의 범위를 좁힐 때, 문항 간의 동질성을 유지하기가 용이하기 때문이다.

다섯째, 검사 시간이 충분하여야 한다. 이는 문항 수와 관계되는 문제이기도 하다. 충분한 시간이 부여될 때 응답의 안전성을 보장받을 수 있다. 그러므로 속도검사(speed test)보다는 역량검사(power test)가 신뢰도 측면에서 바람직하다.

1) 검사 - 재검사 신뢰도(test - retest reliability)

한 개의 평가 도구 또는 검사를 같은 집단 내에서 두 번 실시하여 그 전후의 결과에서 얻은 점수를 기초로 하여 상관 계수를 산출하는 방법이다. 시간 간격에 따른 점수 변동에서 안정성과 관계되므로 안정성 계수라고 한다. 검사 - 재검사 신뢰도에 의해 추출된 신뢰도는 진짜 신뢰도보다 얼마간 과대 추정될 가능성이 있다는 점을 유의하여야 한다.

재검사 신뢰도의 특징으로는 검사 실시의 간격을 어떻게 잡느냐에 따라 달라진다. 즉 간격이 짧으면 신뢰도가 높고, 길면 낮아지므로 두 검사 사이에 시간 간격을 명시해야 하며, 일반적으로 2 - 4주가 바람직하다. 또한 전후의 검사 실시에서의 여러 조건을 똑같이 통제하기 어려우므로 오차가 커질 우려도 있다.

2) 동형검사 신뢰도(equivalent - form reliability)

동형검사 신뢰도는 미리 두 개의 동형검사를 제작하고 그것을 피험자에게 실시하여 두 동형검사에서 얻은 점수 사이의 상관 계수를 산출하는 방법이며, 이를 동형성 계수(coefficient of equivalence)라고 한다.

재검사 신뢰도의 시험 실시 기간의 사이가 짧을 경우 피험자가 어떤 특정한 문항을 기억함으로써 검사의 신뢰도가 사실 이상으로 높아지게 되는 현상을 피할 수 있는 방법의 하나로 제작된 것이다. 문항은 다르지만, 같은 특성을 같은 형식으로 측정하고자 하는 것이다. 동형검사 신뢰도의 특징으로는 기억 효과, 연습 효과를 통제할 수 있으며 문항 표본에서 파생되는 오차도 신뢰도 계산에서 고려될 수 있다. 하지만 실제로 거의 같거나 완전히 같은 동질적인 검사로 구성하기는 매우 어렵다.

3) 반분검사 신뢰도(split - half reliability)

반분검사 신뢰도는 동질성 계수를 보는 한 가지 방법이다. 한 개의 평가 도구 혹은 검사를 분할하고 집단에게 실시한 다음 그것을 적절한 방법에 의해 두 부분의 점수로 분할하고 그 사이의 상관을 계산하는 방법이다. 즉 하나의 검사를 실시한 후에 두 개의 동형 검사를 동시에 실시하였다고 보고 한 검사를 두 개의 동등한 부분으로 나누어 따로 채점하여 두 개의 반분된 검사 간에 상관관계를 측정하는 것이다. 이 방법은 재검사 신뢰도가 부적절할 때, 또 동형검사를 만들기 어려울 때 쉽게 사용할 수 있는 방법으로 두루 활용한다.

두 부분으로 분할하는 방법에는 문항의 전후로 하여 반으로 나누는 방법과 기우법(odd - even method)으로 나누는 방법, 난수표(random numbers table)에 의해 두 부분으로 나누는 방법, 그리고 의식적으로 문항의 난이도 및 내용에 따라 비슷한 것끼리 짝지어 반분하는 방법 등이 있다. 반분검사 신뢰도의 특징으로는 하나의 평가 도구나 검사를 가지고 신뢰도를 측정한다는 점에서는 편리하나 검사 실시 시 가능한 특수한 조건이나 피험자의 기간에 따른 우연적 변동 등을 통제할 수 없다. 또한 검사 문항이 동질적이지 못하면 신뢰도 계수가 과소평가될 수 있으며 속도 검사인 경우 신뢰도 계수가 과대평가될 우려가 있다.

4) 문항 내적 합치도(inter-item consistency)

문항 내적 합치도는 피험자가 검사 속에 포함된 각종 문항에 반응하는 일관성, 합치성에 기초를 두고 추정하는 신뢰도이다. 검사 속의 각 문항 하나하나를 모두 독립된 한 개의 검사 단위로 간주하고 그들 사이의 합치성, 동질성, 일치성 등을 종합하는 입장이다. 한 검사에 있는 문항을 각각 독립된 별개의 검사로 간주하여 문항 내의 정답과 오답 사이의 일관성을 일종의 상관 계수로 나타낸 것이다.

문항 내적 합치도의 특징으로는 검사가 속도를 지나치게 강조할 경우, 많은 학생들이 시간이 모자라 손대지 못하는 문항이 많은 경우에 문항 내적 합치도를 과대 추정할 우려가 있다. 따라서 피험자의 약 90-95%가 검사를 해결했을 때 비로소 사용하는 것이 바람직하다.

3. 객관도(objectivity)

객관도는 평가자 신뢰도라고도 부르며, 채점자의 채점이 어느 정도 신뢰롭고 일관성을 유지하느냐 하는 것이 초점이다. 한 가지 반응 결과에 대해서 여러 사람의 채점 및 평가가 일치하는 정도를 평가자 간 객관도라고 하며, 한 평가자가 시간적 간격이나 상황의 차이에 따라 같은 대상에 대해서 다른 평가 결과를 나타내는 것을 평가자 내 객관도라고 한다. 객관도는 교육 평가에서 하나의 결과가 보는 자의 입장에 따라 여러 가지 다른 해석이 가능하기 때문에 나타나는 평가 기준이다.

객관도는 신뢰도의 일종이며 검사자의 신뢰도이다. 채점의 주관성을 되도록 줄이는 것이 객관성을 유지하는 길이다. 객관도의 향상 방법으로는 평가 도구의 객관화, 평가자의 소양 함양, 명확환 평가 기준 수립 등을 들 수 있으며, 다수인의 공동 참여를 통한 평가 결과로 객관성을 높일 수 있다.

4. 실용도(usability)

평가의 실용도는 하나의 평가 도구가 얼마나 시간과 노력을 적게 들이고 소기의 목적을 달성하느냐 하는 정도를 의미한다. 실용도의 향상 방안으로는 평가 실시의 용이성, 채점의 용이성, 완전한 채점 방법의 제시, 비용의 절감 등을 들 수 있다.

사회과 교육 평가에서 타당도, 신뢰도, 객관도를 보완하기 위한 측정 기준으로 제시되는 것이 실용도이다. 실용도는 하나의 평가 도구가 시간, 경비, 노력 등을 최소로 하면서 최대의 효과를 나타낼 수 있는 정도를 의미하는 것이다(김현석·한관종, 사회과 통합교과교육론, 형설출판사, 2008: 282).

5. 문항 난이도(item difficulty)

문항을 출제할 때 이원분류표를 작성하면서 문항의 난이도를 추정한다. 교사는 학생 반응 결과와 자신이 추정한 난이도가 어느 정도 일치하는지 확인할 필요가 있다. 문항난이도(問項難易度, item difficulty)는 '한 문항의 어려운 정도', '한 문항에 학생들이 정답을 한 확률'이다. 피험자 집단이 <문항 1>에는 80%가 정답을 맞혔는데, <문항 2>에는 70%가 정답을 맞혔다면 <문항 1>은 <문항 2>보다 쉬운 문항이라고 할 수 있다.

이와 같이 문항난이도(문항곤란도)는 0~100%에 이르기까지의 변산을 갖고 있다. 그러나 문항의 난이도는 집단이 다름에 따라 변한다. 한 개인에 대한 문항난이도란 존재하지 않는다. 개인에 대해 알 수 있는 것은 그 문항에 정답을 했느냐 오답을 했느냐는 것뿐이다. 측정학적 용어를 빌리면 문항 난이도란 집단의 표준 편차와 평균에 의해 결정되는 통계치이다.

그런데 교사가 문항난이도를 계산하기 전에 반드시 각 문항에 대한 추측 요인을 교정해야 했다. 검사 전체의 점수를 가지고 한 개인의 점수를 교정하거나 하지 않는 것은 그 서열에 별 차이가 없기 때문에 추측을 심하게 하는 것을 막는 효과밖에 없다. 그러나 문항난이도 산출에서는 문항 하나 하나의 어려운 정도를 밝히려는 것, 즉 문항에 정답을 하는 확률을 산출하는 데 있기 때문에 답지의 선택이 두 개인가, 세 개인가에 따라 추측을 하여 맞을 가능성, 확률은 전혀 달라진다.

6. 문항 변별도(item discrimination)

문항 변별도는 개개의 문항이 평가나 검사에서 성적이 높은 학생과 낮은 학생을 어떻게 구분해 줄 수 있는가 하는 변별 능력을 의미한다. 즉 문항 변별도는 상위 능력 집단의 정답 학생 수를 하위 집단의 학생 중 정답을 기답한 학생 수로 나눈 값이다. 좋은 문항이란 상위 성취의 학생들이 다수 정답을 하고 하위 수준의 학생들이 거의 정답을 선택하지 못하게 가름하는 것이다.

문항 결과에 대하여 말하는데 문항의 변별도를 빼놓고 이야기할 수 없다. 검사 결과가 잘하는 학생과 그렇지 못하는 학생을 변별하지 못한다면 그 결과에 대해 해석하기 난처하다. 평가 문제의 문항 타당도는 '문항이 무엇을 측정하고 있느냐, 측정해야 할 것을 측정하고 있느냐, 학생의 능력을 변별하는 힘이 있느냐' 등으로 표현할 수 있다. 이처럼 문항타당도의 개념 중에 한 문항이 피험자의 능력을 얼마나 정확하게 변별하는 능력이 있느냐를 보는 것을 문항변별도(間項辨別度, item discrimination)
라고 하고, 계산되어 나온 수치를 변별도 지수(discrimination index: D. I)라고 부른다. 이러한 문항 변
별도는 선택형 문항의 변별도와 주관식 문항에서의 변별도로 구분하여 고찰할 수 있다.

첫째, 선택형 문항에서의 문항 변별도는 상위 학생들과 하위 학생들을 구분해 주는 지수로서 총
점을 기준으로 하여 구분한 상위 집단과 하위 집단의 정답 차를 의미한다(김호권, 2008: 484-486).

실제 평가나 검사의 총점에서 높은 점수를 받은 학생(상위 집단)과 총점이 낮은 학생(하위 집단)
으로 나누었을 때, 상위 집단의 학생이 각 문항에서 정답을 맞히는 확률은 하위 집단의 학생이 정답
을 맞히는 확률보다 유의한 수준에서 높아야 할 것이다. 만약 이러한 확률에서 차이가 없다면 그 문
항의 상·하위 집단을 변별하는 데 별 의미가 없는 변별력이 없는 문항이 된다. 심하게는 어떤 문항
에서 상위 집단의 정답률이 하위 집단의 정답률보다 유의하게 낮다면, 그 문항은 별로 쓸모없는 문
항이 되고 마는 것이다.

문항변별도를 계산하는 가장 일반적인 공식은 다음과 같다.

$$DI = \frac{R_{U\_}R_L}{f}$$

DI: 문항변별도 지수
RU: 상위 집단 정답 반응 총수
RL: 하위 집단 정답 반응 총수
f: 각 집단(상위 또는 하위)의 총 사례 수

<문항 1>, <문항 2>와 <문항 3>은 상위 집단에서 이 문항에 정답을 한 수가 오답을 한 수보다 많
고, 하위 집단에서는 반대로 오답을 한 수가 정답을 한 수보다 많다. 이렇게 상부 집단과 하부 집단
을 분명히 변별해 내는 문항이 좋은 문항이다. 따라서 이 문항들은 모두 변별력을 갖춘 문항으로 판
단된다. 이를 공식을 이용하여 문항변별도 지수를 계산해 보면 분명히 그 뜻이 양적으로 드러난다.

<문항 1>　　　$DI = \frac{5}{5} - \frac{3}{5} = 0.4$

<문항 2와 3>　$DI = \frac{5}{5} - \frac{2}{5} = 0.6$

변별도 지수(DI)는 상관 계수와 같이 -1.00~+1.00 사이에 분포된다. 그중 음(-)의 부호가 붙은
것은 아예 쓸모없는 지수이며, 영(0)의 지수 또는 영에 가까운 지수도 거의 변별력이 없는 문항이며,
양(+)의 부호를 가지면서 그 값이 클수록 변별력이 우수한 문항, 즉 바람직한 문항이다(김정호 외,
2007: 36-318).

둘째, 주관식 문항, 수행 평가에서의 문항 변별도는 상위 집단 학생들의 평균 점수와 하위 집단
학생들의 평균 점수 간에 어떤 의미 있는 차이가 있는지를 나타내는 지수이다. 주관식 문항, 수행

평가 문항에서의 문항 변별도 지수는 다음과 같은 공식으로 산출된다.

$$\text{문항 변별도 지수(DI)} = \frac{\text{특정 문항에 대한 상위 집단 학생의 평균 점수} - \text{특정 문항에 대한 하위 집단 학생의 평균 점수}}{\text{최대 획득 가능 점수} - \text{최소 획득 가능 점수}} = \frac{\text{상위 집단과 하위 집단의 평균 점수 차이}}{\text{획득 가능 점수 범위}}$$

가령, 상위 집단의 평균 점수가 5.3점이고, 하위 집단의 평균 점수가 2.5점이면, 획득 가능한 점수는 1~6점이다. 그러므로 변별도 지수는 아래 공식에 의해서 0.56이 되어 비교적 상위 집단과 하위 집단을 잘 변별해 주는 바람직한 문항이라고 할 수 있다(김호권, 2008: 484–486).

$$\text{문항 변별도 지수(DI)} = \frac{5.3 - 2.5}{6 - 1} = 0.63$$

7. 오답의 매력도(문항 반응 분포)

오답의 매력도(destructibility)는 선택형 문항 중에서도 선다형 문항과 결합형 문항의 양호도를 분석할 때 사용된다. 오답의 매력도는 오답지가 마치 정답지처럼 보여 응답자들에게 매력을 느끼도록 하거나 착각을 일으키는 정도를 의미한다.

오답의 매력도는 일명 문항 반응 분포라고 부르기도 하는데, 각 답지에 대해 응답자들의 반응이 어떻게 분산되어 있는지를 파악하게 되면 답지의 매력도는 물론이고 문항의 전체적인 난이도를 추정할 수 있게 된다(김호권, 2008: 486–488).

매력적인 오답의 존재 유무와 매력적인 오답의 개수로 난이도를 조절할 수 있다. 오답이 그럴듯하고 매력적일 때 문항이 어려워지고, 오답으로서 매력이 전혀 없을 때 답지의 기능을 상실하게 된다. 따라서 선다형 문항에서 답지에 대한 분석은 문항의 질을 향상시키고 문항의 난이도를 조절하는 중요한 역할을 한다. 답지 중 오답지를 선택한 피험자들은 문항의 답을 맞히지 못한 피험자들이고, 이들은 확률적으로 균등하게 오답지를 선택하게 된다. 그러므로 답을 맞히지 못한 피험자들이 오답지를 선택할 확률은 다음과 같다.

$$P_0 = \frac{1-P}{Q-1}$$

Po: 답지 선택 확률

P: 문항난이도

Q: 보기 수

각 오답지들이 매력적인지는 각 오답지에 대한 응답 비율에 의해 결정되는데, 오답지에 대한 응답 비율이 오답지 매력도보다 높으면 매력적인 답지, 그 미만이면 매력적이지 않은 답지이다(김정호 외, 사회과 교육학 신론, 문음사, 2007: 313-319).

오답의 매력도에서 유념해야 할 것은 오답지의 매력도가 어느 정도까지는 높아야 하겠지만, 자칫 오답지가 지나치게 매력적이어서 상하위 피평가자들을 구분해 주지 못하는 문제가 발생할 우려가 있다는 점이다.

8. 문항의 계열도

문항의 계열도는 각 문항에 대한 응답자들의 반응 분포를 파악하여 문항의 계열성을 분석하는 방법이다. 따라서 정해진 일률적 수치로 계산하는 것이 아니라 특정 검사지에 대한 학생들의 반응 분포를 조사하여 결정한다. 즉 당해 평가 문항이 학습 내용의 위계를 얼마나 충실하게 반영하고 있는지를 따져 보는 방법이다.

〈표 38〉 문항 계열도의 분포(예시)

문항번호	1	2	3	4	5	6	비고
가	○	×	○	○	×	×	
나	○	○	○	○	○	○	
다	○	○	×	×	×	×	
라	○	○	○	○	○	×	
나	○	○	○	○	○	○	
합계	○	○	○	○	○	○	

이 표의 문항은 학습 내용의 위계가 낮은 문항에서는 모두 정답을 기답했으나 학습 내용의 위계가 높을수록 점차 정답이 감소하고 있으므로 문항 계열도가 높은 편이다. 문항 곤란도는 정답 수를 총 사례 수로 나눈 것이기 때문에 전체적인 경향을 나타내는 지표에 불과하고 실제로 문항에 정답을 기답했느냐, 오답을 기답했느냐는 응답자에 따라 다르다. 바꾸어 말하면 개개 학생마다 맞출 수 있는 문제를 차례로 제시하여 어떤 문제를 어느 수준까지 풀 수 있는지를 확인하는 검사 방식이 위계화 검사이다(황정규, 1986: 496).

교육 평가에서는 양질의 문항이 제작되어야 타당하고 신뢰로운 평가를 할 수 있다. 이를 위해서 문항 분석이 필요하다. 문항 제작에서 문항의 난이도와 변별도가 항상 민감한 사항은 아니다. 평가의 목적이 상대 평가인가, 아니면 절대평가인가에 따라서 달라질 수 있다. 문항 변별도가 상대 평가에서는 주된 관심사이지만, 절대평가에서는 그렇지 않다. 오히려 절대평가에서는 응답자의 오답 매력도(문항 반응 분포)와 문항 계열도에 더욱 중점을 두고 있다(김호권, 2008: 488-489).

▌제8장▌ 사회과 평가의 방법

1. 사회과 평가의 절차와 도구

사회과 교수·학습에 있어서 평가를 합리적으로 수행하기 위해서는 일정한 계획에 의하여 평가해야 한다. 이러한 평가의 계획 및 실행에 대한 일반적인 절차를 들면 다음과 같다.

첫째, 교육목표를 분석하고 지도내용을 검토한다. 교육목표로 설정된 학력(지식·이해, 기능·능력, 가치·태도 등)을 지도 내용(교재)과 결부시킨다.

둘째, 이원 목적 분류표를 작성한다. 교육목적 달성도를 측정하기 위해서는 어떤 형식이건 구체화되는 것이 바람직하다. 이러한 구체화의 전략으로서 교육목적을 이원적으로 분류한다. 이원분류라는 것은 교육목적의 요인을 내용과 행동으로 분리시키는 작업이다.

① 내용분류: 사회과에 있어서의 내용분류로는 지리, 역사, 정치, 경제, 사회, 문화 등으로 분류할 수 있으며 활동 면에서 분류하면 경제활동, 봉사활동, 정치활동, 종교활동, 건강활동 등으로 나눌 수도 있다. 교육적 이원분류에서 내용분류는 비교적 명백하므로 쉽게 이루어진다.

② 행동분류: 교육목적의 추수는 행동에 있다. 그러나 교육목적을 측정 가능한 행동 목표로 바꾸는 것은 어려운 문제이므로 이와 같은 행동분류는 블룸(Bloom)의 교육목표분류(지식, 이해력, 적응력, 분석력, 종합력, 평가력)를 활용함이 효과적이다.

〈표 39〉 사회과 평가 이원 목적 분류표(예)

내용 \ 행동		인지적 영역										정의적 영역				
		지식			기능							가치갈등분석			당위가치	
					기초기능			탐구기능								
		사실	개념	일반화	지식획득	의사소통	상호협동	문제인지	가설	탐색	일반화	감수반응	선택	존중	주의이해	수용
국토와 지리 정보	(1) 우리나라의 자연 (2) 우리나라 각 지역의 생활															
	(3) 우리나라 여러 지역 생활의 특징															

③ 이원분류표: 교육목적을 내용과 행동 면으로 분류한 후 평가를 실시하면 전반적으로 평가에 큰 도움을 준다. 이는 곧 교사가 무엇을 가르치고 무엇을 평가하는지를 일목요연하게 알 수 있는 시간표와도 같다. 교사는 평가과정에서 직접 문항 제작에 들어가기 전에 반드시 이러한 이원분류표를 작성하여야 한다. 그래야만 교육목적에 부합되는 평가를 할 수도 있고 또 자칫하면 편중될 출제위험

을 사전에 방지할 수 있다.

셋째, 행동의 타당한 증거를 객관적으로 수집할 수 있는 평가 장면을 구성하여야 한다.

넷째, 신뢰성 있고 타당성 있는 평가도구를 선택하여 작성한다.

다섯째, 실제적인 평가를 실시한다.

여섯째, 결과를 의의 있게 해석하고 교육 자료로 활용한다.

이상과 같은 절차를 밟는 사회과 평가에 있어서 가장 어려운 문제는 제1절차인 교육목표의 분석적 정의와 제4절차인 평가도구, 즉 문항제작이다. 전자는 블룸(Bloom)의 교육목적 분류학을 참조하면 목표분석에 큰 도움이 될 것이다. 그리고 후자에 속한 사회과평가도구로서는 주관식테스트, 객관식테스트, 문제 장면 테스트, 관찰평가, 작품평가, 면접법, 질문지법 등 다양하게 분류하는데 필답고사의 경우 교사가 작성한 도구로서는 주관식과 객관식 평가가 가장 많이 활용된다.

효과적인 사회과 교육평가를 위해서 교사는 각종 평가의 성질에 입각하여 평가목표에 타당한 평가방법을 선정하는 일이 중요한 것이다. 평가 목표와 평가 방법과의 타당한 관계를 작성하여 보면 다음과 같다.

<표 40> 사회과 평가 목표와 평가 기술의 관계

평가목표		주요 평가 기술
지식		· 단순 재생법, 선택법, 조합법, 선택 조합법, 진위법, 서열법, 정정법 등 객관적 테스트, 논문체 테스트
이해		· 논문체 테스트, 객관적 테스트, 선택적 조합법, 완성법 등
사고		· 문제 장면 테스트, 관찰 평정척 기술
기능	도표 읽는 법, 이해와 기술	· 관찰 평정척 기술(Check list), 문제 장면 테스트, 객관적 테스트
	활동 토의 기술	· 관찰 평정척 기술(Check list), 평정 척도(Guess who test)
가치 태도	가치관 · 의견 · 관심	· 질문지법, 작문, 면접법
	사회적 · 도의적 태도	· 질문지법, 관찰 평정, 면접법
	노력, 책임 등의 태도	· 관찰 평정척 기술(Check list) · 평정 척도(Guess who test)

<표 41> 평가영역과 평가목표 및 평가방법 비교

평가목표	지식	이해	능력		태도	
			자료처리	사고	사회적 태도	의사 결정
평가 방법 평가 형태	· 다답형 · 완성형 · 선다형 · 최선답형 · 부정형 · 다답형 · 배합형 · 진위형 · 논문형	· 논문형 · 선다형 · 배합형 · 완성형	· 관찰평가 · 문제장면평가 · 발언 및 작품평가 · 객관식 평가	· 문제장면평가 · 관찰평가 · 객관식 평가	· 질문지법 평가 · 작문평가 · 면접평가 · 단답형	· 관찰평가 · 질문지법 · 논문식 평가

1. 관찰 평가

사회과 관찰 평가는 학생들의 학습 활동 상황 및 과정 중의 학생 활동을 관찰하여 평가하는 것이다. 즉 학생들이 학습과정 중에서 사회사상이나 사물에 대하여 갖는 흥미, 관심, 능력, 대화, 사고방식 등의 상황을 관찰하고 기록하여 평가하는 것이다.

교사는 행동관찰에 있어서 독단적인 주관을 피하고 항시 객관적 입장에서 계획적, 조직적, 종합적으로 관찰하는 것이 중요하다. 또한 관찰한 결과를 효과적으로 활용하기 위해서는 기록의 방법이 질적, 양적으로 처리하기 쉽도록 하여야 한다. 특히, 교사는 관찰 직후 그때그때 기록할 것을 잊어서는 안 되며 때로는 정기적으로 일자를 정하여 할 수도 있다.

관찰 기록 방법으로 체크리스트와 평정척도법 등이 대표적인데 이를 예시하면 다음과 같다.

체크리스트는 평정단계를 몇 가지로 나누어서 학생의 행동을 체크하는 방법이다. 각종 행동특성의 유무, 형성 정도를 기준으로 특성이 있는 학생이나 형성이 되어 있는 학생만을 체크하는 것이 보통이나 경우에 따라서는 반대로 특성이 없거나 형성되어 있지 않은 학생을 체크할 수도 있다.

평정척도법은 관찰한 특성을 몇 단계를 구분하여 수량적으로 파악하려는 방법이다. 이 방법은 여러 가지가 있으나, 기록을 미리 계획한 척도에 따라 평가하는 것이다. 또, 체크리스트와 평정법을 절충해서 체크 대신 평정척도를 상·중·하 또는 1, 2, 3, 4, 5점으로 대체하여 이용할 수도 있다.

〈표 42〉 체크리스트의 평가 기록(예)

번호·성명＼관점		표현력	참여력	역할수행	자료제작	자료해석	종합력	계
1	○○○	(4)		(3)				
2	○○○		(2)				(3)	
3	○○○		(5)		(4)			

* 관점별 5점 만점, ( ) 안의 숫자는 평정점수

2. 발언분석 평가

발언 분석 평가는 넓은 의미에서 관찰평가의 일부라고 할 수 있는데 학습과정 중에 학생들의 발언상황을 분석 진단하는 평가이다.

교사는 학생들의 발언내용, 논리성, 표현방식, 발언횟수, 발언태도 등을 주의 깊게 관찰하고, 발언내용이 교사의 발문이나 지도목표에 부합되는가를 잘 분석하면서 학습의욕과 흥미를 북돋아 줄 수 있도록 격려, 칭찬하는 식으로 유도하여야 할 것이다. 또한 발언평가는 학습자 전원이 발언할 수 있어야 하겠지만 현실적으로는 개인의 성격이나 학급의 집단성 때문에 불가능하다. 따라서 사전에 발언내용을 노트에 기입하게 하여 그것을 발표시킨다든지, 소집단에서 발언시키고 차차 일제 학습에 있어 발언할 수 있도록 지도하는 등 어떤 의도적 평가가 있어야 할 것이다. 그리고 발언 분석 결과는 누가적으로 기록하여 평가해야 한다.

3. 작품분석 평가

작품분석 평가는 학습과정에서 학생들이 직접 제작한 지도, 도표, 연표, 작문, 일기, 학습장 등의 내용이 어떻게 작성되고 정리되어 있는가를 조사, 분석하는 평가이다. 작품분석법의 대상은 문자나 그림이기 때문에 영속적이어서 분석·고찰하는 데 유리하다 할 수 있다. 그러므로 교사가 객관적이고 타당성 있는 관점에서 계속성 있게 성실히 진행한다면 이 방법은 인간행동의 여러 측면, 즉 창조력, 사고력, 응용력, 감상력 등의 평가뿐만이 아니라 인간성, 사회성의 제문제점까지도 찾아낼 수 있는 장점이 있다. 또한 지도와 평가의 일체화 실현이라는 점에서도 가장 유용한 방법이라 할 수 있다.

4. 면접 평가

면접법은 학생 개개인을 상대로 하여 교사가 사전에 계획된 내용에 따라서 면접하는 방법이다. 사회과 학습평가로서의 면접은 학습의욕이 없거나 흥미와 관심이 적어 학습능률이 오르지 못하는 지진아 혹은 그 외에 문제가 있어 학습에 지장을 느끼는 학생을 대상으로 하는 경우가 많으나 때로는 정상적이며 우수한 학생을 면접하는 경우도 있다.
면접평가에 있어서 교사는 부드러운 분위기를 조성함으로써 학생이 안도감을 갖도록 하고 용어사용, 사전계획, 기록 등에 특히 유념해야 한다.

5. 현장 학습 평가

현장 학습 평가는 현장견학, 즉 공장, 회사, 관공서 등의 사회조사, 사적 및 지형답사의 학습활동을 통해서 학생들의 관찰력, 조사기능, 조사태도와 아울러 보고서, 감상문 등의 표현력까지도 평가할 수 있는 방법이다.
현장 학습은 사회현상을 주체적으로 고찰하고 생활과 관련된 문제 등을 직접 발견하는 이점이 많으므로 세밀한 사전계획이 무엇보다 중요하다. 사전계획은 연중 계획, 월중 계획은 물론 실행 시의 준비물, 안전관리, 사후 처리 등 아주 면밀한 계획 수립과 실행이 요망된다.

6. 질문지평가

질문지법의 특성으로는 아동의 학습 전, 학습도중, 학습 후에 있어서의 학습태도나 능력을 평가할 수 있다. 학습 전에 이루어진 경험조사에 있어서는 학생의 선행경험, 내용, 그에 대한 아동들의 의식을 조사할 수 있고, 또 앞으로의 학습에 대한 흥미, 관심 등을 조사할 수 있다. 학습도중에 있어서는 선수학습과의 관련을 조사할 수 있고 단원 종료 시에도 학습성과를 조사할 수 있다.

이와 같이 질문지법은 학생의 학습에 따른 변용과정이나 의식의 심화과정을 조사하는 데 매우 유효한 수단이라 할 수 있다. 그러나 자유기록에 의할 경우 문장 표현능력이나 그 분석에 시간이 걸리는 등 결점도 있다. 그러므로 설문 작성 시에는 조사 의도에 대하여 명확히 해답할 수 있도록 고찰되어야 하며 표현이 불명확할 경우에는 면접을 통하여 학생의 의도한 바를 파악하는 등 타 평가 방법과 병행함으로써 보다 효과를 기할 수가 있는 것이다.

7. 상호 평가

상호 평가는 학습 동료 간의 평가이다. 사회성 등 가치·태도의 특면을 측정하기 위하여 사용되는 방법이다. 가령, "우리 반 아이들 중 짝이 되고 싶은 아이는 누구인가?"와 같은 질문을 던져, 아이들의 사회성과 상호 관계를 알아보는 방법이다. 이렇게 해서 얻어진 결과를 가지고 학생들의 상호 관계를 한 표에 나타낸 것을 소시오메트리(sociometry)라고 한다. 이 방법을 사용할 때에는 학생 상호 간에 원만한 인간관계가 유지되도록 주의해야 한다. 특히 평가 목적에 적합하도록 평가해야 한다.

8. 자기평가

자기평가는 자기가 평가자가 되는 것이다. 자기평가는 자율성을 길러 주는 데 의의가 있다. 남으로부터 받는 평가는 평가받는 대상을 항상 수동적으로 만들기 쉬우나, 자기평가는 스스로 평가해 본다는 의미에서 자율적이고 능동적인 인간 형성과 관계가 있는 것이다. 자기평가를 할 수 있는 장면으로는 수업 중에 있어서의 자기평가, 답안의 자기 채점, 답안지 반환에 의한 피드백, 학습태도, 습관, 노력에 대한 자기평가 등을 들 수 있다. 평가의 객관성과 타당성 담보가 문제 될 수 있으므로 신중하게 접근하여야 한다.

1. 지식·이해 영역의 평가

지식·이해는 학습지도에 있어 중요한 목표임과 동시에 아동에게 습득시켜야 할 기본적 학력이다. 학습이란 지식·이해 없이는 성립되지 않는다. 흔히, 사회과 교육에서 지식과 이해를 암기주입이라는 인식이 앞서 도외시하는 경향이 있는데, 탐구와 문제 해결 등 구성주의적 접근도 기초적인 지식과 이해가 바탕이 되어야 한다.

이해란 구조적으로 보면 이해하고 있다는 상태와 그 이해의 소산 또는 결과로서의 지식으로 된 이면적 구조체이다. 특히 이해는 전자에 중점이 있다. 사회사상이나 학습내용은 복잡한 관계를 이루며 존재한다. 이들의 관계성이 파악되지 못한 때는 이해되지 않는 상태이며 그것이 학습의 진행에 따라 상호관계성이 파악될 때 비로소 이해된 상태에 이른다. 예를 들면 기후, 지형, 토지, 인간, 생활양식 등의 낱말이 있다고 할 때 이들 낱말들의 상호관계가 어떤 인과관계나 상호관계와 같은 체계하에 관계 파악이 되었을 때 비로소 이해된 상태에 이른다. 이들 낱말들의 관계파악이 되지 못한 상태에서는 단순한 낱말의 기억에 불과하지 지식이라 할 수 없다. 이들 낱말들의 상호관계 파악이 되면 필연적 결과로서 지식 또는 개념이 이루어져 구체적 사실이 추상화되고 개념화되어 법칙이나 원리로 전환되는 것이다.

지식은 이해의 결과이며 발생적으로는 이해가 지식보다 먼저라 할 수 있다. 지식은 이해된 것이 관념으로서 기억되어 있어야 하며 필요시에 언제나 재생되어 활용되어야 한다. 따라서 기억되지 않은 지식은 참된 지식이라 할 수 없다. 또한 재생되는 지식의 양이 많으면 그만큼 이해도는 깊어지는 것이다. 지식은 기억된 상태이며 이해는 관계파악이 된 상태라는 것이 본질적 성격이다. 따라서 지식·이해를 평가할 때는 일단 이들을 구별할 필요가 있는 것이다.

지식에 대한 평가는 객관적 평가가 가장 적당하며, 이해에 관한 평가는 주관식의 논술형 평가가 가장 타당도가 높으며 객관식으로는 선다형, 완성형, 배합형이 바람직하다. 사회과는 다른 학과에 비하면 그 범위가 너무 넓기 때문에 알아야 할 지식의 범위도 넓고 그 평가 방법도 아주 다양해야만 바람직할 것이다.

1) 단답형(단순재생형)

이것은 직접질문이나 명령문으로 되어 있는 것이 보통이나 특수한 경우도 있다. 이 단답형을 일명 단순 재생형(Simple Recall)이라고 하는데 사회사상의 생활에 관한 단편적인 지식, 용어, 기호, 수치, 개념 등 사실적 지식을 묻는 데 많이 사용된다.

- •[문제 예] 조선을 건국한 인물은 누구인가? (   )

2) 완성형(완결형)

완성형은 거의 단순재생법과 같은 것이므로 그 차이는 문제의 길이와 해답의 배치에서 찾을 수 있다. 이는 진술문의 일부분을 비워 놓고 거기에 들어갈 적당한 단어나 기호를 써 넣게 하는 방법인데 문항의 정답은 하나인 것이 바람직하다. 이 형식의 기본형은 불완전 문장형인데, 그 변형으로는 불완전 도표형, 제한 완결형 등이 있다.

이 형식은 사회과학과 사회생활에서 많이 쓰고 있는 고유명사, 일시, 연대, 수치, 인명, 지명, 기호, 용어와 같이 단편적이면서 단순한 지식을 평가하는 데 많이 사용된다.

- [문제 예] 한국은 (　　)년 (　)월 (　)일 (　　　)의 식민지로부터 해방되었다.

3) 선다형

선다형 문항 형식은 문항과 그에 잇따른 두 개 이상의 답지로 구성된다. 문항은 대개 의문문이거나 불완전문장으로 되어 있고 답지는 두 개 이상이라 하지만 4개 정도로 추측요인을 가장 경제적으로 통제할 수 있다.

선다형은 다른 형식에 비해 내재적인 결점이 적기 때문에 학업성취 측정에 가장 널리 사용되고 있다. 특히 복잡하고 유동성이 심한 사회사상이나 생활에 대한 통찰력, 추리력, 식별력, 판단력을 요하는 사회과 평가에는 가장 적합하다고 볼 수 있다.

그러나 선다형은 좋은 문제를 제작하는 데 많은 노력과 시간이 소모된다. 답지를 두 개 이상 나열한다고 선다형이 되는 것이 아니며 그 답지 하나하나가 제대로 된 측정 기능을 다하고 있느냐가 중요한 것이다.

이 형식은 어느 형식보다도 그 변형의 종류가 많다. 그 기본형은 최선답형인데 그 유형에는 부정형, 다답형, 정답형, 합답형, 불완전 문장형, 불완전 답지형, 대입형, 포함형, 제외형 등이 있다.

- [문제 예: 최선답형] 2008년 출범한 '이명박 정부'의 핵심 공약은 무엇인가? (　　　)
  ① 남북통일 이룩　　② 4대강 사업　　　　③ 6자 회담 재개
  ④ 북한의 핵 폐기　　⑤ 인구 증가 출산 정책

- [문제 예: 어미 부정형] 다음 중 고등법원이 설치되지 <u>않은</u> 지역은? (　　　)
  ① 서울　②부산　③ 광주　④ 대전　⑤ 춘천

- [문제 예: 다답형] 다음 중 해수욕장이 있는 지역을 있는 대로 골라라. (　　　)
  ① 강릉　② 보령　③ 청주　④ 안동　⑤ 해운대

4) 배합형

배합형은 일련의 전제, 일련의 답지, 그리고 전제와 답지를 배합시키는 지시문의 세 가지로 구성된다. 전제와 답지에는 단어, 어구, 문장, 도표 등 모든 것을 다 사용할 수 있다. 전제와 답지의 구별은 형식상의 차이일 뿐 근본적 차이는 없다. 대개 먼저 제시되는 것을 전제라 부른다. 이 형식은 사회사상과 생활과의 관련, 대비, 분류 등을 측정하는 데 적합하다. 이 형식의 변형으로는 단순배합형, 복합배합형, 관계분석형, 관계분류형, 양적 비교형, 공변관계형 등이 있다.

- [문제 예: 단순배합형] 다음 (ㄱ)항과 관계 깊은 것을 (ㄴ)항에서 골라 (　) 안에 기호를 쓰시오.

(ㄱ)항: 인물　　(ㄴ)항: 업적

① 계백　（　　）ⓐ 노량해전
② 양만춘（　　）ⓑ 귀주대첩
③ 이순신（　　）ⓒ 황산벌 전투
④ 강감찬（　　）ⓓ 안시성 싸움
⑤ 김종서（　　）ⓔ 육진 개척

5) 진위형

진위형은 진술문을 제시하고 그것의 진위(眞僞), 정오(正誤) 등을 판단케 하는 방법으로 양자 택일형 평가형이라고도 한다. 진술문 한 개를 주어 그것이 옳은지 틀린지를 판단케 하는 방법도 있지만 두 개를 주어 어느 것이 옳은 것인지를 묻는 방법도 있다.

이 형식은 전통적으로 가장 많이 사용되어 온 방법이었으나 현재는 별로 사용하지 않는다. 왜냐하면 형식 자체가 갖는 내재적 약점으로서 추측, 우연의 오차가 크게 작용하기 때문이다. 최근에는 그 개량형으로서 진위를 결정한 이유까지 간단히 적게 하여 그 논리성이나 사고력이 합당한 경우에 한하여 맞는 답으로 하는 문항을 제작하고 있다. 사회사상에 관한 간단한 내용이나 가치판단을 측정하는 데 사용된다. 이 형식의 변형으로는 수정형, 군집형, 진위변형 등이 있다.

- [문제 예: 진위형] 다음 설명 중 옳은 것에는 ○표, 틀린 것에 ×표를 하여라.
    ① 미국은 1776년에 독립하였다. (　　)
    ② 프랑스의 수도는 파리이다. (　　)
    ③ 인도의 나라 종교(국교)는 마호메트교(회교)다. (　　)
    ④ 일본에서는 화산, 지진 등이 자주 발생한다. (　　)
    ⑤ 오스트레일리아(호주) 국민은 주로 백인이다. (　　)

6) 배열형

배열형은 몇 개의 문제 사태나 사전 또는 어떤 조작과정을 나타내는 문제를 주고 이를 연대순 또
는 어떤 합리적 및 논리적인 순서로 배열케 하는 문제이다. 그러나 이 형식은 검사형태에 적합한 동
질적 내용을 얻기가 어렵다는 것과 각 문항의 곤란도가 비슷해야 되고 또 채점상의 불합리성 등의
이유로 최근에는 그 변형으로서 중요한 대표적인 순서만을 몇 개 골라서 선다형의 문제형식으로 만
들어 최적한 순서를 선택하게 하는 방법으로 제작하고 있다.

- [문제 예: 배열형] 다음 [보기]의 사실은 조선시대에 일어난 여러 가지 역사적인 일이다.

> [보기] ⓐ 한글창제   ⓑ 한일합방   ⓒ 임진왜란   ⓓ 위화도회군   ⓔ 병자호란

위 [보기]의 사실을 시대순으로 바르게 나타낸 것을 다음 중 어느 것인가?
① ⓐ-ⓑ-ⓒ-ⓓ-ⓔ ② ⓐ-ⓒ-ⓑ-ⓓ-ⓔ ③ ⓓ-ⓑ-ⓒ-ⓐ-ⓔ
④ ⓓ-ⓐ-ⓒ-ⓔ-ⓑ ⑤ ⓓ-ⓒ-ⓐ-ⓔ-ⓑ

7) 논문형(논술형) : 서술형

이것은 별다른 형식이 없고 어떤 질문, 지시에 따라 자유로이 수험자의 능력을 구사할 수 있도록
하는 반응이 특징이다. 일반적으로 신뢰성이나 채점의 객관성에 있어서 객관적 테스트에 미치지 못
하나 이해 면에서는 타당도가 높다 하고 있다. 평가목표에 타당한 것을 들어보면 다음과 같다.

- [문제 예: 논술형] 원리, 주장형] 2007년 태안 앞 바다 기름 유출 사고의 원인을 밝히고, 국민
  들의 봉사 활동에 대해서 논술하여라.
- [문제 예: 논술형] 현상 분석 및 대안 제시형] 우리나라의 인구 감소 원인을 분석하고 출산율
  증가를 위한 대안을 제시하여라.

2. 기능 · 능력의 평가

능력은 어떤 일을 수행할 수 있는 역량인데 이에는 선천적 능력과 후천적 능력으로 대분할 수 있
으나 여기에서는 후천적 능력인 학습능력을 의미한다.
장래의 시민을 양성하는 학교교육, 특히 사회과 교육에서는 기존의 사회지식만을 가르치기에 앞
서 당면한 사회문제를 해결하는 방법이나 새로운 지식을 만들어 내는 학습능력을 길러 주는 것이

더 긴요하다 하겠다.

한편 기능은 주로 기술적 달성도로 표시되는 역량을 의미한다. 기능은 구조적으로 보면 두 가지 측면이 있다. 첫째는 기능을 뒷받침하고 있는 지식·이해의 면이다. 예를 들면 지도 작도의 기능이 습득되려면 지도에 대한 방위, 기호, 축척 등에 대한 지식·이해 없이는 이루어지지 않는다. 또한 기능에 있어서의 이 같은 이해·지식의 면은 타 교과의 기초에 의한다는 것도 무시하지 못한다. 그래프나 도표를 만들 경우 수학의 기초적 지식이 필요한 것이 그런 예이다. 둘째로는 기능의 습관화의 면이다. 예컨대 묘도(描圖)의 경우 처음에는 지식·이해가 의식적으로 작용하여 묘도기능이 향상되지만 나중에 묘도기능은 무의식적으로 향상되어 간다. 다시 말하면 묘도라는 행동이 습관화되어 기능향상이 되는 것이다. 바로 이것이 기능의 본질이며 이런 기능의 향상은 드릴이나 반복연습에 의해 습득되는 것이다.

사회과에서 이 같은 능력 또는 기능에 대한 평가목표는 학자에 따라 견해가 다르나 자료생활능력과 사고력으로 나누어 그 평가방법을 알아보면 다음과 같다.

1) 자료 활용 능력의 평가

자료에는 교사가 지도하기 위한 교수자료와 아동들의 학습을 추진하기 위한 학습자료가 있다. 오늘의 교수·학습에서 더욱 필요한 것은 교수자료보다 학습자료의 활용능력이다. 사회과의 교수·학습에 있어 자료 활용은 바른 사회적 판단이나 사회인식의 심화를 위해서 불가결한 것으로서 중학년에서 고학년으로 갈수록 활용의 기회가 많아지고 있다. 사회과에서의 자료 활용 능력으로는 자료의 선택·수집력, 자료의 제작력, 자료의 분석·해석력으로 나눌 수 있으며 이에 따라 그 평가 관점 역시 다음과 같이 정리할 수 있다.

첫째, 학습에 필요한 자료를 신문, 잡지, 기타 참고도서 등 각종 자료에서 선택하여 수집하는 능력

둘째, 선택하여 수집한 자료를 비교·관련 등의 조작 과정을 통하여 학습에 효과 있게 제작하는 능력

셋째, 학습의 초점에 맞추어 자료를 분석하고 해석할 수 있는 능력

자료 활용 능력의 평가 과업에는 관찰법, 발언분석법, 작품분석법, 필답 고사 등이 있다.

- [문제 예: 자료 분석력] 현대 사회에서 가장 빠른 정보를 얻기 위한 자료나 매체는 무엇인가?
  (   )
  ① 지도(地圖)　　② 인터넷(internet)　　③ 통계 자료　　④ TV　　⑤ 신문

2) 사고력(사고 능력)의 평가

사회과 교육은 학생 활동 중심의 교수·학습이 핵심이 된다. 특히 사회과는 다양한 사회 사상(社會 事象)을 탐구적으로 규명하여야 한다. 따라서 사회과는 관계적 사고 및 문제 해결력을 다루는 문

제(문항)에서 주위의 사회 현상에 대하여 의문이 생기는 지식이나 기능을 활용하여 여러 가지 방법으로 탐구하며 문제를 해결하는 사고 능력을 측정하여야 한다. 학생들의 문제 해결력과 사고력 신장을 지향하는 사회과에서는 교과의 특성상 사고력(사고 능력)의 평가는 특히 강조되어야 할 기능·능력 영역의 평가이다.

• [문제 예] 다음 제3학년 1반의 '학습 문제'는 무엇입니까? (   )

[제3학년 1반 사회과 학습 계획]

◦ 비둘기 분임(조) : 학교 연표 찾아보기
◦ 다람쥐 분임(조) : 마을 어른들의 이야기 듣기
◦ 코끼리 분임(조) : 읍·면·동사무소에서 알아보기
◦ 기러기 분임(조) : 학교 주변의 지도 구해 보기

① 학교의 변해 온 모습은 어떠한가?
② 오늘날의 학교 사정은 어떠한가?
③ 학교 건물의 모습은 어떠하였을까?
④ 학교는 앞으로 어떤 모습으로 발전할까?

3. 가치·태도의 평가

가치·태도에 대한 평가는 정의적인 면의 평가이다. 태도란 경험을 통하여 학습된 것으로서 특정한 사물, 사태에 대한 심적 경향 또는 반응경향을 말하며, 가치 또한 체험이나 생활, 학습을 통하여 내면화된 것으로 어떤 행동을 구속하는 신념 내지 표준화 같은 것이다. 따라서 양자는 다 같이 경험을 통하여 학습된다는 것과 개인 행위의 선택을 결정짓는 보다 심층에 속하는 행동성향이라는 점에서 같다고 할 수 있다. 다만 그 차이는 태도에 비해 가치 행동성향이라는 점에서는 같다고 할 수 있다. 다만 그 차이는 태도에 비해 가치는 보다 포괄적이고 심오한 심성이라 할 수 있다.

이 같은 가치 및 태도는 사회과 교육에서 정의적 목표의 주요대상일 뿐만 아니라 실제의 학습활동에도 큰 영향을 준다. 아동의 학습에 대한 태도 및 가치관은 아동의 학습상황을 촉진하기도 하고 억제하기도 하며, 또한 학습의 방향이나 성과까지도 규제하는 것으로 요즈음의 교수·학습에서는 중요한 지도목표로 인식되고 있다.

특히 세계화 시대를 맞아 사회와 문화가 급변해 가는 오늘날 여러 면에서 가치의 기준이 흔들리고 있는 상황 속에서 사회과 교육이 목표로 하는 시민적 자질을 육성키 위해서는 태도 및 가치교육이란 매우 중요한 목표라 하지 않을 수 없다.

1) 가치 평가 방법

사회과에서의 가치교육은 가치란 무엇이며, 어떤 것이 절대적인 가치인가를 추구하거나 규명하려는 것이 아니라, 사회생활을 하는 가운데서 올바른 판단으로 합리적 결정을 내릴 수 있도록 교육하는 것이다.

그런데 실제의 경우 국가 사회적 요구를 저버릴 수 없는 경우가 허다하므로 주입적 가치교육을 많이 하고 있는 것이 현실이다. 가치 평가의 관점을 사례로 제시하면 다음과 같다.

(1) 감수 · 반응
- 학습자가 주어진 문제점에 대하여 잘 들으려고 하는가?
- 학습자가 어떤 요구에 대하여 반응하려는 의사를 가지고 있는가?
- 학습자가 기대되는 행동에 대하여 그 이유를 생각하려 하는가?

(2) 자유선택 · 심사숙고 후의 선택
- 자기가 택한 가치와 다른 가치의 원인을 생각해 보았는가?
- 자기가 택한 가치가 자기당착에 빠져 있지 않은가?
- 가치를 택한 후의 결과나 할 일을 생각해 보았는가?

(3) 존중 · 확신
- 자기가 택한 가치에 대하여 만족하고 있는가?
- 자기가 택한 가치가 무엇이 좋고 왜 좋은지 알고 있는가?
- 자기가 택한 가치를 누구에게나 주장할 수 있는가?

2) 태도 평가 방법

사회과 교육에서의 태도는 사회적 태도를 말하는 것으로 그 관점은 사회과 교육의 기본목표에서 우러나온다. 사회과 교육의 궁극적 목표는 시민적 자질의 육성에 있는 만큼 이를 뒷받침하고 있는 요소로는 첫째 기본적 인권의 존중, 둘째 우리 국토와 역사에 대한 애정, 셋째 국제이해에 대한 태도라 할 수 있다. 태도를 평가하는 방법으로는 관찰법, 발언분석법, 면접법 등 주로 노출된 행동을 대상으로 하는 방법과 태도를 뒷받침하고 있는 내용판단, 일반적 경향성을 파악하는 방법, 즉 질문지법, 논문 테스트, 문제장면평가, 객관테스트 등 주로 필답고사에 의한 방법이 있다. 그런데 필답고사에 의할 경우 평가상에 나타난 태도와 실제의 행동 간에는 반드시 일치하지 않을 수도 있는 것이다. 따라서 평가자는 이러한 필답고사의 한계점을 알고 활용하여야 할 것이다. 따라서 가급적 태도의 평가는 표출된 행동을 중심으로 평가하는 것이 바람직하다.

✍ 탐구 문제

1. 사회과 수행 평가의 의의와 구체적 방법에 대해서 설명하시오.

2. 사회과 교육 평가를 지식·이해, 기능·능력, 가치·태도 등 여러 영역을 통틀어서 통합적으로 시행해야 하는 이유를 기술하시오.

3. 사회과 교육 평가에서 진단 평가, 형성 평가, 총괄 평가의 특징과 중요성에 대해서 약술하시오.

4. 사회과 교육 평가에서 규준 지향 평가와 준거 지향 평가를 상대 평가와 절대평가 차원에서 설명해 보시오.

5. 사회과 교육 평가에서 학생 참여 및 수행 중심 평가가 활성화되려면 어떤 점에 중점을 두어야 할지 간단히 서술하시오.

6. 사회과 교육 평가의 원리를 제시하고, 각각의 원리를 사례를 들어 설명해 보시오.

7. 사회과 교육 평가에서 타당도, 객관도, 신뢰도, 실용도 등을 간단히 설명해 보시오.

8. 사회과 교육 평가의 방법에 대해서 간단히 서술해 보시오.

9. 사회과 교육 평가에서 관찰 평가와 면접 평가를 상호 비교하여 설명해 보시오.

10. 사회과 교육 평가에서 정의적 영역인 가치태도 평가의 구체적 방법에 대해서 기술해 보시오.

참고문헌

1. 단행본(국내 문헌)

강봉규 외(2007). 교육과정과 교육평가. 서울: 태영출판사.

강상철(1990). 사회교육론. 서울: 교육출판사.

강선주·설규주(2008). 좋은 사회과 수업을 위한 컨설팅 내용과 방법. 파주: 교육과학사.

강신택(2007). 사회과학 연구의 논리. 서울: 박영사.

강우철(1991). 달라져야 할 사회과 교육. 서울: 교학사.

강우철 외(1978). 사회과교육. 서울: 한국능력개발사.

강현석 외(2008). Murray Print 저. 교육과정 개발과 설계. 파주: 교육과학사.

강환국(1985). 사회과 교육학. 서울: 학연사.

강환국(2009). 사회과교육과 사회과 교사 교육. 서울: 학연사.

강현석 외 공역(2008). 교육과정 개발과 설계(Murray Print 저). 서울: 교육과학사.

강현석 외 공역(2008). 통합 교육과정의 이론과 실제(Donna M. Wolfinger·James W. Stockard Jr 공저). 파주: 양서원.

경상대학교 중등교육연구센터·한국사회과교육학회(2006). 제7차 교육과정과 교과서(일반 사회). 서울: 교육과학사.

고형일 외(1990). 학교 학습의 탐구. 서울: 교육과학사.

공주교육대학교 교육대학원(2008). 초등 수업 개선 어떻게 하여야 하나. 공주: 합동인쇄출판사.

공주교육대학교 초등교육연구소(2003). 제7차 교육과정 탐구. 대전: 대교출판사.

곽병선(1986). 한국의 교육과정. 서울: 민족문화문고간행회.

곽병선·김재복(1989). 교육과정 운영론. 서울: 배영사.

교육과정·교과서연구회(2000 a). 한국 교과교육과정의 변천(초등학교). 서울: 대한교과서주식회사.

교육과정·교과서연구회(2000 b). 한국 교과교육과정의 변천(중학교). 서울: 대한교과서주식회사.

교육과정·교과서연구회(2000 c). 한국 교과교육과정의 변천(고등학교). 서울: 대한교과서주식회사.

교육과학기술부(2008). 초등학교 교육과정 해설(Ⅲ). 광주: 한솔사.

교육과학기술부(2008). 중학교 교육과정 해설(Ⅲ). 광주: 한솔사.

교육과학기술부(2008). 고등학교 교육과정 해설(Ⅲ). 광주: 한솔사.

교육법전편찬회(2007). 교육법전. 서울: 교학사.

교육부(1986 a). 초·중·고등학교 교육과정(1946~1981). 총론. 서울: 대한교과서주식회사.

교육부(1986 b). 초·중·고등학교 교육과정(1946~1981). 사회과·국사과. 서울: 대한교과서주식회사.

교육부(1992 a). 중학교 사회과 교육과정 해설. 서울: 대한교과서주식회사.

교육부(1992 b). 고등학교 사회과 교육과정 해설. 서울: 대한교과서주식회사.

교육부(1993 a). 초등학교 교육과정 해설(Ⅰ). 서울: 대한교과서주식회사.

교육부(1993 b). 초등학교 교육과정 해설(Ⅱ). 서울: 대한교과서주식회사.

교육부(1993 c). 초등학교 교육과정 해설(Ⅲ). 서울: 대한교과서주식회사.

교육부(1997 a). 사회과 교육과정. 교육부 고시 제1997 - 15호(별책 7). 서울: 대한교과서주식회사.

교육부(1997 b). 초등학교 교육과정 해설(사회). 교육부 고시 1997 - 15(별책). 서울: 대한교과서주식회사.

교육부(1997 c). 중학교 교육과정 해설(사회). 교육부 고시 1997 - 15(별책). 서울: 대한교과서주식회사.

교육부(1997 d). 고등학교 교육과정 해설(사회). 교육부 고시 1997 - 15(별책). 서울: 대한교과서주식회사.

교육부(1998). 교육 50년사: 1948 - 1998. 서울: 교육50년사편찬위원회.

교육부(1999 a). 교육발전 5개년 계획. 서울: 교육부.

교육부(1999 b). 초·중·고등학교 국가 수준 교육과정 기준. 서울: 교육부.

교육부(2000). 제7차 교육과정의 개요. 서울: 교육부.

교육부(1997 a). 초등학교 교육과정(교육부 고시 1997 - 15. 별책 2). 서울: 대한교과서주식회사.

교육부(1997 b). 초·중등학교 교육과정(교육부 고시 1997 - 15. 별책 1). 서울: 대한교과서주식회사.

교육부(1997 c). 초·중등학교 교육과정 해설. 서울: 대한교과서주식회사.

교육위원회(2002). 한국의 학교 제도와 평가 방법 개선 연구. 교육위원회 정책연구개발과 제 연구 2002 - 05.

교육인적자원부(1998). 교육 50년사. 서울: 교육인적자원부.

교육인적자원부(2001). 제7차 교육과정과 학교 교육의 발전 전망. 교육과정 자료 제74호. 교육인적자원부.

교육인적자원부(2002). 지식 사회의 도래와 한국 교육의 대응. 교육마당 21 특별호.

교육인적자원부(2006 a). 고등학교 사회 교사용 지도서. 서울: 대한교과서주식회사.

교육인적자원부(2006 b). 중학교 사회 교사용 지도서. 서울: 대한교과서주식회사.

교육인적자원부(2006 c). 초등학교 사회 교사용 지도서. 서울: 대한교과서주식회사.

교육인적자원부(2007 a). 2007년 개정 교육과정(사회과). 교육인적자원부 고시. 2007 - 79. 교육인적자원부.

교육인적자원부(2007 b). 2007년 개정 교육과정(총론). 교육인적자원부 고시 2007 - 79. 교육인적자원부.

국립사범대학장협의회(2000). 국립 사범대학 표준 교육과정. 국립사범대학장협의회 정책팀.

권낙원(1997). 교육과정 총론. 한국교원대학교 대학원 보고서.

권낙원(1998). 수업의 원리와 실제. 서울: 성원사.

권낙원(2008). 학교 교육과정 개발론. 파주: 학지사.

권오정 외(1992). 통일 시대의 민주시민교육론. 서울: 탐구당.

권오정·김영석(2006). 사회과교육학의 구조와 쟁점. 서울: 교육과학사.

권오정·김영석(2008). 사회과교육학의 구조와 쟁점(증보판). 파주: 교육과학사.

권효숙 외(2007). 사회과교육의 논리. 서울: 교육과학사.

김경배(2008). 교과교육론. 서울: 학지사.

김두정(2006). 한국 학교교육과정의 탐구. 서울: 학지사.

김만곤 외(1999). 초등 사회과교육. 서울: 도서출판 두산 동아.

김만곤 외(2002). 사회과 교육의 실제. 서울: 대한교과서주식회사.

김병무(2006). 현대 사회학의 이해. 서울: 청목출판사.

김석우(2008). 사회과학 연구를 위한 SPSS WIN 12.0 활용의 실제. 파주: 교육과학사.

김성훈(2008). 교육과정 강의. 서울: 동문사.

김용만 외(1998). 사회과 교육과정 해설. 서울: 교육과학사.

김용신(2000). 사회과 현장 학습론. 서울: 문음사.

김용신 역(2010). 다문화 시민교육론. 파주: 교육과학사.

김운삼(2008). 교육학 개론. 서울: 창지사.

김일남·이광성(2007). 사회과 의사결정 수업 모형 탐구. 파주: 양서원.

김재복(1988). 교육과정의 통합적 접근. 서울: 교육과학사.

김재복(1999). 초등학교 교육과정 해설. 서울: 교육과학사.

김재복(2000). 통합 교육과정. 서울: 교육과학사.

김재복 외 공역(1997). 수업 모형. 서울: 형설출판사.

김재형 외 공역(1999). 사회과 탐구 논리. 서울: 교육과학사.

김정호(2007). 사회과 교육학 신론. 서울: 문음사.

김종서 외(1990). 교육과정과 교육평가. 서울: 교육과학사.

김현석(2006). 사회과 통합교과교육론. 서울: 형설출판사.

김현석·한관종(2008). 사회과 통합교과교육론. 서울: 형설출판사.

김형수(2008). 사회과 내용학의 이해. 서울: 형설출판사.

김형수(2008). 전공 일반사회. 서울: 형설출판사.

김호권(1982). 학교 학습의 탐구. 서울: 교육과학사.

김호권(1986). 교육과 교육과정. 서울: 배영사.

김호권 외(1980). 현대 교육과정론. 서울: 교육출판사.

남경희 외 역. DAVID W VAN CLEAF 저. 사회과 교수 학습론. 서울: 교육과학사.

남상준(2005). 지리교육 탐구. 서울: 교육과학사.

노정식 외(2000). 사회과교육. 서울: 형설출판사.

문교부(1975). 국민학교 교사용 교과용 도서(사회 4). 서울: 교학도서주식회사.

문교부(1982 a). 국민학교 새 교육과정 개요(연수 자료). 서울: 대한교과서주식회사.

문교부(1982 b). 중학교 새 교육과정 개요(연수 자료). 서울: 대한교과서주식회사.

문교부(1982 c). 고등학교 새 교육과정 개요(연수 자료). 서울: 대한교과서주식회사.

문교부(1986). 초·중·고등학교 교육과정 해설[사회과·국사과](1946 – 1981). 서울: 대한교 과서 주식회사.

문교부(1988 a). 초등학교 교육과정. 서울: 문교부.

문교부(1988 b). 초등학교 교육과정 해설. 서울: 문교부.

문교부(1988 c). 중학교 교육과정 해설. 서울: 서울인쇄공업협동조합.

문교부(1988 d). 문교 40년사. 서울: 문교부.

문교부(1992 a). 초등학교 교육과정. 서울: 문교부.

문교부(1992 b). 중학교 교육과정. 서울: 문교부.

문교부(1992 c). 고등학교 교육과정. 서울: 문교부.

박기범(2010). 사회과 디지털 교육론. 파주: 교육과학사.

박병기·추병완(1996). 윤리학과 도덕 교육. 서울: 인간 사랑.

박상준(2007). 사회과교육의 이론과 실제. 서울: 교육과학사.

박성익(2006 a). 교수 학습 방법의 이론과 실제(Ⅰ). 서울: 교육과학사.

박성익(2006 b). 교수 학습 방법의 이론과 실제(Ⅱ). 서울: 교육과학사.

박용헌(1996). 민주화·세계화와 교육 과제. 서울: 서울대학교 출판부.

박은종(2006). 사회과교육학과 교육평가. 공주대학교 사범대학 사회과교육 강의 교재.

박은종(2008). 한국 사회과 교육과정 탐구: 분석 및 모형 개발 탐색. 파주: 한국학술정보(주).

박은종(2009). 사회과 교육학 핸드북: Key Point. 파주: 한국학술정보(주)

박은종(2009). 현대 사회과 교육학·사회과 교육론 신강. 파주: 한국학술정보(주).

박은종(2010). 으뜸 수업탐구의 정석. 파주: 한국학술정보(주).

박은종(2010). 으뜸 학급경영 핸드북. 파주: 한국학술정보(주).

박인현(2006). 초등 사회과교육. 서울: 교육과학사.

박인현(2008). 정보 사회의 시민 생활과 법. 파주: 교육과학사.

박현주(2007). 교육과정 개발의 모형과 실제. 서울: 교육과학사.

배광호(2010). 최고의 수업. 서울: 다산에듀.

백승대 외(2007). 사회과 교육의 실천과 대안. 서울: 교육과학사.

변홍규(1994). 질문 제시의 기법. 서울: 교육과학사.

서재천(1996). 사회과 수업 방법. 서울: 도서출판 유천.

성병창(2000). 교육과정 개발과 지도성. 서울: 양서원.

성태제(2004). 문항 제작 및 분석의 이론과 실제. 서울: 학지사.

성태제(2008). 현대 교육 평가. 파주: 학지사.

소경희(2006). 교육과정 개발. 서울: 교육과학사.

손인수(1992). 미군정과 교육 정책. 서울: 민영사.

손인수(1998 a). 한국 교육사 연구(상). 서울: 문음사.

손인수(1998 b). 한국 교육사 연구(하). 서울: 문음사.

손인수(1994). 한국교육운동사. 서울: 문음사.

손충기(2007). 교육과정과 교육평가. 서울: 태영출판사.

손충기(2007). 교육연구 방법론. 서울: 태영출판사.

송대영((1991). 윤리 교육. 서울: 한국방송통신대학교출판부.

송대영(2000). 사회생활교육. 서울: 한국방송통신대학교출판부.

송용의 역. Jack R. Fraenkel 저(1986). 가치 탐구 수업 어떻게 할 것인가? 서울: 교육과 학사.

송창석(2001). 새로운 민주 시민 교육 방법. 서울: 백산서당.

신세호 외(1980). 초·중등학교 교육과정 개선을 위한 기초 연구. 서울: 한국교육개발원.

심광택(2008). 사회과 지리 교실 수업과 지역 학습. 서울: 교육과학사.

안천(2006). 생활화 사회과교육론. 서울: 교육과학사.

안천(2006). 신사고 사회과교육론. 서울: 교육과학사.

양미경(2010). 교육과정 및 교수방법(증보판). 파주: 교육과학사.

양호환 외(1997). 역사 교육의 이론과 방법. 서울: 도서출판 삼지완.

오영태(1996). 사회과교육론. 서울: 갑을출판사.

오영태(2000). 사회과교육론. 서울: 형설출판사.

오택섭 외(2008). 사회과학 데이터 분석법. 서울: 도서출판 나남.

유명철(2008). 민주시민교육론. 파주: 교육과학사.

유봉호(2002). 한국 교육과정사 연구. 서울: 교학연구사.

유봉호(2000). 현대 교육과정. 서울: 교학연구사.

유제천 역. 밥 파이크 저(2006). 창의적인 교수법. 서울: 김영사.

윤광보(2008). 교육방법과 교육공학의 이해. 파주: 양서원.

윤기옥 외(2001). 수업 모형의 이론과 실제. 서울: 학문출판.

윤덕중 역(2000). STANLEY P. WRONSKI. 외 저. 사회과교육과 사회과학. 서울: 교육과 학사.

이간용(2008). 사회과 교육의 참평가론. 서울: 도서출판 한울.

이경섭(1997). 현대 교육과정사 연구(상). 서울: 교육과학사.

이경섭(1997). 교육과정 쟁점 연구. 서울: 교육과학사.

이경한(2008). 사회과 지리 수업과 평가. 서울: 교육과학사.

이경환(1994). 학교 교육과정의 편성과 운영. 교육과정 연수자료. 서울: 대한교과서주식회사.

이경환 외(2002). 한국 교육과정의 변천. 서울: 대한교과서주식회사.

이동원 외(2008). 초등 사회과 좋은 수업안 쓰기 follow up. 파주: 교육과학사.

이석주 외(1997). 사회과 열린 교육. 서울: 교육과학사.

이성은(1999). 학교 변화와 열린 행정. 서울: 교육과학사.

이성호(1982). 교육과정 개발 전략과 절차. 서울: 문음사.

이성호(2006). 교육과정 개발의 원리. 서울: 학지사.

이성호(2008). 교수방법의 탐구. 파주: 양서원.

이영기 외(1984). 사회과교육(Ⅰ). 서울: 한국방송통신대학교출판부.

이영기 외(1990). 사회과교육(Ⅱ). 서울: 한국방송통신대학교출판부.

이원순(1991). 역사교육론. 서울: 삼영사.

이원희 외(2008). 교육과정과 수업. 파주: 교육과학사.

이원희 외(2010). 교육과정. 파주: 교육과학사.

이종국(2006). 한국의 교과서 출판 변천 연구. 서울: 일진사.

이종일 외(2008). 교육적 질문하기. 파주: 교육과학사.

이종일(2008). 사회과 탐구와 교사 자질. 파주: 교육과학사.

이칭찬(2007). 교육 방법 및 교육 공학. 서울: 태영출판사.

이태근 외(1987). 경제교육론. 서울: 교육과학사.

이해명 외(2010). 현대 교육과정과 평가. 서울: 교육아카데미.

이혁규(2008). 교과 교육 현상의 질적 연구: 사회 교과를 중심으로. 서울: 학지사.

인천광역시사회과교육연구회(2007). 사회과 교수·학습. 인천: 인천광역시교육연구정보원.

임채식 외(2007). 교과교육론. 서울: 태영출판사.

임청환 외 공역(2008). 교사를 위한 수업 전략(Paul D. Eggen·Donald P. Kauchak 공저). 서울: 시
    그마프레스.

전정태(2007). 현대사회와 정보윤리. 서울: 도서출판 학이당.

정문성(2001). 사회과 수행중심 평가. 서울: 학문출판(주).

정문성(2002). 협동 학습의 이해와 실천. 서울: 교육과학사.

정문성 외(2010). 사회과 교수·학습법(개정판). 파주: 교육과학사.

정범모(1972). 가치관과 교육. 서울: 배영사.

정범모(1980). 초등 사회과 교육의 이론과 실제. 서울: 교육출판사.

정병기(2002). 초등 사회과교육의 이론과 실제. 서울: 교육출판사.

정병기 외(1997). 사회과 교육과정 영역별 수업 기법·수업 모형 및 평가. 서울: 배영사.

정병기 외(2000). 사회과 교육론. 서울: 교육출판사.

정병기·홍기룡(2000). 사회과 교수법. 서울: 형설출판사.

정선영 외(2002). 역사교육의 이해. 서울: 삼지원.

정세구(1990). 사회과 교육의 과제. 서울: 배영사.

정세구 역. Shirley H. Engle·Anna S. Ochoa 공저(1991). 민주시민교육. 서울: 교육과학사.

정태범(1999). 교육정책 분석론. 서울: 원미사.

정태범(1998). 학교 교육의 구조적 개혁. 서울: 양서원.

정태범(2002). 교육 정책과 교육 제도의 발전. 교육 경영 총서(1). 서울: 양서원.

조광준(2006). 인간형성의 사회과교육. 서울: 집문당.

조병철(2000). 글로벌 시민성과 경제교육(Ⅰ). 대구: 문창사.

조병철(2001 a). 글로벌 시민성과 경제교육(Ⅱ). 대구: 문창사.

조병철(2001 b). 사회과 경제교육 연구(Ⅰ). 대구: 문창사.

조병철(2003 a). 사회과 교육학 신론. 서울: 문음사.

조병철(2003 b). 경제학적 사고방식의 이해. 대구: 문창사.

조병철(2004). 사회과교육의 이해. 대구: 문창사.

조병철 역(1998). 국제적 시각의 경제교육. 대구: 문창사.

조병철 역(1999). 새로운 사회과 교육과정. 대구: 문창사.

조병철 역(2002). 경제교육의 이론과 실천. 대구: 문창사.

조병철 역(2003). 사회과와 연계된 경제교육. 대구: 문창사.

조병철 역(2005). 효율적인 학교 경제교육. 대구: 문창사.

조승제(2008). 교과교육과 교수·학습 방법론. 파주: 양서원.

조영달(1999). 한국 교실 수업의 이해. 서울: 교육과학사.

조영달·김영수(1992). 사회과 교육에서의 컴퓨터 활용. 서울: 교육과학사.

조영복(2008). 초등 사회과 교과서 삽화 오류의 대안적 고찰. 파주: 한국학술정보(주).

주삼환(1997). 변화하는 시대의 장학. 서울: 원미사.

진영은(2010). 교육과정: 이론과 실제. 파주: 학지사.

진영은·조인진·김봉석(2006). 교육과정과 교육평가의 탐구. 서울: 학지사.

차경수(2006 a). 현대의 사회과교육. 서울: 학문사.

차경수(2006 b). 사회과 교수법과 교재 연구. 서울: 학문사.

차경수·모경환(2008). 사회과교육. 서울: 동문사.

차석기 외(1985). 한국 교육사 연구. 서울: 재동문화사.

차조일(2008). 사회과 교육과 합리성. 파주: 한국학술정보(주).

최병모 외(2005). 세계화·지식기반사회와 경제 교육. 대구: 문창사.

최병모 외 공역. James A. Banks 저(1993). 사회과 교수법과 교재 연구. 서울: 교육과학사.

최병모 외 공역(1999). Catherine Cornbleth. 사회과 교육 연구에의 초대. 서울: 원미사.

최상희(2003). NIE의 이해와 실천. 서울: 커뮤니케이션북스.

최용규 외(2007). 사회과, 교육과정에서 수업까지. 파주: 교육과학사.

최용규 외(2008). 사회과, 교육과정에서 수업까지(개정판). 파주: 교육과학사.

최용규 외 공역(2006). George W. Maxim 저. 살아있는 사회과 교육. 서울: 학지사.

최충옥 외 공역(2006). 사회과교육의 이해. 파주: 도서출판 서원.

최호성(2008). 교육과정 및 평가: 이해와 응용. 파주: 교육과학사.

최호성 외 공역(2008). 교육과정 설계의 이론과 실제(George J. Posner·Alan N. Rudnitsky 공저).
　　　서울: 시그마프레스.

추정훈(2010). 교과교육론. 서울: 청목출판사.

충청남도교육청(2000). 초등학교 교육과정 핸드북. 대전: 용해출판사.

충청남도교육청(2008). 학교 자율화 추진 계획, 학교장 회의 자료, 2008. 5. 1. 충청남도교육청 장
　　　학자료.

탁영진(2006 a). 탐구 교육학(상). 서울: 도서출판 박문각.

탁영진(2006 b). 탐구 교육학(하). 서울: 도서출판 박문각.

한국교원대학교(2004). 학교 교육 50년 반성과 전망. 한국교원대학교 개교 20주년 기념 심포지움
　　　자료집. 청원: 한국교원대학교 종합교육연수원.

한국교원대학교(2005). 한국 교육 50년: 그 반성과 전망. 한국교원대학교 개교 20주년 기념논집.
　　　청원: 한국교원대학교출판부.

한국교원대학교·서울대학교 사범대학(2008). 교실친화적 교사 양성의 실천적 방향 모색. 합동 세
　　　미나 자료집. 청원: 한국교원대학교 교육연구원.

한국교원대학교 교육연구원(2005). 전국 초·중등 교사 우수 연구 결과 발표 대회 및 전시회 자료
　　　집. 교과교육연구자료집. 한국교원대학교 교육연구원.

한국교원대학교 교육연구원(2006 a). 교육과정 개정 시안에 대한 전국 현장 교사 대토론회. 교육과

정 학술 세미나집. 한국교원대학교 교육연구원.

한국교원대학교 교육연구원(2006 b). 전국 초·중등 교사 우수 연구 결과 발표 대회 및 전시회 자료집. 교과교육연구자료집. 한국교원대학교 교육연구원.

한국교원대학교 교육연구원(2007). 전국 초·중등 교사 우수 연구 결과 발표 대회 및 전시회 자료집. 교과교육연구자료집. 한국교원대학교 교육연구원.

한국교원대학교 부설교과교육공동연구소(2005). 차기 초·중등 교육과정 개선과 교과용 도서의 개발 방향. 교과교육공동연구 학술 세미나집.

한국교원대학교 사회과교육과정개정연구위원회(1997). 제7차 교육과정 개정 시안 연구 개발. 1997 교육부 위탁과제 답신보고서. 한국교원대학교 사회과 교육과정개정위원회.

한국교원대학교 사회과교육연구회(1994). 사회과교육연구. 창간호. 청원: 협신사.

한국교원대학교 제6차 사회과 교육과정개발연구위원회(1992). 제6차 사회과 교육과정 개발 연구. 청원: 협신사.

한국교원대학교 통일교육연구소(2004). 오늘의 북한: 현실 인식과 교육. 청원: 한국교원대학교 통일교육연구소.

한국교원대학교 통일교육연구소(2005). 동북아 시대의 국토 통일과 국제 협력. 청원: 한국교원대학교 통일교육연구소.

한국교원대학교 통일교육연구소(2006). 북한 연구와 통일 교육을 위한 한·중 협력 방안. 청원: 한국교원대학교 통일교육연구소.

한국교원대학교 통일교육연구소(2007). 남·북한 교육제도 비교 및 통일 후의 전망과 방안. 청원: 한국교원대학교출판부.

한국교육개발원 사회과교육연구실 편(1983). 사회과 탐구 수업. 서울: 교육과학사.

한국교육30년사편찬위원회(1980). 한국 교육 30년. 서울: 삼화서적주식회사.

한국사회과교과교육학회·한국교원대학교 사회과학교육연구소(2005). 한국 사회과교육 60년: 회고와 전망. 제12회 연차학습대회 발표자료집. 청주: 도서출판 한알.

한국사회과교육연구학회(2008). 초등 지도 학습 33선: Map skill. 파주: 교육과학사.

한국사회과교육연구회(1990). 한국 사회과교육학 개론. 서울: 교육과학사.

한국사회과교육학회(2007). 사회과 교과서 쓰기와 읽기(Ⅱ). 제17회 연차 학술대회 발표자료집. 한국사회교교과교육학회.

한국사회과교육학회(2005). 한국 사회과 교육 60년: 회고와 전망. 제12회 연차 학술대회발표자료집. 한국사회교교과교육학회.

한국사회과교육회 역. H. D. Mehlinger & O. L. Davis 편(1986). 사회과교육. 서울: 교육과학사.

한국중등교육협의회(1984). 중·고등학교 신 교육과정 해설. 서울: 대한교과서주식회사.

한기언(2006). 초등 사회과교육. 파주: 한국학술정보(주).

한면희(2006). 새로운 패러다임에 기초한 사회과 교육. 서울: 교육과학사.

한면희 외(2004). 사회과교육론. 서울: 갑을출판사.

한면희(2000). 사회과 교육의 과정 탐색. 서울: 배영사.

한면희 외 공역(1998). JAMES A. SMITH 저. 사회과 창의적 교수법. 서울: 교육과학사.

함수곤(2007). 교육과정과 교과서. 서울: 대한교과서주식회사.

함종규(2006). 한국교육과정변천사 연구. 서울: 교육과학사.

허영식(2006). 민주 시민 교육. 서울: 배영사.

허영식(2007). 세계화·정보화 시대의 민주시민교육 어떻게 할 것인가? 서울: 원미사.

허혜경(2008). 현대 교육과정 요론. 서울: 창지사.

홍성윤 외 역(2000). 교육과정 개발론. 서울: 교육과학사.

황정규(1986). 학교 학습과 교육평가. 서울: 교육과학사.

황정규(1990). 학교 학습과 교육평가. 서울: 교육과학사.

황홍섭(2006). 초등 사회과 교수법. 서울: 세종출판사.

홍영기 외(2008). 초등 교육과정의 통합적 운영. 파주: 양서원.

2. 논문(국내 문헌)

경상대학교 중등교육연구센터 한국사회과교육학회 편(2003). 「제7차 사회과 교육과정 개정에 대한 문화 기술적 연구」. 제7차 교육과정과교과서 연구보고서.

곽병선(1984). 「소련의 교육 개혁 동향」. 교육학 연구. 22(3). 한국교육학회.

곽병선(1987). 「교과에 대한 한 설명적 모형의 탐색」. 한국교육. 14(1). 한국교육개발원.

곽병선(1993). 「학교 교육의 적합성과 교사의 문제」. 교육과정 연구. 제11집. 한국교육학회 교육과정연구회.

곽병선(1997). 「정보화 시대의 교과 교육의 과제」. 사회과교육. 제30호. 한국사회과교육연구회.

곽병선(2002). 「제7차 교육과정의 반성적 회고와 전망」. 교육과학연구. 33(2). 이화여자대학교.

교육인적자원부(2005). 「사회과 교육과정 개정 방안 연구」. 연구보고서.

교육인적자원부(2007). 중등 교원 자격 양성 보도자료(2007. 03. 30). 교육인적자원부 교원 양성과.

구정화(1995). 「사회과 동위 개념의 효과적인 학습 방법 연구」. 서울대학교 대학원 박사학위논문.

구정화(1996). 「사회과 논쟁 문제 수업에 관한 연구」. 시민교육연구. 제28호. 한국사회과교육학회.

구정화(1999). 「사회과 학업수준별 논쟁 문제 인식 및 수업에 관한 연구」. 시민교육연구. 제29집. 한국사회과교육학회.

권낙원(1987). 「우리나라 교육과정의 변천(총론)」. 교원교육. 제3권 제1호. 한국교원대학교.

권낙원(1996). 「토의 수업의 이론과 실제」. 서울: 현대교육출판사.

권낙원(2005). 「제7차 교육과정 운영 실태 및 요구 조사 분석」. 제7차 교육과정의 진단과 새교육과정 개정의 기본 방향 탐색(학술 세미나 자료집). 2005. 01. 한국교원대학교 교육과정연구소.

권오정 외(1992). 「제6차 사회과 교육과정 개발 연구」. 한국교원대학교 사회과 교육과정 개정위원회.

김경모(1993). 「한국 학생의 소득 분배 개념 이해에 관한 연구」. 서울대학교 대학원 박사학위논문.

김경완(1995). 「시민성 교육과 반성적 사고: J. Dewey의 사상을 중심으로」. 서울대학교 대학원 석사학위논문.

김만곤(1996). 「사회과 교과서의 개편 및 활용 방안」. 사회과교육. 제29호. 한국사회과교육연구회.

김만곤(2000). 「교과서관에 따른 사회과 교과서의 변화」. 사회과교육. 제33호. 한국사회과교육연구회.

김안중(1995). 「학교의 본질: 오늘날 학교의 기능은 그 본질에 충실한가?」 교육학연구. 33(4). 한국

교육학회.

김영석(2003). 사회과에서 지역화 교육의 유형과 지역교재 활용의 방식. 사회과교육. 제42권. 제1호. 한국사회과교육연구회.

김성열(2008). 좋은 학교 만들기 전략. 교육복지연구포럼 2008 - 5. 공주대학교 스타프로젝트 교육복지연구포럼.

김영희(1996). 「초등 사회과 교과서 삽화 자료에 대한 분석」. 성균관대학교 교육대학원 석사학위논문.

김왕근(1995). 「시민성의 내용과 형식으로서의 덕목과 합리성의 관계에 관한 연구」. 서울대학교 박사학위논문.

김용(2003). 「교육과정 정책 과정에 대한 신제도주의적 분석」. 서울대학교 대학원 박사학위논문.

김용만(1975). 「교육과정 지역화의 접근 방향」. 새교육. 통권 제391호. 대한교육연합회.

김용만(1987). 「사회과 교육의 변천과 전망」. 사회과교육. 제20호. 한국사회과교육연구회.

김용민(1992). 「중학교 사회생활과 교육과정 모형에 대한 개발 연구」. 충북대학교 교육대학원 석사학위논문. 1992.

김유통(1991). 「교육과정 지역화를 위한 교육과정 개발 체제 연구」. 한국교원대학교 대학원 석사학위논문.

김인식(1990). 「한국 초·중등학교 사회과 교육과정의 변천사」. 경남대학교 교육대학원 석사학위논문.

김인회(1999). 「21세기 한국 교육과 홍익인간의 교육 이념」. 한국정신문화연구원 연구처(편). 홍익인간 연구. 성남: 한국정신문화연구원.

김일기 외(1997). 「제7차 사회과 교육과정 개정 시안 연구 개발」. 교육부 위탁연구 과제 답신보고서. 한국교원대학교 사회과교육과정개정연구위원회.

김재복(1983). 「교육과정의 통합적 접근에 관한 연구」. 동국대학교 대학원 박사학위논문.

김재춘(2002). 「국가 교육과정 연구 개발 체제의 문제점과 개선 방향(제7차 교육과정 연구 개발 체제를 중심으로)」. 교육과정 연구. 20(3). 한국교육과정학회.

김재형(1999). 「제7차 사회과 교육과정의 교과교육론적 탐구」. 사회과교육. 제32호. 한국사회과교육연구회.

김정원(1997). 초등학교 수업에 관한 참여 관찰 연구. 서울대학교 대학원 박사학위논문.

김정호(2005). 「사회과 교육과정 개정의 쟁점과 영역별 대안. 국가 수준 교육과정 무엇을, 어떻게 개정할 것인가?」. 한국교육과정평가원 개원 7주년 기념 세미나 자료집. 한국교육과정평가원.

김정호 외(2005). 「사회과 교육과정 개정 방안 연구」. 연구보고서. 2005 - 5. 한국교육과정평가원.

김종건(1999). 「교육과정학의 역사」. 교육과정 연구. 제17권 제2호. 한국교원대학교.

김준택(1988). 「우리나라 국민학교 사회과 교육과정 변천에 관한 연구」. 인하대학교 교육대학원 석사학위논문.

김현진(1994). 「비판적 사고력을 향상시키기 위한 사회과 수업의 효과적인 토의 유형 연구」. 서울대학교 대학원 석사학위논문.

나미숙(1994). 「사회과 교육과정의 변천 및 개선방안에 대한 연구」. 공주대학교 교육대학원 석사학위논문.

나흥하(1996). 「교육과정 개발 접근 방식별 교육내용 선정 준거 고찰」. 한국교원대학교 대학원 석사학위논문.

남상준(1996). 「사회과에서의 창의적 사회과교육」. 사회과교육. 제33호. 한국사회과교육연구회.

남제희(1993). 「한국 국민학교 사회과교육과정의 변천 과정에 대한 역사적 연구」. 충북대학교 교육대학원 석사학위논문.

노경주(2000). 「초등 사회과에서의 쟁점 중심 교육」. 시민교육연구. 제31집. 한국사회과 교육학회.

대전일보(2007. 03. 22). 2008학년도 전국 대학 입시 전형 계획. 대전일보 제17705호. 제5면.

모경환·이정우(2004). 「좋은 시민에 대한 학생들의 인식 조사 연구」. 시민 교육 연구. 제36권. 제1호. 한국사회과교육학회.

박광희(1965). 「한국 사회과의 성립 과정과 그 과정 변천에 관한 연구」. 서울대학교 교육대학원 석사학위논문.

박남수(2000). 다문화 사회에 있어 시민적 자질의 육성: 사회과교육을 통한 다문화교육의 모색. 사회과교육. 제33권. 제1호. 한국사회과교육연구회.

박미진(2004). 「1950년대 전반기 교육과정 개조운동과 사회과 교육」. 한국교원대학교 대학원 석사학위논문.

박상흠(1998). 「사회과 수행평가의 이론적 배경과 적용 방안」. 사회과교육. 제31호. 한국사회과교육연구회.

박선미(1998). 「초·중·고 학업 성취도 비교 연구」. 서울: 한국교육과정평가원.

박수용 외(2001). 「우리나라 연구자의 2000년도 SCI 인용지수 분석」. 교육인적자원부 정책연구.

박순경(2001). 「포스트 모더니즘과 교과서」. 교과서 연구. 제37호. 한국교과서연구재단.

박은종(1988). 「현행 국민학교 사회과 교과서 자료 분석 연구」. 충남대학교 교육대학원 석사학위논문.

박은종(2006 a). 「사회과 교육의 트렌드와 구성주의적 접근」. 중등학교 사회과 1급 정교사 자격연수 교재. 공주대학교 중등교원연수원.

박은종(2006 b). 「새로운 사회과의 평가 방법과 실제」. 교육연구. 제26권 제3호. 2006. 3. 한국교육생산성연구소.

박은종(2006 c). 「인터넷 활용을 통한 사회과 수업 방법 개선 방안 모색」. 교육연구. 제26권 제11호. 2006. 11. 한국교육생산성연구소.

박은종(2007 a). 「세계화·정보화 시대의 바람직한 민주 시민 교육의 방향」. 교육연구. 제21집 제1호. 2007. 2. 공주대학교 교육연구소.

박은종(2007 b). 「세계화 시대 한국 민주 시민 교육의 접근 방법 모색」. 인문학 연구. 제34권 제1호. 2007. 4. 충남대학교 인문과학연구소.

박은종(2007 c). 「한국 사회과 교육과정 분석 및 발전적 모형 개발에 관한 연구」. 공주대학교 대학원 박사학위논문.

박은종(2008). 「교과교육 차원에서의 사회과 통합교육의 방향 모색」. 교육연구. 제22집. 공주대학교 교육연구소.

박치현(1990). 「교육과정 개발 이론과 개발 실제의 비교」. 한국교원대학교 대학원 석사학위논문.

사회교사 모임 연구부(1992). 「사회과 교육과정과 교과서 변천사」. 서울: 우리교육출판사.

서재천(1986). 「일본 사회과 교육과정의 변천」. 사회과 교육. 제19호. 서울: 한국사회과 교육회.

서재천(1987). 「제2차 세계 대전 후 일본의 중학교 사회과 공민 교육과정의 변천 고찰」. 사회와 교육. 제11집. 서울: 한국사회과교육학회.

서재천(1997). 「정보화 시대에 있어서의 사회과 교육 내용 구성」. 사회과교육 제30호. 한국사회과교육연구회.

서재천(1998). 「사회과 시뮬레이션 학습에 관한 일 고찰」. 사회과교육. 제31호. 한국사회과교육연구회.

서태열(1998). 「구성주의와 학습자 중심 사회과 교수·학습」. 사회과교육. 제31호. 한국사회과교육연구회.

설규주(2000). 「세계화·지방화 시대의 시민 교육」. 서울대학교 대학원 석사학위논문.

설규주(2004). 「제7차 교육과정의 현장 운영 실태 분석(Ⅱ)-중등학교 사회과」. 서울: 한국교육과정평가원.

성경희 외(2004). 「제7차 교육과정 현장 운영 실태 분석(Ⅱ)-중등학교 국민공통기본교과를 중심으로(총론)」. 서울: 한국교육과정평가원.

손병노(1996). 「사회과 협동 학습의 의의와 이론적 토대」. 사회과교육. 제29집. 한국사회과교육연구회.

손병노(1998). 「사회과 교사의 전문성: 교수 내용 지식의 관점」. 사회과교육학 연구. 제2호. 한국사회과교육연구회.

손병노·권오정(1996). 교원 양성 대학의 초등학교 사회과 교육학 교재 개발 연구. 한국교원대학교 부설 교과교육공동연구소.

송현정(2001). 「시민 사회의 개념 변화와 현대 시민 교육의 방향 모색」. 시민 교육 연구. 제32집. 제2호. 한국사회과교육학회.

신득렬(2000). 「학교 교육의 철학」. 교육철학 제22집. 한국교육철학회.

신현순(2004). 「사회과 지역화 자료의 외적 구성 분석과 개선 방안」. 교육과정학연구. 제4권. 2004. 12. 한국교원대학교 교육과정연구소.

안재경(1997). 「비판적 사고력 함양을 위한 시사 만화 활용 방안」. 한국교원대학교 대학원 석사학위논문.

양미경(2000). 「정보화 시대 도래에 따른 교과서의 성격과 기능의 재조명」. 교과서연구. 제34호. 한국교과서연구재단.

오천석(1975). 「민주주의 교육의 건설·민주 교육을 지향하여」. 오천석 교육사상 문집. 제1호. 서울: 광명출판사.

유위준(2002). 「초·중등학교 교육과정 정책 형성과정에 관한 연구」. 한국교원대학교 대학원 박사학위논문.

은지용(1999). 「반성적 사고력 함양을 위한 사회과 통합 교육과정 모형에 관한 연구」. 서울대학교 대학원 석사학위논문.

이경진(2006). 「교육과정 실행에 나타난 교육과정 변화의 내용과 요인에 대한 연구」. 이화여자대학교 대학원 박사학위논문.

이광성(1997). 「고급 수준 질문의 활용 정도가 사회과 고급 사고력과 학업 성취에 미치는 효과」.
    서울대학교 대학원 박사학위논문.

이명희(2001). 「일본의 사회과 교육과정」. 사회과교육학연구. 제6호. 한국사회과교육학회.

이미영(1987). 「한국 사회과 교육의 변천 과정에 관한 연구」. 경상대학교 교육대학원 석사학위논문.

이상주(1980). 「의사 결정 과정에서 본 교육과정」. 교육과정 연구의 과제 보고서. 한국교육과정연
    구회.

이성수(1968). 「교과서론」. 교과서회지. 제1집. 한국검인정교과서발행인협회.

이승종(1997). 「지방화·세계화 시대의 시민 의식」. 사회와 교육. 제24집. 한국사회과교육학회.

이연복(2003). 「제6차, 제7차 교육과정의 사회과 교과서 비교 연구」. 서울교육대학교 교육대학원
    석사학위논문.

이영호 외(1980). 「교육 혁신 보급에 관한 이론적 기초」. 교육 혁신 보고서. 한국교육개발원.

이종일(1997). 「사회과 간학문적 단원 구성의 이론과 실제」. 초등 사회과교육. 제7집. 한국초등사
    회과교육연구회.

이종일(1998). 「주제 중심 토의학습과 학습 자료 개발」. 초등 사회과교육. 제8집. 한국초등사회과
    교육연구회.

이종호(1996). 「한국 사회과 교육과정 이념의 시대성 변천 연구」. 한국교원대학교 대학원 박사학위
    논문.

이진석(1992). 「해방 후 한국 사회과의 성립 과정과 그 성격에 관한 연구」. 서울대학교 대학원 박
    사학위논문.

이찬(1977). 「고등학교 사회과 교육과정의 변천」. 사회과 교육. 제10호. 한국사회과교육회.

이태언(1999). 「사회과 교육 내용 및 과정의 변천에 관한 연구」. 교육연구. 제11집. 부산외국어대학.

이혁규(2001). 「사회과 교실 수업 연구의 동향과 과제」. 사회과학교육 연구. 제4집. 한국교원대학
    교 사회과학연구소.

이혁규(2003 a). 「사회과 교육과정의 개발과 실제」. 청주교대 논문집. 제13집. 청주교육대학교.

이혁규(2003 b). 「사회과 교육과정의 개발 체제의 문제점과 대안에 대한 논의」. 초등교육 논문집.
    제40집. 청주교육대학교 초등교육연구소.

임명자(1989). 「초등학교 교육과정 편제에 관한 분석적 연구」. 이화여자대학교교육대학원 석사학
    위논문.

임청환·권성기 역(2008). Paul D.Eggen·Donald P. Kauchak 저. 교사를 위한 수업 전략. 서울: 시
    그마프레스.

장언효 외(1979). 「교육과정 국제 비교 연구」. 서울: 한국교육개발원.

장원순(2003). 「한국 사회과교육에서 시민의 실천 문제와 과제」. 시민 교육 연구. 제35권. 제2호.
    한국사회과교육학회.

전영천(1988). 「한국 국민학교 사회과 교육과정 변천에 관한 연구」. 동아대학교 교육대학원 석사학
    위논문.

정만근(1983). 「교육과정의 변천과 배경에 관한 일 연구」. 연세대학교 교육대학원 석사학위논문.

정문성(1996). 「사회과 협동 학습에서의 논쟁 교수 모형」. 교육논총. 제13집. 인천교육대학교.

정문성(1997). 「사회과 협동 학습에서의 집단 탐구 모형」. 사회과교육학연구. 제1호. 한국사회과교육학연구회.

정문성(2005). 「사회과 교수-학습 방법의 동향과 과제」. 교원교육 제21권 제3호. 2005. 12. 한국교원대학교 교육연구원.

정세구(1989). 「한국 사회과 교육학 정립의 방향」. 사회과교육. 제22호. 한국사회과교육연구회.

정태범(1994). 「제3공화국 교육 개혁의 허상과 실상」. 하계 학술 세미나 자료집. 한국행정학회.

정태범(2001). 「총체적 질 관리를 위한 학교 경영 체제 확립 방안」. 2001년 제2차 교육개혁 대토론회 주제 발표 자료. 한국교원대학교 종합교육연수원.

정호범(1997). 「초등 사회과에서의 가치 교육」. 한국교원대학교 대학원 박사학위논문.

조경자(1999). 「교과서 정책의 비교와 변화에 관한 연구」. 원광대학교 교육대학원 석사학위논문.

조도근(1983). 「사회과 탐구 수업 및 평가 방법」. 인천직할시 교육위원회. 중등 교사 교과별 연수 교재(사회과).

조도근(1986). 「개화기 사회 교육과정에 관한 연구」. 인하대학교 인문과학연구소 논문집. 제12집.

조도근(2000). 「학교 교육과 민주 시민 교육」. 심수 윤덕중 박사 정년퇴임 기념 논문집(사회발전과 교육). 한국교원대학교 일반사회교육과·윤덕중 박사 정년퇴임 기념논문집 발간위원회.

조영달(1990). 「미국 사회과의 경향과 교육 목표의 변화」. 사회과 평가 연구 세미나 자료집. 서울: 한국교육개발원.

조효형(1992). 「한국 일반계 고등학교 사회과 교육과정 개정의 배경과 원인의 변천 과정에 대한 연구」. 충북대학교 교육대학원 석사학위논문.

주은옥(1995). 「사회과 수업에서의 교사의 질문 유형이 학생의 사고력 신장에 미치는 효과에 관한 연구」. 서울대학교 대학원 석사학위논문.

주태원(1989). 「우리나라 중등학교 사회과 교육과정 변천에 관한 연구」. 인하대학교 교육대학원 석사학위논문.

진재관(2006). 「고등학교 사회과 교과서의 변천과 전망」. 교과서연구. 제47호. 2006. 4. 한국교과서연구재단.

진시원·이종미(2007). 「2007년 개정 사회과 교육과정에 대한 비판적 평가와 통합 사회과의 미래」. 시민교육연구. 제40권. 제2호. 한국사회과교육학회.

차조일(1989). 「사회과 통합 교육과정 모형에 관한 연구」. 시민교육연구. 제27집. 한국사회과교육학회.

차조일(1999). 「사회과 개념 수업 모형의 이론적 문제점과 해결 방안」. 시민교육연구. 제29집. 한국사회과교육학회.

최병모(1985). 「사회과 탐구 수업의 특징과 그의 적용을 위한 과제」. 사회와 교육. 제9집. 한국사회과교육학회.

최병모(1992). 「사회과 교육과정 개발의 체제적 접근」. 한국교원대학교 대학원 박사학위논문.

최병모(2006). 「중학교 사회과 교과서의 변천과 전망」. 교과서연구. 제47호. 2006.4. 한국 교과서연구재단.

최병모(1991). 「중학교 사회과 교육과정의 변천」. 교과교육 연구. 제11호. 교과교육연구회.

최병모・김화자(2004). 「제7차 교육과정에 따른 중학교 사회과 교과서 분석」. 교원교육. 제19권. 제2호. 2004. 2. 한국교원대학교 교육연구원.

최용규(1998). 「제7차 사회과 교육과정과 창의성 교육」. 초등사회과교육. 제10집. 한국초등사회과 교육연구회.

최용규(2006). 「초등학교 사회과 교과서의 변천과 전망」. 교과서연구. 제47호. 2006. 4. 한국교과서 연구재단.

추정훈(2004). 「민주 시민성 교육 과정 속에서의 민주주의 교육」. 시민 교육 연구. 제36권. 제2호. 한국사회과교육학회.

한국교원대학교교육연구원(2006). 「e – learning을 활용한 각 교과 수업방안 연구」. 교원 교육. 제22권 제1호. 2006. 7. 한국교원대학교 교육연구원.

한국교원대학교 부설 교과교육공동연구소(2001 a). 「통합 교과로서의 사회과 운영 방안」. 연구 보고서 99 – 1.

한국교원대학교 부설 교과교육공동연구소(2001 b). 「통합 사회 교과교육학의 교재 개발 연구」. 연구 보고서 99 – 3.

한국교육개발원(1981). 「교육과정 개정안의 연구・개발 답신 보고서」.

한국교육개발원(1986). 「제5차 교육과정 총론 개정 시안의 연구・개발 답신 보고서」.

한국교육개발원(1987). 「제5차 고등학교(일반계) 교육과정 총론 시안의 개발 연구」.

한국교육개발원(1996). 「초・중등학교 교육과정 재구조안. 교육과정 연구 개발 보고서」. 한국교육 개발원(1999). 새 학교 문화 방향 정립과 창조 가능성 탐색 연구. 연구보고서 99 – 2.

한국교육과정・교과서연구회(1988). 「한국 교육과정 변천에 관한 연구」.

한국교육과정・교과서연구회(1999). 「인물로 본 편수사」. 대한교과서 주식회사.

한국교육과정학회(2004). 「학교교육과정의 개발과 운영: 학제적 관점」. 한국교육과정학회 추계 학술대회 발표 논문집.

한국사회과교과교육학회(2005). 「한국 사회과교육 60년: 회고와 전망」. 제12회 연차학술대회 발표 자료집.

한국사회과교과교육학회(2006). 「한국 사회과교육의 미래 전망」. 제13회 연차학술대회발표 자료집.

한명희(1992). 「교육과정 결정과정의 이론과 실제 ― 제6차 교육과정 개정을 중심으로」. 교육과정 연구회 92년도 연차학술대회 발표 논문・토론집.

함수곤(1997). 「제6차와 제7차 교육과정의 관계」. 교육진흥, 9(4). 중앙교육진흥연구소.

허강 외(2000). 「한국 편수사 연구(Ⅰ)」. 한국교과서연구재단.

허경철(1996). 「제7차 교육과정 개정의 기본 방향과 내용」. 교육과정 연구 제3호 제1집. 1996. 1. 한국교원대학교 대학원 교육과정학회.

허경철(2001). 「제7차 교육과정, 그 성공을 위한 전제적 이해」. 한국교육과정평가원 창립 3주년 기념 세미나 자료집.

허경철 외(2003). 「국가 수준 교육과정 개정 방식 개선에 관한 연구」. 한국교육과정평가원 연구 보고서.

홍미화(2006). 「교사의 실천적 지식으로 읽는 초등 사회과 수업」. 한국교원대학교 대학원 박사학위논문.

홍선표(1987).「사회과 교육과정 변천에 관한 연구」. 단국대학교 교육대학원 석사학위논문.

홍영환·빈선옥(1998).「사회과 인터넷 학습 프로그램 설계」. 중등교육연구 제10집 제1호. 경상대
학교 사범대학 중등교육연구소.

홍웅선(1982).「한국의 교과서 변천사」. 한국교육개발원.

홍후조(1999).「국가 수준 교육과정 개발 패러다임의 전환(Ⅰ)― 전면 개정형에서 점진 개선형으
로」. 한국교육과정학회. 교육과정연구. 17(2).

홍후조(2000).「국가 교육과정 개정의 정치학― 제7차 교육과정 개정을 중심으로」. 교육정치학연
구. 7(1). 한국교육정치학회.

홍후조(2001).「제7차 교육과정에 따른 일반계 고등학교 선택중심 교육과정의 편성과 운영의 이해
와 오해」. 교육과정 연구 제19집 제1호. 한국교육과정학회.

홍후조(2002).「국가 수준 교육과정 개발 패러다임의 전환(Ⅱ)― 국가 교육과정 기준 변화 관련 기
본 개념 정립을 중심으로」. 교육과정연구. 제20집. 제2호. 한국교육과정학회.

황보효석(1997).「사회과 토의 학습이 지적 기능 발달과 학습 태도에 미치는 영향」. 한국교원대학
교 대학원 석사학위논문.

3. 외국 문헌

社會認識教育學會編(1981), 初等社會科教育學, 東京: 學術圖書出版社.

鈴木英(1983), 日本占領ど教育改革, 郵草書房.

日本教科書研究會(1973) 教科書の 公教育. 東京: 第一法規社.

日本教育新聞(1987), 教科審 特輯號, 東京.

日本文部省(1974). '民主主義'(上) 上田薰緝, "社會科 教育史料2", 東京法令出版株式會社.

日本文部省(1978). '我が國の教育水準', 東京: 大藏省印刷局.

日本文部省(1980). 中學校 指導書. 東京: 大藏省印刷局.

日本文部省(1982). 最新 國民學校 教育課程. 東京: 大藏省印刷局.

日本文部省(2000). 教科書 制度の 概要. 東京: 文部省初中等教育局.

日本文部省 編(1989), '我が國の文教施策', 大藏省印刷局.

日本民主黨教科書問題特別委員會(1974), 'うれうべき教科書の問題' 上田薰編, "社會科教育史料3",
東京法令 出版株式會社.

日本社會科教育學會編(1984), 初等社會科教育學概論, 東洋館出版社.

日本社會科教育學會編(1986), 中等社會科教育學概論, 東洋館出版社.

田中史郎(1989. 6), 社會科教育史研究の課題, 全國社會科教育學會, 社會科教育論叢, 第36輯.
第一法規出版株式會社, '教育の情報'

中野目直明外編著(1983), "現代社會の理論と實踐" 酒井書店.

片上宗二(1974), "敗戰直後の公民教育構成", 教育史料出版會.

片上宗二(1984), '戰後の公民教育', 日本社會科教育學會編, "社會科における公民的 資質の形成",
東洋館出版社.

Apple. M. W.(1986). Teachers and text. London: Routledge & Kegan Paul.

Barth. James L. et. al.(1984), *Principle of Social Studies*. Univ. Press of America. Inc.

Beauchamp. G. A.(1968), Curriculum Theory. 2nd ed. Wilmett: The Kagg Press.

Beauchamp. G. A.(1981), Curriculum Theory. 4th ed. Itasca: Peacock Publisher.

Bobbit. J. F.(1918), The Curriculum. Boston: houghton − Mifflin.

Bobbit. J. F.(1972), The Curriculum. New York: Arno Press.

Brady. L.(1983), *Curriculum Development in Australia*. Prentice Hall of Australia. Sydney.

Egglestone. J.(1997), *The Sociology of the School Curriculum*. London: Routledge & Kegan Paul.

Eisner. E. W.(1979), *The Educational Imagination: On the Design and Evaluation of school programs*. Collier macmillan canada. Inc.

Eisner Elliot & Vallence Elizabeth(eds.)(1974). *Confoicting Conceptions of Curriculum*. Berkeley. Calif: McCutchen Publishing Corporation.

Elmore. R. F. and McLaughin. M. W(1988). Steady Work: Policy, *Practice, and the Reform of American Education*. Santa Monica, CA: The RAND Co.

Fuhrman. S. H.(ed.)(1993), *Designing Coherent Education Policy: Improving the System*. San Francisco: Jossey − Bass Publishers.

Gibson. R.(1984), Structure and education, London: Hodder and Stoughton.

Giroux. H.(1988), *Teachers as Intellectuals: Toward a Critical Pedagogy of Learning*, South Hadley, MA: Bergin & Garvey.

Giroux. H. & McLaren. P. (1992). *America 2000 and the Politics of Erasure: Democracy and Cultural Difference under Siege*. International Journal of Educational Reform, 1(2).

Goodlad. J. I(1984), A Place Called School, New York: McGraw − Hill.

Goodman. J.(1986), *Teaching Preservice Teachers a Critical Approach to Curriculum Design, A Descriptive Account*. Curriculum Inquiry.

Gowin. D. B(1981). Educating. Ithaca. New York: Cornell Univ. Press.

Gross. N. Giacquinta. J. & Bernstein. M.(1971). *Implementing OrganizationalInnovation: A Sociological Analysis of Planned Educational Change*. New York: Basic books.

Grant. C. & Sleeter. C.(1985), *After The School Bell Rings*. Philadelphia, PA: Falmer.

Gudmundsdottir. S.(1990), *Values in Pedagogical Content Knowledge*. Journal of Teacher Education. 41(3).

Handel. G. & Lauvas. P.(1987), *Promoting Reflective Teaching: Supervision in Practice*. Philadelphia: Open University press.

Handler. B. S.(1982). *Coming of Age in Curriculum: Reflections on 'Thinking About the Curriculum'*. Journal of Curriculum Studies. 14(2).

Holmes. B. & M. Mclean(1989). *The Curriculum: A Comparative Perspective*. Boston: Unwin Hyman.

http://inca.org.uk(국가별 교육과정 자료)

Jarolimek. J.(1990), Social Studies in Elementary Education(8th). Macmillan Pub.

Johonsen. J. H.(1982), *American Education: An Introduction to Teaching*. Iowa. Dubuque: Wmc Brown Co.

Kaufman. R. A(1972). *Educational System Planning. Engleword Cliffs.* New Jersey.

Kelly. A. V.(1982), *The Implications of a Centralized Curriculum for Curriculum Development.* The Curriculum Theory and Practice. London: Harper & Row ltd.

Kerr. Donna. H(1976). *Educational Policy: Analysis, Structure, and Justification.* New York: David Mcakay Company. Inc.

Klein. M. Frances. ed(1991). *The Politics of Curriculum Decision — Making: Issues in Centralizing the Curriculum.* New York: State University of New York Press.

Knight. P.(1985), *The Practice of School — based Curriculum Development.* Journal of Curriculum Studies. Vol.17. No.1.

Massialas. Byron. G.(ed.)(1996), *Critical Issues in Teaching Social Studies K — 12.* Wardworth Publishing Co.

McNiff. J.(1993), Teaching and learning. London: Routledge.

NCSS.(1994 a), *Curriculum standards for Social Studies.* Washington. NCSS.

NCSS.(1994 b), *Expectation of Excellence: Curriculum Standard for Social Studies.* Washington. NCSS.

Parker. Walter C. & Jarolimek. John.(1993), *Social Studies in Elementary Education.* Prentice — Hall, Inc.

Phenix. P. H.(1964 a), Realms of Meaning. New York: McGraw — Hill.

Phenix. P. H.(1964 b), The Architectronics of Knowledge. In s. Elam(ed). Education and the structure of Knowledge. Chicago: Rand McNally.

Posner. G. J.(1998), Models of Curriculum Planning In L. E. Beyer, & M. W. Apple.

Popkewitz. T. S(1987). *The Formation of School Subjects: the Struggle for Creating an American Institution.* New York: The Falmer Press.

Powell. W. W. and DiMaggio, P. J.(eds.)(1991), *The New Institutionalism inOrganizational Analysis.* The University of Chicago Press.

Pressman. J. L. and Wildavsky. A(1984). Implementation. (3rd ed.). Univ. of California Press.

Ravitch. D(1995). *National Standards in American Education: A Citizen's Guide.* Washington. D. C.: The Brookings Institution.

Ravitch. D.(1995.), *Debating the Future of American Education: Do We NeedNational Standards and Assessments?* Washington, D. C.: The Brookings Institution.

Reich. R. B.(ed.)(1988), The Power of Public Ideas. Cambridge: Balliger Publishing Co.

Reid. W. A.(1999), *Curriculum as Institution and Practice.* Manhwa, N.J & London: Lawrence Erlbaum Associates Publishers.

Saylor. J. G & Alexander. W. M.(1974), *Planning Curriculum for School,* New York: Jolt, Rivehart & Winston.

Schwab(1962). *The Concept of the Structure of a Discipline.* The Educational Record. 43(197).

Short. E. C.(1983), *The Form and Use of Alternative Curriculum Development,* rev. ed. New York: Jarcourt Brace. Jovanovich. Inc.

Short. E. C(1993). *Three levels of questions addressed in the field of curriculum research and practice.* Journal of curriculum supervision. 9(1).

Strike. K. A(1988). The Ethics of school Administration. New York: Columbia University Press.

Taba. H.(1962). *Curriculum Development: Theory and Practice*. New York: Harcourt. Brace, Hovanovich.

Tanner. D. & Tanner. I. N.(1975), *Curriculum Development: theory into Practice*, New York: MacMillan Publishing Co.

Tanner. D. & Tanner I. N.(1980), *Curriculum Development: theory into Practice*(2nd. ed.). New York: MacMillan Publishing Co.

Tyack. D.(1993), *School govermance in the United States: Historical Puzzles andAnomalies*. In J. Hannaway. & M. Carnoy(eds.) Decentralization and school improvement: Can we fulfill the promise? (1 − 32). Sanfrancisco. CA: Jossey − Bass Publishers.

Tyler. R. W(1949). *Basic Principles of Curriculum and Instruction*. Chicago: University of Chicago Press.

Walker. D. F(1971). *A Naturalistic Model for Curriculum Develope*. School Review. 80(1).

Walker. D. F(1979). *Approach to Curriculum Development in Schaffarzick*, J. & Sykes. G (eds.). Value Conflicts and Curriculum Issues, Berkeley: McCutchan Publishing Co.

Walton. J.(1978). *School −based curriculum development in Australia*. In Walton, J. & Morgan. R. (eds.). *Some Prespectives on School −based Curriculum Development*. Armidale: university of New England Press.

Willis. G.(1998), *The Human Problems and Possibilities of Curriculum Evaluation*. In I. E. Beyer. & M. W. Apple(eds.), The Curriculum(2nd ed). New York: SUNY Press.

[부록 1] 사회과 교육과정(전문):

교육과학기술부 고시 제2007-79호 [별책 7]

1. 사회과
2. 역사
3. 한국 지리
4. 세계 지리
5. 경제 지리
6. 한국 문화사
7. 세계 역사의 이해
8. 동아시아사
9. 법과 사회
10. 정치
11. 경제
12. 사회·문화

1. 사회과

1) 성격

사회과는 사회생활에 필요한 지식과 기능을 익혀 이를 토대로 사회현상을 올바르게 인식하고, 민주 사회 구성원에게 요구되는 가치와 태도를 지님으로써 민주 시민으로서의 자질을 갖추도록 하는 교과이다. 사회과에서 육성하고자 하는 민주 시민은 사회생활을 영위하는 데 필요한 지식을 바탕으로 인권 존중, 관용과 타협의 정신, 사회 정의의 실현, 공동체 의식, 참여와 책임 의식 등의 민주적 가치와 태도를 함양하고, 나아가 개인적, 사회적 문제를 합리적으로 해결하는 능력을 길러 개인의 발전은 물론, 사회, 국가, 인류의 발전에 기여할 수 있는 자질을 갖춘 사람이다.

사회과는 지리, 역사 및 제 사회과학의 개념과 원리, 사회제도와 기능, 사회문제와 가치, 그리고 연구 방법과 절차에 관한 요소를 통합적으로 선정, 조직하여 사회현상을 종합적으로 이해하고 탐구한다. 또, 사회과에서는 우리의 삶의 터전인 국토의 이해를 바탕으로 우리 민족의 역사와 활동에 대한 종합적인 파악과 현실에 대한 역사적인 시각에서의 이해 및 한국인으로서의 정체성과 세계 시민으로서의 가치, 태도 등에 관한 요소를 중시한다.

사회과는 다양한 정보를 활용하여 사회현상에 관한 지식을 발견하고 문제를 해결하는 데 필요한 비판적 사고력, 창의력, 판단 및 의사 결정력 등의 신장을 강조한다. 이를 위해 다양한 탐구 방법을 활용하여 학습자 스스로 학습하는 기회를 제공하고, 흥미와 관심을 고려하여 개개인의 수준에 적합한 경험을 제공하는 효율적인 교수·학습 전략을 지향한다. 그리고 학교 특성에 따라서 지역성과 시사성을 고려하여 지도한다.

사회과는 학습자의 성장 발달 정도와 사회·문화적 경험을 고려하여 학교 급별로 주안점을 달리한다.

초등학교에서는 학생들이 주변의 사회적 사실과 현상에 대하여 관심과 흥미를 가지며, 생활과 관련된 기본적 지식과 능력을 습득하고, 창의적인 자세로 일상생활을 할 수 있도록 한다. 이를 위하여 학생들은 사회적 사실과 현상을 이해하는 데 필요한 기본적인 사실과 개념을 배우고, 이를 자신의 주변 환경이나 문제에 적용할 수 있는 사고력을 지녀야 한다. 또, 이러한 지식과 사고를 사회적 행동으로 실천할 수 있는 적극적인 태도를 길러야 한다.

중학교에서는 초등학교에서의 학습을 바탕으로 각 영역에서 중요시하는 지식을 과학적 절차에 의하여 발견, 적용하고, 개인적, 사회적 문제를 해결하는 능력을 길러 공동생활에 자발적으로 참여하는 시민 정신을 발휘하게 한다.

고등학교에서는 초등학교와 중학교에서 습득한 지식과 능력을 바탕으로 사회현상을 종합적으로 이해하며 비판적 사고와 합리적 의사 결정 능력을 함양하여 사회에서 발생한 공동의 문제를 해결하는 데에 적극적으로 참여하는 시민 의식을 기른다.

2) 목표

　사회현상에 관한 기초적 지식과 능력은 물론, 지리, 역사 및 제 사회과학의 기본 개념과 원리를
발견하고 탐구하는 능력을 익혀 우리 사회의 특징과 세계의 여러 모습을 종합적으로 이해하며, 다양
한 정보를 활용하여 현대 사회의 문제를 창의적이며 합리적으로 해결하고, 공동생활에 스스로 참여
하는 능력을 기른다. 이를 바탕으로 개인의 발전은 물론, 사회, 국가, 인류의 발전에 기여할 수 있는
민주 시민의 자질을 기른다.
　사회 교과의 전반적인 목표는 다음과 같다.

　가. 사회의 여러 현상과 특성을 그 사회의 지리적 환경, 역사적 발전, 정치·경제·사회적 제도
　　　등과 관련지어 이해한다.
　나. 인간과 자연 간의 상호 작용에 대한 이해를 통해 장소에 따른 인간생활의 다양성을 파악하며,
　　　고장, 지방 및 국토 전체와 세계 여러 지역의 지리적 특성을 체계적으로 이해한다.
　다. 각 시대의 특색을 중심으로 우리나라의 역사적 전통과 문화의 특수성을 파악하여 민족사의
　　　발전상을 체계적으로 이해하며, 이를 바탕으로 인류생활의 발달과정과 각 시대의 문화적 특색
　　　을 파악한다.
　라. 사회생활에 관한 기본적 지식과 정치·경제·사회·문화 현상에 대한 기본적인 원리를 종합
　　　적으로 이해하고, 현대 사회의 성격 및 민주적 사회생활을 위하여 해결해야 할 여러 문제를
　　　파악한다.
　마. 사회현상과 문제를 파악하는 데 필요한 지식과 정보를 획득, 분석, 조직, 활용하는 능력을 기
　　　르며, 사회생활에서 나타나는 여러 문제를 합리적으로 해결하기 위한 탐구 능력, 의사 결정
　　　능력 및 사회 참여 능력을 기른다.
　바. 개인과 사회생활을 민주적으로 운영하고, 우리 사회가 당면한 문제들에 관심을 가지고 민주
　　　국가 발전과 세계의 발전에 적극적으로 이바지하려는 태도를 가진다.

3) 내용

가. 내용 체계

학년	역사 영역	지리 영역	일반 사회 영역
3학년	○ 우리가 살아가는 곳 ○ 사람들이 모이는 곳	○ 우리 고장의 정체성　○ 고장의 생활문화 ○ 이동과 의사소통　○ 다양한 삶의 모습들	
4학년	-	○ 우리 지역의 자연환경과 　생활 모습 ○ 우리 지역과 관계 깊은 　곳들 ○ 여러 지역의 생활	○ 주민 자치와 지역 사회의 발전 ○ 경제생활과 바람직한 선택 ○ 사회변화와 우리 생활

학년	역사 영역	지리 영역	일반 사회 영역
5학년	○ 하나 된 겨레 ○ 다양한 문화가 발전한 고려 ○ 유교 전통이 자리 잡은 조선 ○ 조선 사회의 새로운 움직임 ○ 새로운 문물의 수용과 민족 운동 ○ 대한민국의 발전과 오늘의 우리	-	-
6학년	-	○ 아름다운 우리 국토 ○ 환경을 생각하는 국토 가꾸기 ○ 세계 여러 지역의 자연과 문화	○ 우리 경제의 성장과 과제 ○ 우리나라의 민주 정치 ○ 정보화, 세계화 속의 우리
7학년	-	○ 내가 사는 세계 ○ 다양한 기후 지역과 주민 생활 ○ 다양한 지형과 주민 생활 ○ 지역마다 다른 문화 ○ 인구 변화와 인구문제 ○ 도시 발달과 도시문제	○ 개인과 사회생활 ○ 문화의 이해와 창조 ○ 우리의 생활과 법 ○ 인권 보호와 헌법
8학년	〈한국사 영역〉 ○ 문명의 형성과 고조선의 성립 ○ 삼국의 성립과 발전 ○ 통일 신라와 발해 ○ 고려의 성립과 발전 ○ 고려 사회의 변천 ○ 조선의 성립과 발전 〈세계사 영역〉 ○ 통일 제국의 형성과 세계 종교의 등장 ○ 다양한 문화권의 형성 ○ 교류의 확대와 전통 사회의 발전	-	-
9학년	〈한국사 영역〉 ○ 조선 사회의 변동 ○ 근대 국가 수립 운동 ○ 대한민국의 발전 〈세계사 영역〉 ○ 산업화와 국민 국가의 형성 ○ 아시아·아프리카 민족 운동과 근대 국가 수립 운동 ○ 현대 세계의 전개	○ 자원의 개발과 이용 ○ 산업 활동과 지역 변화 ○ 지역에 따라 다른 환경문제 ○ 세계 속의 우리나라 ○ 통일 한국의 미래	○ 정치 생활과 민주주의 ○ 민주 정치와 시민 참여 ○ 경제생활과 경제 문제 ○ 시장 경제의 이해 ○ 일상생활과 경제 주체의 역할

학년	역사 영역	지리 영역	일반 사회 영역
10학년	○ 우리 역사의 형성과 발전 ○ 조선 사회의 변화와 서구 열강의 침략적 접근 ○ 동아시아의 변화와 조선의 근대 개혁 운동 ○ 근대 국가 수립 운동과 일본 제국주의의 침략 ○ 일제의 식민지 지배와 민족 운동의 전개 ○ 전체주의의 대두와 민족 운동의 발전 ○ 냉전 체제와 대한민국 정부의 수립 ○ 대한민국의 발전과 국제 정세의 변화 ○ 세계화와 우리의 미래	○ 국토와 지리 정보 ○ 자연환경과 인간생활 ○ 문화 경관의 다양성 ○ 장소 인식과 공간 행동 ○ 지역 개발과 환경 보전	○ 사회 변동과 문화 ○ 인권 및 사회 정의와 법 ○ 정치과정과 참여 민주주의 ○ 경제 성장과 삶의 질 ○ 국제 거래와 세계화

나. 학년별 내용

<3학년>

⑴ 우리가 살아가는 곳

우리가 사는 고장의 위치와 자연환경, 인문환경의 특성을 파악하고, 그것들이 사람들의 생활 모습과 어떠한 영향을 주고받는지 이해한다. 다양한 종류의 지도를 활용하여 고장을 종합적으로 바라보는 안목을 기른다. 또, 고장에 있는 다양한 공공 기관과 우리 생활과의 관계를 이해한다.

① 지도는 방위, 기호, 축척 등 다양한 지도 요소로 구성되며, 지도는 고장의 자연환경과 인문환경을 나타내고 있음을 이해한다.

② 그림지도와 일반지도를 활용하여 고장의 자연환경과 사람들의 생활 모습을 파악한다.

③ 고장의 전형적인 장소와 경관을 견학, 조사하여 간단한 형태의 그림지도로 나타낸다.

④ 고장 사람들은 자연환경에 어떻게 적응하고, 자연환경을 어떻게 활용하고 있는지 이해한다.

⑤ 고장의 자연환경과 인문환경의 특징을 파악한다.

⑥ 고장 사람들이 수행하고 있는 다양한 일이 우리 가족의 생활과 어떤 관련이 있는지 알고, 고장의 생활에 관심을 가진다.

⑦ 고장을 대표하는 여러 공공 기관이 하는 일과 고장 사람들의 일상생활을 관련지어 이해한다.

⑵ 우리 고장의 정체성

우리 고장에는 다른 고장과 구분되는 고유한 특성이 있으며, 이것은 고장의 정체성을 형성하는 기반이 된다는 것을 이해한다. 고장은 그 자체로 고유한 역사, 상징, 문화, 그리고 행사 등을 간직하고 있다. 고장의 정체성을 자연환경과 인문환경과의 관련 속에서 파악하고 현재의 삶과 관련지어 이해한다. 그리고 현재의 고장은 과거의 역사적 인물이나 사건 등 변화의 연속선상에 있다는 것을 파악한다. 아울러 고장의 행사를 통해 고장의 자연, 인문적인 특성을 파악하며, 그 속에서 고장 사람들의 삶의 모습을 살펴보고, 고장 행사에 참여하는 방법에 대하여 알아본다. 더불어 고장을 상징하는 유적지나 건물, 관공서 등을 답사, 견학함으로써 자기의 고장을 종합적으로 이해한다.

① 자신의 일상생활과 관련지어 고장에 대하여 떠오르는 것을 표현한다.

② 고장의 지명 유래와 전설을 조사하고, 이를 자연과 인간과의 관련 속에서 이해한다.

③ 고장의 옛날 인물 및 사건과 관련된 이야기를 통해 우리 고장의 자연적 특징과 조상들의 생활 모습을 파악하며, 당시 사람들의 생각을 상상적으로 이해한다.

④ 고장의 행사를 자연적, 인문적 환경과 관련지어 파악하고, 세계적인 관점에서 그 위치를 이해한다.

⑤ 고장을 대표하는 자연적, 인문적 상징을 답사, 조사, 체험하고, 고장 사람들의 생활과 관련지어 그 의미를 이해한다.

⑥ 고장의 행사를 위해 준비하고 애쓰는 사람들에 대하여 조사하고, 고장의 일에 참여하려는 마음을 가진다.

⑦ 고장을 대표하는 문화재를 조사하여 파악하고, 그것이 사람들의 생활에 미친 영향을 이해한다.

⑶ 고장의 생활문화

사람이 살아가는 데 필요한 의식주와 여가 생활 및 생활 도구를 파악하고, 김치와 한복, 온돌, 그리고 전통 놀이 등에 나타난 조상들의 멋과 슬기를 이해한다. 의식주와 여가 생활은 인간의 생활에서 필수적인 것이다. 이러한 의미에서 오늘날의 의식주와 여가 생활의 특징을 알아보고, 바람직한 생활의 모습에 대하여 생각해 본다. 아울러 조상들의 의식주 및 생활 도구가 어떻게 변화, 발전하였으며, 오늘날 어떻게 계승되고 있는지를 파악한다. 고장의 유물, 유적 및 문화재를 바탕으로 조상들의 생활과 생각을 이해하고, 이를 통해 우리나라 문화유산을 아끼고 계승, 발전시키려는 태도를 가진다.

① 오늘날의 의식주 생활의 특성에 대한 이해를 바탕으로 우리나라 생활문화의 일반적인 경향을 파악한다.

② 오늘날의 여가 생활의 모습을 파악하고, 바람직한 여가 시간 활용의 의미를 이해한다.

③ 김치, 한복, 온돌 및 생활 도구 등에 담긴 조상들의 멋과 슬기를 알아보고, 오늘날의 모습과 비교해 본다.

④ 의식주 및 생활 도구의 변천 과정과 오늘날 계승, 발전된 모습을 이해한다.

⑤ 고장의 유물, 유적을 통해 조상들의 생활과 생각을 추론하고, 우리나라의 문화유산을 아끼고 발전시키려는 태도를 가진다.

⑷ 사람들이 모이는 곳

사람들은 고장의 생활에서 경제, 교통, 교육, 행정, 서비스, 문화, 여가 등 다양한 욕구를 해결하고자 한다. 고장 사람들은 욕구를 해결하기 위해 일정한 장소에 모여 서로 필요한 것들을 교환한다. 이러한 장소는 고장에서 일정한 중심지를 이루며, 중심지에서는 고장 사람들의 다양한 삶의 모습을 찾아볼 수 있다. 고장 사람들이 많이 모이는 곳을 찾아보고, 그곳에서 고장 사람들이 어떤 모습으로 살아가고 있는지 탐색한다. 또, 고장의 중심지는 나의 생활과 밀접하게 연결되어 있으며, 다른 고장과도 연결되어 고장 사람들의 욕구를 해결해 준다는 것을 이해한다.

① 우리 생활에 필요한 것들을 찾고 분류하는 활동을 통해 고장생활에는 다양한 욕구가 있음을 파악한다.

② 고장 사람들이 많이 모이는 곳을 찾아보는 활동을 통해 고장에 다양한 생활의 중심지가 있음을 알아본다.

③ 고장의 중심지에서 사람들이 살아가는 모습, 서로 교환하는 것을 조사하고 분류하는 활동을 통해 고장 사람들의 생활 모습을 파악한다.

④ 고장의 중심지를 이용해 본 경험을 통해 내가 필요한 것을 해결하는 방법을 알아보고, 나와 관계된 고장의 중심지를 찾아본다.

⑤ 우리 고장에서 해결하지 못하는 욕구를 다른 고장에서 해결하는 모습을 찾아보고, 이를 통해 고장과 고장이 서로 연결되어 있음을 알아본다.

⑥ 우리 고장의 중심지 중 특징적인 곳을 선정하여 견학해 본 후, 옛날과 오늘날의 모습, 입지 조건, 경관의 특징, 역할, 사람들의 생활 모습을 조사한다.

⑸ **이동과 의사소통**

고장생활에서 이동과 의사소통은 사람들의 활동 영역을 확장시키고, 합리적인 문제 해결을 통해 고장의 발전을 촉진하는 중요한 요소이다. 이동과 의사소통 수단을 통해 사람들의 이동과 교류가 활발해지고 새로운 정보와 문화가 다른 고장으로 전파되기도 한다. 도로, 철도, 수레, 기차, 자동차, 배, 비행기, 다리, 터널, 수로, 동굴 벽화, 책, 봉화, 편지, 전화, 인터넷, 인공위성 등 이동과 의사소통 방법의 변화를 중심으로 생활이 변화된 모습을 살펴보고, 고장생활이 더욱 편리하게 변화해 왔음을 이해한다. 또, 우리 고장과 다른 고장 사이의 이동과 의사소통 모습을 조사하여 고장 간에 어떤 관계를 맺고 살아가고 있는지 알아본다.

① 생활 속에서 가족의 이동과 의사소통 이유를 조사하여 이동과 의사소통의 필요성을 찾아본다.

② 우리 고장을 중심으로 주위에 있는 고장들의 위치와 명칭을 확인하고, 고장 간의 이동과 의사소통 방법을 조사하여 이를 그림지도에 나타낸다.

③ 옛날과 오늘날의 이동과 의사소통 수단에 관한 자료를 수집, 비교하여 이동 방법이 변해 온 모습을 파악한다.

④ 이동과 의사소통의 방법이 달라짐에 따라 생활의 변화된 모습을 비교, 조사한다.

⑤ 오늘날 이용되고 있는 이동과 의사소통 수단 간의 비교를 통해 수단의 차이가 서로 다른 생활 모습을 만들어 내는 구체적인 예를 조사한다.

⑥ 우리 고장과 주변 고장 간에 오고가는 사람, 정보, 물자를 조사하고 이를 도표로 나타낸다.

⑦ 미래의 이동·의사소통 방법을 예상하여 변화될 고장의 생활 모습을 예측한다.

⑹ **다양한 삶의 모습들**

사람들은 살아가면서 가족과 친구, 이웃과 고장, 국가 및 세계와의 상호 작용을 통해 다양하고 특색 있는 문화를 형성해 간다. 놀이, 친교, 단체 활동 등을 통해 학생 문화에 대하여 이해하고, 고장, 지역, 국가의 서로 다른 학생 문화를 파악한다. 그리고 고장의 독특한 문화적인 특성을 이해하고, 그러한 특성이 만들어지게 된 자연적, 역사적 환경에 대하여 이해한다. 또, 우리나라의 여러 기념일의 특징과 의미를 외국의 경우와 비교하여 파악함으로써 그 문화적인 특성을 이해한다.

① 오늘날 학생들의 놀이, 친교, 단체 활동 등에 담겨 있는 문화적인 특징을 이해한다.

② 고장, 지역, 국가의 서로 다른 학생들의 문화를 알아보고 유사성과 차이점을 조사한다.

③ 다른 고장을 여행한 경험을 바탕으로 그 고장의 독특한 문화가 만들어지게 된 자연적, 인문적 특성을 이해한다.

④ 전통적 혼례와 상례, 제례의 특징을 알아보고, 옛날과 오늘날의 달라진 모습을 이해한다.

⑤ 설과 단오, 추석 등의 명절과 삼일절, 현충일, 광복절 등 기념일의 유래와 의미를 알아보고, 다른 나라의 명절 및 기념일과 비교한다.

⑥ 서로 다른 문화에 대하여 이해하고 포용하려는 태도를 가진다.

<4학년>
(1) 우리 지역의 자연환경과 생활 모습

우리가 사는 지역의 위치와 자연적, 인문적 환경의 특성을 파악하고, 지도나 도표로 표현할 수 있는 기초적 기능을 기르며, 우리가 사는 지역에 관심을 가진다. 따라서 전형적인 장소와 경관을 중심으로 지역의 인구, 자원, 산업, 문화 등과 같은 인문적 특성을 자연환경과의 관련성 속에서 파악한다. 또, 다양한 지도, 그래프, 도표를 활용하여 지역의 자연적, 인문적 특성을 파악하며, 지도를 이용하여 전형적인 장소들의 위치를 확인하고, 방위, 기호, 축척, 등고선의 의미를 이해한다.

① 우리 지역의 위치와 경계를 여러 가지 지도에서 확인하여 그 위치적 특징을 이해한다.

② 지형, 기후에 관한 지리적 정보를 조사하여 우리 지역의 자연적 특성을 이해한다.

③ 우리 지역의 인구, 자원, 산업, 문화 등에 관한 지리적 정보를 조사하여 인문적 특성을 이해한다.

④ 우리 지역의 인구, 자원, 산업, 문화 등을 자연환경과의 관련성 속에서 파악하면서 자연환경과 생활 모습의 관계를 이해한다.

⑤ 우리 지역의 전형적인 장소와 경관을 관찰, 견학, 조사하여 자연적, 인문적 특성을 알아본다.

⑥ 지도에서 우리 지역의 자연적, 인문적 특성을 나타내는 방위, 기호, 축척, 등고선 등과 같은 지도 요소를 이해한다.

⑦ 지역의 자연환경과 인문환경에 관한 정보들을 지도, 그래프, 도표로 나타낸다.

⑧ 다양한 지도, 사진, 그래프, 도표를 보고 지역의 자연적, 인문적 특성을 파악한다.

(2) 주민 자치와 지역 사회의 발전

주민의 자유로운 의사를 기반으로 이루어지는 민주적인 정치 생활의 의미를 이해하고, 대의 제도와 주민의 직접 참여 방식 등 현대 민주 정치의 다양한 운영 방식을 익힌다. 또, 국가와 지방 자치 단체의 관계를 이해하고, 지방 자치 단체가 주민의 삶의 질을 향상시키기 위하여 하는 일을 조사, 분석한다. 이를 통해 정치 생활과 민주주의, 선거와 대표자 선출, 중앙 정부와 지방 정부의 관계, 지방 자치 단체가 하는 일, 공공 생활과 주민 참여, 지역 사회의 문제 해결 과정 등을 파악한다.

① 다양한 의견 차이와 갈등을 조정해 가는 민주적 정치 생활의 기본 원리를 이해한다.

② 선거를 통해 대표의 의미 및 대의 민주주의의 기본 원리를 이해한다.

③ 중앙 정부와 지방 정부의 역할 분담을 이해하고, 지방 자치 단체가 하는 일의 개략을 파악한다.

④ 주민 참여와 자원 봉사의 경험을 통해 참여의 중요성을 깨닫는다.

⑤ 지역 사회의 문제점을 조사하여 그 해결책을 모색해 보는 문제 해결 활동을 수행한다.

⑥ 우리 지역의 바람직한 미래 모습을 상상해 보고, 그것을 실현할 수 있는 방법을 찾아본다.

(3) 우리 지역과 관계 깊은 곳들

내가 살고 있는 지역에 대한 이해에 기초하여 우리 지역과 관계가 깊은 다른 지역의 자연적, 인문적 특성을 파악하고, 그 상호 의존적인 관계를 이해한다. 따라서 다양한 공간 규모에서 여러 가지 자료를 이용하여 우리 지역과 지리적으로 인접하거나 정치·경제·사회·문화적으로 관계가 깊은 다른 지역을 선정하여 그 특성을 조사한다. 그리고 우리 지역과 다른 지역 사람들의 생활이 밀접하게 관련되어 있음을 구체적인 사례를 중심으로 이해한다.

① 지역 간 교류의 여러 가지 사례를 찾아보고 상호 의존이 필요한 까닭을 이해한다.

② 우리 지역이 다른 지역과 밀접한 관계를 맺고 있음을 사례 중심으로 이해한다.

③ 우리 지역과 자연적, 인문적으로 관계가 있는 지역을 다양한 공간 규모에서 선정한다.

④ 우리 지역과 관계 깊은 다른 지역의 위치를 지도에서 확인하고, 자연적, 인문적 특성을 조사한다.

⑤ 우리 지역과 관계 깊은 다른 지역을 비교하여 자연적, 인문적 특성의 차이를 이해한다.

⑥ 다양한 지도, 사진, 그래프, 도표를 통해 우리 지역과 다른 지역의 상호 관련성을 파악한다.

(4) 경제생활과 바람직한 선택

자원의 희소성으로 인해 경제 활동을 하면서 우리는 끊임없이 선택의 문제에 직면하게 된다. 경제 활동의 각 영역에서 어떤 선택을 하느냐에 따라 우리의 경제생활 모습은 달라진다. 따라서 경제생활에서 바람직한 선택의 중요성을 인식하고, 경제적 의사 결정을 위해 경제 정보를 잘 활용할 수 있어야 한다. 또, 생산자 및 소비자로서 선택의 중요성을 인식하고 경제적 의사 결정 능력을 기른다.

① 자원의 희소성으로 인해 경제 활동에서 선택의 문제가 발생함을 이해한다.

② 경제 활동에서 바람직한 선택을 하기 위해 고려해야 할 점을 확인한다.

③ 다양한 일을 조사하여 생산 활동의 의미를 이해한다.

④ 생산자의 입장에서 생산 활동과 관련된 문제를 중심으로 바람직한 의사 결정을 수행한다.

⑤ 소득의 원천 및 용도를 파악하고, 소비자의 입장에서 소비 및 저축과 관련된 의사 결정을 위해 필요한 정보를 수집하여 활용한다.

⑥ 소비자 권리의 내용을 이해하고, 소비자의 권리를 행사할 수 있는 절차와 방법을 이해한다.

(5) 여러 지역의 생활

도시와 촌락 지역의 생활 모습을 통해 여러 지역 사람들이 자연환경과 조화를 이루며 살아가고 있음을 알고, 지역 간의 공통점과 차이점 및 상호 관계를 인식한다. 이를 바탕으로 도시와 촌락을 구분하고 각 지역의 생활 모습을 이해한다. 또, 기능적으로 전형적인 특징을 지닌 도시와 촌락의 사례 지역을 통해 도시와 촌락은 각각 독특한 입지 조건과 분포 및 기능적인 특징을 지니고 상호 보완적인 관계 속에서 발전하고 있다는 것을 이해한다.

① 도시의 기능적인 특징을 알고, 인구가 도시로 집중하는 까닭을 다양한 방법으로 탐구한다.
② 지도와 통계 자료를 통해 도시의 분포와 도시화 과정을 이해한다.
③ 대도시와 중소 도시로 나누어 사람들의 생활 모습을 이해한다.
④ 여러 가지 사례를 통해 도시문제의 복합적 성격을 이해하고 해결 방법을 알아본다.
⑤ 촌락 지역의 생활 모습을 자연환경 및 산업 활동과 관련지어 이해한다.
⑥ 촌락을 농촌, 어촌, 산지촌으로 구분하고, 그 특징을 비교한다.
⑦ 촌락의 생활 모습과 문제점을 이해하고 해결 방법을 알아본다.
⑧ 도시와 촌락이 상호 보완적인 관계를 가지고 있음을 이해한다.

(6) 사회변화와 우리 생활

우리 사회는 큰 변화의 과정에 놓여 있다. 이러한 사회의 큰 변화는 개인의 삶에도 영향을 끼친다. 대중 매체의 발달과 여성의 사회활동 증가, 핵가족화, 고령화 등의 사회변화는 개인과 사회 모두에게 새로운 선택을 요구한다. 현대 사회의 변화에 대한 이해를 바탕으로 개인과 개인 간, 공동체와 개인 간의 관계를 파악하고 다양한 사회문제를 합리적으로 해결하는 활동을 한다.

① 현대 사회 가족 구성의 다양성을 이해하고, 바람직한 가족의 의미를 찾아본다.
② 성 역할이 변화하고 있음을 이해하고, 양성 평등의 사회를 만들기 위한 방안을 모색한다.
③ 우리나라 인구 구성의 변화에 따른 다양한 사회문제를 이해한다.
④ 현대 사회에서 대중 매체가 미치는 긍정적, 부정적 영향을 파악한다.
⑤ 현대 사회에서 여가의 중요성을 알고, 바람직한 여가 활용 방안을 찾아본다.
⑥ 생활 방식의 다양성을 이해하고, 사회적 약자와 소수자 권리의 중요성을 이해한다.

<5학년>
(1) 하나 된 겨레

선사시대에서 고조선 건국에 이르는 과정, 삼국의 성립과 발전, 통일 신라와 발해의 역사를 생활과 문화를 중심으로 이해한다. 선사시대 인류의 생활 모습과 고조선이 성립된 이후의 변화를 파악한다. 역사 이야기와 인물, 유물과 유적을 통해 삼국과 통일 신라 및 발해의 생활 모습과 문화를 이해한다.

① 선사시대 유물과 유적을 통해 당시 사람들의 생활 모습을 파악한다.
② 고조선이 우리 겨레가 세운 첫 국가임을 알고 당시의 생활 모습을 이해한다.
③ 삼국의 발전 과정 및 상호 경쟁을 그림, 지도, 연표로 표현한다.
④ 유물과 유적, 역사 인물 이야기를 통해 삼국의 생활 모습을 이해한다.
⑤ 인물의 활동을 중심으로 삼국 통일과 발해의 건국 과정을 파악한다.

⑥ 통일 신라와 발해의 인물들, 유물과 유적을 통해 여러 신분의 생활 모습을 이해한다.

(2) 다양한 문화가 발전한 고려

고려 시기의 역사를 당시 조상의 생활 모습과 문화, 그리고 인물을 중심으로 파악한다. 고려 시기는 외세의 침략으로 여러 차례 전쟁을 벌이면서도 불교와 유교 등 주변 문화를 적극적으로 수용하여 다채로운 생활과 문화를 발전시켰음을 이해한다.

① 고려의 후삼국 통일 과정을 견훤, 궁예, 왕건 등의 인물을 통해 파악한다.

② 고려 시기 왕과 귀족, 백성들의 생활 모습을 탐구하고 비교한다.

③ 고려 시기 불교가 사람들의 생활 모습에 미친 영향을 이해한다.

④ 고려 시기에 거란, 몽골의 침략과 이를 극복하기 위한 조상들의 노력을 조사한다.

⑤ 금속 활자, 청자, 팔만대장경 등 고려 시기의 대표적인 문화재를 통해 고려 시기 과학과 문화를 탐구한다.

⑥ 생활을 개선하고 문화를 발전시키려 노력했던 고려 시기의 인물을 조사한다.

(3) 유교 전통이 자리 잡은 조선

조선 전기의 역사를 우리 조상의 생활과 문화를 중심으로 이해한다. 조선 전기를 유교와 그 속에서 전개된 우리 조상의 삶, 문화, 인물 등을 통해 파악한다. 특히 세종 시기 전후의 문화 융성기에 문화 발전을 위해 노력하였던 조상의 노력과 우리 문화의 여러 모습을 확인한다. 이러한 문화를 바탕으로 형성된 민족자존의 정신이 양 난 극복의 원동력이 되었음을 이해한다.

① 도성과 궁궐 건축을 통해 조선이 유교 국가를 지향하였음을 파악한다.

② 세종 대에 이룩한 문화·과학 분야의 성과를 탐구한다.

③ 여러 신분의 생활 모습을 통해 유교적 전통이 어떻게 자리 잡아 나가게 되었는지를 탐구한다.

④ 조선 시기 사람들의 생활과 놀이 중에서 현재 남아 있는 사례를 조사한다.

⑤ 인물이나 유적을 통해 임진왜란과 병자호란의 극복 과정을 파악한다.

⑥ 생활을 개선하고 문화를 발전시키려 했던 조선 전기의 인물을 조사한다.

(4) 조선 사회의 새로운 움직임

양 난 이후 달라진 생활 모습과 새롭게 등장한 문화 요소들을 파악한다. 인물, 문학과 예술, 대표적인 문화재를 중심으로 조선 후기 사회의 변화를 탐구한다. 실학이 대두하고 서양 종교와 학문이 소개되면서 유교 중심의 문화가 변화하였음을 이해한다.

① 영조·정조 시기에 문화가 크게 발달하였음을 사례를 들어 설명한다.

② 풍속화, 민화, 서민 문학을 통해 조선 전기와 달라진 새로운 생활 모습을 탐구한다.

③ 도자기와 칠기 등 조선 후기에 사용된 생활용품을 조사하여 그 속에 담긴 조상의 지혜를 확인한다.

④ 서양에서 전래된 문물을 조사하고, 서양 학문과 천주교가 조선 사회에 미친 영향을 이해한다.

⑤ 실학자와 농민 봉기 지도자를 사례로 사회변화를 위한 조상의 노력을 알아본다.

⑥ 조선 시기 여성의 생활과 사회적 지위 변화를 파악하고, 생활을 개선시키고자 했던 여성의 노력을 이해한다.

(5) 새로운 문물의 수용과 민족 운동

개항 이후 전개된 근대화 운동, 대한 제국의 수립, 일제 강점기에 전개된 독립 운동을 살펴본다. 근대 문명의 수용과 더불어 변화하는 사회의 모습과 조상의 일상생활을 역사적 사건, 인물 등과 연계하여 이해한다. 나아가 일제의 가혹한 지배 정책하에서도 생활 개선을 위해 벌였던 조상의 노력을 이해한다.
① 개항 전후 시기부터 일제 강점기까지 외세의 침략 과정과 그에 대한 조상의 대응을 파악한다.
② 대표적인 인물을 통해서 근대 국가를 세우기 위해 전개한 노력과 대한 제국의 수립 과정을 파악한다.
③ 근대 문명의 수용이 가져온 일상생활의 변화 모습을 조사한다.
④ 대표적인 인물을 중심으로 여러 갈래로 이루어진 독립 운동의 전개 과정을 이해한다.
⑤ 일제의 수탈과 근대 문물의 확산이 생활문화에 미친 영향을 추론한다.
⑥ 일제 강점기에 역사, 문학, 예술 등의 분야에서 활동한 인물들의 활동을 조사한다.

(6) 대한민국의 발전과 오늘의 우리

8·15 광복에서 현재까지 대한민국의 변화와 발전 과정을 살펴본다. 8·15 광복 이후 우리 민족이 분단과 전쟁 등 수많은 시련을 극복하면서 오늘의 대한민국을 건설해 온 과정을 인물과 사건을 통해 확인한다. 조상의 지난한 노력의 결과 민주화와 경제 발전, 문화 성장이 가능하였음을 이해한다. 경제 성장의 토대 위에서 민주주의를 더욱 신장시키고 평화 통일이 실현되는 미래를 만들기 위해 우리가 할 수 있는 일을 찾아본다.
① 광복과 대한민국 정부 수립, 분단과 6·25 전쟁으로 이어지는 과정을 살펴본다.
② 민주화와 경제 발전 과정을 살펴보고, 그것이 가져온 생활문화의 변화를 탐구한다.
③ 정치, 경제, 사회, 문화의 발전에 중요한 역할을 한 인물들의 삶을 조사한다.
④ 대한민국의 발전, 평화 통일, 인류 문화의 향상을 위해 우리 각자가 할 수 있는 일들을 알아본다.

<6학년>

(1) 아름다운 우리 국토

세계 속에서 우리나라의 위치와 영역을 확인하고 국토의 자연적, 인문적 특성을 파악한다. 또, 우리나라의 자연환경과 인구, 교통, 산업, 문화 등에 관한 주요 사실과 현상을 파악하고, 사람들이 지형과 기후에 어울리는 의식주 생활을 하고 있음을 이해한다. 이와 관련하여 우리나라의 자연적, 인문적 특성을 사례 지역을 통해 확인하면서 지도, 그래프, 도표로 나타내고, 주제도와 일반도 등 여러 가지 자료에서 각 지역에 대한 정보를 읽어 내는 도해 기능을 기른다. 아울러 앞으로 다가올 통일에 대비하여 북한의 자연·인문 지리적인 특성을 이해한다.
① 우리나라 국토의 위치와 영역을 지도와 지구본을 활용하여 확인한다.

② 우리나라 국토의 자연적 특성을 지형, 기후 등의 측면에서 이해한다.

③ 전형적인 사례 지역을 선정하고, 이를 통해 우리나라의 자연적 특성을 이해한다.

④ 자연적 특성을 기준으로 지역을 구분하고, 지역의 차이를 생활 모습의 측면에서 이해한다.

⑤ 전형적인 사례 지역을 선정하고, 이를 통해 우리나라의 인문적 특성을 이해한다.

⑥ 우리나라 국토의 인문적 특성을 인구, 산업, 교통, 문화 등의 측면에서 이해한다.

⑦ 북한 지역의 자연·인문 지리적 특성을 이해한다.

⑧ 우리나라의 자연·인문 지리적 특성을 지도, 그래프, 도표로 나타내고, 다양한 자료에서 필요한 정보를 읽을 수 있다.

(2) 우리 경제의 성장과 과제

우리 경제는 시장 경제의 원리에 기초하여 세계 각 나라와 상호 의존하며 경쟁하고 있다. 우리 경제는 지속적으로 변화하고 있는데, 이러한 국가 경제의 성장과 쇠퇴는 시민들의 삶의 모습에 커다란 영향을 끼친다. 따라서 시민들의 삶을 풍요롭게 유지하기 위하여 지속적으로 경제를 성장시키는 것은 우리 사회의 중요한 과제이다. 국가 간 경쟁이 치열해지고 있는 상황에서 국제 거래에서 경쟁력을 갖추는 것은 경제 성장을 위해서 매우 중요하다. 그러나 삶의 질 향상은 경제 성장과 함께 그 과정에서 발생하는 여러 가지 사회문제를 슬기롭게 해결할 때 가능하다. 따라서 우리 경제의 성장 과정과 그 과정에서 나타나는 다양한 사회문제를 이해하고, 이를 바탕으로 삶의 질을 높일 수 있는 경제 성장의 방안을 모색한다.

① 우리 경제의 특징을 자유와 경쟁이라는 측면에서 이해한다.

② 우리 경제의 변화를 성장, 위기, 위기 극복이라는 국면으로 나누어 살펴본다.

③ 여러 경제 정보를 활용하여 우리 경제의 현황을 파악한다.

④ 우리 경제가 국제 거래를 통해 다른 나라 경제와 상호 의존하며 경쟁하고 있음을 이해한다.

⑤ 국제 경쟁력 증진을 위한 정부, 기업가, 근로자의 역할을 이해한다.

⑥ 경제 성장 과정에서 나타나는 여러 문제를 확인하고, 그 대안을 모색한다.

(3) 환경을 생각하는 국토 가꾸기

자연환경과 자원의 효율적 이용, 국토의 균형적인 발전, 환경 보전을 위해 노력하고 있는 모습을 확인하면서, 국토를 사랑하는 마음과 일상생활에서 국토의 문제를 해결하려는 태도를 기른다. 도시화와 산업화로 인한 환경문제를 미래 지향적이면서도 균형적인 국토 개발의 필요성과 관련지어 이해한다. 또, 국토 개발과 환경 보전이라는 갈등 사례를 통해 지리적 의사 결정의 중요성을 알고, 개발과 보전에 대한 균형적인 사고와 가치, 태도를 가진다.

① 인간이 자연 생태계를 구성하는 일부분임을 이해한다.

② 인간이 자연환경의 영향을 받고 있음을 국토 수준에서 파악한다.

③ 인간은 기술을 활용하여 자연의 제약을 극복할 수 있음을 국토 수준에서 이해한다.

④ 자연과 공존할 수 있는 방향으로 국토 개발이 이루어져야 함을 이해한다.

⑤ 국토 개발과 환경 보전에 대한 균형적인 사고를 할 수 있다.

⑥ 산업 활동의 입지 선정과 지역의 문제 해결 과정에서 합리적인 의사 결정을 할 수 있다.

⑦ 국토 가꾸기와 환경문제에 대하여 미래 지향적인 관점과 태도를 가진다.

⑷ 우리나라의 민주 정치

민주 정치는 많은 사람의 노력에 의해서 유지되고 발전된다. 민주적 삶의 과정에서 국민들은 여러 가지 법 규범과 그 운영 원리를 이해하고, 주체적으로 법을 만들고 지켜야 한다. 또, 다양한 정치 생활에 참여하여 공동체의 구성원으로서 권리를 행사하고 의무를 이행할 필요가 있다. 따라서 우리 나라의 민주화 과정에 대한 이해를 바탕으로 법의 의미와 기능을 파악하고, 주요 국가 기관의 권한과 기능을 인식한다. 또, 인간의 기본적 권리 및 공동체 구성원으로서의 의무를 자각하고 더불어 살아갈 수 있는 능력을 기른다.

① 우리나라의 민주화 과정에 대한 이해를 바탕으로, 민주주의는 참여를 통해 만들어 가는 것임을 이해한다.

② 헌법의 핵심적인 내용을 이해하고, 그 외의 다양한 법이 우리 생활을 위해 필요함을 인식한다.

③ 국회, 행정부, 법원의 구조와 기능을 권력 분립의 원리와 연관 지어 이해한다.

④ 인권을 존중하는 태도를 기른다.

⑤ 공공 생활에서 지켜야 할 기본적 의무를 자각하고 이를 준수하는 태도를 기른다.

⑥ 관용, 대화, 타협, 절차 준수 등 일상생활에서 민주주의를 실천하는 태도를 기른다.

⑸ 세계 여러 지역의 자연과 문화

세계 여러 지역의 자연적, 인문적 특성을 우리나라와의 지리적 관계 속에서 이해한다. 세계는 다양한 인종과 민족 및 국가로 구성되어 있지만 교통·통신의 발달에 따라 하나의 지구촌으로 변하고 있음을 인식한다. 세계 여러 지역의 문화적 차이를 알고, 시사 자료와 지구본 및 세계 지도 등을 이용하여 세계 여러 지역의 특성을 조사한다. 또, 변화하는 세계 속에서 국제 협력과 세계 평화에 이바지하려는 태도를 기른다.

① 우리나라와 관계가 깊은 세계 여러 지역을 선정하고 그 선정 기준을 제시한다.

② 세계 지도 및 지구본의 기능을 활용하여 세계 각 지역의 위치를 확인한다.

③ 세계 지도 및 해당 지역의 지도와 여러 가지 시사 자료를 활용하여 선정된 지역의 자연적, 인문적 특성을 이해한다.

④ 다양한 인종, 민족, 국가로 구성된 세계는 교통·통신의 발달에 따라 지구촌화되고 있음을 이해한다.

⑤ 지구촌에서는 여러 가지 갈등과 문제가 발생하고 있으며, 이러한 문제의 해결을 위해 국제기구와 단체, 그리고 많은 사람이 노력하고 있음을 이해한다.

⑥ 세계 여러 지역의 문화적 다양성을 이해한다.

⑦ 변화하는 세계 속에서 우리나라의 역할을 깨닫고 이에 이바지하려는 태도를 가진다.

⑥ 정보화, 세계화 속의 우리

사회변화의 큰 흐름으로 정보화와 세계화가 있다. 정보화와 세계화는 개인과 공동체의 삶 전반에 영향을 끼치는 거대한 변혁으로, 현재와 미래 인간의 삶을 해석하고 이해하는 밑그림의 역할을 한다. 과학과 기술의 발달은 이러한 변화를 더욱 가속화시킬 뿐만 아니라 새로운 사회문제를 만들어 낸다. 이러한 흐름 속에서 분단국가인 우리나라는 민족 통일이라는 요소 또한 고려하여야 한다. 정보화와 세계화라는 사회변화의 흐름을 이해하고, 대한민국 국민으로서, 또한 세계 시민으로서 어떻게 사고하고 행동해야 하는지를 탐구한다.

① 정보 사회의 의미를 이해하고, 정보화가 인간의 삶에 미치는 영향을 파악한다.

② 과학과 기술의 발달 방향을 이해하고, 그것이 일상생활에 미치는 영향과 문제점을 파악한다.

③ 세계화의 다양한 모습을 이해하고, 우리 삶의 변화를 이와 관련지어 파악한다.

④ 세계화와 관련하여 우리 문화의 고유성을 인식하고, 민족 문화의 세계화를 위한 방안을 창의적으로 모색한다.

⑤ 변화하는 세계 속에서 분단으로 인해 우리 민족이 겪는 문제를 생각해 보고, 이를 해결할 방안을 모색한다.

⑥ 세계 인류의 번영과 평화로운 삶을 위한 다양한 국제 사회의 노력을 조사해 본다.

<7학년>
[지리 영역]
⑴ 내가 사는 세계

내가 사는 지역, 우리나라, 세계 각 지역의 위치를 구체적으로 확인하고, 위치에 따라 시간, 계절 등이 다르게 나타남을 인식한다. 지구상에는 다양한 면적과 형태를 가진 여러 나라가 존재함을 알고, 각 나라에 대해 관심을 가진다.

① 지구본과 세계 지도에서 우리나라 및 세계 주요 국가의 위치를 조사한다.

② 세계 주요 국가의 면적과 형태를 비교한다.

③ 지도나 위성사진, 인터넷을 이용하여 내가 사는 동네와 우리나라 주요 도시의 위치를 조사한다.

④ 시간과 날짜가 우리나라와 다른 나라를 찾아 그 이유를 알아본다.

⑤ 남반구에 있는 나라와 북반구에 있는 나라의 지리적 차이를 설명한다.

⑵ 다양한 기후 지역과 주민 생활

세계에는 다양한 기후가 나타나며, 이러한 기후가 그 지역의 음식, 가옥 구조, 농업 등 주민 생활에 미치는 영향을 파악하고, 자연재해가 발생하는 지역의 지리적 특성을 살펴본다. 또, 우리나라의 기후 특성을 다른 나라의 기후와 비교할 수 있는 능력을 기른다.

① 세계 기온 분포도를 보고 기온이 대비되는 지역 간의 생활양식을 비교한다.

② 세계 강수량 분포도를 보고 강수량 분포가 대비되는 지역 간의 생활양식을 비교한다.

③ 우리나라의 기후 특성을 살펴보고 다른 나라와의 차이를 분석한다.

④ 눈이 많이 오는 지역의 주민 생활 특징을 조사한다.

⑤ 홍수, 가뭄, 태풍 등 자연재해 발생 지역의 지리적 특성을 조사한다.

(3) 다양한 지형과 주민 생활

세계에는 다양한 지형 경관이 존재하고, 그에 따라 다양한 주민 생활이 이루어지고 있음을 적절한 사례 지역을 통해 이해한다.

① 인터넷 또는 시각 자료를 통해 독특한 지형 경관을 살펴보고 세계 지형의 다양성을 이해한다.
② 세계의 대산맥과 대하천, 우리나라의 주요 산맥과 하천의 위치를 확인한다.
③ 화산과 지진 활동이 빈번히 일어나는 지역을 찾아보고, 그 지역에 살고 있는 사람들의 삶의 모습을 조사한다.
④ 산지 지역, 평야 지역, 해안 지역의 주민 생활 모습을 사례를 들어 지형과 연관 지어 설명한다.

(4) 지역마다 다른 문화

세계 각 지역의 생활 모습을 이해하고, 지역에 따라 문화 경관이 다양하게 나타나는 것을 바탕으로 상대 문화를 존중하는 태도를 기른다. 학습자가 흥미 있어 하는 스포츠, 영화, 예술, 지역 축제를 소재로 지역 문화의 다양성을 인식한다.

① 구체적인 사례를 통해 세계에는 다양한 문화가 존재함을 파악한다.
② 종교적 경관이 뚜렷한 지역을 사례로 그 지역의 주민 생활을 이해한다.
③ 문화 이식 또는 확산으로 인한 독특한 문화 경관의 형성을 사례 지역을 통해 설명한다.
④ 다양한 문화 축제를 그 지역의 특성과 관련지어 설명한다.
⑤ 우리나라를 중심으로 동아시아의 문화적 공통성과 상호 관련성을 설명한다.

(5) 인구 변화와 인구문제

세계 인구 분포의 차이, 인구 이동의 원인을 파악한다. 우리나라를 포함하여 세계 각 지역의 인구문제가 다름을 인식하고, 인구문제에 대한 해결 방법을 모색한다.

① 세계 인구분포도를 보고 인구 밀집 지역과 희박 지역을 확인하고, 그 지역을 대표하는 두 나라를 사례로 들어 차이가 나타나는 이유를 추론한다.
② 인구가 유입되는 지역과 유출되는 지역을 사례로 들어 비교해 보고, 인구 이동의 원인을 파악한다.
③ 세계 각 지역의 다양한 인구문제(인구 급증, 고령화, 성비 불균형 등)를 구체적인 사례를 통해 파악한다.
④ 우리나라의 저출산ㆍ고령화 현상의 원인을 다양한 시각에서 살펴보고 그 해결 방법을 모색한다.

(6) 도시 발달과 도시문제

도시에서의 다양한 삶의 모습을 구체적인 사례를 통해 알아보고, 이를 바탕으로 도시의 특성을 파악한다. 도시화의 의미를 알고, 도시의 발달과정을 산업 발달과 관련하여 파악한다. 도시에서 발생하고 있는 문제점을 조사하고, 해결 방법을 모색한다.

① 도시의 의미를 이해하고, 사례를 통해 도시적 생활양식의 특성을 파악한다.
② 우리나라의 수도권을 사례로 도시화 과정을 설명한다.
③ 사례 지역을 들어 도시 발달의 과정을 산업 발달과 관련하여 이해한다.
④ 도시 내부에서 고급 주택지와 저급 주택지가 분리되는 모습을 사례를 통해 이해한다.
⑤ 도시에서 발생하는 문제점들을 파악하고 그 해결책을 모색한다.

[일반 사회 영역]
⑺ 개인과 사회생활

인간은 다양한 집단의 사회적 구성원으로서 긴밀하고 유기적인 관계망을 형성하고 있음을 이해한다. 이러한 사회적 관계 속에서 사회적 상호 작용의 의미를 탐색하고, 자아 정체성이 형성되는 과정을 이해한다.
① 사회적 존재로서의 인간 및 사회화의 의미를 이해한다.
② 자아 정체성이 사회적 관계 속에서 형성됨을 이해하고, 이를 존중하는 태도를 가진다.
③ 일상생활 속에서 사회적 상호 작용의 유형을 탐색하고, 그것의 사회·문화적 의미를 분석한다.
④ 사회적 관계의 의미와 유형을 이해하고, 개인과 집단의 바람직한 역할을 탐색한다.
⑤ 사회생활 속에서 나타나는 차이와 차별 현상을 이해한다.
⑥ 사회 불평등 현상의 원인 및 해결 방안을 제시한다.

⑻ 문화의 이해와 창조

문화의 의미와 특징을 이해하고, 문화를 객관적으로 인식한다. 또, 대중 매체와 대중문화에 대한 비판적 분석을 통해 현대 사회의 문화적 특징을 이해한다. 아울러 문화의 창조와 계승에 기여할 수 있는 능력을 기른다.
① 문화의 의미와 특징을 이해한다.
② 문화를 바라보는 다양한 관점을 이해하고, 자문화 및 타 문화를 객관적으로 바라보는 능력과 태도를 가진다.
③ 대중문화의 의미와 특징을 이해하고, 대중 매체 속에 담겨 있는 대중문화를 비판적으로 해석한다.
④ 문화 창조자로서 인간의 모습을 이해하고, 바람직한 문화의 계승과 발전 방향을 탐색한다.

⑼ 우리의 생활과 법

법은 우리의 모든 일상생활과 밀접하게 연결되어 있는 것으로, 국가 구성원들 사이의 공동의 약속이며, 분쟁이나 갈등을 예방하는 도구임을 이해한다. 이러한 관점에서 법의 의미와 목적을 일상생활 속에서 이해하고, 분쟁 해결의 수단과 제도를 탐색한다.
① 우리의 모든 일상생활이 법과 연결되어 있다는 점을 이해한다.
② 법은 분쟁을 예방하여 서로 편리한 생활을 영위하기 위한 도구라는 점을 이해한다.
③ 분쟁과 갈등을 평화적으로 해결하기 위한 사법 제도와 그 원리를 이해한다.

④ 일상생활과 직업 생활 속에서 자신의 권리를 행사하는 적극적인 법의식을 가진다.
⑤ 법적 쟁점을 비판적으로 분석하고 합리적 해결 방안을 모색한다.

⑩ **인권 보호와 헌법**

헌법은 인권을 보장하기 위해 나타난 것임을 이해한다. 우리나라 헌법은 기본 원리, 보호 수단, 그리고 정부의 성격과 형태를 규정하고 있음을 인식한다. 이러한 관점에서 헌법을 이해하고, 이를 통해 자신의 기본적 권리를 적극적으로 실현하며, 타인의 권리를 존중할 줄 아는 성숙한 시민 의식을 함양한다.
① 인권 의식의 성장과 헌법의 관계를 이해한다.
② 우리나라 헌법의 기본 원리와 헌법을 보호하는 수단을 이해한다.
③ 우리나라 헌법이 구현하려는 정부의 성격과 형태를 이해한다.
④ 자신의 기본권을 실현하며 타인의 권리를 존중하는 시민 의식을 가진다.

<9학년>
[지리 영역]
⑴ **자원의 개발과 이용**

일상생활에서 사용하는 상품을 이용하여 원료의 원산지, 이동 과정을 파악하고, 자원을 효율적이고 친환경적으로 이용할 수 있는 방안을 모색한다. 천연자원뿐만 아니라 인적, 문화적 자원도 중요함을 인식한다.
① 일상생활에서 사용하고 있는 상품들의 원료를 알아보고, 원료의 원산지와 이동 과정을 파악한다.
② 자원이 풍부한 국가를 사례로 자원이 그 지역의 주민 생활에 어떤 영향을 끼쳤는지 파악한다.
③ 에너지 자원을 둘러싼 지역 갈등 문제를 사례 지역을 들어 설명한다.
④ 우리나라, 일본 등을 사례로 인적, 문화적 자원의 중요성을 인식한다.
⑤ 자원 확보의 어려움을 이해하고, 자원을 효율적이고 친환경적으로 이용할 수 있는 방안을 모색한다.

⑵ **산업 활동과 지역 변화**

산업의 발달에 따른 지역 특성의 변화를 이해하고, 지역 주민의 생활에 미치는 영향을 우리나라와 세계의 사례를 통해 파악한다.
① 전통적 농업 지역에서 상업적 농업 지역으로 변화한 대표적인 사례를 통해 그 요인을 이해하고 지역의 변화를 파악한다.
② 광업의 발달과 쇠퇴에 따른 지역 특성의 변화 및 주민 구성의 변화를 이해하고, 그에 따른 지역문제의 해결 방법을 모색한다.
③ 활발한 공업화가 이루어진 지역을 사례로 입지 특성과 배경을 이해하고 지역성의 변화를 이해한다.
④ 공업의 쇠퇴 등 산업 구조의 변화가 일어나는 지역의 사례를 통해 그 배경과 지역 특성의 변

화를 이해한다.

⑤ 서비스업의 입지에 따라 지역의 특성이 변화된 다양한 사례를 선정하여 그 요인을 파악하고, 지역 특성의 변화를 이해한다.

⑶ 지역에 따라 다른 환경문제

자신의 일상생활이 전 지구적 환경문제와 관련되어 있음을 인식하고, 환경문제를 적극적으로 해결하려는 태도를 기른다. 지역 특성을 반영한 환경 친화적 개발 방식이나 대체 에너지 개발의 중요성을 인식한다.

① 환경 보전을 위한 다양한 활동을 인터넷에서 찾아보고, 왜 그러한 활동을 하는지 이해한다.
② 일상생활에서 자원의 소비로 인해 발생하는 환경문제를 인식하고 이를 해결하려는 태도를 기른다.
③ 선진국과 개발도상국에서 나타나는 환경문제를 비교하고, 사례를 통해 차이가 나타나는 이유를 파악한다.
④ 전 지구적 차원의 환경문제를 사례를 통해 파악하고, 이를 해결하기 위한 다양한 노력에 대하여 이해한다.
⑤ 지역 특성을 반영한 환경 친화적 개발 방식이나 대체 에너지 개발을 사례를 통해 조사한다.

⑷ 세계 속의 우리나라

세계화 과정 속에서 우리나라의 위상을 파악하고, 국제적인 물류의 중심으로 성장하고 있는 지역을 살펴본다. 이를 통해 우리나라에 대한 긍지와 자부심을 가지고, 국토 보전과 국토 사랑의 자세를 함양한다.

① 세계 속에서 우리나라의 위상을 다양한 측면에서 조사한다.
② 해양 진출의 요지 또는 국제 물류의 중심으로 성장하고 있는 지역에 대해 조사한다.
③ 제주특별자치도가 국제 자유 도시로 선정된 배경과 그 영향을 파악한다.
④ 세계적으로 주목받는 우리나라의 갯벌과 그 지역의 주민 생활을 조사한다.
⑤ 독도가 가지는 지리적 의미를 이해한다.
⑥ 우리나라의 다양한 자연적, 문화적인 특색을 외국인에게 간략하게 설명한다.

⑸ 통일 한국의 미래

우리나라가 세계로 도약하기 위해서는 국토 공간의 지리적 통합이 필요함을 깨닫고, 북한의 개방 지역, 접경 지역을 중심으로 지리적 의미에 대하여 이해함으로써 국토 통일에 대비한다. 지리적, 정치적 인접 국가에 대한 지리적 이해를 통해 미래 지향적인 우리나라의 발전상을 설계한다.

① 북한의 개방 지역의 지리적 특성을 사례를 중심으로 조사한다.
② 백두산 지역, 비무장 지대(DMZ)가 가지는 지리적 의미와 특성을 이해한다.
③ 국토 통일과 관련하여 동북아시아의 지리적 위치를 이해한다.
④ 세계로 도약하기 위해 통일이 필요함을 깨닫고, 통일 후의 바람직한 국토 공간 모습을 그려

본다.

[일반 사회 영역]

⑹ 정치 생활과 민주주의

정치는 개인 또는 집단 수준에서 나타나는 구성원 간의 이해관계를 조정하고 대립과 갈등을 해결하는 활동임을 인식한다. 정치 현상의 이면에 작용하는 권력의 원천과 주체가 역사적으로 어떻게 변화되어 왔는지를 인식하여 현대 민주주의의 이념과 정치 원리를 이해한다.

① 정치의 개념과 의의를 이해한다.

② 정치권력의 원천과 주체가 어떻게 변화해 왔는지 이해한다.

③ 민주 정치의 역사적 전개 과정에 대해 이해한다.

④ 민주주의의 이념과 현대 민주 정치의 원리를 이해한다.

⑤ 현대 사회에서 나타나는 정치 현상의 특징을 분석한다.

⑺ 민주 정치와 시민 참여

민주 사회에서 표출되는 다원적 이익들을 이해하고 이익 충돌에 따른 갈등이 정치과정을 통해 어떻게 해결되는가를 탐색한다. 정치과정에 참여하는 다양한 정치 주체의 역할을 찾아보고 이와 관련하여 시민이 갖는 기본적 권리와 의무를 파악한다. 현대 사회에서 시민이 정치에 참여할 수 있는 다양한 방법을 파악하여 민주 사회 발전에 참여하는 태도를 가진다.

① 민주 사회에서 다양한 이익이 표출되어 갈등이 일어나는 국면을 이해한다.

② 다양한 사회문제가 정치과정을 통해 해결되는 양상을 이해한다.

③ 정치 문제 해결 과정에 참여하는 다양한 정치 주체의 역할을 파악한다.

④ 민주 정치과정에서 시민이 갖는 권리와 의무를 탐색한다.

⑤ 시민이 정치에 참여할 수 있는 다양한 방법을 사례를 통해 살펴본다.

⑻ 경제생활과 경제 문제

인간의 경제생활이 생산, 분배, 소비로 이루어짐을 이해하고, 그 과정에서 발생하는 경제적 선택을 합리적으로 할 수 있는 능력을 기른다. 또, 경제 문제의 해결이 경제 체제에 따라 달라짐을 이해한다.

① 경제 활동의 의미를 이해하고, 경제 활동의 동기를 탐색한다.

② 희소성의 의미를 파악하고, 경제생활 속에서 일상적으로 경험하는 다양한 선택 상황을 희소성과 관련지어 이해한다.

③ 경제적 선택의 상황에 직면하여 효율성, 형평성 및 장기적 관점 등을 고려하여 합리적 선택을 할 수 있는 능력을 기른다.

④ 인간의 경제생활은 분업과 교환을 통해 개인 간, 지역 간, 국가 간에 상호 의존적으로 전개되며, 경제적 의사 결정은 상대방에게 영향을 미친다는 사실을 이해한다.

⑤ 기본적인 경제 문제를 해결하기 위한 방식으로서 경제 체제의 의미와 특징을 알아본다.

⑼ 시장 경제의 이해

시장에서 가격이 결정되는 원리와 시장 가격이 변동하는 이유를 파악한다. 그리고 시장에서 가격이 효율적인 자원 배분을 유인하는 신호의 기능을 함을 이해한다. 시장 기능의 한계를 이해하고, 이를 보완할 수 있는 여러 가지 방안을 탐색한다.

　① 수요와 공급의 의미와 수요와 공급에 영향을 끼치는 요인에 대하여 알아본다.
　② 시장에서 균형 가격이 결정되고 변동하는 원리를 이해한다.
　③ 효율적인 자원 배분을 유인하는 신호로서 가격의 다양한 기능을 파악한다.
　④ 시장과 정부의 기능과 그 한계를 보완하기 위한 방안을 사례를 통해 탐색한다.
　⑤ 시장 경제의 제도적 원칙인 사유 재산권, 경제 활동의 자유, 사적 이익의 추구 등에 관하여 헌법의 기본권과 경제 조항에서 근거를 찾아 그 의미를 설명한다.

⑽ 일상생활과 경제 주체의 역할

소비자, 생산자의 경제적 역할과 책임을 일상의 경제생활을 중심으로 이해하고, 이를 토대로 경제 활동을 합리적으로 수행할 수 있는 능력을 기른다. 또 정부의 경제적 역할을 재정 활동과 경제 활동 조정자의 두 측면에서 파악한다.

　① 경제생활 속에서 소비자의 합리적 소비와 신용 관리의 중요성을 이해한다.
　② 일생 주기 동안 경제적으로 지속 가능한 생활을 하기 위해 요구되는 저축, 투자 등 자산 관리의 필요성을 인식한다.
　③ 생산 활동에 참여하는 기업과 노동자의 경제적 역할과 책임을 탐색한다.
　④ 재정 활동을 이해하고 경제 활동 조정자로서의 정부 역할을 파악한다.
　⑤ 정보화, 세계화 등 경제 환경 변화에 따른 각 경제 주체의 대응 방안을 모색한다.

<10학년>
[지리 영역]
⑴ 국토와 지리 정보

동북아시아에 위치한 우리나라의 지리적 위치 특성을 이해하고, 올바른 국토관을 함양한다. 고지도와 고문헌 등의 전통 지리 분야를 통해 오랜 기간에 걸쳐 형성되어 온 전통 지리 사상을 파악한다. 지리학의 연구 대상인 지역의 의미, 그 분류와 특성을 올바르게 인식한다. 또, 지역에 대한 체계적이고 종합적인 이해를 위해 다양한 지리 정보를 수집, 분석, 활용할 수 있는 능력을 기른다.

　① 우리나라의 위치 특성을 파악하고, 세계 속에서 우리나라의 지리적 위상을 조사한다.
　② 우리나라의 영역을 확인하고, 그 중요성과 잠재력을 인식한다.
　③ 고지도와 고문헌 등을 통해 전통 지리 사상과 그 발달과정을 이해한다.
　④ 일상생활과 관련된 구체적 사례 지역을 선정하여 지역의 개념을 탐구한다.
　⑤ 지역문제의 해결 과정을 통해 지리 조사의 순서와 방법을 이해하고, 구체적인 조사 활동을 수행한다.
　⑥ 사례 지역을 대상으로 지리 정보를 수집, 분석하여 다양한 지리 정보의 종류와 특성을 이해하

고, 이를 일상생활에 활용한다.

(2) 자연환경과 인간생활

자연환경의 중요한 요소로서 기후 환경의 특색을 살펴보고, 기후가 인간생활에 미친 영향을 파악한다. 지표면의 다양한 지형경관의 형성 과정을 분석하고, 인간생활에 미친 영향을 종합적으로 이해할 수 있는 능력을 기른다.

① 기후로 인해 차이가 나타나는 경관을 구체적인 사례를 통해 파악한다.

② 기후와 인간생활과의 관계를 세계 각 지역의 다양한 산업 활동과 관련하여 탐구한다.

③ 다양한 산지 지형의 경관을 조사하고, 그 형성 과정 및 인간생활과의 관계를 파악한다.

④ 다양한 하천 및 평야 지형의 경관을 조사하고, 인간생활과의 관계를 이해한다.

⑤ 다양한 해안 지형의 경관을 조사하고, 그 형성 과정 및 인간생활과의 관계를 파악한다.

(3) 문화 경관의 다양성

자연경관을 바탕으로 형성된 문화 환경의 특성을 각 지역의 지리적 다양성이라는 관점에서 이해한다. 세계 각 지역의 촌락과 도시 등 다양한 문화 경관을 지리적 관점에서 분석하고 이해할 수 있는 능력을 기른다.

① 문화 경관의 의미를 이해하고, 다양한 경관의 지역적 차이를 분석한다.

② 촌락 경관의 차이를 사례 지역을 통해 비교, 분석한다.

③ 촌락이 도시화되어 가는 과정을 사례를 통해 이해한다.

④ 선진국과 개발도상국의 도시를 사례로 도시 경관의 차이를 비교, 분석한다.

(4) 장소 인식과 공간 행동

우리 삶의 터전인 장소를 올바르게 이해하고, 이를 기초로 개인의 공간 행동과 입지 선정에 있어 합리적 의사 결정 능력을 기른다. 또, 장소에 대한 인식을 바탕으로 이루어지는 인간의 다양한 공간 행동의 특징을 이해한다.

① 일상생활 속에서 접하게 되는 장소에 대한 인식이 개인에 따라 차이가 있음을 이해한다.

② 주거지 선정, 관광지 선택 등과 같은 개인의 공간적 의사 결정 과정에서 장소에 대한 인식이 미치는 영향을 파악한다.

③ 개인의 다양한 공간적 이동 행태(주거지 이동, 통근을 위한 이동, 관광을 위한 이동 등)의 특성을 파악하고, 이에 영향을 미친 요인을 분석한다.

④ 공업 및 서비스업의 입지에 영향을 미친 요인을 구체적인 사례를 통해 분석한다.

⑤ 입지 요인의 변동으로 나타나는 공간 구조의 변화를 구체적인 사례를 통해 파악한다.

(5) 지역 개발과 환경 보전

지역 개발의 결과로 나타나게 되는 다양한 지역 변화의 양상과 그 특징을 파악하고, 삶의 질을 향상시킬 수 있는 친환경적인 지속 가능한 발전 방안을 모색한다. 환경의 중요성을 인식하고 인간 활동에 의해 나타나는 다양한 환경문제를 살펴본다.
① 지역 개발의 의미와 방식을 이해하고, 다양한 규모에서의 지역 개발 사례를 비교·분석한다.
② 지역 개발을 통해 지역(도시) 이미지 창출에 성공한 사례를 찾아보고, 주민 생활에 미친 영향을 파악한다.
③ 지역 개발로 인해 갈등이 발생하는 사례를 찾아보고, 이에 대한 해결 방안을 지리적 관점에서 모색한다.
④ 지속 가능한 발전의 의미를 이해하고, 생태 관광과 같은 국내외의 다양한 실천 방안을 탐색한다.
⑤ 전 지구적인 차원에서 발생하는 다양한 자연재해와 환경문제의 원인을 구체적 사례를 통해 분석한다.

[일반 사회 영역]
⑹ 사회 변동과 문화

현대 사회의 여러 특징을 사회 변동의 측면에서 이해한다. 그리고 현대 사회에서 나타나는 다양한 사회적 갈등의 해결 방안을 모색한다. 또한 현대 사회에서 나타나는 문화 변동의 양상을 이해하고, 다문화 사회에서 나타나는 문화 갈등의 측면을 분석한다. 나아가 우리 사회가 미래에 겪을 사회문제를 해결하기 위한 대응 방안을 모색한다.
① 현대 사회에서 나타나는 사회 변동의 양상을 이해한다.
② 현대 사회의 다양한 갈등 양상을 이해하고, 이에 대한 해결 방안을 모색한다.
③ 현대 사회에서 나타나는 문화 변동의 다양한 양상을 이해하고, 이에 따른 문화 변동의 과정을 파악한다.
④ 다문화 사회에서 나타나는 다양한 문화 갈등의 양상을 이해하고, 이에 대한 해결 방안을 모색한다.
⑤ 우리 사회가 미래에 직면하게 될 사회문제를 파악하고, 이를 해결하기 위한 방안을 사회·문화적, 법적, 정치적, 경제적 측면에서 모색한다.

⑺ 인권 및 사회 정의와 법

현대 민주 국가에서 법이 인권을 보장하고 사회 정의를 실현하는 역할을 수행함을 이해한다. 오늘날 개인의 인권은 헌법상 기본권으로 보장됨을 인식한다. 특히 기본권을 실질적으로 보장하기 위해 헌법상 그 제한에는 한계가 있음을 이해하도록 한다. 인권을 비롯한 개인의 권익에 대한 침해는 불법 행위나 범죄가 될 수 있음을 이해하고, 권익이 침해될 경우 이를 구제받을 수 있는 법적 방안을 탐색한다. 또한 법 제도는 국민의 참여를 통해 변동·발전함을 이해하고, 인권 보장 및 사회 정의 실현을 위한 바람직한 방안을 모색한다.
① 현대 민주 국가에서 사회 정의 실현의 핵심으로서 인권 보장이 지닌 의미를 살펴보고, 이를 법의 역할과 관련지어 탐구한다.
② 개인의 인권을 보장하기 위한 장치로서 우리 헌법상의 기본권 보장의 원리를 인식하고, 특히 기본권 제한에는 한계가 있음을 이해한다.

③ 개인의 권익을 침해하는 행위가 불법 행위나 범죄 등으로 나타날 수 있음을 이해하고, 이에 대한 법적 구제 방안을 탐색한다.

④ 법 제도에 대한 다양한 국민 참여 방법 및 사례를 파악하고, 민주 시민으로서의 인권 의식과 법의식을 기른다.

⑤ 현대 사회생활에서 인권 및 사회 정의와 관련된 쟁점을 사회·문화적, 법적, 정치적, 경제적 측면에서 살펴보고, 이를 해결하기 위한 방안을 탐색한다.

⑧ 정치과정과 참여 민주주의

정치 공동체의 구성원으로서 시민은 권력의 주체로서 권리를 행사하는 동시에 객체로서 의무를 이행하면서 정치에 참여함을 이해한다. 이러한 참여를 통해 정치 활동의 구조와 기능을 이해하고 평가할 수 있는 능력을 기른다.

① 정치권력의 구조와 기능을 민주주의의 맥락에서 이해한다.

② 정치과정에 참여하는 행위 주체와 그들 간의 상호 관계를 파악한다.

③ 정치 발전을 위한 바람직한 참여 방법과 자세를 탐색한다.

④ 정치 발전의 과제를 정치 문화와 관련지어 이해한다.

⑤ 정치적 쟁점의 사례를 사회·문화적, 법적, 경제적 측면에서 살펴보고 합리적인 해결 방안을 모색한다.

⑨ 경제 성장과 삶의 질

우리나라의 경제 성장과 변동 과정을 이해하고, 지속적인 성장이 삶의 질 향상에 중요한 요인임을 인식한다. 국민 경제의 주요 목표로서 물가 안정과 고용 안정의 중요성을 이해한다. 경제적 측면 외의 다른 요인들도 삶의 질에 영향을 미친다는 점을 인식하고, 삶의 질 향상을 위한 다양한 방안을 살펴본다.

① 경제 활동 규모의 측정을 통해 경제 성장의 의미를 파악한다.

② 경제 성장이 삶의 질에 미치는 영향과 한계를 탐구한다.

③ 물가와 실업이 경제생활에 미치는 영향을 파악하고, 물가 안정과 고용 안정의 중요성을 이해한다.

④ 경제의 성장과 안정을 위한 정부의 경제 정책을 이해한다.

⑤ 삶의 질과 관련된 요인을 사회·문화적, 법적, 정치적, 경제적 측면에서 살펴보고, 삶의 질 향상 방안을 모색한다.

⑩ 국제 거래와 세계화

국제 거래의 기본적 특징을 이해하고, 이를 토대로 국가 간 교역 확대에 따른 상호 의존이 증가하는 현상을 세계화와 관련지어 이해한다. 또 세계화에 대한 다양한 논의와 세계화로 인해 야기되는 문제들을 이해하고, 이에 대한 대처 방안 등을 모색한다.

① 국제 거래의 특징과 국제 거래의 발생 요인을 파악한다.

② 국제 거래의 확대가 국내 경제에 미치는 영향과 대응 방안을 탐색한다.

③ 국제 수지, 환율의 개념을 이해하고, 이를 활용하여 국제 거래 관계를 이해한다.

④ 국제적 경제 협력과 상호 의존이 증대하는 현상을 세계화와 관련지어 이해한다.

⑤ 사회·문화적, 법적, 정치적, 경제적 측면에서 세계화가 우리의 삶에 미치는 영향과 관련 쟁점을 탐구한다.

4) 교수·학습 방법

가. 교수·학습의 원칙

(1) 학습자가 사회현상에 대한 흥미와 관심을 넓히고, 인간생활과 사회현상의 원리를 발견하며, 이를 실생활에 적용할 수 있도록 학습을 전개한다.

(2) 사회과의 성취 목표인 핵심 지식의 이해, 탐구 기능의 습득, 고차원적 사고력의 신장, 그리고 문제 해결력 및 실천 능력 향상을 위해 다양한 교수 방법을 활용한다.

(3) 고차원적 사고력 함양에 적합한 귀납적 인식, 반성적 사고, 메타 인지 등과 같은 학습과정을 통해 학습자 스스로 지식을 구성하고 자기 주도적 학습 능력을 향상시킬 수 있도록 학습을 전개한다.

(4) 사회과 학습의 목표와 주어진 학습자 여건 및 교육 환경을 고려하여 가장 효과적인 교수·학습 방법을 자율적으로 선택하여 실시하고, 이를 반성적으로 개선해 나가도록 한다.

(5) 학습자의 요구, 수준, 능력, 적성 등을 고려한 학습을 전개한다.

나. 교수·학습의 방법

(1) 사회현상에 대한 종합적인 인식을 위하여 통합적인 교수·학습 방법을 강조한다.

(2) 학생들의 학업 성취 수준, 흥미, 사회적 요구 등을 고려하여 교육 현장에 적합한 주제와 문제를 중심으로 단원을 구성하여 수업이 이루어질 수 있도록 한다.

(3) 학생들의 사고력을 자극할 수 있도록 적절한 탐구 상황을 설정하고 다양한 발문 기법을 활용한다.

(4) 소집단별 협동 학습을 통해 민주 시민의 중요한 자질이라 할 수 있는 집단 구성원으로서의 책무성, 참여 의식, 타인에 대한 존중, 협동심을 함양할 수 있도록 한다.

(5) 질문, 조사, 토의, 논술, 관찰 및 면담, 현장 견학과 체험, 초청 강연, 실험, 역할놀이와 시뮬레이션 게임, 모의재판과 모의국회, 사회 참여 등의 다양한 학습 방법을 학습 내용의 성격에 비추어 적절하게 활용한다.

(6) 현대 사회의 정보화 추세에 맞추어 각종 정보 매체를 활용할 수 있도록 교실 환경을 조성하고, 신문 활용 교육(NIE), 컴퓨터 보조 학습(CAI)과 인터넷 활용 교육(IIE)을 적극 활용하도록

한다.

⑺ 학습자가 민주 시민의 자질을 함양하고 지역 사회 참여 의식을 고취할 수 있도록 각종 사회문제에 관한 시사 자료와 지역 사회 자료를 활용하여 지도한다.

⑻ 현대 사회의 정치적, 경제적, 사회적, 문화적 현상을 실증적 자료와 구체적인 사례에 근거하여 분석할 수 있도록 지도한다.

⑼ 교수·학습의 효율성을 높이기 위하여 지도, 도표, 영화, 슬라이드, 통계, 연표, 연감, 신문, 방송, 사진, 기록물, 유물, 여행기, 탐험기 등의 다양한 교수·학습 자료를 활용한다.

5) 평가

가. 평가 방향

⑴ 교육과정 내용의 대강화와 교수·학습 방법의 자율화에 맞는 다양한 평가 방법을 활용할 수 있도록 한다.

⑵ 사회과 평가는 교육과정에 제시된 목표와 내용, 교수·학습 방법과의 일관성을 유지하도록 한다.

⑶ 사회과 평가는 교육과정에 제시된 목표를 준거로 하여 추출된 내용 요소에 따라 이루어지도록 한다.

⑷ 평가는 개개인의 학습과정과 성취 수준을 이해하고 발달을 돕는 차원에서 실시한다.

⑸ 학습의 과정 및 학습의 수행에 관한 평가가 이루어지도록 한다.

⑹ 평가 내용은 지식 영역에만 치우쳐서는 안 되며, 기능과 가치·태도 영역을 균형 있게 선정한다.

⑺ 지식 영역의 평가에서는 사실적 지식의 습득 여부와 함께 사회현상의 설명과 문제 해결에 필수적인 기본 개념 및 원리, 일반화에 대한 이해 정도를 측정하는 것에 중점을 둔다.

⑻ 기능 영역의 평가에서는 지식의 습득과 민주적 사회생활을 하는 데 필수적인 정보의 획득 및 활용 기능, 탐구 기능, 의사 결정 기능, 집단 참여 기능을 측정하는 데 초점을 둔다.

⑼ 가치·태도 영역의 평가에서는 국가, 사회의 요구와 개인적 요구에 비추어 바람직한 가치와 합리적 가치의 내면화 정도, 가치에 대한 분석 및 평가 능력을 평가한다.

나. 평가 내용

사회과 평가에는 다음 요소들이 포함되도록 한다.

⑴ 사회현상의 설명과 문제 해결에 필수적인 지리, 역사, 제 사회과학의 기본 개념 및 원리, 일반화에 대한 이해 정도

⑵ 지리적 현상, 역사의 흐름, 현대 사회의 현상과 특성에 대한 통합적, 종합적 이해 정도와 사회현상을 탐구하는 데 필요한 각종 정보와 자료를 획득, 조직, 활용하는 능력

⑶ 인간 행위와 사회 환경에 대한 다양한 관점의 이해와 수용, 사회적 합의성이 높은 가치의 탐

색 및 사회의 기본 가치에 대한 이해와 존중
(4) 사회, 지역, 국가의 당면 문제 해결과 관련된 의사 결정 능력 및 실천 능력
(5) 사회과의 기본 지식에 대한 이해를 확장시키는 학습자의 흥미, 관심, 학습 동기와 습관

다. 평가 방법

(1) 지필 평가 외에 면접, 체크 리스트, 토론, 논술, 관찰, 활동 보고서, 포트폴리오 등을 통한 다양한 평가가 이루어질 수 있도록 한다.
(2) 선택형 평가를 실시하더라도 단순한 결과적 지식 습득의 여부보다는 기본 개념 및 원리의 이해와 아울러 이러한 지식 및 정보의 획득 과정과 활용 능력이 평가되도록 한다.
(3) 사고력 신장이나 가치, 태도의 변화를 평가하기 위하여 양적 자료와 더불어 질적 자료를 수집하여 평가하도록 한다.

라. 평가 결과의 활용

(1) 평가 결과는 학습자들의 학업 성취 수준을 판정하는 데에서 더 나아가 학습자의 학습 능력과 교수·학습 방법의 적절성을 진단하고 개선하는 데 활용한다.
(2) 평가 결과가 지속적인 교육과정 개선을 위한 참고 자료로 활용되도록 한다.

2. 역사

1) 성격

'역사'는 과거에 있었던 다양한 인류의 삶을 이해하고 현재 우리의 모습을 과거와 연관 지어 살펴봄으로써 인간과 인간의 삶에 관하여 폭넓은 이해와 안목을 키우는 과목이다.

이 과목은 과거와 현재, 우리나라와 세계를 연관시켜 체계적이고 전반적으로 이해할 수 있도록 구성한다. 우리나라와 세계를 서로 고립된 별개의 주체로 파악하는 시각을 지양하며, 평면적이고 단선적인 역사 인식에서 벗어나 입체적이고 역동적인 역사 이해를 촉진한다.

중학교 과정에서는 초등학교에서 학습한 한국사에 대한 기초적 이해를 바탕으로 우리나라와 세계의 역사와 문화를 서로 관련지어 이해하는 데 주안점을 둔다. 고등학교 과정에서는 근·현대사를 중심으로 세계사의 흐름 위에서 한국사를 주체적으로 파악하도록 한다.

이러한 과정을 통해 학습자로 하여금 인간의 삶과 관련된 문제들을 다양한 시각에서 해석하고, 나아가 과거와 현재, 나와 타인의 삶에 대하여 성찰할 수 있는 능력을 기르도록 한다.

2) 목표

'역사' 과목에서는 우리나라와 세계의 역사를 종합적이고 체계적으로 이해하는 것을 지향한다. 과거 사실에 대한 폭넓은 지식을 바탕으로 비판적 사고력과 합리적 판단력을 향상시킨다. 학생 스스로 다양한 역사적 자료를 활용하여 학습할 수 있도록 함으로써 과거에 대한 서로 다른 해석과 시각이 존재할 수 있음을 인식하고, 이를 통해 역사에 대한 통찰력을 기르도록 한다.

'역사' 과목의 세부적인 목표는 다음과 같다.

가. 우리나라와 세계 역사를 체계적이고 종합적으로 파악한다.
나. 현대와 가까운 과거에 대한 이해를 심화함으로써 현대 세계와 우리 국가와 사회에 대한 통찰력을 확대한다.
다. 다양한 역사적 자료를 탐구하고 해석하는 과정을 통해 스스로 문제의식을 가지고 비판적으로 사고하는 능력을 기른다.
라. 현대 사회가 직면한 문제들에 대한 역사적 배경과 상호 관련성을 파악하여 그 의미와 가치를 평가할 수 있도록 한다.
마. 다양한 삶의 방식에 대한 이해를 기초로 다른 문화와 전통을 존중하는 태도를 기른다.

3) 내용

가. 내용 체계

영역 \ 학년	8학년	9학년	10학년
한국사 영역	○ 문명의 형성과 고조선의 성립 ○ 삼국의 성립과 발전 ○ 통일 신라와 발해 ○ 고려의 성립과 발전 ○ 고려 사회의 변천 ○ 조선의 성립과 발전	○ 조선 사회의 변동 ○ 근대 국가 수립 운동 ○ 대한민국의 발전	○ 우리 역사의 형성과 발전 ○ 조선 사회의 변화와 서구 열강의 침략적 접근 ○ 동아시아의 변화와 조선의 근대 개혁 운동 ○ 근대 국가 수립 운동과 일본 제국주의의 침략
세계사 영역	○ 통일 제국의 형성과 세계 종교의 등장 ○ 다양한 문화권의 형성 ○ 교류의 확대와 전통 사회의 발전	○ 산업화와 국민 국가의 형성 ○ 아시아·아프리카 민족 운동과 근대 국가 수립 운동 ○ 현대 세계의 전개	○ 일제의 식민지 지배와 민족 운동의 전개 ○ 전체주의의 대두와 민족 운동의 발전 ○ 냉전 체제와 대한민국 정부의 수립 ○ 대한민국의 발전과 국제 정세의 변화 ○ 세계화와 우리의 미래

나. 학교 급별 내용

<8학년>

(1) 문명의 형성과 고조선의 성립

역사 학습의 목적, 인류의 출현에서 국가 형성까지의 과정을 다룬다. 역사를 현재의 삶과 관련지어 인식한다. 역사적 상상력을 바탕으로 선사시대의 삶을 추리한다. 세계 여러 지역에서 국가가 형성되고 문명이 성장하는 과정에 대한 이해를 바탕으로 고조선의 성립과 뒤를 이은 여러 나라의 모습을 살펴본다.

① 역사의 뜻을 알고, 역사를 공부하는 목적을 이해한다.

② 도구의 발전을 중심으로 한반도와 세계 여러 지역의 선사 문화의 발전 과정을 이해한다.

③ 세계 여러 지역에서 국가가 형성되고 문명이 성장하는 과정을 파악한다.

④ 고조선의 건국과 발전 과정을 이해하고 고조선 사회의 특징을 추론한다.

⑤ 고조선 이후 여러 나라가 철기 문화를 바탕으로 성장하였음을 이해한다.

(2) 삼국의 성립과 발전

여러 나라가 경쟁하는 가운데 삼국이 중앙 집권 국가로 성장하는 역사를 다룬다. 삼국이 정복 전쟁과 체제 정비를 통해 중앙 집권 국가로 나아가는 과정을 부여, 가야의 변화 양상과 비교해 본다. 삼국의 영역 확장의 의미를 삼국과 동아시아의 역학 관계 속에서 살펴본다.

① 고구려의 성장과 팽창에 따른 대내외적인 변화를 설명한다.

② 백제의 변천 과정과 대외 활동 양상을 이해한다.

③ 신라의 영역 확장과 체제 정비 과정을 연관 지어 파악한다.

④ 삼국이 발전하는 과정에서 나타난 공통점을 추출하고, 이를 부여, 가야의 경우와 비교한다.

⑤ 삼국이 신분제 사회였음을 여러 사례를 통해 설명한다.

⑥ 고대 문화의 발전상을 이해하고, 이웃 나라와의 교류 양상을 파악한다.

(3) 통일 신라와 발해

고구려의 대외 항쟁에서부터 삼국 통일 과정을 거쳐 남북국 형세를 이룬 통일 신라와 발해의 발전상, 신라 하대의 사회적 모순으로 나타난 후삼국 성립까지를 다룬다. 신라의 주도로 이루어진 삼국 통일 과정을 동아시아 국제 정세 속에서 파악하고, 삼국 통일로 우리 민족사의 기틀이 다져졌음을 이해한다. 아울러 고구려를 계승한 발해가 신라와 함께 남북국을 이루면서 민족사의 한 축을 이루었음을 살펴본다.

① 고구려의 대수·당 전쟁 과정을 파악하고 역사적 의의를 설명한다.

② 삼국 통일의 과정을 이해하고 그 의의를 다각도로 평가한다.

③ 통일 이후 신라 사회의 변화 모습을 파악한다.

④ 발해의 성립과 문화적 특징을 통해 고구려와의 관련성을 설명한다.

⑤ 통일 신라와 발해가 주변 지역과 활발하게 교류하였음을 안다.

⑥ 신라 하대 사회의 동요와 후삼국의 성립 과정을 이해한다.

(4) 고려의 성립과 발전

후삼국 통일과 그 이후 고려의 통치 체제 정비가 가져온 정치·사회변화와 대외 관계의 추이를 다룬다. 고려의 통일이 호족 세력의 통합을 통해 이루어졌으며, 제도 정비를 통해 귀족 중심 사회로 변화하였음을 안다.

① 고려의 통일은 후삼국 통합과 발해 유민 포용을 통해 이루어졌음을 이해한다.

② 고려 전기의 제도 정비를 통해 귀족 중심 사회가 형성되었음을 인식한다.

③ 고려 전기의 특징적인 사례를 통해 각 신분의 일상생활을 추론한다.

④ 여러 가지 사례를 통해 고려 전기의 문화적 특징을 파악한다.

⑤ 고려의 대외 관계를 전쟁과 문물 교류의 양상으로 나누어 설명한다.

(5) 고려 사회의 변천

무신 정변 이후에 나타난 고려 사회의 변화를 다룬다. 무신 정변과 농민·천민의 봉기를 거치며 귀족 중심 사회가 변하였음을 안다. 대몽 항쟁 이후 지배 세력의 변화를 국제 정세와 관련지어 이해하고, 그에 따른 사회·문화의 변화 모습을 파악한다.

① 무신 정권과 농민·천민 봉기의 전개 과정을 파악한다.

② 대몽 항쟁 과정을 알고 반원 자주화 노력을 설명한다.

③ 여러 가지 사례를 통해 고려 후기의 문화 변화를 설명한다.

④ 고려 말 신진 사대부가 성장하여 조선 건국에 주도적 역할을 하였음을 이해한다.

(6) **조선의 성립과 발전**

조선의 성립 이후 문물제도 정비를 통한 정치·문화 발전과 양 난의 전개 과정을 다룬다. 이 시기에 조선 정치의 기틀이 형성되고, 사림이 등장하며, 유교를 바탕으로 정치와 사회가 운영되었음을 파악한다.

① 유교 이념에 따른 통치 체제가 수립되었음을 이해한다.

② 조선 전기에 이룩한 민족 문화의 발전을 사례를 들어 설명한다.

③ 조선 전기의 특징적인 사례를 통해 각 신분의 일상생활을 추론한다.

④ 사림파가 등장한 이후 성리학적 사회 질서가 확산되었음을 이해한다.

⑤ 외세의 침략에 맞선 다양한 노력을 중심으로 왜란과 호란의 전개 과정을 설명한다.

(7) **통일 제국의 형성과 세계 종교의 등장**

세계 여러 곳에서 통일 제국이 형성되고 세계 종교가 대두하는 과정을 다룬다. 페르시아와 마우리아 왕조의 통일, 그리스 폴리스의 성립과 알렉산드로스 제국 형성, 로마 제국, 춘추·전국시대에서 진·한의 통일 과정을 살펴본다. 국가 형성, 통일 제국의 성립과 함께 학문과 사상이 발전하고 세계적인 종교가 탄생하였음을 이해한다.

① 페르시아가 서아시아 일대를 통일하여 대제국을 형성하였음을 이해한다.

② 마우리아·쿠샨 왕조를 중심으로 인도의 정치 발전 과정을 이해한다.

③ 춘추·전국시대에서 진·한에 이르는 중국의 정치 변화를 설명한다.

④ 그리스 문명의 형성에서 로마 제국의 발전까지 정치 변화를 파악한다.

⑤ 춘추·전국시대의 중국, 그리스와 로마의 대표적인 학자와 그들의 활동을 조사한다.

⑥ 크리스트교, 불교, 유교의 성립과 확산 과정을 비교하여 파악한다.

(8) **다양한 문화권의 형성**

다양한 문화권의 형성 과정과 그 특징을 다룬다. 서아시아, 유럽, 인도와 동남아시아, 동아시아로 나누어 각 지역이 하나의 문화권으로 발전하는 과정을 살펴본다. 각 지역의 정치·경제적 특징과 문화 요소를 파악하여 문화권의 공통점과 차이점을 비교하고, 다른 문화에 관용적인 태도를 가지도록 한다.

① 이슬람 제국의 형성 과정을 파악하고, 이슬람 문화권의 공통 요소를 파악한다.

② 중세 유럽의 형성 과정을 파악하고, 서유럽과 비잔티움 제국의 정치·경제적 특징을 비교한다.

③ 크리스트교를 중심으로 중세 유럽 문화의 특징을 파악하고, 르네상스를 계기로 새로운 변화가 나타났음을 이해한다.

④ 굽타 왕조 이후 인도의 정치 변화과정을 힌두교, 이슬람교의 확산과 관련지어 파악한다.

⑤ 동남아시아의 국가 형성 과정을 파악하고, 여러 나라의 문화를 비교한다.

⑥ 수·당이 위·진·남북조의 분열을 수습하고 정치 제도의 발전을 가져왔음을 설명한다.

⑦ 동아시아가 하나의 문화권을 형성하였음을 여러 나라의 발전 과정을 통해 파악한다.

(9) **교류의 확대와 전통 사회의 발전**

아시아 해상 교역의 확대와 몽골 제국의 형성, 서유럽의 신항로 개척을 계기로 국제 무역과 문화 교류가 확대되고 전통 사회가 새롭게 발전한 사실을 다룬다. 송대의 경제 발전과 몽골 제국의 성립이 교류의 확대로 이어지는 과정을 살펴본다. 이슬람 국가가 성장하고, 이슬람 세력이 더 넓은 지역으로 확산되는 과정, 신항로 개척과 유럽의 팽창이 가져온 결과를 살펴본다.

① 송대의 경제 발전과 아시아 해상 교역의 확대 과정을 관련지어 파악한다.

② 몽골 제국의 성립으로 세계사의 실마리가 열렸음을 안다.

③ 오스만 제국을 비롯한 서아시아 이슬람 국가의 발전 과정을 파악한다.

④ 무굴 제국의 성립과 동남아시아 각국의 정치 발전을 지역별로 파악한다.

⑤ 신항로 개척과 국제 무역의 확대를 배경으로 유럽에서 절대 왕정이 형성되었음을 이해한다.

⑥ 명·청 제국의 성립과 발전 과정을 파악하고, 다른 지역과의 교류상을 파악한다.

<9학년>

(1) **조선 사회의 변동**

양 난 후 통치 체제 개편, 경제 성장과 사회변화, 실학자들의 사회개혁론을 다룬다. 통치 체제를 개편하기 위한 지배층의 노력이 전개되고, 이것이 세도 정치로 변질되는 과정을 살펴본다. 농업 생산력 증대와 상공업의 발달로 사회·경제·문화적 변동이 일어났음을 이해한다.

① 정치·사회 질서의 안정을 위한 제도 개혁이 이루어졌음을 이해한다.

② 붕당 정치가 세도 정치로 변질된 사정을 알고, 그 문제점을 지적할 수 있다.

③ 조선 후기의 사회·경제적 변화를 사회개혁론과 관련지어 파악한다.

④ 조선 후기 문화의 새로운 변화를 사례 중심으로 파악한다.

⑤ 새로운 종교의 등장과 농민 봉기를 농민 의식의 성장과 연관 지어 설명한다.

(2) **근대 국가 수립 운동**

개항 이후 전개된 주권 수호 운동과 일제 강점기의 민족 운동을 통해 자주적으로 근대 사회를 이루려는 노력을 다룬다. 개화 운동과 위정척사 운동, 동학 농민 운동과 애국 계몽 운동, 의병 항쟁의 흐름을 알아본다. 일제의 식민 통치에 맞서 자주적인 근대 국가 수립을 위한 민족 운동이 여러 갈래로 전개되었음을 이해한다.

① 개항 이후 여러 세력이 추진한 근대 개혁 운동의 성격과 의의를 이해한다.

② 열강의 침략에 맞선 주권 수호 운동의 흐름을 파악한다.

③ 일제의 침략 과정과 식민지배 정책의 내용을 설명한다.

④ 3·1 운동의 성과와 의의를 파악하고, 대한민국 임시 정부가 수립되었음을 안다.

⑤ 일제 강점기에 국내외에서 전개된 다양한 민족 운동을 파악한다.

⑥ 신문물의 수용에 따른 사회와 문화의 변화상을 이해한다.

⑶ 대한민국의 발전

8 · 15 광복 이후 대한민국의 변화와 발전 과정을 다룬다. 민주주의와 인권, 산업화와 경제 발전, 평화와 통일을 위한 노력을 중심으로 현대사를 살펴보고, 보다 나은 한국의 미래 건설에 참여하려는 태도를 가진다.

① 광복과 정부 수립, 분단과 6 · 25전쟁을 국내외 정세와 관련지어 파악한다.

② 1960년대부터 현재에 이르기까지 정치 변화과정을 파악한다.

③ 경제 성장과 이에 따른 사회 변동을 이해한다.

④ 북한 역사의 전개 과정을 파악한다.

⑤ 남북 간 화해와 협력의 노력을 탐구하고 통일을 위해 노력하는 자세를 갖춘다.

⑷ 산업화와 국민 국가의 형성

산업 혁명과 미국, 프랑스 혁명을 거치며 서양에서 국민 국가 체제가 성립되는 과정을 다룬다. 서양의 여러 나라가 자유주의와 민족주의 이념하에서 근대적인 국가 체제를 갖추고, 산업화를 추진하면서 제국주의 식민지 쟁탈전에 나서게 된 배경을 이해한다.

① 산업 혁명의 전개 과정과 그것이 미친 영향을 파악한다.

② 프랑스 혁명을 거치며 유럽에 국민 국가 체제가 등장하였음을 안다.

③ 미국과 라틴 아메리카의 여러 나라가 유럽의 지배에서 독립하는 과정을 안다.

④ 남북 전쟁을 전후로 미국의 영토가 확장되고 산업화가 촉진되었음을 이해한다.

⑤ 제국주의의 등장으로 세계 여러 지역이 식민지로 분할되는 과정을 사례를 들어 설명한다.

⑸ 아시아 · 아프리카 민족 운동과 근대 국가 수립 운동

제국주의 침략에 맞선 아시아 · 아프리카인들의 투쟁과 근대적 국가 체제를 형성하기 위한 개혁 운동을 다룬다. 서아시아, 아프리카, 인도 및 동남아시아, 동아시아에서 제국주의의 침략상과 변혁 운동의 전개 과정을 탐구한다. 서양의 침략과 아시아인의 저항이라는 이분법을 넘어 아시아인들의 근대 국가 수립 운동이라는 측면에서 여러 지역의 민족 운동을 비교한다.

① 제국주의 침략으로 아시아 · 아프리카인들이 수탈과 억압을 당하였음을 안다.

② 서아시아 · 아프리카인들의 근대 국가 수립 운동을 사례 중심으로 파악한다.

③ 인도 · 동남아시아인들의 저항과 근대 국가 수립 운동을 비교하여 이해한다.

④ 동아시아 세 나라의 개항과 근대 국가 수립 운동을 비교하여 이해한다.

⑤ 일본의 제국주의 침략 과정을 파악하고, 조선과 청의 대응 과정을 이해한다.

⑹ 현대 세계의 전개

두 차례의 세계대전과 냉전, 아시아의 국민 국가 운동을 중심으로 현대 세계의 전개 과정을 다룬다. 두 차례에 걸친 세계대전의 원인과 전쟁으로 인한 참상을 파악하고, 평화를 위한 노력을 탐구한다. 아시아 · 아프리카의 민족 운동과 독립 이후의 노력을 살펴보고, 사회주의권의 추이와 냉전의 전개 양상을 중심으로 1945년 이후 세계사의 흐름을 파악한다.

① 제1차 세계대전이 총력전이라는 새로운 양상을 띠었음을 이해한다.
② 러시아 혁명의 원인과 전개 과정을 이해하고 국제적 영향을 설명한다.
③ 제1차 세계대전 이후 아시아·아프리카 반제국주의 운동의 사례를 조사한다.
④ 제2차 세계대전의 원인과 전개 과정을 알고, 대량 학살과 인권 유린 사례를 설명한다.
⑤ 식민지 독립과 냉전 형성을 중심으로 1945년 이후 국제 정치의 흐름을 파악한다.
⑥ 냉전의 완화와 소련 및 동유럽 사회주의 체제의 해체 과정을 설명한다.

<10학년>
⑴ 우리 역사의 형성과 발전

근·현대 역사를 배우기에 앞서, 전근대 한국 역사의 흐름 속에서 한국인의 삶과 문화를 개관하는 단원이다. 선사시대와 국가의 형성으로부터 양 난에 이르는 우리 역사의 발전 과정을 시대별로 개관할 수도 있으며(단원 구성의 예), 전근대 한국사를 특징짓는 주요 요소를 중심으로 개관할 수도 있다.

[단원 구성의 예]
① 선사 문화와 우리 민족의 기원에 대하여 조사한다.
② 고조선 건국에서 삼국의 발전까지 국가의 성립과 변천 과정을 이해한다.
③ 통일 신라와 발해의 성립과 변천 과정을 이해한다.
④ 고려의 정치 변동과 대외 관계, 사회의 성격을 설명한다.
⑤ 조선의 성립 및 집권 체제 정비 과정과 사회의 특징을 파악한다.

⑵ 조선 사회의 변화와 서구 열강의 침략적 접근

양 난 이후 개항 이전까지 조선 사회의 변동과 사회개혁의 움직임, 외세의 침략적 접근과 조선의 대응을 다룬다. 조선 후기에 나타난 사회·경제적 변화, 통치 질서의 동요, 농민의 저항을 파악한다. 서구 열강의 팽창에 따른 동아시아 삼국의 대응 과정을 이해한다.
① 조선 후기에 근대 사회를 향한 새로운 움직임이 일어났음을 사례를 들어 설명한다.
② 서구에서 자본주의가 발달하고 제국주의가 등장하는 과정을 파악한다.
③ 서구 열강이 아시아로 세력을 확장하는 과정과 이에 따른 변화를 파악한다.
④ 19세기 정치 질서의 문란과 사회 동요를 파악하여 당시 사회가 직면한 시대적 과제를 추론한다.
⑤ 흥선 대원군 집권기의 통치 체제 정비 노력과 외세에 대한 대응 노력을 탐구한다.

⑶ 동아시아의 변화와 조선의 근대 개혁 운동

개항 이후 동학 농민 운동 이전까지 조선 사회에서 전개된 개혁의 움직임을 다룬다. 외세의 침략에 직면하여 자주적인 근대 국가 체제를 갖추기 위한 다양한 노력과 개혁 방향을 둘러싼 갈등을 파악한다. 아울러 조선을 둘러싼 열강의 대립이 조선의 근대 개혁에 끼친 영향을 파악한다.
① 개항 이후 청과 일본의 근대 개혁 운동을 이해하고 그 성격을 설명한다.

② 외국과 맺은 여러 조약을 조사하여 불평등 조약 체제가 형성되었음을 이해한다.

③ 정부가 추진한 개화 정책의 내용을 알고, 이를 둘러싼 여러 세력의 대응을 비교하여 파악한다.

④ 갑신정변의 전개 과정을 알고, 이후 조선을 둘러싼 국제적 대립이 격화되었음을 안다.

⑤ 개항 이후 외세의 경제 침탈과 이로 인한 사회·경제적 변화를 탐색한다.

⑷ 근대 국가 수립 운동과 일본 제국주의의 침략

동학 농민 운동과 청·일 전쟁으로부터 일제에 의한 국권 침탈에 이르는 시기를 다룬다. 동학 농민 운동, 갑오개혁, 광무개혁 등 근대 국가를 수립하기 위한 노력을 살펴본다. 일본의 국권 침탈 과정과 이에 맞서 전개된 다양한 국권 수호 운동을 파악한다.

① 청·일 전쟁과 러·일 전쟁을 거치면서 일본의 제국주의가 본격화되었음을 안다.

② 외세의 중국 침략이 확대되고, 이에 맞서 반외세 근대 변혁 운동이 활발하게 전개되었음을 안다.

③ 동학 농민 운동의 배경과 전개 과정을 알고, 이를 통해 농민군이 주장했던 사회개혁의 방향을 파악한다.

④ 갑오개혁, 독립 협회 운동, 대한 제국의 개혁이 근대 국가 수립 운동에서 차지하는 의미를 파악한다.

⑤ 국권 피탈 과정과 일제의 침략에 맞선 국권 수호 운동의 흐름을 파악한다.

⑥ 민권 운동의 성장과 근대 문물의 유입으로 나타난 문화와 생활의 변화를 이해한다.

⑸ 일제의 식민지 지배와 민족 운동의 전개

국권 피탈 이후 1930년대 초까지 일제의 식민 지배 정책과 민족 운동의 전개 과정을 다룬다. 제국주의 국가들의 식민지배와 이에 맞선 아시아의 민족 운동을 우리 역사와 관련지어 파악한다. 일제에 의한 식민지 지배의 내용과 특성을 파악하고, 3·1운동과 그 이후 전개된 민족 운동의 흐름을 파악한다.

① 제1차 세계대전과 러시아 혁명을 거치며 세계정세가 크게 달라졌음을 안다.

② 일제의 식민지 지배 정책을 시기별로 그 특징을 파악한다.

③ 3·1운동의 배경과 전개 과정을 알고, 민주 공화제를 표방한 대한민국 임시 정부 수립의 의의를 인식한다.

④ 나라 안팎에서 전개된 다양한 민족 운동의 사례를 조사한다.

⑤ 3·1운동 이후 사회 운동의 사례를 조사하여 그것이 사회·문화에 미친 영향을 탐구한다.

⑥ 제1차 세계대전 후 아시아 여러 지역에서 일어난 민족 운동의 사례를 조사하여 우리 민족 운동과 비교한다.

⑹ 전체주의의 대두와 민족 운동의 발전

일제의 아시아 침략이 본격화된 1930년대 초부터 8·15 광복 직전까지를 다룬다. 일제의 침략 전쟁이 확대되는 가운데 민족 운동이 꾸준히 전개되었음을 파악한다. 활발한 항일 투쟁 속에서 구체적인 건국 준비 활동이 이루어졌음을 이해한다.

① 대공황을 거치면서 전체주의 국가가 등장하고, 이들의 침략으로 제2차 세계대전이 일어났음을 안다.
② 1930년대 이후 달라진 일제의 지배 정책을 파악하고, 이에 따른 사회·경제적 변화를 추론한다.
③ 일제의 인적, 물적 자원 수탈과 민족 말살 정책을 파악하고, 이 시대를 살아간 다양한 삶의 모습을 비교해 본다.
④ 1930년대 이후에도 나라 안팎에서 민족 운동이 활발하게 전개되었음을 파악한다.
⑤ 태평양 전쟁 시기에 국내외에서 본격화된 건국 노력을 설명한다.
⑥ 제2차 세계대전 진행 중에 우리의 독립과 관련된 국제 사회의 움직임을 파악한다.

(7) 냉전 체제와 대한민국 정부의 수립

8·15 광복과 대한민국 정부 수립에서 시작하여 6·25 전쟁과 남북 대립의 격화로 이어진 1950년대 말까지를 다룬다. 8·15 광복 이후 건국 운동, 통일 국가 수립을 위한 노력, 대한민국 정부 수립의 과정을 파악한다. 6·25 전쟁의 원인과 전개 과정 및 그 결과를 이해하고, 국내외적 영향을 파악하여 한반도 평화 정착의 필요성을 이해한다.
① 제2차 세계대전 이후 미국과 소련의 대립이 심화되고 냉전 체제가 성립되는 과정을 파악한다.
② 8·15 광복 직후 통일 정부 수립을 위한 활동이 전개되었음을 설명한다.
③ 대한민국과 북한의 정부 수립 과정 및 그 의의를 파악하고, 농지 개혁과 친일파 청산이 추진되었음을 안다.
④ 6·25 전쟁의 원인과 전개 과정 및 그 참상을 알고, 전후 남북한의 갈등이 증폭되었음을 안다.
⑤ 전후 복구 과정을 거치며 남과 북에 정치·경제적으로 다른 체제가 뿌리내렸음을 파악한다.
⑥ 냉전으로 인해 분단, 전쟁과 갈등을 겪은 다른 나라의 사례를 찾아서 서로 비교한다.

(8) 대한민국의 발전과 국제 정세의 변화

4·19 혁명 이후 1987년까지 대한민국의 발전과 국제 정세의 변화를 다룬다. 1960년대 이후 정부 주도의 경제 개발 정책으로 경제 성장을 이룩하고, 권위주의 정부에 저항하는 민주화 운동이 꾸준히 전개되면서 민주주의 발전이 이루어졌음을 파악한다.
① 냉전 체제의 변화 양상이 동아시아와 남북한에 미친 영향을 이해한다.
② 4·19 혁명에서 6월 민주 항쟁에 이르는 과정을 민주주의 발전의 측면에서 설명한다.
③ 1960년대 이후 고도성장이 이루어지고 산업 구조가 변하였음을 알고, 그것이 가져온 결과를 성찰한다.
④ 산업화가 농촌과 도시 생활에 미친 영향을 파악하고, 대중문화의 확산이 가져온 사회변화를 설명한다.
⑤ 1960년대 이후 북한의 정치·경제적 변화과정을 파악한다.
⑥ 대한민국의 민주화와 산업화 과정을 다른 국가들과 비교한다.

(9) 세계화와 우리의 미래

1980년대 후반 이후 세계사의 흐름과 우리 사회의 변화와 과제를 다룬다. 사회주의 체제의 붕괴와 탈냉전, 세계화의 흐름 속에서 한국의 국제적 위상이 크게 높아졌음을 파악한다. 6월 민주 항쟁 이후 민주주의의 확대와 시민 사회의 성장을 살펴보면서 21세기의 평화롭고 풍요로운 세계를 건설하기 위한 방안을 모색한다.

① 1980년대 후반 이후 국제 질서의 변화 방향을 탐구한다.

② 6월 민주 항쟁 이후 민주화가 진전되고 시민 사회 운동이 활발해졌음을 설명한다.

③ 남북한 간 화해와 협력을 위한 노력을 살펴보고, 평화 통일을 위한 과제와 방안을 탐색한다.

④ 동북아시아의 영토 문제, 역사 갈등, 과거사 문제 등을 탐구하여 관련 나라와의 바람직한 관계를 모색하는 자세를 가진다.

⑤ 한국의 국제 위상이 크게 높아졌음을 알고, 국제 공헌을 위한 방안을 탐색한다.

4) 교수 · 학습 방법

가. 한국사와 세계사의 전반적인 내용을 체계적으로 이해시키고, 양자 간의 상호 관련성을 이해할 수 있도록 한다.

나. 시간의 흐름에 따른 역사의 전개 과정을 그 무대가 되었던 공간과 연관시켜 설명함으로써 학생들의 이해와 흥미를 증진시킨다.

다. 개별적인 사실의 나열보다는 중요한 개념과 논리적인 인과 관계를 이해시킴으로써 과거 사건을 역사적인 맥락 속에서 파악하게 한다.

라. 주어진 역사를 수동적으로 학습하게 하기보다는 학습자 스스로 역사적 지식의 형성 과정을 비판적으로 성찰할 수 있도록 역사적 사건에 대한 다양한 해석의 가능성을 이해하고 스스로 문제의식을 가질 수 있도록 한다.

마. 교과서의 모든 내용을 똑같은 비중으로 다루기보다 교사 스스로 전문성을 살려 주안점을 두고자 하는 내용을 보완, 강조하여 가르칠 수 있도록 한다.

바. 문답 학습, 극화 학습 등을 통해 학습자의 적극적인 참여를 이끌어 내고, 다양한 사료 및 도표와 통계 자료, 각종 멀티미디어 자료 등을 활용하여 생동감 있는 수업이 이루어지도록 한다.

사. 학습 내용에 따라 사실 학습, 개념 학습, 주제 학습, 인물 학습, 비교 학습 등을 다양하게 활용하고, 학생들의 능동적인 참여를 위해 토론, 발표, 논술, 조사, 사례 연구 등 다양한 교수 · 학습 기법을 활용한다.

아. 정보화 사회에 요청되는 정보의 처리와 조직 능력 신장을 위해 신문 활용 교육(NIE), 인터넷 활용 교육(IIE), 컴퓨터 보조 수업(CAI) 방식을 적극적으로 활용한다.

5) 평가

가. 평가는 교육과정의 한 부분으로서 학습자의 학습과정을 이해하고 성취 수준을 높이며, 교육
　　내용과 교수·학습 방법의 적절성을 진단하는 마무리 과정이므로 교육과정에 제시된 목표, 내
　　용, 교수·학습 방법과 일관성을 유지하도록 시행한다.
나. 교육과정에 제시된 목표와 내용에 따라 추출된 요소를 준거로 평가를 시행하되, 지식·이해
　　영역뿐만 아니라 기능 영역, 가치·태도 영역에 대해 균형 잡힌 평가를 실시한다.
다. 진단 평가, 형성 평가, 총괄 평가, 수행 평가를 적절하게 활용하여 학습 의욕을 자극하고, 성
　　취도를 높이며, 학습과정과 평가의 연계성을 높일 수 있도록 한다.
라. 지필 평가 외에 면접, 관찰, 논술, 체크 리스트, 포트폴리오 등 여러 가지 양적, 질적 평가 기
　　법을 활용하여 학생들의 역사적 능력을 종합적으로 평가하도록 한다.
마. 객관식 문항과 주관식 문항을 적절히 배합하여 평가 문항을 제작하되 타당도, 신뢰도, 객관도
　　등의 평가 문항 요건을 준수한다.
바. 평가의 타당도와 신뢰도를 높이기 위해 학습자의 자기평가, 동료 상호 평가, 조별 평가 등의
　　평가 기법을 적극 활용한다.

3. 한국 지리

1) 성격

지리는 지표 공간의 자연 및 인문환경에 대한 지식을 바탕으로 지리적 현상과 사람들의 삶의 방식을 이해하며, 공간상에서 나타나는 문제들을 파악하고 이에 대처할 수 있는 능력을 기를 수 있는 과목이다. 특히 한국 지리는 우리 국토 위에서 전개되어 온 인간과 자연의 상호 관계에 대한 이해를 바탕으로, 학습자들로 하여금 북한 지방을 포함한 국토 전체 및 삶의 구체적 토대인 지역에 대한 애정과 이해를 높일 수 있는 과목이다. 뿐만 아니라 한국 지리 과목에 포함된 다양한 내용은 그것이 담고 있는 지리 사상과 정치, 경제, 사회, 문화 등의 다각적 의미를 이해하도록 함으로써 지리적 상상력과 창의력 발달을 더욱 자극할 수 있다.

한국 지리는 전체 교육과정의 틀 속에서 사회 교과 내 선택 과목으로 한정되어 중등 교육 대상자 중 11~12학년 학생들이 선택하도록 되어 있다. 한국 지리는 국민 공통 기본 교육과정의 사회 교과에서 이루어진 지리 영역에 대한 학습을 바탕으로 국토 이해의 기초가 되는 각종 지식과 정보 및 이를 분석할 수 있는 능력, 국토 이해에 필요한 지리적 사고력, 우리가 살고 있는 지리적 환경에 대한 바람직한 가치관과 국토애를 고양할 수 있는 내용으로 구성된다. 한국 지리 학습을 통해 학생들은 국토 공간이 나를 포함한 하나의 생태계라는 것을 인식하고, 공간 현상을 다양한 규모에서 이해할 수 있다. 또, 개발과 보전에 대한 균형적인 관점, 환경문제와 지역 불균형 문제에 대한 합리적인 판단력 등을 기를 수 있다.

궁극적으로 한국 지리는 우리 국토에 대한 이와 같은 올바른 인식과 이해를 바탕으로 세계화, 지역화에 대응하는 안목을 기르고 국토 공간과의 유기적인 연관성을 느낄 수 있는 기회를 제공하는 과목이다. 나아가 자신의 삶을 풍요롭고 의미 있게 만들어 갈 수 있는 인간으로 성장하도록 돕는 데 목적을 두고 있다.

2) 목표

한국 지리 과목의 목표는 자연 및 인문환경의 지리적 이해를 바탕으로 우리 국토에서 일어나는 다양한 지리적 현상을 종합적으로 파악하고, 우리들의 삶의 터전을 보다 살기 좋은 공간으로 만들기 위한 지리적 분석력, 사고력, 창의력 등을 기르며, 국토의 지리적 환경과 공존할 수 있는 자세를 가지게 하는 데 있다.

가. 국토의 다양한 지리적 현상을 종합적으로 이해하고, 세계화의 흐름 속에서 우리 삶의 공간이 가지고 있는 의미를 파악한다.
나. 우리나라 각 지역의 특성과 지역 구조의 변화과정을 다양한 관점에서 파악하고, 이를 통해 다

면적, 복합적인 국토 공간의 특성을 인식한다.

다. 국토 공간 및 자신이 살고 있는 지역의 당면 과제를 인식하고, 이를 합리적으로 해결할 수 있는 지리적 기능 및 사고력, 창의력을 기른다.

라. 일상에서 접하게 되는 다양한 지리 정보를 선정, 수집, 분석, 종합하고, 이를 지리 조사 및 여가 등에 활용할 수 있는 능력을 기른다.

마. 자연 및 인문환경과 주민 생활의 연관성을 유기적, 생태적인 사고를 바탕으로 이해함으로써 국토 공간과 환경에 대한 가치를 올바르게 인식할 수 있는 태도를 지닌다.

바. 국토 분단, 주변국과의 영역 갈등과 같은 우리 국토가 당면하고 있는 국토 공간의 정체성 문제를 올바른 시각에서 이해하고, 바람직한 국토관과 국토애를 함양할 수 있는 태도를 기른다.

3) 내용

가. 내용 체계

영역	내용 요소
세계화 시대의 국토 인식	○ 세계화 시대의 국토 이해 ○ 국토의 의미와 정체성
지형 환경과 생태계	○ 다양한 지형과 주민 생활 ○ 생태 및 관광 자원으로서의 지형 ○ 인간 활동에 따른 지형 변화
변화하는 기후 환경	○ 기후 특성과 주민 생활 ○ 기후 변화 및 자연재해 ○ 자연 생태계에 대한 인간의 영향
거주와 여가의 공간	○ 도시와 촌락의 상호 의존과 변화 ○ 도시 재개발과 주민 생활 ○ 도시와 농촌의 여가 공간
생산과 소비의 공간	○ 산업 구조 변화에 따른 생산 및 소비 공간의 변화 ○ 교통·통신의 발달과 주민 생활
우리나라의 지역 이해 Ⅰ	○ 지역 구분과 지역 조사 ○ 북한의 지리적 특성과 국토 통일
우리나라의 지역 이해 Ⅱ	○ 우리나라 각 지역의 특성과 구조 ○ 각 지역의 현안과 주민 생활의 변화
삶의 질과 국토의 과제	○ 인구문제와 대책 ○ 지역 격차와 공간적 불평등 ○ 지속 가능한 발전과 바람직한 국토상

나. 영역별 내용

(1) 세계화 시대의 국토 인식

세계화라는 시대적 조류에서 우리 국토가 당면해 있는 현재 상황에 대해 학생들의 관심을 유도하고 과목 전체의 학습 방향을 제시한다. 생태 공간으로서의 국토, 세계 속 우리나라의 위치와 위상, 분단 및 주변 국가와의 영역 갈등에 내재된 국토 공간의 정체성을 이해하고, 우리 삶과의 연관 속에서 한국 지리 학습의 중요성을 깨닫는다.

① 전통적인 국토 인식의 틀을 이해하고, 현대 사회에서 강조되는 생태 공간으로서의 국토 의미를 파악한다.

② 세계 속에서 우리나라의 위치와 위상을 인식하고, 세계화에 따른 국토와 우리 생활의 변화된 모습을 다양한 차원에서 파악한다.

③ 동북아시아 국가들 간의 정세 및 교류의 중요성을 바탕으로 분단된 국토의 통일이 가지는 당위성을 정립한다.

④ 독도, 간도 등 구체적인 사례를 통해 주변 국가와 관련된 영역 갈등의 원인과 과정 및 그 중요성을 인식한다.

(2) 지형 환경과 생태계

국토 공간을 이루고 있는 자연환경인 산지, 하천, 해안 지형 등의 특색 및 형성 과정을 이해하고, 인간의 행위가 지형 환경의 변화에 미치는 영향을 파악한다. 다양한 지형이 인간의 행위와 유기적인 관계를 맺고 있으며, 우리의 삶의 공간이 이러한 시스템 속에서 변화되고 있는 현상을 다양한 사례를 통해 인식한다.

① 산지 지형을 중심으로 우리나라 지형의 전체 틀을 파악한다.

② 하천 유역에 발달하는 지형의 특성을 파악하고, 물 자원과 관련된 하천의 역할을 인식한다.

③ 해안 지형의 형성 작용을 파악하고, 인위적으로 해안 지형을 변형하는 이유와 이를 통해 발생하는 문제점을 인식한다.

④ 다양한 지형이 생태 및 관광 자원으로 떠오르게 된 배경을 사례를 통해 탐구한다.

(3) 변화하는 기후 환경

우리의 생활양식과 기후 환경의 상호 관련성 및 그 의미를 이해하고, 자연재해 및 기후 변화의 다양한 사례를 통해 생태계의 한 축을 이루는 인간 행위의 의미와 역할을 탐구한다. 나아가 국토의 자연환경에 미치는 인간의 영향력을 파악할 수 있다.

① 우리나라의 기후 특성을 의식주 등 주민 생활과의 상호 관계를 통해 파악한다.

② 기후 변화의 현상과 그 원인을 파악하고, 이것이 우리 생활과 환경에 미치는 영향을 탐구한다.

③ 기후, 토양, 식생을 중심으로 자연 생태계에 대한 인간의 영향이 잘 나타난 다양한 사례를 조사, 분석한다.

④ 자연재해의 발생 원인과 영향을 이해하고, 그 대책을 제시한다.

(4) 거주와 여가의 공간

국토 공간상에서 일상생활이 이루어지는 단위인 도시와 촌락의 의미를 파악하고, 세계의 도시 체계 내에서 우리나라 도시의 역할을 인식한다. 도시와 촌락에 관한 지리적 개념 및 공간의 변화상을 이해하고, 그 안에서 이루어지는 삶의 모습과 여가 활동이 가지는 의미를 깨닫는다.

① 생활공간으로서 도시와 촌락의 상호 의존 관계를 바탕으로 우리나라의 정주 체계를 이해하고, 우리나라의 도시 체계를 세계의 도시 체계와 연관 지어 파악한다.

② 도시의 지역 분화 과정 및 내부 구조를 파악하고, 토지 이용의 유형과 변화를 비교, 분석한다.

③ 대도시권의 형성, 확대와 근교 농촌의 변화가 주민들의 생활양식에 미치는 영향을 분석, 평가한다.

④ 도시 재개발의 과정을 이해하고, 도시 재개발이 경관 및 주민들의 삶에 미치는 영향을 조사한다.

⑤ 현대 사회의 촌락 변화를 인구, 산업, 형태, 기능의 변화라는 관점에서 파악한다.

⑥ 도시와 농촌에서 활용되는 여가 공간의 사례를 찾고, 여가 공간이 도시 및 농촌 주민들의 삶과 어떻게 연관되어 있는지를 종합적으로 파악한다.

(5) 생산과 소비의 공간

산업 구조의 변화가 생산·소비 활동의 입지, 지역 구조 및 주민들의 일상생활에 미치는 영향을 다양한 사례의 비교, 분석을 통해 이해한다. 산업 구조 변화의 한 요인인 교통·통신의 발달이 국토 공간에 미치는 영향을 다양한 규모에서 조사하고, 국토 공간의 미래상을 예측할 수 있는 능력을 기른다.

① 우리나라의 농업 구조 변화로 인해 발생하는 문제점들을 파악하고, 이를 해결하기 위한 방안을 농산물의 지역적 특화 및 장소 마케팅 등과 관련지어 제시한다.

② 우리나라 공업 구조의 고도화 과정에서 나타난 공업 입지와 공업 지역의 변화를 파악하고, 이와 관련된 주민들의 삶을 이해한다.

③ 상업 입지 요인의 변화에 따라 상업 및 소비 공간이 변화되는 과정을 사례를 통해 파악하고, 서비스업의 고도화가 공간에 미치는 영향을 이해한다.

④ 교통·통신의 발달에 따른 공간의 변화를 이해하고, 다양한 규모에서 주민 생활에 미치는 영향 및 미래의 변화상을 파악한다.

⑤ 탈공업화에 따른 생산 공간의 변화가 잘 나타난 사례 지역들을 찾고, 이의 비교·분석을 통해 산업 구조의 변화가 공간에 미치는 다양한 영향을 고찰한다.

(6) 우리나라의 지역 이해 Ⅰ

다양한 지역 구분의 의미를 이해하고, 학습자 스스로 선택한 기준에 의해 우리나라를 여러 지역으로 구분할 수 있는 능력을 기르며, 지역 조사를 위한 지리 정보의 수집·분석 및 활용 방안을 파악한다. 우리 국토의 한 축을 이루고 있는 북한의 자연·인문환경과 최근의 변화상을 파악하고, 통일에 대비한 바람직한 국토 계획을 모색한다.

① 지역의 의미와 지역 구분 기준의 다양성을 이해하고, 학습자 스스로 선정한 기준으로 우리나

라를 여러 지역으로 구분해 본다.

② 정보·통신 발달에 따른 다양한 지리 정보의 수집·분석 방법을 이해하고, 지역 조사를 위한 실제 답사 계획을 수립한다.

③ 북한의 자연 지리적 특성을 파악하고, 주민 생활에 대한 영향 및 관광 자원으로서의 유용성을 이해한다.

④ 인구, 도시 등의 측면에서 북한의 인문 지리적 특성을 파악하고, 남한과의 차이점을 파악한다.

⑤ 북한에서 자본주의 경제 체제를 부분적으로 받아들이고 있는 지역을 파악하고, 그 지역이 선정된 지리적 이유를 추론한다.

⑥ 남북 교류의 현황과 앞으로의 전망을 통해 통일에 대비한 바람직한 국토 계획을 모색한다.

(7) 우리나라의 지역 이해 Ⅱ

지역의 중요 현안이나 최근 두드러진 변화상을 중심으로 우리나라 각 지역의 특성과 구조를 탐구한다. 이를 바탕으로 주민들의 생활양식을 비교, 분석하고, 국토 공간의 다양한 모습을 종합적으로 고찰할 수 있는 능력을 기른다.

① 수도권의 지역 특성 및 구조를 지식 기반 산업 및 세계화와 관련하여 파악한다.

② 교통의 발달로 수도권과의 연계성이 높아지고 있는 충청 지방의 지역 구조를 이해한다.

③ 영동·영서 지역의 지역차가 나타나는 원인을 다양한 자료를 바탕으로 추론하고, 산업화 이후 지역 핵심 산업의 변화상을 탐구한다.

④ 호남 지방을 문화적 측면에서 이해하고, 최근의 산업 변화가 이 지역에 미친 영향을 조사한다.

⑤ 우리나라 공업에서 영남 지방이 차지하는 역할을 파악하고, 광복 이후 이 지역의 도시 발달 요인 및 과정을 종합적으로 고찰한다.

⑥ 제주특별자치도의 지역적 의미를 지방 자치 확대 및 세계화와 관련하여 이해한다.

(8) 삶의 질과 국토의 과제

우리 국토가 당면한 중요한 과제인 여러 가지 인구문제(저출산·고령화, 외국인 근로자 유입 등)와 공간적 불평등에 슬기롭게 대처할 수 있는 자질을 기르고, 국토 공간의 지속 가능한 발전을 이끌 수 있는 다양한 방안을 모색한다.

① 저출산·고령화 현상을 파악하고, 파생되는 문제를 해결할 수 있는 대책을 제시한다.

② 외국인 노동력의 유입 및 농촌 청년들의 국제결혼 배경을 이해하고, 이로 인해 나타나는 다양한 영향을 파악한다.

③ 다양한 규모에서 지역 격차 및 공간적 불평등 문제를 이해하고, 그 해결 방안을 제시한다.

④ 환경 보전 및 지속 가능한 발전을 위해 제시되고 있는 다양한 방안을 이해하고, 바람직한 국토 계획 및 국토 공간의 미래를 모색한다.

4) 교수 · 학습 방법

가. 선택 과목인 한국 지리의 성격상 지리과 영역의 다른 심화 선택 과목인 '세계 지리', '경제 지리' 과목과의 연계성을 도모할 뿐만 아니라, 국민 공통 기본 교육과정의 사회과 지리 영역의 내용과도 연계하여 지도한다.

나. 국토와 관련된 단순 사실의 암기보다는 이전의 학습과정이나 일상생활을 통해 학습자가 이미 터득하고 있는 기존 지식과 인지 구조를 고려한 교수 · 학습 방안을 모색하고, 이를 통해 학습자의 인지 구조가 질적으로 변화될 수 있도록 유도한다.

다. 지리적 현상을 구체적으로 경험할 수 있는 야외 현장 체험 학습의 기회를 제공하고, 주5일 수업제 시행과 관련하여 일상생활 속에서 답사 및 여행을 통해 학습자 스스로 지리적인 경험을 할 수 있도록 지도한다.

라. 학생들이 체험하기 힘든 지리적 현상을 컴퓨터, 인터넷, 프로젝션 TV 등 다양한 시청각 매체를 활용하여 간접적으로 경험할 수 있는 기회를 제공한다. 나아가 지역 연구 자료, 면담 내용, 영화, 신문 기사, 여행기, 통계 자료 등을 학습지(worksheet)를 통해 제공하여 학생들의 간접적 지리 경험의 폭을 최대한 넓힐 수 있도록 한다.

마. 일상생활에서 직접, 간접으로 경험하게 되는 사회현상을 지리적인 관점에서 이해하고 종합할 수 있는 능력을 신장시키기 위한 교수 · 학습 방안을 구성한다.

바. 다양한 지리 정보를 수집, 분석, 종합할 수 있는 기능과 함께 지도, 도표, 사진, 컴퓨터 등을 활용하여 지리적 사고를 표현할 수 있는 능력을 높일 수 있도록 지도한다.

사. 학생들이 교과서나 교사의 수업을 통해 제시되는 국토 공간의 개발 및 활용 방안에 대한 가치와 태도를 수동적으로 수용하기보다는 관련 현안의 핵심을 분석하여 합리적이고 과학적인 근거를 도출하고, 이를 바탕으로 스스로의 가치관에 가장 부합하는 의견을 표현할 수 있도록 유도한다.

아. 학생들이 실제로 거주하는 도시와 촌락에서 나타나는 지리적 현상을 구체적으로 경험할 수 있도록 지역 사회의 특성과 학교의 실정에 알맞은 지역 학습 자료를 제시한다.

자. 구체적인 자연 · 인문 현상을 패턴화, 법칙화할 수 있는 능력을 습득할 수 있도록 지도한다.

차. 학생들이 국토 공간의 지리적 현상 및 문제를 다양한 규모에서 인식하고, 그에 따라 문제를 해결할 수 있는 능력을 향상시키기 위한 창의적인 학습 지도가 이루어지도록 한다.

5) 평가

가. 학습 목표, 내용, 교수 · 학습 방법 등의 적절성이 교사에게 환류(feedback)될 수 있는 평가 방법과 지식, 기능, 가치 및 태도가 적절하게 포함될 수 있는 평가 내용을 구안하고, 이를 학교 현장에 적용할 수 있도록 한다.

나. 지식 영역에서는 사실적 지리 지식의 습득 여부와 함께 지리적 현상의 설명과 문제 해결에

필수적인 기본 개념 및 원리에 대한 이해, 나아가 일반화 과정을 평가하도록 한다.
다. 기능 영역은 지리적 현상을 이해하는 데 필요한 각종 자료와 정보를 수집, 비교, 분석, 종합하는 능력과 함께 이를 지도, 도표, 사진, 컴퓨터 등을 이용하여 표현할 수 있는 능력을 평가하도록 한다.
라. 가치 및 태도 영역에서는 지리적 현상과 관련된 다양한 가치 및 관점에 대한 이해와 이의 토대가 되는 문제 인식, 분석, 종합, 판단 및 의사 결정 능력을 평가하도록 한다.
마. 단순한 지리적 사실을 묻기보다는 문제 해결력, 사고력, 창의력을 측정할 수 있는 다양한 형식의 평가를 실시한다.
바. 평가 문항은 지리 교과의 기본 개념을 바탕으로 다양한 자료 및 실생활과 관련된 사례를 바탕으로 구성하도록 한다.
사. 기본 개념, 원리, 일반화 등 수업을 통해 학습한 추상적 내용을 학생들이 현실에 입각한 구체적인 문제 상황에 적용할 수 있는지를 평가한다.
아. 지식 영역의 지필 평가와 함께 면접, 조사, 보고서, 토론, 논술, 발표, 관찰, 자기평가, 동료 평가 등의 방법을 활용하여 평가하되, 적절한 횟수의 정기 평가와 수시 평가가 함께 이루어지도록 한다.
자. 준거 지향 평가 및 질적 평가를 지향하되, 구체적인 평가 기준 작성을 통해 객관성과 공정성이 유지되도록 한다.

4. 세계 지리

1) 성격

'세계 지리' 과목은 세계의 자연현상과 인문 현상에 대하여 체계적이고 종합적인 학습을 통해 빠르게 변화하고 있는 오늘날의 세계에 능동적으로 대처할 수 있는 인간을 육성하는 것을 목표로 하고 있다. 이 과목은 국민 공통 기본 교육과정의 사회 교과를 이수한 11 · 12학년 학생들이 선택하여 학습하는 과목이다. '세계 지리' 과목의 성격은 다음과 같다.

가. 세계 여러 지역의 다양한 삶의 모습을 이해하기 위한 과목으로서, 세계의 여러 지역이 지니고 있는 자연 및 인문환경의 특색을 이해하고, 이를 토대로 사람들의 생활양식을 파악하며, 미래의 변화에 대한 이해를 바탕으로 세계 문화를 이끌어 갈 수 있는 자신 있고 능동적인 인간의 육성을 목적으로 하는 과목이다.

나. 세계 여러 지역을 이해할 수 있도록 세계의 자연환경, 경제 활동 및 도시 발달, 주변국과의 관계, 당면한 지역문제 등을 종합적으로 제시하고 있는 과목이다.

다. 세계화로 인해 세계 각 지역 간의 인적, 물적 교류와 상호 의존성이 확대되어 가고 있는 상황 속에서 다른 지역에 사는 사람들의 삶에 대한 이해가 우리 삶의 변화와 발전을 가져올 수 있음을 이해할 수 있게 하는 과목이다.

라. 세계의 여러 국가와 지역 간에는 영토, 자원, 환경오염 등으로 인한 분쟁과 문화적 차이로 인한 갈등이 발생하고 있다. 또, 다양한 문화 및 스포츠 교류, 경제 블록의 형성 등을 통해 협력을 도모하기도 한다. 이러한 갈등과 공존의 본질을 파악하고 합리적인 해결 방안을 제시할 수 있으며, 세계 공존과 번영의 길을 모색할 수 있는 안목을 육성시킬 수 있는 과목이다.

2) 목표

세계 지리의 목표는 세계 각 지역의 지리적 현상을 종합적, 체계적으로 이해하고, 세계화 시대에 지역 간 협력 및 상호 공존의 길을 모색하며, 지구적인 시각에서 우리 삶의 터전을 보다 살기 좋은 공간으로 개발, 이용, 보존하기 위해 노력하는 자세를 기르는 데 있다.

가. 세계의 다양한 자연환경과 인문환경에 대해 체계적이고 종합적으로 이해하는 능력을 기른다.

나. 세계 여러 지역에 대한 지리 정보를 수집, 분석, 평가하고, 그 지역에 대한 주제를 선정하고 탐구하는 능력을 기른다. 아울러 수집, 분석된 지리 정보를 도표화, 지도화하는 능력을 함양한다.

다. 지역 간 협력 및 상호 공존의 길을 모색하며, 지역 간 갈등과 분쟁을 이해하고 이를 해결하려는 태도를 기른다.

3) 내용

가. 내용 체계

영역	내용 요소
세계화와 지역 이해	○ 세계 인식의 시공간적 차이 ○ 세계화와 지역화 ○ 원격 탐사와 지리 정보 체계 ○ 지역 구분
세계로 떠나는 여행	○ 여행과 지리 조사 ○ 아시아의 종교 경관 ○ 유럽의 축제 문화 ○ 아프리카의 관광 자원 ○ 오세아니아의 생태 기행 ○ 아메리카의 다문화 체험
다양한 자연환경	○ 열대 우림과 열대 사바나 ○ 온대 동안 기후와 서안 기후 ○ 건조 기후와 건조 지형 ○ 냉·한대 기후와 빙하 지형 ○ 변동하는 신기 조산대 ○ 세계의 해안 지형 ○ 세계 자연 유산의 이해
경제 활동의 세계화	○ 식량 작물로서의 쌀과 밀 ○ 기호 작물로서의 커피와 차 ○ 에너지 자원으로서의 석유와 석탄 ○ 자동차 산업 ○ 서비스업 ○ 무역과 남북문제
세계화 시대의 인구와 도시	○ 인구 성장과 인구문제 ○ 인구 이동과 지역 변화 ○ 선진국과 개발도상국의 도시화 ○ 세계화와 세계 도시
갈등과 공존의 세계	○ 영역 분쟁 ○ 문화적 차이와 갈등 ○ 스포츠와 문화 교류 ○ 환경문제와 국제 협력 ○ 경제 블록과 자유 무역 협정(FTA) ○ 세계 속의 한국

나. 영역별 내용

(1) 세계화와 지역 이해

도입 단원으로서 세계를 어떻게 인식할 것인지를 학습한다. 특히 교통과 통신의 발달이 세계 인식에 미친 영향을 파악하며, 세계가 여러 지역으로 구성되어 있음을 이해한다.
  ① 다양한 관점과 크기로 그려진 세계 지도를 통해 우리나라와 다른 나라 사람들의 세계관을 비교한다.
  ② 교통과 통신의 발달이 지역 간 교류에 미친 영향을 파악한다. 세계화와 지역화의 의미를 이해하고, 그 구체적인 사례를 제시할 수 있다.
  ③ 일상생활 속에서 세계 각 지역의 다양한 지리 정보를 찾아본다. 원격 탐사와 지리 정보 체계(GIS)의 의미를 이해하고 활용 사례를 알아본다.
  ④ 세계를 문화적인 요소에 의해 여러 지역으로 구분하고 지역 간의 차이점을 파악한다.

(2) 세계로 떠나는 여행

세계화가 진행됨에 따라 다른 지역과의 직접적, 간접적 경험이 늘어나고 있다. 세계 여러 지역을 학습하기 위한 지리 정보의 중요성을 인식하고, 수집 방법을 습득하며, 각 지역과 관련되는 주제를 통해 지역을 이해한다. 특히 다른 지역을 이해할 때 가져야 할 바람직한 태도를 기른다.
  ① 지리적 관점에서 여행의 의미를 이해하고, 여행하고 싶은 지역에 대한 사전 조사 방법과 지리 정보의 획득 방법을 익힌다.
  ② 종교 경관을 사례로 아시아 지역의 문화적 다양성을 이해한다.
  ③ 유럽의 다양한 축제를 조사하고, 축제가 지역의 문화 및 관광 산업에 미치는 영향을 파악한다.
  ④ 아프리카의 다양한 관광 자원을 이해하고, 관광 산업을 중심으로 지속 가능한 발전 방안을 모색한다.
  ⑤ 오세아니아의 원시·청정 자연을 통해 환경 보전의 중요성을 이해한다.
  ⑥ 아메리카가 다문화 지역이 된 배경을 지리적 관점에서 이해하고, 특정 사례를 조사한다.

(3) 다양한 자연환경

자연환경에 대한 이해는 세계의 경제 활동, 인구와 도시 발달, 각 지역의 전통문화 등 인문적 요소를 이해하는 바탕이 된다. 세계의 자연환경이 지역마다 다르게 나타나는 원인을 파악하고, 주민 생활과의 관련성을 이해한다. 또, 인간 활동이 자연환경에 미친 영향과 지나친 간섭으로 인해 발생할 수 있는 문제점을 조사하고, 환경 보전을 위한 태도를 기른다.
  ① 위도대와 태양의 회귀 현상이 열대 기후에 미치는 영향을 알아보고, 열대 우림과 사바나 환경의 생태적 중요성을 이해한다.
  ② 온대 동안과 서안 지역의 기후 차이가 나타나는 원인을 조사하고, 온대의 기후 환경과 주민 생활과의 관계에 대하여 알아본다.
  ③ 건조 기후의 독특한 지형 경관을 살펴보고, 건조 환경과 주민 생활과의 관계에 대해서 알아본다. 특히 사막화의 확대에 따른 이 지역의 변화를 조사하고, 사막화 방지를 위한 방안을 찾아본다.
  ④ 냉대·한대 지역의 지형 형성 작용과 지형에 대해 조사하고, 냉대·한대 지역의 주민 생활을 이해한다.

⑤ 세계의 주요 신기 조산대 지형을 조사해 보고, 화산 활동에 따른 자연재해의 특성과 주민 생활에 미치는 영향을 탐구한다.

⑥ 세계의 주요 해안 지형을 알아보고, 인간이 해안과 해양 환경을 어떻게 이용, 보전하는지 조사한다.

⑦ 세계의 다양한 자연 유산을 유형별로 조사해 보고, 인간의 간섭과 지나친 남용으로 인한 자연 유산의 훼손 사례를 탐구한다.

⑷ **경제 활동의 세계화**

현대의 경제 활동은 지역과 국경을 벗어나 세계적 공간에서 이루어지고 있다. 주요 경제 활동을 사례로 지역 간 상호 의존성이 확대되고 있음을 이해한다. 특히 다국적 기업의 역할을 조사하고, 남북문제를 해결하는 방안을 탐구한다.

① 쌀과 밀의 재배 조건을 비교하고, 국제 무역의 차이점을 이해한다.

② 커피와 차의 생산 조건과 유통 과정에서의 문제점을 조사하고, 다국적 기업의 역할을 파악한다.

③ 석유와 석탄의 생산과 소비를 조사하고, 석유를 둘러싼 국제 갈등과 지역 변화를 이해한다.

④ 다국적 자동차 기업의 국제적 분업을 조사하고, 시장을 둘러싼 기업 간 협력과 경쟁을 탐구한다.

⑤ 정보화 시대의 서비스업의 중요성을 이해하고, 금융·유통 등 주요 서비스업의 세계화 사례를 조사한다.

⑥ 선진국과 개발도상국의 무역 구조를 비교하고, 무역 불균형을 해결할 수 있는 방안을 모색한다.

⑸ **세계화 시대의 인구와 도시**

경제 활동의 세계화와 더불어 지역 간 인구 이동이 늘어나고 있으며, 전 세계를 배후로 하는 세계 도시가 등장하였다. 지역 간 인구 이동의 흐름을 조사하고 인구 이동이 도시화 및 지역 변화에 미친 영향을 이해한다.

① 선진국과 개발도상국의 인구 성장과 구조의 차이점을 파악하고, 여러 나라의 사례를 통해 인구문제의 해결 방안을 모색한다.

② 국제 인구 이동의 흐름을 양적, 질적 측면에서 살펴보고, 인구 이동과 관련된 주민 갈등과 지역 변화를 사례 지역을 통해 조사한다.

③ 선진국과 개발도상국의 도시화를 비교하고, 사례 도시를 중심으로 도시 구조의 차이점을 이해한다.

④ 세계 도시의 특성을 이해하고, 교통과 통신의 발달에 따른 세계의 도시 체계를 파악한다.

⑹ **갈등과 공존의 세계**

경제 활동의 세계화로 국가 간, 지역 간 경제 협력이 중요해지고 있다. 이에 따라 지역에 기반을 둔 경제 블록이 형성되고 있으며, 국가 사이의 자유 무역 협정(FTA)도 중요해지고 있다. 또, 지역 간 인구 이동이 활발해지면서 서로 다른 문화를 가진 집단 사이에 갈등이 발생하고 있으며, 이에 따라 타 문화에 대한 존중과 이해가 중요해지고 있다. 세계화 시대에 우리나라의 역할에 대하여 토론해 보고, 국제 협력의 자세를 기른다.

① 국가 영역 및 자원을 둘러싼 국제 분쟁의 사례를 조사하고, 그 배경을 이해한다.

② 종교, 언어 등 문화적 차이로 인한 갈등 지역을 조사하고, 해결 방안을 모색한다.

③ 세계 각국의 스포츠와 문화 교류 사례를 찾아보고, 그 영향을 알아본다.

④ 환경문제를 중심으로 비정부 기구의 다양한 활동 사례를 조사하고, 국제 협력의 중요성을 이해한다.

⑤ 경제 블록과 자유 무역 협정(FTA)의 배경을 이해하고, 이를 둘러싼 국가·지역·주민 간 갈등과 공존을 이해한다.

⑥ 세계 여러 나라에서 활동하는 우리나라의 기업과 사람들을 살펴보고, 국제 협력의 자세를 기른다.

4) 교수·학습 방법

가. 세계 지리 과목은 국민 공통 기본 교과인 사회를 학습한 이후 고등학교에서 배우는 선택 과목으로, 지리 영역의 과목인 한국 지리 과목과 경제 지리 과목과의 연계성을 도모하도록 한다.

나. 학습자의 선수 학습 정도, 개인별 능력 등의 특성을 고려한 교수·학습 계획을 수립하여 학습자 수준에 맞는 교수·학습이 이루어지도록 한다.

다. 기본 개념과 원리들을 추상적으로 다루지 말고, 구체적인 사례를 중심으로 학습을 전개시킴으로써 지식 형성의 과정을 경험하게 한다.

라. 교과서 내용과 학생들의 경험이 연계되도록 교과서에 제시된 사례 연구 외의 다양한 주제를 수업에 활용한다.

마. 탐구 활동, 토론, 발표, 논술, 사례 연구 등 다양한 교수·학습 활동을 통해 학습자의 창의성, 자율성, 효용성을 높일 수 있도록 한다.

바. 지도, 통계 등 지리적 정보를 통한 지도읽기, 자료의 수집, 정리, 분석, 해석, 추론하는 능력이 신장될 수 있도록 한다.

사. 개발과 환경문제, 자원 문제 등의 내용은 가치 갈등, 분석, 가치 명료화 과정 등 사실 및 가치 탐구 활동을 통해 해결할 수 있게 하고, 사회적 관심의 초점이 되거나 실생활과 밀접한 관계가 있는 주제들을 학습에 적용한다.

아. 수준별 과제 제시, 토론 주제, 자료 수집 등은 자기 주도적 학습을 하게 함으로써 학습자의 학습 능력을 함양하도록 한다.

자. 학습자의 흥미와 관심이 고취되고, 또 실제에 적용 가능하고 유용한 교수·학습이 이루어지도록 정선된 다양한 학습 자료를 활용한다.

5) 평가

〈평가의 기본 방향〉

가. 단순한 사실이나 단편적 지식의 암기보다는 일반화된 개념이나 원리의 이해, 문제 해결 능력, 가치의 내면화와 태도 및 신념의 형성 정도를 종합적으로 평가한다.

나. 지식, 기능, 가치 및 태도 영역을 조화롭게 평가하기 위해서는 평가 목표에 따라 지필 검사를 비롯한 다양한 평가 도구를 적절히 활용한다.

다. 지필 검사의 경우 양적 평가 방법과 질적 평가 방법을 혼합하고, 지식의 발달뿐만 아니라 지리적 사고와 관련되는 고차적인 사고 능력, 가치 및 태도 등을 평가한다. 또, 객관성과 공정성을 위해 엄격한 평가 기준과 다양한 평가 도구를 정하여 평가한다.

라. 기능 영역의 평가에서는 각종 지리적 정보를 수집, 정리, 분석, 종합하고, 이를 지도화, 도표화할 수 있는 능력을 평가한다.

마. 평가 결과는 반드시 교수·학습 방법을 개선하는 데 활용하도록 한다.

〈영역별 평가 방향〉

가. 지식 영역: 단순한 사실이나 단편적 정보 및 지식의 암기에서 벗어나 지역에 대한 종합적 인식에 필요한 개념 및 원리의 이해, 지역문제의 인식 능력 및 해결책의 제시 능력 등을 종합적으로 평가한다.

나. 기능 영역: 지역과 관련되는 정보의 수집, 비교, 분석, 종합, 평가, 적용 능력을 평가한다.

다. 가치 및 태도: 특정 지역에 대한 관심과 이해 정도, 인종, 문화에 대한 가치와 태도를 평가한다.

〈평가의 유의점〉

가. 세계 지리 과목의 특성을 충분히 고려하여 지식 영역의 평가에 지나치게 의존하지 말고 조사, 토론, 논술, 발표 등의 다양한 방법을 이용하여 수시 평가와 정기적인 평가가 병행하여 이루어지도록 한다.

나. 자원 문제, 지역 개발, 환경문제 등과 같이 가치문제가 개입되는 내용은 주관식 평가 방법을 적극 활용한다.

다. 자기평가, 동료 평가, 교사와 학생 토론, 학생 활동 보고 등의 다양한 평가 방법을 적극 활용한다.

라. 10학년 사회과 지리 내용과의 관계를 고려하여 평가한다.

5. 경제 지리

1) 성격

‘경제 지리’ 과목은 지표 위에서 전개되는 경제 활동의 특성을 지리적 관점에서 체계적이고 종합적으로 이해하고, 이를 바탕으로 경제 활동을 자신의 삶과 관련지을 수 있는 능력과 이에 대한 가치관 형성을 목적으로 한다. 이 과목은 국민 공통 기본 교육과정 ‘사회’ 과목의 교육 내용 중 경제 지리 내용을 심화하고 현실에 적용하는 능력을 키우는 선택 과목이다.

‘경제 지리’ 과목은 인간에 의해 이루어지는 경제 활동을 지리적 관점에서 이해하기 위해 경제 활동의 지리적 측면, 즉 생산 관련 경제 활동의 지리적 특성, 유통 및 소비 관련 경제 활동의 지리적 특성, 정보 사회의 경제 활동, 지속 가능한 지역 발전, 세계 경제 환경의 변화 등을 주요 내용으로 하며, 이를 통해서 합리적 시민으로서 갖추어야 할 지리적 사고력과 올바른 의사 결정 능력 및 적극적인 참여 태도를 기를 수 있는 내용으로 구성한다.

‘경제 지리’ 과목에서는 인간의 삶에서 경제 활동의 다양성과 지리적 특성을 이해하고, 경제 활동에 영향을 미치는 자연환경 및 인문환경을 종합적으로 이해하여 합리적인 의사 결정 능력을 기른다. 또, 이러한 지식과 기능을 바탕으로 자신을 포함한 지역, 국가, 세계의 삶의 질 향상에 기여할 수 있는 능력과 태도를 기르는 데 중점을 둔다.

2) 목표

경제 활동을 지리적 관점에서 종합적으로 고찰하여 생산 및 소비 활동의 지역적 특성을 체계적으로 이해하고, 우리나라 및 세계 각 지역의 경제 지리에 대한 이해를 바탕으로 보다 바람직한 삶을 영위할 수 있는 자질을 기른다.

가. 경제 활동을 지리적 관점에서 파악하여 우리나라 및 세계 각 지역의 경제 활동의 특성을 체계적이고 종합적으로 이해한다.

나. 경제 활동과 생산품의 분포, 생산 및 소비, 이동의 특성과 그에 따른 문제점을 이해하고 그 해결 방안을 모색한다.

다. 경제 활동의 발달, 구조, 입지 원리 및 공간적 분포의 특성과 그에 따른 문제점을 이해하고 그 해결 방안을 모색한다.

라. 지리적 개념 및 원리에 의하여 경제 활동의 지역적 특성을 파악하고, 나아가 경제 활동에 관한 합리적인 의사 결정 능력을 기른다.

마. 지역에서의 경제 활동에 관한 각종 통계 및 현지 조사 자료를 지도화, 도표화하고, 이를 분석, 해석할 수 있는 능력을 기른다.

바. 개방화, 세계화되는 세계 경제 속에서 우리나라가 나아가야 할 방향을 탐색하고, 세계 각 지

역의 경제 발전을 위해서 국가 간, 지역 간에 상호 협력하고 공존할 수 있는 가치관과 태도를 기른다.

3) 내용

가. 내용 체계

영역	내용 요소
경제 활동의 지리적 이해	○ 경제 활동과 경제 지리 ○ 산업 구조와 지역 변화
생산의 지리적 특성	○ 농업 활동과 농업 입지 ○ 농업 변화와 농촌 문제 ○ 공업 활동과 공업 입지 ○ 기업의 성장과 입지 변화
유통과 소비의 지리적 특성	○ 교통과 통신 ○ 상업 활동의 입지와 상권 ○ 무역과 경제 협력
정보 사회의 경제 활동	○ 정보 사회의 서비스업 ○ 정보 및 지식 산업 ○ 문화 및 관광 산업
지속 가능한 지역 발전과 환경 보전	○ 지역 개발의 목적과 방법 ○ 지역 개발과 환경문제 ○ 지속 가능한 지역 발전
세계 경제 환경의 변화	○ 세계 경제 환경의 변화 ○ 세계 속의 우리나라 경제

나. 영역별 내용

(1) **경제 활동의 지리적 이해**

경제 활동의 역할과 종류 및 경제 활동의 지리적 요소를 알아보고, 지역별로 경제 활동의 차이가 나타나는 요인을 파악한다. 그리고 산업 구조 변화에 따른 사회와 지역의 변화를 이해한다.

① 경제 활동의 역할 및 지리적 특성을 파악한다.
② 자원의 의미와 특성을 경제 지리의 관점에서 탐색한다.
③ 산업 발달 수준에 따른 지역별 경제 활동의 차이를 알아본다.
④ 경제 발달에 따른 산업 구조의 변천 과정을 알아본다.
⑤ 사례 지역을 통해 산업 구조 변화가 지역에 미치는 영향을 이해한다.

(2) 생산의 지리적 특성

생산의 지리적 특성을 이해하기 위하여, 농업·공업 활동의 지리적 특성, 구조 변화, 입지 원리를 이해하고, 그것이 경제 및 지역 발전에 미치는 영향을 파악하며, 이에 따른 문제점 및 해결 방안을 모색한다.

① 농업 활동에 영향을 주는 다양한 요인과 농업 입지에 관한 이론을 알아본다.

② 우리나라와 세계의 주요 지역에서 이루어지는 농업 생산 활동의 특성을 비교, 분석한다.

③ 농촌이 당면한 문제를 산업화 과정과 최근의 개방화 과정을 통해 이해하고 그 해결 방안을 모색한다.

④ 농업 활동이 환경에 미치는 영향을 파악하고, 친환경적인 농업 방법을 탐색한다.

⑤ 공업에 필요한 자원의 분포와 이동을 이해하고, 공업 활동의 종류를 생산 과정과 제품의 특성에 따라 다양하게 분류한다.

⑥ 공업 입지 요인의 변화와 다양한 공업 입지 이론을 통해 주변에서 볼 수 있는 공업의 입지를 해석해 본다.

⑦ 노동력의 지역 간 이동의 원인과 유형을 사례를 통해 이해한다.

⑧ 우리나라와 세계의 공업 발달과정을 통해 공업 지역의 형성과 변화를 탐색한다.

⑨ 기업의 공간적 분업과 다국적 기업의 활동이 지역에 미치는 영향을 이해한다.

⑩ 신산업 지구의 발달 및 지역 혁신 체제의 형성에 작용하는 지리적 요인들을 파악한다.

(3) 유통과 소비의 지리적 특성

유통과 소비의 지리적 특성을 이해하기 위하여 상업과 무역 활동에 영향을 끼치는 요인과 재화와 서비스의 흐름을 알아본다. 상업과 무역 발달이 지역 형성과 변화에 미치는 영향을 파악하고, 이에 따른 문제점과 해결 방안을 모색한다.

① 교통과 통신의 역할과 발달과정을 알아보고, 그것이 공간 변화에 미친 영향을 탐색한다.

② 상업 입지 이론을 통해 상업 활동의 공간적 특성을 이해한다.

③ 현대 사회의 도시적 생활양식과 소비 유형의 변화가 도매 및 소매업의 입지에 미치는 영향을 살펴본다.

④ 상업 활동이 지역의 발전과 변화에 미친 영향을 사례 지역을 통해 탐색한다.

⑤ 무역의 발생 원리를 고찰하고, 지리적 조건이 무역에 미치는 영향을 탐색한다.

⑥ 우리나라와 세계의 무역 구조 변화 및 지역적 특성을 살펴보고, 그에 따른 문제점을 파악한다.

⑦ 세계 무역 기구와 지역별 경제 블록, 자유 무역 협정 등 세계 무역 환경의 변화를 이해하고, 이에 대처하는 방안을 찾아본다.

(4) 정보 사회의 경제 활동

정보 사회에서 발달하고 있는 서비스업, 정보·지식 산업, 문화·관광 산업의 입지 특성과 지역 발전에 미치는 영향을 파악하고, 그에 따른 문제점과 해결 방안을 모색한다.

① 정보 통신 기술의 발달에 따른 정보 사회의 등장 배경과 특성을 알아본다.

② 서비스업의 특성과 종류를 파악하고, 이들 산업의 입지 요인 및 변화를 살펴본다.

③ 정보·지식 산업의 종류와 특성을 파악하고, 발달 배경을 이해한다.

④ 정보·지식 산업이 발달한 지역을 알아보고, 입지 요인을 살펴본다.

⑤ 문화·관광 산업의 특성을 알아보고, 발달 배경을 이해한다.

⑥ 문화·관광 산업이 지역에 미치는 영향을 파악한다.

⑦ 지속 가능한 관광 산업의 발전을 위한 바람직한 방안을 모색한다.

⑸ **지속 가능한 지역 발전과 환경 보전**

지역 개발의 필요성과 방법, 지역 개발에 따른 지역 갈등과 환경문제를 이해하고, 이에 따른 문제점과 해결 방안을 모색한다.

① 지역 개발의 의미를 파악하고, 그 필요성을 알아본다.

② 지역 개발의 방법과 효과를 다양한 사례 지역 연구를 통해 이해한다.

③ 지속 가능한 지역 발전의 의미와 필요성을 살펴본다.

④ 지역 개발에 의해 발생하는 지역 갈등과 그 해결 방안을 모색한다.

⑤ 자원 개발, 도시화, 산업화 등에 따른 환경문제와 그 대책을 살펴본다.

⑥ 지속 가능한 지역 발전을 위한 자원의 활용 방안을 모색한다.

⑦ 통일에 대비하여 지속 가능한 발전을 추구하는 국토 계획 수립 방안을 알아본다.

⑹ **세계 경제 환경의 변화**

세계의 경제 환경 변화와 주요 경제 협력 기구의 역할을 파악하고, 이에 따른 문제점과 해결 방안을 모색한다.

① 세계 경제 환경의 변화에 대해 알아보고, 우리나라가 나아가야 할 방안을 모색한다.

② 세계화와 지역화의 개념을 파악하고, 이것이 지역에 미치는 영향을 이해한다.

③ 각종 경제 지표를 통해 우리나라와 세계의 경제적 관계를 이해한다.

④ 동북아시아 경제 협력의 필요성을 이해하고, 바람직한 협력 방안을 모색한다.

4) 교수·학습 방법

가. '경제 지리' 과목은 국민 공통 기본 교과인 10학년 사회를 학습한 이후 배우는 선택 과목으로, 지리과 영역의 선택 과목인 '한국 지리' 과목과 '세계 지리' 과목과의 연계성을 도모하도록 한다.

나. 학습자와 지역별 특성을 고려하여 학습자 및 지역 실정에 맞는 교수·학습 계획을 수립하도록 한다.

다. 구체적인 사례를 중심으로 기본 개념과 원리들을 이해하게 함으로써 학습에 대한 흥미와 지식 습득의 방법을 경험하게 한다.

라. 학습자와 지역 실정에 맞게 교과서 이외의 다양한 학습 자료를 활용하여 수업에 활용하도록 한다.

마. 학습 내용에 따라 다양한 교수·학습 방법을 활용하여 학습자의 창의성과 자율성을 경험할 수 있는 기회를 제공하도록 한다.

바. 지도, 통계 자료의 시각화 등 지리적 정보를 획득하고 분석할 수 있는 기회를 제공하도록 한다.

사. 지속 가능한 발전과 환경문제, 자원 문제 등 가치문제가 개입되는 학습 내용은 사실 탐구 및 가치 탐구가 균형을 이루도록 한다.

아. 사회적 관심이나 실생활과 관련되는 주제들을 수업에 적극적으로 도입하여 학습 내용의 유용성과 실생활 적용 방법을 확인할 수 있는 기회를 제공하도록 한다.

자. 교사는 학습자가 자기 주도적으로 학습 경험을 할 수 있도록 학습 내용을 재구성하여 제시한다.

차. 학습한 내용을 다양한 방법으로 표현할 수 있는 기회를 제공하도록 한다.

5) 평가

〈평가의 기본 방향〉

가. 단순한 사실이나 단편적 지식의 암기보다는 일반화된 개념이나 원리의 이해, 제반 문제의 해결 능력, 가치의 내면화와 태도 및 신념의 형성 정도를 종합적으로 평가한다.

나. 인지적 영역과 정의적 영역을 조화롭게 평가하기 위해서는 평가 목표에 따라 지필 검사를 비롯하여 관찰, 조사, 토론, 논술, 포트폴리오 등 다양한 평가 도구를 적절히 활용한다.

다. 지필 검사의 경우 양적 평가 방법과 질적 평가 방법을 혼합하고, 지식의 발달뿐만 아니라 지리적 사고와 관련되는 고차적인 사고 능력, 가치 및 태도 등을 평가한다. 또, 객관성과 공정성을 위해 엄격한 평가 기준과 다양한 평가 도구를 정하여 평가한다.

라. 기능 영역의 평가에서는 각종 지리적 자료를 수집, 정리, 분석, 종합하고, 이를 지도화, 도표화할 수 있는 능력을 평가한다.

마. 중단원 수준에서 형성 평가를 실시하고, 학습 목표에의 도달 정도를 학습자의 학습 능력별로 평가한다.

바. 평가 결과는 반드시 교수·학습 방법을 개선하는 데 활용하도록 한다.

〈영역별 평가 방향〉

가. 지식 영역: 단순한 사실 중심이 아니라 지리적 지식이 개념으로 연결되고 연결된 개념으로 일반화의 원리를 도출해 내는 평가가 이루어질 수 있도록 한다. 학생들이 기본 개념과 일반화를 연계시킴으로써 복잡한 현상을 간결하게 설명하고 예측할 수 있는 능력을 가지도록 한다.

나. 기능 영역: 지역별 경제 현상과 활동을 이해하는 데 필요한 각종 자료를 수집, 비교, 분석, 종합할 수 있는 능력을 기르며, 파악한 현상을 지도화, 도표화할 수 있도록 한다. 또, 세계화 시대에 세계의 흐름과 변화의 방향을 파악할 수 있도록 한다.

다. 가치·태도: 지리 교육은 지리학의 기본 개념을 습득하여 자연과 인문 현상에 대한 올바른 가
치와 태도의 변화를 추구하는 데 있다. 따라서 이러한 가치와 태도의 변화에 대한 평가가 강
조되도록 한다.

〈평가의 유의점〉

가. 경제 지리 교과 목표의 특성을 충분히 고려하여 지식 영역의 평가에 지나치게 의존하지 말고
조사, 토론, 발표, 논술, 관찰 등의 기법을 이용하여 수시 평가와 정기적인 평가가 병행하여
이루어지도록 한다.
나. 자원 문제, 지역 개발, 환경문제 등과 같이 가치문제가 개입되는 내용은 객관식 평가 방법을
지양하고 다면적 평가 방법을 적극 활용한다.
다. 자기평가, 동료 평가, 교사와 학생 토론, 학생 활동 보고 등의 평가 방법을 적극 활용한다.
라. 10학년 사회 과목 지리 영역과의 관계를 고려하여 평가한다.

6. 한국 문화사

1) 성격

　'한국 문화사'는 우리 문화가 형성, 발전되어 온 과정을 이해함으로써 한국인의 정체성을 함양하기 위해 개설된 선택 과목이다. 우리 역사 전반에 대한 이해를 바탕으로 학술, 종교, 문학, 예술, 과학, 기술 등 여러 분야에서 이룩한 성과를 탐구하고, 역사적 사고력을 기르며, 우리 역사의 전개에 능동적으로 참여할 수 있는 자질을 갖추는 데에 중점을 둔다.

　한국 문화사는 국민 공통 기본 교육과정 역사 과목의 학습 경험을 바탕으로 이루어지는 심화 과목이다. 학습자가 우리 역사를 심층적으로 이해하고 역사적 사고력을 심화할 수 있도록 우리 문화의 전개 과정을 주제별로 구성하였다.

　오늘날 우리 사회는 민주화, 산업화가 진전되고, 문화 교류도 증대하고 있다. 이러한 시대 변화에 맞추어 우리 역사와 문화가 여러 갈래의 문화 요소를 수용하여 소화함으로써 발전하였음을 이해하고, 한국인의 정체성을 생각하면서도 다른 문화에 대해 개방적이고 성숙한 자세를 가지도록 한다.

　'한국 문화사'는 다양한 탐구 자료를 중심으로 쉽고 재미있게 구성하고, 학습자들의 지적인 탐구심과 상상력을 키우도록 한다.

2) 목표

　'한국 문화사' 과목은 우리 문화가 형성, 변천되어 온 과정을 파악하고, 현재의 한국 문화가 우리 역사의 산물임을 이해하며, 나아가 현재 한국인의 삶을 이해하는 데에 중점을 둔다.

　가. 각 시기 문화의 특징에 영향을 미치는 경제 · 사회 · 정치적 요소를 이해한다.
　나. 각 시기의 문화 현상과 요소를 탐구하여 우리 문화가 가지는 특성과 맥락을 이해한다.
　다. 우리 역사가 외부 세계와 교류하면서 각 시대마다 새로운 문화를 수용하여 전통문화를 형성, 발전시켰음을 파악하여 열린 문화적 안목을 기른다.
　라. 각 문화 현상과 관련된 자료를 분석, 비판, 종합하는 활동을 통해 역사적 탐구력을 키운다.
　마. 우리 역사를 삶의 과정으로 이해하여 새 문화 창조와 사회 발전에 능동적으로 참여하는 태도를 기른다.

3) 내용

가. 내용 체계

영역	내용 요소
원시 사회와 문화	○ 선사시대 자연환경 ○ 인류와 문화의 이동 ○ 구석기 문화 ○ 신석기 문화 ○ 청동기, 초기 철기 문화
고대 사회와 문화	○ 신화와 의례 ○ 고대 국가의 특징 ○ 동아시아의 국제 질서와 고대 국가와의 관계 ○ 고대 종교 ○ 유물과 유적, 문자 생활, 생활양식
고려 사회와 문화	○ 경제 제도와 신분 제도 ○ 대외 관계 ○ 유교, 불교, 문학과 예술 ○ 과학 기술 ○ 의례와 생활 습속
조선 전기 사회와 문화	○ 경제 제도 ○ 유교 문화 ○ 문물제도와 학술 편찬 ○ 문학과 예술 ○ 과학과 기술 ○ 불교와 민간 신앙 ○ 촌락, 친족, 가족 문화
조선 후기 사회와 문화	○ 경제 제도의 변화 ○ 성리학적 질서의 완화 ○ 대외 교류 ○ 실학, 문학과 예술, 과학 기술, 서민 문화
근대 사회와 문화	○ 민주 공화정 ○ 자본주의 발전 ○ 신문물의 도입, 신분제 폐지 ○ 민족 말살 정책, 민족 문화 수호 운동
현대 사회와 문화	○ 산업화, 농촌 공동체 해체 ○ 도시화, 도시의 성립과 변천 ○ 민주화

나. 영역별 내용

(1) 원시 사회와 문화

구석기, 신석기, 청동기와 초기 철기시대의 문화를 다룬다. 각 시기 문화의 특성을 우리 민족과 문화의 원류가 형성되는 과정과 연계하여 파악한다.

① 선사시대 동북아시아의 자연환경 조건을 이해한다.

② 유라시아 대륙에 걸친 인류의 이동 및 정착과 그에 따른 문화의 전파 과정을 파악한다.

③ 구석기·신석기 문화의 주요 유적지와 유물을 통해 당시의 생활상을 복원해 본다.

④ 농경의 시작과 청동기 사용이 가져온 생활, 문화의 변화를 파악한다.

(2) 고대 사회와 문화

고조선부터 남북국 시기까지의 문화를 다룬다. 국가 형성과 문화 교류를 통해 고대 사회가 발달하고 불교, 유교를 비롯한 다양한 문화 전통이 공존하였음을 안다.

① 건국 신화와 의례를 바탕으로 국가 형성 시기의 사람들의 관념 형태를 추론한다.

② 정치 구조와 신분제를 통해 고대 국가의 특성을 알아본다.

③ 국제 교류의 확대가 고대 문화 발전에 미친 영향을 사례를 들어 설명한다.

④ 고대 사회에서 불교가 수용되어 정착되는 과정을 이해한다.

⑤ 삼국과 남북국의 대표적인 문화재를 조사하고 그 특징을 비교한다.

⑥ 고대의 문자 생활을 추론하고, 교육과 학술 활동이 점차 체계화되었음을 설명한다.

⑦ 고대인의 생활을 보여 주는 자료를 조사하여 이들의 생활에 영향을 미친 종교나 관념을 추론해 본다.

(3) 고려 사회와 문화

집권 체제가 정비되고 문화의 다원성이 뚜렷했던 고려시대를 다룬다. 유교와 불교가 지배 이념으로 공존하는 가운데 활발한 국제 교류를 통해 다양한 문화가 창조적으로 수용되었음을 살펴본다.

① 농업 경제의 변화와 신분 구조의 변화를 이해한다.

② 전통 사상, 불교, 유교 등이 고려의 국가 운영에 두루 영향을 끼쳤음을 이해한다.

③ 동아시아의 정세와 대외 관계의 변화가 고려 문화에 미친 영향을 사례를 들어 설명한다.

④ 유교 정치 이념이 확산되면서 교육의 보급과 학술의 발전이 이루어졌음을 안다.

⑤ 문화재와 의례를 조사하여 불교와 다양한 사상, 신앙이 공존하였음을 이해한다.

⑥ 고려 시기의 대표적인 문학·예술 작품을 조사하여 고려 문화의 다원적 특징을 추론한다.

⑦ 과학 기술의 발달을 대표적인 사례를 중심으로 이해한다.

(4) 조선 전기 사회와 문화

조선 건국부터 임진왜란 이전까지의 문화를 다룬다. 유교가 유일한 지배 이념으로 등장하는 과정과 이에 따른 문화 변화를 파악한다. 불교 신앙을 비롯한 과거의 전통이 상당 기간 유지되었음을 이해한다.

① 농업을 중심으로 한 경제생활과 신분 사회의 특징을 이해한다.

② 유교 이념이 국내 정치 및 국제 질서에 어떻게 구현되는지 탐구한다.

③ 제도 정비와 교육의 보급, 학술 편찬 성과를 통해 유교가 사회 전체로 확산되었음을 이해한다.

④ 문학과 예술 작품을 통해 사대부 문화의 기풍과 특징을 이해한다.

⑤ 부국강병 및 민본 이념이 과학과 기술의 발전을 통해 구현되었음을 파악한다.

⑥ 유교 중심의 사회 속에서 불교와 민간 신앙이 종교의 기능을 수행하였음을 이해한다.

⑦ 유교 이념의 확산이 가족, 친족, 촌락 생활에 미친 영향을 파악한다.

(5) 조선 후기 사회와 문화

임진왜란부터 개항 전까지의 문화를 다룬다. 상품 화폐 경제의 발달과 신분 제도의 동요가 진행되는 조건 속에서 서민 문화가 발달하며 새로운 경향의 문화가 다양하게 전개되어 현재의 전통문화로 이어졌음을 이해한다.

① 상품 화폐 경제의 진전을 바탕으로 한 경제생활의 변화를 이해한다.

② 사회 전반에 걸쳐 성리학적 질서가 변화되는 과정을 파악한다.

③ 외부 세계와의 인적, 물적 교류가 확대되는 양상을 이해한다.

④ 실학을 비롯한 새로운 학문 기풍이 대두하였음을 파악한다.

⑤ 문학과 예술 작품을 통해 문화 향유층의 확산과 서민 문화의 발달을 이해한다.

⑥ 다양한 영역에서 발전한 과학 기술에 대해 탐구한다.

⑦ 생활 풍속과 신앙 활동을 중심으로 당시의 생활상을 이해한다.

(6) 근대 사회와 문화

개항 이후 일제 강점기까지의 문화를 다룬다. 근대 국가 운동이 좌절되면서 문화 전통이 순탄하게 계승되지 못하였음을 이해한다. 일제의 침략과 민족 말살 정책에 맞서 민족 문화 수호 운동을 활발하게 벌였음을 안다.

① 갑오개혁을 거치며 신분제가 폐지되었고, 3 · 1 운동을 거치며 민주 공화정의 이념이 정착되었음을 안다.

② 자주적 경제 발전 노력이 좌절되고, 일제에 예속된 식민지 자본주의가 자리 잡았음을 안다.

③ 인적, 물적 교류의 확대와 신문물의 도입으로 새로운 생활문화가 확산되었음을 파악한다.

④ 근대 교육의 성장 과정과 일제 강점 이후 왜곡 양상을 조사한다.

⑤ 전통 종교와 사상의 변화, 새로운 종교의 확산이 사회에 끼친 영향을 탐구한다.

⑥ 일제의 민족 말살 정책에 맞서 전개된 민족 문화 수호 운동을 탐구한다.

(7) 현대 사회와 문화

8 · 15 광복 이후 현재까지의 문화를 다룬다. 광복 이후 전개된 민주화와 산업화 과정을 이해하고, 이것이 가져온 사회 · 문화적인 변혁을 여러 분야에 걸쳐 파악한다.

① 민주주의 정치 체제가 정착되고, 사회 민주화가 진행된 과정을 조사한다.

② 광복 이후 급격한 산업화를 이룬 사실과 산업화 과정의 특징을 파악한다.

③ 농촌 공동체의 해체, 도시화 등 산업화가 가져온 사회 변동 양상을 탐구한다.

④ 학교교육의 성장과 매스컴의 발달로 문화 활동이 대중화되었음을 이해한다.

⑤ 과학 기술의 발달과 산업화가 가져온 생활문화의 변화를 이해한다.
⑥ 분단 상황이 문화 활동에 미친 영향과 민족 문화의 성장 과정을 파악한다.
⑦ 미래의 한국 사회를 위해 바람직한 문화를 계승하고 창조하려는 자세를 가진다.

4) 교수·학습 방법

가. 한국의 역사가 주변 국가와의 교류를 통해 다양한 문화적 요소를 수용하면서 전개되었음을 이해하도록 지도한다.

나. 국민 공통 기본 교육과정의 역사 영역에서 학습한 내용을 기반으로 우리 역사와 문화에 대한 이해를 심화하고 문화 발전에 대한 전망을 가질 수 있도록 지도한다.

다. 각 시대 역사 발전의 기초가 된 정치·경제·사회적 요소를 인식하여 우리 문화 발전의 동력을 이해하고 참여하려는 자세를 가지도록 한다.

라. 문답 학습, 탐구 학습, 극화 학습, 제작 학습 등을 통해 학습자의 활동을 이끌어 내고 역사적 사고력을 신장시킬 수 있도록 한다.

마. 다양한 사료, 도표와 통계 자료, 멀티미디어 자료 등을 활용하여 교수·학습의 효율성을 높이고 생동감 있는 학습이 이루어지도록 한다.

바. 학습 내용에 따라 사실 학습, 개념 학습, 주제 학습, 인물 학습, 비교 학습 등을 다양하게 활용하고, 학생들의 능동적인 학습 활동을 위해 토론, 발표, 논술, 조사, 사례 연구, 유적 답사 등 다양한 교수·학습 기법을 활용한다.

사. 정보화 사회에 요청되는 정보 처리와 조직 능력 신장을 위해 신문 활용 교육(NIE), 인터넷 활용 교육(IIE), 컴퓨터 보조 수업(CAI) 방식을 적극적으로 활용한다.

5) 평가

가. 교육과정의 한 부분으로서 평가는 학습자의 학습과정을 이해하고 성취 수준을 높이며 교육 내용과 교수·학습 방법의 적절성을 진단하는 마무리 과정이므로 교육과정에 제시된 목표, 내용, 교수·학습 방법과 일관성을 유지하도록 시행한다.

나. 교육과정에 제시된 목표와 내용에 따라 추출된 요소를 준거로 평가를 시행하며, 지식·이해 영역뿐만 아니라 기능 영역, 가치·태도 영역에 대하여 균형 있게 평가한다.

다. 진단 평가, 형성 평가, 총괄 평가, 수행 평가를 적절하게 활용하여 학습 의욕을 자극하고, 성취도를 높이며, 학습과정과 평가의 연계성을 높일 수 있도록 한다.

라. 지필 평가 외에 관찰, 논술, 체크 리스트, 포트폴리오 등 여러 가지 양적, 질적 평가 기법을 활용하여 학생들의 역사적 능력을 종합적으로 평가하도록 한다.

마. 객관식 문항과 주관식 문항을 적절히 배합하여 평가 문항을 제작하되 타당도, 신뢰도, 객관도 등의 평가 문항 요건을 준수한다.

바. 평가의 타당도와 신뢰도를 높이기 위해 학습자의 자기평가, 모둠별 평가 등의 평가 기법을 적
   극 활용한다.

7. 세계 역사의 이해

1) 성격

오늘날 세계화는 우리의 삶을 규정하는 강력한 변화 추세 중의 하나로 인식된다. 세계적 상호 의존성의 심화는 문화와 역사적 경험이 다른 세계 여러 국가와 지역 세계를 하나의 생활 단위로 통합시켜 개인의 활동 영역을 획기적으로 확대시켰다. 한편으로 세계화를 통한 상호 교류의 진전은 복잡한 이해관계를 중심으로 민족, 인종, 종교, 계급 간의 갈등과 대립을 심화시킴으로써 국가와 민족, 종교권을 구분하는 장벽의 존재를 실감하게 하는 역설적인 현상도 야기하고 있다. 이제 한 지역에서 일어난 사건은 단지 그 지역에만 영향을 주지 않고, 예측하기 어려운 방식으로 세계 여러 지역의 다양한 생활 국면을 서로 연결시킨다.

이와 같은 변화는 현대 세계에 존재하는 다양한 문화와 가치를 이해하고 존중하는 태도 및 사건이나 문제를 다양한 집단 간의 상호 관계 속에서 파악하고 분석할 수 있는 능력을 요구한다. 이러한 태도와 능력은 현대 세계의 사회적, 문화적 특징 및 쟁점을 이해하고, 현대 세계의 문제를 해결할 수 있는 기본 자질이다.

'세계 역사의 이해'는 이러한 사회적, 교육적 요구에 부응하여 여러 지역의 독특한 문화적 특징과 그 역사적 형성 과정을 비교의 관점에서 탐구할 기회를 제공하고, 지역 간의 교류와 갈등을 통해 형성된 인류의 다양한 경험을 심층적으로 이해시키는 것을 목적으로 한다. 또, '세계 역사의 이해'는 역사적 사건은 물론, 현대 세계의 특징 및 쟁점들을 역사의 맥락에서 탐구함으로써 역사적 탐구 방법을 익히고, 역사적 통찰력을 함양할 수 있는 기회를 제공하는 과목이다.

이러한 목적을 효과적으로 달성하기 위해 '세계 역사의 이해'는 개별 국가를 넘어서서 지역 세계라는 새로운 단위를 설정하고, 여러 지역의 역사적 경험을 비교할 수 있는 주제, 각 지역 간의 상호 작용을 탐구할 수 있는 주제, 그리고 현대 세계의 특징과 쟁점을 파악하는 데 도움이 되는 주제를 선정하여 제시한다.

2) 목표

'세계 역사의 이해' 과목에서는 현재의 세계가 형성되기까지 나타난 각 지역의 역사적 경험과 그 상호 작용을 이해함으로써 현대 세계의 성격과 과제를 인식한다. 다양한 자료를 활용하여 역사적 사고력과 판단력을 기르고, 세계사 속에서 자신을 발견하여 개방적인 국제 이해와 협력의 자세를 가지도록 한다.

가. 각 지역의 독특한 문화 발전과 통치 체제, 경제 발전을 비교하고, 세계적으로 확산되어 다양한 문화에 영향을 끼쳤던 종교와 사상을 중심으로 그 형성 및 확산 과정, 사회적·문화적 영

향을 이해한다.

나. 지역 간 교류와 갈등을 통해 이루어진 경제적, 문화적 상호 작용의 전개 과정을 시기별로 이해함으로써 세계적인 상호 의존성의 증대 과정을 역사적으로 이해한다.

다. 획기적인 과학 기술의 발달, 민족 문제, 인종 문제, 계급 문제, 정치·경제·종교적 대립과 갈등 등 현대 세계의 성격과 쟁점을 이해하고, 역사적으로 탐구한다.

라. 세계의 다양한 문화 특징을 이해하고, 그 문화를 존중하는 태도를 함양한다.

마. 다양한 역사 자료를 활용한 학습 활동을 통해 역사적 사고력을 신장시킨다.

3) 내용

가. 내용 체계

영역	내용 요소
역사와 인간	○ 세계사 학습의 중요성 ○ 세계사 탐구 방법
도시 문명의 성립과 지역 문화의 형성	○ 도시 문명의 발생 ○ 진·한 제국 ○ 마우리아 왕조 ○ 페르시아 제국 ○ 그리스·로마
지역 문화의 발전과 종교의 확산	○ 유목 민족 ○ 수·당과 동아시아 ○ 이슬람 세력 ○ 게르만 민족과 로마 ○ 유교, 불교, 힌두교, 크리스트교, 이슬람교 ○ 과학 기술, 문화 교류
지역 경제의 성장과 교류의 확대	○ 송과 동아시아의 경제 ○ 이슬람 세계의 경제 ○ 유럽의 경제 ○ 동아시아 교역, 인도양 교역, 지중해 교역, 사하라 횡단 교역 ○ 몽골 제국
지역 세계의 팽창과 세계적 교역망의 형성	○ 동아시아, 무굴 제국, 오스만 제국, 유럽 세계에서 등장한 새로운 국제 질서 ○ 동아시아 교역, 대서양 교역 ○ 은의 유통과 세계 교역망의 통합
서양 근대 국민 국가의 형성과 산업화	○ 과학 혁명 ○ 계몽사상, 시민 혁명 ○ 산업 혁명과 산업화 ○ 국민 국가, 자유주의, 사회주의
제국주의의 침략과 민족 운동	○ 아시아, 아프리카, 아메리카에서의 식민 지배와 민족 운동 ○ 일본, 중국, 인도, 오스만 튀르크 등의 국민 국가 건설 운동

영역	내용 요소
현대 세계의 변화	○ 20세기의 전쟁과 갈등 ○ 국제 연맹과 국제 연합 ○ 자본주의의 변화 ○ 사회주의 체제의 변화 ○ 과학 기술

나. 영역별 내용

(1) 역사와 인간

세계사 학습의 중요성을 인식하고, 세계사 학습의 자료 활용 방법을 익힌다.

① 현대 세계의 성격을 파악하고, 인류가 당면한 다양한 문제와 쟁점을 해결하기 위하여 세계사 학습이 중요함을 이해한다.

② 다양한 자료를 활용하여 세계 역사를 탐구하는 방법을 안다.

③ 역사적으로 다양한 생활 방식이 존재하였음을 이해하고, 다른 문화와 문명을 존중하는 태도를 기른다.

(2) 도시 문명의 성립과 지역 문화의 형성

도시 문명의 발생과 제국의 형성 과정을 알아보고 각 지역의 문화를 비교하여 이해한다. 각 문명이나 제국이 고립되어 발전한 것이 아니라 접촉과 교류, 갈등을 통해 발전하였음을 안다.

① 농업 및 과학 기술의 발달과 도시 문명의 발생을 탐구한다.

② 중국의 진·한, 인도의 마우리아 왕조, 서아시아의 페르시아, 유럽의 그리스·로마를 중심으로 통치 질서와 문화적 특징을 비교한다.

③ 각 문명과 제국이 접촉과 교류, 갈등을 통해 발전하였음을 이해한다.

(3) 지역 문화의 발전과 종교의 확산

3세기경에서 10세기 전후까지 각 지역의 제국이 분열 및 통합되는 과정에서 새롭게 나타난 사회적, 문화적 특징을 탐구한다. 종교와 사상의 확산을 중심으로 활발해진 지역 간 교류 양상을 파악한다.

① 북방 민족과 수·당, 게르만 민족과 로마의 상호 작용과 이슬람 세력의 확대 과정에서 나타난 민족의 이동과 그 영향을 이해한다.

② 유교, 불교, 힌두교, 이슬람교, 크리스트교 등 주요 종교와 사상이 각 지역 사회에 미친 영향을 탐구한다.

③ 각 지역의 과학 기술 발전과 문화적 특징을 비교하고, 다양한 경로를 통해 활발한 교류가 이루어졌음을 파악한다.

(4) 지역 경제의 성장과 교류의 확대

10세기경에서 14세기 후반까지 각 지역 세계에서 과학 기술이 발전하고 농업과 수공업이 성장하는 과정을 살펴본다. 이러한 경제 발전이 상업과 교역의 발달로 이어졌으며, 생활문화를 변화시켰음을 이해한다. 경제 발전을 중심으로 각 지역 세계의 특징을 이해하고, 교역망이 확대되고 통합되는 과정을 탐색한다.

① 동아시아, 서아시아, 유럽 등의 경제적 성장을 이해한다.

② 동아시아 교역, 인도양 교역, 지중해 교역, 사하라 횡단 교역 등 각 교역권의 특징을 비교한다.

③ 몽골 제국 건설과 팽창에 따른 교역망의 통합과 이로 인한 각 지역 세계의 변화를 탐구한다.

(5) 지역 세계의 팽창과 세계적 교역망의 형성

15세기를 전후하여 각 지역 세계에서 독자적인 문화가 발달하고 대외적으로 세력이 팽창하는 과정을 탐구한다. 새로운 국제 질서와 세계적 교역망이 형성되는 과정을 파악한다.

① 동아시아, 무굴 제국, 오스만 제국, 유럽의 경제적 성장과 문화적 변화를 비교한다.

② 동아시아, 무굴 제국, 오스만 제국, 유럽에서 새로운 국제 질서가 형성되는 과정과 양상, 그 의미를 탐구한다.

③ 동아시아 교역과 대서양 교역의 양상을 알아보고, 은의 유통을 중심으로 세계적인 교역망이 통합된 의의를 파악한다.

(6) 서양 근대 국민 국가의 형성과 산업화

과학 혁명과 계몽사상에 힘입어 근대적 사유 방식, 정치 체제, 경제 구조가 형성되었음을 이해한다. 산업화로 나타난 새로운 계급 관계와 사회문제 및 그에 대한 해결 노력을 탐구한다. 국민 국가의 형성 과정을 파악하고 그 특성을 살펴본다.

① 유럽에서 과학 혁명과 계몽사상의 발달이 사유 방식과 문화에 미친 영향을 살펴본다.

② 유럽, 남북 아메리카의 시민 혁명과 국민 국가 형성 과정을 비교한다.

③ 산업화와 시민 혁명으로 인한 사회 · 경제적 변화를 이해한다.

④ 산업화가 초래한 사회문제와 그 해결 노력을 탐구한다.

(7) 제국주의의 침략과 민족 운동

아시아와 아메리카, 아프리카에서 열강의 침략에 맞서 다양한 방식으로 민족 운동이 전개되었음을 이해한다. 중국, 일본, 인도, 오스만 튀르크의 국민 국가 건설 운동을 비교하여 아시아 각국의 서로 다른 근대화 양상을 파악한다.

① 아시아, 아프리카, 아메리카에서 이루어진 식민지배 방식을 사례를 통해 비교한다.

② 유럽과 일본, 미국의 식민 지배를 받았던 국가에서 등장한 민족 운동을 사례를 통해 알아본다.

③ 일본, 중국, 인도, 오스만 튀르크 등의 민족 운동과 국민 국가 건설 운동을 비교한다.

(8) 현대 세계의 변화

현대 세계는 국가 간의 협력이 강화되는 동시에 이념, 민족, 종교, 인종, 빈부, 문명 간의 갈등이 끊이지 않고 있음을 파악한다. 현대 과학 기술의 발전이 가져온 영향을 이해한다. 현대 세계에서 제기되는 다양한 문제를 역사적인 맥락에서 탐구한다.

① 20세기에 일어난 전쟁의 성격과 특징, 그 역사적 배경을 탐구하여 전쟁의 참상을 느끼고 평화를 소중히 여기는 자세를 가지도록 한다.
② 이념, 민족, 종교, 인종 간의 갈등을 사례를 통해 알아보고, 국제 사회의 해결 노력을 이해한다.
③ 자본주의와 사회주의 체제의 변화를 살펴보고, 세계화 및 지역화의 전개 과정을 탐구한다.
④ 과학 기술 발달의 성과 및 문제점을 사례를 들어 탐구한다.
⑤ 질병, 환경, 평화, 인권 등과 관련된 인류 과제를 해결하는 방안을 탐색한다.

4) 교수·학습 방법

가. 문화권의 특성과 발전, 시대의 성격을 중심으로 세계사의 전개 과정을 체계적으로 이해하도록 한다.

나. 세계 여러 지역의 역사를 비교하여 그 보편성과 특수성을 인식하고, 다른 지역의 문화와 역사를 존중하는 태도를 가지도록 한다.

다. 개별적인 사실보다는 주요한 주제와 개념을 통해 구조화된 내용을 역사적으로 파악할 수 있도록 한다.

라. 문답 학습, 탐구 학습, 극화 학습, 제작 학습 등을 통해 학습자의 참여를 이끌어 내고 역사적 사고력을 신장시킬 수 있도록 한다.

마. 다양한 사료, 도표와 통계 자료, 멀티미디어 자료 등을 활용하여 교수·학습의 효율성을 높이고 생동감 있는 학습이 이루어지도록 한다.

바. 학습 내용에 따라 사실 학습, 개념 학습, 주제 학습, 인물 학습, 비교 학습 등을 다양하게 활용하고, 학생들의 능동적인 학습 활동을 위해 토론, 발표, 논술, 조사, 사례 연구 등 다양한 교수·학습 기법을 활용한다.

사. 정보화 사회에 요청되는 정보의 처리와 조직 능력 신장을 위해 신문 활용 교육(NIE), 인터넷 활용 교육(IIE), 컴퓨터 보조 수업(CAI) 방식을 활용한다.

5) 평가

가. 교육과정의 한 부분으로서 평가는 학습자의 학습과정을 이해하고 성취 수준을 높이며 교육 내용과 교수·학습 방법의 적절성을 진단하는 마무리 과정이므로 교육과정에 제시된 목표, 내용, 교수·학습 방법과 일관성을 유지하도록 시행한다.

나. 역사적 지식·이해 영역뿐만 아니라 기능, 가치·태도 영역도 균형 있게 평가한다.

다. 진단 평가, 형성 평가, 총괄 평가, 수행 평가를 적절하게 활용하여 학습 의욕을 자극하고 성취도를 높이며 학습과정과 평가의 연계성을 높일 수 있도록 한다.

라. 지필 평가 외에 관찰, 논술, 체크 리스트, 포트폴리오 등 여러 가지 양적, 질적 평가 기법을

활용하여 학생들의 역사적 사고력을 종합적으로 평가한다.
마. 지필 평가 문항에는 객관식과 주관식 문항을 적절히 배합하고, 타당도, 신뢰도, 객관도 등의 평가 문항 요건을 준수한다.
바. 평가의 타당도와 신뢰도를 높이기 위하여 학습자의 자기평가, 조별 평가 등의 평가 기법을 적극 활용한다.

8. 동아시아사

1) 성격

'동아시아사' 과목은 동아시아 지역에서 전개된 인간 활동과 그것이 남긴 문화유산을 역사적으로 파악하여 이 지역에 대한 이해를 증진하고, 나아가 지역의 공동 발전과 평화를 추구하는 안목과 자세를 기르기 위해 개설된 선택 과목이다. 선사시대부터 현대까지 동아시아인이 성취한 문화의 공통성과 상관성을 탐구하여 동아시아 지역의 발전과 평화 정착에 능동적으로 참여할 수 있는 자질을 기르도록 한다.

'동아시아사' 과목은 국민 공통 기본 교육과정의 역사 영역에서 습득한 역사 이해와 인식을 바탕으로 동아시아 지역의 역사를 심층적으로 이해하는 데 목적을 둔다. 이를 위해 동아시아 사회의 형성과 전개 과정을 크게 몇 시기로 나누고, 각 시기별로 몇 개의 주제를 두어 지역 전체를 비교, 조망할 수 있도록 구성한다.

우리가 속한 동아시아는 과거부터 지역 내 공동체 상호 간의 긴밀한 교류를 통해 문자, 사상, 제도 등에서 나름의 정체성을 형성해 왔으며, 오늘날 국제 사회에서 차지하는 비중이 증대되고 있는 역동적인 역사 및 지역 단위이다. 이와 같은 동아시아의 과거와 현재에 대한 객관적이고 균형 잡힌 이해와 분석 능력을 키워 화해와 협력을 바탕으로 동아시아가 공동의 평화와 번영을 이루어 나가는 데 관심을 가지도록 한다.

2) 목표

'동아시아사' 과목은 동아시아 지역의 역사 전개 과정을 주체적이고 개방적인 관점에서 종합적이고 체계적으로 이해하여 이 지역의 특성과 과제를 올바로 인식하는 데 목표를 둔다. 다양한 관점에서 자료를 활용하여 역사적 사고력과 역사의식을 기르고, 나아가 동아시아 지역의 발전과 평화에 이바지하는 자세를 가지도록 한다.

가. 객관적이고 균형 잡힌 시각으로 동아시아 지역사를 파악하여 역사를 주체적으로 이해하는 안목을 기른다.

나. 각 시기 사회와 문화의 특징을 드러낼 수 있는 공통적이거나 연관성 있는 요소를 주제별 접근 방식을 통해 이해한다.

다. 동아시아 역사와 문화의 다양성을 탐구하여 그 특징을 파악하고, 타자를 이해하고 존중하는 태도를 함양한다.

라. 각 시기에 전개된 교류와 갈등 요소를 탐구하여 문제 해결의 방향을 모색하는 자세를 가진다.

마. 주제와 관련된 자료를 비교, 분석, 비판, 종합하는 활동을 통해 역사적 사고력을 신장시킨다.

3) 내용

가. 내용 체계

영역	내용 요소
동아시아 역사의 시작	○ 동아시아의 자연환경 ○ 선사 문화 ○ 농경과 목축 ○ 국가의 성립과 발전
인구 이동과 문화의 교류	○ 지역 간 인구 이동과 전쟁 ○ 고대 불교, 율령과 유교에 기반을 둔 통치 체제 ○ 동아시아 국제 관계
생산력의 발전과 지배층의 교체	○ 북방 민족 ○ 농업 생산력의 발전과 소농 경영 ○ 문신과 무인 ○ 성리학
국제 질서의 변화와 독자적 전통의 형성	○ 17세기 전후 동아시아의 전쟁 ○ 은 유통과 교역망 ○ 인구 증가와 사회, 경제 ○ 서민 문화, 각국의 독자적 전통
국민 국가의 모색	○ 개항과 근대 국민 국가 수립 ○ 제국주의 침략 ○ 민족주의와 민족 운동 ○ 평화를 지향한 노력 ○ 서구 문물의 수용과 변화
오늘날의 동아시아	○ 전후 처리 문제 ○ 동아시아에서의 분단과 전쟁 ○ 각국의 경제 성장과 정치 발전 ○ 갈등과 화해

나. 영역별 내용

⑴ 동아시아 역사의 시작

동아시아사 학습의 중요성과 함께 동아시아의 환경이 역사 전개에 미친 영향을 살펴본다. 동아시아 여러 지역에서 다양한 문명이 발생하고 국가가 성립하였음을 이해한다. 시기는 대체로 선사시대부터 기원전·후까지를 대상으로 한다.

① 동아시아 지역의 사람들이 어떤 자연 조건과 환경 속에서 살았는지 알아본다.

② 대표적인 유물을 중심으로 선사 문화의 다양성을 이해한다.

③ 농경과 목축의 시작과 발전을 알아보고, 그것이 동아시아 사회에 끼친 영향을 파악한다.

④ 정치적 갈등과 통합을 통해 국가가 성립, 발전하는 과정을 이해한다.

⑵ 인구 이동과 문화의 교류

각 지역에서 여러 국가와 정치 집단이 분열하고 통합되는 과정에서 전쟁과 인구 이동이 일어났음을 이해한다. 조공·책봉 관계의 내용과 의미를 파악하고, 각국이 불교, 율령, 유교를 받아들인 이유와 과정을 이해한다. 시기는 대체로 기원전·후부터 10세기까지를 대상으로 한다.

① 지역 간에 인구 이동이 활발히 전개되고, 전쟁이 빈번하게 일어났음을 이해한다.

② 불교가 각 지역에 전파되는 양상과 그 영향을 비교한다.

③ 율령과 유교에 기반을 둔 통치 체제가 수립되고, 이를 각국이 수용하는 과정을 살펴본다.

④ 동아시아 외교 형식인 조공·책봉 관계를 각국의 상호 필요라는 관점에서 파악한다.

⑶ 생산력의 발전과 지배층의 교체

여러 국가가 병립하면서 생긴 국제 관계의 변화와 몽골 제국의 성립이 가지고 있는 의미를 파악한다. 문신, 무인 등으로 불리는 새로운 지배층이 형성되고, 소농 경영을 중심으로 농업 생산력이 발전하며, 새로운 지배 이념으로 성리학이 대두하였음을 이해한다. 시기는 대체로 10세기부터 16세기까지를 대상으로 한다.

① 북방 민족의 등장과 각국의 대응, 몽골 지배의 영향을 파악한다.

② 농업 생산력이 발전하고 소농 경영이 정착되는 모습을 이해한다.

③ 문신과 무인이 새로운 지배층으로 등장한 배경을 알아보고, 그 차이점을 비교한다.

④ 성리학의 성격을 살펴보고 지역별 특징을 비교하여 설명한다.

⑷ 국제 질서의 변화와 독자적 전통의 형성

17세기 전후 동아시아 전쟁과 국제 질서의 변화를 이해한다. 동아시아 교역망의 발달과 각국의 사회·경제적 변화, 서민 문화의 성장에 대해 파악하고, 각국이 독자적 전통을 형성해 가는 모습을 이해한다. 시기는 대체로 16세기부터 19세기까지를 대상으로 한다.

① 17세기 전후 동아시아 전쟁이 전개된 양상과 국제 관계에 미친 영향을 알아본다.

② 은 유통의 활성화와 동아시아 교역망의 발달, 서구와의 교류를 이해한다.

③ 인구 증가와 도시화의 촉진, 서민 문화의 발달상을 탐구한다.

④ 각국이 독자의 체제와 전통을 형성해 가는 모습을 비교한다.

⑸ 국민 국가의 모색

개항을 전후하여 시작된 각국의 국민 국가 건설 노력에 대해 알아본다. 일본을 비롯한 제국주의 국가의 침략과 식민지배가 민중에게 준 고통을 이해하고, 이에 저항하여 각 지역에서 민족 운동이 활발히 전개되고, 국제적인 교류와 연대도 이루어졌음을 파악한다. 시기는 대체로 19세기 중반부터 1945년까지를 대상으로 한다.

① 각국에서 개항이 가지는 의미와 근대 국민 국가 수립의 양상을 비교한다.

② 제국주의 침략 전쟁과 이로 인한 가해와 피해의 실상을 알아본다.

③ 침략과 지배에 저항하여 일어난 각국의 민족주의와 민족 운동을 비교한다.

④ 전쟁을 반대하고 평화를 지향하는 노력과 국제 연대에 대해 알아본다.

⑤ 각국이 서구 문물을 수용하면서 사회, 문화, 사상 등에 어떤 변화가 나타났는지 비교한다.

⑹ 오늘날의 동아시아

전후 처리 양상과 국교 회복 과정을 살펴보고, 동아시아에서의 이념 대립과 분단에 대해 파악한다. 각국의 정치, 경제, 사회의 발전 양상을 알아보고, 국가 간 갈등과 이를 극복하기 위한 방안을 탐구하여 화해와 평화를 위해 노력하는 자세를 가진다. 시기는 1945년 이후를 대상으로 한다.

① 제2차 세계대전의 전후 처리와 각국의 국교 회복 과정에 대해 이해한다.

② 중국의 국공 내전, 6·25 전쟁, 베트남 전쟁의 성격과 그 영향을 알아본다.

③ 각국의 경제 성장 과정을 비교하고 지역 내 교역 활성화에 대해 살펴본다.

④ 각국의 정치, 사회의 발전 모습과 특징을 파악한다.

⑤ 동아시아에 현존하는 갈등을 살펴보고, 화해를 위한 방법을 탐구한다.

4) 교수·학습 방법

가. 국민 공통 기본 교육과정의 역사 영역에서 학습한 내용을 기반으로 동아시아 지역에서 전개된 역사와 문화를 깊이 이해할 수 있도록 지도한다.

나. 각국이 이룩한 독자적 역사 발전과 함께 동아시아사가 가지는 독특한 역사상을 이해하도록 지도한다.

다. 상호 교류 및 발전과 함께 갈등 문제도 각 시대의 주요 학습 요소로 인식한다.

라. 각 공동체를 상호 비교하여 보편성과 함께 차이점도 탐구함으로써 학습자의 역사적 사고력을 신장할 수 있도록 한다.

마. 다양한 사료, 도표와 통계 자료, 멀티미디어 자료 등을 활용하여 교수·학습의 흥미와 효과를 높이도록 한다.

바. 학습 내용에 따라 사실 학습, 개념 학습, 주제 학습, 인물 학습, 비교 학습 등을 다양하게 활용하고, 학생들의 능동적인 학습 활동을 위해 토론, 발표, 논술, 조사, 사례 연구 등 다양한 교수·학습 기법을 활용한다.

사. 정보화 사회에 요청되는 정보 처리와 조직 능력 신장을 위해 신문 활용 교육(NIE), 인터넷 활용 교육(IIE), 컴퓨터 보조 수업(CAI) 방식 등을 적극적으로 활용한다.

5) 평가

가. 교육과정의 한 부분으로서 평가는 학습자의 학습과정을 이해하고 성취 수준을 높이며 교육 내용과 교수·학습 방법의 적절성을 진단하는 마무리 과정이므로 교육과정에 제시된 목표, 내용, 교수·학습 방법과 일관성을 유지하도록 시행한다.

나. 교육과정에 제시된 목표와 내용에 따라 추출된 요소를 준거로 평가를 시행하며, 지식·이해 영역만이 아니라 기능 영역, 가치·태도 영역에 대해서도 균형 있게 평가한다.

다. 진단 평가, 형성 평가, 총괄 평가, 수행 평가를 적절하게 활용하여 학습 의욕을 자극하고 성취도를 높이며 학습과정과 평가의 연계성을 높일 수 있도록 한다.

라. 지필 평가 외에 관찰, 논술, 체크 리스트, 포트폴리오 등 여러 가지 양적, 질적 평가 기법을 활용하여 학생들의 역사적 능력을 종합적으로 평가하도록 한다.

마. 객관식 문항과 주관식 문항을 적절히 배합하여 평가 문항을 제작하되 타당도, 신뢰도, 객관도 등의 평가 문항 요건을 준수한다.

바. 평가의 타당도와 신뢰도를 높이기 위해 학습자의 자기평가, 모둠별 평가 등의 평가 기법을 적극 활용한다.

9. 법과 사회

1) 성격

‘법과 사회’ 과목은 학생들이 법의 이념과 원리 및 그 체계에 대한 기본적인 이해를 통해 현대 법치 국가의 민주 시민에게 필수적으로 요구되는 법적 사고력, 가치 판단 능력 및 문제 해결 능력을 함양하고, 올바른 법의식과 준법정신을 가지도록 하기 위해 개설된 사회과의 선택 과목이다. 이 과목은 국민 공통 기본 교육과정의 ‘사회’ 과목 중 법 관련 단원의 내용을 심화하는 성격을 가진다.

‘법과 사회’ 과목은 사회생활에서 경험하게 되는 다양한 생활 소재를 중심으로 그에 관련된 기본적인 법 원리에 대한 탐구를 통해 문제 상황들을 논리적, 법적으로 이해하고, 나아가 법 절차에 따라 합리적, 평화적으로 해결할 수 있는 태도를 육성할 수 있는 내용으로 구성된다. 따라서 지엽적이고 세세한 법 지식을 전달하는 것을 지양하면서, 각 생활 영역에서 핵심적인 법의 기본 원리에 대한 이해를 통해 법적 사고력과 가치 판단 능력 및 문제 해결 능력을 육성하도록 한다.

‘법과 사회’ 과목을 통해 인간의 기본권이 존중되는 행복한 삶을 위한 법의 필요성과 준법정신의 중요성을 깨닫고, 부당한 침해로부터 개인의 권리를 보호하는 법의 역할을 인식하도록 한다.

2) 목표

‘법과 사회’ 과목은 기본적인 법 이론에 대한 이해를 통해 일상생활에서의 문제 상황을 민주 사회의 법이념에 따라 합리적, 합법적으로 해결해 나갈 수 있는 능력을 함양하는 것을 목표로 한다. 궁극적으로는 개인의 기본권이 보장되고 정의가 실현되는 사회를 이룩하는 데 필요한 민주 시민으로서의 법적 소양, 가치관 및 태도를 지니게 한다.

가. 현대 민주 국가에서 법의 필요성과 기능을 이해하고, 기본적인 법 이론을 활용하여 각 구성원 간의 법률관계를 분석하고, 생활의 각 영역에서 발생하는 법적 문제 상황을 이해한다.

나. 법적 문제 상황에 관련된 기록, 정보 및 자료에 대한 분석을 통해 문제 상황을 법적으로 해결할 수 있는 능력을 길러 다양한 사회적 쟁점에 대한 법적 해결 방안을 모색할 수 있다.

다. 국내외의 사회 구성원 간에 의견이 엇갈리는 쟁점들의 내용을 법적으로 이해하고, 관련된 개인 혹은 집단의 입장에서 각각의 주장을 합리적, 합법적으로 판단할 수 있는 능력을 기른다.

라. 다양한 분쟁 해결 방식의 원리와 절차를 이해하고, 이를 활용하여 개인적, 사회적 분쟁을 합리적, 평화적으로 해결하는 능력과 태도를 기른다.

마. 법의 보호적 기능을 인식하고, 개인의 권익 보장과 그 침해에 대한 구제를 위한 제도들을 이해하고 활용할 수 있다.

바. 민주적 법체계와 절차를 존중하고, 건전한 법의식과 법문화를 지니며, 민주 사회의 실현에 능

동적으로 참여하는 자세를 가진다.

3) 내용

가. 내용 체계

영역	내용 요소
법 생활의 기초	○ 법의 필요성, 법 제도의 구조 ○ 법의 연원, 법의 민주적 정당성, 법적 개념과 원리의 활용, 법의 해석과 적용 ○ 다양한 분쟁 해결 방법, 법률 정보의 획득과 법률 구조의 활용 ○ 법치주의와 정당한 법에 의한 지배, 준법 의무와 비판적 법의식, 법과 사회 변동
국가적 생활과 법	○ 입헌주의와 헌법, 기본권의 보장과 제한 및 제한의 한계, 기본권의 주요 내용 및 쟁점, 헌법 재판 제도 ○ 법치 행정의 원리, 행정 작용의 법적 수단, 행정 작용의 통제와 개인의 권리 보호 ○ 국제법의 기능, 국제 관계의 주체, 국제 분쟁의 평화적 해결
개인적 생활과 법	○ 계약의 체결, 계약의 이행과 불이행, 채무의 보증 ○ 부동산의 매매, 등기, 주택의 임대차 ○ 불법 행위의 유형, 손해 배상의 부담, 새로운 불법 행위 ○ 혼인, 이혼, 친자, 상속 ○ 개인 간의 분쟁과 권리의 침해, 개인 간의 분쟁의 해결과 민사 소송 및 소송 이외의 방법을 통한 개인 간 분쟁의 해결
사회적 생활과 법	○ 소비자 피해의 유형, 소비자의 권리, 소비자 피해의 구제 ○ 취직과 근로 계약, 근로자의 권리, 근로자의 권리 구제
범죄와 형사 절차	○ 형법의 의의와 기능, 범죄의 성립 요건, 범죄의 형태와 유형, 형벌과 보안 처분 ○ 형사 절차의 개관, 수사, 공판, 형벌의 집행

나. 영역별 내용

(1) 법 생활의 기초

우리 사회에서의 법과 법 제도, 법의 다양한 연원과 해석, 적용의 기본 원리를 파악하고, 법의 민주적 정당성이 가지는 의의를 이해한다. 나아가 분쟁의 예방과 해결을 위해 스스로 권리 의식을 함양하고 적극적으로 법률 서비스를 이용할 수 있는 자세를 갖추어 법치주의를 바탕으로 한 법문화를 형성하고 법을 준수하는 태도를 가진다.

① 여러 사회 규범 중에서 법이 필요한 이유를 이해한다.

② 입법, 행정, 사법 작용을 담당하는 기관의 기능을 중심으로 법 제도의 체계와 구조를 파악한다.

③ 다양한 형태의 법원(法源)과 이들 간의 단계 구조를 이해한다.

④ 정의와 인권이 법 제도의 기본적 가치로서 가지는 의의를 이해한다.

⑤ 죄형 법정주의, 법치 행정의 원리, 조세 법률주의 등의 취지를 법의 민주적 정당성이라는 관점에서 파악한다.

⑥ 법 해석은 국민과 다른 법 기관도 할 수 있으나 최종적인 해석은 법원이 행한다는 것을 인식한다.

⑦ 분쟁의 예방과 해결을 위해서는 권리 의식이 필요함을 인식하고, 분쟁 해결을 위해 활용할 수 있는 다양한 제도와 법률 정보 획득 방법을 알고 적극적으로 이용하는 자세를 가진다.

⑧ 법치주의의 정착을 위해 법문화와 법의식이 중요한 이유를 구체적 사례를 통해 탐구하고, 사회 변동에 따라 나타나는 새로운 법 현상에 대한 대처 방안을 슬기롭게 모색한다.

⑩ 민주 시민 사회의 구성원으로서 헌법의 가치와 이념이 전체 법질서에 구현될 수 있도록 하는 비판적 법의식의 중요성을 이해한다.

(2) 국가적 생활과 법

현대 국가에 있어서 국가와 국민 간의 관계와 관련하여 우선 국가의 존립 근거가 되는 개인의 기본권의 중요성을 인식하고, 특히 현대 사회에서 문제 되는 주요 기본권의 내용 및 관련된 법적 쟁점들을 탐구하며, 궁극적으로 기본권 보장 규범으로서의 헌법을 이해한다. 국가와 국민 간의 관계와 관련하여 행정 작용을 중심으로 개인의 권리 보호를 위한 법치 행정의 원리와 아울러 국가 및 지방 자치 단체의 행정 활동을 규율하는 행정법의 개념과 그 기본 원리를 파악한다. 끝으로, 국가 간의 관계를 규율하는 국제법의 특징과 국제기구의 의의 및 국가 간의 법적 관계를 이해한다.

① 입헌주의의 의의와 발달과정을 헌법의 개념 및 특징과 연관 지어 이해한다.

② 인격권, 평등권(여성, 장애인, 사회적 소수자 등의 차별 관련), 자유권(일반적 행동의 자유, 사생활의 비밀과 자유, 양심의 자유, 표현의 자유 등) 및 사회권(교육을 받을 권리 등) 등과 관련한 법적 쟁점을 구체적 사례를 중심으로 파악한다.

③ 헌법에 기본권 제한에 관한 규정을 두게 된 취지를 과잉 제한 금지의 원칙을 비롯한 제한의 한계에 중점을 두고 탐구한다.

④ 헌법 소원과 위헌 법률 심판 제도를 중심으로 헌법 재판 제도의 의의를 이해한다.

⑤ 국가와 지방 자치 단체의 활동이 법에 따라 이루어져야 하는 이유를 파악한다.

⑥ 행정에 대한 민주적 통제와 시민 참여의 중요성을 이해하고, 행정 작용으로 인해 침해된 시민의 권익을 구제하기 위한 다양한 행정법상의 제도들을 구체적 사례를 활용하여 이해한다.

⑦ 국제법의 법원(法源)을 알아보고, 평화로운 국제 관계를 위한 국제법의 기능을 이해한다.

⑧ 국가 간의 분쟁 해결 및 국제적 인권 보호를 위한 여러 방안을 탐색하고, 분쟁 해결과 관련된 국제기구의 기능을 국제 연합(UN)을 중심으로 파악한다.

(3) 개인적 생활과 법

① 계약을 통해 권리와 의무가 발생함을 알고, 계약 체결의 과정과 계약의 중요성을 사례를 중심으로 파악한다.

② 부동산 매매와 임대차 계약의 법적 성질과 과정을 이해하고, 계약 당사자의 입장에서 주의할 점과 계약자 보호를 위한 관련 법 원리의 주요 내용을 파악한다.

③ 불법 행위의 의미를 다양한 사례를 통해 이해하고, 손해 배상의 책임을 지는 자와 책임을 묻

는 자의 법적 권리와 의무를 분석한다.
④ 가족에 대한 법률관계(혼인, 상속 등)에 대해 알아보고, 분쟁 시 고려해야 할 점들을 탐색한다.
⑤ 개인 간의 생활 관계에서 나타나는 각종 분쟁 사례를 찾아 권리 침해의 형태를 파악한다.
⑥ 민사 소송의 기능과 다양한 소송의 유형에 대해 알아보고, 침해된 권리를 구제하기 위한 방법으로 소송 외에도 다양한 제도가 있음을 이해한다.

(4) 사회적 생활과 법
① 일상생활에서 발생하는 소비자 피해의 사례를 찾아보고, 소비자의 권리 보호를 위한 법적 제도와 구제 절차를 파악한다.
② 근로 계약의 특수성을 이해하고, 근로 계약 체결 시의 유의 사항을 이해한다.
③ 임금, 해고, 휴식, 노동 쟁의 등과 관련하여 법에 의해 보호되는 근로자의 주요 권리를 탐색하고, 근로자의 권리가 침해될 경우 구제받을 수 있는 법적 절차를 사례를 통해 파악한다.

(5) 범죄와 형사 절차
범죄와 형벌의 개념 및 형법의 의의와 기본 원칙을 이해하고, 다양한 범죄의 유형을 파악하며, 이에 관련된 법 원리를 탐구한다. 또, 형사 절차의 흐름을 이해하고, 이 과정에서 인권을 보호하기 위한 다양한 제도적 수단들을 파악한다. 나아가 범죄가 개인 및 사회에 미치는 영향에 대해 인식한다.
① 죄형 법정주의를 통해 형법의 의의와 기능을 파악한다.
② 범죄의 성립 요건과 위법성 및 책임 조각 사유를 구체적 사례를 통해 이해한다.
③ 일상생활 및 학교생활과 관련된 범죄의 형태와 유형을 파악하고, 범죄에 대한 형벌의 형태와 처벌 과정을 탐구한다.
④ 수사, 공판, 형벌의 집행으로 이어지는 형사 절차의 흐름을 이해하고, 형사 절차에서 피의자나 피고인이 누릴 수 있는 권리를 알아본다.
⑤ 공판 절차의 주요 내용을 파악하고, 상소 제도와 "의심스러울 때에는 피고인의 이익으로"라는 법리의 취지를 탐구한다.
⑥ 형벌이 집행되는 절차를 알아보고, 형사 처분이 일상생활에 미치는 영향을 파악한다.

4) 교수·학습 방법

가. 민주 시민으로서의 사회생활에 필요한 기본적인 법 원리에 대한 이해와 가치 판단 능력을 함양하는 데 중점을 두고, 지나치게 세세한 지엽적인 설명을 제시하지 않도록 주의한다.
나. 신문, 방송의 뉴스 자료나 헌법 재판소 결정, 대법원 판례 등 다양한 사례를 활용하여 법에 대한 흥미를 높이고, 자신의 실생활에 관련된 구체적인 법적 문제들을 다루어 보는 경험을 가지도록 한다.
다. 견학, 모의재판, 역할놀이, 대화법 등 역동적인 교수·학습법을 활용하여 법과 관련된 다양한 체험을 할 수 있는 기회를 제공하도록 한다.

라. 매매 계약서, 임대차 계약서, 영수증, 혼인 신고서, 근로 계약서 등의 다양한 법률 서식을 직접 작성해 보도록 함으로써 법 생활에 대하여 친근감과 현실감을 가지도록 한다.

마. 법과 관련된 영화나 방송 드라마, 유명한 판결 등을 자료로 활용하여 학생들이 일상생활 속에서 법을 쉽고 친근하게 체험할 수 있도록 한다.

바. 법 생활과 관련된 외부 전문가들을 초빙하여 강연을 듣거나 대화를 나누는 경험을 통해 법적 문제에 대한 관심을 높이는 기회를 제공한다.

사. 법이 처벌을 통해 무조건적 복종을 강요한다는 전근대적 법의식을 극복할 수 있도록 법의 보호적 기능을 강조한다.

아. 법에서 보장하는 인권의 기본적 내용들을 이해시키고, 구체적인 권리 구제 방법과 절차들을 관련 기관들에 대한 설명과 함께 제시한다.

자. 내용과 관련하여 학생들에게 반드시 알아야 할 원리적인 부분과 더 생각해 볼 수 있는 부분을 명확히 구분하여 제시함으로써 학생들의 학습량과 난이도를 조절한다.

차. 현재의 법체계와 법이념을 이해함은 물론, 사회의 능동적 변화에 대응할 수 있도록 법적 사고가 필요하다는 것을 인식하도록 한다.

5) 평가

〈평가의 기본 방향〉

가. 올바른 법적 판단과 가치 판단 능력을 묻는 구술, 논술 등 다양한 평가를 적극 활용하고, 상호 토론의 평가를 통해 자신의 판단을 다른 사람 및 사회적 인식과 비교해 볼 수 있는 기회를 제공한다.

나. 법조문 자체나 지엽적인 법률적 내용 등 학습자에게 과도한 학습 부담을 주거나 단순 암기식 학습을 유도할 가능성이 있는 평가를 지양한다.

다. 평가의 결과는 교육 내용과 교수·학습 방법과 연계하여 반성적으로 검토하고 활용한다.

〈영역별 평가 방향〉

가. '법과 사회' 과목의 평가는 교육과정에 제시된 목표를 반영하도록 하며, 지식뿐만 아니라 기능, 가치·태도 영역에서 균형적으로 이루어지도록 한다.

(1) 지식 영역의 평가는 생활 법에 대한 기본적인 정보와 지식 습득 여부에 중점을 둔다.

(2) 기능 영역의 평가는 생활 법에 대한 정보의 획득과 활용 기능, 법적 쟁점 및 가치 탐구 기능, 문제 해결 기능, 의사 결정 기능 및 집단 참여 기능에 중점을 둔다.

(3) 가치·태도 영역의 평가는 학습자 개인의 가치 명료화 능력, 가치에 대한 분석 및 판단 능력에 중점을 둔다.

나. '법과 사회' 과목의 평가에는 다음의 요소들을 포함하도록 한다.

⑴ 민주 사회를 유지하고 발전시키기 위해 법이 가지는 역할과 필요성을 정확하게 이해하고 있는가?

⑵ 생활 속에서 경험하는 다양한 사회현상과 제도들이 법과 어떻게 연관되는지 설명할 수 있는가?

⑶ 법이 시대 상황의 변화와 시민들의 요구에 따라 변화하고 발전해 나가는 것임을 이해하고 있는가?

⑷ 다양한 법적 쟁점을 합리적 사고과정을 통해 판단하고 다른 사람과 비교할 수 있는가?

⑸ 개인의 권리를 침해당했을 때 구제받을 수 있는 평화적, 합리적인 방법과 절차를 실생활에서 활용할 수 있는가?

⑹ 헌법의 존재 이유를 기본권 보장과 관련하여 이해하고, 기본권 보장의 의의와 그 제한의 한계를 설명할 수 있는가?

⑺ 민사와 형사, 행정 등 다양한 법 영역의 차이점을 알고, 이러한 차이에서 오는 법 원리상의 차이를 적절하게 진술할 수 있는가?

⑻ 형사 절차에서 인권을 보호하기 위한 여러 제도를 이해하고 있는가?

⑼ 국가 간의 평화 우호 증진을 위한 국제법의 기능과 관련 제도를 이해하고 있는가?

⟨평가의 유의점⟩

가. 개별 사안에 대한 판결문 작성 등의 활동을 통해 논점의 추출, 논쟁의 판단 능력 및 논리적인 의사 전개 능력 등을 평가한다.

나. 법원 재판 관람기 작성이나 법 관련 단체 홈 페이지 방문, 의견 제시하기 등 실현 가능성이 높은 체험을 평가 요소로 제시한다.

다. 법체계와 준법 행위, 다양한 법적 쟁점에 대한 판단과 그렇게 판단하게 된 근거를 제시하도록 하여 학생이 지니고 있는 가치의 우선순위를 명료화하고 이를 체계화해 볼 수 있도록 한다.

라. 수행 평가의 경우 개별 지식에 대한 암기 여부를 묻기보다는 사례 제시를 통해 종합적 판단력과 문제 해결 능력을 평가할 수 있도록 한다.

10. 정치

1) 성격

'정치' 과목은 정치 현상을 이해하는 데 필요한 기본적인 지식을 습득하고, 이를 바탕으로 공동체 생활의 원리를 파악하며, 정치 생활에 능동적으로 참여하는 민주 시민의 자질을 함양하기 위해 개설된 사회과의 선택 과목이다.

'정치' 과목은 정치 공동체인 국가와 정부, 민주주의의 의미와 발전, 정부 기구의 일반적인 구성이나 운영 원리, 우리나라의 정치 현실과 발전 과제, 국민의 권리 · 의무와 정치과정, 국제 사회의 특징과 문제 및 외교 정책 등을 주요 내용으로 한다.

'정치' 과목은 학습자로 하여금 정치 현상과 관련된 개념 · 원리 등 학문적 지식을 습득하게 하고, 다양한 정치 행위자와 정치 제도 간의 상호 작용에 대한 고찰을 통해 정치적 기능이 수행되는 과정을 이해하고 인식하게 한다.

'정치' 과목의 학습을 통해 학습자의 정치 문제 해결에 필요한 정보 획득 및 합리적 의사 결정 능력을 함양한다. 변화하는 정치 상황에 대한 자료와 정보를 수집, 분석하여 지역 · 국가 · 국제 사회의 문제를 주체적으로 해결해 나가는 민주 시민으로서의 소양을 갖추어 능동적으로 참여하는 태도를 가지도록 하는 데 중점을 둔다.

2) 목표

정치 현상을 체계적으로 이해하기 위한 기본 개념과 원리, 그리고 민주주의의 근본 가치와 원리를 학습하고, 정치적 쟁점과 문제를 해결하기 위해 비판적으로 사고하고 종합적으로 분석하여 합리적으로 의사 결정을 내리는 능력을 함양한다. 또, 정치과정에 능동적으로 참여하여 공동체의 발전에 이바지하는 민주 시민의 자세를 가진다.

가. 민주 정치의 발전, 우리나라의 정부 조직 형태와 통치 원리, 국제 정치 등 정치 현상에 관한 기본 개념과 원리 및 특징을 파악한다.

나. 헌법에 기초한 국민의 권리와 의무, 정치과정과 참여 방법 등 국민의 정치적인 권리 행사와 관련하여 기본적인 정치 현상의 지식을 이해한다.

다. 정치 현상과 관련된 국내외의 다양한 정보 및 자료를 수집, 분석하며, 이를 문제 해결에 활용하여 반성적 탐구 능력, 문제 해결 능력, 의사 결정 능력, 비판적 사고력 등을 함양한다.

라. 다원화된 사회에서 정치적 관계를 인식하고 갈등 상황에서 정치 공동체와 타인의 입장을 합리적으로 분석하고 평가하여 공존을 모색할 수 있는 능력을 함양한다.

마. 정치 공동체의 구성원으로서 민주주의의 기본 가치를 내면화하여 시민생활에서 누릴 수 있는

권리와 사회적 책임을 인식하고, 민주적 자질을 함양하여 공동체의 발전에 능동적으로 참여하는 태도를 가진다.

바. 지역 사회와 국가, 국제 사회의 특성과 정치적 운영 원리를 이해하고, 지역·국가·국제 사회의 문제에 관심을 가지고 해결 과정에 능동적으로 참여하는 자세를 가진다.

3) 내용

가. 내용 체계

영역	내용 요소
민주 정치의 발전	○ 정치의 의미와 기능 ○ 정치적 권위와 정통성 ○ 민주 정치의 발전 과정 ○ 민주주의의 이념과 유형 ○ 정치 문화와 정치 사회화 ○ 우리나라 민주 정치의 특성과 과제
국민의 권리와 의무	○ 헌법의 정치적 의의 ○ 국민 주권과 입헌주의의 원리 ○ 우리나라 헌법의 기본 원리 ○ 국민의 정치적 권리의 내용과 한계 ○ 우리나라 국민의 정치적 의무 ○ 국민 주권 실현의 과제
국가의 조직과 통치	○ 국가와 정부 ○ 우리나라의 정부 형태 ○ 국회와 입법부 ○ 대통령과 행정부 ○ 법원과 사법부 ○ 민주주의와 지방 자치의 발전 과제
정치과정과 참여	○ 정치과정 ○ 정치 참여의 의의와 유형 ○ 이익 집단과 시민 단체의 정치 참여 ○ 정당과 정당 정치 ○ 선거와 투표 ○ 여론 ○ 우리나라 정치 참여의 현실과 과제
국제 사회와 정치	○ 국제 사회의 특성과 변화 ○ 국제 사회의 행위 주체 ○ 국제 사회의 협력과 갈등 ○ 국제 사회의 여러 문제 ○ 우리나라의 외교 정책과 과제 ○ 민족 통일의 과제

나. 영역별 내용

⑴ 민주 정치의 발전

공동체 생활에서 정치가 필요한 이유를 이해하며, 공동체 구성원 간의 상호 작용을 통해 나타나는 정치 현상을 권력과 관련지어 파악한다. 민주 사회에서 정치 및 생활의 원리로 작용하는 민주주의의 이념과 기본 원리를 학습하고, 민주 정치의 발전 과정을 탐색한다. 그리하여 한국 사회가 나아갈 민주 정치의 모습에 대해 생각하고, 민주 정치 발전을 위한 정치 문화의 형성에 참여하는 태도를 가진다.

① 정치란 이해관계를 둘러싼 구성원 간의 갈등을 조정하고 해결함으로써 공동체의 이상을 실현하는 과정임을 파악하고, 정치의 의미를 다양한 관점에서 이해하며, 정치가 수행하는 여러 가지 기능을 탐색한다.

② 정치권력은 국민들의 폭넓은 지지와 동의를 바탕으로 할 때 정통성을 획득하며 효과적인 지배력을 지니게 됨을 이해한다.

③ 민주 정치의 발전 과정을 역사적 맥락 속에서 이해하고, 동양과 서양의 민주 정치 발전 과정을 고찰하여 민주 정치가 나아가야 할 방향을 제시한다.

④ 민주주의의 이념과 원리를 다양한 관점에서 파악하고, 민주주의의 여러 가지 유형을 비교, 분석한다.

⑤ 다양한 정치 문화의 유형과 그 의의를 분석하고 정치 사회화의 의미를 이해한다.

⑥ 우리나라 정치 현상의 특징과 발전 과정을 분석하고, 나아가야 할 바람직한 방향을 탐색한다.

⑵ 국민의 권리와 의무

헌법의 기본 원리와 구조를 분석하고 헌법의 정신에 입각하여 국가는 국민의 자유와 권리를 보장해야 하며, 국민은 이러한 권리를 향유할 수 있는 주체임을 인식한다. 국가와 지역 공동체의 번영과 민주주의의 발전을 위해 갖추어야 할 국민의 권리와 의무를 탐색하고, 국민 주권을 실현하기 위해 적극적으로 참여하는 태도를 가진다.

① 헌법이 정치 현상에 미치는 영향과 그 의의를 분석하고, 헌법이 국민 생활에 어떠한 영향을 주고 있는지 탐색한다.

② 헌법에 구현된 기본 원리를 탐색하고, 국민 주권의 의의를 파악하여 민주주의의 발전을 위해 권리를 올바르게 행사할 수 있는 자세를 가진다.

③ 헌법에 나타난 정부 조직과 통치의 기본적인 구조와 내용을 파악하여 우리나라의 통치 원리를 이해한다.

④ 헌법에 보장된 국민의 기본권을 파악하고 권리 행사의 한계와 권리 침해 시의 해결 방법을 모색한다.

⑤ 민주주의를 발전시키기 위해 국민으로서 실천해야 하는 의무와 그 의의를 탐색하고, 이를 적극적으로 수행하는 태도를 가진다.

⑥ 국민 주권을 실현하는 과정에서 발생하는 개인의 권리와 공동체의 권리 간의 갈등 국면을 이

해하고, 기본권 간의 침해와 갈등 상황을 분석하여 이를 조화롭게 해결할 수 있는 방안을 탐색한다.

⑶ 국가의 조직과 통치

국가와 정치 및 정부 개념의 유기적인 연관성을 탐색하고, 기본적인 민주 정부 형태로서 대통령제와 의원 내각제, 혼합형 정부 형태 등에 대하여 살펴봄으로써 우리나라의 정부 형태를 파악한다. 또, 정부의 여러 기구는 어떻게 권력과 책임을 분배하고 상호 간에 견제와 균형을 이루고 있는지 파악한다. 큰 정부와 작은 정부의 의미를 비교하며, 중앙 정부와 지방 정부 간의 조화로운 관계를 탐색하여 지방 자치가 나아갈 방향을 모색한다.
　① 국가 공동체의 유지와 발전을 위해 실제 구성된 정부의 특징을 살펴보고, 정부의 역할을 확대 또는 축소하려는 입장을 비교, 분석하여 오늘날 정부의 적합한 모습을 탐색한다.
　② 정부의 기본적인 형태인 대통령제와 의원 내각제의 특징을 비교, 분석하고, 우리나라의 정부 형태를 탐색한다.
　③ 국회는 국가를 운영하는 법률을 제정, 개정하고, 행정부의 법률 집행을 감시, 견제하는 기능을 수행하고 있음을 파악하여 국회 활동에 관심을 가지고 참여하는 자세를 가진다.
　④ 행정부의 수반인 대통령을 중심으로 법률을 집행하는 행정부의 조직과 주요 기능을 파악하고, 행정 현상이 국민에게 미치는 영향을 탐색하여 행정 활동에 관심을 가지고 참여하는 자세를 가진다.
　⑤ 법률의 적용을 담당하는 법원의 기능과 필요성을 이해하고, 헌법 재판소가 국민의 법 생활에 중요한 의미를 지니고 있음을 파악하여 사법 활동에 관심을 가지고 참여하는 자세를 가진다.
　⑥ 우리나라 지방 자치 제도의 현실을 파악하고, 지방 자치 제도를 발전시키기 위한 과제와 방법을 모색하여 적극적으로 참여하는 자세를 가진다.

⑷ 정치과정과 참여

정부의 공공 정책 결정 과정에서 국민의 참여가 필요함을 이해하고, 정치과정에 참여하는 이익 집단과 시민 단체 및 정당의 특징과 활동 과정을 파악한다. 또, 공식적으로 국민의 의사를 표현하는 선거와 투표의 과정을 탐색한다. 대중 매체와 여론의 기능을 이해하고, 바람직한 정치 참여의 과제를 탐색하여 적극적으로 참여하는 태도를 가진다.
　① 정부의 정책이 형성, 결정, 집행되는 과정과 정책을 평가하는 원칙과 방법을 살펴보며, 다양한 형태의 정치과정을 파악하여 국민의 생활에 미치는 영향을 분석한다.
　② 현대 민주 정치에서 국민의 정치 참여가 지니는 의의를 탐색하고, 다양한 정치 참여의 방법과 유형을 모색한다.
　③ 우리나라와 외국의 이익 집단의 기능과 유형을 파악하고, 시민 단체의 등장 배경과 정치적 의의를 이해한다.
　④ 정당의 기능과 유형을 파악하고, 우리나라와 외국의 정당 정치의 현상과 특징을 분석하여 바람직한 정당 정치의 방향을 모색한다.

⑤ 우리나라와 외국의 다양한 선거 종류와 방법, 한계와 보완 방안을 파악하고, 선거와 투표에 능
동적으로 참여하는 태도를 가진다.
⑥ 여론 형성에 영향을 미치는 다양한 요인을 살펴보고, 적극적으로 여론 형성에 참여하는 태도
를 가진다.
⑦ 국민의 정치 참여 현실을 파악하고, 정치 참여에서 나타나는 긍정적 측면과 문제점을 분석하
여 민주적인 정치 참여의 능력과 태도를 함양한다.

⑸ **국제 사회와 정치**

국제 사회의 특성을 파악하고, 이러한 특성이 시대와 상황에 따라 변화함을 이해한다. 국제 사회
의 다양한 행위 주체들 간에는 이해관계를 둘러싼 경쟁과 갈등이 나타나며, 국제 협력을 통해 다양
한 국제 문제를 해결해 나가고 있음을 인식한다. 또, 우리나라와 국제 사회의 관계를 살펴보고, 통일
을 위한 국제적인 환경 조성에 힘쓰는 태도를 가지며, 국제 사회에 필요한 시민의 자질을 함양하여
참여하는 자세를 가진다.
① 국제 사회의 특성과 시대적인 변천 과정을 탐색하여 국제 정세 변화의 흐름을 파악한다.
② 국제 사회에는 국가, 국제기구, 다국적 기업, 국제단체 등 여러 행위 주체들이 다양한 방법으
로 국제 관계에 영향을 끼치고 있음을 이해한다.
③ 국제 사회에 존재하는 다양한 협력과 갈등의 모습을 탐색하여 국제 사회현실을 종합적으로 이
해하는 자세를 가진다.
④ 국제 사회의 다양한 문제의 원인을 여러 가지 측면에서 분석하고 바람직한 해결 방안을 모색
한다.
⑤ 우리나라와 국제 사회의 관계를 살펴보고, 국제 사회의 공존을 위한 외교 정책의 바람직한 방
향을 모색하며, 국제 사회에 능동적으로 참여하여 문제를 해결해 나가는 자세를 가진다.
⑥ 국제 사회에서 우리나라가 당면한 통일, 환경, 경제, 문화, 외교 현황을 분석하고, 민족 통일을
위한 과제를 탐색하여 실천해 나갈 수 있는 자세를 가진다.

4) 교수·학습 방법

가. 정치 교육의 목표를 실현하기 위해 탐구 학습, 토론 학습, 의사 결정 학습, 문제 해결 학습,
논쟁 문제 학습, 사회 참여 학습, NIE 학습, 현장 견학, 초청 강연 등 다양한 방법을 통해 학
습에 흥미를 가지고 참여하며, 고급 사고력을 함양할 수 있도록 한다.
나. 정치 현상에 관한 개념과 지식을 학습하고 민주주의의 가치와 기본 원리를 탐구하여 공동체
에 능동적으로 참여하는 태도를 함양할 수 있도록 현장 학습과 견학, 사회 참여 등의 다양한
체험 학습을 제공하도록 한다.
다. 국내외 정치 현상의 구체적 사례를 비교, 분석하여 우리나라 정치 현상에 대하여 종합적으로
판단하고, 바람직한 정치를 구현하기 위해 능동적으로 참여할 수 있도록 지도한다.
라. 정치 현상에 관한 논쟁 문제를 토론할 수 있도록 방송 자료, 신문 자료, 인터넷 자료, 시사만

화 자료, 통계 자료를 활용하여 창의적이고 실제적인 학습이 이루어지도록 한다.

마. 국내외 사례를 활용하여 중앙 정부와 지방 정부의 역할과 재원 조달 방법 및 이들 간에 나타날 수 있는 쟁점과 갈등을 파악하고, 지방 자치 제도에 대해 종합적으로 인식함으로써 지방 자치 제도가 나아가야 할 방향을 모색하도록 한다.

바. 시사 자료를 활용하여 우리나라와 국제 사회의 관계를 파악하고, 국내 및 국제 정치에 미치는 세계 여러 나라의 영향과 이에 대응하는 한국의 외교 정책을 살펴봄으로써 국제 사회에 참여할 수 있는 시민의 자질을 함양하도록 한다.

5) 평가

〈평가의 기본 방향〉

가. 정치 현상에 대한 기본 원리와 개념의 이해를 바탕으로 반성적 사고력, 분석적 사고력, 문제 해결 능력, 탐구 능력, 의사 결정 능력, 정치 참여 능력 등을 다양하게 평가한다.

나. 정치 현상과 관련된 기본 개념을 이해하여 우리나라 정치 현실에 적용하고 발전시켜 나갈 수 있는 창의적인 태도나 행동 등의 기능 및 가치, 태도의 목표까지 평가에 포함하도록 하며, 수행 평가를 적극적으로 활용한다.

다. 정치 영역의 평가는 정치 교육의 목표를 실현하는 데 기여하도록 평가 방법을 구성한다. 정치와 관련된 개념 위주의 평가에 그칠 것이 아니라, 민주 시민의 자질을 함양하고자 하는 목표를 달성하는 데 유익한 평가 활동이 되도록 한다.

라. 평가의 결과는 정치 교육의 목표와 교육 내용 및 교수·학습 방법과 연계하여 종합적으로 판단하고, 정치 교육의 수업과 교육과정의 질적 향상을 위한 자료로 활용하도록 한다.

〈영역별 평가 방향〉

가. ‘정치’ 과목의 평가는 교육과정에 제시된 목표를 반영하여 지식, 기능, 가치·태도 영역에서 균형적으로 이루어지도록 한다.

⑴ 지식 영역의 평가는 정치 현상에 대한 사실, 개념, 일반화 및 원리 등의 습득에 중점을 둔다.

⑵ 기능 영역의 평가는 정치 현상에 대한 정보의 획득과 활용 기능, 사회탐구 및 가치 탐구 기능, 의사소통 기능, 문제 해결 기능, 의사 결정 기능 및 집단 참여 기능 등에 중점을 둔다.

⑶ 가치·태도 영역의 평가는 학습자 개인의 가치 명료화 능력, 가치에 대한 분석 능력, 민주 시민의 자질 함양 정도에 중점을 둔다.

나. ‘정치’ 과목의 평가에는 다음의 요소들을 포함하도록 한다.

⑴ 우리나라 민주주의의 현실을 이해하고 민주 정치를 발전시키기 위한 과제를 제시할 수 있는가?

⑵ 우리나라에 헌법이 필요한 이유와 헌법에 구현된 기본적인 원리를 설명할 수 있는가?

⑶ 우리나라 정부 기구들의 권한과 책임, 기능에 대해 이해하고, 이에 대한 제한이 필요한 이유를 설명할 수 있는가?

⑷ 민주 사회를 발전시켜 나가기 위해 국민으로서 지녀야 할 바람직한 권리와 의무를 제시할 수 있는가?

⑸ 민주 정치의 발전을 위하여 국민들이 정치과정에 참여할 수 있는 수단과 방법을 제시할 수 있는가?

⑹ 우리나라의 중앙 정부와 지방 정부의 유기적인 연결 관계를 파악하고, 나아가야 할 방향을 제시할 수 있는가?

⑺ 우리나라 정치 문화의 현실과 유형을 파악하여 민주주의의 발전을 위해 필요한 요소나 시민적 성향을 제시할 수 있는가?

⑻ 국제 사회의 현실을 비판적으로 분석하고 우리나라와 국제 사회의 관계를 파악하여 발전적인 방안을 제시할 수 있는가?

〈평가의 유의점〉

가. 지필 평가를 실시할 경우 선택형, 단답형, 서술형, 논술형 등의 방법을 활용하도록 하고, 그 외에도 과제 발표, 면접, 학습 태도·행동의 관찰, 토론, 체크 리스트, 포트폴리오 등의 다양한 평가 방법을 활용한다.

나. 수업 중 활동 내용을 평가할 경우, 교사 중심의 평가 방법 외에 학생들의 동료 평가, 자기평가 보고서, 조별 평가 등 다양한 평가 방식을 활용한다.

다. 탐구 학습, 문제 해결 학습, 의사 결정 학습, 토론 학습, 논쟁 문제 학습, 사회 참여 학습 등의 다양한 활동 수업을 전개한 후, 학습과정에서 학생들의 참여 정도를 반영할 수 있도록 노력한다.

11. 경제

1) 성격

경제 과목은 경제적 사고력과 경제 문제 해결력을 기르기 위해 개설된 사회과의 선택 과목이다. 이 과목은 국민 공통 기본 교육과정 '사회' 과목의 경제 관련 단원에서 학습한 내용을 심화하는 성격을 가진다.

경제 과목은 체계적인 경제 지식과 사고력 및 가치관을 토대로 하여 개인적, 사회적 차원에서 경제적 역할을 책임 있게 수행할 수 있는 민주 시민의 자질 함양을 추구한다.

경제 과목에서는 이를 위해 경제의 기본 원리와 이론 체계를 실제 생활의 경험과 관련지어 이해하도록 한다. 아울러 현실의 경제 문제를 사회현상의 전체적 맥락에서 합리적으로 해결하는 기준과 방법을 모색하고, 경제 환경의 변화와 이에 대한 대응 방향을 탐색할 수 있도록 내용을 구성한다.

경제 과목의 학습에서는 학습자의 경험 세계와 인식 능력에 맞게 이론과 현실, 사실과 가치, 내용과 방법을 조화롭게 융합하여 학습자가 체계적이고 균형적인 경제 인식을 능동적으로 형성해 가도록 한다.

경제 과목의 학습을 통해 학습자가 우리 경제 질서의 기본 원리와 경제 현상의 상호 관련성을 실제적 측면에서 체계적으로 이해하고, 변화하는 경제 상황에 대한 자료를 수집, 분석하여 문제를 해결할 수 있는 능력을 기르며, 경제생활에 적극 참여하여 개인과 공동체의 조화로운 삶의 질 향상에 기여할 수 있는 태도를 함양하도록 한다.

2) 목표

현실 경제의 다양한 현상과 경제 사회의 변동을 파악하고 경제 문제를 해결해 나가기 위해 관련 지식을 체계적으로 습득하고, 실천적 탐구 방법을 익히며, 문제 해결에 필요한 올바른 가치관과 실천적 자세를 가진다.

가. 경제 현상에 대한 체계적인 지식을 활용하여 경제의 운영 원리를 이해하고, 경제 현상에 내재된 인과 관계를 설명하며, 미래의 경제 변동을 전망하여 창의적으로 대응할 수 있도록 한다.

나. 국내외 사회·경제 정보를 수집, 분석, 평가하여 개인과 공공의 경제 문제 해결을 위한 합리적인 의사 결정에 활용하고, 능동적으로 사회에 참여할 수 있는 능력을 함양한다.

다. 소비자, 생산자 등 경제 주체로서 갖추어야 할 경제 가치 및 태도를 바탕으로 책임 있는 민주 시민의 역할을 수행하여 개인 생활과 국민 경제 발전에 이바지할 수 있도록 한다.

3) 내용

가. 내용 체계

영역	내용 요소
경제생활과 경제 문제의 이해	○ 희소성, 기회비용 ○ 경제 문제, 비용-편익 ○ 경제적 유인 ○ 교환, 시장 경제 제도 ○ 효율성, 형평성
경제 주체의 역할과 의사 결정	○ 생산 요소 ○ 소득, 소비, 저축, 신용, 수입, 비용, 이윤, 기술 ○ 생산성, 재정 활동(조세, 예산)
시장과 경제 활동	○ 수요, 공급 ○ 수요의 변화와 수요량의 변화 ○ 공급의 변화와 공급량의 변화 ○ 시장 균형, 탄력성 ○ 경쟁 시장, 잉여
시장 기능의 한계와 정부 개입	○ 시장 실패 ○ 외부성 ○ 공공재, 독과점, 진입 장벽, 정보 ○ 소득 분배, 재분배 ○ 규제, 정부 실패
국민 경제의 이해	○ 국민 소득 ○ 물가 지수, 실업률, 이자율, 경제 성장 ○ 총수요, 총공급 ○ 실업, 인플레이션 ○ 중앙은행, 재정 정책, 금융 정책
세계 시장과 한국 경제	○ 교역의 이익 ○ 자유 무역, 보호 무역 ○ 무역 정책 ○ 외환 시장, 환율 ○ 국제 수지, 자본 이동 ○ 국제 경쟁력

나. 영역별 내용

(1) 경제생활과 경제 문제의 이해

인간생활에서 차지하는 경제의 의미 및 경제와 다른 사회현상의 관계를 이해하고, 공적·사적인 경제 문제를 파악하며, 이를 해결하기 위해 고려해야 할 경제적 요인들을 분석한다. 시장 경제에서의 경제 문제 해결 과정을 이해하고, 시장 경제의 작동 원리와 이를 뒷받침하기 위한 사회제도를 경제 사회의 발전 과정 속에서 파악한다.

① 경제생활의 의미와 특징을 파악하고, 경제생활과 다른 사회생활의 관계를 이해한다.

② 우리 생활에서 희소성이 다양하게 존재함을 인식한다.

③ 다양한 상황에서의 비용-편익을 고려한 선택을 이해하고, 인간은 경제적 유인에 반응함을 인식한다.

④ 분업과 교환의 필요성을 이해하고 적절한 사례에 적용해 보며, 이를 통해 상호 이익을 추구하는 태도를 가진다.

⑤ 경제 문제를 해결하는 다양한 방식의 장단점을 비교해 보고, 특히 시장 경제의 기본 원리와 이를 뒷받침하는 사회제도를 파악한다.

(2) 경제 주체의 역할과 의사 결정

가계, 기업 및 정부의 행동 원리를 이해하고, 경제 주체들의 의사 결정에 영향을 주는 사회·경제적 요인에는 어떤 것이 있는지를 알아본다. 가계는 합리적인 소비 생활을 추구함으로써 현재는 물론 미래의 삶을 안정적으로 유지하며, 기업은 소비자들이 원하는 상품의 생산, 생산 비용의 절감, 새로운 기술 개발을 통해 이윤을 극대화한다는 점을 이해한다. 또, 정부의 재정 활동에 대하여 알아보고, 정부의 경제적 역할과 그 과정에 국민이 참여할 수 있는 방법을 찾아본다.

① 상품의 수요자, 생산 요소 공급자로서 가계(소비자, 근로자)의 경제적 역할을 이해한다.

② 가계가 의사 결정 과정에서 고려해야 할 요소로서 소득, 소비, 저축, 신용, 시간 등을 파악하고, 이를 의사 결정 과정의 사례에 적용해 본다.

③ 노동의 사회적 중요성을 인식하고, 사회 변동에 따른 직업의 변화를 예측하여 미래의 직업 생활을 설계해 본다.

④ 상품의 공급자, 생산 요소의 수요자로서 기업의 경제적 역할을 이해한다.

⑤ 기업이 의사 결정 과정에서 수입, 비용, 이윤, 기술, 생산성, 사회적 인식 등의 요인을 고려하는 현상을 탐색하고 이를 평가해 본다.

⑥ 정부의 경제적 역할을 재정 활동을 중심으로 이해한다.

⑦ 경제 주체의 역할과 의사 결정에 영향을 미치는 사회·문화적 요인(사회적 인식 및 책임, 문화, 법, 제도 등)을 탐구하고, 사려 깊은 경제생활을 추구하는 자세를 가진다.

(3) 시장과 경제 활동

가격에 의한 자원 배분과 경제 주체 간의 상호 경쟁 측면에서 시장 경제 원리를 파악하고, 시장을 통한 자원 배분의 효율성을 논리적으로 이해한다. 일반화되고 추상화된 전형적인 시장 외에 노동 시장, 금융 시장과 새로 등장하는 다양한 시장의 사례를 통해 시장이 다양한 형태와 모습을 가지고 있다는 점을 이해한다.

① 수요와 공급의 결정 요인을 이해한다.

② 수요량과 공급량이 일치하는 가격 수준에서 시장 균형이 결정됨을 이해한다.

③ 수요와 공급의 변화에 따른 시장 균형의 변화를 파악한다.

④ 가격 변화에 따른 수요량과 공급량의 변화 정도를 탄력성과 관련시켜 파악한다.

⑤ 경쟁 시장에서 결정된 시장 균형을 통해 자원 배분의 효율성이 이루어짐을 이해하고, 이를 잉여의 개념을 이용하여 분석한다.

⑥ 전형적인 시장과는 다른 시장(노동, 금융 시장 등)들의 특징을 살펴보고, 새롭게 등장한 시장들(전자 상거래 시장 등)의 사례와 기능을 이해한다.

⑷ 시장 기능의 한계와 정부 개입

일반적으로 경쟁 시장이 자원 배분의 효율성을 달성하는 경우와는 달리, 경쟁이 이루어지지 않거나 경쟁이 이루어지더라도 외부성이 있거나 공공재인 경우에는 시장 기능이 제대로 작동하지 않을 수 있음을 이해한다. 또, 수요자와 공급자 사이에 거래되는 상품에 대한 정보의 차이가 있을 때 시장 기능이 제대로 작동하지 않을 수 있음을 사례를 통해서 인식한다. 현실에 존재하는 소득 분배의 불평등 문제를 파악하고 해결 방안을 모색해 본다.

① 외부성(외부 효과)의 개념을 이해하고, 외부성을 해결하는 방안을 모색한다.

② 공공재의 특징을 이해하고, 여러 가지 공급 방법을 파악한다.

③ 진입 장벽이나 경쟁 제한 행위에 따른 독과점이 자원 배분에 미치는 영향을 이해하고, 독과점 정책의 기능과 한계를 알아본다.

④ 공급자나 수요자의 정보 차이에 따라 비효율적 자원 배분이 일어날 수 있음을 인식하고, 이를 해결하기 위한 방안을 찾아본다.

⑤ 소득 분배 불평등의 양상을 이해하고, 이를 완화시키는 제도와 정책을 탐구한다.

⑥ 정부의 시장 개입이 항상 최선의 결과를 가져오는 것은 아니라는 사실을 이해하고, 이를 보완할 수 있는 방안을 모색한다.

⑸ 국민 경제의 이해

국민 경제의 주요 지표를 활용하여 경제 상황을 총체적으로 파악하고, 경제의 순환과 함께 경제 변동 양상을 동태적으로 분석한다. 그 과정에서 국민 경제가 당면하고 있는 안정과 성장, 실업과 인플레이션 등의 문제에 대한 원인을 살펴보고, 재정·금융 정책을 중심으로 그 대책을 이해한다.

① 한국 경제의 변화(소득, 물가, 고용 등)를 다른 나라와 비교하여 파악하고, 경제적 성과를 균형 있는 시각에서 평가하는 태도를 가진다.

② 경제의 순환 과정을 이해하고 경제 주체의 지출과 소득으로 국민 경제 활동 수준을 파악한다.

③ 경제 성장의 의미와 요인을 알아본다.

④ 실업의 발생 원인과 경제적 영향을 파악하고, 그 해결 방안을 모색한다.

⑤ 인플레이션의 발생 원인과 경제적 영향을 알아보고, 그 해결 방안을 모색한다.

⑥ 중앙은행의 기능과 금융 시장의 관계에 대해 알아본다.

⑦ 총수요와 총공급을 이용하여 경기 변동을 이해한다.

⑧ 재정 정책과 금융 정책을 통한 경제 안정화 정책의 원리를 이해한다.

⑹ 세계 시장과 한국 경제

개방된 국제 사회에서 국가 간 거래 관계를 파악한다. 상품과 생산 요소의 이동과 외환 시장의 작동 원리를 이해한다. 특히, 자유 무역의 진전에 따른 국제 경쟁력의 중요성과 국제 경제 환경의 변화에 따른 우리 경제의 대응 방안을 알아본다.

① 무역의 필요성과 원리를 이해한다.

② 무역 정책의 내용과 경제적 효과를 파악한다.

③ 외환 시장의 수요, 공급과 환율의 결정을 이해하고, 환율 변동의 경제적 효과를 파악한다.

④ 상품과 생산 요소의 이동에 따른 국제 수지 변화를 이해한다.

⑤ 세계화, 정보화 시대의 국제 경제 환경 변화와 우리 경제의 대응 방안을 탐색하고, 경제 발전에 기여하는 자세를 가진다.

4) 교수·학습 방법

가. 경제 교육의 목표인 기본 지식 및 원리의 이해, 탐구 기능의 습득, 고차원적 사고력 및 문제 해결력 신장, 가치 태도의 확립 및 실천 능력의 함양을 조화롭게 이룰 수 있도록 교수·학습을 전개한다.

나. 경제 현상의 이해와 경제 문제 해결 과정에서 학습자 스스로 지식을 구성하고 자기 주도적, 창의적 학습 능력을 향상시킬 수 있도록 교수·학습을 전개한다.

다. 학습자의 생활 경험과 밀접한 내용을 소재로 활용하여 경제 현상 및 경제 문제에 접근함으로써 학습자가 경제 현상에 대한 흥미와 관심을 넓히고, 경제 현상의 원리를 발견하며, 이를 경제생활에 적용할 수 있도록 한다.

라. 경제 현상에 대한 지식 내용 학습에서는 경제 현상과 경제적 사실에 대한 관찰, 분류를 통해 개념 및 일반 원리를 습득할 수 있도록 한다.

마. 경제 관련 도표, 통계, 보고서, 연감 등 다양한 유형의 실증적 자료를 읽고, 변형하며, 추론하는 방법을 익힘으로써 신문, 잡지, 인터넷 등의 각종 매체를 통해 접하는 다양한 경제 정보를 파악하고 분석할 수 있도록 한다.

바. 논쟁적인 경제 이슈 등을 활용하여 경제 문제를 인식하고, 내포된 사실과 가치를 구분하며, 관련 자료의 타당성과 신뢰성을 검토하고, 대안을 제시하며, 합리적 의사 결정을 할 수 있도록 한다.

사. 경제 현상과 관련된 다양한 가치를 확인하고, 가치 탐구 능력을 신장하며, 공동체 구성원으로서 요구되는 민주적 가치 태도를 함양할 수 있도록 한다.

아. 경제 현상을 다른 사회현상과 관련지어 전체적, 종합적으로 이해할 수 있도록 문학 작품, 신문 기사, 방송물, 영화, 역사 기록물 등 다양한 유형의 소재를 활용하도록 한다.

자. 학습 내용의 성격에 따라 토론, 발표, 논술, 조사, 사례 연구, 면접, 체험 등 다양한 교수·학습 방법을 활용하고, 경제 학습의 목표와 주어진 학습자 여건 및 교육 환경을 고려하여 가장 효과적인 교수·학습 방법을 선택하여 실행하도록 한다.

5) 평가

가. 평가는 교육과정에 제시된 경제 교육의 목표와 내용, 교수·학습 방법과 일관성을 유지하도록 한다.
나. 평가는 교육의 한 과정으로서 학습자의 학습과정과 학습 내용의 성취 수준을 이해하고 발달을 돕는 차원에 중점을 두어 실시한다.
다. 평가 결과는 교육 내용과 교수·학습 방법의 적절성을 진단하여 지속적으로 교수·학습과정을 개선하는 데에 도움이 되도록 활용한다.
라. 경제 과목의 평가는 교육과정에 제시된 성취 기준을 준거로 하여 이루어지도록 하며, 평가의 내용은 지식뿐만 아니라 기능, 가치·태도 영역을 균형적으로 포함하도록 한다.
마. 경제의 지식 영역 평가에서는 경제 현상의 설명과 경제 문제 해결에 필수적인 경제적 개념과 원리 및 일반화에 대한 복합적인 이해 정도에 중점을 둔다.
바. 경제의 기능 영역 평가에서는 학습 요소별로 해당되는 정보를 수집, 분석하여 활용할 수 있는 능력을 평가한다. 그리고 경제 현상, 경제 문제의 탐구와 의사 결정 및 참여 기능의 평가에 중점을 둔다.
사. 경제의 가치·태도 영역 평가에서는 개인적, 국가 사회적 측면에서 바람직한 가치를 내면화하고, 이를 바탕으로 경제 현상과 관련된 가치문제를 분석하고 평가할 수 있는 능력에 중점을 둔다.
아. 평가 방법으로 지필 평가뿐만 아니라 행동 관찰, 자기 보고, 면담, 구술, 토론, 태도 점검 등 다양한 방법을 활용한다.
자. 사고력 신장이나 가치·태도의 변화를 파악하기 위해 양적 자료뿐만 아니라 질적 자료도 수집하여 평가하도록 한다.

12. 사회 · 문화

1) 성격

‘사회·문화’ 과목은 사회·문화 현상을 이해하고 탐구 방법을 익혀 이를 바탕으로 의사 결정 능력을 함양함으로써 사회문제를 해결하고 민주 시민으로서 참여할 수 있는 능력을 육성하기 위해 개설된 사회과의 선택 과목이다. ‘사회·문화’ 과목의 내용은 국민 공통 기본 교육과정 교과인 ‘사회’ 과목의 해당 영역에서 학습한 기본 개념의 토대 위에서 학습자들이 심화된 내용을 학습할 수 있도록 선정하여 구성한다.

‘사회·문화’ 과목은 사회학과 문화 인류학을 기반으로 하여 인간의 사회적 행위와 문화적 특성을 다양한 관점에서 탐구할 수 있게 한다. 특히 사회·문화 현상에 대한 탐구 방법, 개인과 사회구조, 사회문제, 사회제도, 사회 변동 등을 주요 내용으로 구성한다. 또, 사회·문화 현상에 관한 학문적 성과를 통합적으로 조직하여 사회·문화 현상을 종합적으로 이해하도록 하고, 민주 사회의 시민에게 요청되는 가치와 태도를 함양하도록 하는 데 중점을 둔다.

‘사회·문화’ 과목에서는 학습자들이 사회현상에 대한 탐구 방법과 현대 사회의 여러 문제에 대한 합리적 의사 결정 능력을 습득하여 세계 속의 주체적 시민으로서 참여할 수 있는 자질을 함양한다. 또, 문제 해결력과 비판적 사고력을 신장하여 민주 복지 사회를 이룩하는 데 공헌할 수 있는 자질을 육성한다. 그리고 고등학교 선택 교육과정으로서의 ‘사회·문화’는 사회학과 문화 인류학에 대한 소양을 길러 줌으로써 고등 교육 기관에 진학하여 관련 사회과학을 탐구하는 데 기초를 제공해 준다.

2) 목표

‘사회·문화’ 과목에서는 현대 사회의 특성과 변화 양상을 파악하고 이에 대한 탐구 방법을 습득하여 스스로 사회·문화 현상에 대한 지식과 관점을 형성할 수 있는 능력을 함양한다. 그리고 민주 사회 시민으로서의 가치와 태도를 함양하여 개인과 공동체의 문제에 대한 합리적 대안을 탐색할 수 있는 통찰력을 기른다. ‘사회·문화’ 과목의 세부적인 목표는 다음과 같다.

가. 사회·문화 현상에 관한 기본 개념과 원리를 습득하여 개인과 사회구조, 문화 현상, 사회제도, 사회 변동과 사회문제 등 인간의 사회적 행위와 문화의 여러 측면을 다양한 관점에서 이해한다.

나. 사회·문화 현상에 대한 여러 가지 자료를 수집, 분석, 종합, 평가하여 지식을 구성하는 능력과 사회·문화적 쟁점에 대한 가치 탐구 능력을 기른다.

다. 사회·문화 현상에 대한 이해와 탐구 방법을 토대로 공동체의 문제에 대한 합리적인 해결책을 탐색하는 문제 해결력과 의사 결정 능력을 함양한다.

라. 변화하는 세계 속에서 비교 문화적 이해 능력과 개방적 태도를 지닌 세계 시민으로서 주체적으로 사회에 침여할 수 있는 능력을 함양한다.

3) 내용

가. 내용 체계

영역	내용 요소
사회·문화 현상의 탐구	○ 사회·문화 현상 ○ 기능론, 갈등론 ○ 상징적 상호 작용론 ○ 교환 이론 ○ 양적 연구, 질적 연구 ○ 자료 수집 방법 ○ 사회과학 연구 절차 ○ 연구 윤리
개인과 사회구조	○ 사회화, 사회화 이론 ○ 지위와 역할, 역할 갈등, 사회적 상호 작용 ○ 사회 실재론, 사회 명목론 ○ 사회 집단, 사회 조직 ○ 관료제, 탈관료제적 조직 ○ 사회구조, 일탈 행동
문화와 사회	○ 문화의 의미, 문화의 속성 ○ 문화를 보는 관점 ○ 문화 상대주의, 문화의 요소, 문화의 기능 ○ 지역 문화, 세대 문화, 반문화, 대중문화 ○ 문화의 세계화 ○ 문화적 다양성, 문화 변동
사회 계층과 불평등	○ 사회 불평등, 사회 계층 구조 ○ 사회 이동 ○ 빈곤 문제, 성 불평등, 사회적 소수자 문제 ○ 사회 복지, 복지 제도
일상생활과 사회제도	○ 사회제도, 결혼과 가족, 가족 문제 ○ 교육 제도, 교육의 기회 균등 ○ 대중 매체, 종교적 갈등
현대 사회와 사회 변동	○ 사회 변동, 사회 변동 이론 ○ 근대 사회, 근대화, 근대화 이론 ○ 인구 변천 과정 ○ 산업화, 도시화, 도시문제 ○ 세계화, 정보화, 환경문제, 전쟁과 테러

나. 영역별 내용

(1) 사회·문화 현상의 탐구

사회과학적 탐구 대상으로서의 사회·문화 현상이 자연 현상과 다른 특성을 지니고 있고, 사회·문화 현상의 탐구에는 독특한 관점과 접근 방법이 활용될 수 있음을 이해한다. 이러한 관점이나 접근 방법에 따라 사회·문화 현상의 연구 방법들이 지닌 특성을 비교, 분석하여 과학적 태도로 탐구 절차를 수행해 나가는 과정을 이해한다.

① 사회·문화 현상의 특성을 자연 현상과 비교, 분석하여 이해한다.

② 기능론, 갈등론, 상징적 상호 작용론, 교환 이론 등 사회·문화 현상에 대한 다양한 이론적 시각을 이해한다.

③ 사회·문화 현상에 대한 양적, 질적 연구 방법의 특성과 차이점을 이해한다.

④ 사회·문화 현상에 대한 탐구과정에서 필요한 자료 수집 방법의 유형과 특징을 이해한다.

⑤ 사회·문화 현상에 대한 탐구 절차를 이해하고, 이를 실제 사례에 적용한다.

⑥ 사회·문화 현상의 탐구에 필요한 과학적 태도와 연구자의 윤리를 이해하고, 이를 존중한다.

(2) 개인과 사회구조

사회적 존재인 인간은 다양한 집단과 조직의 구성원으로서 상호 작용하면서 유기적인 관계망을 형성하고 있음을 이해한다. 이러한 사회적 관계망을 바탕으로 형성된 사회구조 속에서 개인과 집단이 어떻게 상호 작용을 하는지 이해한다. 아울러 일탈 행동의 원인을 파악하고 해결 방안을 탐색한다.

① 사회화의 개념을 이해하고 사회화를 바라보는 다양한 이론적 시각을 탐색한다.

② 여러 가지 사회화 기관의 유형을 구분하고, 그 특징과 기능을 이해한다.

③ 사회적 지위와 역할의 의미를 파악하고, 역할 갈등의 원인 및 해결 방안을 탐색한다.

④ 일상생활 속에서 협동, 경쟁, 갈등과 같은 사회적 상호 작용의 유형을 탐색하고 그 특성을 비교, 분석한다.

⑤ 개인과 사회의 관계를 바라보는 관점을 사회 실재론과 사회 명목론으로 구분하여 이해한다.

⑥ 사회 집단의 의미를 이해하고 사회 집단의 유형별 특징을 비교, 분석한다.

⑦ 사회 조직의 개념을 이해하고, 관료제와 탈관료제적 조직의 다양한 특징을 살펴본다.

⑧ 사회구조의 의미를 파악하고, 일상생활에서 개인 및 집단이 사회구조와 영향을 주고받는 관계에 있음을 이해한다.

⑨ 개인과 사회구조의 관계 속에서 나타나는 일탈 행동의 원인을 이론적으로 분석하고 다양한 대처 방안을 모색한다.

(3) 문화와 사회

문화의 의미와 속성을 이해하고, 각 사회마다 문화가 다양할 뿐만 아니라 같은 문화도 시대에 따라 다양하게 변화하는 것임을 파악한다. 또, 문화가 개인의 일상생활과 사회 전반에 미치는 영향을 여러 측면에서 파악한다. 특히, 세계화와 더불어 문화적 교류가 증가하면서 나타나는 현대 사회의 여러 가지 문화적 특징을 비판적 안목으로 파악하고, 타 문화에 대한 개방적 태도를 가진다. 아울러 문화 변동의 요인과 양상을 이해하고, 이에 능동적으로 대처할 수 있는 능력을 함양한다.

① 문화의 의미와 속성을 이해하고, 문화를 통해 현대 사회의 복합적인 사회현상을 이해한다.

② 기술, 언어, 상징, 예술, 가치, 규범 등 문화의 요소와 그 기능을 파악한다.

③ 문화를 바라보는 다양한 관점을 파악하고, 이를 바탕으로 자문화 및 타 문화를 이해할 수 있는 능력과 태도를 가진다.

④ 지역 문화, 세대 문화, 반문화 등의 하위문화와 대중문화에 나타나는 현대 사회의 다양한 문화적 양상을 파악한다.

⑤ 문화 변동의 요인과 양상을 이해하고, 문화 변동에 따른 문제점을 파악하여 대처 방안을 모색한다.

⑥ 세계화와 더불어 나타나는 한국 사회의 문화적 다양성을 이해하고, 한국의 문화적 정체성을 인식할 수 있는 안목을 기른다.

⑷ 사회 계층과 불평등

경제적인 측면뿐만 아니라 사회·문화적인 측면에서 나타나는 다양한 사회 계층과 불평등 현상을 살펴본다. 그리고 사회 불평등 현상의 원인을 설명하는 여러 이론적 시각을 이해하고, 사회 불평등의 해결 방안을 모색한다.

① 사회 불평등의 의미를 이해하고, 다양한 형태의 사회 불평등 현상을 살펴본다.

② 현대 사회의 계층과 불평등 현상에 대한 기능론과 갈등론의 관점을 비교, 분석한다.

③ 사회 계층 구조와 사회 이동의 의미와 특징을 이해한다.

④ 빈곤의 유형과 특징을 이해하고, 빈곤 문제를 해결하기 위한 방안을 모색한다.

⑤ 성 불평등의 의미를 이해하고, 성 불평등 현상이 발생하는 원인과 해결 방안을 탐색한다.

⑥ 사회적 소수자에 대한 차별 현황을 파악하고, 이를 개선하기 위한 방안을 모색한다.

⑦ 사회 복지의 의미와 현황을 파악하고, 복지 제도의 역할과 한계를 살펴본다.

⑸ 일상생활과 사회제도

가족, 교육, 종교, 대중 매체 등 여러 가지 사회제도의 특징과 그 기능을 이해한다. 또, 이러한 사회제도들과 관련된 사회적 쟁점이나 문제들을 파악하고 대안을 모색한다.

① 사회제도의 의미를 이해하고, 사회제도의 다양한 유형을 살펴본다.

② 가족의 의미와 기능을 이해하고, 다양한 형태를 살펴본다.

③ 가족 문제의 원인을 이론적으로 분석하고, 해결 방안을 모색한다.

④ 교육의 특성과 기능을 다양한 관점에서 이해한다.

⑤ 교육의 기회 균등 문제를 이론적으로 분석하고, 해결 방안을 모색한다.

⑥ 대중 매체의 유형을 파악하고, 각각의 특징을 비교, 분석한다.

⑦ 대중 매체의 역할과 기능에 대한 이론적 관점을 이해하고, 대중 매체를 비판적으로 수용하는 태도를 가진다.

⑧ 종교의 본질과 기능을 이해하고, 종교적 갈등의 양상을 파악하며, 타 종교를 개방적으로 바라
보는 태도를 가진다.

⑹ 현대 사회와 사회 변동

지속적으로 변화하는 사회의 역동적인 측면을 살펴본다. 이를 위하여 먼저 사회 변동을 이해하려
는 다양한 관점을 이해한다. 그리고 사회 변동의 구체적인 모습을 살펴보기 위하여 근대화, 인구와
도시의 변화과정을 살펴보고, 현대 사회의 중요한 변화 양상인 세계화와 정보화를 이해한다. 아울러
현대 사회의 여러 가지 문제를 해결하고 바람직한 사회변화를 이끌어 내려는 방안에 대해 알아본다.
① 사회 변동의 의미와 요인을 이해하고, 사회 변동을 설명하는 다양한 이론적 관점을 탐색한다.
② 근대 사회의 형성 배경을 알아보고, 근대화를 설명하는 다양한 이론적 시각을 살펴본다.
③ 산업화의 진전에 따른 노동의 구조와 변화과정을 이해하고, 노동 문제의 원인 및 대처 방안을
탐색한다.
④ 도시화의 의미와 특성을 이해하고, 이에 따른 문제점과 대책을 탐색한다.
⑤ 인구 변천 과정을 이해하고, 이에 따른 문제점과 해결 방안을 탐색한다.
⑥ 세계화의 의미와 특징을 파악하고, 세계화 시대에 대비하는 우리 사회의 대처 방안을 모색한다.
⑦ 정보 사회의 형성 과정과 특징을 이해하고, 정보화에 따른 문제점과 해결책을 탐색한다.
⑧ 환경문제, 전쟁과 테러 등 현대 사회가 당면한 전 지구적 차원의 문제들을 인식하고, 이에 대
한 대응 방안을 모색한다.

4) 교수·학습 방법

가. 학습자가 사회·문화 현상에 대한 흥미와 관심을 증진하고 기본 개념 및 원리를 이해하여 이
를 실생활에 적용할 수 있도록 수업을 전개한다.
나. 국민 공통 기본 교육과정의 사회 과목의 내용에 기초하여 현대의 사회·문화 현상에 대한 간
학문적인 접근 방법을 습득하도록 한다.
다. 사회·문화 현상에 대하여 구체적 사실과 사례에서 출발하여 개념과 일반화를 습득하는 탐구
과정을 경험하도록 한다.
라. 학습자의 탐구 능력과 비판적 사고력, 그리고 문제 해결력 등을 신장시킬 수 있도록 다양한
탐구 주제와 교수 기법을 활용하여 수업을 전개한다.
마. 사회·문화 현상에 내재하는 다양한 가치관의 존재를 확인하고, 학습자 자신의 가치를 명료화
하고 분석함으로써 가치 탐구 능력을 신장하도록 지도한다.
바. 교수·학습의 효율성을 높이기 위해 그래프, 통계표, 슬라이드, 영화, 연감, 신문, 방송, 사진,
기록물, 민속자료, 유물, 여행기 등 다양한 자료를 활용한다.
사. 학습 내용에 따라 토의·토론, 발표, 논술, 보고(서), 문화 기술지, 사례 연구, 면접, 사료 학습,
지역 사회 답사 등 다양한 교수·학습 방법을 활용한다.
아. 정보화 사회에 요청되는 정보 처리와 구성 능력 신장을 위해 신문 활용 교육(NIE), 인터넷 활

용 교육(IIE) 등 다양한 정보 매체를 적극 활용하도록 한다.

5) 평가

〈평가의 기본 방향〉

가. '사회·문화' 과목의 평가는 교육과정에 제시된 목표, 내용, 교수·학습 방법과 일관성을 유지
하면서 시행되도록 한다.
나. 교육과정의 한 부분으로서 평가는 학습자 개개인의 학습과정과 성취 수준을 이해하고 발달을
돕는 데 활용되도록 한다.
다. 평가의 결과는 교육 내용과 교수·학습 방법의 적절성을 진단하여 지속적인 교육과정의 개선
을 위해 활용되도록 한다.

〈영역별 평가 방향〉

가. '사회·문화'의 평가는 교육과정에 제시된 목표에 따라 추출된 요소를 준거로 하여 이루어지
도록 한다. 평가의 내용은 지식뿐만 아니라 기능, 가치·태도 영역에서 균형적으로 선정하도
록 한다.
⑴ 지식 영역의 평가는 사실적 지식의 습득 및 이해 여부, 사회·문화 현상에 대한 개념과 일반
화의 습득 여부에 중점을 둔다.
⑵ 기능 영역의 평가는 사회·문화 현상에 대한 정보의 획득과 활용 기능, 사회탐구 및 가치 탐
구 기능, 의사 결정 기능 및 집단 참여 기능에 중점을 둔다.
⑶ 가치·태도 영역의 평가는 학습자 개인의 가치 명료화 능력, 가치에 대한 분석 및 평가 능력
을 측정하며, 국가·사회적 요구에 비추어 바람직한 가치관의 형성 여부에 중점을 둔다.
나. '사회·문화' 과목의 평가에는 다음의 요소들을 포함하도록 한다.
⑴ 사회현상과 자연 현상과의 차이점을 이해하고, 사회·문화 현상에 대한 탐구과정과 다양한 관
점을 제시하고 설명할 수 있는가?
⑵ 국내외의 각종 문헌이나 통계, 그래프, 그림 등을 적절하게 분석하고 해석할 수 있는가?
⑶ 변화하는 사회현상에 대한 지식과 정보를 수집, 분석, 정리하여 사회를 올바르게 이해하고 있
는가?
⑷ 개인과 사회구조의 관계 속에서 개인의 사회화가 가지는 의미를 이해하고 있는가?
⑸ 문화의 의미와 속성을 이해하고, 현대 사회의 문화적 다양성을 파악하고 있는가?
⑹ 한국 사회의 문화적 다양성을 파악하고, 한국의 문화적 정체성을 모색하는 태도를 가지고 있
는가?
⑺ 현대 사회의 계층과 불평등 현상을 이해하고, 사회 불평등 문제의 해결 방안을 탐색하는 태도

를 가지고 있는가?

⑻ 개인과 집단 간의 관계를 지위 및 역할과 관련지어 이해하고 있는가?

⑼ 가족, 교육, 대중 매체, 종교 등 사회제도의 특징과 이와 관련된 문제를 파악하고 있는가?

⑽ 현대 사회 변동의 개념과 이론을 구체적으로 설명하고, 미래 사회는 어떻게 변화할지를 예측할 수 있는가?

⑾ 사회 변동과 더불어 나타나는 현대 사회의 문제점을 이해하고 있는가?

⑿ 사회문제를 올바르게 이해하고 합리적으로 해결하려는 태도를 가지고 있는가?

⒀ 개인의 성장과 사회의 발전을 조화롭게 실현할 수 있도록 노력하는 태도를 가지고 있는가?

〈평가의 유의점〉

가. '사회·문화' 과목의 목표 특성에 따라 지필 평가 외에 면접, 관찰, 논술, 체크 리스트, 포트폴리오 등을 통해 다양한 평가가 이루어질 수 있도록 한다.

나. 단순한 사실이나 단편적 지식의 암기 측정에 국한되지 않고, 개념이나 원리의 이해 및 지식과 정보의 획득 과정과 활용 능력도 평가하도록 한다.

다. 사고력 신장이나 가치·태도의 변화를 측정하기 위해서 양적 자료뿐만 아니라 질적 자료도 수집하여 평가하도록 한다.

라. 평가의 타당도를 높이기 위해 학습자의 자기평가, 동료 상호 평가, 활동 보고 등의 평가 방법을 적극 활용한다.

[부록 2] 사회과 교육과정 대조표

(2007년 개정 · 2009년 개정)

1. 사회과

1. 성격: 생략(2007년 개정 사회과 교육과정과 같음)

2. 목표: 생략(2007년 개정 사회과 교육과정과 같음)

3. 내용

가. 내용 체계

	2007년 개정 사회과 교육과정			2009년 개정 사회과 교육과정
학년	역사 영역	지리 영역	일반 사회 영역	
3 학년	○ 우리가 살아가는 곳　○ 우리 고장의 정체성　○ 고장의 생활문화 ○ 사람들이 모이는 곳　○ 이동과 의사소통　○ 다양한 삶의 모습들			
4 학년	–	○ 우리 지역의 자연환경과 생활 모습 ○ 우리 지역과 관계 깊은 곳들 ○ 여러 지역의 생활	○ 주민 자치와 지역 사회의 발전 ○ 경제생활과 바람직한 선택 ○ 사회변화와 우리 생활	
5 학년	○ 하나 된 겨레 ○ 다양한 문화가 발전한 고려 ○ 유교 전통이 자리 잡은 조선 ○ 조선 사회의 새로운 움직임 ○ 새로운 문물의 수용과 민족 운동 ○ 대한민국의 발전과 오늘의 우리	–	–	
6 학년	–	○ 아름다운 우리 국토 ○ 환경을 생각하는 국토 가꾸기 ○ 세계 여러 지역의 자연과 문화	○ 우리 경제의 성장과 과제 ○ 우리나라의 민주 정치 ○ 정보화, 세계화 속의 우리	〈좌동〉
7 학년	–	○ 내가 사는 세계 ○ 다양한 기후 지역과 주민 생활 ○ 다양한 지형과 주민 생활 ○ 지역마다 다른 문화 ○ 인구 변화와 인구문제 ○ 도시 발달과 도시문제	○ 개인과 사회 생활 ○ 문화의 이해와 창조 ○ 우리의 생활과 법 ○ 인권 보호와 헌법	
8 학년	<한국사 영역> ○ 문명의 형성과 고조선의 성립 ○ 삼국의 성립과 발전 ○ 통일 신라와 발해 ○ 고려의 성립과 발전 ○ 고려 사회의 변천 ○ 조선의 성립과 발전 <세계사 영역> ○ 통일 제국의 형성과 세계 종교의 등장 ○ 다양한 문화권의 형성 ○ 교류의 확대와 전통 사회의 발전	–	–	

2007년 개정 사회과 교육과정			2009년 개정 사회과 교육과정		
9 학 년	<한국사 영역> ○ 조선 사회의 변동 ○ 근대 국가 수립 운동 ○ 대한민국의 발전 <세계사 영역> ○ 산업화와 국민 국가의 　형성 ○ 아시아·아프리카 민족 　운동과 근대 국가 수립 　운동 ○ 현대 세계의 전개	○ 자원의 개발과 　이용 ○ 산업 활동과 　지역 변화 ○ 지역에 따라 　다른 환경 　문제 ○ 세계 속의 　우리나라 ○ 통일 한국의 　미래	○ 정치 생활과 　민주주의 ○ 정치과정과 참여 　민주주의 ○ 경제생활과 　경제 문제 ○ 시장 경제의 　이해 ○ 국민 경제의 　이해	9 학 년	〈좌동〉	〈좌동〉	○ 정치 생활과 　민주주의 ○ 민주 정치와 　시민 참여 ○ 경제생활과 　경제 문제 ○ 시장 경제의 　이해 ○ 일상생활과 경제 　주체의 역할
10 학 년	○ 우리 역사의 형성과 발전 ○ 조선 사회의 변화와 서구 　열강의 침략적 접근 ○ 동아시아의 변화와 조선의 　근대 개혁 운동 ○ 근대 국가 수립 운동과 　일본 제국주의의 침략 ○ 일제의 식민지 지배와 민족 　운동의 전개 ○ 전체주의의 대두와 민족 　운동의 발전 ○ 냉전 체제와 대한민국 　정부의 수립 ○ 대한민국의 발전과 국제 　정세의 변화 ○ 세계화와 우리의 미래	○ 국토와 지리 　정보 ○ 자연환경과 　인간생활 ○ 문화 경관의 　다양성 ○ 장소 인식과 　공간 행동 ○ 지역 개발과 　환경 보전	○ 문화 ○ 정의 ○ 세계화 ○ 인권 ○ 삶의 질	10 학 년	〈좌동〉	〈좌동〉	○ 사회 변동과 　문화 ○ 인권 및 사회 　정의와 법 ○ 정치과정과 　참여 민주주의 ○ 경제 성장과 　삶의 질 ○ 국제 거래와 　세계화

나. 학년별 내용

<3학년>: 생략(2007년 개정 사회과 교육과정과 같음)

<4학년>: 생략(2007년 개정 사회과 교육과정과 같음)

<5학년>: 생략(2007년 개정 사회과 교육과정과 같음)

<6학년>: 생략(2007년 개정 사회과 교육과정과 같음)

<7학년>: 생략(2007년 개정 사회과 교육과정과 같음)

<9학년> [지리 영역]: 생략(2007년 개정 사회과 교육과정과 같음)

<9학년> [일반 사회 영역]

2007년 개정 사회과 교육과정	2009년 개정 사회과 교육과정
[일반 사회 영역] ⑹ 정치 생활과 민주주의 정치는 개인 또는 집단 수준에서 나타나는 구성원 간의 이해관계를 조정하고 대립과 갈등을 해결하는 활동임을 인식한다. 정치 현상의 이면에 작용하는 권력의 원천과 주체에 관한 사고방식이 역사적으로 어떻게 변화되어 왔는지를 인식하여 현대 민주주의의 이념과 정치 원리를 이해한다. ① 정치의 다양한 의미를 이해하고, 정치의 본질을 권력 현상 및 바람직한 정치의 목표와 관련지어 파악한다. ② 정치권력의 원천과 주체가 역사적으로 어떻게 변화해 왔는지 이해한다. ③ 정치 원리로서의 민주주의의 성격을 이해한다. ④ 민주주의의 이념을 역사적, 사회적 전개 과정과 관련지어 이해한다. ⑤ 현대 사회에서 나타나는 정치 현상을 비판적으로 분석한다. ⑺ 정치과정과 참여 민주주의 정치 공동체의 구성원으로서 시민은 권력의 주체로서 권리를 행사하는 동시에 권력의 객체로서 의무를 이행하면서 정치에 참여함을 이해한다. 이러한 참여를 통해 정치 활동 양식의 구조와 기능을 이해하고 평가할 수 있는 능력을 기른다. ① 권력의 구조와 기능을 민주주의의 맥락에서 이해한다. ② 정치 참여의 다양한 수단과 방법을 모색한다. ③ 정치과정에서의 행위 주체와 기능을 이해하고 적극적으로 참여하는 자세를 가진다. ④ 정치 발전의 과제를 시민 사회 및 정치 문화와 관련지어 이해한다. ⑤ 정치적 쟁점을 비판적으로 분석하고 해결 방안을 모색한다.	[일반 사회 영역] ⑹ 정치 생활과 민주주의 정치는 개인 또는 집단 수준에서 나타나는 구성원 간의 이해관계를 조정하고 대립과 갈등을 해결하는 활동임을 인식한다. 정치 현상의 이면에 작용하는 권력의 원천과 주체가 역사적으로 어떻게 변화되어 왔는지를 인식하여 현대 민주주의의 이념과 정치 원리를 이해한다. ① 정치의 개념과 의의를 이해한다. ② 정치권력의 원천과 주체가 어떻게 변화해 왔는지 이해한다. ③ 민주 정치의 역사적 전개 과정에 대해 이해한다. ④ 민주주의의 이념과 현대 민주 정치의 원리를 이해한다. ⑤ 현대 사회에서 나타나는 정치 현상의 특징을 분석한다. ⑺ 민주 정치와 시민 참여 민주 사회에서 표출되는 다원적 이익들을 이해하고 이익 충돌에 따른 갈등이 정치과정을 통해 어떻게 해결되는가를 탐색한다. 정치과정에 참여하는 다양한 정치 주체의 역할을 찾아보고 이와 관련하여 시민이 갖는 기본적 권리와 의무를 파악한다. 현대 사회에서 시민이 정치에 참여할 수 있는 다양한 방법을 파악하여 민주 사회 발전에 참여하는 태도를 가진다. ① 민주 사회에서 다양한 이익이 표출되어 갈등이 일어나는 국면을 이해한다. ② 다양한 사회문제가 정치과정을 통해 해결되는 양상을 이해한다. ③ 정치 문제 해결 과정에 참여하는 다양한 정치 주체의 역할을 파악한다. ④ 민주 정치과정에서 시민이 갖는 권리와 의무를 탐색한다. ⑤ 시민이 정치에 참여할 수 있는 다양한 방법을 사례를 통해 살펴본다.

2007년 개정 사회과 교육과정	2009년 개정 사회과 교육과정
(8) 경제생활과 경제 문제 인간의 경제생활이 생산, 분배, 소비로 이루어짐을 이해하고, 그 과정에서 발생하는 경제적 선택을 합리적으로 할 수 있는 능력을 기른다. 또, 경제 체제의 의미와 특징을 이해하고, 아울러 각 경제 주체가 수행하는 경제적 역할과 책임을 탐구한다. ① 희소성의 의미를 파악하고, 경제생활 속에서 일상적으로 경험하는 다양한 희소성의 사례를 제시한다. ② 경제적 선택의 상황에 직면하여 효율성, 형평성 및 장기적 관점 등을 고려하여 합리적 선택을 할 수 있는 능력을 기른다. ③ 인간의 경제생활은 분업과 교환을 통해 개인 간, 지역 간, 국가 간에 상호 의존적으로 전개되며, 어느 한쪽의 경제적 의사 결정은 상대방에게 서로 영향을 주고받는다는 사실을 이해한다. ④ 기본적인 경제 문제를 해결하기 위한 방식으로서 경제 체제의 의미와 특징을 알아본다. ⑤ 경제생활 속에서 소비자(저축·투자자), 생산자(기업가와 노동자), 정부가 수행하는 경제적 역할과 책임을 탐색한다. ⑥ 일생 주기 동안 경제적으로 지속 가능한 생활을 하기 위해 바람직한 신용 관리, 자산 관리 등 재무 설계를 한다. (9) 시장 경제의 이해 시장에서 가격이 결정되는 원리와 시장 가격이 변동하는 이유를 파악한다. 그리고 시장에서 가격이 효율적인 자원 배분을 유인하는 신호의 기능을 함을 이해한다. 시장 기능의 한계를 이해하고, 이를 보완할 수 있는 여러 가지 방안을 탐색한다. ① 수요와 공급의 의미와 수요와 공급에 영향을 끼치는 여러 가지 요인에 대하여 알아본다. ② 시장에서 균형 가격이 결정되고 변동하는 원리를 이해한다. ③ 효율적인 자원 배분을 유인하는 신호로서 가격의 다양한 기능을 파악한다. ④ 시장의 기능과 정부가 하는 역할의 한계를 보완하기 위한 방안을 사례를 통해 탐색한다. ⑤ 시장 경제의 제도적 원칙인 사유 재산권, 경제 활동의 자유, 사적 이익의 추구 등에 관하여 헌법의 기본권과 경제 조항에서 근거를 찾아 그 의미를 설명한다.	(8) 경제생활과 경제 문제 인간의 경제생활이 생산, 분배, 소비로 이루어짐을 이해하고, 그 과정에서 발생하는 경제적 선택을 합리적으로 할 수 있는 능력을 기른다. 또, 경제 문제의 해결이 경제 체제에 따라 달라짐을 이해한다. ① 경제 활동의 의미를 이해하고, 경제 활동의 동기를 탐색한다. ② 희소성의 의미를 파악하고, 경제생활 속에서 일상적으로 경험하는 다양한 선택 상황을 희소성과 관련지어 이해한다. ③ 경제적 선택의 상황에 직면하여 효율성, 형평성 및 장기적 관점 등을 고려하여 합리적 선택을 할 수 있는 능력을 기른다. ④ 인간의 경제생활은 분업과 교환을 통해 개인 간, 지역 간, 국가 간에 상호 의존적으로 전개되며, 경제적 의사 결정은 상대방에게 영향을 미친다는 사실을 이해한다. ⑤ 기본적인 경제 문제를 해결하기 위한 방식으로서 경제 체제의 의미와 특징을 알아본다. (9) 시장 경제의 이해 시장에서 가격이 결정되는 원리와 시장 가격이 변동하는 이유를 파악한다. 그리고 시장에서 가격이 효율적인 자원 배분을 유인하는 신호의 기능을 함을 이해한다. 시장 기능의 한계를 이해하고, 이를 보완할 수 있는 여러 가지 방안을 탐색한다. ① 수요와 공급의 의미와 수요와 공급에 영향을 끼치는 요인에 대하여 알아본다. ② 시장에서 균형 가격이 결정되고 변동하는 원리를 이해한다. ③ 효율적인 자원 배분을 유인하는 신호로서 가격의 다양한 기능을 파악한다. ④ 시장과 정부의 기능과 그 한계를 보완하기 위한 방안을 사례를 통해 탐색한다. ⑤ 시장 경제의 제도적 원칙인 사유 재산권, 경제 활동의 자유, 사적 이익의 추구 등에 관하여 헌법의 기본권과 경제 조항에서 근거를 찾아 그 의미를 설명한다.

2007년 개정 사회과 교육과정	2009년 개정 사회과 교육과정
⑩ 국민 경제의 이해 국민 경제의 성장과 변동 과정을 이해하고, 지속적인 성장과 발전을 위한 여러 가지 방안을 모색한다. 또, 국민 경제의 주요 목표로서 물가 안정과 고용 안정의 중요성을 이해한다. 이와 함께, 국제 경제의 기본적인 특징을 이해하고 세계 경제의 참여자로서의 자세를 기른다. ① 국민 소득의 의미를 국민 경제의 순환과 변동의 측면에서 이해한다. ② 경제 성장의 의미와 경제 성장의 요인을 파악한다. ③ 국민 경제의 안정적 성장을 위한 정부 경제 정책의 유형과 의미를 이해한다. ④ 물가의 의미와 물가 안정을 위한 여러 가지 방안에 대하여 탐구한다. ⑤ 실업의 의미와 고용 안정을 위한 여러 가지 방안에 대하여 탐구한다. ⑥ 국제 경제의 기본적인 특징을 국제 거래, 환율 등과 연관시켜 이해한다.	⑩ 일상생활과 경제 주체의 역할 소비자, 생산자의 경제적 역할과 책임을 일상의 경제생활을 중심으로 이해하고, 이를 토대로 경제 활동을 합리적으로 수행할 수 있는 능력을 기른다. 또 정부의 경제적 역할을 재정 활동과 경제 활동 조정자의 두 측면에서 파악한다. ① 경제생활 속에서 소비자의 합리적 소비와 신용 관리의 중요성을 이해한다. ② 일생 주기 동안 경제적으로 지속 가능한 생활을 하기 위해 요구되는 저축, 투자 등 자산 관리의 필요성을 인식한다. ③ 생산 활동에 참여하는 기업과 노동자의 경제적 역할과 책임을 탐색한다. ④ 재정 활동을 이해하고 경제 활동 조정자로서의 정부 역할을 파악한다. ⑤ 정보화, 세계화 등 경제 환경 변화에 따른 각 경제 주체의 대응 방안을 모색한다.

<10학년> [지리 영역]: 생략(2007년 개정 사회과 교육과정과 같음)

<10학년> [일반 사회 영역]

2007년 개정 사회과 교육과정	2009년 개정 사회과 교육과정
[일반 사회 영역] ⑹ 문화 문화가 정치, 경제, 법 등 사회 각 영역의 중요한 토대임을 인식하고, 문화의 관점에서 다양한 사회현상을 탐구한다. 문화를 통해 복합적인 사회현상을 효과적으로 이해한다. ① 사회현상의 토대로서 문화의 의미를 이해한다. ② 정치 현상을 문화의 관점에서 분석한다. ③ 경제 현상을 문화의 관점에서 분석한다. ④ 법 현상을 문화의 관점에서 분석한다. ⑤ 문화 현상에 대한 총체적 이해에 근거하여 사회적 쟁점을 해결하는 방안을 문화의 관점에서 모색한다. ⑺ 정의 사회 정의의 필요성과 의미에 대한 이해를 바탕으로 정치, 경제, 법 등의 다양한 영역에서 논의되고 있는 사회 정의 관련 쟁점을 탐구한다. 또, 사회 정의를 실현할 수 있는 대안을 찾고, 이를 실천하려는 태도를 가진다. ① 사회 정의에 대한 다양한 관점을 이해한다. ② 정의를 둘러싼 다양한 쟁점을 정치적, 경제적, 법적 측면에서 파악한다. ③ 개인적, 공동체적 관점에서 정의를 실현할 수 있는 방안을 제시한다. ④ 민주 시민으로서 사회 정의 실현을 위해 노력하는 자세를 가진다.	[일반 사회 영역] ⑹ 사회 변동과 문화 현대 사회의 여러 특징을 사회 변동의 측면에서 이해한다. 그리고 현대 사회에서 나타나는 다양한 사회적 갈등의 해결 방안을 모색한다. 또한 현대 사회에서 나타나는 문화 변동의 양상을 이해하고, 다문화 사회에서 나타나는 문화 갈등의 측면을 분석한다. 나아가 우리 사회가 미래에 겪을 사회문제를 해결하기 위한 대응 방안을 모색한다. ① 현대 사회에서 나타나는 사회 변동의 양상을 이해한다. ② 현대 사회의 다양한 갈등 양상을 이해하고, 이에 대한 해결 방안을 모색한다. ③ 현대 사회에서 나타나는 문화 변동의 다양한 양상을 이해하고, 이에 따른 문화 변동의 과정을 파악한다. ④ 다문화 사회에서 나타나는 다양한 문화 갈등의 양상을 이해하고, 이에 대한 해결 방안을 모색한다. ⑤ 우리 사회가 미래에 직면하게 될 사회문제를 파악하고, 이를 해결하기 위한 방안을 사회·문화적, 법적, 정치적, 경제적 측면에서 모색한다. ⑺ 인권 및 사회 정의와 법 현대 민주 국가에서 법이 인권을 보장하고 사회 정의를 실현하는 역할을 수행함을 이해한다. 오늘날 개인의 인권은 헌법상 기본권으로 보장됨을 인식한다. 특히 기본권을 실질적으로 보장하기 위해 헌법상 그 제한에는 한계가 있음을 이해하도록 한다. 인권을 비롯한 개인의 권익에 대한 침해는 불법 행위나 범죄가 될 수 있음을 이해하고, 권익이 침해될 경우 이를 구제받을 수 있는 법적 방안을 탐색한다. 또한 법 제도는 국민의 참여를 통해 변동·발전함을 이해하고, 인권 보장 및 사회 정의 실현을 위한 바람직한 방안을 모색한다. ① 현대 민주 국가에서 사회 정의 실현의 핵심으로서 인권 보장이 지닌 의미를 살펴보고, 이를 법의 역할과 관련지어 탐구한다. ② 개인의 인권을 보장하기 위한 장치로서 우리 헌법상의 기본권 보장의 원리를 인식하고, 특히 기본권 제한에는 한계가 있음을 이해한다. ③ 개인의 권익을 침해하는 행위가 불법 행위나 범죄 등으로 나타날 수 있음을 이해하고, 이에 대한 법적 구제 방안을 탐색한다. ④ 법 제도에 대한 다양한 국민 참여 방법 및 사례를 파악하고, 민주 시민으로서의 인권 의식과 법의식을 기른다. ⑤ 현대 사회생활에서 인권 및 사회 정의와 관련된 쟁점을 사회·문화적, 법적, 정치적, 경제적 측면에서 살펴보고, 이를 해결하기 위한 방안을 탐색한다.

2007년 개정 사회과 교육과정	2009년 개정 사회과 교육과정
(8) 세계화 세계화는 정치적, 경제적, 사회·문화적 차원에서 우리의 삶에 직접 개입되어 있으며, 우리의 삶의 형식을 지속적으로 변화시키고 있음을 인식한다. 또, 세계화에 대한 다양한 논의와 세계화로 인해 야기되는 문제들을 이해하고, 이에 대한 대처 방안을 모색한다. ① 세계화의 의미와 관계를 이해한다. ② 세계화가 정치·경제적, 사회·문화적 측면에서 우리의 삶에 미치는 영향을 탐구한다. ③ 세계화에 대한 논의 과정에서 제기되는 주요 쟁점을 탐색한다. ④ 세계화에 대한 주요 찬반 논리와 근거를 분석한다. ⑤ 세계화의 진행 과정에서 발생할 수 있는 문제를 탐색하고, 여러 가지 해결 방안을 이해한다. (9) 인권 인권의 중요성을 이해하고 인권 개념의 등장 배경과 확대 발전 과정을 탐구한다. 또, 개인의 인권뿐만 아니라 타인의 인권이 존중될 때 공동체가 발전함을 인식한다. ① 인권의 기본 개념과 관점을 이해한다. ② 인권의 발달과정을 역사적 측면에서 이해한다. ③ 현대 사회 인권 문제의 성격을 정치, 경제, 사회·문화적 측면에서 이해한다. ④ 생활 주변의 인권 침해 사례를 조사하고, 이를 해결하기 위한 활동에 참여하는 자세를 가진다. ⑩ 삶의 질 삶의 질 향상은 개인적 요인뿐만 아니라 사회적 요인에 의해 영향을 받으며, 사회·경제 발전과 함께 이루어짐을 인식한다. 삶의 질을 결정하는 다양한 요인을 파악하고, 이러한 다양한 요인의 균형 발전이 인간의 행복한 삶에 기여함을 이해한다. ① 삶의 질의 의미를 이해하고, 삶의 질을 측정하는 척도를 탐색한다. ② 삶의 질을 정치, 경제, 법, 사회·문화의 관점에서 파악한다. ③ 삶의 질을 향상시킬 수 있는 방안을 제시한다.	(8) 정치과정과 참여 민주주의 정치 공동체의 구성원으로서 시민은 권력의 주체로서 권리를 행사하는 동시에 객체로서 의무를 이행하면서 정치에 참여함을 이해한다. 이러한 참여를 통해 정치 활동의 구조와 기능을 이해하고 평가할 수 있는 능력을 기른다. ① 정치권력의 구조와 기능을 민주주의의 맥락에서 이해한다. ② 정치과정에 참여하는 행위 주체와 그들 간의 상호 관계를 파악한다. ③ 정치 발전을 위한 바람직한 참여 방법과 자세를 탐색한다. ④ 정치 발전의 과제를 정치 문화와 관련지어 이해한다. ⑤ 정치적 쟁점의 사례를 사회·문화적, 법적, 경제적 측면에서 살펴보고 합리적인 해결 방안을 모색한다. (9) 경제 성장과 삶의 질 우리나라의 경제 성장과 변동 과정을 이해하고, 지속적인 성장이 삶의 질 향상에 중요한 요인임을 인식한다. 국민 경제의 주요 목표로서 물가 안정과 고용 안정의 중요성을 이해한다. 경제적 측면 외의 다른 요인들도 삶의 질에 영향을 미친다는 점을 인식하고, 삶의 질 향상을 위한 다양한 방안을 살펴본다. ① 경제 활동 규모의 측정을 통해 경제 성장의 의미를 파악한다. ② 경제 성장이 삶의 질에 미치는 영향과 한계를 탐구한다. ③ 물가와 실업이 경제생활에 미치는 영향을 파악하고, 물가 안정과 고용 안정의 중요성을 이해한다. ④ 경제의 성장과 안정을 위한 정부의 경제 정책을 이해한다. ⑤ 삶의 질과 관련된 요인을 사회·문화적, 법적, 정치적, 경제적 측면에서 살펴보고, 삶의 질 향상 방안을 모색한다. ⑩ 국제 거래와 세계화 국제 거래의 기본적 특징을 이해하고, 이를 토대로 국가 간 교역 확대에 따른 상호 의존이 증가하는 현상을 세계화와 관련지어 이해한다. 또 세계화에 대한 다양한 논의와 세계화로 인해 야기되는 문제들을 이해하고, 이에 대한 대처 방안 등을 모색한다. ① 국제 거래의 특징과 국제 거래의 발생 요인을 파악한다. ② 국제 거래 확대가 국내 경제에 미치는 영향과 대응 방안을 탐색한다. ③ 국제 수지, 환율의 개념을 이해하고, 이를 활용하여 국제 거래 관계를 이해한다. ④ 국제적 경제 협력과 상호 의존이 증대하는 현상을 세계화와 관련지어 이해한다. ⑤ 사회·문화적, 법적, 정치적, 경제적 측면에서 세계화가 우리의 삶에 미치는 영향과 관련 쟁점을 탐구한다.

4. 교수·학습 방법: 생략(2007년 개정 사회과 교육과정과 같음)
5. 평가: 생략(2007년 개정 사회과 교육과정과 같음)

2. 역사	생략(2007년 개정 사회과 교육과정과 같음)
3. 한국 지리	생략(2007년 개정 사회과 교육과정과 같음)
4. 세계 지리	생략(2007년 개정 사회과 교육과정과 같음)
5. 경제 지리	생략(2007년 개정 사회과 교육과정과 같음)
6. 한국 문화사	생략(2007년 개정 사회과 교육과정과 같음)
7. 세계 역사의 이해	생략(2007년 개정 사회과 교육과정과 같음)
8. 동아시아사	생략(2007년 개정 사회과 교육과정과 같음)
9. 법과 정치	생략(2007년 개정 사회과 교육과정과 같음)
10. 정 치	생략(2007년 개정 사회과 교육과정과 같음)
11. 경 제	생략(2007년 개정 사회과 교육과정과 같음)
12. 사회·문화	생략(2007년 개정 사회과 교육과정과 같음)

찾아보기

(ㄱ)

가치 교육 480~482, 581

가치 명료화 21, 32, 52, 84, 86, 87, 121, 122, 127, 130, 131, 136, 353, 459~461, 480~484, 488, 489, 491, 493, 498, 503, 504, 514, 637, 666, 673, 686

가치 영역 461, 521

가치 탐구 13, 30, 44, 52, 347, 349, 351, 353, 354, 458, 460, 461, 486, 571, 637, 643, 666, 673, 679, 681, 685, 686

가치·태도 13, 14, 17, 18, 20, 21, 26, 30~32, 34, 36, 48, 56, 69, 83, 91, 121, 125~127, 129, 147, 175, 207, 213, 232, 238, 253, 260, 285, 293, 294, 312, 319, 333, 338, 356, 358, 359, 365, 382, 390, 406, 410, 413, 418, 438, 447, 448, 459, 465, 474, 480, 490, 497, 502, 514, 516, 518~524, 533, 543, 555, 559, 565, 567, 613, 625, 644, 649, 655, 661, 666, 673, 680, 686, 687

가치관 18, 27, 55, 100, 103, 110, 205, 302, 306, 346, 398, 405, 408, 480, 482, 483, 486, 487, 503, 524, 556, 565, 573, 626, 631, 639, 640, 662, 675, 685, 686

가치관 정립 480

가치주관성 513

가치화 459, 482

간학문적 접근 21

갈등 16, 19, 20, 27, 32, 40~42, 55~57, 83, 113, 130, 263, 293, 295, 302, 303, 306, 313, 350, 357~360, 367, 408, 439, 449, 460, 461, 466, 467, 480~482, 484, 485, 488~490, 505, 596, 600, 601, 604, 605, 607, 610, 621, 623, 624, 627, 628, 633, 634, 636, 637, 642, 651~655, 657, 658, 660, 668~673, 682, 683, 685, 693, 696

갈등론 682~684

감수 416, 461, 566

감정 이입 320, 502

강의식 5, 36, 52, 56, 119, 310, 375, 376

개념 13~17, 19~22, 25, 26, 29~34, 36~38, 41~45, 47, 50, 51, 53, 55, 56, 59, 63, 68, 75, 83, 84, 86, 90, 99~102, 104, 107, 108, 111, 115, 116, 119, 122~125, 127, 130, 134, 141, 147~150, 158~161, 169, 195, 197, 198, 225, 236, 238, 243~245, 251, 255, 273~275, 277, 281, 283, 288, 302, 303, 310, 329~331, 339, 341, 344, 347, 350, 351, 373, 374, 376, 380, 398, 401, 420, 424, 437, 442, 459, 460, 462, 464, 488, 492, 499, 509, 510, 513, 514, 518, 520, 521, 522, 525, 528~530, 538, 539, 546~548, 551, 560, 589, 590, 607, 608, 612, 613, 614, 624, 629, 632, 637~639, 642, 643, 649, 655, 660, 663~665, 668, 672, 673, 678~680, 683, 685~687, 693, 697

개념적 지식 97, 102

개별화 58, 59, 76, 107, 110, 123, 124, 131, 170, 530

개별화 학습 110, 136, 170

개별화의 원리 104

개인 발달 모형 53

개인차 76, 78, 105, 108, 111, 114, 170, 525~527

객관도 511, 550, 551, 567, 625, 649, 656, 661

객관식 520, 533~535, 538, 539, 556, 560, 625, 644, 649, 656, 661

객관적 증거 51

객관주의 107, 138, 516

객체 48, 97, 281, 611, 693, 697

거시적 145, 243

경제 현상 643, 675, 679, 680, 696

경제교육 125, 573

경제문제 73

경제학 16, 25, 28, 29, 34, 37, 44, 45, 67, 573

경험 중심 교육과정 40
계속성의 원리 513
계열성 35, 36, 69, 88, 129, 274, 307, 554
계통성 29, 281
고고학 376, 418
고급 사고력 14, 15, 27, 32~36, 86, 93, 122,
    123, 125, 127, 143, 146, 147, 156, 157,
    282, 344, 345, 354~356, 520~522, 541,
    543, 580, 672
고등 사고력 355
고장생활 70, 220, 232, 249~254, 256, 272,
    293, 309, 332~334, 357, 380, 431, 489,
    594
고차원적 23, 122, 399, 612, 679
공공선 68, 460, 461
공교육 29, 60
공동생활 26, 68, 83, 88, 89, 93, 215, 262,
    313, 589, 590
공동체 14, 16, 25, 29~31, 45, 67, 91, 126,
    134, 381, 463, 516, 589, 597, 601, 602,
    611, 646, 648, 657, 660, 668~672, 675,
    679, 681, 693, 696, 697
공민 15, 38, 39, 41~44, 46, 411, 579
공민과 38
공정성 44, 202, 346, 534, 541, 632, 638, 643
과정 중심 평가 545
관련성 69, 125, 128, 135, 148, 165, 186, 231,
    232, 276, 286, 375, 382, 403, 404, 408,
    546, 595, 596, 603, 615, 617, 624, 628,
    635, 675
관찰 5, 31, 36, 51, 57, 69, 84, 91, 98, 99,
    101, 108, 109, 121, 124, 127, 135, 145,
    156, 158~160, 174~176, 186, 211,
    225~227, 229, 233, 236, 243~246, 248,
    250, 251, 272, 279, 308, 335, 498, 523,
    557, 687
관찰법 36, 91, 524, 543, 544, 564
교과 5, 13~19, 50, 141, 152, 244, 365, 422,
    498, 568, 581
교과 내용학 17, 29, 34, 51
교과 목표 23, 28, 68, 69, 80, 132, 517, 644
교과별 581
교과서 중심 107, 143, 375
교과용 도서 84, 93, 139, 141, 147~151, 166,
    570, 575
교수 매체 103

교수·학습 과정안 113
교수·학습 설계 128
교수요목 37, 39, 46, 62
교수요목기 37, 39
교수요목제정위원회 46
교육 목적 13, 24, 58, 110, 128, 510, 511, 517
교육 연구 573, 574, 578~582
교육 전문직 5, 6
교육 프로그램 38, 509
교육 현장 37, 60, 543, 612
교육과정 내용 61, 79, 146, 249, 346, 519, 613
교육과정 평가 535
교육과정의 틀 626
교육의 과정 55, 347, 575
교육의 다양성 107
교육평가 36, 509, 510, 512, 515, 517, 518,
    525, 532, 536, 539, 545, 546, 548, 568,
    570, 571, 574, 576
교재 연구 1, 5, 6, 34, 139, 141, 142, 166, 574
교재의 지역화 32, 395
교화 47, 49, 56, 58
구성주의 44, 105~107, 114, 126, 138, 282,
    516, 541, 560, 578, 579
구조적 지식 23
구체성 33, 69, 244, 527
구체적 내용 21
국가 수준 교육과정 569, 577, 582, 583
국가주의 60
국민공통기본교과 37, 579
국민공통기본교육과정 61
국민의 정부 27
국사 20, 27, 60, 72, 367, 391, 407, 411, 439,
    448, 568, 577, 579, 621
국제결혼 482, 630
궁극적 목표 348, 513, 566
귀납적 52, 123, 462, 612
귀납적 인식 123
규준 98, 511, 525~528, 531, 533, 567
규준 지향평가 531
그래프 123, 141, 158, 162, 163, 187, 229,
    235~237, 285, 288, 293, 338, 357, 430,
    496, 522, 564, 595, 596, 599, 600, 685,
    686
근대화 27, 108, 318, 381, 412, 414, 415, 417,
    599, 654, 682, 685
기능 14, 17~21, 24, 28, 102, 155, 251, 335,

412, 514, 567, 613, 665, 667
기능 영역　91, 518, 521, 522, 613, 625, 632, 638, 643, 649, 661, 666, 673, 680
기능 중심　125, 274
기능주의　23
기복　160
기본 개념　68, 83, 424, 583, 642~644, 668, 673, 681, 685, 697
기술적 연구　576
기초 복귀 운동　52
기초적 지식　68, 83, 564, 590
기호　160, 162, 561, 564, 592, 595, 634

(ㄴ)

나선형식 교육과정　36
난이도　142, 395, 528, 531, 532, 537, 540, 548, 550, 551, 553, 554, 666
내용 선정　31, 35, 274, 405, 578
내용 체계　145, 312, 319, 517, 537, 590, 616, 627, 634, 640, 646, 652, 658, 691
내용 타당도　511
내용적 지식　541
논리적　14, 32, 43, 86, 87, 98, 99, 119, 122, 123, 130, 146, 197, 203, 281, 301, 402, 481, 486, 493, 500, 504, 541, 547, 563, 624, 662, 667, 677
논술형　91, 539, 540, 544, 560, 563, 674
논쟁 문제　36, 57, 350, 576, 672, 674

(ㄷ)

다문화 교육　34, 39, 44, 67
다문화 이해　709
다양한 관점　127, 604, 613, 626, 635, 657, 670, 681, 684~686, 696
다원화　51, 668
단답형　399, 527, 533, 539, 556, 560, 674
단순 재생법　556
단순 재생형　560
단원　41, 43, 69, 70, 71, 84, 119, 124, 159, 176, 207, 254, 276, 318, 382, 420, 468, 489, 675
단원 목표　69, 128, 132, 446
대강화　61, 79, 519, 613
대안적 평가　539, 541, 544
대중매체　44

도덕 추론　460
도덕교육　17
도서 자료　156
도시화　284, 286, 287, 290, 293, 357, 489, 490, 597, 600, 603, 604, 609, 634, 636, 646, 648, 659, 682, 685
도화　45, 160, 293, 357, 487, 629, 633
동기　40, 103, 112, 115, 120, 126, 132, 143, 151~154, 156, 158, 169, 177, 186, 205, 210, 239, 304, 374, 511, 694
동기 유발　113, 239, 264, 369, 384, 392, 394, 421, 435, 449, 505, 517
동심원적 확대법　36, 70, 148
동아시아사　587, 657, 658, 660, 698
동일시　305, 324, 402
동태적　678
디오라마(diorama)　159
띠그래프　163

(ㄹ)

라디오　128, 132, 158, 164
리더십　6, 55

(ㅁ)

막대그래프　187
만들어 가는 교육과정　61
매체 활용　452
멀티미디어　148, 158, 226, 442, 624, 649, 655, 660
메커니즘　331
메타 인지　36, 123, 355, 541, 612
모의 학습　121, 135, 502
목표　5, 13, 28, 33, 53, 67, 69, 78, 100, 111, 133, 164, 215, 364, 427, 498, 530, 544, 633, 651, 681
문답법　84, 131, 135
문답식　56, 197, 310
문제 해결 능력　36, 52, 59, 126, 134, 274, 283, 291, 299, 427, 515, 540, 638, 662, 668
문제 해결 방안　89, 122, 291
문제 해결 학습　32, 36, 87, 107, 121, 122, 130, 135, 136, 166, 173, 225, 274, 279, 674
문제 해결력　19, 20, 33, 36, 44, 51, 91, 127, 154, 155, 276, 516, 612, 679, 685
문항 내적 합치도　550

문항 변별도　551~553
문헌　51, 84, 127, 131, 156, 185, 208, 225,
　　226, 373, 374
문헌 자료　156, 225, 226, 373, 379
문화　13, 14, 38, 49, 70, 109, 125, 128, 208,
　　375, 405, 418, 582, 593, 598, 611, 645,
　　647, 653, 681, 683, 696, 698
문화 변동　610, 682, 684, 696
문화권　72, 405, 591, 616, 618, 619, 655, 691
문화유산　19, 22, 47~49, 54, 56, 127, 209,
　　211, 420, 593
문화인류학　13, 16, 25, 29, 34
문화재 학습　121
문화적 다양성　601, 635, 682, 684, 686
문화적 정체성　684, 686
물질적 자료　155
미래 사회　24, 31, 33, 36, 47, 50, 687
미시적　145, 243
민족 통일　459, 602, 669, 672
민족문화　125, 568
민주시민교육　425, 569, 572, 573, 576
민주시민의 자질　460
민주적　14, 17, 20, 25, 30, 31, 34, 46, 49, 68,
　　89, 170, 277, 353, 439, 613, 679
민주정치　250, 438, 466, 471, 472
민주주의　27, 35, 40, 42, 43, 46, 49, 57, 58,
　　108, 263, 579, 601, 620, 670, 693
민주주의 이념　40

(ㅂ)

반성적 사고　21, 25, 32, 52, 86, 89, 122, 123,
　　130, 275, 277, 346
반성적 사고력　52, 350, 579, 673
반성적 탐구　15, 33, 47, 51, 52, 59, 668
반성적 탐구 모형　47, 51~53, 55, 56, 63
반성적 탐구력　345
반응　102, 103, 110, 363, 461, 528, 539, 552,
　　677
발견학습　104
발달 단계　83, 142, 161, 280, 403, 409
발문　85, 112, 113, 117, 119, 399, 612
발언 분석 평가　557
방법적 지식　30, 541
배합형　533, 539, 556, 560, 562
백화점식 망라　144
범위(scope)　274

범주　34, 56, 75, 147, 203, 244, 347
법규　266
법리 모형　121
법리적 접근　56~58
법리적 접근법　57
변인　23, 120, 137, 511, 524, 533, 547
변천　24, 41, 253, 403, 568, 577, 580, 617,
　　672, 691
보고서　21, 36, 91, 93, 123, 133, 176, 185,
　　186, 211
보편적 가치　58, 59, 461
본질주의　22, 49
봉사 활동　33, 156, 159, 563
분과형　43
분단 학습　104, 119, 136
분석　5, 21, 87, 98, 112, 127, 186, 227, 245,
　　293, 330, 338, 410, 452, 475, 503, 504,
　　537, 553, 558, 582, 609, 629, 630, 641,
　　670, 676, 679, 683
브레인스토밍　87, 109, 354, 355
비공식적　200
비디오　132, 141, 240, 292, 299, 315, 394,
　　440, 540
비판적 사고　14, 26, 30
비판적 사고력　67, 86, 122, 127, 345, 577, 579,
　　589, 615, 668, 681, 685
비형식적　170, 509

(ㅅ)

사고 기능　87, 88, 197, 283, 541
사고 능력　52, 54, 274, 300, 643
사고과정　20, 31, 50, 52, 87, 355, 481, 667
사고력　14, 25, 26, 32, 48, 86, 376, 522, 612,
　　657, 687
사관　56, 107, 264, 375, 395
사례 연구　227, 624, 637, 649, 655, 660, 679,
　　685
사례 조사　51, 186, 225, 227, 360, 467, 474
사료 학습　31, 36, 51, 121, 127, 131, 135, 136,
　　373, 376, 378, 380
사실　5, 14, 26, 83, 99, 101, 124, 144, 160,
　　231, 277, 346, 375, 414, 437, 450, 521,
　　607, 643, 694
사실 탐구　407, 643
사실적 지식　57, 58, 68, 102, 345, 518, 522,
　　613

사회 기능   243, 274, 517
사회 환경   522, 523, 613
사회·문화   26, 127, 589, 590, 610, 612, 648,
    677, 681~683, 685, 696~698
사회과   5, 16, 22, 30, 34, 38, 44, 55, 67, 97,
    130, 150, 225, 302, 344, 409, 430, 512,
    518, 536, 570, 576, 581, 709
사회과 교과서   101, 141, 144, 150, 577, 580,
    582
사회과 교사   34, 36, 49, 51, 137, 145, 150,
    282, 536, 579
사회과 교수·학습   5, 36, 84, 93, 102, 124,
    134, 150, 155, 398, 436, 506, 555, 579
사회과 교육   5, 6, 13, 15, 34, 60, 61, 63, 73,
    75, 145, 350, 517, 568, 576, 695, 698
사회과 교육 평가   525, 551, 567
사회과 교육과정   5, 14, 15, 31, 61, 120, 349,
    573, 577, 691, 695, 698
사회과 교육학   16, 37, 47, 353, 539, 554, 568,
    570, 578, 579
사회과 목표   21, 68, 80, 513, 518
사회과 탐구   84, 85, 141, 148~150, 166, 345,
    420, 572
사회과 탐구 수업   575, 581
사회과 통합   355, 541, 551, 570, 578, 581, 709
사회과 평가   85, 93, 512, 513, 515, 516, 555,
    613
사회과 학습 자료   85, 153, 155
사회과학   13~17, 31, 44, 50, 59, 127, 350,
    682
사회과학 모형   47, 50, 51, 56, 62, 63
사회과학 접근법   56, 57
사회과학 탐구   16, 51, 56, 347, 349, 354
사회과학자   13, 50, 51, 55, 345
사회교육   6, 14, 34, 37
사회문제   14, 17, 18, 26, 89, 122, 157, 213,
    215, 260, 275, 313, 349, 502, 597, 602,
    681, 696
사회변동   73
사회사상   303, 560, 562
사회생활   13, 14, 17, 18, 20~24, 31, 37, 46,
    67, 68, 122, 293, 459, 590
사회생활과   30, 37, 274, 577
사회인식   13, 19, 97, 564
사회적 기능   34, 225, 458
사회적 변동   89

사회적 사실   83
사회적 상황   19, 40, 42, 133, 409, 459
사회적 행동   26, 58, 59, 348, 349, 589
사회적 효율성   28
사회참여   246
사회탐구   230, 673, 686
사회학   13, 16, 28, 29, 681
사회현상   13, 14, 19, 20, 22, 24~26, 30~32,
    35, 51, 55, 67, 68, 83, 87, 90, 97, 99, 100,
    122, 124, 125, 127, 144, 162, 197, 230,
    236, 244, 245, 248, 249, 293, 489, 515,
    523, 589, 613, 676, 686
사회화   16, 23, 24, 25, 27, 604, 683
상세화   61, 69, 80
상식적 지식   97
상위 목표   69
상호 평가   339, 520, 559, 625
상호작용   18, 103, 104, 120, 195, 206, 273,
    280, 428, 511
생활 경험   109, 125, 237, 338, 679
생활 중심   40
서술형   91, 541, 674
서열   200, 516, 551
선다형   527, 538, 553, 561, 563
선다형   538
선다형 문항   538, 553, 561
선언적 지식   541
선택형   520, 533, 539, 552, 553, 674
성찰   19, 123, 615, 623, 624
세계시민   39, 709
세계시민교육   39, 709
세계화   5, 18, 29, 39, 44, 49, 71, 127, 482,
    525, 576, 579, 592, 602, 624, 626, 628,
    633
소집단   117, 123, 169~171, 185, 195, 523
속성   33, 480, 548, 682
수신   45
수업 기법   121, 573
수업 모형   36, 105, 110, 120, 138, 350, 351,
    354, 572
수업 목표   105, 111, 112, 131, 132, 152, 348,
    425, 426
수업 설계   5, 111
수준별 교육과정   61, 75, 78, 80, 124, 150
수준별 학습   84, 150
수직적   227

수평적 126, 195
수평적 배열 195
수행 평가 90, 149, 286, 420, 520, 541, 655, 673
숙의 200
스키머 44
스푸트니크(sputnik) 51
슬기로운 생활 253, 293, 333, 489
시간 소급법 70
시뮬레이션 36, 124, 302, 329, 612
시민 교과 29
시민 참여 72, 73, 591, 607, 692, 693
시민 행동 21, 56
시민교육 14, 17, 18, 29, 45, 569, 576
시민성 14, 18, 45, 58, 350
시민성 교육 17, 18, 576
시민성 전수 모형 47
시민적 자질 14, 20, 25, 63, 97, 566
시사 자료 32, 36, 121, 128, 157, 601
시청각 자료 36, 117, 158, 225, 226
신뢰도 39, 510, 525, 528, 546, 548
신문 활용 교육(NIE) 36, 127, 612, 649, 685
신사회과 16, 21, 42, 55, 277
신사회과 운동 19, 29, 51, 55
실기 시험 542, 545
실물 128, 142, 159, 239, 289, 435
실용도 550, 567
실제 상황 평가 545
실제적 29, 41, 55, 106, 147, 243, 329, 518, 556, 675
실증적 87, 225, 375, 613
실증주의 50, 101
실질적 21, 46, 61, 248, 329, 526, 610, 696
심리학 16, 41, 67, 108, 121, 510

(ㅇ)

양성 평등 교육 127
양성평등 67, 405
양적 평가 518, 541, 643
여가 174, 175, 252, 629
여론 214, 261, 669, 672
역사 연표 161, 432, 542, 544
역사교육 572
역사의식 32, 373, 376, 402, 403
역사적 연구 376, 578
역할놀이 36, 110, 121, 169, 302, 303, 308, 311, 317
연구 보고서 539, 543, 582
연구 주제 543
연역적 462
예 37, 45, 130, 201, 228, 298, 405, 488, 546, 564
예측 87, 122, 213, 285, 329, 354, 505, 629
오답의 매력도 553
워크시트(worksheet) 540
웹(WEB) 430
위계화 69, 554
유목 186, 652
윤리 13, 404, 571, 683
의사 결정 5, 19, 47, 54, 338, 345, 355, 506, 589, 673
의사 결정 능력 16, 20, 36, 345, 523, 639
의사 결정 모형 54, 127, 353
의사 결정 학습 86, 122, 136, 344, 350, 353, 354
의사 결정력 14, 30, 67, 127, 541
이러닝(e - learning) 127
이론적 배경 578
이명박 정부 27, 561
이슈(issue) 52
이원 목적 분류표 555
인간 중심 22, 42, 108
인간과 사회 13, 17
인류학 13, 28, 37, 541, 681
인문환경 237, 250, 333, 592, 626, 633
인물 학습 36, 121, 135, 324
인적 자료 156
인지적 모형 44
인지적 목표 91, 516
인지적 지육 44
인터넷 36, 127, 158, 250, 363, 399, 430
인터넷 활용 교육(IIE) 127, 612, 649, 655
일관성 29, 69, 143, 435, 504, 548, 649
일관성의 원리 512
일반사회 6, 34, 570, 581
일반화 28, 99, 279, 344, 527, 632
1차적 자료 56, 399
일탈 39, 682, 683
일화 기록 543

(ㅈ)

자기 주도적 학습 32, 36, 52, 123, 149, 317,

612, 637
자기평가 520
자료 처리 187, 376
자아 발달 84, 131, 459
자아실현 16, 123
자연환경 28, 70, 161, 221, 250, 311, 382,
    433, 491, 592, 633
자유민주주의 371
자율성 20, 107, 108, 643
자치 활동 186
잠재적 교육과정 107
재구성 5, 80, 126, 466
재량성 163
재량활동 23
재화 97, 475, 481
전문가 13, 106, 199, 377, 421
전통적 평가 541
절대평가 525, 541, 554
절차적 301, 541
절차적 지식 541
점그래프 162
정각 160, 396
정거성 160
정방성 160
정보통신기술 158
정보통신기술교육 158
정보화 18, 35, 127, 433, 496, 523, 602, 685
정의적 모형 44
정의적 목표 516
정적성 160
정체성 15, 28, 125, 590, 627, 684
정치 참여 437, 438, 464, 465, 669, 671, 673
정치학 16, 583
정형성 160
제7차 교육과정 27, 568, 569, 575, 579
제7차 사회과 교육과정 61, 577
제도적 자료 155
종합 14, 23, 29, 161, 258, 294, 358, 394, 441,
    491, 515, 544, 613
주관식 376, 533, 534, 556, 638, 656
주관식 평가 533, 534, 541
준거 지향 평가 528, 567, 632
지구촌 16, 19, 45, 71, 164, 434, 601
지구촌 시대 45
지도 이용 학습 127, 131
지도학 423

지리교육 14, 34, 38, 570
지리적 사상 159, 161
지리학 13, 41, 608
지속성 155
지식 13, 18, 23, 123, 228, 273, 348, 475, 521,
    615, 668
지식 목표 517
지식 영역 91, 518, 522, 543, 613, 643
지식기반사회 25, 574
지식의 구조 14, 50, 407
지역 학습 70, 250, 429, 572, 631
지역성 26, 146, 284, 589
지역화 5, 142, 395, 466, 577, 626, 635
지역화 자료 155, 156, 579
지적 능력 21, 54, 526
지적 탐구 20, 58
지필 검사 515, 638
지필 평가 176, 255, 287, 321, 420, 498, 520,
    625, 687
직접적인 평가 545
진단 평가 105, 528, 625, 649, 661
진로 교육 36, 127
진보주의 15, 53, 59
진위형 527, 533, 539
질문지 156, 176, 186, 187, 556, 559
질적 13, 126, 510, 625, 683
질적 연구 100, 573, 683
질적 측면 636
집단 18, 109, 126, 202, 314, 409, 514, 671
집단 참여 613, 673
집단 참여 기능 666, 686
집단생활 25

(ㅊ)

참평가 36, 545
참평가론 572
창의력 26, 87, 626, 627, 632
창의성 109, 170, 541, 637
창의적 5, 67, 130, 283, 300, 427, 589
채점 530, 533, 548, 563
척도 211, 513, 539
척도법 543, 557
체계 5, 199, 461, 608, 633, 662
체제 34, 100, 544, 592, 619, 655
체크리스트 91, 524, 533, 543, 557
초등교육 20, 580, 709

초등학교 15, 249, 402, 569
총괄 평가 378, 625, 649, 655
총론 79, 569
총체적 14, 520, 542, 678, 696
총평 510
추론 44, 88, 101, 330, 535, 623
축척 97, 160
출발점 행동 105, 112, 532
측정 33, 105, 378, 510, 546
칠자유과 22

(ㅋ)

컴퓨터 보조 수업 158, 649
컴퓨터 보조 학습 프로그램(CAI) 125, 127
컴퓨터 활용 127, 574
키워드 429

(ㅌ)

타당도 510, 511, 546, 625, 661
타당성 87, 122, 305, 327, 405, 510, 547, 679
탐구 6, 70, 122, 225, 285, 344, 407, 494, 568,
  598, 645, 657
탐구 기능 124, 514, 613, 679
탐구 수업 48, 56
탐구 학습 16, 121, 281, 407, 459, 674
탐구 활동 153, 253, 284, 427, 637
탐구력 36, 50, 345, 373, 645
태도 13, 121, 147, 212, 233, 274, 316, 410,
  502, 556, 601, 645, 671, 683
토론 51, 127, 192, 200, 308, 428, 542, 655
토의 17, 105, 169, 199, 363, 410, 487, 583
토의 학습 121, 149, 198, 201, 206, 506
통계자료 162, 259
통일성 98, 143
통제 56, 172, 267, 304, 511
통치 16, 367, 372, 617, 653, 670
통합 14, 20, 148, 426, 523, 654
통합 모형 62
통합 사회과 581
통합교육 578
통합성 514
통합적 교과 29
통합적 사회과 40, 41
통합적 접근 570, 577
통합형 43

특별활동 23, 535

(ㅍ)

판서 요령 165
패널 199, 220
패러다임(paradigm) 58
편차지능지수 526
평가 5, 108, 211, 313, 414, 507, 554, 614
평가 목표 517, 537, 546, 638
평가 문항 378, 436, 534, 547, 625, 656
평가 준거 525
평가 항목 203
평가의 일관성 548
평균 144, 271, 525, 528, 551, 553
평생교육 17, 38
포스트모더니즘 100, 106, 108
포트폴리오(portfolio) 92, 544
포트폴리오법 540, 545
표본 51, 113, 159, 533
표준점수 526
표준편차 525
표준화 90, 532, 544

(ㅎ)

학교교육과정 13, 61, 543
학년 목표 69, 132, 517
학문 중심 교육과정 16, 22, 50, 59
학문의 구조 55, 347
학문적 6, 148, 274, 344, 580, 681
학문적 지식 541, 668
학생 중심 5, 30, 53, 83, 104, 282
학생 중심 교육과정 344
학습 목표 61, 77, 109, 115, 126, 206, 332,
  424, 516
학습 방법의 학습 188
학습자 19, 90, 105, 122, 146, 273, 405, 486,
  528, 631
학습자 중심 22, 123, 579
한국 문화사 645
한국교육개발원 61, 105, 572, 575, 576, 580
한국교육학술정보원 424, 457
합리적 사고 50, 428
합의 29, 49, 104, 352, 522
항존주의 49
해석학 541

핵심 목표 49, 345
행동과학 28, 42
행동목표 512, 530
행동적 목표 348
혁명 250, 365, 366, 368, 439, 620, 652
현상학 105, 529
현실성 69, 307
현장 연구 543
현장 체험 학습 243, 245, 248
현장 학습 51, 84, 88, 121, 243, 544, 558
현장연구 243, 244
협동 학습 36, 307, 372, 420, 579
형성 평가 649
형성평가 105, 211, 441, 443, 529
홍익인간 67, 577
화폐 223, 339
환경 보전 222, 292, 299, 357, 490, 640
환경 확대법 61, 250
환경교육 45, 125
환경보전 20, 250
환류 5, 69, 141, 518
활동 과정 148, 383, 468, 671
활동 수행 537
활동 중심 5, 62, 125, 310, 436
활동과정 442
활동형 148
획일적 90, 281, 374, 516
희소성 596, 607, 676, 677, 694

\<아라비아 숫자\>

2007년 개정 교육과정 15, 23, 27, 569
2007년 개정 사회과 교육과정 38, 61, 344, 581, 691, 692, 698
2009년 개정 교육과정 13, 15, 23, 27, 29, 68
2009년 개정 사회과 교육과정 14, 21, 30, 31, 65, 70, 78, 344, 691, 693, 697

\<영문 인명·기관명\>

(B)

Banks 16, 18, 54, 351
Barr 18, 20, 21, 47
Barth 47, 350, 584
Beauchamp 584
Bloom 555, 556

(C)

CAI 36, 125, 127, 158, 612, 624, 649, 660
cai 455
Cox 21
Cronbach 509

(E)

Ellis 16
Engle 16, 54, 277, 353, 573

(F)

Fenton 16
Fraenkel 571

(G)

GIS 523, 635
Glaser 105, 138
Gowin 584
Gronlund 527
Gross 584

(H)

Hanna 586

(I)

ICT 117, 136, 158, 424, 425, 426, 436
IMF 476

(J)

Jarolimek 584, 585
Jigsaw 126

(K)

Kaltsounis 21
KEDI 61, 105

(L)

Ilnn 584

(M)

Mahood 18
Massialas 16, 21, 277, 353, 585
Metcalf 277
MIchaelis 47
Michaelis 47

(N)

NCSS　20, 21, 585
Nelson　47
NIE　36, 125, 574, 612, 649, 672

(O)

Oliver　56, 63, 277

(P)

Parker　197, 585
Posner　574, 585

(S)

Scott　18, 47, 54, 58, 353

Scriven　509
Shermis　47
Short　585, 586
Skeel　16
SMITH　575
STAD　126
Stake　509
Stufflebeam　509

(W)

Walker　586
Wesley　15, 18
Woolever　18, 47, 54, 58, 353

박은종(朴殷鍾)

진주교육대학교 사회교육과, 충남대학교 대학원 사회교육학과(석사) 및 교육학과(교육과정 및 교육심리학 전공·박사), 한국교원대학교 대학원 사회교육학과, 공주대학교 대학원 사회교육학과(박사) 등을 졸업한 사회교육학 박사이다.

충남대학교 교육연구소 객원연구원, 충남대학교 인문과학연구소 객원연구원, 한국교총 교육정책연구소 객원연구원 등으로 사회과 교육학과 사회과 교육론에 대한 연구에 종사하여 왔다. 한국산업연수원 청주능력개발원 첨삭교수, 공주대학교 사범대학 시간 강사, 공주교육대학교 사회교육과 시간 강사, 동신대학교 교양교직학부 외래 교수, 홍익대학교 교양학부 외래 교수, 광주여자대학교 교양학부 외래 교수 등을 역임하면서 교육과정과 교육 심리, 사회과 교육학과 사회과 교육론, 사회과 교재연구 및 교수법 등을 강의하였다.

아울러, 교육과학기술연수원 강사, 충남교육연수원 강사, 전북교육연수원 강사, 한국교총교육연수원 강사, 진주교육대학교초등교육연수원 강사, 공주대학교중등교육연수원 강사 등을 역임하면서 사회과 교육학에 관한 강의를 수행하여 왔다. 또 충청남도당진교육청 장학사, 충청남도부여교육청 장학사 등을 역임하면서 사회과 교육학(론) 관련 교육행정과 교육연구를 수행하기도 하였다. 그리고 교육과학기술부 교육정책자문위원, 한국교총 교육정책전문위원 등을 역임하였다. 현재 충남교육연수원 교육연구사, 공주대학교 겸임 교수로 재직하고 있으며, 한국사회과교육연구회 회장으로 재임하고 있다.

한국사회과교육학회, 한국사회과교육연구회 회원이며, 연구의 주 관심 영역은 사회과 교육과정과 교수법, 사회과 교육학, 사회과 교재연구 및 교수·학습 방법 등이다. 최근에는 사회과 통합 교육, 사회과 세계시민교육, 사회과 교육 국제 비교 연구, 다문화 이해 교육 등에도 깊은 관심을 갖고 연구하고 있다.

학회지인 교육연구, 교육연구논총, 교육연구논총, 사회과학연구, 충남교육 등에 논문을 게재하고 있으며, 주요 저서로는 「한국 사회과 교육과정 탐구: 분석 및 모형 개발 탐색」, 「사회과 교육학 핸드북: Key Point」, 「현대 사회과 교육학·사회과 교육론 신강」 등 여러 권이 있으며, 주요 논문으로는 학회지에 발표한 「세계화·정보화 시대의 바람직한 세계시민교육 방향 모색에 관한 연구」, 「최근 사회과 교육의 트렌드(Trend) 연구」 등 여러 편이 있다.

한편, 『새교실』지(誌)와 『교육자료』지(誌)에 사회과 수업안을 다년 간 집필한 바 있으며, 대전일보·중도일보·한국교육신문 등의 교육 칼럼위원, 백제신문·공주신문 논설위원 등도 역임하였다.

· e-mail: ejpark7@kongju.ac.kr

사회과
교재 연구와
교수·학습법 탐구

초판인쇄 | 2010년 11월 15일
초판발행 | 2010년 11월 15일

지 은 이 | 박은종
펴 낸 이 | 채종준
펴 낸 곳 | 한국학술정보㈜
주   소 | 경기도 파주시 교하읍 문발리 파주출판문화정보산업단지 513-5
전   화 | 031) 908-3181(대표)
팩   스 | 031) 908-3189
홈페이지 | http://ebook.kstudy.com
E-mail | 출판사업부 publish@kstudy.com
등   록 | 제일산-115호(2000. 6. 19)

ISBN   978-89-268-1634-9 93370 (Paper Book)
        978-89-268-1635-6 98370 (e-Book)